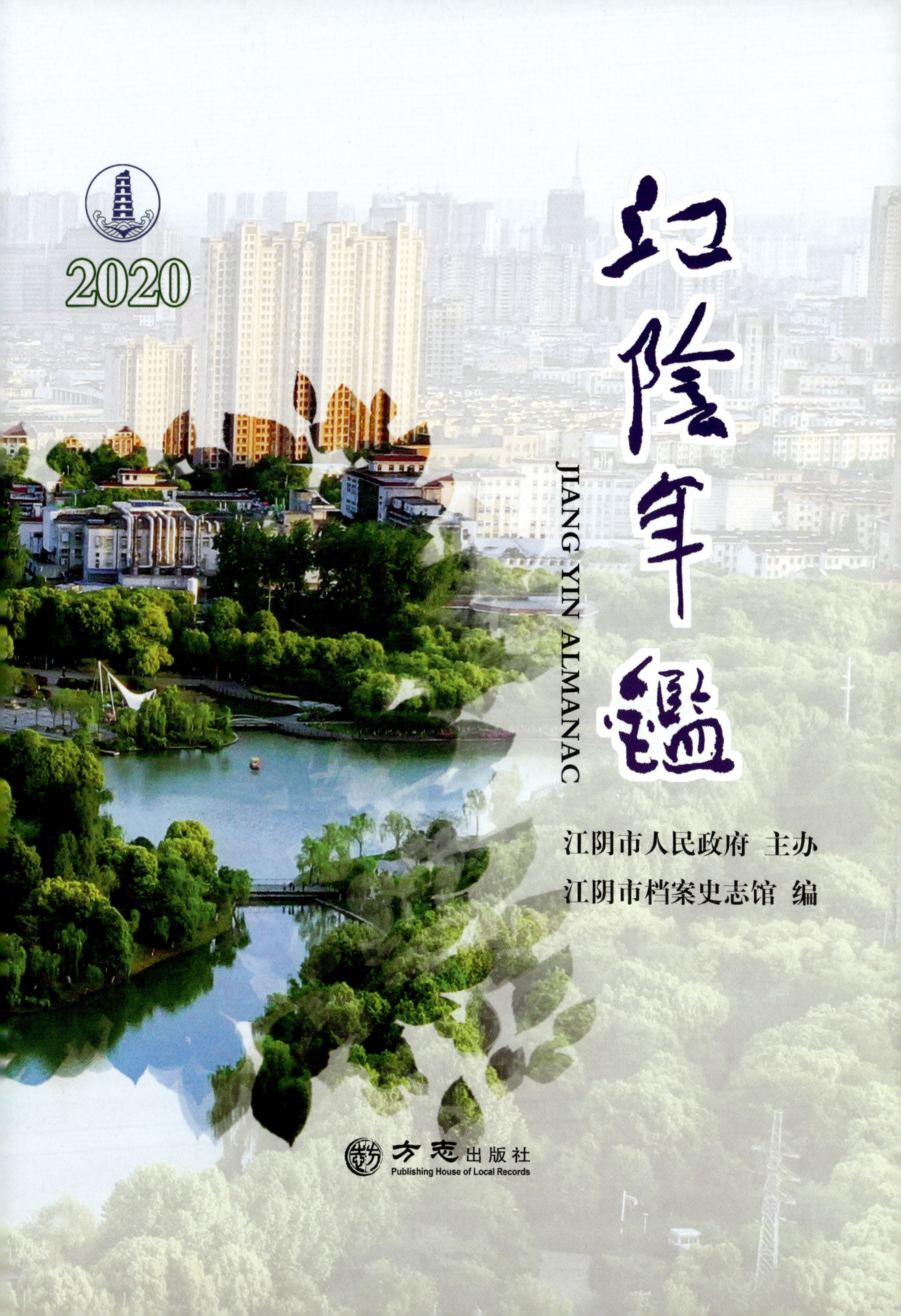

2020

江阴年鉴

JIANG YIN ALMANAC

江阴市人民政府 主办

江阴市档案史志馆 编

方志出版社

Publishing House of Local Records

图书在版编目（CIP）数据

江阴年鉴. 2020 / 江阴市档案史志馆编. -- 北京：方志出版社，2020.8
ISBN 978-7-5144-4307-3

Ⅰ. ①江… Ⅱ. ①江… Ⅲ. ①江阴—2020—年鉴
Ⅳ. ①Z525.33

中国版本图书馆CIP数据核字（2020）第167542号

江阴年鉴（2020）

编　　者：	江阴市档案史志馆
责任编辑：	齐　笑
出 版 者：	方志出版社
	地址　北京市朝阳区潘家园东里9号（国家方志馆4层）
	邮编　100021
	网址　http://www.zgfzcb.cn
发　　行：	方志出版社图书经销中心
	电话（010）67110500
经　　销：	各地新华书店
印　　刷：	南京凯德印刷有限公司
开　　本：	889×1194　　1/16
印　　张：	34.75
字　　数：	1175千字
版　　次：	2020年8月第1版　　2020年8月第1次印刷
印　　数：	0001~2500册

ISBN 978-7-5144-4307-3　　　　**定价**：180.00元

江阴市地方志编纂委员会

《江阴年鉴》编辑部

地址：江苏省江阴市澄江西路159号　电话：0510-86849900（传真）　邮编：214431

江阴市获得的全国性

2019年荣誉

【中国纺织产业基地市】

【2019年电子商务进农村综合示范县】

【全国“七五”普法中期先进县市】

【全国健康城市建设示范市】

【全国节水型社会建设达标县】

【国家农产品质量安全县】

【建设新时代文明实践中心全国试点市】

【被重新确认为国家卫生城市】

【全国首批乡村治理体系建设试点县 】

【全国县域经济与县域综合发展“十七连冠”】

【中国工业百强县（市）“三连冠”】

【中国全面小康十大示范县市“十二连冠”】

▲ 实事一

全年提供就业岗位6.4万个，促进本地劳动力就业5.5万人；扶持自主创业5315人。图为2019春季城乡大型招聘会

▲ 实事二

新增11个公共自行车网点；75套电子站牌全部建成，投入使用；主城区新增小型汽车泊位586个；公安服务自助超市相关设备全部入驻。图为城区24小时公安服务自助超市

实事三 ▶

锡澄轨道交通S1线于2019年10月17日正式开工建设；长山大道快速化改造工程前期手续基本完成，施工图通过审查；大桥南路快速化改造工程春节前完成项目合同谈判；新澄杨线春节前完成项目合同谈判；东华路于6月底建成通车，西利路于9月底建成通车。图为建成通车的西利路

▼ 实事四

春申幼儿园、敔山湾幼儿园投入使用，辅延幼儿园基本完工，等待验收；临港中央商务区实验学校投入使用；人民东路小学进入项目设计方案招标等准备工作；南理工（江阴校区）2019年11月完成所有单体封顶，外立面装饰基本结束，内部装饰完成大部分。图为江阴市春申中心幼儿园

▼ 实事五

黄田港公园配套用房及景观绿化区域基本完工，客运大楼主体完工；锡澄运河样板段西岸驳岸、栈桥、景观、小品构筑物完工；八字桥公园施工进行招标。图为黄田港公园

▲ 实事六

居民养老保险基础养老金调整为每人每月 335 元；被征地农民养老补助金调整为每人每月 880 元；居民医保筹资标准提高至人均 1100 元。图为社区工作人员向被征地农民介绍相关政策

▲ 实事七

北门岛：完善建筑设计方案，设计成果达到报审条件；完成项目环评登记，启动办理立项手续、土地划拨等前置工作。南门风貌区项目：完成施工图设计、项目招标，忠义街标段完成桩基工程、围护工程；河东街标段实现进场开工。主城区外 12 项防汛工程，11 项完工，1 项预完工；6 项城区防汛工程全部完工。肖山、澄西水厂 80 万吨深度处理工程全面展开。图为江南水务股份有限公司工作人员检验水质

◀ 实事八

完成 620 个以上村庄生活污水治理项目；通过实施清淤、岸上截污、开展专项行动等措施，完成芦花沟等 14 条河道消黑除臭任务。图为黑臭水体整治完成后的芦花沟

▼ 实事九

完成为适龄儿童免费接种水痘疫苗 78585 剂次的目标任务，超额完成为户籍老年人免费接种肺炎疫苗 19599 剂次的任务；通过招投标，确定 5 个品牌机构承接居家养老服务，2019 年 10 月底，惠及人数由 3.3 万人调整为 3.8 万人，11 月底完成率 104%。图为医务人员向适龄儿童接种水痘疫苗

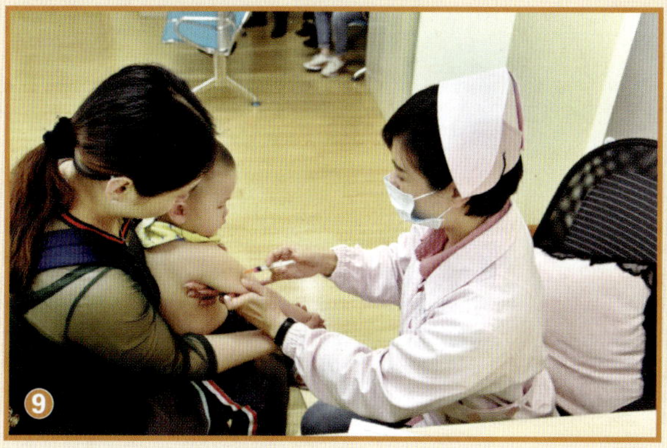

▼ 实事十

完成送戏下乡 340 场，送电影下乡 3146 场，组织公益性文化活动 400 场；完成图书管理系统的采购工作，完成 10 套加强型农家书屋门禁的采购、安装，完成图书加工编目验收和图书入库，读卡器、扫描枪、工作站等专用设备完成安装调试；周庄镇金湾村科普馆于 2019 年 5 月建成投运，月城镇科普馆进入收尾阶段。图为周庄镇金湾村科普馆

① 2019年1月5日，江阴集成改革实践与理论研讨会在中央党校（国家行政学院）举行

② 2019年3月20日，江阴市委召开集成改革领导小组会议，传达学习中央深改委第6次会议、省委深改委第5次会议精神，研究部署2019年集成改革试点工作任务

③ 2019年3月21日，江阴举行集成改革项目第三方评估报告讨论会

④ 2019年6月12日，无锡市改革系统干部业务能力培训班在江阴开班

⑤ 2019年7月3日，江阴市委召开集成改革领导小组半年度会议，全力推进改革试点任务

⑥ 2019年8月2日，江阴市大型电视访谈节目《集成改革进行时》第八期聚焦农村住房建设

江阴为县域集成改革探新路

⑦ 2019年8月23日，江阴市委、市政府召开全市公共安全体系建设动员大会

⑧ 2019年8月29日，江阴市举行教育集团成立大会

⑨ 2019年11月7日，江苏省紧密型县域医共体牵头医院院长研讨会在江阴市召开

⑩ 2019年12月27日，江阴市通过省级社会治理综合标准化试点项目考核验收

⑪ 2019年6月4日，“学习强国” 报道江阴集成改革

⑫ 2019年10月，全国首部县域改革蓝皮书《江阴县级集成改革发展报告（2019）》正式出版

⑬ 2019年11月9日，《人民日报》（海外版）聚焦江阴集成改革试点

（以上图片由市委集改办提供）

❶ 锡澄运河样板段建设 （丁家骏 摄）

❷ 无锡至江阴城际轨道江阴外滩站建设 （丁家骏 摄）

❸❹ 南沿江铁路江阴段建设 （张 岚 摄）

❺ 芙蓉大道快速化改造之海港大道立交主体结构完工 （沈思远 摄）

1 利港街道窑港口长江湿地保护区景观带（张 岚 摄）

2 南京理工大学江阴校区建设（丁家骏 摄）

3 深秋时节的江阴绿道（丁家骏 摄）

4 鲥鱼港公园（顾 强 摄）

5 建成开放的黄田港公园（沈思远 摄）

编辑说明

一、《江阴年鉴》是由中共江阴市委领导、江阴市人民政府主办、江阴市档案史志馆负责逐年编辑的江阴地方年度资料性文献。

二、《江阴年鉴（2020）》是《江阴年鉴》于1993年创刊后的第28卷。该部年鉴以马克思列宁主义、毛泽东思想、邓小平理论、“三个代表”重要思想、科学发展观、习近平新时代中国特色社会主义思想和中共十九大精神为指导，坚持辩证唯物主义和历史唯物主义的立场、观点和方法，紧扣年度时代特征，准确把握新时代的丰富内涵，全面系统、准确翔实地记载2019年江阴市自然、政治、经济、文化、社会、生态文明建设等方面取得的新进展、新成就和新经验，以及在经济社会发展中遇到的新问题、新矛盾，充分反映这一年度江阴市各项建设中的大事、要事、新事、特事，为全市新一轮发展，当好新时代高质量发展领跑者，提供最全面、最及时、最可靠、最权威、信息量最大的地情资料。该部年鉴的编辑，旨在为各级领导决策提供参考依据，为江阴市经济社会发展服务，为中外人士了解和研究江阴市提供可靠信息，也为编史修志积累资料。

三、《江阴年鉴（2020）》按分类记事体例，设40个类目。类目下共设248个分目、1466个条目。总篇幅117.5万字，彩色插页24页，随文图片80幅，表格126张。为便于检索，除卷首设详细目录外，卷尾还设主题分析索引。

四、《江阴年鉴（2020）》与《江阴年鉴（2019）》相比，彩色插页新设《图说1949—2019：沧桑巨变看江阴》等专栏。类目民主党派·工商联·知联会改为民主党派·知联会；群众团体改为社会团体和组织；军事·法治改为法治·军事，其类目下社会治安综合治理分目改为政法委及综治；增设房地产业类目；中共江阴市委类目下取消涉台工作分目，其内容归入统战工作，取消机关党工委工作分目，其内容归入组织工作，取消接待工作分目，其内容归入重要活动，史志工作、档案工作两个分目合并为档案史志工作；江阴市人民政府类目下增设信访工作、退役军人事务、医疗保障分目，取消政府法制分目，其内容与司法行政分目合并，归法治·军事类目下司法行政分目，侨务和港澳台同胞事务归市委类目统战工作分目；取消经济总览类目；农村工作与农业类目改为农业农村；商贸流通业类目改为商贸流通服务业，居民服务业和旅游业归入此类目；交通·邮政·物流类目改为交通运输，其邮政、物流归入商贸流通服务业；生态建设类目改为生态环境；卫生类目改为卫生健康。其他类目基本框架不变。

五、《江阴年鉴（2020）》人物类目收录2019年度江苏省级以上劳模和先进个人简介及江阴市级以上先进个人名录，逝世人物收录原江阴市级领导、旅外江阴籍地市级以上领导干部和正高级以上知名人士。

六、《江阴年鉴（2020）》部分条目涉及缩略语（注有“*”号），其注释按首字笔画顺序排列。缩略语注释列于目录前。书名由中国书协名誉主席、江阴籍书法家沈鹏题写。

七、《江阴年鉴（2020）》采用的稿件，由各相关单位提供，并由供稿单位领导审定。各类目编辑署名于该类目尾页。封面、扉页图片由顾强提供，前后环衬图片由张岚提供。彩色插页编辑为纪晓华。

八、《江阴年鉴（2020）》正文所用统计数据，因统计来源、口径、方式、方法和时间不同而有一定差异，使用时请以江阴市统计局提供的《经济社会发展统计资料》数据为准。

九、《江阴年鉴（2020）》有纸型版和网络版两种版本，原光盘版取消。

十、因水平有限，《江阴年鉴（2020）》难免有疏漏之处，敬请读者指正。该年鉴的编辑出版得到各单位领导和撰稿者的关心和支持，在此谨表谢意。

江阴市档案史志馆　江苏全方测绘地理信息有限公司　联合编制　审图号：苏B(2019)0010号　编制日期：2020年4月

　说明：图中境界不作实地划界依据

江阴市城区图

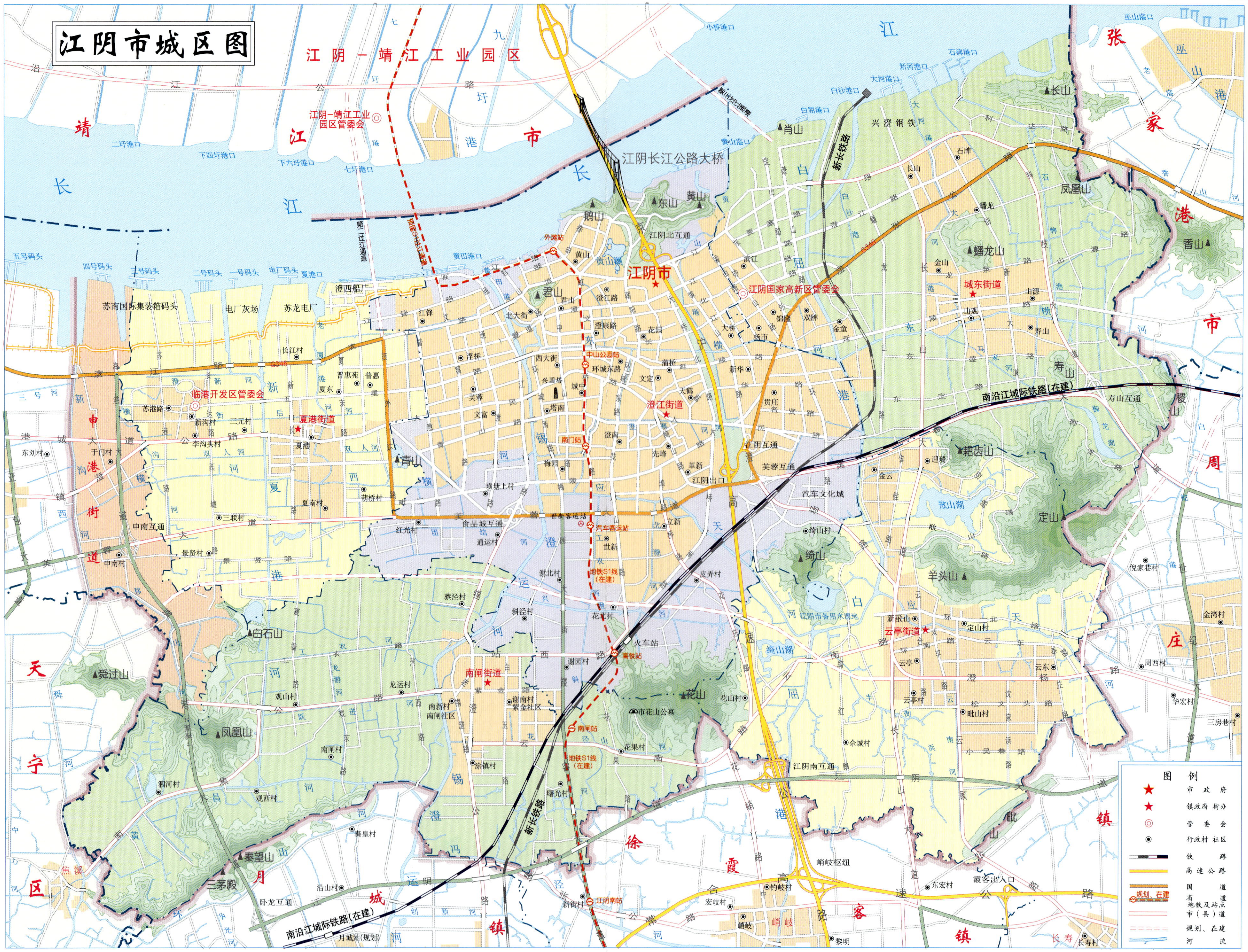

江阴市档案史志馆　江苏全方测绘地理信息有限公司　联合编制　审图号：苏B(2019)0010号　编制日期：2020年4月

说明：图中境界不作实地划界依据

各单位审稿领导名单

（以姓名首字笔画为序）

万小溪　万庆涛　王　吉　王　凯　王　敏　王光华　王利峰　王雨鸥
王建新　王新达　王　馥　仇　丰　六　扬　方枫云　孔　浩　孔晓燕
邓国平　吉　翔　朱立新　朱孝兵　朱佳虎　朱皆康　朱富强　朱锡军
华　江　华　锋　邬闽澄　刘　锋　刘文敏　江兆成　汤建影　许　晨
许忠新　许海英　孙仲英　严会东　严军明　李　明　李宏兵　李俊伟
杨荣国　时　平　吴芸芸　吴泽昱　吴晓东　吴海英　何忆芳　何尧军
邹鹏辉　沈　军　沈宏伟　沈毅锋　宋　萍　张　伟　张　忠　张　峰
张少波　张志浩　张建忠　张晓东　张浩伟　陈　虹　陈　奕　陈　振
陈　峰　陈卫东　陈正雷　陈国君　陈俊虎　陈雪源　陈解平　陈福良
杭　成　季　震　金丹菁　周　琛　周晓虹　赵志军　胡品洪　胡洪平
胡莹洁　查建标　俞均彦　姜澄华　宦雪忠　袁雪梅　夏建辉　顾　军
顾　微　顾春宇　顾洪伟　顾培植　钱　晴　倪继宏　徐科新　徐前锋
徐振华　高　升　高勇军　郭　诚　唐雪江　谈海平　陶　翔　陶郁峻
黄　葵　梅海荣　曹建峰　盛　霞　符迎英　梁　柱　蒋万春　韩　英
韩剑操　程　政　程学仨　程建明　傅建荣　谢　挺　谢映军　蔡　高
蔡晓华　翟　菁　缪　慧　薛　健　檀春节　魏　锋

各单位分管领导名单

（以姓名首字笔画为序）

马秋云	王力伟	王旭东	王宏斌	王建新	王冠元	车　琳	毛　亚
孔　浩	石　磊	冯　亮	邢　盈	吉　翔	朱　伟	朱　斌	朱立新
朱皆康	朱琳琳	仲国良	刘小微	刘永刚	刘明钧	刘建军	刘敏芳
刘智超	江　玲	江　勇	江龙平	江兆成	汤德胜	许卫国	许金辉
孙　敏	孙丽丽	孙国良	孙明丰	孙明江	孙福康	苏曦泓	李玉照
李伟刚	李华兴	李彩琴	杨红波	杨国琪	时　平	时军文	吴　敏
吴卫东	吴玉兰	吴泽昱	吴春华	吴群力	佘晓萍	沈桂祥	沈敏能
宋　健	张　华	张　芳	张　荣	陈　柯	陈　虹	陈　振	陈　斌
陈　鑫	陈卫宏	陈启迪	陈忠宇	陈建华	陈艳洁	陈晓东	陈雪源
范　荣	林贤青	项　勇	赵建新	赵晓平	赵晓敏	胡　丹	胡光远
钟　娟	施丽娟	洪向宇	祝忠武	姚剑刚	勇晓东	袁建明	袁雪梅
耿东霞	顾　军	顾　敏	顾　微	顾敏明	钱　江	钱　彪	钱　敏
钱　晴	倪继宏	徐岳明	徐前锋	徐慧南	殷天锡	高　立	高勇军
陶　翔	曹海凌	龚定娟	盛　达	渠立岗	蒋　峰	韩剑操	程　云
程　晔	程卓强	程学仨	程景涛	曾昭平	谢红伟	楚海芹	谭荣伟
薛建国	檀春节						

缩略语注释

“PPP” Public-Private Partnership，又称 PPP 模式，即政府和社会资本合作，是公共基础设施中的一种项目运作模式。在该模式下，鼓励私营企业、民营资本与政府进行合作，参与公共基础设施的建设。

“12345”民生热线 指“非紧急救助服务系统”，用来帮助诉求人解决生活、生产中所遇困难和问题，是市委、市政府关注民生、倾听民意的平台。

“1310 工程” 指江阴市在“十三五”期间实施的滨江亲水、靓山亲山、江阴绿道、文化提升、交通畅通、城际轨道、环境整治、五网升级、城市管理、民生实事等十大重点工程。

“22212”制度 指各级党委每年至少两次专题研究意识形态工作，每半年向上级党委汇报一次意识形态工作，每半年召开一次意识形态分析研判会议，定期在党内通报意识形态领域情况，全年中心组学习不少于 12 次。

“2440”审批服务 指企业注册登记 2 个工作日内、不动产登记 4 个工作日内、工业建设项目施工许可 40 个工作日内完成。

“263”专项行动 即“两减六治三提升”专项行动，由江苏省委、省政府于 2016 年底部署启动，以弥补生态环境这个江苏发展中的突出短板。“两减”指减少煤炭消费总量和减少落后化工产能。“六治”指治理太湖及长江流域水环境、生活垃圾、黑臭水体、畜禽养殖污染、挥发性有机物和环境隐患。“三提升”指提升生态保护水平、环境经济政策调控水平和环境执法监管水平。

“321 人才计划” 培养 30 名左右，年龄在 50 岁以下，在国内或省内学术和技术领域具有较高知名度，进入国家“百千万人才工程”或省“151 人才工程”第一、二层次培养序列的高级专家；培养 200 名左右，年龄在 45 岁以下，能够代表江阴市科学优势和学术、技术水平的市级学术和技术带头人，以及入选省“151 人才工程”第三层次培养序列的专业技术人才；培养 1000 名左右，年龄在 40 岁以下，在各自学科领域有一定学术造诣和技术水平，在本行业起骨干作用的年轻优秀人才，作为学术和技术带头人的后备人选。

“省 333 工程” 指江苏省委、省政府实施科教兴省、人才强省战略，加强高层次人才队伍建设的一项重要举措。通过工程的实施，重点培养出 3000 名省内各学科、各行业具有一定声望的学术、技术带头人；300 名国内学术、技术界具有重大影响的高级专家；30 名能进入世界科技前沿并在国际上具有较高知名度的杰出专家。

“456”创新创优 “456”创新创优，即围绕 4 项职能，5 个重点方向，引领全市直属团组织和少先队打造 60 个以上创新创优项目和团建示范点。

“7 +2”集成改革方案 “7”指行政管理体制、经济体制、生态文明体制、开发开放体制、城乡发展一体化体制、社会事业体制、加强党的建设制度等七大领域集成改革专项方案；“2”指工作推进机制和宣传工作方案两个集成改革工作意见。

“一带一路” 指丝绸之路经济带和 21 世纪海上丝绸之路。是依靠中国与有关国家既有的双多边机制，借助既有的、行之有效的区域合作平台，主动地发展与沿线国家的经济合作伙伴关系，共同打造政治互信、经济融合、文化包容的利益共同体、命运共同体和责任共同体。

“一岗双责” “一岗”指一个领导干部的职务所对应的岗位；“双责”指一个领导干部既要对所在岗位应当承担的具体业务工作负责，又要对所在岗位应当承担的党风廉政建设责任制负责；也就是一个单位的领导干部应当对这个单位的业务工作和党风廉政建设负双重责任。

“一突出四联动” 指突出政治功能，推动基层党委、支部、党员和群众四个主体联动。

“一推三治五化” 持续推进农村住房和美丽乡村建设；全面治理农村垃圾、污水、河塘；加快实现厕所净化、道路优化、路灯亮化、村庄绿化、管理长效化。

“一云四屏” 指线上智慧云 + 有线电视屏、电脑屏、手机屏、展示屏，实现线下线上同频共振。

“两委” 指村共产党员支部委员会和村民自治委员会。

“两个责任” 指党委负主体责任，纪委负监督责任。

“两个维护” 指坚决维护习近平总书记党中央的核心、全党的核心地位，坚决维护党中央权威和集中统一领导。

“两化融合” 指信息化和工业化融合。

“两聚一高” 指聚力创新、聚焦富民，高水平全面建成小康社会。

“两品一标” 指绿色食品、有机农产品和农产品地理标志。

“两学一做” 指学党章党规、学系列讲话，做合格党员。

“两新”组织 指新经济组织、新社会组织。

“两走进两促进” 指走进基层、走进企业，促进项目建设、促进企业发展。

“两业”融合龙头企业 年主营业务收入超 10 亿元，拥有较高的市场占有率、行业影响力和品牌知名度，集“智能制造 + 增值服务”功能为一体的先进制造业和现代服务业深度融合发展的标杆企业。

“双述双评” 指的是村干部既向乡镇党委述职又向群众述职，既接受组织评价又接受群众评价。

“双随机、一公开”监管 在监管过程中随机抽取检查对象，随机选派执法检查人员，抽查情况及查处结果及时向社会公开。

“三查三看” 查思想，看科学发展意识是否明显加强；查工作，看科学发展能力是否明显进步；查作风，看践行科学发展观的实效是否明显。

“三大平台” 指镇（街道）政务服务中心、综合执法局、管理服务指挥中心。

“三定” 指定部门职责、定内设机构、定人员编制。

“三高两低”企业 指附加值低、技术水平低、能耗高、污染物排放高、安全生产风险高的企业。

“三公”消费 指政府部门人员在因公出国（境）经费、公务车购置及运行费、公务招待费（即“三公”经费）

产生的消费。

“三会一课” 指定期召开支部党员大会、支部委员会、党小组会，按时上好党课。

“三好” 各民主党派和无党派人士要做中国共产党的“好参谋、好帮手、好同事”。

“三解决三提升” 指解决群众的操心事、烦心事、揪心事，提升群众的获得感、幸福感、满意度。

“三进三退” 指高端进、低端退，治理进、污染退，生态进、生产退。

“三听三问三征求” 指通过个别谈话征求、座谈会征求、书面征求等，听党员群众、听服务对象、听党外干部意见和建议，在开门纳谏中问症、问策、问效。

“三务”公开 指定期对村级党务、村务、财务进行公开。

“三务”公开“户户通” 指以有线电视为主要载体，把村级党务、村务、财务情况全面公开到每一户老百姓，真正实现人人知晓、参与、监督的三务公开监督管理机制。

“三农” 指农业、农村和农民。

“三资” 指农村集体经济中的资金、资产、资源。

“三资”投农 指民间资本、工商资本和外资投资建设现代农业。

“三巡叠加” 指巡察与审计、纪委、条线监管部门联动协作的工作机制。

“四不发展” 不主动申请的不发展，对团的纲领、组织原则纪律和团员义务不认同的不发展、对党员的基本知识不掌握的不发展、不参加团组织活动的不发展。

四大类“500强”企业 指中国企业500强、中国制造业企业500强、中国服务业企业500强、中国民营企业500强。

“四单三式”服务 指群众点单、中心（所、站）派单、志愿者或志愿服务组织接单、群众评单，菜单式开展主题活动、配送式开展定制活动、孵化式开展创新活动。

“四风” 指形式主义、官僚主义、享乐主义和奢靡之风。

“四个自信” 指中国特色社会主义道路自信、理论自信、制度自信、文化自信。

“四个全面” 指全面建成小康社会、全面深化改革、全面依法治国、全面从严治党。

“四个意识” 指政治意识、大局意识、核心意识、看齐意识。

“四个一同” 指意识形态工作要与经济建设、政治建设、文化建设、社会建设、生态文明建设和党的建设工作紧密结合，一同部署、一同落实、一同检查、一同考核。

“四个最严” 指用最严谨的标准、最严格的监管、最严厉的处罚、最严肃的问责，确保人民群众“舌尖上的安全”。

“四严四实” 指标准要严、检查要严、要求要严、处置要严；责任有没有压实、整治方案是不是务实、排查是不是扎实、整改有没有落实。

“四新” 多党合作要有“新气象”，思想共识要有“新提高”，履职尽责要有“新作为”，参政党要有“新面貌”。

“四种形态” 指党内关系要正常化，批评和自我批评要经常开展，让咬耳扯袖、红脸出汗成为常态；党纪轻处分和组织处理要成为大多数；对严重违纪的重处分、作出重大职务调整应当是少数；而严重违纪涉嫌违法立案审查的只能是极极少数。

“五大品牌” 指集成改革品牌、制造业第一县品牌、江阴板块品牌、人文宜居品牌、民富村强品牌。

“五个纳入” 指纳入党委（党组）重要议事日程、各级各部门党建工作责任制、领导班子和领导干部目标管理、党的纪律监督检查范围、领导干部民主生活会和述职述廉报告。

“五个责任” 党政领导责任、部门监管责任、属地管理责任和企业主体责任、岗位行为责任。

“五老” 老干部、老战士、老专家、老教师、老模范。

“五聚力五提升” 指聚力基本组织提升党的领导力，聚力基本队伍提升党的战斗力，聚力基本活动提升党的凝聚力，聚力基本制度提升党的执行力，聚力基本保障提升党的支撑力。

“五全”监管模式 生态环境“全天候”监测、“全手段”治理、“全过程”管理、“全市域”覆盖、“全数据”考核。

“五突出五强化” 指突出岗位分析，强化因事择人；突出立体考核，强化精准识人；突出综合研判，强化人岗相适；突出结构优化，强化整体质态；突出组织把关，强化标准程序。

“五位一体” 指经济建设、政治建设、文化建设、社会建设、生态文明建设为一体的总体布局。

“六保” 保居民就业、保基本民生、保市场主体、保粮食能源安全、保产业链供应链稳定、保基层运转。

“六大发展战略” 指产业强市战略、创新驱动战略、改革开放战略、城乡统筹战略、绿色发展战略、民生优先战略。

“六个高质量” 指经济发展高质量、改革开放高质量、城乡建设高质量、文化建设高质量、生态环境高质量、人民生活高质量。

“六攻坚六突破” 打赢协同开放攻坚战，在区域一体发展上实现新突破；打赢重大项目攻坚战，在产业转型升级上实现新突破；打赢创新驱动攻坚战，在新旧动能转换上实现新突破；打赢城乡建设攻坚战，在滨江城市打造上实现新突破；打赢污染防治攻坚战，在长江生态保护上实现新突破；打赢风险防控攻坚战，在社会治理共享上实现新突破。

“六水共建” 指水规划建设、水生态建设、水资源建设、水景观建设、水安全建设、水文化建设。

“六稳” 指稳就业、稳金融、稳外贸、稳外资、稳投资、稳预期，涵盖我国目前经济生活的主要方面。

“八查八改” 指“一查改”企业环境应急管理机构与人员；“二查改”企业突发环境事件风险等级识别情况；“三查改”企业突发环境事件隐患排查治理情况；“四查改”企业监测预警机制建设情况；“五查改”企业环境风险防控措施；“六查改”企业环境应急预案备案工作；“七查改”企业环境应急演练工作；“八查改”企业环境应急保障体系建设情况。

“八礼四仪” “八礼”指“仪表之礼”“仪式之礼”“言谈之礼”“待人之礼”“行走之礼”“观赏之礼”“游览之礼”“餐饮之礼”。“四仪”指入学仪式（7岁）、成长仪式（10岁）、青春仪式（14岁）、成人仪式（18岁）。

“十大专项提升行动” 指江阴市按照文明城市创建测评体系标准要求，深入开展小区管理、背街小巷、城郊接合部、城乡河道、建筑工地、公共场所、社会秩序、市政设施、美丽乡村、文明素养十大专项提升行动。

“百千万”引才专项行动 到“十三五”期末，江阴市将新引进百名领军型人才，柔性引进千名教授博士到企业开展常态化产学研合作，全职引进万名紧缺型优秀大学毕业生。

中央“八项规定” 指中央政治局关于改进工作作风、密切联系群众的八项规定：一、要改进调查研究，切忌走过场、搞形式主义；要轻车简从、减少陪同、简化接待，不张贴悬挂标语横幅，不安排群众迎送，不铺设迎宾地毯，不摆放花草，不安排宴请；二、要精简会议活动，严格控制以中央名义召开的各类全国性会议和举行的重大活动，未经中央批准一律不出席各类剪彩、奠基活动和庆祝会、纪念会、表彰会、博览会、研讨会及各类论坛；提高会议实效，开短会、讲短话，力戒空话、套话；三、要精简文件简报，没有实质内容、可发可不发的文件、简报一律不发；四、要规范出访活动，出访活动严格控制出访随行人员，严格按照规定乘坐交通工具，一般不安排中资机构、华侨华人、留学生代表等到机场迎送；五、要改进警卫工作，减少交通管制，一般情况下不得封路、不清场闭馆；六、要改进新闻报道，中央政治局领导出席会议和活动应根据工作需要、新闻价值、社会效果决定是否报道，进一步压缩报道的数量、字数、时长；七、要严格文稿发表，除中央统一安排外，个人不公开出版著作、讲话单行本，不发贺信、贺电，不题词、题字；八、要厉行勤俭节约，严格遵守廉洁从政有关规定，严格执行住房、车辆配备等有关工作和生活待遇的规定。

行政执法“三项制度” 行政执法公示制度、执法全过程记录制度、重大执法决定法制审核制度。

河湖“两违” 河湖违法圈圩和河湖违法建设。

产学研“双百行动计划” “百家企业进高校、百项成果进企业”行动计划，即组织100家企业走出去，与高校院所开展点对点产学研活动。

年轻干部墩苗挂职锻炼“952”计划 指从党建工作、集成改革、经济发展、民生保障、生态环保、征地拆迁、信访调解、法制维稳和工程建设等9个方面推行“项目化锻炼”，通过基层一线、发展一线、稳定一线、骨干企业、上级机关等5类挂职途径，选派年轻干部进行为期2年的墩苗挂职锻炼。

县域治理“1+4”体系 “1”指党建统领；“4”指便捷高效的政务服务体系、沉底到边的基层治理体系、精准有力的社会救助体系、温馨周到的生活服务体系。

国土绿化“三化” 指国土绿化彩色化、珍贵化、效益化。

“放管服” 指简政放权、放管结合、优化服务。

“科技副总” 指江苏首创的引导企业柔性引进科研人才的机制，主要从全国高校院所引进专家教授，到企业兼任技术副总或副总工程师。

省“双创博士” 指江苏省创新、创业博士。

省“双创人才” 指江苏省高层次创新、创业人才。

省“双创计划” 指江苏省高层次创新、创业人才引进计划，包括“双创人才”“双创团队”和“双创博士”三项项目。

省“双创团队” 指江苏省创新、创业团队。

基层党建“四项工程” 指村（社区）党组织“领头雁”建设工程、党支部标准化规范化星级化建设工程、基层党建工作指导站建设工程、党建品牌“333培育工程”（从2018年到2020年，用三年时间，按照党组织、党员团队、党建工作三种类别，在全市基层各领域，共计选树、培育、打造300个具有示范性、影响力、带动力的“暨阳红色先锋”党建品牌，每年培育打造100个）。

党员联户“1+10+N”制度 指一名先锋党员，联系10名普通党员，联系N户群众，发挥党员先锋模范作用，直接联系服务群众，积极参与基层治理。

徐霞客镇“1+4”基层治理新模式 “1”指党建统领；“4”指镇村治理一张网、政务服务一窗口、综合执法一队伍、指挥调度一中心。

“强富美高” 指经济强、百姓富、环境美、社会文明程度高。

“套路贷” 指假借民间借贷之名，通过虚增借贷金额、恶意制造违约、肆意认定违约、毁匿还款证据等方式形成虚假债权债务，并借助诉讼、仲裁、公证或者采用暴力、威胁以及其他手段非法占有被害人财物的相关违法犯罪活动。

“上云”企业 指能以互联网为基础进行信息化基础设施、管理、业务等方面应用，并通过互联网与云计算手段连接社会化资源、共享服务及能力的企业。

“独角兽”企业 指在境内注册且具有法人资格，成立时间不超过10年，获得过私募投资且尚未上市，企业估值超过（含）10亿美元的企业。

“准独角兽”企业 指市场估值不低于10亿元人民币，有望在较短时期成长为“独角兽”的企业。

“雏鹰企业” 指依托一定数量的科技人员从事科学技术研究开发活动，取得自主知识产权并将其转化为高新技术产品或服务的科技型中小企业。

“瞪羚企业” 指以科技创新或商业模式创新为支撑进入高成长期的科技型中小企业。

“新三板” 指中关村科技园区非上市股份有限公司股份报价转让系统，因进入该系统的挂牌企业多为高科技企业而不同于原转让系统内的退市企业及原STAQ、NET系统挂牌公司（俗称“老三板”），故称为“新三板”。

“暨阳英才计划” 指江阴市为深化人才发展体制机制改革、策应无锡市“太湖人才计划”，推进江阴“人才强企”战略而打造的新一轮人才政策，从2017年开始，实施产业领军人才汇智工程、特色乡土人才育智工程、青年人才创智工程、高技能人才强智工程、社会事业人才聚智工程，打造具有江阴特色的人才新高地。

“江阴市产学研双百行动计划” 百家企业进高校、百项成果进企业。

外贸“破零”行动 通过政策引导、强化服务，鼓励推动江阴市2019年12月31日之前已进行对外贸易经营者备案登记但无进出口实绩的企业和未备案登记的内贸企业，实现进出口实绩零的突破，促进对外贸易稳中提质、做大规模。

企业用电工况建设 对排污企业生产设施与治污设施的用电情况实时动态监测的技术手段。

类　　目

目　录

媒体报道选辑

特　辑

重要文献

大事记

江阴概况

中共江阴市委

江阴市人大常委会

江阴市人民政府

政协江阴市委员会

纪检监察

民主党派·知联会

社会团体和组织

法治·军事

人力资源

农业农村

水利建设

工　业

开放型经济

开发区建设

企业上市

建筑业

房地产业

商贸流通服务业

金融业

港口　口岸

城乡建设与管理

生态环境

信息化建设

交通运输

经济事务管理

科学技术

教　育

文　化

卫生健康

体　育

社会事务

公共安全

街道·镇概况

组织机构和领导人员名录

人　物

附　录

索　引

彩色插页

Content

Media Report Selections

Special Issue

Important Literature

Chronicle of Events

Brief Introduction of Jiangyin

Jiangyin Municipal Committee of the Communist Party of China

The Standing Committee of Jiangyin Municipal People's Congress

Jiangyin Municipal People's Government

Jiangyin Municipal Committee of the Chinese People's Political Consultative Conference

Discipline Inspection & Supervision

Democratic Parties & Intellectual Fraternity

Social Group and Organization

Rule of Law & Military

Human Resource

Rural Work & Agriculture

Water Conservancy Construction

Industry

Open—Oriented Economy

Construction of Development Zones

Enterprises Listing

Architecture

Real Estate Industry

Commodity Circulation

Finance

Port & Harbor

Urban & Rural Construction and Administration

Ecological Construction

Informationization Construction

Transportation

Economic Affairs Management

Science Technology

Education

Culture Construction

Sanitation

Sports

Social Work

Public Safety

Survey of Block & Towns

Name List of the Organizations and the Leaders

Personages

Appendix

Index

Colored Inserts

各类市场主体超 18 万个，涌现 10 个中国 500 强企业

江阴　敢为人先立潮头

（壮丽 70 年　奋斗新时代）

一桥飞架南北。

长江下游的江阴大桥，南端是渡江战役纪念馆，一艘“渡江第一船”，记录下 70 年前人民解放军百万雄师过大江的峥嵘岁月。

江苏省江阴市，当年渡江战役东线桥头堡，70 年来敢为人先，涌现 10 家中国 500 强企业，连续 16 年位列全国县域经济与县域综合发展榜首。

创新推着企业跑

法尔胜泓昇集团，一个 55 年专注制“绳”的企业。法尔胜的世界很大，全球五成运输带用钢丝绳、国内九成桥梁缆索都由它生产，800 多个世界级建筑工程中都有它的印记。法尔胜的世界又很小，既有截面如发丝的光纤，也有用在航空航天领域的微型钢丝绳，直径最细的只有 0.08 毫米。

从渔船上的麻绳，到钢丝绳、钢帘线，再到光通信的光纤、光棒，谈及“绳”的变迁，法尔胜董事长周江直言：“创新，是民营企业不断成长的秘诀。”

新桥镇一条马路的两侧，分立两家纺织服装业的巨头——阳光集团和海澜集团，两个起步于 20 世纪 80 年代的乡镇企业，如今年营业收入相加已有近 2000 亿元。

阳光集团展厅里，有一款 500 支超高支精纺面料，1 克羊毛能被纺成 500 米，大约只有头发丝的十分之一细。“我们的目光一直瞄准国际先进，通过不断创新，掌握核心关键技术，从追赶到比肩，最终实现超越。”阳光集团董事长陈丽芬说。

创新的基因，在江阴企业家中血脉相传。2007 年，31 岁的张雷从英国学成归来，创办远景能源科技有限公司，在不断的创新突破中，短短 10 年打造出一个新能源巨无霸企业。

首先研发的是低速智能风机，不到两年，全球首例 87 米大叶轮 1.5 兆瓦机组在远景能源实现突破，全球首款 93 米大叶轮低风速智能风机并网发电，当年销售就超过 10 亿元。随后，张雷又把目光投向能源管理，开发了格林威治云平台。

在云平台，工作人员随手选定全球任意一个位置，只需几秒，系统通过大数据与算法就列出该布置多少风机、隔多远布置、风机功率大小等具体参数，为客户提供整体解决方案。

2018 年，江阴地区生产总值达 3806 亿元，10 个企业入围“中国企业 500 强”。上市公司总数和募集资金总量均位居全国县级市第一。“为江阴经济发展不断注入活力的，始终是实体经济。”江阴市委书记陈金虎表示。

共富理想攀新高

站在华西村 74 层高的龙希大酒店顶楼，71 岁的赵毛妹一眼就能看到自己家，一排排灰墙红瓦的农民别墅，掩映在绿荫之中。来到家门口，眼前是绿意盎然的院子，门内是大理石铺地的敞亮客厅。

20 世纪 60 年代的华西村，10 个生产队、12 个小村庄，村破地碎，800 亩地被水洼河沟分割成 1300 多块，最高和最低处落差有 3 米。老书记吴仁宝带着华西人肩挑手刨，挑了 112 万立方米土，硬是用 8 年时间将土地平整一遍，昔日的高岗低塘全都变成了“吨粮田”。

改革开放后，华西村根据“宜统则统、宜分则分”的政策，选择发展集体经济、兴办乡镇企业，走出一条共同富裕的道路。

“心中有个大目标，千斤重担一肩挑，心中没有大目标，一根稻草压弯腰。”赵毛妹说,华西村委一班人就有这个雄心壮志。改革开放40年间,村民人均年收入由1978年的220元增加到9.05万元,增长了400多倍。

赵毛妹小时候家里是茅草房、泥垛墙,竹头搁搁、稻草盖盖。吴仁宝老书记规划建设新农村,20世纪70年代住平房,80年代住火车式楼房,90年代儿子媳妇结婚时已是农民别墅,新世纪又住进这幢带车库的别墅。

闲了有老年活动中心可去,闷了有电影可看,每年有一次全套体检,还经常有村旅行社组织的国内外旅游……近几年,华西村在公共文体、卫生设施方面不断加大投入。

党的十八大以来,华西村加快转型和改革步伐,投入技改资金累计达17.9亿元,一批新兴产业势头良好。抓住5G发展的大好机遇,华西村放眼全球招引高科技人才,进军芯片领域,围绕5G进行产业布局。

2017年,华西村开始推行用人、机制和股份等3项改革,村民收入主要由“年薪+分红”构成。“集体经济不是吃大锅饭,是靠本事吃饭。”党委书记吴协恩表示。

效率优先再领跑

在江阴,每8个人中就有一个老板,各类市场主体超过18万家。“以前服务企业我们讲温馨周到,现在企业的诉求是便捷高效。”陈金虎表示,敢为人先,就会最早遇到发展的新问题,江阴正在用集成改革的“深刺激”释放发展新动能。

2017年7月,江阴被江苏省委和省政府确定为唯一的县级集成改革试点,提升县域治理体系和治理能力现代化水平成为改革总目标,行政审批改革是“当头炮”。

在江阴市行政审批局,十几个人正在联合办公,他们原来分属环保、规划等部门,企业要新建项目得挨家跑。现在,企业在一个窗口递交审批材料后,前后桌就能审阅材料。

“一趟路没跑就补办了营业执照,体验了一把‘不见面审批’,爽!”个体户吴刚笑说。登录江苏省政务服务网江阴市旗舰店,按照信息登记提交后台,再选择“快递送”服务,没几天就收到了营业执照。

在江阴,企业注册开业2个工作日、不动产权证4个工作日、施工许可证40个工作日以内完成的“2440”审批服务目标基本实现。

这些,只是江阴集成改革的一个侧面。2018年,集成改革的7大领域、38个方面、356项改革任务已全面推开,当年年底基本完成试点任务,目前已有8项改革成果在江苏省复制推广。(申　琳　尹晓宇)

(原载《人民日报》2019年6月24日第1版)

江苏省江阴市探索县域治理“1+5”总架构
城乡活力增强　企业群众获益

“呼叫网格员!”不久前,江苏省江阴市徐霞客镇企业主怀建华,打算在镇上新开一家机械制造有限公司,但他那段时间常跑外地,加上对公司设立的整套流程不熟悉,就想起来本镇有“网格员兜底办”的服务内容,这天上午便联系了所属方园村的网格员张华。

张华接到任务后,即通过“不见面审批”流程,在“江苏省企业开办全链通”平台为怀建华进行了营业执照全程电子化注册登记。网络的另一头,审批人员确认资料无误后即进行输机、出具营业执照、备案和刻章。当天下午,张华到徐霞客镇政务服务中心顺利领取营业执照及公章、完成银行开户并办理税务登记,不到4点半便走完企业开办全流程。“整个过程一点没有烦心。原来可能需要个把月办完的流程,现在一个工作日之内就办完了,比想象中方便高效得多!”怀建华对于“政务店小二”服务十分满意。

徐霞客镇党委书记叶韩清介绍:在该镇政务服务中心,通过标准化和流程再造,每个窗口能办理承接228项事项。除了依托网格员队伍进行不见面兜底办好事项之外,通过“互联网+政务”还能实行网上办、自助办、延伸办,为企业群众提供全天候、多元化、多层次的政务服务,实现“一窗通办、一章审批、一站服务”。2018年,该中心办件量179584件,各村办件量18574件,代办6094件。

这是江阴县域集成改革的起点和缩影。2017年5月23日,习近平总书记主持召开中央全面深化改革领导小组第三十五次会议,强调指出,对领域相近、功能互补的改革试点,可以开展综合配套试点,推动系统集成。自2017年7月被确立为江苏省唯一县级集成改革试点以来,江阴以党建统领为根本保障,构建政务服务、基层治理、社会救助、生活服务、公共安全为一体的县域治理“1+5”总架构,探索出县域治理体系的模式。

“从县域治理矛盾最突出、改革呼声最高和人民需求最迫切的问题入手,通过大精简、大清单、大提速、大数据,构建起便捷高效的政务服务体系。”无锡市委常委、江阴市委书记陈金虎介绍:各镇(街道)职能机构由30多个压缩为7—9个,两个开发区职能机构精简为10个;赋予镇街经济社会管理权限861项,开发区承接设区市经济管理权限187项;基本实现“企业注册登记2个工作日、不动产登记4个工作日、一般工业建设项目施工许可证办理40个工作日”的“2440”高效审批服务目标,90%以上的政务服务事项实现"不见面审批";率先建成"共享、开放、融合"市(县)级大数据中心,已完成61个部门13亿条数据接入,实现审批、服务、执法、监管政务信息互联共享。

江阴市行政审批局局长仇丰介绍:随着多举措、多途径纵深推进重点领域的各项改革,全市形成了改革的集成和叠加效应,开办企业流程不断优化、全程电子化登记等多元化登记渠道全面推广、市场活力和社会创造力得到进一步激发;全市市场主体从2017年底的139003户增长到目前的193661户。

集成改革带来的获得感,不仅怀建华这样的企业主感受明显,全市165万群众也是直接受益者。

"原来每个单位都有自己的账号,用起来很麻烦。现在没有了这个烦恼,关注一个APP就够了。"家住新华社区的张国珍阿姨告诉记者,前段时间她感冒咳嗽,直接在家打开手机上的"最江阴"APP就预约成功了,凭二维码到医院扫码签到即可完成挂号。"身边的家人朋友也都从'最江阴'APP上获得服务。"张国珍说。

据介绍,"最江阴"APP客户端已整合63个部门单位(含镇街、园区),接入或新建开发77个功能模块,集成了行政服务16个功能模块共1841项行政审批服务、124项公共服务、102项便民服务、7项公益服务以及5项资讯服务,下载量超过31万、注册用户数超过24万,有效破解了原有生活服务平台分散等问题,形成行政、公共、公益、便民、资讯"五位一体"的集成化移动网络服务平台。24小时在线的智慧生活服务,让群众随时随地享受到优质高效的服务,亲身体会集成改革的落地成效。 (何 聪 姚雪青)

(原载《人民日报》2019年10月18日第5版)

江苏江阴推集成改革,聚发展动能——进一个门 办多件事

1月24日,在江苏省江阴市联动天翼新能源产业基地项目一期工程建设现场,7台大型打桩机正此起彼伏忙个不停。总投资200亿元的联动天翼新能源产业基地项目从去年5月签约到9月份开工建设再到如今桩基阶段过半,可谓推进"神速"。"从项目签约开始,江阴市招商、审批、国土、建设等部门全力配合,联合审图、并联审批,项目审批完成不到40天,创造了审批服务的'江阴速度'。"项目工程部专门负责相关手续报建的汪越说。

2017年开始,江阴在江苏率先推进集成改革。江阴市委书记陈金虎说,江阴的集成改革在七大领域、38个方面,细化为356项改革任务全面推开、实施到位,基本完成试点任务,构建了以党建统领为根本保障、以"四大体系"为重要支撑的"1+4"县域治理总架构,为县域治理现代化建设探索新路,成为发展新动力。

江阴的集成改革首先从行政管理体制改革入手,破解群众和企业办事难,全面构建便捷高效的政务服务体系。编制市镇权责大清单,江阴先后编制了市县同权需求事项清单1311项。市级层面,按照"江阴急需、市县同权、法律许可"思路,承接无锡市赋权282项,省级赋权14项;镇街层面,赋予镇街经济社会管理权限861项、开发区承接设区市权限187项,做到行政权力能放则放、应放尽放、充分下放。

审批权限下放之后,江阴市又整合资源成立行政审批局,实现市场准入、权证办理、投资建设等领域相关事项全链条集中审批。记者在江阴政务服务中心看到,之前分散在各个部门的审批权力事项,如今都在这里集中审批;以往企业、群众"办一件事进多家门"的繁琐,变为"进一个门办多件事"的便捷。江阴市行政审批局局长魏峰介绍,集成改革开展以来,江阴全面推行"网上办、集中批、联合审、区域评、代办制、不见面",企业注册实现全程网上电子化办理,审批时限比2017年压减50%以上,95%以上事项实现最多"见一次面"办结,并实现了审批服务的"2440"速度,即企业注册开业2个工作日内、不动产登记4个工作日内、工业建设项目施工许可40个工作日内完成。

江阴的集成改革是全方位的。在行政管理体制改革推进的同时,江阴还破解基层一线治理之难,全面构建沉底到边的基层治理体系;聚焦脱贫攻坚,全面构建精准有力的社会救助体系;大力破解便民服务集成之难,全面构建温馨周到的生活服务体系,初步构建起县域治理"四大体系"。

集成改革促进了江阴的发展。在"江阴速度"的作用下,一个个重大项目顺利落地、开花、结果,纺织、风电、生物医药、集成电路等各类产业都在储备潜能、集聚后劲,整体实力和竞争力不断增强。 (王伟健)

(原载《人民日报》2019年4月20日第6版)

制造业第一县炼成记

“排座次、发金牌”，这是江阴政府和企业每每提及的年度“大事”。

在2018年度江阴市重点骨干企业座谈会上，海澜集团因贡献税收超过30亿元而获得了重达3公斤的纯金金牌。当地一位干部说，“海澜的金牌太重，脖子上都挂不住。”

海澜集团副总裁江南在接受《瞭望》新闻周刊采访时表示，金牌很重，但企业更为看重的是金牌背后政府对企业的认可与尊重。

企业家座谈会、千企大会、企业家协会年会……产业强企30条、科技创新20条、企业降本减负32条……江阴为实体经济发展搭建了一系列平台，并构建了完整的政策体系。

从20世纪50年代社队企业起步，到改革开放初期作为“苏南模式”典型为全国关注，再到党的十八大以来雄踞“中国制造业第一县”地位，江阴一次次创造了县域工业发展的“高原”。

日前发布的中国企业500强榜单上，江阴11个企业上榜，比2018年增加1个；19个企业上榜中国制造业500强，比2018年增加2个；8个企业入选中国服务业企业500强，比2018年增加3个。“中国制造业第一县”成色十足。

进入高质量发展新时代，无锡市委常委、江阴市委书记陈金虎对本刊记者表示，江阴将深入实施产业强市首要战略和创新驱动核心战略，加快构建现代化经济体系，“使江阴真正成为具有国际竞争力的先进制造业基地和创新型经济发展高地。”

社队工业筑基“苏南模式”

明清时江阴就享有“日出万匹，远销南洋”之誉。

已80岁高龄的江阴市原经济委员会主任助理吴德荣介绍，新中国成立后，手工业改造和合作化后，到1952年，江阴29个乡镇都成立了铁木业合作社，9个乡镇还成立了棉织合作社。

1958年开始，江阴响应党的八届六中全会关于“人民公社必须大办工业”的号召，按照“自力更生、以小为主、土法为主”原则和“就地取材、就地生产、就地销售”方针，掀起兴办社队工业的热潮。

吴德荣告诉记者，到20世纪60年代，一些社队企业逐渐发展为小型工厂，不敢大张旗鼓地发展，就挂上了“农具厂”“农修厂”“农修站”等“农字号”招牌。

1975年10月，《人民日报》发表《满腔热情地支持社队企业》，江阴以此提出为农业服务、为城市服务、为外贸出口服务、为人民需求服务等“四服务”方针，社队工业向更宽领域拓展。

至1978年，江阴县有社办企业326家，工业总产值达2.5亿元；队办企业1688个，工业产值达3.83亿元；社队工业产值占全县工业总产值的60.2%，首次超过县属工业。

吴德荣说，社队企业发展路径日后逐渐分化。一种为“滚雪球式”发展，企业由小到大，逐渐发展为今天的重点骨干企业。另一种为“细胞分裂式”发展，一个企业的不同车间独立壮大为一个个工厂。

改革开放后，江阴等地大力引进素有“星期天工程师”之称的上海技术工人，信息、技术、管理经验加上当地改革推动，使得乡镇企业快速发展，一度被形容为“村村点火、户户冒烟”。到1984年，周庄、西郊、青阳、要塞、华士成为江阴第一批工业产值“亿元乡(镇)”。

乡镇企业的风生水起，使得江阴成为了著名社会学家费孝通笔下“苏南模式”的发源地之一。

改革先行强健工业筋骨

以1987年撤县设市为节点，改革成为江阴构建工业立市格局的强劲动力。

在陈金虎看来，产权制度和所有制改革，催生了今天庞大的企业家群体和企业家阶层，特别是民营企业如雨后春笋，给国家发展提供了重要支撑。

1987—1991年，厂长任期目标制、企业两级核算制和集体经济内部审计制相结合的“三制配套”改革，以及为有效克服分配中“两头实(国家、个人)、中间空(企业)”问题推行的“劳资滚动承包、两段结算分配”责任制，激发了企业发展活力。

“不断完善的经营体制，使江阴乡镇企业在上个世纪80年代中后期和90年代初保持了持续快速的发展势头，1988年到1991年，江阴乡镇工业年均增速达36.4%。”江阴市工业和信息化局副局长余江告诉记者。

为鼓励和引导企业做大做强，江阴从1988年开始对重点企业在资金、电力、用汇、物资、劳动力等方面给予优惠政策。这一政策后调整为重点扶持100个重点骨干企业并延续至今。

产权制度改革更是彻底激发了企业内生动力。1992年当地提出“大型企业集体控股上水平、中型企业多方参股增活力、小型企业拍卖转让搞民营”，到1999年，全市已组建企业集团155个，其中46个企业集团被农业部评为国家级乡镇企业集团。同时按照“产权明晰、权责明确、政企分开、管理科学”的要求，推进大型骨干企业股份化改造，探索建立现代企业制度。

资本市场开放进程的加快为企业壮大规模提供了重要机遇。1992年，市属红星染织厂、起重机械厂、医药公司等7个企业首批试行企业内部职工持股。在股份制改革基础上，江阴于1994年提出资产重组、资本经营，积极推动企业上市。

1997年2月，江阴市第一只股票——“兴澄股份”在深圳证券交易所挂牌上市，揭开了江阴规模企业竞相上市的大幕。如今，江阴上市企业总数已达49个，形成了中国资本市场上独树一帜的“江阴板块”。

让高质量实体“根深叶茂”

“‘十三五’以来，我们的市场主

体净增9万个，到今年8月底达到19万多个。产业里面单打冠军有110多个，隐形冠军150多个……”陈金虎用这样一组数据阐述了江阴实体经济发展的活力。

如今，江阴重点骨干企业总数达到427个，其中年入库税金1000万元以上企业287个，年入库税金800万元以上服务业企业140个。中信泰富特钢成为继海澜集团之后的第二个营收千亿级企业。江阴已形成大企业“顶天立地”、小企业“铺天盖地”的局面。

调研中，江阴市发改委副主任项勇等受访人士认为，这主要得益于政府对实体经济的坚守，良好营商环境的打造，以及企业矢志不渝的创新。

法尔胜泓昇集团便是创新嬗变的缩影。董事长周江谈及企业制胜关键，第一位是技术创新。他对本刊记者表示，“从企业层面的前瞻性部署，到工厂层面的产品升级换代，再到企业员工的‘小改小革’，创新已成为渗入到法尔胜人身上的基因。”

法尔胜前身是1964年成立的江阴澄江制绳生产合作社，最早生产渔船用的麻绳，后生产钢丝绳，现已跃升为国内桥梁用钢绳索最大的龙头企业。主跨列世界前10位的悬索桥和斜拉桥中分别有7座和6座使用了法尔胜缆索。近年来，企业又进军“光绳”，一举打破了国外对中国高精度传感保偏光纤的贸易禁运和技术壁垒。

对于下一步发展，陈金虎说，“江阴将始终把制造业作为立市之本、强市之基，作为现代化经济体系‘稳’的根本、‘进’的基础，以智能化、绿色化、服务化、高端化、品牌化为引领，全力推动江阴制造向江阴创造转变、江阴速度向江阴质量转变、江阴产品向江阴品牌转变，让江阴制造成为高端品质的象征。”

（王仁贵　肖心月）

（原载《瞭望》2019年9月17日）

江阴：创新之路越走越阔

【壮丽70年·奋斗新时代】

有一句彰显江阴人性格的话，叫“拼死吃河豚”，说的是身处长江边的江阴人性格豪迈果敢，遇事不等不靠，敢闯敢试，不断创新。

12字江阴精神“人心齐、民性刚、敢攀登、创一流”，对江阴人的性格再次做了定义——与其说是江阴精神，不如说是城市特质。如今，江苏省江阴市拥有占全国百分之一的上市公司、五十分之一的中国500强企业和三十分之一的中国制造业500强企业，实现了全国县域经济和综合发展“十六连冠”。

实体经济蓬勃发展

1968年秋，华西大队党支部书记吴仁宝抽调了20来个农民，决定因地制宜创办华西大队五金厂。3年后，这个没有户口的“地下工厂”一年的产值就达到了24万元，净利润五六万元。当时，50公斤稻子才卖10来块钱，按最高亩产400公斤稻子计算，五金厂一年的利润相当于700多亩土地产出，而当时华西大队一共才800多亩地。经济效益如此之大，吴仁宝觉得，搞工业致富的路子走对了。

时光荏苒，50多年后的今天，华西集团已发展成为一家集钢铁、化纤、纺织、海运海工、新能源光伏等多个经营板块为一体的综合型企业集团。2017年，华西集团实现营业收入475亿元，江阴本地纳税超10亿元。

除了华西集团，制造绳缆的法尔胜泓昇集团、制造溴冷机的双良集团、深耕纺织业的阳光集团，这些乡镇企业或社办企业的创始人率先突破计划经济的束缚，一次次大胆求新求变，披荆斩棘带领企业跻身“中国企业500强”行列。

正是这些专注主业的企业，成为江阴经济发展最稳固的基石。党的十八大以来，江阴牢固确立“实体经济稳则江阴稳、实体经济强则江阴强、实体经济兴则江阴兴”的发展理念，强化江阴高新区核心区的引领使命，优化临港、靖江两大开放园区的支撑作用，带动全域协同联动、竞相发展，形成一体化、差异化、互补性的区域创新格局。全力打造以特钢、石化、风电、光伏等千亿级新材料和新能源产业集群，以芯片设计、制造以及现代中药、医疗器械等500亿级新一代信息技术和生物医药产业集群，同时打造一大批在细分领域市场占有率高、拥有核心技术、成长性好的“小巨人”企业。

通过出台实施高质量发展30条、智能制造三年行动计划等系列政策，有效引导企业做强做精，以制造业为主的实体经济在江阴蓬勃发展，一个具有国际竞争力的先进制造业基地逐步形成。截至2018年年底，江阴2.1万个制造业企业中，规模以上工业企业有1469个，开票销售超百亿企业有19个，入库税金超亿元企业达37个，拥有境内外上市公司48个，上市公司总数位列全国县市第一。

创新让企业在全球行业拥有话语权

敢闯敢试的创新基因深深融入这座城市，也成为江阴企业生存发展的不二法则。以制造业为主体的江阴实体经济加快转型升级，实施科技创新和制度创新，企业真正把主业做强、特色做优、产品做精，赢得市场竞争，成就“百年老店”。

跨度千米的斜拉大桥上，如何捕捉缆索1毫米的变形、及时化解安全风险？这个困扰业界几十年的难题，由法尔胜泓昇集团自主研发的“内置光纤光栅传感器的桥梁用智能缆索系统”技术破解。从麻绳到钢绳，再到“光绳”，这个企业50多年专注做好“一根绳”，从最粗的1.3米直径的钢丝绳，到最细的0.04毫米的太阳能精钢绳，法尔胜泓昇不断研发出高附加值的产品，被工信部评为中国金属丝、绳“单项冠军”,参与建造全球约930座桥梁和结构项目。

对标全球行业先进,持续进行技术研发,这样的创新每天都在发生。在纺织业坚守30多年的阳光集团,以平均每天50多个面料新品的开发能力始终保持国内领先、国际先进水平,累计获授权专利997项,参与49项国家和行业的标准制定。

发展压力,始终让江阴企业家如履薄冰。“父亲是双良的创始人,他常跟我说,民营企业是骑在虎背上而不是马背上,不创新只有死路一条,唯有不断创新,走在行业和时代前列,才能让企业永葆生机活力。”双良集团有限公司董事长缪文彬说。

早在1985年,双良集团成功研发溴化锂制冷机,打破跨国公司的垄断。在大型中央空调产业如日中天时,双良集团在节能、节水、环保领域形成核心竞争力,实现向节能环保系统集成商、投资运营商和能源服务商的转型,以“制造服务化”战略为企业打开更为广阔的空间。2016年,双良作为业内唯一一家代表企业获得中国工业大奖。

通过创新创业领军人才带动新兴产业规模化发展,是江阴培育新兴产业的另一个途径,远景集团便是成功范例之一。集团创始人张雷带领团队致力于实现风电领域的技术突破,自主开发风电核心控制技术和载荷优化技术,同时,企业以风电为切入点,开始探索、实践能源互联网。目前,远景全球最大的能源物联网平台管理着包括香港中华电力集团、Pattern能源、杜克能源、壳牌石油等在内的逾100GW的能源资产。

不断挺进创新链、价值链、市场链中高端的价值导向,让江阴企业在国内国际行业抢占了话语权。截至目前,江阴全市企业累计主持承担起草国际标准14项,主持制定或修订国家标准、行业标准和地方标准456项,承担国际、国内标准技术委员会秘书处工作的企业分别达到3个、13个。有150多个企业成为行业“隐形冠军”,110多个产品成为行业“单打冠军”。

集成改革为高质量发展赋能

资源消耗和环境成本的压力越来越大,如何在倡导高质量发展的时代继续领跑?江阴迫切需要在体制机制层面率先进行改革,从中寻找进一步发展的动力,也为全国县域发展探路。

2017年起,以行政管理体制改革为重点突破口,江阴在全省率先启动集成改革试点,并发展到多项改革“协同并进”。通过试点,构建县域治理“五大体系”,在新旧动能转换、生态环境保护、便捷高效政务服务等领域为高质量发展赋能。

江阴市推广成熟的“徐霞客镇经验”,将分属市级不同部门的890项行政权力下放到镇(街道),其中行政审批和公共服务类权限75项,行政处罚权815项,并制定了“2440”目标,实现企业注册两个工作日办理完成,不动产登记和工业建设项目施工许可证分别在4个和40个工作日内完成。为打破壁垒,实现“信息多跑路,群众少跑腿”,江阴在全省率先完成61个部门10.6亿条数据接入,实现了政务信息互联共享,80%的事项实现了“不见面”审批,极大地方便了企业和群众办理行政业务。

经济体制改革是集成改革七大领域之一,江阴深入开展工业企业资源利用绩效评价,在金融扶持、土地供给、税收、水电气等方面实行差别化政策,倒逼推动高效发展、集约发展,从源头上实现绿色发展。

改革要让群众获得实实在在的幸福感。江阴实施绿色发展战略,着力把主城区20千米的长江、运河黄金生产岸线全部变为生态岸线,启动建设总面积83平方千米的环城森林公园,环山路、停车场、登山步道等基础设施。目前,江阴生活垃圾日处理能力达2200吨,实现日产日清;1万吨的危废应急线处置项目建成启用,启动2万吨的常规线处置项目,为到2020年在全国率先实现垃圾、危废、污泥处理全覆盖奠定基础。

2019年年初,江阴规上工业增加值同比增长9.4%,增幅位居全省县市前列;空气质量优良率达到71.2%,同比提升5.1个百分点,城区$PM_{2.5}$浓度同比下降8.3%,降幅位居全省前列,一升一降“两个前列”凸显了江阴长江大保护的突出成效、高质量发展的阶段成果。扬实体经济、自然区位、人文底蕴、干群素质之长,补创新、城建、生态、富民之短,江阴开启了高质量发展的新征程。 (苏 雁)

(原载《光明日报》2019年4月21日头版)

江阴厚植实体经济发展土壤
从“江畔小舟”到世界级“航母编队”

2018年,江阴市实现地区生产总值3806亿元、规模以上工业产值6059亿元,实现全国县域经济和综合发展“十六连冠”,蝉联中国工业百强县(市)第一。江阴名列中国工业百强县第一,制造企业功不可没。为坚定实施产业强市战略,江阴市委多次提出,要初步打造出以千亿企业为龙头、规模企业为引领、中小企业为主体的“雁阵型航母编队”。

第一梯队:千亿企业为龙头

“如果把一座城市比作一棵参天大树,那么实体经济就是它深埋地下的根,根深自会叶茂。”让江阴市委书记陈金虎颇感自豪的是,目前江阴已培育出两家千亿级企业。

4月上旬,记者来到全国最大毛纺服装产业基地之一的新桥镇。正是在这里，海澜集团完成了从粗纺起家、精纺发家，到服装当家，再到品牌连锁经营的蜕变。2018 年，海澜集团以 1089 亿元的年营业收入名列中国企业 500 强榜单第 150 位，成功实现无锡地区千亿元级企业的首次突破。

网络化、数字化、智能化是时代大潮，催生出大量新产业、新业态、新模式和新技术，海澜集团抢抓机遇、提前布局，推动互联网、大数据、人工智能和实体经济深度融合。

2016 年，海澜能源互联网云平台上线，一举成为省工业互联网重点平台。"去年，我们通过智慧能源综合管理平台和智慧系统节能服务平台，为江苏签约企业节约电费 4 亿多元。今年签约客户从 460 个猛增到 4400 多个。"江苏海澜新能源有限公司总经理徐国平说，未来将逐步从节电扩展到节约水、气、汽等其它领域。

近年来，海澜集团还全面启动制造业信息化工程，通过为海澜之家的服装植入 RFID 芯片，利用大数据指导生产，提升附加值，让企业在服装业"寒冬"中实现了营收与利润双增长。

作为"最粗树根"的另一根，2018 年，中信泰富特钢集团同样交出了一份出色的发展"成绩单"：营业收入突破千亿元，成为江阴第二家营收千亿级企业。目前，中信泰富特钢集团已具备年产 1300 多万吨优特钢生产能力。旗下拥有兴澄特钢、新冶钢、青岛特钢、靖江特钢、铜陵泰富、扬州泰富等核心企业，形成了沿江、沿海战略布局。"就单个特钢企业而言，生产特钢总量达到 600 万吨的江阴兴澄特钢是目前世界最大的特钢企业。"今年 3 月，中信泰富特钢集团董事长俞亚鹏接受记者采访时说。

纵观该企业的发展之路，最离不开的就是创新。"我们不仅有创新基金，更重要的还有容错机制。"中信泰富特钢集团副总裁王文金说，按规定，企业每年有将近 10% 的产品会被淘汰，以淘汰率倒逼创新率，为打造全球最具竞争力的特钢企业集团增添了底气。

第二梯队：规模企业为引领

2018 年 11 月 2 日，阳光集团创立的"经纬编织质量管理模式"，一举斩获第三届中国质量奖，成为江苏首家、纺织行业唯一摘得该质量领域最高奖的企业。

从默默无闻的毛纺小厂到中国企业 500 强，阳光集团抓住了每个时代潮流的转变节点，从"跟跑"到"并跑"、再到"领跑"，不断实现自我突破。"从经济高速发展到高质量发展，我们从来没有脱离过制造业。"阳光集团董事长陈丽芬说。

来到双良集团，记者了解到，首届中国国际进口博览会主会场——国家会展中心（上海）所采用的目前全球最大分布式能源冷热电联供系统就是从这里走出。自上世纪 80 年代开发出第一台溴冷机至今，双良集团已成为全球最大的溴化锂中央空调生产基地，全球市场占有率达 30%，拟定近 10 项国家标准。

"双良的发展历程，实际上是一个不断创新的过程。"双良集团董事长缪文彬对于企业未来发展的思维转变也有着更清晰的轮廓，"一个是变革思维，一个是创新思维，还有一个很重要的就是平台思维。双良的目标就是成为中国领先的能源服务方案提供商。"

走进法尔胜泓昇集团，一根绳贯穿始终：从麻绳到钢绳，再到"光绳"，50 多年来，"一根绳"，串起两代法尔胜人的实业兴邦之梦。港珠澳大桥、苏通大桥、泸浦大桥、润扬大桥……法尔胜的印记出现在 900 多个大跨度、高难度的世界级桥梁以及国内外的桥梁与结构项目中。

"必须根据全球行业变化，保证自身产品的先进性和不可复制性，才能在国际竞争中立于不败之地。"法尔胜泓昇集团有限公司董事长周江说，"创新，就是一股'绳'，必须将科技、管理、人才等创新'因子'串起来。否则，百年长兴，就会是一句空话。"

截至目前，江阴全市开票销售超百亿元企业达到 27 个，重点骨干企业达到 427 个，各类"500 强企业"和行业"隐形冠军""单打冠军"企业持续扩容，规模企业引领作用日益凸显。

第三梯队：中小企业为主体

"我们始终坚持'引大扶优''育小做强'双管齐下，只有这样，产业发展的后劲才能更足、潜力才能更大。"陈金虎说，在制造业不断升级的当下，进一步下好"产业棋"的有效举措之一，就是更加重视创新型中小企业的培育。

4 月 18 日，记者走访江苏梦洁尔环保科技有限公司时发现，这家企业尽管体量不大，但在拼装式公共厕所领域有着"一骑绝尘"的竞争优势。"无论是人流量大的公共厕所还是日常使用的家庭厕所，最难处理的其实是污水问题。"该公司董事长陈坤兴说，"经过多年研发，我们已经拥有泡沫封堵系统、生物降解处理系统和城市污水处理三大核心技术，有着同行难以比拟的竞争优势。"

凭借技术创新与应用，截至 2018 年底，梦洁尔订单销售突破 5000 万元，较上年增长 200%，今年的销售目标是达到 1.2 亿元。

在圣华盾防护科技股份有限公司展厅，包括头盔、防护服、"安全校服"在内的多款产品映入记者眼帘。"目前行业中很多企业以做单品居多，比如头盔、鞋靴，行业要求相对较低，甚至出现'一撞就碎的头盔'。"该公司董事长陈太球直言，当下防化服行业所面临现状是：大市场、小企业、无品牌。

从一家原本生产工作服的工厂发展成为拥有核心技术的防化服企业，近年来，圣华盾持续加大科技研发投入，获得发明专利 100 余项，省部级高新技术产品有 10 余项。"现在我们年销售额接近 4 亿元，市场份额占行业前五，技术上能与国际一流品牌展开竞争。"陈太球说。

从一个临港小城一跃成为制造大市，在高质量发展的今天，如何加快实现从"制造业第一县"向"先进制造业第一县"的提升跨越，成为江阴实业家们面临的新课题。

风起了，扬帆起航正当时。

（王建明　胡安静）

（原载《新华日报》2019 年 6 月 2 日头版）

“强政府”与“强企业”如何鱼水共生

【江阴启示①】

再过数月，江苏无锡江阴市的集成改革试点将迎来两周年。作为江苏乃至全国的唯一试点县市，江阴希望通过这项试点，以行政管理体制改革为“先手棋”，探路县域治理体系和治理能力现代化，为全省提供可复制、可推广的改革成果。

集成改革是江阴“有为政府”的一个生动体现。改革开放41年来，身为闻名全国的“苏南模式”的起源地之一，江阴完成了政府职能从“重指令”到“强服务”的嬗变，但以“有为”为鲜明特征的“强势政府”模式却始终在经济社会领域发挥着“压舱石”的关键作用。

也正是得益于“强政府”，一大批举足轻重的“强企业”横空出世，使江阴这座长江下游的小城锋芒毕露，一跃成为“中国制造业第一县”和“中国资本第一县”，并在全国县域经济和综合发展中实现了“十六连冠”，在“2018年度中国十佳营商环境示范县市”中高居第一。

数据显示，2018年，江阴有10个企业入围“中国企业500强”，12个位列“中国民营企业500强”，17个跻身“中国制造业企业500强”，5个名列“中国服务业企业500强”，各类“500强”企业占了全国的三十分之一；有上市公司48个，“新三板”挂牌企业54个，上市公司总数居全国县级市首位。“强企业”与“强政府”两股力量比翼齐飞、交相辉映，是江阴在区域经济竞赛中强势胜出的最大“秘密”。

在中国改革开放波澜壮阔的征程中，政府与市场的关系一直是改革最关键的命题。党的十九大报告明确提出，要“使市场在资源配置中起决定性作用，更好发挥政府作用”。

在处理政府与市场的关系上，江阴是当之无愧的“中国模范生”。那么，江阴“强政府”的“有形之手”是如何与市场的“无形之手”合拍，进而催生“强企业”“强政府”又是怎样与“强企业”共融共生？

“强政府”催生“强企业”

纵观江阴的经济发展史，政府行为是贯穿其中的一条至为关键的脉络。可以说，缺乏区位优势和自然资源禀赋的江阴能在中国县域经济最发达、竞争也最为激烈的苏南地区脱颖而出，进而一路过关斩将成为领跑全国的工业强县，地方政府的超前意识与有效作为功不可没。

与“苏南模式”下的江苏其他经济强县一样，江阴经济先发优势的积累起步于由公社和生产队创办的小工业，也就是社队企业，这也决定了它日后的发展带有天然的“政府基因”。资料显示，到改革开放前夕的1978年，江阴全县社办企业达326家，工业总产值2.5亿元；队办企业1688家，工业产值达3.83亿元；社队工业产值占全县工业产值的60.2%，首次超过县属工业。

但与同样具有“强政府”传统的苏南其他强县迥然不同的，是改革开放后江阴对企业发展模式的选择，由此走出了一条独特的“强政府+强企业”区域经济成长路径。

20世纪80年代中期，由社队企业脱胎而来的乡镇集体企业已在全国蓬勃发展。在1987年迎来撤县建市的江阴意识到，要想继续领风气之先，实现从农业县向工业市的全面转型，必须不走寻常路。其决定发展规模经济，率先做出抓工业重点企业的战略决策。江阴“强企业”的培育自此肇始。

1988年，也就是撤县建市的第2年，江阴从全市3135个工业企业中筛选出86个重点企业，由市政府颁发俗称为“绿卡”的“工业重点企业信誉卡”。对“绿卡”企业，江阴在资金、电力、用汇、物资、劳动力等方面给予优惠政策，并逐年根据经营业绩动态调整名单，鼓励和引导企业做大做强。

1989年，江阴再接再厉，又出台《关于扶持“五大一小”企业、促进转化的意见》，选择投资大、影响大、难度大、压力大、潜力大、产出小的14个重点骨干企业，实行市领导联系、部门挂钩，进行重点帮扶。此后，将扶持“绿卡”企业和“五大一小”企业改为扶持100个重点骨干企业。

江阴“抓关键、保重点”的强力措施很快收到了效果。到1992年，累计组建工业企业集团7个，其中“天下第一村”华西村的华西实业总公司是江苏最大的乡镇企业集团。1995年，累计有国家级乡镇企业集团23个，数量名列全国县（市）第一。

江阴催生“强企业”的另一个具有前瞻性的大动作，是在推行股份合作制和股份制为重点的乡镇企业产权制度改革过程中，将资本经营战略作为关键突破口，由此铸就了江阴在资本市场上至今无出其右的巨大优势。

1992年邓小平南巡讲话后，中国的计划经济体制逐步向市场经济体制转变。在经历了10多年的兴盛期后，以集体经济为主的“苏南模式”由于所有制结构单一、政企权责不分、企业产权不明，原有的机制活力逐渐减弱，开始走下坡路。

已察觉到“苏南模式”式微之势的江阴官方，以试点为切入口，踏上了新一轮的改革探险之旅。

1992年，江阴市委、市政府以“坚决试、不求多、务求好、不能乱”为指导原则，着手推进企业股份制改革，先后下发《关于进行企业内部职工持股股份制试点的意见》《乡镇企业股份制条例》等文件，并在7家市属企业首批试行企业内部职工持股股份制试点。

次年年初，江阴在长泾镇花园村进行乡镇企业股份合作制改革试点，采用存量置换的方法，把4个效益不高、前景不好的小企业改制成股份合作制企业，开创了集体存量资产置换的先河。

试点取得成功后，1995年，江阴市委、市政府召开全市企业改革动员大会,出台《关于进一步深化企业改革的意见》和《关于批转企业改革五个配套文件的通知》,提出对乡镇企业实行公司制改造,建立产权明晰、权责明确、政企分开、管理科学的现代企业制度。到1996年底,全市共改制形成6个股份有限公司、313个有限责任公司和316个股份合作制企业。

也就是在这一时期,江阴的主政者敏锐地发现了资本市场的机遇,决心在推进企业股份制改造的基础上,把资本经营作为市场经济条件下企业突破资金瓶颈、实现裂变发展、抢占竞争制高点的超常规途径。

1996年,江阴正式将"资本经营战略"提上日程,提出"依托一个大型企业,发挥一个企业家作用,用好一张股票,做大一只蛋糕,带动一批存量"的指导方针,并迅速成立了由13个部门组成的"企业股份改制上市指导小组",为企业上市担当"高参"和"智囊"。

江阴兴澄冶金实业股份有限公司是这场大戏的第一个幸运儿。原江阴市金融办主任顾平告诉澎湃新闻,由于当时中国的证券市场尚处于起步阶段,各项政策法规还不完善,各项制度也有待建立,为支持兴澄上市,上至市委书记下至基层部门几乎都是倾尽全力,大胆创新地开展工作,帮助其解决遇到的困难。1997年2月,"兴澄股份"(现为"模塑科技")在深圳证券交易所挂牌上市,成为江阴的第一个上市公司。

有了政府这个强大"后盾",江阴企业此后"八仙过海、各显神通",通过自主发起、捆绑上市、买壳上市等多种渠道,掀起了一股争相上市潮。到1999年底,全市已有8个上市公司,占全国上市公司数的1%左右,资本市场的"江阴板块"自此闻名全国,成为江阴县域经济发展中最耀眼的一张"金名片"。

资本市场的大门打开,反过来又倒逼和促进了江阴"去集体化"的企业产权制度改革进程。1997年,江阴先后出炉《关于进一步加快企业改革的意见》和《关于全面推进乡镇企业改革的意见》,"抓大扶强、转中促优、放小搞活",打响企业产权制度改革攻坚战。到2001年,全市近万个市属、集体企业的改制工作基本结束。

"民营化"的产权制度改革激发了企业发展内在动力,使江阴彻底形成了外资企业、民营企业、混合所有制企业全面发展的民营经济格局。到2000年,全市企业完成销售735.4亿元,实现工业总产值830.4亿元、利税总额57.9亿元。工业销售收入、利税总额、工业投入等主要经济指标名列江苏全省县(市)第一位。

"此轮的改革,使江阴乡镇企业的体制发生了根本性的变化,企业真正成为市场的主体,企业家的潜力得到了空前释放。"长期观察研究政企关系的江阴市委党校学者秦泗阳在接受澎湃新闻采访时说。

"同时,政府行为也在这一过程中发生了深刻的变化。"秦泗阳说,政府退出企业的微观运行,从以行政推动为主转变到以政策调节为主,从直接投资、直接参与企业经营决策转变到营造环境、依法监管、强化服务上来,"完成了由'重指令'的'全能型政府'到'强服务'的'服务型政府'的职能转化。"

"店小二"与"急郎中"

进入新世纪后,江阴的"强政府"与"强企业"形成了交相辉映之势。同时,随着在市场经济中不断地洗礼与历练,政府"有形之手"对于经济的驾驭能力和调控技巧越来越娴熟。

这种能力与技巧,首先体现在向市场持续供给发展战略,并不断创新具体的战略举措,推动工业经济实现了由"铺天盖地"到"顶天立地"的历史性跨越。

2001年,江阴提出坚定不移地实施大企业集团战略,意图打造一批具有裂变扩张能力、快速发展动力和较强国际竞争力的"航母式"企业。从这一年起,江阴延续了20世纪80年代培育扶持规模企业的经验做法,每年确定88个企业,包括重点企业集团、优势企业、成长型企业等,加大要素资源倾斜力度,并由工业管理部门跟踪管理、动态调整。2006年,又将88个重点企业扩容至100个,改称"百强工业企业"。

经过这番精心培育,江阴的"强企业"再次出现井喷之势。到2011年末,全市的规模工业企业达1391个,其中大中型工业企业233个,是1987年的58倍以上;有10个企业跻身"中国企业500强"。自2002年"中国企业500强"榜单发布以来,江阴的入围企业数、升位企业数和升位速度均名列全国同类城市前茅,一举奠定了其"中国制造业第一县"的地位。

不断雄厚的家底,愈加坚定了江阴在做强实体经济上的底气和决心。

2016年,江阴首次将"产业强市"确立为地方发展的首位战略,旗帜鲜明地提出"坚定走产业强市道路不动摇,做优做强实体经济"。围绕这一全新战略,江阴同时提出了"五个全力"的工作要求,包括全力支持大企业大集团发展、全力扶持中小企业做强做大、全力重塑"江阴板块"优势、全力加大产业项目投资力度、全力优化政府服务效能等。

此后,一系列重磅产业发展政策接连出炉。在将"产业强市"确定为首位战略的当年,江阴即以市委、市政府名义高规格出台《关于加快产业强市建设的若干政策意见》,决定设立100亿元产业强市发展资金,这是江阴史上最大手笔的产业扶持资金。2018年,江阴再次以市委、市政府名义出台《关于进一步深化产业强市建设、全力推动经济高质量发展的意见》,希望以企业的高质量发展带动经济的高质量发展。

与此同时,针对企业发展的不同特点,江阴建立了市领导、相关部门与企业挂钩制度,实施分类指导。对大企业大集团实行一企一策、一事一策;对优势成长型企业强化要素支持、政策扶持;对中小企业,引导其专注主业,走"专精特新"发展之路,成为在细分领域的"小巨人企业"。

经过"有形之手"近20年的持续发力,如今的江阴实体经济,已呈现出"大企业集团领跑、优势成长型企业紧跟、中小企业竞相发展"的良性梯度格局。

政府"有形之手"对于经济的驾驭能力和调控技巧,还体现在如何更好地为企业提供服务上。作为“公共服务型政府”的积极践行者，江阴地方政府围绕“强服务”将“有为”发挥到了极致。

在江阴企业界，有一段“市委书记密集走访100个企业”的佳话。2017年5月初至9月底，无锡市委常委、江阴市委书记陈金虎历时140多天，通过27次密集踏访，一口气走访了100个上市后备企业。

“走访中，我主要问两个问题，一是上市进程推进如何；二是有什么困难需要协调解决。只有深入了解企业家的需求，才能精准发力，真正帮助企业排忧解难。”陈金虎对澎湃新闻记者说。

顺应市场需求主动作为，正是江阴“强服务”的最鲜明特征。这种“江阴式服务”贯穿于政府行为的各个环节，其着眼于城市发展长远的“人才之道”即是一个典型范例。

作为以实体经济为根基的城市，人才是江阴推进产业强市和企业创新升级的核心支撑。但与国内一二线城市相比，仅是县级市的江阴在招才引才上，无论综合资源还是区位交通都天然处于下风。如何吸引人？靠什么留住人？江阴把人才工作摆在各项工作的突出位置，祭出的法宝是：聚焦人才创业所需、生活所急，用全方位的服务将“软环境”变成竞争力。

2010年，曾留学瑞典的海归人才顾铭带着她的贻贝粘蛋白项目在全国寻找产业化基地，历时半年考察了十几个创业热点地区，始终没找到特别满意的园区。但一个偶然机会，顾铭在江阴仅仅停留了4个小时，就决心把项目落户江阴。

让顾铭爽快作出决定的，是地方政府务实的服务态度。“江阴高新区领导当时对我说‘你们孵化三年，我们就陪你们三年’。江阴各级政府部门办事高效，政策服务‘一条龙’，这份真心深深打动了我。”

2011年1月，顾铭注册了江阴贝瑞森生化技术有限公司，8月拿到厂房图纸，11月破土动工，2012年5月开工生产，贝瑞森成为了国际第四个、国内第一个贻贝粘蛋白生产供应商。“这在国外是很难做到的。在瑞典，95%以上的创业型医药小企业，要么死掉，要么卖给如美国那样的大药企，它是很难自己去经营发展的。”

顾铭的经历是江阴“抢人才”的一个缩影。截至目前，通过“暨阳英才计划”等“人才强企工程”，江阴的揽才成绩斐然：已建成诺奖得主研究院5个，院士工作站55个，国家、省工程技术中心148个；全市各类人才总量超过35万人，其中高层次人才近1.3万人。

“对党委政府而言，强服务是本职，优服务是天职。当企业阳光灿烂，发展顺风顺水时，政府要给它服务好，保障好，当好‘店小二’；当企业遇到阴雨天，经营有困难，政府要给它提供全天候帮助，当好‘急郎中’。”陈金虎对澎湃新闻记者说，当前区域之间竞争愈发激烈，过去那种拼优惠、拼资源的老路走不通了，现在要比的是政府职能的转换、市场主体的活力，以及良好的营商环境。

政企关系的“围墙辩证法”

通过有效作为，江阴的地方政府展现出了中国基层政权罕见的政策调控能力。但事实上，其同样也有所不为，并拿捏好了“有为”与“不为”的尺度，将行政行为止步于恰当的边界上。

“对这个边界，政府与企业的共识是：企业围墙外的事情，政府负责做好，不缺位、不越位、不错位；围墙内的事情，企业负责做好，政府不插手、不干涉。”江阴市工商联主席、法尔胜泓昇集团董事长周江对澎湃新闻记者说。

但周江分析认为，在厘清这个边界的同时，企业通过做好围墙内的事，影响政府的下一步决策布局；政府则通过做好围墙外的事，引导企业进一步做好围墙内的事，“两者之间并非是漠然的楚河汉界，而是形成了良性互动。”

江阴政企关系的“围墙辩证法”，体现出的是“中国式市场经济”的智慧。有关这方面的例子，不胜枚举。

近年，江阴通过制定“围墙外”游戏规则，强化正向的“样板效应”，激励更多“围墙内”的企业和企业家“相互较劲、相互学习、相互追赶”。

在江阴，有个由市委、市政府召开的“重点骨干企业座谈会”，极为企业家们看重。在这个一年一度的大会上，企业家不仅按贡献大小排座次，还将身挂“金牌”接受真金白银的表彰，风光无限。

对于“重点骨干企业”，江阴专门设立了一套严格的评定办法，只有入围的企业，才能获得参加座谈会的资格。以今年为例，入围的门槛是：工业、建筑业企业年入库税金1000万元以上，服务业企业入库税金800万元以上。

无锡市委常委、江阴市委书记陈金虎告诉澎湃新闻记者，为了抢到座谈会的“入场券”，临近年底时，一些有望入围的企业家往往会再加把劲，希望能在税收缴纳数额上往上“再冲一冲”。

“大张旗鼓地进行表彰奖励，主要目的是激发企业家的雄心壮志，营造尊商重企的浓厚发展氛围。”陈金虎说，一直以来，江阴的企业扶持政策都是看得见、摸得着的“干货”，从龙头骨干企业到高成长性企业、中小微企业，“企业拿着文件一对照，就知道能拿多少奖励。”从2016年以来，江阴已累计兑现产业强市发展资金、政府奖励超过40亿元。

这一“以贡献论英雄”的激励机制已立竿见影。数据显示，2015年江阴全市重点骨干企业总数为312个，2016年增加23个，2017年增加40个，2018年又增加52个，总数达到427个。其中，入库税金1000万元以上的工业企业、建筑业企业，2016年增加12个，2017年增加27个，2018年又增加21个，总数达到287个。

对企业围墙内的事情，政府不插手、不干涉，但在此原则的基础上也要做好必要的补位与引导。这一方面是基于江阴地方党委政府对市场“无形之手”之于资源配置关键性作用的清醒认识，另一方面因为企业是追求微观经济利益的主体，完全凭靠企业家精神和个人力量，其价值取向有时会不可避免地与宏观经济与社会利益相悖，亟须“有形之手”予以纠偏。

官方数据显示，江阴全市土地开发强度已超过40%，远超30%的国际警戒值。作为一个装备制造、电子、化工等产业集中的城市,前些年其产生的危废量也居全省前列,环境压力剧增。

对此,江阴地方政府并未放任企业"自我调节",而是铁腕出手。2016年以来,江阴累计关停高能耗、高污染、高排放企业233个。

过去三年环保执法处罚总量是整个"十二五"期间的3倍。同时,通过启动"绿色信贷"以及绿色分类评价,倒逼企业走绿色发展之路。

成效显而易见。2018年,江阴完成规模以上工业增加值1253亿元,按可比价计算增长9.4%。城区$PM_{2.5}$浓度同比却下降了8.3%,降幅位居全省前列。

尽管有"围墙"为界,但江阴也深知,"强政府"与"强企业"的和谐共生不能完全靠默契与自觉。当下的重点是,必须用制度管好政府的"有形之手",让闲不住的手收起来,让伸得过长的手收回来。在这方面,江阴党委政府一直在探索,最新的尝试是以集成改革试点为契机和抓手,杜绝权力部门的不作为、慢作为和乱作为。

对政府权力,江阴编制了市镇权责大清单,把政府及其工作部门依法实施的对公民、法人和其他组织权利义务产生直接影响的具体行政行为全部罗列出来,明确告诉市场政府在管什么、做什么,以此厘清政府和市场的边界,并强化政府责任。通过行政权力的应放尽放、能放则放、充分下放,江阴构建完成了市级和镇(街)、开发区的新型权责体系。

同时建立了"问责机制",以督查和考核作为推进改革的两个轮子。在江阴市行政服务中心,每一个审批事项从前台受理,到后台初审、审核、办结,再到群众取件,在线监察系统都实行同步监控,审批事项全过程"看得见、管得着"。一旦超出业务办理的承诺时限,系统会亮出黄色和红色的双色警告,并启动相应的追责机制。此外,对党员干部作风和工作实绩,江阴还实行一月一督查、一月一通报,并启用黄牌警告、考核扣分等制度规范责任约束。

科学的制度保障,最大限度地减少了寻租空间和人为干预空间,也极大地减少了企业的各种隐形负担。对于制度带来的"红利",江苏阳光股份有限公司董事长陈丽芬深有感触。"作为董事长,我差不多有20年没跑过部门了。"她对澎湃新闻记者坦言,"以前找政府部门办事,往往需要老总亲自出面,现在已经完全不需要。很多部门的负责人我都不认识,但无论是谁,事情一样能办好。在江阴,企业办事不靠熟人,而是靠制度。"

"回溯改革开放41年来江阴政企关系的演变历程,最有价值和最值得借鉴的经验主要有两点:一是无论什么时期,政府都非常有担当,主动作为;二是政府在不断摸索中找到了'有形之手'与'无形之手'的结合点,并与企业结成了一荣俱荣、一损俱损的'命运共同体',为江阴的长远发展集聚了宝贵的制度优势。"江阴市委党校学者秦泗阳对澎湃新闻记者说。(胡宏伟 徐益平)

(原载《澎湃新闻》2019年5月16日)

四十一年改革方法论:改革兴,则江阴兴

【江阴启示②】

日前,由中国钢铁工业协会主办的2018年度"中国钢铁工业产品开发市场开拓奖"公布获奖名单,中信泰富特钢集团旗下的兴澄特钢等两家企业的产品获得殊荣。

中信泰富特钢集团是全球范围内规模最大、产品规格最全的专业化特钢生产企业。两年前,出于管理便利和提升工作效能的需要,集团决定将总部从外地一座大城市迁至企业前身江阴钢厂和子公司兴澄特钢的所在地——江苏无锡江阴市。

"搬迁总部是一个浩大的系统工程,仅仅为解决交叉持股问题,企业就专门成立了重组小组,对下属十多家公司进行股权变更。事项环环紧扣,手续复杂繁多。"中信泰富特钢集团董事长俞亚鹏告诉澎湃新闻记者,所幸江阴市相关审批部门全力配合,通过简化流程、上门服务、并联审核等方式,将在其他地方或许需要审批一两年的大量市场准入事项在三个月内就完成了,堪称"江阴效率"。

事实上,在江阴这座县域经济领跑全国的小城,高效不仅体现在行政审批领域,基层治理、综合执法、民生保障、环保监测、城乡融合等多个维度都在释放这个地区探索系统性、集成化改革的成果和红利。

作为全国唯一一个县级改革试点,已如火如荼推进了一年多的集成改革,正成为江阴乃至江苏在改革领域的"金字招牌"。

然而,鲜为人知的是,江阴之所以能扛起探索县域治理体系现代化的大旗,正是得益于其浸入血脉的强大改革基因。改革开放41年来,江阴的发展从以"草根"为主的乡镇企业起步,在政企同心的催生下,借由资本市场的强劲东风,倒逼企业变革产权,从而全面建立现代化企业制度,规范管理、提升竞争力,并由此形成政府扶持企业,企业反哺财政,税收改善民生的良性循环。江阴也在屡积跬步、层层递进的改革历程中跻身全国百强县之首,成为江苏民营经济的领跑者。

无疑,集成改革是江阴长期扎根于丰沃改革土壤中结出的最丰厚的果实。在江阴,改革就如同一条浩荡的大河,穿崇岭,踏险滩,生生不息。数十年间,正是改革大河的滋养,"中国制造业第一县"跃然生长。

萌芽:"苏南模式"异军突起

因地处长江之阴而得名的江阴,自古便是中国纺织工业重镇。宋时

沿江一带广种棉花,土布生产随之兴起,自明清始成为农家主要副业,素有“日出万匹,远销南洋”之誉。机修、翻砂、粮油加工等也在许多集镇初现,成为乡镇工业的“胚胎”。

解放后,江阴农村开始显露出超前开拓商品经济的冲动,即依靠集体农业的积累,由公社和生产队创办当时被称为“社队企业”的小工业。到1958年底,全市办起各类工厂846个,次年达到1334个,但由于设备简陋、效益不佳,加上国家经济遭遇三年困难时期,经调整至1961年底仅保留为农业服务的骨干企业85个。1965年,江阴国民经济全面恢复并发展,社队工业悄然复苏,这其中尤以被誉为“天下第一村”的华西最为著名。

20世纪60年代初,初任华西大队党支部书记的吴仁宝,为走出大队在全公社最为贫穷的困境,带领村民通过平整土地、旱田改水田、两熟改三熟,实现了亩产一吨粮,使华西成为闻名遐迩的农业样板村。尽管由此解决了温饱问题,但吴仁宝认识到想致富就必须得走农副工综合发展的路子。1968年,在轰轰烈烈的农业学大寨热潮中,他顶着被“割资本主义尾巴”的风险,悄悄办起了五金厂。

“也就是这家偷偷摸摸搞起来的地下五金厂,三年后就达到了24万元的产值,一年利润相当于700多亩地的产出。”江阴市政协主席徐冬青告诉澎湃新闻记者。

1975年,华西村靠五金厂赚的钱,建成了五层大楼用于办托儿所、中小学。1978年,全村共有固定资产100万元,银行存款100万元,另还存有三年口粮,在全国数以万计的乡村中富甲一方。

“可以说,五金厂为华西村日后的经济腾飞赢得了先人一步的生机,也成了燎原中国乡镇集体企业的星星之火。”徐冬青表示。

随之创办的板网厂、药械厂、织布厂等,使华西村于20世纪70年代横空出世,在江阴掀起了一股强大的引领和示范效应。在其带动下,20世纪80年代,江阴乡镇工业以每年30%左右的幅度递增。截至1989年底,全市共有乡镇企业903个,村办企业2092个,村办以上工业企业密度达到平均每平方公里309个,涵盖纺织、轻工、机械、冶金、化工、建材等90多个门类,乡镇工业总产值飙升至71.28亿元。

乡镇企业的风生水起,使江阴成为著名社会学家费孝通笔下“苏南模式”的发源地之一——这一模式以集体经济为主体,以中心城市为依托,通过乡镇政府直接领导,辅以市场调节手段,走出了一条先工业化再市场化的发展路径。

在原江阴市体改委副主任、市经济研究中心主任徐仁先看来,异军突起的乡镇企业不仅增强了地方经济实力,推动了城乡二元经济结构转换,使江阴这个长江边的小城从一个纯粹的鱼米之乡迈入工业化快车道,也为如今在这片土地上经历过市场启蒙和资本洗礼的数百家全国乃至全球领先企业,奠定了改革破冰、累积成长的坚实基础。

转折:资本市场率先突围

尽管传统“苏南模式”下由集体主导创办的乡镇企业,在相当程度上解决了当时计划经济向市场经济、农业社会向工业社会转型初期普遍存在的资源短缺难题,但乡镇企业长期依靠有限的自我积累和银行贷款,逐渐呈现小而全、小而散的发展劣势。

“企业想转型、壮大,首先要有资金。”江苏阳光股份有限公司董事长陈丽芬告诉澎湃新闻。

20世纪90年代初期,在苏南绝大部分地方尚未认识到可用资本经营手段发展企业时,江阴政府和当地一批理念超前的企业家已率先达成了对“资本经营”价值的共识,认为可通过股份制改革试点的尝试,让企业在市场经济条件下以产品经营为基础,实施资本运作,再以此获得的利润支撑产品经营,使企业在短期内迅速扩大规模,实现超常规裂变式发展。

江阴澄星实业集团有限公司即是其中的典型。

1984年12月,从老家移居至邻镇的李兴,凭借曾在家乡担任过化工厂副厂长的经验,联合12名江阴澄南村村民,在三间简陋的石棉瓦厂房里,以总计3.8万元的借贷资本,靠生产五氧化二磷产品,创办了澄星集团的前身——澄南化工厂。此后通过成为国营大厂的金牌供应商,澄南化工厂搭上国企的快车,得以迅速壮大。

1992年,经行业协会组织,到美国加州大学旧金山分校商学院参加培训的李兴,首次接触到“股份制”的概念,对资本市场产生浓厚兴趣。回国后,他瞄定美国纳斯达克,开始筹备澄星上市的前期工作。但1997年的东南亚金融危机,阻断了企业海外上市之路。

“那个年代国家为确保股市的有序发展,严格控制上市公司数量,乡镇企业拿不到分配指标,最便捷的方式就是‘借壳上市’。”李兴告诉澎湃新闻记者,通过业内人士打听,他了解到无锡宜兴市境内的江苏鼎球实业有限公司在上市后受东南亚金融风暴影响,发展受挫,正在寻找合作伙伴重组。

为尽早实现合作,1998年4月的一天,在听说曾促成鼎球公司上市的时任江苏省政府秘书长正陪同有关领导到无锡考察,入住蠡湖宾馆后,李兴带着澄星收购鼎球的申请连夜赶赴无锡,请求支持。秘书长看后当即表态同意,但指出申请文件不合规范,需改由市政府行文,再逐级签字,提交省政府专题会议讨论。

“当时省里关于股份制问题的会议就是在第二天上午召开,为争取时间,我们一行人马上赶回江阴,找到市委书记汇报时已是晚上十点。”李兴回忆,书记当即表示全力支持,立即将已经下班回家的办事人员叫回,以最快速度办妥一应手续。

待李兴拿着市里出具的公函回到蠡湖宾馆时,已经是后半夜,被叫醒的秘书长即刻签署了意见。一行人又连夜赶到南京,一早将文件交给正在开会的时任主管副省长。

“整个过程紧张焦灼但进展顺利。事后秘书长向我感叹‘真是服了你们’。如此高效的办事效率也只有江阴的政府和企业做得到。”李兴说。

1998年12月,澄星集团以11242万元自有资金协议受让鼎球实业3850万股,占总资本的

29.76%,成为鼎球实业的第一大股东。之后经过一系列资产重组和公司更名,澄星完成由“借壳上市”到“正名入市”的全过程。

同期,通过独家发起、资产重组、捆绑上市等多种途径,江阴迎来企业争相上市的“井喷期”:1999年底全市8个上市企业累计募集资金21.6亿元,约占江苏省募资总量的7%,形成中国资本市场上独树一帜的“江阴板块”。

“在当时的江阴,多路并发的上市模式可谓俯首可拾。”原江阴市金融办主任顾平告诉澎湃新闻记者,“井喷”一方面源于企业自身发展的资金需要,另一方面离不开政府敏锐精准的政策扶持。

1996年,为更好地发挥“高参”作用,江阴市政府成立了以体改办、银行、财政局、政府办等13个部门组成的“企业股份改制上市指导小组”,为企业上市提供个性化、一条龙服务。同时指导有潜力的企业用足用好国家相关政策,帮助其解决在上市之初“敢不敢想”、“想不想上”的问题。此外,在资产评估确认、审计确认、股权转让、土地处置等方面向上积极争取,形成“上市一个,成功一个,上准一个,带动一批”的正向效应。

截至2018年底,江阴共有上市公司48个,“新三板”挂牌企业54个,另有上市后备企业100个、“新三板”后备企业120个,上市公司总数连续多年位居全国县级市首位。

借助资本的强大推力,一大批江阴制造企业从扬子江畔走向世界,实现了行业内从追赶到领跑的飞跃。阳光集团从给国际巨头“贴牌”代工,到创建自主高端品牌,进而把国际标准化组织、纺织品技术委员会国际秘书处的牌子挂到了自家门口;澄星集团通过收购、兼并、重组,不断夯实核心竞争力,成为全国最大的精细磷化工产品生产和出口企业;法尔胜泓昇集团依靠上市募集的资金,加大对缆索产业的投入力度,一举奠定在全国金属制品领域傲立群雄的“江湖地位”。

“事实证明,上市挂牌是企业最好的转型升级,兼并重组是政府最好的招商引资。”顾平表示。

嬗变:产权变革活力迸发

资本市场“江阴板块”的腾飞不仅加速了企业转型,也倒逼着企业加快形成一套有利于自身可持续发展的产权制度——由集体经济主导转向多元资本结构。

“但改制并非一帆风顺。”江阴澄星实业集团有限公司董事局主席兼总裁李兴告诉澎湃新闻记者,1999年因对上市过程中一笔款项去向存疑,他曾被纪检部门短暂“隔离审查”,当时恰逢乡镇企业改制在全市动员推广。澄星集团资产总额大,又是上市公司,在全镇举足轻重,但因自己无暇应对,其他经营者又不愿斥资买股,改制一度被搁置。

误会解除后,市、镇领导找到李兴,详谈明晰产权对建立现代企业制度的重要意义,希望他动员企业班子成员、骨干启动改制。

“当时我想了一夜,相比过去,上市后公司的管理体制是有了很大进步,但对照现代企业制度要求还有较大距离。如果企业产权总是含混不清,员工主人翁地位只停留在政治层面,法人代表没有最终裁决权,‘大锅饭’、‘铁饭碗’的弊端就很难根除,企业能耐再大也不会有太多作为。”李兴表示,次日上班后,他立即召集班子成员和中层干部开会,讨论改制问题。

根据当时的评估与审计,全公司有资格参股的共96人,其中李兴可享51%的股权,剩余49%由其主持分配给他人,每位参股者需付出几万元到几十万元不等的现款。“前景不明,还要大投入,许多人犹豫不决。也有人心怀妒忌,认为日后企业就是我一个人的。”李兴告诉澎湃新闻记者,经过反复动员,多番表明心迹,最终集团改制工作于2001年3月顺利完成。

改制初期的观念困惑同样在江苏阳光集团发生着。

“从短期看,起初我个人认为改不改制对企业的发展都一样。创业者秉持着为集体服务的理念,不会把个人利益放在首位,相反改制若存在分配不平衡问题反而会影响很多人的积极性。”阳光股份有限公司董事长陈丽芬告诉澎湃新闻记者,但当时的地方主政者在助推企业上市的过程中已率先一步意识到,公司上市后,若个人产权始终得不到尊重,市场活力会长期受到压制。

1997年,在全市第一支股票“兴澄股份”上市的同期,江阴着手制定并实施了《关于全面推进乡镇企业改革的意见》《关于进一步加快企业改革的意见》等政策,明确“大型企业集体控股上水平、中型企业多方参股增活力、小型企业拍卖转让搞民营”的改革思路,坚持改制形式的多样性、改制政策的统一性和改革工作的配套性,打响乡镇企业产权制度改革攻坚战。

在政府引导助推下,2000年阳光集团完成首轮改制,由100多名中层及以上管理者控股90%。次年,集团在壮大毛纺主业的同时,开始涉足生物医药、房地产、医疗器械等产业,尝试多元发展。

“实践证明,企业通过改制确实焕发了生机活力,发展速度和灵活度都大幅提升。”李兴感叹。

在江阴市委党校学者秦泗阳看来,政府顺应企业需要出台的系列改制措施,不仅为突破传统“苏南模式”下乡镇企业发展初期普遍存在的产权模糊、政企不分、经营短期化等瓶颈制约发挥了重要作用,也从根本上解除了模糊的集体产权对企业家的束缚,激发了企业内生发展动力,为江阴制造业参与全球竞争建立了激励机制健全的产权基础。

2001年,江阴全市近万个市属、集体企业的企业改制工作基本完成。

“江阴的这次产权改革比较果断,也非常彻底。”秦泗阳告诉澎湃新闻记者,正是这一步改革使江阴在2003年一跃成为全国百强县之首。而纵观当时原本比江阴实力强劲的一些周边地区,因担心被指责集体资产流失,没有充分利用资本市场和资本经营推动微观层面上的企业改制改组、中观层面上的产业结构调整和宏观层面上的对内对外开放,从而错失发展先机。

凭借优良家底和健康体制,江阴各大企业内生式的经济增长潜力得到空前释放,汇聚成黑色金属冶炼和压延加工业、化学原料和化学制品制造业、金属制品业、纺织服装业、装备制造业以及生物医药、集成电路等多项支柱产业，江阴也藉此成为江苏民营经济活力最强的地区之一。

2018 年，江阴实现全国县域经济和综合发展“十六连冠”，规模以上工业产值达 6059 亿元，蝉联中国工业百强县(市)第一。

深化：集成改革全面落地

一个个企业的成功转型改变着江阴，也改变着与之鱼水共生的政府行为。如果说改革开放后，大面积涌现的乡镇企业是江阴改革发展的 1.0 版本，在政府引导下开展的资本市场率先突围和产权变革活力迸发是江阴改革的 2.0 版本，那么当下，如何进一步服务企业、营造更优营商环境，并以行政管理改革为“先手棋”，同步撬动经济体制、生态文明，以及开发开放、城乡发展一体化、社会事业、基层党建等多维度改革的协同并进，则是江阴改革水到渠成的 3.0 进行时。

“作为全国的改革先行区，江阴有着强烈的改革基因，曾率先发展乡镇企业推动‘苏南模式’大放异彩，勇于探索资本经营成就‘江阴板块’独树一帜，全面启动产权制度改革激活民营经济新动能，又主动呼应上海浦东开发开放实现开放型经济蓬勃发展。”从江苏省委全面深化改革委员会办公室到江阴挂职任市委常委、副市长的仲剑告诉澎湃新闻记者，江阴有数量庞大且实力超群的大企业，如果通过改革释放了活力，能最直观最快速地反映在企业获得感上。因此当江苏省委在顺应经济社会发展需要和中央要求的情况下，决定开展系统性、集成化的县域改革时，经过再三调研对比，将唯一试点放在了江阴。

试点确认后，时任江苏省委书记李强多次到江阴调研，并指出要发挥好江阴集成改革试点的示范带动效应，把一个地方的试点经验复制推广到其他地方，由点到面产生“溢出效应”和“1 + 1 > 2”的“叠加效应”，让“盆景”变成更多的“风景”，为全省乃至全国的改革大局探索路子、积累经验。

据仲剑介绍，江阴的集成改革主要包括 3 个方面，即省委、省政府对改革试点的支持政策集成、围绕问题根源作一揽子系统解决方案的改革思路集成，以及谋划改革试点方案的同时配套考虑改革落实的推进机制集成。

根据 2017 年 7 月印发的《江阴市县级集成改革试点总体方案》，在改革思路集成的探索上，江阴围绕构建便捷高效的政务服务体系、沉底到边的基层治理体系、精准有力的社会救助体系、温馨周到的生活服务体系和全域覆盖的公共安全体系，部署了七大方面 27 项任务。

具体操作上，以改革基础最优、呼声最高的行政管理体制为“当头炮”，编制市、镇权责大清单，全面推进“网上办、集中批、联合审、区域评、代办制、不见面”，基本实现企业注册开业 2 个工作日、不动产权证 4 个工作日、一般建设项目施工许可证 40 个工作日以内完成的“2440”高效审批。2018 年，874 项审批服务事项已实现“不见面办理”，98%以上事项实现网上办理。

“以前企业办个证少说也要几个月，最长等过近一年，递交材料要往返十多个部门。如今在行政审批中心一个窗口即可受理，不到一个月就能拿证。工程提前开工，因此增加的效益难以估算。”对比以往流程，如今“与政府打交道方便快捷”成了不少江阴企业家投资创业的共识。

退伍军人赵航就是其中之一。去年，他在江阴周庄镇着手成立一家包装新材料公司，意外的是，镇政府服务中心仅用 2 个工作日就办齐了公司五证合一的营业执照。

海澜集团总经办负责人在去年办理企业商业项目建设施工许可时，也连连感叹审批 9 万平方米的仓库，手续只花了 20 个工作日：“过去办这类项目要跑气象、民防、消防、规划、建设等多部门，耗上三四个月也是可能的。”他表示，而今只需在行政审批中心的综合窗口提交一次材料即可。

改革释放的高效红利还在基层社会治理层面延伸。

借鉴下辖徐霞客镇的先行改革经验，江阴将全市分成 17 个一级网格、271 个二级网格、1558 个三级网格，“人、地、物、事、组织”等要素均纳入网格管理中。同时整合多部门职能组建综合执法队伍，实现“小事不出村、大事不出镇、矛盾化解在基层”。

“过去，外来员工集体宿舍内电动车乱停、电线乱拉，一直处于‘看得见的管不了，管得了的看不见’的状态。”周庄镇派出所所长余军平感慨，如今只要网格员发现并上报此类问题，镇网格中心就会立即召集综治、消防、村委等联动处置。基于网格化工作带动的多元共治水平提升，周庄镇近半年内发案数和矛盾纠纷数均同比下降超过 10%，环境污染治理、消防隐患整治等也都取得不俗成效。

“集成改革不仅提升了企业涉政审批的工作效率，通过构建精细化的社会治理体系，夯实平安之基、营造更优生活环境，也为企业发展留住了人才。”阳光股份有限公司董事长陈丽芬告诉澎湃新闻记者。

在已有成果基础上，仲剑表示，2019 年集成改革将重点抓好任务落实，总结提炼经验，完善推进机制，力争到 2020 年将江阴建设成为江苏同类城市服务效率最高、发展环境最优、创新动力最强、人民群众获得感最多的改革发展示范区。

得益于改革带来的雄厚产业基础、优越投资环境和高效政府服务，2018 年 5 月，在对全国十多个城市进行考察后，联动天翼将总投资 200 亿元的新能源动力电池及系统项目落户江阴高新区，预计建成投产后年产值可超 500 亿元。“项目从跟踪到洽谈成功仅用了两个月。”仲剑透露。

“历史实践充分证明，江阴是靠吃改革饭长大的，改革兴则江阴兴。”在无锡市委常委、江阴市委书记陈金虎看来，江阴经济能长盛不衰，正是因为在改革开放进程中，凭借血脉里深厚浓烈的工商业基因，深耕实业、勇闯大业的企业家群体，勇于担当、善于作为又恪尽职守的干部队伍，快人一步地抓住了几次历史性改革发展的机遇，成功实现转型升级，“可以说，江阴过去的成就来源于改革，当下的发展得益于改革，未来的辉煌也必将维系于改革。” (胡宏伟　姚似璐)

(原载《澎湃新闻》2019 年 5 月 16 日)

实体经济是深埋地下的根，根深自会枝繁叶茂

【江阴启示③】

说到江阴，许多人都惊叹于它的“大”与“强”。

不足1000平方千米的县域，没有丰富的矿藏等资源禀赋，没有得天独厚的区位优势，也缺乏央企、国企的强力支柱，然而，却在中国县域经济版图上勾画出了自己引以为傲的印记：

——2018年GDP达3806亿元，高于宁夏、青海、西藏；拥有48家上市公司，在全国县级市位居第一，总量超过内蒙古、贵州、宁夏、青海、西藏等5个省（区）。

——各类“500强企业”云集：有10个“中国企业500强”，12个“中国民营企业500强”，17个“中国制造业500强”，5个“中国服务业企业500强”。

——“江阴制造”大家族有近1500个规模以上工业企业，开票销售收入超百亿的20个。经济强省江苏营收超千亿元的企业屈指可数，江阴独占2个（海澜集团、中信泰富特钢）。同时，还有一大批抢占行业话语权，成为所在领域的国家乃至国际标准起草人的“隐形冠军”。

“如果把一座城市比作一棵参天大树，那么实体经济就是它深埋地下的根。根深自会枝繁叶茂。”无锡市委常委、江阴市委书记陈金虎自豪地说，江阴实体经济高原隆起、中小企业铺天盖地、骨干企业高峰林立，构筑了富民强市的坚实根基。

咬定本业，精耕细作

江阴民营经济发达。自上世纪70年代始，一大批“社队企业”、乡镇企业萌发，“村村点火、处处冒烟”。

市场经济大浪淘沙，不少企业均陷入“其兴也勃焉，其亡也忽焉”的境地。而江阴却有很多的草根企业，挺过一轮轮残酷的市场竞争，不仅存活了，而且成长壮大为航母级企业。

长期关注江阴经济的本土学者、江南大学金融研究所兼职教授包卿对比研究了2008—2018年中国民营经济500强企业在各个城市的分布状况：过去10年间，除北京、深圳等少数明星城市的“民企500强”数量在增加外，国内多数被观察的城市均呈现出“不增反降”的态势。但江阴是个例外——由原来的8个，攀升到如今的12个。

江阴的民企为何具有罕见的强大生命力和抗周期能力，并总是能逆流而上倔强生长？研究者首先发现的一个秘诀是：江阴的民企英雄往往数十年如一日深耕本业，心无旁骛且无怨无悔。

千亿级巨头中信泰富特钢集团目前是全球规模最大的特钢企业。言及钢铁行业，很多人脑子里冒出的还是“落后产能”“能耗极大”“附加值极低”等词汇，而中信泰富特钢却手握大量世界级技术专利，经济效益连续多年位居全国之冠。

“我一辈子只做一件事，就是与钢打交道。做特钢，做好钢。”在中信泰富特钢集团总部大楼，远眺着长江边的雄伟钢城，董事长俞亚鹏说。他创下过两项行业纪录：32岁时当上了彼时国内钢铁厂最年轻的总工程师；浸淫钢铁领域几十年，又成为了国内坚守于钢铁行业时间最长的企业掌门人。

围绕本业，江阴企业具有强大的自我进化能力与敏锐的市场调适能力。一些成功的企业每隔几年就进行一次“自我革命”与迭代升级，始终追赶乃至引领市场潮流，将本业打造成为自己竞争致胜的利器。

法尔胜泓昇集团前身是1964年成立的江阴澄江制绳生产合作社，最早生产制作麻绳。后来，改为生产钢丝绳，通过连续技改，发展逐步步入快车道，目前已跃升为国内桥梁用钢绳索最大的龙头企业。

近年，法尔胜泓昇又进军光缆钢丝（“光绳”）市场。即把光纤嵌入钢缆之中，可以时刻捕捉到钢缆的健康状况，一旦钢缆应力发生异常，光纤就会触发报警。法尔胜泓昇首创的这种桥梁绳索全寿命诊断、检测和维护技术，打破了国外对中国高精度传感保偏光纤的贸易禁运和技术壁垒。

从草绳到钢绳再到光绳，法尔胜泓昇锁定本业的“三连跳”，实现了模仿创造、消化创新到自主创新的嬗变。变的是不断升级的技术和产品，不变的则是对实业经济的执着、对本业经营的坚守、对创新的不懈追求，这已经积淀为江阴企业群体不断跳跃式成长的缩影与贯穿其间的独特气质。

不仅是中信泰富特钢、法尔胜泓昇这样的巨头，江阴还有一大批痴迷于本业的中小企业，在某个行业的细分市场精耕细作，做精、做透，极具竞争力，它们也被称为细分领域的“隐形冠军”。

据统计，目前江阴企业共产生了110余只行业单打冠军产品，有150多个企业成为行业的“隐形冠军”，132个企业主持制定了457项国家、行业和地方标准。这些“小而精”“小而专”的企业，既是江阴企业家工匠精神的体现，也是企业做强做大的必然结果。

谈及企业家对本业与实业经济的偏好，江阴市工信局经济运行科科长庞远超分析认为，这与江阴的实业传统有关，也与以制造业为主的产业结构相关。江阴的第一代企业家们以技术出身为多，他们对“看得见摸得着”的实业更有把握，更具笃信，因此无论市场风云如何变幻，但江阴的大部分企业“搞实体经济仍能赚到钱”。

近年，国际和国内经济下行压力很大，且随着原材料、人力等成本上升，环保约束越来越严，实体经济举步维艰，不少地方和企业转向了“脱实向虚”的资本游戏，热衷于玩金融和房地产。但江阴的企业并没有“跟风”，官方更是推出一系列政策措施，营造实业为荣、产业兴市的社会风尚。

“对地方政府来说,依靠卖地为生的‘土地财政’是一条捷径,但注定是没有前途和出路的。”无锡市委常委、江阴市委书记陈金虎对此有着异常清醒的认识,“投资环境的优化、城市功能的提升、民生的改善,最终仍要靠实体经济。没有实体经济的支撑,任何事情都是无源之水、无本之木。”

专注于本业,竭力向产业的上下游延伸,而不是盲目地“跨界”搞多元化,这是江阴很多企业的扩张路径。但坚守绝非死守,不是固步自封、因循守旧,而是要善于抓住各种机会不断“赋能”发展。

资本市场“江阴板块”的成长史就是经典的成功案例。

早在20世纪90年代中后期,当许多民营企业对资本市场一知半解时,江阴已率先踏上上市之旅,并在当时国企“一统天下”的时代背景下“杀出一条血路”,形成了中国资本市场独特的“江阴现象”。企业上市不仅解决了民企融资难、融资贵的难题,也促进了企业规范化治理,为下一轮大发展积蓄了能量。

扬子江船业是江阴一个较早在新加坡和中国台湾上市的企业。该公司董事长、有“民间船王”之称的任元林对资本市场的那套玩法门清路熟,其旗下业务板块也涉足了金融领域,但企业始终将做活金融视为做大本业的基点,赚到的钱源源不断地注入主业。扎实稳健的经营理念,不仅支撑着扬子江船业顺利挺过了前几年整个造船业所遭遇的低迷困难期,反而借机扩张,收购了大批优质资产。

金融资本与产业资本良性互动、比翼齐飞,热心于上市但又专注于实业,成为了江阴经济一枚硬币的两面——既是“中国A股第一县”,又是“中国先进制造业第一县”,相辅相成,交相辉映。

扎根本土,放眼世界

到过江阴的人,都会羡慕江阴拥有如此众多的上市公司和优质企业。

更令人称叹的是,这些企业哪怕已跻身于各类“500强”强势英雄榜了,至今仍把总部设立于江阴甚至是江阴的某个村镇,并没有追赶潮流把企业搬迁到城市能级更大、行政级别更高的地方。这也就勾画出了江阴企业在咬定本业之外的另一个显著特征——扎根于本土。

为何江阴企业有如此深厚的“乡土情结”?

当地政商界人士的普遍判断是,这一方面基于江阴在长期发展中拥有了健全的企业生长链,产业上下游配套齐全等历史环境因素,另一方面也是本地企业家对江阴优良营商环境的高度认同,是用脚投票的结果。

在改革开放41年的摸索、创新、实践中,尤其是近些年的着力打造下,江阴地方政府与企业之间早已形成默契良好的互动生态,对政府来说,“你投资、我服务;你发财、我发展”是从未摇摆的定位与逻辑。

乔凌波是山西沁水人,从部队退伍留在江阴工作后,这么多年的亲身经历让他不禁由衷的感叹:“江阴的政商环境真好!”这种感觉用一句大白话来说就是,如果企业遇到困难了向政府“求助”,政府一定会真心实意地帮扶。

在江阴经营一个企业的乔凌波,现在还有另外一个身份——江阴山西商会的秘书长,为老家山西一些地方在苏南的招商引资工作架起桥梁。在两地间来来回回、穿针引线时,也收到一些无心插柳的意外之喜,比如,有家山西的高科技企业熟悉了江阴后,执意要把新开发业务的公司落户到江阴。

江阴一个知名企业的董事长告诉澎湃新闻记者,据他观察,江阴的企业家也有不少在外地投资的,但在外面兜兜转转了好几年,有的仍然把管理总部搬回了江阴。

扎根本土无疑培植了家乡企业家生长的深厚土壤,但这并没有阻碍他们拥有极其开阔的眼界。江阴本土经济学者包卿注意到,这与江阴早期企业原辅材料、产品销售“两头在外”的特点分不开,草根企业家们在“跑市场”中锻炼了敏锐的嗅觉,眼界也慢慢打开。江阴也是最早一批与外资企业“共舞”的地方,江苏第一家乡镇企业与外资合作、合资的案例都发生在江阴。

远景能源是一个全球新能源技术领域的领军企业。2007年初,张雷带领一个10人的海归创业团队,在家乡江阴成立了远景能源全球制造及工程中心。经过短短12年发展,远景能源已成长为中国第二大智能风机供应商、中国最大的海上风电技术解决方案提供商,并拥有全球最大的能源物联网平台。

远景能源迅速“蜕变”的秘诀是,它以全球视野选聘世界级人才,吸引了一批包括来自波音公司、福特汽车、美国国家航空航天局的专家。目前,远景能源的国际员工占比20%,硕士和博士比例达70%,研发及技术人员占到了80%。

总部基地植根江阴,在全球设立了8大技术创新中心,遍布美国、德国、丹麦等国,集聚国际一流人才,整合全球资源,打造智慧型企业,包卿将这一以远景能源为代表的企业现象概括为“在地全球化”。

如今,昔日发迹于村镇的江阴民营企业家们,纷纷开始了国际化之路:闻名中外的“天下第一村”华西村去非洲的莫桑比克采矿石,派年轻人去日本学习水稻种植技术;“汽车保险杠大王”江南模塑科技公司早在2015年,就把一部分工厂开在了墨西哥和美国,在德国慕尼黑、美国底特律还设有研发机构;国内最大的男装品牌海澜集团,于2017年在马来西亚开出直营门店后,今年又强势登陆泰国市场,成为江阴企业“出海”布局海外市场的又一经典案例。

企业家日渐开阔的思维与视野,与当地政府刻意引导密不可分。早在20世纪80年代,江阴政府部门就千方百计助推众多企业引进上海的“星期天工程师”。从2006年开始,又每年安排1000万元专项经费实施“百名企业家创新培训计划”,分多批次分赴澳大利亚、美国、德国等国家和地区培训,帮助第一代脱胎于乡镇企业的企业家们“开眼看世界”。

薪火相传,代际超越

2017年2月8日,海澜集团飞马奖颁奖典礼现场,台下3000余观众掌声雷动。年仅29岁的周立宸与父亲周建平两人相拥,热泪盈眶。

就在刚刚,周建平送给儿子一

个意外“礼物”：正式对外宣布自己不再担任海澜集团总裁，由周立宸接任。

作为营收超千亿元的江阴最大企业海澜集团，“80后”少帅周立宸的接棒，堪称江阴企业家代际传承中的又一个标志性事件。这位清华大学金融专业的高材生自2010年本科毕业后，并没有像绝大多数同龄的“企二代”一样出国深造、海外留学，而是在上海一家股权投资基金公司历练了两年，然后低调回归海澜集团总部工作，慢慢开始了接班前的“学徒训练”。

江阴市青年企业家协会秘书长周东向澎湃新闻记者介绍，江阴白手起家的第一代企业家目前都逐渐走向暮年，“企二代”“创二代”顺利接班或者正准备接班已经成为一道亮丽风景。

这在江阴巨头企业圈体现的尤为明显。除了周建平、周立宸父子外，“70后”周江早在2008年，便从父亲周建松手上接过了执掌法尔胜泓昇的帅印。目前，周江还担任了江阴市工商联（总商会）主席、市青年企业家协会会长。

此外，双良集团的缪文彬也于2017年接替父亲缪双大出任集团董事长；扬子江船业的任乐天任职集团总经理，成为父亲任元林的左膀右臂；有“中国磷化工业第一”之称的澄星集团董事长李兴之女、“80后”的李岐霞，已接任集团副总裁。

与媒体上常常曝出的不少“企二代”对接班不感兴趣或者“另起炉灶”不同，据周东介绍，江阴新生代企业家大多仍选择了“子承父业”，且继续坚守在实业领域。这显然与江阴代代相传如酒一般浓烈的企业家基因，以及扎实苦干的企业家精神氛围相辅相成。

周东分析说，这些新生代企业家们普遍受过良好的教育，格局更为宏大，创新意识和能力较强，对新生事物和未来趋势的把握也更敏锐。再加上他们长期受父辈言传身教、耳濡目染，在企业经营管理上很快就能独当一面，甚至为企业的新业务布局带来更多的想象空间。

作为中国改革开放的“同龄人”，41岁的缪文彬从父亲手上接过帅印后短短几年，已对双良集团进行了大刀阔斧的改造。迅速推动企业从单纯的节能、节水、环保三大领域的制造商，转向系统集成商、投资运营商及服务提供商，这不仅延长了企业产品线的全生命周期，也在盈利上更为厚实。为此，双良集团斩获了国家工信部颁发的中国服务型制造示范企业大奖，目前江苏省内仅有两家获此殊荣。

另一位“企二代”——模塑科技董事长曹克波的故事更是堪称传奇。

曹克波18岁时，就被父亲送到了德国，从为宝马公司生产零部件的配套厂学徒工做起，每天拧螺丝、打磨零件、学习语言，在一点一滴中感悟德国的企业管理和技术创新理念。这为他执掌企业后大力推进国际化奠定了坚实基础。

除了守住来之不易的主业外，曹克波摸索中开拓了新的疆土。熟稔德国的他，近年联手欧洲最大的专科医院德国北威州心脏和糖尿病中心，在无锡合作开办了明慈国际医院，这有望成为提升“模塑系”未来竞争力的另一张“王牌”。“当前的全球化，第一次使得中国企业有机会整合全球资源，我们应该紧紧地抓住它。”曹克波说。

不仅在生意场上眼界高远，这个有着娃娃脸、极富热情和感染力的男人，还成为了中德交往的民间大使。2005年，曹克波斥资数百万欧元在德国西部地区莱茵河畔的杜赛尔多夫，开设了德国杜赛尔多夫中国中心（DCC），成为江苏与德国北威州政府共同推动的中国经济文化交流机构。

目前，DCC已成功举办和承办了多场政府高层互访、跨国招商会议等，成为德国民众近距离感受中国文化的地标性场所。由于为深化中德友谊做出突出贡献，曹克波成为了中德经济顾问委员会中最年轻的中方委员，受到过习近平主席、德国总理默克尔等领导人的接见，还于2017年作为中国企业家跟随李克强总理出访德国。

进入21世纪，江阴地方政府便未雨绸缪，开始关注和引导本地企业家及早做好接班人培养。2013年，江阴又全面摸底海归“创二代”，积极孵化受过良好教育、拥有国际视野的新生代企业家群体。如今，17个“中国制造业500强”的江阴龙头企业中已有9个顺利交棒“创二代”。绵绵不绝的血脉与人的升级、进化，为江阴实体经济的升级储备了新动能，拓展了无限新空间。

（胡宏伟　李克诚）

（原载《澎湃新闻》2019年5月16日）

GDP背后：经济最强县域如何藏富于民

【江阴启示④】

每个周六，陆离都会在新修建的船厂公园转转，看着滚滚东流的长江，一切烦恼都会消散。作为20世纪80年代出生的江阴本地人，陆离在成长的过程中很少像这样近距离接触过长江，尽管这座小城是以江边闻名，他的父辈都在长江边长大。

在过去的41年里，和许多长江沿岸的城市一样，因为要发展重工业，江阴宝贵的长江岸线几乎都被码头和工厂占了。这些企业曾经为城市早期的发展贡献了大部分的税收，但同时也阻断了更多老百姓亲近长江的可能。

当现代化的脚步渐行渐近，生存与发展便不能被当作追逐美好生活的唯一需求。2012年，江阴地方政府做出“还江于民”的重大决策，恰是基于“一切为了人民幸福”的选择。而这也从一个侧面映衬并揭示了不应该被忽视的重要事实：在苏南模式的发轫地、GDP强市和“中国制造业第一县”等等盛名之下,江阴的民众从未被排除在改革成果之外:其居民人均收入多年在全省县(市)级城市名列前茅,其中农民人均收入连续19年位居全省县(市)级城市榜首。

江阴“民富”的背后,是诸多必须给出清晰答案的疑问:现代化发展的终极目标究竟是什么?如何在高速增长的同时兼顾收入分配?如何依靠制度而非道德感召寻求包括个人利益在内的公共利益的实现?在社会财富积累的基石之上,我们应该构建怎样的更美好的精神世界?

从“人均GDP”到“人均收入”

即便是“见过世面”的都市人,初来江阴,也会对从各种细节透露出的富庶充满赞叹——

这里有3个经中国旅游饭店业协会评定的五星级酒店,特色餐饮酒店遍布城区,有16个往往在大城市才有的罗森便利店;每部大热的影片,江阴总会以0.001%的全国人口贡献超过0.02%的全国票房收入;最热闹的上下班高峰期,即便你把红包加到10元,一时半会儿也很难叫到出租车或快车。

“外地人总认为江阴是个大城市,GDP那么高,实际上它就是个真真切切的小县城——人口160多万人,面积不足1千平方千米。”穿行于街巷,江阴的出租车司机告诉澎湃新闻,“但是,江阴老百姓的富裕程度或者消费水平却是让人刮目相看。”

改革开放41年来,长江边的小城江阴,创造了经济增长的大奇迹:GDP常年位居中国百强县之首,2018年GDP达3806亿元,超越了国内近80%的地级市。

在中国,像江阴这样抓住改革开放机遇、飞速成长的城市并不鲜见。但是,江阴的意义在于,它并未自我满足于庞大的GDP,而是努力将人均GDP最大程度地转换成为人均收入。结出的成果是:2005年末,江阴在全省率先实现了全面小康达标;到2018年,江阴居民人均可支配收入突破5万元,在全省县(市)名列前茅。

尤其在20世纪80年代中期以后,迅速展开的城市化和工业化进程并没有给江阴带来显著的城乡差距或是城乡发展的严重失衡——作为农民仍占总人口1/3的县域,江阴城乡收入比保持在1.93的较小差距水平;农民人均收入连续19年居江苏省同类城市第一,跻身几乎长期被以百姓富裕著称的邻省浙江包干的“民富”榜单。

“这里的村比镇富,镇比县富。”江阴市政府相关人士告诉澎湃新闻记者,以村级收入为例,2018年,除了“天下第一村”华西村外,江阴还有长江村、周庄村两个村的收入也超过亿元,另有42个村的收入超千万元、88个村收入逾500万元。江阴的村均收入高达1398万元。

不少江阴城里人都羡慕地认为,这里乡镇的生活已经跟城里一样,甚至比城里还好。

比如,江阴龙头企业海澜之家所在的新桥镇,2011年这个江南的“毛纺之乡”获得“国际花园城市”称号,欧式小镇与绿草树荫交相映衬,吸引不少城里人前来游玩。城里人甚至有时还会专程到乡下来办护照——自从江阴乡镇推广行政审批制度改革后,有些政务服务的效率比城里还快,即使算上来回路程,不过两个小时。

抗风险能力最能凸显城乡差异,江阴用10多年的时间逐步建立起了一套城乡一体的社会保障体系。

2002年,对于30万名失去传统土地保障的被征地农民,江阴首次将其纳入社会保险范围。2005年,考虑到过去当地乡镇企业众多,江阴突破城乡壁垒,将城镇企业职工保险扩大到覆盖城乡的所有人,个人也可以用灵活就业的方式参保。2010年,江阴进一步推动处于就业年龄段的被征地农民保险与城保并轨,实现和城里人一样的退休养老。在医疗保障方面,江阴目前农保的结报比例为50%,与社保80%的结报比例差距日渐缩小。

上岸之后:反哺家乡的农民企业家

当年盛极一时的苏南模式,给江阴留下的宝贵财富是一群洗脚上岸的农民企业家。他们作为先富起来的群体不仅书写了辉煌的个人奋斗史,更承担起了社会均衡发展的重担。

20世纪80年代,人均耕地不多的江阴着力拓展非农产业,崛起大批乡镇集体企业,部分经营者因此收获了第一桶金。90年代随着乡镇企业产权改制,一些厂长或业务骨干成为了真正的老板。现在江阴有名的一些大企业如海澜之家、阳光集团等几乎无一例外都是从当年的这些乡镇企业一步步演变而来的。

老板越来越多。据统计,目前每8个江阴人当中就有一个老板。这些分布在各乡镇的大小老板为当地创造了大量的就业,让江阴的农民不用背井离乡就可在家就业。

江阴市农村农业局副局长胡振方介绍,与一些外来投资的老板不同,生长于斯的本土企业家拥有更为强烈的乡土情结和责任感,他们为当地农民带来了较为稳定且可观的薪资收入。这部分工资性收入占到了当地农民年收入的60%左右。

以新桥镇的海澜之家为例,这一家大型企业就给当地创造就业岗位近2万个,差不多吸纳了近三分之一的本镇人口。同时,又拉动了全镇为其配套的下游企业200多家。

进入21世纪,随着一大批与当年的乡镇企业一同发达起来的大小老板逐渐完成个人财富积累,他们眼见着乡村的落后和贫富差距,便开始在地方政府的引导下热心投身于乡村建设和慈善事业。

拥有亿万身价的老板李全兴就是在这一时期接受家乡父老的托付,当上了周庄镇山泉村村书记。他上任10年,原本负债累累的山泉村摇身一变跻身全镇村级收入前三强,“新农村”建设的理念实践也取得立竿见影的效果——3000多户村民“上楼”,住进了整齐规划的农家别墅;丝毫不逊色于大都市的花园式小区远近闻名,别具风情,整洁干净,人们彬彬有礼。

在江阴的大小村镇,几乎都成立了互助性质的各种社会组织。徐霞客镇最早的一支基金的创立人张志荣,是该镇璜塘村的一位老资格村主任。2011年,他遭遇车祸被乡亲紧急送进市里的医院。感念于此，张志荣出院后便张罗筹款50万元建立了一个老年活动中心“同乐园”，并设立了10万元的敬老爱老基金，每年定期给村里的老人量血压、举办各种表演活动等。

被张志荣吆喝着给这个“同乐园”基金提供捐赠的，大多是些村里的小老板。“与那些声名在外的大企业相比，我们就是开了几个小厂，赚了些小钱，衣食不愁，想着捐些钱也算回报家乡了。”2019年60岁的老板张剑林说。

2007年，在众多民营企业家的自发呼吁下，这座城市创造了全国县级城市一次性募集资金最多、基金盘子总量最大的纪录——慈善救助冠名基金募集总额达到9亿多元。2014胡润慈善榜，江阴企业家任元林以2.5亿元捐赠总额位列第四。

分配与分享的制度化保障

乡村的现代化过程中，必然遭遇的挑战一是如何推动农民普遍致富，二是如何为财富的分配与公共利益的分享提供制度化的保障？

面对20世纪80年代后“村村点火、户户冒烟”的乡村工业崛起带来的土地资源紧缺，江阴近些年开始重新划分功能区以期推动集中发展。为此，如何让散乱居住的农民统一“上楼”并非易事。

在周庄镇山泉村，我们清晰地看到了“善治与公平”的影子。

仅仅一年多的时间，山泉村就让3000多户农民家庭没有出现一例纠纷“上了楼”。村书记李全兴说，自己所做的不过是把方案明明白白地抛给村民，让他们充分表达自己的想法和需求，作为村书记只要将这些认真加以实现。

李全兴还把村务与财务账目公开于村委会大楼外，包括贫困户补助等每一笔收支都写得一清二楚。建筑的细节或许更能体现对“公平”和开放性的追求——在山泉村，村委会的会议室和一些办公室是全透明的，没有什么遮挡，也不试图隐瞒任何东西。

一个值得回味的细节是，尽管山泉村的村务财务早已公开，但澎湃新闻走访村民，发现几乎很少有人真正去死抠村务财务项目。大家对村书记李全兴充满了信赖，称赞他为“父母官”。因为他的就任让村民们年终领的分红多了，小区环境好了，而且“他本人从没拿过村里一分工资”。在村民们看来，不拿工资，甚至倒贴钱，显示出这位村干部为家乡做事的不计私利。

“村民们对我的信赖本质上并不是基于个人威信，而是源于制度。”李全兴认为，因为你始终能依据制度办事，所以必然会赢得信赖。

山泉村令人惊羡的新农村建设的坚实基础，是对村集体资产运营的制度化设置以及严密有序的管理。不仅是山泉村，21世纪初以来，江阴开始探索村级集体经济股份制改革，希望通过将集体资产量化成每一个农民拥有的股份，从而给村民们带来一份公平且稳定的财产性收入。

“现在回过头来看，当年我们乡镇集体企业改制，好就好在没有简单地把资产整个卖掉。”江阴市农村农业局副局长胡振方认为，上世纪90年代中后期乡镇企业集中改制后，村民虽然可以以分红的形式共享厂房等集体资产带来的收益，但分红具体发多少、发给谁，很大程度上还是由村干部说了算。

2004年，江阴进行股份制改革探索，将集体资源性资产的股份公平地量化到每一个村民的身上，从而避免村干部对集体资产再分配的绝对控制，实现公共财富“公开透明”的共享。

当年率先探索的长泾镇花园村老书记包文辉曾回忆，确权的过程不可谓不艰难：“谁能享受股权、股权如何分割是一个大问题，简单的平均主义反而最不公平。”为了最大程度上做到“公平公正”，村委会将每家每户享有的“人头及份额”长时间公示，一直到村民完全没有异议方可最终确定。

到2018年，江阴所有的行政村已经实现了村集体资产股权量化的基本人员界定，但对于接下来的“量化股份”，依然有部分村镇尚在继续审慎推进中。

这项改革成功推行的好处是显而易见的——不仅为村民带来了18%的财产性收入，还让村民有了更实在的主人翁意识。结合这两年江阴大力推动的“户户通”建设，即通过电视渠道将“村务、党务、财务”公开，村民可以实时监督村里的一切事务，“谁能当低保户，大家来判断；村干部的工资对不对得起这份工作，大家来监督；从请客吃饭到工程招投标，每个村民都能心中有数”。

营造属于“我们的”精神世界

从官员到百姓，在被问及江阴有何与众不同时，答案中往往会提到16个字的“江阴精神”——“人心齐、民性刚、敢攀登、创一流”。

很长时间，“江阴精神”总是与改革和经济增长相连。而当历史走到今天，在财富普遍丰盈之时，江阴人思考更多的是如何于财富之上营造丰满的精神世界。这个真正的精神世界超越对个人财富的追逐，发乎公民意识，与他人以及社会利益水乳相融：

2014—2015年，江阴接收直接捐赠总额达10.1555亿元，连续4届位列中国慈善联合会发布的“城市公益慈善指数”全国县级市第一，在全国所有城市中位列第17位；

这里有6万多“城市啄木鸟”，一旦发现城市管理中存在的疏漏或问题，便及时上报、监督整改；

这里有10多万名注册志愿者义工，他们遍布各行各业、大街小巷，尽其所能温暖他人……

1996年，20多岁的季丰从家乡盐城来到江阴讨生活，如今他不仅在江阴开办了自己的公司，还打造了江阴文化和精神文明建设领域的一张金“名片”——2011年，他拿出自己多年积累下的200万元创办了第一个香山书屋，向所有人提供免费阅读，进而倡导一种“与图书邂逅”的全民阅读理念。2015年，为了让书籍更贴近民众，季丰又推出了漂流书箱，经过5次迭代后的最新版漂流书箱，可实现扫码随借随还。目前，已有4个书屋、12个阅读驿站、近200个书箱漂流点遍布全江阴。

在“阅读”之外的公共空间，书屋还衍生出一整套志愿义工服务模式：免费读者中的教师、医生等各行各业人士都可以转身而为志愿者，为他人提供专业或非专业服务。服务他人的时间可以存入“时间银行”,未来可兑换一些如话费、保险等福利。

在香山书屋,挂着这样的告读者书:“第一次,我们为您服务;第二次,您为自己服务;第三次,您为他人服务。”关爱、责任、包容也因此得以传递。

“如果说8年前拿出积蓄办一个免费书屋是出于个人理想的话,之后的发展,却是被城市推着往前走的。”季丰说,身在其中,每个人都参与塑造了这座城市,也同时被这座城市的发展所改变。江阴的美好,就在于让你觉得愿意为之骄傲、留恋和彼此奉献。

当财富累积到一定阶段,生存或者物质占有与享受便不再是人的唯一需求,同样也不会是城市的最终需求。在江阴,温暖友爱、平等共享已经成为从民间到庙堂共同的理念,并无声地浸润于城市建设的每一个角落。

2016年,江阴斥资开始建设一条总长30千米、全民共享的环城绿道,专门邀请了澳大利亚设计师精心设计。

江阴市住房和城乡建设局副局长张平告诉澎湃新闻,这条30千米长的绿道串联了江阴全城8个主题公园,以园为核,串绿成网。绿道系统设有大量“架空步道”,虽然这会加大投资建设成本,但却能极大地便利于民众自由行走,无障碍穿越,而且与整座城市融为一体。按照规划,这一城市绿道最终将与辐射4个乡镇的41千米长郊野绿道(环城森林公园)串联成网,目的就是希望能让绿色环境公平地惠及更多的当地百姓。

“城市的每一位建设者都理应成为城市的分享者。无论身份高低贵贱,人,才是一座城市的内核与灵魂。”张平说。江阴环城绿道在细节上的用心与人性化安排,随处可见。比如,路灯是嵌在防护栏的下方的——防止市民夜跑时灯光太刺眼;防护横栏是向外倾斜安装的——最大程度避免孩童因攀爬引发摔跤或跌落;每隔一段绿道不时设有座椅和漂流书箱——便于行人驻足、小憩和阅读;在一些拐角处的角落设有安静的私密空间——给恋人留出足够的不被人打扰的所在。

目前,首期5千米绿道已于今年元旦启用开放,吸引许多民众前来参观、慢跑、散步,成为了当地市民的网红“打卡地”。

正如“江阴精神”所带来的清晰的身份认同那样,江阴人未来希望自己被记住的,并不仅仅是“制造业第一县”、财富之城,还有“慈善之城”“志愿者之乡”。因为在这里,无论是企业家还是小老板,抑或是普通民众,都希望以自我的点滴努力,为社会添加一份向上的力量,并为自己找到精神世界的安放之地。

(胡宏伟　陈　卓)

(原载《澎湃新闻》2019年5月16日)

图为江阴绿道大桥段　　(丁家骏 摄)

■类目编辑　纪晓华

县级集成改革“江阴样本”

联合课题组

摘要：县级政府作为国家行政系统中的基础治理单元，既是中央全面深化改革部署的落实者，又是改革先行先试的探路者，在全面深化改革中扮演着不可替代的重要角色，肩负着重要的历史使命。江苏省委、省政府深刻领会中央全面深化改革精神，着眼于为全省面上改革撕开一道口子、为全国全面深化改革探索路子、积累经验，在江阴市开展了县级集成改革试点。自 2017 年 7 月被确立为江苏省唯一县级集成改革试点以来，江阴市坚持以推进县域治理体系和治理能力现代化为目标，聚焦重点领域和关键环节，加强顶层设计、统筹规划，以系统思维和集成理念促进改革的系统性、整体性、协同性，破除以往改革碎片化、片面化、应急式的弊端，构建起以党建为统领，集政务服务、基层治理、社会救助、生活服务、公共安全于一体的县域治理“1＋5”总架构，形成了一批可复制可推广的“江阴经验”，打造了改革方法论创新的“江阴样本”，对全国县域改革具有重要的探索价值和示范意义。

关键词：县域治理　改革方法论　集成改革　江阴样本

党的十八大以来，以习近平同志为核心的党中央高擎改革发展大旗，高屋建瓴、总揽全局，领航全党全国人民共同开启全面深化改革的新征程。面对宏大的改革课题，习近平总书记曾多次强调，要以全局观念和系统思维谋划改革，要着眼于长远战略眼光和普遍联系观点把握改革规律，着力增强改革系统性、整体性、协同性，并将其作为改革的宝贵经验纳入到党的十九大报告和党章之中，这不仅为协调配套、系统集成推进改革提出了新的更高要求，也为开展地方改革工作指明了前进方向、提供了重要遵循。

站在新时代改革再出发的重大历史节点上，江苏省委、省政府积极贯彻落实党中央全面深化改革的方法论，按照习近平总书记视察江苏时提出的“在全面深化改革中走在前列”的指示要求，将县域改革作为改革率先破局的突破点、发力点，于 2017 年 7 月 13 日，正式将江阴确立为全省唯一的县级集成改革试点，并印发《江阴市县级集成改革试点总体方案》，提出到 2020 年，要将江阴建设成为全省人民群众获得感最多、服务质量最好、创新活力最强、环境最优的改革发展示范区，为全国县域治理体系和治理能力现代化建设作出示范。2019 年，江阴集成改革已逐步释放出体制改革的叠加效应、机制创新的集约效应和政策调整的聚合效应，全面总结江阴创新县域治理的先进经验和推进集成改革的成功实践，不仅对推动全国县域治理具有复制推广价值，对新时代的改革再出发也具有重大实践意义。

一、江阴集成改革基本背景

改革开放 40 年来，经过不断改革探索和创新推进，党和国家事业取得了全方位、开创性的历史成就，发生了深层次、根本性的历史变革。然而，经济社会高速发展的同时也带来了与社会综合发展之间的结构性失衡，基层社会治理面临着分散化、碎片化、矛盾多发等诸多现实困境。党的十八届三中全会通过的《中共中央关于全面深化改革若干重大问题的决定》，明确提出将“完善和发展中国特色社会主义制度，推进国家治理体系与治理能力现代化”作为全面深化改革的总目标，为全面深化改革、创新社会治理指引了方向。对于如何全面深化改革、取得改革实效，习近平总书记强调：“试点是改革重要任务，更是改革重要方法。试点能否迈开步子、趟出路子,直接关系改革成效。”江苏省委、省政府积极做出改革试点探索,将江阴确立为全省乃至全国唯一县级集成改革试点城市,这既是着眼全省改革发展大局、推动面上改革的一个重要抓手,更是一种改革方法论的创新探索,对推动地方全面深化改革和县域治理创新具有重要实践价值。

(一) 中国县域治理特征与困境

县域作为一个相对独立和完备的行政单元,在整个国家行政系统和治理体系中发挥着重要的基础性作用,是一个不可忽视的基础层次和治理单元,面对全面深化改革的攻坚克难和政府管理体制机制的改革转型,当前中国县域治理显现出一些新的特征和困境。

1. 中国县域治理的基本特征

随着改革开放的不断深化和推进,中国县域治理呈现出多重特征:

一是基础性。中国县域人口众多、面积大、经济占比高。据统计,中国县域人口占全国总人口的70%以上,面积占全国土地面积的80%以上,经济总量约占全国国民经济总量的50%。人们耳熟能详的“温州模式”“苏南模式”等也皆源于县域治理层面的改革创新,县域治理作为承上启下的关键环节,对提升省、市乃至全国的生产力发展水平和治理能力都发挥着举足轻重的基础作用。

二是根本性。当前中国正处于社会转型的关键期,转型能否成功,重点和关键在县域,这将直接关系到中央大政方针的贯彻落实、人民群众的民生福祉和基层社会秩序的稳定。一方面,长三角、珠三角等经济先行区通过改革创新逐步迈入更为优质的社会形态,引领探索地方改革发展的创新路径;另一方面,中西部等后发地区在学习借鉴先发地区改革经验的基础上,也在积极探索符合自身特点的发展途径。

三是独立性。县作为地方行政区划的一种建制,在中国已有两千多年的历史,早在秦朝时期便已经作为一种具有一定独立性的行政区域存在。当前,县级政府作为我国政府管理体制的基本行政单元,拥有非常完整的政府行政管理功能和社会生态治理系统,可以为县域的运行发展提供较为完备的基础设施和生产生活资料,具有相对完整性和独立性。

四是繁复性。县域就如同一个具有完整治理系统的“微型国家”,县域组织结构纵向形成“县—乡(镇、街道)—村(社区)”金字塔式结构,横向形成“县党委—机关—团体与社会组织”的同心圆式结构;县域治理包括政治建设、经济建设、文化建设、社会建设、生态文明建设等,形成完整的治理生态链;县级治理职责具有执行性和事务性特征,既无法上推也无法下移。因此,从结构功能视角看,县域治理充满着复杂性。

2. 中国县域治理的现实困境

从全国范围来看,中国县域治理存在诸多困境:

一是政府权能边界不够清晰。县级政府作为国家政治权力在县域领域的延伸,发挥重要治理作用,但由于受到行政层级、制度保障等多方限制,日常行政中政府权能边界模糊问题屡屡发生,常常出现政府职能的缺位、越界或交叉,使县级政府的公共服务能力难以满足民众日益增长的需求,也直接导致部分群众的合法权益无法得到保障,从而阻碍了县域治理的创新发展和现代化推进。

二是政府与市场关系处理失当。市场在资源配置中发挥着决定性作用,但由于中国各级政府尤其是县级政府正由管制型政府向服务型政府转型,从管理思维向治理思维转变,在县域经济发展中难以真正厘清并正确处理好政府和市场的关系,容易导致政府与市场职责分工混淆不清,政府既是“裁判员”又是“运动员”的情况,政府对市场的过度干预或管理缺位都会影响县域治理的现代化发展。

三是法律法规建设滞后制约改革。虽然县级政府处在国家行政体系的下层,但一些先行先试的县域地区往往发挥着“改革排头兵”和“改革最先一公里”的作用,中国立法、修法依然滞后于这些县域的改革步伐,相关法律法规以及改革政策和方案制定,主要从国家、省级层面考虑多,从县域层面考虑少,尽管地方改革试点被赋予相应权力,但不具有普适性、广泛性,客观上制约了地方改革的有效推进。

四是部分地区改革动力不足。思想认识是行动的先导,进入改革深水区、攻坚期,面对体制机制突破、既得利益调整等难啃的硬骨头,有的地区尤其是相对落后的地区,地方领导干部的改革动力不足,积极性不强,出现因循守旧、得过且过、驻足观望、畏手畏脚等不良心态,惰政、懒政、推诿的现象时有发生,导致部分县域政府治理效能大打折扣。

3. 江阴县域治理的现实困境

从江阴的改革发展来看,县域治理也面临现实困境:

一是产业发展质量有待提升。尽管江阴经济实力强,但产业结构不尽合理,服务业产值占地区生产总值的比重仅为48.1%,低于江苏省和全国平均水平。工业经济结构偏重,金属制品、冶金、纺织服装等传统支柱产业的比重达55.5%;产业层次以传统产业为主,自主研发水平不高、行业竞争力不佳、转型升级动力不足,缺乏自主知识产权和自主创新品牌;产品结构以原材料加工为主,高科技产品少、高附加值产品少、高新技术产业比重低,许多高性能产品都依赖进口。

二是科技创新能力相对不足。科技创新能力不强是江阴发展的突出短板,当前存在着大型公共研发平台建设不足,企业科技人才、信息、资金等资源短缺,外部合作较少,获取外部创新资源能力较弱等突出问题,企业研发投入只占到3%,高新技术企业数500个,与周边先进地区相比存在差距;高新技术产业产值占规模以上工业总产值的比重为37.2%，低于周边县市(昆山46.5%)和无锡市(45.4%)。

三是环境资源矛盾非常突出。作为"中国制造业第一县"，江阴市在发展中消耗了大量矿产资源、土地资源，空气、河流、土壤等环境污染问题日益突显，资源环境容量承载力趋于饱和。江阴市规模以上工业综合能耗约占无锡全市的60%，土地开发强度已超过41%，铁矿石、棉花的消耗量占比达到无锡全市的一半以上，资源依赖型增长模式已难以为继。

四是各领域发展不平衡不充分。江阴虽然一直走在县域改革前列，但经济、社会、文化、生态、民生等各领域发展不平衡不充分的矛盾依然存在，关系人民群众切身利益的基本民生诉求需求更高，就业、教育、医疗、养老、社会救助等领域的发展水平，与群众对美好生活的需要仍有一定差距。

（二）江阴集成改革试点的含义与目标思路

党的十八大以来，习近平总书记多次要求有条件的地方和领域实现改革举措系统集成。江阴率先开展县级集成改革，有其自身的深刻内涵。

1. 江阴集成改革试点的含义

县级集成改革试点的核心在于"集成"。从本质上讲，集成改革是一种改革方法论创新。主要包括五层含义：

一是支持政策集成。江苏省委、省政府明确表示，江阴的集成改革可享用所有的省级改革试点政策，且可根据实际需要提出新的政策需求，这是上级政府对试点地区的实质性支持，为地方改革探索提供了广阔空间。

二是改革思路集成。通过对制约当前区域发展的突出矛盾问题，提出一揽子的系统性、全面性、整体性的改革方案，稳步推进、统筹协调各领域、各子项、各事项间的改革结构，增强改革步伐的协调性和一致性，保障改革推进速度与质量的统一。

三是成果借鉴集成。吸收借鉴各地创新成果并开展创造性集成运用，形成更优化的创新做法，实现集成超越，后来者居上。

四是推进机制集成。同步谋划、一体部署改革的推进落实机制，按照路线图、任务书、时间表、责任链保障改革顺利推进和落地生根，不仅注重顶层设计和内部协同，而且比单项改革涉及面更广、比综合改革系统性更强，同时也最能彻底解决矛盾问题根源。

五是改革效应集成。改革项目具有跨领域关联、诸要素协同的改革效应集成。这是本轮改革的重点、难点、焦点和突破点，体现出集成改革具有牵一发而动全身的时代特征。

2. 江阴集成改革试点目标

党的十八届三中全会将推进国家治理体系和治理能力现代化作为全面深化改革的总目标。县域治理体系和治理能力是国家治理体系和治理能力的重要组成部分，起着基础支撑作用，具有核心破局意义。如果说，全面深化改革前一阶段的重点是在国家层面进行夯基垒台、立柱架梁的话，那么后一个阶段的任务应该是在县一级系统集成、落地破局。由于县一级同时具有改革"最先一公里"和"最后一公里"的双重地位作用，因此县域改革必将成为全面深化改革的下一个风向标、主战场和突破口。

江阴集成改革对县域治理的探索主要分为两个层面：首先，要针对县域治理的普遍特点，探索出一套无论是先发地区还是后发地区，都可学好用且行之有效的改革方法；其次，要探索构建县域治理体系的基本骨干框架，尤其是具有根本性、全局性、长远性的重大制度安排，力争形成一批满足急需和社会获得感强的基本经验。

江阴对县域治理的探索，突出了对政府、市场和社会三者之间关系的处理。在政府组织层面，重点推动政府职能转变，核心是推进市场化改革、管好基本公共服务。推进市场化改革的重点是"放手"，通过发挥市场配置资源的效率优势，把政府不该做或做不好的放给市场主体或专业化机构，使服务功能更加优化。管好基本公共服务是要把该管的坚决管住、管到位、管出成效来，体现公平、正义，体现改革发展成果为人民群众共享，力争在社会主义现代化建设中探出路径、当好模范。在市场或营利组织层面，坚持围墙分界法则，政府主要管好企业围墙外的，引导并支持企业管好围墙内的。政府着力营造良好的企业外部发展环境，提供优质政务服务，同时，在加强企业党建上给予帮扶，在建设企业文化上实行共建，在产业转型升级上给予引导，共同打造有利于企业发展的亲清政商关系。在社会组织层面，着力发挥江阴同类别城市慈善指数第一、省级注册慈善基金多达20个等多种本地资源优势，加强鼓励引导，积极开辟阵地，广泛提供机会，推动社会公益特色化、品牌化发展。

3. 江阴集成改革试点思路

江阴集成改革的总目标是提升县域治理体系和治理能力现代化水平，根据总目标定位，系统谋划出了"12355"的集成改革总体思路。瞄准"一个定位"。围绕提升县域治理体系和治理能力现代化水平，把江阴建设成为全省乃至全国同类城市中人民群众获得感最多、服务质量最好、创新活力最强、环境最优的改革发展示范区，探索出更多可复制、可推广的改革成果。突出"两个重点"。坚持问题导向、需求导向和效果导向，着力破解当前亟须解决的突出矛盾问题和制约江阴长远发展的根本性问题。区分"三个阶段"。第一阶段，重点突破、构建体系。2017年7—12月，以行政管理体制改革为"先手棋"和"当头炮"，以"放管服"改革为突破口，将徐霞客镇改革试点经验推广至江阴全市，组建市级"三局三中心"和镇街"三大平台"*。第二阶段，合围攻坚、提升能力。2018年1—12月，通过对7

大领域38个方面356项改革任务全面推开、实施到位,在重点领域和关键环节取得突破,持续推进县域治理体系和治理能力现代化。第三阶段,深化总结、可供复制。2019—2020年,提升完善县域治理“1+5”总架构,全面完成试点任务,梳理总结集成改革经验做法,使县域治理体系更加成熟、更加定型,为其他地区提供更多可复制可推广的制度性成果,打造江阴“集成改革”的金字招牌。聚焦“五个目标”。以党建统领为根本保障,着力构建便捷高效的政务服务体系、沉底到边的基层治理体系、精准有力的社会救助体系、温馨周到的生活服务体系、全域覆盖的公共安全体系,形成县域治理的基本框架。彰显“五大主题”。始终将“优化营商环境、市场化改革、绿色转型、城乡融合、优质基本公共服务”理念贯穿改革全过程,实现改革方案的系统集成。

(三)江阴集成改革试点的机遇与基础

1. 党中央全力支持改革举措系统集成

党的十八大以来,以习近平同志为核心的党中央围绕全面深化改革总目标,强化顶层设计,谋划改革方案,处处彰显中央推进改革的坚强决心和政治担当。全面深化改革是一项非常复杂而又艰难的系统工程,党的十八届三中全会明确提出要以全局观念和系统思维抓改革,《中共中央关于全面深化改革若干重大问题的决定》强调:“必须更加注重改革的系统性、整体性、协调性。”习近平总书记在多个场合反复强调要抓顶层设计和系统集成,要注重整体谋划、协调推进和联动集成。2017年6月,习近平总书记在中央全面深化改革领导小组会议上强调:“改革越深入,越要注意协同,既抓改革方案协同,也抓改革落实协同,更抓改革效果协同。”2017年10月,党的十九大又明确提出要把“着力增强改革系统性、整体性、协同性”作为改革取得重大突破的宝贵经验,并把“更加注重改革的系统性、整体性、协同性”写入党章,成为新时期指导地方推进全面深化改革必须坚持的重要原则和方法。

2. 江苏省委、省政府全力支持江阴集成改革试点

基于对中央全面深化改革的深刻理解和把握,江苏省委、省政府积极谋划集成改革试点,在广泛调研、充分论证的基础上确定了由江阴承担改革试点任务。2017年5月15日,时任江苏省委书记李强在省委举办的第五期县委书记工作讲坛上,首次提出要在江阴开展集成改革试点,把点上的“盆景”集合成面上的“风景”,形成一批能够在全省乃至全国可复制可推广的经验;5月28日,李强又对“改哪些、怎么改”作出批示,提出江阴的集成改革要以“急需、有一定普遍意义、能改成”为原则;6月12日,江苏省委深改组召开第22次深改组会议,明确要求把各地的试点经验放在江阴进行系统集成;7月13日,江苏省委办公厅、省政府办公厅正式印发《江阴市县级集成改革试点总体方案》;8月17日,李强专门赴江阴开展集成改革试点工作调研,并组织召开省、市、县三级工作座谈会,明确提出派专人赴江阴指导开展集成改革工作;2018年初,江苏省委书记娄勤俭对江阴集成改革提出明确要求,“县级集成改革要加紧试点、及时总结,条件成熟时向面上推开”;2019年12月23日,娄勤俭在省委十三届七次全会第一次全体会议上提出,“近年来,江阴县级集成改革试点、经济发达镇‘1+4’改革已经取得初步成功,在全国产生较大影响,要总结完善,把成熟的经验集成和定型,在全省稳步推广,着力打造政务服务、综合执法、社会救助、便民服务、公共安全为一体的基层治理新格局”。江苏省委、省政府的高度重视和大力支持,为江阴集成改革提供了坚强后盾和精神动力。

3. 江阴具备开展集成改革试点的基础条件

江阴具备承担县级集成改革试点的良好条件和独特优势。

一是江阴经济基础好、综合实力强。作为县域发展第一方阵成员,江阴经济发展始终保持领先率先。2019年,江阴地区生产总值超过4001亿元,一般公共预算收入超过256亿元,居民人均可支配收入超过5.9万元,其中城镇居民人均可支配收入达69342元,农村居民人均可支配收入达36095元,农民收入连续20年位居江苏省同类城市第一,总体经济实力超过全国81%的地级市,蝉联全国县域经济和综合发展“十七连冠”、中国全面小康十大示范县(市)“十二连冠”。

二是江阴改革基础实、改革氛围浓。作为全国改革先行区,曾率先发展乡镇企业积极推动苏南模式大放异彩,率先启动产权制度改革造就民营经济辉煌成绩,大胆探索资本经营成就“江阴板块”独树一帜,创新建立江阴—靖江工业园区开启全国跨江、跨行政区的合作先河,先后被评为改革开放30年全国18个典型地区之一,改革开放40年全国“百城百县百企”重大典型。作为“科学发展的先行者”,江阴具有强大的改革基因,形成了浓厚的改革氛围。

三是江阴实体经济发达、改革预期好。截至2019年12月,江阴有近20万个市场主体,其中企业超过6.7万个,制造业企业超过2万个,11个企业入围“中国企业500强”,13个企业入围“中国民营企业500强”,19个企业跻身“中国制造业企业500强”,8个企业进入“中国服务业企业500强”,拥有全国行业单打冠军产品111个,行业“隐形冠军”企业150多个,主持或参与制定国际标准15项,国家、行业、地方标准457项,多年蝉联中国工业百强县(市)第一名,市场主体对改革充满期待。

二、核心成果:县域治理“1+5”总架构

江阴积极抢抓集成改革试点“窗口期”和“机遇期”,注重系统集成、协同推进,目前已基本形成以党建为统领,以政务服务、基层治理、

社会救助、生活服务、公共安全为一体的县域治理“1 + 5”总架构。江阴集成改革的创新探索和经验，得到了社会各界广泛关注，中央改革办、中央党校、中国经济体制改革研究会、中国（海南）改革发展研究院、《人民日报》、新华社等密集调研集成改革工作，给予了较高评价；江阴综合行政执法改革经验在全国复制推广，徐霞客镇镇村治理“1 + 4”创新模式*在江苏省全面推广，首批8项试点经验已在无锡市各县区复制推广；江阴县级集成改革试点作为重要典型成功入选“改革开放40年地方改革创新40案例”，江阴被誉为“集成改革第一县”。可以说，县域治理“1 + 5”总架构，成为新时代江苏贡献给全国的重要理论突破与实践创新成果。

（一）强化党建统领保障作用

江阴在集成改革谋划推进过程中，始终坚持把加强党的领导作为基层治理核心，在组织体系、工作机制、组织功能、支撑保障等方面积极探索，推动基层党建任务落地见效，夯实了改革试点的工作基础，提供了组织保障。

1. 六个突出：党建统领成为江阴集成改革重要特征

突出聚共识。江阴市委、市政府始终坚持把思想意识放在首要位置，用改革意识倒逼改革举措、推进改革实践，通过江阴市委全会、市委常委会、市委集成改革领导小组会、市委集成改革工作推进会、“一把手”访谈等形式，在全社会形成了上下齐心、协力推进集成改革的浓郁氛围。

突出强组织。成立了由市委书记担任集成改革领导小组组长，市长、市人大常委会主任、市政协主席担任副组长，市委常委分别担任7个专项工作小组组长的领导机构，实现了对改革工作的高位领导、高位统筹；全市抽调10名骨干力量充实到市委改革办，依托市委党校选拔13名骨干教师在全国率先成立县级改革发展研究院，形成了改革工作专门力量。

突出优方案。江阴市委将方案作为推进改革的“首道工序”，在改革方案的谋划、制定、讨论和完善的各个环节，注重群策群力、集体协商，系统制定了以七大专项领域改革方案、改革推进机制和改革宣传方案为主要内容的“7 + 2”集成改革方案*，确保了改革方案的方向性、针对性和可控性。

突出立机制。采用领衔制、项目化的工作方式，将17个镇（街道）、41个改革牵头部门党委（党组）作为改革主体，将“一把手”作为改革第一责任人，确立了改革推进的18项机制，确保了集成改革任务的推进与落实。

突出严督考。专门制定了集成改革督察办法、评估办法和考核办法，按季度由市领导牵头对重点改革项目进行专项督察，并邀请有专业资质的独立第三方开展评估，确保了集成改革试点工作的蹄疾步稳、顺利实施。建立健全鼓励激励、容错纠错、能上能下“三项机制”，对改革落实不到位的部门负责人实行约谈，对6项改革内容进行容错纠错创新备案，提拔任用80余名在改革工作中表现突出的干部，有力提升了基层党组织和党员领导干部的执行力。

突出集民智。注重开门搞改革，在方案谋划阶段注重征集社会各界意见建议，在试点推进过程中注重发挥人大、政协的监督、参政议政作用，注重吸纳各地改革创新经验，为江阴集成改革成功试点汇聚了强大的智慧和合力。

2. 党建统领是江阴推进集成改革的政治自觉和第一动能

当前，基层党组织不适应改革发展的问题逐渐凸显：基层党组织对改革的统揽、谋划和推进的作用有所弱化；对上级的改革要求满足于以会议落实会议，以文件落实文件，不能解决实际问题；抓改革的议事能力不强，该管的没管住，该放的没放开，大事议不透，小事议不完。在改革过程中，江阴以集成改革探索党建引领社会治理的全新路径。比如，在江阴全市推行网格化管理中，共划分17个一级网格、269个二级网格、1363个三级网格，实行支部建在网格上，配备“一长五员”，由各级党组织书记担任网格长，由党员骨干担任网格员、督察员、信息员、巡查员和联络员；在全市实行党员联户“1 + 10 + N”制度*，由每名党员中心户联系10名党员，由每名党员联系若干居民户；创新建立党建联盟，组建公益组织、科技社团、商会、行业市场等各类党建联盟17个，覆盖“两新”组织846个，党建统领成为新时代高质量发展的原动力与强动能。

（二）推进四大改革，构建便捷高效的政务服务体系

为大力破解群众办事难题，江阴加快资源重组、体制重构、权责重配的力度，以“大精简”“大清单”“大提速”“大数据”营造简约利民、透明高效的政务环境，构建起便捷高效的政务服务体系。

1. 构建了便捷高效的政务服务体系

镇街机构大精简。坚持“精简、统一、效能”原则，积极发挥徐霞客镇改革示范效应，市级层面设立“三局三中心”（行政审批局、城市综合管理局、综合行政执法局、政务服务中心、综合管理服务指挥中心、社会救助中心），镇（街道）层面构建“三大平台”（综合执法局、政务服务中心、管理服务指挥中心），进一步压缩管理层级。设立综合职能机构，统筹使用行政、事业编制，对人才资源进行分类管理、择优选拔。重新整合镇（街道）属事业单位职责与相关职能机构，各镇（街道）职能机构由过去的30多个压缩为7～8个，两个开发区职能机构精简为10个。

市镇权责大清单。按照“法律允许、上级能放、本级急需、市县同权”的原则，建立市级权责、权力划转和基层赋权三大清单，突出“理清单、用清单、管清单”，形成了纵向到底、横向到边的基层新型权责体系。截至2019年6月底，已厘清和明晰各部门行政权力事项5851项、责任

事项785项，编制市县同权需求事项清单317项；承接江苏省赋权14项、无锡市赋权282项；根据“能放则放、应放尽放”原则，赋予所属镇（街道）经济社会管理权限861项；江阴高新区、临港经济开发区承接设区市经济管理权限187项。

行政审批大提速。按照“编随事转、人随事走”原则，将所有涉及市场准入、建设投资等85项许可事项和工作人员进行集中，组建市行政审批局，实施“一枚公章管审批”。全面推行“网上办、集中批、联合审、区域评、代办制、不见面”，基本实现“企业注册登记2个工作日、不动产登记4个工作日、一般工业建设项目施工许可证办理40个工作日”的“2440”审批服务*目标。围绕企业与群众办事需求，以联审联办、专职代办、全网通办延伸审批服务半径，实现审批事项一窗受理、全域通办。截至2019年6月底，已公布“可不见面”审批服务事项1045项，90%以上的政务服务事项实现“不见面”审批。

政务互通大数据。以建设智慧城市为引领，在江苏率先建成“共享、开放、融合”市（县）级大数据中心。梳理政务信息资源，厘清部门条线数据目录，建设统一的事项库、企业库、人员库、投资项目库、电子证照库，并进行常态化更新。坚持民生为本原则，以大数据应用助推高效政务服务、精准社会救助、周到生活服务、精致城乡融合的实现，增强信息数据的多元化场景应用。截至2019年12月底已完成56个部门14亿条数据接入，实现审批、服务、执法、监管政务信息互联共享，形成了大数据思维日益普及、大数据资源日益增加、大数据应用日益完善的良好局面。

2. 化解了当前制约政务服务体系建设的典型难题

实践证明，简政放权、放管结合是推动政府职能转变的“牛鼻子”，是全面深化改革的突破口与重要任务。当前，以构建新型政务服务体系为指向的“放管服”改革正在全国范围内展开，并涌现出上海“一网通办”、江苏“不见面审批”、浙江“最多跑一次”、福建“马上办、网上办、就近办、一次办”等典型模式。但是，仍然存在诸多制约政务服务体系建设的突出问题。

一是条线分割不融合，部门“跑多次”。不少地区各个条线彼此割裂分离，窗口和人员的简单物理位移无法带来审批提速的化学反应，办事者或许跑腿次数少了，但部门之间的业务往来需要跑多次。

二是运行机制不规范，推进不到位。比如，“一窗受理、提前介入、同步审查、信息共享、公开透明、限时办结”的审批工作运行方式尽管提高了办事效率，促进了许多项目快速落地、开工建设，但在实际运行中，很多地方未能建立相应的规范机制保障运行，造成协调不畅、配合不好、推进不力的窘境。

三是信息化投入不足，协同性弱。不少地区对政务服务的信息化建设缺少人才、资金和基础设施的投入，缺乏持续的更新维护，造成整体的政务服务效能提升缓慢、可持续性不强。

江阴集成改革的探索实践基本化解了制约政务体系建设的主要问题，对其他县域地区具有重要的样本价值。一是强化审批权责的刚性集中，整合相关领域条线，实行受理审批一体化，有效减少部门间的跑腿次数；二是制定标准化的政务服务运行机制，保障各部门、各镇（街道）严格按照既定流程和原则办理；三是注重加大政务服务的信息化投入，通过数据信息“大共享”，打破部门壁垒，实现了政务服务协同高效。

（三）实行“四化管理”，构建沉底到边的基层治理体系

针对基层治理中“看得见的管不着、管得着的看不见”的体制痼疾、自治基础薄弱的先天不足、环境承压大的先发烦恼以及多头重复执法等现实问题，江阴市大力推进资源、力量向基层倾斜，不断提高基层社会治理能力和水平。

1. “四化一体”构建沉底到边的基层治理体系

市域治理网格化。把江阴市域划分为17个一级网格、269个二级网格、1363个三级网格，将“人、地、物、事、组织”等要素全部纳入网格，覆盖25个部门、153项数据信息和154项日常巡查事项。实行定人、定时、定岗、定责、定管理标准、定奖惩制度的“六定”管理模式和天上有云、地上有格、格中有人、人能管事、管理有序、序后评估、评后考核、考核入档、归档入云的“九步工作法”，配齐配强网格长、网格员、督察员、信息员、巡查员和联络员等“一长五员”，配备信息化移动终端，及时收集、受理、监督、处理各自网格范围内的城管、环保、国土等问题。建立市级智慧城市综合管理指挥中心、镇（街道）综合管理服务指挥中心和村（社区）管理服务工作站，形成“市指导、镇（街道）主抓、村（社区）负责”的三级联动机制，做到“上面千条线、下面一张网”，推动基层治理全域联动、精准精细。

综合治理全能化。坚持综合执法取向，变条为块、化零为整、重心下移，提高执法效能。在市级层面，以城市管理局为基础成立城市综合管理局（挂综合行政执法局牌子），在市场监管、交通运输、城乡建设、国土规划、农林水利、安全生产、卫生监督领域归并组建7支综合执法队伍，集中行使分散在各部门的790项行政处罚权和33项其他权力事项，实现跨区域、跨部门、跨行业的综合执法。镇（街道）层面按照“一支队伍管执法”原则，分别组建综合执法局，统一承接所有下放、委托执法权限，统一行使所有行政处罚权，从而构建起了市镇联动、权责统一、精简高效的综合执法体系。

乡村治理规范化。在全省率先建成农村“三务”公开“户户通”*，做到党务村务见规程、产权交易见过程、工程项目见流程、财务兑付见凭证，实现了村务公开栏、互联网、手机屏、触摸屏、电视屏“一栏一网三屏”全媒体公开，规范了村级权力

的运行，加强了对村级权力有效监督，创新了村民自治模式。其中，以山泉村为代表的新农村，不断深化村民自治实践，以公平公正公开、共建共创共享为发展理念，建立了村务公开制、民主监督制、村民议事制、民主理财制，充分保障村民的知情权、决策权、管理权和监督权，打造了以民主促民生的"山泉样本"，打响了江阴民富村强的品牌。

环境治理一体化。运用市场化方式建设水气一体"天网工程"，在江苏省率先实现水和大气监测站的市域覆盖。设立污泥处置专账专车专频管理，实现全程留痕有记录。实施治污设施用电工况监测，采取企业投入服务商运维的方式，为企业污染治理设施安上"千里眼"，确保企业生产设备和治污设施同步有效运行，截至 2019 年 6 月底，已有 800 余个企业接入统一监控平台。实施"一票否决"，区域有条件审批、生态文明绩效考核等制度，初步构建了集污水、大气、固废等领域"监测、管理、治理"一体化的管理工作新体系。

2. 江阴基层治理体系建设成为基层实践样本

基层社会治理是国家治理体系与治理能力现代化建设的重要因素。江阴在改革过程中形成的系统推进、党建统领、网格化管理、信息化支撑等一系列成功经验，丰富了社会治理的实践内涵。

系统谋划推进。党的十八届三中全会明确提出，要以全局观念和系统思维抓改革，这为地方治理提供了路径和方法。江阴市"四化一体"构建沉底到边的基层治理体系，与其他地区的基层社会治理模式，都体现出系统化思维和统筹谋划、协同推进的原则。但需要指出的是，江阴的治理体系涵盖了经济社会发展的各个层面，涉及区域更广泛、内容更丰富、覆盖更全面、系统性更强。

"一核多元"共治。客观而论，江阴构建以党建为引领，政务服务、基层治理、社会救助、生活服务、公共安全为支撑的县域治理"1 + 5"总架构，是"一核多元"共治体系的生动诠释，走在了全国前列。研究发现，越是经济发达地区，对党建工作越重视、抓得也越紧。这也反映出党的领导是经济社会发展的重要力量与组织保障，在基层社会治理中要不断完善党的领导、政府负责、社会协同、公众参与、法治保障的社会治理格局。

网格化精准管理。在创新社会治理的实践中，以不同的方式推行网格化管理，使社会治理更加精细化，已基本在全国展开。江阴创新设立综合网格，打破部门壁垒、层级壁垒，以功能设置为主线，整合分散在各部门的传统网格，变单一要素网格为全要素网格，服务于社会治理、经济发展、公共服务，以及政府电子政务建设等方面，提升了网格化的综合服务功能。

信息化建设支撑。信息化是当前基层治理体系和治理能力现代化建设的重要基础。江阴依托互联网，以大数据为核心，与智慧城市建设相结合，通过"大整合""大联动""大治理"，打造形成了一个"互联网 + 社会治理"的智慧治理模式。江阴实践表明，信息化建设是先发地区率先推动改革的突破口和加速器，是基层社会治理的一项基础工程。

（四）强化"三式救助"，构建精准有力的社会救助体系

针对社会救助碎片化、不充分、不精准等问题，江阴进一步整合救助资源，优化救助机制，构筑起精准有力的社会救助新体系，为脱贫攻坚提供了坚强有力的保障。

1. 多措并举构建精准有力的社会救助体系

实施"一站式"集中救助。以职能集结为核心，以数据集成为支撑，以保障集聚为重点，以社会救助"精准化、高效化、密网化"为目标，组建"综合性、一门式、便捷化"市社会救助中心，将原先分散在 12 个部门的职能、政策、资金进行统筹协调，实现了部门救助全参与、内容全覆盖、信息全共享；规范项目管理，固化办理流程，实现了统一救助、精准救助、常态救助、阳光救助；创新拓展困难对象的救助渠道，构建一体化的社会救助工作机制、组建大数据综合平台，统筹构建了城乡低保应保尽保、特困家庭兜底救助、大病医疗村级互助、公益慈善共建共享的多层次救助体系。

实施定向式慈善救助。作为公益慈善的"首善之城"，江阴以"爱心成就梦想"等慈善品牌为引领，常态化组织开展"帮困千户"等 20 余个慈善项目，动员以企业家为主体的社会各界对贫困群体实施定向救助。江阴有 300 多个社会组织、500 多个企业、2 万余名慈善义工和社会工作者常年活跃在公益慈善一线。

实施互助式深度救助。在城乡医保、大病保险、医疗救助、商业保险等基础上，专门设立 7000 万元大病专项救助基金、3000 万元深度救助资金。在全国首创"政府引导、村委主办、社会共建、村民共享、平台服务"的村级医疗互助"福村宝"模式，采取"村民自愿出一点、村集体支持一点、社会赞助一点"的资金募集方式，创新了基层社会互助式深度救助。截至 2019 年 6 月底，村级医疗互助已覆盖江阴 208 个村，受益村民达 13.8 万人次；全国已有 7 个省 1424 个村复制江阴村级医疗互助模式，覆盖人群超过 400 万人。江阴职工医疗互助"福企宝"计划也已启动实施。

2. 对地方构建救助体系的几点启示

当前中国社会救助体系建设主要存在以下几个方面的问题：一是社会救助多头分散，各自为政，缺乏统筹安排。有的地区的社会救助主要体现为逢年过节给贫困群体一袋面、一桶油，有的地区是民政等部门有钱便救助，没钱不救助；二是社会救助没有形成系统的规章制度，很多是撒胡椒面似的救助，不能有效服务脱贫攻坚，更说不上精准有力；三是社会救助资金缺乏保障，尤其部分经济欠发达地区，由于是"吃饭

财政”,很难拿出有限的财政资金用于救助。

针对社会救助存在的问题,研究发现,江阴经验带来以下五点启示:一是只有形成城乡一体化的社会救助体系,才能解决社会救助“九龙治水”、缺乏制度保障、系统性差的问题;二是只有形成规范精准的救助政策,才能有效推进社会救助法制化进程,使社会救助有章可循;三是只有整合社会救助资源,才能让社会救助资源统一调配,使有限救助资源的效益最大化;四是只有形成专门的社会救助队伍,才能切实改变“无统筹部门、无专人负责、无自上而下社会救助网络”的“三无”状态;五是只有发挥市场的作用,才能使社会救助实现政府与市场双轮驱动、良性互动。

(五)聚焦四个重点,构建温馨周到的生活服务体系

江阴经济基础较好、人民生活水平较高,市民对物质文化需求和美好生活向往也更为突出,为大力破解便民服务集成之难,江阴以生活服务功能全面集成为重点,按照“政府主导、市场共建”方式,全力构建温馨周到的生活服务新体系。

1. 整合资源构建温馨周到的生活服务体系

打造一屏智享“最江阴”。以便捷高效、温馨周到为目标,依托市民卡、“12345”民生热线˙和手机客户端等载体将原先分散在各部门的服务资源进行有效整合,以市场化方式打造“一体化、一端口、一站式”的“最江阴”APP客户端,构建24小时在线的“五位一体”服务(行政服务、公共服务、便民服务、公益服务、资讯服务)平台,用“互联网+”打通了服务百姓的“最后一米”。截至2019年6月底,“最江阴”APP客户端已整合62个部门单位73个客户端,集成了16个行政服务模块共1158项行政服务、119项公共服务、102项便民服务、7项公益服务以及8项资讯服务,APP下载量超过27万次、注册用户数超过22万户,保障了江阴群众“一机在手、生活无忧”。

构建联体同心“医联体”。以居民健康为取向、坚持信息化为支撑,突出责任共担、服务同质、管理共赢、利益共享,依托江阴市人民医院、江阴市中医院分别组建两大医疗集团,在医联体内部建立财务管理、药品保障供应等“九大中心”,实施行政、医保、药品、信息等“八合一”统筹管理,创新“总额付费、定额包干、结余留用、合理超支分担”医保管理模式,建立了三级联动的县域医疗服务体系,提升了人民群众就医的满意度。

创新“名校+普校”集团化办学模式。以“均衡发展、特色发展、创新发展”为原则,以传统名校为龙头,试点探索“名校+普校”集团办学模式,挂牌成立江阴市实验小学教育集团;采用“紧密型单法人”办学体制,在教育集团内部采用“垂直+扁平”管理模式,实行总校长指导下的执行校长制;通过“名校+普校”模式,全力推进8个教育集团4个学段的集团化办学,到2022年江阴所有义务教育学校将基本纳入集团化办学。通过集团化办学,推动了江阴区域内教育资源优质均衡发展,推进了“公平而有质量的教育”,各学校师生家长对教育质量的满意度大幅提升。

打造全民阅读社会化的江阴范本。以“政府主导、社会参与、全城共建、全民共享”为思路,制定统一的建设标准、评估标准和工作协作标准,借助社会力量和市场机制,在全国首创“公共图书馆+咖啡馆”合作模式,形成“三味书咖”城市阅读联盟,积极培育以“香山书屋”为代表的公益组织和阅读推广人队伍,构筑覆盖全市的全民阅读和公共文化服务体系。截至2019年6月底,已形成由1个总馆42个分馆100多个全民阅读点组成的全民阅读网络,年均图书借还突破200万册次,年均接待读者逾310万人次,领先全国同类城市。

2. 江阴实践创建了公共服务体系新标杆

当前,国家层面公共服务体系建设还存在诸多矛盾与问题,主要是:经济欠发达地区财力不足,公共服务体系建设滞后;部分地区政府服务理念尚未到位,管控意识依然浓厚;大部分地区公共服务体系尚未完全建立,条块化现象比较突出;不少地区由于经济转型、政府转型不到位,公共服务体系基础不牢,可持续问题依然突出。江阴初步构建了媲美发达国家水准的公共服务体系,实现了政府职能由“管控”向“服务”转型。江阴探索的生活服务体系建设经验,对构建新时期公共服务体系具有重要借鉴价值和启示意义。

(六)突出“六个一”,构建全域覆盖的公共安全体系

针对城市公共安全治理中防范意识滞后、条块分割、基础薄弱、监管弱化的现状,江阴坚持系统化、法治化、智能化、专业化、社会化,突出市域一体、功能整合、信息共享,着力构建多元参与、合作共治的公共安全治理机制。

1. 强化联防共治,构建全域覆盖的公共安全体系

公共安全体系是江阴县域治理“1+5”总架构的重要组成部分,江阴将着力构建“防救集成、全域公民”的公共安全治理机制,努力实现安全规划先进可靠、安全文化普及全民、安全预警及时准确、安全规范系统完备、安全应急联动高效、安全责任齐抓共管,确保到2025年,基本构建起集“防范、处置、监管”一体化的公共安全防控体系,努力将江阴打造成为全省乃至全国同类城市中最安全城市。在体系建设过程中,着力实现“六个一”重点建设任务。

一是制定出台一个与江阴高质量发展相匹配的《江阴市公共安全体系总体规划纲要(2019—2025)》。与中国人民大学合作,对江阴公共安全风险底数和状况开展全面调查和科学评估,运用公共安全理论研究的最新成果,对标国内外公共安全治理的最高水平,坚持理念领先、思路前瞻、系统全面,围绕“怎么不

出事、怎么解决事”两大核心,有机融入江阴战略规划、城市发展规划布局、产业结构优化调整布局,科学高标编制全市公共安全总体规划和重点领域专项规划,作为今后和“十四五”期间江阴安全发展的纲领性文件。

二是健全完善一个全覆盖的职责体系。坚持“党政同责、一岗双责、齐抓共管、失职追责”“管行业必须管安全、管业务必须管安全、管生产经营必须管安全”和“谁主管,谁负责”原则,全面厘清公共安全权力和责任清单,全力压紧压实党委政府领导责任、部门监管责任、属地管理责任、单位主体责任、员工岗位责任、社会协同责任,完善公共安全信用管理制度,全力堵塞“安全漏洞”、打破“安全孤岛”,实现安全责任无缝隙、科学化。

三是健全一套全域标准化管理体系。持续强化法律法规及制度标准对公共安全的规范作用,严格执行在公共安全各领域已有的规范标准,凡是没有标准的,采取聘请专家和自主研究方式,制定出台切实可行的地方性安全标准或纳管办法,加快形成一整套系统完备的公共安全“江阴标准”体系。

四是建立一个智能化的公共安全信息化平台。按照“互联网+现代治理”思维,打通条块“信息壁垒”,在集成交通、消防、城管、公安、综治、安监、住建、气象、防灾等重点行业领域信息化建设的基础上,充分应用物联网、互联网、大数据、传感器、人工智能等高新技术,绘制形成安全风险“四色图”,构建公共安全信息化网格化管理与运行中心,实现实时监测、实时预警、实时处置。

五是建立一个公共安全快捷高效的应急指挥体系。建立健全公共安全快速高效、专业精准、联动协同的应急救援体制机制,健全完善各级各类应急预案系统,定期开展应急演练,提高应急救援实战能力,科学规划和建设应急救援装备及应急物资储备点,切实提升防灾减灾救灾能力和公共安全突发事件处置水平。

六是打造一支专业化的综合应急救援队伍。依托江苏(江阴)沿江危险化学品应急救援基地,培育以综合队伍为骨干、专业队伍为依托、专家队伍为指导、企事业单位专兼职队伍为基础、社会市场救援队伍为辅助、志愿者队伍为补充的立体化综合应急救援队伍;大力引进“智囊”支持,建立覆盖主要灾种及行业领域的各类安全和应急管理专家库。

2. 江阴公共安全体系对县域公共安全体系构建具有借鉴作用

当前,站在完善县域治理体系的战略高度,如何建立起综合性、全方位、系统化的公共安全体系,成为各级政府发展之需、当务之急。北京、深圳、合肥、嘉兴等先发地区,从不同的视角对构建区域公共安全体系都进行了创新实践。江阴先行先试、率先探索县域公共安全体系建设,以其高点定位、系统集成、精准发力的创新实践,丰富和拓展了公共安全体系内涵,有其现实的针对性和创新引领意义,认为主要有四个方面的借鉴价值。

一是秉持底线性思维。江阴在公共安全体系构建中,鲜明提出要像谋发展一样谋安全,像重视城乡基础设施建设一样重视公共安全基础设施建设,像抓民生保障一样抓公共安全保障,像聚力事故救援一样发力公共安全体系打造,其“1+N”总体规划和专项规划的设计,以及把公共安全体系融入经济社会发展的各个方面,充分体现了以人民为中心的发展理念,也凸显了瞄准问题、精准靶向的建设指向。

二是突出系统性谋划。江阴公共安全体系构建,以总体安全、系统安全、长效安全和“全域全民、防救集成”为“三位一体”,这充分体现了大安全的建设理念;在安全生产系统性防范上,以“无短板”和“规避系统风险”为目标,全面系统排查、评估、管控各类安全风险,绘制“红、橙、黄、蓝”四色公共安全风险空间分布图,实现对重点企业、重点领域、重点区域、重大危险源的一表清、一网控、一体防的动态安全监控与预警。

三是注重前瞻性研究。江阴的公共安全体系,主动对标日本、欧美等先进发达国家,全面压实公共安全责任,建立统一的公共安全专家库,创新开展企业体检,在全国县级市率先购置造价6000多万元的高空灭火设备,支持本地企业万事兴、圣华盾等江阴本地应急企业与国际接轨,这都体现了江阴安全体系建设的超前性和引领性。

四是强化常态化运行。江阴抓好源头性、基础性工作,建立健全公共安全风险评估和形势分析、安全文化建设、安全应急信息化建设、应急装备和应急处置等长效机制,将应急救援基地定位为江苏省首个危化品应急救援基地,率先开展安全村(社区)、安全企业标准化建设,将日常工作落实落细,推动公共安全治理由运动式治理向常态化模式转变。

三、江阴集成改革的方法策略

作为新时代新一轮县域改革的探路实践,江阴在集成改革谋划与推进过程中,注重把当前改革和长远改革、单项改革和系统改革、结构性改革和体制性改革、局部改革和全局性改革结合起来,通过“破五难、抓五环”,使各项改革举措在政策取向上相互配合、在实施过程中相互促进、在改革成效上相得益彰,全力推动集成改革落地生根。

(一)破解认识之难,凝聚改革闯关的决心和意志

县级集成改革是一项系统工程,知易行难、障碍重重。推进落实好集成改革,需要笃定最大决心,凝聚最大共识,形成最大合力。

1. 以“三个超越”凝聚改革共识

改革的坚定源于改革认识的清醒。改革开放40年来,江阴坚持吃“改革饭”、走“开放路”、打“创新牌”,发展成就巨大,但遇到的体制障碍和累积的复杂矛盾也比较突出,在发展中遇到的问题比其他区域相对要早,以改革求突破的需求和愿望比其他地区更为紧迫,更为强烈。为推动全市上下形成改革合力,江阴提出了"超越一时之需看改革",着眼为未来新一轮发展拓展空间、提供动力、形成保障,建立长效机制;"超越一事之作谋改革",着眼建立经济社会发展的长效支撑,系统谋划改革;"超越一己之念促改革",着眼为全国县域改革探新路、作示范、出经验,超越小我、凝神聚力,率先探路、勇当先锋。

2. "一把手"抓改革,改革抓"一把手"

改革是"一把手"工程。中共无锡市委常委、江阴市委书记陈金虎亲自担任市集成改革领导小组组长,每月组织召开一次市委集成改革领导小组会议,研究推进集成改革工作落实,明确要求各级领导干部要拿出1/3时间抓改革;由市委常委任各专项小组组长,负责七大领域改革任务;领导小组、专项小组与41个改革项目牵头部门一把手逐级签订责任状,传递改革压力,压实改革责任。

3. 上下联动合力攻坚

江苏省委、省政府高点谋划、高位推动、强力支持,主要领导亲自调研、亲自协调、亲自部署、亲自推进,不仅给予了优惠政策支持,提供改革探索空间,而且派出改革骨干赴江阴挂职支援、落实推动;无锡市委、市政府积极配合、大力支持,不仅及时下发市县同权清单,而且在全市域适时推广江阴试点经验。省市两级支持力度之大,重视程度之高,前所未有,为江阴探索集成改革创造了良好的外部环境,提供了强大支撑和保障。

(二)破解推进之难,充分发挥改革办"一部三队"作用

江阴市委改革办是推进集成改革的参谋部、督察队、突击队、宣传队,承担了谋划设计、资源整合、组织协调、监督执行、攻坚克难、总结推广等多项职能,是一支特别能吃苦,特别能战斗的改革中坚力量。

1. 当好参谋部

先后历时118天,召开28次协调会、论证会、推进会,广泛征集社会意见建议,组织社会各界开展改革论证,先后历经四轮大的方案修改,形成了涉及38个分领域、153个方面、356项改革任务的七大领域改革方案;同步谋划部署了《江阴市集成改革宣传工作方案》《江阴市集成改革工作推进机制》,分解制定了操作性、可控性强的季度推进计划,形成了明确清晰的任务书、路线图、时间表和责任链。

2. 当好督察队

围绕以督察推进改革,制定出台集成改革督察工作实施办法,明确督察主体、督察内容、督察方式、督察程序以及督察成果运用,采取"一次一组建、一次一授权"的方式,实行一般改革项目部门自查、重要改革项目市领导牵头督察、复杂事项专项小组反复督察、面上事项人大和政协随机抽查的"全覆盖"督察。组织大型电视访谈《集成改革进行时》,围绕建立改革倒逼,推动改革破题,策划安排承担改革重要任务的一把手接受访谈,畅谈改革思路。

3. 当好突击队

围绕涉及面广、无明确牵头部门的,部门不积极、未能破题的,改革办主动承担;涉及复杂历史遗留问题的,涉及政策突破风险,需拍板担当的,改革办积极牵头。针对构建温馨周到的"最江阴"生活服务平台,改革办广泛调研、系统谋划,深入论证、强力推进,召开5次推进会,整合所有部门单位的生活服务资源,提供"一站式"解决方案,以市场化方式打造了服务市民的改革金字招牌。

4. 当好宣传队

着眼江阴改革经验总结推广和价值挖掘,及时梳理总结经验在面上推广,根据改革发展进程,适时梳理好经验、好做法,及时报请有关部门进行面上推广;主动走出去宣讲集成改革,应邀赴福建、河北、山东、安徽等10多个省进行宣讲,听众超过2000人;高位谋划出版集成改革蓝皮书;积极在《改革内参》《学习时报》《群众》《小康》等报刊发表解读集成改革的理论文章。

(三)破解方案之难,确保改革谋定后动、行稳致远

习近平总书记多次强调,要加强改革顶层设计和整体谋划,把提高改革方案质量放到重要位置。江阴市坚持以系统化思维筹划改革方案,注重各领域改革方案之间的协同融合,确保了方案的协同性和耦合度。

1. 坚持创新理念

江阴集成改革是一项系统性工程,在方案谋划时,坚持"优化营商环境、市场化改革、绿色转型、城乡融合、优质基本公共服务"五大理念,着力解决改革方案零散化、碎片化问题,体现主题主线、系统集成,确保了总体方案和专项方案之间、专项方案与季度推进计划之间的有机衔接、相互支撑。如江阴在制定七大领域改革方案时,提纲挈领地设计了市场化改革理念,并贯穿于教育集团化办学、公用事业改革、国有企业混改、社会化办医、"最江阴"生活服务平台打造等多项改革方案之中,正是尊重了市场规律、运用了市场机制,江阴经济社会事业发展的动力愈加强劲、活力不断显现。

2. 强化问题导向

江阴集成改革注重精准施策,无论在总体方案还是在具体实施方案的制定过程中,都始终坚持把找准问题与对症施策作为出发点和落脚点,从矛盾最突出、改革呼声最高、人民需求最迫切的问题上进行集中攻坚、重点突破,以重点工作带动全局工作,以关键突破打开整体局面,力求"一子落而满盘活"。比如,在制定《生态文明体制改革总体方案》过程中,为破解经济快速扩张和环境承载力有限以及资源利用效率低下、污染物排放总量偏大等矛盾,着力推进预防监测"源头全覆盖",积极引入市场化机制、借助专业化力量,做到"24小时全天候"监管,并提出包括大气、污水、固废的"监测、管理、治理"系统化解决方案,用实际行动积极促进生态环境向更高质量、更高层次发展。

3. 固化方案流程

为确保改革实施方案质量，江阴坚持长远需要和当前亟须相统一、现实需求与实现可能相一致、体制改革和机制创新相协调，按照“日常业务工作不纳入、单纯依赖财政投入或单纯解决编制的不纳入”原则，科学制定了调查研究、咨询论证、党(工)委(党组)讨论、分级审议等科学程序，先后邀请97名上级业务部门主要负责人、人大代表、政协委员、镇街园区相关负责人、企业家和群众代表参与七大领域改革方案论证，明确各具体实施方案要有3名以上专家参与论证，或通过座谈会、听证会、新闻发布会、网络平台公开征集意见。比如，规定88项重点改革方案和党建领域改革方案须经市委常委会或市委集成改革领导小组会议审议，避免了“拍脑袋”决策或部门说了算。

(四)破解决策之难，以科学民主决策确保改革意图

江阴始终坚持主动谋改革与开门搞改革相结合，通过改革内容公开、进展公开、评价公开和广泛的公众参与，确保改革的科学性和实效性。

1. 坚持群众参与

围绕改革谋划，利用“报、屏、声、网、微”五大平台，面向社会公开征集改革议题216条，反馈193条、吸纳借鉴29条。围绕破除群众和企业密切关注的堵点、痛点，先后组织1600多人参与8期大型电视访谈《集成改革进行时》系列节目摄制，主动接受企业和群众代表的现场提问和意见建议。围绕改革抓落实、督成效，充分发挥人大代表和政协委员作用，积极组织开展市人大代表履职活动周和政协专题议政会，看改革进展、议改革变化、谈改革体会，为后续改革推进建言献策。

2. 开展第三方评估

主动开展第三方评估，肯定成绩、查找不足，充分发挥以评促改的推动作用。出台第三方评估办法，明确评估主体、评估内容、评估模式、评估程序方法以及评估结果运用。首批已邀请上海社科院、江苏省社科院、江苏城市智库、复旦大学、南京大学、苏州大学6个第三方智库机构，对行政管理体制改革、社会事业体制改革等7个具有先导性、引领性、支撑性的改革领域和项目开展了评估，为客观评价集成改革成效提供科学依据。目前，已开展第二批第三方评估。

3. 强化智库支持

依托市委党校成立了全国第一家县级改革发展研究院，充分发挥方案论证、改革评估、案例挖掘、经验总结、前瞻研究、协作交流等职能，为地区改革发展提供理论研究和智力支持。与新华传媒智库合作，邀请专家学者召开集成改革咨询论证会；与中国经济体制改革研究会、江苏省委改革办、南京大学合作开展改革课题研究；在中央党校组织召开江阴集成改革实践与理论研讨会，积极承办中国改革(2018)年会暨改革开放40年地方改革创新40案例高层研讨会，依托高端平台全面梳理、系统总结集成改革经验、做法和成效，为打响江阴集成改革品牌奠定了良好基础。

(五)破解落实之难，确保改革抓铁有痕、踏石留印

改革重在落实，也难在落实。习近平总书记反复强调“要投入更多精力、下更大气力抓落实，加强领导、科学统筹、狠抓落实，把改革重点放到解决实际问题上来”。江阴坚持对改革项目进行过程管控、精细管理，保障集成改革的顺利推进。

1. 实行限时办结机制

为有效推进集成改革，江阴紧紧围绕356项改革事项，每季度对照进度安排表盘点改革任务推进情况，并及时发出提醒催办单进行督促，对情况特殊需要延期或取消的，由牵头部门和专项小组以书面形式向集成改革领导小组作出说明；无正常理由超过时限仍未办结的，对牵头部门负责人进行约谈，仍无进展的进行通报问责。

2. 推行任务销号机制

对拟完成项目，由牵头部门提出销号申请、专项小组进行初审、市委改革办对照季度推进计划明确的成果形式开展形式审查，由人大、政协相关领域的工(专)委主任牵头，专项小组联络员、办事员、部门和镇街负责人以及改革发展研究院和改革办的人员参与，对改革任务进行实质性审查，并形成综合审查意见，报请市委集成改革领导小组审批。一批未通过的项目退回牵头部门限时整改。

3. 建立三方约谈机制

对在改革推进过程中出现的无特殊理由未启动既定改革项目、未制定改革项目实施方案、改革工作未按既定时序推进、未按时完成既定改革任务、改革工作中出现相互推诿、改革工作出现重大偏差并造成不良影响、被上级单位或主流媒体曝光通报七种情况，由市委改革办、市纪委监委、市委组织部联合约谈部门“一把手”，压实了改革责任链条。至2019年，已约谈5批、35个部门“一把手”。

4. 实施督察督办机制

坚持一月一督察、一季一通报，在每次督察前，集中开展督察培训，有效避免了不敢督、不会督、不愿督的问题；在督察中，既督进度、察成果，又督责任、察作风，有力保障了改革稳步有序推进，形成了以督察推进改革的高压态势。实施专项集中式督察，分3批安排124名市领导和市人大、政协、部门与镇(街道)主要负责人督察98项改革任务；开展领衔式督察，每个市领导挂帅推进1项重点改革项目、牵头督察1项重点改革项目；创新开展介入式督察，由集改办直接参与35项重点改革任务的项目调研、内部讨论、方案论证等环节。对督察通报的问题，列清单、限时改、“回头看”，确保了改革快推进、真落地、见实效。

5. 形成考核考评机制

坚持定性定量与奖优罚劣相结合、季度考核与年终考核相结合、注重实绩与群众公认相结合，对组织推进得力、表现优异的进行加分，对敷衍塞责、被负面曝光的进行扣分。季度考核侧重于考核改革项目计划进度和方案质量,年终考核侧重于考核改革项目的具体成效、外部影响力以及改革单位的主动性、创新性。将考核结果与先进评比、年终考核、绩效评定、干部选任相挂钩,提升公信力、精气神,激励更多党员干部在改革中主动担当、争先创优。2018年以来共有81名干部因改革工作突出得到提拔,47个单位被表彰为集成改革绩效考核优胜单位。

四、江阴集成改革试点的实践价值

江阴集成改革是新时代县域改革的生动实践,既有丰富的实践意义和示范导向,又有深刻的方法论创新和理论价值,体现了全面深化改革的方向和要求,为推动县域治理体系和治理能力现代化探索了新路。

(一)践行习近平总书记系统集成改革要求的具体行动

任何一项改革实践,都不是孤立的,都是普遍联系的,零敲碎打的调整不行,碎片化的修补也不行,单兵式的突进也不行,必须加强全面深化改革各项措施的系统集成。习近平总书记强调,“推进改革要树立系统思想,推动有条件的地方和领域实现改革举措系统集成”,要“着力加强全面深化改革开放各项措施系统集成”“对领域相近、功能互补的改革试点,可以开展综合配套试点,推动系统集成”。这些重要论断为江阴集成改革试点提供了重要遵循和路径方法。在集成改革试点中,江阴根据系统集成的改革要求,注重把握改革的内在联系和辩证关系,不断提高改革系统集成能力,避免出现“碎片化”“分散化”“单打独斗”等不利于推进改革的现象和局面。通过构建以党建为统领,政务服务、基层治理、社会救助、生活服务、公共安全为一体的县域治理“1+5”总架构,制定出台行政管理体制改革、经济体制改革、生态文明体制改革、开发开放体制改革、社会事业体制改革、城乡发展一体化体制改革、加强党的建设制度改革和改革工作推进机制、改革宣传工作方案等“7+2”集成改革方案,江阴很好地把单项改革和系统改革结合起来,把局部改革和全局改革结合起来,把结构性改革和体制性改革结合起来,从体制机制和政策措施上全面系统地推进县域治理体系和治理能力现代化,充分体现了改革的系统性、整体性和协同性。

(二)探索制度有效供给的生动实践

改革的关键是以政府为核心的各类制度创新与制度供给,作为制度供给主体的政府,要针对经济社会生活中的新情况、新需求,增强制度供给的有效性、及时性。习近平总书记强调,“多从基层和群众关心的问题上找突破口,多推有地方特点的改革”。各地只有加强制度创新和制度供给,不断完善治理体系、提高治理水平,才能解决改革中遇到的矛盾和问题,为发展营造良好的制度环境,形成区域发展的制度新优势。作为先发地区的江阴,伴随着经济社会的快速发展,原有的制度体系已经力不从心,市场活力激发不够、政府市场化理念滞后、生态环境治理手段跟不上、社会均衡化公平度有所不足、城乡发展原动力有待挖掘,只进行简单修修补补的改革,已经很难从根本上破解发展瓶颈,必须在体制机制乃至制度层面进行改革,提高制度供给的质量和水平。江阴在行政管理体制改革中,针对行政审批服务效能不高、基层政府权责失调、政府数据资产效能低下等问题,着力降低制度性交易成本,加强资源整合,加快体制重构,打破利益藩篱,在经济社会管理权限、行政审批权限、行政执法权限等方面做到“能放则放、应放尽放”,全面推行“网上办、集中批、联合审、区域评、代办制、不见面”,实现全市域“一窗受理、一站服务、一章审批”,构建形成了快捷高效的政务服务体系,营造了良好的政务环境和营商环境,形成了“放管服”改革和供给侧结构性改革的全国样本。

(三)体现“以人民为中心”的价值追求

人民有所呼,改革有所应。只有让人民群众共享改革发展成果,让改革红利惠及全体人民,增强获得感、提升满意度,才能使人民群众的切身利益同改革的命运紧密联系在一起,使改革得到更广泛的认同、拥护和支持。习近平总书记强调,要把是否促进经济社会发展、是否给人民群众带来实实在在的获得感,作为改革成效的评价标准,科学统筹各项改革任务,推出一批能叫得响、立得住、群众认可的硬招实招,让人民群众有更多获得感。在集成改革试点中,江阴始终坚持“以人民为中心”的改革价值取向,从大处着眼、小处入手,加快推进民生领域体制机制改革,着力提高保障和改善民生水平,着力解决人民群众关心的现实利益问题。江阴将此前分散在各职能部门的民生服务内容最大限度地集成到一起,在网格化管理、不见面审批、“最江阴”APP、社会救助、集团化办学、医联体建设等30多个领域实现了跨部门的数据共享和业务协同,变群众来回跑为内部协同办,变“百姓跑腿”为“数据跑路”,打通联系服务群众“最后一米”,以“不见面”改革的“减法”换取市民满意度的“加法”,清晰勾勒出集成改革的民生逻辑和价值追求。

(四)引领县域改革的发展方向

郡县治,天下安。县域改革关系整个社会主义现代化建设全局,是这轮改革的重点。县一级在国家治理体系中处于承上启下的枢纽地位,习近平总书记把县域治理的特点形象地概括为既“接天线”又“接地气”。县域基层改革一头连着中央和省委,一头连着广大企业和群众,选择什么样的改革目标、方法和路径,关系到县域改革举什么旗、走什么路。只有坚持正确的改革方向,有的放矢地开展系统集成改革,才能最大限度地提高改革效能。江阴在集成改革试点中,瞄准提升县域治理体系和治理能力现代化水平这个目标,坚持“超越一时之需看改革、超越一事之作谋改革、超越一己之念促改革”,基于省级层面给予改革集成,试点地区进行改革思路集成、推进机制集成，着眼于解决制约长远发展的体制问题和当前亟须解决的矛盾问题，围绕经济、政治、文化、社会、生态五位一体建设，由易入难、逐步深入，由试点之初的徐霞客镇强镇扩权的经验推广，到最终构建新时代县域治理"1+5"总架构，一批试点实践上升为制度性成果，由试点变示范、"盆景"变"风景"，呈现出改革效应集成，县域治理能力不断提高，对其他地区县域改革具有较高的借鉴价值。

（五）形成系统集成的改革方法论

江阴在改革中，统筹改革项目谋划、协调、调度、督察、评估、考核、宣传等关联要素，系统谋划形成了集成改革18项工作推进机制，构建了制度化、程序化、精细化管理的"链条式"运转体系，有效解决了改革过程中存在的突出难点问题。为谋实落细改革方案，由改革办与任务牵头部门共同提出改革议题，报经改革领导小组确定形成改革项目体系；对每个改革实施项目作出安排，明确改革分领域目标，列出牵头部门与参与部门，排定季度完成进度、成果形式、完成时限，形成清晰的改革任务书、路线图、时间表和责任链。为保证方案质量，围绕方案制定环节容易出现的避重就轻、"跑题"、部门化改革、虚化党组织统领、议不透议不完等问题，设计调查研究、方案论证、党委（组）讨论、分级审议四步流程，以科学的流程设计保证改革方案不发生偏离。为确保改革责任落实，始终把改革工作定位为"一把手工程"，推进过程中，始终盯着改革抓"一把手"。比如，着眼压实责任链条，逐级签订了改革责任状，把责任承诺与绩效考核挂钩，对专项小组任务进度不达预期的，在绩效考核时实行专项小组所有成员单位连带扣分，从而压紧压实各专项小组组长责任；着眼推动部门改革破题，实施社会舆论倒逼，创办改革访谈电视节目《集成改革进行时》，安排任务牵头部门"一把手"上台介绍改革思路、谈改革体会，有力地促进了部门真抓、真改、真落实；着眼加强党对改革工作领导，根据改革进程安排，预设出了不应当出现的情形，对触网的动真碰硬，开展组织监督约谈，从下级党组织贯彻落实上级党组织要求、发挥党员先锋模范作用和党员领导干部履职尽责角度，对部门单位"一把手"和所在党组织提出整改要求，夯实党的统领。为营造有利于改革的浓厚氛围，建立了横向覆盖社会各界、纵向连结市镇村乃至企业家和普通市民的多层次广泛参与机制，不论是在改革谋划阶段，还是推进过程之中，抑或是评估考核验收关口，始终主动安排、积极引导、热情鼓励市民群众广泛参与，打造形成了市民群众关心关注改革、参与支持改革、投身包容改革的良好环境。

五、江阴集成改革面临的问题与挑战

两年多来，江阴集成改革有序推进、成效显著。至2019年，全国已有800多批次10000余人到江阴考察学习集成改革经验，初步显现了"集成改革第一县"的品牌效应。但试点工作仍然存在着一些不足，需要优化提升。

（一）改革的集成效应有待提升

按照总体方案设计，七大领域改革应整体推进、协同并进，但从实际运行成效看，七大领域改革存在不均衡性。总体来看，行政管理体制、社会事业体制、生态文明体制等领域因与群众和企业的需求贴得比较紧，各级关注度比较高，推进比较扎实，社会的获得感比较强。相比之下，其他领域改革特色不够鲜明、破题力度不够大，虽然也形成了一些改革亮点，但不够系统、全面，尤其是在经济体制改革领域，创新型、引领型经验较少。

（二）改革的协同效应有待加强

江阴在具体改革中仍面临向上衔接的"中梗阻"问题，改革的整体协同性有待进一步加强。特别是在涉及业务条线权限下放、端口开放、数据互联、政策支持等方面，存在不愿放、不给接、难共享等现象，由于授权不充分，在破解先发地区发展中遇到的一些政策和法律的天花板无法有效突破。

（三）改革的品牌效应有待扩展

集成改革第一县要实现品牌的可持续性，要进一步丰富内涵、加大宣传。从打造品牌来看，还需要进一步提升改革的开放性、示范性和可推广性。当前，在全面深化改革中，各地都涌现出了一批改革亮点，比如上海的一网通办改革、浙江的最多跑一次改革、山东的一次办好改革、天津的一制三化改革、湖南的一件事一次办改革，这些都为江阴深化改革提供了借鉴。江阴的改革经验要走向全国，要形成制度化、规范化、科学化的经验，让经验更成熟、更定形、更经得起时空的检验。江阴集成改革经验既要能够向先发地区复制，也要能够向欠发达地区推广，要兼顾到普遍性和特殊性需要。

（四）改革的宣传效应有待强化

当前的江阴集成改革宣传主要存在以下问题：一是缺少改革典型宣传，虽然形成了一批改革亮点，但深入挖掘不够，表现形式单一，推广渠道不多，未能引起社会持续关注，导致改革的标杆效应弱化；二是缺乏系统深入宣传，现在媒体报道大都停留于表面，对改革项目的必要性、改革措施的先进性、改革机理的科学性、改革担当的示范性等缺乏深度探析；三是缺失改革全面报道，目前宣传主要集中在行政管理领域，其他领域虽然也涌现了集团化办学、环保测管治一体化、医联体、"三务"公开"户户通"、互联网+医疗互助等改革经验，但未见深入报道。

六、对进一步推进县域集成改革的对策建议

（一）对深化江阴集成改革的对策建议

1. 及时总结推广改革创新实践经验

探索经验、总结推广既是贯彻

落实江苏省委、省政府明确要求的对应举措，更是推动江阴集成改革走向纵深的重要抓手。一方面，要建立健全改革经验推广机制。当前各地创新实践比较踊跃，成果丰硕，一些地方优秀的改革案例和经验，很难及时反馈到上层，更难以及时得到推广。要在各级之间探索建立便捷高效的信息反馈机制，以便更好地发现亮点、协调推进，对集成改革经验进行及时总结与推广。另一方面，要进一步加强标准化建设。以社会治理综合标准化试点为契机，在现有政务服务、生活服务、社会救助、基层治理等领域业已形成1138个标准基础上，进一步拓展更多领域、更多标准，兼顾共性与个性、普遍性和针对性，使其易学好用、左右兼顾，为改革经验的复制推广提供蓝本和便利。

2. 全力营造有利于改革担当的浓厚氛围

集成改革越深入，越需要韧劲和担当，党员领导干部是否具有担当精神是事关改革成效的重要因素。改革需要把真正有责任担当、时刻心系人民群众、踏实肯干、年富力强的干部选拔到关键岗位，承担重要使命，为全面深化改革奠定坚实基础。为破解部分基层干部思想倦怠、担当积极性不足等难题，江阴需要优化和完善既有的改革容错机制和激励机制，树立改革者上、慵懒者下的用人导向，提振干部"改革"的精气神，营造为担当者撑腰、为实干者点赞的良好氛围。特别是要细化重点领域容错纠错的改革事项，明确合理的容错纠错的认定标准；健全崇尚实干、带动担当、加油鼓劲的正向激励体系，要注重激发各部门和单位"一把手"的担当精神；注重及时发现敢突破、敢担当的个人，大胆破格使用"李云龙"式的干部，及时调整到关键岗位，及时发挥以点带面的改革示范效应。

3. 持续健全集成改革推进机制

制度性建设是改革落实推进的根本性保证，江阴集成改革的18项工作机制为确保改革落地生根发挥了关键作用，随着改革持续深入推进，工作机制也需要加以持续完善。比如，党管改革还需要细化、深化、具体化，对分级审议应当进一步细化把关要点，明确把关职责，对项目领衔需要明确具体任务和应当承担的责任，对于第三方评估，应加强结果反馈应用。唯有坚持持续健全推进机制，方能以制度的常态化、科学化实现改革的再深化，再优化。

(二) 对其他地区开展集成改革的对策建议

1. 探索顶层设计和基层创新的有机结合

当前，基层治理面临许多单靠基层无法啃下的"硬骨头"，改革必须加强顶层设计，突出上级的统一谋划、强力推动，同时要鼓励不同区域进行差别化探索，为基层留足创新发展的空间。一方面，上级政府与部门要对地方给予高度重视和权威性支持，提供一揽子的政策扶持，指导编制好改革总体及专项方案，营造上下一盘棋、齐力抓改革的良好氛围。另一方面，鼓励支持有条件的地方先行先试，主动创新实践，最大限度调动基层积极性、创造性，增强推进改革的内生活力，为顶层设计提供脚本、积累经验。

2. 加强改革力量的投入与保障

集成改革的破浪前行离不开改革力量的汇聚，在推进地方集成改革过程中，一是要加大对改革领域的资金投入，尤其要加大对地方长远发展的重点领域和行业的改革项目的支持；二是要借智借力促改革，邀请相关智库、科研机关为改革问诊把脉、智力支持；三是要发挥好"一把手"和"一班人"的关键作用，压实各级部门和各单位"一把手"的主体责任；四是要抽调精干力量，建立实体化运作的改革办，充分发挥好改革办谋划、协调、指导、督察等职能。

3. 坚持开门搞改革

开门搞改革，必须坚持改革立项、推进、评估的全流程开门，实现改革从政府出题、答题、阅卷的"自拉自唱""体内循环"向多主体提议、参与、督评的"群策群力""内外交互"转变。在立项阶段，要大张旗鼓地公开征集各方的意见和建议，尽可能吸纳群众的诉求，同时邀请各领域的专家学者召开专题论证会，共同论证改革事项与方案；在推进过程中，积极发挥普通群众与社会组织的主动性，充分参与改革项目，并对改革进程进行及时纠偏；在结果评估上，既要依照群众的获得感和满意度进行评估，又要完善独立自主的第三方评估机制，使改革方案、措施和成效经得起历史、实践和时间的检验。

4. 充分发挥市场机制作用

面对"深水区""攻坚期"的改革，单纯依赖政府行政手段的单兵突进难以满足复杂多样的现实诉求，必须牢牢把握住市场化主线不动摇，让市场活力成为改革的原动力。地方政府要秉承"专业的人做专业的事"的理念，将政府不该做、不善做、做不好的事项尽可能地交给市场，大力培育社会组织，努力发挥市场在公用事业、环保、医疗卫生、产业转型、生活服务等改革领域资源配置中的决定性作用，同时更好地发挥政府的效用。以往不少地区的公用事业服务主要依靠政府自身招兵买马、大包大揽，依靠有限的财政投入，导致成本高昂、服务低质、人力负担重等问题，难以持续保证服务的高效利民。面对未来的集成改革，政府亟须主动转变职能定位，充分运用市场化这一有力工具，实现服务的专业化、智能化和高效化。

(联合课题组：江阴市委改革办、江阴市改革发展研究院)

——摘自社会科学文献出版社《江阴县级集成改革发展报告(2019)》

■类目编辑 纪晓华

在市委十三届九次全体（扩大）会议上的讲话

（2020 年 1 月 14 日）

江阴市委书记　王进健

一、全面践行习近平总书记谆谆嘱托，“强富美高”* 新江阴建设迈出坚实步伐

中共十八大以来，习近平总书记先后三次对江苏工作提出明确要求，特别是 2014 年 12 月视察江苏时提出，要努力建设经济强、百姓富、环境美、社会文明程度高的新江苏。五年来，我们坚持把“强富美高”作为江阴各项工作的总纲，以强烈的答卷意识，戮力同心、砥砺奋进，在 987 平方千米的暨阳大地上初步展现出“强富美高”的现实模样。

五年来，聚焦自主可控、做强实体经济，持续铸就“经济强”的江阴高度。深入实施产业强市、创新驱动战略，产业竞争力、科技创新力、资源整合力持续增强，实现全国县域经济和综合发展“十七连冠”、中国工业百强县市“三连冠”。经济总量再创新高。地区生产总值连跨两个千亿元台阶，年均增长率预计达到 7.3%，高于无锡、全省平均水平。一般公共预算收入净增 55.9 亿元、达到 256.6 亿元。累计实际使用外资 48.9 亿美元，总量位居全省县市第一。创新动能持续增强。全社会研发投入占比提高到 3.21%，高新技术企业、全国科技型中小企业分别达到 500 个、748 个，人才总数净增 6.6 万人、达到 38.2 万人，上市公司净增 15 个、“新三板”挂牌企业净增 46 个，上市公司总数位列全国同类城市第一。企业主体阵容强大。各类市场主体净增 9.7 万个、达到 19.8 万个。千亿级企业达到 3 个，形成集群效应。四大类“500 强”企业* 数累计达到 51 个，遥遥领先全国同类城市。

五年来，突出民生优先、增进群众福祉，持续彰显“百姓富”的江阴情怀。民生投入占财政支出比重始终保持在 75% 左右，实现中国全面小康十大示范县市“十二连冠”。居民收入更加厚实。每年居民收入增速均超过经济增速，全体居民、城镇居民、农村居民人均可支配收入分别迈入 5 万元、6 万元、3 万元时代，农村居民收入实现全省县市“十九连冠”。村级收入达到 31.7 亿元，村均收入达到 1258 万元。社会保障更加有力。居民基础养老金、居民最低生活保障标准、居民医保筹资标准等各类社会保障标准逐年提升，村级医疗互助全国首创。公共服务更加健全。每年为民办十件实事顺利完成，各项社会事业协调发展，公共服务标准化均等化水平稳步提升，高分通过国家卫生城市复审。

五年来，坚定绿色发展、提升城乡品质，持续描绘“环境美”的江阴画卷。以建设长江生态安全示范区为引领，生态高水平保护、城乡高品位建设同步推进、互促并进。生态环境持续优化。$PM_{2.5}$、二氧化硫平均浓度分别下降 41%、77%，降幅位居全省前列。空气质量优良率达到 73.2%，国省考水质断面全部达标，优Ⅲ断面比例达到 77.8%，上级下达的节能减排任务超额完成，垃圾、危废、污泥处置能力不断提升。城乡建设持续加快。“1310 工程”* 全面推进，滨江公园、锡澄运河公园样板段西岸工程基本建成，江阴绿道稳步延伸。优美环境合格区建设深入开展，农村人居环境整治提升三年行动计划全面实施，39 个试点村农房建设工作加快推进，城乡面貌出新出彩。基础设施持续完善。新沟河延伸拓浚工程全面完工，绮山应急备用水源地建成投用。内外环快速交通体系加快构建，南沿江铁路江阴段、锡澄城际轨道交通工程开工建设，南京理工大学江阴校区主体封顶，江阴人民期盼多年的高铁高校“两高梦”梦想成真。

五年来，共筑精神家园、推进平安法治，持续打造

“社会文明程度高”的江阴样本。坚持以社会主义核心价值观为引领,文明新高度、文化软实力不断提升。文化事业繁荣发展。市融媒体中心组建成立,理论宣传媒体矩阵加快构建,文化惠民活动深入开展,城市阅读联盟、香山书屋公益模式全国推广,城乡公共文化设施逐步完善,群众文化生活丰富多彩。文明创建成效显著。学习宣传党的创新理论全面加强,志愿者之乡品牌不断擦亮,时代楷模、道德模范、江阴好人形成“群星效应”,江阴市成为建设新时代文明实践中心全国试点市,连续获评七星级慈善城市,顺利创成全国文明城市,第4次获评全国双拥模范城。社会大局平安稳定。全要素网格化治理格局、综合型执法体制全面构建,扫黑除恶专项斗争深入开展,公共安全体系建设全面推开,全面依法治市架构初步形成,群众安全感持续保持全省前列。

五年实践启迪,新思想始终是穿越风雨、逆势奋进的指路明灯。五年来,正是有新思想的科学指引,全面实施“六大战略”*、加快实现“六个高质量”*的路径才更加清晰,决胜高水平全面建成小康社会、开展全省现代化建设试点的成效才更加明显。面向未来,要更加自觉地向新思想对标看齐、以新思想定向领航、从新思想寻策问道,在高质量发展的道路上不断跨越关口、始终走在前列。五年实践启迪,矢志发展始终是县域领跑、勇立潮头的重要法宝。五年来,坚持以创新发展点燃动力引擎,以协调发展深化城乡融合,以绿色发展和谐人与自然,以开放发展统筹内外联动,以共享发展促进公平正义,构筑了富民强市的坚实根基。面向未来,仍然要把新发展理念作为制胜未来的唯一正确道路,认真对照审视、全面推进落实,使其成为“强富美高”新江阴画卷上最鲜明的底色。五年实践启迪,改革开放始终是我们破浪前行、开拓进取的动力源泉。五年来,突出制度供给、制度创新,纵深推进全面深化改革,勇担县级集成改革试点重任,积极构建全方位开放“新版图”,实现了动力活力的持续释放、充分激发。面向未来,要继续用好改革开放这个“关键一招”,以更大决心、更大勇气、更大力度把改革开放推向深入,为江阴高质量发展注入永不枯竭的澎湃动力。五年实践启迪,党的领导始终是保持定力、正道直行的根本保证。五年来,认真贯彻新时代党的建设总要求,党的各项建设全面加强,为改革发展稳定提供了坚强保证。面向未来,要始终坚持党要管党、全面从严治党,真管真严、敢管敢严、长管长严,以党建质量的持续提升,引领全市上下时刻树牢争先意识、忧患意识、开放意识、拼抢意识、攻坚意识,大力推进内涵发展、绿色发展、宜居发展、协同发展、安全发展,在“强富美高”新江阴建设再出发的新征程上迈出更大步伐。

2019年,全市上下坚持以习近平新时代中国特色社会主义思想为指导,全面贯彻中央及省、市委决策部署,重点推进和办成了四项事关全局、事关长远的大事要事:一是隆重庆祝中华人民共和国成立70周年。成功举办庆祝渡江战役暨江阴解放70周年系列活动、“壮丽70年·奋斗新时代”系列纪念展览活动、“礼赞新中国·讴歌新时代”系列文化活动,营造了共庆华诞、共享荣光、共促发展的浓厚氛围。二是扎实开展“不忘初心、牢记使命”主题教育。牢牢把握总要求,认真组织集中学习研讨,深入开展“两走进两促进”*“三解决三提升”*走访调研,持续深化“三听三问三征求”*活动,深刻检视剖析问题,扎实推进专项整治,主题教育达到预期成效。三是勇担现代化建设试点重任。系统制订实施方案,细化落实任务清单,探索构建指标体系,六方面32项工作稳步推进,四大特色样本加快打造,试点工作蹄疾步稳、有序实施。四是精心组织系列重大活动。第二届“中国农民丰收节”江苏省主场活动、第二届江阴发展大会、第十四届中国徐霞客国际旅游节等一系列重大活动顺利举行、成果丰硕,江阴城市影响力持续提升,高质量发展氛围更加浓厚。

与此同时,统筹推进稳增长、促改革、调结构、优生态、惠民生、防风险等各项工作,全市保持了经济社会稳健发展、各项事业协调并进的良好态势。经济运行平稳健康。预计地区生产总值增长7.2%左右、规模以上工业产值增长9.5%左右,主要经济指标保持高基数基础上的较快增长,基本完成预期目标。联动天翼新能源产业基地一期竣工投产,远景千亿级智慧能源产业园启动建设,完成“三资”投农*6亿元,完成江阴市第四次全国经济普查工作。发展动能加快转换。净增高新技术企业117个,新增诺奖得主研究院1个、院士工作站3个、博士后工作站3个。“百千万”引才专项行动*全面启动,新增高层次人才523人、高技能人才9744人。江阴板块持续扩容,新增上市公司2个、“新三板”*挂牌企业2个。城乡建设有力推进。全国文明城市创建扎实开展,城市精细化管理全面实施,“1310工程”稳步推进。全市完成拆迁93.6万平方米,完成老小区改造12个,建成安置房78.4万平方米,建成无锡市美丽乡村示范村11个。环境质量持续改善。关停整治“散乱污”企业901个,关停化工企业20个,完成村庄生活污水治理项目620项,成片造林321.67公顷。全年环境信访首次实现“双降”,国省考断面优Ⅲ比例、$PM_{2.5}$平均浓度均为近年来最优值。深化改革稳步实施。社会治理综合标准化试点通过验收,基层行政综合执法等经验在全国推广,徐霞客镇基层治理模式在全省镇街复制,获评2019年度中国营商环境百佳示范县市第一。党政机构改革按时完成,江阴综合保税区(一期)封关运营。农村集体产权制度改革持续深化,农村产权交易服务体系更加健全。民生福祉不断增进。新增就业岗位6.4万个,扶持自主创业5315人,城保扩面6.4万人。新一轮24个经济薄弱村脱困转化工作全面展开。“厂中厂”专项整治成效明显,安全隐患大排查大整治全面开展,平安江阴、法治江阴建设扎实推进,社会大局平安稳定。党的建设全面加强。宣传思想文化工作持续提升,意识形态工作责任制层层压实,基层党建“四项工程”*全面实施。积极配合省委巡视工作，市委第八轮、第九轮巡察全面推进。“两个责任”*持续压实，始终保持惩治腐败高压态势。全力支持人大、政府、政协开展工作，保障司法机关独立行使职权，统战、人武、双拥、老干部、群团、对口支援等各项工作取得新进展。

走过不平凡的2019年，我们深感全市经济社会发展取得的每一项成绩、城乡建设的每一处变化、人民群众得到的每一点实惠，无不凝聚着各级各部门的心血与汗水，无不包含着广大企业家的拼搏与贡献，无不见证着165万名江阴人民的智慧与勇气。

成绩来之不易，但困难和问题也不容忽视：部分经济指标增速明显放缓，企业运行困难增多，优质项目储备不足，重化型产业结构依然突出；科技创新人才、企业、平台的支撑作用还未完全体现，新经济、新模式、新业态发展不快，高质量发展的新动能仍显不足；城乡建设推进不快，城市管理不够精细，农村环境面貌亟待提升；生态环境短板依然存在，安全生产形势依然严峻，防范经济金融风险任重道远；社会事业软硬件建设的缺口仍然较大，公共服务尚未实现高位均衡；一些党员干部的担当精神、本领能力还不适应新时代新要求，全面从严治党还需纵深推进。对此，我们必须高度重视，不畏难、不推卸，切实加以解决。

二、深入贯彻落实中共十九届四中全会精神，继续书写好新时代县域治理体系和治理能力现代化的江阴答卷

中共十九届四中全会，系统回答了在中国国家制度和国家治理体系上应该“坚持和巩固什么、完善和发展什么”这个重大政治问题，彰显了中国之治的历史必然，描绘了中国之治的宏大愿景，坚定了中国之治的制度自信，为推进县域治理体系和治理能力现代化，提供了根本遵循，指明了前进方向。对于江阴来说，深入贯彻落实十九届四中全会精神，最根本的目标、最务实的行动，就是要牢记政治使命，立足现有基础，聚焦短板弱项，坚持守正创新，继续书写好新时代县域治理现代化的江阴答卷。

继续书写好新时代县域治理现代化的江阴答卷，必须牢牢把握以下原则：一要坚持党建统领。自觉贯彻党总揽全局、协调各方的根本要求，全面落实党领导一切的制度设计和工作机制，不断提升全市各级党组织把方向、谋大局、定政策、促改革的能力和定力，始终以党建水平提升引领治理现代化水平提升，以党的组织保障强化治理能力保障，真正把党的领导体现在改革发展稳定的全过程各方面、落实到江阴县域治理的各领域各环节。二要坚持系统完备。把县域治理体系作为一个不断完善、与时俱进的开放体系，始终坚守为群众企业增便利、为江阴发展添动能、为县域治理探新路的改革初心，在巩固提升以政务服务、基层治理、社会救助、生活服务、公共安全为一体的现有治理架构的基础上，全面对照中国特色社会主义制度“图谱”，整体谋划、持续完善，让我们的治理体系更系统、更全面、更科学。三要坚持科技赋能。树立以信息化推进治理现代化的工作导向，坚持用数据说话、用数据决策、用数据管理、用数据创新，深入推进物联网、大数据、云计算、区块链、移动协同、人工智能等新一代信息技术与县域治理深度融合，加快建设“智慧江阴”，用“制度+技术”助力政府决策更科学、社会治理更精准、公共服务更高效、百姓生活更美好。四要坚持重心下移。在全面加强市级统筹、部门联动、条线协作的同时，把治理触角延伸到离群众最近的地方，理顺权责关系，规范基层治理，做强镇街园区，做优村、社区，做实全要素网格，推动更多力量、更多服务、更多资源向基层下沉，推动社会各界广泛参与，汇聚起共建共治共享的磅礴力量。

继续书写好新时代县域治理现代化的江阴答卷，要致力把江阴建设成为全省同类城市中服务效率最高、发展环境最优、创新活力最强、群众获得感最多的改革发展示范区，高点定位、持续探索、深化实践。一要聚焦强化党的全面领导，坚决落实维护党中央权威和集中统一领导各项制度，健全完善加强党的全面领导、纵深推进全面从严治党的制度机制，完善权力运行制约和监督机制。坚持和完善人民代表大会制度、中国共产党领导的多党合作和政治协商制度，巩固和发展最广泛的爱国统一战线，画好最大同心圆、凝聚最强正能量。加快完善党领导的全面依法治市制度和工作机制，实现法治江阴、法治政府、法治社会一体建设。二要聚焦厚植“经济强”的更实支撑，加快构建自主可控的现代产业发展体系，完善创新驱动发展体制机制，健全支持民营企业改革发展体制机制，健全优化营商环境各项制度，保障各种所有制主体共同发展。持续完善促进区域一体化发展体制机制，建设更高水平开放型经济发展机制，持续拓展发展空间。落实最严格的安全生产责任和管理制度，加快提升应急管理体系和能力现代化建设水平。三要聚焦提升“百姓富”的更多内涵，完善城乡居民收入持续增长机制，健全公共就业服务体系、创业帮扶机制，多渠道促进百姓增收。完善推动教育高质量发展、加强健康江阴建设的制度机制，健全养老服务体系，完善体育事业产业协调发展机制，加快公共服务标准化进程。健全统筹城乡的社会保障体系，完善精准有力的社会救助体系，持续增加城乡居民隐性财富。四要聚焦彰显“环境美”的更大魅力，落实最严格的生态环境保护制度、资源高效利用制度，实施能源、水资源、建设用地等的总量和强度“双控”制度，完善工业企业资源利用绩效评价制度。健全生态保护修复制度，实现山水林田湖草一体化保护。严格生态环境保护责任体系，强化环境行政执法与刑事司法联动机制。持续完善城乡建设体制、城乡融合发展机制，为建设生态宜居家园夯实制度之基。五要聚焦迈出“社会文明程度高”的更快步伐，坚持马克思主义在意识形态领域指导地位的根本制度，健全用党的创新理论武装头脑、教育人民工作体系，完善培育良好道德风尚的工作机制。完善城乡公共文化服务体系，健全现代文化产业体系和市场体系。健全社会安全稳定工作机制，健全矛盾纠纷多元化解机制,健全党组织领导的自治、法治、德治相结合的城乡基层治理体系,全面夯实基层社会治理。

三、决战决胜"十三五",全力夺取高水平全面建成小康社会历史性胜利

2020年是高水平全面建成小康社会之年,是"十三五"规划收官之年,恰逢两个百年奋斗目标交汇、两个五年发展规划交替,做好今年工作,时点关键、责任重大、使命光荣。当今世界正处于"百年未有之大变局",日新月异的科技革命正在全面重塑着全球产业格局,风云变幻的国际关系正在深刻影响着区域发展进程。我们要准确把握时与势、辩证看待危与机,在明晰大势、把握全局中增强信心、沉着应对、放胆实干。信心源于稳中向好的宏观形势。虽然经济全球化遭遇更大的逆风和回头浪,发展的结构性、体制性、周期性问题相互交织,各类风险挑战明显上升,但经济全球化的大势没有变,仍处于重要战略机遇期的判断没有变,我国经济稳中向好、长期向好的基本趋势没有变,经济持续增长的良好基础和条件没有变,只要趋利避害、发挥优势、应对得当,就一定能战胜困难、赢得主动。信心源于千载难逢的叠加机遇。县级集成改革、现代化建设等省级试点,释放了争先率先的政策红利;一带一路、长江经济带、长三角区域一体化、苏南国家自主创新示范区、锡澄一体化等重大战略,拓展了接续发展的更广空间;轨道交通的加快建设、新过江通道的规划实施,为我们奠定了加速融入长三角的坚实基础。信心源于长期积累的坚实基础。历经中华人民共和国成立70年特别是改革开放40多年的矢志发展,拥有了县域领先、区域称雄的综合实力,门类齐全、较为完备的产业体系,特色鲜明、规模强大的产业集群,数量庞大、链式发展的企业集群,所有这些,都是抵御风险、迎接挑战的根基所在、底气所在。信心源于应对危机的经验能力。回顾江阴的发展历程,无论是苏南模式转型,还是亚洲金融危机,无论是宏观经济下行,还是中美贸易摩擦,风险和困难持续考验着,也在一次又一次的淬火锻打、风雨洗礼中,形成了系统性的应对机制,夯实了战略性的产业基础,孕育了前瞻性的创新动能,凝聚起广泛性的发展力量。只要坚持既定目标不动摇,坚持既定路径不懈怠,善于在变局中把握机遇,在逆境中主动作为,在挑战中务实笃行,聚精会神办好自己的事,就一定能在两个大局的交织激荡中勇立时代潮头、续写更大荣光。

站在新起点上的江阴,承担着历史的重任,肩负着崇高的使命。当好新时代县域高质量发展排头兵,是省委和无锡市委对我们的全新要求;始终站在全省全国县域发展的最前列,是全市人民对我们的不变期盼。在满怀信心重新出发、满怀憧憬再起宏图的新征程上,必须牢牢把握以下五点基本要求:一要坚定勇站排头的发展追求。始终保持发展远未到头、征程未有穷期的高远追求,始终保持要做就做最好、要争就争第一的雄心壮志,敢同勇者比胆识、敢与快者比速度、敢和强者比位次,全力当好经济高质量发展、区域一体化、改革再出发、长江大保护"四个排头兵",确保江阴在新一轮区域竞跑中永远立于不败之地。二要坚持产业强市的战略取向。牢固确立"企业强则江阴强、企业稳则江阴稳、企业兴则江阴兴"的发展理念,持之以恒抓项目增后劲,坚持不懈兴产业促转型,坚定不移强科技引人才,持续升级江阴产业"巨轮"的动力系统、结构系统、质量系统、安全系统、保障系统,实现自主可控能力、现代产业比重、整体产出水平的全面提升。三要强化拼抢机遇的昂扬斗志。始终把贯彻落实国家、省市重大战略部署,作为重大政治责任,提前谋划、超前布局,主动策应、全力对接,力争落地一批关联带动强的项目,形成一批引领示范好的合作,加速提升城市性价比、增强核心竞争力、形成发展新优势,让多重叠加、稍纵即逝的历史机遇期,成为江阴又一个黄金发展期。四要保持警醒忧急的工作导向。清醒看到数十年快速发展、粗放发展带来的瓶颈短板,清醒看到县域竞争中标兵渐远、追兵更近的严峻态势,始终坚持问题导向、目标导向、效果导向,自觉践行新发展理念,精准发力、综合施策,全力打好全面小康收官仗、产业强市纵深仗、长三角一体化主动仗、重大风险防控攻坚仗"四场硬仗",把客观存在的薄弱点变为后来居上的发力点、转折点。五要弘扬永不服输的精神价值。大力弘扬"人心齐、民性刚、敢攀登、创一流"的江阴精神,持续激发江阴企业家敢拼会拼的开拓精神、江阴党员干部敢冲能冲的担当精神、广大专技人才敢闯敢试的创新精神、全体江阴人民勇争一流的进取精神,始终把责任扛在肩上,把困难踩在脚下,把工作落到实处,在这新的波澜壮阔的年代,留下我们这一届班子的奋斗足迹,书写属于我们这一代人的精彩篇章,干出一番无愧于历史、无愧于时代、无愧于我们这座城市的崭新业绩。

2020年工作的总体要求是:坚持以习近平新时代中国特色社会主义思想为指导,全面贯彻中共十九大和十九届二中、三中、四中全会精神,坚决贯彻党的基本理论、基本路线、基本方略,切实增强"四个意识"*、坚定"四个自信"*、做到"两个维护"*,按照中央经济工作会议和省委十三届七次全会、无锡市委十三届九次全会部署,牢牢把握高水平全面建成小康社会的任务要求,紧紧围绕当好新时代县域高质量发展排头兵的目标定位,坚持稳中求进工作总基调,坚持新发展理念,坚持以供给侧结构性改革为主线,坚持以改革开放为动力,坚决打赢三大攻坚战,全面做好"六稳"*工作,扎实开展现代化建设试点,确保经济持续健康发展和社会大局安全稳定,确保高水平全面建成小康社会和"十三五"规划圆满收官,开创高质量发展新局面,开辟"强富美高"新江阴建设新境界,开启基本现代化建设新征程。

2020年的主要预期目标是:地区生产总值增长7%左右;一般公共预算收入增长5%左右;规模以上工业增加值增长7.5%左右;固定资产投资增长5%左右,其中工业投入增长7%左右;社会消费品零售总额增长8%~8.5%;进出口总额实现正增长;城乡居民收入与经济增长同步;节能减排和大气、水环境质量完成上级下达的目标任务,高质量发展考核继续走在全省前列。

围绕以上目标要求,重点要做好以下六个方面工作:

(一)聚力产业强市,筑牢高水平全面小康的坚实根基。始终坚定实体为本、制造为根,聚力推进核心技术自主化、产业基础高级化、产业链现代化,全力打造竞争力强、创新力强、影响力强、抗风险能力强的产业生态圈。

提升产业层次。积极推进数字经济与实体经济、先进制造业与现代服务业"两个深度融合"。改造提升传统制造业。编制实施新一轮智能制造三年行动计划,深入实施制造业重点产业发展"六大工程",大力实施"千企上云",深入推进"千企技改",加快建设智能车间、智能工厂,加快构建以"工业大脑"为核心的新型制造组织体系,推动制造业向更多依靠数据、信息、知识等新型生产要素的增长模式转变,全年实施重点技改项目不少于100项。培大育强战略性新兴产业。立足江阴产业发展优势,研判未来产业发展重点,落实扶持激励政策,全力打造以数字经济、枢纽经济、总部经济为重点的新经济,抢先布局5G产业、生命健康、人工智能、增材制造等未来产业,加快形成更多爆发力强、成长性好的新增长极。优化提升现代服务业。深化省级服务业综合改革试点工作,积极培育"两业"深度融合的产业集群,大力发展供应链管理、智慧物流、信息服务、科技金融等业态,在生产性服务业专业化、高端化上持续发力,培育一批生产性服务业集聚区。差异化发展主题商圈、特色街区,品质化提升生活性服务业,带动人气集聚,引导消费回流。融合发展现代农业。持续深化"百企建百园"工程,全面加强"两品一标"*农产品开发,大力发展农产品加工、农产品线下线上销售,以一、二、三产业深度融合,推动农业全环节升级、全链条增值。

强攻有效投入。始终坚持项目为王,着力在产业项目质量、重大项目数量、有效投入总量上取得更大突破。增强"选"的定力。以投资强度高、带动能级高、设备占比高、技术含量高为标准,优选能够带动产业链发展的总部型旗舰型项目,能够孕育经济新增长点的战略性新兴产业项目,能够形成新型业态、增强城市功能的现代服务业项目,能够引领新一轮产业变革潮流的未来产业项目,主动出击、强攻突破。提高"抢"的魄力。持续优化"招商地图",健全完善与江阴产业发展高度匹配的目标客户库、项目数据库、合作载体库,紧盯世界500强、大型央企、实力民企"定点"招商,紧盯欧美日韩、北上广深"定向"招商,用好专业中介机构、行业协会、产业联盟、地区商会等平台,强化以商引商、以企招企,实现"谋划一批、储备一批、签约一批、落地一批"的良性循环。提升"建"的效率。算好已签约未落地、已建设未竣工、已竣工未达产三本账,抓住实质开工、结构封顶、设备安装、运行投产四个关键节点,强化月通报、季观摩全过程督查考核,狠抓项目履约率、开工率、投产率,形成签约项目纷至沓来、建设项目热火朝天的良好局面。

做强开放园区。始终突出开放园区在产业强市中的主力军、主阵地作用。高新区要全面推进苏南国家自主创新示范区核心区建设,持续强攻项目招引、打造现代产业体系,加快创新型领军企业培育,加强江阴金属材料创新研究院等新型研发机构建设,推动启星智能制造产业园载体升级,打造具有高新特色的滨江科技创新走廊;青阳园区要突出优规划、快拆迁、强设施、攻招商,持续提升园区承载力。尤其是高新区,2020年要在国家级高新区中实现争先进位。临港开发区要加快港产城融合发展,强攻重特大项目,加快建设南理工江阴创新港、中国工业互联网研究院长三角分院,加快集聚千亿级产业集群,全力打造竞争力一流的国际化开放园区;江阴综合保税区要以保税加工、跨境电商、冷链物流等为重点,优化功能、完善业态,打造全国最具竞争力的综合保税区。靖江园区要充分叠加江阴、靖江两地政策优势,强攻项目建设、优化功能形态,全力做强船舶制造、重钢结构、机械装备、汽车零部件、冶金新材料、港口物流等优势产业,全力打造千亿级园区。各镇街工业集中区要突出功能分区、生态集约、产业集聚,进一步推进连片改造、完善功能布局、提升企业质量、优化产业形态。

优化营商环境。把"六稳"落脚点建立在稳企业的基础上,全力以赴为企业解忧、助力、赋能。惠企政策要更精准。聚焦企业、项目、人才实际需求,量身定制政策、科学评估政策、及时优化政策。要细化政策实施主体责任,点对点、面对面加大宣传执行力度,确保政策兑现有力、落实顺畅,持续提高企业获得感。政府服务要更贴心。坚持用户思维、客户体验,持续深化市镇两级领导挂钩重点企业、重大项目制度,对共性问题要优化政策、统筹处置;对个性问题,要一企一策、上门服务。加快推进企业设立"全程电子化"改革试点工作,打造市镇村三级联动的"澄事之窗"24小时自助政务服务体系,全面提升服务的便捷性、精准化。金融风险要更严控。以高风险领域、涉险企业为重点,持续强化日常监管、预警监测、应对处置,因企施策、破圈解链。严格落实政府债务限额管理制度,规范融资行为和政府性投资项目,压降债务规模,优化债务结构。强化非法金融活动深度治理,依法严厉打击各类非法金融活动和恶意逃废债务行为,引导金融机构严守金融生态公约,政银企共筑风险防控"防火墙"。

(二)聚力创新驱动,集聚高水平全面小康的硬核支撑。以高标准建设国家创新型县市为引领,坚定走"科创+产业"道路,为经济高质量发展提供源源不断的创新活力、创造动力。

持续培育创新主体。始终突出企业创新主体地位,扎实推进创新型企业倍增计划,深入实施"雏鹰"企业*、"瞪羚"企业*、"准独角兽"企业*培育及成长计划,形成大中小企业梯次并进的创新矩阵。积极开展创新创业创投创客"四创联动",强力招引更多掌握关键核心技术、拥有前沿科技产品、处于爆发前夜的"硬科技"企业,大力集聚更多轻资产、重科技、跨界融合、高成长性的初创型企业,年内净增高新技术企业100个。在鼓励支持上市公司开展并购重组、再融资,坚定做强主业,稳步提升业绩,不断做大市值的同时,进一步加大双百后备企业培育力度,多渠道并举、多板齐上,全年新增上市企业3个至5个,持续打响江阴板块品牌。

大力建设创新平台。深入实施产学研“双百行动计划”*,鼓励支持更多企业联手名校名院名所,共建院士工作站、博士后工作站、标准化组织秘书处等创新载体,加快研发中心、技术中心、测试中心、数据中心等功能平台建设,深化产业链、创新链、资金链“三链对接”,推动更多科技成果在江阴转化,全年新建市工程技术研究中心80个、省级以上研发机构12个。持续强化区域协同创新,支持更多江阴企业以“研发中心+制造基地”模式,在一线城市设立研发中心,到境外设立、并购研发机构,深度融入长三角区域一体化创新网络,持续拓展全球科技创新版图。

多元集聚创新人才。深入实施“暨阳英才计划”*升级版,主动参与G42沪宁沿线人才创新走廊建设,对于能够突破关键技术、发展高新技术、产业发展急需的领军型人才,要一事一议、特事特办,持续打造“金字塔式”人才梯队,年内引育海外高端人才、国家级特聘专家、省“双创计划”*、无锡“太湖人才计划”等各类人才50人。在基层一线、创新实践中培育更多科技人才、管理人才,在工学一体、产教融合中培养更多“江阴工匠”,年内新增高技能人才5000人。启动实施企业家国际化素质提升工程、中生代企业家基业长青工程、新生代企业家“常青藤”工程,培养更多具有宽广知识面、国际化视野、卓越领导力的优秀企业家。

(三)聚力改革开放,构筑高水平全面小康的强劲引擎。更加突出改革引领性,加快融入开放大格局,打造更多具有时代特征、江阴特色的改革样本、开放范例。

全面深化改革攻坚。2020年是改革的施工高峰期和落实攻坚期,要强化对标对表、聚焦难点攻坚,形成更亮丽的改革风景。巩固提升集成改革试点成果。严格落实集成改革第三阶段目标任务,继续深化镇街行政管理体制改革,持续推进基层审批服务和综合执法力量优化整合。巩固推广社会治理标准化试点成果,全面推进全国乡村治理体系建设试点工作,有序推进改革环节、流程的模板化建设、标准化打造,加快申报第二批可供复制推广经验,持续打响集成改革品牌。确保完成全面深化改革任务。紧盯“在重要领域和关键环节改革上取得决定性成果”的目标,对市委全面深化改革意见的12大类改革要点全面开展回头看,已经完成的要巩固提升,达到时序进度的要稳步实施,未达时序进度的要加快推进,确保既定改革任务顺利完成。

着力提升开放质量。深度融入国家和省、市对外开放总体布局,积极把握国家放宽市场准入、优化投资环境、主动扩大进口等有利契机,以“一带一路”*沿线国家为重点,持续拓展开放空间、丰富开放内涵。外资上,准确把握国际资本流动、产业转移新趋势,引导现有外资企业增资扩股和利润再投资,突出招大引强、集群承接、沿链引进,稳步提升外资质态,确保全年实际使用外资9亿美元左右。外贸上,强化风险预警监测,精心组织企业参加各类展会,大力拓展跨境电商、发展转口贸易、搭建外贸综合服务平台,加快构筑以技术、标准、品牌、质量和服务为核心的外贸竞争新优势;依托进博会等平台,支持企业获得更多紧缺性资源产品进口资质和配额,扩大关键设备及零部件进口规模,更好实现优进优出。外经上,鼓励有条件的企业做强总部经济,通过“抱团出海”、建设境外园区等形式,积极参与国际产能合作、开展境外技术并购、扩大国际营销网络、有效规避贸易壁垒,着力提升江阴在世界投资格局中的地位。

深度融入区域一体。把握“一体化”“高质量”两个关键,坚持以我为主、扬我所长,在融入一体化、服务一体化、推动一体化中凸显比较优势、赢得更大机遇。锡澄一体化上,大力推进锡澄立体化综合交通体系建设,有序实施锡澄协同发展区启动区建设,稳步推进与惠山、锡山在高新技术产业、现代制造业及文化旅游业等领域的协同合作,加快实现锡澄空间共构、功能共生、产业共谋、设施共建。跨江融合发展上,加快建设江阴—靖江高质量跨江融合发展实验区,充分发挥两地产业联盟、上市公司党建联盟带动作用,促进重点产业、重点园区和重大项目对接配套,稳步提升两地同城化水平。长三角一体化上,深入研究上海“五个中心”“四大品牌”建设带来的对接空间,全面细化落实与黄浦区的友好合作,加快承接上海高端要素资源外溢,积极融入江苏自贸区建设,加快把江阴打造成长江下游以高端制造为特质的新兴中心城市、跨江联动发展的重要节点城市。

(四)聚力城乡统筹,展现高水平全面小康的特色魅力。随着四年来的大力推进,“1310工程”即将迎来决战之年,要咬定目标、奋力冲刺、合力攻坚,实现城市功能品质的持续提升。

全面展现片区形象。滨江亲水工程上,加快滨江区域各公园、绿地的提升改造和沟通连接,建成应天河风光带。持续推进锡澄运河公园及跨运河桥梁建设,基本建成开放样板段。靓山亲山工程上,深化环城森林公园花山景区规划设计,启动实施绮山水源地周边地区开发,着力打造高端生态宜居康养区。江阴绿道工程上,加快江阴绿道与城区各公园绿地沟通串联,启动大桥道北连、滨江道东延、湖山道提升工程,基本实现30千米环城绿道无障碍贯通。文化提升工程上,全力推进南门商业街区、北门国乐岛、八字桥公园建设,建成江阴城市记忆馆。始终把拆迁作为城市建设的头道工序,全力攻坚沿江、沿河、南门等重点区域,确保全年完成拆迁82万平方米,新开工安置房100.7万平方米。

加快建设美丽乡村。深入落实乡村振兴五年规划,坚定不移建新居,全面推进试点村农房建设工作,用好江阴特有的自然、文化和建筑元素，精心打造“新江南人家”，确保到年底，39 个试点村农房建设任务基本完成。持之以恒优环境，全面完成农村人居环境整治提升三年行动计划，深入推进乡村治理“十大工程”，确保美丽宜居乡村建设达标率 100%，新增省级绿美乡村示范村 5 个、无锡市美丽宜居乡村 45 个。全力以赴扶薄弱，盘活存量资产，培育特色产业，落实专项资金，倾斜惠农项目，深化结对帮扶，确保年内新一轮 24 个经济薄弱村实现稳定性收入 250 万元以上且人均村级稳定收入 500 元以上。

巩固提升枢纽地位。聚焦外联内畅、高效便捷目标，全力畅通大动脉，加快推进锡澄城际轨道交通工程、南沿江铁路江阴段建设，开工建设江阴高铁站综合交通枢纽、江阴第二过江通道，全力做好盐泰锡常宜铁路、江阴第三过江通道、沿江高速公路拓宽改造工程等的前期工作。持续改善微循环，启动滨江西路一期、长山大道一期、大桥南路、新澄杨线一期、徐霞客大道等快速化改造，确保芙蓉大道快速化改造工程建成通车，持续打通城区断头路、建设“四好农村路”、优化公共交通体系，不断提高群众出行便利性。做大做强江阴港，加快集疏运体系建设，加强与上海港及周边港群合作对接、信息共享，着力打造长江经济带综合改革试验港、江海联动先导港、水陆联运枢纽港、对外开放示范港，力争集装箱吞吐量达到 55 万标箱。

精心营造文明环境。全面深化新时代文明实践中心（所、站、点）建设，用好“一云四屏”*、创新“四单三式”服务*，整合各类阵地资源，融合服务平台资源，联合志愿队伍资源，全面提供精准实践供给。全面实施文明城市建设长效化三年行动计划，深入开展“十大专项提升行动”*、落实“八不行为规范”，持续深化系列文明创建活动，把全国文明城市这块金字招牌擦得更亮。

切实加强城市治理。坚持把城市治理作为推进县域治理现代化的重要内容，全面优化大城管机制，持续深化优美环境合格区建设，形成部门板块密切协作、广大群众充分参与的治理格局。聚焦经营秩序、交通秩序、施工秩序、小区秩序等重点环节，严管严治、疏堵结合，全面提升精细化管理水平，完善违法建设治理源头管控机制，新增主城区机动车停车泊位 400 个。加快提升市智慧城市综合管理平台，强化信息共享、实时感知、智慧管理，探索城市运行“一网统管”，提高城市治理现代化水平。

（五）聚力绿色发展，厚植高水平全面小康的生态底蕴。全面落实“共抓大保护、不搞大开发”方针，以铁的纪律、铁的举措、铁的作风，加快建设长江生态安全示范区，实现全市环境质量的持续好转，交出一份合格的绿色“答卷”。

坚决打赢三大保卫战。把打赢污染防治攻坚战作为必须完成的政治任务，继续深化 20 项重点示范工程。全力打赢蓝天保卫战。控煤、管车、降尘多管齐下，全面推进挥发性有机物、城市扬尘综合治理，推进非道路移动机械和高污染车辆治理，竣工投运华能江阴燃机热电联产项目，加快建设江阴热电燃机项目，完成工业窑炉整治 109 台，确保 $PM_{2.5}$ 和臭氧浓度“双控双减”，百姓蓝天幸福感明显增强。全力打赢碧水保卫战。大力推进污水零直排区建设，新增污水主管网 150 千米以上，完成 650 个以上村庄生活污水治理工程，村庄生活污水治理覆盖率达到 80% 以上。强化不达标水体整治、重要水体保护、地下水污染防控，实现入江入河排污口监测全覆盖，完成无锡下达的 15 条河道环境综合整治任务，全面消灭黑臭河道、劣 V 类水体。全力打赢净土保卫战。加强重点行业企业用地污染状况调查和土壤环境监测，启动一般工业固废无害化处置项目建设，加快建筑废弃物资源化无害化利用、餐厨废弃物集中处理项目建设，建成环境卫生运营管理中心、秦望山工业废弃物综合利用项目二期，建成 2 万吨/年的危废处置常规线项目，力争污泥干化焚烧能力达到 50 万吨/年。

融合拓展三大空间。更大力度腾笼换鸟、砸笼换绿、开笼引凤，打造绿意盎然的生产空间、生态空间、生活空间。让发展之绿铺展镇街园区。严把产业导向、项目准入、节能减排“三个关口”，深入开展化工产业安全环保整治提升，巩固“散乱污”企业整治成效，加大生态园区创建力度，加快实现产业生态化、企业低碳化、能源绿色化。让自然之绿扮靓暨阳大地。以沿江生态绿色廊道建设为重点，持续推进绿化造林、生态修复，全年完成成片造林 266.67 公顷，城镇绿化覆盖率达到 40%。让生活之绿走进千家万户。大力倡导简约适度、绿色低碳的生活方式，强化制度约束，细化激励政策，整体谋划生活垃圾分类投放、分类收集、分类运输、分类处置的组织体系和设施体系，确保年内城区生活垃圾分类设施全覆盖。

严格落实三方责任。围绕健全源头预防、过程控制、损害赔偿、责任追究、考核审计的生态环境保护体系，压实属地管理责任，强化“党政同责、一岗双责”*、完善水环境区域补偿的财政政策，严格落实“点位长制”“河长制”“断面长制”，严格执行环境保护一票否决制和环境损害领导责任终身追究制度，推动镇街园区环境质量持续向好。压实部门监管责任，深化监测、管理、治理一体化改革，完善网格化监管体系、工况技防手段、环境风险预警机制，加强跨区域、跨流域联防联控，全力完成上级交办环保问题整改销号。压实企业主体责任，深入推进排污权有偿使用交易，建立环保失信企业联合惩戒办法，建立企业污染负面清单，依法严打各类环境违法行为，用绿色杠杆、法律重拳督促企业时刻扛起环保责任。

（六）聚力民生优先，彰显高水平全面小康的为民情怀。始终坚持以人民为中心的发展思想，紧盯群众最关心最直接的身边事、日常事、烦心事，按照尽力而为、高位均衡原则，用心用情办好民生实事，让全市百姓共享高品质幸福生活。

拉高富民增收平均线。就业创业上，以高校毕业生、大龄失业人员、退役军人、被征地农民为重点，健全公共就业服务和终身职业技能培训制度,扩大富民创业担保贷款覆盖面,高效运营大学生创业园,全年提供就业岗位6.3万个,扶持自主创业3100人。社会保障上,推动社保精准扩面,全年新增城保参保3.5万人。居民基础养老金提高到每人每月362元,被征地农民养老年龄段人员养老补助金提高到每人每月960元,居民医保筹资标准调整至学生少儿每人每年1070元、其他居民每人每年1280元。精准脱贫上,坚持保底帮扶、重点帮扶、精准帮扶"三帮联动",强化市社会救助中心大联动,健全市镇村三级救助服务大网络,建立城乡居民大病医疗保险制度,推动村级医疗互助、职工医疗互助提质扩面,坚决打赢精准脱贫攻坚战。

提升公共服务获得感。教育上,普惠化推动学前教育,均衡化发展义务教育,品牌化打造高中教育,融合化提升职业教育,持续拓展教育有效供给,加强教师队伍建设。加快江阴外国语学校建设,启动江南大学江阴校区建设,确保南京理工大学江阴校区秋季顺利开学。文化体育上,继续推进市镇村三级公共文化服务设施资源整合,深入开展各类文化惠民活动,深入推进锡剧、民乐进校园,加快推动文化产业高质量发展;提档升级"10分钟体育健身圈",争创全国首批全民运动健身模范县。医疗健康上,全面推进名院名科名医"三名"战略,深化紧密型医联体建设,促进"互联网+医疗健康"发展,提升家庭医生签约履约服务质量,开工建设市中医院异地新建工程、市妇幼保健院改扩建工程。养老事业上,深入推进公建民营,不断完善居家社区机构相协调、医养康养相结合的高质量多元化养老服务供给,让老年人老有所养、老有所乐、老有所安。

构建社会治理共同体。完善全要素网格治理,健全大调解机制,深入推进信访矛盾化解攻坚。健全扫黑除恶专项斗争长效机制,持续深化雪亮工程,依法严打各类违法犯罪行为。持续深化依法治市,全面完成"七五"普法。做好第七次全国人口普查工作。严格落实"四个最严"*要求,全面加强食品安全监管。以为期一年的国务院安全生产专项整治督导为契机,以公共安全体系构建为抓手,深入落实"四严四实"*要求,层层压实安全生产责任,启动江苏(江阴)沿江危险化学品应急救援基地二期建设,坚决打好安全隐患集中排查整治攻坚战,确保不发生有影响的安全事故,确保全市安全生产形势稳定向好。

四、持续提升党的建设质量,全面夯实高质量发展坚强保证

事业发展,关键在党、关键在人。全市各级党组织要坚决扛起首要之责,全面贯彻新时代党的建设总要求,牢记初心使命、推进自我革命,不断推动全面从严治党向纵深发展。

突出"两个维护",持续强化政治引领。把做好省委巡视反馈意见整改,作为加强党的政治建设的重要抓手、推进全面从严治党的重大任务,全面落实整改方案、压紧压实责任分工、持续构建长效机制,确保事事有回应、条条见成效。坚持把不忘初心、牢记使命作为加强党的建设的永恒课题,进一步增强"四个意识"、坚定"四个自信"、做到"两个维护"。严格规范党内政治生活,严明政治纪律和政治规矩,确保总书记重要指示批示精神和党中央及省、市委决策部署在江阴落地生根、开花结果。

突出凝心铸魂,持续筑牢信仰之基。用好理论中心组学习、党员干部培训轮训、江阴大学堂等各种形式,用好各级党校、华西干部学院、"学习强国"平台等各类阵地,推动学习习近平新时代中国特色社会主义思想不断往心里走、往深里走、往实里走,更加坚定地用新思想统一思想、解放思想。全面落实意识形态工作责任制,始终坚持"五个纳入"*"四个一同"*,加强分析研判,建强主流阵地,做好新闻舆论宣传,营造清朗网络空间,牢牢掌握意识形态工作领导权。

突出基层基础,持续建强战斗堡垒。以增强政治功能和组织力为重点,深入开展"五聚力五提升"*行动,提升村(社区)、企业、机关等各领域党建工作水平。深化党支部标准化规范化星级化建设,构建基层党建"一突出四联动"*机制,提升基层党组织有形有效覆盖质量。落实村书记"县乡共管"制度,完善优秀村(社区)书记选任镇街事业单位、企业年金等激励保障机制,加强村级后备人才队伍规划建设,持续选优配强基层"领头雁"。严格党员教育管理,深化"暨阳红"高质量发展先锋行动、党员联户制度,实现基层党员联系服务群众全覆盖。

突出严管厚爱,持续锻造过硬队伍。全面贯彻新时代党的组织路线,细化完善鼓励激励、容错纠错、能上能下"三项机制"配套措施。旗帜鲜明选用干部,全面推行干部任前"政治体检",用好"五突出五强化"*选人用人机制,把敢不敢扛事、愿不愿做事、能不能成事作为评判干部的重要标准,对善抓落实、敢抓敢管的干部优先提拔、大胆使用。真心实意关爱干部,在常态化开展函询谈话、精准科学督查问责的同时,优化综合考核体系,加大关心关爱力度,用有含金量的政策激励干部,用人性化的关怀温暖干部,让干事者"弃盾舞双剑"。理直气壮保护干部,正确区分过错和违纪的界限,对工作中的探索性失误、阶段性失败要宽容包容能容,真正为改革创新者遮风挡雨、撑腰鼓劲。

突出正风肃纪,持续巩固良好生态。深入开展政治生态监测评估,持续加强履责纪实,刚性落实"两个责任""一岗双责"。完善"三巡叠加"*工作模式,统筹安排常规巡察、专项巡察,认真做好巡察"后半篇"文章,更好发挥巡察利剑作用。全面落实中央"八项规定"*及其实施细则精神,深挖细查隐形变异"四风"*问题。综合运用监督执纪"四种形态"*,严查重点领域违纪违法案件,坚决整治群众身边腐败和作风问题,一体推进不敢腐不能腐不想腐,坚决维护心齐劲足、风清气正的良好政治生态。

政府工作报告

——2020年5月18日在江阴市第十七届人民代表大会第四次会议上

江阴市市长　蔡叶明

2019年工作回顾

2019年,面对复杂多变的宏观经济形势,市政府以习近平新时代中国特色社会主义思想为指导,在中共江阴市委的坚强领导下,在市人大、市政协的监督和支持下,认真贯彻落实中央、省市委决策部署,统筹做好稳增长、促改革、调结构、优生态、惠民生、防风险等工作,全力推进"强富美高"新江阴建设,较好地完成了市十七届人大三次会议确定的目标任务。

一、综合实力稳步提升。地区生产总值增长6.8%,完成一般公共预算收入256.6亿元、增长1%,江阴实现全国县域经济和综合发展"十七连冠"。工业经济提质增效。规上工业产值增长9.5%,规上工业增加值增长9.3%。11个企业入围中国企业500强,13个企业入围中国民营企业500强,19个企业入围中国制造业企业500强,江阴市实现中国工业百强县(市)"三连冠"。加快传统产业高端化发展,实施智能化建设重点项目20项,新增"上云"企业*743个。临港开发区创成省军民融合产业示范基地。兴澄特钢、阳光集团两项产品获评国家制造业单项冠军。推进新兴产业规模化发展,新兴产业产值占规上工业产值比重达44.5%,同比提高0.6个百分点。新增上市企业2个,上市企业累计达50个,上市挂牌及后备企业完成直接融资45.9亿元。深入开展工业企业资源利用绩效评价,盘活存量土地523.87公顷。完成江阴市第四次全国经济普查工作。现代服务业提速发展。规上服务业营业收入增长12.6%,8个企业入围中国服务业企业500强。省级服务业综合改革试点顺利推进,长江港口综合物流园获评省级生产性服务业集聚示范区。江阴港完成货物吞吐量2.3亿吨、增长31.7%。承办2019中国电子商务融合创新发展论坛,江阴获评国家电子商务进农村综合示范县。社会消费品零售总额增长9.2%。成功举办第十四届中国徐霞客国际旅游节,全年旅游总收入达335.3亿元。高效农业提档升级。实现农业总产值59.8亿元,完成"三资"投农*6亿元。"百企建百园"项目稳步推进,新建高标准农田0.08万公顷,农业园区化率达50%。种植业绿色优质农产品比重超60%,创成国家农产品质量安全县。新认定全国"一村一品"特色示范村1个、省级示范家庭农场7个,新增省级、无锡市级农业龙头企业1个和3个。承办"中国农民丰收节"江苏省主场活动,璜土镇获批开展中央财政农业产业强镇示范建设。

二、发展后劲持续增强。全面落实国家创新型县市建设任务,持续深化集成改革试点,加快融入长三角区域一体化发展大局,切实将改革红利、开放优势转化为发展动力。有效投入不断扩大。全社会固定资产投资增长6%,其中工业投资增长5.5%、服务业投资增长5.4%。实施"千企技改"工程,完成亿元以上技改项目85项。扎实推进招商引资,引进超亿美元、超10亿元项目14项,其中超50亿元项目2项,全年实际使用外资9.31亿美元。中特棒材深加工、长电3D芯片、中向旭曜等重特大项目加快建设,联动天翼新能源产业基地一期、振江新能源二期等重点项目竣工投产。创新驱动成效明显。全社会研发投入占地区生产总值比重达3.21%。实施重点产学研合作项目60项,完成技术合同成交额44.3亿元。净增高新技术企业117个、总数达500个,高新技术产业产值占规上工业产值比重达37.2%。高新区获评国家级中小企业融通型双创特色载体。优彩环保废旧聚酯再生产业化项目获国家科学技术进步奖二等奖。全市万人有效发明专利拥有量达22.8件,获批国家标准8项,新增中国驰名商标1件。启动"百千万"引才专项行动*,新引进诺奖得主1人、院士3人,引育国家重大人才工程入选者4人,入选省"双创计划"*14人,新增高层次人才523人、高技能人才6230人,全市各类人才总量达38.2万人。开发开放深度拓展。落实稳外贸政策措施,完成进出口1618.43亿元、增长2.9%,其中出口1013.39亿元、增长7.6%。组织企业参加第二届进博会,达成意向成交额2.98亿美元。江阴综保区一期封关运营,在全国率先实现"跨境对外直接付汇"业务。大力推进跨境电商线上综合服务平台建设,澄江、云蝠跨境电商产业园建成投运。加快本土企业"走出去"步伐,实现对外直接投资总额2.52亿美元,继续领跑全省同类县市。集成改革全面深化。县域治理总架构更加完善,社会治理综合标准化试点通过省级验收,公安警务力量全面融入网格化社会治理体系,基本完成集成改革试点任务。江阴市综合行政执法改革经验在全国复制推广,徐霞客镇基层治理模式在全省镇街全面推广。全面完成机构改革任务,党政机构数量精简27.5%。深入推进供给侧结构性改革,全年税费减免达60亿元。在全省率先实现安全生产监管内设机构全覆盖。深化医疗集团、院府合作、专科联盟等多种形式的医联体建设,促进优质医疗资源扩充下沉。江阴市被确定为建设新时代文明实践中心全国试点城市。

三、城乡面貌明显改善。全面推进城乡融合发展,深入实施乡村振兴战略,城乡建设"1310工程"*不断加快,城市功能品质持续提升。城市规划日趋优化。启动国土空间总体规划编制,推进锡澄协同发展区规划,完成水环境综合治理总体规划、镇村布局规划修编。优化长江码头布局、港口国土空间规划控制,完成无锡(江阴)

港总体规划修编、江阴市内河港口总体规划。开展高铁枢纽地区、轨道交通沿线及站点周边区域城市设计,启动综合立体交通网规划,完成绮山水源地及周边地区、环城森林公园花山景区规划研究。城市功能不断提升。南沿江铁路江阴段、锡澄城际轨道交通工程开工建设,江阴高铁站综合交通枢纽、盐泰锡常宜铁路、第二第三过江通道、沿江高速拓宽改造等工程各项前期工作稳步推进。长山大道快速化改造一期、大桥南路快速化改造、新澄杨线一期等项目前期准备工作基本完成,临江路桥、毗陵路桥等跨锡澄运河桥梁顺利开工,芙蓉大道快速化改造工程主线结构贯通,340省道江阴段、紫金路一期等道路建成通车,江阴市获评"四好农村路"省级示范县。八字桥公园、蟠龙山公园开工建设,江阴绿道工程扎实推进,滨江公园、锡澄运河公园样板段西岸工程基本完工。完成肖山水厂60万吨、澄西水厂20万吨深度处理改造。完成城区道路交叉口积涝点改造等18项防汛工程。新建天然气管道182千米,新增天然气居民用户3万户。完成拆迁93.6万平方米、其中城区50.9万平方米,建成安置房78.4万平方米。城市管理更加精细。深化城市精细化管理和优美环境合格区建设,开展市容秩序、户外广告等专项治理,城区新增586个机动车停车泊位、完成12个老小区改造。完善市、镇(街)、村(社区)物业多级管控机制,拆除违法建设23.7万平方米。倡导实施生活垃圾分类,全市生活垃圾分类小区达214个,垃圾分类集中处理率达77.1%。扎实开展农村人居环境综合整治,全面启动农村住房建设试点工作,新增省级农村人居环境整治综合示范村14个,顾山镇红豆树坞入选第三批省级特色田园乡村建设试点。

四、生态环境不断优化。加快长江生态安全示范区建设,强化突出环境问题整改,全面打好污染防治攻坚战,全市生态环境质量持续改善。节能减排推进有力。关停整治"散乱污"企业904个,关停化工生产企业22个,取消高新区化工集中区发展定位。完成3个热电企业关停整合、7个热电及钢铁企业超低排放改造,淘汰35蒸吨以下燃煤锅炉71台,改造治理工业窑炉40台,完成上级下达的减煤任务。华能江阴燃机、江阴热电燃机项目有序实施,阳光集团、红柳集团获评国家级绿色工厂,规上工业增加值能耗下降7.9%。完成省、无锡市级节水载体创建14项,江阴市获评全国节水型社会建设达标县。污染防治取得突破。中央环保督察信访交办问题整改全面完成。加强大气管控,实施企业VOCs综合治理208个,城区$PM_{2.5}$平均浓度下降14.3%、降幅位居全省前列,空气质量优良率达72.9%,完成上级下达的目标任务。城区18条河道基本消除黑臭现象,9个国省考断面水质优Ⅲ比例达77.8%。污染地块风险管控和土壤治理修复工作扎实推进。基础设施持续完善。秦望山工业废弃物综合利用二期开工建设,飞灰填埋场三期全面完工,利港电力20万吨、苏龙热电5万吨污泥处置项目建成投运。完成村庄生活污水治理项目620项,新建集镇区污水主管网23千米,建成排水达标区24个、污水零直排区21个,澄西污水厂三期扩建项目建成投运。完成企业用电工况建设*1034个。定波水利枢纽开工建设,中小河流治理重点县综合整治四期工程有序推进。生态修复得到加强。启动长江岸线保护利用规划编制,基本完成长江"三乱"、长江干流岸线利用项目清理整治,恢复长江生态岸线2.32千米,江阴长江大保护展示馆建成开放。严守永久基本农田控制线,集中开展大棚房、违建别墅等专项整治。华士砂山南坡、徐霞客花山关闭矿山地质环境治理项目顺利竣工。保护与修复湿地66.67公顷,自然湿地保护率达22.6%。成片造林321.67公顷,林木覆盖率达24.49%。

五、民生福祉日益增进。始终把人民群众对美好生活的向往作为奋斗目标,高效推进实事项目,不断夯实民生基础,着力解决群众最关心最直接最现实的利益问题。保障机制持续完善。新增就业岗位6.4万个,解决本地劳动力就业5.5万人,扶持自主创业5315人。全体居民人均可支配收入达59036元、增长8.8%,城镇和农村居民人均可支配收入分别增长8.4%、8.9%,其中农村居民人均可支配收入连续20年位居全省第一。城保扩面6.4万人,居民养老保险基础养老金、被征地农民养老年龄段人员养老补助金、企业退休人员基本养老金、城乡居民基本医疗保险人均筹资标准稳步提高。居家养老服务扩面至4.5万人,新增养老床位565张。长期护理保险制度顺利实施。深化市社会救助中心"一站式"服务,落实低保、残疾人两项补贴、临时救助等政策性资金1.8亿元。智慧救助体系获评民政部十大优秀创新项目。村级医疗互助基本实现全覆盖。市、镇(街)、村(社区)三级退役军人服务保障体系全面建成。社会事业不断进步。大力推进教育优质均衡发展,深化集团化办学,实施学位制管理,省义务教育建设标准化学校监测达标率达100%。南京理工大学江阴校区主体封顶,江南大学江阴校区前期工作加快推进,临港科创实验学校、春申幼儿园完成建设,南菁高中创成省高品质示范高中首批建设立项学校。优化职业教育、民办教育布局,新增民办幼儿园9所,江阴中专校创成省现代化示范性职业学校。深入推进"健康江阴"建设,澄西医院、顾山护养院建成投运,家庭医生签约服务团队达335个,"银医通"在线签约28万人。启动适龄人群水痘、肺炎疫苗免费接种。全市高分通过国家卫生城市复审,获评全国健康城市建设示范市。组织文化下乡活动3500场,江阴蚕种场入选第八批国家重点文保单位。推进全民健身设施提升工程,新建健身步道25公里、体育公园6个。社会大局安定有序。我市在县级城市信用监测排名中位列全国第二、全省第一。开展社区治理创新实践和社区公益营造项目33项,"三务"公开户户通*平台实现镇街全覆盖。优化公共法律服务,江阴市获评全国"七五"普法中期先进市。推进平安江阴、法治江阴建设,深入开展扫黑除恶专项斗争,严厉打击非法金融活动等违法犯罪行为,公众安全感和法治建设满意度在全省名列前茅。开展食品小作坊集中加工区建设三年行动,严防严控药品经营使用环节质量风险,全力保障食品药品安全。出台公共安全体系建设实施方案和总体规划纲要,大力实施危化品、交通运输、城镇燃气、群租房等重点行业领域安全生产专项整治,全面开展"厂中厂"安全生产专项整治"雷霆行动",江苏(江阴)沿江危化品应急救援基地一期建成试运行,全市安全生产形势总体稳定。

一年来,我们始终坚持用习近平新时代中国特色社会主义思想武装头脑、指导实践,扎实推进"不忘初心、牢记使命”主题教育,大力开展“两走进两促进”* 走访调研活动,政府自身建设得到加强。充分利用“12345”民生热线、市长信箱、政风面对面等平台,切实解决了一批民生热点问题。主动接受人大及其常委会法律监督、工作监督和政协民主监督,172 件人大代表建议、292 件政协委员提案全部按期办结,办理满意率均达 100%。全面推行行政执法“三项制度”*,推进政府机构、职能、权限、程序、责任法定化,江阴获评全省法治政府建设示范市。认真贯彻落实中央“八项规定”* 及其实施细则精神,持续整治群众身边腐败和作风问题,严肃查处各类违纪违法案件。民族、宗教、外事、对台事务、侨务、档案史志、审计等工作取得新进展,工会、妇女、青少年、红十字、关心下一代、对口支援等各项事业实现新进步。

在总结成绩的同时,我们也清醒地看到发展中面临着一些困难和问题:经济下行压力依然较大,实体经济受资源环境的约束加剧,产业发展处于结构调整、新旧动能转换的阵痛期,防范和化解金融风险压力增大,经济高质量发展还面临不少挑战。城市能级总体偏低,公共基础设施建设滞后于群众期盼,城乡人居环境亟待加快改善。长江岸线整治和生态保护治理任务十分繁重,生态环境质量发生根本性好转的“拐点”仍未到来。教育、医疗、养老、文化等公共服务供给与群众需求还有差距,均衡化、优质化水平还需进一步提升。改革的协同性、示范性和标准化建设还有待持续深化。小微企业安全生产事故频发,危化行业安全隐患相对突出,城市安全防控体系基础薄弱。政府工作人员担当意识、创新能力、奉献精神有待增强,作风效能建设还需进一步强化。对此,一定高度重视,采取有效措施,认真加以解决。

各位代表,2020 年是极不寻常的一年,突如其来的新冠肺炎疫情对我国经济社会发展带来前所未有的冲击。疫情发生后,认真学习贯彻习近平总书记关于疫情防控的重要讲话和重要指示批示精神,迅速落实各级应对疫情工作领导小组指令,按照“坚定信心、同舟共济、科学防治、精准施策”的总要求,立即执行一级响应措施,充分发挥“大数据 + 网格化 + 铁脚板”作用,持续开展重点人群、重点场所、重点单位的精准防控,着力破解核酸检测能力不足、防疫物质短缺等实际困难,在较短时间内实现本地 5 名确诊病例治愈出院,实现确诊患者“零死亡”、医护人员“零感染”、治愈病例“零复发”。疫情防控由应急状态转为常态化后,压实主体责任、织密防控网络,强化“外防输入、内防反弹”的策略,落实境内外回江阴和来江阴人员管控措施,统筹推进社区、农村、企业、学校和涉外等防控工作,建立起联防联控、群防群治的科学防控机制。同时,坚持一手抓防疫、一手抓发展,积极推动精准复工复产、稳步推进开学复课工作,努力以最快速度恢复生产生活秩序,为全市经济社会发展按下了“快进键”。

在这次疫情防控中,医护人员主动请战、逆行出征,展现了医者仁心、大爱无疆的崇高精神;公安干警、民兵、基层干部、社区工作者和机关事业单位志愿者夜以继日、连续奋战,合力构筑起阻击疫情的钢铁防线;市政、卫生、城管、交通、供水供电等各行各业工作人员坚守岗位、默默工作,用辛勤的付出保障着城市正常运转;热心企业和群众捐款捐物、奉献爱心,充分展现了“一方有难、八方支援”的真挚情怀;人大代表、政协委员主动作为、建言献策,积极为疫情防控贡献智慧力量;媒体工作者不畏艰辛、深入一线,真实记录着这座城市令人感动的瞬间;广大市民听从指挥、响应号召,用实际行动为全市防控大局提供“最强后援”。

当前,全市疫情防控取得了决定性胜利,但国际疫情仍在持续蔓延,我们将坚持底线思维,坚决克服各种麻痹松懈思想,充分认识疫情防控的新情况、新形势、新特点,做好较长时间应对外部环境变化的思想准备和工作准备,并在抓紧抓实抓细常态化疫情防控的同时,认真答好全面恢复生产生活秩序的新考卷,坚决跑出经济社会发展的加速度,奋力夺取疫情防控“大战”和经济社会发展“大考”双胜利。

2020 年主要工作

2020 年是高水平全面建成小康社会之年,是“十三五”规划收官之年,也是“六攻坚六突破”* 三年行动起步之年,恰逢两个百年奋斗目标交汇、两个五年发展规划交替,做好 2020 年工作意义重大、任务艰巨。全市上下要坚持以习近平新时代中国特色社会主义思想为指导,全面贯彻中共十九大和十九届二中、三中、四中全会精神,坚决贯彻党的基本理论、基本路线、基本方略,增强“四个意识”*、坚定“四个自信”*、做到“两个维护”*,按照中央经济工作会议和省委十三届七次全会、无锡市委十三届九次全会、江阴市委十三届九次全会部署,牢牢把握高水平全面建成小康社会的任务要求,紧紧围绕当好高质量发展排头兵、争做现代化建设先行军的目标定位,坚持稳中求进工作总基调,坚持新发展理念,坚持以供给侧结构性改革为主线,坚持以改革开放为动力,坚决打好三大攻坚战,扎实做好“六稳”* 工作,全面落实“六保”* 任务,积极开展现代化建设试点,全力推进“六攻坚六突破”三年行动,统筹做好疫情防控和经济社会发展工作,确保高水平全面建成小康社会和“十三五”规划圆满收官,开创高质量发展新局面,开辟“强富美高”新江阴建设新境界,开启基本现代化建设新征程。

结合上级要求、综合各方因素,2020 年全市经济社会发展的主要预期目标是:地区生产总值增长 7% 左右;一般公共预算收入增长 5% 左右;规上工业增加值增长 7.5% 左右;固定资产投资增长 5% 左右,其中工业投入增长 7.8% 左右;社会消费品零售总额增长 8% ~8.5%;进出口总额稳中提质;城乡居民收入与经济增长同步;节能减排和大气、水环境质量完成上级下达的目标任务,高质量发展考核走在全省前列。

围绕上述目标和任务,2020 年重点做好七个方面的工作:

一、在转型升级上持续发力,着力构建现代产业新高地

坚定不移狠抓实体经济,推动传统产业改造提升与新兴产业培育壮大“比翼齐飞”、高端制造业与现代服务业“双轮驱动”,大力构建自主可控的现代产业体系。

加快产业升级。以智能化、绿色化、服务化、高端化、品牌化为方向,推动重点制造业强链补链延链、深化协同发展,进一步放大产业集群效应。实施新一轮智能制造三年行动计划,推进冶金、纺织服装、机械制造等主导产业智能化改造,推动新桥镇建设全市首个智能制造示范镇。大力发展新一代信息技术、新材料、新能源等战略性新兴产业,确保战略性新兴产业产值占规上工业产值比重提高0.5个百分点。着力培育以数字经济、总部经济、枢纽经济为重点的新经济,加快发展5G、工业互联网、物联网等新基建,抢先布局人工智能、生命健康、增材制造等未来产业,加快形成高质量发展的新动能。深入实施军民融合发展规划,推动军民融合路演中心、先进技术装备研究院建设,不断壮大军民融合产业规模。大力发展供应链管理、智慧物流、信息服务、科技金融等生产性服务业,优化提升现代商贸、健康服务等生活性服务业,确保规上服务业营业收入增长8%。加快文化、体育、旅游产业融合发展,办好第十五届中国徐霞客国际旅游节,实现旅游总收入超300亿元。大力发展园区农业、智慧农业、绿色农业,实现"三资"投农*超5亿元,完成"百企建百园"项目6项,新增高标准农田333.33公顷,种植业绿色优质农产品比重达到65%。扩大生猪生产,全力维护生猪市场供应稳定。

培育优势企业。鼓励支持骨干企业整合要素资源、持续做强做精,加快打造一批掌握标准制定权、行业话语权、市场主导权和具有国际竞争力的行业领军企业。加快"两化融合"*、企业"上云"*步伐,实施智能化建设重点示范项目20项,新增省级智能制造示范车间2个。引导中小企业走"专精特新"发展之路,新增无锡市级以上"专精特新""小巨人"企业8个。大力培育准规上服务业企业,加快打造省级生产性服务业领军企业和互联网平台经济"百千万"工程重点企业,新增国家级"两业"融合龙头企业*1个。积极培育现代农业经营主体,新增省级、无锡市级龙头企业1个和2个。鼓励企业上市和"新三板"*挂牌,新增境内外上市企业3个至5个,引导上市公司提升治理水平,持续推进"江阴板块"扩容升级。大力弘扬企业家精神,保障企业家合法权益,引导企业坚守实体、深耕主业,不断提升核心竞争力。

扩大有效投入。瞄准与全市产业契合度高的世界名企、大型央企和实力民企,加强产业链招商、精准化招商,着力引进一批投资体量大、科技含量高、经济效益好的优质项目,努力在超50亿元、超百亿元重特大项目上取得新突破,确保实际使用外资9.3亿美元左右,其中战略性新兴产业实际利用外资6亿美元。鼓励企业加大技改投入,实施重点技改项目100项。加快推动智建美住、远景AESC、康瑞卫智达精密零部件、三房巷光电薄膜等重点项目建设,力争法尔胜光纤、信越光棒二期等项目竣工投产。完善重大项目领导联系挂钩、联席会办等工作机制,切实提高项目建设效率,加快形成更多具有爆发力的新增长点。

强化服务保障。深入贯彻中央减税降费精神,全面落实"惠企25条",全力支持企业复工复产、健康发展。实施工业企业资源要素差别化配置政策,提高亩均产出效益。加快腾退低效用地,年内盘活存量土地473.33公顷以上。积极推进土地综合整治,加快"散乱污"工业用地整村成片拆迁,完成城乡建设用地增减挂钩160公顷。深化政银企对接互动,引导金融机构加大信贷投放,全年新增信贷投放200亿元。发挥信贷风险补偿资金池、市镇两级转贷平台等功能,着力缓解企业融资难题。全面加强金融监管,妥善处置重点企业信用风险,严厉打击各类非法金融活动和恶意逃废债行为,坚决守住不发生区域性经济金融风险的底线。

二、在科技创新上持续发力,着力增强经济发展新动能

深入实施创新驱动核心战略,全面推进国家创新型县市建设,扎实开展"创新江阴"三年行动,加快把江阴建设成为长三角地区乃至全国具有影响力的先进制造业科创中心。

培育创新主体。围绕产业发展"痛点""堵点"和"卡脖子"关键环节,主动对接国家、省重大科技项目,努力在新能源、新材料、生物医药、新一代信息技术等领域,突破一批关键核心技术。加快引进创新企业和人才项目,年内确保净增高新技术企业150个、力争200个,新增无锡市"准独角兽"企业*1个、"瞪羚"企业*6个、"雏鹰"企业*3个。引导企业加大研发投入,确保规上工业企业中有研发活动企业数占比达62%,全社会研发投入占地区生产总值比重为3.3%以上。深入实施产学研"双百行动计划"*,促进产学研深度融合,年内实施重点产学研合作项目超60项。全面开展质量提升行动,大力推进品牌、知识产权和标准化战略,培育中国驰名商标1件,主导制修订国际、国内、行业标准18项,力争万人有效发明专利拥有量达24件。

打造创新载体。加快推进长三角创新资源平台对接,着力完善创新平台体系,新增科技企业孵化器等创新载体10万平方米。鼓励有条件的企业和国内外研发机构共建联合创新中心,新建校企合作联盟8个。加快建设企业重点实验室、院士工作站、新型研发机构等创新平台,新建省级以上研发机构12个、市级研发机构80个、新型研发机构2个。优化协同创新体系,推进江阴金属材料创新研究院、南京理工大学江阴创新港及中国工业互联网研究院长三角分院建设,充分发挥技术交易市场作用,推动技术转移要素互联互通、开放共享,完成技术合同成交额50亿元。

优化创新环境。全面落实国家、省市各项科技创新政策措施,着力完善"创新发展16条"推进机制,不断激发企业创新发展活力。加强知识产权联合执法,严厉打击知识产权违法行为,着力营造尊重创造、保护创新的社会环境。深入实施"暨阳英才计划"*升级版,积极参与G42沪宁沿线人才创新走廊建设,年内引育海内外顶尖人才和国家重大人才工程、省"双创计划"*、无锡"太湖人才计划"等高端人才50人。弘扬工匠精神,围绕产业发展方向和企业经营需求,培育高技能人才6000人,确保全市各类人才总量达42万人。打造人才创新创业全方位保障体系,完善资金扶持、股权激励等政策,力争年内科技贷款突破20亿元。

三、在改革开放上持续发力,着力增创区域竞争新优势

坚定不移推动改革开放再出发,深化集成改革激发内生动力,扩大开发开放集聚发展要素,不断增强区域发展活力。

推进各项重点改革。持续加强社会治理综合标准化建设，促进县域治理体系更加成熟定型。深化镇街行政管理体制改革，推进基层整合审批服务执法力量。深入推进"证照分离"改革，实施企业设立"全程电子化"改革试点，推动"2440"审批服务*再提速，打造市镇村三级联动的"澄事之窗"24小时自助政务服务体系，进一步提升"放管服"*改革成效。探索实施"局队合一"管理体制，努力形成交通运输行业管理运转协调、服务高效的新机制。全面推进"测管治"一体化改革，着力打造环保"五全"监管模式*。推进以排污证改革为核心的排污制度改革，压实企业治污主体责任。加快特殊区域海关管理创新和保税监管改革，持续提升跨境贸易便利化水平。加快推进混合所有制改革，探索实施国有资本授权经营体制改革等试点，建立完善企业管理者薪酬和工资总额制度，不断增强国有企业竞争力。完善教师队伍"县管校聘"、卫生人才"县管乡用"机制，持续加大优质教育和医疗资源供给。推进农村宅基地制度改革，着力增加农民财产性收入。深化农村产权制度改革，完成农村集体经济组织与村（居）委会财务事务分离改革省级试点任务。

融入区域一体发展。紧扣"一体化""高质量"两个关键，抢抓上海高端要素资源外溢机遇，拓宽与黄浦区合作发展空间，积极参与江苏自贸区建设，促进江阴和靖江两地重点产业、重点园区、重大项目对接配套，加快建设以高端制造为特质的新兴中心城市和跨江联动发展的重要节点城市。推进港产城融合发展，支持申夏港区深水码头、长山港区建设，拓展、提升江阴综保区和港口功能；加强与上海港、宁波港等对接合作，努力把江阴港打造成长三角地区江海联动区域性组合港和综合型物流服务中心。加快锡澄一体化发展，有序实施锡澄协同发展区启动区规划建设，扎实推动江阴与无锡其他地区在产业建设、交通设施、文化旅游等领域的合作发展，着力提升区域发展协同度和整体竞争力。

增强开放园区活力。坚持差异化定位、特色化发展，切实增强项目承载力、要素集聚力和对外影响力，进一步发挥开放园区在产业强市中的主阵地、主力军作用。高新区要围绕打造东部科创城，牢牢把握苏南国家自主创新示范区核心区建设机遇，突出创新型领军企业培育和优势产业集群建设，推动启星智能制造产业园载体升级，着力构建优势突出的先进制造业体系。青阳园区要加快推进基础设施建设、招商引资等重点工作，力争快出形象、快出效益。临港开发区要围绕打造临港产业城，放大国家级软件园、临港科创园、大学等载体平台优势，着力培育一批千亿级产业集群，打造竞争力一流的国际化开放园区。靖江园区要围绕建设跨江融合发展试验区，推动船舶海工、钢结构产业联盟建设，做大做强产业集群，全力打造千亿级园区。江阴睢宁工业园要围绕建设省级特色园区，大力发展装备制造、纺织服装、数字经济为主的产业体系，加快打造苏南苏北跨区域合作发展的新增长极。各镇街工业集中区要优化自身规划，加强功能配套、加速产业集聚、加快转型升级，为镇街高质量发展提供坚强支撑。

提升对外开放水平。认真落实稳外贸政策，加快省级以上外贸转型基地、跨境电商线上综合服务平台建设，引导企业参加广交会、进博会等境内外各类展会，开展企业外贸"破零"行动*，不断做大外贸总量规模。加大外贸企业扶持力度，鼓励企业适当增加内销比例，帮助企业加快消化库存、稳住生产经营。发挥省级公平贸易工作站作用，全力协助企业应对各类贸易摩擦。有序推进江阴综保区复制上海自贸区投资经营便利、贸易自由化等领域政策措施，全力创建进口肉类指定监管场地和综保区药品进口口岸。鼓励企业走出江阴、走出国门，支持企业海外项目建设，完成对外直接投资总额2.6亿美元。

四、在城乡建设上持续发力，着力推动城市能级新提升

坚持现代化滨江花园城市总定位，主动融入扬子江城市群，启动新一轮城乡建设，在精美规划、精心建设、精细管理中进一步完善城市功能、提升城市品质。

坚持规划引领。按照"南拓、北优、东进、西联"战略布局，加快推进国土空间总体规划编制，高起点规划建设南部高铁城、滨江生态城、东部科创城、临港产业城，打造"亲江拥山、两翼共展"的城市新格局。深化绮山、花山等重点区域规划设计，促进生态、旅游、康养、休闲、体育等功能相融合。推进高铁枢纽地区、轨道交通沿线及站点周边地区控制性详细规划与城市设计，加快城市快速环线规划建设，确保与城市路网有机衔接。统筹优化城镇体系、镇村布局，完成20个行政村"多规合一"实用性村庄规划编制。强化规划管控，不断优化城市形态结构和特色风貌。

完善城市功能。有序推进南沿江铁路江阴段、第二过江通道、锡澄城际轨道交通工程，开工建设江阴高铁站综合交通枢纽，深化盐泰锡常宜铁路、第三过江通道、沿江高速拓宽改造等工程各项前期工作。启动建设滨江路、夏东路等快速内环一期和徐霞客大道快速化改造等工程，加快推进长山大道快速化改造一期、大桥南路快速化改造、新澄杨线一期等道路建设，确保芙蓉大道快速化改造竣工通车。推进暨南大道西延、长山大道南延、S229江阴段、范钱路东延和5座跨锡澄运河桥梁工程建设，加快形成内畅外联的交通格局。启动江阴绿道大桥道北连、滨江道东延、湖山道提升工程，基本实现30千米环城绿道无障碍贯通。开工建设锡澄运河公园二期，加快打造南门商业街区、北门国乐岛，建成开放江阴城市记忆馆、应天河风光带。新增主城区机动车停车泊位400个。新建天然气管线50千米。完成5G基站建设1300个，年内实现城区、镇区5G网络全覆盖。扎实推进拆迁安置工作，加大重点用地、遗留项目等清点清障力度，实施绮山水源地周边环境综合整治，年内全市完成拆迁214万平方米、启动拆迁37万平方米，安置房新开工92万平方米、建成38万平方米。

强化城市管理。持续深化"十大专项提升行动"*，大力开展爱国卫生运动，不断提高市民文明素养，确保高分通过第六届全国文明城市复查。扎实开展城市环境综合治理，切实加强沿街门店、建筑工地、社区物业、文明养犬等日常管理。实施户外广告和店招标牌设施规范管理试点，改造提升一批绿化景观、亮化设施和背街小巷，全面完成城市建成区违法建设专项治理任务。严格落实垃圾分类管理，实现城市居民小区生活垃圾分类设施全覆盖。充分发挥综合管理服务指挥中心平台作用，不断提升城市管理信息化、智慧化、精细化水平。

深化镇村建设。深入实施乡村振兴战略,扎实推进“一推三治五化”专项行动*,着力改善农村人居环境。发挥特色小镇建设辐射带动效应,推进镇容镇貌优化和被撤并镇区整治提升,努力打造一批产业特色鲜明、生态环境优美的城乡融合典型项目。完成41个试点村农房建设任务。扎实推进农村垃圾处理、河道疏浚、“四好农村路”建设,继续实施农村供水老旧管网和户表改造,新改建农村公厕79座。深入开展美丽乡村建设,新建省级绿美乡村示范村5个、无锡市级美丽宜居乡村45个。推动新时代文明实践中心(所、站、点)建设实现全覆盖,确保县级以上文明村镇占比达90%。

五、在绿色发展上持续发力,着力展现生态环境新面貌

全面深化长江生态安全示范区建设,坚决打赢污染防治攻坚战,建成省级生态文明示范市,努力让绿色成为江阴高质量发展的鲜明底色。

加大源头管控力度。实施与环境质量挂钩的准入政策,推行新增污染物排放项目倍量替代平衡制度。持续开展“散乱污”企业专项整治,推动全市域印染行业加快整合,年内关停化工生产企业30个。扎实推进煤炭消费减量替代行动,全面完成澄东南小热电企业整合关停,完成工业窑炉整治61台,确保单位地区生产总值能耗比2015年下降19.5%。引进和发展清洁能源,启动省级以上开发区和化工园区循环化改造工作,完成华能江阴燃机、江阴热电6F燃机项目建设。培育一批绿色制造示范企业,完成节能改造项目20项。落实国家节水行动要求,创建节水载体12个。

大力推进污染防治。全力完成中央环保督察“回头看”、省环保督察交办信访问题整改销号,着力化解突出环境问题。深化大气管控“点位长制”,强化重点行业VOCs治理、非道路移动机械和高污染车辆治理,严格道路、建筑工地等扬尘管理,全面落实重点区域禁放烟花爆竹工作,确保城区$PM_{2.5}$年均浓度下降到40微克/立方米、空气质量优良率达到74.9%。着力深化“河长制”“断面长制”管理,加强污水零直排区建设,完成无锡下达的15条河道环境综合整治任务,全面消灭黑臭河道、劣Ⅴ类水体,确保地表水优Ⅲ比例达到100%、重点地表水功能区达标率达到100%。实施土壤污染防治行动计划,持续推进污染地块治理与修复。

强化生态环境治理。严格落实长江大保护“1+9”规划,全面完成河湖“两违”*、长江“三乱”及长江干流岸线利用项目清理整治。启动一般工业固废无害化处置工作,完成环境卫生运营管理中心、秦望山工业废弃物综合利用二期、建筑废弃物资源化无害化利用、餐厨废弃物集中处理项目建设,彻底搬掉垃圾、危废、污泥“三座大山”。新增污水主管网150千米以上,建成排水达标区24个、村庄生活污水治理项目650项以上。完成20个城镇污水处理厂新一轮提标改造,确保西利污水处理厂开工建设。加快推进锡澄运河整治工程,全面完成中小河流治理重点县综合整治四期工程。扎实开展沿江10千米范围内废弃矿山治理工程,年内新增成片造林266.67公顷,确保林木覆盖率达24.5%。

六、在安全生产上持续发力,着力开创城市安全新局面

加快推进安全生产治理体系和治理能力现代化,全面提升本质安全水平,着力筑牢公共安全防线,确保安全生产事故起数、死亡人数实现大幅下降。

深入开展安全隐患整治。持续抓好国务院、省、无锡市安全生产专项督导反馈意见整改。扎实开展全覆盖拉网式安全生产大排查、大整治,打好“消除监管盲区、化解风险隐患、防范遏制事故”的攻坚战、歼灭战。大力推进安全生产专项整治行动,狠抓危化品、交通运输、城镇燃气、建筑施工、“厂中厂”、群租房等领域安全监管,坚决防范遏制一般事故,杜绝较大及以上事故。切实加强风险隐患排查整改,对重大隐患问题难以整改到位的生产经营单位依法依规坚决关停;对因重大问题隐患整改不及时、不到位引发事故的,从严从重问责追责,做到隐患排查不见底不罢休、问题整改不彻底不收兵。

切实加强安全源头治理。修订完善重点领域安全规范标准,强化企业和项目安全准入,加大高危落后产能淘汰力度,完善风险分级管控和隐患排查治理双重预防机制。开展危险化学品安全综合治理,争创化工和危险化学品安全监管工作示范县。实施科技兴安战略,鼓励高危企业实行“机械化换人、自动化减人”,推广完善小微企业安全技术服务,加快实现重点行业领域安全生产责任保险全覆盖。加强应急能力建设,配齐配强特种救援装备,启动江苏(江阴)沿江危化品应急救援基地二期建设。大力倡导和弘扬安全文化,不断提高全社会安全意识和安全素质。

着力提升监管执法水平。扎实推进各级安委会建设,促进安委办实体化运行。建立健全应急部门和行业主管部门联合检查、联合执法机制,不断强化执法检查和立案查处的闭环管理。开展安全生产巡查,完善市镇村三级巡查网络,着力提升排查隐患、找准问题和指导促进的监管能力和水平。聚焦较大风险领域、事故高发类型、隐患较多场所,加大执法检查频次和力度,全面落实关闭取缔、上限处罚、停产整顿、追究法律责任等严管措施,做到对安全生产违法行为严惩重罚。

全面压实安全生产责任。认真执行“党政同责、一岗双责、齐抓共管、失职追责”制度,制定落实党政领导班子成员、部门领导班子安全生产职责任务清单,以及各行业领域分级分类监管任务清单,进一步压紧压实“五个责任”*。督促指导生产经营单位强化安全投入、安全培训、基础管理和应急救援,倒逼各类市场主体增强抓好安全生产的内在动力。严格落实企业安全生产主体责任重点事项清单和全员安全生产责任制,完善全过程安全生产管理,着力解决安全生产“末端问题”。坚决落实重大安全生产事故“一票否决”制,切实强化对安全生产失职渎职行为的监督问责。

七、在共建共享上持续发力,着力促进人民生活新进步

始终坚持以人民为中心的发展思想,千方百计为人民群众做好事、办实事、解难事,持续提升富民惠民水平,不断增强群众的获得感满意度。

更大力度完善社会保障。全力以赴实施就业创业工程，年内新增就业岗位6.3万个，扶持自主创业3100人。扎实做好社会保障扩面提标工作，新增城保参保3.5万人，居民养老保险基础养老金、被征地农民养老年龄段人员养老补助金标准分别提高到每人每月362元、960元。建立城乡居民大病保险制度，城乡居民基本医疗保险筹资标准调整为学生少儿每人每年1070元、其他居民每人每年1280元。完善廉租房、公租房等住房保障制度。优化养老服务供给，满足老年人多层次多样化服务需求。完善残疾人服务机构功能设施，构建残疾人事业现代化服务体系。推进社会联动救助标准化建设国家试点项目，完善村级医疗互助机制，不断提升社会救助水平。实施精准扶贫，提升经济薄弱村管理能力，全面完成脱困转化任务。

更大力度推进社会事业。坚持教育优先发展战略，有序推进多模式集团化办学，深入实施学位制管理。推动滨江幼儿园、人民东路小学、江南大学江阴校区等开工建设，加快实施江阴高中、青阳高中改扩建等校安工程，确保立新中学、南京理工大学江阴校区建成投用。大力发展民办教育，加快江阴外国语学校新校区建设。整合职业教育资源，推进华姿中专创成省优质特色职业学校。坚持联防联控、医防融合、平战结合，完善重大疫情防控体制机制，健全公共卫生应急管理体系、基层公共卫生服务体系，提高公共卫生领域风险预警和处置能力。深化“健康江阴”建设，加快实施市中医院异地新建、中信医院二期等重点工程，完善紧密型医联体、中医药服务体系建设，提升家庭医生签约服务质量。深入开展“书香江阴”“市民文化节”等惠民活动，提档升级“10分钟体育健身圈”，办好各类品牌体育赛事。完善退役军人服务保障体系，再次创成“全国双拥模范城”。

更大力度创新社会治理。深化“三社”联动，支持社区社会组织参与社区治理，不断提升基层治理水平。完善社会矛盾纠纷多元化解机制，妥善化解房产市场、拆迁安置、环境保护、劳动关系等领域矛盾纠纷。加强农村“三资”*管理，确保村级重大事务公开透明。全面深化“七五”普法宣传，深入开展基层民主法治村（社区）创建，不断提升公共法律服务水平。做好江阴市第七次全国人口普查工作。开展校园食品安全守护、用药用械安全整治等专项行动，保障人民群众饮食用药安全。大力推进智慧警务建设，优化完善警格网格联动机制。建立健全扫黑除恶专项斗争长效机制，实现公众安全感和法治建设满意度“双提升”。

全力建设人民满意政府

落实全面从严治党要求，加强政府自身建设，以更实的举措、更优的作风推动各项工作，努力建设人民满意的法治政府、创新政府、廉洁政府和服务型政府。

始终坚持对党忠诚。全面贯彻新时代党的建设总要求，切实增强“四个意识”、坚定“四个自信”、做到“两个维护”，锤炼忠诚干净担当的政治品格。深入学习贯彻习近平新时代中国特色社会主义思想和习近平总书记对江苏重要指示批示精神，坚决执行中央、省市委各项决策部署，确保政令畅通、令行禁止。强化制度建设、成果运用、督查落实、舆论引导，推动省委巡视反馈意见全面整改到位。坚持民主集中制，严格执行新形势下党内政治生活若干准则，严格落实“三会一课”*等党的组织生活制度，不断提升政府系统党组织凝聚力、战斗力。落实意识形态工作责任制，建强主流舆论阵地，全面筑牢意识形态思想防线。

切实强化使命担当。巩固深化“不忘初心、牢记使命”主题教育成果，持续深入推进解放思想，坚决破除思维定势、工作惯性和路径依赖，以“六攻坚六突破”的实际行动全力争第一、努力创唯一。弘扬真抓实干、马上就办的工作作风，强化政务督查、行政问责，以“钉钉子”精神抓好各项工作落实。积极呼应群众期盼，畅通“12345”民生热线等服务平台，着力解决群众关注的热点难点问题。用好用活鼓励激励、容错纠错、能上能下“三项机制”，让能干实干者有平台、受重用，让敢闯敢试者有底气、受包容，让碌碌无为者有压力、受惩戒，全面提振当好排头兵、争做先行军的精气神。

扎实推进依法行政。积极开展全国法治政府示范市创建工作，切实运用法治思维和法治方式推动工作、深化改革、加强治理。完善重大行政决策制度建设，健全政府法律顾问制度，深入推进行政执法“三项制度”*，落实“双随机、一公开”监管*，加强行政复议规范化建设，优化法治化营商环境。主动接受人大法律监督、工作监督和政协民主监督，坚持重大事项向人大报告和向政协通报制度，认真办理人大代表建议和政协委员提案，自觉接受社会舆论监督。完善政务诚信体系建设，持续深化政府信息公开，保障群众知情权、参与权。

牢牢守住廉洁底线。认真落实党风廉政建设“一岗双责”*，严格执行中央“八项规定”，及其实施细则精神，驰而不息整治形式主义、官僚主义，防止“四风”问题*，反弹回潮。树立过“紧日子”思想，加强财政资金绩效管理，严控“三公”经费*和一般性支出，把有限财力更多用到保民生、补短板上。充分发挥财政监管和审计监督作用，加大对政府投资项目建设、招投标、政府采购、政府债务管理等重点领域常态化监管力度，强化对权力运行的规范和制约。始终保持惩治腐败高压态势，对群众身边的违纪违法问题做到“零容忍”，大力营造风清气正的干事创业环境。

■类目编辑 邢 盈

大事记

1月

1日 2019年全民健身活动启动仪式暨第五届元旦公益徒步大会在江阴绿道大桥道举行，6000多位市民参加活动。无锡市委常委、江阴市委书记陈金虎宣布江阴绿道大桥道启用、徒步活动开始，市委副书记、市长蔡叶明发表新年致辞，孙小虎、徐冬青等全体市领导参加徒步活动。

同日 江阴市全民健身馆建成投运。

同日 江阴市绮山应急备用水源地工程通水启用，标志着全市“扎根长江、多源互补”的饮用水调配体系全面完成，为广大人民群众饮水安全提供坚实保障。无锡市委常委、江阴市委书记陈金虎宣布工程顺利通水。市长蔡叶明主持通水仪式。副市长郁秋皓出席活动。

同日 江阴出入境边防检查站举行揭牌和换装仪式。从是日起，该站全员统一换上人民警察制服上岗执勤。

2日 中共江阴市委召开第十三届七次全体（扩大）会议。会议由市委常委会主持。无锡市委常委、江阴市委书记陈金虎代表市委常委会作题为《坚定迈上改革开放新征程　继续当好新时代高质量发展领跑者》的工作报告。市委副书记、市长蔡叶明对2019年经济工作作具体安排。会议审议通过《中国共产党江阴市第十三届委员会第七次全体会议决议》。

同日 江阴市消防救援大队举行授衔和换装仪式，全体消防指战员的制服统一由“橄榄绿”换成“火焰蓝”。消防队伍整体退出现役，划归新成立的应急管理部门。

3日 水利部副部长陆桂华一行到江阴调研太湖水环境综合治理工作。无锡市和江阴市领导黄钦、陈金虎、蒋敏、郁秋皓陪同调研。

4日 江阴集成改革实践与理论研讨会在中央党校（国家行政学院）举行。研讨会由中央党校（国家行政学院）报刊社和江阴市委、市政府共同主办。来自国内改革领域的专家学者聚焦江阴集成改革进行专题研讨。中央党校（国家行政学院）副校（院）长甄占民出席会议并致辞。全国政协委员、中央党校原副校长赵长茂，农业部原党组副书记、副部长尹成杰，经济日报社原总编辑艾丰，国家发改委体改司司长徐善长，中央党校（国家行政学院）马克思主义学院院长张占斌等领导和专家出席会议。无锡市委常委、江阴市委书记陈金虎出席会议并介绍江阴集成改革试点工作。

7日 江阴市首个商圈市场党建联盟——南闸街道金三角市场党建联盟成立。

8日 中共中央、国务院在北京举行2018年度国家科学技术奖励大会。优彩环保资源科技股份有限公司的“废旧聚酯高效再生及纤维制备产业化集成技术”项目获国家科技进步奖二等奖。

8—11日 中国人民政治协商会议江阴市第十五届委员会第三次会议召开。358名市政协委员出席大会。会议听取中共无锡市委常委、江阴市委书记陈金虎所作的题为《改革开放新征程　凝心聚力再出发》的讲话；听取并审议江阴市政协主席徐冬青代表政协江阴市第十五届委员会常务委员会所作的工作报告和市政协副主席张英毅所作的提案工作情况报告；列席市第十七届人民代表大会第三次会，听取并讨论市长蔡叶明代表市政府所作的《政府工作报告》，讨论其他有关报告；举行专题座谈会。

9日 中央文明办在安徽省合肥市举办全国道德模范与身边好人现场交流活动，发布2018年12月“中国好人榜”，海澜卫士爱心志愿服务队被评为助人为乐“中国好人”。至此，江阴市有12人（集体）获评“中国好人”。

同日 江阴市核发《中华人民共和国电子商务法》实施以来全市首张使用网址作为经营场所的个体工商户营业执照。

9—12日 江阴市第十七届人民代表大会第三次会议召开，会议应到代表398名，实到代表391名。会议听取市人大财政经济委员会主任委员黄耀清所作的财政预算审查报告；听取并通过议案审查委员会主任委员朱敏所作的议案审查报告；通过《关于政府工作报告的决议》；通过关于江阴市2018年国民经济和社会发展计划执行情况及2019年国民经济和社会发展计划的决议；通过关于江阴市2018年财政预算执行情况和2019年财政预算的决议；通过关于江阴市人大常委会工作报告的决议；通过关于江阴市人民法院工作报告的决议；通过关于江阴市人民检察院工作报告的决议。

11日 2018年全国创新社会治理典型案例颁奖暨经验分享活动在重庆市举行，现场揭晓全国创新社会治理最佳案例奖和优秀案例奖。江阴市徐霞客镇“1+4”小城市治理模式创新获2018年全国社会治理创新最佳案例奖。

16日 文化和旅游部公布2018—2020年度“中国民间文化艺术之乡”名单，江阴市月城镇再次上榜。这是月城镇第四次获此项国家级荣誉。

17日 江阴邮政管理局挂牌成立。

19日 在由江苏省农业技术推广协会等主办的第三届“江苏好大米”品鉴推介会上，江苏华西都市农业科技发展有限公司的大米品牌“华西村臻米”被列入“江苏好大米十大品牌”。

22日 中国日用杂品工业协会喷雾泵分会在徐霞客镇正式成立，来自全国喷雾泵行业的37个企业代表参加大会。

23日 中国钢铁工业协会公布2018年度“中国钢铁工业产品开发市场开拓奖”获奖名单，江阴中信泰富特钢集团兴澄特钢电力用超大规格连铸圆坯获奖。

25日 由中信泰富（中国）投资有限公司、大昌行集团有限公司合作打造的总投资15亿美元的大昌行长三角食品加工物流园项目在江阴临港开发区举行签约仪式。市领导陈金虎、蔡叶明、计军、张韶峰、许晨出席签约仪式。

是月 江阴市首个行业商会党支部——江阴市传媒业商会党支部成立。

是月 江苏省农业农村厅公布2018年度全省“一村一品一店”示范村名单，顾山镇红豆村、华士镇华西新市村、璜土镇常泽桥村、月城镇双泾村、长泾镇蔡桥村上榜。

2月

11日 江阴市委、市政府召开2018年度全市先进表彰大会。陈金虎、蔡叶明、孙小虎、徐冬青等市领导参加会议。

同日 由国家知识产权局、教育部开展的首批全国中小学知识产权教育示范学校评审活动结果揭晓，华士实验中学被确定为全国首批中小学知识产权教育示范学校，是江苏省唯一入选的学校。

14日 江阴市召开全市机构改革动员部署会，对江阴机构改革工作进行动员部署。无锡市委常委、江阴市委书记陈金虎在会上提要求。市委副书记、市长蔡叶明主持会议。孙小虎、徐冬青、袁秋中等全体市领导出席会议。市委常委、组织部部长邵文松介绍《江阴市机构改革方案》有关情况。

18日 江阴市首个依托“互联网+”运营的智慧农贸市场——青阳镇桐岐菜场经改造后正式开业。

19日 江阴市退役军人事务局挂牌成立。

同日 远景AESC智能电池项目在江阴临港经济开发区动工。

20日 江阴市档案史志馆挂牌成立。

22日 江阴市医疗保障局挂牌成立。

25—26日 江苏省人大环境资源城乡建设工作座谈会在江阴举行。江苏省人大常委会副主任邢春宁出席会议并讲话。无锡市及江阴市领导陈金虎、吴峰枫、孙小虎、袁秋中、唐仲贤参加会议或陪同实地参观。

28日 长江流域环境资源第一法庭在江阴市设立。该法庭跨区域管辖无锡市（不含宜兴市、滨湖区、新吴区）、太仓市、张家港市、常熟市、常州市（不含武进区）、镇江市（不含句容市）的环境资源案件。

同日 江阴市自然资源和规划局挂牌成立。

是月 秦望山工业废弃物综合利用一期（应急生产线）项目取得江苏省生态环境厅颁发的危险废物经营许可证，进入投产运营阶段。

3月

1日 江阴市祝塘镇八旬老人徐伟芳入选2019年2月“中国好人榜”，获评见义勇为“中国好人”。至此，江阴市有13人获评“中国好人”。

2日 海澜集团有限公司向中央党校捐赠马克思、孔子塑像。中央党校副校长何毅亭，江苏省委常委、宣传部部长王燕文等共同为塑像揭幕。江苏省委宣传部副部长杨力群，无锡市及江阴市领导陈金虎、袁飞、程政参加揭幕仪式。

6—8日 在江苏文学内刊联盟全体成员大会暨一届三次理事会上，由江阴市文联主办的文学刊物《雪浪湖》入选首届江苏省文学内刊二十强。

7日 江苏省委常委、组织部部长郭文奇到江阴市调研人才队伍建设、企业创新发展、基层党建等工作。江苏省委常委、无锡市委书记李小敏，无锡市和江阴市领导陈金虎、冯军、邵文松分别陪同调研。

11日 新松机器人投资有限公司与江阴高新区举行新松机器人江阴智能制造研发创新公共服务平台项目签约仪式。

12日 江阴天江药业有限公司年产6000吨中药配方颗粒技改扩能项目举行开工仪式。

同日 江阴首个专门为退役老兵服务的“老班长调解工作室”在市公共法律服务中心挂牌成立并正式运行。

13—15日 埃塞俄比亚、肯尼亚、莫桑比克、赞比亚4国政府代表团到江阴市考察纺织服装产业链情况，并为非洲四国投资进行推介活动。其间，江阴市举行东非国家投资环境研讨会。市长蔡叶明在机关大楼会见代表团一行。副市长张韶峰参与会见。

16日 江阴市品牌建设促进会成立，举办成立大会暨“品牌建设”专家论坛。

19日 “善解童贞”儿童保护公益项目落地江阴市华士镇，这是无锡地区首项“善解童贞”项目。

“善解童贞”是国内最早拥有原创型儿童性健康教育知识产权的自主品牌。

20日 江阴市高城墩遗址、紫金桥两处文物遗址入选第八批江苏省文物保护单位。其中,高城墩遗址入选古遗址类省文物保护单位,紫金桥入选古建筑类省文物保护单位。至此,江阴市有9个省级文物保护单位。

26日 全球成立最早、规模最大的科技创新加速中心Plug and Play江阴跨境峰会活动在江阴高新区举行。Plug and Play硅谷团队带领适合江阴产业环境的优质项目作路演和深度交流,听取创新创业环境推介,助力江阴市在工业4.0、人工智能等相关领域的发展。

27日 无锡市委常委、江阴市委书记陈金虎主持召开锡澄轨道交通S1线工程推进会,对工程推进情况进行协商会商,统筹协调解决相关问题。市领导蔡叶明、费平、张少波,市政府党组成员张光伟参加会议。

29日 国家统计局党组成员、副局长李晓超一行到江阴调研建设领域统计工作、第四次全国经济普查工作等情况。市领导陈金虎、袁秋中、张韶峰陪同调研。

31日 圣华盾防护科技股份有限公司与范维澄院士科研团队签订合作协议,双方共建企业院士工作站。

是月 江阴临港经济开发区作为“江苏省军民融合产业示范基地(新材料)”入选省级军民融合产业示范基地的开发区(园区),为无锡地区唯一入选的开发区,全省3个开发区入选。

是月 江阴市中芯长电3D集成芯片、远景AESC智能电池、大昌行长三角保税物流基地、梦东方文化创意基地和南京理工大学江阴校区5项项目入选2019年江苏省重大项目投资计划。

4月

1—2日 江苏省省长吴政隆带队到江阴检查安全生产工作。省委常委、无锡市委书记李小敏参加检查,并汇报无锡安全生产工作有关情况。省政府秘书长陈建刚,省工信厅厅长谢志成,省应急管理厅副厅长沈仲一,省消防总队总队长周详,无锡市和江阴市领导黄钦、陈金虎、谢晓军、蔡叶明、赵强参加检查。

2日 中国红十字会党组成员、副会长王汝鹏一行到江阴考察基层红十字工作。市领导蔡叶明、程政、许晨陪同考察。

3日 无锡市江阴生态环境局挂牌成立。

4日 江阴市举办首届新时代文明实践科普剧大赛。大赛主题是“普及科学知识,弘扬时代新风”,旨在贯彻落实《全民科学素质行动计划纲要》。

10日 国家长江办调研组一行到江阴调研饮用水源地保护工作。市长蔡叶明、副市长郁秋皓陪同至肖山水源地取水口进行实地调研。

12日 江苏文艺“名师带徒”计划启动仪式在江苏大剧院举行,江阴市作家夏坚勇受聘成为首批江苏文艺名师。

15日 江阴市融媒体中心挂牌成立。

17日 国务院安委办危险化学品重点县专家指导服务情况反馈会在江阴市召开,反馈该次指导服务工作情况。

18日 远景千亿级智慧能源产业园启动建设。江苏省委常委、无锡市委书记李小敏宣布产业园启动,无锡市和江阴市领导黄钦、周敏炜、徐劼、陈德荣、陈金虎、谢晓军、袁飞、蔡叶明、计军、费平等出席活动。

18—20日 2019年声发射检测专业大会委员会议在江阴召开。会议由中国机械工程学会无损检测分会主办,江苏省特种设备安全检验研究院江阴分院承办。

19日 R6级海洋系泊链钢(此前系泊链用钢主要是R4、R5级。R6级海洋系泊链属于极限性能产品,挪威德国船级社于2018年7月首次公布R6级系泊链标准)颁证仪式在中信泰富特钢集团召开。中信泰富特钢集团兴澄特钢成功研发出世界最高级别的R6级极限性能系泊链钢,并通过挪威德国船级社认证。

20日 江阴临港开发区与江苏省南菁高级中学实验学校、江阴市实验小学、江苏韵晖教育科技有限公司签署合作办学协议,开办江阴市中小学首个“公建民营”学校——临港开发区中央商务区实验学校。

22日 “大江潮起竞风流”庆祝中华人民共和国成立70周年大型融媒体新闻行动启动仪式在船厂公园举行。

同日 江阴市举行“智慧江阴5G赋能”首批5G基站开通仪式。

23日 江阴市举行升国旗仪式,庆祝渡江战役胜利暨江阴解放70周年。蔡叶明、孙小虎、徐冬青等市领导参加仪式。

同日 中国绿色食品发展中心考察团到江阴市考察调研现代农业及新农村建设情况。

23—27日 无锡市委常委、江阴市委书记陈金虎带领江阴市经贸代表团,赴中国台湾、香港开展招商引资、项目洽谈、产业合作活动。

24日 江阴市清洁美丽长江党建联盟正式成立。

24—26日 在山东烟台举办的第二十届中国商品交易市场发展论坛暨2018年度全国商品交易市场表彰大会上,江阴港口物流园区投资有限公司获评全国商品交易市场系统“2018年度转型升级创新发展示范市场”。

26日 江阴市第十七届人大常委会第十八次会议全票通过《江阴市人大常委会关于高质量建设长江生态安全示范区的决议》。这是市人大常委会就生态保护和绿色发展作出的第一项决议,也是长江流域县级人大中第一个就“长江大保护”主题作出的专门决议。

28日 江阴市人民医院医疗集团科学技术协会成立。

30日 江阴市举行纪念“五四运动”100周年主题活动。无锡市委常委、江阴市委书记陈金虎致辞。市领导孙小虎、徐冬青、邵文松、虞卫才参加活动。

是月 江阴临港开发区“江阴—武汉”集装箱班轮航线正式运营。

是月 江阴市发出首张承诺制公共场所卫生许可证。

5月

1日 《江阴市养犬管理实施办法》正式实施，对养犬行为、犬类管理、违规处罚等作出明确规定，因养犬违法行为受到行政处罚将纳入个人诚信记录。

同日 江阴市全面实行企业登记实名验证。

6日 虹桥南路向南贯通至花北路，实现全线贯通。

同日 在第十六届中国人口文化奖民间艺术品和宣传品类评选活动中，江阴市作家徐凤清的故事《金牌陪护》获民间艺术品类三等奖。

7日 江阴市首个劳动人事争议仲裁分庭开庭审理案件。

8日 江阴高新区青阳园区与江阴苏龙热电有限公司签订燃气热电联产项目框架协议。

9日 全国政协副主席卢展工一行到江阴市，围绕江阴“加强青少年和学校体育，增强青少年身体素质”议题开展调研。无锡市和江阴市领导周敏炜、陈金虎、徐冬青、郁秋皓陪同调研。

同日 江阴市检察院向3名公益诉讼案件线索举报人员发放奖金6000元，这是该院出台《江阴市人民检察院公益诉讼案件线索举报奖励办法（试行）》后发放的首批公益诉讼线索举报奖金。

同日 2019中国品牌建设高峰论坛在上海市举行，论坛发布中国品牌价值评价信息，江苏阳光集团有限公司以品牌价值233.82亿元，位列纺织服装鞋帽榜单第三名。

10日 江苏省政府在南京召开全省科学技术奖励大会，会上公布《关于2018年度江苏省科学技术奖励的决定》，江阴市有4项项目获2018年度江苏省科学技术奖。江苏南农高科技股份有限公司的猪圆环病毒病免疫防控关键技术的创建与运用获一等奖；优彩环保资源科技股份有限公司的废旧聚酯纤维制品物理化学法再生及高值化利用、江阴长仪集团有限公司的高性能智能微电网系统集成关键技术及计测控装备研发与应用、远景能源（江苏）有限公司的高湍流低风速风能高效捕获的风电机组关键技术与装备研制获三等奖。

同日 江阴市政府办公室出台《关于江阴市推进海绵城市建设的实施意见》。

15日 “家家幸福安康工程”启动部署暨2019年度全国最美家庭揭晓会在北京举行。江阴市胡士勇家庭获评全国“最美家庭”。

16日 第十四届中国徐霞客国际旅游节在新开园的韭菜港公园开幕。近400名嘉宾、游客和市民代表参加。无锡市委常委、江阴市委书记陈金虎致辞，中国徐霞客研究会会长王宝才，市领导蔡叶明、孙小虎、徐冬青等参加活动。

17—24日 无锡市委常委、江阴市委书记陈金虎率江阴市经贸代表团赴日本和美国考察。

18日 江阴市首个总商会党总支部——徐霞客总商会党总支部成立。

18—20日 无锡市委常委、江阴市委书记陈金虎率江阴市经贸文化代表团赴法属波利尼西亚考察。

19日 2019海峡两岸纪念徐霞客公祭典礼在溯江纪源广场举行。

同日 在《徐霞客游记》整理人、徐霞客之子李寄诞辰400周年之际，李寄铜像在南闸街道由里山山居庵落成。

20日 由江阴市锡剧团原创制作的大型锡剧《徐霞客》在北京梅兰芳大剧院演出。

22日 “庆祖国七十华诞，赏江南锡韵芬芳”——江阴“校园小锡班”进京汇报演出在北京梅兰芳大剧院举行。

25日 由数字建筑软件领域排名中国第一、世界第四的广联达科技股份有限公司联合松下电器（中国）有限公司、北京联动天翼科技股份有限公司，在江阴高新区签约智慧移动建筑总部基地项目，项目总投资51亿元。市长蔡叶明，市委常委、高新区党工委副书记陈兴华出席签约仪式。

是月 江苏长电科技股份有限公司申请应用在集成电路、晶体管（电子）、半导体器件上第3000529号图形，被国家知识产权商标局认定为中国驰名商标。至此，江阴市拥有中国驰名商标56个，位于江苏省同类城市前列。

是月 江苏省政府公布2018年“四好农村路”省级示范县的县市名单，江阴市入选。

是月 远景能源（江苏）有限公司、中信泰富特钢集团兴澄特钢、江苏长电科技股份有限公司、江苏法尔胜泓昇集团有限公司、江苏新扬子造船有限公司5个江阴企业入选2018年江苏省百强创新型企业榜单。

6月

10日 江苏省政府参事、中国工程院院士张建云一行调研江阴市长江大保护以及南京以下深水航道综合效益发挥情况。无锡市委常委、江阴市委书记陈金虎陪同调研，市领导计军、郁秋皓陪同调研或座谈。

12日 由中共江苏省委宣传部作为指导单位，由江苏省文化发展基金会、《扬子晚报》联合主办的“祖国，我亲爱的祖国——庆祝中华人民共和国成立70周年诗歌大赛”在华西村启动。

14日 江阴市人民医院医疗集团与新桥镇政府签订“院府合作”项目，江阴市人民医院医疗集团新桥分院挂牌成立。

同日 江阴市首个江苏省基层卫生人员实训基地在新桥卫生院落户。

17日 聂卫平围棋道场江阴校区揭牌仪式在城中实验小学教育集团中山校区举行。

18—20日 由北京大学国家发展研究院与美国美中关系全国委员会共同发起的第四轮“中美健康二轨对话”在江阴举行。

20日 由中信泰富有限公司与上海瑞金医院宁光院士团队合作打造的江阴临港医院国家标准化代谢性疾病管理中心举行揭牌仪式。市领导陈金虎、计军、许晨出席揭牌仪式。

21 日 无锡市政协委员江阴联系小组“委员活动之家”挂牌成立。市政协主席、江阴联系小组组长徐冬青，市委副书记、统战部部长、江阴联系小组副组长袁秋中一起为“委员活动之家”揭牌，市政协副主席张英毅参加活动。

同日 江阴市首届果蔬品鉴会在江苏现代农业江阴推广示范基地举行。

同日 第四届“健康中国、健康县域”论坛华东峰会在江阴市召开，以“精细管理 品质未来”为主题，聚焦精细化管理等公立医院高质量发展相关主题展开交流探讨。

22 日 2019 年“185 联盟”杯国际男篮亚特拉斯系列赛(江阴赛区)比赛开幕式在市体育中心体育馆举行。

25 日 南京理工大学与江阴临港开发区举行政产学研战略合作签约暨江阴校区产教合作联盟成立仪式，同时南京理工大学江阴校区主体工程正式封顶。南京理工大学党委书记张骏、校长付梦印，江阴市领导陈金虎、蔡叶明、计军、郁秋皓出席仪式。

同日 江阴市巨松纺织有限公司近 7000 平方米的厂房启动拆迁。这是南沿江城际铁路江阴段第一个实施拆迁的企业。

28 日 2019 年 6 月“中国好人榜”发榜，璜土镇“真心爱人”金彦，获评孝老爱亲“中国好人”。至此，江阴市“中国好人”增加至 14 人(集体)。

是月 中国非金属矿工业协会在祝塘镇组织召开 2015 年工业转型升级强基工程——“高品质人工合成云母晶体材料实施方案”项目成果鉴定会。该项目成果由江阴市友佳珠光云母有限公司完成。

7 月

1 日 在第七届江苏省少年科学院院士评聘颁奖仪式上，江阴市利港实验小学五年级学生黄子乐、林政、殷蓝昕获评第七届江苏省少年科学院院士。由共青团无锡市委、江阴市利港实验小学选送的《长江湿地利港段蟛蜞生存环境的调查与研究及蟛蜞的保护建议》《长江大保护之长江下游(利港段)水域生态环境调查研究及保护建议》获江苏省红领巾“创未来”科学建议征集评选一等奖。

2 日 在 2019 年中国国际化营商环境高峰论坛暨《中国城市营商环境投资评估报告》发布会上，江阴临港开发区入选 2019 年中国国际化营商环境建设十佳产业园区。

3 日 教育部办公厅公布全国第六届中小学生艺术展演活动优秀组织奖及各项目评选结果，市教育局获优秀组织奖，花园实验小学校园获艺术表演类小学组(戏剧类)一等奖，江阴市第一中学获艺术表演类中学组(戏剧类)二等奖，市实验小学获中小学美育改革“创新优秀案例”一等奖。

5 日 东南大学附属中大医院和江阴市中医院签订战略合作协议，东南大学附属中大医院合作医院、东南大学附属中大医院医学影像中心江阴分中心相继在江阴市中医院揭牌。

同日 “壮丽七十年、书香满暨阳”江阴新华书店纪念建店 70 周年开幕式在江阴市文化馆举行。江阴市领导陈金虎、程政、龚振东、张韶峰、陈兴初参加。

同日 江阴第二过江通道设计项目部揭牌仪式暨工作推进会在南京举行，标志着项目设计工作全面启动。

5—7 日 在 2019 年中国音乐小金钟——全国琵琶展演(江苏地区选拔)暨 2019 年江苏省青少年音乐“小茉莉花奖”琵琶比赛中，江阴市选手获 3 金、4 银、4 铜。

10 日 国家中医药管理局副局长闫树江率调研组一行到江阴调研基层中医药工作。市长蔡叶明、副市长许晨陪同调研。

11 日 由中国侨联主办的 2019 年海外华裔青少年“中国寻根之旅”夏令营江苏无锡营在江阴市开营。

15 日 中国服装协会发布 2018 年度中国服装行业百强企业名单，海澜集团有限公司在营业收入百强企业和利润总额百强企业两个榜单中均蝉联第一。

18 日 中国电子信息行业联合会公布 2019 年电子信息百强企业名单，江苏新潮科技集团上榜，居榜单第 45 位。

19 日 “大江弦歌”名家书沈鹏吟江阴故里诗词作品展在北京市李可染画院举行开幕仪式。沈鹏夫人殷秀珍，李可染画院院长李庚，中国教育学会会长顾明远，高级经济师、中国光大集团总公司原董事长、党委书记唐双宁，人民画报社社长于涛，中国书法家协会顾问胡抗美等嘉宾出席。江阴市市长蔡叶明致辞并宣布开幕。江阴市委常委、宣传部部长程政主持活动。

同日 江阴市法院长江流域环境资源第一法庭正式运行。江苏省高级人民法院党组成员、审判委员会专职委员刘亚平，无锡市委常委、江阴市委书记陈金虎，无锡市中级人民法院党组书记、院长时永才出席运行启动仪式，市委常委、政法委书记吴芳主持仪式。

同日 江苏省工商联发布 2019 年江苏民营企业 100 强榜单和 2019 年江苏民营企业制造业 100 强榜单。入围两榜的江阴企业分别为 14 个、17 个，均超过无锡地区入围企业总数的一半。

20 日 农业农村部办公厅、财政部办公厅联合印发《关于批准开展 2019 年农业产业强镇建设的通知》，批准全国 298 个镇(乡)开展农业产业强镇建设，璜土镇上榜，是无锡地区唯一上榜的镇(乡)。

同日 锡澄运河公园样板段启动建设。

21 日 在江苏省桃产业技术发展论坛暨第二届(2019 年)优质桃果大赛上，江阴地产水蜜桃获 2 金 3 银。

22 日 无锡地区首单跨境电商网购保税进口商品在江阴市正式通关。

24—26 日 作为国内最高级别的航空体育赛事，为期 3 天的 2019 年全国滑翔伞定点联赛(江苏江阴站)，在南闸街道澄飞航空营地开赛。江苏省体育局副局长熊伟，无锡市委常委、江阴市委书记陈金

2019 年 7 月 24 日，全国滑翔伞定点联赛（江苏江阴站）在南闸花山南麓举行。图为比赛现场 （张 岚 摄）

虎，国家体育总局航管中心运动二部主任王永利，市领导蔡叶明、张韶峰出席开幕式并观看滑翔伞定点表演。

26 日 由江苏省政府新闻办、省工信厅、省市场监督管理局联合开展的 2018 年度江苏省“自主工业品牌五十强”宣传活动发布会在南京市举行，会上公布省“自主工业品牌五十强”榜单，江苏阳光集团有限公司、法尔胜泓昇集团有限公司、中信泰富特钢集团兴澄特钢、海澜之家股份有限公司、江苏苏利化学股份有限公司、江阴天江药业有限公司和双良节能系统股份有限公司上榜。

同日 全国退役军人工作会议在北京召开。吴协恩在会上获评全国模范退役军人。

31 日 中共江阴市委召开十三届八次全体（扩大）会议。会议审议通过《中国共产党江阴市第十三届委员会第八次全体会议决议》。

8 月

6 日 江苏省委副书记任振鹤到江阴市调研乡村振兴工作。省委副秘书长赵旻，无锡市和江阴市领导黄钦、徐劼、陈金虎、蔡叶明陪同调研。

同日 江苏省委常委、统战部部长杨岳调研江阴市港澳资企业发展情况。无锡市和江阴市领导陈德荣、陈金虎、袁秋中、陈兴华陪同调研。

7 日 南京农业大学—江阴“挂县强农”暨首届“江阴好水果”品鉴会在璜土镇举行。

同日 作为 2019 年江阴市政府重点重大项目、高新区“项目攻坚年”重点推进的工业项目之一，差别化纤维及 PET 回收造粒项目在高新区青阳园区开工建设。

16 日 江阴市举行锡澄运河（黄昌河—长江段）整治工程定波水利枢纽工程开工仪式。无锡市委常委、江阴市委书记陈金虎宣布工程开工，市领导孙小虎、徐冬青、费平、郁秋皓参加开工仪式。

同日 江阴市退役军人就业创业学院在天安数码城创业谷揭牌成立。

18 日 中国二胡名家名作音乐会在江阴大剧院上演，拉开第四届“敦煌杯”中国二胡演奏比赛暨“敦煌国乐·江阴”中国二胡峰会的帷幕。

20 日 江阴市中医院和陕西省延川县中医院对口帮扶签约仪式在江阴举行。

20—21 日 国家发改委基础产业司副司长冯兆祥调研江阴市长江、水环境修复保护情况。市领导陈金虎、费平、郁秋皓陪同调研。

22 日 在青海省西宁市举行的 2019 年中国民营企业 500 强峰会上，全国工商联公布“2019 年中国民营企业 500 强”榜单，13 个江阴企业入围，占江苏省上榜企业总数的 16%。其中，海澜集团有限公司、江阴澄星实业集团有限公司、三房巷集团有限公司进入前 100 强行列，分列第 39 位、第 69 位和第 99 位。

29 日 江阴市举行 2019 年教育集团成立大会，8 个教育集团揭牌成立。市领导陈金虎、蔡叶明、仲剑、郁秋皓、张少波出席成立大会。

同日 第五届全国非公有制经济人士优秀中国特色社会主义事业建设者表彰大会在北京举行。海澜集团有限公司董事长、党委书记周建平入选表彰名单。

是月 江阴法院公开审理 1 件非法狩猎案件并当庭作出判决。这是江阴法院长江流域环境资源第一法庭正式运行以来判决的首例跨区域管辖的环境资源案件。

是月 云亭街道花山村前姚家村入选省级“美丽乡村”，成为江阴市第 5 个省级“美丽乡村”。

是月 2019 年首批江苏省工业互联网发展示范企业名单（星级“上云”企业*）公布。海澜集团有限公司、远景能源（江苏）有限公司、三房巷集团有限公司、法尔胜泓昇集团有限公司、江苏海澜新能源有限公司 5 个江阴企业获评五星级“上云”企业。

是月 商务部公布 2019 年电子商务进农村综合示范县名单，江阴市上榜。

9 月

1 日 中国企业联合会、中国企业家协会在山东省济南市举行 2019 中国 500 强企业高峰论坛，江阴 11 个企业入围中国企业 500 强，比 2018 年增加 1 个；19 个企业入围中国制造业企业 500 强，比 2018 年增加 2 个；8 个企业入围中国服务业企业 500 强，比 2018 年增加 3 个。三份榜单中，江阴企业分别占江苏省入围总数的 22.4%、33.9%、18.2%。

2 日 临港开发区利港街道刘

文清登上 2019 年 8 月“中国好人榜”,获评助人为乐“中国好人”。至此,江阴市有 15 名“中国好人”。

同日 工业和信息化部办公厅印发《关于公布第四批绿色制造名单的通知》,江苏阳光集团有限公司、江苏红柳床单有限公司入选国家级绿色工厂名单。

3—4 日 长江大保护(南通)现场推进会议在南通举行。无锡市市长黄钦,无锡市委常委、江阴市委书记陈金虎参加推进会。市长蔡叶明,市委常委、常务副市长费平陪同与会人员考察江阴市长江生态环境保护修复工作。

5 日 第七届全国道德模范表彰名单公布,江阴籍著名指挥家曹鹏获“第七届全国道德模范提名奖”。

同日 作为第二十一届江苏国际服装节系列活动之一,2019 年江苏纺织服装年度盛典在南京市举行。江苏阳光股份有限公司董事长陈丽芬、江阴兴吴呢绒科技有限公司董事长吴栋标、江苏申利实业股份有限公司董事长马建忠、江苏浩业纤维科技有限公司董事长许耀芹获评 2019 年江苏服装纺织优秀企业家。

6 日 作为 2019 年世界物联网博览会系列活动之一,物联网与智慧能源高峰论坛在江阴市举行。中国科学院院士、中国电力科学研究院名誉院长周孝信,中国工程院院士、中国航天科工集团科技委高级顾问刘永才,中国科学院院士、军事科学院系统工程研究院研究员尹浩,中国企业联合会、中国企业家协会常务副会长兼理事长朱宏任,市领导陈金虎、蔡叶明、孙小虎、徐冬青、赵强出席论坛。市长蔡叶明主持论坛。

同日 双良节能系统股份有限公司的湘江欢乐城天然气分布式供能项目获 2019 年度中国分布式能源优秀项目特等奖。这是双良节能连续第 6 年获分布式能源优秀项目特等奖。

7 日 全国科普日江苏省主场活动暨“培源奖”颁奖仪式在南京举行。“培源奖”是江苏省青少年科技创新大赛的最高奖项,华士实验中学学生郑湘妮凭借“新型 LED 防风路锥”获奖。

8 日 韩国群山市市长姜任骏一行到江阴访问,并与江阴市签订深化友好交流协议书。市长蔡叶明、副市长张韶峰会见姜任骏一行。

11 日 江阴市青年联合会第三届委员会第一次全体会议召开。市领导邵文松、虞卫才出席大会开幕式。

13 日 CCTV 央视综合频道、CCTV 中文国际频道并机直播的《传奇中国节·中秋》,江阴市长泾古镇在节目中展示独特中秋民俗文化。

16 日 “礼赞新中国 墨香伴成长”首届“介居杯”江阴市青少年书法大赛优秀作品展在江阴市展览馆开幕。

19 日 中华见义勇为基金会常务副理事长李顺桃一行到江苏沿江高速公路有限公司新桥服务区,对在该服务区见义勇为、勇斗歹徒的工作人员陈传香进行慰问表彰。江苏省见义勇为基金会理事长弘强,无锡市和江阴市领导陈金虎、谢晓军、王庆春参加慰问活动。

同日 江阴与靖江两地市委、市政府在江阴召开高质量跨江融合发展协调会。无锡市委常委、江阴市委书记陈金虎,靖江市委书记赵叶出席会议并讲话。江阴市委副书记、市长蔡叶明主持会议。江阴市领导邵文松、赵强、张韶峰、赵巧新、张少波,靖江市领导叶冬华、申晓勇、姚东辉、于政等参加会议。

20 日 普莱医药产业基地项目一期建成启用。德国马普研究院生物物理研究所所长、诺贝尔奖获得者哈特穆特·米歇尔,美国科罗拉多大学丹佛分校生物分子结构中心主任、加拿大皇家科学院院士罗伯特·霍金斯,市领导陈金虎、陈兴华、邵文松、虞卫才出席启用仪式。

21 日 第二届江阴发展大会暨 2019 经贸洽谈会在江阴大剧院开幕。陈金虎、蔡叶明、孙小虎、徐冬青等市四套班子领导出席大会。市委副书记、市长蔡叶明主持大会。经洽会期间签约 91 项发展潜力大、产业层次高、行业带动强的项目,总投资额达 680 亿元。

23 日 2019 年中国农民丰收节江苏主场华西“高举旗帜庆丰收”活动,在华西村龙希广场举行。江苏省委副书记任振鹤宣布开幕,省人大常委会副主任、无锡市委书记李小敏出席,副省长费高云讲话。省农业农村厅厅长杨时云为华西村“江苏乡村振兴大学堂”授牌,无锡市市长黄钦致辞,无锡市委副书记徐劼主持开幕式。省政府副秘书长诸纪录,省委宣传部副部长、省文明办主任葛莱,省妇联主席张彤,中国村社发展促进会原名誉会长、农业农村部农研中心原副主任余展,无锡市和江阴市领导陈金虎、蒋敏、蔡叶明、吴芳、程政、郁秋皓、王庆春参加活动。

24 日 农业农村部发布第九批全国“一村一品”示范村镇名单,江阴市利港街道维常村凭借特色水产养殖品中华绒螯蟹入选,是该批次无锡地区唯一入选乡村。至此,江阴市有 4 个村镇获评全国“一村一品”示范村镇,另外 3 个分别是璜土镇(葡萄)、月城镇双泾村(葡萄)和顾山镇红豆村(“金顾山”水蜜桃)。

25 日 “我和我的祖国——江阴市庆祝中华人民共和国成立 70 周年大型歌会”在江阴市体育馆举行。无锡市委常委、江阴市委书记陈金虎在歌会开幕式上致辞,市长蔡叶明主持开幕式,市领导孙小虎、徐冬青、程政、张韶峰出席。

同日 “辉煌 70 年·奋斗新时代——庆祝中华人民共和国成立 70 周年江阴市美术书法摄影作品展”在天华文化中心展览馆开展。无锡市委常委、江阴市委书记陈金虎宣布展览开幕,市领导程政、龚振东、张韶峰、陈兴初出席开幕式。

25—27 日 中国国际纺织面料及辅料(秋冬)博览会在上海国家会展中心举行,江苏阳光集团有限公司获最高奖“卓越贡献奖”。

29 日 江阴市首个公共法律服务“夜门诊”在天鹤社区正式运行。

同日 总投资 1.36 亿元的日本精品玩具项目在江阴—靖江工业园区开工建设。

是月 徐霞客镇政务服务自助区正式对外开放,实现“一网通办、多端协同”的“互联网 +”政务服务体系,这是江阴首个 24 小时政务服务自助区。

是月 江阴市长江大保护展示馆建成开放。

是月 由中信泰富特钢集团兴澄特钢提供的桥梁缆索用钢制成的沪通长江大桥建设用斜拉索完工下线，标志兴澄特钢2000兆帕级缆索用钢实现世界首次成功应用。

是月 江阴市快递行业工会联合会成立。

是月 第十三届全国美术作品展览综合材料绘画展区复评结果公布，江阴职业技术学院艺术设计系教师曹亚明的作品《浮图》入选。

是月 江阴临港开发区江苏思远国际物流有限公司、江苏佳华物流发展有限公司获评国家3A级物流企业。

是月 江阴市首个未成年被害人"一站式"办案中心建成。

是月 国务院国资委公布中央企业"百名杰出工匠"培养支持计划名单，江阴—靖江工业园区企业中建钢构江苏有限公司员工邱明辉入选。

10月

2—5日 第三届"芙蓉杯"2019全国青少年足球邀请赛在江阴举行。

8日 江苏省文化和旅游厅、江苏省发展和改革委员会公布《首批江苏省乡村旅游重点村名单》，华西村名列其中。

10日 教育部职业技术教育中心研究所印发《关于第二批"1+X"证书制度试点院校名单的公告》。江阴职业技术学院入选"云计算平台运维与开发"职业技能等级证书试点院校。

11—12日 由中华合作时报社、江苏省供销合作社主办的供销合作社改革发展论坛在华西村举行。

12日 国家市场监督管理总局副局长、党组成员唐军到江阴市调研"放管服"改革、营商环境打造等方面工作。江苏省市场监督管理局局长、党组书记朱勤虎，市领导陈金虎、陈兴华、赵强陪同调研。

16日 国务院核定文化和旅游部、国家文物局确定的第八批全国重点文物保护单位，江阴蚕种场作为"其他"类文物保护单位名列其中。

同日 第七届中国建筑装饰设计奖大赛暨"CBDA设计奖"江阴站启动，这是全国性设计大赛首次在县级城市举办启动大会。

17日 无锡至江阴城际轨道交通工程正式开工。中车集团董事长刘化龙，无锡市和江阴市领导黄钦、徐一平、周敏炜、陈金虎、朱爱勋、蔡叶明出席开工仪式。无锡市市长黄钦致辞，无锡市副市长朱爱勋主持开工仪式。

18日 苏港金融发展论坛在江阴市举行。来自香港、江苏两地的金融专家、企业家代表参加。

同日 江阴极客众创空间在高新区揭牌成立，标志着江苏省内首个独立服装设计师孵化器进入实质性运行阶段。

19日 国际中医药文献研究与流派传承学术大会暨2019江苏省中医药学会基础理论与文献研究专业学术年会在江阴开幕。

20日 2019时裳新桥·江阴第五届国际半程马拉松赛在海澜飞马水城开赛。无锡市委常委、江阴市委书记陈金虎为承办单位新桥镇颁奖并宣布比赛开始，市长蔡叶明致辞，市领导孙小虎、徐冬青、程政、张韶峰、王庆春出席开幕式。

21日 由江阴市卫生健康委员会、国家中医药管理局龙砂医学流派传承工作室主办的第八届龙砂医学（国际）论坛在江阴开幕。

同日 2019年民盟中央"农村教育烛光行动"校长培训班在江阴开班。

23日 江苏省商务厅公布第二批"江苏老字号"企业名单，江阴永丰源大酒店有限公司上榜。

24日 由中国美术家协会主办的庆祝"中华人民共和国成立70周年中国美术（国画、雕塑、漆画）作品展"在海澜美术馆开幕。无锡市委书记李小敏，中国美术家协会分党组书记、驻会副主席徐里，中国美术家协会副主席、鲁迅美术学院院长李象群，江苏省委宣传部副部长徐宁，原中国美协副主席尼玛泽仁，江苏省文学艺术界联合会党组书记、常务副主席水家跃，无锡市委常委、江阴市委书记陈金虎，无锡市委常委、宣传部部长袁飞共同启动作品展。市长蔡叶明主持开幕式。

25日 由中国民间文艺家协会、中共江苏省委宣传部、江苏省文化和旅游厅、江苏省文学艺术界联合会主办的"大美民间·盛世绽放——第五届东方工艺美术之都博览会"在江苏省现代美术馆开幕。由江阴市选送的麦秆画书法《兰亭序》、填色剪纸《蝶恋花》、衍纸画

2019年10月20日，时裳新桥·江阴第五届国际半程马拉松赛在海澜飞马水城开跑。图为比赛现场 （张 岚 摄）

《乐园》、铜工艺品《四神熏香炉》4件非物质文化遗产项目民间工艺美术作品入围。

同日 江阴市中小企业创业协会正式成立。

26—27日 2019年"江阴四方杯"江苏省青少年游泳大奖赛在江阴市体育中心游泳馆举行。

28日 江阴市生命健康产业技术创新战略联盟揭牌成立。

同日 全国首部县域集成改革蓝皮书《江阴县级集成改革发展报告(2019)》正式出版。

28—29日 江苏省政协副主席阎立带领部分省政协委员,就"优化沿江产业布局、推动长江大保护"到江阴开展集中视察。无锡市和江阴市领导陈金虎、朱爱勋、吴仲林、徐冬青、计军、郁秋皓陪同视察或参加座谈会。

是月 江苏省经济开发区科学发展综合考评榜公布,江阴临港开发区在全省88个省级开发区中列第1位。

是月 江苏省发展和改革委员会印发《关于认定第四批省级生产性服务业集聚示范区的通知》,全省20个服务业集聚区被认定为省级生产性服务业集聚示范区,江阴长江港口综合物流园区成为无锡市唯一入选园区。

11月

2日 2019年中国(江阴)金属新材料产业创新论坛在江阴市举行。

5日 江苏省教育厅师资处、江苏省教育国际交流服务中心在南京举办2019年引智培训总结大会。江阴市教师发展中心获评江苏省引智培训优秀培训点。全省有20个单位获该项荣誉。

8日 首届中国长三角地区劳模工匠创新工作室授牌交流活动在上海市举行,来自江阴—靖江工业园区中建钢构有限公司华东大区的邱明辉蓝领创新工作室获评中国长三角地区劳模工匠创新工作室,并入选"中国长三角地区劳模工匠创新工作室联盟"。

12日 全国轴承行业2019年专题研讨会在江阴高新区举行。

13日 由中国信息通信研究院主办的中国县域工业经济发展论坛(2019)在北京举行。论坛发布《中国工业百强县(市)、百强区发展报告》,江阴再次位列中国工业百强县(市)榜单第一名,这是江阴继2017年、2018年后连续第三次获第一名。

同日 工信部、中国工业经济联合会公布第四批制造业单项冠军企业(产品)及通过复核的第一批制造业单项冠军企业名单。中信泰富特钢集团兴澄特钢的高性能轴承钢、江苏阳光集团有限公司的纯毛机织物入选制造业单项冠军产品名单,法尔胜泓昇集团有限公司通过单项冠军示范企业复核。至此,江阴市拥有国家级单项冠军示范企业1个,国家级制造业单项冠军产品3种。

16日 首届江苏省装备制造紧固件产业协作配套对接会暨江苏省机械行业协会紧固件分会一届二次会员代表大会在江阴市举行。

17日 江阴市南社文化研究会成立大会在市融媒体中心举行,这是全国首个在县级市成立的南社文化研究会。

18日 联动天翼新能源产业基地一期项目举行投产仪式。无锡市委书记李小敏宣布项目投产,陈金虎、蔡叶明、孙小虎、徐冬青等江阴市领导出席投产仪式。

22日 江阴市中小学劳动教育现场推进会暨"美丽乡村、田间课堂"江阴市青少年社会实践教育基地(劳动基地)命名仪式在雪峰农场举行。江阴雪峰农业专业合作社、江阴华西现代农业产业示范园、璜土村等11个单位,被授予"'美丽乡村、田间课堂'江阴市青少年社会实践教育基地"称号。

24日 全国"时代楷模"结对共建活动在华西村举行。无锡市委常委、宣传部部长袁飞,江阴市委常委、宣传部部长程政,全国"时代楷模"卓嘎、央宗姐妹,江苏"时代楷模"吴协恩等参加结对共建活动。

28—30日 中央党校(国家行政学院)、江苏省委编办县域治理现代化调研组在国家行政学院公共管理教研部副主任、教授宋世明,江苏省委编办二级巡视员李军国的带领下到江阴市调研。无锡市委常委、江阴市委书记陈金虎在调研座谈会上介绍江阴市集成改革的相关情况,市领导邵文松、仲剑出席调研座谈会或陪同现场调研。

是月 江苏省科技企业孵化器协会发布江苏省特色众创空间、综合孵化器和专业孵化器三类创业孵化载体十强名单。江阴百桥国际生物科技孵化园有限公司跻身江苏省专业孵化器十强。

是月 江阴市人民医院通过中国医院协会药事管理专业委员会组织的评审,成为国家临床药师培训基地。

12月

1日 由中国青年出版总社主办的"文脉永流传——《流风》创作出版研讨会"在江阴市举行。

2日 以"智能时代,小模数齿轮的天地"为主题的2019全国小模数齿轮技术研讨会在江阴举行。

7日 江苏省精神文明建设指导委员会公布2016—2018年度江苏省文明乡镇、文明村(社区)、文明单位(行业)、文明校园名单。江阴市有9个镇、25个村、5个社区、39个单位和4个校园受到表彰。

9日 江阴举行全市安全生产监管内设机构集中成立仪式。市领导陈金虎、蔡叶明、费平、邵文松、赵强出席成立仪式并为内设机构揭牌。

12日 全国双拥工作领导小组成员兼办公室副主任、中央军委政治工作部群众工作局局长肖安水率领全国双拥模范城(县)创建工作调研组来江阴市调研指导。省人大常委会副主任、无锡市委书记、无锡市双拥工作领导小组第一组长李小敏会见肖安水一行。驻无锡部队领导,无锡市和江阴市领导黄钦、徐劼、陈金虎、柳江南、尹平、虞卫才参加调研或出席座谈会。

同日 江苏省政府办公厅发布2018年江苏省质量奖获奖企业名单,江阴天江药业有限公司获江苏省质量管理优秀奖。

13日 国内首座1200吨自航自升式风电安装平台“振江号”在青岛海西港码头成功交付。“振江号”是江阴企业江苏振江新能源装备股份有限公司旗下的第一座安装平台。

14日 中国钢铁工业协会组织相关专家在江阴主持召开科技成果评价(鉴定)会,中信泰富特钢集团兴澄特钢两项科技成果通过鉴定。

16日 江苏省首批优秀“退役军人之家”命名授牌仪式在南京举行。海澜集团有限公司被授予优秀“退役军人之家”称号。全省被授牌的企业和单位有40个。

同日 全国县域经济与县域发展专业研究机构、社会智库中郡研究所完成并发布《2019年县域经济与县域发展监测评价报告》。在第十九届县域经济基本竞争力、县域经济与县域综合发展前100强中,江阴均位列榜首,实现全国县域经济和综合发展“十七连冠”。

同日 江苏银行江阴人民路支行更名为江苏银行江阴科技支行,成为江阴市首个科技金融专营机构。

17日 江阴市政府发布公告,决定从2020年1月1日起,在江阴市部分重点区域全面禁止燃放烟花爆竹。

18日 江阴市举行“不忘初心、军魂永驻”首届“最美退役军人”发布暨退役军人关爱基金成立仪式。市领导陈金虎、蔡叶明、徐冬青、尹平、王庆春和驻江阴部队领导一起出席仪式。

同日 江阴市举行5G+智能制造论坛暨江阴市信息化协会会员代表大会,现场为无锡市5G产业联盟江阴工作站揭牌。

22日 缪荃孙铜像揭幕式暨纪念研讨会在国家图书馆举行,江阴市委、市政府代表“中国图书馆之父”缪荃孙的家乡人民向国家图书馆捐赠缪荃孙半身铜像。

同日 首届东吴文学奖颁奖典礼暨长三角文学发展研讨会在苏州举行,江阴市作家夏坚勇的《庆历四年秋》获首届东吴文学奖散文奖。

2019年12月30日,江阴火车轮渡最后一班渡轮“新长号”驶离码头

(丁家骏 摄)

26日 国务院安委办副主任、应急管理部副部长孙华山,应急管理部安全协调司副司长黄智全率国务院安全生产督导组到江阴调研江阴市安全生产工作。无锡市和江阴市领导陈金虎、朱爱勋、蔡叶明、计军、费平、赵强陪同调研或参加座谈。

同日 国网江阴市供电公司不停电作业中心揭牌成立。这是江苏省首个可同时开展第三、第四类复杂不停电作业的县级公司不停电作业中心。

27日 高新区青阳园区党委、月城镇党委、青阳镇党委党建联盟成立仪式在高新区举行,这是江阴市首个跨行政区域党建联盟。

28日 在广东省佛山市顺德区举行的2019第十四届中国全面小康论坛上,江阴市位列“2019年度中国全面小康十大示范县市”榜单第一名,实现这一奖项的“十二连冠”。在论坛发布的“2019年度中国营商环境百佳示范县市”榜单中,江阴也位居榜单首位。此外,江阴以集成改革为县域治理现代化建设探索新路径获2019年度中国十佳社会治理创新奖,江阴天江药业有限公司、江阴贝贝集团有限公司、江苏向阳集团获评2019年度中国全面小康特别贡献企业。

29日 2019江阴市首届诗词大会决赛在市融媒体中心举行。

30日 随着盐泰锡常宜铁路长江大桥即江阴第三过江通道的启动建设,江阴火车轮渡开出最后一班渡轮,正式停航。

是月 江阴市市场监管执法大队文旅中队、市公安局网络安全保卫大队被国家版权局授予2018年度查处重大侵权盗版案件有功单位一等奖。

是月 江苏省住房和城乡建设厅发布2019年度省级建筑产业现代化示范园区、示范基地、示范项目评审结果,江阴—靖江工业园区的中建钢构江苏有限公司被评为江苏省建筑产业现代化示范基地。

是月 江阴市首张非道路移动机械环保号牌发给华西钢铁有限公司的一台叉车,编号为3-ABA00001。

是月 江阴市城市综合管理局获评“江苏省公共机构节能示范单位”。

是月 2019年江苏省“质量标杆”企业名单公布,全省共有16个企业入围,江阴市法尔胜泓昇集团有限公司名列其中。

■类目编辑 朱其涛

江阴概况

市情简介

【建置沿革】 江阴古称暨阳，位于长江三角洲，有7000年人类生息史、5000年文明史、2500年文字记载史。西晋太康二年（281年）置暨阳县，属毗陵郡，治所在今江阴市东南。南梁绍泰元年（555年）废县置郡，建治君山之麓，因地处长江之南，遂称江阴郡，下辖江阴、利城、梁丰3县，为"江阴"名称之开始。此后江阴分别为郡、国、军、路、州治，建置几经变化。元至正二十七年（1367年），恢复县建置。1949年4月23日江阴解放后，属苏南行署常州专区。1953年改属苏州地区。1983年3月实行市管县体制，改属无锡市。1987年4月经国务院批准撤县建市。

【地理位置】 江阴市位于北纬31°40′34″至31°57′36″、东经119°59′至120°34′30″。北枕长江，南近太湖，东接常熟、张家港，西连常州，地处苏锡常"金三角"几何中心，交通便捷，历来为大江南北的重要交通枢纽和江海联运、江河换装的天然良港。

【区域面积】 江阴市总面积986.97平方千米，陆地面积829.66平方千米，水域面积157.31平方千米，其中长江水面56.7平方千米。沿江深水岸线长35千米。城市建成区面积125平方千米。

【行政区划】 2019年，全市有镇10个、街道7个，村民委员会197个，社区居民委员会55个，村居合一社区46个。市政府设在澄江中路9号。

【人口】 2019年，全市户籍人口126.41万人，常住人口165.34万人。全年出生人口8733人，出生率6.93‰；死亡人口8340人，死亡率6.62‰，人口自然增长率为0.3‰。全市人均预期寿命为82.32岁。

（澄　鉴）

【气候】 2019年，江阴市气候总特点：气温偏高，降水偏多，日照正常。降水时空分布不均，4月和11月偏少，6月和10月明显偏少，3月异常偏少，7月和9月偏多，2月和12月异常偏多。其中，2月降水量118.8毫米，是常年同期的2.2倍；3月降水量15.2毫米，比常年同期少82%；12月降水量65.2毫米，是常年同期的2.1倍。全年出现35℃以上的高温日数22天；出现大于等于0.1毫米的雨日116天；雪日9天；雾日15天。一、梅雨：6月18日至7月20日为梅雨期，梅雨期长度33天，梅雨量232.3毫米，梅雨期内出现大雨5天。入梅正常，出梅明显偏晚，梅雨期偏长，梅雨量接近常年。二、暴雨：全年有3次暴雨，分别是5月26日53毫米、8月10日90毫米和9月2日52.4毫米。三、台风：全年共出现3次台风影响过程，8月9日夜里至10日，受1909号台风"利奇马"影响，江阴市普降暴雨到大暴雨，并出现7～8级大风。9日20时至11日8时，全市23个站点中，有20站过程雨量超过100毫米，3站过程雨量在50～100毫米之间，其中江阴国家气象观测站降雨量108.7毫米，加密站最大降雨量167.2毫米，出现在文林加密站；出现8级大风5站，7级大风16站，江阴国家气象观测站极大风15.4米/秒（7级），风向东风，出现时间9日20时25分；加密站极大风19.5米/秒（8级），风向东北，出现时间10日18时34分，出现在云亭加密站。灾情：受台风影响，市内个别居民楼发生内涝，数根电信或移动网线被倒伏树木压断，大棚薄膜受损约66.7公顷，果树落果约40公顷；直接经济损失约250万元；9月6日受1913号台风"玲玲"外围影响，市内普遍出现5～6级偏北风，无明显灾情；9月21—22日，受1917号台风"塔巴"外围影响，市内普遍出现6～7级偏北大风，无明显灾情。四、初终期：无霜期250天，霜初终间日数92天，雪初终间日数68天。五、暴雪：2月8—9日出现两次暴雪天气过程，8日雨雪量16.7毫米，9日雨雪量11.8毫米，最大平均积雪深度11厘米。受积雪和低温影响，8—11日江阴市出现对交通有影响的道路结冰。灾情：全市330.7公顷农田受损，主要为大棚受损，部分果蔬、花卉等作物出现冻害、渍害，直接经济损失约2447万元。六、冰雹：7月31日午后江阴市出现强对流天气，江阴国家气象观测站13时41—45分出现冰雹，最大冰雹直径约5毫米，城东街道、云亭街道、周庄镇、华士镇、徐霞客镇等地也出现冰雹，华士加密站达到暴雨，雨量52.2毫米，全市大部分地区出现7～9级雷雨大风，极大风速21米/秒（9级），风向东南，出现时间13时48分，出现在夏港加密站。七、寒潮：全年2次寒潮，分别是11月17—19日和12月29—31日，均无明显灾情。

2019年江阴市气象资料一览表

表1

项目			1月	2月	3月	4月	5月	6月	7月	8月	9月	10月	11月	12月	全年
平均气温（℃）	2019年		4.8	5.1	11.8	16.8	21.7	25.0	28.1	28.7	24.5	19.3	14.0	7.8	17.3
	1957—2018年	平均值	3.1	4.7	9.0	14.9	20.2	24.2	28.2	27.7	23.3	17.8	11.8	5.5	15.9
		最高值	6.1	9.0	12.5	17.9	23.2	27.2	32.0	31.5	25.6	21.1	15.7	7.9	17.6
		年份	2002	2007	2002	2005/2018	2007	2005	2013	2013	1999/2018	2006	2011	1968/1994	2007
		最低值	-0.2	0.7	5.5	12.1	17.7	22.1	25.4	24.3	20.6	15.1	7.7	0.5	14.5
		年份	1977	1964	1970	1965	1977	1983	1976	1980	1957	1981	1976	1967	1957/1980
最高气温（℃）	2019年		14.1	17.6	25.0	31.9	35.6	35.8	38.7	36.3	32.3	31.1	25.9	22.2	38.7
	日期		24	6	20	18	24	28	29	1/17	13	3	16	16	7月29日
	1957—2018年	最高值	20.8	26.8	30.4	34.3	37.7	38.2	40.6	41.3	37.8	33.3	28.8	23.2	41.3
		日期	31	12	9	21/28	16	21	23	6	7	4	1/2	10	8月6日
		年份	2014	2009	2013	2004/2005	2018	2006	2017	2013	1995	2002	1979/2003	2008	2013
最低气温（℃）	2019年		-3.3	-1.1	0.4	6.6	8.5	17.5	20.8	19.6	16.5	10.1	3.2	-2.2	-3.3
	日期		17	11/24	8	27	7	14	14	29	24	28	20	31	1月17日
	1957—2018年	最低值	-14.2	-11.4	-7.5	-1.0	3.8	11.7	15.5	17.1	9.3	1.3	-4.6	-10.0	-14.2
		日期	31	6	3	4	5	6	5	30	29	30	30	29	1月31日
		年份	1977	1969	1958	1962	1961	1969	1976	1968	1972	1986	1971	1991	1977
降水量（毫米）	2019年		56.4	118.8	15.2	49.5	89.0	86.0	246.0	161.0	104.2	17.4	32.5	65.2	1041.2
	1957—2018年	平均值	44.2	52.7	73.0	85.8	100.2	175.4	187.0	157.9	103.9	64.3	53.7	33.3	1129.2
		最多值	136.8	147.6	206.7	180.9	249.5	868.4	481.7	552.0	358.6	372.8	162.3	110.0	2217.5
		年份	2006	2014	1991	1958	2002	2015	1991	2011	2016	2016	1967	1959	2016
		最少值	—	5.2	13.3	21.0	22.6	19.2	8.8	9.5	1.4	0.4	0.0	—	581.8
		年份	1963	1968	1962	2011	2003	2010	1971	1978	1997	1979	1995	1973/1987	1978
日照时数（小时）	2019年		95.0	55.9	160.2	139.8	176.6	127.3	129.2	171.4	158.4	119.8	140.3	142.2	1616.1
	1957—2018年年平均值		138.6	130.7	152.5	170.0	186.0	162.8	211.4	221.5	170.7	177.9	152.3	153.5	2027.8

（顾春霞　马恒俊）

经济发展

【综合实力】 2019年，全市实现地区生产总值4001.12亿元，按可比价格计算，比2018年增长6.8%。按常住人口计算，人均地区生产总值24.21万元。全年实现第一产业增加值36.08亿元，下降1.4%；第二产业增加值2042.02亿元，增长8.9%；第三产业增加值1923.02亿元，增长4.7%。三次产业比例调整为0.9∶51∶48.1。全年实现一般公共预算收入256.58亿元，增长1%，其中税收收入218.09亿元，下降2.2%。一般公共预算支出231.1亿元，增长0.3%。

【企业上市】 2019年，全市有上市公司50个，包括境外上市18个、境内上市32个，其中主板19个、中小板7个、创业板6个。

【农林牧渔业】 2019年，江阴市完成农林牧渔业总产值59.81亿元。全年粮食总产量12.98万吨，其中谷物总产量12.39万吨，蔬菜总产量37.93万吨，水果产量9万吨。全年粮食种植面积18.98千公顷,蔬菜种植面积11.95千公顷,水果种植面积2.93千公顷。全年出栏生猪2.24万头,猪肉产量1680吨。奶牛存栏888头,牛奶产量9353吨。水产品产量2.51万吨。

【工业】 2019年,全市规模以上工业实现产值6069.31亿元,其中轻工业实现产值2102.68亿元,重工业实现产值3966.63亿元。在全市跟踪统计的27种重点产品中,有15种产品的产量实现正增长。全年工业用电量242.95亿千瓦时。全市规模以上工业实现主营业务收入6417.01亿元,产品销售率为97.7%,利润总额394.31亿元。全市工业百强企业实现产品销售收入4135.7亿元,实现利润320.2亿元,分别占规模以上工业企业的68.9%和81.2%。海澜集团有限公司、中信泰富特钢集团兴澄特钢、江阴澄星实业集团有限公司等3个企业集团税务销售均超1000亿元,江苏三房巷集团有限公司税务销售超500亿元,江苏新长江实业集团有限公司、江苏华西集团有限公司、江苏阳光集团有限公司、远景能源(江苏)有限公司等4个企业集团税务销售均超300亿元。

【建筑业】 2019年,江阴市建筑业总产值103.4亿元。全年获"鲁班奖"优质工程1个,江苏省"扬子杯"优质工程奖2个,江苏省标准化星级工地15个,江苏省优秀住宅项目1项,无锡市市政基础设施工程"太湖杯"1个,无锡市优秀物业管理项目6项,"暨阳杯"优质工程8个。

【水利建设】 2019年,江阴市完成水利工程建设投资3.98亿元。疏浚整治河道40条;新建及加固护岸38.4千米、圩堤约3.1千米;新建、改建排涝站13座。

【房地产业】 2019年,江阴市实现房地产开发投资增长21.3%。商品房施工面积1454.31万平方米,商品房销售面积308.83万平方米。全年商品房销售额337.32亿元,其中住宅销售额289.49亿元。

【金融业】 2019年,年末金融机构各项本外币存款余额4179.7亿元,各项本外币贷款余额3249.89亿元。存款中,住户存款余额1396亿元;住户贷款中,人民币短期贷款103.21亿元,中长期贷款402.34亿元。全市证券交易开户总数32.03万户,证券机构交易金额7520.52亿元。全年实现保费收入80.28亿元,其中财产险收入23.56亿元,人寿险收入56.72亿元。

【国内贸易业】 2019年,江阴市社会消费品零售总额695.95亿元,其中批发和零售业655.58亿元,住宿和餐饮业40.37亿元。(数据来源于第四次全国经济普查修订数)在限额以上批发和零售业零售额中,金银珠宝类比2018年增长30.7%,家具类增长20.2%,烟酒类增长19%,书报杂志类增长15.5%。

【邮电通信业】 2019年,江阴市邮政业务总收入4.7亿元。年末移动电话用户237.1万户,其中4G移动电话用户199.47万户,5G移动电话用户5.48万户。

【交通运输业】 2019年,江阴市全年完成客运量8016万人次(含城镇公交),完成货运量4923万吨。完成港口货物吞吐量23128万吨。年末全社会拥有车辆56.73万辆,其中汽车52.41万辆。私人汽车拥有量45.24万辆。

【固定资产投资】 2019年,江阴市实现固定资产投资比2018年增长6%。分产业投向看,第一产业投资增长93%,第二产业投资增长5.5%,第三产业投资增长5.4%。分投资主体看,国有投资增长195.8%,民间投资增长3.0%,外商及中国港澳台投资增长25.5%。

【外向型经济】 2019年,江阴市实现进出口总额235.01亿美元,其中出口147.14亿美元,进口87.87亿美元。20个出口品牌获批"2019—2020年度无锡市重点培育和发展的国际知名品牌"。全年到位注册外资9.31亿美元。新批外资项目36项,协议外资超3000万美元项目7项,总投资超亿美元项目2项。实现协议注册外资5.5亿美元。新批境外投资项目33项,完成对外直接投资总额2.52亿美元。对"一带一路"国家投资项目13项,中方直接投资额3198万美元。

【旅游业】 2019年,全市接待国内游客1862.1万人次,比2018年增长4.1%。旅游总收入335.27亿元,增长5.7%。拥有国家A级景区7个,星级饭店9个,旅行社43个;拥有江苏省级以上工农业旅游示范点14个,江苏省级旅游度假区1个,无锡市美丽乡村休闲旅游示范村4个。

【发展比较】 2019年,江阴市主要经济指标在江苏省同类的41个县(市)比较中,排名第一的有:到位注册外资9.31亿美元,城镇居民人均可支配收入69342元,农村居民人均可支配收入36095元;排名第二的有:地区生产总值4001.12亿元,第二产业增加值2042.02亿元,第三产业增加值1923.02亿元,人均地区生产总值242111元,一般公共预算收入256.58亿元,全社会用电量280.73亿千瓦时,工业用电量242.95亿千瓦时,全体居民人均可支配收入59036元。其余比较项目中,第一产业增加值、油料产量、粮食产量排名均在第30名以后。

【所有制结构】 2019年末,江阴市拥有各类工商登记市场主体总数198875户,增长11.3%。企业总数67470个,增长6.9%。其中,国有及集体控股企业3520个,外商投资企业1161个,私营企业62789个。个体工商户总数131405户,增长13.8%。

社会事业

【科技】 2019年,江阴市新认定高新技术企业116个,累计高新技术企业达500个;高新技术企业培育库企业190个;入库国家科技型中小企业748个;获评无锡市"雏鹰""瞪羚""准独角兽"企业分别为3个、6个、1个。高新技术产业产值达2257.5亿元,占规模以上工业产值比重为37.2%。全年获批建设企业省级重点实验室1个,省级研究生工作站8个,与省产业技术研究院共建企业联合创新中心1个。新建江阴市级企业院士工作站3个,获批江苏省级、无锡市级企业院士工作站各3个;新增江阴市工程技术研究中心195个,无锡市工程技术研究中心27个,江苏省级工程技术研究中心14个,江苏省级工程技术中心累计达162个。全市获江苏省科技成果转化项目5项,江苏省重点研发计划项目4项。

引进科技人才项目18项,引进外国高端人才47人,外国专业人才200人;入选江苏省"科技副总"*8人,入选省"双创博士"*(创新类)3人。获评国家科学技术奖1项,江苏省科学技术奖6项。

【教育】 2019年年末,江阴市各类学校教职员工23283人,各类学校在校学生223243人。幼儿园在园幼儿44286人,小学和初中普及率均达100%,初中毕业生升学率达96.7%。全市有高等学校1所;普通高中12所;初中38所,包括8所九年一贯制学校(含江阴市天华艺术学校、江阴临港科创实验学校)、体育中学;中等职业学校4所;小学42所(含江阴外国语);幼儿园(办班点)129所(个),其中民办幼儿园47所;特殊教育学校1所。教育现代化监测综合指标总得分90.05分。初中生入学率、巩固率、毕业率分别为100%、98.7%、99.5%。有6185人参加江苏省学业水平测试考试,有5076人参加高考,录取4929人,录取率97.1%,其中本科录取率89.87%。全市教育经费总支出50.22亿元,其中一般公共教育经费33.36亿元,占一般公共预算支出比例达14.44%。

【文化】 2019年,江阴市组织文化下乡活动3342场,开展"书香江阴"读书节、市民文化节系列活动412个。新增全国重点文物保护单位1个,江苏省文物保护单位2个。

【卫生】 2019年,江阴市拥有各类医疗卫生机构626个,其中医院35个,卫生院15个,社区卫生服务中心11个,开放床位9591张。至年末有卫生技术人员11463人。全市医疗服务总诊疗1145.82万人次,收治住院30.68万人次。

【体育】 2019年,全市新建健身步道25千米,体育公园6个。累计承办省级以上体育竞赛12项次,在第七届世界军人运动会、全国第二届青年运动会等国家级以上赛事中获金牌20枚,省级以上赛事中获金牌92枚。

城市建设

【基础设施建设】 2019年,江阴市南沿江城际铁路拆迁工作进展迅速,建设任务超前完成年度目标,盐泰锡常宜铁路可研报告加快编制,江阴铁路综合客运枢纽站方案基本形成,无锡至江阴城际轨道交通工程正式开工。芙蓉大道快速化改造工程主线结构贯通,长山大道快速化改造工程(东定路—半夜浜桥)完成招标工作并进行开工准备,改建紫金路一期,祝璜路改造工程建成通车,340省道江阴段建成通车。临江路西延伸段(韭菜港路—文富路)、致富路雨污水管网工程、韭菜港公园、船厂公园和鲥鱼港公园修缮提升工程和敔山湾幼儿园、徐霞客法庭等10余项项目竣工。绿道大桥道全面建成投运,滨江道、运河道及绿道提升工程扎实推进。黄田港公园基本建成并开放,锡澄运河公园样板段西岸加快推进。跨锡澄运河临江路桥、林荫大道桥、毗陵路桥和八字桥公园开工建设。年末公路总里程2434.5千米,其中高速公路72.7千米。征收拆迁完成111.22万平方米,其中主城区完成拆迁57.04万平方米。全市建成安置房面积78.39万平方米。

【公用事业】 2019年,江阴市全社会用电量280.73亿千瓦时,市供电公司完成售电量247.83亿千瓦时。长江自来水覆盖率100%,日供水能力52.36万立方米,供水管道长1711千米。新敷设燃气管道182.7千米,新增天然气居民用户3万户。完成城区10个公厕、镇区18个公厕、农村80个公厕新建和改造任务;开展生活垃圾分类"百日攻坚战",新增城区生活垃圾分类市场化运行小区100个,全市生活垃圾分类小区累计315个,设置分类收亭(房)4122余个,智能收集设施272个,配备各类分类收运车358辆,垃圾分类设施覆盖率达60%,垃圾分类集中处理率达75%;完成620个以上村庄生活污水治理,建成排水达标区24个、复查排水达标区100个,新建集镇区污水主管网21千米;完成城区18条河道消除黑臭治理任务;实施供水厂一体化、污水处理厂网整合,新建管径100毫米以上供水管道55千米,完成肖山水厂60万吨、澄西水厂20万吨深度处理改造,全年优质供水2.6亿吨。

【环境保护与治理】 2019年,全市$PM_{2.5}$年均浓度下降14.3%,空气质量优良天数比率为72.9%。完成镇(街道)黑臭及劣Ⅴ类河道整治40条,深化排查整治"散乱污"企业(作坊)904个,其中关停535个,整合搬迁3个,升级改造366个。国、省考断面水质优Ⅲ比例77.8%。

【造林绿化】 2019年,全市森林覆盖率为20.14%,林木覆盖率为24.49%。城市建成区绿化覆盖面积5449.46公顷,绿地面积5020.79公顷,公园绿地面积575.19公顷。人均公园绿地面积15.45平方米,建成区绿化覆盖率为43.6%。

(澄 鉴)

人民生活

【就业创业】 2019年,江阴市提供就业岗位6.4万个,本地劳动力实现就业5.5万人,其中农村劳动力就业2.36万人,城镇困难人员再就业5988人,农村劳动力充分就业率95.2%,城镇登记失业率1.75%,农村调查失业率2.83%。扶持自主创业5315人,带动就业2.47万人,发放各类创业补贴752万元,发放创业担保贷款5500万元。

【社会保障】 2019年,全市企业职工基本养老保险扩面新增6.4万人,净增3.29万人;养老、医疗、工伤、失业、生育保险参保人数分别达61.75万人、87.81万人、53.06万人、52.38万人、53.06万人,企业退休职工人均养老金2150元/月。居民养老保险和居民医疗保险参保人数分别达3.4万人和50.64万人。年末全市拥有养老床位13505张。城乡居民最低生活保障对象3705人,发放最低生活保障金3348万元。全年实施直接救助6.9万人次,直接医疗救助支出11780.83万元;实施临时救助386户次,发放救助金45.04万元。国家抚恤、补助各类优抚对象5325人。

【居民收入】 2019年,江阴市居民人均可支配收入59036元,比2018年增长8.8%;其中城镇居民人均可支配收入69342元,增长8.4%;农村居民人均可支配收入36095元,增长8.9%。城镇居民家庭恩格尔系数为27.3,农村居民家庭恩格尔系数为28.2。城镇居民人均消费性支出34641元,增长7.6%;农村居民人均消费性支出23423元,增长8.3%。 (张沛茜)

人文风情

【民族宗教】 江阴市居民绝大部分是汉族。20世纪80年代中期起,四川、云南、广西、贵州、湖南等地农村少数民族女子婚嫁到域内农村,成为常住少数民族人口主要来源。1990年第四次全国人口普查全市有24个少数民族1415人。90年代后期起,新疆、宁夏、甘肃、青海、内蒙古等地少数民族群众到江阴市经商务工,暂住少数民族人口增加。2000年第五次全国人口普查全市有34个少数民族5253人。2010年第六次全国人口普查全市有40个少数民族12129人。2019年,江阴市常住人口中有36个少数民族5996人。

江阴民间信奉的宗教主要有佛教、道教、天主教、基督教。佛教在三国时传入江阴,隋唐达鼎盛,至近代渐衰。中华人民共和国成立后,寺庵改为学校和粮仓较多。"文化大革命"期间佛教活动停止,1979年后恢复,佛教信徒日增。江阴著名高僧有唐代道松、清代通琇、当代巨赞等。道教传入江阴及兴盛的年代与佛教一致,明中叶后走向衰落。1949年后道士、道姑改行,道观充公。1978年后少数非职业道士恢复活动,以做法事为营利。2001年起,政府把散居道士逐步纳入管理。天主教在清康熙初年传入,民国2年(1913年)建造的青阳圣母主教堂是江南教区规模最大的1座教堂。1949年后天主教徒参加爱国运动,施教活动一直正常开展。"文化大革命"期间停止,1978年后恢复活动。基督教在清光绪时传入,后逐步发展。中华人民共和国成立后实行自治、自养、自传的革新运动。"文化大革命"期间停止活动,部分教徒在家过宗教生活,1981年恢复。2019年年末,全市有合法宗教活动场所103个。

【民风方言】 江阴地处江尾海头,沃野平畴,气候宜人,远古就有先民在这大江大海融合之地繁衍生息,在不断抗争中,勤劳而充满智慧,创造悠久的人类文明史。自古以来,江阴人民滨江而居,依江而生,在奔腾不息、永不回头的长江哺育下,铸就宽广博大、直爽豪放、勇往直前的秉性。江阴有着得天独厚的自然环境,城北黄山插入江心,与江对岸仅距1.25千米,形成山锁大江之势,因此自古被称为"锁航要塞",历来是兵家必争之地。早在春秋时期就建烽火台,明清时期建炮台,抗日战争和解放战争等重要战争都发生过著名战斗。战火洗礼、忧患纷扰,赋予江阴人民坚韧不拔、顽强拼搏的精神和民性刚毅、负有担当的气质。有文字记载以来,江阴即有"延陵古邑""春申旧封"之称,春秋战国时期先后为吴国公子季札、楚国春申君黄歇封地,既是吴文化的发源地之一,又受楚文化的熏陶。杏花烟雨、吴韵楚风成就江阴人灵秀儒雅、讲究礼仪的品性。明清时期江苏学政驻节江阴近300年,按试八府三州秀才,素有"风教总持"之地美称,尚文重教之风根植于民间。中华人民共和国成立以来,特别是改革开放以来,勤劳智慧的江阴人民勇立潮头,敢为人先,创造了辉煌业绩,获得200余项全国性荣誉。同时也总结出"人心齐、民性刚、敢攀登、创一流"的江阴精神,不断昭示每个江阴人不断开拓创新,与时俱进、争取新的辉煌。

江阴在隋朝起长期隶属常州府,主要方言归属吴语太湖片毗陵小片,俗称江阴话。非吴语地区有利港下乡片及零星渔民集居村落,属江淮方言,俗称滩里话。方言按地域差异大致分为澄西片、澄中片、澄东片、澄南片和江淮片。江阴方言在发展中有内部变异情况,也有受周边张家港、常熟、无锡等地语言影响变化的,并因年龄不同而有差异。近30年来,江阴话发生比较大的变化,一些显著特征在逐渐消失和消退,声调调类减少,一些特色词消失,固有词变得更趋近普通话。江阴话在家庭中使用比例最高,工作中次之;普通话在其他环境使用比例最高,工作中次之。

【名胜古迹】 江阴是吴文化发祥地之一,域内考古发掘证明,这里新石器时代就有先民活动。见证江阴历史悠久的遗存有祁头山、高城墩、佘城(全国重点文物保护单位)等古遗址20余处;有兴国塔、徐霞客故居、适园、黄山炮台旧址、刘氏兄弟故居、国民党江阴要塞司令部旧址、江阴蚕种场(以上7处均为全国重点文物保护单位)、文庙、梁武堰遗址、江苏学政衙署遗址等古代和近现代建筑;有舜过井、虎跑泉、广济泉(四眼井)、万安桥、犀带桥、五云桥等古井古桥;有王羲之换鹅碑、心经碑、晴山堂石刻、倪云林山水石刻等古碑刻150余块,有吴季札墓、吴王八子墓、楚春申君黄歇墓、酒圣杜康墓、三国大将凌统墓、梁敬帝墓、徐霞客墓、杨名时墓等古墓葬40余座;有中共江阴"一大"会址、渡江战役纪念馆、陈毅演讲处、新四军六师驻地旧址等革命遗址遗迹30余处。千古奇人徐霞客、狂草巨碑心经碑、梁代昭明太子萧统手植之红豆树被誉为"江阴三奇",享誉海内外。

江阴旅游资源丰富,主要有滨江要塞旅游区(国家AAAA级景区)、江苏学政文化旅游区(国家AAAA级景区)、长泾古镇文化旅游区(国家AAA级景区)、双泾生态园(国家AAA级景区)、国家工农业旅游示范区(华西新市村、海澜工业园)、徐霞客故里文化旅游区等旅游板块。

【历史名人】 江阴钟灵毓秀,历代人才辈出。唐代有诗人魏璞;宋代有葛氏一族出进士33人,其中有词人、国子监祭酒葛胜仲,诗论家、词人、吏部侍郎葛立方,左丞相葛邲等;明代有杰出的地理学家、旅行家、探险家徐霞客;清代有理学家,兵部、吏部、礼部尚书杨名时,词人蒋春霖,诗人金武祥,小说家夏敬渠和屠绅,画家缪炳泰,创办京师、江南两图书馆(后为国家图书馆和南京图书馆)的中国近代图书馆之父、目录学家、方志学家缪荃孙等。宋至清,域内出进士415人、武进士14人。近现代则涌现众多政治家、军事家、科学家、教育家、文学家、艺术家、实业家和一大批其他精英人物。其中,中国科学院和中国工程院院士12人、国际宇航科学院和美国纽约科学院院士3人、高等院校校长100余人、共和国将军20余人。杰出代表有:著名现代文学家、语言学家刘半农,民族音乐家、国乐一代宗师刘天华,爱国高僧、佛学家巨赞,社会学家、人类学家、民族学家吴文藻,化学家赵承嘏,中医学家、针灸学家承淡安,化学家张大煜、钱保功,地理学家章申,建筑材料与土木工程专家吴中伟,“中国现代机器人之父”蒋新松,电影表演艺术家上官云珠,教育家吴研因,油画家吕斯百,中国妇女运动领导人罗琼等。

(澄 鉴)

2019年江阴市全国性荣誉

【概况】 1978—2018年,江阴市先后获得全国性荣誉202项。2019年,面对复杂多变的宏观经济形势,全市上下坚持稳中求进工作总基调,紧扣当好全省高质量发展领跑者的目标定位,全面贯彻新发展理念,扎实做好“六稳”*工作,加大逆周期调节力度,以供给侧结构性改革为主线,全力推进“强富美高”*新江阴,国民经济综合实力稳步提升,为“十三五”圆满收官、高水平全面建成小康社会打下坚实基础。是年,江阴市被评为中国纺织产业基地市、2019年电子商务进农村综合示范县、全国“七五”普法中期先进县(市、区)、2018年度健康城市建设示范市、全国节水型社会建设达标县、国家农产品质量安全县,被确定为建设新时代文明实践中心全国试点市,被重新确认为国家卫生城市,入选全国首批乡村治理体系建设试点县,蝉联全国县域经济与县域综合发展“十七连冠”、中国工业百强县(市)“三连冠”、中国全面小康十大示范县市“十二连冠”、中国营商环境百佳示范县市“二连冠”等,总计获全国性荣誉13项。至年末,累计获全国性荣誉215项。

(澄 鉴)

【被评为中国纺织产业基地市】 江阴市是中国纺织工业协会于2002年首批授予的十大纺织产业基地市之一。2012年被中国纺织工业联合会授予“全国模范产业基地市”称号,2016年再次被中国纺织工业联合会授予“中国纺织产业基地市”称号。2019年12月5日,中国纺织工业联合会发布《关于确认辽宁省海城市等197个地区为纺织产业集群试点地区的决定》,江阴市被授予“中国纺织产业基地市”称号。

(俞 青)

【被评为电子商务进农村综合示范县】 自2018年以来,江阴市充分运用现代流通方式,改造、整合、提升、优化流通网络资源,加强电子商务在工业品下乡、农产品进城双向流通网络的应用,推进农村特色产品和农村生产生活必需品电子商务化发展,实现线上与线下交易融合,扩大农村电子商务的应用领域。至2018年底,全市建成市级配送中心8个、镇街二级配送中心13个、各类农家店460个,覆盖所有镇街和行政村,商品配送率100%,开展电子商务培训惠及1.3万人次,培养电商人才7200余名,实现农村网络零售额比2017年增长35%,农产品网络销售额比2017年增长55%。2019年8月23日,商务部公布2019年电子商务进农村综合示范县名单,江阴上榜。

(澄 鉴)

【被评为全国“七五”普法中期先进县市】 2019年,江阴市“七五”普法工作以习近平新时代中国特色社会主义思想为指引,在市委、市政府的领导下,在市人大常委会的监督指导下,紧紧围绕市委、市政府中心工作,牢固树立法治宣传服务经济发展、法治教育促进社会和谐的理念,以普法责任体系建设为统揽,扎实开展普法活动,大力弘扬法治精神,以高质量的法治环境助推高质量发展。11月,全国普及法律常识办公室印发《关于通报表扬“七五”普法中期先进集体和先进个人的决定》,江阴市被评为先进县(市、区)。

(陈冠瑜)

【被评为全国健康城市建设示范市】 2019年,江阴市健康办编制下发《“健康江阴2030”规划纲要重点任务分工》《“健康江阴2030”三年行动计划(2018—2020)考核指标》等系列文件,落实推进各项制度,定期开展督导考核。全市各镇(街道)成立领导小组,制定实施方案,落实考核机制,协调工作部署,完成高质量发展综合考评“健康江阴”建设各项考核指标。年内,南闸街道花果村等79个健康村(社区)、市城南社区卫生服务中心等12个健康单位获江阴市级命名;华士镇等省级健康镇、村(社区)、单位通过江苏省级评估。全市创建水平明显提升,健康场所数量和品质再次提升,打造澄江街道世新社区高质量健康示范社区,新建(提升)周庄镇卧龙湖等健康步道33条、利港街道亲水湖等健康主题公园(健康小游园)7个,夏港社区卫生服务中心等健康小屋3个。江阴市健康城市建设在健康环境、健康社会、健康服务、健康文化等领域成效明显提升。2019年1月,全国爱卫办公布全国健康城市评价结果,江阴从参评的314个城市中脱颖而出,被评为2018年度“全国健康城市建设示范市”,位列全国第三、县级市榜首。 (黄凯烨)

【被评为全国节水型社会建设达标县】 自2018年以来,江阴市强化水资源的节约保护和优化配置,深入推进工业、农业、城镇等各行业、各环节节水,按照《江阴市国家级县域节水型社会达标建设工作方案》,对全市节水型社会建设工作进行全面梳理和总结。加强水资源消耗总量和强度管控,万元国内生产总值用水量、万元工业增加值用水量均超额完成无锡市下达的任务。科学核定分配农业灌溉水权。推进学校、社区、重点用水大户节水载体创建。持续保持浅层地下水综合整治高压态势,新建地下水监测井,安装地下水位自动监测设备。2018年12月20日,江阴市国家级县域节水型社会达标建设通过江苏省水利厅(受水利部委托)行政验收。2019年11月12日,水利部公布第二批节水型社会建设达标县(区)名单,江阴上榜。

(澄 鉴)

【被评为国家农产品质量安全县】 2019年,江阴市建立健全农产品质量全程可追溯机制,努力实现“从田头到餐桌”全程可追溯,确保“舌尖上的安全”。17个新型农业经营主体通过绿色产品认证,获绿色证书27本、有机证书3本,绿色优质农产品比重 74%。全市规模养殖场治理率 95.24%。推广应用稻麦专用配方肥、有机无机肥、商品有机肥 1.3 万吨,减少化肥用量约 1600 吨,减少农药用量约 44.8 吨。是年,农业农村部发布《关于命名第二批国家农产品质量安全县(市)的通知》,江阴市位列其中。 (程静雯)

【被确定为建设新时代文明实践中心全国试点市】 2019 年,江阴市以建设新时代文明实践中心试点为牵引,注重统筹、全域推进。健全组织领导体系,加大人员编制、工作经费等投入保障,建成新时代文明实践中心 1 个、所 19 个、站 267 个、点 514 个。融合党建、法律、文化、卫生、科技和体育 6 条战线,统筹使用融媒体中心、大数据中心、行政审批中心、党群服务中心、党员电教中心、文化服务中心和法律援助中心,实现新时代文明实践载体整合资源效能最大化、实践活动多元化、服务平台集成化。推动“一云四屏”(新时代文明实践云、有线电视屏、电脑屏、手机屏、展示屏)上线,以“群众点单、中心派单、志愿者接单、受众评单”为工作流程,把文明实践活动做到群众身边。是年,全市注册志愿者 35.6 万人,新时代文明实践志愿服务队 1200 多支,发布重点项目 12 期 1210 项,开展各类志愿服务活动超 2 万次。10 月 24 日,中央精神文明建设指导委员会办公室公布建设新时代文明实践中心全国试点县(市、区、旗)名单,江阴市位列其中。 (林豆豆)

【被重新确认为国家卫生城市】 自 2018 年以来,江阴市启动国家卫生城市复审迎检工作。市爱卫办坚持以问题为工作导向,强化民生需求,突出标本兼治,科学制定复审迎检计划。全市通过多种渠道大力宣传国家卫生城市复审迎检活动,提高市民卫生健康意识和复审迎检工作参与的积极性。2018 年 4 月至 10 月,市卫计委等 12 个部门 40 余人组成国家卫生城市复审迎检督查组,开展城区全覆盖督查工作。市各相关部门、街道对照目标任务书高质量完成复审迎检任务。在全市共同努力下,全市在宣传氛围、健康教育、环境卫生、暴露垃圾清理、市容秩序、农贸市场内部环境、社区小区卫生等方面都得到提升。2018 年 10 月,江阴市以高分通过国家爱卫办组织的国家卫生城市暗访检查。2019 年 3 月 20 日,全国爱国卫生运动委员会公布 2018 年国家卫生城市名单,重新确认江阴市为国家卫生城市(区)。 (澄 鉴)

【入选全国首批乡村治理体系建设试点县】 2019 年,江阴市围绕推动农业农村高质量发展走在前列的总目标,大力实施乡村振兴战略,深化农业供给侧结构性改革,统筹开展乡村治理“十大工程”,探索构建中国之治框架下的江阴乡村善治模式,夯实农村基层基础,促进党组织领导下的自治、法治、德治三治融合发展,形成共建共治共享的治理格局,为走中国特色社会主义乡村善治之路探索新路子、创造新模式。全年完成农林牧渔业总产值 59.81 亿元,“三资”投农 6 亿元,农村居民人均可支配收入达 36095 元。12 月 18 日,中央农办、农业农村部、中央组织部、中央宣传部、民政部、司法部联合公布首批 115 个全国乡村治理体系建设试点县名单,江阴市入选,开展为期两年的试点示范工作。 (陈 光)

【蝉联全国县域经济与县域综合发展“十七连冠”】 2019 年,江阴市经济延续平稳发展态势,主要经济指标总体表现良好。1—11 月,全市完成规模以上工业产值 5487.47 亿元,比 2018 年增长 9.5%,继续位居全国同类城市前列。至年末,江阴有上市公司 50 个,新三板挂牌企业 55 个,上市公司总数和募集资金总量均位居全国同类城市第一名。12 月 16 日,全国县域经济与县域发展专业研究机构、社会智库中郡研究所发布《2019 县域经济与县域发展监测评价报告》,江阴市居全国县域经济基本竞争力前 100 强首位,实现“十七连冠”。 (澄 鉴)

【中国工业百强县(市)“三连冠”】 2019 年 11 月 13 日,《中国工业百强县(市)、百强区发展报告》在中国信息通信研究院举办的中国县域工业经济发展论坛(2019)上发布。江阴蝉联中国工业百强县“三连冠”。至年末,全市累计有上市公司 50 个,“新三板”挂牌企业 55 个;11 个企业位列中国 500 强,19 个企业入围中国制造业 500 强,8 个企业入围中国服务业企业 500 强。 (赵 峰)

【蝉联中国全面小康十大示范县市“十二连冠”】 2019 年,江阴市聚力高质量发展,深入推进产业强市首要战略、创新驱动核心战略,加快把江阴打造成具有国际竞争力的先进制造业基地和创新性经济高地,让企业成为“强支撑”、让创新成为“加速器”、让资本成为“云动力”,持续铸就“经济强”的江阴高度;牢固树立以人民为中心的发展思想,持续打响“民富村强”品牌,深入实施就业创业致富、社会保障共富、公共服务添富、精准帮扶助富、基层组织带富、实事工程增富、生态工程增富、生态建设护富,持续彰显“百姓富”的江阴情怀;聚力产业转型,聚焦“三进三退”*,实现经济高质量发展、城乡高品质建设、生态高水平保护的互促并进,持续描绘“环境美”的江阴画卷;以系统思维推进集成改革,构建党建统领下的政务服务、基层治理、社会救助、生活服务、公共安全为一体的县域治理“1+5”总架构,探索出一条县域治理体系的新路子,持续打造“社会文明程度高”的江阴样本。12 月 28 日,2019 第十四届中国全面小康论坛在广东顺德举行,江阴位列“2019 年度中国全面小康十大示范县市”榜单第一名,实现这一奖项的“十二连冠”。 (澄 鉴)

■类目编辑 朱其涛

市委常委分工调整

2019 年部分市委常委分工调整

2 月 15 日调整

陈金虎　主持市委全面工作。联系市人大常委会、市政协，负责改革工作、机构编制工作、干部工作、党校工作。

蔡叶明　主持市政府全面工作。负责经济工作、行政体制改革工作、财政工作、审计工作、人事工作、外事工作。

袁秋中　负责党建、精神文明建设、机关作风建设工作。主持市委统战部工作，负责民族宗教、对台工作、工商联、侨务工作。分管生态文明建设、对外开放、社区建设、市委办、机要保密、接待、档案史志工作。协助分管改革工作、党校工作。

计　军　主持临港经济开发区工作。

吴　芳　主持市委政法委工作。负责政法、依法治市、信访稳定、社会治理、农业和农村、对口支援工作。

陈兴华　主持江阴国家高新区工作。

费　平　负责市政府常务工作。负责城乡建设、管理工作以及政府其他分工。

邵文松　主持市委组织部工作。负责组织、人才、干部培训、公务员管理、机关党务。分管党建、机构编制、老干部工作、工会、共青团、妇联、科协、残联工作。协助分管干部工作。

程　政　主持市委宣传部工作。负责文明创建工作、意识形态和宣传工作、网信工作、新闻出版、融媒体工作，文化、教育、卫生、体育方面党的工作，分管市文联、市红十字会。

尹　平　负责人武部工作。负责人民武装、国防动员、驻江阴市部队联系工作。分管双拥方面的工作。

靳佳高　主持市纪律检查委员会、市监察委员会工作，负责纪检、监察、巡察、党风党纪工作。分管市委巡察办。

仲　剑　分管集成改革工作，协助分管开放园区工作以及政府其他分工。

11 月 30 日调整

江阴市委常委、副市长仲剑挂职结束。

12 月 30 日调整

王进健任中共江阴市委委员、常委、书记，江阴高新技术产业开发区党工委书记。

免去陈金虎江阴市委书记、常委、委员，江阴高新技术产业开发区党工委书记职务。

重要会议

【市委十三届七次全体（扩大）会议】　2019 年 1 月 2 日，中共江阴市委召开十三届七次全体（扩大）会议。会议深入贯彻习近平新时代中国特色社会主义思想和中共十九大精神，按照中央经济工作会议和省委十三届五次全会、无锡市委十三届七次全会部署，总结 2018 年工作，安排 2019 年任务。全会听取和讨论陈金虎代表市委常委会作的工作报告和蔡叶明对 2019 年经济工作具体安排的讲话。全会认为，2018 年，全市推进和办成庆祝改革开放 40 周年、基本形成集成改革“风景”、强势推进“1310 工程”*、全面建设长江生态安全示范区、精心组织系列重大活动等 5 件大事要事。全市经济运行稳中有进，创新转型提速增效，城乡建设有序实施，生态环境持续改善，重点改革不断深化，民生民计稳步提升，党的建设更加有力，高质量发展迈出坚实步伐。全会指出，改革开放 40 年来，全市上下艰苦创业、激情奋斗、团结奋进，铸就一座县域领先的实力之城、动能强劲的创新之城、生态宜居的美丽之城、坚毅前行的改革之城、崇文厚德的文明之城、富裕和谐的小康之城。全会指出，2019 年是中华人民共和国成立 70 周年，是决胜高水平全面建成小康社会的关键之年，是改革开放再出发的启航之年。全市上下重点要做好六个方面工作。坚定做强做大实体经济，厚植产业优势，强攻重大项目，加速动能转换，壮大企业集群，优化营商环境，在经济发展高质量上实现新突破。持续激发动力活力，纵深推进改革攻坚，全面提升开放层次，切实增强园区贡献，在改革开放高质量上实现新突破。全面实施“1310 工程”*，加快建设重点片区，凸显镇村特色风貌，打造快速交通体系，强化精细管理服务，在城乡建设高质量上实现新突破。着力提升城市软实力，构筑价值高地，深化文明创建，打造文化标识，精准文化供给，提升文化产业，在文化建设高质量上实现新突破。全力建设长江生态安全示范区，优化生态规划体系，提升绿色低碳经济，打好污染防治攻坚战，完善监管执法机制，在生态环境高质量上实现新突破。倾力把牢民生脉搏，以增收富民提升获得感，以优化服务提升幸福感，以治理创新提升安全感，在人民生活高质量上实现新突破。全会指出，书写江阴高质量发展的时代答卷，关键在坚持党要管党、全面从严治党。全会号召全市各级党组织和广大党员干部要更加紧密地团结在以习近平同志为核心的党中央周围，高举习近平新时代中国特色社会主义思想伟大旗帜，承前启后、继往开来，求真务实、克难奋进，为决胜高水平全面建成小康社会、加快建设“强富美高”新江阴、继续当好新时代高质量发展领跑者而不懈奋斗。

【市委十三届八次全体(扩大)会议】 2019年7月31日，中共江阴市委召开十三届八次全体(扩大)会议。会议深入学习贯彻习近平新时代中国特色社会主义思想和中共十九大精神，认真落实省委十三届六次全会、无锡市委十三届八次全会部署，总结上半年工作，部署下半年任务。全会听取和讨论陈金虎代表市委常委会所作的讲话和蔡叶明对下半年经济工作的部署讲话。全会认为，2019年以来，全市经济运行稳中向好，新旧动能加速转换，城乡建设有序实施，集成改革纵深推进，生态保护持续加力，民生质量稳步提高，党的建设全面加强，高质量发展迈上新台阶。全会指出，成为全省现代化建设试点地区，是省委、省政府对江阴各项工作的充分认可、高质量发展的充分肯定、广大干部群众的充分信任。全市上下要用试点工作的高质量展现决胜小康的高水平，着力推进经济发展现代化、民主法治现代化、文化发展现代化、社会发展现代化、生态文明现代化和人的现代化等“六个现代化”，始终做到普遍标准与江阴特色、放大优势与补短攻坚、如期达标与百姓认可、完善指标与强化考核、党政领导与各方参与等“五个相结合”。全会强调，奋力夺取全年工作新胜利，重点要做好六个方面工作。时刻聚焦经济发展高质量，稳定增长速度，加大投入强度，展现创新力度，增强经济密度，提升服务温度，持续优化实体经济质态。时刻聚焦改革开放高质量，总结提升集成改革，着力扩大对外开放，切实做强开放园区，深度融入长三角一体化进程，持续拓展区域竞争优势。时刻聚焦城乡建设高质量，展现重点片区形态，打造特色美丽乡村，提升交通枢纽地位，实施城市精细管理，持续提升城市功能品质。时刻聚焦文化建设高质量，守牢意识形态阵地，扎实开展文明实践，纵深推进文明创建，丰富群众文化生活，做大做强文化产业，持续构筑美好精神家园。时刻聚焦生态环境高质量，更实举措攻坚污染防治，更高水平重塑生态优势，更严标准强化监管执法，持续厚植绿色发展底色。时刻聚焦人民生活高质量，大力拓展民富增收源，精心织密民享服务网，坚决打好民安持久战，持续增进百姓民生福祉。全会指出，江阴作为“不忘初心、牢记使命”第二批主题教育单位，要严格按照中央、省市委部署要求，认真开展主题教育，确保主题教育谋划早、标准高、推进实。全会号召，全市各级党组织和广大党员干部要更加紧密地团结在以习近平同志为核心的党中央周围，高举习近平新时代中国特色社会主义思想伟大旗帜，按照省委和无锡市委的统一部署，初心不改、使命不移，奔跑不息、奋斗不止，决胜高水平全面建成小康社会，扎实开展社会主义现代化建设试点，加快建设“强富美高”新江阴，继续当好新时代高质量发展领跑者。

【领导干部警示教育大会】 2019年1月29日，江阴市召开领导干部警示教育大会，通过剖析违纪违法典型案例，引导各级领导干部清醒地认识到腐败行为成本之高、危害之深、代价之大。无锡市委常委、江阴市委书记陈金虎在会上强调，全市党员干部要深入贯彻落实中央、省市委关于全面从严治党的最新要求，进一步筑牢信仰之基、绷紧纪律之弦、落实应尽之责，廉字打底，干字当头，为决胜高水平全面建成小康社会、加快建设“强富美高”新江阴、继续当好新时代高质量发展领跑者作出应有贡献。市委副书记、市长蔡叶明主持会议，孙小虎、徐冬青等全体市领导出席会议。12月5日，市委召开全市领导干部警示教育大会。陈金虎出席并讲话，蔡叶明主持会议，徐冬青、袁秋中、计军、吴芳、陈兴华、费平、程政、靳佳高等市领导出席会议。与会人员集体观看市纪委制作的专题警示教育片《背离的初心》。教育片以初心、使命为主线，对江阴市查处的党员干部违纪违法典型案例进行深入剖析。

【全市机构改革动员部署会】 2019年2月14日，江阴市召开全市机构改革动员部署会，深入学习贯彻习近平新时代中国特色社会主义思想和中共十九大精神，全面贯彻落实中央、省委和无锡市委关于深化机构改革的重大决策，对江阴机构改革工作进行动员部署。无锡市委常委、江阴市委书记陈金虎在会上要求，全市上下要坚决落实中央、省市委改革决策部署，高质量完成好机构改革各项任务，为决胜高水平全面建成小康社会、加快建设“强富美高”新江阴、继续当好新时代高质量发展领跑者提供坚强有力的体制机制保障。市委副书记、市长蔡叶明主持会议。孙小虎、徐冬青、袁秋中等全体市领导出席会议。市委常委、组织部部长邵文松介绍《江阴市机构改革方案》有关情况。

【生态环境保护大会】 2019年3月14日，市委、市政府召开全市生态环境保护大会，深入贯彻中共十九大精神和习近平生态文明思想，认真落实全国、全省和无锡市生态环境保护大会精神，对加强生态环境保护、打好污染防治攻坚战、抓好中央和省环保督察问题整改进行再部署、再推进。无锡市委常委、江阴市委书记陈金虎在会上强调，要坚决打赢污染防治攻坚战，奋力谱写生态文明建设新篇章，共同创造全市人民幸福美好的新生活。蔡叶明、徐冬青等市领导出席会议。

【全市农村工作会议】 2019年3月19日，市委、市政府召开全市农村工作会议，深入学习领会习近平总书记关于做好“三农”*工作的重要指示，全面贯彻落实中央、省市农村工作会议及无锡市美丽乡村和农房建设推进会精神，总结2018年工作，部署2019年任务。无锡市委常委、江阴市委书记陈金虎在会上强调，全市上下要进一步对标领跑、克难奋进，更大力度推进农村住房建设管理，更实举措实施乡村振兴战略，奋力谱写江阴农业农村高质量发展新篇章。孙小虎、徐冬青等市领导出席会议。

【智能化为引领打造先进制造业第一县暨人才强企大会】 2019年3月27日，全市以智能化为引领打造先进制造业第一县暨人才强企大会在海澜集团有限公司举行。江阴再次推出新的系列产业强市扶持政策，让企业的满意度更高，让实体经济发展的环境更优。无锡市委常委、江阴市委书记陈金虎在会上强调，全市上下要继续推进产业强市、创新驱动战略，推进人才强企，做强做大实体经济，在“制”与“智”的时代交汇中，在“产”与“才”的深度融合中，演绎更加精彩的“智能故事”，开创更加美好的“智造江阴”。孙小虎、徐冬青、袁秋中、计军、陈兴华、费平、邵文松、程政等市领导与全市上千名企业家参加会议。

【对外开放大会】 2019年4月3日，江阴市举行对外开放大会。无锡市委常委、江阴市委书记陈金虎动员全市上下进一步统一思想、凝聚共识，牢牢把握新一轮对外开放新机遇，探索新路径、构建新格局，勇当全国县域高质量开放发展领跑者，为决胜高水平全面建成小康社会、加快建设“强富美高”*新江阴、继续当好新时代高质量发展领跑者提供更强动力、打开更广空间。市长蔡叶明主持会议。市领导计军、陈兴华、仲剑、张韶峰出席会议。

【年度巡察工作动员部署会】 2019年5月29日，市委召开2019年度巡察工作动员部署会。会议以习近平新时代中国特色社会主义思想和中共十九大精神为指导，深入学习贯彻习近平总书记在十九届中央纪委三次全会上的重要讲话精神，全面落实中央、省市委关于巡视巡察的新部署新要求，动员部署全市2019年度巡察工作。无锡市委常委、江阴市委书记陈金虎强调，要以更加奋发有为的状态、更加务实高效的作风，高质量做好市委2019年度巡察工作，为推进全面从严治党、巩固发展反腐败斗争压倒性胜利做出更大贡献。市领导邵文松、靳佳高出席会议。

【公共安全体系建设动员大会】 2019年8月23日，市委、市政府召开全市公共安全体系建设动员大会。会议以习近平新时代中国特色社会主义思想和中共十九大精神为指导，深刻领会习近平总书记关于安全发展重要论述，全面贯彻中央、省市部署，深入分析全市公共安全工作现状，部署安排下阶段公共安全体系建设工作。无锡市委常委、江阴市委书记陈金虎强调，全市上下要进一步统一思想、凝聚共识，聚焦目标、加压奋进，加快建设全域覆盖的公共安全体系，为江阴构建系统科学的现代化县域治理体系，继续当好新时代高质量发展领跑者，提供更可靠、更有力、更持久的安全保障。孙小虎、徐冬青、计军、陈兴华、程政、靳佳高等市领导出席会议。

【长江大保护工作推进会】 2019年9月10日，江阴市举行全市长江大保护工作推进会，深入贯彻习近平生态文明思想和习近平总书记关于推动长江经济带发展系列重要讲话指示精神，全面落实省长江大保护（南通）现场推进会精神，对前阶段工作进行回顾总结，对下阶段工作进行动员部署。无锡市委常委、江阴市委书记陈金虎动员全市上下进一步增强做好长江大保护工作的政治定力和行动自觉，坚决打好长江生态保护修复攻坚战，高质量打造长江生态安全示范区，奋力在“推动长江经济带江苏段绿色发展”中走在最前列。市长蔡叶明主持会议。孙小虎、徐冬青等市四套班子领导出席会议。

【“不忘初心、牢记使命”主题教育动员部署会议】 2019年9月17日，江阴市“不忘初心、牢记使命”主题教育动员部署会议举行。无锡市委常委、江阴市委书记、江阴市委主题教育领导小组组长陈金虎作动员部署，强调要以习近平新时代中国特色社会主义思想为指导，深入贯彻习近平总书记在“不忘初心、牢记使命”主题教育工作会议上的重要讲话精神，按照中央和省市委相关部署会议精神，以高度的政治自觉、昂扬的精神状态、务实的作风举措，圆满完成主题教育各项任务。无锡市委第一巡回指导组组长吴峰枫出席会议并讲话。市委副书记、市长蔡叶明主持会议。省委第一巡回指导组成员张俊，无锡市委第一巡回指导组副组长余小鹰，无锡市委第一巡回指导组相关成员，市领导孙小虎、徐冬青、袁秋中等出席会议。

【第二届江阴发展大会暨2019经贸洽谈会】 2019年9月21日，第二届江阴发展大会暨2019经贸洽谈会在江阴大剧院开幕。来自海内外的700多位教育界、科技界、文化界、政商界等领域的江阴人，近现代江阴籍著名历史文化名人后裔，以及为江阴经济社会发展作出突出贡献的友人和客商应邀出席大会。大家齐聚一堂话友谊、叙乡情、谋发展，助力江阴建设、讲好江阴故事，为江阴发展赢得更多点赞、集聚更多资源、汇聚更强合力。陈金虎、蔡叶明、孙小虎、徐冬青等市四套班子领导出席大会。市委副书记、市长蔡叶明主持大会。

【科技创新大会】 2019年11月1日，江阴市召开全市科技创新大会。中国工程院院士、材料科学家、钛合金专家曹春晓，挪威技术与科学院院士、浙江大学建筑工程学院和南方科技大学海洋系教授白勇，乌克兰工程科学院院士、乌克兰高等学院科学院院士、乌克兰国立冶金学院院长亚历山大·维利奇克出席大会。无锡市委常委、江阴市委书记陈金虎在会上动员全市上下特别是全体科技工作者和广大企业家，要深入贯彻习近平新时代中国特色社会主义思想，认真落实习近平总书记关于科技创新的重要论述，坚定信心、务实作为，全面推进国家创新型县市建设，为继续当好新时代高质量发展领跑者注入全新动能、提供强劲支撑。市长蔡叶明主持会议,孙小虎、徐冬青等市领导参加会议。

【全市教育大会】 2019年11月11日,市委、市政府专题召开全市教育大会,深入贯彻习近平总书记关于教育的重要论述,认真落实全国、全省、无锡市教育大会精神,总结成绩,表彰先进,分析形势,对当前和下一个时期江阴教育工作作出全面部署。无锡市委常委、江阴市委书记陈金虎在会上强调,全市上下要紧紧围绕打造一流的高水平教育强市的总目标,牢牢抓住立德树人根本任务,坚定不移优先发展教育事业,全面促进教育高质量发展,办好人民满意的高质量教育,为继续当好新时代高质量发展领跑者提供更加坚实的人才保障、更为强大的智力支撑。市长蔡叶明主持会议,市领导孙小虎、徐冬青、程政、郁秋皓出席会议。

【市委政协工作会议】 2019年12月19日,江阴市委召开政协工作会议,深入学习中共十九届四中全会精神和习近平总书记在中央政协工作会议暨庆祝中国人民政治协商会议成立70周年大会上的重要讲话精神,认真贯彻中央和省、市委政协工作会议精神,回顾总结工作,分析当前形势,对全市新时代加强和改进人民政协工作作出部署。无锡市委常委、江阴市委书记陈金虎讲话,徐冬青、袁秋中、计军、吴芳、费平、邵文松等市领导出席会议。

重要活动

【领导干部学习活动】 2019年1月18日,无锡市委常委、江阴市委书记陈金虎主持召开十三届市委常委会第72次(扩大)会议,传达学习省"两会"*精神。31日,无锡市委常委、江阴市委书记陈金虎主持召开市委中心组学习会,传达学习习近平总书记在省部级主要领导干部坚持底线思维着力防范化解重大风险专题研讨班开班式上的重要讲话精神。蔡叶明、孙小虎、徐冬青等市领导参加专题学习会。同日,陈金虎主持召开十三届市委常委会第73次(扩大)会议,传达学习习近平总书记在省部级领导干部研讨班上的重要讲话、无锡市"两会"*以及中央、省、无锡市纪委全会精神。

3月13日,无锡市委常委、江阴市委书记陈金虎主持召开十三届市委常委会第77次(扩大)会议,传达学习中宣部起草的有关市委中心组学习材料和省委常委、无锡市委书记李小敏到江阴市调研时的讲话精神,书面学习《地方党政领导干部食品安全责任制规定》。20日,"江阴大学堂"举行第32次专题讲座,邀请财经作家、高级记者胡宏伟作题为《改革开放40年坐标上的区域经济演变和走向——浙江与江苏发展路径比较》的专题讲座。陈金虎主持讲座。孙小虎、袁秋中、吴芳、费平、邵文松、程政、靳佳高、仲剑等市领导听取讲座。22日,陈金虎主持召开市委党的建设工作领导小组会议,传达2019年无锡市委党的建设工作领导小组会议主要精神。25日,陈金虎主持召开十三届市委常委会第78次(扩大)会议,传达学习习近平总书记、李克强总理对响水"3·21"爆炸事故的重要指示精神,以及省委常委会、省政府常务会议、无锡市委常委会会议精神。同日,陈金虎主持召开市委中心组学习会,深入传达学习全国"两会"精神,全面部署贯彻落实工作举措。

4月3日,无锡市委常委、江阴市委书记陈金虎主持召开市委中心组学习会,深入学习习近平总书记在省部级主要领导干部坚持底线思维着力防范化解重大风险专题研讨班开班式上的重要讲话精神。同日,陈金虎主持召开十三届市委常委会第79次(扩大)会议,传达学习江苏省省长吴政隆到江阴市调研时的讲话精神。11日,陈金虎主持召开市委中心组学习会,集中学习习近平总书记关于开展扫黑除恶专项斗争重要指示批示精神。同日,陈金虎主持召开市委常委会第80次(扩大)会议,传达学习中央、省市委国家安全委员会会议精神。23日,"江阴大学堂"举行第33讲专题讲座,邀请无锡市国家安全局局长冯进良,围绕当前国家安全形势作专题讲座。孙小虎、吴芳、费平、靳佳高、仲剑等市领导听取讲座。

5月9日,江阴市市管干部深入学习贯彻习近平新时代中国特色社会主义思想和中共十九大精神研修班暨"六个高质量"*第三期轮训班开班式在市委党校举行。无锡市委常委、江阴市委书记陈金虎在开班式上作专题党课。市领导费平、仲剑分别作专题讲座。16日,陈金虎主持召开市委中心组专题学习会,传达学习省委理论学习中心组学习会精神,深入学习贯彻习近平生态文明思想和关于安全生产的重要论述。

6月6日,无锡市委常委、江阴市委书记陈金虎主持召开十三届市委常委会第84次(扩大)会议,传达学习习近平总书记对民政工作重要指示精神。同日,陈金虎主持召开市委中心组专题学习会,学习贯彻习近平总书记在"不忘初心、牢记使命"主题教育工作会议上的重要讲话精神和全省"不忘初心、牢记使命"主题教育动员会议精神,传达中央扫黑除恶第17督导组督导江阴工作情况及督导无锡市工作汇报会精神,对深化扫黑除恶专项斗争作进一步部署安排。同日,"江阴大学堂"邀请中国外交部顾问、中巴(巴基斯坦)友好协会会长沙祖康作题为《中国崛起过程中的大国关系及周边环境》的讲座。陈金虎主持讲座,孙小虎、徐冬青等市领导听取讲座。

7月4日,无锡市委常委、江阴市委书记陈金虎主持召开市委中心组学习会,传达学习习近平总书记在中央机构编制委员会第一次会议上的讲话精神、省委书记娄勤俭在全省县(市、区)委书记政治能力建设专题培训班上作主题教育专题党课时的讲话精神。孙小虎、徐冬青等市领导出席会议。19日,陈金虎主持召开十三届市委常委会第87次(扩大)会议,传达学习省委书记娄勤俭在苏南现代化建设试点工作座谈会上的讲话精神。

8月29日,"江阴大学堂"举行第35次专题讲座,武汉大学质量发展战略研究院院长、宏观质量管理湖北省协同创新中心主任、中国企业—劳动力匹配调查管理委员会主任程虹教授作《创新质量新供给、释放质量新需求——推动江阴经济高质量发展》专题讲座。陈金虎、徐冬青、袁秋中、计军、费平、程政、尹平、靳佳高等市各级领导干部听取讲座。市委副书记袁秋中主持讲座。30日,无锡市委常委、江阴市委书记陈金虎主持召开市委理论中心组专题学习会,集中交流学习《习近平新时代中国特色社会主义思想学习纲要》的认识和体会。省委第一巡视组副处巡视专员孙凌云列席会议。

9月16日,无锡市委常委、江阴市委书记陈金虎主持召开十三届市委常委会第95次(扩大)会议,传达学习中央和省委“不忘初心、牢记使命”主题教育第一批总结暨第二批部署会议精神,无锡市委“不忘初心、牢记使命”主题教育动员部署会议精神,研究部署江阴“不忘初心、牢记使命”主题教育相关工作。25日,根据市委常委会“不忘初心、牢记使命”主题教育安排,市委常委全体人员到中共江阴“一大”会址、江阴革命烈士纪念馆、江阴渡江战役纪念馆开展现场学习,并在江阴市委党校开展市委常委会主题教育集中学习研讨。陈金虎作开班动员讲话。市人大常委会、市政府、市政协党员领导一同参加学习研讨。27日,“江阴大学堂”举行第36次专题讲座,全国人大外事委员会委员、中央党史和文献研究院原院务委员陈晋围绕“新中国七十年的历史成就和启示”主题作讲座。陈金虎主持讲座。蔡叶明、孙小虎、徐冬青等市领导干部听取讲座。25—29日,市委常委会开展“不忘初心、牢记使命”主题教育集中学习研讨活动,利用5天时间分专题进行深入学习研讨。陈金虎主持学习研讨会并作总结讲话。无锡市委第一巡回指导组副组长、无锡市信访局二级调研员余小鹰26日上午到会指导并进行点评。市委、市人大常委会、市政府、市政协全体党员领导参加集中学习研讨。

10月9日,无锡市委常委、江阴市委书记陈金虎主持召开市委理论中心组学习会,传达学习习近平总书记在庆祝中华人民共和国成立70周年大会上的重要讲话精神和在中央政协工作会议暨庆祝中国人民政治协商会议成立70周年大会上的重要讲话精神。22日,陈金虎主持召开市委常委会对照党章党规找差距专题会议。同日,陈金虎主持召开市委“不忘初心、牢记使命”主题教育领导小组第二次会议,传达学习中央第二批主题教育推进会、全省设区市主题教育推进会和无锡市委主题教育推进会精神,听取全市主题教育开展情况汇报,审议相关专项整治实施方案,研究部署下一阶段工作。市领导蔡叶明、袁秋中、邵文松、程政、靳佳高等出席会议。23日,陈金虎主持召开“不忘初心、牢记使命”主题教育集中学习研讨会。市领导蔡叶明、孙小虎、徐冬青等出席学习研讨会。28日,陈金虎以《坚守初心,勇担使命,继续当好新时代高质量发展领跑者》为题,为全市党员干部上专题党课。无锡市委第一巡回指导组副组长余小鹰到会指导。市领导孙小虎、徐冬青等参加专题党课,市委副书记袁秋中主持。29日,陈金虎主持召开十三届市委常委会第101次(扩大)会议暨市委理论中心组学习会,传达学习《中国共产党宣传工作条例》《统计违纪违法责任人处分处理建议办法》《防范和惩治统计造假、弄虚作假督察工作规定》,听取全省、无锡市扫黑除恶专项斗争推进会精神及江阴市贯彻意见的汇报。

11月4日,无锡市委常委、江阴市委书记陈金虎主持召开市委集成改革领导小组专题学习会,深入学习中共十九届四中全会精神,以及中央深改委第10次会议、省委深改委第9次会议精神。蔡叶明、孙小虎、徐冬青等市领导出席会议。5日,陈金虎主持召开市委理论中心组学习会,专题学习贯彻《中国共产党农村工作条例》。蔡叶明、孙小虎、徐冬青等市领导出席会议。6日,市委常委会召开主题教育专题调研成果交流会。陈金虎主持会议并讲话。省委第一巡回指导组副组长方未艾,省委第一巡回指导组成员张俊、蔡根,无锡市委第一巡回指导组副组长余小鹰到会指导。21日,陈金虎主持召开市委理论中心组学习会,围绕学习领会中共十九届四中全会精神进行交流。无锡市委第一巡回指导组副组长余小鹰到会指导,蔡叶明、孙小虎、徐冬青等市领导参加学习会。22日,省委宣讲团中共十九届四中全会精神宣讲报告会在江阴举行。省委宣讲团成员、南京审计大学党委副书记、校长刘旺洪作宣讲报告。陈金虎主持报告会并讲话。蔡叶明、孙小虎、徐冬青等全体市领导参加宣讲报告会。26日,国务院江苏安全生产专项整治督导工作动员会在江苏南京召开。督导组组长、应急管理部党组书记黄明作动员讲话。江苏省委书记娄勤俭讲话,省长吴政隆主持会议。督导组常务副组长、应急管理部副部长孙华山出席。动员会以视频会议形式召开,陈金虎、蔡叶明、孙小虎、徐冬青等市领导在江阴分会场收听收看动员会。28日,陈金虎主持召开市委“不忘初心、牢记使命”主题教育领导小组第三次会议,传达关于开好专题民主生活会和专题组织生活会的有关要求,听取主题教育专项整治工作推进情况汇报,研究部署下阶段主题教育工作。蔡叶明、袁秋中、程政、靳佳高等市领导出席会议。同日,陈金虎到江阴高新区,为高新区领导干部和党员代表作中共十九届四中全会精神宣讲报告。市委常委、高新区党工委副书记陈兴华主持报告会。

12月2日,省委理论学习中心组举行学习会,邀请国务院江苏安全生产专项整治督导组组长、应急管理部党组书记黄明作专题辅导报告,省委书记娄勤俭主持。学习会采取视频会议形式,陈金虎、蔡叶明、徐冬青等市领导在江阴分会场收听收看学习会。5日,市委常委会召开“不忘初心、牢记使命”主题教育专题民主生活会。无锡市委常委、江阴市委书记陈金虎主持会议并作总结讲话。无锡市委第一巡回指导组组长吴峰枫、无锡市纪委副书记刘葱葱到会指导,无锡市委第一巡回指导组成员韩杨出席。6日,陈金虎主持召开市委常委会第104次(扩大)会议暨市委理论中心组学习会,学习贯彻《中国共产党党校(行政学院)工作条例》。18日,陈金虎主持召开市委理论中心组学习会,传达学习中央经济工作会议精神,中央全面深化改革委员会第十一次会议、省委全面深化改革委员会第十次会议精神,学习贯彻中央经济工作会议、中央全面深化改革委员会第十一次会议、省委全面深化改革委员会第十次会议精神。

【重要工作推进活动】 2019年1月1日,江阴市全民健身馆正式建成投运,陈金虎、蔡叶明、孙小虎、徐冬青等市领导出席投运开放仪式。同日,江阴市绮山应急备用水源地工程通水启用,无锡市委常委、江阴市委书记陈金虎宣布工程通水,市长蔡叶明主持通水仪式,副市长郁秋皓出席活动。5日,江阴集成改革实践与理论研讨会在中央党校(国家行政学院)举行,中央党校(国家行政学院)副校(院)长甄占民出席会议并致辞,陈金虎出席会议并介绍江阴集成改革试点工作,市委常委、副市长仲剑出席会议。15日,无锡市委常委、江阴市委书记陈金虎到徐霞客镇和周庄镇,专项督察镇级集成改革试点推进情况,协调解决改革过程中遇到的相关问题。市领导吴芳、费平参加督察活动。18日,市委、市政府召开全市安全生产工作会议。陈金虎出席会议并讲话。市长蔡叶明主持会议,袁秋中、计军、吴芳、陈兴华、费平、邵文松、程政、靳佳高、仲剑等市领导出席会议。会后,市领导分组现场检查安全生产工作。28日,市委、市政府召开全市重点骨干企业座谈会。陈金虎出席会议并讲话。蔡叶明、孙小虎、徐冬青等市领导出席会议。同日,陈金虎主持召开2018年度履行全面从严治党主体责任述职会。蔡叶明、袁秋中、计军、陈兴华、费平、邵文松、程政、仲剑等市领导出席会议。

2月1日,中共江阴市第十三届纪律检查委员会召开第四次全体会议。无锡市委常委、江阴市委书记陈金虎讲话并与各级各部门党(工)委(党组)主要负责人签订2019年党风廉政建设责任书。蔡叶明、孙小虎、徐冬青等全体市领导出席会议。市委常委、市纪委书记、市监委主任靳佳高主持会议并作工作报告。19日,无锡市举行2019年首批重大项目集中开工仪式。仪式采取市县联动推进形式,陈金虎在江阴分会场汇报江阴市2019年首批重大项目建设开工情况,并宣布远景AESC(一种电池标准)智能电池等总投资689亿元的46项重大项目开工。蔡叶明、孙小虎、徐冬青等市领导出席江阴分会场开工仪式。25日,江阴市召开锡澄重大基础设施建设领导小组会议。陈金虎出席会议并讲话。市领导蔡叶明、费平、郁秋皓、张少波出席会议。27日,市委召开全市政法和信访稳定工作会议。陈金虎参加会议并讲话,市委常委、政法委书记吴芳作具体部署,副市长王庆春出席会议。

3月2日,海澜集团有限公司向中央党校捐赠马克思、孔子塑像仪式在北京举行。中央党校副校长何毅亭,江苏省委常委、宣传部部长王燕文等共同为塑像揭幕。江苏省委宣传部副部长杨力群,无锡市及江阴市领导陈金虎、袁飞、程政参加揭幕仪式。7日,长江无锡段造林绿化活动在江阴市黄田港公园举行。无锡市及江阴市领导李小敏、黄钦、陈金虎、蔡叶明等参加植树活动。同日,无锡市农村人居环境整治提升集中行动启动。集中启动仪式采取市县联动推进形式。无锡市委常委、江阴市委书记陈金虎在江阴分会场作表态发言,并宣布江阴市农村人居环境整治集中行动启动。蔡叶明、孙小虎、徐冬青等市领导在江阴分会场参加活动。13日,市委召开全市宣传思想文化工作会议。陈金虎出席会议并讲话。市委副书记、市长蔡叶明主持会议。徐冬青、邵文松、程政、靳佳高、张韶峰等市领导出席会议。18日,陈金虎带队赴青阳镇、长泾镇、顾山镇、华士镇现场督导全市“大棚房”问题清理整治情况。市领导计军、郁秋皓参加现场督导活动。19日,市委、市政府召开全市农村工作会议。陈金虎出席会议并讲话。市委副书记袁秋中宣读表彰决定,市委常委、政法委书记吴芳作工作部署。孙小虎、徐冬青等市领导出席会议。20日,市委召开集成改革领导小组会议,传达学习中央深改委第6次会议、省委深改委第5次会议精神,研究部署2019年集成改革试点工作任务。陈金虎出席会议并讲话。孙小虎、徐冬青等市领导出席会议。26日,陈金虎带队对全市化工行业安全生产落实情况进行现场督查。市领导计军、陈兴华、赵强参加现场督查活动。同日,江阴市举行农村住房建设工作现场推进会,全面部署下阶段农村住房建设试点工作。陈金虎出席会议并讲话。市领导吴芳、费平、张少波参加推进会。27日,陈金虎主持召开锡澄轨道交通S1线工程推进会。市领导蔡叶明、费平、张少波参加会议。

4月10日,无锡市委常委、江阴市委书记陈金虎带队开展2019年第一季度产业项目现场观摩活动,深入企业一线了解项目推进情况。孙小虎、计军、吴芳、陈兴华、费平、靳佳高等市领导参加现场观摩活动。同日,市委、市政府召开全市经济运行分析会。陈金虎出席会议并讲话。市长蔡叶明主持会议并部署下阶段工作。市领导孙小虎、计军、吴芳、陈兴华、费平、靳佳高等出席会议。15日,江阴市融媒体中心正式成立。省委宣传部常务副部长焦建俊,无锡市和江阴市领导陈金虎、袁飞、蔡叶明为市融媒体中心揭牌。市委副书记、市长蔡叶明主持成立大会,市领导徐冬青、费平、邵文松、程政、张韶峰出席成立大会。22日,市委审计委员会召开第一次会议。陈金虎出席会议并讲话。市长蔡叶明传达中央、省委、无锡市委审计委员会第一次会议精神。孙小虎、徐冬青等市领导出席会议。28日,陈金虎主持召开扫黑除恶专项斗争调研督导汇报会,要求全市各级各相关部门要更加自觉地把扫黑除恶专项斗争作为重大政治任务来开展,作为重大民生保障来实施,作为重大治理手段来推进。市领导吴芳、程政、靳佳高、王庆春、张少波出席会议。同日,江阴市举行构建公共安全体系工作推进会。陈金虎出席会议并讲话。市领导赵强、张少波参加会议。30日,江阴市举行纪念“五四运动”100周年主题活动。陈金虎出席活动并讲话。市领导孙小虎、徐冬青、邵文松、虞卫才参加活动。

5月7日，2019年江阴市人才科技周活动正式启动，同时举行2019无锡才交会“智能制造+人才”高峰论坛。中国科学院院士曹春晓、江苏省产业技术研究院院长刘庆出席活动，无锡市委常委、江阴市委书记陈金虎致辞，市长蔡叶明主持活动，市领导邵文松、虞卫才、赵强、杨云参加活动。8日，陈金虎主持召开市委退役军人事务工作领导小组第一次会议，深入学习贯彻习近平总书记关于退役军人工作的重要论述，研究部署全市退役军人工作重点任务。蔡叶明、孙小虎、徐冬青等市领导出席会议。13日，陈金虎带队深入建筑工地、企业车间及交通监管、应急救援部门一线，检查安全生产责任制落实情况，督促安全生产隐患排查整改。市领导费平、赵强参加检查活动。14日，陈金虎到夏港街道长济桥段面、南闸街道黄昌河河道、高新区白屈港抽水站、体育馆泵站改造工程现场检查防汛防旱及河道控污工作，并在随后召开的座谈会上强调，全市上下要全力以赴做好各项准备工作，确保江阴安全度汛度夏。市领导吴芳、郁秋皓陪同检查。16日，第14届中国徐霞客国际旅游节在新开园的韭菜港公园开幕。陈金虎致辞，中国地质学会徐霞客研究分会会长王宝才，市领导蔡叶明、孙小虎、徐冬青等参加活动。开幕式上，还举行“江阴市旅游融合发展示范单位”授牌仪式、“中国长江文化酒店联盟”成立仪式、“保护母亲河，沿江徒步行”活动授旗仪式。27日，陈金虎专程赴璜土镇、利港街道和月城镇，督导扫黑除恶专项斗争工作。市领导计军、吴芳、王庆春参加督导活动。28日，陈金虎重点督导建设领域扫黑除恶专项斗争开展情况。市领导吴芳、王庆春参加督导活动。30日，陈金虎重点督导专业市场和市扫黑办扫黑除恶专项斗争开展情况。市领导吴芳、王庆春参加督导活动。

6月2—5日，中央扫黑除恶第17督导组组长盛茂林率队在无锡市开展下沉督导。无锡市和江阴市领导陈金虎、谢晓军、冯军、计军、吴芳、陈兴华、王庆春参加在江阴市的督导活动。11日，市领导陈金虎、陈兴华、邵文松、虞卫才出席法尔胜泓昇集团第21届创新大会暨国际标准发布会。12日，2019年无锡市改革系统干部业务能力培训班在江阴市开班。无锡市委副书记徐劼，无锡市委常委、江阴市委书记陈金虎，江阴市委常委、副市长仲剑出席开班仪式。13日，陈金虎会同相关部门负责人视察城乡建设“1310工程”部分项目推进情况。市委常委、常务副市长费平，市政府党组成员张光伟参加视察活动。14日，市委、市政府举行经济“双过半”工作部署会，分析总结前阶段经济运行情况，研判下阶段经济运行走势。陈金虎出席会议并讲话。市长蔡叶明对下阶段经济工作作具体部署。市领导徐冬青、计军、陈兴华、黄耀清、赵强、张韶峰、赵巧新出席会议。17日，陈金虎赴高新区金潼桥国考断面、澄江街道绮山中心河、周庄镇孟家浜河、云亭街道花山村薛家村，以及花山垃圾渗滤液污水处理站排放口等地检查水污染治理、河长制工作。市领导陈兴华、郁秋皓参加检查活动。19日，江阴市举行以“关爱生命长江、共建生态文明”为主题的2019年长江渔业资源增殖放流活动。中国海监江苏省总队总队长程建新，中国水产科学研究院淡水渔业研究中心党委副书记万一兵，市领导陈金虎、孙小虎、徐冬青、吴芳、郁秋皓参加增殖放流活动。20日，陈金虎主持召开市军民融合工作领导小组第一次会议，传达学习中央军民融合发展委员会第一次、第二次全体会议精神和省委军民融合发展委员会第一次全体会议精神，讨论审议有关文件，研究部署全市军民融合发展工作。市领导蔡叶明、孙小虎、徐冬青等出席会议。同日，江阴临港医院国家标准化代谢性疾病管理中心举行揭牌仪式。中国工程院院士、上海瑞金医院副院长、上海内分泌研究所所长宁光，中信泰富有限公司董事长张极井，市领导陈金虎、计军、许晨出席揭牌仪式。24日，无锡市委第五巡察组向江阴市反馈专项巡察情况。无锡市委巡察工作领导小组成员、无锡市委组织部副部长戴美忠对巡察整改提出明确要求，无锡市委第五巡察组组长章树军代表无锡市委第五巡察组反馈江阴市幼儿园、中小学食堂管理专项巡察情况。陈金虎主持会议并代表江阴市委作表态发言，市领导蔡叶明、靳佳高出席会议。

7月3日，市委召开集成改革领导小组会议，传达学习中央深改委第7次和第8次会议、省委深改委第6次和第7次会议精神，听取全市集成改革半年度工作进展情况汇报，听取公共安全体系建设、基础教育集团化办学工作、环保“监测管理治理”一体化改革、“最江阴”生活服务平台二期开发建设、城乡供水“一张网”整合进展情况和城市照明合同能源管理改革、社会治理标准化试点进展情况汇报，审议通过《江阴市乡村民宿业管理办法》。无锡市委常委、江阴市委书记陈金虎出席会议并讲话。孙小虎、徐冬青等市领导出席会议。5日，作为“携手奋进新时代、文明实践我先行”系列活动之一，新时代文明实践“一云四屏”（新时代文明实践云和有线电视屏、手机屏、电脑屏、展示屏）正式上线。江苏省广电有线信息网络股份有限公司党委书记、董事长王国中，市领导陈金虎、程政参加启动仪式。同日，市领导陈金虎、程政、龚振东、张韶峰、陈兴初出席“携手奋进新时代、文明实践我先行”系列活动之一，“壮丽七十年、书香满暨阳”江阴新华书店纪念建店70周年开幕式。15日，陈金虎到来富岛酒店、益健路千禧网咖、市中医院等地，现场督查文明城市创建工作，督导责任落实情况。市委副书记袁秋中参加督查活动。19日，江阴法院长江流域环境资源第一法庭正式运行。江苏省高级人民法院党组成员、审判委员会专职委员刘亚平，无锡市委常委、江阴市委书记陈金虎，无锡市中级人民法院党组书记、院长时永才出席运行启动仪式，市委常委、政法委书记吴芳主持仪式。同日，无锡市委常委、江阴市委书记陈金虎主持召开市委网络安全和信息化委员会第一次（扩大）会议，学习习近平总书记关于网络强国的重要思想，深入贯彻全国、全省网信工作会议以及省委网信委第一次会议、无锡市委网信委第一次（扩大）会议精神，听取2018年全市网信工作情况汇报,讨论审议相关文件,研究部署当前和今后一个时期全市网络安全和信息化工作。市长蔡叶明传达省委网信委第一次会议、无锡市委网信委第一次(扩大)会议精神,徐冬青等市领导出席会议。24日,2019全国滑翔伞定点联赛(江苏江阴站)在南闸街道澄飞航空营地开赛。江苏省体育局副局长熊伟,国家体育总局航管中心运动二部主任王永利,市领导陈金虎、蔡叶明、张韶峰出席开幕式并观看滑翔伞定点表演。25日,全市公安工作会议召开。陈金虎出席会议并讲话。吴芳主持会议,市领导朱敏、王庆春、韩民参加会议。30日,陈金虎主持召开市委常委议军会,深入学习贯彻习近平强军思想,讨论研究武装工作有关情况和江阴市争创全国双拥模范城有关事项,各镇(街道)党(工)委书记作党管武装工作述职报告,市人武部对各镇(街道)党(工)委书记履职情况进行讲评。同日,陈金虎带队开展2019年第二季度产业项目现场观摩活动,实地检验全市9项产业项目。蔡叶明、孙小虎、徐冬青等市领导参加观摩活动。

8月2日,大型电视访谈节目《集成改革进行时》在市融媒体中心完成第八期录制,节目主题为“农村住房建设”。市领导陈金虎、吴芳、靳佳高、仲剑、唐仲贤、郁秋皓、张英毅、张少波出席节目录制活动。8日,省委第一巡视组巡视江阴市(江阴高新技术开发区)工作动员会召开。省委第一巡视组组长陈志扬作动员讲话,无锡市委书记李小敏就江阴市委、江阴高新区党工委接受巡视监督、配合和支持巡视工作提出要求,无锡市委常委、江阴市委书记陈金虎主持会议并作表态发言。9日,无锡市委常委、江阴市委书记陈金虎主持召开十三届市委常委会第91次(扩大)会议,传达学习省委第一巡视组巡视江阴市(江阴高新技术开发区)见面沟通会、动员会会议精神,对全面配合省委巡视组相关工作及做好江阴改革发展稳定各项工作进行部署安排。15日,陈金虎赴市疾病预防控制中心和部分接种点,深入了解全市免疫规划情况。市领导计军、许晨陪同或参加检查活动。同日,陈金虎主持召开市委全面依法治市委员会第一次会议,传达学习习近平总书记在中央全面依法治国委员会第一次、第二次会议上的重要讲话精神和省委全面依法治省委员会第一次、第二次会议精神以及无锡市委全面依法治市委员会第一次会议精神,研究确定江阴市委全面依法治市委员会的组织构架和工作机制,对全面依法治市工作进行研究谋划。蔡叶明、徐冬青等市领导出席会议。16日,江阴市举行锡澄运河(黄昌河—长江段)整治工程定波水利枢纽工程开工仪式。市领导陈金虎、孙小虎、徐冬青、费平、郁秋皓参加开工仪式。21日,市委、市政府召开全市经济运行分析会,贯彻落实市委十三届八次全会部署,分析总结前阶段经济运行情况,全面研判下阶段经济运行走势,研究部署当前全市经济工作。市领导陈金虎、蔡叶明、徐冬青、袁秋中、计军、陈兴华、费平、邵文松出席会议。28日,无锡市第二安全生产巡查组巡查江阴市工作动员会暨江阴市情况汇报会召开,市领导陈金虎、蔡叶明等出席会议。按照无锡市委、市政府统一部署,8月28日至9月6日,无锡市第二安全生产巡查组进驻江阴市,对安全生产工作进行专项巡查。29日,市委、市政府举行2019年教育集团成立大会,8个教育集团正式揭牌成立。市领导陈金虎、蔡叶明、仲剑、郁秋皓、张少波出席会议。

9月6日,2019年世界物联网博览会系列活动之一,物联网与智慧能源高峰论坛在江阴市举行。中国科学院院士、中国电力科学研究院名誉院长周孝信,中国工程院院士、中国航天科工集团科技委高级顾问刘永才,中国科学院院士、军事科学院系统工程研究院研究员尹浩,中国企业联合会、中国企业家协会常务副会长兼理事长朱宏任,市领导陈金虎、蔡叶明、孙小虎、徐冬青、赵强出席论坛。市长蔡叶明主持论坛。11日,无锡市委常委、江阴市委书记陈金虎,市长蔡叶明分组赴小湾水厂、市人民医院城中院区等重点企业、重点单位和重点场所,督导全市中华人民共和国成立70周年大庆安保和安全生产工作。市领导计军、陈兴华、赵强、许迎春和费平分别参加督导活动。16日,市委主题教育领导小组组长陈金虎主持召开市委“不忘初心、牢记使命”主题教育领导小组第一次会议,研究部署全市主题教育有关事项。市委主题教育领导小组副组长蔡叶明、袁秋中、程政出席会议,市委主题教育领导小组成员参加会议。17日,无锡市委常委、江阴市委书记陈金虎主持召开全市项目建设协调推进会,听取2019年以来全市及各镇(街道)、园区固定资产投资、重大项目推进情况汇报,协调解决项目推进中遇到的困难问题。市领导蔡叶明、计军、陈兴华、费平、赵强、张韶峰、赵巧新出席会议。19日,江阴市举行2019中国(江阴)电子商务融合创新发展论坛暨第五届电子商务大会。商务部电子商务和信息化司原巡视员、中国电子商务商协会联盟主席聂林海,市领导陈金虎、张韶峰出席大会。19日,江阴市与靖江市两地市委、市政府在江阴市召开高质量跨江融合发展协调会。无锡市委常委、江阴市委书记陈金虎,靖江市委书记赵叶出席会议并讲话。江阴市领导蔡叶明、邵文松、赵强、张韶峰、赵巧新、张少波,靖江市领导叶冬华、申晓勇、姚东辉、于政等参加会议。23日,2019年中国农民丰收节江苏主场华西“高举旗帜庆丰收”活动,在华西村龙希广场举行。省委副书记任振鹤宣布开幕,省人大常委会副主任、无锡市委书记李小敏出席,副省长费高云讲话。省农业农村厅厅长杨时云为华西村“江苏乡村振兴大学堂”授牌,无锡市市长黄钦致辞,无锡市委副书记徐劼主持开幕式。省政府副秘书长诸纪录,省委宣传部副部长、省文明办主任葛莱,省妇联主席张彤,中国村社发展促进会原名誉会长、农业农村部农研中心原副主任余展,无锡市和江阴市领导陈金虎、蒋敏、蔡叶明、吴芳、程政、郁秋皓、王庆春参加活动。26日,“辉煌70年·奋斗新时代”庆祝中华人民共和国成立70周年江阴市美术书法摄影作品展在天华文化中心展览馆正式开展。

市领导陈金虎、程政、龚振东、张韶峰、陈兴初出席开幕式。30日，市委、市政府在土地山革命烈士陵园举行烈士纪念日公祭活动。陈金虎、蔡叶明、孙小虎、徐冬青等全体市领导出席。蔡叶明主持公祭活动。同日，陈金虎以市人大代表身份，到高新区参加市人大代表“履职活动周”专题视察活动。市领导孙小虎、陈兴华、许晨、季相云参加活动。

10月9日，无锡市委常委、江阴市委书记、市委外事工作委员会主任陈金虎主持召开市委外事工作委员会第一次会议，深入贯彻习近平总书记在中央外事工作会议上的重要讲话精神，认真落实省委和无锡市委外事工作委员会第一次全体会议精神，听取全市外事工作情况汇报，研究部署全市外事重点工作，审议通过《市委外事工作委员会成员名单》《市委外事工作委员会工作规则》《市委外事工作委员会办公室工作细则》。孙小虎、徐冬青等市领导出席会议。14日，陈金虎主持召开十三届市委常委会第98次（扩大）会议，专题研究部署安全生产工作，听取安全生产工作相关情况汇报。15日，陈金虎带队到胡桃里音乐餐厅、吉麦隆超市河北街店、英孚青少儿英语培训中心、中石化江阴分公司长山油库、天力燃气天鹤供气站和南闸街道鸿城烟花爆竹公司等人员密集场所、重点行业领域、交通运输单位，实地检查安全设施配备、重点行业领域监管等工作。市领导赵强、王庆春参加现场检查活动。17日，无锡至江阴城际轨道交通工程正式开工。无锡市委书记李小敏宣布开工，无锡市市长黄钦致辞，无锡市副市长朱爱勋主持开工仪式。中车集团董事长刘化龙，无锡市和江阴市领导徐一平、周敏炜、陈金虎、蔡叶明出席开工仪式。同日，陈金虎带队到中信特钢棒材深加工项目、远宏工业皮带项目等地开展全市三季度产业项目现场观摩活动。蔡叶明、孙小虎、徐冬青等市领导参加现场观摩活动。18日，市委、市政府召开全市经济运行分析会，研究分析前三季度全市经济运行和重大项目建设情况，全面部署下阶段工作举措。陈金虎出席会议并讲话。市长蔡叶明主持会议并作工作部署，孙小虎、徐冬青等市领导出席会议。20日，2019时裳新桥·江阴第五届国际半程马拉松赛在海澜飞马水城举行。陈金虎为承办单位新桥镇颁奖并宣布比赛开始，市长蔡叶明致辞，市领导孙小虎、徐冬青、程政、张韶峰、王庆春出席开幕式。24日，由中国美术家协会主办的庆祝中华人民共和国成立70周年中国美术（国画、雕塑、漆画）作品展在海澜美术馆开幕。无锡市委书记李小敏，中国美术家协会分党组书记、驻会副主席徐里，中国美术家协会副主席、鲁迅美术学院院长李象群，江苏省委宣传部副部长徐宁，中国美协原副主席尼玛泽仁，江苏省文学艺术界联合会党组书记、常务副主席水家跃，无锡市委常委、江阴市委书记陈金虎，无锡市委常委、宣传部部长袁飞共同启动作品展。市长蔡叶明主持开幕式。孙小虎等市领导参加开幕式并参观作品展。31日，陈金虎以“四不两直”*的形式，突击检查小湾水厂、春申中心幼儿园、吉麦隆超市河北街店、瀚宇博德科技（江阴）有限公司、山观实验小学等地公共安全管理隐患整改工作，对前阶段在公共安全检查中发现的隐患问题进行“回头看”。

11月2日，2019中国（江阴）金属新材料产业创新论坛在江阴市举行。中国工程院院士、东北大学教授王国栋，中国工程院院士、中国科学院海洋研究所研究员侯保荣，中国工程院院士、重庆大学教授潘复生，乌克兰工程科学院院士、乌克兰高等学院科学院院士、乌克兰国立冶金学院院长亚历山大·维利奇克，乌克兰工程科学院院士、乌克兰国家科学院黑色冶金研究所教授伊戈尔·普里霍科等来自国内外金属材料领域的知名专家学者参加。科技部成果转化与区域创新司巡视员杨咸武、中科院金属研究所所长左良、东北大学副校长孙雷、江苏省科学技术协会副主席冯少东出席活动。无锡市委常委、江阴市委书记陈金虎在论坛开幕式上致辞，市长蔡叶明主持开幕式，市领导陈兴华、邵文松、赵强参加开幕式。4日，市委召开集成改革领导小组会议，听取集成改革重点项目专项督察和相关改革项目推进情况汇报。陈金虎、蔡叶明、孙小虎、徐冬青等市领导出席会议。8日，“守初心、强四力、担使命”江阴市庆祝第20个中国记者节主题活动在市融媒体中心（传媒集团）举行。市领导陈金虎、程政出席活动。12—14日，陈金虎带领相关部门负责人和行业专家，先后前往高新区、新桥镇、华士镇、周庄镇，实地检查督办安全生产隐患排查整治工作。市领导陈兴华、靳佳高参加检查督办。19日，陈金虎以暗访的形式，现场督导检查文明城市创建工作，实地察看市人民医院城中院区、浮桥菜场、三元坊巷、澄江福地商业街、世新家园小区等背街小巷、居民小区、商业大街、集贸市场等重点区域的整治提升情况。22日，江阴市召开全市“厂中厂”安全生产专项整治“雷霆行动”动员部署会，对“厂中厂”安全生产专项整治进行全面部署。陈金虎、孙小虎、徐冬青等市领导出席会议。25日，陈金虎以“四不两直”*方式，到夏港街道国联科技有限公司、夏港街道福鑫拆旧厂、申港街道平诚金属加工有限公司等地，现场检查安全生产隐患排查整改工作，并主持召开座谈会，听取相关情况汇报。市领导计军、费平、赵强参加检查或出席座谈会。27日，市委、市政府召开全市领导干部会议。陈金虎出席会议并就做好当前安全生产工作讲话。市长蔡叶明就做好当前安全生产工作作具体部署。市领导孙小虎、徐冬青等出席会议。市委常委、常务副市长费平主持会议。

12月9日，市委、市政府举行全市安全生产监管内设机构集中成立仪式，江阴市安全生产委员办公室、18个镇街园区安全生产监管内设机构和20个机关部门安全生产内设机构集中揭牌成立。市领导陈金虎、蔡叶明、费平、邵文松、赵强出席成立仪式并为内设机构揭牌。12日，全国双拥工作领导小组成员兼办公室副主任、中央军委政治工作部群众工作局局长肖安水率领全国双拥模范城（县）创建工作调研组到江阴市调研指导。省人大常委会副主任、无锡市委书记、无锡市双拥工作领导小组第一组长李小敏会见肖安水一行,无锡市委副书记、市长黄钦陪同调研并参加汇报座谈会。全国双拥工作领导小组办公室副主任、退役军人事务部拥军优抚司副司长王忠诚,文化和旅游部机关服务局副局长步士忠,省退役军人事务厅厅长、省双拥办副主任张宝娟,省退役军人事务厅副厅长、省双拥办副主任徐卫,东部战区政治工作部群工联络局副局长皋军,省军区政治工作局副主任、省双拥办副主任周春发,驻江阴市部队领导吴锦高、吴贺宪、侯志平、黄从军、陈家军,无锡市和江阴市领导徐劼、陈金虎、柳江南、尹平、虞卫才参加调研或出席座谈会。17日,无锡市市长黄钦以"四不两直"[*]的方式到江阴市突击检查并督导安全隐患排查整治工作。市领导陈金虎、蔡叶明、陈兴华、赵强参加检查督导。同日,江阴市举行全民自救互救培训进机关启动仪式。无锡市委常委、江阴市委书记陈金虎宣布全民自救互救培训进机关活动正式启动,并参加心肺复苏实操培训。蔡叶明、徐冬青、计军、陈兴华、费平、靳佳高等市领导出席启动仪式和参加实操培训。18日,陈金虎主持召开十三届市委常委会第105次(扩大)会议,听取全市城市安全集中整治督查考核第二阶段工作汇报,讨论研究《江阴市全面融入长江三角洲区域一体化发展实施意见》《江阴市全面深入开展安全生产专项整治行动工作方案》《江阴市安全生产巡查工作实施方案》《江阴市各有关部门安全生产工作职责》《关于新时代加强和改进人民政协工作的实施意见》《关于深化江阴市纪委监委派驻机构改革的实施意见》《关于市属国有企业纪检监察机构设置有关事项的意见》等议题。同日,江阴市举行"不忘初心、军魂永驻"——首届"最美退役军人"发布暨退役军人关爱基金成立仪式。市领导陈金虎、蔡叶明、徐冬青、尹平、王庆春和驻江阴市部队领导一起出席仪式。19日,江阴市委召开政协工作会议。陈金虎出席会议并讲话,徐冬青、袁秋中、计军、吴芳、费平、邵文松等市领导出席会议。26日,江阴市企业家协会举行"增信心、激活力、促发展"论坛暨2019年年会。陈金虎出席会议并讲话。无锡市人大十五届常委会原副主任、无锡市企业联合会会长、无锡市企业家协会会长林国忠,江阴市领导蔡叶明、孙小虎、徐冬青、程政、张韶峰参加年会。

【走访调研活动】 2019年1月16日,无锡市委常委、江阴市委书记陈金虎分别走访挂钩薄弱村、敬老院,看望慰问弱势群体、"中国好人"、优抚军人。市领导程政、虞卫才参加走访活动。26日,陈金虎、蔡叶明、孙小虎、徐冬青等市领导分组走访慰问老领导。

2月1日,无锡市委常委、江阴市委书记陈金虎和市长蔡叶明分组带队走访慰问保供单位、加班单位和新闻单位,看望慰问奋战在一线的干部职工和公安干警。11日,陈金虎、蔡叶明、孙小虎、徐冬青等市领导分组深入企业一线检查节后复工复产情况。28日,陈金虎到长泾镇蒲市村新农村建设农民集中居住点建设现场调研新农村建设试点工作。市领导吴芳、郁秋皓、张少波参加调研活动。

3月12日,无锡市委常委、江阴市委书记陈金虎到高新区江苏飞慕生物科技有限公司等3个科技创新企业调研。市领导陈兴华、邵文松、赵强参加调研。22日,陈金虎调研黑臭水体整治工作,现场调研南横沟河、澎洞河整治情况,北横河东段、北潮河现状以及绿道永安段旁控源截污、东风河应急治理现状。市领导郁秋皓、张少波参加调研。28日,陈金虎现场调研江阴绿道工程建设推进情况。市委常委、常务副市长费平参加调研活动。

4月9日,无锡市委常委、江阴市委书记陈金虎走访调研挂钩企业和挂钩项目,现场查看企业经营运行、项目推进及安全生产等方面的情况,认真了解企业实际需求、倾听发展诉求,协调解决生产经营和项目建设过程中存在的问题和困难。市领导陈兴华、赵强参加走访活动。

5月10日,无锡市委常委、江阴市委书记陈金虎赴云亭街道、南闸街道、新桥镇和顾山镇调研农村人居环境整治工作及走访挂钩联系薄弱后进村。市领导吴芳、郁秋皓陪同调研。14日,陈金虎、蔡叶明分组带队走访金钥匙儿童启智教育中心新校区、元林康复医院等残疾人护理机构,看望慰问残障人士。市领导孙小虎、邵文松、虞卫才、喻伟力参加走访慰问活动。31日,陈金虎、蔡叶明分组走访慰问城西中心小学、西郊中心幼儿园、辅延幼儿园和城南小学等江阴部分幼儿园和小学。市领导孙小虎、徐冬青、程政、虞卫才、张少波参加走访慰问。

6月4日,无锡市委常委、江阴市委书记陈金虎赴长泾镇和南闸街道,走访结对经济薄弱村蒲市村蒲墅里村和龙运村,慰问阳光扶贫对象。市政协副主席韩民参加走访。17日,陈金虎到邦特科技有限公司、天邦涂料股份有限公司、常隆客车有限公司和长电科技股份有限公司参加服务企业发展、项目建设走访调研活动。市领导计军、陈兴华、赵强参加走访调研活动。18日,陈金虎到云亭街道基层党建工作指导站、南闸街道金三角市场党建联盟、青阳镇旌秀社区、祝塘镇金庄村等地调研基层党建"四项工程"(领导班子建设、思想政治建设、基层队伍建设和工作作风建设)建设工作。市委常委、组织部部长邵文松参加调研活动。

7月1日,无锡市委常委、江阴市委书记陈金虎走访慰问部分老党员、困难党员、优秀党务工作者。市委常委、组织部部长邵文松参加走访慰问活动。3日,陈金虎到菁存阁、江阴金杯安琪乐器有限公司、申港街道季子文化公园、青阳世盛老红木艺术馆、青阳文化体验空间、梦东方文化创意产业园等地调研全市文化建设工作,深入了解文化产业和文化旅游项目建设情况。市委常委、宣传部部长程政,副市长张韶峰陪同调研。8—9日,陈金虎先后赴云亭街道和祝塘镇调研经济、民生、环保等各项工作。市领导邵文松、虞卫才、张少波分别参加调研活动。18日,陈金虎先后赴利港街道中向旭曜木本泥炭土壤改良剂项目和振江新能源三期项目、江苏利电能源集团、利港亲水湖公园、江阴澄西医院、北郭庄紫薇园等地调研经济发展情况。市委常委、临港开发区管委会主任计军参加调研活动。24日，市领导陈金虎、孙小虎、尹平先后前往驻江阴市部队、市人武部、市退役军人事务局以及退役军人代表家庭进行走访慰问。

8月1日，无锡市委常委、江阴市委书记陈金虎，市长蔡叶明等市领导分组前往肖山水厂、法尔胜特钢制品有限公司、交警大队城中中队国际岗、澄江环卫所步行街作业现场等地看望慰问一线职工。市领导徐冬青、费平、赵强参加走访慰问活动。5日，陈金虎赴南闸街道调研经济社会发展情况。副市长郁秋皓参加调研。19日，陈金虎赴青阳镇马家村、凝秀湖公园、江苏东亚纸业有限公司调研民生环保工作。市领导郁秋皓参加调研。20日，陈金虎到普惠中心河、芦花沟河和北潮河水体整治工程现场调研城区黑臭水体整治及污水管网建设工作。市领导计军、费平参加调研。26—27日，陈金虎参加“走进企业、解难促进”走访调研活动，先后到江苏长龄液压股份有限公司、江阴华润制钢有限公司等企业深入了解转型提升情况，为企业转型出谋划策、破解难题。市领导计军、赵强参加走访调研活动。29日，陈金虎率队赴月城中学、无锡市苏南学校食材配送有限公司江阴分公司、南闸街道南闸中心幼儿园等地调研学校食材配送工作。市领导靳佳高、郁秋皓、张少波参加调研。

9月2日，无锡市委常委、江阴市委书记陈金虎赴江苏法尔胜光通信科技有限公司、江阴信邦电子有限公司等企业走访调研。市委常委、高新区党工委副书记陈兴华参加走访调研活动。9日，陈金虎、蔡叶明分组开展教师节走访慰问活动，前往春申中心幼儿园、南菁实验教育集团暨阳校区、要塞中学、江阴市城中实验小学等地看望慰问教职员工。20日，陈金虎走访慰问全国劳动模范周建松、因公牺牲公安干警朱海洪家属、全国道德模范张纪清和袁梅芬、全国退役军人模范吴协恩、离休干部张惜晨等，并向部分人员颁发“庆祝中华人民共和国成立70周年”纪念章。市领导陈兴华、邵文松、程政、王庆春参加走访慰问活动。29日，江阴市在周庄镇山泉村举行“爱敬诚善、德耀江阴”道德模范与身边好人现场交流活动。市领导陈金虎、袁秋中、程政出席。30日，市领导陈金虎、蔡叶明、孙小虎、徐冬青等分组走访慰问夕阳红城东区城东养老中心、南闸街道爱晚庭爱心护理院等养老机构和部分高龄老人代表。市领导陈兴华、计军、许晨分别参加走访慰问活动。

10月8日，无锡市委常委、江阴市委书记陈金虎率队到江阴绿道滨江道、锡澄运河整治工程、光大水务（江阴）澄西三期项目、远景 AESC（一种电池标准）智能电池项目和江苏嘉盛燃气 LNG（液化天然气）调峰储配站项目现场，专题调研长江生态安全示范区建设工作。市领导计军、费平参加调研。10日，陈金虎到绮山应急水源地、江阴热电燃气发电项目和华能江阴燃机热电联产项目建设现场，专题调研长江生态安全示范区建设工作。陈金虎一行还调研华士镇向阳村农房翻建工程推进情况和祝塘镇农村人居环境整治提升工程。市委常委、常务副市长费平参加调研活动。15日，陈金虎赴龙泾桥、徐霞客镇皋岸村新农村建设现场、徐霞客镇花山南坡东部的复绿项目、秦望山工业废弃物综合利用项目建设现场等地就长江生态安全示范区建设工作进行专题调研。16日，陈金虎赴挂钩联系镇（街道）云亭街道毗山村、云新村、云亭村、佘城村和花山村等地，开展“不忘初心、牢记使命”主题教育专题调研。21日，陈金虎赴挂钩联系镇街云亭街道定山村、云亭社区、新敔山社区、迎瑞社区和金云社区，开展“不忘初心、牢记使命”主题教育专题调研。

11月5日，无锡市委常委、江阴市委书记陈金虎赴江阴外国语学校、敔山湾实验幼儿园、要塞中学、毗陵路小学等部分学校就教育工作开展“三解决三提升”* 专题调研。副市长郁秋皓参加座谈交流会。20日，陈金虎到滨江西路（河豚路至海港大道段）和芙蓉大道快速化改造工程、江阴铁路综合枢纽站工程等交通工程项目现场就交通工作开展“三解决三提升”专题调研。市委常委、常务副市长费平参加调研。25日，陈金虎到江阴市第三人民医院、城中社区卫生服务中心蒲桥卫生服务站、江阴市中医外科医院门诊大楼等地，就医疗卫生工作开展“三解决三提升”专题调研。市领导陈兴华、许晨参加调研。

12月3日，无锡市委常委、江阴市委书记陈金虎结合“不忘初心、牢记使命”主题教育，到江阴市儿童康复中心、腾创培训产业园、江阴市人力资源市场、花园社区居家养老服务中心、江阴市社会组织发展中心等地，就民生工作开展“三解决三提升”专题调研。副市长虞卫才、市政府党组成员张少波参加现场调研或交流座谈会。25日，陈金虎带领相关部门负责人，前往黄田港公园、定波水利枢纽工程、锡澄运河桥梁、南沿江城际铁路江阴段、芙蓉大道快速化改造等城乡建设“1310工程”* 部分项目建设现场进行实地检查。市委常委、常务副市长费平参加检查活动。

【学习考察活动】 2019年4月23—27日，无锡市委常委、江阴市委书记陈金虎带领江阴市经贸代表团赴中国台湾、香港，围绕智能制造、医疗健康、新一代信息技术等重点产业开展招商引资、项目洽谈、产业合作活动。市领导计军、陈兴华、张韶峰分别参加相关活动。

5月17—24日，陈金虎率江阴市经贸代表团赴日本和美国，先后考察日本东京制纲株式会社、云蝠集团美国纽约公司、名华美国股份有限公司，拜访美国南卡罗来纳州格里尔市市政厅。开展友好交流，助推项目落地，提升合作层次。市领导赵强、张韶峰参加考察访问活动。18—20日，无锡市委常委、江阴市委书记陈金虎率江阴市经贸文化代表团赴法属波利尼西亚，拜访法属波利尼西亚主席府、法属波利尼西亚法阿市市政厅以及中国驻法属波利尼西亚帕皮提市领事馆，就双方在文化旅游、产业项目等方面的合作展开洽谈，深化两地友好交流，谋求广泛合作空间。副市长赵强、张韶峰参加访问考察活动。

7月10日,无锡市委常委、江阴市委书记陈金虎率领市党政代表团赴无锡市梁溪区学习考察城市建设相关工作。市委常委、常务副市长费平参加学习考察活动。

【表彰活动】 2019年1月3日,周庄镇山泉村举行纪念改革开放40周年主题活动。无锡市委常委、江阴市委书记陈金虎为山泉村颁发“江阴市改革开放40周年先进集体”奖牌。市长蔡叶明为山泉村“新时代文明实践站”揭牌。孙小虎、徐冬青等市领导出席活动。18日,市委、市政府组织召开全市安全生产工作会议,会议表彰2018年度安全生产先进单位、先进集体、先进个人。28日,市委、市政府召开全市重点骨干企业座谈会,发布《2018年度江阴市重点骨干企业》名单,并对有关企业进行表彰奖励。

2月11日,市委、市政府召开2018年度全市先进表彰大会。无锡市委常委、江阴市委书记陈金虎作题为《奔跑新时代 勇做追梦人》的讲话。市委副书记、市长蔡叶明宣读表彰决定。市委副书记、统战部部长袁秋中主持会议。孙小虎、徐冬青等市领导参加会议。

3月8日,江阴市举行纪念三八国际劳动妇女节暨“在你身边、为你服务”妇联改革成果汇报会。无锡市委常委、江阴市委书记陈金虎出席并讲话。市领导孙小虎、徐冬青、邵文松、虞卫才、许晨出席活动。14日,召开全市生态环境保护大会,会议表彰了2018年度江阴市生态文明建设和环境保护先进集体和先进个人。19日,市委、市政府召开全市农村工作会议,2018年度全市农村工作先进集体和先进个人受到表彰。27日,全市以智能化为引领打造先进制造业第一县暨人才强企大会在海澜集团举行,对2018年度工业经济发展先进单位、省“双创计划”人才等进行表彰,颁发“产业强市”扶持资金和人才资助资金。

4月29日,市委、市政府举行庆“五一”先进表彰大会,表彰获得全国、省、无锡市五一劳动奖状、奖章、荣誉奖章、工人先锋号以及江阴市示范性劳模(职工)创新工作室、“十佳工人先锋号”“十佳文明职工”等荣誉称号的先进集体和个人。无锡市委常委、江阴市委书记陈金虎出席会议并讲话。市领导蔡叶明、孙小虎、徐冬青、邵文松、程政、虞卫才、赵强参加活动。同日,江阴综合保税区举行封关运营暨总结表彰再出发大会,大会表彰江阴综合保税区创建工作先进集体和先进个人,陈金虎出席会议并讲话。市长蔡叶明主持会议,市领导孙小虎、徐冬青、计军、邵文松、张韶峰出席会议。

6月26日,市委、市政府举行纪念中国共产党成立98周年大会,并表彰一批优秀共产党员、优秀党务工作者和先进基层党组织。无锡市委常委、江阴市委书记陈金虎出席会议并讲话。蔡叶明、孙小虎、徐冬青等全体市领导出席纪念大会。

11月11日,市委、市政府专题召开全市教育大会,大会表彰一批江阴市优秀教师、优秀班主任、优秀校长和“教育发展”突出贡献奖、“捐资助学”突出贡献奖。

12月25日,江阴市举行“爱国敬业诚信友善”——第六届“德耀江阴·十佳江阴好人”颁奖典礼。市领导陈金虎、蔡叶明、孙小虎、徐冬青、程政参加颁奖典礼。26日,中信泰富特钢集团股份有限公司兴澄特钢举行2019年度总结表彰大会暨三届三次职工代表大会。无锡市委常委、江阴市委书记陈金虎出席并讲话。市委常委、高新区党工委副书记陈兴华出席会议。27日,江阴海关举行建关25周年文化建设成果汇报暨先进表彰会。南京海关副关长、党委副书记陈建东,市领导陈金虎、孙小虎、徐冬青、计军、陈兴华、程政、靳佳高、张韶峰出席活动。

【项目签约、奠基、竣工活动】 2019年1月25日,由中信泰富(中国)投资有限公司、大昌行集团有限公司合作打造的总投资达15亿美元的大昌行长三角食品加工物流园项目举行签约仪式。中信泰富有限公司董事长张极井,市领导陈金虎、蔡叶明、计军、张韶峰、许晨出席签约仪式。

4月18日,远景千亿级智慧能源产业园正式启动建设。江苏省委常委、无锡市委书记李小敏宣布产业园启动,无锡市和江阴市领导黄钦、周敏炜、徐劼、陈德荣、陈金虎、谢晓军、袁飞、蔡叶明、计军、费平等出席活动。

6月25日,南京理工大学与临港开发区举行政产学研战略合作签约暨江阴校区产教合作联盟成立仪式,同时南京理工大学江阴校区主体工程正式封顶。南京理工大学党委书记张骏、校长付梦印,市领导陈金虎、蔡叶明、计军、郁秋皓出席仪式。

9月18日,由纺织企业改造提升而成的江阴启星智能制造产业园举行开园仪式。无锡市委常委、江阴市委书记陈金虎出席并讲话。市领导陈兴华、张韶峰出席开园仪式。20日,位于江阴市高新区的普莱医药产业基地项目一期建成启用。德国马普研究院生物物理研究所所长、诺贝尔奖获得者哈特穆特·米歇尔,美国科罗拉多大学丹佛分校生物分子结构中心主任、加拿大皇家科学院院士罗伯特·霍金斯,市领导陈金虎、陈兴华、邵文松、虞卫才出席启用仪式并为普莱医药产业基地启用按下启动球。

11月18日,联动天翼新能源产业基地一期项目举行投产仪式。无锡市委书记李小敏宣布项目投产,联动天翼新能源有限公司董事长阎紫电,松下电器(中国)有限公司总裁赵炳弟,陈金虎、蔡叶明、孙小虎、徐冬青等市领导出席投产仪式。

【接待活动】 2019年,江阴市接待各类宾客280批次10503人次,其中党和国家领导人和原领导5人次,部、省级领导47人次,军队少将及以上军衔将领7人次。

到江阴的国家级领导。2019年,国家现任领导人和原领导人到江阴视察指导工作的有5人次。现任领导人有全国人大常委会副委员长张春贤,全国政协副主席卢展工,原领导人有全国人大常委会原副委员长华建敏、严隽琪,全国政协原副主席李蒙等。

到江阴的江苏省领导。2019年,到江阴考察指导工作的江苏省委、省政府的领导有娄勤俭、吴政隆、任振鹤、杨岳、李小敏、樊金龙、郭文奇、马秋林、王江、费高云等,江苏省人大常委会领导有邢春宁、魏国强、曲福田等，江苏省政协领导有麻建国、阎立、周继业等。到江阴视察指导工作的江苏省老领导有弘强、曹鸿鸣、丁解民、张九汉等。

到江阴的国家各级部委及外省的省级领导。2019年，据不完全统计，到江阴视察指导工作的各部委及各省级领导和原领导有27人。其中在职领导23人，先后为水利部副部长陆桂华，国家统计局副局长李晓超，中国红十字会党组成员、副会长王汝鹏，全国政协常委会副秘书长、农工党中央副主席兼秘书长曲凤宏，全国政协常委、教科卫体委员会主任，教育部原部长、党组书记袁贵仁，全国政协委员、教科卫体委员会副主任，国家体育总局原副局长、党组成员冯建中，全国政协教科卫体委员会副主任，江苏省政协原主席张连珍，全国政协常委、教科卫体委员会副主任，民盟中央副主席、北京市委，北京市政协副主席，全国妇联副主席（兼职）程红，中国文联副主席、天津市青年京剧团团长、国家一级演员孟广禄，最高人民检察院副检察长张雪樵，中国地质学会徐霞客研究分会会长王宝才，中央扫黑除恶专项斗争督导组组长盛茂林，联合国前秘书长，中国外交部顾问、中巴友好协会会长沙祖康，省政府参事、中国工程院院士、省政协科技委主任张建云，中华见义勇为基金会常务副理事长李顺桃，国家市场监管总局副局长、党组成员唐军，全国政协第十一届全国委员会常务委员、中国旅游协会名誉会长何光伟，陕西省委常委、延安市委书记徐新荣，全国政协委员、中国美术家协会分党组书记、驻会副主席徐里，全国政协经济委员会副主任、中央第二环境保护督察组组长吴新雄，山西省委常委、大同市委书记张吉福，中国文联副主席董伟，国务院安委办副主任、应急管理部副部长孙华山等。老领导4人，先后为国家卫计委原副主任刘谦，中宣部原部长、中国社会科学院原党委书记王忍之，国务院原副秘书长刘济民，国务院原副秘书长陈进玉等。

到江阴的军队少将及以上军衔首长。2019年，据不完全统计，到江阴参观考察的军队少将及以上军衔首长有7人，先后为63680部队政治委员吴贺宪，军事科学院系统工程院政委孙建新，江苏省军区司令员于中海，北部战区空军政治部主任杨春光，军委战略规划办公室副主任扈新林，全国双拥工作领导小组成员兼办公室副主任、中央军委整治工作群众工作局局长肖安水，无锡联勤保障中心主任侯志平。

到江阴的其他重要人士。2019年，据不完全统计，到江阴的其他重要人士有46人，先后为中国科学院院士、南京大学教授都有为，无锡旅港同乡会会长、香港无锡商会会长、江苏省政协委员唐庆年，上海宝冶集团有限公司董事长、党委书记白小虎，中唐空铁集团董事长唐通，诺贝尔奖得主、教授马里奥·莫利纳，美国食品药监局前局长、杜克大学Margolis（马格里斯）公共卫生健康政策中心主任，经济医药与健康政策教授Mark McClellan（马克·麦克莱伦），国家一级演员、梅花奖获得者张克、赵秀君、闫巍，北京中郡经济发展研究所所长刘福刚，全国政协委员、国务院发展研究中心资环所副所长谷树忠，中信银行业务总监，南京分行行长、党委书记陆金根，中国工程院院士、江苏省工程师学会理事长欧阳平凯，江苏有线无锡分公司党委书记、总经理袁剑峰，中国行业报协会常务副会长陈国栋，经济学家、教育家、新闻传播学家高希均，商务部电子商务和信息化司原巡视员聂林海，国家统计局新闻发言人毛盛勇，复旦大学党委统战部部长、先进材料实验室主任、中国科学院院士赵东元，中信泰富集团董事长、总裁曾晨，台湾华新丽华集团董事长焦佑伦，香港国际投资总会主席、国家优质投资项目专家审查委员会副主任余延庆，香港金鲤有限公司董事长、盛宣怀研究会荣誉会长、江苏省政协五届委员盛毓凤，中国工程院院士、美国国家工程院外籍院士曹湘洪，江苏普莱医药生物技术有限公司首席科学家（诺贝尔奖得主）哈特穆特·米歇尔，江阴贝瑞森生化技术有限公司技术总监，乌普萨拉大学荣誉退休教授、国际科学技术合作奖获得者、国家友谊奖获得者、江阴市荣誉市民杨克里斯特·杨森，美国科罗拉多大学丹佛分校生物分子结构中心主任、江苏普莱医药生物技术有限公司首席科学官（CSO）、加拿大皇家科学院院士罗伯特·斯坦利·霍金斯，江苏省演艺集团副书记、锡剧团团长周东亮，新华社原副总编辑薛永兴，北京师范大学资深教授、国家教育咨询委员顾明远，中国科学院院士、电力系统专家、中国电力科学研究院名誉院长周孝信，中国工程院院士、飞航技术专家、中国航天科工集团科技委高级顾问刘永才，中国科学院院士、通信网络领域专家、军事科学院系统工程研究院研究员尹浩，中国科学院院士曹春晓，挪威技术与科学院院士白勇，东北大学教授、中国工程院院士王国栋，重庆大学教授、中国工程院院士潘复生，中国科学院海洋研究所研究员、中国工程院院士侯保荣，乌克兰国立冶金大学校长、乌克兰高等学院院士、乌克兰科学院院士亚历山大·维利奇克，乌克兰国家科学院黑色冶金研究所教授、乌克兰工程科学院院士伊戈尔·普里霍科，中央党校雷榕生，上海大众公用事业股份有限公司执行董事总裁梁嘉玮，联动天翼新能源有限公司董事长阎紫电，中国作协名誉副主席、中国社科院荣誉部务委员、中国作协原副主席张炯，江苏凤凰出版传媒集团纪委书记章朝阳，小康杂志社社长舒富民等。（吴通扬　陈　悦）

组织工作

【概况】 2019年，江阴市组织工作紧紧围绕市委中心大局，坚定践行新时代党的组织路线，基层组织基础持续夯实、干部队伍建设扎实推进、人才集聚效应充分激发，为全市经济社会改革发展提供了坚强组织保证。是年，全市提拔任用市管领导干部8批次104人次，其中，提拔市管正科职领导干部21人，提拔市管副科职领导干部57人，提拔非领导职务干部15人，进一步使用11人。跨部门交流轮岗93人次，其中，镇（街道）、园区与机关上下交流

34 人、镇(街道)、园区之间横向交流35 人、机关之间交流24 人。新提拔市管副科职领导干部中,女干部20 人,占 35.1%;35 周岁以下 11 人,占 19.3%;30 周岁以下 4 人,占7%;研究生及以上学历的 12 人,占21.1%。加强党外干部配备力度,全年提拔党外干部 5 人,其中正职 3 人。基层党建以深化开展“五聚力五提升”行动(聚力基本组织,提升党的领导力;聚力基本队伍,提升党的战斗力;聚力基本活动,提升党的凝聚力;聚力基本制度,提升党的执行力;聚力基本保障,提升党的支撑力)为抓手,全面增强基层党组织政治功能和组织力,着力把党的组织优势转化为基层治理优势、组织活力转化为基层治理活力。推行村党组织书记选拔任用事前报告和全程纪实办法,调整 16 名村(社区)书记,全市“五强”(政治素质强、担当作为强、发展本领强、治理能力强、作风纪律强)型书记比例达 61.9%。选任 17 名优秀村(社区)书记进镇(街道)事业编制,建立全市村(社区)书记企业年金制度。实施“两新”* 组织“红色领航”工程,新建“红色展厅”10 个、“红色车间”39 个,“红色活动室”配备和达标率90% 以上。深化扫黑除恶专项斗争,排查清理 17 名村(社区)“两委”* 人员,完善市级备案和政治联审机制,建立软弱涣散、薄弱后进基层党组织市领导挂点制度,实现全部“销号”。全面深入实施“暨阳英才”* 计划及升级版,制定完善领军人才、海外人才、高技能人才、青年人才等各类人才奖补细则文件 9 个,新引进诺奖得主 1 人、建立诺奖得主研究院 1 个,新引进国内外院士 3 人并建立院士工作站,新引育国家重大人才工程入选者 A 类 4 人,新入选省“双创人才”* 7 人、“双创博士”* 7 人、科技副总 8 人,新入选“太湖人才计划”* 人才项目 27 项。围绕“爱国 · 奋斗 · 奉献”主题,开展江阴市第五届“暨阳英才”精英徒步赛、高层次人才国情研修班、青年企业家创新培训班、专家人才沙龙、“健康守护 · 名医进企”等系列活动 21 场次,全市 1980 名高层次人才参与主题活动。持续实施“三房两补”人才安居政策(指江阴市的涵盖各类人才的全方位人才安居政策,“三房”指给人才优先优惠提供公租房、经济适用房和人才公寓,“两补”指人才购房租房后,提供高层次人才安家补贴和大学生租房补贴),全年发放高层次人才安家补贴 243.5 万元,优秀大学生租房补贴 224 万元,首次发放 210 张高层次人才健身卡。

【“不忘初心、牢记使命”主题教育】 2019 年,江阴市把开展“不忘初心、牢记使命”主题教育作为首要政治任务,组织全市 85 个参学单位、4000 多个基层党组织参加主题教育,一体推进学习教育、调查研究、检视问题、整改落实四项重点举措上下联动,抓好对贯彻落实习近平新时代中国特色社会主义思想和党中央决策部署置若罔闻、应付了事、弄虚作假、阳奉阴违的问题;整治干事创业精气神不够,患得患失,不担当不作为的问题;违反中央八项规定及其实施细则精神的突出问题;形式主义、官僚主义,层层加重基层负担,文山会海突出,督查检查考核过多过频的问题;对群众关心的利益问题漠然处之,空头承诺,推诿扯皮,以及办事不公、侵害群众利益的问题;基层党组织软弱涣散,党员教育管理宽松软,基层党建主体责任缺失的问题;对黄赌毒和黑恶势力听之任之、失职失责,甚至包庇纵容、充当保护伞的问题;领导干部利用名贵特产特殊资源谋取私利问题 8 个方面的专项整治。注重分类指导,依托“先锋驿站”“红色车间”“红色展厅”等载体平台推动主题教育全覆盖,创新“三解决三提升”*“支部结对、党群结亲”等举措夯实主题教育成效,“红色车间”创新做法得到中央督导组肯定,徐霞客镇“1 + 4”* 治理模式入选中组部主题教育政治建设类案例。

【基层组织建设】 2019 年,江阴市深入推进党支部标准化规范化星级化建设,评定五星级党支部 150 个。落实村书记“县乡共管”制度,110 个村实现书记、主任“一肩挑”,比例达51%。建立实施村(社区)书记企业年金制度,选任 17 名优秀村(社区)书记进镇(街道)事业编制。创新党员联户“1 + 10 + N”制度*,获评全国城市基层党建创新案例,并在无锡全市推广。聘请 6 位党建领域专家担任顾问,上市公司党建联盟发布 4 大类共 61 项“红色动能”党建创新项目。机构改革后,及时调整优化组织设置,同步做好机关党组织换届选举工作。

【“千万党费激励计划”】 2019 年,江阴市实施“千万党费激励计划”,基层留存比例由 40% 提高至 60%。村(社区)“牌子乱象”全部清理规范到位,在党群服务中心、窗口单位、公园广场等公共场所,推进 8 个市级“暨阳红”先锋阵地示范工程,建成江阴“绿道”先锋驿站,对基层党建示范点、先锋阵地、党员联户、党建品牌等项目给予适当奖励。宣传落实非公企业党组织工作经费税前列支办法,有效激发非公企业党建工作活力。党内关爱实现全覆盖,突出对特别困难党员的帮扶支持,年内累计发放困难补助金 266 万元。

【市级机构改革】 2019 年,江阴市组织部门完成市级机关机构改革,全市党政工作部门由 55 个缩减至37 个,其中党委工作部门 9 个,政府工作部门 28 个。紧盯机构改革班子配备重点环节,对涉及主要领导调整、新组建领导班子等 24 个部门,开展专项调研,强化后续跟踪优化。严控各机关部门中层干部任职,明确任职口径,防止超职数配备。

【优化选人用人机制】 2019 年,江阴市鲜明树立重品德、重实绩、重基层、重公认的选人用人“四重”导向,进一步贯彻落实“三项机制”(鼓励激励、容错纠错、能上能下),打造忠诚干净担当的高素质干部队伍。将干部政治标准作为选人用人的首要条件,全面推行领导干部政治素质反向调查测评。探索实施干部任前“政治体检”,对 30 名新提拔或进一步使用干部的政治表现进行正反向民主测评,把好干部选任“政治关”。优先选用在急难险重任务中敢于担当的干部,全年有 43 名干部因在信访、拆迁、安全、环保、维稳、援外等重点工作中表现突出获提拔使用。注重选用基层一线干部,在同等条件下，优先提拔镇街、园区等基层一线的干部，市级机关提拔干部优先安排到基层一线。在年内新提拔市管副科职领导干部中，具有基层工作经历或提拔至镇（街道）、园区的干部30人，占52.6%。

【培养选拔优秀年轻干部】 2019年，江阴市坚持把年轻干部选拔培养作为干部队伍建设的“源头工程”，健全完善年轻干部选拔、培育、管理和使用的全链条机制。举办年轻干部政治素养、能力素质“双提升”培训班，对42名30岁以下年轻干部进行强化培训；举办为期1个月的中青年干部培训班，培训40岁以下的中青年骨干74人。持续推进墩苗挂职“952”计划*，强化日常跟踪管理。新选派33名年轻干部，分别到集成改革、城乡建设、信访维稳、巡察机构进行挂职锻炼。选派4名科级干部上挂至无锡机关部门，4名科员到江阴经济金融、脱贫攻坚、污染防治等岗位进行“培养式”“攻坚式”锻炼。落实选调生导师制度，优选5名“五强”型村（社区）党组织书记开展结对帮带。全年新提任80后正科职干部8人；新提任35岁以下副科职干部11人，超新提任副科的六分之一；新提任90后副科职干部4人。

【干部教育培训】 2019年，江阴市以全国、全省《2018—2022年干部教育培训规划》、无锡市《2019—2022年干部教育培训规划》为指导，始终把学习贯彻习近平新时代中国特色社会主义思想作为首要任务，开展干部教育培训，建设高素质专业化干部队伍。发挥“江阴大学堂”优势品牌，围绕区域经济发展、国家安全形势、大国关系及周边环境、经济高质量发展、新中国史发展等专题，举办“江阴大学堂”5讲，培训干部5400余人次。举办全市市管领导干部深入学习贯彻习近平新时代中国特色社会主义思想第三第四期研修班、新录用公务员初任培训班等市委主体班次，培训正科职干部47人、副科职干部144人、新录用公务员及参公人员70人。严格遵守上级相关调训纪律，选派29名科级以上干部参加中央、江苏省、无锡市各类培训班。深入落实领导干部上讲台制度，在市委各主体班次中，邀请11名处级以上干部和13名科级领导干部为学员授课。突出江阴优势资源，精心制作华西干部学院宣传片，推荐申报全国好课程2项，其中《始终高举旗帜 始终坚持发展——践行新时代村书记的初心与使命》被中组部评为全国好课程，完成华西村、法尔胜泓昇集团有限公司、海澜集团有限公司、江苏双良集团有限公司等4个“四千四万”精神（踏遍“千山万水”、吃尽“千辛万苦”、说尽“千言万语”、历经“千难万险”）现场教学点的申报以及课程开发工作。

【干部监督管理】 2019年，江阴市严格按照省委第七轮巡视和选人用人专项检查要求，全面梳理江阴市2016年以来干部选任情况，高质高效完成专项检查组个别访谈、资料提供、实地调研等交办任务，做到态度诚实、数据翔实、情况真实。对选人用人检查组初步反馈的干部长期不交流、存在企业社团兼职等问题，做到即知即改、立行立改。加强干部日常监督管理，用好提醒函询诫勉监督手段，对个人有关事项不如实填报的提醒11人、诫勉1人、中止选拔任用程序3人，对具有“带病提拔”情形的1人进行选拔任用倒查。深入推进党政领导干部“五方联审”（公、检、法、信访、卫健委五方），对10名市管主要领导开展任期经济责任五部门联合审计。结合市委巡察，对12个单位的选人用人工作进行专项检查。对2018年度选人用人“一报告两评议”（专题报告年度干部选拔任用工作情况，两评议即评议干部选拔任用工作，评议选拔出来的干部）满意度分值较低的3个单位进行书面提醒。

【年度综合考核】 2019年，江阴市充分发挥综合考核“指挥棒”作用，对标江苏省高质量发展监测评价、无锡市综合考核指标体系，优化完善全市年度综合考核评价办法，构建由市考核委领导、市考核办统筹、牵头部门推动、责任部门落实的一体化工作机制。制定出台《江阴市2019年度综合考核政策文件和管理文件》，明确考核细则、指标内容、计分方法，规范综合考核组织实施、考核环节、评定等次、结果反馈等程序。突出考核体系和内容相统一、考核过程和结果相统一、考事与考人相统一，做到考核结果与评先评优、物质奖励、干部选用相挂钩。全年举办综合考核业务培训班1次，召开考核工作推进会7次，对接完成无锡对江阴的季度监测、半年评估、年终综合考核工作。组织对全市86个单位开展综合满意度评价，选取社会公众、“两代表一委员”（人大代表、党代表、政协委员）、在职市领导三类对象开展评议，累计发放纸质评议表94份、网上测评2500人次、电话抽样测评2045人次，收到各类表扬、批评和意见建议476条。

【全面启动“百千万”专项引才行动】 2019年，江阴市启动实施“百千万”专项引才活动，立足于推进产才融合，聚焦新兴产业集群精准发力，着力加强江阴企业与高校院所产学研对接和专家柔性引进，计划到“十三五”末全市新引进100名领军型人才，柔性引进1000名教授博士到企业开展常态化产学研合作，引进10000名紧缺型优秀大学毕业生。先后组织高校专家进镇（街道）、园区企业、海外精英创新创业对接洽谈会、PNP（北京即联即用创业投资有限公司）跨境团江阴行、“优秀学子家乡行”、“才聚江阴”校园专项招聘、全民创业大赛等专场活动50余场，累计签约产学研合作项目83项，新引进领军型人才56人，柔性引进合作专家309人。

【公务员队伍建设】 2019年，江阴市全面贯彻落实新修订的《中华人民共和国公务员法》，不断加强公务员队伍规范化管理，持续提升公务员管理水平。坚持将加强公务员招录作为优化公务员队伍结构的主要途径，全面研判公务员队伍现状，合理规划招录职位，科学设置招录条件，全年新招录公务员（参公人员）95人，其中市级机关66人（含公安警校招录27人）、镇街24人、选调生5人。坚持合理配置，严格规范公务员队伍日常管理，年内办理公务员调动57人，其中市外调入14人，调出市外4人，市内调动39人。严格落实执行公务员辞职、辞退等各项制度,严肃行政机关纪律,规范公务员行为,年内辞去公职5人、辞退1人,有68人因违反党纪政纪受到处分,其中行政开除5人。截至年底,全市共有公务员(参公人员)5579人,其中:市级机关3877人(含公安1858人、法院205人、检察院109人)、镇街810人、群团63人、参公人员829人。严格规范公务员年度考核,上年度全市共有5807人参加公务员年度考核,其中评定优秀994人、称职4674人、不称职1人、未定等次138人。积极推行公务员分类管理改革,市场监督管理局机关及下属参公单位、市城市综合管理局机关及下属参公单位等5个单位列入行政执法类管理,市法院和市检察院的法官助理、检察官助理、书记员及司法警察实行分类管理。全面落实公务员职务与职级并行制度,完成综合管理类和行政执法类公务员职级套转2792人,其中行政执法类公务员完成职级套转537人。

2019年江阴市党的基层组织设置情况一览表

表2 单位:个

党(工)委						党总支部					党支部					党组
总数	其中					总数	其中				总数	其中				
	党工委	企业	事业单位	机关	其他		机关	事业	企业	其他		机关	事业	企业	其他	
162	10	32	15	30	75	316	46	25	54	191	3677	413	498	1476	1290	30

说明:行政村(社区)党委63个

2019年江阴市党员队伍结构情况一览表

表3 单位:人

总数	性别		年龄					学历					
	男	女	35岁及以下	36岁至45岁	46岁至54岁	55岁至59岁	60岁及以上	研究生	大学本科	大学专科	中专	高中	初中及以下
88011	62714	25297	20457	16545	15492	6737	28780	3177	25864	17542	3411	13307	24710

2019年江阴市发展新党员情况一览表

表4 单位:人

总数	性别		年龄			学历					
	男	女	35岁以下	36岁至59岁	60岁以上	研究生	大学本科	大学专科	中专	高中	初中及以下
1030	631	399	642	388	0	29	594	230	55	89	33

(孔浩宇)

宣传工作

【概况】 2019年,江阴市宣传思想文化战线坚持以习近平新时代中国特色社会主义思想为指导,深入贯彻中共十九大和十九届二中、三中、四中全会精神,切实履行举旗帜、聚民心、育新人、兴文化、展形象的使命任务,各方面工作取得明显成效。市委中心组全年集体学习27次,其中交流研讨8次,组织"共话祖国好、奋进新时代"等百姓名嘴主题宣讲,开展各类宣讲1700余场,连续2年获无锡市百姓名嘴风采展示优秀组织奖。推动"学习强国"学习平台推广使用,全市学员8.7万人,党员参与度保持在73%,录用稿件171篇。组织开展"思想再解放、发展高质量"市管领导干部专题读书调研活动,编印《思想再解放、发展高质量》调研文集,在全市宣传思想文化战线开展增强"脚力、眼力、脑力、笔力"教育实践工作,推动全市宣传思想文化战线锻造过硬素质、过硬本领、过硬作风。发布"江阴党员微学堂”微信公众号50余期300余条，编发《党员之友》12期近百万册。江阴市获评全省基层党员冬训工作示范市。认真履行主体责任，把意识形态工作作为“一把手”工程来抓。坚持“五个纳入”*“四个一同”*，党委（党组）严格落实“四个责任”（领导班子主体责任、党组织书记第一责任、分管领导直接责任、班子其他成员领导责任），常态化落实“22212”*制度，充分发挥市镇两级意识形态领域情况分析研判联席会议作用，逐月进行风险排查和预判，把意识形态工作触角延伸到村、社区、企业。成立市委网信委和网信办，建立“集中汇集、统一分拨、快速响应、跟踪督办”的网络舆情反馈处置体系。突出抓好涉及政治、宗教等领域重点人员、敏感人员的稳控工作，加强宗教场所和属地商业网站的监督管理。落实讲座论坛备案管理，强化对各类意识形态阵地的引导管控。围绕中华人民共和国成立70周年，紧扣市委、市政府中心工作和重要决策部署，开设主题新闻专栏，推出系列专题报道。策划“大江潮起竞风流”大型融媒体新闻行动，刊播各类新闻报道6000余篇，全方位、多角度展示中华人民共和国成立70年来江阴发展的生动实践和成就经验。江阴市被中宣部列入“壮丽70年·奋斗新时代”“改革落实在基层”主流媒体蹲点调研地区之一。中央、省级主流媒体聚焦江阴，累计发稿400余篇，发稿数量和质量继续保持全省县市领先地位。出版《2019江阴概览》，发布城市形象宣传片《大江之音》，全面展示江阴对外形象，受到社会各界广泛好评。规范落实新闻发言人制度，完善新闻发布工作机制。扎实做好融媒体中心省级试点工作，市融媒体中心正式成立，推进全媒体指挥平台“中央厨房”建设，建成7个10万+微信矩阵，成立19个镇（街道）、园区记者站，全媒体内容生产传播能力显著增强，市融媒体中心2项项目荣获全省市、县广电媒体融合创新“综合示范案例奖”和“优秀单项案例奖”。“全媒思维、全域变革、打造县级融媒体中心样板区”被评为无锡市宣传思想文化工作创新项目。推进“我和我的祖国”主题活动暨第三季“喜欢江阴的理由”城市形象推介活动，组织拍摄快闪作品40余部。深化拓展新时代文明实践中心全国试点市建设，构建横向到边、纵向到底的全域覆盖网格。开发新时代文明实践“一云四屏”（新时代文明实践云、电脑屏、手机屏、电视屏、触摸屏），通过“四单三式”（点单、派单、接单、评单，菜单式开展主题活动、配送式开展定制活动，孵化式开展创新活动）新时代文明实践志愿服务，推动志愿服务与群众需求精准对接。活跃志愿者总人数达22.76万人，集中组织新时代文明实践主题重点项目12期1210项，参与志愿者6万余人次，受益群众超过20万人次。评选表彰第六届“德耀江阴·十佳江阴好人”，新增“中国好人”3人、“江苏好人”6人、“无锡好人”9人、“无锡最美人物”8人，全市累计有145人入选“中国好人”“江苏好人”“无锡好人”。吴仁宝获评全国“最美奋斗者”，吴协恩受邀参加中宣部宣教局举办的“核心价值观百场讲坛”活动，李全兴被评为省道德模范。璜土镇璜土村精神文明建设项目获无锡市“腾飞奖”。举行庆祝渡江战役胜利暨江阴解放70周年升国旗仪式，开展“传承红色基因，弘扬革命精神”红色故事宣讲，精心组织“我们的节日”系列活动，组织开展“在国旗下成长”等主题活动和“童”字系列文化美育活动。纵深推进“十大专项提升行动”*，深化“八不”行为规范（出行不违规、车辆不乱停、垃圾不乱扔、守序不插队、节俭不浪费、养宠不扰民、友爱不冷漠、言语不喧哗），通过常态化暗访督查、季度城市文明程度指数测评和媒体曝光，有效推动创建工作提质增效。省级文明城市测评、社会文明程度测评指数、注册志愿者人数占城镇常住人口比重3项指标都实现实绩和排名“双提升”。获评新一轮省文明镇9个、省文明村25个、省文明社

2019年9月25日，江阴市举行“我和我的祖国”——庆祝中华人民共和国成立70周年大型歌会 （市委宣传部提供）

区5个、省文明单位38个、省文明校园4个。完成107个村(社区)综合文化服务中心省级创建和104个全民阅读公益服务点建设。举办"书香江阴"读书节系列活动,在国家图书馆举办缪荃孙铜像揭幕仪式暨学术研讨会。深入实施文艺人才建设"三江工程"(江花胜火——青年艺术人才培育工程、江山揽胜——中年艺术人才培养工程及江上风骨——老年艺术家扶持工程),组织开展"共画祖国好,奋进新时代"新疆行写生采风创作活动。积极参与全国性、省级重大文艺赛事,创作各类优秀文艺作品3000余件,50余件作品入选省级以上展演活动。举办中国美术家协会"国画、雕塑、漆画"三大艺术作品展。原创锡剧《徐霞客》、"校园小锡班"进京演出获得成功。全力推进锡剧、二胡、书法进校园,学校二胡班、小锡班累计培训学员12000余人,举办首届"介居杯"全市中小学生书法大赛。开展各类文化惠民活动3300余场,送图书2.3万册,举办书法、美术、摄影等展览100余场次。江阴蚕种场入选国家重点文保单位。新增500万元以上文化产业项目16项,规模以上文化企业净增25个。机构改革效能不断释放,出版版权和电影工作明显加强。大力推进"扫黄打非"基层站点规范化标准化建设,加强印刷企业安全生产管理,开展出版物市场和网络文化环境监管专项整治。完成红星电影院改造升级,新建成乡镇影院3个,全市年票房收入1.26亿元。获评省五星级农家书屋3个,无锡市四星级农家书屋4个、三星级4个。新华书店年销售首次突破2亿元,连续13年销售超亿元。

【学习宣传贯彻中共十九届四中全会精神】 2019年11月21日,市委召开理论学习中心组学习会,深入交流学习贯彻中共十九届四中全会精神的心得体会。是月22日,组织省委宣讲团四中全会精神宣讲报告会,全市近千名市管干部全员参加。是月28日,无锡市委常委、江阴市委书记陈金虎和市长蔡叶明带头宣讲,分别到高新区、临港经济开发区宣讲四中全会精神。12月10日,市委宣传部召开学习贯彻中共十九届四中全会精神宣讲动员部署会,下发《关于组建市委宣讲团并开展中共十九届四中全会精神集中宣讲的通知》,组建由市委常委、宣传部部长程政为团长,市有关部门领导、镇(街道)党(工)委书记和专家学者组成的39人宣讲团,全市开展集中宣讲活动62场,受众20000多人,各级党组织结合党员冬训活动开展理论学习、专题讲座、支部党课等活动,全市累计宣讲1700多场次,切实做到宣讲教育横向到边、纵向到底。

【获评全省基层党员冬训工作示范市】 2018年12月至2019年3月,江阴市委宣传部按照省、无锡市冬训工作部署要求,推动冬训工作务实高效开展。把学习贯彻习近平新时代中国特色社会主义思想作为首要政治任务,突出"五个专题"(着力推动习近平新时代中国特色社会主义思想深入人心;深入学习习近平总书记在庆祝改革开放40周年大会上的讲话精神;学习贯彻落实中央经济工作会议精神;深入学习省委、无锡市委和江阴市委全会精神;深入学习新时代党的建设总要求)学习内容,开展分众化培训、分层次施教,送资料上门、发信息服务,部门联动、基层互动,实现冬训全覆盖,党员干部参训率99%。抓好镇(街道)以党委书记、宣传委员、基层党校校长等为主的理论宣讲队伍,使理论宣讲更接地气、更涨人气。冬训"理论+文艺"百姓名嘴理论宣讲的相关做法在"学习强国"学习平台和《中国文化报》《无锡日报》等媒体刊登报道。冬训期间,全市组织上党课1700多场次,举办各类培训班200多个。江阴市被表彰为2018—2019年度全省基层党员冬训工作示范市,澄江街道、南闸街道获评省冬训工作示范镇(街道)。

【"学习强国"学习平台推广使用】 2019年1月31日,江阴市召开全市"学习强国"学习平台工作会议暨学习管理员培训班,部署"学习强国"学习平台推广使用工作,对各单位学习管理员进行培训,建立纵向到底、横向到边的党员全覆盖学习网络。开设广播栏目《"学习强国"一起听》,让"一人学"变成"大家学"。积极向"学习强国"平台供稿,全年供稿300多篇,录用171篇。组织参加省和无锡市宣传思想文化系统青年干部知识竞赛,举办"学习强国"知识竞赛,扩大"学习强国"学习平台的知晓率、覆盖率和影响力,激发广大干群学习热情。利用党员微阵地,开设学习平台线下理论"学习课堂",组织党员群众和企业职工开展APP(应用程序)培训、学习心得分享交流和爱国主题观影等一些线下活动,营造"比学赶超"的氛围。全市学员占党员总数比101.23%,参与度保持在73%。

【意识形态工作责任制】 2019年,江阴市各级党组织认真履行主体责任,将意识形态工作作为党的建设和政权建设的重要内容。按照属地管理、分级负责和谁主管谁负责、谁主办谁负责的原则,把意识形态工作作为"一把手"工程来抓。全年召开市意识形态领域情况分析研判联席会议2次,进一步推动意识形态责任逐级传导。常态化落实"22212"制度*,党委(党组)负责人旗帜鲜明地站到意识形态工作第一线。开展维护意识形态安全专项行动,以月报的形式督导各级党委(党组)认真分析研判意识形态领域的安全形势,研究制定工作措施,及时排查化解隐患。完善《意识形态工作责任制考核分解指标》,将意识形态工作纳入市委巡察重要内容,先后对13个单位开展意识形态工作专项检查。持续抓好省委巡视意识形态专项检查发现问题的整改。开展意识形态工作"三查三看"(查制度是否健全、查责任是否明确、查工作是否开展,看台账资料、看阵地建设、看活动开展情况),对各镇(街道)园区和相关部门意识形态工作责任制落实情况进行检查考核,推动意识形态工作落实到位。

【主题新闻宣传】 2019年,江阴市委宣传部牢牢抓住中华人民共和国成立70周年这条主线,紧扣实现"六个高质量"*发展,打响"五大品牌"*,围绕市委重大决策部署和中心工作,精准策划,靠前部署,推出权威报道和系列评论。4月22日,举行"大江潮起竞风流"大型融媒体新闻行动启动仪式,同步开设主题新闻专栏，推出专题专栏和系列报道。在报纸、电台、网络、微信、客户端融合发力，全新策划“江阴‘十三五’经济社会发展回眸”15个专版主题策划，不断增强新闻舆论宣传的传播力、影响力和感染力。围绕做好扫黑除恶专项斗争宣传，制订下发《关于进一步深化全市扫黑除恶专项斗争宣传工作的实施方案》《2019年扫黑除恶专项斗争宣传工作要点》《江阴市扫黑除恶专项斗争新闻宣传工作方案》等文件和方案，及时开设“扫黑除恶进行时”专栏进行宣传，报纸、广播、电视和“江阴发布”“秀江阴”“最江阴”和“法制全澄”等市级政务微公号全面宣传，累计刊播170多篇新闻报道。围绕市委、市政府中心工作，开设“深入学习贯彻落实市委全会精神　继续当好新时代高质量发展领跑者”“新时代文明实践　我们奋进在路上”“深化集成改革　提升县域治理现代化水平”“263，江阴在行动”“开启城乡建设新征程　合力共建人文宜居城　打好污染防治攻坚战”等10多个新闻专栏。围绕重要会议节点，加强新闻策划。以“坚持以智能化为引领　打造先进制造业第一县”为主题，以政策解读和典型企业宣传结合，充分展示千企大会的政策核心要点，挖掘企业智能化发展的特色和亮点。全年刊播各类新闻报道6000多篇，全方位、多角度展示中华人民共和国成立70年来特别是中共十八大以来江阴发展的生动实践和成就经验。

【对外宣传】 2019年，江阴市委宣传部向中央、省、无锡市级主流媒体刊发重点报道449篇，其中省级以上404篇，《人民日报》10篇（头版1篇），新华社23篇（《半月谈》1篇、《瞭望》5篇），中央电视台23条（《新闻联播》栏目4条），《光明日报》6篇（头版1篇），《经济日报》5篇（头版1篇）；《新华日报》47篇（头版7篇），江苏卫视34条（《江苏新时空》栏目26条），继续保持全省县市领先地位。“壮丽70年·奋斗新时代”中央、省级媒体调研活动走进江阴，30多个中央、省级媒体蹲点采访半月，重磅报道频出。《人民日报》头版推出《江阴：敢为人先立潮头》，《光明日报》头版推出《江阴：创新之路越走越阔》，《工人日报》《法制日报》均在头版连推三篇系列报道。“改革落实在基层”调研活动中，新华社和《光明日报》《经济日报》深度聚焦江阴集成改革为全国县域治理探新路。“澎湃新闻”采访组两次赴江阴市全面采访，后连续发布5篇重磅稿件，以“江阴启示”为题探寻江阴成绩背后的“为什么”；新华社撰写《江阴“护江”记》等系列报道，探索长江大保护的江阴路径；江阴发展大会、农民丰收节、物联网分会等一系列重大活动的举行，都吸引着主流媒体的关注和报道。中央电视台节目《我从徐霞客来》《中国影像方志·江阴篇》播出，展现江阴丰富的人文历史。《2019江阴概览》《2018记者眼中的江阴》展示江阴的特色亮点。《大江之音》《江阴24小时》等新版城市宣传片一经面世就在网络上广为传播。（张　胜）

统战工作

【概况】 2019年，江阴市委统战部紧扣全年目标任务，围绕凝聚共识、服务发展、创新创优、促进和谐等主题，解放思想、担当作为、突出重点、狠抓落实，扎实推进统一战线各领域工作取得新进展。持续深化主题教育。加强新阶层人士的思想引领。支持民主党派自身建设。完成民盟、民进、九三学社等民主党派主委的届中调整，配齐配强民主党派领导班子，继续开展“星级支部”创建活动。强化协商民主建设，扎实推进政党协商，提高参政议政针对性。聚焦发展高质量。牵头举办第二届江阴发展大会，助力天江药业股份有限公司等企业拓展海外市场，大力推进台资经济发展。牵头举办企业精准扶贫推进会，对接侨企继续推进云南省双江县、山西省石楼县消费扶贫。展现统战新力量。开展“献礼新时代，奋斗新征程”主题活动，推动新阶层人士展现“新”作为。工作制度逐步规范。进一步构建“大统战”工作格局，在镇（街道）、园区继续推进党委领导班子和领导干部述职述统工作，将统战工作纳入镇（街道）、园区和机关部门年度目标考核体系，形成统战工作统筹推进、协调发展的“一盘棋”格局。积极弘扬民族宗教正能量，举办少数民族庆祝中华人民共和国成立70周年大联欢、佛教协会庆祝中华人民共和国成立70周年文艺演出、基督教三自爱国会“我和我的祖国”讲经论道比赛等活动，全年宗教界公益慈善捐款150余万元。资助少数民族贫困家庭和优秀学生，发放扶助资金7万元。组织穆斯林群众赴无锡过开斋节、古尔邦节。落实宗教工作市、镇（街道）、村（社区）三级网络，镇（街道）、村（社区）两级责任制，完成119个未经批准场所的整治工作。品牌内涵日益丰富。发挥民盟中心基地、香山书屋等的品牌示范作用，启动“新的社会阶层人士实践创新示范基地建设深化年”活动，积极开展统一战线“同心”社会服务月活动，不断提升“同心”实践基地和“6+X”（6指五个民主党派和知联会，X指统一战线成员组成的志愿服务组织）同心志愿联盟品牌内涵。涉台工作实现高质量发展，全年新批台资企业2个，增资台资企业4个，到账台资4700余万美元，一批重大项目有序推进。华新丽华股份有限公司董事长焦佑伦、瀚宇博德股份有限公司董事长焦佑衡、常鸿新股份有限公司执行长林郁生等18批130人次到江阴市考察。全年办理公务赴台17批72人次，与台湾新北市、台东县、彰化县等就文化、农业、特色小镇建设等方面开展交流。台湾新北市村里长参访团、台湾徐霞客研究会、台东县工商发展投资策进会等9批196人次到江阴市开展对口交流。举办海峡两岸纪念徐霞客公祭典礼、台北市江阴同乡会“寻根之旅”等一系列重大交流活动。全年走访台资企业107个次，开展“惠台措施”落实情况座谈会、“中美贸易摩擦影响”专题调研；协调解决各类涉台事项60余件，全年举办“台商看江阴”系列活动交通篇、教育篇、环保篇、国企篇4次。是年8月6日，省委常委、统战部部长杨岳到江阴市调研港资、澳资企业发展情况。

是年,江阴市台资企业见龙投资有限公司获第二届江苏省紫峰奖“现代服务业领军企业奖”。

【统战部门机构改革】 2019年2月22日,市委统战部召开转隶工作会议。根据省委、省政府批复同意的《江阴市机构改革方案》,市委决定加强市委统战部的统一归口协调管理职能,将市民宗局并入市委统战部,对外保留市民宗局牌子,不再保留单设的市民宗局;将市委台办(市政府台办)并入市委统战部,对外保留市委台办、市政府台办牌子,不再保留单设的市委台办。

【第二届江阴发展大会】 2019年9月22—23日,江阴市举办江阴第二届发展大会暨2019经贸洽谈会,有来自工商界、科技界、教育界、医卫界、文体界、新闻传媒界、金融界、海外社团及侨界、政界外交九个社会界别的700余名嘉宾参加,话友谊、叙乡情、谋发展,讲述江阴故事,助力江阴建设。为江阴发展赢得更多点赞、集聚更多资源、汇聚更强合力。该届大会在上届基础上,新聘任顾明远、曾晨、哈特穆特·米歇尔3位嘉宾为江阴发展大会咨询委员会顾问,新聘任张良才等35位嘉宾为咨询委员会委员。大会开幕式通过广播、电视、微信等平台进行直播。此次江阴发展大会期间签约项目91项,总投资680亿元,其中内资项目81项,投资总额606亿元;外资项目10项,投资总额10.6亿美元。特别是大会现场签约的31项重点重大项目,累计投资额526亿元,平均单项项目投资超16亿元。内容涵盖制造业项目69项,涉及汽车零部件、新能源、环保、精密机械等领域,投资总额454亿元;服务业项目22项,涉及生物医药、电商物流、文化观光等领域,投资总额226亿元。

【推动多党合作事业高水平发展】 2019年,江阴市委统战部继续开展“不忘合作初心,继续携手前进”主题教育活动,结合中华人民共和国成立70周年和多党合作制度确立70周年主题,开展“风雨同舟七十年,继续携手新时代”主题“五个一”(开设一个网站纪念活动专栏,举办一次集中展示宣传,开展一次联合志愿活动,进行一次主委访谈活动,开展一次公众号“我与统一战线”故事征集活动)活动,举办统战大学堂7期,指导各民主党派开展主题教育,深入学习贯彻中共十九届三中、四中全会和省市委全会,以及全市统战工作会议精神,严格执行党外代表人士在各级人大、政协安排的政策规定。推进多党合作和政治协商制度化、规范化,制订2019年度江阴市委有关政党协商计划,调整政府部门与民主党派对口联系名单,召开座谈会、协商会、通报会、政情交流会7次。指导民主党派、工商联和知联会围绕市委中心工作开展调研,完成调研课题14项。利用“两会”平台参政议政,在2019年政协会议上提交提案188件,占总数的64.4%,其中重点提案9件,占总数的64.3%。突出江阴非公逢入先评价的特色程序,严把入口关,全年发展党派新成员52人。加强党外干部队伍建设,结合机构改革配齐配强党外干部。全市28个政府工作部门实现必备部门党外干部配备到位,2名党外正职干部配备到位。推荐12名党外干部参加各级干部培训班。完成民盟、民进、九三学社等民主党派主委的届中调整,配齐配强民主党派领导班子。继续开展“星级支部”创建活动,推进基层党派组织规范化建设,有24个支部荣获三星级以上称号。民进江阴市委获评民进全国组织建设先进地方组织,民进临港支部获评民进全国先进基层组织。继续推进民主党派平台载体建设,新建党派中心基地2个。加强品牌建设。发挥同心实践基地作用,广泛开展送教、义演、捐赠、义诊、扶贫等公益性社会实践活动20余场次,积极开展统一战线“同心”社会服务月活动,打响“同心实践基地”品牌和“6+X”同心志愿联盟品牌。

【推进新的社会阶层人士统战工作】 2019年7月30日,省委统战部副部长黄仕亮率全省新的社会阶层人士工作年中推进会与会代表一行50余人到江阴市,参观考察新的社会阶层人士统战工作情况。黄仕亮指出做好新的社会阶层人士统战工作,要明白怎么引,怎么建,怎么抓,要加强新的社会阶层人士代表人士队伍建设,建立完善评价体系,把握培养环节,树立新的社会阶层人士良好的社会形象。8月22日,中央统战部六局调研组一行,到江阴市调研新的社会阶层人士实践创新基地建设情况。调研组充分肯定江阴新的社会阶层人士工作取得的成绩,指出要充分发挥新联会桥梁纽带作用,团结凝聚新的社会阶层人士力量,积极探索新的社会阶层人士服务社会的新模式,调动其积极性,发挥优势作用,为江阴经济社会发展做出更多贡献。是年,香山书屋社会公益组织项目被评为全国2019年新的社会阶层人士统战工作实践创新基地重点项目。

【坦桑尼亚桑给巴尔外宾考察江阴】 2019年3月13日,坦桑尼亚桑给巴尔革命政府青年文化艺术体育部一行在常务秘书长OMAR OMAR HASSAN的带领下,到江阴就体育文化建设、经贸文化交流等方面进行参观考察。江阴市委副书记、统战部部长袁秋中,统战部副部长、侨办主任蔡欣,江苏中路体育文化发展有限公司董事长奚敏杰等陪同参观考察。坦桑尼亚桑给巴尔外宾一行先后登临望江楼,参观江阴市体育中心,行走江阴绿道,了解江阴体育文化发展,交流场馆运营管理理念。

【欧美精英创业家协会高层次人才江苏行(江阴)洽谈会举行】 2019年10月30日,由江苏省委统战部主办,江阴市政府承办,江阴市委统战部、组织部、市科技局协办的欧美精英创业家协会高层次人才江苏行(江阴)洽谈会在江阴举行,这是欧美精英创业家协会首次走进江阴。洽谈会上,15项路演项目涵盖生物医药、人工智能、新材料、光通信等领域,详尽展示项目的研发过程、发展前景和融资需求,并与投资机构、企业负责人进行互动交流,所有项目都与江阴的园区、企业作富有成效的对接。活动中还详细介绍江阴对高层次人才、创新团队、重点项目的政策支持。

【江阴市经贸代表团赴台考察招商】 2019年4月23日至25日,无锡市委常委、江阴市委书记陈金虎带领江阴市经贸代表团,围绕智能制造、医疗健康、新一代信息技术等重点产业，赴台湾开展招商引资、项目洽谈、产业合作活动。签约华新丽华股份有限公司中国营销中心、新杰科技股份有限公司半导体扩能等4项项目，总投资5亿美元。在台期间，代表团一行先后拜访台湾华新丽华股份有限公司、润泰股份有限公司、金仁宝股份有限公司、信邦电子股份有限公司等知名企业，就深化合作增进共识，加快推动项目落地，为江阴产业强市增添新的动能和活力。市领导计军、陈兴华、张韶峰分别参加相关活动。

【台北市江阴同乡会寻根之旅】 2019年6月3—7日，台北市江阴同乡会陈梦瑜一行12人到江阴市开展台北市江阴同乡会寻根之旅活动。在江阴市期间，台北市江阴同乡会通过看一镇（新桥镇）、品一村（华西村）、观一街（长泾老街）、游一景（鹅鼻嘴公园）、走一路（徐霞客故居）、续一情（与江阴台属联谊会的友情乡情），看到家乡的巨大变化，感受到家乡人民的浓浓乡情。台北市江阴同乡会由在台湾江阴籍同乡组成，在澄台商务、文化交流、公益助学、寻亲联络等方面做大量工作，是联系江阴与台湾的乡情纽带。

【民族宗教界庆祝中华人民共和国成立70周年】 2019年国庆前夕，全市民族宗教界开展多项庆祝活动。市民促会组织各族同胞拍摄"我和我的祖国"主题快闪，举办少数民族庆祝中华人民共和国成立70周年大联欢，市佛教协会举办庆祝中华人民共和国成立70周年文艺演出，市基督教三自爱国会举办"我和我的祖国"讲经论道比赛。10月1日，全市主要宗教活动场所都举行升国旗仪式，组织教职人员和信教群众集体观看阅兵式，共同庆祝中华人民共和国成立70周年。

【江阴市天主教爱国会完成换届】 2019年12月18日，江阴市天主教爱国会召开第八次代表会议，来自全市的神长教友代表、嘉宾共计百余人参加会议，副市长虞卫才出席会议并讲话。会议审议通过江阴市天主教爱国会第七届委员会工作报告，修改并通过《江阴市天主教爱国会章程》，选举产生新一届爱国会领导班子，神父吴洪法当选为第八届江阴市天主教爱国会主席。

【开展未经批准场所整治】 2019年8—10月，由市委统战工作领导小组统一牵头，对全市119个佛道教特征明显的未经批准场所开展整治工作。整治采取分类施策的做法，经整治，88个场所清除宗教元素并关闭，8个暂停使用，20个转为老年活动室或阅览室，1个转为农耕文化展示馆，2个转为仓库。

（程　晔）

机构编制工作

【概况】 2019年，江阴市委机构编制委员会办公室坚持以习近平新时代中国特色社会主义思想为指导，深入贯彻学习中共十九大和十九届二中、三中、四中全会精神，认真落实无锡市委编办和江阴市编委决策部署，围绕中心、服务大局，统筹配置各类编制资源，为"强富美高"新江阴发展大局持续提供体制机制和机构编制保障。高质量完成党政机构改革，持续深化完善行政管理体制改革，徐霞客镇"1+4"改革经验入选中央"不忘初心、牢记使命"主题教育案例，改革模式在全省推广，4个镇（街道）行政管理体制改革通过省级评估。江阴市在全省营商环境评价考核中名列前茅，被省评为先进地区。推进事业单位改革，重点推进生产经营类事业单位改革，着重保障满足教育集团化办学和医疗集团建设等民生领域用编需求，进一步盘活机构编制管理资源，优化事业单位监管服务。制定并组织实施《2019年江阴市市级机关单位服务高质量发展考核实施方案》。是年，市委编办党支部被评为江阴市先进基层党组织，市委编办获江阴市改革工作先进集体一等奖，获评2019年度市级机关单位综合考核"第一"等次单位，被授予"人民满意机关"称号。

【市级机构改革】 2019年，江阴市委机构编制委员会办公室按照中央要求和省市委意见，在全面深入调研的基础上，向市委提出机构改革方案建议，按程序经市委研究、省委省政府批复同意后，组织全面落实《江阴市机构改革方案》要求。于4月完成37个部门转隶组建工作，因地制宜设置市公用事业管理局、市城市综合管理局、市行政审批局，迅速有序完成定职能配置、定内设机构、定人员编制"三定"工作，充分体现江阴市集成改革的特点，就公共安全体系建设、审批权和处罚权相对集中后的部门分工予以明确。改革后按规定设置党政机构37个，比改革前精简27.5%；核定内设科室（不含公安、纪委）349个，比改革前减少21个，压缩5.7%。改革完成后，党的领导全面加强，政府职能持续转变，组织架构精简高效，工作有序衔接。同时针对综合执法和日常监管的边界问题，出台《关于加强综合行政执法和行业主管协调配合的实施意见（试行）》，明确职责分工。根据市级机构改革情况，继续稳步推进政府部门权责清单修订完善工作，进一步总结"三级四同"（省、市、县三级权力清单的同名、同编码、同依据、同分类标准）标准化清单工作经验做法，对机构改革后部门的6980项行政权力进行修编。

【行政管理体制改革】 2019年，江阴市委机构编制委员会办公室继续构建"集中高效审批、强化监管服务、综合行政执法"的基层治理架构，镇街行政管理体制改革、综合执法改革、审批服务便民化改革不断深化。行政管理体制33项改革任务全部完成，梳理形成可复制推广的8个亮点经验。完成行政管理体制改革分报告和2020年行政管理体制改革实施意见撰写。起草总结的徐霞客镇"1+4"改革经验入选中组部《贯彻落实习近平新时代中国特色社会主义思想在改革发展稳定中攻坚克难案例》，作为政治建设类14个案例之一，供全国党员干部在"不忘初心、牢记使命"主题教育中学习。《中共江苏省委关于市县机构改革的总体意见》中明确复制推广徐霞客镇"1+4"改革经验和江阴市县级集成改革试点做法，将"1+4"改革经验写入市县机构改革方案模板。省委编办在全省推广江阴改革经验，镇（街道）行政管理体制改革通过省级评估验收,4个镇主要领导按副处职核定领导职数。

【事业单位改革】 2019年,江阴市委机构编制委员会办公室对19个行政单位所属事业单位重新调整隶属关系,市场监管、交通运输、卫生健康、应急管理等多领域20个单位的部分事业单位重新调整优化。市档案史志馆、网络新闻管理办公室、退役军人服务中心、医疗保险基金管理中心等13个事业单位完成“三定”编制工作。着力推进生产经营类事业单位改革,出台《江阴市从事生产经营活动事业单位改革工作方案》《生产经营性事业单位改革人员安置相关口径》,有序推进市城乡规划设计院、建设工程检测中心、水利工程公司3个事业单位的改革工作,完成3个涉改事业单位的资产清查、审计评估工作和改革成本测算,形成初步改革方案。积极探索推进公益类事业单位改革,完成对全市事业单位的分类,尤其对公益一类、公益二类事业单位的确定。精确做好事业编制人员进出平衡的测算工作,完成2019年事业单位公开招聘计划的核准工作。进一步优化事业单位监管服务,探索以信用管理为核心的事业单位监管方式,优化涉事业单位信用信息归集共享机制,落实失信联合惩戒机制;对全市事业单位法人情况进行清查,重点对登记状态为“已冻结”“已废止”的22个事业单位法人进行集中清理规范;加强事业单位“双随机、一公开”监管,推动工作全覆盖、常态化、规范化;做好统一社会信用代码证书和事业单位法人证书管理。

【服务保障高质量发展】 2019年,江阴市委机构编制委员会办公室盘活机构编制管理资源,服务保障高质量发展。在安全管理领域方面,立足推进安全生产治理体系和治理能力现代化,下发《关于进一步落实安全生产职责加强机构编制保障的通知》,对市安委办和市级机关部门、直属事业单位、各镇街园区的71个安监内设机构同时挂牌,落实机构、职责、人员“三到位”,实现全市安全生产监管内设机构全覆盖、安全生产政治责任全覆盖、安全治理组织体系全覆盖、安全生产监管职责全覆盖。在生态环境领域方面,围绕长江大保护战略的实施,在机构改革中完成生态环境机构垂直管理相关工作;将港口管理职能划转市交通运输局,在全省率先整合组建交通运输综合执法队伍;配合做好长江流域环境资源第一法庭设立工作;升格市应急指挥中心,并挂牌设立沿江危化品应急救援中心,设立临港化工园区管理中心。在监察和意识形态领域方面,持续深化监察体制改革工作,保障巡察工作机构和巡察工作力量;在全省率先组建市融媒体中心,增加网新办编制保障,壮大新时代文明实践指导中心力量配备;批复成立江阴市退役军人服务中心,推动市退役军人服务保障体系建设,明确镇(街道)退役军人服务机构建设要求。在基层教育和卫生领域,深入研究基层民生领域对优化机构编制配置的需求,着重保障满足教育集团化办学和医疗集团建设等民生领域用编需求,着力对民政、医保、行政审批等部门下属事业单位机构编制进行调整优化,配合支持集团化办学、医联体建设、教师县管校聘、医卫人才县管乡用、民办教育发展等改革措施。及时调整卫生监督所内设机构以适应基层卫生监督实际;批复新设学校3所,独立建制学校4所,更名学校2所,调整集团化办学学校领导职数,制订《教育集团领导职数核定标准》《优先保障教育、卫生2020年人才招录的计划方案》,批复招录公办教师434人,医疗卫生单位事业人员166人。根据南京理工大学江阴校区建设需求,制定《关于支持南京理工大学江阴校区高等教育人才专项事业编制使用和人员管理规定》,调剂50名专项事业编制供南京理工大学江阴校区高等教育人才使用。 (王 珏 王振宇)

保密工作

【概况】 2019年,江阴市保密工作不断发挥“保安全,保发展”的保障作用,突出重点,持续作为,围绕“保密伴我行 护航新时代”主题开展保密宣传月活动,组织保密大检查,结合年度考核考评,持续推进保密自查自评工作常态化、制度化,提升保密管理水平,强化政府网站、互联网出口日常保密巡查,筑牢保密安全防线,确保党和国家秘密的安全。

【保密宣传教育】 2019年,江阴市保密机要局向全市发放教育读本100册、保密宣传挂图60套,制作大型展板20块,在政府机关大楼、行政事业中心等巡展,为全市中青年干部培训班、公务员初任培训班以及财政局、法院等做保密知识辅导讲座,培训近800人次。市委办、市纪委监委邀请无锡市委机要保密局副局长毛亚荣为全市重点单位保密干部及纪检监委干部120余人做专题授课。市公安局对“应急处置培训班”的基层辅警保密培训7次、800余人。夏港街道、利港街道、申港街道制作宣传挂图50余张在各村(社区)进行主题宣传,澄江街道在村(社区)巡回播放警示教育片,祝塘镇、长泾镇、顾山镇等开展普法广场宣传,月城镇将保密元素融入特色校车候车亭和“水韵尚法”主题公园,璜土镇组织机关干部职工和青年团员近百名参加《中华人民共和国保守国家秘密法》及保密知识考试,江阴职业技术学院组织17个班级参加保密宣传黑板报评比。是年,开展“保密伴我行 护航新时代”保密宣传教育作品征集活动,结合典型案例,制作“保密违规行为十例”短视频,市政府办、云亭街道办事处、新桥镇政府、市税务局等报送主题诗歌、漫画、征文若干篇,市教育局组织各中等专业学校拍摄教育视频、制作警示动漫,推动保密宣传教育形式和内容创新。

【保密工作自查自评】 2019年5月,江阴市保密机要局组织开展全市保密大检查,政府办制定贯彻落实无锡市政府办《关于印发〈市政府办公室保守工作秘密规定(试行)〉的通知》规定,加强工作秘密保护,利用保密检查工具开展拉网式检查。市公安局购买新版计算机保密检查工具,组织开展联合督查、现场检查,利用应用日志安全审计平台,对频繁查询、异常查询等自动预警。检察院完善《移动存储介质保密管理规定》,清理检查涉密移动存储介质,增添红黑电源,强化机房屏蔽防护。市纪委办公室组织涉密工程改造项目建设参与单位专题培训,强化保密管理。市退役军人事务局、住建局等建立完善组织机构、保密制度,落实管理措施。11月,结合年终绩效考核,下发机关、单位自查自评标准,开展年度自查自评。利用党政办公系统业务培训班,为党政机关办公室主任、专兼职保密干部作专题辅导。各单位根据年度自查情况进行百分制考评,并结合信息报送、违规行为监控等进行综合评分,纳入年度绩效考核,保密自查自评工作不断长效化、常态化、制度化。

(李朝阳)

老干部工作

【概况】 2019年,江阴市老干部工作以习近平新时代中国特色社会主义思想和中共十九大精神为指导,按照全国、全省和无锡市老干部局长会议要求,围绕中心、服务大局,改进作风、提升效能,立足职责、用心用情,持续推进离退休干部政治建设、思想建设和党组织建设,注重发挥离退休干部优势作用,不断优化离退休干部服务管理,推动全市老干部工作高质量发展。至年末,老干部局管理服务离退休干部1475人,其中离休干部135人、市管退休干部1340人。

【离退休干部思想政治建设】 2019年,江阴市老干部工作部门举办全市离退休干部党支部书记"不忘初心、牢记使命"主题教育学习会,学习传达市委"不忘初心、牢记使命"主题教育动员部署会议精神,并组织专题辅导讲座。编印《离退休干部的初心故事》专刊,广大离退休干部回忆奋斗历程,讲述初心往事,传递"不忘初心、牢记使命"精神内涵。全市各离退休干部党组织从老干部实际出发,结合支部特点,创新学习教育形式,扎实推进主题教育,同时注重发挥老干部优势作用,以实际行动把主题教育落到实处,取得实效。举办全市离退休干部党支部书记(骨干)学习班,并举办支部书记论坛。向全市离退休干部发放《习近平新时代中国特色社会主义思想学习纲要》等资料,订阅党报党刊8000余份;编辑印发《学习通讯》4期。举办情况通报会、形势报告会各2次。充分发挥老干部党校、老干部党性教育基地、离退休干部党支部、老干部协会、老干部活动中心等阵地作用,广泛组织老干部深入学习习近平新时代中国特色社会主义思想和中共十九大精神,引导老干部坚决维护以习近平为核心的党中央权威和集中统一领导。

【离退休干部党组织建设】 2019年,江阴市老干部工作部门下发《全市离退休干部党建工作要点》,召开全市离退休干部党建工作推进会,对全市离退休干部党建工作作出部署安排。进一步完善《江阴市老干部工作考核办法》,将离退休干部党建工作纳入江阴市党的建设总体布局和基层党组织建设总体规划,与其他领域党的建设工作同部署、同推进、同考核。切实强化市委离退休干部工委的领导,制定下发《江阴市离退休干部党工委工作规则(试行)》。建立离退休干部党建工作协调议事会议制度,加强对基层离退休干部党组织的督查指导,及时协调解决难点重点问题。在机构改革中专门设立党建指导科,加强对离退休干部党建工作的指导。深入推进"六有一提升"(有党的组织、有领导班子、有工作制度、有组织活动、有作用发挥、有工作保障,提升离退休干部党组织的组织力)工程,开展全市离退休干部党支部标准化规范化建设和达标创优工作。通过江苏省委老干部局"六有一提升"达标抽查考评,全市离退休干部党支部达标率82.8%。评选表彰10个示范支部,推荐选送3个无锡示范党支部,离退休干部党组织的政治功能和组织力得到有效提升。在机构改革中,下发专门通知,要求相关单位做好离退休干部归属交接工作,并对全市机关部门离退休干部党组织建设情况进行走访调研,确保离退休干部党组织健全,活动正常。召开社区离退休干部党建工作座谈会,进一步推动社区离退休干部党建工作提质扩面。市老干部协会各分会党支部继续以"五个一"(每季组织一次定期学习、全年上好一堂党课、举行一次集中党性教育、开展一项党内关爱活动、实施一个党建项目)为重点开展党建工作,与镇(街道)离退休干部党支部开展结对联系。

【老干部服务工作】 2019年,江阴市老干部工作部门继续深化"三有一落实"(有一条就医绿色通道、有一名家庭签约医生、有一套自费医疗补助办法,落实好离休干部提高享受医疗待遇相关政策工作),对离休干部进行上门走访,认真听取意见建议。在市人民医院、中医院深化离休干部看病绿色通道建设,提供就诊"一站式""一对一"服务。全市有97名离休干部续签家庭医生服务。加大对困难离退休干部的帮扶力度,上门走访慰问困难离退休干部计409人次,走访离休干部155人次,看望慰问住院离退休干部113人次。组织全市1458名离退休干部体检。开展健康咨询,200多名老干部参加咨询活动。积极帮助做好易地安置在外省市离休干部的医药费报销问题。为离休干部发放求助服务卡165本。做好纪念中华人民共和国成立70周年纪念章及慰问金发放工作。为全市32名80岁老干部举办集体祝寿活动,并为25名90岁、1名100岁老干部上门祝寿。协助处理34名老干部后事。

【老干部文体活动】 2019年,江阴市老干部工作部门积极参与无锡市"盛世庆华诞,奉献新时代"——庆祝中华人民共和国成立70周年文化展示活动,获风范奖、风华奖。开展"庆华诞不忘初心、展风采砥砺前行"——全市离退休干部庆祝中华人民共和国成立70周年系列活动,举办"我和我的祖国"歌会和"辉煌七十年,走进新时代"书画摄影作品展。组织开展"相约虹园"系列大型活动6次。编印《七彩人生》国庆特刊,从老干部自身经历的视角,回首中华人民共和国成立以来的波澜壮阔的70年,展望美好未来。老干部协会各分会也围绕庆祝中华人民共和国成立70周年和"不忘初心、牢记使命"主题教育开展各式学习教育和纪念活动,取得良好的效果。市老干部活动中心全年开放近300

天,组织协调大小活动数百次,参与总人数5万多人次。

【老干部开展正能量活动】 2019年,江阴市老干部工作部门制定全市离退休干部"银发生辉"工程实施方案,组建新时代文明实践中心离退休干部"银领先锋"志愿者队伍,下设理论宣讲服务队、卫生健康服务队、文化惠民服务队等10支小分队,围绕助力"党的建设、脱贫攻坚、产业强市、乡村振兴、社区治理、培育新人、文化健康"等开展志愿服务活动,老干部献智出力,把主题教育的成果转化为服务群众、奉献社会的效果,为建设"强富美高"* 新江阴增添正能量。与团市委联合开展"老青结对"共建活动,推出"初心不改、青春不老"专题,青年团员上门离休干部家中,寻访红色记忆,传承爱国主义精神。结合庆祝中华人民共和国成立70周年,召开"谈祖国新成就、话江阴新发展"专题座谈会,并在全市离退休干部党组织中开展座谈调研活动,召开座谈会70余场,形成调研报告11篇,撰写"我和我的祖国"系列征文113篇,其中50篇在无锡市委老干部局组织的征文中获奖。 (贺东海)

党校工作

【概况】 2019年,江阴市委党校坚持以习近平新时代中国特色社会主义思想为指导,引导教师与学员增强"四个意识"*、坚定"四个自信"*、做到"两个维护"*。全面落实新时代党的建设总要求,紧紧围绕市委、市政府中心工作,坚持党的理论教育和党性教育主业主课定位,充分发挥干部培训、思想引领、理论建设、决策咨询作用,努力打造特色鲜明的党员干部培训基地、社科研究高地和服务基层阵地,为建设"强富美高"* 新江阴贡献力量。年内,高质量完成市管领导干部"六个高质量"* 培训、中青年干部培训、组工干部培训、军转干部培训等核心班次,学员评教好评率达到98%以上;结合年度冬训、学习"两会"* 精神、扫黑除恶专项斗争、"不忘初心、牢记使命"主题教育、庆祝中华

2019年9月9日,江阴市市管领导干部深入学习贯彻习近平新时代中国特色社会主义思想和党的十九大精神研修班暨"六个高质量"第四期轮训班在市委党校开班 (市委党校提供)

人民共和国成立70周年、学习中共十九届四中全会精神等重要活动、重大节点,及时推出一系列针对性强、时效性好、适合基层口味的"培训菜单",为基层提供个性化定制培训和送教上门服务;以"分享发展经验,促进交流合作"为宗旨,研究总结江阴改革发展成功经验和中国特色社会主义在江阴的生动实践,讲好江阴故事,传播江阴经验,提升江阴党校"立足基层、富有特色、辐射全国"的外训品牌影响力;推进教研咨一体化、"三支笔"建设(理论宣传之笔、决策咨询之笔、学术研究之笔)和新型智库建设,出版全国第一本县域改革蓝皮书《江阴县级集成改革发展报告(2019)》,立项结项各级各类课题34项,公开发表论文38篇;着力打造政治强、业务精、作风好的高素质人才队伍,调入教师2人,公开招录应届硕士研究生1人、本科生1人,培养博士1人,引进博士后1人。组织教师参加全省基层理论宣讲骨干培训班、全省党校系统"不忘初心、牢记使命"主题教育师资班等高层次师资培训,参训达45人次;深入推进"不忘初心、牢记使命"主题教育、党风廉政建设、意识形态工作、法治建设、阳光扶贫等专项工作;通过新一轮省级文明单位复评。

【干部培训】 2019年,市委党校主动适应新时代干部教育培训新形势,以学员需求为导向,精心设计培训内容、精确制订培训计划、精细挑选培训师资,着力增强干部教育培训的时代性、针对性、有效性。完善课程体系,合理设置理论教育、党性教育、能力提升等板块,着力打造形成"习近平新时代中国特色社会主义思想+党性教育+知识教育"的课程体系。优化培训内容,始终聚焦党的理论教育和党性教育,加强马克思主义理论、习近平新时代中国特色社会主义思想和党章、党规、党纪、党史、中华人民共和国史等教育培训,形成习近平新时代中国特色社会主义思想"总论+分论+特论"的主责主课课程体系。理论教育和党性教育内容占到培训总课程的70%以上。创新培训方法,采用"市内培训+大学培训+实地调研"方式,完成市管领导干部、优秀中青年干部等多期培训班。年内,市领导到党校上党课10人次,完成市管领导干部"六个高质量"* 培训班、中青年干部培训班、全市组工干部培训班等主体班及合作办班62期,培训党员干部5755人次。

【理论宣讲】 2019年,为深度服务基层,不断提升舆论引导力,市委党校积极打造"红色讲师团",主动下移和延伸教育培训对象,在全市推广菜单式自选培训,及时推出一系列针对性强、时效性好、适合基层口味的"培训菜单",为基层提供个性化定制培训和送教上门服务。结合年度冬训工作学习、"两会"* 精神、

扫黑除恶专项斗争、“不忘初心、牢记使命”主题教育、庆祝中华人民共和国成立70周年等重要活动、重大节点，适时开发新专题、下发新菜单，做到基层有需求，党校有回应，教师有准备。新开发《中国智慧 中国道路 中国模式——纪念中华人民共和国成立70周年》《壮丽70年 奋斗新时代——新中国成立70年江阴的发展、成就与启示》《不忘初心、牢记使命 真做忠诚干净担当的共产党员》《开展扫黑除恶专项斗争 创造安全稳定社会环境》《系统集成勇担当 矢志追求高质量——江阴“集成改革第一县”的创新探索之路》《开辟“中国之治”新境界——十九届四中全会精神解读》等专题，为基层宣讲逾300场次，受众近3万人次。

【开放办学】 2019年，市委党校以“分享发展经验，促进交流合作”为宗旨，研究总结江阴改革发展的成功经验和中国特色社会主义在江阴的生动实践，突出专题开发的特色性、培训设计的针对性、培训结果的实用性。深挖培训资源、整合培训师资、丰富培训专题，通过课堂讲授、现场教学、座谈交流、经验分享等形式，为外地学员全面展现江阴在党建引领、乡村振兴（民富村强）、集成改革、文明城市创建等经济社会发展各领域的做法和成效，全方位、多角度的讲好“江阴故事”，传播“江阴经验”。是年，完成协作办班83期，其中新增培训单位42个，培训外地干部3589人次，进一步擦亮江阴党校“立足基层、富有特色、辐射全国”的开放办学品牌。

【科研咨政】 2019年，市委党校以出科研精品、强咨政效用为目标，围绕市委、市政府中心工作和重大部署，结合江阴集成改革创新实践，推进科研咨政工作。是年，参与撰写编辑出版全国首部县域改革蓝皮书《江阴县级集成改革发展报告（2019）》，参与集成改革第二批8个亮点经验的总结提炼，评审6篇第二批评估报告、20篇分领域报告，参与集成改革项目评审会、社会治理综合标准化推进会、集成改革进行时电视访谈等各类研讨、座谈和调研30余场次。江阴行政管理体制“1＋8”经验获无锡市党校系统优秀决策咨询报告一等奖。完成34项课题的结项、立项工作，其中纵向课题32项，横向合作课题2项。《县域“放管服”改革的特色亮点与经验启示研究——以江阴为例》获得江苏省委党校（行政学院）系统课题优秀结项，《新时代推进基层社会治理法治化研究》等6项课题获得无锡市党校系统课题优秀结项。全年在各类报刊公开发表论文38篇，其中在《人民日报》《学习时报》等中央媒体发表理论宣传文章3篇，在南京大学中文社会科学引文索引（CSSCI）来源期刊发表论文1篇，省级以上期刊论文20余篇，研究成果量质并举。在江苏省党校系统、无锡市社科联、无锡市党校系统、环太湖论坛等各类科研评比中获得25项荣誉；在江苏省党校系统第九届科研优秀成果评比中，2项成果评为优秀；在无锡市党校系统第七届科研成果奖评比中，以第一名成绩荣获优秀科研工作组织奖，获得优秀科研管理工作者2项、优秀科研成果奖3项、决策咨询报告一等奖和三等奖2项；在无锡市党校系统2019年科研协作会议优秀论文评选中，6篇论文得分进入前10名，包揽前3名，获奖论文数量和等次位居无锡市第一。

【教师队伍建设】 2019年，市委党校优化人才队伍结构。根据党校年龄和专业结构问题，重点引进急需紧缺人才。调入教师2人，公开招录马克思主义理论专业应届硕士研究生1人、信息管理与信息系统专业本科生1人，培养博士1人，引进博士后1人。党校人才队伍建设朝着年轻化、高层次方向发展，基本形成年龄和学科结构合理、教研咨一体化的人才梯队。提升人才综合素质，组织参加无锡市“不忘初心、牢记使命”主题教育暨“红色讲师团师资库”教员培训班、无锡党校系统TOT（培训师的培训）培训班、全省基层理论宣讲骨干培训班、全省党校系统“不忘初心、牢记使命”主题教育师资班、全省干部教育骨干学党史新中国史专题培训班、全省党校系统学习贯彻中共十九届四中全会精神专题师资培训班、北京理工大学学习贯彻中共十九届四中全会精神专题培训班等培训学习，增强理论素养，开阔专业视野。严格干部选拔任用，是年，新提拔副校长1名、中层正职1名、副职3名。

【党校建设】 2019年，市委党校坚持党校姓党的根本原则，以党的政治建设为统领，实施“三为三力”（为干部立心、为党员立魂、为发展立言，提升党校思想渗透力、舆论引导力、智慧创新力）党建品牌项目，积极开展“三学一进”（善于学习、重视学习、重新学习，不断上进）党建主题活动，提升理论武装的渗透力、说服力。打造绿色校园、红色党校，形成廉政路、清涟池、党建林“一路一池一林”的党建文化阵地；成立“暨阳红”高质量发展先锋服务队，全年开展“绿水青山就是金山银山”“保护母亲河”等主题志愿者活动8次，开展走访社区、社区共建志愿服务活动3次；坚持以“党建带群建”，组织员工开展户外拓展训练、道德讲堂、“学习强国”知识竞赛等活动，进一步激发员工工作热情，形成党校特有的红色校园文化。校园软硬件设施提档升级。年内，学员老宿舍楼改造项目启动，第一报告厅信息化改造按时完成，新增室外电子显示屏2块，极大地改善党校办学条件，优化党校形象。向周边小区推出错时共享停车新举措，解决相邻社区停车难问题，受到市领导肯定。校园管理严格规范，完善小额采购程序、采购的询比价及公示制度、消防管理制度、服务中心首问负责制度、易耗品领用流程制度、“日日巡、周周检、月月查”等管理制度。完善安全管理制度，改善安全基础设施，开展消防安全培训演练、安全卫生大检查等活动。严格执行财务管理制度，切实加强对资金使用、固定资产、物资采购、工程建设、节能环保、垃圾分类等全方位的管理，营造和谐安全的校园氛围，获“2019年度无锡市公共机构节能先进单位”荣誉称号。深入推进文明城市创建工作，员工冯栋被评为江阴市“最美志愿者”，退休干部孙伟贤获江阴市“最美退役军人”提名，党校荣获第23届“书香江阴”读书节十佳书

香机关,通过新一轮省级文明单位复评。 (申静文)

档案史志工作

【概况】 2019年2月20日,江阴市档案史志馆挂牌成立。全年接待查档1.2万人次,调阅案卷1.1万卷次,提供证明材料3万多张。接收各类档案1.1万卷、2.9万件,政府公开信息286件。完成17个单位的档案星级测评、复查验收工作。智慧档案馆二期项目建设于12月完成验收。完成"百村万户"口述历史试点村——青阳镇悟空村的采集制作,编辑完成《民国江阴小学教育档案选编》。继续推进党史专题资料征编工作,出版发行《朱杏南传》。开展江阴渡江战役亲历者口述资料征集工作。参与全市庆祝渡江战役胜利暨江阴解放70周年升国旗仪式和全媒体直播活动。《江阴年鉴(2019)》出版发行。完成向《无锡年鉴》和《江苏年鉴》的供稿任务。年内,《江阴年鉴(2018)》获第六届全国年鉴编纂出版质量特等奖和第五届江苏省优秀年鉴一等奖。审阅修改《江阴市口岸志》《青阳镇志》等4部志稿120余万字,指导《云亭街道志》《周庄镇志》《璜土村志》等20余部志书初编工作。《江阴市特殊教育中心校校志》《江阴市体育志》《江阴统计志》正式出版。为长江大保护馆布馆工作撰写和提供江阴历史资料。充分发挥荣誉馆爱国主义教育基地作用,举办4期展览。

【市档案史志馆完成转隶组建】 2019年2月20日,江阴市档案史志馆召开转隶组建工作会议。市委副书记袁秋中出席会议并讲话,市委机构编制委员会办公室副主任张华主持会议。会上,市委组织部常务副部长谢映军宣布任命决定,张华传达机构职责调整方案。会后,举行档案史志馆揭牌仪式,市委副书记袁秋中和馆长张伟共同揭牌。9月26日,"江阴市档案史志馆职能配置、内设机构和人员编制规定"经市委机构编制委员会办公室审核,并报市委批准,予以明确:市档案史志馆为市委直属全额拨款事业单位,相当于正科级建制,主要负责全市档案指导、收集、保管、利用、信息化建设工作和党史、方志、年鉴编纂、出版、发行等工作;内设办公室、档案业务科、保管利用科、党史工作科、年鉴工作科、方志工作科、征集编研科、信息技术科8个科室。

2019年8月,江阴市档案史志馆联合市委组织部举办"不忘初心、牢记使命"主题教育红色宣教展 (市档案史志馆提供)

【基层档案工作指导】 2019年,江阴市档案史志馆以涉改单位档案为重点,以星级测评为抓手,按系统、分条线全面加强档案的指导工作,完成7个涉改单位档案接收进馆工作,17个涉改单位向新机构档案移交工作。切实加强重点项目档案工作的监管,4个单位通过省级验收,5项项目完成备案登记。加强宗教活动场所的业务指导,17个寺庙档案管理通过三星级测评。以"6·9"国际档案日为契机,开展档案法规宣传周活动,通过举办展览、发放宣传材料、组织参加档案法规知识竞赛、悬挂横幅标语等方式,取得良好的宣传效果。

【档案保管利用】 2019年,江阴市档案史志馆认真履行为党管档、为国守史、为民服务之责,做好涉民档案的查档利用工作,接待查档1.2万人次,调阅案卷1.1万卷次,提供证明材料3万多份。接收各类档案1.1万卷计2.9万件,政府公开信息286件。进一步加强馆内基础工作,新增档案检索工具19册。开展到期档案鉴定划控工作,鉴定到期档案5569卷计2810件;划控到期档案3.5万多卷。第一时间接收和处理"12345"民生热线相关诉求,办理群众诉求36件,回访满意率100%。完成并汇总统计全市69个单位2018年度档案事业统计年报工作。

【党史工作】 2019年,江阴市档案史志馆继续推进党史专题资料征编工作,完成《朱杏南传》编写工作,作为雨花台烈士传丛书之一由江苏人民出版社出版发行。结合渡江战役暨江阴解放70周年契机,开展江阴渡江战役亲历者口述资料征集工作,整理形成文献材料80多份、档案材料近200份,采访亲历者8名,整理口述回忆资料4万多字、视频资料9份。参与全市庆祝渡江战役胜利暨江阴解放70周年升国旗仪式和全媒体直播活动;协助配合新闻媒体开展采访报道、合作拍摄等事宜,先后接待新华社、江苏电视台等10多批20多个新闻媒体的采访和咨询。开展江阴革命史宣讲活动5场次,听众600多人次。以纪念江阴解放70周年和长江大保护为主题,制作两套系列明信片向社会免费发放。举办纪念渡江战役胜利暨江阴解放70周年文献图片展览和江阴市重要党史遗址遗迹巡礼展览,指导渡江战役纪念馆重新布馆工作,做好全市7个无锡市党史教育基地参与无锡市党史教育基地大联盟建设工作。联合市委组织部举办“不忘初心、牢记使命”主题教育红色宣教展，制作“初心起航”“初心浴血”“初心永铭”三个系列54块展板，8月底在革命烈士陵园展出，至10月底参观人数380多批5000多人次。11月初起，系列展板在全市各镇（街道）进行巡回展览，取得良好效果和热烈反响。

【《江阴年鉴（2019）》出版】 2019年8月，江阴市地方综合系列年鉴第27卷《江阴年鉴（2019）》（纸质版和电子版）由方志出版社出版。该年鉴全面系统、准确翔实地记载2018年度江阴市自然、政治、经济、文化、社会、生态文明建设等方面取得的新进展、新成就和新经验，反映全市各行各业贯彻中共十九大精神，在有序推进城乡建设、实施各项改革、改善生态环境、协调发展社会事业等方面的新思想、新举措、新亮点。该年鉴按分类记事体例，设41个类目。类目下设258个分目、1426个条目。总篇幅114.3万字，彩色插页48页，随文图片67幅，表格130张。为便于检索，除卷首设详细目录外，卷尾还设主题分析索引。为体现时代特色、年度特色、地方特色和与时俱进的要求，《江阴年鉴（2019）》与《江阴年鉴（2018）》相比，彩色插页新设《改革开放40周年》《集成改革》《重要工程（活动）》《江阴改革开放40周年先进集体》等专栏。

【地方志工作】 2019年，江阴市档案史志馆审阅修改《江阴市口岸志》《青阳镇志》等4部志稿120余万字，指导《云亭街道志》《周庄镇志》《璜土村志》等20余部志书初编工作。《江阴市特殊教育中心校校志》《江阴市体育志》《江阴统计志》正式出版，《文林村志》《黄家基自然村志》内部印刷。完成《江阴支援新疆霍城建设志》初稿6万余字，内容编入《江苏援藏援疆纪事》，完成省志办《江苏百项重大建设工程图志》江阴部分供稿任务。完成12期《中共江阴市委大事记》编写工作。组织开展《北宋江阴军志》整理工作。参与市民政局、华夏自然村落研究会地情书《江阴72墩24城》编纂工作。向“方志江苏”公众号报送文章和信息10余篇，2篇分别被新华社客户端和《新华日报》转载，其中《惊叹！一个县级市的202项国家级荣誉》在新华社客户端的浏览量超23万人。协助拍摄的《中国影像志·江阴篇》在央视播出，为央视栏目《远方的家》提供地情咨询。联合市政协文史委撰写的调研报告《深入挖掘历史文化，打响“人文宜居”品牌——关于江苏学政历史文化保护开发利用的建议》获市政协优秀调研报告奖。

【档案信息化建设】 2019年，江阴市档案史志馆数字档案馆建设得到进一步加强，新增原文数据181万页、目录数据5万多条，馆内累计原文数据1900多万页，馆藏档案数字化率超83%。智慧档案馆二期项目建设于12月完成验收。为加强档案数据日常维护及安全防护工作，将网站和村级档案管理系统加入云防护系统，确保网站和外网应用系统不被篡改和入侵；在内网电脑上安装管理软件，绑定MAC地址（网络设备物理地址），以及设置内网定期杀毒等措施，确保内部网络安全运行；同时实现与市备份中心同城异地备份、定期增量备份，完成浙江省绍兴市柯桥区、温州市乐清市档案数据异地备份。江阴市民生档案服务平台升级项目于11月完成验收，市民只要凭身份证，就可以在户籍所在地镇（街道）行政服务中心档案查询117万多条涉民档案。

【档案征集编研】 2019年，江阴市档案史志馆新增17部199册家谱，图书资料142册。部署推进“百村万户”口述历史采集，完成“百村万户”口述历史试点村——青阳镇悟空村的采集制作。编撰完成《民国江阴小学教育档案选编》。开展“你的梦想，我来见证——青春梦想档案寄存活动”，组织参与省家庭档案研究会“家庭与祖国共成长——庆祝新中国成立70周年征文活动”，征集全市新初二、新高三青年学生的“梦想档案”，其中360份“优秀梦想”档案入馆，36份被选入无锡市档案史志馆保存。3篇征文获省一等奖、三等奖和优秀奖，市档案史志馆获征文活动组织奖。为宣传档案征集成果，通过与市融媒体中心联合制作“江阴档案——我的家庭档案”系列专题节目，集中展示优秀家庭档案征集成果。 （陈 忠）

■类目编辑 党 辉

重要会议

【概况】 2019年，江阴市人大常委会召开市人大常委会会议10次、主任会议16次，听取和审议“一府两院”（市政府、法院、检察院）工作报告和专项报告35项，开展执法检查2次、专项工作评议1次，组织视察活动8次。市人大及其常委会依法作出决议、决定15项。

【市十七届人大三次会议】 2019年1月9—12日，江阴市第十七届人民代表大会第三次会议在江阴大剧院举行，正式会期三天半。出席会议的代表应到398人，实到391人。会议列席和邀请人员有市委、市人大、市政府、市政协有关领导；市委、市政府各部门，群众团体及有关单位主要负责人；驻江阴有关单位主要负责人；在江阴的全国人大代表、省人大代表和无锡市人大代表小组组长；高新区、临港经济开发区和靖江园区党工委、管委会有关负责人；有关镇政府镇长、有关街道办事处主任、有关镇人大专职主席和副主席、有关街道人大工委专职主任和副主任；市人大常委会各办事机构有关人员；往届市人大常委会领导和市政协主席；出席市政协会议的政协委员和列席人员；高新区、临港经济开发区和靖江园区机关各部门主要负责人（列席第一次全体会议）；政法系统中层以上干部、市民代表分别列席第二次与第一次全体会议。会议期间，代表听取和审议《政府工作报告》，审查并批准《关于江阴市2018年国民经济和社会发展计划执行情况及2019年国民经济和社会发展计划草案的报告》《关于江阴市2018年财政预算执行情况和2019年财政预算草案的报告》《关于2018年列入市人大资金监督的政府投资重点项目资金计划执行情况和2019年重点项目资金计划安排情况的报告》，审议市政府《关于实施城乡建设“1310”工程议案决议2018年度执行情况的报告》《关于市十七届人民代表大会第二次会议代表所提建议办理情况的报告》《2019年市委、市政府为民办实事》，听取并审议《江阴市人大常委会工作报告》《江阴市人民法院工作报告》《江阴市人民检察院工作报告》《江阴市第十七届人大法制委员会2018年工作报告》《江阴市第十七届人大财政经济委员会2018年工作报告》。会议选举产生江阴市监察委员会主任，补选江阴市第十七届人大常委会委员2人，表决通过江阴市第十七届人民代表大会社会建设委员会、监察和司法委员会组成人员名单，并进行宪法宣誓。会议期间，收到代表建议、批评和意见172件。

【市人大常委会会议】 市十七届人大常委会第十五次会议于2019年2月18日召开。会议表决通过有关人事任免事项，通过有关决定草案，并举行宪法宣誓。

市十七届人大常委会第十六次会议于2019年3月7日召开。会议审议通过《江阴市人大常委会2019年工作要点》；听取和审议市政府《关于2018—2020年突出环境问题清单及整治方案的报告》；表决通过有关人事任免事项，并举行宪法宣誓。

市十七届人大常委会第十七次会议于2019年4月22日召开。会议听取和审议市政府《关于2018年度推进依法行政工作情况的报告》；审议通过《市人大社会建设委员会工作规则（试行）》；表决通过有关人事任免、代表工作事项及相关决定草案，并举行宪法宣誓。

市十七届人大常委会第十八次会议于2019年4月26日召开。会议审议市政府《关于高质量建设长江生态安全示范区的议案》；审议并通过《江阴市人大常委会关于高质量建设长江生态安全示范区的决议》；听取和审议市政府《关于2018年环境状况和环境保护目标完成情况的报告》《关于经济薄弱村脱贫转化工作情况的报告》；听取部分无锡市人大代表履职情况报告并开展民主评议。

市十七届人大常委会第十九次会议于2019年6月28日召开。会议听取和审议市政府《关于2018年财政决算和财政同级审情况的报告》，经表决批准2018年财政决算；听取和审议市政府《关于国有资产管理情况的综合报告和企业国有资产情况专项报告》；听取和审议市政府《关于紧密型医联体建设情况的报告》《关于公安队伍建设情况的报告》；审议市政府2019年市级预算调整方案并表决通过相关决议；审议市政府《关于市十七届人大常委会第十七次、第十八次会议审议意见落实情况的报告》；听取市法院部分国家工作人员履职情况报告并开展民主评议；表决通过有关人事任免事项，并举行宪法宣誓。

市十七届人大常委会第二十次会议于2019年8月28日召开。会议听取和审议市人大常委会执法检查组《关于检查〈建设工程质量管理条例〉实施情况的报告》以及市政府相关报告、市政府《关于2019年上半年国民经济和社会发展计划、财政预算执行情况以及政府投资重点项目资金管理和项目建设进展情况的报告》、市政府《关于市十七届人大常委会第十九次会议审议意见落实情况的报告》、市检察院《关于检察公诉工作情况的报告》。会议表决通过有关人事任免事项，并举行宪法宣誓。

市十七届人大常委会第二十一次会议于2019年10月11日召开。会议审议并表决通过有关人事任命、代表工作事项及相关决定草案，并举行宪法宣誓。

市十七届人大常委会第二十二次会议于2019年10月25日召开。会议听取和审议市政府《关于城乡建设"1310工程"议案决议执行情况（2017—2019）的报告》《关于2018年度财政同级审查出问题整改情况的报告》《关于市十七届人大三次会议代表建议办理情况的报告》；听取和审议市政府《关于社会救助体系建设情况的报告》并开展民主评议；听取和审议市政府《关于调整2019年列入人大资金监督的政府投资项目计划的议案》及有关报告，表决通过相关决议；审议代表资格审查委员会关于代表变动情况的审查报告；表决通过接受个别无锡市人大代表、部分江阴市人大代表辞去代表职务请求的决定；表决通过《关于召开市十七届人大四次会议的决定》；听取市公用事业局、交通运输局、卫生健康委、市场监管局主要负责人工作履职情况报告并开展民主评议；审议市政府、市检察院《关于市十七届人大常委会第二十次会议审议意见落实情况的报告》。

市十七届人大常委会第二十三次会议于2019年11月25日召开。会议审议并表决通过有关人事免职、代表工作事项及相关决定草案。

市十七届人大常委会第二十四次会议于2019年12月31日召开。会议听取和审议市政府《关于2019年财政收支预算调整方案的报告》，表决通过相关决议；补选无锡市第十六届人民代表大会部分代表；审议代表资格审查委员会有关报告；审议并表决通过《关于延期召开市十七届人大四次会议的决定》；表决通过有关人事任免事项，并举行宪法宣誓。

【市人大常委会主任会议】 2019年，召开江阴市第十七届人大常委会主任会议16次。主要议题有：讨论研究《江阴市人大常委会2019年工作要点》；讨论研究《关于2019年基层人大工作的指导意见》《关于2019年市人大代表小组活动的意见》、2018年度基层人大工作先进单位名单、重点督办的市十七届人大三次会议代表建议、2019年"代表建议督办月"活动方案、2019年"市人大代表履职活动周"活动实施意见、组织开展"人大代表接待联系日"暨会前视察活动相关事项、《〈建设工程质量管理条例〉执法检查方案》《关于开展市人大常委会审议意见落实情况满意度测评工作的实施办法（试行）》、市人大社会建设委员会工作规则、市人大常委会及机关落实"基层减负年"要求方案、无锡市人大代表双"十佳"评选推荐名单、无锡市人大代表述职人员名单、"一府两院"述职评议对象名单；听取"代表履职活动周"活动情况汇报、各季度基层人大分片交流情况汇报；讨论通过市人大常委会各办事机构专题调研报告；听取并审议市政府《关于轨道交通枢纽地区规划设计情况的报告》《关于江阴市民办教育发展情况的报告》《关于农村住房建设管理情况的报告》《关于医疗保障工作的报告》《关于调整2019年市级（含高新区）预算的议案》《关于2019年重点督办代表建议办理情况的报告》《关于财政预算2019年执行情况和2020年草案的报告》《关于政府投资重点项目资金2019年计划执行情况和2020年安排情况的报告》；听取并审议市法院《关于审判监督工作情况的报告》。集中学习全国、省、市人代会精神，中共中央总书记习近平对地方人大及其常委会工作重要指示和全国人大纪念地方人大设立40周年座谈会精神，习近平在"不忘初心、牢记使命"主题教育工作会议上的重要讲话精神，全国人大常委会委员长栗战书在加强和改进全国人大代表工作座谈会上的讲话精神，省委人大工作会议暨纪念省人大设立常委会40周年大会的主要精神和省委书记娄勤俭的重要讲话精神，中央、省、市委关于扫黑除恶专项斗争工作的有关精神和要求，市委十三届八次全会精神。

【市人大常委会与"一府一委两院"联席会议】 2019年2月14日，召开市人大常委会与"一府一委两院"联席会议，听取市政府、市监察委员会、市法院和市检察院对《江阴市人大常委会2019年工作要点》的意见建议，促进市委决策部署和市十七届人大三次会议决议决定的贯彻落实。

监督工作

【概况】 2019年，市人大常委会紧紧围绕全市中心工作和市民群众普遍关注的重点热点问题，综合运用听取和审议专项工作报告、专项工作评议、执法检查、视察等方式，切实加强工作监督和法律监督，全面助推全市经济社会高质量发展。听取和审议"一府一委两院"专项工作报告35项，开展执法检查2次、专项工作评议1次，组织视察活动8次。

【行使重大事项决定权】 2019年，市人大常委会坚持议大事、谋关键、抓落实，通过行使重大事项决定权和监督抓好各项决议决定的贯彻执行，全力助推市委重大决策部署落地见效贯彻落实。贯彻落实习近平生态文明思想和关于长江经济带发展的重要讲话精神，以及省、市委相关决策部署，结合市政府长江生态安全示范区建设三年行动计划，作出关于高质量建设长江生态安全示范区的决议，从长江岸线水体及自然资源的保护、利用、治理、修复，优化产业空间体系，持续优化环境质量，推动城乡绿色发展等方面，提出明确要求和目标任务。顺应市民群众对美丽宜居城市的美好期盼，通过集中视察、清单式检查、专题审议等方式,全面了解掌握滨江亲水、交通畅通、城际轨道、五网升级、民生实事等十个方面138项项目进展情况,对议案决议三年来的成效开展中期评估并提出意见建议,持续跟踪督促市政府高度重视决议实施和常委会审议意见的落实,切实加强组织领导,重视工程质量,全面提速提效工程建设进度,不断以阶段性的城乡建设成效增进市民认知度、参与面和获得感。专题听取新一轮机构改革情况报告,依法规范做好机构改革调整各项工作。组织任命人员法律知识考试、任前承诺和宪法宣誓,确保市委推荐人选通过法定程序成为地方国家机关工作人员,强化任命人员的人大意识、法治观念和担当精神。

【持续深化全口径预决算审查监督】 2019年,市人大常委会按照中央和省、市委深化改革的部署要求,积极推进预算审查监督改革,推动审查监督重点向支出预算和政策拓展。在审查2020年市级预算和开放园区、街道预算编制中,从预算管理、民生投入、支出绩效等方面提出52条建议,督促财政部门提高预算编制精准性。专题听取部门有关重点专项资金绩效跟踪报告,强化部门预算绩效约束。强化审计查出问题整改的跟踪监督,通过"双清单"(问题清单与整改清单)机制,对审计查出问题实行销号挂号动态管理,2018年度审计工作报告反映问题的整改销号率90%。建立政府向人大报告国有资产管理情况制度,首次听取审议国有资产综合报告和企业国有资产专项报告,列出国有资产账单明细,将国有资产监督纳入制度化、常态化轨道。

【推动实体经济发展】 2019年,市人大常委会密切关注经济运行,加强年度发展计划执行情况监督,督促政府贯彻落实上级关于经济工作各项决策部署,努力完成全年目标任务。围绕提升产业层次,专题视察企业智能制造发展情况,督促推动制造业向高端转型,实现"制造大市"向"智造强市"转变;专题视察文化旅游产业融合发展情况,督促加快构建文化旅游产业融合发展新体系,提升文旅产业发展品质;专题视察农业品牌化建设,调研农村电子商务发展,督促推动农业转型升级,提升江阴农业品牌影响力和市场竞争力。配合上级人大开展中小企业促进法及相关条例执法检查,推动政府在补短板、增后劲上下功夫,不断促进中小企业竞争力提升和平稳健康发展。常委会领导开展挂钩重大产业项目、"双百企业"(百强企业和百佳企业)和专家人才等联系服务活动,引导企业增信心、稳预期、强应对,帮助企业解难纾困。

【推动打好污染防治攻坚战】 2019年,市人大常委会贯彻落实省、无锡市人大常委会有关聚焦突出环境问题、依法推动打好污染防治攻坚战的决议精神,就长江大保护、"263"专项行动*、"散乱污"整治等开展视察调研,听取审议年度环境状况和环境保护目标完成情况报告,紧盯突出环境问题清单不放,督促限时整改、对标销号,推动人大审议环保工作机制向基层人大延伸,形成人大环保监督全覆盖。把水污染防治作为年度生态环保监督重点,聚焦"六水共建"*推进,紧盯城市黑臭河道整治、农村水环境整治、污水处理重点单位运营、污水处理资源整合等工作,重点采取"七看七查",即:一看水生态环境保护法治体系建设情况,查贯彻执行国家和省有关法律规定是否严格、法规政策是否配套、工作覆盖是否全面;二看水污染防治标准、规划制定和监督管理制度执行情况,查当地政府和有关部门水环境执法以及河湖长制、总量控制、流域协调和生态补偿机制等举措落实是否到位;三看突出水环境问题清单梳理情况,查群众反映强烈的水环境问题是否得到高度重视和有效治理;四看重点流域、重点湖泊生态环境保护和修复情况,查水环境保护目标是否完成、水环境质量是否限期达标、国省考断面是否按期消除劣V类;五看饮用水源保护区规划建设和水质状况,查饮用水安全保障措施是否全面落实;六看城镇水系整治情况和城镇生活污水收集、处理设施建设和运行情况,查黑臭水体治理目标是否如期完成;七看工业集聚区、农业面源、船舶港口等重点领域水污染防治情况,查污水处理设施是否完善、运行是否正常,畜禽养殖业粪污利用和处置措施落实是否有效、船舶污染物接收转运处置设施是否建成运行。同时采用明察暗访、"河长制"落实、重点建议督办、代表小组定向视察等方式,持续督促推动政府强力整改落实,打好碧水保卫战。紧盯大气污染防治,督促政府坚持问题导向,深入分析大气污染成因,研究对策改善空气质量。持续关注环保基础工作,对秦望山产业园建设、沿江生态修复、土地节约集约利用等开展调研监督。

【促进民生改善】 2019年,市人大常委会始终把满足人民群众对美好生活的需要作为履职重点,聚焦群众关注民生热点履行监督职能。在教育方面,听取审议民办教育发展情况,专题调研中高职院校毕业生就业情况,推动有效增加教育服务供给,为经济高质量发展培养更多技能人才。在医疗卫生方面,听取审议紧密型医联体建设和医疗保障工作情况,督促政府提高基层医疗保障能力,健全医疗医保服务体系,满足人民群众多层次医疗卫生需求。在新农村建设方面,集中审议农村住房建设管理,建议政府精心统筹谋划,精准高效施为,打造具有乡土风情、富有江南特色、承载乡愁记忆、展现现代文明的美丽宜居乡村。在扶贫帮困方面,听取和审议集体经济薄弱村脱贫转化情况,强调完善帮扶政策机制,增强内生发展动力,全力打赢脱贫攻坚战;对社会救助体系建设情况开展专项工作评议,督促政府严格按照"托底线、救急难、可持续"的要求,进一步整合优化资源,强化工作联动,完善救助长效机制,织密筑牢精准有力的社会救助安全网。

【提升社会治理创新】 2019年,市人大常委会高度关注公共安全领域改革发展,深入调研安全生产、应急管理等工作,督促政府依法强化安全生产保障措施,增强应急保障能力。支持文明城市创建工作,加强责任网格检查督导,发现并协调整改问题22个,推动社会主义核心价值观融入城市管理和社会治理。聚焦服务集成改革创新实践,综合运用视察调研、专项督查、代表建议督办等手段,推动江阴市"1+5"县域治理总架构及相关领域改革。加强备案审查工作,全年备案审查规范性文件9个,切实维护法制统一。规范做好人大信访工作,全年依法办理群众来信来访21件(次),有效维护群众合法权益。

【开展执法检查】 2019年5月,受无锡市人大委托,市镇两级人大联动开展《中华人民共和国水污染防治法》执法检查,市人大常委会成立执法检查组,围绕环境突出问题清单中水污染方面问题,认真检查市政府贯彻落实水污染防治法情况。检查中,对发现的水环境质量改善效果不明显、污染物排放总量仍处于高位、个别污水处理厂达标排放不稳定等薄弱环节和困难,市人大常委会提出打好基础设施水平提升战、打好断面达标持久战、打好黑臭水体治理歼灭战、打好长江保护修复战等4条建议,督促政府扎实推进水污染防治工作,加强截污、建管、智控、清淤、引流措施,持续改善水环境质量。6—8月,市人大常委会对全市贯彻实施《建设工程质量管理条例》情况进行执法检查。市人大常委会成立执法检查组,下设4个工作组,引入专业力量提供技术支持,通过实地检查、抽查暗访、汇报座谈等方式,对城乡基础设施、教育医疗设施、安置房商品房、水利防汛设施等重要领域项目进行全方位监督检查,督促强化建设工程"五方"(建设单位项目负责人、勘察单位项目负责人、设计单位项目负责人、施工单位项目经理、监理单位总监理工程师)主体责任,明确工程质量监管要求,筑牢建设工程领域安全防线。针对检查中出现的"五方"主体责任落实不到位、工程实体质量不够理想、监管体制建设尚需进一步完善、责任追究机制缺失等问题,建议市政府发挥各方主体作用,完善质量保证体系建设;规范部门行政执法,提高专业化监督管理水平;完善信用体系建设,促进建设市场良性发展;加强法律法规宣传,鼓励全社会共同参与监督。年内,市人大常委会配合省人大常委会开展《中华人民共和国人民调解法》《江苏省人民调解条例》执法检查,有效推进"一法一条例"在江阴全面正确实施。

【组织开展履职工作述职和民主评议】 2019年,根据《江阴市人民代表大会常务委员会述职评议工作实施办法》有关规定,市人大常委会先后听取和审议6名市法院审判员、4名市政府组成部门主要负责人的工作述职报告并进行民主评议测评。评议组通过召开征求意见座谈会、问卷调查等方式对述职对象的德、能、勤、绩、廉等方面的情况进行前期调研并形成报告。在6月28日市十七届人大常委会第十九次会议、10月25日市十七届人大常委会第二十二次会议上分别听取市法院张震星、王杰兵、张峥莉、蔡林、陈教智、高勇6名国家工作人员以及市公用事业局局长陈国君、交通运输局局长缪慧、卫生健康委主任严军明、市场监管局局长陈俊虎的述职报告,从政策理论水平、民主意识、全局观念、人大意识、思想作风和廉洁自律、决策能力和工作质效等方面,以无记名投票方式对述职人员进行民主测评,述职对象测评结果均为优秀。

【组织无锡市人大代表向常委会述职】 2019年,市人大常委会根据无锡市人大常委会《关于市人大代表向原选举单位报告履职情况的意见》工作要求,组织部分无锡市人大代表以口头或书面形式向江阴市人大常委会作履职报告。4月26日,市十七届人大常委会第十八次会议听取无锡市十六届人大代表徐建凤、奚雯霞、胡跃年、刘红华、郁洪千、倪海英、蒋红艳、吴洪法、张柯君、裴煜、徐金菊、窦正满、王东、史晓晔、冯忠华的履职情况汇报。常委会组成人员对15名无锡市人大代表的履职情况进行民主测评,测评结果均为满意。

人事任免

【概况】 2019年,江阴市人大常委会认真审议各项人事任免议案,依法规范做好人事任免工作。全年任免国家机关工作人员97人次。

2019年江阴市人大常委会任免国家机关工作人员一览表

表5

时间	会议名称	任免名单
2月18日	市十七届人大常委会第十五次会议	决定任命邢益新为江阴市副市长(挂职);免去陈文斌江阴市副市长职务 决定任命陈卫东为市发展和改革委员会主任;任命王利峰为市工业和信息化局局长,免去其市经济和信息化委员会主任职务;任命顾洪伟为市民政局局长,免去其市体育局局长职务;任命万小溪为市司法局局长,免去其市法制办公室主任职务;任命张少波为市财政局局长;任命魏锋为市住房和城乡建设局局长,免去其市行政审批局局长职务;任命傅建荣为市水利局局长;任命胡品洪为市农业农村局局长,免去其市农林局局长职务;任命周晓虹为市文体广电和旅游局局长,免去其市园林旅游管理局局长职务;任命严军明为市卫生健康委员会主任,免去其市卫生和计划生育委员会主任职务;任命宦雪忠为市退役军人事务局局长;任命朱孝兵为市应急管理局局长,免去其市安全生产监督管理局局长职务;任命仇丰为市行政审批局局长,免去其市规划局局长职务;任命胡莹洁为市医疗保障局局长;任命邓国平为市信访局局长;免去包锡龙市发展和改革委员会主任职务;免去陈泓市财政局局长职务;免去钱华光市民政局局长职务;免去章见良市司法局局长职务;免去童金良市住房和城乡建设局局长职务;免去谢洪兴市水利农机局局长职务;免去蒋青市文化广电新闻出版局局长职务;免去陈峰市粮食局局长职务;免去张建明市物价局局长职务;免去曹乐平市民防局局长职务;免去陈雪源市民族宗教事务局局长职务

续表5

时间	会议名称	任免名单
2月18日	市十七届人大常委会第十五次会议	任命曹乐平为市人大常委会高新区工作委员会主任;任命张建明为市人大常委会云亭街道工作委员会主任;免去庞忠德市人大常委会高新区工作委员会主任职务;免去王华明市人大常委会澄江街道工作委员会主任职务;免去缪明球市人大常委会云亭街道工作委员会主任职务 任命章见良为市人民法院审判员、审判委员会委员
3月7日	市十七届人大常委会第十六次会议	决定任命许忠新为市审计局局长;免去汤龙生市审计局局长职务
4月22日	市十七届人大常委会第十七次会议	任命朱佳虎为市监察委员会副主任;免去郁李达市监察委员会副主任职务 任命徐振华为市法院副院长、审判委员会委员、审判员,决定其代理市法院院长职务;接受王立新辞去市法院院长职务,免去其市法院审判委员会委员、审判员职务 任命顾冰燕、徐建明、王华、许徐君、许陈伟、蒋剑、刘小虎、朱建蕾、刘圣凤、刘金峰、周丹、龙健、王鹏程、陈晓冉、宋艳艳、许斌、卞喜、秦松岳、王余华、黄强、金涛、孙红洲、张邦宇、吴红艳、马琪红、杨梦麟、陈斌、巫艳、钱冬、汤烨、杨群芳、姚一、徐玲、王永芳、蒋吉、徐裴宇、江爱萍、陈钧琦、郑孝忠、陈洪宇、俞敏栋、谭慧珍、许丹、饶欠红、王国芬、孙磊、曹建华、周煜、江莲、张益、凌伟、周旸、付琳燕、胡婷婷、徐澎、周燕、陶静嫣、徐建惠、顾羽鸣、胡生青、夏志华、曹晓明、任晓东、舒徽波、刘芳瑜、郑海珍、刘亚静、姜伟、王菊兰、翁礼福、梅立维、赵志芳、刘玉琴、徐晓红、赵红霞、吕莉、苏猛、冯东英、周春燕、陆燕、阮丛友、单葆、徐明、顾丽丽、赵文庆、郁豪、殷建良、张焕兴、范莉花、许剑亚、徐海洁、周亮、高磊、陈新帆、王春萍、蒋鸣辉、张晓红、马亚菊、孙永珍、徐迅、黄龙凤、黄海涌、陈静花、张丽、熊炜、刘秀娣、仲庆娟、吴海花、高虹娟、万爱芳、刘雪高、陈叶、谭师帅、周玲、赵建文、赵庆、许凤、顾东方、朱明智、高晔鑫、徐海峰、曾菁、周春霞、陈金叶、龚萍、金吴强、朱莉、夏东英、罗晓红、夏明华、周娣、祁平芳、田宇、张悦、王海炳、钱烨、刘培、刘国清、周雪峰、吴志芬、吴彩琴、顾婷、章春花、冯天翼、沈莉艳、董天宇、朱世豪、李科英、周新燕、张波、翟晓洪、杨晓岚、刘燕、许宇峰、翁仁龙、仰丹、吴品芳、钱红娟、苏秋亚、杨金芳、黄伟、徐鑫森、夏晶、魏斯琪、黄昱、颜萍、吴超、陈丽娟、张熠、杨福美、何小红、柳小娥、韩惠英、刘锋、赵小燕、皇强、许红、葛黎明、董国放、程玉刚、刘建国、胡琴琴、周贤、符红华、俞莉华、张燕萍、张益忠、徐德昌、陈云、陆军、梅建平、徐群、张静艳、张龙、黄凤霞、孙明星、蒋建秀、傅浩佳、殷雪峰、刘晓、谢建军、陈金芬、顾海荣、汪辰、林育平、李春兰、陈斌、陈剑红、史金豹、蒋毓超、俞李军、曹金虎、胡留芳、陈飞、缪季峰、朱剑华、赵伟君、冯琳、刘云、赵伟刚、周虎、姜国忠、赵燕群、徐雪峰、赵少红、贡剑峰、邵婷、贡卫东、唐飞军、王荷英、季海斌、王钢、杜小波、程军、谈程程、江霞蓉、钱梦洁、陆金莲、孔建平、郁明、张一凡、张卫林、邓晓刚、王静敏、朱国华、张文翔、张伟民、王薇、陈湖玲、李媛、丁玲、江彩霞、张勤霞、李健、蒋亚明255人为江阴市人民陪审员
6月28日	市十七届人大常委会第十九次会议	任命毛勇为市人大常委会澄江街道工作委员会主任 任命殷天锡为市监察委员会委员;免去邹宇伟市监察委员会委员职务 任命米国栋为市法院审判员;任命王伟为市法院审判员;免去杨庆红市法院审判委员会委员职务;免去战明明市法院审判委员会委员职务;免去刘响雷市法院审判监督庭庭长职务;免去宋祥市法院执行裁判庭庭长职务;免去金国芬市法院行政审判庭副庭长职务 免去祝丽娜市检察院检察员职务;免去张炳松市检察院检察员职务
8月28日	市十七届人大常委会第二十次会议	任命杨种峰为市人大常委会夏港街道工作委员会主任 决定任命沈军为市城市综合管理局局长;免去张德根市城市综合管理局局长职务 任命唐宇英为市法院审判委员会委员、立案庭庭长,免去其市法院滨江人民法庭副庭长职务 免去朱新阳市法院审判委员会委员、立案庭庭长职务
10月11日	市十七届人大常委会第二十一次会议	决定任命许迎春为江阴市副市长(挂职)
11月25日	市十七届人大常委会第二十三次会议	免去丁宏斌、沙智刚、万先辉、高虹、白洋龙、徐春艳、刘正红、刘兴涛、唐俊杰、武月龙、戴银荣、薛丽君、苏文海、李杰、王东林、罗惠莉市检察院检察员职务
12月31日	市十七届人大常委会第二十四次会议	决定任命顾文浩为江阴市副市长 决定任命魏锋为市政府办公室主任,免去其市住房和城乡建设局局长职务;任命严军明为市住房和城乡建设局局长,免去其市卫生健康委员会主任职务;任命谈海平为市卫生健康委员会主任;任命夏建辉为市统计局局长;免去张忠市政府办公室主任职务;免去王文平市统计局局长职务 任命陆云峰为市人大常委会办公室副主任;免去曹其龙市人大常委会南闸街道工作委员会主任职务;免去唐微市人大常委会办公室副主任职务

续表5

时间	会议名称	任免名单
12月31日	市十七届人大常委会第二十四次会议	任命刘丹为市法院临港经济开发区法庭副庭长,免去其市法院执行裁判庭副庭长职务;任命王杰兵为市法院徐霞客法庭副庭长,免去其市法院民事审判第二庭副庭长职务;任命高勇为市法院民事审判第一庭副庭长;任命金晓为市法院长泾法庭副庭长;任命丁蔚为市法院滨江法庭副庭长,免去其市法院周庄法庭副庭长职务;任命吴玉凤为市法院青阳法庭副庭长,免去其市法院临港经济开发区法庭副庭长职务;任命储振宇为市法院临港经济开发区法庭副庭长,免去其市法院长泾法庭副庭长职务;任命杨奕为市法院周庄法庭副庭长,免去其市法院青阳法庭副庭长职务;任命孙妍为市法院行政审判庭副庭长,免去其市法院知识产权审判庭副庭长职务;任命戈栋为市法院民事审判第二庭副庭长,免去其市法院审判监督庭副庭长职务;免去钱宇穗市法院民事审判第一庭副庭长职务;免去蒋正光市法院刑事审判庭副庭长职务;免去张峥莉市法院劳动争议审判庭副庭长职务

代表工作

【概况】 2019年,江阴市人大常委会继续以“人大代表在行动”主题实践活动为抓手,健全完善代表工作机制,搭建代表工作平台载体,全面落实代表小组集中履职活动制度,全力支持和切实保障人大代表依法履职行权,充分发挥代表主体作用。

【“人大代表在行动”主题实践活动】 2019年,市人大常委会继续以“人大代表在行动”主题实践活动为抓手,统筹开展“学习调研年、建议督办月、履职活动周、联系接待日”等集中履职活动。“学习调研年”活动中,注重代表履职能力培训,实施年度培训计划,寄送刊物和学习资料,先后组织106名代表赴河南省和广东省深圳市、江苏省南京市等地参加履职能力培训班,提升代表思想政治素质、法律政策水平和履职能力。6月,开展“建议督办月”活动,市、镇两级人大通过座谈调研、现场检查、满意率双向调查等方式,对217件代表建议进行集中督办。9月,开展以“助推全市经济发展高质量”为主题的“履职活动周”,组织“千名代表访千企”,聚焦科技创新、转型发展、人才引进、营商环境等问题,提出意见建议13类52件。12月,开展代表“接待联系日”活动,市人大代表在代表联络站积极接待选民,收集选民意见建议,为参加市镇两级人代会审议各项报告和提出议案、批评和意见作积极准备。

【“两联系”活动】 2019年,市人大常委会认真贯彻市委《关于完善全市各级人大代表联系人民群众制度的实施意见》,健全完善常委会组成人员联系代表、代表联系群众“两联系”工作机制,多途径、多形式开展代表联系接待选民的“月、周、日”活动,鼓励和支持代表广泛深入选区见选民,常态化面对面了解民情民意,推动群众反映突出问题得到解决和落实,具体化实打实地解民忧、汇民智、聚民力。常委会先后组织开展代表走访联系选民2万余人次,收集建议意见1250条,累计化解各类矛盾问题752个。组织152名代表回选区向选民述职并接受评议,主动接受选民群众监督。

【人大代表建议意见督办】 2019年,市人大常委会完善代表建议分类交办、重点督办、跟踪督办、绩效评估等工作机制,以“建议督办月”“回头看”为抓手,推动代表建议办理由“答复型”向“落实型”转变。针对确定的9件重点建议,坚持常委会领导领衔督办与代表小组定向视察督办相结合,使建议得到聚焦式、定制式解决,并以点带面提升建议办理整体水平。市十七届人大三次会议期间代表提出的172件建议全部办结,制造业企业创新发展、污水处理、固废处置、校园安全防控、长期护理保险制度、火车站枢纽中心建设、农村住房改善等多项政府重点工作和民生关注热点得到推进或解决。

【加强履职平台建设】 2019年,市人大常委会以代表之家、代表联络站阵地建设为抓手,结合江阴人大网站、微信、客户端等信息化方式,推进代表履职平台实体和网络融合、线上与线下互动,构建全域快捷的代表履职立体化服务体系,进一步畅通社情民意表达渠道,及时回应代表和群众关切。全市17个代表之家、61个代表联络站开展代表定期接待群众6300余人次,解决群众反映建议意见700余件。

【建立街道选民代表会议制】 2019年,市人大常委会根据市委决策部署,按照先试点后推开的办法,在全市多个街道建立街道选民代表会议制。3—4月,利港、申港、南闸3个试点街道先后召开首届街道选民代表会议。市委专题听取试点工作汇报,研究通过并印发《关于建立街道选民代表会议制度的意见(试行)》,在全市街道推广试行。市人大常委会自觉坚持在市委领导下发挥好监督指导作用,明确街道选民代表会议核心功能,严格把关推选选民代表,健全完善会议运行方式及选民代表履职活动、选民代表意见建议办理等工作机制,依法依规稳妥推进街道选民代表会议制工作。年内,全市7个街道首届选民代表大会第一次会议相继召开,在密切与人民群众的联系、拓宽社情民意反映渠道、激发群众民主参与热情、丰富完善街道议事决策机制、监督推进街道重点工作、拓展街道人大工作范畴等方面取得较好成效。选民代表提出的217条建议意见均得到较好办理。

(何思施)

■类目编辑 徐文辉

市政府领导成员分工

2019 年 2 月 19 日起

蔡叶明　主持市政府全面工作，兼管财政、审计、城乡规划、国有资产监管、税务方面工作。分管市财政局、市审计局。联系市监察委员会、市税务局。

费　平　负责市政府常务工作，分管发展改革、重大项目、社会信用、能源、粮食、物资储备、军民融合、自然资源、林业、住房和城乡建设、人防、交通运输、应急管理、公用事业管理、公共资源交易方面工作，协助分管财政、税务、国有资产监管、城乡规划工作。分管市发展和改革委员会、市自然资源和规划局、市住房和城乡建设局、市公用事业管理局、市交通运输局、市应急管理局、市土地储备中心，协助分管市财政局。联系江阴住房公积金中心、江阴邮政管理局。

仲　剑　分管开放园区工作，协助分管发展改革、重大项目、社会信用、能源、粮食、物资储备工作。

虞卫才　负责民政、司法、人力资源、社会保障、退管、双拥、退役军人事务、人民武装、国防动员、政务公开、机关事务以及与人大、政协联络方面工作，协助分管审计工作。分管市政府办公室、市民政局、市司法局、市人力资源和社会保障局、市退役军人事务局，协助分管市审计局。联系市法院、市检察院、市总工会、团市委、市妇联、市残联、市慈善总会、关工委、驻江阴部队。

赵　强　负责科技、工业和信息化、大数据管理、民营经济、金融监管、资本经营、市场监管、知识产权、通信方面工作，协助分管应急管理工作。分管市科学技术局、市工业和信息化局、市市场监督管理局、协助分管市应急管理局。联系市科协、市工商联、江阴供电公司、江阴烟草专卖局、江阴盐务管理局、中国电信江阴分公司、中国移动江阴分公司、中国联通江阴分公司、人民银行江阴市支行、江阴银保监监管组、各银行保险机构。

郁秋皓　负责教育、水利、农业农村经济、生态环境、经济协作、对口支援、扶贫方面工作。分管市教育局、市水利局、市农业农村局、市环境保护局、市供销合作总社。联系江阴气象局。

张国兴　赴陕西省延安市延川县挂职。

张韶峰　负责商务、口岸、文化、旅游、体育、广播电视、外事和港澳事务、行政审批、政务服务、统计方面工作。分管市商务局、市文体广电和旅游局、市行政审批局、市统计局、市招商局。联系市侨联、市文联、江阴海关、江阴海事局、江阴边检站、长江引航中心、船级社江阴办事处、国家统计局江阴调查队。

许　晨　负责卫生健康、医疗保障、老龄方面工作。分管市卫生健康委员会、市医疗保障局。联系市红十字会、老龄委。

王庆春　主持市公安局全面工作，负责城市管理、信访方面工作。分管市公安局、市城市综合管理局、市信访局。

邢益新　赴新疆伊犁州霍城县挂职。

赵亮亮　协助虞卫才分管人力资源、社会保障工作；协助赵强分管工业和信息化、市场监管工作。

杨　云　协助费平分管军民融合工作，协助赵强分管科技工作。

赵巧新　主持江苏江阴—靖江工业园区工作。

张少波　主持市财政局全面工作。

2019 年 10 月 22 日起

蔡叶明　主持市政府全面工作，兼管财政、审计、城乡规划、国有资产监管、税务方面工作。分管市财政局、市审计局。联系市监察委员会、江阴税务局。

费　平　负责市政府常务工作，分管发展改革、重大项目、社会信用、能源、粮食、物资储备、军民融合、自然资源、林业、住房和城乡建设、人防、交通运输、应急管理、公用事业管理、公共资源交易方面工作，协助分管财政、税务、国有资产监管、城乡规划工作。分管市发展和改革委员会、市自然资源和规划局、市住房和城乡建设局、市公用事业管理局、市交通运输局、市应急管理局、市土地储备中心，协助分管市财政局。联系江阴住房公积金中心、江阴邮政管理局。

仲　剑　分管开放园区工作，协助分管发展改革、重大项目、社会信用、能源、粮食、物资储备工作。

虞卫才　负责民政、司法、人力

资源、社会保障、退管、双拥、退役军人事务、人民武装、国防动员、政务公开、机关事务以及与人大、政协联络方面工作，协助分管审计工作。分管市政府办公室、市民政局、市司法局、市人力资源和社会保障局、市退役军人事务局，协助分管市审计局。联系市法院、市检察院、市总工会、团市委、市妇联、市残联、市慈善总会、关工委、驻江阴部队。

赵 强 负责科技、工业和信息化、大数据管理、民营经济、金融监管、资本经营、市场监管、知识产权、通信方面工作，协助分管应急管理工作。分管市科学技术局、市工业和信息化局、市市场监督管理局、协助分管市应急管理局。联系市科协、市工商联、江阴供电公司、江阴烟草专卖局、江阴盐务管理局、中国电信江阴分公司、中国移动江阴分公司、中国联通江阴分公司、人民银行江阴市支行、江阴银保监监管组、各银行保险机构。

郁秋皓 负责教育、水利、农业农村经济、生态环境、经济协作、对口支援、扶贫方面工作。分管市教育局、市水利局、市农业农村局、市环境保护局、市供销合作总社。联系江阴气象局。

张国兴 赴陕西省延安市延川县挂职。

张韶峰 负责城市管理、商务、口岸、文化、旅游、体育、广播电视、外事和港澳事务、行政审批、政务服务、统计方面工作。分管市城市综合管理局、市商务局、市文体广电和旅游局、市行政审批局、市统计局、市招商局。联系市侨联、市文联、江阴海关、江阴海事局、江阴边检站、长江引航中心、船级社江阴办事处、国家统计局江阴调查队。

许 晨 负责卫生健康、医疗保障、老龄方面工作。分管市卫生健康委员会、市医疗保障局。联系市红十字会、老龄委。

王庆春 主持市公安局全面工作，负责信访方面工作。分管市公安局、市信访局。

许迎春 负责科技镇长团工作，协助赵强分管工信、科技工作。

邢益新 赴新疆伊犁州霍城县挂职。

赵巧新 主持江苏江阴—靖江工业园区工作。

张少波 主持市财政局全面工作。

年度重点工作

【提升综合实力】 2019年，江阴市工业经济提质增效，11个企业入围中国企业500强，13个企业入围中国民营企业500强；现代服务业提速发展，8个企业入围中国服务业企业500强；高效农业提档升级，创成国家农产品质量安全县。江阴市实现全国县域经济和综合发展"十七连冠"。

【增强发展后劲】 2019年，江阴市全面落实国家创新型县市建设任务，持续深化集成改革试点，加快融入长三角一体化发展大局。有效投入不断扩大，创新驱动成效明显，开发开放深度拓展，集成改革全面深化，县域治理总架构更加完善。江阴市被确定为建设新时代文明实践中心全国试点城市。

【改善城乡面貌】 2019年，江阴市全面推进城乡融合发展，深入实施乡村振兴战略，城乡建设"1310工程"*不断加快，城市功能品质持续提升。城市规划日趋优化，完成水环境综合治理总体规划；城市功能不断提升，南沿江铁路江阴段、锡澄城际轨道交通工程开工建设；开展农村人居环境综合整治，顾山镇红豆树坞入选第三批省级特色田园乡村建设试点。

【优化生态环境】 2019年，江阴市加快长江生态安全示范区建设，强化突出环境问题整改，全面打好污染防治攻坚战。节能减排推进有力，江阴市获评全国节水型社会建设达标县；污染防治取得突破；基础设施持续完善；严守永久基本农田控制线，生态修复得到加强，生态环境质量持续改善。

【增进民生福祉】 2019年，江阴市高效推进实事项目，保障机制持续完善，农村居民人均可支配收入连续20年位居全省第一，市、镇（街道）、村（社区）三级退役军人服务保障体系全面建成；社会事业不断进步，通过国家卫生城市复审，获评全国健康城市建设示范市；社会大局安定有序，江阴市在县级城市信用监测排名中位列全国第二、全省第一。

政府重要会议

【政府常务会议】 2019年1月21日，江阴市政府召开第十七届政府第三十六次常务会议。会议讨论并原则通过《江阴市农村土地经营权抵押贷款实施方案（试行）（讨论稿）》《江阴市军民融合发展规划（2018—2022年）（讨论稿）》《关于加强全市房屋建筑拆除工程管理的意见（讨论稿）》《"大棚房"问题专项清理整治行动情况汇报（讨论稿）》《江阴市打赢蓝天保卫战三年行动计划实施方案（讨论稿）》《江阴市2018—2019年秋冬季大气污染综合治理攻坚行动实施方案（讨论稿）》《武澄沙地区江阴市大气污染防治百日攻坚行动工作方案（讨论稿）》《2018—2020年江阴市突出环境问题清单（讨论稿）》《关于排查整治违规建设殡葬设施工作情况汇报（讨论稿）》《关于调整市殡葬改革工作领导小组成员名单（讨论稿）》《江阴市第一批历史建筑公布名录（讨论稿）》。

2019年1月30日，市政府召开第十七届政府第三十七次常务会议。会议讨论并原则通过《江阴市养殖水域滩涂规划（2018—2030）（讨论稿）》《关于建立江阴市保护发展森林资源目标责任制工作的相关事宜（讨论稿）》和《关于成立江阴市保护发展森林资源目标责任制工作领导小组事宜（讨论稿）》《关于加强港口码头扬尘污染防治工作实施意见（讨论稿）》《江阴市市属国有企业人力资源管理办法（讨论稿）》《全市河湖违法圈圩和违法建设专项整治工作情况汇报（讨论稿）》《关于提高教育系统合同民办教职工工资待遇的意见（讨论稿）》《关于提高市统招幼教编外用工人员工资待遇的意见（讨论稿）》《江阴市突发地质灾害应急预案（讨论稿）》《江阴市推进养老护理型床位建设的实施意见(讨论稿)》《江阴市居家养老援助服务实施办法(讨论稿)》。

2019年2月15日,市政府召开第十七届政府第三十八次常务会议。会议讨论并原则通过《关于调整市政府领导分工的通知(讨论稿)》《关于调整我市机关事业单位编外人员薪酬标准的方案(讨论稿)》。

2019年3月4日,市政府召开第十七届政府第三十九次常务会议。会议讨论并原则通过《江阴市城市建筑垃圾处理规划(2017—2030)(讨论稿)》《江阴市养犬管理实施办法(讨论稿)》《江阴市重大产业项目审批“绿色通道”操作办法(讨论稿)》《江阴市人防易地建设费征收实施意见(讨论稿)》《关于做好当前和今后一段时期就业创业工作的实施意见(讨论稿)》《关于江阴市推进海绵城市建设的实施意见(讨论稿)》《关于加强危险废物污染防治工作的意见(讨论稿)》《江阴市国家创新型县(市)建设方案(讨论稿)》。

2019年3月12日,市政府召开第十七届政府第四十次常务会议。会议讨论并原则通过《2019年全市农村工作会议方案(讨论稿)》《关于2018年全市农村工作先进集体和个人的通报》和《2019年全市农业农村工作要点(讨论稿)》《关于调整完善生态补偿政策的意见(讨论稿)》《关于进一步优化经济薄弱村扶持政策的意见(讨论稿)》《关于成立江阴市农村住房建设工作推进领导小组的通知(讨论稿)》《关于全面加强生态环境保护坚决打好污染防治攻坚战的实施意见(讨论稿)》《2019年度各镇街(园)、各相关部门打好污染防治攻坚战重点工作目标任务书(讨论稿)》。

2019年3月25日,市政府召开第十七届政府第四十一次常务会议。会议讨论并原则通过《全市非法贷款公司专项排查整治行动方案(讨论稿)》《江阴市2019年国民经济和社会发展重点工作目标责任分解(讨论稿)》《江阴市2019年度重点重大项目安排计划(讨论稿)》《2019年度全市重大产业项目建设市领导挂钩联系安排计划(讨论稿)》《市政府向市人大常委会报告国有资产管理情况实施方案(讨论稿)》《关于全力推动经济发展高质量打造现代产业发展新高地的意见(讨论稿)》《关于加快发展工业数字经济的意见(讨论稿)》《关于加快发展枢纽经济的意见(讨论稿)》《关于推进江阴市工业企业资源要素差别化配置改革的指导意见(试行)(讨论稿)》《市政府关于金融支持实体经济高质量发展的若干意见(讨论稿)》《江阴市2018年度工业经济发展先进单位名单(讨论稿)》《2019年度江阴市工业“双百企业”名单(讨论稿)》《江阴市2019年节能工作实施意见(讨论稿)》《江阴市支持外贸稳定增长实施意见(讨论稿)》《关于加快发展生产性服务业促进经济高质量发展的意见(讨论稿)》《关于进一步加强招商引资工作的实施意见(讨论稿)》《江阴市四经普工作推进落实情况的汇报(讨论稿)》。

2019年3月29日,市政府召开第十七届政府第四十二次常务会议。会议讨论并原则通过《关于调整江阴市社会信用体系建设领导小组成员名单(讨论稿)》《江阴市社会信用体系建设工作联席会议制度(讨论稿)》《长江生态保护与绿色发展2019年度重点工作计划(讨论稿)》《江阴市2019年度军民融合企业认定名单(讨论稿)》《江阴市城市基础设施配套费征收实施意见(讨论稿)》《江阴市域教育设施布局规划(2018—2022)(讨论稿)》《2019年度江阴市政府重大行政决策事项目录(讨论稿)》《调整市双拥工作领导小组成员名单(讨论稿)》《省政府办公厅关于江苏省化工园区(集中区)环境治理工程的实施意见》。

2019年5月7日,市政府召开第十七届政府第四十三次常务会议。会议讨论并原则通过《江阴市2019年供给侧结构性改革指导意见(讨论稿)》《关于江阴市个体工商户城市生活垃圾处理费收缴情况报告(讨论稿)》《第十一届江阴市市长质量奖评定情况(讨论稿)》《“健康江阴2030”规划纲要重点任务分工方案(讨论稿)》《江阴市河湖违法圈圩和违法建设项目清理整治工作实施方案(讨论稿)》《关于调整江阴市河长制工作领导小组成员名单(讨论稿)》《关于建立江阴市长期护理保险制度的实施方案(讨论稿)》《江阴市殡葬设施布局规划(2019—2030)(讨论稿)》《关于调整市政务公开领导小组成员名单(讨论稿)》《江阴市持续优化电力接入营商环境行动方案(讨论稿)》。

2019年5月20日,市政府召开第十七届政府第四十四次常务会议。会议讨论并原则通过《关于加快推进全市基层退役军人服务保障机构建设的实施意见(讨论稿)》《2019年江阴市推进集团化办学的实施方案(讨论稿)》《关于加强全市电动自行车管理实施方案(讨论稿)》《2019年江阴市政策性农业保险实施方案(讨论稿)》《江阴市超标粮食处置管理办法(讨论稿)》《江阴市食品小作坊集中加工区建设三年行动计划(2019—2021)(讨论稿)》《关于调整市食品安全委员会成员名单(讨论稿)》。

2019年5月29日,市政府召开第十七届政府第四十五次常务会议。会议讨论并原则通过《关于2019年财政预算调整情况的汇报(讨论稿)》《“健康江阴2030”三年行动计划(2018—2020)考核指标体系(讨论稿)》《江阴市镇、街道相对集中行政处罚权事项调整清单(讨论稿)》《江阴市打击走私工作情况汇报(讨论稿)》《关于江阴市打击走私综合治理领导小组更名并调整成员名单(讨论稿)》《江阴市打击非设关地走私专项行动方案(讨论稿)》。

2019年6月19日,市政府召开第十七届政府第四十六次常务会议。会议讨论并原则通过《全市安全生产工作情况汇报(讨论稿)》《江阴市人民政府安全生产委员会成员名单调整方案(讨论稿)》《江阴市化工产业安全环保整治提升实施方案(讨论稿)》《江阴市推进居家和社区养老服务改革试点实施方案(讨论稿)》《调整2019年度住房保障标准的情况汇报(讨论稿)》《长江(江阴段)沿岸造林绿化建设方案（讨论稿）》《关于开展“一推三治五化”专项行动大力推进农村人居环境整治提升的实施方案（讨论稿）》《关于调整江阴市城区幼儿园和义务教育学校新生入学政策的意见（讨论稿）》。

2019 年 6 月 25 日，市政府召开第十七届政府第四十七次常务会议。会议讨论并原则通过《市政府拟废止的规范性文件目录（讨论稿）》《市政府拟宣布失效的规范性文件目录（讨论稿）》《市政府拟修改的部分规范性文件（讨论稿）》《关于调整江阴市全面推进依法行政领导小组成员的汇报（讨论稿）》《江阴市土地储备委员会及其办公室议事规则（讨论稿）》《江阴市长江入河排污口排查整治专项行动实施方案（讨论稿）》《关于市政府推进政府职能转变和“放管服”改革协调小组成员名单（讨论稿）》《2019 年江阴市有序用电方案和电力供应应急预案（讨论稿）》《江阴市乡村民宿业管理办法（讨论稿）》《江阴市公办职业培训机构参与职业技能培训的实施办法（试行）（讨论稿）》《关于调整 2019 年度社会保险缴费基数的方案（讨论稿）》。

2019 年 7 月 16 日，市政府召开第十七届政府第四十八次常务会议。会议讨论并原则通过《江阴市贯彻落实中央环境保护督察“回头看”及大气污染问题专项督察反馈意见整改方案（讨论稿）》《2019 年江阴市质量提升行动工作实施方案（讨论稿）》《江阴市能源互联网云平台建设实施方案（讨论稿）》《无锡市监察委员会监察建议整改工作方案（讨论稿）》《无锡市委第五巡察组巡察反馈意见整改工作方案（讨论稿）》《关于阶段性降低职工基本医疗保险费率的方案（讨论稿）》《关于 2018 年度公务员考核优秀人员名单（讨论稿）》。

2019 年 8 月 9 日，市政府召开第十七届政府第四十九次常务会议。会议讨论并原则通过《江阴市政府投资工程项目阳光监督管理办法（讨论稿）》《江阴市整体推进耕地轮作休耕促进农业绿色发展实施方案（讨论稿）》《住宅小区搬运服务专项治理方案（讨论稿）》《消防改革过渡期间落实基层消防安全工作责任相关事宜（讨论稿）》《调整市消防安委会成员名单（讨论稿）》《江阴市卓越绩效管理示范基地认定和管理办法（讨论稿）》《江阴市市长质量奖评定管理办法（讨论稿）》《新增相对集中行政许可权事项清单（讨论稿）》《2018 年江阴市重大产业项目专项资金申报项目初审结果（讨论稿）》《关于推进江阴市家庭医生签约服务工作实施意见（讨论稿）》《江苏江阴窑港口长江湿地保护小区建设方案》《关于“1310 工程”重大交通基础设施项目工程推进情况汇报（讨论稿）》。

2019 年 9 月 29 日，市政府召开第十七届政府第五十次常务会议。会议讨论并原则通过《关于调整 2020 年度政府投资项目计划编制流程的报告（讨论稿）》《关于调整我市低保、特困供养、孤儿养育标准的方案（讨论稿）》《江阴市“国家慢性病综合防控示范区”建设实施方案（讨论稿）》《江阴市重污染天气应急预案（讨论稿）》《江阴市印染行业总量消减及整合提升方案（讨论稿）》《关于取消证明事项的决定（讨论稿）》《关于加强综合行政执法和行业主管协调配合的实施意见（试行）（讨论稿）》。

2019 年 10 月 22 日，市政府召开第十七届政府第五十一次常务会议。会议讨论并原则通过《江阴市公共安全体系总体规划纲要（2019—2025）（讨论稿）》《江阴市公共安全体系建设实施方案（讨论稿）》和《江阴市公共安全体系建设工作领导小组名单（讨论稿）》《调整江阴市人民政府安全生产委员会成员名单方案（讨论稿）》《江阴市森林防灭火指挥部工作规则（讨论稿）》《江阴市第 29 届科技节活动方案（讨论稿）》《关于表彰全市科技创新先进集体和先进个人的决定（讨论稿）》《江阴市全面推开“证照分离”改革实施方案（讨论稿）》《江阴市长江流域重点水域禁捕和补偿实施意见（讨论稿）》《关于江阴市“十四五”规划前期研究重点课题计划安排（讨论稿）》《关于推进全额拨款事业人员参照国家公务员医疗补助办法实行医疗补助政策的方案（讨论稿）》《关于调整我市机关事业单位老职工提租补贴和新职工逐月住房补贴比例和基数的实施方案（讨论稿）》。

2019 年 10 月 30 日，市政府召开第十七届政府第五十二次常务会议。会议讨论并原则通过《江阴市交通运输行业安全集中整治工作方案（讨论稿）》等 12 个领域的专项整治方案，要求认真落实安全生产各方责任，扎实开展安全生产隐患治理，持续完善安全生产监管机制。

2019 年 11 月 1 日，市政府召开第十七届政府第五十三次常务会议。会议讨论研究《江阴市畜禽养殖禁养区调整划定方案（讨论稿）》，原则同意调整全市畜禽养殖禁养区划定事宜。

2019 年 11 月 5 日，市政府召开第十七届政府第五十四次常务会议。会议讨论并原则通过《江阴市教育高质量发展三年行动计划（2020—2022）（讨论稿）》《江阴市优秀教师、优秀班主任、优秀校长、“教育发展”突出贡献奖、“捐资助学”突出贡献奖表彰名单（讨论稿）》《2019 年度环境保护重点目标任务进展情况汇报（讨论稿）》。

2019 年 11 月 20 日，市政府召开第十七届政府第五十五次常务会议。会议讨论并原则通过《关于“厂中厂”安全生产专项整治“雷霆行动”实施方案（讨论稿）》《江阴市文化产业高质量发展三年行动计划（2019—2021）（讨论稿）》《关于推动江阴市文化产业高质量发展的若干政策（讨论稿）》。

2019 年 12 月 11 日，市政府召开第十七届政府第五十六次常务会议。会议讨论并原则通过《江阴市深入开展安全生产专项整治行动工作方案（讨论稿）》《江阴市全面融入长江三角洲区域一体化发展实施意见（讨论稿）》《今冬明春对非居民用管道天然气实行季节性价格的方案（讨论稿）》《关于支持镇（街）开发区加快污水主管网（含泵站等设施）建设的若干政策意见（讨论稿）》《全市出租房屋安全隐患集中整治行动实施方案（讨论稿）》《江阴市禁止燃放烟花爆竹工作实施方案（讨论稿）》和《关于确定江阴市禁止燃放烟花爆竹区域的公告(讨论稿)》《江阴市渣土运输管理办法(讨论稿)》《江阴市港口码头清理整治工作实施方案(讨论稿)》《关于2019年财政收支预算调整情况的汇报(讨论稿)》《2020年江阴市城乡居民基本医疗保险制度实施意见(讨论稿)》。

2019年12月17日,市政府召开第十七届政府第五十七次常务会议。会议讨论并原则通过《江阴市有关部门和单位安全生产工作职责(讨论稿)》《江阴市安全生产巡查工作实施方案(讨论稿)》《江阴市镇、街道耕地保护责任目标考核办法(讨论稿)》《进一步严格土地执法监管工作措施(讨论稿)》。

【市长办公会议】 2019年1月30日,江阴市政府召开十七届政府第三十五次市长办公会议。会议讨论并原则通过《江阴市农村土地经营权抵押贷款实施方案(试行)(讨论稿)》《关于徐霞客休闲旅游度假区区域调整的报告(讨论稿)》。

2019年3月29日,市政府召开十七届政府第三十六次市长办公会议。会议讨论并原则通过江阴市村庄生活污水治理及城区黑臭水体整治项目《PPP项目合同(讨论稿)》《江阴市融媒体中心(传媒集团)组建工作方案(讨论稿)》。

2019年4月16日,市政府召开十七届政府第三十七次市长办公会议。会议讨论并原则通过《江南大学与江阴市人民政府江阴校区合作办学协议(讨论稿)》《江南大学与江阴市人民政府共建江阴校区合作备忘录(讨论稿)》《江阴市应急广播体系建设方案(讨论稿)》。

2019年5月7日,市政府召开十七届政府第三十八次市长办公会议。会议同意江阴高新区根据即将签订的《江阴高新区新城镇综合开发PPP项目合同》约定成立PPP项目公司事宜。

2019年5月20日,市政府召开十七届政府第三十九次市长办公会议。会议讨论并原则通过《江阴市域教育设施布局规划(2018—2022)(讨论稿)》《关于维持江阴市主城区重要公园绿地养护方式及保障专项经费的报告(讨论稿)》。

2019年5月24日,市政府召开十七届政府第四十次市长办公会议。会议讨论并原则通过《无锡至江阴城际轨道交通工程PPP项目实施方案(讨论稿)》。

2019年6月18日,市政府召开十七届政府第四十一次市长办公会议。会议讨论并原则通过有关产业园发展、有关公司搬迁补偿、有关地块挂牌出让等事宜。

2019年8月20日,市政府召开十七届政府第四十二次市长办公会议。会议讨论并原则通过《关于石庄、利港化工园区整治提升工作的汇报(讨论稿)》《江阴市工业企业资源利用绩效评价办法(修订)(讨论稿)》。

2019年9月12日,市政府召开十七届政府第四十三次市长办公会议。会议讨论并原则通过《关于行政事业单位和国有企业办理不动产权证情况报告及建议(讨论稿)》《关于江苏阳光国际学校建设过程中若干问题的情况汇报(讨论稿)》《关于取消化工集中区定位需协调支持事项汇报(讨论稿)》。

2019年9月26日,市政府召开十七届政府第四十四次市长办公会议。会议讨论并原则通过《江阴市城区市政排水管网资产市场化运营方案(讨论稿)》,以及有关码头遗留问题处置等事宜。

2019年10月16日,市政府召开十七届政府第四十五次市长办公会议。会议讨论并原则通过《江阴市农村宅基地审批管理细则(讨论稿)》《关于江阴市旅游文化产业发展有限公司情况报告及建议(讨论稿)》《关于加强"两馆一墓"等单位管理的方案(讨论稿)》《关于参股国家能源集团宿迁发电有限公司的情况汇报(讨论稿)》《关于江阴长江水上综合执法码头工程建设方案调整和增加总投资情况的汇报(讨论稿)》。

2019年11月28日,市政府召开十七届政府第四十六次市长办公会议。会议讨论研究了调整商品房项目成品住房比例事宜,讨论并原则通过《江阴市周庄镇发展定位研究(讨论稿)》。

2019年12月13日,市政府召开十七届政府第四十七次市长办公会议。会议讨论并原则通过《江阴城市记忆馆布展工作方案(讨论稿)》《关于江阴市城市公交企业实行成本规制财政补贴办法的报告(讨论稿)》,及有关企业历史遗留问题等事宜。 (钱晓瑜)

外事

【概况】 2019年,江阴市外事工作坚持以习近平新时代中国特色社会主义思想为指导,深入贯彻中共十九大精神,切实加强党对外事工作的集中统一领导,积极参与"一带一路"*建设,深入推进各领域务实合作,不断提升涉外管理水平,为服务国家总体外交大局和建设"强富美高"新江阴做出积极贡献。是年,江阴市政府外事办公室接待来自20余个国家和地区的客人38批445人次;办理因公出国(境)团组71批167人次;保障和推进APEC(亚洲太平洋经济合作组织)商务旅行卡申报工作,新受理32人,办结颁卡31张,重新制卡13张。

【外宾接待】 2019年,江阴市政府外事办公室接待来自20余个国家和地区的客人38批445人次。

3月12日,立陶宛驻华大使馆商务参赞阿如纳斯一行6人访问江阴,考察江阴市外向型经济发展情况并寻求投资合作契机,副市长张韶峰会见客人。

3月13日,联合国国际贸易中心非洲四国贸易代表团一行27人在中国纺织品进出口商会副会长张锡安陪同下访问江阴,考察纺织服装产业链情况并举办非洲四国投资推介会。市长蔡叶明会见客人,副市长张韶峰陪同考察。

4月18日,法属波利尼西亚飞龙体育协会主席房英琼一行7人访问江阴,考察海澜集团有限公司和华西村,副市长张韶峰会见客人。

5月17日,韩国群山市政府代表团金奉坤一行5人访问江阴,出席第二届韩国群山新万金文化学堂江阴临港经济开发区开班仪式。

6月19日,第四轮"中美健康二轨对话"在江阴举办,国家卫计委原副主任刘谦、美国食品药品监督管理局原局长迈凯伦等一行26人访问江阴。市领导蔡叶明、孙小虎、许晨陪同考察并出席相关活动。

7月20日，埃塞俄比亚驻上海总领馆总领事一行5人到江阴市慰问江苏阳光集团有限公司在埃塞俄比亚罹难者家属。副市长张韶峰陪同慰问。

8月19日，津巴布韦和博兹瓦纳代表团一行45人访问江阴，考察江阴经济社会发展情况。

9月5日，应国家发改委国际合作中心邀请，“一带一路”沿线国家绿色产业发展研修班一行32人访问江阴，参观江阴市绿色产业，学习江阴市低碳循环经济领域先进经验，探讨“一带一路”框架下江阴与沿线国家深入合作路径。

9月8日，韩国群山市市长姜任骏一行54人访问江阴，参加江阴—群山建立友城关系10周年纪念活动，与江阴市领导共同签署江阴—群山深化友好交流协议书。江阴市市长蔡叶明会见客人并共同观看纪念江阴—群山缔结友好城市10周年文艺演出。

11月8日，日本南城市教育长上原广子一行15人访问江阴，与江阴市华西实验学校开展友好交流活动。

【国际友好园区】 2019年6月，江阴临港经济开发区和立陶宛克莱佩达经济自由区在首届中国—中东欧国家博览会暨国际消费品博览会上签署友好园区协议，缔结江阴第一对国际友好园区。双方承诺发挥各自的资源和地理优势，推动“丝绸之路经济带”建设，成为开放包容、互利共赢的跨区域园区合作典范。

【友城交流】 2019年为江阴市与韩国群山市缔结友城10周年，两市共同开展一系列纪念活动。5月，在江阴临港经济开发区开设第二期韩国群山新万金文化学堂。8月，在江阴市和韩国群山市两地同时举办小学生书画展。9月，在江阴市联合举办纪念江阴—群山缔结友好城市10周年文艺演出，并共同签署江阴—群山深化友好交流协议书。年内，江阴市联合美国阿拉米达姐妹城市联合会在美国友城阿拉米达市开展

2019年9月8日，纪念江阴—群山缔结友好城市10周年文艺演出在市文化馆艺术剧场举行（市政府外事办提供）

江阴人文旅游推介会，向阿拉米达市市民推介华西村、海澜飞马水城等江阴旅游景点。

【因公出国（境）】 2019年，江阴市因公出国（境）团组总计71批167人次，其中党政机关团组36批129人次，学校医院团组30批33人次，企业团组5批5人次。（邱佳珩）

退役军人事务

【概况】 2019年，江阴市退役军人事务局作为机构改革后成立的一个全新的政府工作部门，围绕“让军人成为全社会尊崇的职业”目标定位，学习贯彻习近平总书记强军思想和关于退役军人工作的重要指示精神，践行为军服务宗旨，落实各项工作任务。推进“双拥”创建工作，持续发扬拥军优属、拥政爱民光荣传统；打造退役军人移交安置工作“阳光工程”，安置率100%，完成安置人员和接收单位“双满意”目标；做好退役军人服务管理，企业军转干部待遇得到有效保障；落实退役军人教育培训制度，创立退役军人就业创业学院；落实优抚对象福利待遇，加大退役军人走访慰问力度，常态化开展退役军人和优抚对象信息采集工作。是年，江阴市退役军人事务局被省退役军人事务厅评为全省信息采集先进单位；江阴市军队离休退休干部服务管理中心被省退役军人事务厅、省军区政治工作局表彰为全省军休工作先进单位；吴协恩被评为全国模范退役军人；窦正满获“江苏省最美退役军人”提名奖。江阴市表彰首届“最美退役军人”10名、“最美退役军人”提名20人。

【市退役军人事务局组建】 2018年11月28日，江阴市退役军人事务局开始筹建。2019年2月19日，完成转隶组建，正式挂牌成立。根据机构改革方案，由市民政局的优抚安置科和市人社局的军转办组成，行政编制10人，市民政局的江阴市军队离休退休干部服务管理中心和江阴市革命烈士纪念馆两个事业单位同步转隶至江阴市退役军人事务局。4月，江阴市委成立市委退役军人事务工作领导小组。5月30日，市退役军人服务中心、17个镇（街道）和256个村（社区）退役军人服务站全面建成。12月18日，市关爱退役军人协会和退役军人关爱基金正式成立。

【移交安置】 2019年，江阴市退役军人事务局按照“公开透明、廉洁高效”原则，打造“阳光安置”工程，完成年度退役军人移交安置工作。市镇两级发放退役士兵一次性经济补助金3711万元；发放转业士官待岗生活补贴8.08万元、补缴待岗社保9.2万元；全年为5名企业军转干部办理退休补助审批手续，向28名离世企业军转干部的亲属进行慰问。为军转干部发放体检卡和报刊费。春节、“八一”建军节对全市企业军

2019 年 12 月 18 日，江阴市举行“不忘初心、军魂永驻”首届“最美退役军人”发布暨退役军人关爱基金成立仪式　　（市退役军人事务局提供）

转干部进行集中走访慰问，发放节日慰问金 388.72 万元，对全市符合医疗救助政策条件的企业军转干部进行针对性医疗救助，发放医疗救助金 37.78 万元，对特别困难的企业军转干部实施特困救助 40 人次，发放救助金 8 万元，全年累计探视因病住院的企业军转干部 25 人次。规范落实自主择业军转干部管理服务工作，认真开展健康体检、座谈交流、主题教育活动，并按时缴纳医疗、工伤、生育保险，缴纳社保费用 10.8 万元。

【就业创业】 2019 年，江阴市退役军人事务局开展各类退役军人教育培训工作，对全市计划安置军转干部开展岗前任职培训；对年度退役士兵、自主择业军转干部进行适应性培训；并组织退役士兵进行学历提升和职业技能培训的报名。推进退役军人就业创业，成立江阴市退役军人就业创业学院，举办退役军人专场招聘会，开通退役军人网络招聘专栏，出台《江阴市退役军人就业创业示范基地认定管理办法》，举行青年退役军人创业大赛。做好退役军人档案管理工作，通过信息化手段减轻档案管理工作量，通过集中管理方式提高档案利用效率。做好各类退役军人数据库建设，及时动态维护全国退役军人信息采集系统、全国自主择业军转干部信息采集系统、江阴市企业军转干部信息管理库，并开展对全市自主退役军人就业信息库的前期规划和数据梳理工作。

【优待抚恤】 2019 年，江阴市落实优抚对象福利待遇，及时调整抚恤补助标准，发放各项抚恤补助金 9200 万余元。向优抚对象发放江苏省优抚对象补助证。开展走访慰问活动，春节前和“八一”建军节前对困难优抚对象家庭进行慰问，国庆节前夕对全市 449 名烈士遗属、因公牺牲军人遗属、中华人民共和国成立前入伍的复员军人和残疾军人以及 67 名持有烈士证明书和因公牺牲军人证明书的遗属进行慰问；向中华人民共和国成立前入伍的复员军人和荣立一等功的 25 人发放“庆祝中华人民共和国成立 70 周年”纪念章。及时对是年新申报的各类优抚对象进行医疗鉴定和网络申报工作，向重点优抚对象及时拨付门诊费 59.6 万余元；完成年度优抚对象的体检工作。

【信息采集】 2019 年，市退役军人事务局常态化开展信息采集工作，及时更新现役军人家属信息，动态调整退役军人信息，完成优抚对象的信息核查工作，初步完成对全市享受生活补助的参战参试人员的信息普查核对、档案整理的第一阶段的信息核实工作；推进优抚对象“一人一档、一人一册”工作，切实做到摸清退役军人情况，摸清党员组织状况，摸清困难人员信息。推进部分退役士兵社会保险接续工作。

【拥军褒扬】 2019 年，江阴军地双方围绕军地融合、共促共赢的目标，探索新时代双拥工作新思路、新举措，为争创新一轮全国双拥模范城打下基础，为推进江阴经济社会高质量发展和驻军现代化建设营造和谐安定环境。坚持春节、“八一”建军节期间走访慰问和交流制度，联合驻地部队、市人武部开展“爱心献功臣”军地联合走访慰问活动，走访“三属”（烈士遗属、因公牺牲军人遗属、病故军人遗属）和重点优抚对象 60 名，发放慰问金 6 万元。及时换发“光荣之家”牌，全年发放 32000 块。军地共同举办为烈属军属和退役军人家庭悬挂光荣牌仪式、渡江战役胜利和江阴解放 70 周年纪念活动，组织 11 个银行签订拥军优抚合作协议；组织开展“9·30”烈士公祭活动；协调部队官兵 300 多人次参加江阴植树活动。市政府为驻军部队 49 名随军家属无工作人员发放生活补助金 26.46 万余元；协调解决驻军部队子女就学、转学等事宜。11 月和 12 月，省双拥考评组、全国双拥调研组分别对江阴市创建全国双拥模范城进行考评验收，市双拥工作得到上级一致好评。

【烈士纪念】 2019 年，革命烈士纪念馆和渡江战役纪念馆两个政府专项改造工程完成。7 月 1 日，江阴市举行退役军人重温入党誓词暨渡江战役纪念馆、革命烈士纪念馆开馆仪式。新落成的革命烈士纪念馆展陈涉及 945 位烈士，图片 461 张，实物 138 件；改造完成后的渡江战役纪念馆展陈图片 309 张，实物 235 件。年内，在完成全市烈士名录普查和烈士遗物征集工作的基础上，对各项历史资料数据进行汇总，收集 1011 位烈士信息，同步完善烈士资料的补充整理工作以及两个纪念馆脚本修订工作，整理脚本文字 7.5 万字，整理烈士信息 1000 多条，整理烈士遗物资料 1516 件，对纪念馆内每位烈士信息、遗物和展陈资料进行重新整理、归档，确保所有档案资料和实物不丢失、不遗漏。全力保障清明、烈士公祭日活动以及“不忘初心、牢记使命”主题教育活动的有序高效开展。全年接待参观3214批34469人，其中团队707批，27043人，散客2471批，7302人，烈士家属36批，124人。免费宣讲462场次，提供志愿服务400多小时，全年接待服务实现“零”投诉。

【军队离退休干部服务】 2019年，江阴市军队离休退休干部服务管理中心投入42万余元用于环境、设施建造和器材购置，优化军休环境，完善服务设施。依法依规全面落实好军休干部的“两个待遇”（政治待遇和生活待遇），按时足额发放军休干部离退休费，补发军休干部离退休费增资419万元。做好老干部医疗保障工作，组织走访慰问，看望住院和长期卧病在床的老干部，为每位军休干部发放生日蛋糕，在春节、“八一”建军节等节日发放慰问金18万元。国庆前夕，为6名离休干部发放“庆祝中华人民共和国成立70周年”纪念章。组织军休干部参加江阴市军政首长座谈会和市委老干部形势报告会。（丁　劼）

行政审批

【概况】 2019年，江阴市行政审批局认真贯彻落实市委、市政府决策部署和全市政务服务工作会议精神，高质量完成行政审批改革任务，审批效能持续提升。设立工程建设项目审批综合服务区、代办专岗服务区、24小时自助服务区等，推动实体大厅办事模式向网上办事模式转型，将传统的分区域、分层级、分部门、分散式服务模式向跨区域、跨层级、跨部门的综合服务模式转变。完善电子证照目录清单，实现业务办结同步签发电子证照并入库。建立政务数据共享平台，同步为政府、企业和群众提供线上查询、核验等服务。完成政务服务体系标准的宣传贯彻和实施，打造线上、线下，市、镇、村三级一体标准体系，提升政务服务质量。建成“7×24小时”自助服务大厅，依托政务服务智能柜台、自助服务平台和政务服务工作平台，构建“一网通办、多端协同”的互联网+政务服务新模式。是年，江阴市行政审批局受理并办结投资建设类审批事项2651件，收取各类规费逾5.12亿元；办理企业注册登记8377个，全市市场主体突破20万户；开展公共资源交易839项，实现交易额35.73亿元。

【市场准入管理】 2019年，江阴市通过“江苏市场监管”手机APP（应用程序），推行全程电子化登记，全年办理企业设立772个，企业变更6个，个体户设立2739个。在全市镇级政务服务中心铺设13台自助办照一体机，实现营业执照全城自助可办，打造15分钟自助办照圈，全年通过一体机办理个体户7000余个，占新增总数的35%以上。通过减少名称预核环节、多证照联办联发、优化公章备案流程等措施，探索半个工作日取得营业执照举措。

【投资建设领域审批】 2019年，江阴市行政审批局根据2018年制定出台的《江阴市重大产业项目审批“绿色通道”操作办法》，设置重大产业项目绿色通道审批专窗，制定重点产业项目审批流程图，加快市重大产业项目行政审批进度，保障重大产业项目的快速落地建设。强化投资建设项目联审联批平台建设，将民防、绿化设计等审批事项纳入联审平台，并升级信息系统数据同步功能，通过项目联审平台与政务服务一体化平台作有效对接，实现关键流数据共享。完成审图中心人员进驻，调整投资建设领域窗口布局，建设融合规划意见、图纸审核、环保、消防、气象、政府审批等为一体的全链条高效审批平台。

【公共资源交易管理】 2019年，江阴市行政审批局升级建设项目交易系统到最新的JAVA版本，完善政府采购电子化平台的保证金系统，全面对接产权交易电子竞价系统与中心网站，实现建设工程和政府采购系统模块有效整合。全面推行装配式建筑项目招标法、ABC合成法招标、两阶段评标、预选招标、标后评估等创新方式，研究开发“产权交易电子竞价系统”手机APP，推动更多交易“掌上办”“指尖办”。设立国资拍卖公司——江阴市澄信拍卖有限公司，全年成交拍卖标的1.6亿元，节约国有资产交易佣金800万元。

【政务服务标准化建设】 2019年，江阴市行政审批局按照“可复制、可推广”要求，完成52项非事项标准、466项市级标准、67项镇级标准、16项村级标准的编制工作，并通过中期验收。召开全市镇（街道）赋权事项进驻工作推进会，确保69项赋权事项受理、审查、发证等所有审批环节对接到位。明确“一窗通办”镇（街道）服务事项和“一门式”信息服务系统镇（街道）延伸举措，创建市、镇（街道）、村三级综合服务窗口同城通办、联动服务的工作机制。建立“7×24小时”自助政务服务大

2019年9月30日，市政务服务中心举行24小时自助政务服务大厅暨“澄事之窗”启用仪式
（市行政审批局提供）

厅,依托覆盖25个部门和53个政务服务事项的“澄事之窗”服务终端,向企业群众提供24小时、非工作日“不打烊”的查询、打印、缴费等政务服务。 (周明明)

医疗保障

【概况】 2019年,江阴市医疗保障局(以下简称“市医保局”)按照“保基本、可持续、解民忧、推改革”的要求,着力抓医保服务平稳运行,抓重点改革强力推进,抓自身建设强基固本,切实保障人民群众就医需求,减轻医药费用负担,不断提升人民群众的获得感、幸福感和安全感。全市基本医疗保险参保138.45万人,其中职工医保87.81万人、居民医保50.64万人,生育保险参保53.06万人,基本医疗保险覆盖率98%以上。全市有定点医疗机构369个、定点零售药店511个。城镇职工基本医疗保险、城乡居民基本医疗保险、职工生育保险基金收入分别为28.16亿元、5.6亿元、1.83亿元。至12月底,城镇职工基本医疗保险结报997.8万人次,支付28.53亿元;城乡居民基本医疗保险结报298.39万人次,支付5.62亿元;生育保险结报2.3万人次,支付1.7亿元。

【江阴市医疗保障局组建】 2019年,根据机构改革要求,江阴市医疗保障局、江阴市医疗保障服务中心、江阴市医疗保险基金管理中心相继成立。2月22日,市医保局召开转隶组建会议并举行揭牌仪式,江阴市委常委、组织部部长邵文松和副市长许晨为市医保局揭牌。4月22日,市医疗保障服务中心获批成立。9月2日,市医疗保险基金管理中心获批成立。市医保局按照机构改革方案,把原属市人力资源和社会保障局的城镇职工和城镇居民基本医疗保险、生育保险职责,市民政局的医疗救助职责,市物价局的药品和医疗服务价格管理职责,市卫生和计划生育委员会的药品、医用耗材集中采购的监管职责等进行整合,梳理确定部门主要职责。在此基础上,编制医疗保障行政权力事项清单12项,其中行政征收1项、行政奖励1项、行政给付2项、其他权力4项、行政处罚4项;梳理政务服务事项12项。

【医疗保障基金监管】 2019年4月,市医保局印发《关于实施“医疗保障基金监管年”活动的通知》,部署开展打击欺诈骗保、加强智能监控体系建设、完善打击欺诈骗保工作制度、健全医保监管体系、推进医保信用体系建设、提升经办机构防范风险能力、医保政策集中宣传等七个方面工作。4月19日,市医保局举行“打击欺诈骗保行为、维护医保基金安全”集中宣传活动启动仪式,副市长许晨出席。市公安、人社、卫生健康、市场监管部门负责人及医保经办机构、定点医药机构代表260余人参加活动。活动现场,发放宣传资料,组织集中观看打击欺诈骗保专题片,定点医药机构签订防范欺诈骗保承诺书。4—5月,市医保局分4批对全市594个定点医药机构的负责人进行防范欺诈骗保业务轮训,宣传医保基金监管政策法规,建立举报奖励制度。年内,加强医保智能监管体系建设,通过大数据智能筛查精准定位违规行为;运用视频监控技术对举报投诉及时反查,固定违规证据;引入人脸识别技术,加强对就诊及购药行为的实名制管理,违规收费和冒名就医现象得到显著遏制。联合市公安局、卫生健康委、市场监管局等部门,按照“双随机”(随机抽取检查对象,随机选派执法检查人员)要求,开展打击欺诈骗保专项治理检查工作,实现定点医药机构现场检查全覆盖,全年处理违规机构96个(其中终止协议12个,暂停协议19个,限期整改65个)。12月9日,市医保局、公安局、人社局、卫生健康委、市场监管局联合印发《关于建立全市打击欺诈骗取医疗保障基金综合监管联席会议制度的通知》,统筹医保基金监管的协调、指导和重大案件查处等工作。

【医保待遇稳步提升】 2019年,江阴市城乡居民基本医保筹资标准由2018年度的1000元/人提高至1100元/人,采取个人缴费、集体扶持、政府资助等筹资方式,为参保人员提供基本医疗保障。市医保局为落实供给侧改革要求,降低企业用工成本,优化营商环境,出台阶段性降低职工医保单位缴费费率政策:自2019年8月1日至2020年6月30日,用人单位(含个体工商户)、城镇自由职业者缴费费率阶段性下调1个百分点。降费周期内可减轻企事业单位和灵活就业参保人员负担约2.5亿元。是年,江阴市居民医保年度门诊最高补偿封顶额度由2018年度的500元提高至600元;城乡困难居民、慢性病参保患者年度补偿封顶额度同步增加200元。将17种抗癌药纳入特药管理范围,职工医保和居民医保个人实际支付比例分别为35%和40%;全年特药补助8087人次,报销金额3184万元。

【医疗救助精准实施】 2019年,江阴市居民医保大病救助基金规模由2018年度的5700万元提高至6300万元。市医保局印发《关于做好2019医保年度城镇职工基本医疗保险参保人员医疗救助工作的通知》,对困难人群、重大疾病、大额费用人员继续实行政策倾斜,实现精准救助。全年医疗救助支出1.2亿元,有效减轻大重病患者和困难人员医药费用负担。

【生育保险和职工医保合并实施】 2019年3月,国务院办公厅下发《关于全面推进生育保险和职工基本医疗保险合并实施的意见》。7月,省政府办公厅出台《关于生育保险和职工基本医疗保险合并实施的实施意见》。年内,根据国家、江苏省、无锡市通知精神,江阴市职工生育保险和职工基本医疗保险合并实施,实现参保同步登记、基金合并运行、征缴管理一致、监督管理同一、经办服务一体化。通过整合两项保险基金及管理资源,强化基金共济能力,提升管理综合效能,降低管理运行成本,推动两项保险长期稳定可持续发展。

【建立长期护理保险制度】 2019年5月8日,江阴市政府办公室印发《江阴市长期护理保险制度实施方案(试行)》。长期护理保险制度覆盖全市基本医保参保人,为符合条件的长期失能参保人员提供基本生活照料和与基本生活密切相关的医疗护理服务的社会保险制度。通过无锡市统一招标确定2个承办机构，择优签约9个定点护理机构。至12月中旬，审核通过1180名长期失能人员，发放待遇279万元。

【医保支付方式改革】 2019年，根据上级文件精神和江阴集成改革相关要求，市医保局进一步深化总额控制下多元复合式医保支付方式改革，深入推进按疾病诊断相关分组（DRGs）付费试点工作，统一市人民医院和中医院居民医保DRGs分组编码和费用标准，将职工医保DRGs支付方式扩大至中医院，取得阶段性成效。市人民医院、中医院被列为无锡市DRG付费国家试点工作观察点医院。

【落实国家药品集中采购和使用政策】 2019年，市医保局按照国家药品集中采购和使用工作要求，组织全市医疗机构分两批72个次参与药品集中带量采购谈判，第一批25种中标药品价格平均降幅59%、最高降幅98%；第二批32种中标药品价格平均降幅53%、最高降幅89%，大幅减轻患者医药费用负担。同时建立医药集中带量采购预付金制度，与市财政局联合印发《关于实施医药集中带量采购预付医保基金的通知》，对参加医药集中带量采购的医保定点医疗机构，在基金总额预算不变的基础上，按照不低于采购合同总金额的30%预付医保基金，减轻定点医疗机构资金压力，促进医药集中采购工作得到有效落实。

【推进高值医用耗材治理】 2019年，市医保局深入推进高值医用耗材治理，组织全市二级以上公立医疗机构入驻省、无锡市医药阳光招采平台，参与两轮江苏省医用耗材联盟带量采购谈判，价格降幅15.86%～74.37%；参与无锡市首轮高值医用耗材联盟带量采购谈判，价格降幅48%～61.2%；全面取消公立医疗机构医用耗材加成，促进医保资金合理支付、医院运行成本降低、减轻百姓看病负担。

【医疗服务价格管理】 2019年，市医保局会同市卫生健康委，新增医疗服务项目价格及收费等级28项，完善、调整麻醉、精神卫生类等医疗服务项目24项，新增特殊医用材料6项，核定医疗服务项目价格44项。完善公立医院特需项目、民营医院部分药品价格调整工作流程，加强管理监督。推进江苏省公立医院医疗服务价格动态调整机制改革试点工作，按照“患者负担可承受、医保基金稳定运行、医院发展可持续”的原则，以合理成本和收入结构变化为基础，理顺医疗服务比价关系，建立有利于控制医疗费用不合理增长、推动医院转换运行机制、保障医院稳定发展和群众健康的价格动态调整机制。对参与医疗服务价格改革的13个公立医疗机构和参照执行的8个改制医院持续做好价格监测，确保动态调整试点工作平稳实施。

【推进异地就医直接结算】 2019年，市医保局推进异地就医联网直接结算，实现职工医保、居民医保“无锡大市一卡通”功能全覆盖，与上海市、浙江省之间异地就医门诊、住院费用“一单制”直接结算，江阴市异地就医定点医院联网覆盖率100%。规范异地就医经办管理，自5月1日起，不再设异地就医市外指定医院，统一市外转诊待遇政策，将市外转诊直接备案到就医省份或地级市。落实简化备案纳入一批、承诺补充纳入一批、便捷服务帮助一批“三个一批”要求，着力简化办事环节。取消异地就医身份证明，规范手工报销材料清单，并将报销时限压缩在10日内，有效缓解群众异地看病就医“垫资难、跑腿烦”的问题。

【放宽医保定点准入条件】 2019年，市医保局落实“放管服”（简政放权、放管结合、优化服务）改革要求，优化调整医保定点医疗机构准入条件。将社会办医机构、养老护理型床位准入要求的营业时间缩短为3个月。卫生服务中心的医疗延伸点优先纳入医保协议管理，不受开展医疗服务经营时间的限制。对符合相关条件的医养结合型医疗、养老机构，优先纳入医保定点协议管理，办理时限压缩至3个月内。全市新增定点医疗机构27个。

【医保经办服务】 2019年，市医保局综合采取按经办流程划分、窗口服务相对集中、异地就医专门管理相结合的方式，打造更加扁平化的医保经办管理体系。深入推进“互联网+”医保服务，先后在江苏省政务服务网及政务服务APP（应用程序）、“澄事之窗”自助政务服务平台、“最江阴”APP、“江阴市民卡”微信公众号等多个渠道上线“我的医保”栏目，为参保人提供24小时全天候不间断医保服务。会同市人社局、税务局做好医疗保险费征管职责划转工作，至年末全市机关事业单位和灵活就业人员医保费、城乡居民基本医保费征缴职责划转至税务部门。

2019年4月19日，江阴市召开“打击欺诈骗保行为 维护医保基金安全”集中宣传活动启动仪式 （市医保局提供）

【居民医保信息整合】 2019年,市医保局全力推进居民医保信息整合工作,依托金保系统组织开发居民医保实时结算系统,于2020年1月1日正式上线;对医保专网实施双线路改造,强化网络安全管理。通过此举,实现了全市职工医保、居民医保信息在同一系统框架内运行,有效打破"信息孤岛",提升医保信息综合运用效率和管理水平,为医疗保障工作提供更加安全高效的信息支撑。 (张 伟)

信访工作

【概况】 2019年,江阴全市信访系统以习近平新时代中国特色社会主义思想为指导,深入学习贯彻习近平总书记关于加强和改进人民信访工作的重要思想,紧扣以人民为中心这个主线,强化目标、问题两个导向,围绕清积案、控风险、强基础三个重点,着力提升信访工作规范化、信息化、法治化水平,维护社会和谐稳定。推进"争创人民满意信访部门、争当人民满意信访干部"活动,全市15个镇(街道)达到"人民满意窗口"创建标准。江阴市级层面全年接待上访群众668批2783人次,办理来信、网上投诉、领导信箱、短信投诉等信访件2640件,接待并协调处理集访131批1934人次,完成全国"两会"、"一带一路"高峰论坛、世界园艺博览会、亚洲文明对话、中华人民共和国成立70周年大庆等一系列重大活动信访保障任务,全市信访形势平稳有序。

【拓展信访反映渠道】 2019年,全市信访系统进一步发挥网上信访快速办、提醒办、简易办、规范办、公开办等特点和优势,打造"互联网+信访"工作模式,通过政府门户网站、手机APP等方式,推行网上信访,实现"数据多跑路、群众少跑腿"。加强涉访部门联合接访工作。及时完善联合接访、联合会办、访调对接、诉访分离等工作机制,提高接处访工作质量。规范完善领导干部接访下访工作机制,组织推动领导干部通过定期接访、重点约访、带案下访等方式,以制度化、标准化、规范化做实做细领导接访工作,搭建领导接访平台,使群众诉求表达渠道进一步畅通,合理诉求第一时间解决,信访积案存量有效下降,社会矛盾风险隐患得到有效化解,打通党和政府联系群众的"最后一公里"。全年市领导接待来访群众166批719人次,推动化解信访问题142件。深入推进依法逐级走访制度,加大权益保障卡发放力度,有效保障信访人权益,市、镇(街道)两级发放权益保障卡409张,发卡率100%。严格落实依法分类处理信访诉求,在全市范围大力推进依法分类处理信访诉求工作,细化完善工作方案,加强工作督查,推动职能部门认真履行信访工作责任,依法妥善化解矛盾。

【信访规范化建设】 2019年,江阴全市信访系统以阳光信访信息系统为依托,进一步推进初信初访规范化办理,确保群众初次反映的有效信访事项依法按程序得到妥善处理,对办理不规范的责任单位强化业务指导,实行集中培训与点对点上门业务指导与督促。推进信访工作标准化建设,成立标准化建设领导小组,针对人民来访接待中心接访流程、领导批示信访件、信访复查等业务在具体工作中存在的不规范情况,结合全市信访工作实际,起草制定3项业务规范化流程,有效治理信访件办理不规范等问题,"四率"(受理率、办结率、参评率、满意率)水平持续攀升,信访事项及时受理率和办结率均为100%,参评率信访部门99.71%、责任部门99.76%,满意率信访部门99.53%、责任部门99.33%。严把信访答复实体关,严格审查信访答复意见,对答复内容存在严重问题的,一律退回承办单位重新办理。对每一件信访复查案件,严格按照相关文件规定,组织市司法局、法院及相关职能单位进行充分论证,并通过专人多种渠道查找、收集相关佐证资料,做到事实清楚,证据确凿,结论准确,全年办理信访复查案件97件,未产生一件疑难复杂信访积案。

【化解信访矛盾】 2019年,市信访局通过进一步落实矛盾纠纷排查工作机制,以定期排查与滚动排查、重点排查与动态跟踪等多种方式,及时掌握不稳定因素、信访突出问题、重点人员动态等信息。市信访工作联席办对排查出的信访积案与矛盾问题进行集中交办,明确化解责任目标并限期办理。把推动解决群众合理合法诉求作为出发点和落脚点,推进矛盾化解攻坚战,健全完善信访积案常态长效化解机制。结合"三化解一规范"(化解矛盾、化解心结、化解困难,规范信访秩序)专项行动,对事关群众切实利益的矛盾问题实行滚动排查交办,落实领导包案责任制度,压实领导责任,全程跟踪,确保人要管事,事要管好,减少矛盾积压。年内,国家、江苏省交办信访矛盾8件,实现全部化解。无锡市交办信访矛盾690件,化解稳定645件,化解稳定率93.5%。江阴市级层面排查交办信访矛盾173件,化解38件,稳定86件,化解稳定率71.7%。

(谢依能)

对口支援与帮扶

【概况】 2019年,江阴市全面落实第六次、第七次全国对口支援新疆工作会议精神,围绕社会稳定和长治久安新疆工作总目标,落实江苏省对口支援新疆伊犁州前方指挥部工作安排,按照"聚焦总目标、坚持高质量、再上新台阶、走在最前列"工作定位,坚持高站位引领、高起点谋划、高标准要求、高时效推进、高质量落实,确保脱贫攻坚、招商引资、旅游推介等重点工作高质量完成,确保第九批援建新疆霍城工作圆满收官。江阴市政府全年安排财政上缴江苏省援疆统筹资金8625万元。年内,江阴市推进与陕西省延川县扶贫协作工作,取得良好成效。《光明日报》《经济日报》和江苏卫视、陕西卫视、陕西传媒网等多个省级以上媒体对江阴帮扶工作进行专题报道。陕西省政府5月7日宣布延川县退出贫困县序列,标志延川县成功"摘帽",从此告别绝对贫困。江阴市政府全年安排财政上缴江苏省援陕统筹资金6952万元。江阴市与徐州市睢宁县深化合作,围绕江苏省委、省政府的决策部署和既定脱贫目标,巩固和扩大脱贫攻坚成果,推动南北挂钩发展走上良性发展轨道。江阴市政府全年援建睢宁帮扶资金500万元。

【对口援疆】 2019年,江阴市政府全年安排财政上缴省援疆统筹资金8625万元。推进项目建设,江阴市对口支援霍城县工作组全年实施新建续建援疆项目33项,投入援疆资金1.72亿元。江苏医院综合楼、江阴小学项目获评新疆维吾尔自治区"建设工程施工安全生产标准化工地"。江苏医院综合楼、江苏中学和江阴小学获颁伊犁州建筑工程"天马杯"优质工程奖。推进产业援疆,重点围绕农副产品深加工、服装服饰、电子产品组装等劳动密集型项目开展招商洽谈活动,先后组织11次招商活动。5月15日,在无锡市举办专场旅游推介和产业招商活动,全面推介霍城的旅游和招商。开展项目对接和招商推介,引进投资3500万元的霍鸣电子智能电器产品项目,投资2000万元的卓联服饰服装加工项目等。推进劳动力有组织转移,在江阴市成立霍城县驻江阴转移就业人员管理服务站,在法尔胜泓昇集团有限公司、长电科技股份有限公司设立就业基地,与江阴市人社局建立用工信息共享机制,先后赴无锡、江阴等地对接劳动力转移工作,全年完成劳动力转移110人。推进智力援疆,深化"百千万"(百名党政领导干部、百名村干部、百名企业经营管理人才;千名专业技术人才;万名"新农村、新农民")培训工程,全年培训各类干部人才3000人次。以"万名教师支教计划"为重点,推进教育"组团式"援疆,全年援疆教师团队开设公开示范课62节,帮带徒弟28人,开展教研活动41次,讲座15场。开展援疆医疗服务队进农村、进巴扎、进企业等活动,开展免费义诊活动4次。开展柔性引才援疆,全年帮助引进教学副校长1名,引进教育教研专家5人,引进江阴医疗柔性人才10人。深化两地交流交融,继续开展"万人帮万户,共同奔小康"援疆帮扶活动,组织援疆干部人才开展"民族团结一家亲"民族联谊活动,不定期走访慰问民族结对亲戚,开展"结

2019年8月,霍城县第一人民医院(江苏医院)综合楼项目竣工

(市发改委提供)

亲携游庆六一"活动。继续深化"一对一""多对一"结对帮扶活动,有效增进当地少数民族群众与援疆干部的感情。是年,有江阴市青年点点爱心港公益组织、江阴南华中等专业学校等单位15批次500人次到霍城开展结对交流活动。

【苏陕协作】 2019年,江阴市政府全年安排财政上缴省援陕统筹资金6952万元。强化扶贫项目建设,按照"精选项目、精心实施、精准到人"的要求,明确实施扶贫项目7项,其中结转项目1项、新开项目6项。江阴市援建陕西省延川县梁家河干部培训中心项目投入试运行,全年服务保障各类培训对象超过400期18000人次。强化产业协作,在建项目进展顺利,延川壬庚新材料有限公司年产20万吨EPS(聚苯乙烯)项目一期工程主体厂房完成建设,开始安装设备。斯派尔集成建筑科技有限公司150万平方米集成建筑项目主体建筑进入装潢。持续推进"江阴企业延川行"活动,全年组织6批江阴企业家共97人次赴延川考察。根据两省人才交流的安排部署,强化人才交流和劳务协作。3月和7月,江阴市人社局两次赴延川县开展"春风行动"暨苏陕协作专场招聘会和苏陕协作夏季劳务招聘活动,江阴利安达集团、江阴中印印务集团有限公司、江阴长三角金属材料市场等7个企业提供600多个就业岗位。同时开展两期电商、网创和美容美发专题培训,参训人员超过40人。4月,江阴市选派18名教育、医疗、农业领域专技人才支援延川县。5月25日至26日,延川县县长宋满红率政府考察团到江阴市考察,寻求两地在能源化工、文化旅游、教育培训、苏陕协作等方面的交流合作。8月,江阴市落实首批21名延川县学生赴江阴中专学习专业技能,增强就业本领。11月30日至12月1日,江阴市市长蔡叶明率市政府代表团赴延川县交流考察,并举行江阴—延川对口协作联席会议,与延川县政府商讨研究扶贫协作重大合作事宜,推动扶贫协作工作纵深发展。

【南北合作】 2019年,江阴市政府安排援建徐州市睢宁县帮扶资金500万元,并多方筹集资金帮助援建魏集镇大桥村、姚集镇杜湖村两个省定经济薄弱村发展经济。投资200万元帮助建设标准厂房,筹集资金240万元建设杜湖村农业综合服务中心,投资41.2万元帮助建设农业大棚,投资73万元帮助姚集小学、魏集小学建设信息化教室,魏集镇大桥村、姚集镇杜湖村年集体收入超40万元,均高于省定经济薄弱村收入18万元的脱贫标准。加强购销衔接,组织睢宁西瓜、紫薯、玉米等特色农产品在江阴销售,销售金额20万元,促进农民增产增收。

(李开章)

机关事务管理

【概况】 2019年1月28日,根据江阴市机构改革方案精神,不再保留承担行政职能的事业单位市机关事务管理局,其行政职能划归市政府办公室,下属企事业单位整建制转隶市政府办公室,继续履行机关事务管理职能,进一步夯实职责范围内服务保障工作。加强党政机关办公用房管理,举办全市党政机关办公用房智能图形管理系统业务培训,推进"全市一张网"建设,落实年度信息统计填报制度;梳理统计全市机关事业单位房屋土地资产情况,配合机构改革做好办公用房调配,对全市副科以上用房配备使用情况进行督查;组织实施退役军人事务管理局、信访楼办公室装修改造等工程;联合市财政局等部门完成2019—2021年度江阴市行政事业单位装修修缮工程定点采购;完成46项市级机关办公用房维修改造项目经费审核2767.67万元,节约率46%;完成市科技活动中心等5处固定资产划拨和3处固定资产报损。加强公共机构节能管理,围绕节能政策法规、节能新技术等内容组织节能工作培训,利用"省公共机构节能管理信息系统"平台指导全市做细做实能耗统计;结合"环境宣传月"在全市倡导"绿色发展,机关先行,低碳行动,保卫蓝天"活动,部署"低碳日"体验举措;对全市43个独立办公党政机关垃圾分类工作进行专项调研。完成全市4个单位6.6万平方米建筑能源审计。人民银行无锡市中心支行、江阴市人民医院、江阴市中医院被确定为2018年度省公共机构节能示范单位,江阴市城市综合管理局被确定为2019年度江苏省公共机构节能示范单位,3个单位被评为江苏省节水单位。规范党政机关公务用车管理,落实"一车一档",严格审核流程,完成全市公车报损审核68辆,购置审核59辆,经费预算审核93辆,审核资金5563.1万元;配合机构改革组织车辆划拨过户114辆,新车购置2辆,集中处置82辆;推进车载定位系统监控平台升级改造,更换新型车载定位设备600余台;严格油卡使用管理,落实定人定点、对号加油、一车一卡、专卡专用,集中处置油卡350张金额97.9万元。加强日常用车监管,组织全市公务用车自查自纠专项整治,配合上级联合抽查督促40余个单位限时整改,配合纪委开展专项督查5次,抽查车辆120台次,公车运行轨迹函询38份;加强汽车租赁企业监管,租赁社会车辆7631台次总计765余万元。加强行政事业单位物业服务集中管理,完成全市14个到期物业经费审核2307.58万元,核减445.86万元,节约率19%。优质精准保障21个部门代记账服务;完成34项全市性重大活动和部门用车3677台次35.1万千米;保障全市及部门会议4948场次;保障机关房改房服务,完成澄江街道绿园新村、小塔巷部分房屋屋面整体换瓦1627平方米,防水339平方米。专业精细保障机关大楼、事业中心、政务中心、天华文化中心运行高效;维护机关大楼安全有序,实施门岗进出系统信息化、智能化改造,信访劝导1200余人次。

【行政事业单位小额物业保障方式调整】 2019年7月中旬,江阴市为节约行政事业单位物业运行成本,调整优化经费50万元以下的小额物业保障方式,实行"项目整合、分块打包、集中招标",由江阴市直属机关物业管理有限公司总承包。涉及物业单位122个,面积45.2万平方米。通过集中统一规范化管理,有效提高物业经费使用效益,保障设备维修及时率和运行完好率,物业经费下降10%以上。

【机关大楼空调溴化锂机组更新改造】 2019年,鉴于机关大楼空调机组运行期限长(超过设计使用寿命7年),效能差、能耗高、故障频,江阴市政府办对空调机组实施更新改造,采用单一来源采购方式,将3台溴化锂空调机组改造为2台200万大卡机组、1台磁悬浮电空调。工程3月14日开工,6月底竣工,总投资588万元。改造后有效提高了运行效能,年降蒸汽使用量50%。

【体育馆泵站改造】 江阴体育馆泵站因水池太小,水泵排涝能力不足,被列为2019年江阴市城区防汛应急改造工程。建设内容为在体育馆内拆除重建原市排涝站,新增雨水沟通管接入市政府专管和澄江中路雨水主管,新建水泵房及配电间,总建筑面积296.33平方米。该项目3月5日开工,8月1日竣工,总投资1221.36万元,有效增强市政府大楼和澄江路沿线周边区域雨季防洪排涝水平,减少雨季洪涝灾害发生。

【公共机构能源审计】 2019年8月起,市政府对市委党校、市住房和城乡建设局、市档案史志馆、云亭街道办事处4个公共机构进行能源审计,分析评价用能单位能源利用状况和水平,挖掘节能潜力,提出节能技术改造建议。该次能源审计历时3个月,涉及总建筑面积6.66万平方米,为公共机构加强节能管理,进一步提高能源利用效率提供科学依据。 (钱晓瑜)

■类目编辑 邢 盈

重要会议

【市政协十五届三次会议】 2019年1月7—11日举行。362名江阴市政协委员出席会议。在江阴的全国、江苏省、无锡市政协委员，政协机关科员以上和市委统战部、台办中层以上干部，开放园区分管政协工作领导，各镇(街道)、园区政协工作委员会副主任，不担任政协委员的市各民主党派、工商联、知联会领导和秘书长，驻江阴市的有关单位代表等列席会议。市委、市人大、市政府有关领导，担任过市政协领导和市委统战部主要领导职务的老领导应邀出席开幕会和闭幕会。各镇(街道)的20名市民代表列席开幕会。市各民主党派、工商联、知联会的100名代表列席开幕会和闭幕会。会议由市十五届政协常务委员会召集并主持，主席、副主席担任执行主席。

根据会议议程，委员们听取市委书记陈金虎讲话；审议并通过市政协主席徐冬青代表政协江阴市第十五届委员会常务委员会所作的工作报告和副主席张英毅所作的提案工作情况报告；列席市十七届人大三次会议，听取并讨论市长蔡叶明所作的《政府工作报告》和其他报告；补选吕涛、汤建影、张志浩、钱俊为常务委员；听取关于市政协十五届三次会议期间提案审查情况报告；通过大会决议；徐冬青在会议闭幕时讲话。

会议期间，召开专题座谈会；收到提案370件，其中集体提案107件。

【市政协十五届常委会十三次至十七次会议】 江阴市政协十五届十三次常委会议于2019年1月9日召开。会议听取并同意市委组织部副部长谢映军关于市委有关人事安排提名和说明，协商提出《选举办法(草案)》和补选政协江阴市第十五届委员会常务委员候选人建议名单。

第十四次常委会议于1月10日召开。会议听取市政协十五届三次会议各组讨论情况汇报；确定补选政协江阴市第十五届委员会常务委员正式候选人名单；审议《江阴市政协十五届三次会议决议(草案)》和《提案审查情况报告(草案)》。

第十五次常委会议于3月6日召开。会议学习市委书记陈金虎在市委常委会研究《政协江阴市委员会2019年工作要点》时的讲话；听取市委统战部副部长潘少峰关于市十五届政协委员届中调整情况说明，同意须振宇辞去委员职务；听取并同意市委组织部常务副部长谢映军关于市委有关人事安排提名和说明；协商通过《政协江阴市委员会2019年工作要点》和《2019年政协委员学习意见》。市政协主席徐冬青就发挥政协常委会作用，聚焦中心、提质增效做好全年工作提出意见。

第十六次常委会议于7月11日召开。会议听取市长蔡叶明关于江阴2019年上半年经济社会发展情况通报；同意追认撤销薛正方政协江阴市第十五届委员会委员资格；听取并同意市委组织部部务委员周麒关于市委有关人事安排提名和说明；民主评议市工信局工作，听取市工信局局长王利峰关于工业和信息化工作情况汇报，市政协经济科技和农业农村委员会主任薛德网作调研情况中心发言，常委会组成人员进行现场评议投票，副市长杨云到会听取意见建议。市政协主席徐冬青对贯彻落实习近平总书记关于加强和改进人民政协工作的重要思想，做好下半年政协工作作部署。

第十七次常委会议于10月29日召开。会议听取并同意市委组织部部务委员周麒关于市委有关人事安排提名和说明；首次民主评议市教育局提案办理工作，听取市教育局局长徐前锋关于市教育局提案办理工作情况汇报，市政协提案委员会主任郁志刚作中心发言，常委会组成人员进行现场评议投票，副市长虞卫才到会听取意见和建议，并通报2019年政协提案办理情况。市政协主席徐冬青对学习贯彻中央政协工作会议和省委政协工作会议精神，做好第四季度政协工作作部署。

【市委政协工作会议】 2019年12月19日，江阴市委召开政协工作会议。会上，学习中共十九届四中全会和习近平总书记在中央政协工作会议暨庆祝中国人民政治协商会议成立70周年大会上的重要讲话精神，市委书记陈金虎对江阴市新时代加强和改进人民政协工作作出部

2019 年 6 月 19 日,市政协领导视察周庄实验小学信息化建设

(市政协办提供)

署;澄江街道党工委、青阳镇党委、市教育局党委、市工信局党委、市城管局党委作交流发言;印发中共江阴市委《关于新时代加强和改进人民政协工作的实施意见》。

【委员论坛】 2019 年 11 月 7 日,江阴市政协举办"融入长三角 接轨大上海"委员论坛。市政协主席徐冬青,副主席韩民、张英毅、喻伟力、陈兴初、张晓东,党组成员符跃进、孙志红、童金良出席论坛。市发改委、科技局、民政局等单位分管负责人应邀到会听取意见和建议。论坛由符跃进主持。徐飞、高恒、陆正宇等 8 名政协委员围绕产业、科技创新、交通建设、政策制度、绿色发展、教育卫生、城市精细化管理等方面加快与上海及周边城市对接作交流发言。徐冬青希望不断增强江阴融入长三角接轨大上海的紧迫感、使命感、责任感,不折不扣把规划、交通、产业、治理、环保等任务落实落细落到位,形成全社会共同参与和大力支持长三角一体化发展的强大合力。

【民主议政会】 2019 年 7 月 29 日,江阴市政协举行全面提升城市精细化管理水平民主议政会。市政协主席徐冬青,副主席韩民、喻伟力、陈兴初、张晓东,党组成员符跃进、孙志红、童金良参加会议。邀请副市长许晨和市公安局、民政局、司法局等部门负责人到会听取意见建议。会议由喻伟力主持。会议听取全市城市精细化管理工作情况介绍,市各民主党派、工商联、知联会代表进行议政建言。徐冬青希望注重顶层设计,突出工作创新,瞄准问题短板,强化工作保障,全面提升城市精细化管理水平。

协商议政

【概况】 2019 年,江阴市政协围绕中心、积极履职,聚焦全市经济社会发展中的短板和基层群众反映的热点难点问题,开展多种形式的政治协商和参政议政活动。全年举行全体会议 1 次、常委会议 5 次、主席会议 12 次。市政协领导就农村住房建设、教育信息化工作等开展视察活动 6 次。市政协举行人民法院服务保障民营企业发展、长江大保护规划及实施情况等政情交流会 4 次。举行全市推动政协协商与基层协商有效衔接工作会议 1 次、推进会 1 次,实现"有事好商量"民主协商议事室全覆盖,开展协商议事活动 51 次。

【专题调研】 2019 年,江阴市政协组织各参加单位,专门委员会、镇(街道)、园区工作委员会围绕推进江阴深度融入长三角区域一体化发展、社会化养老和专业化服务、全市教师队伍建设等课题开展调查研究,全年形成调研报告 41 篇,评选优秀调研报告 29 篇。

【重要视察】 2019 年 5 月 9 日,江阴市政协领导视察长泾镇蒲市村村委规划模型和聚谊家园建设现场,听取市住建局关于全市农村住房建设管理工作总体情况和长泾镇新农村农房建设试点工作情况汇报。市政协领导建议市政府和有关部门要用好政府统筹力量、群众主体力量、市场专业力量,走出具有江南韵味、江阴特色的乡村振兴之路。

6 月 19 日,市政协领导视察南菁高级中学、周庄实验小学教育信息化建设和应用情况,听取市教育局关于教育信息化工作情况汇报。市政协领导建议市政府和有关部门要顺应信息技术发展趋势,科学规划,系统设计,实现统筹发展;解放思想多元投入,强化政府保障支持,引导社会力量多元参与;深化应用融合创新,试点先行、强化特色,应用驱动、提质增效,构建"智慧教育"生态体系。

7 月 25 日,市政协领导视察江阴市新时代文明实践中心和青阳镇新时代文明实践所、旌秀社区新时代文明实践站,听取市委宣传部关于新时代文明实践中心建设情况汇报。市政协领导建议市政府和有关部门要突出政治引领、聚焦群众需求、注重以文化人,进一步整合资源、探索创新、各方联动、完善机制,推动江阴市新时代文明实践中心建设高标准、高质量发展。

10 月 31 日,市政协领导视察新桥镇政务服务中心、新桥镇派出所和绿园社区,听取市公安局关于公安融入集成改革社会治理网格化建设情况汇报。市政协领导建议市政府和有关部门推进警务基础工作与社区工作的有机融合;强化科技支撑,做好网格化平台的升级维护、数据资源的对接共享、基础信息采集和人员管控;加强组织领导,完善工作机制,规范管理要求,加大宣传力度,进一步形成公安融入集成改革网格化治理体系的整体合力。

11 月 12 日,市政协领导视察南京理工大学江阴校区、黄田港公园、新定波闸、临江路桥、林荫大道桥等"1310 工程"* 重点工程建设情况,

2019 年 7 月 25 日，市政协领导视察市新时代文明实践中心建设

（市政协办提供）

听取市“1310 工程”建设指挥部办公室有关情况汇报。市政协领导建议市政府和有关部门把握工作重点，突出特色化发展，注重精细化管理，实现市场化运营，以高水平规划绘制发展蓝图，以高标准建设提升功能品质，广泛凝聚共识，助推“1310 工程”建设。

12 月 26 日，市政协领导视察锡澄运河公园样板段、徐霞客镇谭家村新农村建设、市富仁高科股份有限公司，听取市政府关于 2019 年提案办理工作情况通报。市政协领导建议要不断增强责任意识和集体提案意识；推进提案办理“回头看”，实现提案办复由“答复满意”向“落实满意”的根本性转变；加快“智慧政协”平台建设；进一步激发“提”“办”双方的积极性、主动性，打造一批精品提案。

【政情交流】 2019 年 3 月 22 日，江阴市政协举行人民法院服务保障民营企业发展政情交流会。出席会议的市政协领导和部分政协常委、委员听取市法院关于人民法院服务保障民营企业发展情况介绍，并就商品打假、加强企业法制宣教、民营企业保全申请、法院在审理劳动纠纷时如何找到企业与员工平衡点、环保案件审理时如何更好平衡民营企业利益等提出建议。市政协主席徐冬青指出，要按照中央、江苏省委、无锡市委支持民营经济发展的部署要求，把依法保障民营企业、民营经济蓬勃健康发展作为重要政治任务来抓紧抓实抓好；充分发挥审判职能作用，强化对民营企业的产权司法保护，促进解决民营企业融资难、融资贵问题，完善民营企业市场救治和退出机制，最大限度兑现民营企业胜诉权益；加强调查研究，健全制度保障，强化部门联动，努力为民营企业发展提供优质高效的司法服务。

5 月 17 日，市政协举行长江大保护规划及实施情况政情交流会。出席会议的市政协领导和部分政协常委、委员听取长江大保护规划及实施情况介绍，并就加强长江生态环境保护、“散乱污”企业整治、黑臭河道治理等提出建议。市政协主席徐冬青指出，要牢固树立长江大保护在江阴先行的责任感和使命感；切实把保护长江生态环境放在突出位置，坚持规划引领，加速产业转型，狠抓生态修复，提升文化内涵，走出一条生态优先、绿色发展的新路子；加强领导、合力推进工作，深化改革、完善体制机制，扩大宣传、营造浓厚氛围，努力形成推进长江大保护的强大合力。

9 月 19 日，市政协举行家庭医生签约服务工作政情交流会。出席会议的市政协领导和部分政协常委、委员听取全市家庭医生签约服务工作推进情况的报告，并就整合居民信息平台、实现健康信息联通、完善基层首诊和分级诊疗制度等提出建议。市政协主席徐冬青指出，要不断提高基层医疗卫生服务利用率和群众的获得感；提高推进家庭医生签约服务工作的有效性和主动性，丰富签约服务内涵，提升基层诊疗水平；增加政府财政和社会资本、强化信息化支撑，为家庭医生签约服务工作提供强动力和强支撑。

11 月 28 日，市政协举行乡村振兴战略政情交流会。出席会议的市政协领导和部分政协常委、委员听取乡村振兴战略实施情况介绍，并

2019 年 5 月 17 日，市政协召开长江大保护规划及实施情况政情交流会

（市政协办提供）

就江阴在实施乡村振兴战略中的规划、基础设施建设、农业品牌塑造、农村环境整治、人才培养、一二三产业融合发展等提出建议。市政协主席徐冬青指出,要深入贯彻习近平总书记关于"三农"*工作"重中之重"的重要论述精神,探索打造乡村振兴的"江阴样板";抓住产业为基、村镇建设和改革创新三大重点,大力弘扬江阴制造业优势,夯实新江南人家环境基础,推进制度创新,彰显江阴特色;培育吸引更多新型农民,不断拉近城乡发展差距,充分激发群众主体意识,持续激发乡村振兴的内生动力。

【政协协商与基层协商有效衔接】 2019年10月9日,江阴市委常委会研究通过《关于充分发挥人民政协专门协商机构作用 推动政协协商与基层协商有效衔接的实施意见(试行)》,并以市委文件形式下发实施。10月10日,市政协举行全市推动政协协商与基层协商有效衔接工作会议,贯彻落实江阴市委文件精神,全面部署推动政协协商与基层协商有效衔接工作,加快推进"有事好商量"协商议事室建设。长泾镇政协工委作试点经验交流。市政协主席徐冬青要求,要用习近平总书记关于加强和改进人民政协工作的重要思想武装头脑、指导工作,着力推动政协协商与基层协商的有效衔接;要加强党的领导,搭建协商平台,明确协商主体,确定协商议题,丰富协商形式,健全协商程序,推动成果转化,努力在围绕中心、服务大局中发挥政协作用、贡献政协力量。

11月14日,市政协举行全市政协协商与基层协商有效衔接工作推进会,现场观摩长泾镇及该镇蒲市村、青阳镇及该镇旌秀社区"有事好商量"民主协商议事室建设情况,祝塘镇、青阳镇、利港街道作交流发言。市政协主席徐冬青指出,要进一步领会政协协商与基层协商有效衔接工作的重大意义,聚焦党委政府中心工作选准议事主题,抓住民生难点热点问题开展议事活动,提质增效规范议事流程;突出成果运用,注重成果反馈,狠抓跟踪落实,严格监督检查,确保协商意见落到实处,深入推动政协协商与基层协商有效衔接,为推进基层社会治理贡献政协智慧和力量。

民主监督

【概况】 2019年,江阴市政协通过提交提案和民主监督建议书、反映社情民意、开展民主评议等民主监督活动,服务高质量发展。全年收到提案370件,审查立案292件,确定重点提案14件,集体提案107件。所有提案在规定日期前全部答复完毕,所提问题解决或基本解决的有163件,占55.8%;所提问题正在解决或列入计划、规划逐步解决的有102件,占34.9%;所提问题因条件限制或与现行政策规定不符暂时不能解决的有27件,占9.3%,无不满意提案。全年向市委、市政府报送《社情民意》8期,上报信息39条。市委、市政府主要领导高度重视,批示要求相关部门认真研究,积极办理。开展"提案督办宣传月"活动,对年度提案办理工作进行督办落实。

【重点提案】 2019年4月1日,市十五届政协第二十七次主席会议协商确定14件提案为2019年重点提案,分别是:《关于老小区加装电梯的建议》《关于加强江阴城市精细化管理工作的建议》《关于推进中医药高质量发展,建设中医强市的建议》《关于江阴汽渡运营后缓解滨江路交通压力的建议》《关于促进中小企业高质量发展的对策建议》《关于推进"智慧养老"项目,打通养老服务"最后一公里"的建议》《关于多举措推动制造业升级,"制造业第一县"聚力再出发的建议》《关于开展新一轮家河环境整治行动,推动我市生态环境高质量发展的建议》《关于"徐霞客之路"申报世界文化遗产的建议》《关于转变职能,差异化扶持民办幼儿园健康发展的建议》《关于实行集团化办学,深入推进我市义务教育均衡发展的建议》《关于深度链接"大虹桥",借力上海资源为江阴所用的建议》《关于培育高端高效人工智能产业,全力打造我市战略性新兴产业引擎的建议》《关于进一步做好家庭医生签约服务工作的建议》。14件重点提案由市政府主办,相关部门协办,市政府、市政协联合督办,至7月25日全部办复。10月14日,江阴市委书记陈金虎围绕重点提案《关于多举措推动制造业升级,"制造业第一县"聚力再出发的建议》,专题视察并听取办理情况汇报,向提案人、政协委员征询意见建议。陈金虎指出,"制造业第一县"聚力再出发,必须坚定不移、放大优势,把握规律、务实高效,担当尽责、强化督办,形成提案办理长效机制。10月30日,市长蔡叶明围绕重点提案《关于加强江阴城市精细化管理工作的建议》,专题视察并听取办理情况汇报,向提案人、政协委员征询意见建议。蔡叶明指出,要坚持建管并重、内外兼治、点面齐抓、疏堵结合原则,推动城市精细化管理取得新突破,充分发挥职能优势,形成推进全市经济社会发展的强大合力。

【民主监督员工作会议】 2019年3月28日,江阴市政协举行民主监督员工作会议,部署新一年民主监督员工作,印发《政协江阴市第十五届委员会关于调整委派市政协委员担任民主监督员的决定》,向9位新任民主监督员颁发聘书,市政协派驻市融媒体中心民主监督小组、派驻市市场监管局民主监督小组和派驻部门市教育局作交流发言,副市长虞卫才参加会议。市政协主席徐冬青指出,要进一步认识加强政协民主监督工作的重要意义,牢固树立本职工作和政协履职"双主业"意识,围绕中心选准议题,建言建到点上、监督督到实处,达到协助党和政府解决问题、改进工作、增进团结、凝心聚力的目的。

【民主评议】 2019年2月,江阴市政协成立民主评议市工业和信息化局工作调研小组,制定《关于民主评议市工信局工作方案》,组织召开多次座谈会,发放1050份民主评议测评表。7月11日,召开市政协十五届十六次常委会议,对市工信局工作进行评议。会议建议,市工信局要聚焦经济良好运行,强化政策引领,全力确保各项指标稳定增长;聚焦重点产业项目,推进转型提升,全力开启智能化发展之路；聚焦机构集成改革，优化服务平台，全力激发江阴实体经济与金融共生共荣的更大优势。

7月，市政协成立民主评议市教育局提案办理工作调研小组，制定《关于民主评议市教育局提案办理工作方案》，开展多次调研并召开座谈会，听取提案人对办理工作的意见。10月29日，召开市政协十五届十七次常委会议，首次对市教育局提案办理工作进行民主评议。会议建议，市教育局要强化思想认识、组织领导、工作职责，突出规范办理、有效督查、实时反馈，促进解决教育工作中的突出问题、群众日益增长的教育需求，不断加强教育部门自身建设。 （郭 良）

附：政协江阴市第十五届委员会2019年度优秀提案

1.《关于加强外卖食品安全监管的建议》 （汪小琳）

2.《关于加快构建"自主可控"的产业创新体系的建议》（梅士强）

3.《关于精细化管理人行道板停车的建议》 （华 晔）

4.《关于加快启动华士红郁路西延伸段及申张线华士段新陆桥大桥建设的建议》 （王胜新）

5.《关于老小区加装电梯的建议》 （周 璐）

6.《关于加强城市绿化精细化管理的两点建议》 （陈 江）

7.《关于基层网格化服务管理中存在的问题及建议》 （严叶良）

8.《关于加强江阴城市精细化管理工作的建议》（民盟江阴市委）

9.《关于治理江阴城区拥堵路段的几点建议》 （张富祥）

10.《关于推进中医药高质量发展，建设中医强市的建议》 （农工党江阴市委）

11.《关于进一步提升行政审批效能的思考与建议》 （市政协高新区工作委员会）

12.《关于探索建立企业研发准备金制度，不断增强我市实体经济创新动力和核心竞争力的建议》 （刘 斌）

13.《关于江阴汽渡运营后缓解滨江路交通压力的建议》 （市政协临港开发区工作委员会）

14.《关于促进中小企业高质量发展的对策建议》 （市政协经济科技和农业农村委员会）

15.《关于进一步加强村级"三资"管理的建议》 （顾 敏）

16.《关于加强江阴市群租房综合整治的建议》 （新桥镇政协工作委员会）

17.《关于对拆迁安置小区车库改变用途的情况进行整治和规范的建议》 （吴 江）

18.《关于推进我市民营企业高质量发展的建议》 （楚健健）

19.《关于推进"智慧养老"项目，打通养老服务"最后一公里"的建议》（市无党派知识分子联谊会）

20.《关于多举措推动制造业升级，"制造业第一县"聚力再出发的建议》 （民建江阴市委）

21.《关于绿道建设提升的建议》 （王 凯）

22.《关于开展新一轮家河环境整治行动，推动我市生态环境高质量发展的建议》 （九三学社江阴市委）

23.《关于组成公安、交通联合执法，加强对江阴市新客站区域形成常态化、综合化治理的建议》 （林 良）

24.《关于建立江阴市中小企业工商互联网平台的建议》（钱国双）

25.《关于对江苏学政历史文化保护开发利用的建议》 （市政协学习文史委员会第一组）

26.《关于"徐霞客之路"申报世界文化遗产的建议》 （市政协学习文史委员会第二组）

27.《关于有效处置重大涉企纠纷，保障社会和谐稳定的建议》 （王新达）

28.《关于加强老年人保健类营销活动管理的建议》 （华士镇政协工作委员会）

29.《关于主动融入长三角区域一体化国家战略，打造高质量增长极的战略思考与建议》 （市政协社会法制与海外联络委员会）

30.《关于转变职能，差异化扶持民办幼儿园健康发展的建议》 （市政协提案委员会）

31.《关于加强江阴国有股权投资力度，助推江阴高质量发展的建议》 （时 平）

32.《关于支持民营企业健康发展的建议》 （徐一铭）

33.《关于加强我市院前急救体系建设的建议》 （计忠宁等）

34.《关于确保百姓安全出行和维护出租车行业稳定，扶持合法出租车网约平台推广和使用的建议》 （市政协城镇建设与环境保护委员会）

35.《关于实行集团化办学，深入推进我市义务教育均衡发展的建议》 （民进江阴市委）

36.《关于进一步加强我市学校食堂监管的建议》 （何 炬）

37.《关于深度链接"大虹桥"，借力上海资源为江阴所用的建议》 （赵文碧）

38.《关于我市农贸市场改造升级的建议》 （管宇翔）

39.《关于营造司法联动生态保护体系建设的对策和建议》 （朱彩娟）

40.《关于培育高端高效人工智能产业，全力打造我市战略性新兴产业引擎的建议》 （市工商联）

41.《关于加强江阴城市绿化建设和管理的建议》 （吴 敏）

42.《关于进一步做好家庭医生签约服务工作的建议》（市政协申港街道工作委员会、祝塘镇政协工作委员会）

43.《关于加强对物业服务企业管理的几点建议》 （宋立人）

44.《关于切实保障城区基础教育可持续发展的建议》 （市政协澄江街道工作委员会）

45.《关于实施江阴市乡村振兴战略的建议》 （青阳镇政协工作委员会）

■类目编辑 邢 盈

纪检监察

综　述

【概况】 2019年，江阴市纪委监委深入学习贯彻习近平新时代中国特色社会主义思想，全面贯彻落实党的十九大和十九届二中、三中、四中全会精神，忠实履行党章和宪法赋予的职责，持之以恒正风肃纪，一体推进不敢腐、不能腐、不想腐，全市纪检监察工作坚定稳妥、扎实有效，在高质量发展上取得新的成绩。强化政治监督，持续加强对“三大攻坚战”、扫黑除恶专项斗争、安全生产隐患大排查大整治等重大决策部署落实情况的监督检查。集中整治群众身边腐败和作风问题，查处问题161个。全面启动市委第八轮巡察，对8个镇（街道）、87个村（社区）开展常规巡察。持续深化“打铁必须自身硬”专项行动，推进监督检查与审查调查分设改革，完善内控机制，强化自我监督，打造政治过硬、本领高强纪检监察干部队伍。是年，市纪委监委被省纪委监委评为带头建设模范机关工作走前列纪检监察组织（机构）。

【践行“两个维护”】 2019年，江阴市纪委监委坚持党中央决策部署到哪里，监督检查就跟进到哪里，切实推动政治监督具体化常态化。聚焦贯彻新发展理念、实现高质量发展等重大决策，聚焦长江大保护、打好“三大攻坚战”*、全面做好“六稳”*工作等重大部署，聚焦“强富美高”新江阴建设、现代化建设试点等重大任务加强政治监督，查处违反政治纪律案件14件，确保政令畅通、令行禁止。组织开展减税降费政策落实情况专项监督，召开专题会议，部署减税降费专项监督工作，选取7个重点企业实施动态监测分析，按时完成各环节监督检查，推动职能部门履行职责，有效提升企业获得感。扎实开展“大棚房”和违建别墅清理整治，下发《关于坚决做好“大棚房”问题监督问责工作的通知》，督促属地和职能部门加强问题摸排和整改，确保不留盲区、清零见底；组织开展明察暗访和“过堂式”实地复核，着重发现工作滞缓、排查疏漏、整改不力问题，有力推动55项问题项目全部整改到位。

【开展主题教育】 2019年，江阴市纪委监委按照市委统一部署安排，认真组织开展“不忘初心、牢记使命”主题教育，增强“四个意识”*、坚定“四个自信”*、做到“两个维护”*。组织开展重温一次入党誓词、参观一次革命历史展等“十个一”系列活动，举办迎“七一”书画摄影比赛、“我和我的祖国”主题文艺会演，增强教育实效。扎实开展主题教育专题调研，委班子领导、部门负责人共开展“四不两直”*式调研18次，向全市各部门、各单位征集意见建议17条，撰写调研报告38篇。严格对标找差，检视发现4大类12个影响纪检监察工作高质量发展的突出问题，着力开展“不担当不作

2019年10月8日，江阴市纪委监委组织开展“不忘初心、牢记使命”主题教育重温入党誓词活动　　（缪广学 摄）

为”、违反中央“八项规定”精神*等8项主题教育专项整治，加快形成长效机制，推动主题教育走深走实。7月10日，市纪委监委主要领导作为基层纪委代表，在省纪委监委领导班子主题教育集中学习会上作交流发言。

【深化纪检监察体制改革】 2019年，江阴市纪委监委稳步推进纪检监察体制改革，实行监督检查和审查调查部门分设，增设第八纪检监察室，明确第一至第四纪检监察室为监督检查室，第五至第八纪检监察室为审查调查室。巩固拓展派出监察员办公室改革成效，制定派出监察员办公室工作规范和工作流程图，确保定位向监督聚焦、责任向监督压实、力量向监督倾斜。年内，4个派出监察员办公室开展专项监督、交叉监督、联动监督195次，处置问题线索721条，提出问责建议81条，以市监委名义立案51人、处分16人次。印发《关于深化江阴市纪委监委派驻机构改革的实施意见》，进一步完善派驻机构领导体制和工作机制，依法赋予派驻机构监察权，各派驻纪检监察组开展日常监督1894次，处置问题线索99条，谈话函询160人次，立案98件，给予党纪政务处分86人。推进市属国有企业纪检监察体制改革，印发《关于市属国有企业纪检监察机构设置有关事项的意见》，推动市属国有企业的监察全覆盖。健全制度机制，坚决贯彻落实省纪委监委“一套规程、五项机制”*，梳理优化以规范案件查办为核心的内部工作流程36个。

正风肃纪

【概况】 2019年，江阴市纪委监委认真贯彻落实习近平总书记“锲而不舍、持续发力、再创新绩”重要批示精神，坚持日常监督和专项督查相结合，一个节点一个节点坚守，深挖细查顶风违纪、隐形变异问题，持续整治违规收送礼品礼金、违规吃喝、违规发放津贴补贴等突出问题，坚决防止“四风”*反弹回潮。印发《关于进一步严肃会风会纪的通知》，把严肃会风会纪作为改进作风、提升效能的切入口，全年查处违反会风会纪问题7人，其中党纪处分1人、组织处理6人。坚守以人民为中心的根本政治立场，围绕扶贫、教育、医疗、环保、食品药品安全等民生领域，紧盯发生在群众身边的腐败和作风问题，着力开展侵害群众利益问题专项整治。

【纠治“四风”】 2019年，江阴市纪委监委紧盯元旦、春节、“两会”、“五一”、端午等重要时间节点，突出公车私用、公款吃喝、接受管理服务对象宴请等易发“四风”问题，持续开展明察暗访。查处违反中央“八项规定”精神问题65个，问责追究91人，通报曝光7批21人次，有效释放越往后盯得越紧、执纪越严强烈信号。集中整治形式主义、官僚主义，对在扫黑除恶、污染防治等工作中敷衍塞责、不担当不作为的党员干部严肃问责，查处形式主义、官僚主义问题21个41人。8月，围绕贯彻落实中央纪委《关于贯彻习近平总书记重要批示精神　深入落实中央“八项规定”精神的工作意见》文件精神。市纪委监委在市委常委会上专题汇报中共十九大以来全市贯彻落实中央“八项规定”精神情况，并就深入贯彻落实中央“八项规定”精神提出意见建议。11月，在全省率先启动查处违反中央“八项规定”精神问题会商机制试点工作，成立由市纪委监委主要负责人任组长，市纪委监委分管副书记（副主任）任副组长的查处违反中央“八项规定”精神问题会商工作领导小组，重点聚焦各级党政机关、国有企事业单位领导班子成员“四风”问题线索；上级督办交办、舆论关注、影响重大的“四风”问题线索；中共十九大之后新发生的“四风”问题线索，围绕事实是否调查清楚、定性是否准确、责任是否分清、量纪是否恰当、“一案双查”*是否落实展开会商。全年开展“四风”问题会商会审4次，会商线索11条，立案10人。

【整治群众身边的腐败和作风问题】 2019年，江阴市纪委监委把解决群众反映强烈的难点痛点、最急最忧最盼问题作为重中之重，查处群众身边的腐败和作风问题161个，处理186人。坚决贯彻“三个绝不放过”（对背后“保护伞”、“关系网”没有查清的绝不放过，对背后腐败问题没有查清的绝不放过，对失职渎职问题没有查清的绝不放过）要求，紧紧围绕黑恶势力“保护伞”11条具体认定情形和5条处置原则，对2015年后打掉的涉黑涉恶案件逐案开展“回头看”，深挖细查群众反映强烈的“套路贷”*“黄赌毒”*“两占一暴力”*等问题线索，坚决清除包庇、纵容黑恶势力的腐败分子，严肃查处党员干部和公职人员助长黑恶势力坐大成势、干预和阻挠案件调

2019年5月16日，江阴市纪委监委在江阴市汽车客运站开展扫黑除恶宣传及问题线索收集活动　（房自立 摄）

查处理等问题。全年查处涉黑涉恶腐败案件5件5人,查处"保护伞"案件4件4人,留置并移送司法机关2人。制定出台《江阴市扫黑除恶专项斗争责任追究办法(试行)》,35人因推动专项斗争工作不力被追责问责。联合市农业农村局继续深化全市农村集体资金出借、资产资源出租专项清理行动。收回出借资金本金1.35亿元,收回村集体房屋、土地拖欠租金及利息0.79亿元。改版升级并全面推广"三务"公开"户户通"*平台,增强与村民的互动反馈功能,公开内容涵盖党务、村务、财务、拆迁公示、扫黑除恶等与村民利益相关的事项,实现全市252个村全覆盖。联合市农业农村局、江阴农商行改版升级江阴农村"E银通"结算监管系统,强化审核、监管、预警、统计等各项功能,推动村级财务非现金结算,实现累计交易金额24亿元。

【治理私车公养和超发尊老金问题】2019年,江阴市纪委监委举一反三、由点及面在全市范围内组织开展重点领域专项治理,推动共性问题整改。3月,市纪委监委组织开展私车公养问题专项治理,协调市财政局、机关事务管理局等部门赴中石化江苏江阴石油分公司集中调取公务加油卡数据资料,对加油卡数据进行分析研判,分两批交办疑似公油私用、购卡送礼用加油卡899张,全年查实违规违纪问题37个,立案查处25人,追缴资金85万余元。4月,市纪委监委在推进阳光扶贫工作过程中,发现存在向去世人员发放尊老金问题,立即组织开展超发尊老金问题专项整治,通过大数据比对分析,发现超发尊老金问题1600余个,全年移送问题线索82条,党纪政务立案处理84人,追回超发尊老金232万元。

日常监督

【概况】2019年,江阴市纪委监委始终聚焦监督基本职责、第一职责,不断探索强化监督职能,扎实做好日常监督,做到敢于监督、善于监督、规范监督。坚持惩前毖后、治病救人,严管厚爱结合、激励约束并重,综合考虑事实证据、思想态度和量纪执法标准,准确妥善运用"四种形态"*处置1250人次,其中第一种形态829人次,占比66.32%;第二种形态306人次,占比24.48%;第三种形态41人次,占比3.28%;第四种形态74人次,占比5.92%,实现由"惩治极少数"向"管住大多数"转变。制定《全市党风政风监督和问责工作评分规程》,提高问责规范性、精准性、实效性,全年对74名党组织负责人、69个党组织实施党内问责。用好容错纠错机制,激励各级党组织和广大党员干部担当作为,全年实施容错免责4件,通过创新备案申请20件,为党员干部出具廉政鉴定79批2170人次。

【压实"两个责任"】2019年,江阴市纪委监委协助市委狠抓"两个责任"*落实,督促全市各级党组织发挥主体作用,推动全面从严治党责任制落到实处。明确责任清单,印发《江阴市2019年度党风廉政建设责任分解表》,制定江阴落实"两个责任"的三张清单,让责任具体到岗、到人、到事。结合部门特点,为95个单位制定个性化党风廉政建设责任书,督促各级党组织知责明责、履责担责。落实履责纪实,升级优化全面从严治党"两个责任"履责纪实信息平台,督促各单位及时填报日常工作情况,实现全程纪实,以责任纪实促责任落实。继续加大对党员领导干部每月接受廉政提醒、接受党纪知识测试的督办力度,筑牢党员领导干部思想防线。加强检查考核,依托信息化手段常态开展党风廉政建设责任制检查,结合各级各部门全面从严治党"两个责任"履责纪实情况,从党内政治生活开展、"一岗双责"*落实、主体责任落实、党纪测试等方面进行量化打分,考评结果作为年度党的建设考核的重要内容。

【开展政治生态监测评估】2019年,江阴市纪委监委依据《江阴市政治生态监测评估试点工作实施办法》,会同市委办、组织部等10余个责任部门围绕维护党章党规党纪、贯彻党的路线方针政策、全面从严治党、社会综合评价等4个方面36个监测点对各级各部门开展政治生态监测评估工作,完成全市及云亭街道政治生态监测自评报告。充分利用信息化技术,创新监测手段,在"两个责任"履责纪实平台基础上,开发政治生态监测评估子系统,要求各监测部门及时将监测情况、发现问题录入系统,加强分析研判,准确查找政治生态存在的突出问题,推动相关党组织有针对性地落实整改。综合分析各级各部门信访、典型案件、苗头性倾向性问题,撰写廉情分析报告,向市委、市政府领导提出党风廉政建设意见建议,全年上

2019年4月25日,江阴市纪委监委组织召开全市政治生态监测评估试点工作部署暨操作系统培训会　(房自立 摄)

报廉情分析报告29份。

【安全生产工作专项监督】 2019年，江阴市纪委监委坚持监督的再监督职能定位，印发《关于开展对全市重点行业领域安全隐患大排查、大整治专项监督的工作方案》，建立市纪委监委领导班子调研督导机制，紧盯安全隐患大排查、大整治各环节开展全过程的专项监督，督促相关职能部门列出责任清单、隐患清单和整改清单，确保工作扎实开展、不走过场。与市委组织部、市安委会组成联合督查组，分4个小组对安全生产领域大排查大整治、城市安全集中整治、“厂中厂”专项整治*“雷霆行动”等工作展开监督，压紧压实各级各部门安全生产责任。围绕城市安全集中整治开展3轮次、为期2个月的专项督查考核，向市委出具两份综合报告，对17个镇（街道）、园区和16个牵头部门进行个性化评价2次，给出“差评”15个，分析共性问题11个，提出推动市安委办实体化运作、建立托管行业管理体制等建议11条。加强与市公安局、住建局、城管局、应急管理局、总工会等部门的协调对接，建立健全部门联动机制，确保在第一时间赶赴现场、掌握第一手资料，确保问题见底、定性准确、证据有效，为全市安全生产工作提供坚强的纪律保障。对安全生产工作不落实、措施不到位的严肃追责问责。年内立案查处安全生产领域履职不力、失职失责问题19件，党纪、政务处分23人，采用诫勉谈话、书面检查等第一种形态问责41人。

巡察工作

【概况】 2019年，江阴市委巡察机构坚守政治巡察定位，完成对12个机关部门、8个镇（街道）、87个村（社区）的常规巡察，对132个国有资产处置单位的机动巡察。通过“三巡叠加”*，发现问题1923个，移送问题线索175条，挽回经济损失2600万余元。把党委（党组）意识形态工作责任制落实情况纳入巡察内容，对意识形态工作主体责任履行不全面、不到位的党组织和领导干部进行督促整改。加大边巡边改、立行立改力度，加强监督检查和巡察整改“回头看”，压紧压实镇（街道）和各村（社区）党组织巡察整改主体责任，确保巡察反馈问题整改落实到位。

【探索“三巡叠加”模式】 2019年，江阴市委各巡察组与审计、纪委、监管部门加强联动，探索开展“三巡叠加”工作模式，有效提升巡察工作的精准性。加强与审计部门的联动，总结对村（社区）巡察工作实践，组织编撰《对村巡察审计问题清单要点参考》，概括总结对村（社区）巡察监督5项重点及23个突出问题，帮助巡察人员精准发现问题，有效提升第八轮对村（社区）巡察工作质效。年内通过与审计机构联动，完成巡审同步全覆盖村（社区）87个，精准发现问题1211个。加强与纪检监察部门的联动，贯彻执行《江阴市委巡察、纪检监察、执纪监督部门协作联动实施办法》《江阴市委巡察整改督查督办实施办法（试行）》，实现问题核查有的放矢、线索处置精准高效、巡察整改有效落实。加强与监管部门的联动，以专题巡察报告形式，将巡察发现的共性问题报市委和市委巡察工作领导小组研究决策，推动监管部门出台关于进一步优化经济薄弱村扶持政策、调整完善生态补偿政策等相关政策制度96个。

【推动巡察整改】 2019年，江阴市委巡察机构认真探索符合基层实际的巡察整改机制，推动巡察成果落实、落细、落到位。强化边巡边改，针对群众反映强烈、明显违反规定且能够立即整改的问题，第一时间向被巡察党组织提出整改要求，督促立即整改，做到成果早出现、震慑早形成。在第八轮巡察中，各巡察组聚焦群众关切的问题，下发立行立改交办函23份，反馈未按规定缴纳党费、“三资”*管理不力、违规发放救灾救济款物、环保治理不到位等问题24个，赢得群众信任。加强对巡察整改情况的监督检查，建立健全“巡察＋派出监察员办公室”工作联动机制，对镇（街道）、村（社区）巡察反馈问题整改督查，纳入派出监察员办公室日常监督重要内容，协同督促相关村（社区）召开专题民主生活会，审核整改措施、整改报告，持续对反馈问题的整改落实、移交问题线索的办理进行督查督办，提升整改实际效果。对第八轮巡察发现的问题进行分析，梳理出4大类10个共性问题，下发《关于对市委第八轮巡察期间发现共性问题的通报》，在全市范围内组织开展自查自纠和问题整改，确保共性问题真改实改落实到位。

2019年6月25日，江阴市委第一巡察组、市监委第四派出监察员办公室联动检查村级集体土地复耕及流转情况　（张　宇　摄）

【充实巡察人才库】 2019年，江阴市委巡察机构认真贯彻落实《关于进一步加强市县巡察队伍建设提升干部能力素质的指导意见》文件精神，选派2批11人次参与江苏省委巡视和无锡巡察工作，抽调4名年轻优秀干部到巡察一线挂职锻炼。将巡察人才库扩编至纪检、组织、公检法条线等13个单位100名专业人才，为巡察工作做好人员储备。更新审计中介服务人员库，年内有49名工程审计人员和77名财务审计人员登记入库，审计专业能力得到提升。组织巡察干部认真学习《中国共产党巡视工作条例》《关于市（县）党委建立巡察制度的意见》《江苏省委巡视工作实施办法》等法规，举办5期"巡察讲堂"，分组赴苏州等地交流学习5次，巡察干部业务能力得到有效提高。

"三不"机制建设

【概况】 2019年，江阴市纪委监委深化标本兼治，夯实治本基础，一体推进"三不"（不敢腐、不能腐、不想腐）机制建设，突出重点削减存量、零容忍遏制增量，推动以案促改、以案治本，深入剖析案件背后的行业性、系统性问题，督促相关单位补齐制度短板、堵塞监管漏洞。建立"不敢腐""不能腐"的惩戒、防范机制，筑牢"不想腐"的思想防线，充分发挥案件查办的惩戒作用，保持领导干部畏纪敬法的高压态势。全年受理群众信访举报764件，处置问题线索1229条，立案500件，给予党纪政务处分396人，其中乡科级干部17人。办理留置案件33件，位列全省县（市、区）第一。挽回经济损失8620万余元。年内拍摄制作《正风肃纪　勤政为民》《律之不存　何事不生》《背离的初心》3部警示教育片，汇编《违纪违法党员干部忏悔录》，开通旁听职务犯罪案件庭审"现场＋网络"绿色通道，组织党员干部1000余人参加旁听，以案为鉴、警钟长鸣。加强党性教育和廉洁教育，调整优化"江上清风"廉政宣讲团，打造"清风故事会"特色品牌，开展宣讲59场次。

【问题线索处置】 2019年，江阴市纪委监委坚持用好"信、访、网、电"信访主渠道，探索"走出去"到车站、步行街接访，前移发现问题的关口。在市信访接待中心开设专门接访室，优化接访环境。聚焦主责主业，压降业务范围外来访，控减重复访，杜绝无效举报，业务范围外信访案件从2018年的285件下降到109件，总量减少62%。采取"领导包案、一事一案、一案一策"，加快立案调查，责成属地回应相关诉求，切实做到疑难复杂信访、重复访问题减存量、控增量，进京去省访均实现零登记。完善信访联席会议、问题线索移送和情况通报等制度，加强纪检监察机关与市公安、法院、审计、环保、安监、市场监管、人力资源和社会保障等相关部门的联系，加强信息共享，确保问题线索排查范围全覆盖。

【审查调查】 2019年，江阴市纪委监委始终保持惩治腐败高压态势，坚持无禁区、全覆盖、零容忍，坚持重遏制、强高压、长震慑，着力整治权力集中、资金密集、资源富集部门腐败问题，深挖细查严重违纪违法案件。7月26日，无锡市纪委监委审查调查工作现场推进会在江阴召开，市纪委监委以《用短跑的速度跑长跑》为题介绍卢某腐败窝案的查办工作经验，并围绕审查调查工作提质增效作经验交流。组织开展案件审理"大家来找茬"活动，紧扣事实清楚、证据确凿、定性准确、处理恰当、手续完备、程序合法"二十四字"方针，严把事实关、程序关和法律适用关。会同市检察院探索创新"先移后补"的移送审查起诉模式，即先就已查清事实移送审查起诉，如有新查明情况再行补充移送，办案效率得到有效提高。牢固树立"没有安全就没有审查调查"工作理念，全力抓好审查调查安全工作，完善留置场所人员设施管理、医疗后勤保障、安全监督管控等各项制度，坚决守住审查调查安全底线。

【以案促改】 2019年，江阴市纪委监委注重做好案件查办的"后半篇文章"，通过总结案件、以案促改，找管理漏洞、找制度空隙、找责任缺位，推动相关责任主体把制度笼子建得更加严密、更加有效，堵住腐败分子的"后门"和"空子"。用好纪检监察建议有力武器，以纪法刚性约束推动问题一项一项整改到位，年内向市民政局、市场监管局和夏港街道等下发监察建议书36份，督促监督对象通过召开专题民主生活会、组织开展专项检查等方式，切实找到问题根源，制定整改措施，强化制度建设，从而达到管根本、管长远之功效。针对扫黑除恶专项斗争监督检查中发现的问题，向有关部门和单位下发监督意见书5份，要求进一步提高政治站位，完善办法举

2019年3月15日，"清风故事会"巡讲团在周庄镇举行首场巡回演出

（市纪委监委提供）

措，切实提升专项斗争工作质效。结合市级机关机构改革，系统梳理各单位面临的职务违法与职务犯罪风险点，并配以最新的司法解释和警示性案例，为调整后的51个单位制订廉政关爱书，确保针对性、实用性和警示性相统一。

【廉政宣传教育】 2019年，江阴市纪委监委组织部署开展一年一度的“5·10”思廉月主题教育活动，以学习宣传贯彻宪法、监察法、党章、准则、条例和党风廉政建设相关理论等为重点，引导党员领导干部、公职人员自觉加强党纪法规学习，提升党员干部道德情操和廉政素养。调整优化“江上清风”廉政宣讲团，充实精干人员力量，精选《防治“四风”问题 抓牢“一岗双责”》《“六大纪律”*离我有多远》《从文化自信到廉洁自信》等10个主题，为基层单位提供“点单式”预约主题教育服务，先后开展宣讲近40场次，3000余名党员干部接受党纪法规教育。创新教育形式，联合市民间文艺家协会、市文化馆举办“清风故事会”，创作5个廉洁小故事，组织民间故事演讲团队深入机关、社区进行巡讲12场次，受到党员干部和基层群众广泛好评，听众人数5000余人。开展廉洁文化进校园、进社区、进家庭、进企业活动，17个江阴市级廉政文化建设示范点和1个江阴市廉政教育示范基地通过验收，以点带面，起到示范引领作用。争取市公安、电信、市政等单位的支持，在交通要道、公交车、站台等场所的电子屏上滚动播放廉洁公益广告、廉政微视频。与市融媒体中心、图书馆、新华书店等单位合作，借助“农家书屋”“送电影下乡”等相关渠道投放各类廉洁文化作品，受到社会各界的好评。

纪检监察队伍

【概况】 2019年，江阴市纪委监委坚持把政治建设摆在首位，严格落实理论学习中心组学习、“三会一课”等制度，及时传达学习习近平总书记最新重要讲话精神和中央纪委、省纪委、无锡市纪委最新部署要求。持续深化“打铁必须自身硬”专项行动，深入学习贯彻《中国共产党纪律检查机关监督执纪工作规则》和《监察机关监督执法工作规定》，进一步强化纪检监察干部的纪法思维、程序意识。加强干部培训力度，持续打造“清风讲堂”“纪检讲坛”等特色品牌。严格执行“六条禁令”*，加强纪检监察干部教育管理，实现分层次谈心谈话、个人事项报告和干部廉政档案3个“全覆盖”。年内召开市纪委常委会市监委会议45次，讨论案件办理、人事任免、三重一大*等各类事项222件。制定出台《江阴市纪委监委领导班子及部门负责人落实纪检监察干部队伍建设主体责任实施意见》，明确领导班子的主体责任、主要领导“第一责任人”责任、领导班子成员抓业务带队伍责任、部门负责人教育管理责任。

【干部教育培训】 2019年，江阴市纪委监委认真贯彻落实全员培训要求，举办“纪法融合、素质提升”“提素质、强本领”等专题培训班，开设“清风学堂”4期、“纪检讲坛”2期，累计培训1000余人次。组织课后研讨交流活动2次，撰写学习心得体会42篇，开展业务知识测试2次，提升学习效果、确保入脑入心。注重在实战中促进教学相长，选派21人赴中央纪委、省纪委、无锡市纪委参与案件办理和巡视巡察工作，选调14名镇（街道）纪检干部上挂至机关跟班锻炼，调配26名综合科室和派驻纪检监察组人员参与专案办理，达到以干促学、以战提能的目的。

【强化内部监督】 2019年，江阴市纪委监委全面启用省纪委监委内网纪检监察业务平台，进一步加强问题线索管理、初步核实、立案调查、审理处置等各个环节的监督制约，构建闭环管理机制。持续排查岗位风险点，进一步堵塞漏洞、完善制度，避免“牛栏关猫”现象，排查风险点206个，制定风险防控措施171条。建立涵盖全市241名纪检监察干部的个人事项信息库，规范约束纪检监察干部“八小时”外行为，严格执行随访、家访制度，对出现的苗头性、倾向性问题早提醒、早教育、早纠正，年内开展随访35次、家访21次。加强纪检监察干部因私出境管理，集中统一管理股以下纪检监察干部出境证件，向出入境管理部门报备130余名人员信息。加强警示教育，通过民主生活会、支部组织生活会专题学习杨某、邱某违纪违法案件通报材料，编印下发忏悔录130余册，组织旁听职务犯罪庭审，使纪检监察干部知敬畏、存戒惧、守底线。建立特约监察员制度，聘请市监委第一届特约监察员8人，自觉接受党内监督、社会监督、群众监督，确保执纪执法权受到严格约束，坚决防止“灯下黑”。 （房自立）

2019年11月21日，江阴市纪委监委举办“清风学堂”第四期讲座，学习《监察机关监督执法工作规定》 （房自立 摄）

■类目编辑 赵修平

民主党派·知联会

中国民主同盟江阴市委员会

【概况】 2019年，民盟江阴市委在中共江阴市委和民盟无锡市委的坚强领导下，在中共江阴市委统战部的具体指导下，围绕“五位一体”*总体布局和“四个全面”*战略布局，切实履行参政党职能，扎实开展自身建设、参政议政、社会服务等各项工作，积极投身江阴高质量发展实践，助力江阴高水平全面建设小康社会。是年，发展新盟员14人，去世2人，调出3人，调入1人，盟员总数达354人，平均年龄53.5岁。其中，省政协委员1人，无锡市人大代表3人，无锡市政协委员2人，江阴市人大代表6人，江阴市政协委员33人。盟员中，教育界203人，文化界29人，科技界33人，教科文界别占74.9%，其他界别89人，占25.1%；博士研究生5人，硕士研究生61人，本科以上学历284人，占80.2%；高级职称196人，占55.4%，中级职称98人，占27.7%，中高级职称294人，占83.1%。副科以上干部13人，有16名盟员分别担任政府各部门的特约员、民主监督员。是年，1名盟员参加江阴市年轻干部素质能力双提升培训班，1名盟员参加江阴市2019年度中青年干部培训班，9名盟员参加江阴市党外骨干素质提升活动，14名盟员参加无锡市民主党派新成员培训班，3名盟员参加无锡民盟基层领导干部培训班，1名盟员参加无锡市民主党派干部多党合作理论研修班，1名盟员参加无锡统战部第一期党外干部“321人才计划”*青年干部轮训班，1名盟员参加无锡盟市委纪念五四运动100周年座谈会，1名盟员参加省民盟青年骨干盟员座谈会。

【参政议政】 2019年1月，民盟江阴市委在市政协十五届三次会议上作《做好自然山水文章　打响“人文宜居”品牌》专题发言，提交集体提案11件，提交人大建议6件。参与江苏民盟第十届教育发展论坛，盟员石陈云撰写的《完善体制机制，推进学前教育普惠健康发展》获得论文二等奖。7月，参加市政协“全面提升城市精细化管理水平”民主议政会，深入基层调研城市管理。10月，民盟江阴市委提出的《关于加强江阴城市精细化管理工作的建议》被确定为全市重点提案，由市长蔡叶明领衔督办。11月，参与市政协关于乡村振兴战略实施情况政情交流，建言助推乡村振兴战略。主动加强与对口单位的联系，与青阳镇、月城镇、徐霞客镇政协工委开展结对活动。全年，收到社情民意263篇，向民盟无锡市委和统战部报送40篇，9篇被民盟江苏省委采用，1篇被省政协采用，其中综合二支部沈拳撰写的社情民意《建议提升安全生产监管“软实力”有效推进综合行政执法》被民盟中央采用。主委钱晴撰写的社情民意《关于进一步完善新时代文明实践中心建设的建议》，刊登在市政协《社情民意》第7期，受到中共江阴市委书记陈金虎批示。

【社会服务】 2019年，民盟江阴市委承办江苏民盟农村教育烛光行动校长培训班（江阴），为期6天，培训全国10余个地区中小学校长42名。是年，中国民主同盟农村教育烛光行动培训基地和民盟江苏省摄影协会江阴创作基地落户江阴；承办“统战大学堂”，邀请北京大学中文系教授、博士生导师程郁缀讲授“古典诗歌与人文精神”；与江阴市徐霞客研究会主办“弘扬江阴精神，传承霞客文化”徐霞客之路书画作品慈善拍卖会，筹得善款5万元，全部用于徐霞客之路沿线贫困地区的教育发展事业；邀请书法家、民盟江苏省委副主委刘灿铭到江阴开设《书法创作旨要》公益讲座。组织17名志愿者参与市委统战部“风雨同舟七十年，继续携手新时代”统一战线志愿服务活动。妇工委创新形式，关心关爱女盟员，连续8年组织女盟员赴市特殊教育中心校开展公益服务。老盟办坚持春节走访慰问老领导、老盟员，组织老盟员赴璜土镇参加重阳节敬老活动。

【盟员成果及荣誉】 2019年，民盟江阴市委和民盟江阴市临港支部被民盟江苏省委评为庆祝中华人民共和国暨人民政协成立70周年先进集体。民盟江阴市委被民盟无锡市委评为2019年度参政议政工作先进集体一等奖、2019年度宣传工作先进集体一等奖、2019年度社情民意信息工作先进集体二等奖，获“2019年度社会服务先进集体”称号。在民盟无锡市委“我和我的祖国”快闪视频展评中，民盟江阴市委与民盟江阴市文艺支部的作品分获一等奖与二等奖。农村教育烛光行动校长培训班被评为2019年度“十佳活动”，位列第一。张志善、金懋桐、陈云深3位盟员获得由中共中央、国务院、中央军委授予的“庆祝中华人民共和国成立70周年”纪念章。王翔、陈栋辉、朱皓、金荣蕾、薛迅、陆逸君6位盟员获“江苏民盟庆祝中华人民共和国暨人民政协成立70周年先进个人”称号。民盟江阴市委原主委龚振东被无锡市委统战部评为“同舟之星”。常征参与的课题《职业学校“现代班组长型”人才培养模式的构建与实践》获教育部国家级教育成果奖二等奖；尤国耀被无锡市政府记三等功；杨晓丽、周忠良被评为无锡市优秀教育工作者；吴宜军、张学芹被评为无锡市学科带头人。文化界盟员蔡晓英创作的小锡剧《一碗馄饨》获江苏省第四届文华奖优秀节目奖；蔡晓英、姜少伯创作的评弹表演唱《漂亮MM找上门》获江苏省第四届文华奖优秀节目奖。科技界盟员薛花娟、吴琼所参与项目获得中国专利优秀奖、2019年第十六届中国土木工程詹天佑奖、2019年鲁班奖，吴琼作为主要完成人参与1项国家标准、1项行业标准和1项团体标准的制定。王荣朝被评为江苏省人民检察院优秀监督员。 （刘嘉薏）

中国民主建国会江阴市委员会

【概况】 2019年，民建江阴市委团结带领会员，以习近平新时代中国特色社会主义思想为指导，对照习近平总书记提出的“四新”*“三好”*要求，在中共江阴市委和民建无锡市委的领导和关心下，在中共江阴市委统战部的指导和支持下，加强自身建设，切实履行职能，为推动江阴经济社会高质量发展发挥积极作用。全年吸收新会员11人，平均年龄34.5岁。其中本科9人，硕士研究生1人，博士研究生1人，企业高管6人，政府机关体制内人员4人，新社会阶层人士1人。年末，会员总数达236人。优化新会员培养方案，对入会积极分子实施“七个一”的培养方案，即“参加一次会史培训、接受一次参政议政培训、旁听一次政情交流会、参加一次统战大学堂、开展一次培养谈心活动、撰写一篇参政议政调研文章、上交一篇培养心得体会”，通过对入会积极分子的前期培养考察，优先吸收政治成熟、业务精良、社会活动能力强的精英人士入会。是年，在全会深入开展“不忘合作初心、继续携手前进”主题教育活动，召开主题教育活动动员部署大会，出台主题教育活动实施方案。市委主委、支部主委带领会员认真学习《习近平新时代中国特色社会主义思想》等理论知识。举行纪念多党合作70周年暨民建会史讲座，特邀民建无锡市委副主委许建樟为会员宣讲会史和会的优良传统。各支部开展“民建，我想对你说——”主题基层组织生活会。市委及各支部分别组织会员参观冷遹故居等民建爱国主义教育基地和革命红色教育基地。陈铮、蔡健、任陈凤3个会员组队代表民建江阴市委参加民建无锡市委举办的“不忘合作初心，重温光荣历史”知识竞赛，获二等奖。2019年，举办“庆祝新中国成立70周年”征文活动，收到征文18篇。组织宣传骨干开展“探寻初心”采访活动，重点采访市委老领导罗龙涛、蒋祖麒、袁国琪的家属及部分老会员。国庆节前，临港支部制作祝福祖国微视频。全年，出刊《江阴民讯》4期，继续办好微信公众号，全年推送和刊登各类稿件300余篇，近200篇次的文章被民建中央、省委、无锡市委及中共无锡、江阴市委统战部录用。经济支部被民建江苏省委评为“特色基层组织”。澄东、临港、经济、教工4个支部被中共江阴市委统战部评为“三星级”支部。

【参政议政】 2019年1月，在江阴市政协十五届三次会议专题座谈会上，会员赵文碧代表民建江阴市委作题为《多举措推动制造业升级，“制造业第一县”聚力再出发的建议》的专题发言。中共江阴市委主要领导对发言内容给予了充分肯定。该篇调研报告获市政协优秀调研报告评比一等奖。另一篇调研报告《加快培育江阴“独角兽”企业的思考和建议》获优秀调研报告二等奖。在市政协十五届三次会议上，民建江阴市委《关于江阴“产业强市”政策评估的建议》，王小立《关于构建我市多元化养老服务供给体系的建议》，赵文碧《关于进一步加强高端人才引进和留住的建议》，叶卫春《关于加强老旧小区消防建设的思考和建议》，顾琳《关于优化经济薄弱村帮扶机制的建议》等5件提案被评为优秀提案。大会期间，民建会员提交的30件提案被市政协立案交办，其中集体提案5件、个人提案25件，内容涉及经济建设、城市发展、民生事业、生态文明、公安政法等方面。民建江阴市委集体提案《关于多举措推动制造业升级，“制造业第一县”聚力再出发的建议》、周璐的个人提案《关于老小区加装电梯的建议》、赵文碧的个人提案《关于深度链接“大虹桥”，借力上海资源为江阴所用的建议》被列为2019年重点提案。10月14日，中共江阴市委主要领导专题督办《关于多举措推动制造业升级，“制造业第一县”聚力再出发的建议》。是年，民建江阴市委承接《做大做强上市公司，实现量质同步发展》《关于进一步促进我市中小微企业健康发展的建议》2项调研课题，围绕课题，成立2个课题调研小组，在市委领导的带领下赴市发改委、工信局、商务局等政府职能部门开展调研，调研成果作为集体提案提交市政协十五届四次全会。各支部认真组织“一支部两调研”工作，完成《多措并举，促进全市物业服务高质量发展》《建社会信用体系，立“诚信江阴”品牌》等10多篇质量较高的调研报告。在市政协举行的人民法院服务保障民营企业发展政情交流会上，管宇翔代表民建江阴市委作建议发言。在市政协举行的全面提升城市精细化管理水平民主议政会上，魏静就《提升小区管理水平、推动城市精细化管理》作建议发言。季燕林报送的社情民意《关于大桥绿道进一步完善和加强管理的建议》，得到中共江阴市委主要领导批示办理，市住建局作出书面答复，提出整改落实方案。季燕林还受邀参加加强绿道管理的征求意见会,并在会上提出建议,得到相关职能部门的采纳。

【社会服务】 2019 年,民建江阴市委领导赴南闸街道泗河村慰问 20 户贫困村民,每户发放慰问金 500 元,合计发放慰问金 1 万元。各支部组织会员到“同心”实践基地——南闸街道泗河村开展活动,体察村情、民情,为泗河村发展献计献策。五一劳动节前夕,组织会员参加江阴市委统战部举办的“风雨同舟七十年、继续携手新时代”广场志愿服务活动,会员姚刚为市民提供法律咨询,张玄向市民宣讲防范金融诈骗知识,范建芬为现场市民进行牙科义诊和护牙知识宣传。聂寅伟参加“1 + 1”中国法律援助志愿者行动(“1 + 1”中国法律援助志愿者行动是由司法部、共青团中央发起,司法部律师公证工作指导司、司法部法律援助工作司、团中央青年志愿者工作部、司法部法律援助中心、中华全国律师协会、中国法律援助基金会共同组织实施,每年组织一批律师志愿者、大学生志愿者或基层法律服务工作者,到中西部无律师县和律师资源短缺的贫困县服务一年),奔赴内蒙古锡林郭勒盟苏尼特右旗进行为期一年的法律援助服务。民建江阴市委承办 2019 年第六期统战大学堂,王凤瑛邀请上海信托战略发展和投资研究部总经理、经济学博士简永军作“当前宏观经济运行热点和政策分析”讲座,增进会员对宏观经济形势的了解。许卉组织税务干部为会员企业宣讲“减税降费”新政策,零距离服务会员企业。民建江阴市委与市发改委、工信局、商务局、公用事业局以及新桥、华士、周庄镇政协工委分别开展结对、对口联系活动,增进联络和合作。企业家协会举行会员企业走访活动,了解会员企业发展情况,促进会员间相互学习交流。

【会员成果及荣誉】 2019 年,会员周璐在陕西省延安市延川县投资的斯派尔集成建筑科技有限公司代表民建江阴市委向延川县捐赠价值 10 万元的装配式环保公厕 1 座。该公司项目被列入“苏陕合作”重大投资项目,也是江阴市与延川县的结对

2019 年 5 月 22 日,民建江阴市委举行向延川县捐赠“装配式环保公厕”仪式 (民建江阴市委提供)

帮扶项目。王小立致力于消费扶贫事业,倡导“以购代捐”“以买带帮”,将贫困地区的优质农副产品通过品牌策划销售到发达地区。其企业江阴贝贝集团在第十四届中国全面小康论坛活动中,获 2019 年度“中国全面小康特别贡献企业”称号。陆正洪在河南省民权县创办的企业,所交利税名列民权县前三名,为当地百姓提供数百个就业岗位。童亮一被无锡市委统战部授予创新创业“同舟之星”称号。赵文碧向江阴高新区教育基金、江阴市慈善总会冠名基金、金钥匙启智中心等项目捐款 90 万元。胡鹏飞向甘肃省白银市会宁县第一中学、第二中学捐赠“江苏海鹏优秀学生奖学金”60 万元。王秋芬向甘肃省白银市会宁县第一中学、第二中学捐赠“江苏圣澜教师发展基金”40 万元。季丰举办的公益组织香山书屋,全年组织开展公益活动 1000 余场次,并获江苏省 2019 年度全省红色经典阅读优秀阅读组织一等奖。罗莹被中国关工委评为优秀志愿者。刘叶为香山书屋捐书 3000 册,向四川省大凉山希望小学捐赠价值 3 万元的衣服和新年礼物,为贫困儿童购买每年 5000 元、20 年期的保险。姚刚为青少年普法授课,全年参与法律援助案件 25 件。单银霞长年在江阴市博物馆做志愿者,为参观者义务讲解文物知识。 (耿滢娟)

中国民主促进会江阴市委员会

【概况】 2019 年,中国民主促进会江阴市委员会在中共江阴市委统战部和民进无锡市委的指导下,对标新时代参政党建设新要求,认真履行参政党职能,在自身建设、参政议政、社会服务等方面取得新的成绩。是年,“虚拟机关”换届。其中,有会员 128 人次申报岗位,正式选聘上岗会员 71 人,占会员总数 40.1%;增设新会员工作部,并将编辑部扩容为“融媒体中心”。年内,“虚拟机关”开展各类活动 47 次。全年吸收新会员 10 人,平均年龄 41.1 岁。其中本科 7 人,硕士研究生 2 人,企业高管 2 人,政府机关体制内人员 3 人,新的社会阶层人士 1 人。民进江阴市委被民进中央、江苏民进、无锡民进等党派网站,暨阳同舟、江阴网等新媒体报道 223 次。刊出《江阴民进》2 期。年内,各支部开展(参加)各类形式的主题教育活动 25 次,有 475 人次会员参与,在各类媒体上发表报道 72 篇。民进江阴市委被评为民进全国先进地方组织;

临港支部被评为民进全国先进基层组织；民进江阴市委"虚拟机关"被民进江苏省委授予2019年度"特别贡献奖"，在省民进机关目标考评中获得县级市（区）委组一等奖（第一名）；民进江阴市委在中共无锡市委统战部中华人民共和国成立70周年"同舟之星"评选活动中，被评为先进集体。

【参政议政】 2019年1月，民进江阴市委在政协江阴市十五届三次会议上提交集体提案18件，提交委员个人提案40余件。其中，《实行集团化办学深入推进我市义务教育均衡发展》被列为年度重点提案；《关于加快构建自主可控产业创新体系的建议》《关于进一步加强我市学校食堂监管的建议》等5篇被列为推荐督办提案；科文、经济、职大、要塞和临港支部等9篇提案被评为"优秀提案"；会员奚海清《关于加快融资性担保行业发展的若干意见》的建议被列为重点建议办理。参政委、调研处多次举办信息撰写培训会，数量、质量均创新高。年内，调研处收集会员"三个一"（一会员一信息、一会员一社情民意、一会员一模拟提案）211篇。全年申报民进中央、省、市共8个课题，递交信息107条，44条信息被民进中央、省委、市委录用。课题《瞄准制造业升级新亮点，构建高质量发展新优势》获民进省委二等奖。

【社会服务】 2019年，按照民进中央关于助力贵州省金沙县脱贫攻坚相关文件精神和三年提升计划工作要求，持续开展"有了爱就有一切"助学活动，为贵州金沙沙土镇第一小学捐赠班级书柜28顶。副主委许建国、会员祝剑飞参加民进江苏省委贵州扶贫活动，与金沙市沙土镇第一小学签署三年帮扶协议。民进江阴市委与民进金沙县基层委员会达成结对意向。金沙沙土镇第一小学7名教师到江阴市跟岗培训。民进江阴市委践行"微公益"理念，因地制宜开展社会服务活动，形成益家人、青爱工程、研因学堂、再读"小桔灯"等社会服务品牌。全年送教60多次，投入资金10万余元，资助金额近16万元，捐赠教学设备19万余元。其中，高保君负责的周庄益家人社会服务基地全年开展公益活动88次，涵盖20余种课程，受益人数3830人；陈明江负责的长泾老街社会实践基地累计接待近300名师生。民进江阴市委将基地与支部工作相结合，推进"一支部一基地"建设，不仅解决支部活动场所，而且充分提高基地使用效率。是年，实现支部活动室全覆盖（9支部10活动室）。至此，拥有中心基地1个、全国民进会史教育基地2个、社会实践基地5个、会员之家10个。涵盖会史教育、履职尽责、社会服务、会员交流等功能，初步形成"中心基地＋社会服务基地＋支部活动室"的立体化格局。

【会员成果及荣誉】 2019年，会员陈富满被评为民进全国组织建设先进个人；刘梦晓被评为双岗建功先进个人；张英毅、李尧亮获民进全省特别贡献奖；许君锋被评为江苏省第六批产业教授，工作室被人社部评为国家级技能大师工作室；查蓉获全国教师优质课大赛一等奖；汤东燕被评为全国就业宣传工作先进工作者；朱澄被评为2019中国新锐创业人物；承敏钢获"江阴市第五届精英人才徒步奖"奖金200万元；陈明江获评江阴市"暨阳英才"特色乡土人才。

（何　炬）

农工民主党江阴市委员会

【概况】 2019年，农工党江阴市委以"不忘合作初心，继续携手前进"主题教育活动为统领，深入学习贯彻习近平新时代中国特色社会主义思想，深刻领会中共十九大和十九届二中、三中、四中全会及农工党十六大精神，贯彻落实中共江阴市委十三届八次全会精神等。年内完成副主委、常委届中调整，增补选举顾敏为农工党江阴市委副主委，奚海明为常务委员。启动"年轻骨干成长计划"，全年举办3次集中培训，参与党员120余人次；开展"主委谈心活动"，邀约安排4名年轻党员，由主委进行一对一谈话。全年发展新党员9人，党员总数172人，平均年龄51.54岁。其中，医药卫生界124人，占总数的72.09%，其他界别48人，占27.91%；博士后1人、博士研究生2人、硕士研究生37人、本科107人、大专17人、中专8人；高级职称95人，占55.23%；中级职称56人，占32.56%；无锡市人大代表2人，无锡市政协委员3人，江阴市人大代表7人（含常委2人），江阴市政协委员14人（含常委4人）。年内，围绕"我和我的祖国——迎接中华人民共和国成立70周年"主题征文和"学习传薪火　感悟凝共识——纪念中国人民政治协商会议成立70周年"理论研究主题征文活动，收到稿件16篇。奚蕾撰写的《基层群众参与政协协商的机制和有效途径》，在无锡政协庆祝人民政协成立70周年理论研讨会上做交流发言；卢明霞撰写的《强医固疗　心系边疆》获中共无锡市委统战部"壮丽70年　奋进新时代"征文三等奖；黄青蓝撰写的理论征文《发挥统一战线在构建亲清新型政商关系中的积极作用》刊登在5月的《农工苏讯》。汪永周摄影作品《无限风光在险峰》推荐参与农工党中央"庆祝建国70周年·随手拍"活动，并在农工党中央专题摄影展展出；缪剑辉等4位农工党员共5幅书法、摄影作品入选江阴市政协书画摄影展。9月，农工党江苏省委"党史研究音频工作室"在江阴挂牌，制作11篇"党史留声机"音频节目在《江苏农工》微信公众号播出。市委全年对外发布各类稿件92篇，其中在《无锡统战》《无锡农工》等市级刊物及新媒体发表宣传报道81篇次，在《农工苏讯》、农工党江苏省委网站、江苏统战网站等省级刊物及新媒体发表宣传报道43篇次，农工中央网站录用2篇。在无锡地区率先完成基层支部"农工之家"建设，总数达9个。3个支部获中共江阴市委统战部星级支部表彰，其中环保支部获评四星级支部，综合一支部、中医院一支部获评三星级支部。人民医院一支部、中医院一支部、环保支部、药业支部获评2019年度农工党无锡市委示范支部。组织党员参加各级培训，沈烨等8人参加中共江阴市委统战部党外骨干培训，奚海明参加中共江阴市委中青年干部培训,刘向宇等17人参加无锡农工培训,黄青蓝参加中共无锡市委统战部党外干部“321人才计划”*青年干部轮训班,陆鸣军等3人参加农工党江苏省委培训。承办中共江阴市委统战部第三期“统战大学堂”,邀请无锡市政协领导进行“坚持、沟通、务实、学习、研究”专题报告,先后组织100多人次参与6期大学堂活动。

【“不忘合作初心,继续携手前进”主题教育活动】 2019年,农工党江阴市委组织市委委员、支部及工委主任、“成长计划”学员、党内人大代表及政协委员等30多名党员,赴农工党党史教育基地开展“不忘合作初心,继续携手前进”主题教育及团队拓展活动。举行2017—2018年度新党员座谈会,交流入党前后思想蜕变和成长加速的历程。与九三学社江阴市委、江阴市无党派知识分子联谊会联合开展爱国主义电影主题观影活动。中医院总支、综合一支部、环保支部、药业支部、老龄工委等组织赴太华山新四军和苏南抗日根据地纪念馆、茅山新四军纪念馆、沙家浜红色教育基地等参观学习,重温历史,接受爱党爱国主义教育。

【参政议政】 2019年1月,农工党江阴市委在市人大、政协“两会”作《牢牢把握长江主旋律　合力唱响江阴最强音》调研报告发言,并被市政协评为2018年度优秀调研报告二等奖。向大会提交建议、提案26件。黄立新撰写的议案《关于依法规范土地收储和加强资金管理的建议》被列入2019年度重点督办建议;《关于推进中医药高质量发展建设中医强市的建议》被列为政协2019年度重点提案;《关于牢牢把握长江主旋律　合力唱响江阴最强音的建议》等4件提案被列为2019年度督查提案。党员崔俊友获评优秀市政协委员;刘斌、奚海明获评优秀民主监督员。组织党员20多人参加市政协政情交流会4次,王剑伟等3人在“大长江保护”政情交流会发言。赵庆宇参与政协民主议政会调研活动,并做《加强户外广告精细管理,有效提升城市空间形象》专题发言。袁保撰写的《推进江苏中医药高质量发展,建设中医药强省》调研报告获省委课题立项;冒小鸥主笔的《开启医养结合新模式,共享健康江阴新成果》入选省农工论坛优秀征文;蒋美琴、凌厉完成《关于妇幼保健事业发展对策建议》。市委与锡山血站联合上报的信息《建议加强过程管控确保血液制品使用安全》被农工党中央及全国政协录用,实现信息工作的新突破。根据年初市政协、中共江阴市委统战部的安排,市委确定《聚焦养老难点,大力发展“医养结合”养老事业》《我市儿童医疗服务体系现状分析与思考》2篇年度重点课题,通过调查问卷、实地走访等多种方式,深入调研,确保高质量完成调研报告。

【社会服务】 2019年,中医院总支代表市委赴徐州睢宁县岚山镇中心小学,资助10位品学兼优的贫困学生每人1000元,并开展义诊活动。继续资助江阴特殊教育学校学生,向优秀学生发放奖学金6000元。向金钥匙儿童启智教育中心捐赠30000元,援建小肌肉训练室,每年增资3000元用于对有进步儿童的奖励。11月,赴周庄镇山泉村开展调研,计划从2020年起启动村民血糖监控服务项目,用三年时间,预计总投入5万元,每年提供2000份试纸,并配套血糖检测设备,为全村860名60岁以上老人开展血糖筛查,对150个重点对象开展每年6次血糖监测。中医院总支与江阴热电公司长期合作,设立“同心实践站”,送医进厂,全年开展服务活动3次。承接无锡农工对口援助酒泉市培训医疗技术人员项目,安排5名酒泉乡村医生到青阳医院完成3个月的进修学习。朱建、张磊等10人参加中共江阴市委统战部“纪念多党合作制度确立七十周年”公益服务活动;崔俊友、奚蕾等5名农工党员参加市政协的“五送一助”(送医、送教、送文化、送器械、送健康、助残)义诊服务;定期组织专家赴“同心基地”开展义诊、讲座等活动;药业支部盛龙才资助江阴校园“小锡班”赴北京梅兰芳大剧院演出等。

【党员成果及荣誉】 2019年,卢明霞第二次援疆贡献突出,被评为新疆维吾尔自治区及伊犁州2019年度援疆先进个人;吴疆、朱晓华、奚蕾3名农工党员被江阴市卫健委评为第四届江阴市名中医。蒋美琴被评为无锡市“三八”红旗手,赵茹被评为无锡医院感染管理先进个人,奚海明被评为中共无锡市委统战部“同舟之星”,冒小鸥、奚蕾、徐威、徐玉芳、朱晓华5人被评为农工党无锡市委2019年度优秀党员,徐玉芳被评为江阴市“巾帼建功”标兵。高恒负责的《基于紧密型医联体的慢性病管理体系》获江苏省医院协会科研立项;刘冬柏《改良强制性运动疗法在早期脑梗死患者康复应用》被评为无锡市卫健委成果技术推广项目;蒋美琴《不同分娩镇痛方式对自然分娩影响的临床研究》被评为无锡市卫健委妇幼健康适宜技术推广项目等。　(薛艳芳)

九三学社江阴市委员会

【概况】 2019年,九三学社江阴市委以习近平新时代中国特色社会主义思想为指导,深入学习贯彻中共十九大和十九届二中、三中、四中全会精神,按照习近平总书记关于新时代中国特色社会主义参政党“四新”*“三好”*总要求,紧紧围绕市委、市政府中心工作,秉承初心使命,切实履职尽责,各项工作取得新成绩。全年发展新社员6人,其中博士研究生1人,硕士研究生1人,本科4人,高级职称3人。社员总数132人。组织社员参加各级、各类培训学习,1名社员参加九三学社江苏省委中青年骨干培训班,1名社员参加中共无锡市委统战部党外干部“321人才计划”*青年干部轮训班,1名社员参加中共无锡市委统战部党外中青年干部培训班,1名社员参加中共无锡市委统战部新时代参政党建设理论研修班,2名社员参加社无锡市委“不忘合作初心,继续携手前进”干部培训班,8名支社班子成员参加江阴市委统战部举办的党外干部素质提升培训班。九三学社市委承办“江阴统战大学堂”1期,邀请南京大学天文学专家到江阴市作讲座。年内,以纪念中华人民共和国成立70周年、中国共产党领导的多党合作和政治协商制度确立70

周年和五四运动100周年活动为契机，组织全体社员集中观看《我和我的祖国》等爱国主义教育影片；组织社员参加社无锡市委举办的“歌唱祖国——喜迎中华人民共和国成立70周年文艺联欢”活动；组织社员参加社无锡市委举办的九三学社成立74周年庆祝活动。学院支社拍摄微视频《祖国，您好》向祖国献礼，与无锡梁溪支社联合开展五四运动百年纪念活动。

【“不忘合作初心，继续携手前进”主题教育】 2019年，九三学社江阴市委部署主题教育活动方案，统一思想、提高认识。广泛征集基层支社意见，与社无锡市委开展查摆问题座谈会，充分交流，查找不足，研究整改；组织骨干社员赴对口联系乡镇参观“江抗”祝塘纪念馆、祝塘党史馆、“炎黄”陈列馆等爱国主义教育基地；邀请市政协学习文史委主任邹鹏辉作题为“新思想引领新时代，新使命奋进新征程”的主题讲座。经贸支社、农业技监支社联合赴江阴兴澄特钢有限公司厚板分厂党支部开展主题教育活动。综合支社、农业技监支社赴徐州市开展交流学习，参观淮海战役纪念馆。电子电力支社、学院支社联合兄弟党派支部赴常熟市参观九三学社先贤王淦昌故居。九三学社全年推送微信公众号50余条，组织“庆祝新中国70华诞”主题征文活动，收到社员投稿30余篇。社员被社省委、无锡市、江阴市等媒体录用稿件近70余篇。九三学社市委获评九三学社江苏省委组织建设先进集体、中共无锡市委统战部“同舟之星”；经贸支社获评九三学社江苏省委组织建设先进集体；学院支社获评九三学社无锡市委先进集体；杨雷获评社中央组织工作先进个人，杜凯、耿柯缪获评社省委组织建设、思想宣传工作先进个人，郭英才等6位社员获评社无锡市委先进个人。

【九三学社江阴市委第四届十三次全体（扩大）会议召开】 2019年2月24日，九三学社江阴市委召开第四届十三次全体（扩大）会议。中共江阴市委副书记、统战部部长袁秋中，统战部副部长潘少峰，九三学社无锡市委专职副主委任克奇，秘书长兼组织处处长邵康奕等出席会议。会议选举时平为九三学社江阴市委第四届委员会主委。会上，袁秋中代表中共江阴市委、市委统战部对九三学社江阴市委完成届中调整表示祝贺，并对九三学社之后的工作提出建议，新班子要团结协作；新主委要继承九三学社优良传统和作风；九三学社江阴市委全体社员要以此次届中调整为契机，加倍努力，奋发有为，朝着新的目标，续写新的辉煌。任克奇对九三学社之后的工作提出建议，要加强班子建设，发扬优良传统；加强制度建设，推进重点工作；加强任务落实，担负政治责任。

【参政议政】 2019年1月，九三学社江阴市委向市政协十五届三次会议提交集体提案7篇、委员提案20篇。集体提案《关于深化我市集成改革的思考和建议》《关于破解城区电网建设难题，保障城市扩容高质量发展的建议》《关于开展新一轮家河环境整治行动，推动我市生态环境高质量发展的建议》被列为重点督查提案。委员徐建军、时平《关于加强江阴国有股权投资力度，助推江阴高质量发展的建议》及严叶良《关于基层网格化服务管理中存在的问题和建议》被列为督查提案。向市政协提交的重点课题调研报告《内视反听 关注民生 关于深化我市集成改革的思考和建议》、自选课题调研报告《精细提升 管服并举 推动江阴城市管理高质量发展》，分别获得优秀调研报告三等奖、优秀调研报告一等奖。会上，九三学社市委委员张成奇作题为《精细提升 管服并举 推动江阴城市管理高质量发展》的专题发言。4月，联合九三学社江苏省委青工委，赴华西村、阳光集团、海澜集团等企业进行实地走访，围绕“推动民营企业科技创新，促进企业高质量发展”，考察江阴民营企业在转型升级中好的做法和面临的困难，形成调研报告《营造环境搭建平台，以科技创新推动民营企业高质量发展》。7月，朱宏清、冯军在政协民主议政会上作题为《提升乡镇管理水平，促进城乡一体化》的发言；9月，陶峰、徐俐星在市政协“家庭医生签约工作”政情交流会发言。年内，围绕中共江阴市委交办的关于“迎接高铁时代，做大做强枢纽经济”和“建设美丽乡村，实现乡村振兴”两个重点课题，组织课题组赴市交通运输局、发改委、工信局、农业农村局等相关部门调研，形成调研报告《超前谋划趁势而为，迎接高铁时代做强做大枢纽经济》《以“特”为本，打造江阴品质美丽新农村》。各支社坚持“一支社一调研”制度，形成支社调研报告《关于江阴高铁站综合交通枢纽项目设计的几点建议》《关于加快推进我市现代服务业发展的建议》《关于我市精神卫生现状分析与建议》等调研成果。

【社会服务】 2019年4月，九三学社江阴市委发挥“九三专家工作站”“九三履职智库”作用，组织医疗专家小组赴徐霞客镇金凤村开展义诊服务。5月，组织10名社员参加中共江阴市委统战部“风雨同舟七十年，继续携手新时代”统一战线志愿服务活动，提供医疗、社保、法律等咨询服务。7月，组织20余名社员参加“不忘初心，与爱同行”公益助学活动；联合兄弟党派赴顾山镇红豆村开展“同心夏令营”活动，组织参观“同心展厅”。12月，开展向基层群众送温暖活动，资助红豆村30户困难家庭每户1000元。年内，多次组织社员赴江阴市中小学开展“应急救护暑期培训”。九三学社市委持续开展老社员月度活动日、敬老节活动，加强与退休社员的联系及沟通。

【社员成果及荣誉】 2019年，社员曹亚明、陆卫宇分别当选江阴市美术家协会、江阴市摄影家协会副主席。曹亚明作品《浮图》入选第十三届全国美术作品展，为江阴首例。曹亚明的美术作品《山水系列》、陆卫宇的摄影作品《兴澄特钢办公楼的变迁》均入选市政协庆祝中华人民共和国和人民政协成立70周年书画摄影展。李福才参加九三学社社江苏省委第三届“九三杯”象棋邀请赛，获个人赛第五名。荣朝晖、王雪丰建筑设计作品“滨江新城休闲水街”获江苏省城乡建设系统优秀勘察设计奖；“武夷山茶博物馆”“南京秣陵新市镇文化活动中心”“上秦淮青年创客公寓”等多个作品获江苏省土木建筑学会创作奖。王新社、邵淑艳获多项特钢领域专利。曹霞莉获评无锡市水利系统先进个人。李倩被市妇联评为江阴市“巾帼建功”标兵。王雪丰获国家一级建筑师职业资格。（郁　昉）

江阴市无党派知识分子联谊会

【概况】 2019年,江阴市知联会组织全体会员深入贯彻中共十九大和十九届二中、三中、四中全会精神,围绕市委、市政府奋力当好新时代高质量发展领跑者的宏伟目标,守初心、凝共识,主题教育见真章;强组织、练内功,育人强会谱新篇;抓重点、建真言,履职尽责新作为;抓帮扶、重真情,助力结对暖人心,各项工作取得新进展。知联会以“不忘合作初心,继续携手前进”主题教育活动为主线,开展革命传统教育学习活动,举办文艺演出、读书会、主题征文、摄影展、举办《奋斗新时代　追梦知联人》主题教育培训班、组织会员观看爱国主义教育影片、制作《我对祖国说》快闪活动视频片(入选学习强国平台)、赴革命老区开展红色主题教育活动。在庆祝中华人民共和国成立70周年《我和我的祖国》主题征文活动中,会员共提交征文59篇;在庆祝人民政协成立70周年书画摄影展中,会员有3幅书法作品、2幅美术作品、5幅摄影作品入选;会员们以“学习强国”为平台,提高理论学习成效。4月,会长王新达参加市政协组织的“重温五一口号,弘扬遵义会议精神”的学习活动;5月,会员安世者参加无锡市委统战部举办的党外干部“321人才计划”*青年干部培训班;9月,组织会员赴土地山革命烈士墓开展“烈士纪念日”公祭活动;11月,组织骨干会员赴常熟参加党外骨干“不忘合作初心,继续携手前进”素质提升活动。年内发展4名新会员,平均年龄36岁。新会员整体素质较高,会员结构进一步得到优化。年内,积极建言献策,打造“爱心服务基地”品牌,深化“同心服务基地”品牌,打响“6+X”(五个民主党派、知联会和社会各界爱心人士)同心联盟品牌;上报各类信息,做好“江阴知联”微信公众号,完成《江阴知联》编纂出版4期。

【参政议政】 2019年1月,在政协江阴市十五届三次会议上,会员刘丹代表知联会作《高质量服务上市后备企业　高起点打响“江阴板块”品牌》的专题发言。知联会向大会提交集体提案12件和个人提案25件,社情民意12条,提案内容涉及经济、教育、卫生和公共管理等各个方面。无锡市政协委员刘建军、耿靖提交的《加强锡澄宜大数据一体化建设的建议》被政协无锡市十四届委员会评为优秀个人提案。杨婧提交的《关于推进“智慧养老”项目,打通养老服务“最后一公里”的建议》被评为重点提案;王新达提交的《关于进一步规范金融机构信贷业务的建议》、洪朝晖提交的《关于进一步巩固文明城市创建成效的建议》、张新娟提交的《关于江阴市分级诊疗制度的建议》、集体提案《关于建立完善江阴生活垃圾分类工作机制的建议》等被评为优秀提案;华晔、刘丹、吴建明、安世者、殷风华5名会员被评为优秀政协委员。年内,知联会承接市委重点课题《深入推进集成改革,优化完善安全预警,打造覆盖全市域的公共安全“前沿哨所”》。完成自选课题《加强市场规范管理,提升家政服务水平》。在市民主议政会上,会员张旭峰作《创新市政设施管养模式,提升城市精细化管理水平》的交流发言,各小组完成调研报告《关于江阴市医疗集团建设情况的调研》《关于加强食品安全监管主体责任明确的调研》《以基层法院行政审判的视角谈推进依法行政、建设法治政府的对策建议》3篇。组织会员参加政情交流会5次并作交流发言。武传刚、安世者被评为市政协优秀民主监督员。

【社会服务】 2019年,知联会不断完善工作机制、提高认识、创新服务,充分发挥会员的积极性。定点帮扶用真情,助力结对暖人心。3月组织会员带领“爱心服务基地”南闸实验学校学生走进江阴法院,开展“零距离”学法活动;5月组织“6+X”同心志愿者赴学院场开展志愿活动,专家会员们的心理咨询、法律服务、税务咨询、针灸、垃圾分类宣传等贴心的便民服务深受市民欢迎。利用节假日,会员们走访慰问贫困家庭、独居老人,关爱老人健康,送去节日慰问,为老人讲解中医养生理念。城建组、经济科技组纷纷结对贫困学子,开展金秋助学活动,共计资助13000元;社会事业组会员在端午时节为西大街社区困难家庭送去价值2000余元的节日慰问品。会员殷风华带领“红尘有爱”团队开展公益助学活动,邀请云南保山老营中学7名优秀学生到江阴参观游学,会员们热情参与,组织学生开展各类文体活动,并捐赠画作、参加助学拍卖活动,筹得善款15万余元全部用于资助贫困学子。会员杨再宏、张新娟结对散居孤儿,持续关爱如亲人;会员们通过水滴筹、轻松筹等平台捐款救助重病患者。

【会员成果及荣誉】 2019年,会员立足本职、爱岗敬业,充分展现了各自的风采。会长王新达被最高人民法院授予“天平奖章”;会员夏坚勇长篇散文作品《庆历四年秋》获第二届孙犁散文奖、获首届东吴文学奖;姜彦希荣获2019第二届“弘琴杯”古琴艺术展演青年组铜奖;何建忠获评江苏省注册税务师行业优秀税务师;李丽获评无锡市小学英语学科带头人;杨再宏获评江阴市安全工作先进个人。（沈海燕）

■类目编辑　张　星

江阴市总工会

【概况】 2019年，江阴市总工会以习近平新时代中国特色社会主义思想和中共十九大精神为指导，认真落实市委决策部署和上级工会全会目标任务，全面加强职工思想政治引领，广泛开展建功立业活动，全力维护职工合法权益，深入推进工会改革建设，各项工作取得新的进展。是年，江阴市总工会被评为全省工会劳动法律监督工作示范单位、全省工会困难职工解困脱困工作优秀单位，"江阴职工之家"微信公众号被评为全国"互联网+工会"普惠服务30个最具影响力平台。江阴"网上工会"建设经验受到江苏省总工会主要领导的充分肯定并在全省推广。至年末，全市有各类工会组织17606个，其中独立建会2643个，联合工会和行业工会439个，工会会员达90.37万人，其中农民工会员58.11万人。

【模范先进评选表彰】 2019年，江阴市总工会组织全国、省、无锡市五一劳动奖和工人先锋号评选表彰活动。全市获评全国五一劳动奖状单位1个，江苏省五一劳动奖状单位1个、五一劳动奖章获得者2名、工人先锋号5个，无锡市五一劳动奖状单位3个、五一劳动奖章12名、工人先锋号5个。4月29日，市委、市政府召开江阴市庆"五一"先进表彰大会，表彰各级各类劳动模范和先进人物。是年，市总工会为全市各级劳模发放"四金"（春节慰问金、荣誉津贴、低收入困难补助金和特殊困难帮扶金）132.7万元。组织70名劳模进行短期疗（休）养活动、350名劳模参加免费体检，发放"劳模医疗优惠卡"900张。组织开展"礼赞新中国·致敬劳动者"高龄劳模专项走访慰问，为266名高龄劳模送上相册、鲜花和慰问金。

【立功劳动竞赛活动】 2019年，江阴市总工会组织开展"当好主人翁、建功新时代"主题劳动竞赛，围绕市重大战略、重大项目、重点行业、重点产业，广泛开展多层次、多形式的立功劳动竞赛活动，市级层面开展4个重点工程、5个重点行业、19个重点企业的主题劳动竞赛。配合人社部门完成江阴市第十届职业技能大赛的预赛初赛和选手选拔。组织实施全市职工科技创新成果、合理化建议评选表彰活动，征集创新成果648项、合理化建议699条。命名表彰首批市级示范性劳模创新工作室10个、示范性职工创新工作室9个，中建钢构江苏有限公司邱明辉蓝领创新工作室被评为首届中国长三角地区劳模工匠创新工作室。

【职工帮扶服务】 2019年，江阴市总工会继续做优做实关爱职工18项实事项目，全市各级工会发放困难职工春节慰问金、金秋助学金1396万元；职工医疗互助参保职工达19.5万人，为3.2万人次职工发放工会互助金、大病救助金、临时救助金1204万元；"工会职介"发布就业信息75期，提供就业岗位16500个；工会服务卡"惠购蛋糕"和"欢乐观影"项目658个单位充值资金2309万元，会员职工享受折扣优惠379万元。组织实施特困职工精准帮扶"三个一"（一个规范的认定程序、一个系列的帮扶计划、一个贴心的结对服务）工程，为157户特困职工提供个性化解困脱困帮扶方案，发放慰问金、助学金、生活物资等各类帮扶资金157.32万元。

【构建和谐劳动关系】 2019年，江阴市总工会进一步完善职工法律援助网络，在市劳动人事争议仲裁院、市人民法院和周庄镇、新桥镇劳动人事争议仲裁院分庭设立职工法律援助服务站。组织工会普法宣讲团开展"尊法守法·携手筑梦"法治宣讲，举办网上劳动法律知识有奖知识竞赛、劳动法律知识培训、法治主题广场宣传等活动。开展"百人千企"法律监督服务，市镇两级134名志愿者全年为1012个企业开展用工"法律体检"，发现用工隐患289个，化解劳资矛盾294次。市总工会报送的"妙用岗前体检，守护健康权益"维权案例被评为全省十佳职工维权典型案例，市总工会职工法律援助律师团王祥政律师被评为全省十佳维护职工权益贴心人。

【互联网+工会建设】 2019年，江阴市总工会大力推进"网上工会"建设，升级改版"江阴职工之家"微信公众号，精心设计"为你服务""会员优享"和"我要入会"三大模块，推出周末课堂、律师在线、悦读越美、乐抢福利等12项子栏目，打造经济适用、方便快捷、联动高效的网上工会工作新平台，促进互联网和工会工作的融合发展。至年末，"江阴职工之家”微信公众号拥有用户数量16.8万人。

【产业工人队伍建设改革】 2019年,江阴市总工会发挥牵头抓总作用,会同有关部门协助市委、市政府制定出台《新时代江阴产业工人队伍建设改革实施方案》。推动建立产业工人队伍建设改革联席会议制度,初步构建统一领导、责任明确、协同联动的产改工作组织领导体系。推荐选树兴澄特种钢铁有限公司和法尔胜泓昇集团有限公司分别作为无锡市国有企业和非公企业产改试点单位,指导两个单位形成企业产改试点方案。组织举办送教进企业、职工周末课堂、班组长岗位能力提升、育匠班等各类培训140期、368场次,累计培训职工26650人次。 (夏伟刚)

共青团江阴市委

【概况】 2019年,共青团江阴市委抓住中华人民共和国成立70周年、五四运动100周年、中国少年先锋队建队70周年三大纪念日的重要契机,发动基层团组织、团干部和广大团员青年以习近平新时代中国特色社会主义思想、中共十九届四中全会精神和共青团十八大精神为指导,认真贯彻落实中央、省市委的系列决策部署,在江阴市委和上级团组织的领导下,坚持把奋斗融入实践,服务中心大局,服务社会进步,服务青年发展,推动共青团事业取得新发展,获得新荣誉。“江阴青年汇”微信公众号的覆盖面和影响力进一步扩大,获首届江苏青少年新媒体工作团属新媒体平台影响力提名奖;非公企业建团工作受到共青团中央通报表扬。

【青少年思想引领】 2019年,团市委围绕“全团抓思想政治引领”要求,持续深化“青年大学习”,在全市范围开展中共十九届四中全会和共青团十八届三中全会精神的学习宣传贯彻工作。每月下发主题团课学习包,提升团员的政治理论修养。开展纪念五四运动100周年主题活动,开展“传承红色基因、激扬青春奋斗”主题寻访活动,寻访王永康等一批江阴革命前辈、榜样楷模;开展“闪光的青春”共青团、少先队历史物件征集活动、学习贯彻纪念五四运动100周年大会精神座谈会、“青春五月”等主题活动;举办“红领巾心向党　手做新时代好队员”江阴市庆祝新中国成立70周年、纪念少先队建队70周年主题活动。开展“青春心向党·建功新时代”主题团日活动300余场;选树“两红两优”即江阴市五四红旗团委、江阴市五四红旗团(总)支部、江阴市优秀共青团干部、江阴市优秀共青团员、“向上向善好青年”等先进集体和个人1843个;常态化运行“江阴青年汇”微信公众号,开放“青看澄事”“青年视界”“权益保护”“青创风采”“青企风采”等青年思想引领栏目,提升青年关注度;用好“青年之家”云平台及“苏青U+”平台,推动实现团属阵地线上线下融合,年内全市各级“青年之家”“苏青U+”线上发布活动359场,参与人数7000余人次。

【基层组织建设】 2019年,团市委持续推进“智慧团建”系统数据的录入和完善,全年完成智慧团建团员录入5.18万余名;非公领域新建团组织203个,新录入团员1892名。进一步完善智慧团建组织树建设,对人数不足3人的团支部进行整合调整,对团员人数超过30名的团支部,予以建制升级。做好“学社衔接”工作,在摸清各院校毕业班团员底数的基础上,确保组织关系转接的正确性与时效性,全年“学社衔接率”“升学衔接率”均达99.9%,位居无锡市前列。深入开展团支部书记轮训工程,举办2期“磐石工程”轮训班,分期、分批、分领域培训团干部350余人。加强团干部考核制度,继续深入实施“456”创新创优工程*,常态化开展“双述双评”*工作,激发团干部的工作热情。严把团员入团关;坚持“四不发展”*标准,落实盖章审核“三查三看”*程序和团员证签发补办登记倒查制度,有序推进2019年团员发展工作,发展团员4410人。严格团员管理,推动全市各级团组织团员身份认定工作,重点就“不满14周岁入团”和“无发展编号入团”两类问题进行集中核查,对于查出的问题,对照上级相关文件要求,结合江阴共青团工作实际,按照《全省共青团员身份认定工作处置办法一览表》分类处置。

【服务中心大局】 2019年,团市委实施“基业长青”工程,开办青年企业家创新学习班,组织青年企业家先后赴哈尔滨工业大学、上海市江阴商会等单位进行学习交流。举办第十四届大学生暑期勤工助学“阳光行动”,征集岗位768个,配套开展“澄才+”研学营活动8场,助力青年提前感受职业魅力,更快明确人生定位和目标。成立江阴市农业农村青年工作委员会,激励青年在乡村振兴中立足岗位建功立业。推进生态文明建设,推进“青春助力263”行动,开展植树增绿活动、“垃圾分类”环保知识普及、“低碳健步走”“保护母亲河·争当河小青”等生态环保宣传教育实践活动,3000余人次参与,引导青少年争做绿色家园建设者、绿色理念倡导者。与霍城团县委、霍城县少工委联合主办第五届江阴霍城少年儿童手拉手民族融情夏令营活动。

【服务青年发展】 2019年,团市委持续开展共青团与人大代表、政协委员“面对面”活动,畅通青年利益诉求表达渠道。开展“青澄有I”交友联谊活动5场,参与青年300余人,“筑梦”活动7期,参与人数400余人次,有效凝聚各领域青年群众。推动“希望有约,青春不‘毒’行”禁毒宣传的项目深入实施,开展江阴市中等职业学校在校生模拟法庭大赛等子活动,普及禁毒知识,宣传禁毒政策,有效提高青少年识毒、防毒、拒毒的“免疫力”,推动全市青少年尊法、学法、守法、用法。继续开展暖冬行动,助力精准扶贫。征集13个爱心单位(个人)为231名困难家庭青少年送去价值近13万元的春节爱心礼包;继续开展“我要上大学”圆梦行动,有44名学生得到社会各界爱心单位(个人)的学业资助。深化“益+青”志愿服务联盟品牌,开展青少年自护自理夏令营,送课下乡168场次,受益青少年5000余人。同时通过公益宣传、志愿巡逻、入户宣讲、文明引导等方式,展示江阴青年良好精神风貌。

【市青年联合会第三届委员会第一次全体会议召开】 2019年9月11日，江阴市青年联合会第三届委员会第一次全体会议召开，有181名青联委员参加。市委书记陈金虎发来贺信。无锡团市委书记、青联主席俞政业，江阴市委常委、组织部部长邵文松等领导出席开幕会。团市委副书记吴泽昱代表江阴市青年联合会第二届委员会以《不忘初心跟党走　牢记使命建新功　为江阴继续当好新时代高质量发展领跑者凝聚最广泛的青春力量》为题向大会作工作报告。会上选举产生青联主席1名、副主席6名、常务委员会委员26名。会议对6年来江阴青联的工作情况进行全面回顾和总结，进一步明确未来5年江阴青联工作的指导思想和奋斗目标、主要任务和工作举措。大会要求，全市青年要以习近平新时代中国特色社会主义思想为指导，为加快建设"强富美高"*新江阴，继续当好新时代高质量发展领跑者，做出新的、更大的贡献。 （吴昕炜　汤雯倩）

江阴市妇女联合会

【概况】 2019年，江阴市妇联始终坚持高举习近平新时代中国特色社会主义思想伟大旗帜，认真学习贯彻中共十九大和十九届四中全会精神，积极贯彻落实习近平总书记对妇女工作的重要指示精神，不断增强政治性、先进性、群众性，全面贯彻落实市委、市政府决策部署，团结引领全市妇女为推动高质量发展、建设"强富美高"*新江阴作贡献。是年，江阴市妇联获评江苏省妇联宣传舆论阵地建设先进单位，获江苏女性融媒体创意大赛优秀组织奖。"举一联三"（高举党建引领旗帜，团队联建、项目联动、人才联育）工作法服务群众新模式得到《中国妇运》杂志专题报道。江阴市妇联建成首批江苏省巾帼党性教育示范基地，《唱响改革奋进曲——集成改革巾帼力量》入选江苏省巾帼党性教育教材。推荐市行政审批局获"全国巾帼文明岗"称号，华西特色艺术团获"江苏省巾帼文明岗"称号，华宏集团有限公司总经理胡品贤获评省巾帼建功标兵。胡士勇家庭获评全国最美家庭，吴仁宝老书记原居纪念屋被命名为首批"江苏省新时代家教家风实践基地"。益家人巾帼学堂妇女微家获评江苏省首批妇女微家示范点，"繁星"志愿者队妇联获评首批江苏省"四新"（新领域、新业态、新阶层、新群体）妇联组织示范点。

【基层组织建设】 2019年，江阴市妇联坚持党建带妇建，积极将妇联改革向纵深推进，举行纪念"三八"国际劳动妇女节暨"在你身边　为你服务"妇联改革成果汇报会，推进"在你身边"妇女微家建设，全市建成131个妇女微家，表彰市级示范点21个。打造专兼挂相结合的妇联干部队伍，市妇联增设挂职副主席1名，兼职副主席2名。因机构改革，2月，市机关党工委转隶机关妇联职能到市妇联，增设1个人员编制。加大对基层妇联组织建设和工作创新的指导力度，年内成立江阴职业技术学院、江阴热电有限公司、市文体广电和旅游局3个直属妇联，配合机构改革调整市卫生健康委员会等一批妇联组织及负责人。积极推进新阶层新领域妇联组织的建设，年内新建"四新"领域妇联组织12个。深化妇联组织区域化聚能行动，依托临港片区"1+4"（1个开发区+4个镇街道）行政体制模式，联合开展暖冬公益行动、家庭阅读推广人项目等，打造妇联组织区域化建设示范区。坚持"凝聚社会组织，服务妇女群众，推动共治参与"的工作理念，撬动更多社会力量精准有效专业的服务妇女儿童家庭，指导成立女性社会组织江阴市春泥家庭指导服务中心，市妇联培育注册女性社会组织达18个，落实妇联机关干部和女性社会组织结对挂钩制度。进一步加强和规范女性公益联盟、女性社会组织、党建联盟运作，组织赴上海开展学习培训，赴中共江阴"一大"会址现场教学，开展伙伴日活动。围绕中华人民共和国成立70周年，组织开展"巾帼心向党、建功新时代"妇女群众教育实践活动。依托新时代文明实践岗、妇女微家等新平台新阵地，常态化开展"十百千巾帼大宣讲"（十名党的十九大代表、百名妇联主席、千名妇联执委）活动近300场次。命名江阴市级巾帼党性教育（示范）基地19个，培育巾帼党课宣讲员76名，开发一批巾帼党性教育、家庭婚姻教育类课件。开展寻访"三八红旗手精神"专题活动，宣传报道不同时期、各行各业"三八红旗手"故事21篇，新建"三八红旗手"（集体）工作室8个。绘制江阴高层次女性人才地图，推荐无锡高层次女性人才25人。深度参与新时代文明实践，挂牌新时代文明实践岗379个，倾力打造"1+5+N"（1个巾帼志愿服务支队，5个巾帼志愿服务分队，N个巾帼志愿服务小分队）的巾帼志愿服务团队体系，组织开展巾帼志愿服务活动1000余场次。

【服务妇女发展】 2019年，江阴市妇联始终坚持发展为要，主动服务经济大局。举办2019年度巾帼创业雏鹰班，全市各镇（街道）40余名学员参加为期5天的培训。举办"春风送岗'职'等你来"女性专场招聘会，邀请59个用人单位进场，提供250个岗位，拟招聘1600余名女性，现场达成就业意向162人。成立江阴市巾帼家庭服务联盟，联盟成员包含13个家政企业。实施"幸福家"家政服务职业导航项目，依托巾帼就业实训基地"腾创培训产业园"，举办育婴、烘焙、保洁等家政技能培训班19期，培训800人次，组织家政服务企业与社区签约，为50户特定家庭发放"优享服务卡"。10月29日，召开全市"巾帼建功"活动推进会，组织巾帼文明岗业务培训，表彰江阴市巾帼文明岗54个和江阴市巾帼建功标兵44名。10月10—14日，市女企业家协会组织30余名女企业家，赴陕西省延安市开展"不忘初心、牢记使命"延安精神培训活动，并举行"巾帼牵手　共建幸福延川"结对帮扶，引导会员企业提供就业岗位或提供订单，三年内扶持陕西省延川县300名女性实现就业创业；在会员中筹款30万元，用于建设陕西省延川县巾帼创业就业培训基地和延川县级家风馆，澄江街道女企协分会"澄之霞"爱心基金捐资10万元建设延川县城关小学书法培训教室。推进“美丽家园”建设,表彰146户绿色家庭,宣传展示57户最美庭院,获评省、无锡巾帼示范基地10个。积极参与中国农民丰收节江苏主会场活动,打造巾帼“米食长桌”展台。

【依法维护权益】 2019年,江阴市妇联坚持联系和服务妇女群众的工作生命线。召开全市妇女儿童工作会议,部署妇女儿童工作和省政府妇儿工委8件实事,征集发布儿童关爱保护实事项目13项,进一步推进实施儿童关爱保护工作。关注关爱普通和困难妇女儿童家庭,深化“春晖”单亲贫困母亲援助、“两癌”(乳腺癌、宫颈癌)妇女救助、“小桔灯”困境儿童帮扶等项目,发放慰问金(品)价值56万余元。有序推进“为爱编织”“女性成才支持计划”等省、市、镇(街道)各级公益项目,累计开展活动1000余场,服务妇儿25000人次。成功申报省公益社工服务项目2项、江阴民政社区治理创新项目5项,争取资金28万元。积极参与99公益日“童她益起来”网络筹款工作,筹资80余万元,启动实施22项实事项目。举办2019年妇女儿童家庭公益项目大赛,评选获奖项目16项。深化“七五”普法,策划“万家学法·法润万家”“三八维权周”活动,推进“建设法治江阴”和“平安家庭”创建。制定下发《关于推进妇女议事制度的通知》,推进村(社区)妇女议事会全覆盖、妇女议事常态化。发挥婚姻家庭指导中心、港湾家事调解工作室作用,婚姻中心全年接待1809对准备协议离婚的夫妻,当场劝返477对;港湾工作室全年受理案件304件,参与调解199件,调解成功62件。

【家庭文明建设】 2019年,江阴市妇联注重发挥家庭最小单元作用,创新做好家庭工作。开展最美家庭、五好家庭、书香家庭等各类创建活动,集中表彰300户最美家庭,200户五好家庭,10户书香家庭,评选15对金婚夫妇,胡士勇家庭获评全国最美家庭,推荐缪培家庭为江苏省最美家庭,王新潮家庭为江苏省五好家庭,吴仁宝老书记原居纪念屋被命名为首批“江苏省新时代家教家风实践基地”。在无锡市率先启动“弘扬家国情　礼赞新时代”家风家教主题宣传月活动,拍摄制作《最美家庭的最美时刻》宣传短片,最美家庭代表向广大家庭发出“践行核心价值观　千万家庭创最美”倡议书,举办首届“全家总动员　全澄欢乐跑”家庭亲子迷你马拉松。组织开展“少年家风说·我对妈妈说”“给妈妈的一封信”等活动,选出优秀作品84篇;以弘扬家庭美德、宣传先进典型人物和家庭的感人瞬间为创作题材,鼓励广大家庭记录下“我家最美一瞬间”,征集微视频26个;组织开展“我的国　我的家”家风故事比赛,挖掘身边爱国爱家、最美家庭等感人事迹和典型故事,通过层层选拔,30余篇优秀故事脱颖而出,经现场比赛,评选出一等奖2名、二等奖3名、三等奖5名,在中华人民共和国成立70周年来临之际,举行“我的国　我的家”家风故事巡讲活动启动仪式暨首场宣讲。贯彻落实《江苏省家庭教育促进条例》,开展“新时代智慧父母成长”公益讲座。率先启动“性别平等教育进课堂”试点工作,开发性别平等教育优秀课堂教案27件。联合市教育局评选表彰优秀家长学校45所、优秀家庭教育指导者182名、优秀家长717名、优秀家庭教育案例580个、优秀家庭教育微课135个。 (黄丽娟)

江阴市科学技术协会

【概况】 2019年,江阴市科学技术协会深入学习贯彻习近平新时代中国特色社会主义思想和中共十九届四中全会精神,围绕江阴改革发展大局,按照“四服务一加强”(为科技工作者服务、为创新驱动发展服务、为提高全民科学素质服务、为党和政府科学决策服务和不断加强科协自身建设)职能定位,奋发作为、锐意进取,努力提升科协工作成效,全年各项任务圆满完成,科协事业实现新的发展。年内,扎实开展“不忘初心、牢记使命”主题教育,全面加强党的建设;举办江阴市庆祝“全国科技工作者日”暨科协改革发展“四个十佳”(十佳企业科协组织、十佳科技创新团队、十佳科技创新服务项目、十佳科学技术论文)先进表彰大会,承办全省企业科协组织建设暨服务企业工作会议,推动2019年中国(江阴)金属新材料产业创新论坛举办;构建江阴市科技工作者“1+3+N”(“1”是指1个服务中心,即江阴市科技工作者服务中心,“3”是指与社会公益组织香山书屋联合打造3个科技工作者服务站点,“N”是指N个各具特色、覆盖城乡的“科技工作者之家”实体阵地)服务新体系,进一步推动“科技工作者之家”实体阵地建设;持续实施“党建强会”计划,丰富科技社团党建教育活动形式,开展“群心向党　创新有我”等多场弘扬主旋律的科技沙龙,举办庆祝中华人民共和国成立70周年征文演讲等系列活动;高质量完成周庄镇金湾村、月城镇水韵社区科普馆建设等民生实事项目。是年,市科协荣获全国“十佳深化改革县级科协”称号,为全省唯一入选单位,并获得全省2019年“县级科协创新发展能力提升计划”优秀单位等多项荣誉,市科协改革经验做法多次在全省科协系统工作推进会上作汇报交流。至年末,全市有镇(街道)科协16个,开放园区科协2个,市级学会(协会、研究会)35个,院校科协2个,企业科协143个,企业科协联盟12个。

【服务科技工作者】 2019年,江阴市科协充分发挥党委政府联系科技工作者的桥梁纽带作用,深入了解掌握科技工作者实际需求,开展服务科技工作者活动。举办江阴市高层次人才国情研修班,邀请省委党校教授为全市80名专家人才作“中国宏观经济形势分析”专题讲座,并组织到江阴市革命烈士纪念馆、兴澄特钢有限公司科技等地参观学习;联合香山书屋建成“科技工作者之家”服务站点3个,推动6个镇(街道)、园区建成符合一线科技工作者需求的“科技工作者之家”实体阵地,并举办科技工作者迎“七一”、“礼赞共和国　追梦新时代”科技人才迎国庆等主题科技沙龙活动17场;推进网上科协建设,组建科技人才沙龙微信群,打造线上、线下相结合的服务体系;举办江阴市庆祝“全国科技工作者日”暨科协改革发展

“四个十佳”表彰大会,对十个企业科协组织、十个科技创新服务活动项目、十个科技创新团队、十个科学技术论文进行表彰;评选表彰科技“三创”(创新、创业、创优)人才50名,并为他们提供免费体检服务;举办科技工作者“追梦新时代、健康赢未来”文体活动,近1100名科技工作者参加活动;在无锡市科协第十一次代表大会上,有4个集体、13名个人获评无锡市科协系统2014—2018年度先进集体和先进工作者。

【助力创新驱动发展】 2019年,江阴市科协围绕高质量发展目标,开展对接高端科技资源、助力企业科技创新、深化科技创新服务活动,省科协党组书记孙春雷、副主席冯少东,无锡市科协主席陈晓华等领导多次到江阴市考察。主动联系引进国家、省级学会的优势资源,推动2019中国(江阴)金属新材料产业创新论坛举办;开展“院士专家江阴行”活动,邀请欧阳平凯、曹春晓等院士专家到江阴考察指导,为企业发展问诊把脉;积极开展海外专利科技信息推广应用与服务工作,应用企业数量、应用成果案例质量在全省县级市中继续保持领先;举办企业创新方法实务培训班,邀请专家为全市50名企业一线工程师作TRIZ创新方法(一种揭示创造发明的内在规律和原理的理论)应用培训。中船澄西船舶修造有限公司获2019年中国创新方法大赛全国三等奖和江苏赛区决赛一等奖,兴澄特钢有限公司获江苏省科协青年会员创新创业大赛一等奖;继续抓好金桥工程、企会协作、科技兴农富民工程;对88项科技创新服务活动项目予以立项资助,培育科技兴农富民工程(基地)16项;推进海智工作,组织5个企业参加美国东部海智专家无锡行暨项目路演。江阴高新区被列为全省海外人才离岸创新创业基地十大试点地区之一。江阴海智基地在全省2019年海智基地评估中名列前茅,受到省科协表彰。

【提升全民科学素质】 2019年,江阴市科协以培训科普活动亮点品牌为抓手,不断创新活动形式,持续加强科普阵地设施建设,全力提升全民科学素质。落实市委、市政府2019年为民办实事项目,推进科普基础设施建设,建成周庄镇金湾村、月城镇水韵社区科普馆;开展科普示范创建活动,江阴热电有限公司获评省科普教育基地。夏港街道夏东社区获评省“基层科普行动计划”科普示范社区,江阴故乡情果业合作社获评省科普惠农服务站,澄江街道天鹤社区等8个村(社区)获评无锡市科普示范村(社区),市流动科技馆等4个单位被评为无锡市科普教育基地,“国蚕神桑”基地等2个单位获评无锡市农业科技(科普)基地;组织“科协大讲堂”、科普“六进”(进学校、进农村、进社区、进企业、进机关和进军营)、“你点我讲”科普讲座等活动,对“杏林素问”“科普生活集市”“科普书香漂流”等11项科普活动特色项目开展立项资助,形成特色品牌;开展或参加各项科普宣传和竞赛评比活动。市科协获评2019年全国科技活动周暨江苏省第31届科普宣传周、2019年江苏省“全国科普日”及2019—2020年度江苏省全民科学素质大赛网络赛优秀组织单位,并获第31届江苏省中小学生金钥匙科技竞赛中荣获团体二等奖,包揽无锡市第三届青少年科普剧创作汇演前三名;举办首届“江阴市明日科技之星”暨全市青少年科技教育表彰大会,对20名“江阴市明日科技之星”及提名奖获得者、10所青少年科技教育先进学校和10名先进个人科技教育工作者进行表彰;组建新时代文明实践科普志愿服务支队,全市科普志愿者注册人数累计达11963人。

【科技智库建设】 2019年,江阴市科协继续加强科技智库建设,着力为服务党和政府科学决策提供支撑。通过走访慰问、学习交流等方式,加强与市科技人才专家咨询委员会各专家成员的联系与服务,凝聚科技人才资源力量;成立江阴市工程师学会,设立材料工程、机电工程等7个分会,发展工程科技类会员300余名,为工程科技人才开展技术交流、促进科技发展创造平台环境;发挥科协组织和人才优势,搭建软科学课题研究、学术交流、科技论坛等活动平台,支持科技工作者积极建言献策,为市委、市政府科学决策服务;建立激励机制,对9项学术交流活动、17项软科学课题研究和建言献策成果给予扶持奖励,推荐的4项课题被无锡市科协评为2019年软科学研究重点资助课题;向市委报送基层反响、调研报告、工作信息和科技工作者建议,4篇得到市委、市政府领导批示,29篇被《江阴党政信息》录用,4篇被《无锡党政信息》录用;履行全国科技工作者状况调查站点职责,向中国科协网上调查平台报送有效信息5条,配合完成各项调查任务,为党和政府制定科技人才政策提供参考依据。

【科协基层组织建设】 2019年,江阴市科协继续推进科协系统深化改革工作,科协组织力量进一步加强、党建引领作用进一步提升。创新制定科技社团党建工作机制、企业科协组建管理机制和科技服务活动项目化运行机制,完成江阴市集成改革工作科协3项改革任务,多个周边县市区科协前来交流考察江阴市科协系统深化改革的经验做法;加强基层组织建设,开展科协基层组织建设“4+1”(“4”是支持引导以“四长”为代表的基层一线科技者在县乡镇科协组织建设中发挥作用,“1”是指加强上级科协对下级科协的指导)试点工作,注重发挥“四长”(医院院长、院校校长、农技推广站站长、科技型企业家)在团结凝聚科技人才上的引领作用,带动成立江阴市人民医院医疗集团科协等多个基层科协组织;完善镇(街道)科协工作考核细则,强化对镇街园区科协的指导、联系与服务,临港开发区科协完成换届;加强学会党建工作,开展星级学会考评,评选出五星级学会13个、四星级学会2个;打造企业科协建设“江阴模式”,全年新成立企业科协20个、企业科协联盟2个,法尔胜泓昇集团有限公司、江阴兴澄特种钢铁有限公司、中船澄西船舶修造有限公司3个企业科协被评为2019年江苏省示范企业科协。 (邱克玉)

江阴市归侨侨眷联合会

【概况】 2019年,江阴市侨联认真学习贯彻习近平新时代中国特色社会主义思想,全面深入落实第十次全国侨代会精神,坚持海内外工作、老侨新侨工作并重,积极拓展海外工作和新侨工作,各方面工作取得新进展。抓好"不忘初心、牢记使命"主题教育和侨联党建责任清单落实,认真组织党组理论学习、党支部集中学习、党员活动日、阳光扶贫和思廉主题教育等活动,开好专题民主生活会、组织生活会,完成市委第三巡察组对侨联的巡察工作。举办2019年侨界迎春联谊会,组织开展"侨看发展新貌"系列主题活动和节日走访慰问侨胞侨眷活动。7月,联合江阴市天华艺术学校承办两期2019年海外华裔青少年"中国寻根之旅"夏令营江苏无锡营活动。11月,成立江阴市侨联高新区分会,在省内率先成立国家级高新区侨联分会,并实现基层分会全覆盖。至年末,全市有镇(街道)、园区侨联分会14个、侨商商会1个。是年,江阴市侨联、临港开发区侨联分会获评无锡市先进基层侨联组织;中芯长电半导体(江阴)有限公司、远景能源(江苏)有限公司获评无锡市优秀侨资企业;江阴云之尚节能科技有限公司董事长缪广益获评无锡市海归创新创业之星;张燕、许天翼、王红星、周振国、樊广勤、梁友生、苏曦泓、张永振等8名侨联工作者获评无锡市为侨服务之星。高新区江阴留学人员创业园获批江苏省留学回国人员创新创业示范基地。

【参政议政】 2019年,江阴市侨联认真履行职责,积极发挥参政议政作用。是年,组织发动侨界政协委员和涉侨人大代表围绕市委、市政府的发展大局和人民群众关注的热点、难点问题,深入基层开展调查研究,撰写议案、提案、建议,反映社情民意,反馈侨界心声,为江阴经济社会发展建言献策。江阴市人民代表大会、政协会议期间,全市各级侨界人大代表、政协委员认真撰写建议、提案和社情民意,侨界政协委员赵文碧提交的《关于深度链接"大虹桥",借力上海资源为江阴所用的建议》等9件侨界政协提案被立案交办,8件侨界社情民意被录用。其中,赵文碧提交的侨界政协提案被评为2019年度重点提案。

【为侨服务】 2019年,江阴市侨联发挥血缘、地缘、业缘优势,用好亲情、乡情、友情纽带,聚焦侨界群众对美好生活的需要,全力做好为侨服务工作,努力增强侨界群众的获得感、幸福感。制定《"亲情中华·侨与祖国"庆祝中华人民共和国成立70周年活动实施方案》,组织侨界纪念中华人民共和国成立70周年的文章、图片征集评选活动和书画作品比赛,编印《亲情中华·侨与祖国》征文图片纪念册,全面展示江阴侨界参与祖国和江阴建设的风貌,抒发侨界群众爱国、爱家乡之情。开展新侨创新创业情况调研,了解侨资企业的发展现状、未来计划和遇到的障碍困难,为企业发展出谋划策;指导各镇(街道)、园区整合侨界优势资源,搭建服务、合作和交流平台,进一步吸引海外高层次人才到江阴创新创业。充分发挥市华侨中心阵地优势,常态化开展英语、唱歌、手工等兴趣小组活动,举办《走向世界的近代江阴乡贤》专题讲座,参观市编织协会编织基地,组织爱心编织捐赠、丝网花制作等侨界群众交流和公益活动。组织举办侨界迎春联谊会,结合春节、端午节、中秋节等传统节日,开展侨界群众走访慰问活动,走访慰问侨胞侨眷230余人次。加强侨法宣传,深入基层社区开展普法送法上门活动。做好涉侨纠纷调解工作,聘请涉侨纠纷特约调解员和法律顾问,接待侨界群众来访来信,指导侨界群众依法保护自身权益,引导排解矛盾纠纷,维护侨界群众合法权益。组织开展"侨看发展新貌"等主题活动,组织侨胞侨眷参观华士镇天华生态园和周庄镇卧龙湖花苑、倪家巷,了解家乡建设成就;到祝塘镇参观炎黄陈列馆,学习张纪清淡泊名利、朴素善良的高尚品质;组织观看爱国影片活动,激发侨胞侨眷的爱国意识和报国情怀。推荐新侨创业人士参加江苏省侨联新侨创新创业联盟和无锡市侨联青年委员会,组织新侨创业人士和归国创业留学生参加"创业中华·智汇江苏——新侨菁英创享无锡"活动。

【联谊交流】 2019年,江阴市侨联加强与海内外侨界联络互动,搭建友好交流平台,拓展联谊服务,涵养侨务资源。3月6日,无锡市侨联党组书记、市委统战部副部长李镇国及无锡市侨联主席毛加弘一行到江阴,考察调研江阴侨联工作以及新侨创新创业情况。调研组一行实地考察江苏普莱医药生物技术有限公司、江苏法尔胜泓昇集团有限公司和江阴远景集团、江阴市华侨中心和江阴市天华艺校。5月27日,为庆祝中华人民共和国成立70周年,江阴市侨联和射阳县侨联组织江阴市天华艺术学校、射阳县杂技团2个江苏省华侨华人文化交流基地,开展以"奋进新时代,展示侨风采"为主题的文化交流演出,展示华侨华人文化交流基地建设成绩和侨界青少年风采。6月11日,江苏省侨联副主席宫琳到江阴调研2019年"中国寻根之旅"夏令营江苏无锡营筹备工作情况,对承办夏令营活动的江阴天华艺术学校的操场、宿舍、食堂、教室等场所进行实地考察,组织召开筹备工作座谈会。6月20日,江苏省侨联副主席张霓一行到江阴调研指导,实地考察江阴临港经济开发区、江阴港码头、江苏双良节能股份有限公司和江阴市天华艺术学校。市侨联联合市教育局组织江阴10所高中近10000名在校学生参加第二十届世界华人学生作文大赛,讴歌中华人民共和国成立70年以来发生的日新月异的变化,遴选报送参赛作文155篇,荣获全国一等奖20篇,二等奖50篇,三等奖85篇,市侨联获大赛组织奖。9月28日,组织侨界群众、侨企创业者、侨务工作者和华侨文化交流基地代表参加"建设新中国·奋进新时代"庆祝中华人民共和国成立70周年暨无锡市侨联成立40周年纪念大会。

【"中国寻根之旅"夏令营江苏无锡营在江阴举行】 2019年7月10—19日、7月22—31日,由无锡市侨联、江阴市侨联和江阴市天华艺术学校共同承办的2019年海外华裔青少年"中国寻根之旅"夏令营江苏无锡营第一期、第二期先后举办。夏令营期间,来自美国、加拿大、西班牙、法国、澳大利亚、瑞士、德国等10余个国家的280名华裔青少年和27个海外领队老师参加,营员们学习说文解字、古诗词鉴赏等汉语课程和书法、国画、武术、京剧脸谱绘彩、汉服鉴赏等传统文化课程，学习演奏二胡、葫芦丝、古筝、中国鼓等中国民族乐器，开展包馄饨、趣味运动会、学唱中文歌等活动，并参观江阴、无锡、苏州等地的历史人文景观。《江阴日报》、江阴电视台、江阴电台、《江南晚报》等新闻主流媒体以及中国新闻网、中国侨网、中国侨联网站、江苏侨联网站、无锡侨联网站、新华网、新浪网等诸多网站以及海外华文媒体都对该次夏令营进行跟踪报道。 （张永振）

江阴市文学艺术界联合会

【概况】 2019年，江阴市文学艺术界联合会（以下简称市文联）坚持以习近平新时代中国特色社会主义思想为指导，认真学习落实中共十九届四中全会精神和市委十三届七次、八次全会精神，在文联党组的领导下，团结引领广大文艺工作者为繁荣发展新时代江阴文艺事业作出新的贡献。全年累计策划、指导开展各类主题文艺展览（演）、文化惠民活动近900场次。会员全年创作优秀作品3000余件，其中有230余件作品在省级以上展览、赛事中获奖、入选。认真抓好基层文联的组织建设，至年末，全市有镇（街道）文联18个、开发区文联2个、企业文联2个、村级文联1个；文联直属协会有8个，会员1500余人，其中省级会员331人，国家级会员93人。市作家协会获江苏省作协基层先进单位提名奖。文联实施的人才培养“三江工程”（江花胜火——青年艺术人才培育工程、江山揽胜——中年艺术人才培养工程、江上风骨——老年艺术家扶持工程）项目被评为江苏省文联系统优秀创新项目。

【主题文艺活动】 2019年，市文联围绕市委、市政府中心工作，聚焦庆祝中华人民共和国成立70周年这条主线，发动各文艺协会广泛开展导向鲜明、特色彰显、内容丰富的系列文艺活动。以“辉煌70年·奔跑新时代”为主题，开展大型主题文艺作品征集活动，收到各类文艺作品1000余件。举办庆祝中华人民共和国成立70周年江阴美术书法摄影作品展和“江山揽胜·献礼新中国”江阴优秀美术作品大展，出版庆祝中华人民共和国成立70周年《雪浪湖》特刊。以江阴解放70周年、五四运动100周年等重要时间节点为契机，策划开展红色故事创作和情境故事会、“作为‘她’字的诗人刘半农”诗歌赏析会和书法精品展、“永远跟你走”——献礼“七一”音乐会、第二届“我的名字叫江阴”二十四节气·最美江阴摄影大赛作品展、第十五届长三角国际标准舞全国城市公开赛等活动。

【文艺人才队伍建设】 2019年，市文联坚持把德艺双馨文艺人才队伍建设摆在突出位置，抓关键带全局，引领文艺工作者提升思想道德素养和职业素质。结合“不忘初心、牢记使命”主题教育，在“江阴文艺”微信公众号连载11篇江阴文艺工作者“不忘初心、牢记使命”的故事。举办“讲好江阴故事”文艺家读书班，深入实施文艺人才培养“三江工程”，多举措培育骨干文艺人才。组织开展以“共画祖国好·奋进新时代”为主题的新疆写生采风创作活动。帮助会员在江苏省美术馆举办夏静油画作品展，协助中国青年出版总社举办胡美凤《流风》创作出版研讨会，举办夏晓云、武传国书画作品联展。举办“艺风讲堂”作品鉴赏和创作交流活动20余场次。年内，开展2019年度江阴文艺协会奖评选，各协会有43人获“江阴文艺协会奖”。内刊《雪浪湖》获评首届江苏省文学内刊20强，人才培养“三江工程”被江苏省文联评为优秀创新项目。是年，全市各文艺家协会发展新会员133名，新增省级以上会员20名。

【文化惠民活动】 2019年，市文联广泛开展“深入生活、扎根人民”主题实践活动，促进文艺志愿服务对接新时代文明实践中心建设，扎实推进文艺志愿服务活动常态化。举办百名书法家送春联活动、“同心同书·江阴新春好”——江阴市书画院送万福进万家活动，累计写送春联上万余幅；开展新时代文明实践文艺志愿服务分队授旗仪式暨文艺惠民演出活动、“欢乐小舞台，大家一起来”演出等20多场次，打通服务群众的“最后一公里”。此外，全市18个镇（街道）、开发区、高新区文联立足自身实际，开展各类文艺惠民活动800多场次。

【文艺家协会换届工作】 2019年9月18日，市文联召开各文艺家协会换届工作动员大会，进一步明确文联各文艺家协会换届工作的指导思想、方法、步骤和要求，对协会换届工作提出具体要求，明确努力方向。根据《江阴市文联协会换届工作实施意见》，有序开展协会换届工作，严格按照章程组织换届选举工作，选强配好协会领导班子，搭建好文艺人才梯队。依次圆满完成美术家协会、摄影家协会、音乐舞蹈家协会、作家协会、民间文艺家协会、书法家协会和戏剧曲艺家协会等换届工作和电影电视艺术家协会改选工作，选举产生新一届理事会理事、监事成员以及主席、副主席、秘书长等领导班子成员。

【“江阴文艺协会奖”评选】 2019年，市文联为激励广大文艺工作者和文艺爱好者多创作、创佳作、出精品，调动大家的积极性，下发《关于印发〈江阴文艺协会奖实施方案〉的通知》。各基层文艺家协会按照通知的有关规定，经协会推荐、组委会认真评审，评选出2019年度“江阴文艺协会奖”8个子奖项获奖者43人，其中优秀创作奖13人、佳作奖14人（组）、新人奖16人。

【纪念五四运动100周年诗歌书法精品展】 2019年4月29日，由市委宣传部、市文体广电和旅游局、市文联、江阴团市委主办的“作为‘她’字的诗人刘半农”诗歌赏析会和书法精品展在文联适园艺风讲堂举行。活动以主题讲座、歌曲演唱、诗歌朗诵、书法展览等形式缅怀江阴文化名人、中国新文化运动先驱、著名文学家、语言学家和教育家刘半农，在新时代进一步传承和弘扬“爱国、进步、民主、科学”的五四精神。在书法精品展中，展出15位书法家以刘半农的诗歌为创作素材，书写的15幅书法作品。

【2019年江阴市文艺家读书班】 2019年5月15日，市文联主办的

2019年度江阴市文艺家读书班在江阴市委党校举行。文联机关和书画院全体人员，文联直属文艺家协会的负责人和创作骨干，各镇（街道、开发区、高新区、企业、村）文联以及文艺骨干近百人参加。开班仪式上，文联党组书记吴海英作动员报告。读书班上，市委党校副校长陈建华讲授《江阴经济社会发展情况》，市委办公室主任科员王萍芳讲授《江阴人文历史介绍》，市档案史志馆副馆长邢盈讲授《江阴名人故事》。3门课程从不同角度，回顾改革开放以来江阴经济社会发展的辉煌成果，系统梳理江阴历史文化的发展变迁，介绍江阴历史名人、文化遗迹和伟大成果。

【“迎春纳福”书法展暨写春联送祝福活动】 2019年1月12日，由市委宣传部、市文明办、融媒体中心、文体广电和旅游局、文联共同主办的“迎春纳福”——百福百联贺新年书法作品展在市展览馆开幕。市委宣传部部长程政出席活动。该作品展征集100多位书法家的120件春联作品、110个“福”字，最终由专家评审遴选展出百福百联。作品中，既有书法家沈鹏的佳作，也有省市级诸多书法家的墨迹，他们或自制楹联，或选用经典，书体多样、风格不一。开幕式后，百名书法志愿者写春联送祝福活动在江阴大剧院广场门前举行。1月21—30日，市文联组织开展2019年“同心同书·江阴新春好——江阴市书画院送万福进万家”活动。市书画院专兼职画师及部分书法志愿者先后深入青阳镇、夏港街道、市公用事业局、市人民法院、市特警大队，为广大市民及奋战在“1310”工程*第一线的工作者送福送春联，累计送出春联近2000副。

【第十五届长三角国际标准舞全国城市公开赛】 2019年4月20日，江阴市文联主办的第十五届长三角国际标准舞全国城市公开赛在市体育馆开幕。市委常委、宣传部部长程政出席活动。来自全国各地的60支国标舞代表队、近4000名选手汇聚江阴，同台竞技。他们以舞会友、以舞传情、以舞明志，为江阴市民带来一场高水平的国际标准舞表演。

（陈　佳）

江阴市工商业联合会

【概况】 2019年，江阴市工商联牢牢把握以促进非公有制经济健康发展和非公有制经济人士健康成长为工作主题，深入开展“不忘初心、牢记使命”主题教育活动，统筹推进思想建设、参政议政、服务发展、精准扶贫、商会建设等各项工作，为江阴经济社会高质量发展发挥积极作用。年内，新建基层商会（协会）5个。至年末，全市有园区、镇（街道）商会18个，市级行业商（协）会16个，江阴异地商会6个，异地江阴商会6个，青年商会1个；有各类会员4718个，其中企业会员3636个，个人会员1082个。开展全国工商联上规模民营企业调研，海澜集团有限公司、江阴澄星实业集团有限公司、三房巷集团有限公司等13个民营企业入围2019年中国民营企业500强。指导江阴市浙江商会和徐霞客总商会分别成立党支部和党总支部，商会党组织总数达到8个；法尔胜泓昇集团党委等12个企业党组织入选第一批“无锡市商会党建联盟示范点”，进一步扩大商会党建工作在全市基层商会（协会）和非公企业中的影响力和覆盖面。加强新时代文明实践中心（所、站、点）建设，在徐霞客总商会、福建商会建立江阴市工商联新时代文明实践点。开展“守法诚信示范企业”争创活动，江苏斯坦利医疗科技有限公司等163个企业被江阴市工商联评为2019年度“守法诚信示范企业”。是年，江阴市工商业联合会被中华全国工商业联合会评为2018—2019年度全国“五好”县级工商联，被中华工商时报社评为“构筑非公经济舆论阵地先进单位”。

【参政议政】 2019年1月，江阴市工商联在政协江阴市十五届三次会议上提交书面报告《培育高端高效人工智能产业、全力打造我市战略性新型产业引擎》，并被市政协评为2018年度优秀调研报告三等奖。大会期间，市工商联提交集体提案3件、委员个人提案9件，其中《关于发展供应链金融，助推我市金融生态环境建设的建议》被市政协评为2018年度优秀提案。3月，市工商联在市政协人民法院服务保障民营企业发展政情交流会上发言；7月，市工商联界别政协委员曹兵在市政协全面提升城市精细化管理水平民主议政会上作《合力推进餐饮油烟治理　助力打赢蓝天保卫战》的发言。年内，市工商联围绕市委下达的相关课题，走访相关部门、企业开展重点调研，撰写形成《培育江阴千亿级产业集群　打造“雁阵型”企业航母编队》《引导激励“二代”企业家成长　打造江阴持久发展源动力》2篇调研报告。

【精准扶贫】 2019年，江阴市工商联响应江苏省工商联“百企帮百村”号召，海澜集团有限公司捐助30万元，用于徐州市睢宁县魏桥村和季庄村的农机设备采购以及村综合服务中心项目建设，帮助两村增加经济收入；至年末，与徐州市睢宁县结对的5个省定经济薄弱村实现全部脱贫。完成省对口陕西省延川县东西部扶贫协作任务，其中江阴长三角钢铁集团有限公司捐赠帮扶10万元，江苏吾仁居食品科技有限公司出资80万元与延安金黄土农业发展有限公司签订延川县农产品加工基地建设项目协议。积极引导各基层商会（协会）参与各类慈善捐助活动，据不完全统计，2019年全市各基层商会（协会）在各类捐资助学、扶贫帮困、社会公益等方面累计捐助额超5200万元。

【会员培训】 2019年，江阴市工商联利用“澄商学堂”培训平台，创新选课方式，做到线上和线下授课相结合，全年讲授“加强企业目标管理　实现企业业绩倍增”等8次课程。举办2019江阴市工商联“改革再出发　发展高质量”中青年企业家复旦大学专修班，全市85名中青年企业家参加，通过培训进一步提升中青年企业家综合素质和企业管理水平。分别开展“共谋新发展　建功新时代”“不忘创业初心　坚定发展信心”常执委分片交流学习活动，参加人数近100人。与青年商会等单位联合举办2019宏观经济形势分析与国内外热点解读、2019高质量发展论坛、宏观经济形势分析与投资策略分享会。组织青年企业家参加2019无锡市青年企业家基业长青“创二代”培训班和江阴市第四期创业大学明星培训班，全年累计培训企业家1500多名。

【会员服务】 2019年，江阴市工商联召开“政企同心促发展”座谈会，为政府和企业搭建互动交流平台。联合税务局签订“税企服务战略合作协议”“关于推进税收协同共治的合作备忘录”，共同发布“落实减税降费促进民营经济高质量发展十项措施”，促进减税降费落实到位。开展“减税降费进企业、精准服务助发展”税法宣传进企业、进商会活动，8个基层商会（协会）1000多个企业参与。举办“解读税收新政 防范涉税风险”税务知识培训，帮助81位企业财务负责人增长财务知识、提高财务管理水平和防控涉税风险。发挥工商联法律服务站作用，举办“企业发展与风险防范”专题讲座和“企业知识产权的生产与保护”“公司治理结构”法律沙龙。与市检察院联合发布《关于建立健全检察机关与工商联沟通联系机制的实施意见》，协力共护民营企业健康发展。

【经贸交流】 2019年4月，举办2019年异地江阴商会“情系家乡 共谋发展”恳谈会，为家乡的经济发展献计献策。5月，组织30多名企业家参加无锡市第四届全球锡商大会，在工商峰会上远景集团创始人兼CEO（首席执行官）张雷作《打造无锡“物联网”新名片》的发言。8月，组织江阴异地商会企业家代表15人赴山西经贸考察，激励企业家积极塑造企业文化，注重绿色发展。12月，与青年商会共同组织企业家一行18人赴北京沃衍资本管理中心、新东方教育科技集团和中关村科技园区管委会所属前沿技术企业考察，帮助企业家开阔视野、寻求合作。年内，组织江阴企业家与澳大利亚企业家开展合作交流，参加第19届上海国际纺织工业展览会、2019年外交官与长三角民营企业家交流等活动，积极为企业搭建“走出去”平台。

【基层商会工作】 2019年，江阴市工商联继续推进基层商会工作，先后成立易制毒化学品行业协会、印染行业协会、临港综合物流服务业商会、山东商会和中小企业创业协会，江阴市进业物资贸易有限公司总经理傅进、江阴华西华新针织品有限公司总经理柴桂英、江苏长博集团有限公司董事长郭顺华、麒麟机械江阴有限公司总经理张永全、江阴市扬名汽车贸易有限公司董事长杨江分别当选为易制毒化学品行业协会、印染行业协会、临港综合物流服务业商会、山东商会和中小企业创业协会会长。江阴市糖烟酒商会、安徽商会、浙江商会完成换届，江阴市要塞永法副食店总经理徐永法、江苏奥斯特滤清器制造有限公司总经理林维忠分别当选为糖烟酒商会和浙江商会会长，江苏余润投资集团有限公司董事长余林法继续当选为江阴市安徽商会会长。持续开展“四好”（班子建设好、团结教育好、服务发展好、自律规范好）商会争创活动，江阴市高新区商会等15个基层商会（协会）获评江阴市“四好”商会，朱东俭等7人被评为江阴市优秀商会会长，李春等11人被评为江阴市基层商会先进工作者。 （李盛凉）

江阴市红十字会

【概况】 2019年，江阴市红十字会以习近平新时代中国特色社会主义思想为指引，贯彻落实中国红十字会第十一次全国会员代表大会精神，持续推动全市红十字事业高质量发展，切实发挥市委、市政府在人道工作领域联系群众的桥梁和助手作用。年内，募集社会捐款221万元；完成初级救护员培训1092人，普及性培训10081人；完成普及养老照护知识549人，入户服务1329人次；完成造血干细胞血样采集入库234人，在无锡市红十字会系统市（县）区中排名第一，2名志愿者实现造血干细胞捐献；44人进行遗体捐献报名登记，比2018年增长120%。是年，市红十字会副会长檀春节作为江苏省代表团29名代表之一参加中国红十字会第十一次全国会员代表大会，受到习近平等党和国家领导人亲切接见。江阴市红十字会获2019年度中国红十字会总会报刊宣传先进集体一等奖；江阴市学校红十字工作委员会获2019年度中国红十字会总会报刊宣传先进集体三等奖；新桥镇红十字会获评江苏省优秀红十字会基层组织；红十字志愿者孙伟贤获江苏“最美红十字人”提名奖，赵祥岳被评为2018年度造血干细胞捐献工作先进个人，江阴市首位造血干细胞成功捐献志愿者蒋林锋获第六届“十佳江阴好人”称号。

【申报中国红十字会红十字应急救护培训示范基地】 2019年，江阴市红十字应急救护培训基地根据中国红十字会《关于开展救护培训示范基地验收工作的通知》精神，申报中国红十字会红十字应急救护培训示范基地。10月29日，中国红十字会总会督导组到江阴现场验收红十字应急救护培训示范基地。经考核排名，江阴市红十字应急救护培训基地得分名列全国第一。12月9—12日，中国红十字会总会在北京举办红十字应急救护工作标准化研讨班，江阴市红十字应急救护培训基地建设管理经验在研讨班上作经验交流。

【红十字宣传】 2019年，江阴市红十字会通过电视、报刊、红十字网站等媒体工具，广泛宣传报道市红十字会工作，进一步扩大红十字会的社会知名度。江阴市红十字会获2019年度中国红十字会总会报刊宣传先进集体一等奖，江阴市学校红十字工作委员会获2019年度中国红十字会总会报刊宣传先进集体三等奖。江阴市红十字会参与无锡市红十字好新闻评选活动，选送参评的5篇新闻作品荣获1个一等奖、3个二等奖和1个三等奖。加强与媒体和流量公众号的深度合作，《危急关头自救与互救，这些技能要get!》《江阴首例，一家四人同时登记无偿捐献遗体》等多条红十字工作报道在“江阴发布”“文明江阴”“秀江阴”“健康江阴”等微信公众号上发布，提升人道宣传覆盖面，扩大红十字会的社会影响力。

【博爱系列救助活动】 2019年，江阴市红十字会主动融入社会救助体系，制定《红十字人道应急救助服务提供规范》《青少年儿童白血病救助服务提供规范》,明确救助条件、规范救助程序,开展博爱系列救助活动,全年发放各类救助金158万元。加大公开力度,筹资与救助信息每月及时录入"阳光扶贫"监管系统,并在市红十字会网站公开,自觉接受社会监督,提高红十字会公信力。开展对外援建工作,完成对陕西省延川县红十字会帮扶任务,连续第三年联系江阴爱心企业家与新疆霍城9名困难学生结对助学。

【造血干细胞和遗体器官捐献】 2019年,江阴市红十字会注重发挥红十字志愿者的榜样引领作用,"中国好人""献血达人"孙伟贤,造血干细胞成功捐献者王国圣、任陈芳等热心红十字志愿者,经常用亲身经历现身说法,动员和鼓励更多市民群众践行红十字精神,加入"三献"(无偿献血、造血干细胞捐献、遗体器官捐献)志愿者队伍。工作中涌出的先进典型,用他们的亲身经历现身说法,吸引更多市民践行红十字精神,加入"三献"志愿者队伍。全年完成造血干细胞血样采集入库234人,比2018年增加100人,在无锡市红十字会系统市(县)区中排名第一,志愿者汪东申、徐洪祥成功实现造血干细胞捐献。年内,新增遗体捐献志愿者报名登记44人,比2018年增长120%。

【救护培训】 2019年,江阴市红十字会扎实开展省应急救护百万培训实事项目,完成初级救护员公益性培训1092人,普及培训10081人。举办救护培训师资集训班,组织人员参加省级应急救护师资培训和复训,新增师资5人。联合市应急局、市卫健委等部门制定《全民自救互救培训进机关工作方案》。12月17日,全体市领导和有关部门代表参加全民自救互救培训进机关工作启动仪式和实操培训,以领导示范、机关先行带动全民参与,在全市掀起全民自救互救知识培训的热潮。

【志愿服务】 2019年,江阴市红十字会以开展新时代文明实践活动为抓手,组织基层红十字会和红十字志愿者开展有红十字特色的志愿服务活动。扎实开展养老照护志愿服务,全市全年普及养老照护知识549人,入户服务1329人次。江阴市红十字无偿献血志愿者服务队开展"无偿献血宣传进乡镇,应急救护普及进万户"宣传活动,有效推动无偿献血和造血干细胞捐献工作。推荐红十字志愿者参评各类先进表彰,孙伟贤获江苏"最美红十字人"提名奖,蒋林锋获第六届"十佳江阴好人"称号。 (韩 斌)

江阴市残疾人联合会

【概况】 2019年,江阴市残疾人联合会(以下简称市残联)深入贯彻习近平新时代中国特色社会主义思想和中共十九大和十九届二中、三中、四中全会精神,围绕江阴发展大局,围绕高水平全面小康奋斗目标,以服务残疾人为中心,忠实履行"代表、服务、管理"职能,各项工作取得佳绩。年内,开展"不忘初心、牢记使命"主题教育,推进党建助残先锋行动,深化"学听跟"活动,做优"残疾人励志宣讲"党建品牌,11个"残疾人之家"分别挂牌"暨阳红"先锋阵地服务点、新时代文明实践点,团结带领广大残疾人听党话、跟党走;落实与派驻纪检组共同管党治党工作机制,整治"形式主义、官僚主义",改进工作作风;组织"全国助残日""五送一助"(送医、送教、送文化、送器械、送健康、助残)等助残活动;做好残疾人信访维稳工作,接待处理各类来电、来信、来访159件次;发表各类残疾人信息报道243篇。推进江苏省残疾人事业现代化改革试点任务;选派周庄镇残联理事长赴中国残联挂职一年;完成残疾人需求服务信息动态更新调查和残疾人家庭收入入户调查。

【残疾人精准康复服务】 2019年,江阴市残联推进康复服务平台建设,认真做好残疾人精准康复服务工作。是年,康复机构扩容升级,元林康复医院挂牌运营,成人康复服务和儿童抢救性康复服务初见成效,澄江康复医院与北京英智医院成功合作;市福利院儿童康教功能完成改造;金钥匙儿童启智中心搬迁试营业,构建专业康复医院、社会康教机构、社区康复站点的服务平台体系。康复项目扩面增量,推进社区康复融合试点。是年,实施白内障复明手术4700例;完成精神残疾人医疗救助1291人;完成0~6岁、7~14岁残疾儿童抢救性康复救助355人;康复救助就业年龄段中风偏瘫患者51人;完成家庭无障碍改造45户,康复体育进家庭164户,残疾人辅具适配1000例;完成儿童青少年脊柱侧凸筛查近7万人;换发新二代残疾人证15000余张。

【残疾人扶贫保障】 2019年,江阴市残联以推进低收入家庭精准扶贫工作为重点,精准做好残疾人兜底保障、两项补贴(困难残疾人生活补贴和重度残疾人护理补贴)、特惠帮扶等工作。是年,市残联为残疾人提供康复、教育、生活保障等各类补助4000余万元;继续为全市持证残疾人购买团体人身意外伤害险,规范出险处理结报流程,保险年度惠残358万元;完成残疾人免费公交卡年审15.6万张。

【残疾人就业帮扶】 2019年,江阴市残联加大残疾人就业扶持力度,规范"残疾人之家"运营管理,落实按比例就业、集中就业、辅助性就业等多种就业政策,为残疾人提供多方位的就业服务。是年,举办残疾人招聘会18场,新增实名制就业187人,按比例超比例安置就业单位达778个;新增"残疾人之家"6个,全市达到34个,服务残疾人412人,实现辅助性就业330人;扶持2名残疾人创业,应届毕业大学生就业率100%。

【残疾人教育培训】 2019年,江阴市残联配合教育部门推进特殊教育提升计划,认真落实各类助学政策,按需推进各类职业培训,残疾人文化素质逐步提升。是年,对学龄段残疾人继续实施随班就读、特殊教育、送教上门,融合教育模式机制更加完善。开设随班就读学校康复资源教室9个,完成重残儿童送教上门服务112人,残疾人学生随班就读110人,市特殊教育中心校就读158人,扬州盲校就读2人,残疾少年儿童义务教育普及率、盲童入学率、高中及以上阶段残疾人学生教育资助奖励率均达100%。对就业年龄段残疾人加大职业技能培训，年内为164名残疾人开展6期培训；江阴残疾人代表队在无锡市职业技能竞赛中荣获团体总分第2名。

【残疾人文体活动】 2019年，江阴市残联紧扣中华人民共和国成立70周年和“新时代文明实践”主题，开展走访慰问、文体宣传、志愿服务等助残活动20余场，丰富残疾人精神文化生活。年内，组织开展“全国助残日”“自强脱贫、助残共享”主题活动，“我和我的祖国”观礼升国旗爱国主义教育、“我的梦想成长季”残疾人自强奋斗事迹展，实施二胡和中国象棋培训文化精品项目，组织第二届特殊学生运动会，开展“关爱残疾人、助残服务项目基金”一日捐、江阴贫困残疾人洗澡梦项目腾讯“99公益日”配捐、“为爱编织、针情助残”、残疾人励志宣讲等公益助残活动和项目，市残联快闪《我和我的祖国》入选“学习强国”江苏学习平台。是年，“生命的力量”励志宣讲项目获江苏省志愿服务展示交流会银奖，刘文清获评2019年度“中国好人”，杜奇荣获省第九届残疾人健身周飞镖比赛男子听力组金牌，龚彬获全国第十届残运会女子坐式排球银牌，章晓鹏获全国第十届残运会t60组4×100银牌、4×400接力银牌。

【江苏省残疾人事业现代化改革试点】 2019年，江阴市残联贯彻习近平总书记关于残疾人事业的重要论述和中国残联、江苏省残联改革精神，坚持“一精准三扩面”（提升服务残疾人的精准化水平，扩展组织的代表面、扩充队伍的来源面、扩大联系的覆盖面），大力推进江苏省残疾人事业现代化改革试点任务，确立健全完善组织体系、政策体系、信息体系、平台体系、项目体系、生态体系和建立残疾人事业现代化指标体系的“6+1”的改革目标任务及30项具体工作举措，着力推动残疾人工作“强三性、去四化”（增强政治性、先进性、群众性，去除机关化、行政化、贵族化、娱乐化），完善服务功能，提高服务能力，推动残疾人事业高质量发展增能提速。 （陈 芬）

江阴市关心下一代工作委员会

【概况】 2019年，江阴市关心下一代工作委员会贯彻落实习近平新时代中国特色社会主义思想及对关心下一代工作的重要论述，贯彻落实省“两个文件”（《关于印发〈江苏省关心下一代工作委员会工作规则〉的通知》《关于完善和落实“党建带关建”工作机制的意见》）精神，坚持服务青少年的正确方向，坚持党建带动关工委建设，努力提升服务质量和工作成效。市关工委挖掘江阴资源，配合有关部门建红色教育基地，增强主题教育活动的吸引力。华西村改革开放富裕之路教育基地被中国关工委确定为全国关心下一代党史国史教育基地。是年，市关工委被中国关工委评为全国关心下一代工作先进关工委。省关工委提出全省校外教育辅导站工作要全面学习推广江阴经验。

【社会主义核心价值观教育】 2019年，市关工委以庆祝中华人民共和国成立70周年为契机，会同市文明办、教育局、团市委等部门，发挥“五老”*优势，利用校外辅导站平台组织开展各类学习体验活动，全市青少年参与人数达20万人次。组织报告团成员以“两史”（党史、国史）教育、江阴历史文化和江阴精神为重点，围绕渡江战役胜利70周年和江阴改革开放光辉历程对青少年进行宣讲，全年宣讲304场，受教育青少年达39383人次。配合市文明办收集“风云岁月，红色记忆”江阴红色故事35个，汇编成册供学校和校外教育辅导站宣讲；联合市教育局在全市中小学生中举行“传承爱国精神、争做‘三有’新人”主题教育征文和演讲比赛，收到征文313篇，评出一、二、三等奖166名，有87人参加全市演讲比赛片区复赛，其中2人参加无锡市决赛，分获小学、初中组第二名，澄江街道关工委等10个单位获得江阴市组织奖。深化“走进华西、走进名企、走进社会”实践基地，“寻访家乡巨变、寻访奋斗故事、寻访时代好人”的“三走进、三寻访”活动，教育引导青少年从小筑牢信仰信心信念之基。与市文明办、教育局联合举办“奋斗的江阴，我爱您”红领巾寻访主题教育活动汇报演出，在青少年中唱响时代主旋律，省“文明江苏”公众号头条发布活动相关报道。与市文明办、总工会、团市委、浦发银行江阴支行联合举办第二届青工手机摄影大赛，收到手机随拍照片244幅，有30名参赛选手获奖。发动各级关工委组织开展传承好家风活动，璜土镇利用璜土村家风教育文化广场组织中小学生开展传承好家风活动，周庄镇关工委发动“五老”开展“家风与书画同行”“家风与阅读同行”等系列活动，青阳镇关工委协同镇妇联开展“我的国 我的家”家风故事会演讲比赛。

【校外教育辅导站建设】 2019年，市校外辅导站工作坚持党建引领，整体推进校外辅导站组织网络建设，全面提升办站质量和育人水平。市关工委以总站建设为抓手，着力构建层级分明、覆盖全面、形式多样、功能健全的组织网络。璜土镇、长泾镇辅导总站由二类升级为一类，全市17个总站有10个镇（街道）总站被评为一类站。通过总站建设，落实全市97所中小学、32所中心幼儿园与238个村（社区）辅导站的结对共建，总站把关工委、学校、村（社区）结合在一起，切实做到“三位一体”。全市建成17个镇（街道）校外辅导总站，238个村（社区）辅导站，58个家庭辅导站，47个企业校外辅导站（彩虹课堂），56个自然村辅导点，构成一个镇总站（中心站）带动辐射村（社区）辅导站—家庭辅导站—自然村辅导点的四级组织网络。新桥等镇对辅导站实行“3+1”的管理模式，即总站、分站、班级三级管理网络加一项激励机制（班级自治和各分站评优激励机制）。全市辅导员队伍不断扩大，全年有2754位“五老”志愿者，5765名在职教师义工，358名大学生村干部，1657位社会志愿者参加校外教育辅导站辅导活动。评选出优秀校外辅导员和辅导站先进工作者212名，对赵俊福等14个优秀家庭辅导站、7个常年办班的市贫困村辅导站分别给予经费奖励和扶持。青阳镇等镇辅导总站认真做好辅导员队伍的实名档案记载工作,加强辅导员队伍的规范化管理。市关工委联合市教育局党委、教育局关工委、教育工会,不断充实优化在职教师义工队伍,从组织、制度、经费等方面给予保障。至年底,全市有注册教师义工 11456 人,占教师总数的 80%。注重志愿者团队品牌培育,涌现新桥党建志愿者团队、蓝天救援志愿者安全教育团队、残疾人志愿者励志教育团队等一大批特色志愿者团队。高新区各辅导站注重引进社工团队,结成长期合作伙伴,“和谐一隅”“亲子花”义工团队发展迅速,有 100 多个家庭参加。华士辅导总站“未成年人成长指导站”项目入围市委宣传部、市文明办的“江阴市十佳志愿者项目”。在是年“全省校外教育辅导站优秀活动项目和特色活动品牌”评比中,市关工委获组织奖,华士镇校外教育辅导总站“传承红色基因　弘扬华西精神”获特等奖,月城镇校外教育辅导总站“传承戏曲文化　颂唱祖国家乡”获二等奖,市特殊教育中心校“一个不能少”获特色品牌奖。是年,开展的全市校外辅导站优秀暑期活动评选收到 500 多个案例,评选出 45 个优秀活动案例。璜土镇利用辅导站平台开办的“小陶子”“小草帽”等“小”字头暑期活动坚持十多年,形成品牌。周庄镇中心辅导站开设青少年校外教育微课程“家风家训探寻——澄江香山胡氏家训”“青山英烈:钱振标”,开办特色青少年红色教育品牌项目“中共江阴一大初心学堂”。是年,全市社区(村)辅导站覆盖率达 95.6%,其中实现常态化办班的达到 40%。

【民营企业关工委工作】 2019 年年初,市民企关工委调整充实市企业关工委工作指导小组,明确各成员单位工作职责。各成员单位充分发挥自身职能优势,主动配合抓好工作。各镇(街道)、园区都建立企业关工委工作指导小组,统筹、协调推进区域内企业关工委工作。提出企业关工委工作“提质扩面”三年行动计划,市关工委两次召开会议部署推进。全市有 163 个企业组建关工委 66 个,其中单独组建关工委的企业 55 个,108 个企业组建联合关工委 11 个。长泾镇、夏港街道、高新区等关工委对民企关工委制度建设统一进行规范。在全市企业关工委中深入开展“岗位学雷锋,争当好员工”活动。市关工委、市文明办、市总工会、团市委联合举办“岗位学雷锋,争当好员工”之“奋斗的江阴,我的责任”青工论坛,11 位青工上台讲述自己的正能量故事,江阴电视台全程录制播放,“文明江阴”公众号持续进行宣传。10 月,省关工委到江阴市调研,对江阴通利光电科技有限公司、江苏贝德服装集团有限公司、周庄镇宗言村联合关工委的工作内涵和工作特色给予充分肯定。市青工教育讲师团围绕爱党、爱国、爱企、爱岗主题,开展思想、法治和职业道德教育,全年送课进企业 74 场次,受教育青工 5081 人次。市关工委、总工会联合下发《关于转发澄星集团关工委〈扎实有效地做好师徒结对工作〉的通知》,推广江阴澄星实业集团有限公司师徒结对工作经验。至年末,全市有企业彩虹课堂 47 个,其中月城镇全年新办校企结合彩虹课堂 3 个。制定出台企业青少年社会实践教育基地活动指南,有效地促进青少年社会实践教育活动的规范化、常态化。分两批新建企业青少年社会实践教育基地 15 个。组织“五老”志愿者对企业家关心下一代典型事迹进行采编和宣传。新建市五星级示范企业关工委 21 个。

【青少年犯罪预防】 2019 年,市关工委联合市司法局在各镇(街道)建立法治教育报告团,成员 103 人。举办法治教育报告团培训班,加强教育的经常性和针对性。开展第四届“关爱明天,普法先行”——青少年普法教育活动,聘请法治教育报告团职工法律援助律师团的律师志愿者等到辅导站和企业开展青少年法治宣传和法治实践活动。拓宽教育阵地和教育形式,以宪法为核心,充分发挥法治教育基地、禁毒教育基地、校外辅导站等阵地作用,采取以案释法、模拟法庭、情景模拟、法治竞赛、网上学法等形式,形成学校、家庭、社会齐抓共管的法治宣传教育体系,为青少年营造良好的法治环境。注重调研,对重点群体、重点区域调查摸底梳理,紧紧抓住“三困”(德困、学困、贫困)、“五失”(失足、失管、失学、失业、失亲)等未成年重点人群进行结对帮扶帮教,创新工作方法,提高帮扶帮教的精准性和有效性。全市各镇(街道)关工委建立联席会议制度,定期研究,交流总结。高新区关工委在辖区内不良行为青少年中开展“寻找成长伙伴,相伴追寻梦想”活动。云亭街道关工委协调建立社区矫正工作小组,积极参与协助社区矫正工作,街道被评为无锡市社区矫正工作示范街道。月城镇关工委获评无锡市“创零工作”先进集体。南闸街道建立帮扶跟踪制度和奖励制度,年内街道拿出 8 万余元奖励成效明显的帮扶老师和受帮扶学生。市关工委配合职能部门做好网吧义务监督和校园周边环境清理整治工作。澄江街道、夏港街道针对当下网吧监督和青少年使用手机、电脑上网出现的新情况、新问题作深入调研,形成调研报告上报无锡市关工委,得到好评。积极配合市检察院青少年权益保护协会,参与“呵护成长行动”预防和减少未成年人违法犯罪项目。联合市公安局,在要塞派出所建立首个关爱工作站。

(杨荣国　周　红)

江阴市慈善总会

【概况】 2019 年,江阴市慈善总会共募集慈善资金 5375.76 万元,支出救助资金 4656.19 万元,救助困难对象 21300 人次,注册义工总人数达 21899 名。

【慈善资金募集】 2019 年,江阴市慈善总会做好一日捐、项目捐、冠名捐、定向捐等多种形式的慈善资金募集工作,整合慈善资源,明确资金流向,确保慈善捐赠活动持续健康发展。至年底,募集“慈善一日捐”捐款 1363.29 万元,企业冠名基金 2299 万元,定向捐赠 772.23 万元,日常捐赠 2.87 万元。

【慈善救助】 2019 年,江阴市慈善总会开展助困、助学、助医等多项慈善救助工作，支出城乡居民大病救助资金500万元；开展“慈善暖冬大行动”，为澄江街道区域的环卫工人发放1025件棉服，发放贫困环卫工人救助金3.2万元，发放困难户救助金100万元，发放困难优抚对象救助金19.87万元；开展“爱心成就梦想”慈善助学系列活动，发放救助金63.6万元，并在澄江、申港、利港、夏港、南闸、璜土、华士、青阳8个镇（街道）举办“助学千人”阳光夏令营，丰富贫困家庭学生的暑期生活；在“你的心愿、我来点亮”的“六一”儿童节圆梦活动中，为贫困儿童实现244个微心愿；开展慈善临时救助工作，发放救助金23万元；与市妇联合作开展单身贫困母亲救助活动，发放救助金20万元；开展“慈善爱心公交补助”项目救助活动，累计救助贫困尿毒症患者45人。

【义工管理】 2019年，江阴市慈善总会开展善客·义工服务项目申报工作，累计收到上报项目23项，经评审选出义工服务项目17项，支出扶持资金21.4万元。在项目开展过程中，组织开展项目分享交流活动，邀请专业讲师为义工组织开展项目督导培训。年内，为104名义工安排免费体检，进一步提高义工组织的归属感和积极性。

城乡社区自治组织

【概况】 2019年，江阴市有197个村民委员会，55个社区居民委员会，46个村居合一。江阴市被评为“全国乡镇服务能力建设典型”，徐霞客镇入围全省乡镇政府服务能力建设试点。

【城乡社区治理创新】 2019年，为充分发掘典型，江阴市在全市范围内首次开展城乡社区治理创新实践创新征集评选活动，以村（社区）居民委员会为实施主体，重点在村（居）民自治、服务困难群体、社区微自治探索、协商民主建设、社区社会组织培育、社区工作者队伍建设、村（居）务监督等方面，通过创新性、示范性、有效性的项目实施，破解基层治理难题、推动群众积极参与社区事务。经过前期推荐申报、中期专家评估指导、末期公众投票及专家评审（公众投票占10%；专家评审占90%），最终评选出社区治理创新实践示范奖（17个），其中一等奖2个，二等奖7个，三等奖8个。“户户通”提档升级，细化“村务公开”层级目录，优化调整为七大类21子项，使村务公开事项更易理解、便于操作，确保农民群众的知情权、参与权和监督权。全市243个村实现“户户通”全覆盖。

【城乡社区基础建设】 2019年，江阴市社区建设专项资金294万元用于社区办公服务用房的回购、11个社区综合服务中心的改扩建以及17项社区治理创新实践项目，完成28个社区办公属地验收与办公服务用房接管。全年分类分批次对全市村务监督委员会主任以及部分村（社区）主任进行业务培训，通过授课、参访，进一步提升其履职能力水平。年内，为全市298个村和社区更换“基层群众性自治组织特别法人统一社会信用代码证书”。

社会组织

【概况】 2019年，江阴市新增登记社会组织48个。至年末，全市社会组织总数1200个，其中社会团体396个，民办非企业单位798个，基金会6个，每万人拥有社会组织数9.49个，全市备案的社会组织约1488个。是年，依法开展江阴市红十字会公开募捐资格认定工作，全市认定2个。

【社会组织管理】 2019年，江阴市民政局大力推进全市社会组织管理制度改革工作，起草《关于成立市社会组织管理工作联席会议的通知》，定向征求市级有关部门及镇街意见，推动建立社会组织工作协调机制。在出台的《江阴市民政局相对集中行政审批事项事中事后监管办法》基础上，继续加强直接登记社会组织的监督管理，将由镇（街道）同意设立登记，或属地在镇（街道）的公益慈善类社会组织、城乡社区服务类社会组织年检初审工作下放至镇（街道），进一步完善市民政局、业务主管单位、镇（街道）综合监管机制。组织召开全市社会组织管理工作会议，表彰先进评估授牌，并督促镇（街道）履行好属地直接登记社会组织的监管职责。完善年检程序，将“年检结论以网上审核结论为主”，调整为“以登记证书副本反面盖章为准”，明确仅网上申报但不提交业务主管单位意见材料的，视为年检不合格，进一步强化业务主管单位初审职责，使监管工作“不失位”。是年，根据民政部关于“抽查比例不低于3%”的要求，结合年检开展社会组织现场抽查，抽查社会组织38个。稳步推进年度检查、财务审计、信息公开、等级评估等规范性措施，引导社会组织规范发展。是年，全市有6个社会组织获得等级评估，其中AAAA级1个、AAA级3个，AA级2个。开展社会组织执法监察工作，依法对监管中发现的社会组织内部治理不健全、财务管理不规范等问题，通过出具整改通知书等“柔性执法”方式，及时予以纠正。年内，下发书面整改通知8份。（徐 菁）

■类目编辑 张 星

法治·军事

政法综治工作

【概况】 2019年,江阴市政法综治工作坚持以习近平新时代中国特色社会主义思想为指引,深入贯彻中共十九大和十九届二中、三中、四中全会精神,按照中央和省、市委部署要求,树牢“四个意识”*、坚定“四个自信”*、做到“两个维护”*,在平安江阴、法治江阴、过硬队伍和智能化建设上持续发力,各项工作取得较好成效,为江阴县域治理营造良好环境。年内,江阴市网格规范达标率95.8%,群众安全感99.15%,位列江苏省前列。

【服务改革发展】 2019年,江阴市委政法委组织开展专项整治非法集资、“套路贷”*等非法金融活动,累计打掉“套路贷”违法犯罪团伙14个,247个投融资企业被列入经营异常名录,对2016年后的1.8万余件民间借贷案件进行“回头看”,对其中涉嫌“套路贷”的250余件进行监督审并依法纠正,有效维护经济金融秩序。在市法院挂牌成立长江流域环境资源第一法庭,全力保障长江生态安全示范区建设。成立市社会稳定工作协调小组,建立重大社会稳定风险防控七项机制,严格落实维稳责任,推动化解一批信访积案,妥善处置一系列重大涉稳矛盾,圆满完成各类重大活动和庆祝中华人民共和国成立70周年安保维稳任务,实现进京非正常上访、重大群体性事件、个人极端事件和重大涉稳舆情“四个零发生”,江阴社会大局保持持续平稳可控。深入开展反间防谍、反邪教等专项工作,建成江苏省首个基督教界反邪教宣教阵地。

【平安江阴建设】 2019年,江阴市委政法委组织开展民需访问、民权保护、民安防控、民生护航、民心聚合“五大行动”,以共建共治共享的治理方式,全面推进群众安全感建设。以扫黑除恶专项斗争为牵引,始终保持对各类违法犯罪的严打高压态势,清查棋牌室、群租房、娱乐场所等各类重点场所49000余个,处罚207个,责令停业整顿58个,整改隐患3600余处;挂牌整治老东门、丰产巷等21个治安重点地区,治安形势持续向好。“雪亮工程”(以县、乡、村三级综治中心为指挥平台,以综治信息化为支撑、以网格化管理为基础、以公共安全视频监控联网应用为重点的“群众性治安防控工程”)建设不断深化,新增2500个治安监控点位。落实易肇事肇祸精神障碍患者有奖监护、免费救治和部门联动等机制,有500余名易肇事肇祸精神障碍患者的监护人获得补助,76名严重精神障碍患者获得免费治疗,35名精神障碍患者的驾驶证被注销。平安志愿者等群防群治力量不断壮大,全市累计注册平安志愿者8万余名。

【助推法治建设】 2019年,江阴市委政法委推动建立健全依法治市组织架构和工作机制,严格落实党政主要负责人履行推进法治建设第一责任人职责,制定出台法治建设高质量和满意度测评标准。推动政法机关进一步深化司法体制改革,全面开展司法责任制综合配套改革,深化案件繁简分流改革,推进简案快审,组建刑事速裁团队,推行要素式审判,完成法院、检察机关内设机构改革,加强公安行政执法快速化、规范化建设;加强执法司法监督,深化法律服务市场、执行领域突出问题专项整治,提升执法司法的公信力。市涉法涉诉信访联合接访中心接待来访210批次470人次,推动涉法涉诉信访案件导入法治轨道解决。发放司法救助资金180余万元,建立公共法律服务清单,实施法治惠民项目。加强“法治全澄”电视专栏、“法治全澄”微信公众号、法治公园等各类普法阵地建设,全年制作“法治全澄”电视节目48期,营造浓厚的法治氛围。

【基层基础建设】 2019年,江阴市委政法委集群化打造“枫桥式”基层政法综治信访单位,深化村(社区)干部进政法单位、政法干部进村(社区)“双走进”活动,探索打造矛盾纠纷化解共同体,推动新时代“枫桥经验”在江阴落地生根、创新发展。健全“全要素”网格化社会治理,组织开展网格安全稳定隐患专项整治,开展“最美网格员”评选表彰活动。持续加强市、镇(街道)、村(社区)三级综治平台规范化建设,实现与同级网格化服务管理中心一体运行。强化政研合作平台建设,围绕打造“熟人社区”“套路贷”等课题开展专项研究,形成调研报告2篇。以深入开展“不忘初心、牢记使命”

主题教育活动为引领，政法各单位党的建设和过硬队伍建设全面深化。加强党委政法委自身建设，认真履行统筹协调、督促检查等各项职能，切实把党对政法工作的绝对领导落到实处。

【纵深推进扫黑除恶专项斗争】 2019年，江阴市充分发挥市委政法委（市扫黑除恶专项斗争领导小组办公室）统筹协调、牵头抓总的职能作用，按照“有黑扫黑、有恶除恶、有乱治乱”要求，通过开展层层督导谈话压实斗争责任，开展“套路贷”专项整治，创新斗争方法，加大宣传力度等有效举措，持续掀起强大攻势，专项斗争取得重要阶段性战果。斗争开展以来至年末，累计打掉黑社会性质组织4个、恶势力犯罪集团10个，恶势力团伙5个，破获9类涉恶案件778件、抓获涉案人员2465人，查封、扣押、冻结涉案资产3亿余元；推动查处涉“保护伞”案件4件，抓获4人，查处涉黑涉恶腐败案件5件，抓获5人，另对35名推动工作不力的相关责任人进行问责处理。6月2—3日，中央扫黑除恶第17督导组到江阴市开展下沉督导。督导组先后督导华士镇华西村（包括华西三村）、周庄镇山泉村、璜土镇及璜土村，实地考察海澜集团有限公司、法尔胜泓昇集团有限公司；同时，组织开展暗访。督导组在充分肯定江阴市扫黑除恶专项斗争取得重要阶段性成果的同时，指出在思想认识、工作作风、线索核查、深挖彻查、基层党组织建设等方面存在的问题。对督导组反馈的问题，市委政法委（市扫黑除恶专项斗争领导小组办公室）坚持问题导向、立行立改，研究制定《江阴市关于中央扫黑除恶第17督导组督导反馈意见整改工作方案》，并推动全市各镇（街道）、园区和各相关部门严格落实。

【庆祝中华人民共和国成立70周年安保维稳工作】 2019年，江阴市委政法委把做好庆祝中华人民共和国成立70周年安保维稳工作作为一项极其重要的政治任务，统筹各方力量，严格责任落实，确保安保维稳各项任务的圆满完成。统筹谋划部署，深入贯彻落实中央和省、市委部署要求，结合江阴实际，制定下发中华人民共和国成立70周年大庆江阴安保工作总方案，要求各镇（街道）、园区和各相关部门根据总方案制定相应的子方案。8月26日，召开会议对安保维稳工作进行动员部署；9月11日，召开推进会对安保维稳工作进行再部署、再落实。加强组织推动，成立以市委、市政府分管领导为组长的安保维稳工作领导小组，下设指挥部，从市委政法委、市公安局、信访局、网信办、退役军人事务局等部门抽调人员成立工作专班，做好合成研判、交办督办等工作；编发《每日战报》29期、各类工作动态155篇、督查通报8期，预警交办不稳定因素130余件。强化重点攻坚，围绕房产、征地拆迁、企业经营等矛盾突出的重点领域，以及重点信访人员，推动属地和相关职能部门落实防范化解、疏导教育、管控处置等措施，严防重点矛盾激化、重点信访人员失管失控，确保社会大局平稳可控。落实工作责任，建立健全中华人民共和国成立70周年大庆安保维稳工作责任体系。市委政法委发挥好牵头组织作用，压实统筹协调、检查督导责任。公安机关重点做好情报搜集、重点管控、治安防控、应急处置等工作。信访部门牵头做好信访疏导等工作。司法部门牵头做好矛盾纠纷调处工作。其他各有关部门各司其职、各负其责，通力协作、密切配合。各板块严格落实属地管理责任，确保“小事不出村、大事不出镇、矛盾不上交”。

【健全网格化社会治理】 2019年，江阴市委政法委以打造网格化社会治理“江阴品牌”为总目标，因时制宜调整网格划分，形成1363个综合网格和118个专属网格，推动交警、消防等警务力量融入网格体系，打造“网格＋警务”“网格＋信访”治理模式，江苏省网格化平台与江阴市“智慧城市”平台实现“双网融合”，探索运用视频监控、无人机巡查等智能化手段创新网格巡查方式，网格员上报事件累计100万余件，99.9%的上报事件在镇（街道）及村（社区）层面实现有效处置。组织开展网格安全稳定隐患专项整治，排查上报各类问题隐患58万余个，办结率100%。加大宣传力度，通过设置网格员公示牌、发放联系卡、佩戴统一标识、穿着统一服装、建立微信群等方式，进一步提升网格化服务管理工作的群众知晓率和满意度。

【探索打造矛盾纠纷化解共同体】 2019年，江阴市委政法委围绕健全矛盾纠纷多元化解机制，探索打造矛盾纠纷化解共同体，具体包括四个方面，即：“一个中心”管统筹、“二元走进”强根基、“三方融合”重协同、“四项机制”聚合力。“一个中心”管统筹是指在市、镇（街道）两级成立“一站式矛盾纠纷多元化解中心”，发挥统筹协调、推动落实等作用；“二元走进”强根基是指组织开展村（社区）干部走进政法单位、政法干部走进村（社区）的“双走进”活动，增强基层依法治理能力；“三方融合”重协同是指建立落实专业性审判团队、专业性行政调解队伍和专业性人民调解组织对接融合机制，使矛盾纠纷处置更具有针对性和实效性；“四项机制”聚合力是指建立健全组织保障机制、多元联动机制、考核激励机制、经费保障机制，推动形成工作合力。是年，进入诉讼的道路交通事故纠纷、物业纠纷、家事纠纷分别比2018年下降36.2%、12.2%、11.4%。

【建成江苏省首个基督教界反邪教宣教阵地】 2019年，江阴市委政法委为有效防范冒用宗教名义的邪教组织对宗教场所和信教群众的渗透拉拢，引导宗教力量积极投身反邪教斗争，结合江阴市对冒用基督教名义的邪教组织“全能神”的斗争形势，市反邪教协会与市基督教三自爱国运动委员会投入资金15万余元，依托基督教城东教堂，建成江苏省首个基督教界反邪教宣教阵地。该宣教阵地主要有反邪教宣传橱窗、反邪教宣传展板、反邪教警示教育长廊、反邪教阅览室、宣传折页等载体。同时，组织培训150余名反邪教志愿者，定期在该阵地开展反邪教宣传志愿服务。积极引导基督教界旗帜鲜明地“树正信、反邪教”，严密防范“全能神”等冒用基督教名义的邪教组织的渗透破坏。

（刘永刚）

公 安

【概况】 2019年,江阴市公安局以建设"一流公安"为目标,坚持更高站位、更强定力、更严标准、更好状态,以庆祝中华人民共和国成立70周年系列活动安保维稳为主线,扎实推进扫黑除恶、数据赋能、党建队建等年度重点工作目标,在维护稳定、打击犯罪、社会治理、队伍建设方面取得明显成效。有107个次集体、628名个人获各级各类表彰,其中36个次集体、151人次受到无锡市公安局以上表彰和奖励。

【维护社会稳定】 2019年,江阴市公安局出台《关于维稳办机构转隶后公安机关维稳职能转换接续实施方案》,完善突发事件应急处置预案体系。以巡特警为核心、派出所为主力、机关合成行动队为增援,组建维稳处突专业梯队。制定《全市维稳处突指挥调度方案》,形成扁平化、实战化的应急处置力量指挥格局,实现警力分级备勤、快速集结目标。常态开展重装、轻装队形战术演练,提高"快、准、稳"现场处置水平。开设辅警特勤应急处置培训班10期,全封闭军事化管理,作为机动力量常态备勤,完成跨区域处突实战拉动处置演练7次。连续完成全国"两会"(全国人民代表大会、中国人民政治协商会议)、庆祝中华人民共和国成立70周年、中共十九届四中全会、第二届中国国际进口博览会等一系列大型活动安保任务。坚持"以打促防、以打促稳",建立"152"扫非(非法集资)工作机制,即设立1个工作专班,成立宣传防范、预警监测、扫楼扫街、刑事打击、稳控处置5条专线,建立督查通报、绩效考核2项机制。加快推进"涉众型经济风险预警监测平台"实战化应用,组织开展非法贷款专项排查整治。年内,立案侦查非法集资类案件10件,涉及金额2.8亿余元,处置关停27个违法放贷公司,195个金融投资受损群体3.6万余人全部有效稳控。破获经济犯罪案件111件,抓获各类经济犯罪嫌疑人142人,挽回及避免经济损失3亿余元。策应网格化社会治理创新,推动警格网格双网融合发展,全市301名社区民警和交警、1852名辅警和消防文员全部入格。研发公安网格化防控平台,无缝对接政府网格平台,在线信息共享、线索互推,入选2019年全国政法智能化建设智慧警务优秀创新案例。围绕共建共治共享主线,整合网格内的各方资源力量,做到实有人口联管、矛盾纠纷联调、安全隐患联治、社区服务联动、社会信息联采、防范教育联宣。是年,公安机关向市、镇(街)智慧城市综合中心推送城管、供电、环保等17类线索信息36.42万余条,接收人口管理、设施管理、事故隐患等6类线索信息7237条,网格内事项办结率91.28%,矛盾纠纷调解成功率98.36%。

【维护社会治安】 2019年,江阴市公安局紧扣"黑恶案件积案清零"目标,深入推进扫黑除恶专项斗争,组建24小时运作的线索核查中心,严格落实线索核查"三长负责"(各单位自行排摸的线索,由办案单位、刑侦部门负责人和市公安局分管领导三人签字确认后方能办结),聚焦"涉赌、涉贷、涉村"和"两占一暴力"(强占小区物业、强占市场行业、实施暴力传销)等重点犯罪行为,做到有黑扫黑、有恶除恶、有乱治乱。扫黑除恶专项斗争以来,打掉黑社会性质组织4个、恶势力犯罪集团10个、恶势力团伙5个,破获9类涉恶案件778件,抓获涉案人员2465人,查封、扣押、冻结涉案资产3亿余元,破获的涉黑涉恶案件约占无锡市总数的一半,查封、扣押、冻结涉案资产1.99亿余元,相关工作得到中央扫黑除恶督导组肯定。探索创新打击手段和机制,推进物证鉴定室提档升级,现行命案连续十年全破。年内,全市立现行刑事案件10061件,比2018年下降10.6%,破案3529件,破案率35.1%。其中,8类重大刑事案件破案率达98.9%。受理行政案件3.43万件,比2018年上升14.29%,其中处罚案件4700件,处罚单位1587个,处罚个人7706人。完成公诉总数3662人,其中,侵财公诉1421人,判5年以上侵财人员91人;涉黄、赌、娼公诉数546人。

【出入境管理】 自2019年3月起,中国公民所有出入境证件的审批权限、赴港澳定居受理权限下放至江阴,实现"市县同权",出入境证件办理流程进一步简化,办结时限进一步缩减,出入境证件办理再次增效提速。全年受理审核公民因私出国、出境申请124207人次,其中因私出国60809人次,赴港澳56343人次,赴台湾7055人次;受理审核境外人员申办各类签证、证件1784份,其中停留证件862份,签证延期及换发180份,居留许可704份,补换发台胞证38份;登记境外人员临时住宿30840人次;常住江阴市境外人员1613人。处置各类涉外案事件75件,其中偷越国边境6件、非法居留7件、非法就业21件、非法聘用15件、非法入境6件、违临案件11件,其他案事件9件。对全市涉外单位证件专管员、涉外宾馆户管员和派出所民警开展集中和分批培训35场,166人次参加。走访派出所95次、宾馆饭店46个、企业118个、境外人员住地33处。

【户籍管理】 2019年,江阴市公安局创新服务手段,建立多项便民利民措施。推进临时身份证一站式办结服务。江阴市户籍人员急需使用居民身份证的,可至全市任一派出所户籍窗口申领临时居民身份证,由受理点民警联系户籍地派出所审核签发,并当场制作发放,实现立等可取、"一站式"办结。是年,通过一站式办理临时身份证13833张。为进一步便利外来人员办理居住证签注,推行居住证网上签注。人口管理大队以"江苏省流动人口居住证管理系统"为基础,借助公安网数据交换平台及互联网为通信手段,支持"江阴公安微警务"微信公众号或APP(智能手机第三方应用程序)办理居住证电子签注功能,实现"不见面办理",共享"放管服"*改革成果。至年末,通过"江阴公安微警务"微信公众号办理居住证签注468张。

【交通管理】 2019年,江阴市公安局聚焦"警务效能、源头风险、隐患群体"三大管理难题,构建事故防控网格勤务、源头风险排查治理、电动自行车双重安全保障"三大机制"。以10类易肇事肇祸违法为重点,聚焦“两客一危一货”(指公路客运、旅游客运、危化品运输车辆及中型以上货车)等重点车辆,持续开展酒驾醉驾、货车超限超载、流动加油车等重点违法行为整治,全年交通违法查处总量、现场执法数、行政拘留数分别比2018年上升7.97%、14.39%、20.3%,全年查处酒驾数比2018年上升23.93%,年内涉酒类重大事故亡人数比2018年下降61.5%。全年排查整改市级督办隐患3处、事故高发点段19处,撤并影响通行的人行横道线8处;推行重点车辆、驾驶员、企业“户籍化”管理,实行“1+4”(1个固定治超站,4个联合治超点)联合治超常态运作,查处超载3161件,联合约谈高风险企业87个,处罚企业负责人33人累计8万元;针对易肇事致祸、易受事故伤害人群,落实精准管控措施,年内注销重性精神障碍患者驾驶证60本,查获失驾人员127人,未成年人及老年人事故死亡人数比2018年下降43.1%;依托智慧交通管控平台,深化“大数据+靶向治理”实战应用,着重打击失驾、飙车、假套牌等违法行为。查获假套牌车59辆,破获市公安局交警大队成立以来的首起飙车案,查获非法飙车人员12人、非法改装车12辆。推出10项“放管服”*新举措,设置24小时自助服务超市,实现三类业务自助办理,年内办理相关业务1.9万余笔;打造“666电视交警平台”,绑定驾驶证8621本、学法免分8067人次、办理交通违法缴费119.4万余元;深化文明交通建设和“零酒驾”创建,分别从公交、出租及社会驾驶员群体中各评出10名“最美司机”;制定《关于加强全市电动自行车管理实施方案》,开展“买保险送头盔”活动,共办理新国标电动自行车上牌11.7万辆,发放临时信息牌31.8万辆,90%非标电动车完成备案登记。年内,查处各类交通违法行为150.2万余件,受理交通事故107039次,致亡239人、伤545人,分别比2018年上升12.28%、下降5.16%、下降13.22%,实现重大交通事故亡人数16年连降目标。

【车驾管服务】 2019年,全市新增汽车44854辆,汽车保有量达524073辆,驾驶证补、换证6.55万人次。汽车年检38.77万辆。新增汽车驾驶人30687名,总数649526人。参加满分学习人数3940人,考试通过率59.3%;参加审验学习人数19544人。自7月起,对非标电动车、外地号牌电动车实行备案登记,推行“线上申报、线下领取”。年内,办理新国标电动车上牌11703辆,受理网上临时信息牌备案登记49.98万辆,审核通过37.5万余辆,发放上牌31.8万余辆。

【庆祝中华人民共和国成立70周年安保】 2019年,江阴市公安局专门成立安保工作领导小组,认真贯彻落实各级部署要求,举行“忠诚保大庆 建功争一流”誓师大会,多次召开党委会、中层领导、警种条线以及全警决战动员、决战冲刺会议,制定“十二项战时措施”,增强全警责任感、使命感、紧迫感。制定安保维稳工作总方案和情报信息、巡逻防控、应急处突等9个子方案,做到任务、要求、责任“三个明确”。加强街头路面控制,梯次提升巡防勤务等级,启动特警武警联勤武装巡逻,最大限度地把警力和装备前置到街头路面,提高见警率和控制力。围绕客运站、学校等重点单位部位,采取专项行动、侵入式暗访等形式加强安全检查,率先启用雄关工程,在车站加装人脸识别系统、电子围栏,出台《全市公安机关中小学幼儿园护学岗实施意见》,每天抽调机关警力增援。发现并整改水厂、电厂等重点单位隐患105处,设立护学岗212个、专职警力250人、保安力量526人、社会力量469人,开展常态化护学工作。先后组织开展3次集中清查统一行动,开展出租房、中小旅馆、短租公寓等落脚场所集中整治,加强娱乐服务场所、典当行、印刷业、二手车交易、废品收购站等阵地管控,发现整改问题53个,处罚单位12个。对全市11个寄递企业、322个寄递网点,严格落实“一见面、三见底”(与法人代表、经营负责人逐一见面,分拣中心、经营网点、从业人员底数逐一见底),督促落实过机安检制度,现场整改隐患27个,运用《企业事业单位内部治安保卫条例》处罚寄递企业(网点)违规事项78项,依据《中华人民共和国反恐怖主义法》抄告邮管部门处罚违规经营寄递网点1个。强化交通安全监管,深入推进“除隐患、防事故、保大庆”交通安全整治攻坚战,开展“源头隐患清零、路面秩序净化、农村安全守护、宣传警示曝光、社会协同共治”五大专项行动,组织系列“酒驾醉驾”专项整治。精选16名队员组建铁骑队伍,全面加强交通疏导。针对国庆假期大车流大客流,提前制定方案预案,加大路面管控和分流力度,全市未发生长时间大范围拥堵。

【全域监管公共安全】 2019年,江阴市公安局开展城市安全集中整治,组织公安安全监管隐患大排查大整治行动,形成“1+2+N”(“1”即“厂中厂”雷霆行动,“2”即公安主导的交通安全、群租房安全整治,“N”即公安参与的危险物品、寄递业、重点目标、水域安全以及烟花爆竹、城镇燃气等其他领域整治)。完善公安安全监管任务体系建设,设立10个整治工作专班,编撰《公安安全监管领域排查整治方案汇编》,强力推进“厂中厂”专项整治“雷霆行动”,精心组织治超治限“百日攻坚战”等专项行动,全面加强道路交通、群租房、寄递业、危险物品、重点目标、水域等公共安全监管,确保各类安全隐患全面查、兜底翻、彻底改,交通事故亡人数16年连降,未发生重大有影响安全事故。

【大数据应用智慧链】 2019年,江阴市公安局推进“一池一图两终端”建设。“一池”即大数据资源池,拥有数据64亿条;“一图”即PGIS(警用地理信息系统)云图,把所有数据资源、防控资源、治安要素集成在一张图上,集成到指挥中心大屏,并延伸到派出所综合指挥室;“两终端”即智能采集终端、实战应用终端。至年末,“一池一图两终端”接入视频32300路;配发4G执法仪690台,部署采集站55套,实现接处警一线图像实传;建成人脸抓拍点位314个,抓获全国在逃人员50名。

【公安“放管服”】 2019年,江阴市公安局紧扣“宽放”“善管”“优服”,形成“做强政务旗舰店、做大公安微警务、做优窗口服务站、做亮自助服务点”的工作布局。推出《依法服务保障企业健康发展十项措施》,提供预警防范、法律咨询、规范经营、受害保护等“一站式”服务。推动政务服务事项网上办理和移动应用,审批服务事项100%实现“不见面”或“最多跑一次”办理,公安4大类104项行政权力事项全部入驻政务服务网,在线率100%。“江阴公安微警务”微信公众号提供130余项服务,3月22日,在2019太湖网络传播创新大会上获评2018年度无锡十大政务微信。建成运行城区公安服务24小时自助超市,探索推行居住证手机签注。创新研发智慧犬管系统,实现犬证办理电子化、犬只管理智能化、免疫登记一体化。作为集成改革年度重点任务,牵头制定《关于促进江阴市乡村民宿业规范发展的指导意见》。 (朱斌 胡娟)

检察

【概况】 2019年,江阴市检察院在市委和上级检察机关的正确领导下,以习近平新时代中国特色社会主义思想为指导,深入贯彻中共十九大精神,坚持以人民为中心的发展思想,深化司法体制改革,加强过硬检察队伍建设,依法履行宪法和法律赋予的职能,全面维护经济社会大局稳定,全力促进社会公平正义,有效保障人民群众安居乐业,各项检察工作取得新成效。是年,有7个集体、38名个人受到地市级以上表彰,市检察院被评为2016—2018年度江苏省文明单位、江苏省政法系统关心下一代先进集体。

【刑事检察】 2019年,江阴市检察院坚持“在办案中监督,在监督中办案”,认真履行批捕、起诉等职能,批准逮捕各类刑事犯罪嫌疑人1278人,提起公诉3686人。重拳打击黑恶犯罪,提起公诉12件47人,其中黑社会性质组织犯罪案件1件3人,恶势力集团犯罪案件5件23人,恶势力团伙犯罪案件6件21人。深度融入“三大攻坚战”(指防范化解重大风险、精准脱贫、污染防治),严厉惩治金融领域各类犯罪,起诉集资诈骗、非法吸收公众存款等涉众型经济犯罪案件12件24人;坚决打击扶贫领域刑事犯罪,对假冒国家工作人员以扶贫名义实施诈骗的2人依法提起公诉;严厉打击破坏环境资源犯罪,起诉污染环境、非法捕捞水产品等犯罪案件38件82人。严惩生产安全领域刑事犯罪,起诉11件13人。重点打击危害公共安全、严重暴力、多发性侵财等影响人民群众安全感犯罪,批捕618人,起诉2132人。

【刑事诉讼检察监督】 2019年,江阴市检察院全面加强立案监督和侦查活动监督,监督立案8件10人,监督撤案16件25人,书面纠正侦查活动违法27件。全面加强审判监督,提出刑事抗诉9件,发出刑事再审检察建议7件;对审判活动中的不当情形,监督纠正4次。严把案件事实关、证据关和法律适用关,对犯罪情节轻微、不构成犯罪或证据不足的,依法不起诉147人。针对公安机关在决定、执行取保候审过程中,存在的法律适用随意、保证措施徒具形式等问题,开展取保候审问题专项检察监督,促使公安机关全面自查,并建立长效机制堵塞漏洞。

【民事行政检察监督】 2019年,江阴市检察院聚焦群众深恶痛绝的民间借贷、买卖合同等领域虚构事实“打假官司”问题重点开展监督,审查发现虚假诉讼线索15条,对6件虚假诉讼案件提请抗诉或发出再审检察建议,涉案金额5200余万元。充分发挥检察机关诉讼监督职能,针对审判程序违法情形发出检察建议13条。完善多元化监督格局,开展行政非诉执行监督,排查非诉执行案件250余件,发出检察建议8条,法院均予以采纳。

【刑事执行检察监督】 2019年,江阴市检察院开展审前未羁押判处实刑未收监罪犯专项清理工作,将包括4名艾滋病人在内的30名罪犯收监投牢。深化社区矫正监督,纠正脱管漏管8人。及时开展羁押必要性审查,对逮捕后无羁押必要的改变强制措施76件76人,“张某羁押必要性审查案”获评江苏省检察机关精品案件。依法行使检察机关的部分职务犯罪案件侦查权,成功查办无锡地区首例刑诉法修改后司法工作人员刑讯逼供致人死亡案。探索对涉嫌轻微违法司法工作人员函询制度,就一起交通肇事案中可能存在的违法违纪情况,与纪委监委联合向3名办案人员发函询问,强化对司法工作人员的全面监督。

【检察公益诉讼】 2019年,江阴市检察院紧盯损害公共利益的突出问题,狠抓办案、依法履职,立案调查生态环境和资源保护、食品药品安全、国有财产保护、国有土地使用权出让4个重点领域公益诉讼案件94件,发出诉前检察建议51条,提起刑事附带民事公益诉讼4项,督促清理固体废物、生活垃圾百余吨,追偿修复生态、治理环境费用320余万元,追回国有财产价值400万元。开展母婴店进口食品违法乱象专项检察监督活动,督促相关部门对市区内的219个母婴用品店开展专项整治,并建立保障进口食品安全长效机制,筑牢婴幼儿食品安全防线。

【护航民营经济健康发展】 2019年,江阴市检察院坚决落实中共中央关于支持民营经济发展的决策部署,出台《关于规范办理涉民营企业案件的指引》,建立涉民营企业案件快速、优先办理机制,严厉打击敲诈勒索、职务侵占、侵犯商业秘密、假冒注册商标等侵犯民营企业和民营企业家合法权益的犯罪,批捕19人,起诉90人。准确把握法律政策界限,对虚开增值税发票用于抵扣税款的9个民营企业及14名负责人作相对不起诉决定。开展精准服务民营经济大调研活动,实地走访民营企业70余个,获取意见110余条,形成的《关于民营企业涉法问题的专题调研报告》获市委、市政府主要领导批示。与市工商联建立常态化沟通联络机制,召开服务保障民营经济健康发展新闻发布会,中国网、新华网等10余个权威媒体作广泛宣传报道。

【落实认罪认罚从宽制度】 2019年,江阴市检察院切实担负起认罪认罚从宽制度的主导责任,制定认罪认罚刑事案件办案规范,有效提升制度适用率和量刑建议精准度。全年适用认罪认罚从宽制度案件数和人数分别占起诉总数的81.45%

和 74.94%，量刑建议被采纳率 94.03%。联合市司法局出台《关于在市检察院派驻法律援助值班律师的意见》，聘请 55 名值班律师为 2363 名犯罪嫌疑人提供法律帮助、见证签署认罪认罚具结书，推进值班律师驻院值班常态化。探索适当扩大相对不起诉的适用范围，激活不起诉权，对 97 名认罪认罚的犯罪嫌疑人作相对不起诉决定。

【探索公益诉讼"等"外领域】 2019 年，江阴市检察院牢固树立以人民为中心的发展理念，当好公共利益守护人，开辟公共安全、文化遗产保护等公益诉讼新领域，办理案件 14 件。聚焦公共安全保障，以人口密集的农贸市场、大型超市等为监督重点，摸排存在公共安全隐患、损害社会公共利益的线索，针对城区某商铺违法堆放硫酸、氢氧化钠等危化品情况，通过向相关监管单位发出诉前检察建议，促使现场 4 吨危化品及时转移，消除公共安全隐患。为驻江阴部队提供保障服务，以服务军队建设为切入口，就军事财产和设施保护与解放军驻江阴某部建立合作机制。守护好历史文化遗产，针对祁头山遗址存在保护措施不到位情况，督促相关部门及时对文物进行保护。

【打造公益诉讼科技信息引擎】 2019 年，江阴市检察院大力加强信息技术和科技装备在检察公益诉讼工作中应用，突出打造公益损害风险防控中心、生态环保和食品安全快速检测中心、智慧公益诉讼平台"两中心一平台"，引领公益诉讼工作提质增效。联合生态环境部门成立公益损害风险防控中心，探索对生态环境领域公益损害情况全过程监督和风险智能预警。升级智慧公益诉讼平台，辅助办理公益诉讼案件 40 余件。深化全国检察机关首个生态环保和食品安全快速检测中心运作，有效解决制约公益诉讼固证难、鉴定难的问题。先后两次应邀在全国性检察工作会议上作经验介绍，江苏省检察院专门下发通知，要求全省各基层院学习公益诉讼"江阴经验"。最高检察院副检察长张雪樵在视察中心时，给予"江阴敢于天下先"的高度评价。

【守护未成年人健康成长】 2019 年，江阴市检察院正确贯彻宽严相济未成年人刑事政策，对于情节恶劣应当依法从严惩处的未成年人，批捕 15 人，起诉 68 人；对于犯罪情节轻微且认罪悔罪的，不批捕 8 人，不起诉 16 人，附条件不起诉 10 人；对未达刑事责任年龄的，配合相关部门严加管制。牵头制定无锡地区首份规范和加强未成年人社区矫正工作细则，助力未成年社区矫正服刑人员回归社会。加强对性侵未成年人犯罪的打击和预防，推动教育部门在中小学开设防范性侵害课程。探索未成年人服务行业从业禁止制度建设，提出无锡地区首份从业禁止的量刑建议被市法院采纳。树立国家监护理念，支持市民政局起诉撤销一件遗弃女婴案和一件网络媒体高度关注虐婴案的监护人资格。联合团市委建成并启用未成年人司法保护中心，开展未成年人心理干预 82 人次，帮教矫治罪错未成年人 63 人，个案服务 200 余次，实现专业化办案与社会化保护无缝衔接。

【全面融入社会综合治理】 2019 年，江阴市检察院用心做好"群众来信件件有回复"这项民心工程，对于接收到的 330 件群众来信，7 日内程序性回复、3 个月内实体性答复均达到 100%。践行新时代"枫桥经验"，加强检察环节社会矛盾纠纷的化解，成功调解 1 件长达 6 年、有多头越级上访情形的民事纠纷案，促使信访人重新振作、回归正常生活。结合司法办案，对发现的社会治理问题及时提出各类检察建议 10 余条，推动完善制度、强化管理。在各类报刊杂志、"两微一端"（指微博、微信及新闻客户端）发布典型案例 81 件，制作法治宣传片 22 部，在国家级媒体发表宣传报道 115 篇。结合办理江苏省首件"小树枝"新型毒品案撰写的《孩子，这不是橄榄枝》，被《人民日报》、新华社等 30 余个国内主流媒体刊发、转发，推动社会对新型毒品关注。

【强化特殊群体权益保障】 2019 年，江阴市检察院坚守初心使命，以触得到的方式、看得见的效果，努力保障农民工、新市民、妇女、老年人等特殊群体的合法权益。依法打击恶意拖欠农民工薪酬行为，办理拒不支付劳动报酬犯罪案件 13 件 22 人，帮助农民工讨回工资 280 余万元。依法对一名因身份证过期无法办理子女入学手续而购买假身份证、涉嫌买卖身份证件罪的新市民作不起诉决定，努力为在江阴务工群体增添司法温度。严厉打击强奸、猥亵、故意伤害妇女等犯罪，及时帮助一件故意杀人案的女性被害人申请国家司法救助金 2 万元。着力维护好老年人权益，依法对专门针对老年人实施保健品诈骗的黄刚犯罪集团提起公诉，并引导维权、追赃挽损。 （惠建福）

法 院

【概况】 2019 年，江阴市法院围绕全市"六个高质量"*发展大局，按照"以党建为引领，强化规范化建设，推动法院科学发展"的工作思路，忠实履行宪法法律赋予的职责，积极参与社会治理创新，深入践行司法为民宗旨，持续深化司法体制改革，全面加强自身队伍建设，各项工作取得新进展。全年受理各类案件 41437 件，审执结 36084 件，比 2018 年分别下降 3.2% 和 3.88%，结案率 87.08%，涉案标的 337.39 亿元。是年，市法院被中国法院网评为优秀直播法院，市法院民二庭、徐霞客法庭分别被无锡市中级人民法院记集体三等功。全年获得无锡市级以上集体荣誉 5 项，有 29 人受到无锡市级以上表彰。

【推进扫黑除恶专项斗争】 2019 年，江阴市法院将扫黑除恶专项斗争作为一项重大的政治任务抓紧抓好，院党组专题研究部署并制订《江阴法院扫黑除恶专项斗争工作方案》，成立扫黑除恶专项斗争领导小组，下设领导小组办公室，具体负责扫黑除恶相关日常工作，落实组织保障。依法从严惩处黑恶势力犯罪，加强审判力量，全年审结黑社会性质组织犯罪等涉黑涉恶案件 17 件 69 人。坚持深挖彻查，民事审判业务部门、审管办和各人民法庭先后开展涉"套路贷"*、职业放贷人线索专项排查工作，刑事、行政、立案信访等各条线针对在办案件和2015—2018年审执结案件逐案筛选、全面排摸犯罪线索，排查发现13条“关系网”“保护伞”和黑恶势力犯罪线索并移送江阴市扫黑办。突出打击黑恶犯罪经济基础，判处罚金277.4万元，没收4名被告人的个人全部财产，继续追缴违法所得及支持违法犯罪活动的资产。加强与公安、检察的协作配合，联合发布《关于进一步规范和完善涉黑涉恶刑事案件财产处置工作机制的若干意见》，组织专门班子攻坚执行黑恶案件及财产刑，实际到位1089万元。坚决“打伞破网”，从重惩处2名帮助涉黑犯罪首要分子逃避处罚的国家机关工作人员。坚持把扫黑除恶与反腐败斗争、基层“拍蝇”结合起来，严惩群众身边的“微权腐败”案件19件21人。全年审结各类刑事案件2778件，判处犯罪嫌疑人3439人。

【加大民生司法保障力度】 2019年，江阴市法院坚持法理情融合，妥善审理事关人民群众切身利益的各类案件。严厉打击侵害群众人身财产安全的多发、易发性犯罪，审结盗窃、诈骗、故意伤害、非法吸收公众存款等案件1159件。充分发挥刑罚遏制、预防毒品犯罪的作用，审结江苏首件贩卖“小树枝”新型毒品案等涉毒犯罪95件106人。保护老人、妇女、儿童、残疾人等特殊群体的合法权益，审结“三费一金”(指抚养费、扶养费、赡养费、抚恤金)、收养、监护、人身损害赔偿等纠纷2539件，依法支持民政部门申请撤销不适格监护人监护资格。妥善处理劳动争议，审结1098件，为1700余名务工人员追回劳动报酬、经济补偿金5100余万元。加强与法律援助机构衔接，除被告人明确拒绝接受辩护外，刑事案件实现律师辩护全覆盖。推动行政首长出庭参加行政诉讼活动，行政首长出庭应诉率96.3%；妥善运用协调方式实质化解拆迁、工伤认定、信息公开等行政争议，和解撤诉17件。

【保障创新驱动核心战略实施】 2019年，江阴市法院认真贯彻最严格知识产权司法保护政策，审结各类知识产权案件261件。严格控制涉食品药品知识产权犯罪的缓刑适用，严厉打击假冒注册商标、侵犯商业秘密等犯罪行为，审结假冒“海澜之家”“阳光”“兴澄”等驰名商标案。维护诚实信用、公平有序的市场竞争秩序，审结江阴爱尔眼科医院等“傍名牌”不正当竞争案，均判决被告限期变更企业名称并赔偿损失。延伸知识产权审判职能，编发年度典型案例、类案分析、司法动态、知识产权年报等，发送相关企业、机关单位，帮助提升知识产权法律风险防范意识。

【推进环境资源审判机制改革】 2019年，江阴市法院聚力污染防治攻坚，着力构建新型环境资源审判体系。7月，“长江流域环境资源第一法庭”在江阴法院正式挂牌运行，集中管辖无锡市(不含宜兴市、滨湖区、新吴区)、太仓市、张家港市、常熟市、常州市(不含武进区)、镇江市(不含句容市)18个县(市)区的环境资源类案件。贯彻最严格制度最严密法治保护要求，依法严厉打击污染环境、破坏生态违法犯罪行为，强化依法判处监禁刑、慎用缓刑、强化罚金刑等司法手段，全年审结各类环境资源刑事案件117件，对7个被告单位、186名被告人依法追究刑事责任。重点打击实施污染环境犯罪的经营者和主要获利者，12个单位法定代表人和共同犯罪主犯被判处监禁刑；加大财产刑适用和违法所得追缴力度，判决收缴罚没款680余万元。支持长江全面禁捕工作的开展，加大非监禁刑适用力度，对4名曾因非法捕捞受过处罚的被告人判处拘役，改变非法捕捞者以往“抓点小鱼小虾最多罚点款不会坐牢”的错误观念，有力震慑长江非法捕捞者。认真贯彻恢复性司法理念，最大限度修复受损害的生态环境资源，在审理非法捕捞长江水产品案件中，责令非法捕捞者购买鱼苗进行增殖放流，全年引导被告人向长江水域自愿投放鱼苗1.6万余尾。在审理的9件非法倾倒固体废物、超标排污等污染环境刑事案件中，按照“谁污染谁治理”原则，与环保部门共同督促产废单位和污染者履行环境修复责任，相关责任人(单位)共承担污染物处置和环境修复费用共计800余万元。持续加大法制宣传力度，在“江阴市人民法院”微信公众号及时发布案件审判信息，在“世界环境日”当天开展法治宣传进企业、进社区等系列活动，提升社会公众环保意识。12月10日，江阴市法院联合网易江苏平台共同举办“法卫长江——共抓大保护 法院在行动”全媒体直播活动，将主题访谈、集中宣判、新闻发布会等3种宣传形式结合运用，来自《新华日报》、江苏城市频道、《无锡日报》、江阴电视台等10余个主流媒体参加该活动，网民在线观看达118万余人次，扩大江阴环境资源审判的影响力。

【优化法治化营商环境】 2019年，江阴市法院坚持用法治思维和法治方式，找准服务大局的切入点和着力点。全年新收一审民事案件17262件，比2018年下降8.61%，审结17229件，涉案标的121.81亿元。当好司法“急郎中”，审结涉公司股权、合同等纠纷6570件，促进市场要素有序快速流转，提升“执行合同”质量和效率。参与涉企纠纷多元化解，加强中小股东权利保护，诉前成功调处银泰百货公司清算纠纷。出台《关于积极稳妥推进涉企财产处置工作的意见》，强化法院在破产审判和执行等环节处置涉企财产时与镇(街道)、园区的主动沟通和联动，最大限度保障市场资源合理利用。加强金融风险防范和化解，审结金融借款、票据、保险等金融案件1131件，涉案标的21.65亿元；执结涉金融债权案件552件，结案标的16.9亿元。维护房地产市场交易秩序，审结房屋买卖、租赁、建设工程等案件1064件，涉案标的5.38亿元。推进供给侧结构性改革，审查审理破产案件85件，盘活土地60余公顷、厂房30余万平方米。出台《企业破产案件立案审查操作规程》，畅通破产案件入口。出台《关于进一步明确破产管理人选任有关事项的若干规定》，加强对管理人的选任、监督，督促管理人变现破产财产5.2亿元。依法拯救危困企业，成功审结江苏泓海能源有限公司等破产重整案件，筹集资金7.7亿元，促进江苏省天然气基础设施重点工程——“江阴液化气集散中心LNG(指液化天然气)储配站”项目及时恢复施工。

【融入基层社会治理】 2019年,江阴市法院紧扣乡村振兴战略,积极参与基层社会治理。以“枫桥式”人民法庭建设试点为抓手,全面推进“无讼社区(村)建设”,设立推进无讼社区(村)建设领导小组,出台《关于进一步推进无讼社区(村)建设的工作意见》,专题召开无讼社区(村)建设工作推进会,建立完善诉前调解、诉调对接、多元化解以及定期考核、经验总结推广等长效机制,通过持续深化人民法庭与基层社区(村)的合作共建,加强诉源治理,与属地社区(村)建立涉诉纠纷“矛盾共查、双向反馈、风险预判、联合化解”机制,第一时间将纠纷隐患化解在萌芽状态,逐步形成“庭村(社区)共治、诉调对接、平安联创”的良好格局。在梳理总结前期“村干部进法庭”工作经验的基础上,按照审务进基层、法官进网格工作要求,市法院7个法庭联合各镇(街道)共建16个“‘一站式’矛盾纠纷多元化解中心”,通过驻点提供司法服务、帮助村干部提升调解纠纷能力、吸纳网格员参与案件调解等工作,与各镇(街道)共建矛盾纠纷多元化解平台。依法支持土地流转,妥善审理农村土地“三权分置”(指所有权、承包权、经营权三权分置)、征地补偿等纠纷104件,推进特色美丽乡村建设。妥善化解婚姻家庭、继承、相邻纠纷1436件,调解撤诉率71.73%,培育良好家风,促进邻里和谐。落实“谁执法、谁普法”责任制,加大基层法治宣传力度,全年在“江阴市人民法院”微信公众号推送文章295篇,在省级以上媒体发表普法宣传稿件188篇,开展法律进社区、企业、校园等活动67次,营造浓厚法治氛围。

【巩固基本解决执行难成果】 2019年,江阴市法院坚持以开展解决执行难“巩固提高年”活动为主线,推动执行工作稳步向“切实解决执行难”迈进。全年受理执行案件16175件,执结14520件,执结率为89.77%,结案标的115.78亿元。全面落实执行指挥中心实体化运行“854模式”(8类事务性工作、5类技术服务、4项管理职责),重构执行指挥中心、执行实施职权配置,制定《执行实施案件操作规程》《涉执案件财产处置工作操作规程》等4项制度,重点整顿消极执行、选择性执行、乱执行行为,形成一体多翼、集约分段、规范有序的执行新模式。完善司法网拍机制,成交金额12.09亿元,溢价率34.37%,为当事人节省佣金4000余万元。出台《执行款管理和发放的操作规程》,配备案款管理专员,开发案款管理专用操作平台,落实线上线下双重审批要求,实现案款自动、精准、集约管控,安全发放案款17.67亿元。完善执行联动机制,联合国家税务总局江阴市税务局出台《关于进一步规范涉税执行联动机制的工作意见》,推动生效法律文书执行和国家税款及时入库有机衔接,协助征税1.03亿元。建立“执行+保险”解决执行难长效机制,推出财产保全保险、执行悬赏保险、执行救助保险等多个险种。强化执行威慑,惩治拒执行为,决定司法拘留311人,商请公安机关临控被执行人766人、车辆132辆,移送公安机关追究刑事责任6人。加强信用联合惩戒,纳入失信被执行人5812人,使其在招投标、融资信贷、高消费等方面处处受限。压缩失信被执行人的“生活圈”,通过“江阴市人民法院”微信公众号曝光814人。

【健全司法便民利民机制】 2019年,江阴市法院坚持群众需求导向,深刻践行司法为民宗旨。扎实推进诉讼服务中心现代化建设,推行网上立案、跨域立案等便民立案方式,全年网上立案、跨域立案482件。注重提升诉讼服务品质,接入“江苏微解纷”平台,为当事人提供“一站式”解纷和类案推送、大数据分析等法律服务。推进“一个窗口”对外,集约管理诉讼引导、案件信息查询、卷宗查阅等审判辅助性事务,进一步方便群众诉讼。运用短信送达、电话送达等方式,准确高效地向当事人送达应诉材料,让数据多跑路、群众少跑腿。加强审判流程、庭审活动、裁判文书和执行信息四大公开平台建设,多元满足社会公众对司法的知情权、参与权和监督权,全年在互联网公开裁判文书20628份,位居无锡基层法院首位,网络直播庭审25918场次,位居江苏省基层法院前列。

【深化司法体制改革】 2019年,江阴市法院坚持向改革要质效,不断增强司法改革的系统性、整体性、协同性,努力让司法更加公正高效权威。落实司法责任制,细化院庭长案件监督管理责任清单,按照依法合规、公开透明、全程留痕的原则,重点对“六类案件”(指涉群体性纠纷,可能影响社会稳定的案件;疑难、复杂且有重大社会影响的案件;可能发生类案裁判冲突的案件;法官可能存在违法审判行为的案件;超长期未结案件;重点信访督办案件)进行程序约束和质量管控,实现放权与监督的有机统一;强化专业法官会议的过滤和定案把关作用,出台《关于进一步规范专业法官会议运行的意见》,组建刑事、民事、商事3个专业法官会议,为独任法官、合议庭准确理解和适用法律提供咨询意见。积极推动内设机构改革,6月,正式按改革后的机构模式运行,进一步优化资源配置,提高整体工作效能。深化案件繁简分流改革,推行要素式审判方式,适用民商事简易程序和小额诉讼程序审结案件14812件,平均审理天数为62.31天;深入推进刑事速裁工作,对外促成公检法统一尺度,对内组建刑事速裁团队,实行“多案并审”“一步到庭”,全年审结663件673人,平均审理期限不到一星期;完善执行繁简分流机制,组建速执团队快速执行简易案件,腾出更多力量攻坚执行疑难复杂案件。强化人员分类动态管理,严把员额法官的任职资格和条件,加强对入额人选政治素养、专业能力的综合评价;出台2019年度法官、审判辅助人员、司法行政人员以及编外人员绩效考核办法,定岗、定人、定责,对各类人员实行分类分层考核和动态管理,重点加强对员额法官的考核和动态管理,全年因任职回避、身体健康等原因退出员额的法官7名;深入推进人民陪审员制度改革,完成《中华人民共和国人民陪审员法》实施后首批255

名人民陪审员选任工作,人民陪审员参审率97.9%。(高　悦)

司法行政

【概况】 2019年,江阴市司法局以习近平新时代中国特色社会主义思想为指导,深入贯彻中共十九大、十九届四中全会精神,坚持服务中心大局、服务改革发展、服务社会群众不动摇,为建设"强富美高"*新江阴提供优质高效的法律服务和法治保障。年内,完成转隶改制,承接原市司法局、市政府法制办和依法治市办的职责;开展"春暖千企　法润万家""德法涵养文明　共建绿色生活""延陵季风"德法惠民四季等行动,组织"辉煌70年·奋斗新时代"法治文化作品征集活动。全年审查政府重大行政决策13项、规范性文件11份,重大政府合同10份,其他政府文件221件;提供法律服务3.5万余次,化解矛盾纠纷3万余件,解决信访积案86件;为企业开展专项法律服务300次,法治体检服务企业103个,解决问题3000余个,挽回经济损失8000万元。是年,江阴市被表彰为全国"七五"普法中期先进市、江苏省法治政府建设示范县(市、区),市司法局获评江苏省司法行政系统人才建设先进单位,市司法局行政执法监督科获评全国法治政府建设工作先进单位。

【规范政策法规】 2019年,江阴市司法局审查重大行政决策13项,规范性文件11份,重大政府合同10份,其他政府文件221件;出具各类法律意见94份。所有重大行政决策事项通过网上系统运行,严格落实公众参与、专家论证、社会风险评估、合法性审查、集体讨论决定程序,确保程序规范、内容合法。深入推进决策后评估,制定年度计划,选取5项重大行政决策及规范性文件组织实施后评估,并牵头相关部门对《江阴市食品小作坊登记证申领管理办法》开展后评估。起草《江阴市政府合同管理办法》,对政府合同管理进行全面规范。强化合法性审查,实行双重审查,严格审查标准,落实全面审查,规范文书格式,牢筑法律"防火墙"。开展规范性文件清理,对市政府1990年1月至2017年12月制定的规范性文件和涉及行政管理的663份文件进行全面清理,废止84份,宣布失效88份,修改22份。清理"奇葩证明""循环证明""重复证明"等各类无依据设定的证明事项,解决群众、企业关注的临时生活救助、申请公共租赁住房、劳动就业、丧葬减免奖补等"痛点""堵点""难点"问题,取消市政府设定的证明事项16项、市各职能部门设定的证明事项36项,最大程度利企便民。政府法律顾问参与处理市政府重大涉法事务22项,涉及政府重大合同审查、国有资产处置、企业搬迁人员安置、重大投资项目、规范性文件审查等,参与复议案件审查和复议听证会,有效防范政府决策风险。优化政府法律顾问队伍,对全市法律顾问进行年度和任期考核摸清底数,通过公开选聘、定向邀请的方式,聘任专家2人、律师6人、公职法律顾问15人。科学编制规范性文件立项计划,将超标粮食处置、耕地不足撤组、渣土运输管理等11项重要项目予以立项,推进重点领域制规。

【依法治市】 2019年,江阴市司法局根据上级指示精神,第一时间召开市委全面依法治市委员会第一次全体会议。印发《2019年法治江阴建设重点任务及责任分解》,建立全面依法治市联络员队伍,确保法治江阴建设工作协调畅通。邀请省委依法治省办法治调研处处长黄永忠就"推进依法行政、建设法治政府"为全市法治干部授课,强化对新时代法治理念的认识和坚守,增强干部对法治建设高质量发展的使命意识和责任担当,为江阴市作为全省社会主义现代化建设试点之一推进试点工作打下基础。下发《关于征集2019年度法治江阴建设实事工程项目的通知》,在全市征集法治惠民实事工程,确立公共法律服务"夜门诊""城市管理非接触式执法"等10项项目为2019年度法治江阴建设惠民实事工程。将法治建设纳入年度高质量发展以及党的建设考核指标体系,作为评价市级机关以及各镇街园区领导班子、领导干部工作绩效的重要依据,促进全市司法工作合力的生成。协助"法治江苏互联网+监测系统""法治无锡监测系统"项目建设,细化相关任务,明确责任部门、责任单位,严格把控进度。

【矛盾纠纷化解】 2019年,江阴市司法局接待来访群众412批781人,成功调处纠纷159件。配合市委领导信访登记777批1608人,成功化解信访案件86件。派驻法院调解工作室成功调处纠纷679件,派驻检察院调解工作室成功调处纠纷42件。对市调委会、派驻人民调解工作室、专行业调委会案卷质量进行全面检查,评审17654本案卷,符合

2019年12月3日,江阴市在步行街学院场开展国家宪法日宣传活动
(市司法局提供)

卷宗制作要求 17643 本,11 本不符合质量要求。根据《中华人民共和国人民调解法》相关规定,对市调委会、环境保护调委会、金融经济调委会、物业纠纷调委会、医患纠纷调委会和医患纠纷调解工作领导小组进行调整,明确人员构成、职能定位,确保衔接顺畅,不出现推诿扯皮现象。深入开展"大排查、早调解、护稳定、迎国庆"专项活动,防范各类矛盾扩大激化,防止经济民生领域风险演化为政治、社会风险;加大涉黑涉恶矛盾线索专项排查力度,依托市镇村网格化管理,纠纷隐患全方位排摸,做到发现涉黑涉恶线索及时报告并处置。全年矛盾纠纷排查 11778 次,排查矛盾纠纷 6329 件。坚持选优配强,推动调解队伍由"数量型"向"素质型"转变,强化调解员队伍建设,至年末全市调解员 1231 名,其中专职调解员 425 人;全年分别组织驻公检法专职调解员和全市调解主任各 2 期业务培训。从市级调委会实际工作出发,将市公安局、法院、检察院、信访局吸收为市调委会成员单位,以推进公调、诉调、检调、访调对接等多元化解矛盾机制,更有效化解各类矛盾。

【公共法律服务】 2019 年,江阴市司法局受理承办法律援助案件 2176 件,接待法律咨询 6589 件,妇女法律援助权益保障中澳人权项目圆满收官。年初,市司法局转隶改制后,对公共法律服务业务进行优化,行政复议业务入驻市公共法律服务中心大厅,并在大厅增设仲裁业务指引,与法律咨询、法律援助、人民调解及公证、司法鉴定等构建起更加便捷高效的"一站式"公共法律服务。在每个镇(街道)增设法援代办点、仲裁联系点等各 5 个站点;督促镇级公共法律服务中心对照省标进行完善,通过省厅达标考核。在村级层面要求"四有一能"(司法行政服务站有标识标牌,有上墙资料,有"公共法律服务"窗口,有人值班,能提供法律咨询及其他相关法律指引),14 个镇(街道)所辖行政村全部实现"四有一能"。对"12348"江阴法网进行改进升级,简化注册程序,增扩服务内容,完善律师信息,方便群众对口选择律师。收集法治宣传、法律援助、矛盾纠纷调解、公证等法律服务内容,对照《江苏省公共法律服务基本项目清单》,结合实际打造服务产品 4 大类 22 项。建立"小郎中"法律"夜门诊",满足市民下班后的法律需求,实现错时弹性公共法律服务。制作公民全生命周期权利义务清单,研发的公共法律服务产品——"德法书香"被江苏省司法厅评定为优秀。"国际消费者权益日——信用让消费更放心"咨询活动、"无忧晚年 法律保障"运作方案及阳光回归工程被江苏省司法厅推广运用。调整优化律师事务所公益法律服务站点,撤并原 28 个站点中的 17 个,保留 11 个。至年末,全市有 26 个律师事务所,334 名律师,全年办理各类案件 8273 件,涉及财产标的 88.21 亿元,索回赔欠款 36.51 亿元;司法鉴定所有 4 名司法鉴定人,全年收案 730 件,结案 700 件。面向中小企业推广律师事务所微信公众号 26 个,组织律师事务所与民营企业党支部结对共建 16 对,126 名律师分别对 600 余个中小微民营企业进行法律帮扶。组织开展法律援助"治欠保支"专项行动,受理农民工讨薪案件 1033 件,追讨欠薪 1960 余万元。办理各类公证 9630 件,其中,国内经济公证 820 件,国内民事公证 4975 件,涉外(含中国港澳台)公证 3805 件,出具强制执行证书 27 份,出具公证抵押登记证书 4 份;义务解答群众各类公证法律咨询 16000 余人次;开展公证法律援助 79 件次,为困难户、低保户、残障人士等特殊人群办理各类公证实行减免公证费 17.56 万元。

【法治宣传教育】 2019 年,江阴市司法局高标准迎接"七五"普法终期检查,落实"谁执法谁普法"的普法责任制,制定每月普法清单,明确全市 60 多个普法责任部门的任务。以行政执法和"七五"普法中期考核为依据,评选表彰"谁执法谁普法"十佳优胜单位,发挥先进单位的引领示范作用。征集全市 46 个部门以案释法典型案例 135 个,梳理上报 33 个,其中 2 个被评为无锡市优秀案例。周庄镇山泉村、夏港街道长江村、澄江街道绿园社区通过全国民主法治示范村(社区)复核验收。聚焦服务打好"三大攻坚战"(指防范化解重大风险、精准脱贫、污染防治)和服务保障民生,以宪法宣传为主线,在全市开展"德法涵养文明、共建绿色生活"主题活动、"春潮涌千企、法务进园区"司法日活动、"情暖民工"专项活动以及"12·4"国家宪法日系列活动,首次举办专场法治文艺会演和行政执法

2019 年 7 月 1 日,江阴市青少年法治夏令营在市法治宣传教育中心开营

(市司法局提供)

人员向宪法宣誓仪式。全市50多个部门及社会组织以各种形式参与普法,开展"3·15"消费维权、"美丽江阴 我是先行者"等城乡互动、部门联动普法活动100余场,法治讲座200余场,使法律意识进村入户。以领导干部和公务人员学法用法为重点,升级改造公务员学法考法平台,联合市委组织部、宣传部下发全市公务人员学法考法文件,把公务员学法考法纳入全市高质量发展考核指标,全市5328名公务员完成学法考法任务,参考率96.14%。加强青少年普法,成立市青少年法治报告团,召开青少年法治教育交流会,开展"法润校园·法护成长""德法教育宣传月"等专项普法活动,在立新中心小学、虹桥小学等学校设立法治图书角,赠送法治图书600多册。组织拍摄宪法微课堂视频课8部,其中祝塘中学《树立法治精神,守护青春梦想》获全省优秀教案三等奖。结合庆祝中华人民共和国成立70周年系列活动,开展"辉煌70年·奋斗新时代"暨第二届"暨阳法影"法治文化作品征集活动,收到法治微文、微视频、书画摄影等形式的作品901件。法治微视频《再"宪"人生》获全国普法办第三届"我与宪法"微视频征集活动三等奖。推动建成月城"水韵尚法"运河法治公园、长泾滨河法治公园以及徐霞客法治公园二期工程,筹划建设璜土村法治大道及八字桥法治公园。

【特殊人群管理】 2019年,江阴市司法局依法管理特殊人群,加强教育引导,大力开展心理辅导和生活帮扶,进行拉网式隐患排查,全年社矫安帮工作持续安全稳定。对违反管理规定的社区服刑人员给予警告处分72人次;处置涉矫正对象各类异常情况1051起,其中确认异常11起;执行撤销缓刑8人,排摸上报符合特赦条件的社区服刑人员13人。组织集中教育340场、扫黑除恶专项教育近百场;成立社区矫正"五老"(老干部、老战士、老专家、老教师、老模范)志愿者政治思想教育讲师团,组织"四学三爱"(爱国主义教育、集体主义教育、革命传统教育、社会主义法制教育,爱学习、爱劳动和爱祖国)教育10余场,700余人次参加。为特殊人群提供心理辅导,616人次参加心理测试,组织团体心理辅导24次107人参加、个别辅导18人次参加,组织心理讲座59场,2250人次参加。全年为特殊人群发放送温暖物资200余份,资金10万余元,协助3名困难人员落实临时性救助,协助1名尿毒症患者落实社保补缴,为1名重点刑释人员落实工作。对特殊人群进行拉网式"大排查、大走访"工作,填写隐患排查表1213份,将涉黑涉恶人员列为重点管控对象,上报涉黑涉恶线索2条,并与市检察院共同开展专项督查。是年,全市接收社区矫正对象632人、解矫579人,至年末在册775人;接收刑满释放人员1189人,其中重点人员必接必送人员79人,至年末在册安置帮教人员3650人。

(王军峰)

人民武装

【概况】 2019年,江阴市人民武装部坚持以习近平新时代中国特色社会主义思想和习近平强军思想为引领,深入贯彻军委主席负责制,坚定举旗铸魂,深入开展主题教育,组织系列实践活动,促进干部和职工思想政治水平的提高;狠抓军事训练,参加江苏省军区"民兵应急连成建制比武竞赛",获第1名1个、第2名1个、第4名1个,团体排名全省第3;完成年度征兵以及民兵整组任务;扎实开展双拥共建和国防教育;全年安全无事故。是年,市人武部被江苏省军区评为军事训练先进单位。机关党支部被中央军委国防动员部评为先进基层党组织。

【思想政治建设】 2019年,江阴市人武部紧跟新时代特点,把学习贯彻习近平新时代中国特色社会主义思想和习近平强军思想作为头等大事,跟进学习中央军委主席习近平最新重要讲话精神,牢固树立"四个意识"*,坚定"四个自信"*,全面深入地贯彻军委主席负责制,抓好党委中心组理论学习,全年传达学习上级文件精神30余次,制作理论学习资料10余本。开展"不忘初心、牢记使命"和"传承红色基因、担当强军重任"主题教育。开展参观见学、军地共建、影视观看、座谈交流、清明期间向革命烈士献花等活动,组织人武部全体党员参观驻江阴部队初心馆,走访慰问20世纪60年代受毛主席接见的老民兵代表、老党员,学习和感受共产党员的初心使命。9月,在庆祝中华人民共和国成立70周年之际,筹备欢度国庆升国旗、图片展等系列活动,加强爱国主义教育。

【战备训练及保障】 2019年,江阴市人武部严格落实党委议训制度,狠抓军事训练,不断提升练兵备战水平。全年组织3期470人次民兵集训考核,24人次参加上级抗洪、抢险、防空、网络分队集训,组织和指导各项演练10余次,为遂行非战争军事行动打下良好基础。组织民兵应急连参加江苏省军区民兵应急连成建制比武竞赛,3月25日至4月24日,入场集训3000米武装越野、手榴弹投掷、战术基础动作、步枪射击等科目;4月24日,80名民兵参加江苏省军区抽考,获武装越野第1名、射击第2名、战术第4名,团体排名全省第3名。针对全年军事训练时间长、参训者多、训练任务重等特点,优质保障参训人员的伙食、住宿、药品等条件。在江阴"智慧城市"平台开设"智慧武装"版块,将基干民兵动态管理纳入江阴市网格化管理系统,提高民兵应急队伍响应能力。

【民兵整组】 2019年,江阴市人武部认真抓好民兵潜力调查,核查退伍军人、地方与军事专业对口技术人员和企事业单位,按相关要求编组基干民兵队伍和普通民兵。接受省军区点验2次、无锡军分区点验1次,受到上级肯定。

【征兵工作】 2019年,江阴市人武部坚持早筹划、早部署,严格时间节点落实各项工作。9月,召开全市定兵工作会议,认真召开征兵工作各类会议,按计划展开兵役登记、征兵宣传、体检政审、役前训练、新兵运输等工作,提前3个月完成兵役登记,完成男、女兵征集任务;新兵中大学生比例达78.6%。

【双拥共建】 2019年,江阴市人武部协调市退役军人事务局举办欢迎老兵返乡仪式和江阴市首届“最美退役军人”评选活动，不断增强社会各界对退役军人的尊崇。继续参加省军区“双百双建”（百个人武部帮扶建设百个贫困村）活动，对口扶助单位邳州市岰山村，该村基本实现脱贫。先后6次参加军地联合走访慰问活动，慰问参战老兵及地方困难家庭。清明期间，出动民兵进行森林防火管制，保障驻地人民群众和自然环境安全。11月，与地方共建单位苏龙热电有限公司、君山社区开展“不忘初心、牢记使命”主题教育经验座谈交流会，促进军地相互了解。组织100余民兵参加江阴市庆祝中华人民共和国成立70周年“我和我的祖国”歌咏大会。

【安全管理工作】 2019年，江阴市人武部严格落实条令条例等各项规章制度。3月，开展“学法规、明职责、正秩序、严纪律”活动，牢固树立安全意识、纪律意识；认真组织安全常识、安全防护、防灾救灾专题教育，开展安全防护技能训练。严格落实武器装备检查制度，做到每周仓库主任、每月部领导入库检查1次，每季度擦拭保养1次。扎实抓好战备值班，做到24小时人员在岗在位。全年组织3次地毯式、拉网式安全隐患排查，列出清单，明确责任人和整改时限。

【国防教育】 2019年，江阴市切实发挥省、市两级国防教育基地作用，大力营造全民国防教育氛围，让国防教育进校园、进社区。利用“江阴大讲堂”，邀请知名军事专家进行国际国内军事形势辅导，提高全市领导干部和机关干部的国防意识。组织协调中小学生军训、军事夏令营等活动。组织专武干部和民兵营长参观璜土镇璜土村国防教育园。以璜土镇璜土村、徐霞客镇北渚村为试点，铺开村级国防教育园建设路子，华士镇天华国防教育园被评为省级国防教育基地。积极收集驻地革命工作素材，组织编写《江阴军事故事》，增强全体市民的国防意识和国防精神。 （刘长娟）

武　警

【概况】 2019年，武警无锡支队江阴中队完成看守所犯罪嫌疑人任务，担负押解勤务80余次，行程3.9万千米。是年，中队有1人被武警江苏总队授予三等功，被武警无锡支队评为优秀共产党员2人、军事训练标兵2人、授予嘉奖7人；武警江阴中队被武警江苏省总队评为“基层建设先进中队”“正规化执勤优秀单位”。

【思想政治建设】 2019年，武警无锡支队江阴中队持续深入学习中共十九大精神、习近平总书记系列讲话、“两会”（全国人民代表大会、中国人民政治协商会议）精神和武警部队三级党委扩大会议，在思想政治上与党中央、中央军委、武警部队保持高度一致。同时，中队持续开展“传承红色基因，担当强军重任”以及“不忘初心、牢记使命”主题教育活动，通过签订目标责任承诺书、党员承诺书，激发官兵创先争优的积极性，进一步树牢官兵的人生观、世界观和价值观，筑牢拒腐防变的思想防线。

【任务能力建设】 2019年，武警无锡支队江阴中队不断强化军事训练，依据《军事训练与考核大纲》，大抓应急班的实战化军事水平。着力培养“一招制敌、一枪毙敌”能手，突出体能、技能和射击等重难点科目训练，不断提高官兵能力素质；组织4批次人员参加上级集训，多项单科目成绩取得第1名，2名战士被武警无锡支队评为军事训练标兵。武警江阴中队不断提高勤务质量，结合“执勤隐患治理”活动，狠抓执勤法规学习、狠抓隐患问题治理，在“智慧磐石”工程投入使用后，进一步规范勤务组织，促进人机结合达到最佳状态；开展敌情、社情、狱情和隐患的排查治理，对执勤人员和物理防御设施中存在的隐患进行每月梳理、及时治理；全年与目标单位进行联合方案演练8次、联合安全检查24次，夯实执勤安全基础，坚决守住执勤安全底线，有效履行“两个维护”*使命任务。

【部队正规化建设】 2019年，武警无锡中队江阴中队以新条令条例，以及有关规定为抓手，采取“逐条逐项抓落实、逐库逐室抓规范”的方法，发挥“三员”（作战勤务值班员、领班员、执勤安全监控员）作用，坚持利用会议、教育、点名、检查评比等时机，强化官兵“有部署、有落实、有监督、有回音”和“物归其位、用过如初”的工作意识，努力构建“干、查、督、评”闭环运行机制，强化官兵的规范意识和标准意识。突出抓好班长能力素质的培养，注重班长作用的发挥，进一步解决“多头指挥”的问题，指挥体系更加高效。

（陈　振　张　然）

■类目编辑　朱其涛

人力资源

综　述

【概况】　2019年,江阴市人力资源和社会保障系统坚持民生为本、人才优先工作主线,各项工作推进有力。年内,提供就业岗位6.4万个,实现本地劳动力就业5.5万人,城镇登记失业率1.75%,农村调查失业率2.83%;组织、指导招录各类人员1307人(含编外用工人员),其中事业人员、编外人员1212人。是年,市人社局获江苏省人社系统先进集体等各类荣誉近20项。

【签约长三角“十市一区”新一轮人才合作框架协议】　2019年11月15日,江阴市人社局受邀赴上海国际时尚中心参加2019(第十三届)创业周暨全球创业周中国站长三角主题日活动。上海市杨浦区与江苏省江阴市、浙江省杭州市、江苏省南京市、安徽省合肥市等长三角10个市签约长三角“十市一区”新一轮人才合作框架协议,共同推动长三角地区跨区域人才发展、劳动关系的互动、共享、交流与合作。

【举办第三届全民创业大赛】　2019年8月,江阴市人社局牵头,市委组织部、宣传部和市教育局、科技局等15个部门合力参与,组织开展第三届“创响江阴·创赢未来”全民创业大赛暨第五届“创业之星”评选活动,历时4个多月。其间,召开工作推进会、专家评审会等各类会议8次,举办创业特训营、创业大赛半决赛及总决赛、“创业之星”决赛等多个配套活动。活动征集创业项目107项,涉及光学材料、互联网+等多个前沿领域;提名“创业之星”候选人36人,涵盖高层次人才、大学生、退役军人、残障人士等多类群体。12月6日,举办江阴市就业创业暨职业技能大赛颁奖仪式,为江苏风和医疗器材股份有限公司总经理孙宝峰等10位“创业之星”颁奖,颁发创业项目一、二、三等奖和优胜奖累计10项。江苏省人社厅张宏伟副厅长等领导赴现场参加活动。

2019年11月15日,江阴市签约长三角“十市一区”新一轮人才合作框架协议　　（市人社局提供）

【启用江阴市新人力资源市场】　2019年1月19日,江阴市新人力资源市场正式启用。该市场位于江阴市长江路143号,占地面积2000余平方米,设置61个常设摊位、2间远程面试室和3间职业测评室,配有自助服务区、信息发布区、多功能洽谈区、人力资源沙龙区等。新人力资源市场以互联网+、大数据为依托,采用“现场+网站+微信”的方式,在企业和求职人员之间搭建全方位、无纸化、便捷高效的信息化就业服务平台。全年举办现场招聘会106场,先后赴13个城市20余个劳务基地和高校开展招工引才活动。

【启用腾创培训产业园】　2019年1月19日,江阴市腾创培训产业园启用。该产业园占地面积约8000平方米,对江阴职业能力培训机构进行整合,入驻民办培训机构16个,其中人力资源培训学院1所。园内各培训机构通过教育资源共建共享实现规模发展，全年针对江阴产业发展需要开展“菜单式”“订单式”再就业培训、农村劳动力培训、高技能人才培训等各类培训，涵盖近万人次。

人才开发

【概况】 2019年，江阴市人社局秉承“人才是第一资源”的理念，坚持精准施策、精准引才、精准服务，为全市新旧动能转换、高质量发展提供人才支撑。全年新增各类人才17171人，其中高层次人才523人，海外留学回国人才120人。首次建立国家级技能大师工作室1个。新建博士后工作站3个。在第四届无锡技能精英大赛上获3枚金牌、2枚银牌、1枚铜牌。年内，为77名优秀大学生发放租房补贴225.37万元，复核审批人才公寓296套，认定公租房申请130份。至年末，全市人才总量达38.2万人，其中高层次人才总量1.31万人。

【人才招引】 2019年，江阴市将人才引育作为重中之重，结合产业和企业特点，多途径、广范围招引急需之才。开展“才聚江阴”校园招聘，全年组织230个企业6000余个岗位需求赴南京、芜湖等省内外城市的23所高校开展校园招聘。分别与北京科技大学等10所国内知名高校各建立1个人才联络站。组织80个企业参加“乐业无锡”2019校企技能人才供需合作洽谈会，与100多所高校进行对接。联合市委组织部举办优秀学子家乡行、外地学子江阴行系列活动，邀请南京航空航天大学等9所高校近300名大学生参观企业新貌。

【发布重点产业紧缺人才目录】 2019年，江阴市人社局摸清全市紧缺人才底数，对14个重要行业规模以上的企事业单位进行人才状况调查，分析全市人才现状、人才需求、人才培训等情况，发布《江阴市2019—2020年度重点产业紧缺人才目录》，收录重点岗位157个，展示这些岗位的紧缺程度、职责、专业资质要求、任职能力需求和薪金待遇等情况，为人才发展提供方向。

就业创业

【概况】 2019年，江阴市人社局实施就业优先战略，强化重点群体帮扶，稳就业、促就业。全年提供就业岗位6.4万个，本地劳动力实现就业5.5万人，其中农村劳动力就业2.36万人，城镇就业困难人员再就业5988人，农村劳动力充分就业率95.2%，城镇登记失业率1.75%，农村调查失业率2.83%，江阴籍应届返乡高校毕业生就业率93.35%。实施创新驱动战略，降低创业融资门槛，通过育载体、造氛围、强服务等多项举措，集聚创业资源，持续推动大众创业、万众创新。是年，全市扶持自主创业5315人，带动就业2.47万人。

2019年7月10日，“才聚江阴”夏季高校毕业生大型招聘会在市体育馆举行 （市人社局提供）

【就业服务】 2019年，江阴市人社局打造失业保险稳岗返还“升级版”，3761个企业获得首批稳岗返还扶持资金4314万元，扶持力度强于周边县市。对全市220个骨干企业、445个重点外贸企业加大动态监测频次，开展各类监测57期。举办春季城乡大型招聘会等各类人力资源招聘活动106场。出台新的就业创业实施意见，优化完善23项政策。重视劳动者素质提升，出台市公办职业培训学校参与职业技能培训实施办法，从失业保险基金结余中安排1100万元支持企业开展岗位技能提升培训。开发就业困难人员公益性岗位105个，5988个就业困难人员再就业，实现零就业家庭“动态清零”。发放灵活就业人员社保补贴1.03亿元，惠及2.7万人。在湖南省怀化市新建5个劳务基地，至此全国范围内累计建成劳务基地8个。开发高薪岗位和机关编外用工岗位对口帮扶陕西省延川县劳动力转移就业。

【创业服务】 2019年，江阴市人社局加大创业帮扶力度，出台创业孵化基地认定管理实施办法，优化扩展创业大学13项培训课程，建立大创园“孵梦驿站”妇女微家，举办第三届“创响江阴·创赢未来”全民创业大赛暨第五届“创业之星”评选活动；扩大创业贷款对象范围，发放各类创业补贴752万元、富民创业担保贷款5500万元、资金池贷款3.8亿元，发放规模保持无锡地区领先。

【建立江阴创业大学创业培训后续服务站】 2019年，江阴市在三六九汇客孵化科技有限公司、浙江商会、三牛众创空间等8个单位授牌建立江阴创业大学创业培训后续服务站，为创业者提供专业的创业培训、政策咨询、主题沙龙、资源对接等服务，实现全市后续服务站规模效应，提升创业大学服务深度和广度。

劳动维权

【概况】 2019年,江阴市人社局积极规范用工管理,加强保障农民工工资支付工作,化解劳资矛盾风险,维护劳动者和用人单位合法权益,确保全市劳动关系整体和谐稳定。将下沉镇(街道)的35项劳动监察执法权限细化为79项具体违法行为,形成清晰详实的劳动监察执法清单。加大重大劳动违法行为的联合惩戒力度,指导镇(街道)办理拒不支付劳动报酬案件20件,将21个单位(个人)列入"黑名单",分8批次公布重大劳动违法行为34起。完成100个省级企业薪酬调查及320个市级企业薪酬调查的样本准备工作。深入开展农民工"治欠保支"工作,重点抓好在建工程项目"四项制度"(指农民工实名制管理制度、农民工工资专用账户管理制度、分包企业委托总承包企业代发工资制度和农民工工资按月足额支付制度)、政府投资项目的资金拨付、劳动用工管理等相关制度落实,欠薪问题得到有效遏制。是年,全市规模以上企业劳动合同签订率99.8%,工资集体协商建制率99.9%。劳动合同备案人数逾42万人,市人社局审查企业集体合同8034份。

【劳动人事争议仲裁】 2019年,江阴市人社局以"仲裁质量提升年"活动为抓手,强化队伍建设、完善制度体系,稳步推进调解仲裁工作,维护当事人的合法权益。全年调处各类劳动人事争议案件3293件,其中立案处理2846件,涉案标的2.16亿元。立案处理案件中,工伤待遇等社会保险争议696件、劳动报酬争议924件、确认劳动关系争议83件、经济补偿金、赔偿金以及其他争议1143件。全年结案2864件,结案率100%,其中裁决结案534件,调撤结案2330件,调撤率81.4%。是年,在周庄、新桥设立仲裁分庭,就地解决纠纷。坚持巡回仲裁庭常态化运行,为用人单位和劳动者提供"靠前服务"。成立"仲裁先锋服务队",赴劳动争议多发社区上门服务。深化"数字仲裁"建设,实施网上在线调解,提高案件办结效率。

【工伤认定和劳动能力鉴定】 2019年,江阴市累计受理工伤认定申请5878件,认定工伤5402件(含2018年末申请,2019年结案数);受理伤残鉴定4036人,评定伤残等级3595人,受理病退鉴定579人,符合病退条件375人;因果关系鉴定210人,司法鉴定35人。是年,针对化学品制造业、金属冶炼加工制造业、电器机械制造业、船舶制造业等行业开展工伤预防培训7050人,发放工伤宣传资料1.2万份。加强与康复医院业务联系,建立一套涵盖初选、面检、康复的工作流程,全年完成工伤康复170人。

2019年3月20日,市人社局举办全市劳动监察执法业务再培训班
(市人社局提供)

【劳资矛盾源头防控】 2019年,江阴市人社局坚持宣传引导,多渠道、多维度开展劳动政策法规宣传活动。组织镇(街道)执法人员、企业人事经理劳动法规业务培训3批次374人次。做好劳动关系风险防控,妥善指导威茨曼金属制品(江阴)有限公司等10余个企业处理裁员、进行工时调整等事宜,涉及职工近2000人。对11467个用人单位开展"互联网+书面审查"。组织化工企业劳动用工、工程领域保障农民工工资等专项检查5次。4月下旬,联合市市场监督管理局首次开展"跨部门、双随机"(随机抽取被检查单位,随机匹配检查人员)清理整顿人力资源市场秩序专项执法行动。

人事管理

【概况】 2019年,江阴市不断优化人事管理机制,强化制度刚性约束,推进人事工资制度改革。全年完成321个单位人员岗位聘用变更审批、50个事业单位岗位设置方案变更审批。全市开展大型招聘工作12次、编外合同制招聘26次,聘用事业人员754人、编外人员458人。完成全市事业单位工作人员2018年度考核审核工作,审核优秀3331人、不合格19人,审批嘉奖3128人、记功203人。规范事业单位干部选拔任用,183名事业人员按照全程纪实程序提拔任用。是年,办理事业单位人员调动1224人次,其中市外调入19人,市内调动(含机构改革人员划转)1189人,调往市外16人;办理事业人员辞职辞聘57人,开除3人。

【工资福利管理】 2019年,江阴市完成8792名事业在职人员正常晋升薪级工资审批(不含学校)。审批办理1293名事业人员因职务(岗位)变动调整工资。完成新招录事业人员工资审核145人,优秀村书记录用为事业人员审核17人。审核办理事业单位486人退休。审核办理120人丧葬抚恤费及44人次遗属补助。核定全市158个全额拨款事业单位因工应休未休年休假报酬补贴约1391

万元，人均补贴4549元。

【专技人员职称评审】 2019年，江阴市人社局深入推进职称评审改革，组织工程系列中级职称评审，首次打通高技能人才与工程技术人才的职业发展通道，年内受理工程系列职称评审658人，通过426人；组织实施全市中小学、幼儿园中级和高级（副高）职称评审，受理中小学、幼儿园教师系列中级职称评审475人，其中232人通过中小学一级教师专业技术资格评审，134人通过幼儿园一级教师专业技术资格评审；受理中小学、幼儿园系列副高级职称评审497人，通过231人。开通职称申报网上报名通道，为全市专技人员提供初定申报服务，全年申报并通过职称初定1324人。

2019年9月19日，江阴市第十届职业技能大赛装配钳工赛区现场

（市人社局提供）

城镇职工队伍建设

【概况】 2019年，江阴市城镇非私营企业职工总数24.74万人。其中，从事制造业职工16.11万人，建筑业职工4967人，批发和零售业职工1.02万人，居民服务业职工1558人，金融业职工1943人。年内，江阴市人社局举办各类培训班，正式实施“企业新型学徒制”新型培训模式，提高职工人员素质和就业技能，举办第十届职业技能大赛，组织企业职工各类岗位技能培训5.62万人次，组织各类职业技能鉴定1.38万人，核发国家职业资格证书1.25万张，完成统考类职业资格鉴定313人。

【职业能力培训】 2019年，江阴市人社局积极开展职业能力培训工作，全面提升劳动者素质。实施以“招工即招生、入企即入校、企校双师联合培养”为主要内容的新型培训模式。11月27日，在江阴市华方新能源高科设备有限公司中心礼堂举行无锡市首个“企业新型学徒制”培训班开班仪式，近70名中级数控车工和装配钳工参加培训；12月，海澜之家股份有限公司、江阴兴澄特种钢铁有限公司也相继开展“企业新型学徒制”培养。进行城乡新成长劳动力技能培训2170人、城镇再就业技能培训2855人、创业培训2119人、网络创业培训500人、江阴本地农村劳动力技能培训3957人、外来农村劳动力技能培训2313人。组织机关事业单位工勤人员职业素质提升培训考核937人。新增高技能人才取证9744人，其中技师和高级技师189人。

【举办第十届职业技能大赛】 2019年9月19日，江阴市第十届职业技能大赛在江阴市国际大酒店开幕。大赛结合江阴现有产业结构和人力资源需求设置项目，考核装配钳工、电焊工、服装制作工等10个有代表性的主体职业工种的相关技能。全市近10000名一线工人参赛，356名选手进入决赛。12月6日，举办江阴市就业创业暨职业技能大赛颁奖仪式。 （张沛茜）

■类目编辑 朱其涛

农业农村

综　述

【概况】 2019 年，江阴市围绕推动农业农村高质量发展走在前列的总目标，大力实施乡村振兴战略，深化农业供给侧结构性改革，扎实推进各项重点任务。全年完成农林牧渔业总产值 59.81 亿元，“三资”*投农 6 亿元，农村居民人均可支配收入达到 36095 元。贯彻落实“百企建百园”项目要求，吸引社会资本参与乡村产业振兴，推动现代农业领域重大项目建设，确定天正特种水产养殖示范园、南闸“健康家园”现代农业园等“百企建百园”项目工程 6 个。3 个农业龙头企业在江苏省股权交易中心农业板挂牌上市。不断提高农业生产机械化、规模化、专业化、产业化发展水平，农业机械化水平达到 94%。协调推进城乡发展，积极创建无锡市美丽乡村示范村，南闸街道观西村、云亭街道佘城村、申港街道申南村、利港街道后梅社区、璜土镇利城村、青阳镇建义村、徐霞客镇璜塘村、周庄镇宗言村、新桥镇郁桥村、长泾镇蒲市村、顾山镇东岐村等 11 个村被正式命名。是年，江阴市创成国家农产品质量安全县，列为全国乡村治理体系建设试点县、新一轮江苏省农村改革试验区，举办“中国农民丰收节”江苏省级主场活动。江阴市农业农村局先后获得江苏省渔业技术推广系统先进集体、2018 年度粮食绿色高质高效创建工作考核 A 级（优秀）、2018 年度江苏省农村产权交易工作成效显著单位、全省农民教育培训工作先进集体、第十三届江苏省农民合作社产品展销会“优秀展团”、无锡市长江禁渔先进集体等无锡市级及以上荣誉。

【乡村治理体系建设】 2019 年 10 月，中共十九届四中全会审议通过中共中央《关于坚持和完善中国特色社会主义制度、推进国家治理体系和治理能力现代化若干重大问题的决定》，加强和改进乡村治理是其中的重要组成部分。12 月，经中央农村工作领导小组办公室、农业农村部、中央组织部、中央宣传部、民政部和司法部六部委批准，江阴市被列入首批全国乡村治理体系建设试点，开展为期两年的试点示范工作。试点期间，江阴市计划统筹开展乡村治理“十大工程”（着力实施“1+10+N”党员联户工程；着力实施村和社区党组织“领头雁”工程；着力实施村级三务公开“户户通”阳光工程；着力实施村社分离试点工程；着力实施网格化社会治理工程；着力实施村规民约树新风工程；着力实施乡村矛盾纠纷多元化解机制工程；着力实施“小微权力”制约工程；着力实施农村志愿服务工程；着力实施“村级医疗互助项目”工程），探索构建中国之治框架下的江阴乡村善治模式，夯实农村基层基础，促进党组织领导下的自治、法治、德治三治融合发展，形成共建共治共享的治理格局，为走中国特色社会主义乡村善治之路探索新路子、创造新模式。

【农民人均可支配收入全省二十连冠】 2019 年，江阴市农村居民人均可支配收入 36095 元，增长 8.9%，连续 20 年名列江苏省县（市）级第一，城乡居民人均可支配收入比下降到 1.92∶1，村级收入 35.6 亿元，新增 3 个村收入超 5000 万元。引导镇（街道）建立集体经济联合发展平台，通过创办合作联社等方式实现村级集体经济组织抱团发展，推动村级发展模式由单一型向多元型转变、发展方式由分散型向联合型转变。

【农村承包地确权】 2019 年，江阴市积极开展农村承包地确权登记颁证“回头看”工作，督促各镇（街道）认真做好遗留问题处理。解决 105 个土地确权遗留问题。15 个镇（街道）开展即征即保工作，涉及 27 个村 104 个组，涉及农户数 1957 户，核减人数 2775 人、确权面积 103.07 公顷。对全市整村流转农户承包地进行摸底，105 个涉整村流转的行政村流转农户承包地 10620 公顷，涉及农户 7.67 万户；全市辖区内土地流转数量达 2.1 万件，涉总面积 18900 公顷。收到“12345”公共服务热线（市长信箱）信访件 3 件，全部按时办理，上访满意率达 100%；参加土地承包方面的信访复查协调会 8 场，出具信访答复意见书 3 件，提供土地确权资料 2 份。

【推进城乡发展一体化示范镇建设】 2019 年，根据无锡市《关于 2019 年市级特色镇村项目奖补专项资金的实施意见》，江阴市围绕各示范镇结社项目实施进度、奖补资金使用情况，发展面临困境等，加快推进各示范镇城乡发展一体化建设。按照“一镇一策”“一事一议”思路，多次深入新桥、徐霞客、长泾3个示范镇开展调研，指导各示范镇科学申报2019年度奖补项目，3个示范镇共获2019年度奖补项目11项，奖补资金2700万元。

农村管理

【概况】 2019年，江阴市坚持巩固完善农村基本经营制度，保持农村集体产权制度改革方向，发展壮大集体经济，进一步完善制度，堵塞漏洞，加强监管、落实责任。加强农村集体“三资”* 监管，形成“一网运行、一管到底”的智慧监管体系，确保农村三资管理到位、监督有效、保值增值。推进三务公开“户户通”* 工程，开发“E银通”网上支付系统，建立应公开尽公开的管理机制，实现农村资金、资产、资源的全方位监督。围绕影响农村人居环境的重点难点，集中开展以“道路绿化改造、沿路环境提升、田园整理美化、村庄面貌整治、河塘水质清洁”为重点内容的五项专项行动，大力提升全市农村面貌。

【农村生态文明建设】 2019年，江阴市持续改善和提升农村人居环境，加强农村生态文明建设。是年，南闸街道泗河村、云亭街道花山村、夏港街道长江村、申港街道申兴村、璜土镇璜土村、月城镇双泾村、青阳镇建义村、徐霞客镇阳庄村、华士镇华西新市村、周庄镇山泉村、新桥镇苏市村、长泾镇习礼村、顾山镇红豆村、祝塘镇五福村等获评江苏省农村人居环境整治综合示范村。南闸街道观西村、云亭街道佘城村、申港街道申南村、利港街道后梅社区、璜土镇利城村、青阳镇建义村、徐霞客镇璜塘村、周庄镇宗言村、新桥镇郁桥村、长泾镇蒲市村、顾山镇东岐村获评无锡市美丽乡村示范村。组织示范村申报无锡市美丽乡村“四季十六景”和“田间课堂”。在无锡市第十四届无锡现代农业博览会上，江阴市华西村、璜土村、红豆村美景图片在“新江南人家”版块中展出，璜土村、江苏华西都市农业科技发展有限公司、江阴市北涸隐秀家庭农场签约作为田间课堂基地。江阴累计建成无锡市级美丽乡村示范村24个，美丽宜居乡村45个。“一推三治五化”* 农村人居环境整治稳步推进，39个试点村农房建设试点工作有序实施，新（改）建农村公共厕所80座，完成166个行政村村庄规划编制工作，农村生活污水治理覆盖率达50%。

【村级公益事业建设一事一议财政奖补】 2019年，江阴市落实村级公益事业一事一议财政奖补资金共计1455万元。其中争取上级奖补资金1155万元，项目惠及10个经济薄弱村和29个一般行政村，经济薄弱村奖补比例达到80%，一般村补助比例将近50%。该资金主要用于村内道路、桥梁、水渠、堰塘、桥涵、机电井、小型提灌或排灌站等小型水利设施，以及户外村内环卫设施、植树造林、村容村貌改造等，以缓解村级建设资金压力。 （杜 凯）

村级集体经济

【概况】 2019年，江阴市开展农村集体产权制度改革“回头看”工作，完成11个运作不规范的村级集体经济股份合作社清理整顿，启动农村集体经济组织登记赋码工作。是年，全市村级收入35.62亿元，比2018年增长1.1%，村均收入达1413万元，村级经济保持稳中向好，13个村开票销售收入超百亿元，其中华西村、长江村等7个村超200亿元；村级净资产总额250.93亿元，村均9957.5万元。完成村集体经济组织登记赋码45个，全市238个村股份经济合作社累计分红29.02亿元。进一步完善全市农村产权交易服务体系，全年农村产权交易中心成功交易11178宗，成交总金额16.1亿元；制定《江阴市农村土地经营权抵押贷款实施方案（试行）》，大力推进农村土地承包经营权抵押贷款试点工作。

【农村集体“三资”监管】 2019年，江阴市建立健全市、镇、村三级联动的“三资”监管体系，制定《2019年江阴市农村集体“三资”监管体系建设工作方案》，形成职责明确、责任到人的监管格局。积极推进村账镇（街道）监管新型管理模式，实现村账镇（街道）监管镇（街道）全覆盖，其中5个镇（街道）率先实行会计事务所代理模式。持续优化“三资”管理载体，实现三务公开“户户通”、村级资金支付监管“E银通”系统村级全覆盖，村务卡全面使用。全面建成覆盖市、镇（街道）、上下联通的“三资”监管信息中心，实现“三资”所有信息实时查阅、同步监督。配合市委巡察办、审计局开展村级巡察审计，累计完成全市87个村（社区）巡察审计工作。“1+16”市镇两级农村产权交易市场规范稳定运行，实现省级农村产权交易市场视频监控全覆盖，累计完成各类项目交易11684宗，成交总额16.1亿元。

【薄弱村帮扶】 至2018年底，江阴市完成九轮经济薄弱村扶持工作。2019年3月，在深入调研薄弱村经济基础、产业发展、增收潜力的基础上，江阴市制定出台《关于进一步优化经济薄弱村扶持政策的意见》，重新选定24个经济薄弱村开展新一轮扶持工作，明确13条具体帮扶措施，优化调整结对关系，指导各村因地制宜制定脱贫方案，力争于2020年实现经济薄弱村稳定性收入250万元以上且人均村级稳定收入500元以上，能保障自身正常运转的脱贫转化目标。是年，下发《关于组织申报2019年无锡市经济薄弱村扶持项目的通知》，组织列入无锡市级经济薄弱村的17个行政村进行申报。 （许 嘉）

农业产业化建设

【概况】 2019年，江阴市完成“三资”投入6亿元，农业适度规模经营比例88%，高标准农田比重65.4%。新认定家庭农场11个，累计认定家庭农场259个，其中无锡市级示范家庭农场52个，省级示范家庭农场26个；认定无锡市级农民专业合作社示范社50个，国家级农民专业合作社示范社5个；新增无锡市级以上农业龙头企业3个，总数达到26

个,实现销售收入132亿元;3个农业龙头企业在江苏省股权交易中心农业板挂牌上市。积极拓展农业多种功能,扎实推进农业农村产业融合发展,推动农业发展向高端高质高效迈进,完成农村一二三产业融合示范点建设2个。完成"互联网+循环农业"综合管理平台建设,并通过无锡市级验收。加强"淘江阴""最江阴"两个县域农产品电商平台建设,深化推进信息进村入户工作,建设"江阴农保""江阴农业农村网"微站点,整合进入"农技耘"APP(应用程序)江阴频道。推进新型职业农民培育工程,培育新型职业农民1510人。(王 伟)

【县域农业产业技术体系初步建成】 2019年,江阴县域农业产业技术体系初步建成,通过整合上级资金,制定实施江阴市级农业产业技术推广示范基地奖励政策,建成省级农业科技综合示范基地1个、省级农业产业技术推广示范基地3个、县级农技推广示范基地10个。通过实施"南京农业大学—江阴"挂县强农工程,在果品、水稻2个产业配置2名首席专家、5名岗位专家,建设2个示范中心、10个示范村,通过"双线双推"推广模式,探索建立优质果品、优味稻米产业联盟,并举办"江阴好水果""江阴好大米"等品鉴评比活动,有力推动江阴县域农技产业技术体系建设以及新技术、新品种、新模式、新装备的示范应用和推广。(许 栋)

【全面开展"大棚房"问题专项清理整治行动】 2019年,江阴市开展"大棚房"问题专项清理整治行动。按照严守红线、突出重点,分类处置、集中打击的要求,在全市范围内开展拉网式、台账式等形式的排查清理,突出城镇周边、经济发达区块、风景名胜区、各类农业园区等重点区域,实行网格化管理、责任到人,逢棚必查、做到全覆盖、无遗漏。全市共摸排各类大棚34914个,占地2127公顷,排查"大棚房"问题54个。对占用耕地特别是永久基本农田建设非农设施,改变土地性质和用途的违法违规建设行为,依法依规进行全面清理整治。(杜 凯)

【涉农培训】 2019年,江阴市全面推进涉农培训工作。培育大批新型职业农民,承办部级培训班3期,组织了250名农业经营主体带头人和20名农业经理人赴泰州市举办为期8天的系统培训。承办省级培训班13期。围绕江阴市农业高质量发展需求在各镇(街道)开展农业职业技能培训,累计培训1200人。组织60名基层农技人员参加在华西干部学院举办的中组部、农业农村部"农村实用人才带头人和大学生村干部示范培训班",为全市基层农技人员提供高层次的培训平台和培训内容;配套完善农民培训基地,打造新型职业农民培训基地10个,不断完善农民培训设施设备,提高培训能力,为提供设施较好的教育培训、现场实践的平台。

(王静东)

【生态补偿政策】 2019年,江阴市出台《关于进一步优化经济薄弱村扶持政策的意见》,选定24个经济薄弱村开展新一轮扶持工作,并明确具体帮扶措施13条。完善生态补偿政策,调动保护生态的薄弱村积极性。持续开展"阳光扶贫"活动,着力构建精准帮扶、精准脱困长效机制。全年发放补偿资金10398.5万元,惠及全市17个镇(街道)226个行政村(社区),普查水稻面积9053公顷、蔬菜面积5980公顷、经济林地8287公顷、公益林地2020公顷、水产养殖3520公顷、重要湿地4个及全市水源地保护区。(杜 凯)

【农业政策性农业保险投保与理赔】 2019年,江阴市完成了农业保险共保体的招标,并完成农业保险由联办共保转为政府指导下的保险机构独立承保的过渡。是年,江阴市承保政策性农业保险18个险种,新开内塘螃蟹水文指数保险,全年实现农业保险保费收入1695.25万元,参保农户5.9万人次,其中高效设施农业保费收入1208.28万元,赔款金额774.57万元,赔款惠及农户1799户。

(王 伟)

种植业

【概况】 2019年,全市水稻面积0.91万公顷,每公顷平均产量达9364.5公斤,创历史新高。是年,水稻种植改进施肥技术,做到前足后轻,前后期施肥比例为6.5∶3.5,穗肥每公顷减少氮肥17.25公斤,加上灌浆期持续的晴好天气,籽粒灌浆充分,结实率达95.16%,比2018年上升0.37个百分点;千粒重达29.02克,比2018年增加1.42克。江阴市常年蔬菜地面积为3233公顷,产量36.35万吨,叶菜自给率达到80%以上;果品种植面积3100公顷,设施化比例78%,水量产量8.74万吨;食用菌栽培面积13.5万平方米,鲜品总产量2300吨;花卉种植面积53.33公顷。(邵益栋)

【高标准农田建设】 2019年,江阴市深入贯彻落实国家"藏粮于地、藏粮于技"战略部署,切实保障粮食生产安全,巩固和加强农业基础,提高农业综合生产能力,推动全市乡村振兴和现代农业发展。年内,江阴市高标准农田建设取得新成就,共立项开展9项高标准农田建设项目,开工建设高标准农田793公顷,建设一批适应现代农业发展要求,灌排设施配套、土地平整肥沃、田间道路畅通、农田林网健全、生产方式先进、产出效益较高的高标准农田。是年,全市高标准农田占耕地比重为65.4%。

【提升稻米品质】 2019年,全市推广以南粳系列为主的优良食味品种0.58万公顷,覆盖率达63%,在无锡地区处于领先地位。全面推广水稻绿色高效栽培技术,通过培育壮秧,提高移栽质量,减肥控药及干湿交替的水浆管理,稻米品质显著提高。在江苏省第四届"江苏好大米"评比中,华西都市农业科技发展有限公司和徐霞客谷盛农业专业合作社种植的大米分别荣获特等奖、金奖。

【粮油病虫草害防控】 2019年,江阴市深入贯彻"预防为主、综合防治"的植保方针,坚持"科学植保、公共植保、绿色植保",以"虫口夺粮保丰收保供给、农药减量保安全提效益"为中心任务,进一步推进监测预警信息化、技术应用集成化、病虫防控无害化,全力保障农业生产安全、农产品质量安全和农业生态安全。是年,全市粮油主要病虫草发生面积143573公顷次,防治面积176613

公顷次，通过防治，挽回损失 21349 吨，损失 713.4 吨。

【草地贪夜蛾监测防控】 草地贪夜蛾是世界性重大农业害虫，具有寄主植物广、繁殖能力强、危害损害重和通过迁飞导致大范围成灾的特点。2019 年 1 月由东南亚首次侵入中国云南省和广西壮族自治区，此后不断迁入，并在 4 月以后形成常态性大规模迁入的态势。6 月 11 日江阴首次查见。根据上级的部署和要求，全市设立 5 个监测点，开展草地贪夜蛾系统测报及普查工作，摸清草地贪夜蛾幼虫发生为害规律，明确草地贪夜蛾实际危害情况，并结合中央救灾资金项目采购防治药剂用于玉米草地贪夜蛾的应急防控，减轻危害损失。 （夏秋霞）

【耕地质量建设】 2019 年，江阴市继续开展耕地质量建设与化肥减量工作，测土配方施肥面积 27907 公顷次，占主要农作物播种面积的 95.5%；推广应用配方肥 5771 吨、有机无机肥 2383 吨、商品有机肥 4705 吨；实施轮作休耕 3067 公顷。全市化肥施用量比 2015 年下降 1600.65 吨，降幅 11.3%。完成江阴市耕地土壤环境质量类别划分。（冯耀栋）

养殖业

【概况】 2019 年，江阴全市生猪年末存栏 0.86 万头，全年出栏 2.24 万头，家禽年末存栏 49.45 万羽，出栏 45.58 万羽，奶牛存栏 0.09 万头。江阴市按照规模养殖场总体布局科学合理，饲养、办公、生活、配套服务、污物处理分区明晰；有科学合理的饲养管理操作规程，并按规程科学饲养；动物防疫条件齐全，防疫管理严格；积极争取省市各项扶持项目。是年，使用上级扶持资金 304 万余元，以养殖废弃物综合治理、标准化生态健康养殖、品种与资源保护等项目建设为抓手，提升畜禽养殖基础条件，改善养殖场内外环境，促进畜牧业生产方式的转变，提高农民的养殖积极性。江阴市坚持从选址布局、基础条件、养殖设施、饲养品种、饲养规模、养殖工艺、动物防疫、投入品使用、粪污治理、档案记录 10 个方面进行指导，新增建设省级生态健康养殖示范场 1 个，完成无锡市美丽牧场创建验收 1 个，全市规模养殖场生态健康示范场共计 10 个，无锡市美丽牧场共计 5 个。

【举办水产品产销对接会】 2019 年 9 月 19 日，江阴市举办水产品产销对接会，该次对接会主题为“互联互通、强农惠农”，旨在搭建贸易双方洽谈合作平台，通过产销对接、强强联合，营造供需两旺、互惠双赢的生动局面。对接会现场，江阴市芙蓉长江鲜生态养殖专业合作社同盛阳食品城水产行业工会签下战略合作框架协议，双方致力于发挥各自优势，促进资源整合，携手做大做强无锡水产交易市场。产销对接会是江阴市水产品交易板块的一次有益探索，为繁荣全市水产品贸易市场、推进全市渔业供给侧结构性改革发挥积极作用。

【江阴市养殖池塘生态化改造实施方案编制完成】 2019 年，江阴市根据江苏省农业农村厅、江苏省生态环境厅《关于开展全省养殖池塘生态化改造实施方案（2019—2022 年）编制工作的通知》文件要求，编制完成实施养殖池塘生态化改造实施方案。实施方案紧扣目标任务，遵循编制原则，全文分为池塘养殖现状、总体要求、实施内容、资金概算、保障措施五大章节，具备系统性、条理性、针对性和可操作性。实施方案将作为江阴市养殖池塘生态化改造的总依据，对于促进全市水产养殖业绿色发展具有重要意义。

（鲍明明）

【推进集中屠宰】 2019 年，江阴市为切实加强牛的屠宰管理，规范牛屠宰市场秩序，保障食品质量安全，根据江苏省农委、江苏省食药监局、江苏省环保厅联合下发的《关于加强牛羊家禽屠宰监督管理工作要求的通知》和无锡市政府办公室下发的《关于贯彻落实省农业委员会等三部门加强牛羊家禽屠宰监督管理工作要求的通知》、江阴市政府办公室下发的《关于贯彻落实省农业委员会等三部门加强牛羊家禽屠宰监督管理工作要求的通知》等相关精神和要求，在 7 月 1 日前全面完成全市范围内 7 个散在牛屠宰场点的清理整顿，实施集中屠宰，确保老百姓牛肉食用安全。 （殷 琴）

农业机械化建设

【概况】 2019 年，全市农机化工作围绕实施乡村振兴战略，以推进农业供给侧结构性改革、促进农业机械化全程全面高质高效发展为基本要求，推进农机化“一项行动、两大工程”（粮食生产全程机械化推进行动、设施农业“机器换人”工程、绿色环保农机装备与技术示范应用工

2019 年 9 月 23 日，“中国农民丰收节”江苏主场活动在江阴华西村举行

（华西村提供）

程),巩固粮食生产全程机械化成果,全面超额完成各项目标任务。全年落实农机化发展资金1303万元,新增和报废更新各类农业机械391台(套)。年末,全市有农机合作社89个,农机维修网点43个。农业机械原值2.71亿元,农业机械净值2.06亿元,农业生产综合机械化水平达到94.05%。

【农机财政补贴政策落实】 2019年,江阴市农业农村局为进一步巩固粮食生产全程机械化成果,根据江苏省农机局《2018—2020年江苏省农业机械购置补贴实施办法》文件精神,结合江阴市农机化发展实际情况,与市财政局联合制订《2019年度江阴市农机化发展补贴政策》,通过参加江阴市电台《空中热线》节目、举办农机现场会、组织市镇两级农机人员走访等方式向全社会广泛宣传,其中,举办7场农机现场会,共计700多人参展。同时,为让农机用户更好地了解国内外新农机,组织全市农机合作社主要成员、农机大户等赴南京市参加江苏省农机国际展览;在徐霞客镇、华士镇等举办新农机演示会。扶持政策科学合理的引导和新农机展示,充分调动广大农民购买、使用农业机械的积极性。全年落实农机化发展资金1303万元,其中,中央和省级财政补贴315.66万元、江阴市级财政更新补贴243.98万元、农民个人投入743.36万元。新增和报废更新各类农业机械391台(套),其中,大中型拖拉机14台,联合收割机10台,乘坐式水稻插秧机14台,育秧流水线13台(套),小麦播种机5台,粮食烘干机18台,热风炉24台,植保机械34台(动力喷雾机1台,农用无人植保机21台,喷杆式喷雾机12台),铧式犁40台,圆盘犁3台。加强对惠农资金的监管,7月和11月底成立专项检查小组例行检查全年新增机具和近两年享受财政补贴购置的农机具,检查结果总体良好。

【秸秆综合利用工作】 江阴市的秸秆来源主要为水稻、小麦和油菜,2019年,江阴市农业农村局采取多种措施,强化组织领导,加大宣传教育、政策扶持力度,建立政府推动、多种形式互为补充的秸秆全量还田和秸秆收集、储运、利用、管理体系,进一步提高秸秆综合利用率,切实改善生态环境。推进秸秆机械化还田,按照江苏省《关于做好2019年夏季秸秆机械化还田工作的通知》要求,年内首次将补助对象由农机服务组织或农机户调整为实际种植户,补助政策进一步向全市普惠,操作程序进一步简化。6月3日,由市政府办公室牵头,会同市农业农村局、生态环境局、财政局,按照省补150元/公顷,市补75元/公顷的标准,审核通过《2019年江阴市秸秆机械化还田作业实施方案和实施办法》,并明确作业技术路线和作业标准。为让农机户更好地了解补助政策和作业技术标准,利用7次农机现场会的时机,就麦秸秆机械化还田集成技术和秸秆机械化还田作业补助政策进行现场答疑,并发放2019年政策告知书和公开信等材料2000份。夏、秋两季全市投入大中型拖拉机配套秸秆还田机1413台次,夏季完成秸秆机械化还田面积7636公顷,还田率93.55%;秋季完成8650公顷,还田率94.74%。全年稻麦秸秆综合机械化还田率94.18%,发放江苏省、无锡市两季秸秆机械化补助资金366.44万元。拓展秸秆能源化、原料化、饲料化、基料化等多种利用方式。利用2018年中央农作物秸秆综合利用试点项目带动效应,着力完善布局合理、运行规范的秸秆收储体系,鼓励相关资质企业开发和生产秸秆的生物质燃料能源化利用,拓展秸秆利用途径,优化提高秸秆"五化"(肥料化、燃料化、原料化、饲料化和基料化)利用水平。是年,全市计利用秸秆0.46万吨,其中,固化成型能源化利用秸秆0.42万吨,按量补助46万元,秸秆综合利用率97.6%。

【农机安全生产监管】 2019年,江阴市农业农村局实地检验大中型拖拉机654台、联合收割机267台、上道路拖拉机819台,注销变型拖拉机171台,核发各类驾驶证64本、免费发放跨区作业证145张。全市农机保险财政补贴金额达120万元。在农忙前中后,开展农忙安全生产大检查和合作社烘干中心库房安全隐患排查,对田间、场院的农机使用、停放作全方位的检查,及时发现问题、及时整改到位。全年累计出动检查人员270人次,检查作业中农机107台次、烘干中心98个次,纠正违反操作规程等32起。按照无锡市农业农村局部署,全市粮食烘干中心统一上墙悬挂粮食烘干机安全操作规程图板。有效地提升了粮食烘干机安全使用意识。加强与市公安交警部门的沟通配合,开展以变型拖拉机为主的上道路拖拉机专项整治活动。全年专项整治活动共出动检查人员82人次,检查上道路拖拉机81台次。是年,全市农机注册上牌率、持证率、年检率分别达99%、94%、94%。全市农田作业未发生农机作业重大责任事故。

【农机后勤服务保障】 2019年农忙前,为确保农机作业顺畅,不误农

图为江阴市长泾镇投入使用的现代化农业机库 (市农业农村局提供)

时,江阴市农业农村局对全市需检修的4248台农机具开展检修工作,4月底前完成排灌机械试机上水,5月初拖拉机及其配套机具检修结束,5月底插秧机整修结束。全市举办各类农机技术培训班4期,培训人员760人次。完成2019年度农机获证奖补培训62人次。农忙作业期间,农机志愿服务队分成3个服务小组和1个应急机动小组,分片分组,责任到人,深入村间场院、田间地头,为各类农机提供贴身式优质服务。全年志愿服务队排除各类机械故障200多台次,大修机器14台次,现场技术指导和技术培训600多人次,确保农忙期间为农志愿服务不间断,农户生产用机不耽误。

【高效农机装备及技术推广应用】2019年,江阴市农业农村局按照江苏省农机推广工作要点和内容、无锡市有关文件精神要求,扎实推进高效特色农机装备技术示范应用,全年实施完成"葡萄生产关键环节机械化生产集成应用"省级项目1项;"农业废弃物机械化处理与利用技术""水产生态养殖机械化技术""花卉苗木栽种技术试验示范""林果类机械化技术装备引进试验示范"无锡市级项目4项。12月底,4项无锡市级项目完成验收。加大高效农业农机装备推广宣传力度,重点进行苗木育苗机、飞行植保无人机、大棚加温系统装备等新型机具试验示范。联合1个省级单位、3个江阴市水产养殖企业,成功申报江苏省现代农机装备与技术示范推广项目。

2019年江阴市农机动力及主要机具保有量一览表

表6

农机动力、主要机具名称	计量单位	数量	农机动力、主要机具名称	计量单位	数量
一、农机动力			五、其他机械		
柴油机	万千瓦	11.3	高速插秧机	台	353
汽油机	万千瓦	1.93	机械育秧设备	套	119
电动机	万千瓦	13.8	机动植保机械	台	3687
二、农用拖拉机			其中:高效植保机	台	2098
大中型	台	689	农用水泵	台	2829
小型	台	1139	六、大中型农具		
三、联合收割机			旋耕机	台	954
半喂入式	台	120	开沟机	台	536
全喂入式	台	171	其中:复式开沟机	台	426
四、粮食烘干机	台	321	秸秆还田机	台	753

2019年江阴市主要农业机械项目作业面积一览表

表7 单位:万公顷

项目	机耕面积	机种面积		机收面积		机械植保面积	机械秸秆还田面积
		小麦	水稻	小麦	水稻		
数值	2.12	0.61	0.81	0.82	0.91	1.8	1.63

(陆 恺)

■类目编辑 朱锡章

综　述

【概况】　2019 年，江阴市深入践行新时代治水方针，全面贯彻“水利工程补短板、水利行业强监管、系统治水提质效”总基调，扎实推进水利工程建设、全面加强江河管控、系统优化工作机制，全市水利基础设施网络继续完善，水生态环境质量显著提升。科学部署防汛防旱，市防指及早落实各项汛期备汛措施，启动防汛防台应急响应 3 次，科学调度水利工程，汛期排水 5.91 亿立方米，有效抵御超强台风“利奇马”等 3 次台风以及 3 次暴雨袭击，实现全市安全度汛。在干旱少雨期间，及时调引江水 7.6 亿立方米调节内河水位，保障工农业生产用水需求。不断补强水利工程短板，年内开展 25 项水利工程建设（含续建），绮山应急备用水源地工程、长江肖山水源地取水口迁建工程以及新沙河、新桃花港、黄昌河整治工程等项目全面完工，12 项防汛应急工程、利港河整治工程等项目建成，锡澄运河定波水利枢纽工程、中小河流治理重点县四期工程等项目启动建设并有序推进。全年疏浚整治河道 40 条，完成土方约 307 万立方米，完成总投资 3.98 亿元。完成无锡市级及以上水利工程维修养护项目 16 项，争取江苏省、无锡市水利专项补助资金 627 万元。继续深化河长制管理，启用全市河长制信息化系统，全市各级河长履职近 2 万次，全年开展河道管理明察暗访 6 次，完成上级及各条线交办任务 32 项，向下交办督办问题 400 余个。是年，7 个重点水功能区（2 个施工未评价）水质达标率 100%；9 个国省考断面水质全部达标，优Ⅲ比例 77.8%，比 2018 年上升 11.1 个百分点；79 个河长制考核断面水质达标率 77.5%，比 2018 年上升 2.7 个百分点；无锡市下达的 15 条环境综合整治河道水质达到或优于Ⅲ类水比例 80%，比 2018 年上升 26.7 个百分点，超额完成无锡市定目标任务。全面从严河湖管控，基本完成 19 项长江“三

2019 年 8 月 16 日，锡澄运河定波水利枢纽开工建设。图为工程夜间抢工现场　　（市水利局提供）

乱”（乱采、乱占、乱排）、45项长江干流岸线利用项目清理整治，恢复长江生态岸线2.32千米；启动全市河湖违法圈圩和违法建设专项整治，排查梳理“两违”（河湖违法圈圩、河湖违法建设）项目96项，完成整治92项；全年查获并处理非法采砂船、运输船23艘，移交各类水事违法案件28件。开展长江经济带生产建设项目水土保持监督执法专项行动，查处违法违规项目91项，21项水土保持方案通过审批。高效落实最严格水资源管理，全年用水总量13.659亿立方米、单位GDP（地区生产总值）水耗36.79立方米每万元，均超额完成无锡市定目标；地下水位埋深最低点回升至36.32米，较2018年回升5.22米。开展取水工程（设施）核查登记，全市460项核查项目全部通过省水利厅复核并登记入库。全面推进各行业节水，农田灌溉水有效利用系数提升至0.6672，成功创建省、市级节水型社会建设载体14项，江阴市被水利部评为第二批节水型社会建设达标县（区）。规范增强水利安全监管，进一步健全完善水利行业安全生产工作领导小组，设立安全监管专职科室，明确机关科室安全生产职责，并向基层延伸，形成横向到边、纵向到底的安全工作网络。全年开展水利工程建设监督检查55次，出具检查意见28份，整治安全隐患60处。开展“厂中厂”安全生产专项整治“雷霆行动”，查处并整改安全隐患15处。组织开展全市农桥安全隐患普查，排查梳理危桥231座。全面完成水利局转隶组建，局机关完成农业机械化等职能及人员划转，成立安全生产监督管理科，科学合理制定“三定”*方案，形成工作职责明确、人员配置合理、系统运转高效的良好格局。该局被省文明委评为2016—2018年江苏省文明单位。

【组建江阴市水利局】 2019年2月19日，江阴市水利农机局召开转隶组建会议。根据《江阴市机构改革方案》，市水利农机局的水资源调查和确权登记管理职责划归市自然资源和规划局、农机和农田水利建设项目管理职责划归市农业农村局、水旱灾害防治相关职责以及防汛防旱指挥部的职责划归市应急管理局，在市水利农机局基础上组建市水利局，作为市政府工作部门。新组建的江阴市水利局，承担起保障江阴市水资源的合理开发利用、研究起草全市水利行业规范性文件并监督实施、负责指导监督水利工程设施的建设、管理与保护等工作。江阴市水利局作为正科级建制，下设7个内设机构，分别为办公室（财务审计科）、政策法规与水资源管理科（市节约用水办公室、行政许可科）、规划建设科、工程运行管理科、河长制管理科、组织人事科、安全生产监督管理科。（潘张宇）

水利工程

【概况】 2019年，江阴市水利建设紧扣社会发展需要和民生诉求，融汇现代水利理念，进一步优化水利规划建设标准，继续加快推进河道综合整治，完善提升防洪排涝体系，全市水环境面貌显著改善。是年，全市完成水利工程建设投资3.98亿元，疏浚整治河道40条，新建及加固护岸38.4千米、圩堤约3.1千米，新、改建排涝站13座。

【乡镇应急防汛工程】 2019年乡镇应急防汛工程共包括12项项目，涉及9个镇（街道），概算批复总投资6250万元，该工程由市水利局组织各镇（街道）申报，由各镇（街道）组建项目法人负责实施。主要建设内容为新、改建排涝站10座，新、改建防洪圩堤约2.6千米。2019年3月陆续开工建设，当年主汛期发挥效益，工程实施后新增有效排涝面积114.3公顷，增强相关区域防洪排涝能力，有力保障人民群众生命财产安全。

【新沙河河道环境整治工程】 新沙河河道环境整治工程位于顾山镇，概算批复投资为1084.59万元。主要建设内容为河道清淤疏浚2020米，新建混凝土挡墙及土工模袋混凝土2040米、1米×1米窨井5座、直径600毫米管道99米。该工程由市重点水利工程建设管理处作为项目法人负责实施，由无锡市水利设计研究院有限公司设计，南通市水利建设工程有限公司施工，无锡市泓利工程监理有限公司监理。工程于2018年12月23日开工，2019年4月30日竣工。

【黄昌河河道环境整治工程】 黄昌河河道环境整治工程位于南闸街道，概算批复投资为2458.41万元。主要建设内容为河道清淤疏浚4725米，新建混凝土挡土墙4185米，新建民用码头8座，新建直径1000毫米雨水接入管24米，2米×2米雨水检查井1座。工程由江阴市重点水利工程建设管理处作为项目法人负责实施，由无锡市水利设计研究院有限公司设计，宝应县水利建筑安装工程处施工，无锡市泓利工程

2019年1月1日，绮山应急备用水源地工程通水运行　（市水利局提供）

监理有限公司监理。工程于2019年3月18日开工,同年11月15日竣工。

【新桃花港清淤建设工程】 新桃花港清淤建设工程位于璜土镇、利港街道,概算批复投资为1017.76万元。主要建设内容为对新桃花港(新河闸—西横河)及西横河(小湖港—居家桥)进行清淤整治,总长14.91千米,对低洼河岸进行土堤加高,长1.2千米。工程由江阴市重点水利工程建设管理处作为项目法人负责实施,由无锡市水利设计研究院有限公司设计,盐城市大丰水利建设有限公司施工,无锡市泓利工程监理有限公司监理。工程于2019年5月15日开工,9月25日竣工。

【绮山应急备用水源地工程】 绮山应急备用水源地工程位于城区东南角,云亭街道绮山南侧,白屈港西侧,应天河东北侧的废弃采石场。水源地建设分两个单项主体工程,分别为水源地工程和管网工程,概算批复投资为8.93亿元。其中水源地工程由江阴市水利局负责实施,工程占地57.3公顷,规模为水库有效调节库容335万立方米,总库容348万立方米,取水泵站设计流量每秒5立方米,取水闸设计流量每秒10立方米,输水泵站设计流量每秒5立方米,换水涵闸设计流量每秒5立方米。管网工程由江苏江南水务股份有限公司负责实施,规模为新建直径2000毫米输水管道2道,每道长9500米。工程建成后要求水源地水质稳定达到地表水III类标准,满足向肖山水厂连续7天、每天40万立方米的应急供水要求。水源地工程由上海勘测设计研究院有限公司设计,江苏科兴项目管理有限公司监理,主体工程由中铁二十三局集团有限公司施工,管理楼及配套工程由江苏南方建设集团有限公司施工,景观绿化工程由江苏峨嵋园林工程有限公司施工,主要设备由上海凯泉(泵业)集团有限公司提供,信息化工程由蓝深远望科技股份有限公司施工,围栏及收尾工程由江苏滨建集团有限公司施工。工程于2015年12月开工建设,2018年11月2日通过下闸蓄水验收。2019年6月4日,通过试运行验收,9月6日水源地主体工程(施工与安装标)通过完工验收,9月26日水源地三期蓄水全部完成,至年底竣工。

【长泾镇东南部水环境整治工程】 长泾镇东南部水环境整治工程位于长泾镇河塘村、蒲市村、习礼村,概算批复投资为7566.38万元。主要建设内容为新建3座排涝站,新建河塘南街堤防0.45千米;清淤河道及"家河"112条,总长度22.92千米,清淤土方35.97万立方米,新建生态护岸25.44千米,完成绿化3.96万平方米,新建灌溉泵站8座,调水泵站1座,新建灌溉渠道11.87千米。该工程由长泾镇政府组建项目法人负责实施。该工程分三期实施,其中一期工程分别由张家港水利建设工程有限公司、江苏贵兴市政工程有限公司、江苏蓝天水利建设有限公司、常州武进水利工程有限公司、江苏华平市政工程有限公司施工,由无锡泓利工程监理有限公司、江苏赛富项目管理有限公司、南京泰京工程项目管理服务有限公司监理。二、三期工程分别由泗洪县水利工程处、江苏祥通建设有限公司、江阴市水利工程公司施工,由南京泰京工程项目管理服务有限公司、江苏赛富项目管理有限公司、无锡泓利工程监理有限公司监理。工程于2017年12月1日开工,2019年6月30日竣工。 (庄钧惠)

河湖管理

【概况】 2019年,江阴市严格规范长江岸线资源利用,启动编制《江阴市长江岸线保护利用规划》,重点推进45项长江干流岸线利用项目清理整治、19个长江"三乱"问题整治,顺利完成年度工作目标。全面落实河湖"两违"专项整治行动,出台《江阴市河湖违法圈圩和违法建设项目清理整治工作实施方案》,对96项"两违"项目按照"依法合规、分类处置、属地负责、部门协同"的工作机制严格推进落实,完成整改92项。加强市级河道管护,17艘管护船全年清运河道水面和岸坡垃圾、有害水生植物近10000吨,新建及修复城区河道栏杆1100米,清除河道阻水水泥沉船18条。9月至12月,在白屈港和界河徐霞客段、祝塘段组织两次较大规模的水葫芦机械化应急打捞,打捞水葫芦27万平方米,约5680吨。严格河道巡查检查,全年巡查623次,及时制止各类水事违法行为68起。

【河长制管理】 2019年,江阴市进一步夯实管理基础,强化河长履职,加强督促检查,河长制管理实现从"有名"向"有实"的加速转变。4月2日,召开全市河长制工作会议,研究部署全年河长制重点工作。投入运行河长制管理信息系统,实现

2019年,江阴市对青阳镇杨庄浜开展综合整治 (市水利局提供)

河长履职电子记录。积极推动河长履职，协调治理河道问题，市级河长履职 306 次，镇级河长履职 2976 次，村级河长履职 16496 次，完成上级交办任务 17 项，向下交办督办各类问题 23 项，完成污染防治综合监管平台任务 10 项，处理信访件 5 件。组织河道志愿者开展“水美江阴，爱水护河”“向祖国献礼——河道志愿者在行动”等志愿者活动，向沿河居民发放爱河护水倡议书，清除沿河岸坡垃圾。是年，全市 79 个河长制考核断面水质达标率达 77.5%，比 2018 年上升 2.7 个百分点；3 个国考、6 个省考断面均达到了年度水质目标，其中水质优于Ⅲ类断面数 7 个，比 2018 年增加 2 个，比例为 77.8%，超过无锡下达的优Ⅲ比例 66.7% 的目标；15 条无锡市下达的环境综合整治河道中达到或优于Ⅲ类水的有 12 条，比 2018 年增加 4 条，比例为 80%，超过无锡下达的优Ⅲ比例 66.7% 的目标。 （徐志扬）

·小资料·

中华人民共和国河道管理条例

第二章　河道整治与建设

第十条　河道的整治与建设，应当服从流域综合规划，符合国家规定的防洪标准、通航标准和其他有关技术要求，维护堤防安全，保持河势稳定和行洪、航运通畅。

第十一条　修建开发水利、防治水害、整治河道的各类工程和跨河、穿河、穿堤、临河的桥梁、码头、道路、渡口、管道、缆线等建筑物及设施，建设单位必须按照河道管理权限，将工程建设方案报送河道主管机关审查同意。未经河道主管机关审查同意的，建设单位不得开工建设。

建设项目经批准后，建设单位应当将施工安排告知河道主管机关。

第十二条　修建桥梁、码头和其他设施，必须按照国家规定的防洪标准所确定的河宽进行，不得缩窄行洪通道。桥梁和栈桥的梁底必须高于设计洪水位，并按照防洪和航运的要求，留有一定的超高。设计洪水位由河道主管机关根据防洪规划确定。跨越河道的管道、线路的净空高度必须符合防洪和航运的要求。

第十三条　交通部门进行航道整治，应当符合防洪安全要求，并事先征求河道主管机关对有关设计和计划的意见。水利部门进行河道整治，涉及航道的，应当兼顾航运的需要，并事先征求交通部门对有关设计和计划的意见。在国家规定可以流放竹木的河流和重要的渔业水域进行河道、航道整治，建设单位应当兼顾竹木水运和渔业发展的需要，并事先将有关设计和计划送同级林业、渔业主管部门征求意见。

第十四条　堤防上已修建的涵闸、泵站和埋设的穿堤管道、缆线等建筑物及设施，河道主管机关应当定期检查，对不符合工程安全要求的，限期改建。在堤防上新建前款所指建筑物及设施，应当服从河道主管机关的安全管理。

第十五条　确需利用堤顶或者戗台兼做公路的，须经县级以上地方人民政府河道主管机关批准。堤身和堤顶公路的管理和维护办法，由河道主管机关商交通部门制定。

第十六条　城镇建设和发展不得占用河道滩地。城镇规划的临河界限，由河道主管机关会同城镇规划等有关部门确定。沿河城镇在编制和审查城镇规划时，应当事先征求河道主管机关的意见。

第十七条　河道岸线的利用和建设，应当服从河道整治规划和航道整治规划。计划部门在审批利用河道岸线的建设项目时，应当事先征求河道主管机关的意见。河道岸线的界限，由河道主管机关会同交通等有关部门报县级以上地方人民政府划定。

第十八条　河道清淤和加固堤防取土以及按照防洪规划进行河道整治需要占用的土地，由当地人民政府调剂解决。因修建水库、整治河道所增加的可利用土地，属于国家所有，可以由县级以上人民政府用于移民安置和河道整治工程。

第十九条　省、自治区、直辖市以河道为边界的，在河道两岸外侧各 10 公里之内，以及跨省、自治区、直辖市的河道，未经有关各方达成协议或者国务院水利行政主管部门批准，禁止单方面修建排水、阻水、引水、蓄水工程以及河道整治工程。

——摘自中华人民共和国水利部官网

■类目编辑　朱锡章

工 业

综 述

【概况】 2019年，江阴市坚持以推进工业经济高质量发展为主线，扎实推进产业强市战略，工业经济运行总体平稳，工业发展结构优化、质效提升。全年完成规模以上工业产值6069.31亿元，比2018年增长9.5%，规模以上工业增加值增长9.3%，工业投资增长5.5%，技改投资增长5.3%，工业税务销售增长2.9%，工业用电量增长0.9%。全市规模以上工业利润总额下降3.5%。是年，江苏阳光集团有限公司、江苏红柳床单集团公司获评国家级"绿色工厂"。江阴兴澄特种钢铁有限公司和江苏阳光集团有限公司的两种产品获评"国家制造业单项冠军产品"。江阴市蝉联中国工业百强县（市）"三连冠"。11个企业入围中国企业500强，19个企业入围中国制造业企业500强。至年末，累计拥有1个国家制造业单项冠军示范企业，3项国家制造业单项冠军产品。 （赵 峰 周霞男）

【企业技术中心建设】 2019年，江阴市加快创新主体培育，强化创新载体建设，积极推进国家、省和市三级企业技术中心的创建工作，以创建企业技术中心为抓手，促转型升级。全市新增省级企业技术中心9个，新增无锡市级企业技术中心29个。至年末，累计拥有国家级企业技术中心6个，省级企业技术中心78个，无锡市级企业技术中心155个。

【新技术新产品推广应用】 2019年，江阴市有64项新技术新产品研发项目被列入省重点技术创新计划，164项新技术新产品研发项目被列入无锡市重点技术创新计划，49项新技术新产品通过省级新产品新技术鉴定，20项新技术新产品被列入江苏省重点新技术新产品推广应用目录，推动工业经济高质量发展。 （吴 明）

【节能改造】 2019年，江阴市实施36项重点节能改造与循环经济项目，其中，节能改造项目30项，节能新产品推广项目2项，资源综合利用项目2项，合同能源管理项目2项，累计投入1.6亿元，年实现节能量11.6万吨标煤。江苏利电能源集团8号机组升级改造项目等16项节能及循环经济项目被列入省产业转型升级项目，获补助资金1770万元，节能规模在全省县级市中名列前茅。汉邦（江阴）石化有限公司等17个企业通过能源管理体系认证或评价。全社会综合能耗约2010万吨标准煤（等价法），其中全社会电力消费量280.73亿千瓦时；全市规模以上工业综合能耗1526.7万吨标煤，规模以上工业增加值能耗1.21吨标准煤/万元（当量法），比2018年下降7.9%。

【清洁生产审核】 2019年，江阴市28个企业开展自愿性清洁生产审核，制订各类清洁生产改造方案及措施283项，累计投入3.22亿元，当年产生经济效益3029万元。预计所有方案及措施全部实施后，年可节标煤8918吨，其中，节电1987万千瓦时、节天然气54万标准立方米、节蒸汽6637吨、节水7万吨等，减排二氧化碳4592吨、减排二氧化硫1155吨、减排氮氧化物1694吨、减排固废粉尘（烟尘）等颗粒物845吨、减排废水5.4万吨。 （祁晓蕾）

【"三高两低"企业专项整治及化工产业安全环保整治提升专项行动】 2019年，江阴市继续开展"三高两低"（高投入、高消耗、高污染、低水平、低效益）企业专项整治工作，深入开展化工产业安全环保整治提升专项行动。全年淘汰关停"三高两低"企业43个，其中化工生产企业23个。 （奚利松）

工业性投资

【概况】 2019年，全市工业投资比2018年增长5.5%，增速比2018年回落5.2个百分点。全市技改投资增长5.3%，占工业投资的比重72.3%。从投资规模看，全市有10亿元以上项目17项，5亿元至10亿元项目24项，1亿元至5亿元项目112项。按行业结构分：机械行业完成投资占投资总量的21.8%；电子信息行业完成投资占投资总量的10.2%；轻工行业完成投资占投资总量的11.7%；纺织行业完成投资占投资总量的12.8%；新材料、新能源行业完成投资占投资总量的16.5%；金属制品行业完成投资占投资总量的7%；冶金行业完成投资占投资总量的3.5%；化工医药行业完成投资占投资总量的0.5%。

（吕　英）

【重点项目】 2019年，全市有工业重点项目61项，总投资480.28亿元，年计划投资158.06亿元，年内项目全部开工，完成投资142.64亿元。其中新开工项目30项，年内完成投资63.99亿元；2018年结转项目31项，完成投资78.65亿元。全市61项工业重点项目中，中芯长电半导体（江阴）有限公司一期、联动天翼新能源有限公司锂离子电池、远景能源（江苏）有限公司测试中心、江阴远景天创能源有限公司分布式发电、江阴长电先进封装有限公司一期、江苏长电科技股份有限公司集成电路封装、江阴墙尚家居有限公司软件产业园、江阴市博汇机械成套设备有限公司环保装备制造、江阴贝卡尔特合金材料有限公司太阳能硅片切割材料及应用、江阴永利新型包装材料有限公司二期、江阴市万沅电子科技有限公司自动售货机、江阴市长星港口机械有限公司关键零部件、江苏振江新能源装备股份有限公司新能源风力发电机零部件、江阴南泉高分子制品有限公司医疗器械、江苏星源航天材料有限公司覆铜板、江阴市向阳特种化纤有限公司涤纶短纤维技改、江阴凯研金属制造有限公司智能沙发配件、阳光卫生医疗新材料江阴有限公司卫生纺织品、江阴美纶纱业有限公司高品质色纺纱、江阴芗菲服饰有限公司跨境电子商务产业园配套项目、优彩环保资源科技股份有限公司功能型纤维、联动天翼新能源有限公司锂离子电池一期电芯线、江苏触宇光电有限公司触控膜、江阴市倪家巷纺织有限公司智能化纺纱等24项项目基本竣工或试产，全年完成投资77.47亿元。

（陈　松）

新兴产业

【概况】 2019年，江阴市新能源、新材料、车船及机械装备、生物医药、电子信息等新兴产业规模产值比2018年增长10.8%，增速高于传统产业2.4个百分点，占全市规模以上产值的比重达44.5%。

【新能源产业】 2019年，江阴市新能源行业规模产值比2018年增长8.5%，占全市规模工业的比重达7.3%。全市新能源产业以光伏产业和风电装备制造业为发展重点。光伏产业涵盖硅料生产、单晶硅拉棒（多晶硅铸锭）、硅片切割、电池片生产、组件封装和专用生产设备制造等多个环节，并介入分布式电站领域，在终端应用市场占据一定市场，形成较为完整的产业链条。风电产业形成包括风电特钢、轮毂、塔座、主轴、塔筒、法兰、齿轴、轴承座、机舱罩、特种涂料等关键零部件相互配套发展的格局，其中，风电主机年产能达到5000兆瓦。至年末，江阴市新能源产业拥有超百亿级企业1个，超十亿级企业4个。在彭博新能源财经公布的2019年国内风电整机制造商排名中，远景能源（江苏）有限公司继续位列第二；江苏爱康科技股份有限公司等一大批光伏骨干企业态势良好，深耕电站领域。

【石化新材料产业】 2019年，江阴市石化新材料产业规模产值比2018年增长15.5%，占全市规模以上工业的比重为15.6%。至年末，江阴市石化新材料产业主要产品包括：精对苯二甲酸（PTA）、苯乙烯、可发性聚苯乙烯（EPS）、聚酯切片（PET）、聚酰胺（PA）、乙酸丁酯、沥青、不饱和聚酯树脂及聚苯乙烯上游原料苯乙烯、特种涂料上游偏酐、下游特种薄膜、工程塑料等，产品种类较为齐全。全市具有年产精对苯二甲酸460万吨、苯乙烯42万吨、沥青220万吨等的生产能力。

【车船及机械装备产业】 2019年，江阴市车船及机械装备产业规模产值比2018年增长10.6%，占全市规模以上工业比重为14.2%。至年末，江阴市车船及机械装备产业拥有骨干船厂2个，各类车船、机械类配套规模以上企业近400个，拥有360万载重吨的大中型民用钢制船舶的年生产能力。配套产品中，汽车保险杠、气门芯等一批“小”产品占据细分领域龙头地位。在船舶行业尚未复苏回暖的环境下，龙头企业江苏扬子江船业集团公司订单饱满，经营效益不断提升。

【电子信息产业】 2019年，江阴市电子信息产业规模产值比2018年增长1.5%，占全市规模工业的比重为5.9%。江阴市电子信息产业依托江苏新潮科技集团有限公司、瀚宇博德科技（江阴）有限公司两大龙头企业，形成包含集成电路芯片设计及生产、新型电子元器件、光通讯、数码视听、计算机及网络、射频识别（RFID）和特种光缆等在内的产业、产品结构，致力于打造国内乃至国际领先的集成电路先进产业基地。至年底，全市电子信息产业规模以上企业数量达40余个，由江苏长电科技股份有限公司与中芯国际集成电路制造有限公司联手共建、总投资80亿元的年产12英寸3D集成芯片及配套测试300万片能力项目进展顺利，一期项目全面投产，二期项目设备陆续进场安装调试；总投资30亿元的江阴长电先进封装有限公司通信与物联网集成电路中道封装技术产业化项目，一期投产，二期设备陆续进场，进行小规模生产。

【生物医药产业】 2019年，江阴市生物医药产业规模产值比2018年增长19.1%，占全市规模工业的比重为1.5%。全市生物医药产业规模以上企业数量近30个，拥有江阴天江药业有限公司、江苏华兰药用新材料股份有限公司、江阴苏利化学股份有限公司、江苏四环生物股份有限公司等一批销售超亿元骨干企业，并借助生物医药产业园培育出江阴贝瑞森生化技术有限公司、江苏力博医药生物技术有限公司等潜力股企业，涉足中西医药、医药设备、生物疫苗等多种产品的生产，并在中药配方颗粒、畜牧兽用疫苗领域取得一定市场地位。（周霞男）

规模经济

【概况】 2019年，江阴市有规模以上工业企业1729个。规模以上工业产值比2018年增长9.5%，工业增加值增长9.3%（可比价），利润总额减少3.5%。全市规模工业资产增长4.6%，所有者权益增长5.9%。

全市规模以上工业产品销售率为97.68%,比2018年下降1%;成本费用利润率6.48%。年内,全市有11个企业入围2019中国企业500强,19个企业入围中国制造业企业500强。至年末,全市有税务销售收入超百亿元工业企业16个,有纳税超亿元工业企业29个。

【"百强"工业企业】 2019年,江阴市"百强"工业企业产值比2018年增长13%,占全市规模工业的69.1%;产品销售收入比2018年增长5.7%,占全市规模工业的68.9%;利润总额减少4.1%,占全市规模工业的81.2%。

2019年江阴市工业"百强"企业一览表

表8 单位:万元

企业名称	税务销售	入库税金
江苏华西集团有限公司	3977806	56628
海澜集团有限公司	13083748	268177
中信泰富特钢集团(兴澄特钢)	12962027	244877
江苏新长江实业集团有限公司	4231098	102651
远景能源(江苏)有限公司	3043793	100597
江苏利电能源集团	1114157	65806
法尔胜泓昇集团有限公司	2321025	63503
双良集团有限公司	2158345	44584
江苏扬子江船业集团公司	2644735	95696
江苏阳光集团有限公司	3290963	42528
江阴天江药业有限公司	386677	45909
江苏三房巷集团有限公司	7117085	63034
瀚宇博德科技(江阴)有限公司	457306	35397
江阴苏龙热电有限公司	752294	29976
江阴江东集团公司	1072487	28282
江苏利安达集团有限公司	377135	18683
江苏新潮科技集团有限公司	1539509	39846
江阴模塑集团有限公司	543424	18656
帝斯曼工程塑料(江苏)有限公司	305567	7498
江苏华宏实业集团有限公司	2492867	18917
江苏海达科技集团有限公司	—	—
江阴澄星实业集团有限公司	10427541	23530
江苏倪家巷集团有限公司	—	—
建滔电子材料(江阴)有限公司	312450	5527
江苏富仁集团有限公司	321672	12503
阿法拉伐(江阴)设备制造有限公司	142572	18233
江阴华润制钢有限公司	493852	10926
江阴海达橡塑股份有限公司	183369	12207
申达集团有限公司	26482	3665
江苏华兰药用新材料股份有限公司	47645	5242
江苏西城三联控股集团有限公司	2449854	10208
江苏中印印务集团有限公司	61201	8679
江苏红柳床单有限公司	359446	9159
江苏苏利精细化工股份有限公司	99131	11987
江阴热电有限公司	154013	9102
优彩环保资源科技股份有限公司	180764	6330

续表8

企业名称	税务销售	入库税金
中石油江苏燃料沥青有限责任公司	303271	7992
江苏长龄液压股份有限公司	66272	6975
江苏云蝠服饰股份有限公司	271616	8815
江苏中基复合材料股份有限公司	173823	8139
信越(江苏)光棒有限公司	26707	1126
江苏焱鑫科技集团有限公司	201906	7257
江苏天华纱业集团	189032	3197
迪瑞克斯座椅(江阴)有限公司	35178	4620
中建钢构江苏有限公司	129126	8158
江苏申利实业股份有限公司	210285	7022
江阴信邦电子有限公司	155290	12852
江阴宝柏包装有限公司	140061	7849
威茨曼金属制品(江阴)有限公司	46602	3473
江苏嘉盛新材料有限公司	446938	6799
江阴市液压油管有限公司	50051	5653
阿尔法(江阴)沥青有限公司	633611	4746
中建材浚鑫科技有限公司	161409	390
江苏向阳集团有限公司	436208	4487
江苏紫米电子技术有限公司	201171	13057
无锡鹰贝精密轴承有限公司	36214	4385
江阴市恒润重工股份有限公司	155261	8517
艾尔姆风能叶片制品(江苏)有限公司	49571	4906
江阴电工合金股份有限公司	257657	6444
江苏吉鑫风能科技股份有限公司	153958	4902
江苏宝利国际投资股份有限公司	233965	3291
江苏必得科技股份有限公司	33434	7169
江苏标榜装饰新材料股份有限公司	118927	5507
东洋机电(江阴)有限公司	71032	8888
江阴宗承钢铁有限公司	186009	2257
江阴市华方新技术科研有限公司	99455	8893
江苏四环生物制药有限公司	43342	5951
江阴市华骏机械有限公司	60263	6230
江阴机械制造有限公司	42673	4330
江苏苏青水处理工程集团有限公司	81454	6154
江苏升辉投资集团有限公司	96110	4820
江苏爱康科技股份有限公司	324659	2706
江苏和时利新材料股份有限公司	88326	3127
江苏精亚集团有限公司	62389	3378
江阴华昌食品添加剂有限公司	22087	3950
江苏胜达科技有限公司	94011	3713
江阴南泰家纺用品有限公司	133626	4839

续表 8

企业名称	税务销售	入库税金
江苏省振新实业有限公司	146034	3247
江阴市江顺模具有限公司	53817	3245
江苏宝力重工科技有限公司	53504	2913
江阴长江投资集团有限公司	151001	2981
江阴杜奥尔科技有限公司	30451	1916
江苏康妮投资有限公司	94757	2282
凯澄起重机械有限公司	40690	4039
江阴中绿化纤工艺技术有限公司	29740	1611
泰山石膏(江阴)有限公司	47004	2068
江阴鑫联金属制品有限公司	33363	2875
江阴市南阳彩色纤维母粒有限公司	49115	1330
斗山液压机械(江阴)有限公司	161181	5715
江阴市通利光电科技有限公司	240883	3438
江阴新树工程塑料有限公司	49413	4251
江苏东鋆光伏科技有限公司	97074	2288
江苏新中泰桥梁钢构工程有限公司	70770	1450
东国制钢(中国)有限公司	84947	2041
无锡早川电子有限公司	29797	2404
江阴联通实业有限公司	20914	2318
江苏贝德服装集团有限公司	81274	2068
江阴市康源印染有限公司	71377	2483
江苏蝙蝠塑料集团有限公司	444378	1623
江苏澄阳投资集团有限公司	59759	3142

说明:税务销售及入库税金数据为江阴市统计口径

【11 个企业入围中国企业 500 强】 2019 年 8 月 31 日至 9 月 1 日,2019 中国 500 强企业高峰论坛在济南举行。会上,2019 中国企业 500 强名单揭晓。江阴市有 11 个企业上榜,比 2018 年增加 1 个。入围企业分别是:海澜集团有限公司,完成营业收入 1200.6 亿元,列 156 位;江阴澄星实业集团有限公司,完成营业收入 863.4 亿元,列 228 位;江苏三房巷集团有限公司,完成营业收入 675.5 亿元,列 268 位;江苏华西集团有限公司,完成营业收入 504.4 亿元,列 345 位;江苏新长江实业集团有限公司,完成营业收入 482.4 亿元,列 356 位;江苏扬子江船业集团公司,完成营业收入 473 亿元,列 359 位;江苏华宏实业集团有限公司,完成营业收入 389.4 亿元,列 437 位;双良集团有限公司,完成营业收入 389.1 亿元,列 438 位;江苏阳光集团有限公司,完成营业收入 381.7 亿元,列 443 位;法尔胜泓昇集团有限公司,完成营业收入 381.1 亿元,列 445 位;远景能源(江苏)有限公司,完成营业收入 342 亿元,列 487 位。会上,2019 中国制造业企业 500 强名单同步揭晓,江阴市有 19 个企业上榜,除上述 11 个企业外,还有江苏新潮科技集团有限公司、江苏西城三联控股集团有限公司、新华发集团有限公司、江苏倪家巷集团有限公司、江阴江东集团公司、江苏海达科技集团有限公司、阿尔法(江阴)沥青有限公司、江阴模塑集团有限公司等 8 个企业入围。

【税务销售收入超百亿元企业】 2019 年,江阴市有 16 个工业企业税务销售收入超百亿元。分别是海澜集团有限公司、中信泰富特钢集团股份有限公司、江阴澄星实业集团有限公司、江苏三房巷集团有限公司、江苏新长江实业集团有限公司、江苏华西集团有限公司、江苏阳光集团有限公司、远景能源(江苏)有限公司、江苏扬子江船业集团公司、江苏华宏实业集团有限公司、江苏西城三联控股集团有限公司、法尔胜泓昇集团有限公司、双良集团有限公司、江苏新潮科技集团有限公司、江苏利电能源集团和江阴江东集团公司。

【纳税超亿元企业】 2019 年,江阴市工业企业入库税金超亿元的有 29 个,其中税金超 20 亿元企业有 2 个,分别是:海澜集团有限公司,实现入库税金 26.8 亿元;中信泰富特钢集团股份有限公司,实现入库税金 24.5 亿元。税金超 10 亿元企业有 2 个,分别是:江苏新长江实业集团有限公司，实现入库税金10.3亿元；远景能源（江苏）有限公司，实现入库税金10.1亿元。税金5亿元至10亿元的企业有5个，分别是：江苏扬子江船业集团公司，实现入库税金9.6亿元；江苏利电能源集团，实现入库税金6.6亿元；法尔胜泓昇集团有限公司，实现入库税金6.4亿元；江苏三房巷集团有限公司，实现入库税金6.3亿元；江苏华西集团有限公司，实现入库税金5.7亿元。税金1亿元至5亿元的企业有20个。　（周霞男）

纺织工业

【概况】　2019年，江阴市纺织工业完成工业总产值1634.12亿元，占全市工业总值26.92%，自营出口完成31.43亿美元，占全市出口总额21.44%，其中服装出口12.08亿美元，占全市出口8.25%，比2018年增长6.34%。据不完全统计，销售收入在2000万元以上的规模企业有400个，完成工业总产值1149亿元，比2018年增长6%。全市税务销售收入前50名工业企业中纺织行业有12个，分别是：海澜集团有限公司、江苏三房巷集团有限公司、江苏华西集团公司、江苏阳光集团有限公司、江苏华宏实业集团有限公司、江苏向阳集团有限公司、江苏利安达集团有限公司、江苏红柳床单有限公司、江阴市天达针纺织有限公司、江苏云蝠服饰股份有限公司、江阴福汇纺织有限公司、江苏申利实业股份有限公司。全市入库税金总额前50名工业企业中纺织行业有11个，分别是海澜集团有限公司、江苏三房巷集团有限公司、江苏华西集团有限公司、江苏阳光集团有限公司、江苏华宏实业集团有限公司、江苏利安达集团有限公司、江阴福汇纺织有限公司、江苏红柳床单有限公司、江苏云蝠服饰股份有限公司、江苏申利实业股份有限公司、优彩环保资源科技股份有限公司。全年纺织行业主要产品产量为：化纤360.7万吨，其中涤纶纤维351.5万吨，锦纶40469.1吨，氨纶33616.71吨；棉纺织行业生产纱43.8万吨，其中棉纱11万吨，棉混纺纱21.29万吨，纯化纤纱11.53万吨；布59985.42万米，其中棉布22112.78万米，棉混纺布32900.94万米，纯化纤布4971.7万米，色织布9572.04万米；印染布137603.19万米；呢绒10749.22万米；绒线10694.09吨；非织造布45948.46吨；服装50363.52万件，其中梭织服装19220.59万件（含羽绒服装174.5万件，西服及西服套装6427万件，衬衫7139.31万件），针织服装31142.93万件。纺织行业中主要行业的占比情况如下：化纤行业占29.69%、服装行业占36.72%、毛纺织行业占16.49%、棉纺织印染行业占12.4%、纺织制成品业及其他占4.7%。是年，入围2019年度中国企业500强的纺织企业有海澜集团有限公司、江苏三房巷集团有限公司、江苏华西集团有限公司、江苏华宏实业集团有限公司、江苏阳光集团有限公司。海澜集团有限公司以1200.59亿元的营业收入，位列中国企业500强中的第156位。在中国制造业企业500强榜单中，海澜集团有限公司位居第62，为无锡市入围企业之首。在中国纺织工业联合会发布的《关于确认辽宁省海城市等197个地区为纺织产业集群试点地区的决定》中，江阴市获评中国纺织产业基地市；同时，祝塘镇、顾山镇入选中国针织服装名镇，周庄镇入选中国化纤名镇和中国棉纺织名镇，长泾镇入选中国粗纺呢绒名镇，新桥镇入选中国纺织服装名镇。在工业和信息化部2019年度印发的《关于公布第四批绿色制造名单的通知》中，江苏阳光集团有限公司和江苏红柳床单集团公司入选国家级绿色工厂名单。海澜集团有限公司、江苏三房巷集团有限公司入围2019年首批江苏省工业互联网发展示范企业（五星级"上云"企业*）名单。江苏阳光集团有限公司、海澜之家股份有限公司入选2018年度江苏省自主工业品牌50强。海澜集团有限公司、江苏三房巷集团有限公司、江苏华宏实业集团有限公司和江苏阳光集团有限公司入选江苏民营企业100强。海澜集团有限公司、江苏三房巷集团有限公司、江苏华宏实业集团有限公司、江苏阳光集团有限公司和江苏倪家巷集团有限公司入选江苏民营企业制造业100强。江阴远闻纺织有限公司和江阴市强力化纤有限公司获评2018年江阴市两化融合示范企业。优彩环保资源科技股份有限公司入选2019年度江阴市专精特新科技小巨人入库培育企业。

【技术改造】　2019年，江阴市纺织工业完成工业投资项目105项，占全市工业投入的12.84%。列入全市12项工业重点重大项目的分别是：阳光卫生医疗新材料江阴有限公司"采用非织造布复合技术生产卫生医疗产业用纺织品项目"，总投资10亿元；江阴市南阳彩色纤维母粒有限公司"年产10万吨差别化纤维及3万吨PET（聚酯切片）回收造粒新建项目"，总投资3.5亿元；江阴墙尚家居有限公司"瑞宝墙尚江阴软装产业园项目"，总投资10.18亿元；江阴市红邦服饰科技发展有限公司"新建年产200万件免烫衬衫项目"，总投资1亿元；江苏海特服饰股份有限公司"特种纱线、新型纤维项目"，总投资2.2亿元；江阴远闻纺织有限公司"年组装5000台单锭检测金属控制器项目"，总投资1.28亿元；江阴市向阳特种化纤有限公司"年产80000吨特种差别化涤纶短纤维技改扩能项目"，总投资3亿元；江阴美纶纱业有限公司"年产8100吨高品质色纺纱技改扩能项目"，总投资3.05亿元；江阴市倪家巷纺织有限公司"智能化纺纱车间技术改造项目"，总投资3.95亿元；江阴市澳美毛纺有限公司"年产30000套纺织机械配件项目"，总投资1.18亿元；江阴芗菲服饰有限公司"云蝠跨境电子商务产业园配套项目"，总投资10亿元；优彩环保资源科技股份有限公司"年产22万吨功能型复合低熔点纤维项目"，总投资10.38亿元。

【技术创新】　2019年，江阴市纺织行业通过省级鉴定的新产品有江苏阳光集团有限公司、阳光卫生医疗新材料江阴有限公司、江阴芗菲服饰有限公司、江苏倪家巷集团精毛纺织有限公司等4个企业的20种产品。

【自营出口】 2019年,江阴市纺织企业完成自营出口31.43亿美元,占全市自营出口的21.44%。服装出口12.08亿美元,占全市出口的8.25%。全市自营出口前30名企业中纺织行业有9个,分别是:江苏三房巷集团有限公司,126139万美元;江苏红柳床单有限公司,25947万美元;江阴福汇纺织有限公司,22709万美元;江苏云蝠服饰股份有限公司,19708万美元;江苏阳光集团有限公司,15839万美元;江苏华西集团有限公司,13441万美元;江阴南泰家纺用品有限公司,10446万美元;江苏华宏实业集团有限公司,10109万美元;江苏利安达集团有限公司,8851万美元。 (俞 青)

化工、医药工业

【概况】 2019年,江阴市规模以上化工、医药企业完成工业总产值1384.18亿元,占全市规模以上企业工业总产值的22.81%。有7个化工、医药企业进入全市税务销售收入前50名,完成税务销售收入1270.75亿元;有6个化工、医药企业进入全市入库税金前50名,完成税金总额10.84亿元;有1个化工、医药企业进入全市自营出口前30名,完成实绩17666万美元。江苏普莱医药生物技术有限公司、江阴天江药业有限公司、江阴市三良橡塑新材料有限公司的3项项目列入市重点技改项目,年内完成投资5.98亿元。江阴澄星实业集团有限公司位列全国工商联发布的2019年中国民营企业500强第69位,列中国企业联合会、中国企业家协会发布的2019中国石油和化工企业500强第15位,2019年中国企业500强第228位,比2018年上升4位,连续第十八次跻身中国企业500强。 (马 骏)

2019年江阴市化工工业主要产品产量一览表

表9 单位:吨

产品名称	年产量	比2018年增减(%)
化学农药原药	11316	-4.9
涂料(油漆)	79514	6.9
合成纤维单体	4890453	-1.9
初级形态的塑料	1282060	19.3
化学药品原药	899	17.8
合成纤维聚合物	2364838	13.2
化学试剂	60631	-7.3
合成橡胶	18910	30
合成洗涤剂	12947	18.2

轻工工业

【概况】 2019年,江阴市规模以上轻工企业完成工业总产值101.53亿元,占全市规模以上企业工业总产值的1.67%。有2个轻工企业进入全市税务销售收入前50名,完成税务销售收入84.99亿元;有4个轻工企业进入全市入库税金前50名,完成税金总额4.27亿元;有2个轻工企业进入全市自营出口前30名,完成实绩25106万美元。全市轻工工业完成投资43.95亿元,其中,设备投资29.01亿元,土建投资14.94亿元。联动天翼新能源有限公司、江阴长庚高科技材料有限公司、江阴永利新型包装材料有限公司、江苏三房巷薄膜有限公司等轻工企业的4项项目列入市重点技改项目,年内完成投资约8亿元。

2019年江阴市轻工工业主要产品产量一览表

表10

产品名称	单位	年产量	比2018年增减(%)
家具	件	955767	-0.1
皮革服装	万件	6.97	-17.7
机制纸及纸板	吨	108920	-1.6
纸制品	吨	152038	-4.6
塑料制品	吨	1048338	7.3
多色印刷品	对开色令	3398275	3.8

(马 骏)

机电冶金工业

【概况】 2019年,江阴市机电冶金工业完成总产值3170.53亿元,比2018年增长10.81%,占全市的52.24%。其中,冶金工业完成1665.90亿元,占全市27.45%;机械工业完成1183.43亿元,占全市19.50%;电子工业完成321.20亿元,占全市5.29%。是年,有机电冶金工业在建重点项目32项,占全市52.46%,完成投资总计84.31亿元,占全市工业投资的59.11%。有28个机电冶金企业进入全市税务销售收入前50名,完成税务销售收入4505.68亿元;有26个机电冶金企业进入全市入库税金前50名,完成税金总额97.76亿元;有19个机电冶金企业进入全市出口前30名企业,完成出口95.49亿美元。江苏双良节能股份有限公司和江苏华宏科技股份有限公司两个企业中标国家级绿色制造系统解决方案供应商。远景能源(江苏)有限公司和法尔胜泓昇集团有限公司入选2019年首批省工业互联网发展示范企业名单(五星级"上云"企业)。江阴兴澄特种钢铁有限公司的特钢大高炉连续第四年获评全国"优胜炉"。远景能源(江苏)有限公司获江苏省科技进步奖二等奖。江阴机电冶金行业入围2019年中国企业500强有7个企业,分别是江苏华西集团有限公司、江苏新长江实业集团有限公司、江苏扬子江船业集团、江苏华宏实业集团有限公司、双良集团有限公司、法尔胜泓昇集团有限公司、远景能源(江苏)有限公司。

2019年江阴市机电冶金工业重大项目一览表

表11　单位:万元

序号	企业名称	项目内容	所属区域	计划总投资	2019年完成投资
1	中芯长电半导体(江阴)有限公司	12英寸中段硅片制造和3D芯片集成加工项目	高新区	721980	70050
2	联动天翼新能源有限公司	锂离子动力电池及储能用锂离子电池生产项目(一期)	高新区	501500	130000
3	江阴长电先进封装有限公司	通信与物联网集成电路中道封装技术产业化项目	高新区	235000	56500
4	江苏长电科技股份有限公司	年产20亿块通信用高密度集成电路及模块封装项目	高新区	175513	29500
5	江苏法尔胜光通信科技有限公司	年产5000万千米光纤项目	高新区	150000	20000
6	神宇通信科技股份有限公司	年产50万千米航空航天、"互联网+"用高稳定性射频同轴电缆建设项目	高新区	100000	40000
7	江苏触宇光电有限公司	投射式电容触控膜、大屏幕触控IC项目	高新区	50000	13200
8	江阴市博汇机械成套设备有限公司	环保装备的制造、加工项目	高新区	38380	43000
9	江阴贝卡尔特合金材料有限公司	年产500吨太阳能硅片切割材料及应用项目	高新区	21538	15540
10	江阴兴澄特种钢铁有限公司	新建棒材深加工项目	高新区	133100	30000
11	江苏深绿新能源科技有限公司	新能源氢能研发与装备制造项目	高新区	50000	9000
12	江阴市精奇数控有限公司	精成年产300万套高端精密机械基础件和200台套数控设备项目	临港开发区	35850	30000
13	江阴市万沅电子科技有限公司	年产3万台自动售货机项目	临港开发区	35390	25000
14	江苏广亿信科技有限公司	大功率重载齿轮箱项目	临港开发区	30000	20000
15	江阴市长星港口机械有限公司	港口机械关键零部件项目	临港开发区	20310	15000
16	江苏振江新能源装备股份有限公司	新建风力发电机零部件的生产项目	临港开发区	20000	8000
17	威茨曼金属制品(江阴)有限公司	金属柔性管路系统扩能项目	临港开发区	19200	17200
18	远景能源(江苏)有限公司	远景风电测试中心、叶片生产研发中心项目	临港开发区	17000	15000
19	远景动力技术(江苏)有限公司	高储能高安全软包智能电池项目(一期)	临港开发区	500000	60000
20	江阴远景天创能源有限公司	远景分布式发电项目	临港开发区	36000	20000

续表11

序号	企业名称	项目内容	所属区域	计划总投资	2019年完成投资
21	信越光棒(江苏)有限公司	信越光棒二期项目	临港开发区	43800	18000
22	江阴恒兴新材料有限公司	智能拆迁机器人项目	临港开发区	16000	20000
23	大明重工有限公司	年产4万吨高端压力容器项目(北厂房)	靖江园区	139200	20000
24	大明金属科技有限公司	年产22万吨金属材料精密加工项目	靖江园区	45700	10000
25	江苏法拉第电气科技有限公司	年产50万吨电磁控制阀及20万套比例控制阀项目	靖江园区	20000	10000
26	江阴润源机械有限公司	年产6万吨高端新型装备关键零部件项目	云亭街道	23367	13808
27	江苏科强新材料股份有限公司	年加工光伏、新能源汽车产业用特种功能材料50万平方米项目	云亭街道	19000	20000
28	江苏星源航天材料有限公司	年产1000万张覆铜板项目	青阳镇	22000	5100
29	江苏富朗特工程机械	年产60000套工程机械零部件扩能项目	徐霞客镇	20000	10000
30	江阴电工合金股份有限公司	高速铁路用高强高导铜合金接触网材料生产建设项目	周庄镇	15804	9000
31	江阴骏驰复合材料有限公司	年产1500万平方米柔性线路板用覆铜板新建项目	长泾镇	80000	39000
32	江阴鑫源顺铝业科技有限公司	年产13万吨汽车零配件铝制品和7000吨铝合金喷涂型材项目	顾山镇	16000	1250
合计				3351632	843148

【24种产品通过省工信厅新技术新产品鉴定】 2019年,江阴市机电冶金行业有7个企业24种产品通过省工信厅新技术新产品鉴定。分别为:江苏新扬子造船有限公司的"83500DWT(OBO)兼用船、新型安全经济环保巴拿马型82000吨散货船、62000DWT木片船和39000DWT油船";江阴华新钢缆有限公司的"φ6.0毫米2060兆帕桥梁用热镀锌铝合金钢丝";江苏秋林特能装备股份有限公司的"矿区洗煤厂煤泥制备水煤浆制浆工艺与成套制浆设备和MBS45系列水煤浆湿式棒磨机";江苏法尔胜缆索有限公司的"φ5.4毫米2100兆帕锌铝合金镀层钢丝和桥梁缆索用φ7.0毫米-2100兆帕锌-铝合金镀层钢丝";柳工无锡路面机械有限公司的"CLG6122E单钢轮振动压路机、CLG6212E双钢轮振动压路机、CLG6530E轮胎压路机、CLG509E履带式摊铺机和CLG6614E单钢轮振动压路机";中铁建电气化局集团康远新材料有限公司的"电气化铁路用铜合金接触线(CTA120)、电气化铁路用铜合金绞线(JTM-D120)和电气化铁路用铜合金接触线(CTD120)";江阴兴澄特种钢铁有限公司的"高档汽车同步齿轮用VW1356钢、高端风电大齿圈用42CrM04钢、石油开采完井工具用BMS A138 Rev P钢、超高强度海洋工程用钢EQ51、高品质抗氢致开裂SA516Cr70(HTC)压力容器钢板、低温高韧性×80高钢级热煨弯管用钢板和大于2100兆帕级超高强韧性合金弹簧钢盘条"。 (张浩君)

电力工业

【概况】 2019年,江阴市有电力生产企业17个,其中公用电厂9个,自备热电厂8个,装机总容量529.6万千瓦,年发电量287.13亿千瓦时,比2018年减少4.45%,年供汽量2360.36万吨,比2018年减少3.08%。全年全市供用电总体基本平衡。全社会用电量280.72亿千瓦时,增长1%。工业用电量242.94亿千瓦时,增长0.88%。

【电力安全整治】 2019年,江阴市认真吸取江苏响水"3·21"特别重大爆炸事故教训,先后在全市开展危化品等重点行业领域安全生产检查、电力行业安全隐患大排查大整治、城市电力安全集中整治专项行动。通过督促发电、电网企业及电力用户进行自查自纠、隐患整治、督导检查、整改提高,排查整治电力行业问题隐患1490余个,并打击破坏电力设施、窃电和违规用电行为,确保电网安全可靠运行。

【电力平衡管理】 2019年,根据江苏省、无锡市发改委统一部署,江阴市按53.1万千瓦时电力缺口编制有序用电错避峰方案(其中有序用电方案安排限电负荷34.1万千瓦,电力供应应急预案增加安排限电19万千瓦)。方案按照省、无锡市确定的分级预警原则和各地区网供最高负荷、用电量占比情况,分解到各地区。 (吴勇翔)

■类目编辑 朱其涛

开放型经济

综　述

【概况】　2019年，江阴市紧紧围绕加快实现“六个高质量”*，持续拓展开放深度，积极参与“一带一路”*建设，主动融入长三角一体化发展国家战略，外资引进质量和利用水平稳步提高，稳外贸政策措施落地见效，企业“走出去”步伐不断加快。年内，利用国际、国内两种资源、两个市场，实施“稳外贸、促增长”战略，完成进出口总额235.01亿美元，比2018年下降3.52%，其中出口147.14亿美元，比2018年增长2.77%，进口87.87亿美元，比2018年下降12.5%。完成服务贸易额18.95亿美元，比2018年下降4%。全年完成工商登记协议注册外资5.5亿美元，到位注册外资9.31亿美元，到位注册外资位列全省县级市第一。新批境外投资项目33项，完成对外直接投资总额2.52亿美元。全市境外投资实际完成额和制造业实际投资额位列全省同类城市之首。

【江阴经贸洽谈会】　2019年9月21日，第二届江阴发展大会暨2019年经贸洽谈会开幕，550名国内外客商参加洽谈会，畅叙合作之谊，开展经贸洽谈，共谋发展大计。开幕式现场签约31项重点重大项目，累计投资额526亿元，平均单项项目投资超16亿元。洽谈会期间签约项目91项，总投资680亿元，其中内资项目81项，投资总额606亿元；外资项目10项，投资总额10.6亿美元。签约项目中制造业项目69项，涉及汽车零部件、新能源、环保、精密机械等领域，投资总额454亿元；服务业项目22项，涉及生物医药、电商物流、文化观光等领域，投资总额226亿元。会上，中国教育学会名誉会长顾明远，1988年诺贝尔化学奖获得者、江苏普莱医药生物技术有限公司首席科学家哈特穆特·米歇尔等人被聘为江阴市发展咨询委员会顾问和委员。举办2019年中国（江阴）电子商务融合创新发展论坛暨江阴市第五届电子商务大会，专场组织土地招商恳谈会、新兴产业项目路演暨日本产业项目推介会等配套活动，各镇（街道）、园区也分别组织分场活动，为江阴发展高水平、宽领域、多层次的交流和合作拓宽新的空间与平台。

【江阴十佳外商投资企业】　2019年，江阴市外商投资企业主动融入全面扩大开放新格局，积极参与长江经济带建设，在江阴稳外贸、促增长和支持外贸转型提升、培育出口平台等方面做出积极贡献。是年，排名前十位的外商投资企业完成自营出口10.22亿美元，实现开票销售收入1131亿元，上缴税金63.3亿元，被江阴市委、市政府授予“江阴十佳外商投资企业”称号。

2019年江阴市十佳外商投资企业一览表

表12

名　称	开票销售收入（万元）	上缴税金（万元）	自营出口（万美元）
兴澄特钢	3542914	228062	59379
远景能源（江苏）有限公司	2051608	96388	13249
贝卡尔特公司	481895	37132	18342
江苏新扬子造船有限公司	1279830	81131	—
见龙投资有限公司	1643890	25783	2179
江阴利港发电股份有限公司	654268	47177	—
江阴天江药业有限公司	386677	46326	375

续表 12

名　　称	开票销售收入(万元)	上缴税金(万元)	自营出口(万美元)
江苏长强钢铁有限公司	560229	34897	—
阿法拉伐(江阴)设备制造有限公司	136263	20625	8654
江苏利士德化工有限公司	572985	15240	—

对外贸易

【概况】 2019 年,面对中美经贸摩擦等影响,江阴市鼓励和支持企业不断开拓国际市场,拓展外贸业务。全年完成进出口总额 235.01 亿美元,比 2018 年下降 3.52%,其中出口 147.14 亿美元,比 2018 年增长 2.77%,进口 87.86 亿美元,比 2018 年下降 12.5%。年内,市商务局积极落实境外参展、先进技术装备进口、外贸服务平台建设、应对国际贸易摩擦等政策扶持,不断优化融资、风险防控、跨境电子商务、免费培训、沟通联络等平台建设,兑现落实稳外贸相关政策,兑现各级支持外贸资金 1.09 亿元,有力支持企业开拓国际市场和外贸转型升级。持续培育品牌优势,全市有 20 个企业入选 2019—2020 年度无锡市重点培育和发展的国际知名品牌。发挥中小微企业信贷风险资金池融资杠杆作用,解决企业后顾之忧,优化营商环境,为 124 个中小微企业提供信贷资金 4.54 亿元。紧密关注中美贸易摩擦态势,跟踪服务重点外贸企业,及时做好风险评估、预警和防范。

2019 年江阴市出口超亿美元镇(街道)一览表

表 13

名　　称	出口额(万美元)	比 2018 年增减(%)
周庄镇	212580	1.30
华士镇	95736	-5.16
澄江街道	76396	5.59
祝塘镇	60666	6.96
徐霞客镇	36865	4.45
顾山镇	35933	-1.55
云亭街道	34967	-6.80
新桥镇	29252	-17.35
长泾镇	25563	10.64
青阳镇	21498	-5.12
月城镇	15389	-0.94
南闸街道	13041	81.81

【外贸出口结构】 2019 年,江阴市加快外贸转型升级,外贸产品结构持续优化。全年纺织品服装出口 31.43 亿美元,比 2018 年下降 4.03%;机电产品出口 72.29 亿美元,比 2018 年增长 13.73%,占全市出口总额的 49.33%,比 2018 年提升 4.77 个百分点;高新技术产品出口 28.34 亿美元,比 2018 年增长 9.85%,占全市出口总额的 19.34%,比 2018 年提升 1.25 个百分点。电子信息产业产品、风能产业产品出口保持稳步增长,分别出口 19.09 亿美元和 5.34 亿美元,比 2018 年增长 4.83%和 68.61%。

2019 年江阴市十大机电出口企业一览表

表 14

名　　称	出口实绩(万美元)	比 2018 年增减(%)
江苏天晨船舶进出口有限公司	113811	4.24
星科金朋半导体(江阴)有限公司	96596	18.78

续表 14

名　　称	出口实绩(万美元)	比 2018 年增减(%)
江苏长电科技股份有限公司	70377	-2.91
中船澄西船舶修造有限公司	64893	57.98
江苏爱康科技股份有限公司	23604	11.66
江阴长电先进封装有限公司	17136	-19.6
远景能源(江苏)有限公司	13248	284.73
江阴信邦电子有限公司	11560	18.05
瀚宇博德科技(江阴)有限公司	9249	-18.04
无锡航工机械制造有限公司	8713	87.28

【外贸经营主体】 2019 年,江阴市落实稳外贸、稳增长各项政策,激发企业出口积极性,引导企业不断开拓国际市场,全年新增外贸经营资格备案企业 639 个,累计 7586 个。有进出口实绩企业 2678 个,比 2018 年增加 161 个。年内,全市外商投资企业完成进出口额 107.98 亿美元,其中出口额 61.99 亿美元,分别占全市进出口总额的 46.22% 和出口总额的 42.3%;内资企业完成进出口总额 125.67 亿美元,其中出口额 84.56 亿美元,分别占全市进出口总额的 53.78% 和出口额的 57.7%;民营企业出口实现稳步增长,完成进出口总额 106.05 亿美元,其中出口额 70.72 亿美元,分别占全市进出口总额的 45.39% 和出口总额的 48.26%。全市有出口超亿美元企业集团 21 个,其中江苏新潮科技集团有限公司以进出口总额 40.01 亿美元、出口 18.42 亿美元业绩列全市进出口、出口规模企业第一位。

2019 年江阴市十大外贸出口企业一览表

表 15

名　　称	出口实绩(万美元)	比 2018 年增减(%)
江苏新潮科技集团有限公司	184221	4.89
三房巷集团有限公司	126139	1.25
江苏扬子江船业集团有限公司	113811	4.02
中船澄西船舶修造有限公司	64896	57.98
江阴兴澄特种钢铁有限公司	59379	-8.31
法尔胜泓昇集团有限公司	29247	-23.01
江苏红柳床单有限公司	25947	5.37
江苏爱康科技股份有限公司	23648	10.82
江阴福汇纺织有限公司	22709	-23.87
江苏云蝠服饰股份有限公司	19708	28.60

2019 年江阴市十大民营出口企业一览表

表 16

名　　称	出口实绩(万美元)	比 2018 年增减(%)
江苏天晨船舶进出口有限公司	113811	4.02
江苏长电科技股份有限公司	70379	-2.91
江阴澄星国际贸易有限公司	15309	-9.75
江阴市华宏化纤有限公司	8804	-24.25

续表 16

名　　称	出口实绩(万美元)	比 2018 年增减(%)
无锡航工机械制造有限公司	8713	87.28
江苏吉鑫风能科技股份有限公司	8097	-6.77
江苏振江新能源装备股份有限公司	7418	21.17
江阴市惠尔信国际贸易有限公司	7267	2610.08
江阴艾迪米进出口有限公司	6855	24.78
江苏兴业塑化有限公司	6780	—

【国际市场开拓】 2019 年,江阴市主动对接国家战略和区域产业布局,鼓励企业主动参与产业链重构和全球产业链垂直融合,在"一带一路"沿线国家集聚发展,不断扩大外贸增长空间。积极利用中国国际进口博览会(以下简称"进博会")、中国进出口商品交易会(以下简称"广交会")、中国华东进出口商品交易会(以下简称"华交会")等展会载体,鼓励企业拓展东欧、中东等新兴市场。全年组织参加广交会、华交会企业 163 个次,落实展位 230 个,展位面积 2070 平方米;组织企业 350 余个、专业观众 1600 余人以及机关部门和镇(街道)、园区 41 个行政团参加进博会,达成意向成交金额 2.97 亿美元。继续抓好省级以上外贸转型基地建设,加快培育发展外贸综合服务平台,大力发展跨境电商,"三区一仓"(澄江跨境电商产业园、江阴综合保税区、邮政跨境电商产业园区,云蝠公共海外仓)各板块功能全面完善提升,带动全市跨境电商健康发展。江阴综合保税区在跨境电商方面实现四项第一;澄江跨境电商产业园、云蝠跨境电商产业园相继运行,完善跨境电商生态链。着力打造"1210"(跨境电商网购保税进口模式)业态集聚产业园,全力做大外贸规模总量。是年,江阴市对东盟市场出口 26.33 亿美元,比 2018 年增长 9.06%;对美国市场出口 18.88 亿美元,比 2018 年下降 6.74%;对欧盟市场出口 18.02 亿美元,比 2018 年下降 0.08%。对"一带一路"沿线国家市场开拓成效明显,累计进出口 71.88 亿美元,比 2018 年增长 2.3%,其中出口 50.2 亿美元,比 2018 年增长 7.4%。

利用外资和对外经济合作

【概况】 2019 年,江阴市新批外资项目 36 项,其中超 1000 万美元项目 20 项,超 3000 万美元项目 7 项(含增资),工商登记协议注册外资 5.5 亿美元,到位注册外资 9.31 亿美元。瀚宇博德科技(江阴)有限公司获江苏省跨国公司地区总部扶持资金 156 万元(省商务厅第三次补助)。江阴兴澄特种钢铁有限公司被评为江苏省第十批跨国公司地区总部。

2019 年江阴市十大新批服务业利用外资项目一览表

表 17　　单位:万美元

名　　称	投资总额	注册资本	协议注册外资
江阴泰富临港医院有限公司	20000	10000	7000
江阴深国际综合物流港发展有限公司	10500	3500	3500
亚思特(江阴)国际贸易有限公司	7500	3000	3000
江阴普凯科技产业发展有限公司	6000	3400	3400
江苏信澄昌泰实业有限公司	4808.27	1602.76	1602.76
港泰置业(江阴)有限公司	3000	3000	3000
江苏珍宝石油有限公司	3000	3000	3000
江阴市佳晟嘉国际贸易有限公司	2554.9	2554.9	766.47
江信环境投资(江阴)有限公司	2185.58	2185.58	1529.9
江阴中远海运物流供应链有限公司	2185.58	2185.58	655.67

【引资结构优化】 2019年,江阴市主动融入国家重大战略,发挥有效投入对稳增长、促转型的支撑作用,加快战略性新兴产业、先进制造业和现代服务业产业链招商、功能性招商和新业态招商,推动引资结构由粗放式增长向提升质量转变,增创对内对外开放新优势。年内,先后举办系列招商活动、经贸洽谈会,亚思特(江阴)国际贸易有限公司、江阴市高德环保装备科技有限公司、江阴泰富临港医院有限公司、江阴深国际综合物流港发展有限公司等高质量、大体量的外资项目注册落户。通过招引总部经济项目,江阴泰富系列项目实现到位注册外资2.96亿美元。全年实现战略性新兴产业到位注册外资6.25亿美元,占到位注册外资总量的67.2%。

2019年江阴市十大新批外商投资项目一览表

表18

名　　称	协议注册外资(万美元)
江阴泰富临港医院有限公司	7000
江阴深国际综合物流港发展有限公司	3500
江阴普凯科技产业发展有限公司	3400
亚思特(江阴)国际贸易有限公司	3000
港泰置业(江阴)有限公司	3000
江苏珍宝石油有限公司	3000
江苏信澄昌泰实业有限公司	1602.76
江信环境投资(江阴)有限公司	1529.9
江苏允顺供应链管理有限公司	1452.62
江阴菁新国际贸易有限公司	1029

【对外投资与经济合作】 2019年,江阴市坚持在国家对外开放和区域发展战略中谋划发展、扩大开放,制定《江阴市支持企业参与"一带一路"建设和深化产能合作的政策意见》,积极帮助企业争取各级商务发展专项资金1227.29万元。至年末,全市有境外企业(机构)312个,中方协议出资额61.75亿美元。其中"一带一路"沿线国家投资项目78项,中方协议出资额15.82亿美元。全年新批境外投资项目33项,完成中方协议投资额超5亿美元,完成对外直接投资额2.52亿美元。全市境外投资实际完成额和制造业实际投资额位列江苏省同类城市之首。年内,江苏阳光集团投资9.8亿美元在埃塞俄比亚建立海外生产基地,成立阳光埃塞俄比亚毛纺织染有限公司,一期项目年产量200万米精纺面料、30万套西服、30万件休闲装。江阴模塑集团有限公司积极拓展海外业务,与德国宝马公司形成战略合作同盟,分别投资2.8亿美元、1.8亿美元在美国和墨西哥建设美国名华公司和墨西哥名华公司。美国名华公司投资完成后可形成年产宝马G0X车型座椅小件20万套、G0X车型背门饰板40万套,售后件保险杠6万套、个性化定制车保险杠与门槛条1.5万套,以及沃尔沃汽车保险杠6万套、奔驰汽车保险杠12万套;墨西哥名华公司投资完成后可形成年产前后保险杠48.9万套,扰流板总成16.7万套,以及门槛条18.5万套,增强公司持续盈利能力。江苏贝德服装集团有限公司缅甸工厂为纺织服装出口规避贸易壁垒制约,带动江阴母体企业出口增长,是年面辅料出口新增2500万美元,实现对外合作与外贸进出口有效互补。远景动力技术(江苏)有限公司出资10亿美元完成对日产汽车旗下包括Automotive Energy Supply Corporation(AESC)日本、美国、英国等生产基地的电动车电池业务的收购,远景AESC成为国际化动力电池科技公司,为全球电动汽车公司提供先进解决方案。

(计　燕　丁文亮　吴　佳　薛金镇)

■类目编辑　徐文辉

江阴高新技术产业开发区

【概况】 2019年，江阴高新技术产业开发区牢牢把握高质量发展总导向，坚持稳中求进工作总基调，以建设产业层次高、转型动能新，改革开放水平高、生态建设成效新，民生福祉高、园区形象新的高新产业集聚区、创新驱动示范区、美丽和谐幸福区的"三高三新三区"建设为引领，扎实推进"项目攻坚年"活动，全面深化苏南国家自主创新示范区建设，进一步巩固稳中有进、稳中向好的发展态势。全年完成地区生产总值687亿元，比2018年增长9.1%；规模以上工业产值1079亿元，比2018年增长16.1%；全社会固定资产比2018年增长10.5%，其中工业投资89亿元，比2018年增长12.2%；一般公共财政预算收入41.9亿元，比2018年增长2.52%；进出口总额88.9亿美元，到位注册外资5.01亿美元、完成全年任务的179%，主要经济指标完成或超额完成全年目标任务，获评国家特钢新材料大中小企业融通载体、无锡服务产业强市先进集体等多项荣誉，在全国、全省排名实现双提升。

【主导产业发展】 2019年，江阴高新技术产业开发区紧扣产业强区和高质量发展主线，编制完成高新区产业发展规划，着力构筑以特钢新材料及制品为特色，微电子集成电路、现代中药和生物医药、机械智能制造为支撑，新能源汽车及关键零部件为战略的"1+3+1"先进制造业体系。制定产业准入负面清单，出台产业强区20条、加快发展工业数字经济、鼓励企业科创板上市、服务业提质增效18条等扶持政策，加快推进产业优化升级。坚持把培育产业集群作为产业发展的关键，培育形成以中信泰富特钢集团等为代表的特钢新材料及金属制品，以江苏长电科技股份有限公司、中芯长电半导体(江阴)有限公司等为代表的微电子集成电路，以江阴天江药业有限公司、江苏普莱医药生物技术有限公司等为代表的现代中药和生物医药，以江阴名鸿车顶系统有限公司、江阴市大地机械制造有限公司等为代表的机械智能制造等四大产业集群。坚持以区内重点企业为突破，法尔胜泓昇集团有限公司谋划布局产业链协同发展，引导产业向上下游延伸，全力构建全产业链生态圈。重点支持以江阴兴澄特种钢铁有限公司、法尔胜泓昇集团有限公司两个龙头企业发展特钢、钢丝绳等金属制品细分产业，做长特钢产业链。支持江苏长电科技股份有限公司深化与中芯国际集成电路制造有限公司、国家集成电路产业基金的合资合作，推动江阴信邦电子有限公司、江阴新杰科技有限公司等一批高成长性企业发展，加快建设集成电路封测产业园。坚持把智能化作为传统产业改造升级、新兴产业做大做强的制胜法宝，大力推行"工业+智能"，不断推动企业尽快开展智能生产、智能管理、智能服务。推进智能制造企业的分类，加快智能车间和智能工厂建设，累计建成省级示范智能车间6个、无锡市级智能车间2个。引进新松机器人江阴智能制造研发创新公共服务平台项目和天津爱波瑞(江阴)科技发展有限公司，为全区乃至全市企业提供智能化分析诊断、解决方案和设备改造。江阴天江药业有限公司建成自主研发的中药配方颗粒智能生产车间，自动化、智能化生产制造处于行业领先水平。

【项目攻坚】 2019年，江阴高新技术产业开发区大力开展"项目攻坚年"活动，以广联达移动智慧建筑、佩尔科技新材料等项目为代表，总投资370亿元的41项超亿元产业项目正式落地。中特棒材深加工、长庚锂电池用尼龙膜、深冷储能装备等16项项目开工建设；中芯长电3D集成芯片、天江药业二期、神宇通信二期、江阴外国语学校、星河科创园等在建项目进展顺利；联动天翼新能源产业基地一期、阳光医卫新材料一期、普莱医药生产基地一期等14项项目正式投产。青阳园区累计签约项目超过30项，3项项目完成土地摘牌，冉溪环保竣工投产。推出工业数字经济、鼓励科创板上市、服务业提质增效、知识产权强区等扶持政策，启星智能制造产业园正式开园，谷田铝塑膜、触宇光电等10项项目入驻；新增上市公司1个，江阴兴澄特种钢铁有限公司、法尔胜泓昇集团有限公司获评国家制造业单项冠军，江阴兴澄特种钢铁有限公司获评江苏省第十批跨国公司地区总部。

【科技与人才】 2019年，江阴高新技术产业开发区制定出台《江阴高

2019 年 11 月，联动天翼新能源产业基地（一期）正式投产。图为联动天翼厂区外景
（江阴高新区党政办提供）

新区创新型企业倍增计划（2019—2022）》《关于知识产权强区建设的若干政策措施（试行）》，修订完善《科技型中小企业风险补偿资金管理办法》等政策，推进企业创新，助力企业发展。获批苏南国家自创区潜在“独角兽”企业*1 个（江阴市唯一一个）、“瞪羚企业”*9 个；入选无锡“准独角兽”企业 1 个（江阴市唯一一个）、“瞪羚企业”4 个、“雏鹰企业”*2 个，“瞪羚企业”“雏鹰企业”入选数占全市 67%；新认定高新技术企业 49 个、科技型中小企业 153 个，认定省民营科技企业 38 个，均占全市四分之一，高新技术产业产值占规模以上工业总产值比重 59.3%。新增省、无锡市院士工作站 4 个，新增发明专利 141 件。新增各类人才 2500 余人，其中国家“千人计划”*2 人、省“双创人才”*2 人、“太湖人才计划”*创新创业领军人才 17 人、“暨阳英才计划”*8 人，新引育各类人才项目 53 项。江阴金属材料创新研究院正式投运，成功举办创新创业大赛、金属新材料产业创新论坛、全国轴承行业 2019 年专题研讨会。获评苏南国家科技成果转移转化示范区创新方法推广应用示范基地、省海外人才离岸创新创业示范基地等荣誉。

【社会事业】 2019 年，江阴高新技术产业开发区坚持以人民为中心的发展理念，进一步推进社会事业发展。坚持以人民为中心的发展理念，制定实施《高新区教育提升五年行动计划（2019—2023）》，全力推进“一校一品”建设，学前教育资源配置率 63.5%。高新区实验中学二期、三期，金童中心小学，南苑幼儿园等学校建设加快推进。组建 13 个家庭医生签约服务团队，完成 11 个家庭医生签约服务工作室建设，有序开展签约工作，推进城东社区卫生服务中心、江阴中医外科医院项目建设，完成寿山社区等 3 个社区居家养老服务站升级改造，城东养老中心打造成为涵盖托老养老、医疗康复护理、日间照料和长期照护于一体的多功能智慧型养老服务机构。在江阴市第六届“芙蓉花奖”评选中，高新区选送的舞台艺术类 3 个节目分获一、二、三等奖，选送的 13 件美术作品中，获 1 个一等奖、2 个二等奖，6 件作品入展。成功举办高新区首届全民运动会，有 36 支代表队、1860 名运动员参加 43 项运动项目的角逐。蟠龙社区通过省级宜居示范居住区验收，7 项社区治理项目入选市民政局社区治理公益创投项目。深入开展扫黑除恶专项斗争，辖区公安机关打掉涉黑恶团伙 7 个，破获涉黑恶案件 47 件，抓获涉黑恶嫌疑人 126 人，采取刑事强制措施 116 人。新设新时代文明实践中心“一所五站点”、非诉讼服务中心、公共法律服务站、城东夕阳红人民调解工作室等公共法律服务中心。构筑以社区大党委组织为基础、辖区单位党组织共同参与的区域化党建格局，强化党建引领作用。

【园区环境】 2019 年，江阴高新技术产业开发区多措并举，加快推进“310”（用 3 年时间在 10 个领域，开展综合环境整治）综合整治，不断提升园区环境。关停“三高两低”*企业 1 个、“散乱污”企业 23 个，完成沿江 4 个码头整治任务。编制园区规划环评、循环化改造方案和大气源解析，配合取消化工集中区，完成中小企业环保体检 100 个、第三方托管 53 个，全年减排化学需氧量 580.26 吨、氨氮 75.49 吨、氮氧化物 1168.81 吨、二氧化硫 765.18 吨，超额完成市下达的减煤任务。开展安全生产专项整治“雷霆行动”，对“厂中厂”“煤气瓶”“散乱污”开展集中整治，累计检查企业 322 个，排查问题 1003 个，下发限改指令书 132 份，立案查处企业 68 个，关停企业 23 个，全年未发生较大以上安全生产事故。建立“综合执法 + 物业值守 + 社区居民”的市容管理新模式，组织开展渡江路等重要路段、敏感区域专项整治，以点带线、以线促面提升市容秩序。持续加大对各类违建和侵占闲置土地管控，全年拆除各类违建 1.3 万平方米。制定《关于高新区工业企业退城搬迁奖励标准补充实施意见》等政策文件，加快农户、企业签约工作，重点做好南沿江高铁沿线、滨江污水处理厂二期扩建、盈智城配套学校区域的拆迁工作，全年完成农户拆迁 28 户计 7143 平方米，拆除企业、作坊 49 个计 10.26 万平方米。凤凰山大道三期工程、秦望山路道路改造、定山北侧河道疏浚整治等基础设施工程建成投用，加快推进新华东路三期、大寨河河道整治等工程，蟠龙山公园，新建石山路、环山路等工程全面启动建设。

【青阳园区】 2019 年，江阴高新区青阳园区按照“打造全市产业发展拓展区、锡澄一体化样板区、先进制造业集聚区、现代园区管理实验区”的开发定位，园区开发工作不断取得新成效。年内以党建为引领，凝聚发展合力，打造月城镇、青阳镇、高新区青阳园区三地党委“融建共同体、发展急先锋”党建联盟品牌，并举办党建联盟启动仪式,助推区域高质量发展。全年完成固定投资4.74亿元,其中工业2.35亿元,服务业2.39亿元。积极融入、主动对接锡澄一体化发展,优化完善园区规划。累计完成农户拆迁2300余户,安置农户面积24万平方米,清理附着物近433.33公顷;完成企业拆迁100余个,实现一期启动区内企业拆迁"清零"目标。完成桐新河、潘家桥浜河、新石界河3条河道整治工程,西双流河闸站及连接河道工程,桐新路污水提升泵站工程,加快洞河闸站及连接河道工程的建设;徐家湾一期安置房完成全部基础及桩基工程;黄桥路等3条道路完成可研立项手续。特种车项目竣工,南阳彩纤项目建设进展顺利,江苏必得科技股份有限公司、江苏安凯特科技股份有限公司3项产业项目土地摘牌。全年签订正式协议2个、框架协议6个,有13项项目通过准入评审,5项项目获评优质项目,储备意向项目百余项。 (陈 健)

江苏江阴临港经济开发区

【概况】 2019年,江阴临港经济开发区坚定不移实施"区块链群"发展战略,全力打造竞争力一流的国际化开放园区。全年完成地区生产总值829.62亿元,比2018年增长8.3%;完成工商开票销售收入5191.69亿元,比2018年增长3.7%;全社会固定资产投资增长2.3%;一般公共预算收入46.65亿元;规模以上工业产值1172.66亿元,比2018年增长15.5%;限额以上批零业销售额1339.67亿元,比2018年增长2.0%;到位注册外资2.23亿美元。经济总量、综合排名在全省88个省级开发区中均列第一位。是年,获评中国国际化营商环境建设十佳产业园区、中国风能人·行业建设贡献奖、江苏省军民融合产业示范基地等荣誉。

【港口发展】 2019年,江阴临港经济开发区围绕打造竞争力一流的国际化开放园区总目标,融入"一带一路"*、长三角一体化国家战略,坚持"创新、协调、绿色、开放、共享"的港口发展理念,促进港口经济高质量发展。推动开通江阴至武汉集装箱航线,加密"江阴—洋山港"五定班轮航线,支持开通"陆改水"航线,江阴港江海河联运枢纽港格局进一步形成。是年,无锡(江阴)港完成货物吞吐量2.31亿吨(不包含靖江园区),比2018年增长31.71%,其中临港开发区码头完成货物吞吐量2.15亿吨,比2018年增长35.26%。江阴港完成集装箱本地重箱吞吐量39.24万标箱,比2018年增长1.98%。持续推进江阴口岸贸易便利化措施,全年江阴口岸进出口货物整体通关时间分别为98.17小时和4.13小时,比2018年压缩60.73%和60.44%。引导督促港区企业加大环保和技改投入,建成江阴夏港电厂、江阴利港电厂气膜6万平方米,新建防风抑尘网10千米。各散杂货码头均实施堆场物料全覆盖、雾炮及喷淋设备、道路堆场洒水保洁、进出场车辆清洁覆盖等抑尘措施。

【城乡建设】 2019年,江阴临港经济开发区坚持把品质作为城乡建设的亮点,配套功能逐步提升。全市第一所大学——南京理工大学江阴校区主体封顶,全市第一所"公建民营"学校——临港科创实验学校建成投用,全市最大规模的民营医院——澄西医院对外运营,全市最大的外资医院——泰富临港医院完成改制、筹建工作。红豆万花城、恒大悦府、朗诗未来街区等城市功能项目加紧推进,"长江之心"公园、季子公园、亲水湖公园改造工程陆续竣工。围绕"263"专项行动*、"绿剑行动"、"散乱污"企业专项整治等,全力以赴打好污染防治攻坚战。完成南横沟河、创新河、篁村浜河等8条黑臭河道年度治理相关工程,河道水质得到明显改善,国家、江苏省考断面水质稳定达标。深化"散乱污"企业专项整治,关停取缔121个,治理改造213个,斩断污染源、利益链条、危害环境黑手。全年削减煤炭消费总量3万余吨。全年全区各板块 $PM_{2.5}$ 年均浓度47.67微克/立方米,空气优良天数比率年均为72.35%,环境信访比2018年下降43.87%。

【江阴综合保税区】 江阴综合保税区位于江阴临港经济开发区海港路18号,规划总面积3.6平方千米,其中一期1.2平方千米于2019年3月28日封关运营,拥有免税、保税、退税、实际状态征税、退还增值税等政策优势,依托原江阴保税物流中心,大力发展保税物流、保税加工、服务贸易、国际贸易、口岸功能等业务,围绕打造物流分拨中心、加工制造中心、销售服务中心等"五大中心",吸引德国西马克、美国GE等世界500强企业落户,签约投资总额超55亿元的康瑞科技精密加工、金匮通跨境电商服务、黎萨基础设施建设等重点项目。全年在全国综保区中第一个打通跨境对外直接付汇通道;在全国通过创新模式第一个解决增值税一般纳税人资格;在全省范围内综保区中第一个全面使用金二系统;在无锡范围内实现网购保税进口首单。至年末,该保税区建成15万平方米保税仓库,并开

图为江阴临港开发区中央商务区全景 (江阴临港开发区党政办提供)

展相关业务，累计招引入驻企业900余个，完成进出口总额3.17亿美元，比2018年增长115.18%，完成报关单量26100票、监管货值23.99亿美元，入驻企业完成开票销售355亿元、入库税金1.41亿元，主要业务数据均实现稳步增长。

【招商引项】 2019年，江阴临港经济开发区坚持"一切为了项目干、一切围绕项目转、一切服从项目快"，狠抓项目招引和推进。全年签约重大项目50项，其中超50亿元项目4项、超10亿元项目15项，包括康瑞卫智达精密零部件、中新智能制造产业园等项目。深国际工业供应链产业园、骏友电子材料、申桦密封技术汽车零部件等项目加紧筹建，丰昂实业机械装备产业园、信越光棒二期、邦特科技二期等项目加紧建设，精奇数控、万沅自动售货机、凯研机械、宝湾物流、瑞宝墙尚等项目相继竣工。是年有重点意向在谈项目95项，在批拟建项目44项，开工在建项目29项，竣工建成项目32项。

【主导产业发展】 2019年，江阴临港经济开发区有10个企业年开票销售超百亿元，10个企业入库税金超亿元，6个企业入围中国企业500强、9个企业上榜中国制造业企业500强，江阴新增的5个中国企业500强，全部为临港辖区企业。成立首个诺贝尔奖工程技术转化研究院，新认定高新技术企业53个，新增"准独角兽"企业*、"瞪羚企业"*"雏鹰企业"*培育库企业50个；新增国家"千人计划"*2人、省"双创计划"*5人。年内，新增5个无锡市工程技术研究中心，3个无锡市企业技术中心，1个无锡市智能车间，1个省工程技术研究中心，2种省"专精特新""小巨人"产品，13个企业获产学研合作项目补助，专利授权985件；万人有效发明专利拥有量38.9件。

【重点重大项目建设】 2019年，江阴临港经济开发区立足12个产业集群，突出招大引强、补链强链，远景智慧能源、中信事业等5个千亿产业集群加速形成，智能智造、新能源汽车零部件等7个百亿元产业集群迅速崛起。30项项目列入年度市重点投资项目计划，其中省重点3项、无锡市重点3项、江阴市重点24项，重大项目数量、规模和储备均为历史最好水平。南京理工大学江阴校区主体工程完成，江南大学江阴校区加紧前期筹备。远景千亿元级智慧能源产业园启动建设，远景测试认证中心、远景分布式发电、远景风电叶片研发中心等项目陆续竣工，总投资230亿元的远景AESC智能电池项目开工，试验线建成投运。中信事业千亿元级产业集群落户8项项目，大昌行长三角食品加工物流园等一批项目加紧推进。

【社会事业】 2019年，江阴临港经济开发区城镇职工养老保险、医疗保险、失业保险、被征地农民基本生活保障、最低生活保障为主的"五道保障线"水平超过全市平均水平。居民人均可支配收入54775元，比2018年增长8.2%，充分就业率97%。农村"三务"公开"户户通"*录入群众意见建议、制度建设等各类信息15000余条。创新推出大病医疗互助基金，临港大病互助参保率94%。精准扶贫扎实推进，全年脱贫95户。年内完成公交线路优化10条，新增公共自行车服务点31个，区域内各行政村(社区)实现公交出行通达率100%。临港科创实验学校率先在全市实现"公建民营"模式办学，9月按时建成招生，并成功与江苏省南菁高级中学实验学校、江阴市实验小学合作办学；南京理工大学江阴校区主体建设封顶，学科设置初步完成，教师编制、人才优惠政策基本明确；临港医院成功改制，澄西医院建成营业；夏港、申港、利港3个养老院完成"公建民营"改革。教育、卫生、科研等机构的审批与管理不断加强。开展扫黑除恶专项斗争，打掉黑恶势力犯罪集团1个，摧毁"三人三起"以上涉恶团伙3个，破获各类涉黑涉恶案件96件，抓获人员314人，查获涉案资产2000余万元。完善大技防、大巡防、大调解机制，稳妥处置与安抚防控相结合，各类纠纷调解成功率99%，全年没有发生重大群体性涉稳事件。 （陈喜凤）

江苏江阴—靖江工业园区

【概况】 2019年，江苏江阴—靖江工业园区坚持联动开发不动摇，坚持融合发展不懈怠，大力实施"产业强区"主导战略、"创新驱动"核心战略，构筑高质量跨江融合发展的坚实根基。全年完成地区生产总值98.4亿元，比2018年增长6.7%；规模以上工业总产值177亿元，比2018年增长3.6%；税务工商开票546.46亿元，比2018年增长7.4%；全社会固定资产投资比2018年增长35%；其中，工业投入9.5亿元，比2018年增长39.7%，服务业投入5.6亿元，比2018年增长27.7%；公共财政预算收入8.91亿元。限额以上零售额6.37亿元，比2018年增长23.9%；进出口总额9500万美

图为江阴—靖江工业园区溢馨苑安置小区 （江阴—靖江园区党政办提供）

元,比2018年增长40.37%;到位注册外资5505万美元,战略性新兴产业到位注册外资比重91.1%;港口货物吞吐量3502.4万吨,比2018年增长7.4%。

【融合发展】 2019年9月19日,江阴、靖江两市召开江阴—靖江高质量跨江融合发展协调会,会议听取园区开发建设情况,同意成立江阴—靖江高质量跨江融合发展实验区联席办公室、江阴—靖江上市公司党建联盟和江阴—靖江船舶海工、钢结构产业联盟,致力于做强做大船舶制造、金属材料、重钢结构、机械装备、汽车零部件和港口物流等6个百亿元级特色产业,加快打造跨江融合先行区、特色产业集聚区、长江大保护样板区、高质量发展引领区。

【招商引项】 2019年,江阴—靖江工业园区围绕产业开展特色招商,赴20多个地区和城市重点推动重点重大项目进展,参加各类招商活动,分赴深圳市、上海市、武汉市、南京市等重点招商区域参加恳谈会,主动对接江阴市、上海市自贸区、苏州市在产业升级中退城搬迁的项目和企业,捕捉投资动向,有针对性地进行跟踪对接。总投资50亿元的大明国际高端金属材料精密加工项目一期进行厂房框架建设;总投资5.5亿元的双江能源项目厂房主体、办公楼和储罐基本完成土建工作;总投资3.15亿元的下六圩港港池码头项目预制件浇筑完成总量70%,完成安装50%。是年9月19日,举办江苏江阴—靖江工业园区产业发展恳谈会,签约项目5项,总投资超9.2亿元,分别为大型封头制造项目、高精度特钢深加工项目、特种钢结构项目、联东智能制造项目和融扬房地产项目。在江阴经贸洽谈会期间,园区签约高精管业项目和新型环保建材项目,总投资40.4亿元。年内,累计引进"三个一批"(在建一批、拟建一批、重点意向一批)项目46项,总投资242.98亿元,其中在建项目10项,总投资约83.16亿元,拟建项目17项,总投资约83.52亿元,重点意向项目19项,总投资76.3亿元。

【主导产业发展】 2019年,江阴—靖江工业园区坚持发展是"第一要务",一以贯之做大产业,形成集聚发展的良好态势,把支持主导产业发展作为做大做强园区实体经济的重要抓手,全面增强主导产业的核心竞争力。充分发挥船舶、重钢结构等优势产业作用,提升园区制造水平。江苏新扬子造船有限公司生产的"新型安全、环保、经济巴拿马型82000吨散货船"通过新产品鉴定;生产的"50000DWTMR油轮""180000立方米球罐型液化天然气(LNG)船"申报省高端装备研制重大项目;中铁建设集团有限公司的"新型高导电率铜镁合金材质承力索研制"、江苏新扬子造船有限公司生产的"12690TEU集装箱船"被列为省重点技术创新项目导向计划;江苏长强钢铁有限公司被认定为无锡市企业技术中心,获生态文明建设专项年内中央预算内投资计划1694万元;中铁建设集团有限公司、江苏格尔顿传动有限公司企业研究开发费用获省级财政奖励各30万元,江苏格尔顿传动有限公司获江阴市企业研发费奖励资金;江苏新扬子股份有限公司获评2019年省四星级"上云"企业,获企业"上云"项目补贴13.3万元;江阴市海鹏医药有限公司获评江阴市"专精特新"科技"小巨人",被列入省级工业企业技术中心;江苏骥鑫船舶设备有限公司被列入江阴市工程技术研究中心;两江创客空间被认定为无锡市级众创空间、江阴市创业孵化基地,完成申报省级众创空间。

【重点重大项目建设】 2019年,江阴—靖江工业园区坚持产业项目质量、重大项目数量、有效投资总量上取得突破。全年推进重点重大项目46项,其中在建项目10项:分别为总投资50亿元的大明高端金属材料精密加工项目,总投资5.5亿元的双江能源综合项目,总投资2亿元的电磁阀项目,总投资3.14亿元的下六圩港内港池码头项目,总投资4.57亿元的大明金属科技二期项目,总投资4.64亿元的中晶晶润晶板项目,总投资2亿元的高精不锈钢棒深加工项目,总投资1.31亿元的长强钢铁资源综合利用余气发电项目,总投资7亿元的融扬置业房地产项目和总投资3亿元的扬子丽景Ⅲ期项目。拟建项目17项,分别为总投资30亿元的高精管业项目,总投资2000万美元的丽芙之心日本精品玩具项目,总投资7.85亿元的永益球墨铸管搬迁项目,总投资2.5亿元的100万吨废钢再生加工项目,总投资3000万美元的进口食品交易中心项目,总投资10.4亿元的建筑新材料项目,总投资0.78亿元的长强连铸机项目,总投资2.64亿元的长强钢铁综合料场仓储项目,总投资0.84亿元的长强钢铁脱硫脱硝项目,总投资10亿元的大明港务项目,总投资5亿元的中建钢构新型建筑钢结构项目,总投资1.5亿元的中建钢构国家级检测中心,总投资3300万美元的润滑油仓储配套项目,总投资2亿元的钢纤维项目,总投资1.2亿元的高精度特钢深加工项目,总投资1亿元的中力智能叉车项目和总投资2亿元的特种钢结构项目。重点意向项目19项,总投资76.3亿元。

【社会事业】 2019年,江阴—靖江工业园区完成的《园区规划环境影响跟踪评价报告书》获省生态环境厅批复;《园区循环化改造实施方案》通过专家评审。园区污水处理厂提标改造工程全面竣工,蒸汽管道首次接入园区,实现园区生产型企业污泥不落地。园区码头雨污水分流设施、固废清理、防尘设施、见缝插绿等全部建设到位,通过中央环保督察组"回头看"验收。在泰州市率先完成船舶垃圾"全接收、零排放"。园区环境综合整改通过江苏省专项验收。码头粉尘在线监测系统设备全部安装到位,接入泰州市生态环境局防污平台。莲沁苑雨污分流改造工程全部完工。完成签约拆户80户,面积22797平方米。通行政村双车道公路覆盖率100%,镇道绿化率95%,镇村级道路亮化率90%。城乡居民保险续缴率90%。园区215户(541人)全部脱贫,完成脱贫攻坚目标任务。扫黑除恶专项斗争取得实效,全年摸排线索27条,打掉涉黑涉恶团伙2个,抓获犯罪嫌疑人22人。 (毛 璧)

■类目编辑 纪晓华

企业上市

阵容变化

【概况】 2019年，江阴市企业上市工作领导小组贯彻落实市委、市政府全力打响“江阴板块”品牌的要求，积极应对资本市场政策变动新挑战，培育后备力量，打下坚实基础。年内，新增2个上市公司：星光文化娱乐集团有限公司、江苏黎萨基础设施开发有限公司；新增3个向中国证监会申报上市材料企业：优彩环保资源科技股份有限公司、江苏长龄液压股份有限公司、江苏必得科技股份有限公司；新增2个江苏证监局辅导备案企业：江苏必得科技股份有限公司、江阴市富仁高科股份有限公司；新增2个“新三板”*挂牌企业：江苏大圣博环保科技股份有限公司、江阴市晓达金属制品制造股份有限公司。至年末，全市累计有50个上市公司，其中A股上市32个(含主板19个、中小板7个、创业板6个)；“新三板”挂牌企业56个。

【“星光文化”】 2019年，星光文化娱乐集团有限公司成为江阴市上市公司，股票代码为HK01159。公司主营业务为文化传媒。

【“江苏黎萨”】 2019年，江苏黎萨基础设施开发有限公司成为江阴市上市公司，股票代码为IRC。公司主营业务为基础设施建设。

【“圣博股份”】 2019年5月29日，江苏大圣博环保科技股份有限公司在全国中小企业股份转让系统正式挂牌，股票代码为873276。公司主营业务为金属再生资源加工设备的研发、生产和销售。

【“晓达股份”】 2019年11月27日，江阴市晓达金属制品制造股份有限公司在全国中小企业股份转让系统正式挂牌，股票代码为873387。公司主营业务为特殊钢材的锻造加工与销售。

国内上市公司动态

【概况】 2019年，“江阴板块”32个A股上市公司严格按照中国证监会、省证监局等监管部门的相关文件要求，规范发展企业，提高公司市值，树立企业良好形象。江苏霞客环保色纺股份有限公司通过定增，募集资金43.97亿元；江苏澄星磷化工股份有限公司、江苏阳光集团有限公司、海澜之家股份有限公司、双良节能系统股份有限公司、江苏江南水务股份有限公司、江南模塑科技股份有限公司、江苏百川高科新材料股份有限公司、江苏华宏科技股份有限公司、江苏宝利国际投资股份有限公司、江阴海达橡塑股份有限公司、江苏广信感光新材料股份有限公司、江苏江阴农村商业银行股份有限公司、神宇通信科技股份公司、江苏苏利精细化工股份有限公司、江阴江化微电子材料股份有限公司、江阴市恒润重工股份有限公司、江阴市电工合金股份有限公司、江苏振江新能源装备股份有限公司、江苏怡达化学股份有限公司等公司向全体股东分配年度利润。

【“澄星股份”】 2019年4月20日，江苏澄星磷化工股份有限公司发布《2018年度股东大会决议公告》：审议通过《2018年度董事会工作报告》《2018年度监事会工作报告》《2018年度财务决算报告》；审议通过《2018年度利润分配预案》：以2018年12月31日公司总股本为基数，向全体股东每10股派发0.1元现金红利(含税)，剩余的未分配利润滚存到以后年度。2018年度不送股，不进行资本公积金转增股本。6月22日，公司发布《发行股份、可转换债券及支付现金购买资产并募集配套资金暨关联交易预案》：公司拟发行股份、可转换债券及支付现金购买澄星石化、无锡金投合计持有的汉邦石化100%股权，该次交易完成后，汉邦石化将成为上市公司的全资子公司。根据上市公司经审计财务数据及汉邦石化未经审计财务数据，汉邦石化2018年年末的资产总额、资产净额及2018年度营业收入占上市公司2018年年末或2018年度相应指标的比例均为50%以上。因此，该次交易预计构成重大资产重组。

【“江苏阳光”】 2019年5月16日，江苏阳光集团有限公司发布《2018年度股东大会决议公告》：审议通过《2018年度董事会工作报告》《公司独立董事2018年度述职报告》《2018年度财务决算报告》《公司2018年度报告全文及摘要》；审议通过《公司2018年度利润分配及资本公积金转增股本的预案》：公司拟以截至2018年12月31日公司股份总数

1783340326 股为基数,向全体股东按每 10 股派发现金股利 0.3 元(含税),合计派发现金红利 53500209.78 元(含税),利润分配后,母公司剩余未分配利润 163016103.77 元结转至以后年度,公司 2018 年度不进行资本公积转增股本。6 月 20 日,公司发布《第七届董事会第十三次会议决议公告》:审议通过《关于公司 2019 年度配股公开发行证券方案的议案》,公司拟按每 10 股配售不超过 3 股的比例向公司原全体股东配售股份,配股的募集资金总额不超过 10 亿元,扣除发行费用后全部用于偿还银行借款。7 月 6 日,公司发布《2019 年第二次临时股东大会决议公告》:审议通过《关于公司 2019 年度配股公开发行证券方案的议案》。8 月 7 日,公司发布《关于终止公司 2019 年度配股公开发行证券的公告》:鉴于资本市场整体情况,公司为了切实保护公司及广大投资者特别是中小投资者的利益,综合考虑融资环境,结合公司实际情况,经审慎考虑,公司决定终止配股事宜。

【"海澜之家"】 2019 年 4 月 20 日,海澜之家股份有限公司发布《2018 年度股东大会决议公告》:审议通过《2018 年度董事会工作报告》《公司 2018 年度监事会工作报告》《2018 年度财务决算报告》《公司 2018 年度报告全文及摘要》;审议通过《公司 2018 年度利润分配预案》:公司拟以 2018 年度利润分配实施股权登记日扣除届时回购专户上已回购股份后的股份余额为基数,向全体股东每 10 股派发现金股利 3.8 元(含税),剩余未分配利润结转至下一年度,2018 年度不进行资本公积金转增股本。8 月 13 日,公司发布《关于以集中竞价交易方式回购股份(第二期)的回购报告书》:公司拟以自有资金回购公司部分社会公众股份,用于减少公司注册资本,公司将依法对回购的股份予以注销。该次回购股份价格为每股不超过 12 元。回购资金总额不低于 6.91 亿元,不超过 10.36 亿元。按回购资金总额上限 10.36 亿元、回购价格上限每股 12 元进行测算,预计回购股份数量约 86333333 股,约占公司截至 2019 年 6 月 30 日总股本的 1.95%。具体回购股份的数量以回购期满时实际回购的股份数量为准。

【"三房巷"】 2019 年 4 月 19 日,三房巷集团有限公司发布《关于筹划重大资产重组事项的停牌公告》:公司母公司三房巷集团筹划与三房巷进行重大资产重组,拟以聚酯产业链相关资产与该公司进行资产重组,涉及的重组标的为江苏海伦石化有限公司股权。5 月 8 日,公司发布《发行股份购买资产并募集配套资金暨关联交易预案》:上市公司拟发行股份购买三房巷集团、三房巷国贸、上海优常、上海休玛合计持有的海伦石化 100% 股权,该次交易完成后,海伦石化将成为上市公司的全资子公司。该次交易上市公司在发行股份购买资产的同时,拟向不超过 10 名投资者非公开发行股票配套资金,预计不超过拟购买资产股份支付对价的 100%;该次募集配套资金发行股份的数量不超过公司该次发行前总股本的 20%,即不超过 159448846 股。截至预案签署日,三房巷集团、兴业聚化与海伦石化已签署股权转让协议,将其合计持有的兴业塑化 94.24% 的股权转让给海伦石化;三房巷集团与海伦石化签署股权转让协议,将其持有的兴宇新材料、兴泰新材料、兴佳塑化 75% 的股权转让给海伦石化;三房巷国贸将其持有的三房巷储运 100% 的股权转让给海伦石化。

【"双良节能"】 2019 年 4 月 20 日,双良节能系统股份有限公司发布《2018 年度股东大会决议公告》:审议通过《2018 年度董事会工作报告》《公司 2018 年度监事会工作报告》《2018 年度财务决算报告》《公司 2018 年度报告全文及摘要》;审议通过《公司 2018 年度利润分配预案》:公司拟以截至 2018 年利润分配股权登记日的股份数为基数,向全体股东按每 10 股派发现金红利 1.2 元(含税)。2018 年度不送红股,不进行资本公积金转增股本。

【"长电科技"】 2019 年 4 月 20 日,江苏长电科技股份有限公司发布《2018 年度股东大会决议公告》:审议通过《2018 年度董事会工作报告》《2018 年度财务决算报告》《公司 2018 年度报告全文及摘要》;审议通过《公司 2018 年度利润分配预案》:经安永华明会计师事务所(特殊普通合伙)审计,公司 2018 年度实现归属于上市公司股东的净利润为 -939315302.79 元。根据《公司章程》《上市公司监管指引第 3 号——上市公司现金分红》《上海证券交易所上市公司现金分红指引》等相关规定,结合公司现阶段资金需求,拟定 2018 年度利润分配预案:该年度不派发现金红利,也不进行资本公积金转增股本,不送红股。7 月 6 日,公司发布《关于申请发行中期票据的公告》:公司拟向中国银行间市场交易商协会申请注册中期票据不超过 40 亿元(含),期限不超过 5 年。

【"江南水务"】 2019 年 5 月 17 日,江苏江南水务股份有限公司发布《2018 年度股东大会决议公告》:审议通过《2018 年度董事会工作报告》《2018 年度监事会工作报告》《2018 年度财务决算和 2019 年度财务预算报告》《公司 2018 年度报告全文及摘要》;审议通过《公司 2018 年度利润分配预案》:以总股本 935210292 股为基数,向全体股东每股派发现金红利 0.07 元(含税),预计金额 65464720.44 元,尚余未分配利润转入下一年度。公司 2018 年度不进行资本公积金转增及送股。8 月 13 日,公司发布《第六届董事会第七次会议决议公告》,会议审议通过《关于提名宋立人先生为公司第六届董事会董事的议案》《关于购买资产暨关联交易的议案》:为减少江苏江南水务股份有限公司与控股股东江阴市城乡给排水有限公司的关联交易,同时根据公司生产经营实际使用的需要,公司拟购买江阴市城乡给排水有限公司全资子公司江阴市恒泰工业设备安装工程有限公司所拥有的位于江阴市滨江开发区秦望山路 2 号和江阴市延陵路 224 号两处相关房屋土地资产,用于公司日常办公。

【"吉鑫科技"】 2019 年 1 月 3 日,江苏吉鑫风能科技股份有限公司发布《关于以集中竞价交易方式回购公司股份的回购报告书》:公司拟回购部分公司股份,以推进公司股票市场价格与内在价值相匹配;拟回购资金总额不低于 5000 万元,不超过1亿元;回购价格不超过每股3.5元(含);该次回购的股份将用于公司对员工的股权激励或者员工持股计划,如未能在股份回购完成之后36个月内实施上述计划,回购股份应全部予以注销。5月11日,公司发布《2018年度股东大会决议公告》:审议通过《2018年度董事会工作报告》《2018年度监事会工作报告》《2018年度财务决算报告》《公司2018年度报告全文及摘要》;审议通过《2018年度利润分配及资本公积金转增股本预案》:经中兴华会计师事务所(特殊普通合伙)审计,公司2018年度合并报表中实现归属于母公司股东净利润-5925.9万元。2018年度公司(母公司)实现净利润-6736.4万元,累计可供股东分配的利润为76231.4万元。根据《中华人民共和国公司法》和《公司章程》的有关规定,基于公司2018年未实现盈利,同时考虑到公司在2019年投资经营支出的需求,故2018年度利润分配预案拟定为:2018年度公司不进行利润分配,资本公积金不转增股本。

【"四环生物"】 2019年5月8日,江苏四环生物制药有限公司发布《2018年度股东大会决议公告》:审议通过《2018年度董事会工作报告》《2018年度监事会工作报告》《2018年度财务决算和2019年度财务预算报告》《公司2018年度报告全文及摘要》;审议通过《公司2018年度利润分配预案》:经中审众环会计师事务所(特殊普通合伙)审计,公司截至2018年12月31日,母公司期末未分配利润为-465552705.22元,不具备利润分配的条件,公司2018年度不进行利润分配也不进行资本公积金转增。

【"模塑科技"】 2019年6月1日,江南模塑科技股份有限公司发布《2018年度股东大会决议公告》:审议通过《2018年度董事会工作报告》《2018年度监事会工作报告》《2018年度财务决算和2019年度财务预算报告》《公司2018年度报告全文及摘要》;审议通过《公司2018年度利润分配预案》:公司以利润分配方案实施时股权登记日公司总股本为基数,向全体股东每10股派发现金红利1.3元(含税),送红股0股(含税),不以公积金转增股本。

【"法尔胜"】 2019年5月21日,江苏法尔胜股份有限公司发布《2018年度股东大会决议公告》:审议通过《2018年度董事会工作报告》《2018年度监事会工作报告》《2018年度财务决算和2019年度财务预算报告》《公司2018年度报告全文及摘要》;审议通过《公司2018年度利润分配预案》:公司不派发现金红利,不送红股,不以资本公积金转增股本。

【"华西股份"】 2019年4月17日,江苏华西村股份有限公司发布《关于收购资产暨关联交易的公告》:江苏华西村股份有限公司(以下简称"公司")全资子公司江阴华西村资本有限公司(以下简称"华西资本")与控股股东江苏华西集团有限公司(以下简称"华西集团")控股子公司江阴市华西热电有限公司(以下简称"华西热电")分别与浙江稠州商业银行股份有限公司(以下简称"稠州银行"或"目标银行")签署《附条件生效的股份认购协议》,其中:华西资本以现金认购稠州银行新增的9600万股股份;华西热电以现金认购稠州银行新增的5550万股股份。华西热电与华西资本签署《表决权委托及股份回购协议》,双方约定自华西热电成为稠州银行的股东之日起将其所持有的稠州银行5550万股股份对应的全部表决权委托给华西资本行使,并自华西热电登记成为稠州银行的股东之日起两年内,由华西资本对华西热电所持有的稠州银行全部5550万股股份在遵守相关法律、法规的规定前提下予以全部回购。2019年5月18日,公司发布《2018年度股东大会决议公告》:会议审议通过《2018年度总经理工作报告》《2018年度董事会工作报告》《2018年度监事会工作报告》《2018年度财务决算和2019年度财务预算报告》《公司2018年度报告全文及摘要》;审议通过《公司2018年度利润分配预案》:拟以公司总股本886012887股为基数,向全体股东每10股派发现金红利0.5元(含税),总额44300644.35元,剩余利润结转至下年度;该次分配公司不送红股也不进行资本公积金转增股本。

【"中南文化"】 2019年4月27日,中南红文化集团股份有限公司发布《关于公司及相关当事人受到深圳证券交易所给予纪律处分的决定及致歉公告》:公司因控股股东非经营性占用上市公司资金,未履行审批程序向控股股东、实际控制人提供担保,重大诉讼披露不及时,控股股东股份冻结信息披露不及时等行为,被深圳证券交易所予以处分:对中南红文化集团股份有限公司给予公开谴责的处分;对中南红文化集团股份有限公司控股股东江阴中南重工集团有限公司、中南红文化集团股份有限公司原实际控制人兼董事长陈少忠给予公开谴责的处分;对中南红文化集团股份有限公司时任总经理洪涛、财务总监田自强给予公开谴责的处分;对中南红文化集团股份有限公司时任副总经理兼董事会秘书陈光给予通报批评的处分。6月1日,公司发布《2018年度股东大会决议公告》:审议通过《关于公司2018年度董事会工作报告的议案》《关于公司2018年度监事会工作报告的议案》《关于公司2018年度监事会工作报告的议案》《关于公司2018年度财务决算报告的议案》《公司2018年度报告全文及摘要》;审议通过《公司2018年度利润分配预案》:2018年度不派发现金红利,不送红股,也不进行资本公积金转增股本。6月11日,公司发布《第四届董事会第一次会议决议公告》:审议通过《选举向祖荣为公司第四届董事会董事长的议案》,并担任公司法定代表人;《聘任王新立为公司总经理的议案》等议案。9月24日,公司发布《关于控股股东破产重整的提示性公告》:公司控股股东江阴中南重工集团有限公司(以下简称"中南集团")的债权人以中南集团不能清偿到期债务,且明显缺乏清偿能力为由向江阴市法院申请对中南集团破产重整。江阴市法院受理此案并裁定如下:受理债权人对江阴中南重工集团有限公司的破产重整申请。12月4日,公司发布《第四届董事会第五次会议决议公告》:审议并通过《关于选举王新立先生为公司第四届董事会董事长的议案》,并担任公司法定代表人。

【"百川股份"】 2019年4月27日,江苏百川高科新材料股份有限公司发布《公开发行可转换公司债券预案》:公司拟公开发行总额不超过5.2亿元(含)可转换公司债券,该次发行的可转换公司债券期限为自发行之日起6年。募集资金将用于投资年产5万吨针状焦项目。5月21日,公司发布《2018年度股东大会决议公告》:审议通过《2018年度总经理工作报告》《2018年度董事会工作报告》《2018年度监事会工作报告》《2018年度财务决算和2019年度财务预算报告》《公司2018年度报告全文及摘要》;审议通过《公司2018年度利润分配预案》:公司拟以2018年年末总股本516977142股扣除截至2018年年度报告披露之日回购专户持有股份12811000股后的总股本504166142股为基数,向全体股东每10股派发现金红利1元(含税),共分配现金红利50416614.2元,不送红股,不以资本公积金转增股本。6月19日,公司发布《关于收到中国证监会行政许可申请受理单的公告》:公司拟公开发行可转换债券事项被证监会予以受理。10月21日,公司发布《关于公开发行可转换公司债券申请获得中国证监会发行审核委员会审核通过的公告》:2019年10月18日,中国证券监督管理委员会发行审核委员会对江苏百川高科新材料股份有限公司公开发行可转换公司债券的申请进行审核。根据会议审核结果,公司该次公开发行可转换公司债券申请获得通过。

【"爱康科技"】 2019年2月2日,江苏爱康科技股份有限公司发布《关于终止发行股份购买资产事项的公告》:鉴于交易双方在谈判过程中对于协议部分条款无法达成一致,经认真听取相关各方意见并与交易对方协商一致,为切实维护公司及全体股东的利益,公司决定终止筹划通过发行股份方式购买深圳市鑫成泰科技有限公司、研创应用材料(赣州)股份有限公司的股权事项。4月9日,公司发布《发行股份及支付现金购买资产并募集配套资金预案》:公司拟通过发行股份及支付现金的方式购买宁波宜则100%的股权,该次交易完成后,宁波宜则将成为上市公司的子公司。上市公司拟按相关规定向符合条件的特定投资者非公开发行股份募集配套资金,募集配套资金总额不超过10亿元,预计不超过拟以发行股份方式购买资产交易价格的100%,且发行股份数量不超过上市公司该次交易前总股本的20%,最终以中国证监会核准发行的股票数量为准。5月14日,公司发布《2018年度股东大会决议公告》:审议通过《2018年度总经理工作报告》《2018年度董事会工作报告》《2018年度监事会工作报告》《2018年度财务决算报告》《公司2018年度报告全文及摘要》;审议通过《公司2018年度利润分配预案》:公司2018年度不进行现金分红和转增股本。12月11日,公司发布《2019年度非公开发行A股股票预案的公告》:公司拟向特定对象非公开发行股票,非公开发行股票数量不超过发行前公司股本总数的20%,即不超过897824154股(含)。募集资金总额不超过13亿元,扣除发行费用后拟将全部用于1GW高效异质结(HJT)光伏电池及组件项目和补充流动资金。12月27日,公司发布《2019年第十次临时股东大会决议公告》,审议通过《关于公司符合非公开发行A股股票条件的议案》《关于公司2019年度非公开发行A股股票方案的议案》等。

【"华宏科技"】 2019年5月25日,江苏华宏科技股份有限公司发布《2018年度股东大会决议公告》:审议通过《关于公司2018年度董事会工作报告的议案》《关于公司2018年度监事会工作报告的议案》《关于公司2018年度财务决算报告的议案》;审议通过《关于2018年度利润分配方案的议案》:以2018年12月31日的总股本356056532股为基数,拟按每10股派发现金股利1.2元(含税),合计派发现金股利42726783.84元,剩余未分配利润转入下一年度;拟以资本公积金向全体股东每10股转增3股,共转增股本106816960股,转增后公司总股本增加至462873492股。7月5日,公司发布《第五届董事会第十四次会议决议的公告》:审议通过《关于公司符合发行股份及支付现金购买资产并募集配套资金条件的议案》,即公司拟向吉安鑫泰科技股份有限公司全体股东发行股份及支付现金购买其合计持有的鑫泰科技100%的股权;同时拟向不超过10名(含)特定对象非公开发行股份募集配套资金,募集资金总额不超过该次交易中华宏科技以发行股份方式购买资产交易价格的100%,且发行股份数量不超过该次交易前总股本的20%,募集配套资金全部用于支付该次交易的现金对价和中介机构费用。7月9日,公司发布《发行股份及支付现金购买资产并募集配套资金预案》:华宏科技拟向刘卫华等20名自然人发行股份及支付现金购买其持有的鑫泰科技100%股权。该次交易完成后,上市公司将持有鑫泰科技100%股权。华宏科技拟向不超过10名(含)特定投资者非公开发行股份的方式配套融资,募集资金总额不超过该次交易中华宏科技以发行股份方式购买资产交易价格的100%,发行股份数量不超过该次交易前上市公司总股本的20%。11月27日,公司发布《关于收到〈中国证监会行政许可申请受理单〉的公告》:中国证监会依法对公司提交的《江苏华宏科技股份有限公司上市公司发行股份购买资产核准》行政许可申请材料进行审查,认为该申请材料齐全,符合法定形式,决定对该行政许可申请予以受理。

【"宝利国际"】 2019年5月21日,江苏宝利国际投资股份有限公司发布《2018年度股东大会决议公告》:审议通过《2018年度报告全文及摘要》《2018年度董事会工作报告》《2018年度监事会工作报告》《2018年度财务决算报告》;审议通过《2018年度利润分配预案》:公司拟以2018年12月31日总股本921600000股为基数,向全体股东每10股派发现金红利0.1元(含税),合计派发现金红利9216000元。

【"海达股份"】 2019年4月19日,江阴海达橡塑股份有限公司发布《2018年度股东大会决议公告》:审议通过《2018年度报告全文及摘要》《2018年度董事会工作报告》《2018年度监事会工作报告》《2018年度财务决算报告》；审议通过《2018年度利润分配预案》：以截至2018年12月31日公司股份总数601234191股为基数，向全体股东每10股派发现金股利0.56元(含税)，合计派发现金股利33669114.7元，不送红股，不以资本公积金转增股本，剩余未分配利润结转至以后年度分配。11月23日，公司发布《关于公司实际控制人之一钱胡寿逝世的公告》：公司实际控制人之一钱胡寿因病医治无效于2019年11月21日逝世。钱胡寿直接持有公司股份103832867股，占公司总股本的17.27%，为公司实际控制人之一。钱胡寿持有的公司股份将按法律法规规定办理股份继承手续，并会导致公司实际控制人发生变化。后续相关事宜公司将依据相关法律法规要求履行信息披露义务。

【“广信材料”】 2019年5月22日，江苏广信感光新材料股份有限公司发布《2018年度股东大会决议公告》：审议通过《2018年度报告全文及摘要》《2018年度董事会工作报告》《2018年度监事会工作报告》《2018年度财务决算报告》；审议通过《2018年度利润分配预案》：公司2018年度利润分配拟以现有总股本193027584股为基数，向全体股东按每10股派发现金红利0.6元(含税)，共派发现金股利11581655.04元(含税)，送红股0股(含税)。公司2018年度不进行资本公积金转增股本，剩余未分配利润结转至以后年度。

【“江阴银行”】 2019年4月9日，江苏江阴农村商业银行股份有限公司发布《2018年度股东大会决议公告》：审议通过《2018年度报告全文及摘要》《2018年度董事会工作报告》《2018年度监事会工作报告》《2018年度财务决算报告》；审议通过《2018年度利润分配预案》：按利润净额的10%提取法定盈余公积9391.11万元；提取一般风险准备1.5亿元；提取任意盈余公积2亿元；以未来实施分配方案时股权登记日的总股本为基数，向全体股东每10股派发现金红利0.5元(含税)，送红股2股(含税)；剩余未分配利润转入下一年度。

【“神宇股份”】 2019年5月13日，神宇通信科技股份公司发布《2018年度股东大会决议公告》：审议通过《2018年度报告全文及摘要》《2018年度董事会工作报告》《2018年度监事会工作报告》《2018年度财务决算报告》；审议通过《2018年度利润分配预案》：以截至2018年12月31日公司股份总数8000万股为基数，向全体股东按每10股派发现金股利1.15元(含税)，合计派发现金股利920万元。5月18日，公司发布《2019年度非公开发行A股股票预案》：公司拟非公开发行股份募集资金额不超过3.5亿元，用于年产40万千米5G(第五代移动通信技术)通信、航空航天用高速高稳定性射频同轴电缆建设项目。6月3日，公司发布《2019年第一次临时股东大会决议公告》：审议通过《关于公司符合非公开发行股票条件的议案》《关于公司本次非公开发行股票方案的议案》等。6月26日，公司发布《关于非公开发行A股股票申请获得中国证监会受理的公告》：中国证监会对公司提交的《创业板上市公司非公开发行新股核准》行政许可申请材料进行审查，认为该申请材料齐全，决定对该行政许可申请予以受理。

【“苏利股份”】 2019年5月16日，江苏苏利精细化工股份有限公司发布《2018年度股东大会决议公告》：审议通过《2018年度报告全文及摘要》《2018年度董事会工作报告》《2018年度监事会工作报告》《2018年度财务决算报告》；审议通过《2018年度利润分配预案》：以截至2018年12月31日公司总股本18000万股为基数，每10股分配现金股利6元(含税)，共分配现金股利1.08亿元(含税)，剩余未分配利润滚存至下一年度。

【“江化微”】 2019年5月16日，江阴江化微电子材料股份有限公司发布《2018年度股东大会决议公告》：审议通过《2018年度报告全文及摘要》《2018年度董事会工作报告》《2018年度监事会工作报告》《2018年度财务决算报告》；审议通过《2018年度利润分配预案》：以2018年12月31日的股本8400万股为基数，向全体股东每10股派发现金红利1.5元(含税)，共派发现金红利1260万元(含税)；同时以资本公积金向全体股东每10股转增3股，共转增2520万股，转增后股本为10920万股。11月22日，公司发布《关于终止公司公开发行可转换公司债券事项并撤回申请文件的公告》：公司终止发行可转换公司债事项。

【“恒润股份”】 2019年5月7日，江阴市恒润重工股份有限公司发布《2018年度股东大会决议公告》：审议通过《2018年度报告全文及摘要》《2018年度董事会工作报告》《2018年度监事会工作报告》《2018年度财务决算报告》；审议通过《2018年度利润分配预案》：以2018年12月31日总股本10400万股为基数，向全体股东每10股派发现金红利4元(含税)，共派发现金红利4160万元(含税)；同时以资本公积金向全体股东每10股转增4股，共转增4160万股，转增后股本为14560万股。剩余未分配利润转入下一年度。

【“电工合金”】 2019年5月10日，江阴电工合金股份有限公司发布《2018年度股东大会决议公告》：审议通过《2018年度报告全文及摘要》《2018年度董事会工作报告》《2018年度监事会工作报告》《2018年度财务决算报告》；审议通过《2018年度利润分配预案》：以公司截至2018年12月31日的总股本20800万股为基数，向全体股东每10股派发现金红利2.4元(含税)，合计派发现金股利4992万元(含税)，该年度不送红股，不以资本公积金转增股本，剩余未分配利润结转至以后分配。

【“振江股份”】 2019年5月25日，江苏振江新能源装备股份有限公司发布《2018年度股东大会决议公告》：审议通过《2018年度报告全文及摘要》《2018年度董事会工作报告》《2018年度监事会工作报告》《2018年度财务决算报告》；审议通过《2018年度利润分配预案》：以2018年12月31日公司股本128081400股为基数，向全体股东每10股派发现金红利1.5元(含税)，共派发现金红利 19212210 元,剩余未分配利润结转至以后年度分配。该年度不送红股、不以资本公积金转增股本。9 月 7 日,公司发布《关于以集中竞价交易方式回购股份的回购报告书》:公司拟以自有资金回购公司部分社会公众股份,用于股权激励或员工持股计划。该次回购股份价格不超过每股 25 元,回购资金总额不低于 3000 万元(含),不高于 6000 万元(含)。

【"怡达股份"】 2019 年 3 月 1 日,江苏怡达化学股份有限公司发布《关于以集中竞价交易方式回购股份的回购报告书》:公司拟以自有资金回购公司部分社会公众股份,用于员工持股计划、股权激励或减少注册资本。该次回购资金总额不低于 1000 万元(含)且不超过 2000 万元(含)。5 月 6 日,公司发布《2018 年度股东大会决议公告》:审议通过《2018 年度报告全文及摘要》《2018 年度董事会工作报告》《2018 年度监事会工作报告》《2018 年度财务决算报告》;审议通过《2018 年度利润分配预案》:公司拟以截至 2018 年 12 月 31 日的总股本 8088 万股为基数,每 10 股派发现金股利 1.5 元(含税),共派发现金股利 12132000 元,剩余未分配利润滚存至下一年度。该次不送红股,也不进行资本公积金转增股本。

"新三板"挂牌企业动态

【概况】 2019 年,"江阴板块"56 个"新三板"挂牌企业借助全国中小企业股份转让系统的平台,规范公司治理,严格信息披露,助推产业发展。江阴硅普搪瓷股份有限公司、江阴市新昶虹电力科技股份有限公司、江苏江凌测控科技股份有限公司、江阴市赛英电子股份有限公司、无锡翔龙环球科技股份有限公司、江阴万事兴医疗器械股份有限公司、江阴万事兴汽车部件股份有限公司、江阴康爱特包装股份有限公司、江阴宝得换热设备股份有限公司、江阴四方游泳康复产业股份有限公司 10 个公司向公司全体股东分配年度利润;江苏奥派交通装备股份有限公司通过非公开发行股份募集资金 745.5 万元;江苏阳生生物股份有限公司、江苏风和医疗器材股份有限公司、江阴市天邦涂料股份有限公司、江阴宝能精密新材料股份有限公司、无锡美好世界科技股份有限公司、江阴天力重科安装股份有限公司、江阴市赛英电子股份有限公司、江阴华瑞电工科技股份有限公司、江阴康爱特包装股份有限公司、圣华盾防护科技股份有限公司、江阴华新电器科技股份有限公司、江特科技股份有限公司 12 个公司在全国中小企业股份转让系统终止挂牌。

【"阳生生物"】 2019 年 11 月 7 日,江苏阳生生物股份有限公司发布《关于公司股票在全国中小企业转让系统终止挂牌的公告》:根据全国中小企业股份转让系统出具的《关于同意江苏阳生生物股份有限公司股票终止在全国中小企业股份转让系统挂牌的函》,公司股票自 11 月 11 日在全国中小企业股份转让系统终止挂牌。

【"力博医药"】 2019 年 5 月 28 日,江苏力博医药生物技术股份有限公司发布《2018 年度股东大会决议公告》:审议通过《2018 年度董事会工作报告》《2018 年度监事会工作报告》《2018 年度财务决算报告》《2018 年度利润分配预案》:公司出于战略发展考虑,不对 2018 年度利润进行分配。

【"风和医疗"】 2019 年 5 月 16 日,江苏风和医疗器材股份有限公司发布《2018 年度股东大会决议公告》:审议通过《2018 年度董事会工作报告》《2018 年度监事会工作报告》《2018 年度财务决算报告》;审议通过《关于公司 2018 年度不分配利润的议案》:由于以前年度一直处于亏损状态,弥补完以前年度亏损后,未分配利润为 -1383089.34 元,因此该年度公司暂不进行利润分配。12 月 11 日,公司发布《关于拟申请公司股票在全国中小企业股份转让系统终止挂牌的提示性公告》:根据公司所在行业发展状况及自身业务开展情况,配合公司长期经营发展战略和资本市场发展路径的规划,结合当前资本市场环境及公司经营管理需要,更好实现公司及全体股东利益最大化,经慎重考虑,拟向全国中小企业股份转让系统申请终止挂牌。

【"天邦涂料"】 2019 年 5 月 6 日,江阴市天邦涂料股份有限公司发布《2018 年度股东大会决议公告》:审议通过《2018 年度董事会工作报告》《2018 年度监事会工作报告》《2018 年度财务决算报告》《公司 2018 年度利润分配预案》:根据公司 2018 年经营成果和财务状况,以及生产经营发展计划确定的经营目标,该年度公司不进行利润分配。8 月 16 日,公司发布《关于公司股票在全国中小企业股份转让系统终止挂牌的公告》:根据全国中小企业股份转让系统有限责任公司出具的《关于同意江阴市天邦涂料股份有限公司股票终止在全国中小企业股份转让系统挂牌的函》,公司股票自 8 月 19 日起在全国中小企业股份转让系统终止挂牌。

【"硅普搪瓷"】 2019 年 5 月 8 日,江阴硅普搪瓷股份有限公司发布《2018 年度股东大会决议公告》:审议通过《2018 年度董事会工作报告》《2018 年度监事会工作报告》《2018 年度财务决算报告》;审议通过《公司 2018 年度利润分配预案》:以公司现有股本 1205 万股为基数,以资本公积金对全体股东每 10 股转增 8 股,转增 964 万股;以未分配利润对全体股东每 10 股转增 2 股,转增 241 万股,合计转增 1205 万股;转增后,公司总股本为 2410 万股,各股东持股比例不变。同时,以未分配利润对全体股东进行现金分红,每 10 股分配现金 2 元,共分配现金 241 万元。

【"宝能股份"】 2019 年 5 月 8 日,江阴宝能精密新材料股份有限公司发布《2018 年度股东大会决议公告》:审议通过《2018 年度董事会工作报告》《2018 年度监事会工作报告》《2018 年度财务决算报告》;审议通过《公司 2018 年度利润分配预案》:公司正处于发展期,资金需求大,经公司董事会认真分析讨论,决定 2018 年度不进行利润分配。7 月 2 日,公司发布《关于公司股票在全国中小企业股份转让系统终止挂牌的公告》:根据全国中小企业股份转让系统有限责任公司出具的《关于同意江阴宝能精密新材料股份有限公司股票终止在全国中小企业股份转让系统挂牌的函》,公司股票自7月3日起在全国中小企业股份转让系统终止挂牌。

【“新昶虹”】 2019年5月7日,江阴市新昶虹电力科技股份有限公司发布《2018年度股东大会决议公告》:审议通过《2018年度董事会工作报告》《2018年度监事会工作报告》《2019年度经营计划及财务预算方案》;审议通过《2018年度权益分派预案公告》:公司拟以权益分派实施时股权登记日的总股本为基数,以未分配利润向全体股东每10股派发现金红利0.6元(含税)。

【“海特股份”】 2019年5月9日,江苏海特服饰股份有限公司发布《2018年度股东大会决议公告》:审议通过《2018年度董事会工作报告》《2018年度监事会工作报告》《关于公司2019年度财务预算方案的议案》;审议通过《2018年度权益分派方案的议案》:考虑公司目前及未来经营情况,公司暂不进行利润分配。

【“美好世界”】 2019年7月5日,无锡美好世界科技股份有限公司发布《关于收到全国中小企业股份转让系统终止公司股票挂牌决定的公告》:截至2019年6月28日,公司尚未完成2018年度报告的披露工作。根据《全国中小企业股份转让系统业务规则(试行)》和《全国中小企业股份转让系统挂牌公司信息披露细则(试行)》等相关规定,公司股票被全国中小企业股份转让系统终止挂牌。7月12日,公司发布《关于公司股票终止挂牌的公告》:全国中小企业股份转让系统有限责任公司决定自7月15日起公司股票终止挂牌。

【“无锡协力”】 2019年5月16日,无锡市协力新能源股份有限公司发布《2018年度股东大会决议公告》:审议通过《2018年度董事会工作报告》《关于2018年度财务决算报告》《关于公司2019年度财务预算报告》;审议通过《关于公司2018年度利润分配方案》:根据公司实际情况,拟定公司2018年度利润不分配,不进行资本公积金转增股本。

【“天力重科”】 2019年7月19日,江阴天力重科安装股份有限公司发布《关于收到全国中小企业股份转让系统终止公司股票挂牌决定的公告》:因公司未能在6月28日前(含)披露2018年度报告,根据《全国中小企业股份转让系统业务规则(试行)》相关规定,全国中小企业股份转让系统决定终止公司股票挂牌。7月26日,公司发布《关于公司股票在全国中小企业股份转让系统终止挂牌的公告》:公司股票将自7月29日起在全国中小企业股份转让系统终止挂牌。

【“金牡丹”】 2019年5月20日,江苏金牡丹装饰工程股份有限公司发布《2018年度股东大会决议公告》:审议通过《2018年度董事会工作报告》《关于2018年度财务决算报告》《关于公司2019年度财务预算报告》;审议通过《关于公司2018年度利润分配方案》:根据公司经营规划和发展需要,结合公司资金状况,公司计划2018年度不进行利润分配。

【“江凌股份”】 2019年5月20日,江苏江凌测控科技股份有限公司发布《2018年度股东大会决议公告》:审议通过《2018年度董事会工作报告》《关于2018年度财务决算报告》《关于公司2019年度财务预算报告》;审议通过《关于公司2018年度利润分配方案》:公司拟以公司总股本300万股为基数,向全体股东每10股派发现金股利0.55元(含税),合计派发现金股利165万元(含税),剩余未分配利润结转至下一年度。

【“云峰科技”】 2019年5月20日,江苏云峰科技股份有限公司发布《2018年度股东大会决议公告》:审议通过《2018年度董事会工作报告》《关于2018年度财务决算报告》《关于公司2019年度财务预算报告》;审议通过《关于公司2018年度利润分配方案》:根据公司实际情况,拟定公司2018年度利润不分配,不进行资本公积金转增股本。

【“宏晟节能”】 2019年5月15日,无锡市宏晟节能科技股份有限公司发布《2018年度股东大会决议公告》:审议通过《2018年度董事会工作报告》《关于2018年度财务决算报告》《关于公司2019年度财务预算报告》;审议通过《关于公司2018年度利润分配方案》:结合公司2018年度经营业绩及日后发展规划,公司对2018年度不进行利润分配,也不实施资本公积金转增股本。

【“浩博新材”】 2019年5月15日,江苏浩博新材料股份有限公司发布《2018年度股东大会决议公告》:审议通过《2018年度董事会工作报告》《关于2018年度财务决算报告》《关于公司2019年度财务预算报告》;审议通过《关于公司2018年度利润分配的议案》:根据公司实际经营情况,拟定公司2018年度不进行利润分配,也不进行资本公积金转增股本和其他形式的分配。

【“赛英电子”】 2019年5月16日,江阴市赛英电子股份有限公司发布《2018年度股东大会决议公告》:审议通过《2018年度董事会工作报告》《关于2018年度财务决算报告》《关于公司2019年度财务预算报告》;审议通过《关于公司2018年度利润分配的议案》:公司拟以权益分派实施时股权登记日的总股本2000万股为基数,以未分配利润向全体股东每10股派发现金红利5元(含税),共派发现金1000万元。12月6日,公司发布《关于公司股票在全国中小企业股份转让系统终止挂牌的提示性公告》:根据全国中小企业股份转让系统有限责任公司12月5日出具的《关于同意江阴市赛英电子股份有限公司股票终止在全国中小企业股份转让系统挂牌的函》,公司股票自12月11日起在全国中小企业股份转让系统终止挂牌。

【“标榜新材”】 2019年5月20日,江苏标榜装饰新材料股份有限公司发布《2018年度股东大会决议公告》:审议通过《2018年度董事会工作报告》《关于2018年度财务决算报告》《关于公司2019年度财务预算报告》;审议通过《关于公司2018年度利润分配的议案》:综合考虑到2019年度生产规模扩大及业务增长对资金的需求,决定2018年度不进行利润分配,也不进行资本公积金转增股本。

【“翔龙科技”】 2019年5月8日,无锡翔龙环球科技股份有限公司发布《2018 年度股东大会决议公告》:审议通过《2018 年度董事会工作报告》《关于 2018 年度财务决算报告》《关于公司 2019 年度财务预算报告》;审议通过《关于公司 2018 年度利润分配的议案》:以本次权益分派实施股权登记日股数为基数,向全体股东每 10 股派发现金红利 4 元(含税)。12 月 6 日,公司发布《2019 年第一次股票发行方案》:公司拟非公开发行股份不超过 1000 万股,募集资金不超过 4500 万元,用于补充公司流动资金及偿还融资租赁借款,提升公司偿债能力和经营效率。

【"华瑞电工"】 2019 年 5 月 17 日,江阴华瑞电工科技股份有限公司发布《2018 年度股东大会决议公告》:会议审议通过《2018 年度董事会工作报告》《关于 2018 年度财务决算报告》《关于公司 2019 年度财务预算报告》;审议通过《关于公司 2018 年度利润分配的议案》:根据公司生产经营状况及持续发展需要,公司 2018 年度暂不进行利润分配。6 月 24 日,公司发布《关于公司股票在全国中小企业股份转让系统终止挂牌的公告》:根据全国中小企业股份转让系统 6 月 19 日出具的《关于同意江阴华瑞电工科技股份有限公司股票终止在全国中小企业股份转让系统挂牌的函》,公司股票自 6 月 25 日起在全国中小企业股份转让系统终止挂牌。

【"万事兴"】 2019 年 5 月 15 日,江阴万事兴医疗器械股份有限公司发布《2018 年度股东大会决议公告》:审议通过《2018 年度董事会工作报告》《关于 2018 年度财务决算报告》《关于公司 2019 年度财务预算报告》;审议通过《关于公司 2018 年度权益分派预案》:公司拟以权益分派实施时股权登记日的总股本为基数,以未分配利润向全体股东每 10 股派发现金红利 2.5 元(含税)。

【"万兴股份"】 2019 年 5 月 15 日,江阴万事兴汽车部件股份有限公司发布《2018 年度股东大会决议公告》:审议通过《2018 年度董事会工作报告》《关于 2018 年度财务决算报告》《关于公司 2019 年度财务预算报告》;审议通过《关于公司 2018 年度权益分派预案》:公司拟以权益分派实施时股权登记日的总股本为基数,以未分配利润向全体股东每 10 股派发现金红利 7.8 元(含税)。

【"奥派装备"】 2019 年 5 月 20 日,江苏奥派交通装备股份有限公司发布《2018 年度股东大会决议公告》:审议通过《2018 年度董事会工作报告》《关于 2018 年度财务决算报告》《关于公司 2019 年度财务预算报告》;审议通过《关于公司 2018 年度权益分派预案》:鉴于公司未达到利润分配条件,该年度不进行利润分配。9 月 11 日,公司发布《股票发行方案》:公司拟非公开发行股份不超过 210 万股,募集资金总额不超过 745 万元。12 月 3 日,公司发布《股票发行情况报告书》:公司本次股票发行数量 210 万股,实际募集资金总额 745.5 万元。募集资金将全部用于补充公司流动资金,支付供应商货款和员工工资,提高公司盈利能力和抗风险能力,保障公司经营持续健康发展。

【"康爱特"】 2019 年 5 月 17 日,江阴康爱特包装股份有限公司发布《2018 年度股东大会决议公告》:审议通过《2018 年度董事会工作报告》《关于 2018 年度财务决算报告》《关于公司 2019 年度财务预算报告》;审议通过《关于公司 2018 年度权益分派预案》:公司拟以权益分派实施时股权登记日的总股本为基数,以未分配利润向全体股东每 10 股派发现金红利 0.33 元(含税)。11 月 29 日,公司发布《关于公司股票在全国中小企业股份转让系统终止挂牌的公告》:根据全国中小企业股份转让系统于 11 月 28 日出具的《关于同意江阴康爱特包装股份有限公司股票终止在全国中小企业股份转让系统挂牌的函》,公司股票自 12 月 3 日起在全国中小企业股份转让系统终止挂牌。

【"润达光伏"】 2019 年 5 月 9 日,江苏润达光伏股份有限公司发布《2018 年度股东大会决议公告》:审议通过《2018 年度董事会工作报告》《关于 2018 年度财务决算报告》《关于公司 2019 年度财务预算报告》;审议通过《2018 年度利润分配方案》:为公司长远发展考虑,公司 2018 年度拟不进行利润分配。

【"圣华盾"】 2019 年 4 月 24 日,圣华盾防护科技股份有限公司发布《关于公司股票在全国中小企业股份转让系统终止挂牌的公告》:4 月 18 日,全国中小企业股份转让系统有限责任公司同意并出具《关于同意圣华盾防护科技股份有限公司股票终止在全国中小企业股份转让系统挂牌的函》,公司股票自 4 月 25 日起在全国中小企业股份转让系统终止挂牌。

【"华新科技"】 2019 年 1 月 10 日,江阴华新电器科技股份有限公司发布《关于公司股票在全国中小企业股份转让系统终止挂牌的公告》:全国中小企业股份转让系统有限责任公司于 1 月 8 日出具《关于同意江阴华新电器科技股份有限公司股票终止在全国中小企业股份转让系统挂牌的函》,同意公司股票自 1 月 11 日起在全国中小企业股份转让系统终止挂牌。

【"华钢网络"】 2019 年 5 月 14 日,江苏华钢网络科技股份有限公司发布《2018 年度股东大会决议公告》:审议通过《2018 年度董事会工作报告》《关于 2018 年度财务决算报告》《关于公司 2019 年度财务预算报告》;审议通过《2018 年度利润分配方案》:根据实际情况,公司 2018 年度不进行利润分配。

【"博阳智电"】 2019 年 5 月 15 日,江苏博阳智慧电气股份有限公司发布《2018 年度股东大会决议公告》:审议通过《2018 年度董事会工作报告》《关于 2018 年度财务决算报告》《关于公司 2019 年度财务预算报告》;审议通过《2018 年度利润分配方案》:公司处于稳定发展期,根据公司战略实施及业务开展需要,结合公司现金流情况,拟定 2018 年度不进行利润分配,不送红股,不实施资本公积金转增股本。

【"舜阳科技"】 2019 年 5 月 22 日,无锡舜阳新能源科技股份有限公司发布《2018 年度股东大会决议公告》:审议通过《2018 年度董事会工作报告》《关于 2018 年度财务决算报告》《关于公司 2019 年度财务预算报告》;审议通过《2018 年度利润分配方案》:为公司长远发展考虑,公司 2018 年度拟不进行利润分配。5月27日,公司发布《关于公司被纳入失信被执行人的公告》:无锡舜阳新能源科技股份有限公司结欠无锡市正强包装材料有限公司价款218246元,因未履行偿款义务,被冻结银行存款232303元,且被纳入失信被执行人。

【“江特科技”】 2019年3月29日,江特科技股份有限公司发布《关于公司股票在全国中小企业股份转让系统终止挂牌的公告》:根据全国中小企业股份转让系统有限责任公司出具的《关于同意江特科技股份有限公司股票终止在全国中小企业股份转让系统挂牌的函》,公司股票自2019年4月1日起在全国中小企业股份转让系统终止挂牌。

【“宝得换热”】 2019年5月10日,江苏宝得换热设备股份有限公司发布《2018年度股东大会决议公告》:审议通过《2018年度董事会工作报告》《关于2018年度财务决算报告》《关于公司2019年度财务预算报告》;审议通过《关于2018年度权益分派预案的报告》:公司拟以权益分派实施时股权登记日的总股本17948000股为基数,以未分配利润向全体股东每10股派发现金红利0.8元(含税)。

【“圣博股份”】 2019年4月19日,江苏大圣博环保科技股份有限公司发布《关于公司股票将在全国股份转让系统挂牌公开转让的提示性公告》:公司股票将于5月29日起在全国股份转让系统挂牌公开转让。证券简称“圣博股份”,证券代码873276,转让方式为集合竞价转让。

【“四方游泳”】 2019年5月16日,江阴四方游泳康复产业股份有限公司发布《2018年度股东大会决议公告》:审议通过《2018年度董事会工作报告》《关于2018年度财务决算报告》《关于公司2019年度财务预算报告》;审议通过《关于公司2018年度利润分配预案》:公司拟以权益分派实施时股权登记日的总股本1500万股为基数,向全体股东每10股派发现金股利1元(含税),合计派发现金股利150万元(含税),不送股,不以资本公积金转增股本。

【“晓达股份”】 2019年11月26日,江阴市晓达金属制品制造股份有限公司发布《关于公司股票将在全国股份转让系统挂牌公开转让的提示性公告》:公司股票将于11月27日起在全国股份转让系统挂牌公开转让。证券简称“晓达股份”,证券代码873387,转让方式为集合竞价转让。

募集资金使用

【概况】 2019年,江阴A股上市及“新三板”挂牌企业通过定向增发等方式从资本市场再融资44.2亿元,借力资本市场,实现企业跨越式发展。

【“霞客环保”】 2019年5月9日,江苏霞客环保色纺股份有限公司发布《重大资产置换及发行股份购买资产暨关联交易报告书》,公司定向增发募集资金43.97亿元,用于收购协鑫能源科技股权。

【“奥派装备”】 2019年12月3日,江苏奥派交通装备股份有限公司发布《股票发行情况报告书》:公司募集资金745.5万元,用于补充公司流动资金,支付供应商货款和员工工资,提高公司盈利能力和抗风险能力,保障公司经营持续健康发展。

经营业绩

【概况】 2019年,江阴市A股上市公司总资产3130.71亿元,比2018年增加229.76亿元;总股本295.96亿股;实现营业收入1081.12亿元;年终市值1728.65亿元。至年末,累计有“新三板”挂牌企业56个。14个上市公司每股收益高于2018年,16个上市公司净利润高于2018年,但中南红文化集团股份有限公司、江苏法尔胜股份有限公司、江苏爱康科技股份有限公司3个公司亏损。

2019年“江阴板块”国内上市公司业绩汇总一览表

表19

代码	公司名称	每股收益(元)	每股净资产(元)	净资产收益率(%)	每股现金净流量(元)	营业收入(万元)	净利润(万元)	总资产(万元)	净资产(万元)	负债率(%)	总股本(万股)	流通股(万股)	市值(亿元)
000518	四环生物	0.0139	0.5959	2.36	0.0133	41787.82	1749.61	91582.60	66031.43	27.90	102955.62	102953.57	37.37
000584	哈工智能	0.0667	2.8226	2.39	-0.5274	173670.12	4831.13	453408.10	186584.95	58.85	61332.43	59831.59	38.46
000700	模塑科技	0.1230	2.7024	4.38	0.0293	548952.81	10166.32	784566.06	237958.19	69.67	82718.18	71721.11	32.51
000890	*ST胜尔	-2.0500	-0.3906	-307.34	0.4825	100360.93	-77756.38	478810.27	-14828.48	103.10	37964.16	37962.46	20.80
000936	华西股份	0.6300	5.7812	11.56	-0.2260	318687.47	61840.29	1317078.49	588327.97	55.33	88601.29	88533.71	69.20
002015	霞客环保	0.4093	3.5725	20.63	0.0260	1089825.76	83642.35	2408088.39	768396.40	68.09	135246.13	40070.38	71.27
002445	*ST中南	-1.2900	0.1307	-151.50	-0.0183	59753.94	-179880.87	288232.92	19312.39	93.30	138939.06	136625.94	19.03
002455	百川股份	0.1300	2.5702	4.85	-0.3645	257464.11	6471.84	286059.16	132875.40	53.55	51697.71	39394.47	32.72
300135	宝利国际	0.0429	1.3677	3.17	0.0649	242966.94	3458.65	289948.47	126038.70	56.53	92160.00	92160.00	24.42

续表 19

代码	公司名称	每股收益(元)	每股净资产(元)	净资产收益率(%)	每股现金净流量(元)	营业收入(万元)	净利润(万元)	总资产(万元)	净资产(万元)	负债率(%)	总股本(万股)	流通股(万股)	市值(亿元)
600078	澄星股份	0.0900	2.6340	3.51	0.5428	330996.02	13663.70	807563.33	226412.16	71.96	66257.29	66257.29	34.19
600220	江苏阳光	0.0393	1.2222	3.21	0.1296	234902.62	9792.93	501369.70	244257.29	51.28	178334.03	178334.03	40.66
600370	三房巷	0.0689	1.6846	4.14	0.2141	104141.97	8312.52	179062.14	158059.55	11.73	79724.42	79724.42	24.32
600398	海澜之家	0.7200	2.9549	24.18	-0.0018	2196968.87	316756.82	2891572.43	1386131.57	52.06	442001.25	442001.25	339.46
600481	双良节能	0.1258	1.3920	9.13	0.0016	252734.04	21453.78	385573.62	229829.07	40.39	163733.58	162725.58	54.36
600584	长电科技	0.0600	7.8780	0.71	-1.4604	2352627.98	9664.77	3358189.36	1263835.54	62.37	160287.46	98457.00	352.31
601199	江南水务	0.2500	3.1111	8.32	0.3475	99175.06	23102.97	485629.38	296596.36	38.93	93521.03	93521.03	35.44
601218	吉鑫科技	0.0667	2.5193	2.63	0.0631	149693.83	6488.62	450534.83	250940.78	44.30	99176.00	97736.00	28.17
002610	爱康科技	-0.3600	0.9149	-32.32	-0.0780	512601.03	-166883.19	1164528.55	411061.55	64.70	448912.08	438704.72	72.27
002645	华宏科技	0.3867	4.2230	9.50	-0.0663	216134.04	18206.68	254359.85	199368.13	21.62	46287.35	39557.14	39.25
300320	海达股份	0.3700	2.8104	14.08	0.0031	224119.94	22944.58	284344.51	172756.24	39.24	60123.42	50296.92	29.22
300537	广信材料	0.3740	6.8929	5.56	-0.2492	80895.94	7613.63	193657.53	133162.06	31.24	19302.76	11803.91	36.41
002807	江阴银行	0.4971	5.2477	9.09	-0.2243	340434.60	101177.70	12634309.20	1187305.30	90.60	217198.41	215711.99	101.21
300563	神宇股份	0.6700	6.6040	10.60	-0.1368	47133.36	5363.99	70717.72	52837.23	25.28	8000.00	4883.55	22.40
603585	苏利股份	1.6800	10.8897	16.30	-0.0566	181260.56	40794.96	285424.63	253723.14	11.11	18000.00	18000.00	37.84
603078	江化微	0.3160	7.2369	4.43	0.7813	49042.95	3292.54	134983.07	78968.30	41.50	10920.00	6223.99	37.32
603985	恒润股份	0.5695	7.8489	7.39	0.2893	143118.25	5618.68	194947.14	117352.57	39.80	14560.00	9318.40	22.71
300697	电工合金	0.6200	4.0482	16.18	-0.0079	187787.82	12906.49	123472.29	84439.05	31.61	20800.00	5200.00	31.30
603507	振江股份	0.3000	10.9503	2.67	-4.1795	178608.76	3810.86	335578.50	144745.35	56.87	12807.14	8037.71	28.79
300721	怡达股份	0.0818	10.4772	0.76	-2.7102	95441.71	632.07	173573.29	89813.65	48.26	8058.50	4200.80	15.21
合计						10811289.25	379238.04	31307165.53	9092291.84		2959619.31	2699948.95	1728.65
平均		0.1281	3.0721	0.04	-0.1075	372803.08	13077.17	1079557.43	313527.30	70.96	102055.84	93101.69	59.61

上市(挂牌)后备企业动态

【概况】 2019年,江阴市对全市上市挂牌后备企业继续进行滚动调整,严格筛选审核后备企业名录,挖掘培育发展潜力大、效益高、后劲足的优质企业,积极优化后备企业资源库,不断做优做强后备企业集群。优彩环保资源科技股份有限公司、江苏长龄液压股份有限公司、江苏必得科技股份有限公司3个企业向中国证监会申报上市材料;江苏必得科技股份有限公司、江阴市富仁高科股份有限公司向江苏证监局申报辅导,至年末,有6个公司在江苏证监局辅导;江阴弘远新能源科技有限公司、江阴华瑞电工科技股份有限公司、慧居科技股份有限公司、江阴市奥亿康医疗器械有限公司推进中国香港等地和荷兰等国上市工作;采纳科技股份有限公司、江阴市惠尔信精密装备股份有限公司、江阴天力燃气有限公司、江阴市液压油管有限公司、江阴市江顺模具有限公司、江苏宏晟模具新材料科技有限公司、江阴方圆环锻法兰有限公司、江苏贝德服装集团有限公司等公司启动上市工作并稳步推进。

【"优彩环保"】 优彩环保资源科技股份有限公司向中国证监会申报上市材料,证监会受理优彩环保资源科技股份有限公司上市申请时间为2019年5月8日。

【"长龄液压"】 江苏长龄液压股份有限公司向中国证监会申报上市材料,证监会受理江苏长龄液压股份有限公司上市申请时间为2019年4月25日。

【"必得科技"】 江苏必得科技股份有限公司向中国证监会江苏监管局申报辅导备案,向中国证监会申报上市材料,江苏证监局确认江苏必得科技股份有限公司辅导备案日为2019年1月30日,中国证监会受理江苏必得科技股份有限公司上市申请时间为2019年6月26日。

【"富仁高科"】 江阴市富仁高科股份有限公司向中国证监会江苏监管局申报辅导备案,江苏证监局确认江阴市富仁高科股份有限公司辅导备案日为2019年12月20日。

政府服务

【概况】 2019年,江阴市高度重视企业上市挂牌工作,从各方面为企业上市提供"一站式"服务。年初组织召开全市金融和上市工作会议,全面部署2019年度企业上市挂牌工作;举办科创板交流座谈会,推进江阴市上市后备企业登陆科创板;举办"创投无锡"企业路演活动,帮助企业对接投资机构,引进战略投资;举办上市公司规范化运行主题讲座,助推江阴市上市公司健康发展;组织重点上市挂牌后备企业问题专题协调会,为企业排忧解难;切实做好企业上市挂牌奖励政策兑现工作,调动企业上市挂牌积极性。是年,新增上市公司2个,"新三板"挂牌企业2个,通过上市挂牌公司定向增发等方式从资本市场直接融资44.2亿元。

【全市金融(上市)工作会议】 为深入贯彻落实中央、江苏省、无锡市经济工作会议和金融工作会议精神,进一步提高金融服务实体经济能力,推动江阴经济金融高质量发展,2019年5月15日,江阴市召开全市金融(上市)工作会议。市长蔡叶明出席会议,副市长赵强主持会议。会议回顾总结2018年全市金融和上市工作,分析研判全国及江阴市面临的形势和存在问题,部署2019年目标任务和具体措施;指出金融和上市工作要围绕服务实体经济、防控金融风险、深化金融改革三项任务,持续提高金融服务水平,压实金融监管责任,构建良好金融生态,促进江阴市经济和金融实现良性循环、健康发展。

【科创板上市交流座谈会】 科创板是落实创新驱动和科技强国战略的重大举措,是资本市场试点注册制、激发市场活力的重要平台。为推进江阴市企业登陆科创板,实现科创板历史性突破,2019年8月9日,市工业和信息化局举办科创板上市交流座谈会。市工业和信息化局局长王利峰,副局长谈海燕,江阴市润玛电子材料有限公司、江苏力博医药生物技术股份有限公司、江苏普莱医药生物技术有限公司、江苏风和医疗器材有限公司、江苏法尔胜光电科技有限公司、江苏坤奕环境工程有限公司、江阴爱科森博顿聚合体有限公司、江阴市赛英电子股份有限公司、江苏南农高科技股份有限公司9个科创板后备企业参加会议。会上,上海天赪投资管理有限公司首席投资官华一沨就科创板上市标准、券商等中介机构选择技巧、科创板属性定位、交易所审核关注点、公司上市前股权激励方法等进行解读分析,对参会的9个公司提出的相关疑难问题进行交流解答。

【"创投无锡"企业路演"江阴专场"活动】 为帮助江阴市上市后备企业优化股权结构,引进战略投资,为企业与投资机构、银行搭建交流对接平台,2019年12月23日,"创投无锡"太湖人才科技金融路演第四十一期暨江苏人才创新创业路演第五十期"江阴专场"活动在江阴国际大酒店举行。江苏高科技投资集团副总裁徐清,深圳证券交易所江苏区域主任黄丽娜,无锡市地方金融监督管理局副局长张泓骏,江阴市副市长赵强,江阴市工业和信息化局副局长胡光远、谈海燕、孙吉川等出席此次活动。10个上市后备企业参加该次路演,近60个投资机构、12个银行、20个后备企业参与现场观摩交流。

【上市公司规范化运行主题讲座】 为贯彻落实习近平总书记关于"完善金融服务、防范金融风险,推动金融业高质量发展"指示精神,从源头上防范各类违法违规事件发生,提高江阴市上市公司内控治理及规范化运作水平,保障江阴市上市公司健康发展和行稳致远,2019年9月23日,市工业和信息化局组织举办上市公司规范化运行主题讲座,邀请中国证监会江苏监管局王峰、殷筱琴授课,分别就资本市场监管新形势、上市公司内幕交易相关法律规定进行深刻解读。江阴市副市长赵强,市工业和信息化局局长王利峰,江阴市A股上市公司和重点上市后备企业董事长、总经理、财务总监等高管及江阴市上市公司协会负责人参加讲座。

【专题协调会】 2019年,为帮助企业扫清上市障碍,助力企业登陆资本市场,针对企业上市挂牌过程中遇到的各类问题,江阴市领导会同各相关部门多次召开专题协调会议,为拟上市挂牌的优彩环保资源科技股份有限公司、江苏长龄液压股份有限公司、江苏必得科技股份有限公司、江苏安凯特科技股份有限公司、江阴方圆环锻法兰有限公司、江苏长博汽渡有限公司、江阴振宏重型锻造有限公司等后备企业上市挂牌进程中遇到的困难进行专题协调,切实优化服务。

【奖励政策兑现】 2019年,江阴市为进一步调动企业首发上市及"新三板"挂牌的积极性,落实兑现企业上市挂牌各项优惠补助政策,按照《关于全力重塑"江阴板块"新优势的若干政策意见》《〈关于全力重塑"江阴板块"新优势的若干政策意见〉的补充意见》文件精神,根据镇(街道)、园区的审核申报,开展江阴市上市挂牌公司奖励政策兑现工作,共兑现1631.14万元。通过兑现政策,大幅度降低企业上市挂牌成本,进一步调动企业登陆资本市场的积极性。 (张盈盈)

■类目编辑 徐文辉

建筑业

综　述

【概况】　2019年,江阴市住房和城乡建设部门健全完善诚信体系,加强监管力量配置和管理执法能力提升,落实工程质量终身责任和住宅工程标准样板房等制度,施行住宅工程质量样板引路制度,强化原材料管理,深入开展工程质量治理行动和安全专项整治,突出工程质量通病防治和原材料、混凝土质量管理,认真治理违规海砂,不断加强综合执法,在监项目183项,共计796万平方米;监察立案198件,结案184件。执行绿色建筑设计二星级标准,推行装配式建筑和全装修成品住房,制定海绵城市建设意见,新增节能建筑301万平方米,市人民医院东院大楼获绿色建筑设计二星级运行标识。

建筑工程勘察设计

【概况】　2019年,江阴市勘察设计单位完成工程勘察设计项目备案404项(含专项设计资质项目),工程设计总产值1.56亿元,与2018年略有增长。建设行政主管部门完成深基坑支护设计方案审查70项,绿色建筑设计审查98项;获绿色建筑设计二星级标识以上项目15项,总建筑面积111.75万平方米;获绿色建筑运行标识二星级以上项目1项,总建筑面积14.78万平方米。

【实施施工图设计审查大审图机制】　2019年,江阴市建设工程施工图审查中心整体入驻政务中心工程建设项目审批综合服务区。完善审图机制,统一并明确事项范围与前置条件,施工图联合审查按流程划入施工许可阶段,将消防、人防、技防等技术审查逐步并入施工图设计文件审查,提升联合审图效率。小型投资项目从正式受理到出具审查意见4个工作日内完成,大中型项目5个至10个工作日完成。施行部门联动、贴心服务、提速增效,加快推进施工图数字化审查,实行"前期服务+快出意见"措施,引进专职审查人员,提高审查效率,优化营商环境。接审施工图审查项目280项,面积758万平方米,其中公建面积75万平方米、居住面积466万平方米、安置房面积86万平方米、工业建筑面积131万平方米;市政施工图审查项目26项。全年完成抗震专项审查、初步设计审查、绿建评审、其他各类型审查评审等近230项次。

建筑施工

【概况】　2019年,江阴市有建筑业企业393个,其中总承包企业147个、专业承包企业237个、劳务企业9个;平均从业人数4.16万人,全员劳动生产率人均19.55万元。全年施工面积716.97万平方米,比2018年增长44.55%,其中新开工面积324.97万平方米,比2018年增长32.94%;竣工面积286.91万平方米,比2018年增长46.52%。出台《关于进一步加强混凝土试块质量管理的通知》,强化混凝土试块的真实性管理。全力推行《住宅工程质量潜在缺陷保险》制度,依据省住房城乡建设厅《关于推行江苏省住宅工程质量潜在缺陷保险试点的实施意见》,通过调研,起草完成《江阴市住宅工程质量潜在缺陷保险实施细则》,并选择11项项目作为试点,为住房长周期的质量问题提供稳定的维修赔付服务,更好地保障购房人权益。

【建筑工程质量监管】　2019年,江阴市建设工程质量安全监督站新增监督项目105项,建筑面积459.8万平方米,比2018年增长6.12%;提前介入项目23项,建筑面积53.78万平方米;在监项目183项,建筑面积796万平方米;竣工验收112项(单位工程490项),建筑面积405.45万平方米,比2018年增长58.38%;新增保温节能建筑面积301.08万平方米;组织检测鉴定项目11项,建筑面积55.15万平方米;申报无锡市优质结构工程18项,已接受现场验评3项;获江苏省建筑施工标准化星级工地15个(3个为三星级、12个为一星级),申报省、市安全文明施工标准化示范工地14个;组织三类人员培训1876人,特种作业人员培训1228人,见证取样人员培训和继续教育566人;办理产权登记的塔式起重机71台、施工升降机285台;办理安装告知的塔式起重机287台、施工升降机407台,注销1330件;实施房屋安全鉴定65个;接受并处理“12345”民生热线电话、“阳光信访”等各类投诉524起;开展质量安全巡查抽查2078次,实体抽测223次,开具质量监督抽查整改通知书123份,开具安全隐患整改通知书237份,局部停工整改通知书50份,发现并整改安全隐患2431条,整改率100%;排查超过一定规模危险性较大的部分工程项目72项;实施信用扣分145份,移交行政处罚案件94件(其中质量9件,安全43件,文明施工42件),结案66件,到账罚款金额148.9万元;2018年12月1日至2019年11月14日,监管项目发生1起建筑安全生产责任事故,死亡1人。

【建筑工程安全监督】 2019年,江阴市建设工程质量监督站严格落实工艺样板、交楼样板制度;组织开展住宅工程质量通病防治专项检查,检查工程43个,开具整改通知书12份,抽检20批次原材料和实体质量;组织开展全市建筑施工质量标准化管理观摩活动,施工、监理企业200多人集中观摩南京理工大学江阴校区质量标准化管理体系。开展建筑材料监督抽测,是年,继续实施建筑原材料备案登记制度,累积登记建设工程材料64项;完善和执行见证取样制度,加强对现场见证取样和送检工作的监督,制订年度监督检测工作计划,累计开展监督抽测180组,合格率98.14%。抽检原材料58组,其中钢筋35组,聚氯乙烯(PVC)管材13组,防水材料8组,保温材料2组,合格率91.4%。持续加强预拌混凝土质量管理,抽测混凝土生产企业出厂混凝土试块制作53组,合格率98.11%;混凝土实体强度63组,合格率98.41%;抽测人工砂、天然砂17组,合格率100%。推行绿色生产,全面完成18个预拌混凝土生产企业环保封闭改造(1个企业因年底搬迁未实施改造)。

【建筑工程质量检测】 2019年,江阴市建设工程质量检测中心认真贯彻落实江苏省《建设工程质量检测管理办法》,以“完善基础设施、优化城市功能、提升城市品位、方便市民生活”为重点,深化服务与管理,以提高工程质量为己任,为社会提供满意的建设工程质量检测服务。按照社会功能,市建设工程质量检测中心属从事生产经营活动类别事业单位,向社会提供建设工程质量检测和建筑材料试验。全年完成6.5万批次的检测,发放检测报告3.4万份,实现检测费收入1478万元。

【建筑工程安全生产】 2019年,江阴市建设工程质量安全监督站严格落实“党政同责、一岗双责、齐抓共管”的安全责任体系,落实各项保障措施,与施工、监理企业签订安全生产工作告知承诺书210份。严格按照《落实企业安全生产主体责任专项行动工作方案》要求,组织开展施工企业落实安全生产主体责任专项检查,检查企业16个,发出督办通知3份,推进企业安全生产主体责任落实“一必须五到位”(必须依法生产经营建设;安全责任、安全投入、安全教育、安全管理、应急救援到位);组织节后复工安全生产大检查,组成5个检查小组进行节后拉网式安全生产大检查,检查项目138项,发现并整改隐患207条,签发安全隐患整改通知书32份,停工通知书10份,对16个单位进行信用扣分,对5个单位进行行政处罚;组织开展开展建筑施工工地安全隐患大排查大整治专项行动,分三轮检查在建工地141个,签发建设工程施工安全隐患整改通知书95份、建设工程施工局部停工整改通知书7份,对41个单位进行信用扣分,对9个单位进行行政处罚;组织开展建筑施工“防风险保平安迎大庆”专项行动,检查工程项目69项,查出并整改安全隐患395条,签发建设工程施工安全隐患整改通知书46份、建设工程施工局部停工整改通知书4份,对14个单位进行信用扣分,对11个单位进行行政处罚;组织开展建筑施工安全集中整治专项行动,分5组开展“地毯式”排查整治,累计出动128人次,聘请专家17人次,检查工程项目119项,排查隐患222条,完成整改164条,其中涉及危险性较大的分部分项工程的隐患8条,完成危险性较大的分部分项工程的隐患4条,开具建设工程施工安全隐患整改通知书50份,建设工程施工局部停工整改通知书5份,拟行政处罚单位15个;积极开展“安全生产月”活动,组织工程一线人员和安全管理人员学习相关法律法规和规范,大力宣传贯彻建筑施工安全生产标准化工作,各项目显著位置张挂安全宣传标语、横幅、宣传画,营造安全生产氛围。发放《工

2019年8月,新建竣工的江阴市敔山湾幼儿园 (市住建局提供)

程项目施工人员安全指导手册》《建筑施工安全知识读本》《江阴市建筑工程安全文明标准化管理图集》等资料500余份。组织开展2019年建筑施工安全生产管理公益讲座，邀请省住建厅、省建筑安全协会专家授课，宣传贯彻《建设工程五方责任主体安全生产职责与法律责任规避》，市开发、勘察、设计、施工、监理单位的200余人参加。举办建筑施工应急救援演练活动，组织在新桥镇锦绣路项目开展建筑施工消防应急救援演练，进一步完善事故应急救援机制，提升事故预警响应能力、应急处置能力和应急协同能力。抓好起重机械设备安全管理，年初完成对全市起重机械安装企业和租赁企业核验，对管理存在较多问题的企业提出整改意见。开展3次建筑起重机械专项检查，完善“一机一档”管理制度；约谈起重机械安拆企业和租赁企业5个，暂停2个企业承接业务1个月，暂停3个企业承接业务3个月，暂停2个企业承接业务12个月，暂停2名检测人员执业资格1个月，行政处罚3个企业。

建筑市场管理

【概况】 2019年，江阴市住房和城乡建设部门以城乡环境综合整治为抓手，建立企业建筑工地施工扬尘治理管理体系，完善主管部门施工扬尘防治监管体系，有效遏制建筑工地施工扬尘对大气污染的影响。强化建筑市场质量安全监管，健全建筑企业信用管理体系，努力规范建筑市场行为。加强建筑业企业资质管理，是年完成建筑业企业的资质申报171个，其中新办30个，增项39个，升级4个，重组分立98个。制定《2019年江阴市建筑施工工地扬尘专项治理工作方案》《建筑施工工地扬尘污染防治突出问题整改工作方案》，全面实施建设工地扬尘治理工作“六不开工”（审批手续不全不开工、围挡不合要求不开工、地面硬化不达标不开工、冲洗排放设备不到位不开工、保洁人不到位不开工、不签订市容环境卫生责任书不开工）“六个100%”（进一步规范建设工程的文明施工行为，全面实现施工现场围挡率、进出道路硬化率、工地物料覆盖率、场地洒水清扫保洁率、密闭运输率、出入车辆清洗率达到100%）要求、房屋建筑工程防治10条标准、市政基础设施工程防治7条标准。

【工程建设监管执法】 2019年，江阴市住房和城乡建设执法大队进一步细化处罚事项裁量标准，完善说理式执法文书，推行“行政执法公示、执法全过程记录、重大执法案件法制审核”3项制度，严格按照规范化执法工作要求进一步完善工作制度和流程规范，杜绝随意性，做到公平公正执法。完善住建领域执法工作标准化体系建设，并针对已实施的处罚事项制作统一的执法模板，进一步规范执法程序和相关执法文书。全年大队共立案198件，结案184件（含2018年结转），收缴罚款569万元。

【建筑工地施工扬尘专项治理】 2019年，江阴市建设工程质量安全监督站制定《江阴市建筑工地扬尘污染防治百日攻坚行动工作方案》，严格行动时间、目标、任务、标准，按照市大气办的要求，建立完善工作台账，坚持日报、周报、月报制度，及时向大气办通报攻坚行动建筑工地扬尘治理、督查检查和问题整改情况；对环保督查发现的建筑工地环境问题，第一时间派员到现场调查处理，寻找问题根结，落实整改措施，以最快的速度和最严的标准将问题一一整改到位。被环保部门督查的35个工地61个问题全部整改到位；实施工地扬尘在线监测，全市有126项在建项目安装扬尘在线监测设备，并接入监管平台；实施大气污染管控工作后，加大日常巡查和处置力度，落实开工必查验、扬尘必严管、失信必惩戒、应急必果断“四个必须”。累计检查工地1040个次，发现并整改问题1398个，发出整改通知书215份，移交行政处罚案件42件，结案36件，罚款金额84万元。

【建设工程消防验收】 2019年4月1日起，根据住建部和应急管理部的要求，建设工程消防设计审核、消防验收、备案和抽查职责，由江阴市消防大队逐步移交至江阴市住房和城乡建设局，自7月1日，全部由江阴市住房和城乡建设局负责办理。为确保交接工作的顺利进行，江阴市建设工程质量安全监督站在江阴市住房和城乡建设局统一安排下，第一时间与消防大队进行对接，并安排专人到审批窗口协助收件、审批，熟悉审批流程和规定。同时，以水电安装监督人员为主体，从监督科室安排人员参与过渡期的消防验收工作，熟悉基本的标准和要求。过渡期内，完成消防验收27项。站内正式独立开展消防验收工作后，为保证验收质量，专门外聘2名经验丰富的专家。在初期，每次验收前

2019年1月，新建竣工的江阴市春申幼儿园　　（市住建局提供）

一天，专门集中相关人员集体熟悉图纸，研究规范，商讨验收重点和注意事项，并邀请无锡市住建局消审科、江阴市消防大队一起参与，确保验收的顺利进行。7月1日至年底，受理验收申请39个，完成验收35个，各项工作开展基本正常。

【建筑企业信用管理】 2019年，江阴市住房和城乡建设局大力推进建设领域诚信体系建设，规范建筑市场秩序。完善政策体系，出台《江阴市建筑业企业信用综合评价实施细则》和《江阴市监理企业信用综合评价实施细则》。在实行“绿、蓝、黄、黑”信用标识分级差异化管理的基础上，增加考核频次、优化计分构成、提升评价标准、加大惩戒力度。全年开展3次信用考评，有198个企业纳入考评对象，年终获得绿色信用标识企业15个，蓝色信用标识企业104个，黄色信用标识企业72个，红色信用标识企业7个；加大对严重失信行为的打击力度，累计对67个失信企业进行惩处并在全市通报批评。其中，19个建筑业企业因拖欠民工工资被列入重点监管对象，6个监理企业因未履行监理职责被列入重点监管对象，2名个人因恶意欠薪被列入黑名单；加强市场、现场两场联动。信用综合评价结果同步推送市公共资源交易中心，作为工程招投标依据。在全市房屋建筑及市政项目招标过程中，与市政务办推行“诚信分与随机抽取”相结合确定中标候选人的新型招标模式，形成不同等级信用标识为区分的创新型招标入围方式，有效提升诚信经营企业中标概率，打击串标围标行为，进一步规范建筑市场秩序。全年办理市内建筑业企业年度信用手册185份，外地建筑业单项信用手册59份，录入工程建设不良行为扣分单276份。

【工程建设造价管理】 2019年，江阴市住房和城乡建设部门巩固和完善工程造价体系，加强计价管理，对造价咨询企业进行信用评价，江阴市有10个企业获评江苏省造价咨询企业信用单位，其中，AAAAA级企业2个、AAAA级企业1个、AAA级企业6个、AA级企业1个。是年，完成2个工程造价咨询企业的暂乙级资质申报、2个甲级企业、2个乙级企业的资质延续申报，全市有造价咨询企业12个。办理工程招标控制价备案1272份，核定现场安全文明施工措施费49项；完成造价师注册及续期注册16人次。同时，及时调研、采样整理、计算汇总发布人工工资指导价、建设工程材料信息指导价和园林苗木指导价。

【城建档案管理】 2019年，江阴市城乡建设档案管理部门围绕“接收、保管、利用”三大职能，进一步加强合作、资源共享、联动宣传，切实履行“为党管档、为国守史、为民服务”的重要职责，主动为城市建设服务，促进全市城建档案工作的全面发展。加强村镇城建档案工作指导，长泾镇、周庄镇、璜土镇村镇档案室通过江苏省村镇建设档案室目标管理评估验收，评定为省一级村镇建设档案室。推进档案数字化工作，全年扫描图纸档案19983张、文书档案602888张。完善档案行业管理：按照省厅要求调整“两书一证”（原专项验收意见书和档案接收证明书更改为预验收合格证、档案接收凭证）后档案接收出具新凭证的相关变动事宜；机构改革后，园林绿化职能划入住建局，档案管理部门着手按照城建档案的规范和相关行业标准结合园林绿化项目的具体特点制定园林绿化项目的归档清单。7月，建筑工程消防职能并入住建局，档案管理部门及时对接、理清思路，完成相关职能部门的消防档案移交工作，涉及建设工程消防项目档案资料169件，竣工验收备案项目306卷。挖掘馆藏档案价值，配合市轨道交通建设和重点行业企业用地调查信息采集工作提供相关项目的基础资料和数据；为庆祝中华人民共和国成立70周年，向市摄影协会、住建局庆祝活动筹备组提供城乡建设风貌等老照片100余幅。城建档案业务工作有序推进，全年接收项目164项，单体工程803个，面积680万平方米；签订报送责任书144份；预验收合格证156份；出具接收凭证164份；排架入库13431卷。至年末，馆藏档案186927卷，卷内目录673903条；开展档案业务指导服务144人次；全年接待查档553人次，调阅案卷3421卷。（邱　敏）

■类目编辑　党　辉

房地产业

房地产市场监管

【概况】 2019年，江阴市住房和城乡建设部门实施房产开发全过程监管，严格入户及综合验收，严格预销售审批，落实价格备案管理，严厉打击违法违规开发销售行为，健全完善政策，加强房屋租赁中介市场管理，开展房屋租赁中介机构专项治理。是年，全市批准上市预销售楼盘71个，全市新建商品房上市面积251.59万平方米，比2018年增长5.02%；新建商品房成交311.24万平方米，比2018年下降0.84%，成交套数23579套，比2018年增长2.43%，成交金额337.32亿元，比2018年增长17.38%。成交均价10837.89元/平方米，比2018年增长18.37%。全市二手房成交190.05万平方米，比2018年增加9.56%，成交套数17340套，比2018年增长12.15%，成交金额131.54亿元，比2018年增长29.01%。全年审核房地产开发企业资质核准、延期、升级等79个，其中资质核准27个、办理延期50个、升级2个。

【商品房预销售审批】 2019年，江阴市住房和城乡建设部门在新建商品房项目上市前，按照住建部预售管理办法的收件要求和江阴市政府《关于促进房地产市场健康稳定发展的若干意见》文件要求，严格把关，做到流水化审批。遇到业务难题及时请示上级部门、主动沟通，各环节之间无缝衔接，并按行政权力公开的要求不断完善优化，获得企业的好评。职能科室主动与市司法局对接，对商品房预售审批收件资料及流程进行梳理，规范收件流程及收件清单。同时，充分发挥预审联席会议作用，严把审核关。对工作中发现的商品房成品房比例控制中存在管理缺失，主动担当，将成品房比例控制纳入到商品房预售审批中来，从源头上保证成品房建设。

【房地产市场销售管理】 2019年，随着房地产市场升温，由于开发商在销售时公示内容不全、解释不到位、模糊宣传等行为，引发购房矛盾急剧增加，全年“12345”民生热线电话反映问题960余个。面对群众反映的问题，江阴市住房和城乡建设部门高度重视，积极应对，及时回复。因开发商过失产生的问题及时约谈开发商，限期整改处理，因购房自身原因产生的问题耐心做好解释工作，对矛盾突出的问题积极参与调解，化解矛盾。针对群众反映集中的问题，及时进行归纳，积极研究对策，采取有力措施，尽量减少后续类似问题的发生。与市市场监管局对接，对首开楼盘进行联合检查，规范销售行为，规范销售现场公示内容，对检查不合格的楼盘立即要求整改，整改不到位一律不准销售，有力维护市房地产市场健康稳定。

【房地产市场扫黑除恶】 2019年，江阴市住房和城乡建设部门坚决贯彻中央“有黑扫黑、有恶除恶、有乱治乱”的工作精神，制定详细的工作方案和计划，并召开全市房地产领域扫黑除恶动员会，邀请多个房地产开发企业和中介机构参与会议，明确对虚假宣传、团购费、商铺“回报期、回报率”、购房者组团房闹等行为进行整治、规范。4月中旬，开展行业内专项扫黑除恶工作督导，召开房产领域扫黑除恶专项工作座谈会，邀请10个房地产开发企业和房地产中介协会代表参加，对于开发企业销售过程中、中介机构居间过程中遇到的问题，开展深入探讨。巡查全市在售楼盘售楼处，对其在销售过程中是否有黑恶势力渗入、销售行为规范情况以及扫黑除恶宣传、学习情况进行检查，检查结果较好。扫黑除恶工作开展以来，共发放海报100余张，发放宣传资料60份，通过职能科室电话和“12345”民生热线电话收集黑恶信息，上报线索1条。同时，做好购房纠纷中的调解、处理工作。

【房屋租赁中介市场管理】 2019年，江阴市住房和城乡建设部门联合中国建设银行江阴分行搭建住房租赁监管服务平台，稳步推进住房租赁市场发展，发挥国有资本在住房租赁市场的引领和示范作用，鼓励租赁企业的发展，规范租赁行为，通过多主体供给、多渠道保障来满足中低收入市民和外来务工群体租赁住房需求。

房屋征收

【概况】 2019年，江阴市政府房屋征收管理办公室围绕市委、市政府统一决策部署，围绕“1310”*工程重点项目建设计划和年度主城区征收计划要求，制定、优化各类征收政策，拟订、调整相关征收计划，组织、参与会商解决疑难杂症，协调、推进各类征收拆迁项目，深化、细化安置房建设方案，继续贯彻"惠民、依法、阳光、和谐"八字方针，依法拆迁，惠及民生。保持全市房屋征收拆迁和安置房建设依法实施、规范操作和平稳推进的良好态势。是年，全市征收拆迁完成111.22万平方米，其中主城区完成拆迁57.04万平方米；全市建成安置房78.39万平方米。

【征收拆迁安置】 2019年，江阴市政府房屋征收管理办公室围绕"1310工程"*重点项目提早谋划，加快手续办理，虹桥南路云龙公司西侧旧城改造地块项目以及沿江区域二期（锡澄运河东侧、西侧）旧城改造项目发布征收决定。集体土地上征收项目主要依靠属地、镇（街道）采取自愿搬迁的模式实施。革新璜铜桥、通渡路西侧安置房地块、文富五里亭、文富黄家场、三路建设项目（线外）5项项目基本完成签约。通运村花北路及其北侧区域、大桥南路改扩建、戴家村改造7项项目完成签约。对于个别项目的难签户，正在完善征地批准文件、用地范围图等前期手续，拟于2020年年初完成征收备案手续，为责交令作前期准备。进一步完善拆迁政策，出台《江阴市城区房屋征收（拆迁）工作项目考核细则》《关于公布江阴市房屋征收（拆迁）评价审核中介机构名录库的通知》《关于集体土地房屋征收拆迁补偿情况通过江苏有线"户户通"平台公示的实施意见》《市政府办公室关于加强全市房屋建筑拆除工程管理的意见》4份文件。另外，还结合实际调整完善各镇（街道）征收（拆迁）专项考核细则。加快主城区安置房建设推进工作。全年城区续建项目约50万平方米，其中大卖场北侧1号地块8万平方米、黄山小区1号、2号地块13万平方米、梅园路西侧地块18万平方米，黄山小区二期南侧地块11万平方米。安置房方案设计情况，经报市政府同意，大卖场北侧3号、4号地块开展前期方案设计工作。至2019年年底，大卖场北侧3号地块完成方案设计，并通过安置房联席会议审查。大卖场北侧4号地块方案设计基本完成。

【征收拆迁信访维稳】 2019年，江阴市政府房屋征收管理办公室根据征收拆迁和信访政策法规要求，依法做好信访处理、矛盾调解、维稳工作，高效高质答复"12345"民生热线电话咨询，答复件93件，及时答复率100%。依法、文明接待来访群众，接待群众来访63件次109人次。依法处理各类书面来信30件，其中配合市信访联席办处理全市涉及征收拆迁领域的书面信访复查事项19项，信访复核事项2项。依法处理政府信息公开申请35件。全年有3户进入司法保障程序，对其中1户作出征收补偿决定，有效保障沿江、沿河区域征收拆迁项目扫尾工作的推进。深入推进房屋征收领域扫黑除恶专项斗争工作，先后组织召开全市征收拆迁领域扫黑除恶专项斗争推进会和工作座谈会。邀请专业律师为全市镇（街道）、园区拆迁办主任进行扫黑除恶讲座培训。向镇（街道）发放宣传海报210份、应知应会手册210份，在主城区和高新区现场张贴宣传海报100余份。制作征收拆迁领域扫黑除恶专项斗争应知应会读本，组织大家反复研读，全面掌握应知应会知识，并进行测试。下发征收拆迁领域可能涉黑涉恶的6种表现给各镇（街道）作参考，每月做好线索排查上报工作。通过公布举报方式、梳理信访问题等渠道全方位进行问题线索摸排，全年向市扫黑办移送涉黑涉恶问题线索22条。（邱　敏）

住房保障与管理

【概况】 2019年，江阴市住房和城乡建设部门进一步完善住房保障体系，优化住房保障政策，全年实际完成棚户区改造任务3108套，超额完成省下达任务。完成房屋安全鉴定127次，出具房屋安全鉴定报告25份，出具房屋安全鉴定意见书17份，总计鉴定面积约2.3万平方米，其中危房面积6300平方米。

【住房保障调整标准】 2019年8月，江阴市住房和城乡建设部门为扩大全市廉租住房保障受益面，经公开征求社会意见，对住房保障标准进行调整，将享受租赁住房补贴的城市住房困难家庭由原先的人均月可支配收入2465元（含）以下放宽至2665元（含）以下，且人均住房面积在18平方米以下的低收入住房困难家庭。其中，符合低保（特困）条件、家庭人均住房建筑面积在12平方米（含）以下的城市住房困难家庭，可申请廉租房实物配租。申请公租房保障的城市中等偏下收入住房困难家庭标准调整为：家庭人均月可支配收入在4264元（含）以下的无房家庭。至年末，按照新标准保障新增住房保障家庭34户，其中，享受租赁住房补贴的住房困难家庭29户，享受廉租房实物配租

江阴市第四期经济适用房（汇雁城）　（市住建局提供）

的家庭5户。

【保障房准入退出制度】 2019年,江阴市住房和城乡建设部门持续加大保障房入住管理,按照"三审两公示"(三审:所在社区初审、澄江街道和民政审核、各相关部门联合会审,两公示:街道审核公示,各相关部门联合会审公示)要求规范住房保障审核准入。至年末,累计廉租住房保障1087户,其中租金补贴586户,实物配租501户;累计公租房审核配租823户。强化退出机制,至年末,累计取消廉租房保障家庭700户,其中租金补贴471户,实物配租229户。累计腾退公租房428户。经济适用房上市330户。

【第四期经济适用住房申购审核】 2019年,为进一步改善中等偏下收入家庭住房困难,江阴市住房和城乡建设局根据《江阴市经济适用住房管理办法》文件规定,按照"三审两公示"要求,经济适用住房申购对象所属社区、街道共受理238户申购家庭,并根据《江阴市住房保障城市低收入及中等偏下收入家庭认定办法》文件规定进行保障资格初审公示,165户申请家庭通过住房保障工作领导小组审核取得购房资格并向社会公示。 (邱 敏)

物业管理

【概况】 2019年,江阴市住房和城乡建设部门围绕中心工作,充分发挥职能作用,加强与各职能部门,以及辖区街道、社区的沟通联系,全市物业管理工作有序开展。全年办理前期物业服务合同备案25份,业委会成立备案39份,物业承接查验备案28份,外来企业临时备案9份,外来企业正式备案7份。参与房屋交易中心新建项目竣工交付使用综合验收。配合公安局开展住宅小区"套路贷"排查工作。督促物业企业配合所在街道、社区做好文明创建迎检工作。配合相关部门排查老旧住宅小区管网。配合市公用事业局做好澄江街道、夏港街道范围内的住宅小区排水情况摸排。配合应急管理局发放公共安全体系宣传广告,督促物业服务企业积极在小区电梯内张贴。按照无锡市要求积极排查高层建筑安全隐患并按要求上报。做好加装电梯指导工作,按照《江阴市既有住宅加装电梯暂行办法》要求,指导各镇(街道)、各开发区做好既有住宅加装电梯项目的牵头组织工作,组织各相关部门召开首次加装电梯联席会议,现场查看作出可行性论证。

【物业行业扫黑除恶】 2019年,江阴市住房和城乡建设部门按照上级各项文件精神,专门制定全市物业管理扫黑除恶专项斗争工作方案及推进计划。组织各镇(街道)物业管理部门、全市物业服务企业召开物业管理工作会议,部署行业内部扫黑除恶工作的具体内容,完善涉黑涉恶的发现机制、报告机制和防控机制。联合市发改委、公安局、市场监管局、城管局出台《关于住宅小区搬运服务专项治理的通知》,制定全市统一的住宅小区搬运服务制度,发文后通过微信公众号向社会公开,并下发给各镇(街道)、各物业服务企业,督促物业服务企业严格按照《住宅小区搬运服务管理制度》,清退搬运保证金,进一步规范住宅小区装修期间的搬运服务管理。制定《住宅小区搬运调查表》指导各镇(街道)开展辖区内的摸排工作。督促各物业服务企业全面开展自查自纠,排查各项目的搬运公司及封阳台公司,杜绝小区装修过程中出现"搬霸""楼霸",严厉打击涉黑涉恶行为,进一步提升群众居住满意度。

【完善行业政策】 2019年,江阴市住房和城乡建设局在住房和城乡建设部颁发新的《业主大会和业主委员会指导规则》后,立即组织相关人员学习,认真领会规则并印发各镇(街道),各物业服务企业,指导镇(街道)、社区做好辖区内的业主大会筹建和改选。省发展改革委、省住房城乡建设厅出台《江苏省物业服务收费管理办法》后,组织物业管理部门和物业企业对管理办法进行解读和宣讲,对业主提出的问题进行解答,会同市发改委,起草江阴市物业收费管理办法,规范物业服务收费行为,维护业主和物业服务企业的合法权益。为保障市政府投建的拆迁安置小区、保障房小区和2013年前改造后的老小区实施长效管理,会同市财政局、澄江街道了解周边城市补贴情况,经多次商议后拟定《江阴市物业管理补助专项资金实施细则》。

【提升物业管理水平】 2019年,江阴市住房和城乡建设局收到江阴市人大提案2份,市政协提案13份(4份会办)后,主动与市人大代表和政协委员沟通后按要求办理。对2018年度"民主评议机关"活动中收到的10条意见,认真予以答复。答复"12345"民生热线投诉305件,配合有关镇(街道)及相关部门,通过召开联席会议,协调处理金宸国际花园、顺达金融大厦、摩尔大厦等小区物业服务矛盾纠纷。赴月城、顾山、夏港等镇(街道)宣讲扫黑除恶专项斗争工作,指导属地部门协调处理辖区内的矛盾纠纷。调查处理来电、来访、信访等各类案件,约谈相关物业服务企业和举报人了解相关情况,督促物业企业规范服务行为,提升服务质量。积极开展创优达标活动。为进一步提升物业服务行业的服务水平和服务质量,树立物业服务先进示范标杆,推动物业服务行业的规范发展。组织扬子华都、江南水务大楼、敔山岭秀3项项目参加江苏省物业管理示范项目创建活动,邀请无锡市住房和城乡建设局专家对参评的项目进行现场指导,从环境卫生、设施设备管理、台账资料等三方面入手,督促企业进一步细化服务标准,强化现场管理。5月24日,省示范验收小组对申报的3项项目进行现场验收,通过验收。组织兴澄景苑小区参与省宜居住区创建,全力推进创建进程,创新治理理念,打造宜居家园,突出党建引领,党员参与,星级考核,共治共享。组织物业企业申报无锡市物业管理示范项目(平安小区)创建,按照创建要求的时间节点,有序推进创优工作。9月3日,无锡市示范项目验收组对全市申报的6项项目进行现场验收,通过验收。

【物业管理行业培训考核】 2019年,江阴市住房和城乡建设部门组织行业内部培训,组织各物业企业从业人员开展扫黑除恶应知应会理论测试,参加测试人员2465人,督促物业企业开展扫黑除恶应知应会知识培训。组织物业企业负责人和项目经理召开座谈会，宣讲扫黑除恶专项斗争工作精神，督促企业提高思想认识，加强氛围营造，规范住宅小区搬运服务。联合物业协会组织物业从业人员参加消防监控员培训，共96人参加获持“消控证”的培训。按照新的业主大会指导规则要求，组织港城名邸、上由珑庭等小区业委会筹备组开展业务培训，宣讲业委会的工作职责，通过培训有利于业主进一步明确自身的权利义务，积极引导小区物业管理工作有序推进。加强督查考核。以扫黑除恶专项斗争工作和文明城市创建为契机，下发《关于开展2019年度全市物业服务行业“双随机”检查的通知》，对“双随机”（随机检查，随机抽查）现场达标检查标准进一步细化，将消防设施设备运作、涉黑涉恶行为纳入“双随机”检查范围，对消防严重无法使用、涉及或参与垄断搬运项目的一次扣40分，指导各镇（街道）物业管理部门开展辖区内“双随机”检查活动。通过检查，进一步推动物业管理全过程中各项制度和措施的有效落实，切实维护人民群众的合法权益，努力营造主体诚信、行为规范、监管有力、发展稳定的物业管理服务市场。联合澄江街道物管科对该街道范围内的45个企业进行现场督导，重点查看宣传氛围营造、指导其台账资料建立、督查扫黑除恶工作中需要企业配合做好的打击“套路贷”等相关工作的推进情况。

【完善物业诚信体系】 2019年，江阴市住房和城乡建设部门按照2018年重新修订的物业服务企业信用评价管理办法，动态管理物业企业和项目经理信用情况，形成ABCD四个等级的差异化管理，按照守信激励、失信惩戒原则，信用评价结果与评奖评优、日常监管、物业项目招投标等活动挂钩。是年，组织各镇（街道）物业管理部门负责人和物业服务企业负责人、项目经理进行集中学习，结合双随机检查活动，指导各镇（街道）加强督查考核，完善诚信系统中物业项目的基础内容，督促各镇（街道）完成年度诚信考核评分，确保诚信建设落到实处。 （邱　敏）

住房公积金管理

【概况】 2019年，江阴市新增住房公积金缴存职工53101人；净增住房公积金缴存职工25877人；归集住房公积金（不含新职工住房补贴）33.83亿元，比2018年增长10.59%；提取住房公积金43.91万人次共29.73亿元；发放住房公积金贷款7620笔计35.54亿元。住房公积金使用率108.69%，住房公积金作为政策性住房金融主体的功能和作用进一步凸显，促进江阴市房地产市场健康发展。

【精准推进扩面工作】 2019年，江阴市住房公积金管理中心（以下简称“中心”）树立精准扩面思路，提出率先在30人以上单位全面建制，并在3年内分别按“三三四”（30%、30%、40%）的进度基本达到全员覆盖的总体目标。全年按既定方案推进扩面工作，积极与市各有关部门协作，精准比对筛查数据、精准开展宣传活动、精准深入企业扩面，规范公积金缴存行为，推动辖区企业更加规范、稳健运行。至年末，全市17个镇（街道）全部完成扩面任务，其中10个镇（街道）扩面任务完成度超130%。全年江阴市新增住房公积金缴存职工53101人，净增住房公积金缴存职工25877人，创历年之最。高效完成扩面任务的同时，中心对部分微利亏损企业精准实施一企一策，适当调整扩面进度，对一些连续亏损确有困难的企业暂缓推进，做好登记跟踪服务，让扩面工作更加科学平稳。

【住房公积金贷款发放量超35亿元】 2019年，江阴房地产市场供需两旺，公积金贷款因低利率成为购房职工首选。中心大力支持缴存职工的刚性住房及改善型住房需求，积极践行为民理念，做到“应提尽提、应贷尽贷”。是年，提取住房公积金43.91万人次计29.73亿元；发放住房公积金贷款7620笔计35.54亿元，各项数据全面刷新以往最好成绩。个人贷款余额111.29亿元，资金使用率108.69%，更多职工享受到政策性低息贷款的优惠。其中，中心发放的公积金贷款中，首次公积金贷款6088笔共28.37亿元，占同期江阴市公积金放款总户数的79.9%和放贷金额的79.84%。

【业务办理更便民】 2019年，中心多措并举全面提升政务服务效率和管理水平，为江阴百姓获得感持续提升和营商环境持续优化贡献力量。中心不断推进网厅业务和“无锡公积金”微信端业务，全年单位不见面归集率为99.53%，办理微信端个人业务5.43万笔，个人网上业务替代率94.97%，实现业务办理“指尖化”。是年，在所有受托银行全面推行住房公积金贷款前置审批服务，方便职工就近办理，全年受理前置审批3374笔计15.64亿元，录入初审率45.96%，实现贷款申请“一站式”；此外，办理住房公积金异地转入业务，缴存职工无须再提供无锡市社保缴费记录，办理存量房公积金贷款的职工无须再提交抵押评估报告，实现业务材料精简化。

（喻惠敏）

■类目编辑　党　辉

商贸流通服务业

综　述

【概况】 2019年，江阴市委、市政府贯彻国务院办公厅《关于加快发展流通促进商业消费的意见》精神，按照国家发改委等10个部委《关于印发〈进一步优化供给推动消费平稳增长促进形成强大国内市场的实施方案（2019年）〉的通知》和商务部等12部门《关于推进商品交易市场发展平台经济的指导意见》要求，把推进江阴商贸流通服务业“发展提速、品质提升、贡献提高”列为新时代“强富美高”*新江阴建设重点，出台《关于加快生产性服务业提质增效的若干政策意见》，举办2019年江阴经贸洽谈会、第十四届徐霞客文化旅游节、中国（江阴）电子商务融合创新发展论坛暨江阴市第五届电子商务大会，开展江苏省服务业综合改革试点，兑付江阴市服务业专项资金1100余万元，推进供应链创新与应用、快递下乡入区、城乡高效配送、老字号振兴、农商互联项目、跨境电商产业园和商业街区建设，进一步促进江阴商贸流通服务业创新创优、绿色化发展。江阴长三角钢铁集团有限公司、江阴市金桥化工有限公司、江苏大经供应链股份有限公司、江苏嘉奕和铜业科技发展有限公司、江阴达赛贸易有限公司、江苏禹尧化工有限公司和江阴市川江化工有限公司入围“中国服务业企业500强”；江阴牧野鲜生食品科技有限公司、江阴市长江钢管有限公司和海澜之家品牌管理公司成为江苏省供应链创新与应用重点培育企业，江阴市高端化工服务产业供应链条成为江苏省供应链创新与应用重点培育地方产业链条；江阴永丰源大酒店有限公司“久仰”商标被江苏省商务厅认定为第二批江苏老字号；海澜电子商务有限公司、江苏众网互联网有限公司和江苏圣澜服饰创意有限公司被评为2019—2020年度江苏省电子商务示范企业，江阴市电子商务创业孵化基地和江阴天安电商产业园被评为2019—2020年度江苏省电子商务示范基地（园、区）。江阴市被评为国家电子商务进农村综合示范县。年内，市商务局按照商务部办公厅《关于复制推广城市共同配送试点经验的通知》、江苏省商务厅《关于印发2019年全省流通业发展工作要点的通知》要求，每季度召开服务业工作例会，会同市农业农村局开展农商互联调研，推动农产品供应链建设，江苏美天奶业有限公司产销一体化项目获中央财政服务业发展支持资金112万元；会同市行政审批、市场监管等部门深化农贸市场公益性改革，优化营商环境，规范市场经济秩序，落实商业单用途预付卡和成品油市场监管；支持行业协会（商会）和广电集团举办江阴春秋季汽车节、家装建材节和外贸直销展会，开展2019年“消费促进季”活动，全市社会消费品零售总额1036.15亿元，比2018年增长9.2%。市供销合作总社设立华西村供销合作有限公司，承办2019年供销合作社改革发展论坛（江阴站）。市发改委加强粮食宏观调控，落实粮油肉菜应急储备。市烟草局加强烟草专卖管理，落实烟草销售网点规划。市盐业有限公司迁至青阳苏南盐业锡澄配送中心，建立面向新时代的盐业供销服务新体系。市文体广电和旅游局凝心聚力谋篇布局，全力推动文旅相融相盛。江阴国家高新区、临港经济开发区和各镇（街道）围绕加快实现“六个高质量”*“五大品牌”*的目标，推进特色小镇创建、新型城镇化试点和港口商贸平台及LNG（液化天然气）集散中心建设。璜土镇小湖商贸城经营繁荣；长泾老街被评为无锡市休闲商业示范街区；临港经济开发区红豆万花城商业综合体、周庄镇长和新天地城市综合体、梦东方文化创意产业园等项目有序推进；南门印象商城、恒大中央广场、利港街道新华平商厦和顾山养护院项目土建竣工；江阴周庄中翔广场、新河湾步行街、长泾电商产业园、澄江跨境电商产业园和云蝠跨境电商产业园等一批大项目实现投运。江阴市蝉联长三角县域商业十强县市。

全市全年完成服务业增加值1923.02亿元，比2018年增长4.7%（可比价），占地区生产总值（GDP）比重48.06%，比2018年提高3.47个百分点；完成服务业投入416.54亿元，比2018年增长5.4%；完成规模以上服务业营业收入138.51亿元，比2018年增长12.6%；实现社会消费品零售总额1036.15亿元，比2018年增长9.2%。

2019 年江阴市服务业重点重大项目投资完成情况一览表

表 20　　　　单位:万元

序号	项目类别	项目名称	计划总投资额	当年完成投资额	累计完成投资额
1	现代物流	大昌行长三角物流基地	325000	1000	1000
2	现代物流	江阴中粮粮食物流仓储扩能项目	100000	5260	23260
3	现代物流	江阴中国石化长山油库滨江库区扩建工程	45000	8500	39500
4	现代物流	伟基物流食品加工项目	50000	30000	50000
5	现代物流	八圩作业区下六圩港港池码头项目	31493	15000	22500
6	现代物流	天力燃气临港首站项目	30000	3000	5000
7	工业地产	新加坡丰树工业地产项目	120000	21000	21000
8	工业地产	中节能(江阴)工业地产二期项目	33000	13000	33000
9	科技服务	海澜之家产业链信息化提升改造项目	72000	45000	65000
10	平台服务	海仓进口食品交易中心	21000	5000	5000
11	平台服务	澄江跨境电商产业园	15000	14500	14500
12	商务服务	江阴天安创赢电子商务大厦	25000	13145	18145
13	社会服务	江阴外国语学校	100000	2500	2500
14	社会服务	中水回用装置污水处理项目	15500	10000	15000
15	社会服务	江阴惠友骨科医院	15000	15000	15000
16	社会服务	长博扬子养老公寓	12000	12000	12000
17	社会服务	中信污水管网项目	30000	0	0
18	社会服务	新农村改造项目	10400	10400	10400
19	社会服务	南京理工大学江阴校区	500000	400000	406000
20	社会服务	中信医疗	130000	15000	15000
21	社会服务	光大水处理项目	30000	10000	12390
22	社会服务	江阴澄西医院	20000	10000	20000
23	社会服务	江阴市顾山养护院	12000	2000	12000
24	文化产业	星光文化传播	24000	0	0
25	现代商贸	山观邻里中心	12000	1000	1000
26	现代商贸	新梅御香山	15000	17000	17000
27	现代商贸	海澜飞马商城	78000	44200	44200
28	现代商贸	红豆集团万花城综合体商业项目	500000	80000	90000
29	现代商贸	长和新天地城市综合体	26000	30000	30000
30	休闲旅游	江阴梦东方文化创意产业园	2000000	50000	70000
合计			4397393	883505	1070395

(沈敏能　单文春)

【电子商务发展】　2019 年,市商务局主动顺应互联网经济发展形势,大力培育新兴业态,成立电子商务科,完善专项扶持资金,研究制定发展规划,推动电子商务蓬勃快速发展。9 月 19 日,举办 2019 年中国(江阴)电子商务融合创新发展论坛暨江阴市第五届电子商务大会,江阴入选商务部“电子商务进农村综合示范县”名单。至年末,全市有江苏省级电商示范基地 2 个、省级示范企业 6 个,省首批电子商务众创空间1个,省乡镇电子商务特色产业园1个,省级农村电商示范镇(村)3个,淘宝镇(村)20个,无锡市示范企业15个及示范园区2个。

(刘　波)

【周庄镇中翔广场开业】 2019年1月18日,由苏州新中天置业有限公司按照绿色建筑标准投资近5亿元建造、江阴周庄中翔广场商业管理有限公司经营的江阴周庄中翔广场在周庄镇世纪大道南段288号竣工开业。该商业综合体定位江阴市副城区首席一站式时尚生活中心,占地面积3.67公顷,建筑面积65799.25平方米(其中商场部分面积53644.94平方米),集国际时尚百货、大型生活超市、一线国际影城、顶级健身会所、KTV、新型儿童游艺、品牌特色美食等为一体,将餐饮、购物、休闲、娱乐、文化体验等业态有机组合。配有10000平方米绿色生态广场,建有500个汽车停车位和1000个非机动车停车位。一、二楼有联华超市、大众书局、光明眼镜、爱尚美甲美睫店、大德康元、思邈千金方养生馆,神童王国、佐萌佑宝等儿童游乐园,阿迪达斯、耐克和李宁等运动品牌店,红豆、柒牌、曼妮芬、勒朗保罗和美特斯邦威等服饰品牌店,星巴克、肯德基、浒阳记、都可茶饮和小气茶等快餐品牌店;三楼有新世界影城,骁辣火锅、张记老北京、就这个鱼馆、老坛酸菜鱼、鱼旨寿司、领鲜壹号海鲜自助和勇牛仕牛排自助等特色餐饮店;四楼有恒旭健身和唛哆哆KTV等。至年末,客流量累计533.4万人次,实现营业收入11801.8万元。

【长泾老街被评为无锡市休闲商业示范街区】 2019年,长泾镇继续加大对长泾老街及上官云珠故居、江南蚕种场等旧址保护与张慎裕茶食店、泾阳居茶社等老字号企业振兴的工作力度。继"长泾烧饼"之后,"长泾月饼"成功申报江阴"非物质文化遗产";在老街举办"泾韵留芳,幸福团圆"文化旅游推广暨中秋月饼节,集中17个月饼、烧饼门店建立茶食特色街区,张慎裕茶食店和长泾老饭店成为"无锡老字号",文化旅游与茶食产业互动发展。是年5月,经无锡市商务局、文化广电和旅游局评定,长泾老街成为无锡市休闲商业示范街区。

(沈敏能)

批零贸易业

【概况】 2019年,江阴市发展和改革委员会(以下简称"市发改委")、商务局、供销合作总社等部门以国务院办公厅《关于加快发展流通促进商业消费的意见》和江苏省政府办公厅《关于推动实体零售创新转型的实施意见》精神为指导,规范商业特许经营备案流程,优化营商环境,鼓励流通业运用大数据、云计算、移动互联网等现代信息技术,发展零售新平台、新业态、新模式;支持商品市场平台建设、城市共同配送和便利店连锁化品牌化发展。PANDORA(潘多拉)、OMEGA(欧米茄)、IWC(万国表)、Sulwhasoo(雪花秀)、Y-3、GUCCI(古驰)等国际品牌进入江阴百货业;永辉超市股份有限公司入驻万达广场;苏宁易购和京东、全家等连锁便利店进入江阴城区,好利家、罗森等便利店和大润发飞牛线下实体店落户城镇社区;乐茵、特百惠、海澜之家、金路烟酒、苏糖烟酒、大众医药和吉麦隆生活超市等专业连锁店持续扩张;海澜集团各品牌连锁门店达7000个并进入马来西亚、泰国、新加坡和越南等国家;美天和万沅自动售货柜形成规模,分别获省级商务发展扶持资金309569.12元和359964.1元;华联一家超市有限公司和八佰伴生活广场有限公司分别获江阴市政府服务业专项资金20万元和30万元;临港经济开发区新增盛升、星现等2个汽车销售公司和18个限额以上批发公司(其中:1个经销晶片、2个经销纺织品、3个经销化工品、4个经销煤炭燃料、8个经销金属材料),华士镇新增宏茂超市和2个经销新材料的限额以上批发公司,长泾镇新增东舜吉麦隆超市有限公司、永尚生活超市和5个限额以上批发公司,分别经销机械、金属材料、化工品、成品油。药品流通实施"两票制"(指药品从药厂卖到一级经销商开一次发票,经销商卖到医院再开一次发票,以"两票"替代常见的七票、八票,减少流通环节,并且每个品种的一级经销商不得超过2个),引发药品批发流失,药店扎堆。年内,市供销合作总社会同市农村专业合作社联社举办"品鉴农优,醉享金秋"江阴市首届名特优农产品展销会。市商贸管理办公室按照商务部等10部门《关于多渠道拓宽贫困地区农产品营销渠道实施方案的通知》精神,协助新疆乌鲁木齐天地人和电子商务有限公司、江阴市延川农产品销售公司开展消费扶贫活动;按照江苏省商务厅、财政厅《关于进一步加强肉类蔬菜流通追溯体系建设运行管理的通知》,持续推进农贸市场标准化建设和公益性改革,桐岐农贸市场改造成为首个"智慧菜场",南园农贸市场移建项目完成打桩作业,千禧苑菜场改造为牧野鲜生社区生鲜超市,立新菜场和先锋菜场公益性改革分别获省级商务发展切块奖励资金143985.64元;按照财政部办公厅、商务部办公厅《关于推动农商互联完善农产品供应链的通知》要求,对农产品供应链发展情况进行调研,指导江苏美天奶业有限公司成功申报农商互联完善农产品供应链项目,并获中央服务业发展资金支持;推进全市加油站双层罐改造升级,批准改造123个、验收领证95个,完成150余个成品油经营企业在线年检,规范经营秩序;启动应对"非洲猪瘟"市场保供预案,保障居民"菜篮子"。围绕"培育消费新增长点,推进消费升级,促进形成强大国内市场"主题,支持各行业协会(商会)举办长三角葡萄酒文化节暨江阴市第三届葡萄酒展销会、江阴第21届、第22届汽车购车节及春秋季车展,组织五星电器江阴大卖场和八佰伴、新一城、澄江福地、万达广场等商业体开展"消费促进季"活动,苏宁易购联合万达广场举办春季家电节。长阳科技有限公司服务船舶制造业年销售36亿元,比2018年增长20%,江阴市金桥化工有限公司、江苏禹尧化工有限公司和江阴市川江化工有限公司3个化工贸易公司入围"中国服务业企业500强"。新生活国际家居广场转型为红星美凯龙江阴澄东商场;江阴银泰百货化解股东纠纷,恢复营业。江阴市酒类饮品行业协会联合市糖烟酒商会、市葡萄酒协会制订并颁布《江阴市酒类饮品行业自律公约》,表彰诚信经营示范店(单位),营造良好消费环境,促进酒类饮品消费规模扩大和结构升级。至2019年年末,全市批零贸易业完成销售总额7272.11亿元,比2018年增长7%。其中限额以上批零贸易企业完成销售额3920.32亿元,比2018年增长5.7%;限额以上批零贸易企业完成社会消费品零售总额215.87亿元,比2018年增长11.1%。

2019年江阴市各镇(街道)、开发区商品贸易情况一览表

表21

单位 \ 各项指标	限额以上批零企业		限额以上批零企业	
	销售额(万元)	比2018年增减(%)	零售额(万元)	比2018年增减(%)
高新区(含青阳分区)	2932754	15.3	70744	33.6
临港开发区	13396794	2.0	331653	11.8
靖江园区	3316399	12.4	66357	29.1
澄江街道	5373637	33.0	1232978	8.6
南闸街道	567201	2.4	28319	9.0
云亭街道	1098162	-30.4	112863	10.1
月城镇	707123	-17.6	19634	-0.4
青阳镇	423708	8.6	25949	9.5
徐霞客镇	1948364	40.0	42552	6.1
华士镇	1130046	-11.7	71223	12.2
周庄镇	2329875	-7.5	175445	9.6
新桥镇	5310815	0.5	65164	14.4
长泾镇	175861	13.3	40514	1.7
顾山镇	306673	15.7	24487	15.3
祝塘镇	224336	-3.8	42356	14.7

2019年江阴市限额以上批发零售业商品分类销售额一览表

表22

商品分类	零售额(万元)	比2018年增减(%)
粮油食品类	211462	8.7
饮料类	16167	-1.7
烟酒类	50357	19.0
服装鞋帽针纺织类	77584	7.3
化妆品类	12464	14.6
金银珠宝类	98786	30.7
日用品类	31651	7.0
五金、电料类	4943	-7.6
体育、娱乐用品类	818	-16.5
书报杂志类	16310	15.5
电子和音像制品类	486	2.6

续表22

商品分类	零售额(万元)	比2018年增减(%)
家电和音像器材类	21822	-6.2
中西药品类	111809	10.1
文化办公用品类	10629	-4.8
家具类	12576	20.2
通讯器材类	13729	7.6
石油及制品类	397297	9.0
建筑及装潢材料类	11372	11.7
机电产品及设备类	101	8.6
汽车类	1057853	13.1
棉麻类	5	6.4
其他类	471	-95.6

【牧野鲜生社区生鲜超市开业】 2019年12月28日,牧野鲜生社区生鲜超市竣工开业。该超市由江阴牧野鲜生食品科技有限公司对千禧苑菜场"农改超"而成,投资588.64万元,经营面积2200余平方米。其中生鲜经营面积占二分之一,主要售卖新鲜果蔬、鲜肉水产等,配备蔬果包装间、水产加工间、猪肉加工间、活禽宰杀间、面点烘焙间、烧腊熟食间等功能区域。坚持"环境整洁,服务规范,质量可溯,设施安全,新鲜优选每一天"标准,履行"不卖隔夜菜,不卖隔夜肉,保价三公里,买贵补差额"承诺,定期举办健康养生知识讲座及培训,提供体验、配送等8项便民服务,满足所在社区8000余户常住家庭"菜篮子""米袋子""餐桌子"消费需求。是年,江阴牧野鲜生食品科技有限公司响应财政部办公厅、商务部办公厅关于推动农商互联完善农产品供应链的号召,实施"互联网+现代农业+社区生鲜超市+生鲜前置仓"行动,与江阴新华发农业科技开发有限公司签订144.66公顷蔬菜基地租赁协议,与500余户农户签订98.33公顷农产品定向契约种植合同,统一种苗、生产投入品、技术规程和品牌销售模式,以牧野鲜生社区生鲜超市为辐射原点,以水亲木网点和社区生鲜前置仓为配送节点,产品由骑手送至消费者指定地点,解决生鲜到家庭厨房的"最后一公里"问题,成为江苏省供应链创新与应用重点培育企业。

【美天奶业产销一体化项目获财政扶持】 2019年,江苏美天奶业有限公司响应财政部办公厅、商务部办公厅关于推动农商互联完善农产品供应链的号召,引进以色列阿菲金设备,建设江阴市周庄镇稷山村百亩千头奶牛养殖生态牧场;投资138.34万元改进牛奶商品化处理设施,于7月31日建成全封闭牛奶加工中心;投资376.73万元建立自营销售网点,以直营销售门店+自动售货冷柜等方式,向销售环节延伸供应链,在无锡地区建成自营销售网点(含自动售货冷柜)70个,至9月30日完成投资746.97万元。10月9日,美天奶业产销一体化项目通过省级专家组评审,进入江苏省商务厅推动农商互联完善农产品供应链项目名单。12月,根据江苏省财政厅《关于下达2019年商务发展专项资金(第七批)预算指标的通知》,江苏美天奶业有限公司公司获中央财政扶持资金112万元,并获地方财政配套扶持切块资金36.64万元。至12月31日,该公司直营销售网点155个(其中自动售货冷柜150个),实现销售总额2474万元。

【汽车展销活动】 2019年,江阴市商贸管理办公室会同市汽车流通协会贯彻《江苏省汽车销售管理实施细则》《报废机动车回收管理办法(修订草案)》和《推动重点消费品更新升级畅通资源循环利用的实施方案》,组织各4S店开展新车上市宣传和汽车促销活动。3月24日,上汽大众T-Cross途铠在江阴吉德4S店展示;3月27日,野马博骏在江阴富垠汽车4S店上市;4月10日,荣威i6PLUS在江阴广吉荣安4S店上市。4月19—22日,江阴市汽车流通协会在江阴体育中心举办江阴市第21届汽车购车节,评选2019年江阴最受欢迎十佳车型,设置平行进口车尊选中心,推出金融分期零利率、订车送礼等优惠,57个4S店70余个品牌车型参展,实现购车订单1568辆。6月16日,新宝马7系在江阴宝诚4S店上市;7月11日,长安福特福克斯2020款在江阴广吉福祥福特4S店上市。8—9月,广吉、全顺、南华和盛达等汽车销售公司举行暑期客户联谊活动,国五汽车打折促销。10月2—4日,江阴市汽车流通协会在江阴体育中心举行江阴市第22届汽车购车节暨2019年秋季车展,设立3大展区和25个特装展厅,发布各品牌新款汽车,完成购车订单1310辆;支持江阴汽车网组织30个4S店在江阴八佰伴澄星店举办 2019 年江阴汽车网第 8 届汽车购车节，发布汽车促销信息，达成 502 单网上购车意向。至年末，江阴市汽车行业完成开票销售额 105.79 亿元，比 2018 年增长 13.1%，占全市限额以上批零贸易业零售额的 49%。

【八佰伴人民中路店完成改造升级】 2019 年，江阴八佰伴人民中路店围绕“培育江阴中高端消费市场”目标，以江苏省政府办公厅《关于推动实体零售创新转型的实施意见》为指导，根据百货消费市场变化，对营业场所的硬件设施、品牌形象、营销方式进行全面调整。按照“绿色商场”的创建标准，更新商场东西两侧扶梯，使用壁挂式视频机，优化光源节能和商场媒体展现；建立 30 平方米环保冷冻垃圾房；翻新一楼大理石地面，扩宽主通道至 3 米。引进 PANDORA（潘多拉）、OMEGA（欧密茄）、Sulwhasoo（雪花秀）、Cartier（卡地亚）、IWC（万国表）、GUCCI（古驰）和 Y-3 等品牌。优化布局，一楼的雅诗兰黛、COACH（蔻驰）升级为品牌形象店；女包区从三楼移至二楼，女鞋区从一楼移至三楼；部分女装店铺重装开业，121 个品牌推出全新款式。推进线上商城，将线上线下同款同价的理念运用到营运日常比价营销中，以商品实价吸引消费者，全年线上商城销售额占销售总额的 14.4%。年内，八佰伴人民中路店日均客流量 13300 人，全年实现销售额 10.33 亿元。 （沈敏能）

供销合作经济

【概况】 2019 年，江阴市供销合作总社围绕市委、市政府工作大局，推进供销合作事业高质量发展。在综合改革中完善基层组织体系，举办 2019 年供销合作社改革发展论坛（江阴站），联合华西村组建华西村供销合作有限公司，被“今日头条”“学习强国”等新闻媒体报道；分类提升改造 4 个基层社，领办合办 6 个农民专业合作社；强化资产规范化管理，持续推进历史遗留问题处理。在机制创新中健全为农服务体系，举办江阴市首届名特优农产品展销会，160 个参展商参加；全面实施农药集中配供和废弃包装物回收处置，销售农资 1 亿元，回收农药废弃包装物 80 吨，保障农产品质量安全，直接减轻农户负担 450 万元，减少农业面源污染；组建现代农业综合服务中心 1 个，农业社会化服务面积 2000 公顷；构建农产品销售网，创办农产品实体店 1 个，新增网上双代店 5 个，建成乡镇供销社经营服务综合体 1 个、一二三产业融合发展综合体 2 个；开展综合服务，培训新型职业农民和农产品经纪人 240 人次。在压实责任中增强党的建设，深入开展“不忘初心、牢记使命”主题教育，强化党风廉政建设，提升系统服务力、发展力。

【供销合作社改革发展论坛举办】 2019 年 10 月 11—12 日，由江阴市供销合作总社和华西村联合承办的 2019 年供销合作社改革发展论坛（江阴站）在江阴市华西村举办，与会代表以“重生，开启面向未来的组织变革”为主题展开研讨和座谈，来自全国各级供销社负责人和专家交流经验、分享做法，对江阴供销合作社的变革之路和做法进行深入探讨。论坛期间，江阴市供销合作总社联合华西村组建华西村供销合作有限公司，通过整合优势资源，发挥供销社服务“三农”的平台和载体功能，做大做强高效特色农业，打造具有江阴特色的乡村振兴品牌，被“今日头条”“学习强国”和《中华合作时报》等新闻媒体报道。

【首届农产品展销会】 2019 年 10 月 11—13 日，江阴市供销合作总社在江阴体育中心举办“品鉴农优、醉享金秋”2019 年江阴市首届名特优农产品展销会。农展会展销面积 2000 平方米，设展位 100 个，其中 40 个展位是江阴种植大户、专业合作社等新型农民主体，展销江阴农产品；45 个展位是周边市县及扶贫协作地区供销合作社展销的所在地农产品，包括无锡、南京、镇江、常州、南通、泰州、扬州等市及新疆、陕西、山东、云南等地区；15 个展位是来自中国台湾的参展商展销的优质农副产品。来自全国各地的优鲜农产品深受市民喜爱，日销售额屡创新高。展会期间，人流量 1.35 万人次，现场销售总额 110 万元。

【资产运营质量提升】 2019 年，江阴市供销合作总社严格落实社有资产管理委员会工作职责，强化管理，按照社企职能分开、有效监管、规范运营原则，加强对社有资产监管。通过社有资产信息化管理平台，全面掌握各基层社房屋、土地等资产管理、使用及租赁情况，有效融合基层社资产增减、处置、维修等各个环节。对基层社存量资产进行改造升级，下发《江阴市供销系统限额标准以下工程建设项目招投标管理办法（试行）》，明确两级权限、招标方式、施工程序、监管职责等，存量资产改造有序进行。加强安全检查，采取社领导包片带队查、专业人员分组交叉查、雷霆行动集中查等办法，全年组织 8 次安全隐患排查，整改到位，做好“回头看”，防止同类隐患重复发生。 （陆锡良）

粮油购销

【概况】 2019 年，江阴市发改委切实履行依法管粮职能，把握稳中求进总基调，抓好粮食收购，做好粮油储备，完善仓储设施维修，加强监管检查，发展粮食经济，国有粮食企业改革持续深化，服务全市粮食安全保供。做好成品粮油储备和辖区内军粮供应保障，不断完善本区域粮食应急供应点体系建设，完成无锡市下达的应急保供点建设任务。做好地方储备粮储备保管与轮换，健全粮食应急保供体系，适时轮换推陈出新，完成储备粮 6.81 万吨轮换任务，其中小麦 3.6 万吨，稻谷 3.21 万吨。全年收购粮食 7.68 万吨，其中收购市内小麦 1.68 万吨，外购小麦 1.92 万吨，收购市内水稻 2.79 万吨（其中包含最低收购价稻谷 0.87 万吨），外购水稻 1.29 万吨，小麦收购价格 2.24 元/公斤；水稻收购价格 2.56 元/公斤。年内，8 个企业通过江苏省粮食流通信用 A 级评价，增设应急供应点 11 个，全市粮油应急供应店 39 个。

2019 年江阴市主要粮油零售价格一览表

表23　　单位:元/公斤

月份	二级粳米	特二面粉	四级菜油	一级大豆油
1	4.33	3.85	9.75	8.09
2	4.32	3.85	9.75	8.19
3	4.29	3.86	9.75	8.34
4	4.19	3.90	9.75	8.04
5	4.16	3.90	9.75	7.80
6	4.16	3.88	9.75	8.49
7	4.14	3.78	9.75	7.80
8	4.13	3.65	9.75	7.73
9	4.11	3.85	9.75	7.44
10	4.14	3.85	9.75	7.78
11	4.09	3.85	9.75	7.78
12	4.04	3.85	9.75	7.94

说明:价格为当月每周价格平均数

【粮食收购】 2019 年,江阴市发改委认真研究国家粮食政策精神,应对市场形势变化,科学制定全市粮食收购政策,确保收购秩序井然,农民余粮应收尽收,收购市内小麦 1.68 万吨,收购价格 2.24 元/公斤;收购市内水稻 2.79 万吨(其中包含最低收购价稻谷 0.87 万吨),收购价格 2.56 元/公斤。夏季小麦收购期间,粮食丰收,质量好于预期,江阴市发改委努力解决好农民“卖粮难”问题,维护农民利益。秋粮收购期间,粮食增产,最低收购价格处于高位,粮食产量、粮食收购量和粮食库存量“三量齐增”,市发改委加强对粮食收购环节的监督检查,严肃查处“先收后转”“压级压价”“打白条”等损害群众利益和“转圈粮”“以陈顶新”等损害国家利益的违法违规行为。

【粮油应急保供】 2019 年,江阴市积极做好成品粮油储备,保证辖区内军粮供应,完善本区域粮食应急供应点体系建设。年内,新增应急供应点 11 个,全市粮油应急供应店 39 个,完成无锡市下达的应急保供点建设任务。

【粮油质量监管】 2019 年,江阴市发改委开展粮食库存检查、食用油脂库存检查、粮食收购资格核查、粮食流通统计制度执行情况检查,夏季冬季存粮安全大检查、成品粮油储备专项检查、粮油储藏技术规范执行情况检查等各类监督检查 12 次,会同市市场监管局开展联合检查 4 次。市监测站对全市夏、秋两季地方储备粮出、入库粮食质量全面检测,在常规项目检测的同时,对粮食中机磷农药、重金属、脱氧雪腐镰刀菌等卫生指标和储存品质展开检测。同时对库存粮食三月、九月的储存品质进行质量监测。全年检测样品 603 个,江阴市地方储备粮出入库检测率 100%,为确保地方储备粮食质量安全打下坚实基础。年内,处理投诉举报事件 7 件,全市未发生因粮油质量问题引起的食品安全事故。　(徐文山　邢　军)

烟草专卖

【概况】 2019 年,江阴市烟草专卖局(无锡市烟草公司江阴分公司)贯彻落实江苏省烟草商业系统“1345”(确立一个战略目标、克服“三种传统观念”、明确“四个更优”评价标准、落实“五个促进”重点措施)高质量发展战略,按照行业“放管服”改革要求和新实施的《无锡市烟草制品零售点布局管理规定》,推行“5+5”(5 日办证,5 日入网)烟草专卖零售许可证办理服务新模式,自 10 月 15 日新政策实施后新办零售户 349 户,网上申办率 100%,基本实现“当事人足不出户即可办证”的便利服务水平。年内,受理许可证 3397 件,其中新办 1078 件、变更 94 件、延期 408 件。全年销售卷烟 6.41 万箱,比 2018 年下降 1.08%;实现销售收入 27.21 亿元,比 2018 年增长 4.21%;上缴地方税金 1.08 亿元,比 2018 年增长 6.12%。是年,江阴市烟草专卖局被评为 2016—2018 年度江苏省文明单位,无锡市烟草公司江阴分公司被评为江阴市重点骨干企业,党建扶贫惠民先进做法被行业主流媒体专版报道,江阴市烟草专卖局党支部被江阴市委评为五星级堡垒党支部。“烟草执法案情智能研判系统”获国家版权局软件著作登记证书,周庄基层服务站在江苏现场管理星级评价中被评为五星级现场,澄江基层服务站获“江苏省质量信得过班组”称号,追梦 QC 小组获“江苏省优秀质量管理小组”称号。

【卷烟营销】 2019 年,无锡市烟草公司江阴分公司坚持“稳运行、优结构、育品牌、降库存、增税利”卷烟营销工作方针，注重把握市场需求，动态调整营销策略，完成重点品牌卷烟销售6.07万箱，低焦油品牌卷烟销售8889箱，分别占销售总量的94.59%和13.86%；细支卷烟销售6488箱，比2018年增长36.1%。持续推进零售客户自律互助小组建设，全市建成零售客户自律互助小组475个，实现全市零售客户全覆盖。积极为卷烟零售客户提供增值服务，与中国农业银行股份有限公司江阴分行、交通银行股份有限公司江阴分行等多个银行开展深度合作，实施跨行实时结算全渠道支付，推广贷记卡结算业务，提高零售客户经营能力和资金使用效率。全年跨行自主结算金额6.4亿元，占销售总额的23.95%；跨行自主结算零售户数7467户，占零售户总数的92.73%。以江阴市客运中心和南闸街道曙光村"两个点"、江阴市环城绿道"一个面"为抓手，分类有序推进文明吸烟环境建设，全市建成吸烟点163个，助力美丽江阴建设。

【市场监管】 2019年，江阴市烟草专卖局保持打假打私高压态势，先后组织开展许可证清理整顿、"百日会战""利剑3号、4号"等专项行动；突出真烟非法流通治理，加大对违法违规卷烟经营大户监管，实施"1+5"("1"是大户治理必须坚守"一个原则"，即全面覆盖、全员参与，无法外之户、无真空地带；"5"是具体推进"五步走"，即识别建档、分类监管、基础跟进、重点打击、回头督查，五个步骤形成一个治理闭环)违法大户循环治理模式，依法取缔违法违规大户15户，依法降档降级零售户58户。加强对物流寄递环节涉烟违法行为和新型烟草制品监管，落实国家市场监管总局、国家烟草专卖局《关于进一步保护未成年人免受电子烟侵害的通告》精神，在全市60余所中小学附近张贴《关于禁止向未成年人出售电子烟的通告》，在全市辖区零售客户店堂张贴"禁止向未成年人售卖电子烟"警示标语，营造中小学生健康成长外部环境。全年查处涉烟案件598件，办结"10·15"假烟国标网络案件1件，查获非法卷烟99397条，其中假烟6172.5条，逮捕2人、刑拘8人、判刑7人，上缴罚没款155.41万元，市场动态净化率保持在98%以上，获江苏省烟草专卖局通令嘉奖9次。

（张　炜）

盐业专营

【概况】 2019年，江阴市盐业有限公司贯彻落实国家盐业体制改革方案，履行国有企业社会责任，做好市级政府应急储备工作，保障全市人民食盐安全，发挥全市食盐供应主力军、主渠道作用。深入县区一线、乡镇集市、农贸市场、社区广场，完善客户信息系统和仓储配送管理系统，有效控制经营业绩下滑过快的趋势，为转型发展夯实基础。全年实现营业收入3926.21万元，比2018年下降15.52%，完成利润285.88万元，比2018年下降22.38%。

【市场协管工作】 2019年，江阴市盐业有限公司顺应形势变化和发展需要，主动增强服务意识，全面加强食盐安全工作，强化食盐销售渠道建设，规范市场秩序。客户经理每天下乡巡查，检查食盐客户用盐情况，规范用盐行为，同时解决各商户在购盐方面所遇到的实际问题，发现食盐安全问题及时向市场监管部门反映，起到净化市场与保证渠道畅通相互促进作用，维护盐业市场秩序。开展食盐安全知识和食盐加碘消除碘缺乏危害宣传，增强公众食盐安全防范意识和依法维权意识，引导公众自觉购买合格食盐。通过设摊宣传、下乡宣传、联合宣传，将宣传与服务融入抽检检测工作中，及时了解市民购盐用盐情况，对市民在食盐方面提出的相关问题进行现场解释。深入宣传贯彻《中华人民共和国食品安全法》《中华人民共和国食品安全法实施条例》等法律法规，发放资料，普及食品药品安全知识。执法人员向前来咨询的市民传授真假碘盐识别方法，增强市民食盐安全意识。配合市场监管部门，持续推动食品安全大检查、大排查、大督查专项行动，深入开展重点企业、重点商户违规经营调查取证，定期组织派驻协管人员技能培训和业务交流，加大案件查处力度，压实派驻协管人员工作责任。全年出动市场协管执法人员580人次，查处违法案件22件，结案15件，未发生行政复议和诉讼案件。全年碘盐覆盖率95.33%，碘盐合格率100%，合格碘盐食用率95.33%。

【品种结构调整】 2019年，江阴市盐业有限公司面对严峻而复杂的市场形势，克服诸多不利因素，采取一系列配套措施，调整产品销售结构，不断提高低钠盐销售比重。全年公司品种盐销售3758吨，占小包装食盐销售的40%；小包装食盐销9400吨，完成计划的93.07%，达到保总量目标任务。

【非盐商品营销】 2019年，江阴市盐业有限公司非盐销售对接餐饮、团膳、集伙等消费终端，抓住契机迅速培育市场。年内，味精销售342.68万元，食用油销售163.08万元；盐化商品销售404.36万元；非盐商品销售914.52万元，完成年度计划的91.45%；渠道非盐毛利额58.1万元。

（张　慰）

住宿餐饮业

【概况】 2019年，江阴市商务局以"促进江阴餐饮经济高质量发展"为导向，拨付江阴市服务业发展专项资金，支持江苏逅厨供应管理有限公司重大项目建设100万元，奖励获得"无锡老字号"称号的江阴市永丰源大酒店有限公司和江阴市长泾文化旅游有限公司夏氏老饭店各10万元；在餐饮行业开展供应链创新与应用试点，江阴牧野鲜生食品科技有限公司成功承担工厂、医院、学校和机关等百余个单位食堂的配餐业务，成为江苏省供应链创新与应用重点培育企业；会同市烹饪协会、餐饮业商会开展餐饮行业燃气安全集中管理工作培训；会同市城管等部门深入贯彻商务部等9部门《关于推动绿色餐饮发展的若干意见》，调研"明厨亮灶"项目，开展餐饮油烟专项治理和燃气安全管理专项检查，教育引导全市星级酒店和社会餐饮履行企业义务，施行"一岗双责"，实现安全经营、绿色发展；支持市烹饪协会和餐饮业商会承办江阴市第十届职业技能大赛中式烹调技能比赛和“联合利华饮食策划杯”第八届全国烹饪技能竞赛(江苏赛区)活动,举办2019年养殖(控毒)河豚鱼烹调技能培训班和每月一次的“名厨大师大讲堂”,培育烹饪人才。吴协平、吴锦明、陆道祥、仰旭峰被评为江阴市第四届“暨阳英才”特色乡土人才;孙宝军、顾卫忠、黄华获“江苏省技术能手”称号;邓欣、王卫星在第八届全国烹饪技能竞赛总决赛中获中餐热菜项目特金奖,获“全国餐饮业高技能人才”称号。江阴国际大酒店在第十四届徐霞客国际旅游节开幕式上发起成立“中国长江文化酒店联盟”。9月19日,江阴老塘前餐饮管理有限公司推出芦笋宴;10月22日,江阴市永丰源大酒店“久仰”品牌被江苏省商务厅认定为第二批“江苏老字号”。是月22—23日,顾山镇政府联合江苏省烹饪协会在江阴市新东方酒店举办2019年全国蒸菜烹饪技能创新大赛。11月26日,市烹饪协会与江阴高升国际大酒店联合举办2019年“高升杯”江阴鹿文化美食节。12月12日,江阴市永丰源大酒店改造竣工开业,举办江阴市第十四届蟹黄汤包节。是年,江阴市烹饪协会成立简餐小吃专业委员会;新财盛大酒店、河豚世家餐饮管理有限公司分别成为螃蜞螯、河豚美食文化烹饪技艺非物质文化遗产示范点;江阴国际大酒店被中国烹饪协会评为二星级“百合花”食品安全示范工程;江苏天水雅居餐饮管理有限公司被评为江苏餐饮业品牌标杆企业,获2019年橄榄中国餐厅大奖。江阴国际大酒店完成国际会议中心改扩建工程;江阴希悦金殿宴会酒店、澳克茜牛排体验馆、老塘前南闸太宁店、华士安逸火锅店、高新区蟠龙山公园格菲酒店、江阴体育中心亚朵酒店和敔山嘉荷精品酒店开业;盛世华缘酒店、星程酒店和买买提烤肉店进驻江阴;青果路美食街新增哈尔滨饺子王、幕隐日式料理等特色餐饮门店;新河湾商业街新增肯德基汽车穿梭餐厅;顾山、长泾、徐霞客、月城等镇的民宿宾馆、旅店快速发展。至年末,全市餐饮服务单位8751个、住宿服务网点786个;住宿和餐饮业完成营业收入104.86亿元,比2018年增长11.3%,其中限额以上企业完成营业收入22.73亿元,比2018年增长3.8%;限额以上企业完成社会消费品零售额19.15亿元,比2018年增长4.4%。

【中国长江文化酒店联盟成立】 2019年5月16日,第十四届中国徐霞客国际旅游节在江阴韭菜港公园开幕,中国长江文化酒店联盟在开幕式现场举行成立仪式。该联盟由江阴国际大酒店发起倡议,成员包括来自云南、四川、重庆、湖北、江西、安徽、江苏7省和上海等长江沿线12个城市的代表酒店。该联盟成立后,于7月7日在江阴国际大酒店举办2019年中国长江流域饮食文化研讨会。江苏省烹饪协会秘书长周明元、扬州大学旅游烹饪学院教授邱庞同和徽菜研究所所长鲍兴作长江菜系研究报告。会后举行“江阴银行杯”2019年中国长江文化美食节暨绿色食材菜品交流活动。来自沿江12个城市和广东等地9名中国烹饪大师与近百名厨师出席美食节及菜品交流活动。

【永丰源大酒店获评“江苏老字号”】 江阴永丰源大酒店有限公司位于江阴市人民中路170号,其前身是由仰小妹和陈顺潮于1953年1月合伙开办的江阴饭店及其久仰商号。1956年9月,江阴饭店与其他几家私营酒菜饭馆合并为公私合营陆星兴饭店。1958年5月,陆星兴饭店收为国营,培育第一代传人仰振华。2000年前后,江阴饭店受改制遗漏问题影响而停业。2003年8月,第二代传人仰旭峰开设江阴永丰源大酒店有限公司,致力于“久仰”烹饪技艺的传承和蟹黄包、河豚美食文化的弘扬。其“河豚宴”“幸福宴”多次在全国烹饪大赛上获金奖,江阴螃蜞螯被评为无锡土特产,糖醋籽鲚、蟹黄包烹饪技艺进入江阴市级非物质文化遗产(以下简称“非遗”)目录,蟹黄小汤包被评为中国名点,仰氏红烧河豚、糖醋籽鲚、永丰稻草鸭被认定为中国名菜;仰旭峰成为江阴市“非遗”项目代表性传承人。2006年,注册“久仰”商标,中央电视台四套栏目组到江阴拍摄纪录片《拼死吃河豚》,在《走遍中国》节目播出。同年9月,举办首届江阴永丰源蟹黄汤包节。2007年以直径75厘米、重量24.6千克的“蟹黄大汤包”载入大世界基尼斯最大的蟹黄汤包纪录。2011年3月,永丰源大酒店参加第三届中国河豚烹饪技艺大赛,获团体金奖。2013年,永丰源蟹黄包被评为无锡市非物质文化遗产,仰旭峰成为该“非遗”项目代表性传承人,中国香港凤凰卫视、上海电视台、英国广播公司(BBC)等媒体到江阴拍摄纪录片《寻味》《率真老厨王》。2015年6月至2016年,江阴永丰源“非遗”蟹黄包应邀走进北京大学、中国人民大学,该酒店先后被评为“‘家乡味’特色餐饮名店”“江苏省品牌酒店”“中华餐饮名店”。2016年7月,第三代传人仰晟龙受中国烹饪协会委派,作为“源味中国——中国非遗美食文化走进泰国”活动成员,赴中国驻泰国大使馆及文化中心为泰国王室成员、政要和社会名流烹制蟹黄包,获中国烹饪协会中国美食文化推广特别贡献奖。2018年,江阴永丰源大酒店有限公司被无锡市商务局认定为第二批“无锡老字号”企业。2019年10月22日,经过企业申请、地方推荐、专家评审和网上公示等程序,江阴永丰源大酒店有限公司“久仰”品牌被江苏省商务厅认定为第二批“江苏老字号”。12月,江阴永丰源大酒店完成改造,举办江阴市第十四届蟹黄汤包节。

【格菲酒店江阴蟠龙山公园店开业】 2019年5月1日,格菲酒店江阴蟠龙山公园店在江阴高新区龙山大街158号正式开业。该酒店是格林豪泰酒店管理集团旗下中高端商务品牌连锁酒店,拥有123间商务客房,以青春、时尚、文艺化的空间元素为特色,环境优雅、功能齐全;大厅设有茶水吧、影院吧、商务吧等不同区域,客房设有商务房、亲子房、影院房等;配有中央空调、24小时热水、网络电视、会议室、健身房和洗衣房等服务设施和自动安保消防系统。酒店施行微机管理,舒适快捷的个性化服务受到商务人士的欢迎。2019年12月,酒店客房率86%。

(沈敏能)

邮政业

【概况】 2019年,江阴邮政管理局采取日常检查、专项督查、"双随机"抽查相结合的方式强化邮政行业监管,全年检查187次,参与检查人员631人次,发放整改通知书21份,复查相关企业整改到位。督导企业落实好"三个100%"(100%先验视、后封箱;100%实名寄递;100%通过X光机安检)制度;严格落实安全生产主体责任;加强对一线员工的管理和教育,保障寄递渠道安全和用户信息安全。至年末,江阴注册快递企业有15个,无锡4个,备案网点230个,村邮站206个,快递三轮车1500余辆,从业人员8000余人;江阴邮政行业业务收入20.1亿元,比2018年增长42.14%,快递业务量完成3.62亿件,比2018年增长135.4%,快递业务收入16.43亿元,比2018年增长59.36%。是年,江阴市邮政公司坚持党建引领发展、稳中求进工作总基调,主动适应经济新常态,以提升企业经营效率和效益为目标,以创新转型为主线,深入推进"一体两翼"("一体"指以邮政窗口资源为基础、以市场需求为导向、适应现代电子商务发展模式、线上线下相结合的邮政综合便民服务平台,"两翼"指金融翼和寄递翼)战略,综合实力迈上新台阶,开创江阴邮政高质量发展新局面。为增进员工友谊,提升团队协作能力,7月6日,市邮政公司在江阴市敔山湾实验学校操场举办"凝聚·激情·绿色·快乐"首届职工运动会。来自机关、专业联队、青阳片、华士片、长泾片、澄西片、寄递事业部一队、寄递事业部二队等8支参赛队经过角逐,寄递事业部一队、专业联队、澄西片队分别获团体总分第一、二、三名。市邮政公司全年业务规模实现新突破,业务总收入6.94亿元。其中金融业务完成收入2.85亿元,比2018年增长8.3%;寄递业务完成收入3.09亿元,比2018年增长27.9%;集邮与文化传媒业务完成收入0.51亿元,比2018年增长0.2%;渠道平台业务完成收入0.43亿元,比2018年增长21%。收入规模位列全省县(市)公司第一。

2019年江阴市注册快递企业一览表

表24

序号	企业名称	企业品牌	企业地址
1	江阴韵达快运有限公司	韵达快运	江阴市新澄路1号
2	江阴市申通快递服务有限公司	申通快递	江阴市徐霞客镇峭岐钓岐村博爱路2号
3	江阴市神鹿航空物流服务有限公司	OCS	江阴市澄杨路98号16幢1012号
4	江阴市鑫达快件服务有限公司	港中能达	江阴市云亭新伍金家村9-1号
5	江阴市仲快仓储物流有限公司	中通速递	江阴市月城镇冯泾路18号
6	江苏申通国际货运有限公司	申通快递	江阴市周庄镇长寿村长啸路199号
7	江阴市全通速递有限公司	圆通速递	江阴市皮弄路85号
8	江阴市晨旭货运有限公司	百世快递	江阴市徐霞客镇璜塘璜中路70号
9	江阴市东鑫物流有限公司	优速物流	江阴市花东路188号向西500米(皮弄)
10	江阴市鑫煌运输有限公司	优速物流	江阴市长泾镇花园村张家油车里88号
11	江阴市丰通物流有限公司	百世快递	江阴市云亭街道那巷路39号
12	江苏瑞德快递有限公司	申通快递	江阴市周庄镇长寿村长啸路199号
13	中国邮政集团公司江苏省江阴市分公司	EMS	江阴市梅园大街383号
14	中外运—敦豪国际航空快件有限公司江阴分公司	中外运敦豪	江阴市澄杨路266号
15	江苏德邦物流有限公司江阴云亭分公司	德邦快递	江阴市云亭街道沈巷路1号

(徐　梦　洪志云)

【江阴邮政管理局成立】 根据江苏省邮政管理局《关于成立江阴邮政管理局的批复》文件精神,2019年1月17日,江阴邮政管理局正式挂牌成立。江苏省邮政管理局副局长陈京生,无锡市原副市长、快递协会会长吴建选,江阴市委常委、常务副市长费平,无锡市邮政管理局党组书记、局长陈东,江阴市委、市政府相关部门负责人及江阴市邮政快递企业主要负责人80余人参加成立仪式。江阴邮政管理局是经国家邮政局备案,江苏省邮政管理局批复成立的正科级机构,接受无锡市邮政管理局管理,对江阴市邮政、快递企业实施行业管理。根据授权承担以下职责:贯彻执行国家邮政法律法规、方针政策和邮政服务标准;监督管理本辖区邮政市场以及邮政普遍服务和机要通信等特殊服务的实施;负责本辖区行业安全生产监管、统计等工作;保障本辖区邮政通信与信息安全;承办上级邮政管理部门和地方政府交办的其他事项。毛亚任江阴邮政管理局局长。

【快递行业组织】 2019年9月24日,无锡市快递协会江阴分会成立暨第一届第一次会员大会召开,向行业自律迈出重要一步。袁雪梅任会长,办公地址为江阴市五星路18号,成员单位20个。协会成立后为全市寄递企业及网点提供服务,履行服务、协调、自律三大职能,加强企业交流合作,维护会员合法权益,促进行业自律,规范行业行为,促进江阴快递行业市场健康有序发展。同日,江阴市快递行业工会联合会成立暨第一次代表大会召开,胡铁任工会主席,办公地址为江阴市五星路18号,成员单位6个。成立后初步形成以市快递行业工会联合会为主体,各快递企业工会为分支的网络覆盖体系,不断完善快递行业工会联合会组织建设,通过开展各项活动,保障职工权益,提高职工素质,调动职工积极性,推动建立快递行业新型劳动关系。 (徐 梦)

【纪念渡江战役胜利邮政专题活动】 2019年4月21日,渡江战役胜利70周年纪念日之际,市邮政公司联合市集邮协会在国民党江阴要塞司令部旧址文保所举办"纪念渡江战役胜利70周年暨江阴要塞起义70周年"专题活动。现场赠送"渡江战役70周年"纪念卡,配有"渡江战役胜利70周年"纪念封、红色足迹、建军系列主题邮品供市民品鉴交流,设置邮政信箱将现场所写信封和明信片寄出。通过邮文化融入纪念活动的形式重温渡江记忆,传承红色精神,牢记英雄功绩,具有特殊纪念意义。

【邮政便民服务】 2019年,市邮政公司始终牢记"情系万家,信达天下"企业使命,发挥百年邮政品牌优势,积极参与江阴民生公共服务设施建设,创造一流服务环境,提升邮政服务整体形象。突出邮政亲民、助民、惠民服务主题,打造"邮政跨境电子商务产业园""普惠金融""邮乐购"等综合服务平台,解决服务群众"最后一公里"问题。开展特色"助老邮路"帮扶活动,164条"助老邮路"年人均参与志愿服务时间100小时以上,投入帮扶资金130余万元,"助老邮路"志愿服务队被评为2018年度江阴市最佳志愿服务组织及最佳志愿服务项目。是年,市邮政公司集邮与文化传媒党支部被评为2019年度全省邮政党支部建设示范点;"党青1+1"青年成长工程获2019年全省邮政企业管理现代化创新成果三等奖。

【邮政做客"12345"民生热线直播室】 2019年2月27日,市邮政公司副总经理黄晔炯一行3人受邀做客第98期江阴"12345"民生热线网上直播室,以"情系万家,信达天下"为主题,就提升邮政公用服务效能,服务经济社会发展方面所做的工作,以及未来的发展和规划情况,与广大市民进行热线交流,并同步在网上直播。直播期间,几位嘉宾还就市民关心的"绿色邮政""一封信一颗心"——邮政三年服务质量提升工程,以及邮政新业务、报刊投送时限、邮件安全等,向市民一一进行解答。并承诺,江阴邮政将进一步扩大服务社会、服务民生的群体效应,树立诚信、文明、亲和的企业形象,持续改善窗口服务,优化用邮环境,提升服务水平,提高市民满意度,为江阴当好高质量发展领跑者作出应有贡献。

【首单网购保税进口快递物流业务】 跨境电商网购保税进口模式即保税备货(海关监管方式代码1210),是境外跨境电商企业根据市场预测和消费者需求,将境外商品集中运输到国内海关特殊监管区域内,随后根据每个消费者在电商平台上的交易订单,以个人物品方式出区配送到客户手上。自2018年8月7日无锡获批国家跨境电子商务综合试验区以来,政府高度重视跨境电商产业发展,强力推进跨境电商保税进口(1210)业务模式运作。江阴市邮政公司作为江阴快递物流供应商,全程积极配合并按规划节点稳步推进,2019年7月22日,江阴海关为首单跨境电商网购保税进口商品(1210)的寄递邮件办结核放手续,2辆装载着进口保税商品的邮政车辆驶出综保区,这是自无锡获批国家跨境电子商务综合试验区后的第一单网购保税进口备货业务,标志着跨境电商保税进口(1210)业务在江阴正式开通。

【江阴税邮协同共治合作备忘录签约】 2019年9月9日,江阴市税务局与市邮政公司举行税收协同共治合作备忘录签约仪式。双方就进一步加强税邮战略合作达成一致意见:将税务服务和邮政服务有机结合,结合地方行政管理体制改革,落实放管服要求,优化营商环境,以互相融入、协同发展的姿态,全面落实"2440"审批服务*改革目标,把部分纳税服务与邮政服务融合,方便群众办税;深化税邮合作服务举措,利用邮政服务网点遍布城乡优势,将

2019年9月9日,江阴税邮举行合作签约仪式 (市邮政公司提供)

自然人临时经营、私房出租等普通发票代开、税费代征业务委托邮政部门办理，邮政公司优先在非建制镇、街道所在的居民生活集中区开展相关业务，同时探索灵活就业人员社保委托征收新举措，方便纳税人就近办理；打造"税宣邮路"特色品牌，利用邮政邮路密、覆盖面广的特点，及时将国家减税降费政策等宣传资料送至纳税人手中，提升税收政策宣传的及时性、有效性，利用邮政宣传资源定期开展多种形式税收宣传；加强税源信息共享，将税务登记中商事主体的登记地址信息与邮政名址库信息比对，及时更新税源基础登记信息；拓展邮政投递信息增值应用空间，利用"双挂号"（寄信人交寄国内挂号信件，填写国内邮件回执，随信交寄，经收件人签收后，邮局再将其寄退给寄信人，以证明挂号信已经妥收，这种信件通称双挂号信，又称回执邮件）投递一对一反馈优势，将投递反馈信息与纳税人基础信息核实比对，拓展非正常户、异常登记户、停业户等税源基础信息调查和文书投递方式；推进税收信用体系建设，扩大税收信用在税邮合作领域应用，将邮政储蓄银行作为政务服务网小微贷选择对象，由纳税人登陆政务服务网自主选择，将纳税人的税收信用及申报信息自愿开放给邮政储蓄银行，作为纳税人申请小微贷款的参考依据。

【三大邮政业务建设】 2019年，江阴市邮政公司围绕绿色邮政建设、服务乡村振兴战略三年行动方案、放管服改革三大建设行动出台相关文件，通过明确、细化各责任部门指标体系目标，取得显著成效。在各营业网点、揽投点张贴"绿色邮政、绿色发展"海报；宣传"绿色邮政"易企秀，内容涵盖绿色包装、绿色运输、绿色金融和绿色生活等。标准快递电子面单使用率提高，通过信息技术优化流程，省去扫描信息、制单存档等步骤，缩短邮件处理时限，是寄递业务成本优化的重要举措。按照绿色邮政建设要求，寄递事业部加大热敏详情单应用推广力度，完成安装热敏台式打印机230余台，实现各营揽段道便携式打印机使用全覆盖。在云亭、南闸、华士、南门和滨江揽投点5个网点设置包装废弃物循环装置。全面完成"拉动农产品销售""拉动社会消费零售额""邮乐购站点""简易险覆盖人数""新增手机银行有效客户数""乡（镇）邮文化覆盖率"等指标。新增"放管服"助力行动合作部门13个，累计26个，机构服务覆盖率56.52%；实现"放管服"合作事项51项，覆盖率29.14%。 （洪志云）

物流业

【概况】 2019年，江阴市依托长江港口与公路交通优势，大力发展货运物流、港口物流、保税物流产业，以长江港口综合物流园、江阴综合保税区、靖江园区为载体，引进、培育、服务物流业企业，加大商贸流通行业政策扶持力度，优化物流企业经营服务环境，促进物流业稳步发展。积极利用各项优惠政策，推进江苏思远物流、江苏佳华物流开展A级物流企业申报工作，取得中国物流与采购联合会的AAA物流企业认证。为南阳化纤项目、中粮麦芽小麦援非项目、中国好车二手车出口项目、江阴港国际木材交易中心木材进口项目等十余项进出口项目量身定做物流方案，突出开发区港口服务优势，帮助物流企业降本增效。是年，以煤炭中转作业为主的长达、长宏国际四号码头加入统计口径，江阴港煤炭吞吐量明显增加，煤炭重新成为江阴港第一大货种。临港开发区24千米岸线建成万吨级以上生产性泊位40个、千吨级生产性泊位45个。集装箱港区建有万吨级以上泊位3个、千吨级泊位8个，陆域面积80万平方米；申夏港区散杂货码头建有万吨级泊位20个、千吨级泊位20个，设计年通过能力3498万吨，堆场面积159万平方米，仓库面积12万平方米，货种以矿石、煤炭、钢材、建材等大宗物资为主；石利港区石化码头建有万吨级以上泊位11个、千吨级泊位11个，设计年通过能力1500万吨，石化仓储能力250万立方米，主要提供石油及制品和液体化工的装卸、仓储和中转服务。靖江园区港口有码头18个，泊位29个，全年完成货物吞吐量4062.4万吨，比2018年增长7.4%。其中内贸吞吐量完成3931.2万吨，比2018年增长7.4%；外贸吞吐量完成131.2万吨，比2018年增长7%。至年末，无锡（江阴）港拥有集装箱班轮航线49条，航班密度每周116班，件杂货航线16条。全年完成货物吞吐量23128.49万吨，比2018年增长31.71%，全国内河港排名第6位；集装箱吞吐量53.93万标箱。

【货运物流结构优化】 2019年，由于"营改增"（营业税改增值税）的实施及货运竞争激烈，运输行业实际税负水平增长缓慢。江阴市按照无锡市运管处要求，鼓励发展封闭、厢式、罐式货车运输和甩挂运输等专业化货运模式，专业运输车辆占全市货运车辆的15%左右。淘汰高排放、高能耗老旧运输车辆，船舶数量保持平稳态势，货运和水运运力结构得到进一步优化调整。至年末，全市有道路普货运输企业3536个，运输车辆12662辆，总吨位11590.77吨；道路危货运输企业37个，车辆714辆，总吨位14350.69吨；水路货运企业15个，各类船舶77艘，总吨位31.76万吨。

【港口物流发展】 2019年，江阴市临港开发区依托长江港口优势，大力发展港口物流产业，以长江港口综合物流园、江阴综合保税区、临港物流园等物流集聚区为载体，大力引进、培育、服务物流业企业。继续实施精准奖励和扶持政策，出台《2019江阴港港口发展扶持办法》《关于完善商贸流通等服务业企业扶持奖励政策的若干意见》等，保持港口物流及其关联产业持续增长态势。引进上海中谷新良海运有限公司开通江阴至武汉集装箱航线，加强江阴与长江中部地区互联互通；推动上海泛亚航运有限公司恢复"江阴—洋山港"五定班轮航线，为江阴工业企业货物物流提供坚实保障，江阴港在长江中下游地区的江海河联运枢纽港格局进一步形成。引导港口码头企业立足现有基础设施，采取优化规划场地、引进先进作业设备等方式，不断提升码头作业能力和场地利用效率。通过港航企业问卷调查、服务承诺制度、投诉反馈机制等服务手段,精准排查客户困难,及时疏导解决。全年涉港投诉率创新低,投诉办结满意率100%。至年末,临港开发区在册企业911个,实现营业收入97.14亿元,比2018年增长15.3%,实现税金3.69亿元,比2018年增长9.2%。其中,道路运输企业47个,营业收入25.6亿元;水上运输企业22个,营业收入1.97亿元;管道运输企业1个,营业收入2.35亿元;多式联运和运输代理企业100个,营业收入18.6亿元;装卸搬运和仓储企业103个,营业收入43亿元。

【重点物流项目】 2019年,总投资15亿美元的大昌行长三角食品加工物流园项目落户临港开发区,建成后将集保税仓储中心、食品包装中心、食品加工中心、冷链配送中心于一体,形成大昌行华东地区食品加工物流基地;总投资5.5亿元的曾氏集团跨境电商产业园项目基本完工;总投资1.6亿元的联合物流码头项目竣工验收并实现对外开放;总投资10亿元的五号码头二期项目竣工验收并实现规范运营;总投资1.3亿元的长洋多用途码头开工建设。江阴—靖江工业园区"PPP"*项目下六圩港港池码头项目开工。项目计划投资3.3亿元(其中2018年1亿元),目标为新建11个2000吨级泊位,用于钢材、建材、件杂货等运输。港池分为东侧港区和西侧港区,东侧港区设置6个泊位,其中钢材泊位4个,件杂货泊位2个,泊位长度606米;西侧港区设置5个泊位,其中建材泊位4个,钢材泊位1个,泊位长度500米,至年末,项目土方开挖完成29.5%,PHC管桩(预应力高强度混凝土管桩)沉桩完成71.46%,预制结构件浇筑完成73.5%,预制结构件安装完成57%,现浇结构件完成48.5%,预制件安装完成30%。

【长江港口综合物流园区入选省级生产性服务业集聚示范区】 2019年,江阴长江港口综合物流园区坚持科学发展,突出主导产业,注重资源集约利用,物流业经济呈平稳发展态势。10月,江苏省发展和改革委员会印发《关于认定第四批省级生产性服务业集聚示范区的通知》,全省20个服务业集聚区被认定为省级生产性服务业集聚示范区,江阴长江港口综合物流园区成为无锡市唯一入选园区。是年,园区新引进商贸物流等各类企业1000余个,累计入园企业7003个,其中物流企业776个。全年园区完成开票销售1868亿元,比2018年增长13.26%;其中物流业务总额51亿元,比2018年增长13.3%;完成入库税收9.28亿元,其中物流业务税收2.06亿元。

【"江阴—武汉"集装箱航线开通】 2019年,临港开发区"江阴—武汉"集装箱班轮航线正式运营。该航线投入"华航时代"等9000吨级集装箱船舶4艘,每周一班,极大地促进临港港口码头与长江中上游地区港口对接,促进长江中游与东南沿海的货物对流。至年末,临港开发区拥有集装箱班轮航线47条,航班密度每周114班,件杂货航线16条,与全球100余个国家和地区的600余个港口建立通航关系,建立起江海河联运的全方位集疏运网络体系。

【江苏众网"物流汇"线上平台】 2019年,顾山镇江苏众网互联网有限公司成功开发"物流汇"线上平台,实现"平台经济"(一种虚拟或真实的交易场所,平台不生产产品,但可以促成双方或多方供求之间的交易,收取恰当的费用或赚取差价而获得收益)创新突破。该线上平台集互联网、大数据、云计算等新一代信息技术于一体,为小微物流企业提供物流管理系统、证照代办、代理记账、代办社会保险、人员培训等70余项增值服务,通过统一购领发票、统一财务核算、统一保管资料、统一平台结算的"四个统一"管理模式实现大规模代理服务和网络化、无纸化办公。是年,总投资4500万元的众网物流园二期工程投用,江苏众网互联网有限公司加快金融创新服务,与银行合作,为中小微物流企业提供无抵押、低门槛、低利率企业油费贷款服务,与保险公司合作推出即时投保与理赔服务等。至年末,"物流汇"在泰州、张家港、连云港、常熟等11个城市实现推广复制,1500余个中小物流企业享受到"物流汇"服务。

【"智慧综保区"加速形成】 为进一步贯彻落实国务院关于"特殊区域业务改革发展"精神,推进江阴"智慧综保区"建设,2019年,江阴综合保税区严格按照海关A类道口标准,建成两进两出4条智能无人卡口,真正实现无人化、智能化,支持全天候24小时为报关企业和车辆提供服务。完成卡口物联网应用(掌上物流2.0)系统部署,取消驾驶员下车扫码操作,通过卡口前端与物流系统联动,智能判断查找车辆二维码信息;自动抬杆放行,避免车辆积压,缩短车辆在卡口停留时间;将海关物流监控系统与微信公众号"宁关E通"、在线GIS(地理信息系统)有机结合,通过智能地图指引司机驾驶车辆进出海关监管场所及相关卡口通道,避免司机跑错通道,在卡口车辆较多的情况下实现自行分流。启用金关二期系统,为企业提供更加便利快捷的通关服务,江阴"智慧综保区"加速形成。

【临港开发区"智慧物流"众创社区】 2019年,临港开发区"智慧物流"众创社区认真落实高质量发展要求,以推进物流产业智能化、智慧化、平台化为抓手,整合现有创新创业载体平台资源,完善"众创空间—科技企业孵化器—产业加速器—科技特色产业园"的产业孵化链条,引入一批符合智慧物流发展新经济、新业态、新模式创业团队,全力打造智慧物流发展新高地。众创社区总体规划面积2.82平方千米,建成创新创业载体面积17.6万平方米,特色产业产值占比71%,专业化众创空间3个,专业化科技企业孵化器1个,其他科技创业载体数量5个,创投机构20个,创投资金(基金)规模56.17亿元,天使投资种子资金(基金)规模8亿元。年内,江苏省科技厅公布第三批省众创社区备案试点名单,以长江港口综合物流园区为中心的江阴临港开发区"智慧物流"众创社区榜上有名。

【大昌行长三角食品加工物流园项目落户临港开发区】 2019年1月25日,由中信泰富(中国)投资有限公司、大昌行集团有限公司合作打造的大昌行长三角食品加工物流园项目在江阴临港开发区举行签约仪式。该项目总投资15亿美元，位于江阴综合保税区及临港开发区新能源产业园。项目计划建成食品加工厂房16万平方米，配套物流设施16万平方米，借助中信集团优势资源，开展牛肉及其他加工、中央厨房、食品加工、OEM（定点生产）代工厂等业务，合作范围遍布长三角地区及"一带一路"*沿线国家和地区，合作对象包括麦当劳等知名食品企业及长三角各大企事业单位、医院、连锁餐厅、高端酒店等。（韩纬华）

旅游业

【概况】 2019年，江阴市旅游业围绕市委、市政府中心工作，凝心聚力谋篇布局，全力推动文旅相融相盛。以文旅融合项目建设为载体，以文旅类特色小镇建设标准为抓手，以品牌和市场主体培育为龙头，着力提升服务效能、优化业态环境、增强产业活力，推动文旅融合发展成为经济转型升级新动能，开启文化建设和旅游惠民新篇章。把全域旅游理念贯穿现代化有特色美丽宜居城市的全过程各方面，在做深历史文化游、做新主题公园游、做强工业体验游、做特休闲度假游、做实美丽乡村游的同时，重点打造以滨江公园、锡澄运河公园、应天河公园、大桥公园为基础，用30千米环城绿道串联而成的环城公园，主城区30千米生产岸线全部改造为生态和观光岸线，推动江阴旅游迎来黄金发展期。守正创新，加强旅游形象推广。以"3·29"徐霞客出游日、"5·19"中国旅游日以及"五一""十一"黄金周等时间节点，组织开展城市系列休闲周活动。利用刘天华民乐节、华西农民艺术节、红豆文化旅游节、长泾月饼节等活动搭建文化旅游融合平台，彰显文化渗透力，扩大旅游影响力。5月，江阴市举办第十四届中国徐霞客国际旅游节，打造以"霞客"为主线的旅游产品、线路，推广以"霞客"为特色的旅游城市形象。积极参加重点旅游展会，开展推介活动，通过多种形式展示江阴旅游特色线路和商品；组织江阴旅游商品开发企业参加江苏省旅游商品设计创作大赛，选送展品20件。区域联动，实施抱团营销战略。继续与常熟、太仓、张家港联合推出"长三角旅游友城卡"。创新载体，全方位广告宣传。与《中国旅游报》、无锡地铁等持续战略合作；与同程网合作建立江阴目的地旗舰展示馆；与上海电视台"旅游风尚"、江苏省广播电视总台"跟着大脚走"栏目合作，与无锡新浪网合作开展"文化大咖游江阴"活动，以线上线下相结合的方式，打造江阴旅游品牌。整合资源，指导服务旅游企业。指导新桥时裳小镇、南闸街道花果村、璜土镇璜土村、月城镇双泾村、顾山镇红豆村等做好规划设计、营销策划、产品开发等工作。年内，指导举办江阴中旅千人游延川、月城航空文化旅游节、花山滑翔定点赛等旅游活动。12月26—27日，以"融合驱动创新，传播赋能升级"为主题的第七届中国旅游产业发展年会在海南省三亚市举办。江阴市旅游公共服务中心申报的"志在旅游"文明旅游引导服务活动项目，入选"文明旅游，为中国加分"——2019文明旅游宣传引导优秀实践案例。全年接待国内旅游人数1862.1万人次，比2018年增长4.1%。入境过夜旅游人数1.87万人次。旅游总收入335.27亿元，比2018年增长5.7%。江阴市有国家A级景区（点）7个，其中国家AAAA景区2个；有星级饭店9个；有旅行社43个。

【第十四届中国徐霞客国际旅游节系列活动】 2019年5月16日，第十四届中国徐霞客国际旅游节暨江阴韭菜港公园开园仪式举行。中国徐霞客研究会会长王宝才，中共无锡市委常委、江阴市委书记陈金虎，无锡市文化广电和旅游局局长蒋蕴洁，江阴市人大常委会主任孙小虎，江阴市政协主席徐冬青，一起点燃火炬、接力传承，共同为第十四届中国徐霞客国际旅游节开幕，为江阴韭菜港公园开园，江阴市市长蔡叶明主持仪式。近400名嘉宾、游客和市民代表参加活动。作为江阴主城区全长8千米滨江公园的重要组成部分，新开园的韭菜港公园，是江阴致力打造长江生态安全示范区的重要阶段性成果，为江阴旅游高质量发展打造全新地标、最新名片。开幕式上，无锡市文化广电和旅游局局长蒋蕴洁为华西村、新桥镇、长泾镇、璜土村、江阴世新客运公司5个单位颁发"江阴市旅游融合发展示范单位"奖牌。中国烹饪协会荣誉副会长彭东生，江阴市委常委、宣传部部长程政，江阴市副市长张韶峰，安徽金陵大饭店、南京东郊国宾馆、四川青城山尊酒店、新希望地产酒店管理中心、江阴国际大酒店代表，共同启动中国长江文化酒店联盟。江阴市委常委、常务副市长费平与江阴市副市长郁秋皓共同为参与"保护母亲河，沿江徒步行"活动的乐跑跑步俱乐部和阳光跑步俱乐部授旗。年内围绕旅游节，江阴市先后举行纪念徐霞客公祭典礼、海峡两岸徐霞客文化交流活动、"薪火

华西村一景　　（市文体广电和旅游局提供）

传澄·霞行天下”接力跑、“青山绿水”画展、锡剧《徐霞客》进京演出、江阴市第17届少儿书画大赛、博物馆之夜、文化名家游江阴等文体旅游赛事活动。

【“游圣故里在行动”集中宣传活动】 2019年9月28日,“文明旅游,为中国加分——游圣故里在行动”集中宣传活动在江苏学政文化旅游区举行。市委宣传部、市文明办、市文体广电和旅游局、澄江街道领导,江阴新时代文明实践旅游志愿服务支队的文明旅游引导员、义务讲解员、拍客团成员等旅游志愿者骨干,城中社区居民代表,A级景区代表以及游客,媒体等百余人参加活动。活动现场设置文明旅游摄影背景,营造文明旅游宣传氛围,为游客提供文明旅游宣传、劝导、讲解等志愿服务。该次活动是落实文化和旅游部发起的“文明旅游,为中国加分——百城千景在行动”的统一部署,也是江阴新时代文明实践活动深入推进的具体举措。

【旅游资源推介】 2019年5月16日,江阴市旅游集散中心组织参加由文化和旅游部在北京农业展览馆主办的亚洲文化旅游展。是月31日—6月2日,参加由江苏省文化和旅游厅指导,南京市文化和旅游局、德国斯图加特展览公司共同主办的2019年南京国际度假休闲及房车展览会。8月27—29日,由无锡市文化广电和旅游局主办的“太湖明珠·江南盛地”无锡文化旅游推介会先后在天津、北京两地举办,江阴市文体广电和旅游局参加推介会,向全国展示江阴部分景区风采。该次会议邀请多方媒体记者及天津、北京相关旅游企业参与,在媒体的宣传报道下,江阴市旅游资源累计关注度突破千万。9月24—26日,“太湖明珠·江南盛地”无锡文化旅游推介会先后在深圳、广州举行,江阴市文体广电和旅游局参加推介会。12月4日,江阴文化旅游推介会在上海黄浦区机遇中心举行,江阴市文体广电和旅游局组织全市主要文化旅游企业营销人员参加。江阴市以此次推介会为新契机,抢抓长三角区域一体化发展国家战略机遇,主动对接上海和其他长三角城市,让旅游业界加深了解、增进友谊,在线路开发、市场开拓、区域协作等方面加强合作,推动全域旅游高质量发展。是月5—9日,第九届中国(无锡)国际文化艺术产业博览交易会在江苏省无锡太湖国际博览中心举行。江阴市文体广电和旅游局组织体育文化旅游产业、产品参加此次文博会,以融合发展为主线,以改革创新为动力,以提供更丰富的文体旅游产品为重点,推动文化旅游事业产业共融共生。

【旅游创意策划与品牌运营】 2019年,江阴市文体广电和旅游局注重文创策划与文旅融合品牌运营。打造“江阴辰光”旅游文创店,推出澄江风光、芙蓉遗珍、暨阳食令、古邑手作等4个板块,出品方言胶带、丝巾、冰箱贴、团扇等地方文创产品。探索文创集市活动模式,以“5·19”中国徐霞客国际旅游节为契机,在江阴兴国公园举办为期四天的“游园艺梦”文创市集,涵盖传统文化展示展演、文化创意产品和土特产制作展售、传统雅集、互动体验、手作课程等多项内容;结合江阴国际半程马拉松赛展示半马文创集市。推出“微旅行”品牌,以江阴文旅多元色为主题,融合江阴文旅资源,定制个性化线路,并制作微旅行海报和商标,推出党建红色游、夕阳红金色游、团建拓展橙色游、假日休闲绿色游、青少年研学蓝色游等五色主题文旅线路;推出“暨阳少年研学派”品牌,设计寻访江阴、文博阅读、自然生态、拓展身心四大研学系列,11条文旅线路,引领青少年开展深度研学之旅。联合江阴市民卡中心推出“江阴全域旅游休闲福利套餐”,于国庆期间推出第一班全域旅游免费班车。 (陆 澄)

居民服务业

【概况】 2019年,江阴市发改委、民政局和商务局等部门以国务院办公厅《关于推进养老服务发展的意见》《关于促进家政服务业提质扩容的意见》、国家发改委等7部门《关于促进“互联网+社会服务”发展的意见》、商务部等5部门《关于深化提升“百城万村”家政扶贫的指导意见》《关于建立家政服务业信用体系的指导意见》为指导,按照国家发改委《加大力度推动社会领域公共服务补短板强弱项提质量促进形成强大国内市场的行动方案》,支持江阴市家庭服务行业协会积极参与“百城万村”家政扶贫供需对接平台建设,参加第五届江苏省家庭服务业职业技能大赛,成立巾帼家庭服务联盟,开展诚信经营示范单位和最美家政服务员评选活动。扶持员工制家政企业发展和居家养老服务网点建设,持续推进养老机构“公建民营”改革和城乡便民消费服务中心建设,夕阳红老年康乐中心接管夏港乐善颐养中心;江阴颐乐居爱心护理院有限公司被评为江苏省养老服务创新示范企业,澄乐居社区居家养老服务站点发展到102个,江阴中青家政服务有限公司、市社区服务求助中心有限公司、市利民劳务综合服务有限公司和江阴颐乐居爱心护理院有限公司被江苏省人力资源和社会保障厅评为江苏省百强家庭服务企业(单位)。市商务局会同市场监管行政执法部门加强全市美容、美发、洗染、足浴和健身等服务行业单用途商业预付卡管理;支持市装饰装修行业协会推出“家装公益讲堂”,开展“你最喜爱的家装公司”评选活动;支持市汽车维修行业协会开展“2019年汽车维修质量服务月”和“江阴消费者信得过汽车维修企业评选活动”,提升服务质量。各镇(街道)对小区服务中心和迪厅、网吧、健身房、浴室等人员密集场所进行安全生产专项督查。公安部门开展“打黑除恶”行动,将浴室、棋牌室、家电维修站、再生资源回收点、洗车点、美容美发店等服务网点纳入社会治安网格化管理,半数以上足浴店、洗头房和棋牌室停业。交通、环保等行政执法部门对全市汽车维修行业开展VOCs(挥发性有机化合物)治理工作。市人社局、总工会、妇联等单位从各自职能出发支持相关行业职业技能竞赛、行业工会和女工工作,全市居民生活服务业与社区服务事业有序发展。中医养生成为居民消费新热点,思邈千金方养生馆、源佰经中医馆等一批新店开张。江阴市社区服务求助中心有限公司沈健、江阴市乐茵儿童用品有限公司何江获江苏省家政服务行业茉莉花领军人物奖;江阴中青家政服务有限公司被评为江苏省家政服务行业茉莉花优秀实训基地。至年末,全市在营家政服务企业99个、美容美发店1958个、浴室221个、足道店152个、洗染店211个、摄影店123个、各类维修网点2033个、擦鞋店21个、洗车店89个、婚庆服务单位231个和清洁服务企业159个;规模以上居民服务和其他服务业完成营业收入1.15亿元,比2018年下降14.3%。

【美容美发业技能竞赛】 2019年7月16日,江阴市美容美发业商会在江阴市国际大酒店举行江阴美业庆祝新中国成立70周年技能大赛。大赛分美容、美发两大组和面部护理、半永久眉眼唇、新娘妆、时尚美甲、男士潮流发型、男士古典发型、女士新娘盘发、女士商业沙龙造型等8项项目,320余名行业从业者参加竞赛,向消费者展示新潮妆容和流行发型。9月19日,江阴市第十届职业技能竞赛美容和美发两项比赛在江阴国际大酒店进行。来自全市的29名美容选手参加面部护理、创意化妆和半永久眉眼唇等3项技能比赛;30名美发选手参加男士潮流发型和女士商业沙龙造型等2项技能比赛。江阴市人社局给每项项目的前6名颁发5000元~20000元不等的奖金,每项项目的第一名授予"2019年度江阴市技术能手"称号。赛后,有38名参赛选手通过理论培训考核获高级技能等级证书。

【家装业行业建设】 2019年,江阴市装饰装修行业协会联合市消费者权益保护委员会,成立江阴市家装行业专家组,设立江阴市家装消费维权教育基地,推出家装公益讲堂。家装公益讲堂全年开讲8次,为市民普及装修常识,接受消费者咨询152人次。参与政府公租房装修质量勘查,协助法院、市消费者权益保护委员会调解投诉事件7件,协助媒体解决装修投诉事件12件,帮助市民提高消费维权水平;举办"总裁"培训班、隐蔽工程技术学习班、家装销售研讨会和法律知识讲座,向行业发布"关于住宅装饰装修施工企业使用规范合同文本的倡议"和"会员企业用工风险提示",累计培训企业负责人、管理人员、设计师、技术人员和营销人员650人;组织参加江苏省第十四届室内装饰设计大奖赛和第七届中国建筑装饰设计艺术展暨CBDA设计奖(江阴站)活动;会同市消费者权益保护委员会开展2019年"你最喜爱的家装公司"和江阴市家装行业优秀企业、诚信企业、优秀设计师、优秀项目经理、优秀工程监理等评选活动,42个企业、51名从业人员分别获全国、江苏省、江阴市级和行业的各类奖项和荣誉。江阴市装饰装修行业协会先后被中国室内装饰协会、江苏省放心消费创建活动办公室和江苏省装饰装修行业协会等评为全国室内装饰优秀协会、江苏省放心消费创建先进行业协会和江苏省装饰装修行业优秀协会。

【家政服务业行业建设】 2019年5月21日,江阴市家庭服务行业协会在江阴市乐茵儿童用品有限公司召开第三次职工代表大会,江阴市商贸管理办公室传达国务院办公厅《关于推进养老服务发展的意见》《关于促进家政服务业提质扩容的意见》和商务部等4部门《关于深化提升"百城万村"家政扶贫的指导意见》精神,开展"诚信经营示范单位"创建活动,落实江苏省对员工制家政企业发展和居家养老服务中心建设扶持政策。会上签订"2019年度江阴市家庭服务行业工资专项集体合同",向全市家政行业发出题为《发扬工匠精神,绽放人生光彩》的倡议书。会后,成立市家庭服务行业妇女联合会。6月5日,市家庭服务行业协会组织33个企业代表参加江苏省家政服务行业诚信平台建设无锡上线仪式;8月20日,在江阴利民劳务公司召开工作会议,组织会员单位开展岗位练兵和专业技能选拔活动;9月和11月在东方广场慧澄职业培训学校举行江阴市第十届职业技能大赛养老护理员和育婴师职业技能竞赛,组队参加无锡市和江苏省家政服务职业技能大赛,刘成姣获江苏省养老护理项目专业组竞赛第五名,卢奕能、张慧敏分别获青年组竞赛第二、第三名。11月30日,江阴市社区服务求助中心有限公司保洁员高琴被江苏省总工会财贸工会评为2019年度江苏省最美家政师。12月21日,江阴市家庭服务行业协会在市社区服务求助中心有限公司召开换届大会,选举产生以会长沈健、常务副会长(首任轮值会长)杨丽、秘书长柳惠田、监事何江为核心的第二届理事会。年内,在江苏省第三届家政文化节总结表彰大会上,宋兰、沈海平、苏志霞、方秋磊、罗晓芸获江苏省家政服务行业茉莉花匠心精神奖,江阴市社区服务求助中心有限公司等8个单位25名家政服务员获江苏省家政服务行业服务明星奖。

【"绿色汽修"创建】 2019年,江阴市汽车维修行业协会从助力打赢"蓝天保卫战"出发,宣传贯彻市交通运输局《江阴市汽车维修行业VOCs治理实施方案》,推进汽车维修行业治理,组织开展"绿色汽修"行业创建活动。5月22日,市汽车维修行业协会会同市交通运输综合执法大队、市融媒体中心共同主办"2019年度江阴消费者信得过维修企业"系列宣传活动启动暨授牌签约仪式,发布并表彰评选出的45个消费者信得过企业。5月31日,会同市交通运输综合执法大队联合举办江阴市汽车维修行业"绿色、诚信、创新"专题讲座。邀请市生态环境局固废管理中心主任苑永刚给全市260余个会员企业负责人讲授如何规范对危废物分类、存放和转移管理及其相关行政法规,增强守法经营意识。按照江苏省安全生产委员会《关于以更高标准更严措施管控交通运输领域重大安全风险的通知》要求,指导企业完善汽车维修档案,实施电子档案管理系统,指导服务"两客一危"(指从事旅游的包车、三类以上班线客车和运输危险、烟花爆竹、民用爆炸物品的道路专用车辆)车辆维修企业建立具有实时记录功能的检测设备安装、调试和车辆二级维护检验的联网控制系统,为提升营运车辆安全性能提供技术保障。至年末,全市有244个汽修企业通过江阴市数据采集,与江苏省汽车维修电子档案和跟踪服务系统及交通运输部相关平台实现数据对接,全年上传数据37万条。根据市交通运输局《关于推进无锡市机动车排气超标治理维护站(M站)建设工作的通知》要求,推荐南华和万家福2个汽修企业开展M站建设试点,形成废气检测设备安装调试和专线专网对接工作规范;分别在华士镇和南闸街道新建汽车检测中心,形成六点布局,为全市机动车绿色行驶提供快捷服务保障。 (沈敏能)

重点市场

【概况】 2019年,宏观经济呈平稳发展、稳中有进局面,江阴市各类专业市场发展取得较好成绩。江阴长江港口物流园区交易中心、江苏华东石化物资交易市场、江阴沿江石化市场有限公司、江阴综合保税区交易市场、江阴市贯庄金属材料市场有限公司、江苏长阳金属材料市场有限公司、江阴景澄物流配送交易市场等7个专业市场突破百亿元级。江阴长江港口物流园区交易中心被评为江苏省生产性服务业集聚示范区和省级示范物流园区。是年,7个百亿元市场完成市场成交额3451.84亿元,比2018年增长2.23%;实现开票销售3046.69亿元,比2018年增长5.07%;上缴税收12.91亿元,比2018年下降6.95%。

2019年江阴市百亿元市场主要经济指标一览表

表25

名称 \ 指标	成交额(亿元)	比2018年增减(%)	开票销售(亿元)	比2018年增减(%)	上缴税金(亿元)	比2018年增减(%)
江阴长江港口物流园区交易中心	1068.61	14.69	948.68	18.62	5.99	-7.11
江苏华东石化物资交易市场	753.22	-2.18	666.56	0.85	1.24	-10.72
江阴市贯庄金属材料市场有限公司	491.36	25.54	433.21	29.49	0.63	-38.23
江阴综合保税区交易市场	411.70	-9.11	354.91	-9.11	1.42	51.43
江阴沿江石化市场有限公司	357.10	-29.24	316.02	-27.05	1.66	-15.37
江苏长阳金属材料市场有限公司	253.55	10.43	224.38	13.37	1.58	-1.64
江阴景澄物流配送交易市场	116.31	21.16	102.93	24.37	0.39	-23.77

【江阴长江港口物流园区交易中心】 该中心位于滨江西路2号,拥有各类商务、交易服务配套用房8万平方米,是一个以金属材料、煤炭能源、纺织机电等产品交易为主,兼具港口货物装卸、仓储、水陆运输等功能的融物流、商贸为一体的大型综合交易市场。2019年,该中心传统金属材料、机械电子产品、建材等商品贸易业务增长势头良好。市场物流平台建设成效显著,物流服务功能进一步加强,物流业务收入稳步增长。是年,市场新入驻企业144个,累计3986个,完成开票销售948.68亿元,上缴税金5.99亿元。

【江苏华东石化物资交易市场】 该市场位于滨江西路2号,拥有各类商务、交易服务配套用房2万平方米,是一个以石油化工产品为主的大型专业交易市场。2019年,市场加大招商引资力度,先后引进萨斯特能源、万青化学等一批潜力项目。是年,市场新入驻企业53个,累计850个,完成开票销售666.56亿元,上缴税金1.24亿元。

【江阴市贯庄金属材料市场】 该市场位于江阴市果园路9号,始建于2000年,占地面积15.87公顷,入驻企业400余个,是一个融钢铁贸易、物流仓储、商务服务于一体的综合性大型专业市场。先后被评为中国商品市场百强、无锡市优秀市场、入库税金超千万元企业、热心公益慈善先进单位等,入围"中国民营企业500强""中国服务业企业500强""江苏省民营企业100强"。2019年,市场管理工作坚持整合外部资源,依托"互联网+金融"理念,投资215万元开发江阴卓能钢材电商平台(卓能网),为钢厂、贸易商和客户提供配套服务,实现线上、线下同交易,增加销售渠道,整合资源,为客户带来便利服务。是年,市场完成开票销售433.21亿元,上缴税金0.63亿元。

【江阴综合保税区交易市场】 该市场位于江阴市海港路18号,规划总面积3.6平方千米,其中一期1.2平方千米于2019年3月28日封关运营。德国西马克、美国GE等世界500强企业落户开展业务。康瑞科技精密加工、金匮通跨境电商服务、黎萨基础设施建设等3项重点项目签约,总投资额超55亿元。江阴综合保税区交易市场围绕冷链物流、智慧物流,发展物流分拨中心;围绕跨境电商、平台经济、总部经济,发展销售服务中心;围绕电子信息、智能制造,发展加工制造中心。在江阴海关等部门指导支持下不断创新业务,实现"四项第一":在无锡范围内实现跨境电商网购保税进口首单突破,3个月内入驻新注册跨境电商企业10余个,形成1210网购保税进口业态无锡地区第一集聚区;在全省范围内综保区中第一个全面使用金关二期系统,第一个通过该系统全面走通1210网购保税进口业务,成为全省综保区海关业务创新的典范;在全国范围内通过创新模式第一个解决增值税一般纳税人资格;在跨境电商网购保税进口模式下率先实现跨境电商企业对外直接付汇,在全国范围内综保区中第一个打通跨境对外直接付汇通道。是年，市场完成进出口总额3.17亿美元，比2018年增长115.18%，完成报关单量26100票、监管货值23.99亿美元，入驻企业完成开票销售355亿元，上缴税金1.42亿元。

【江阴沿江石化市场】 该市场位于璜土镇石化新材料产业园，成立于2006年，入驻企业750个，其中2019年新引进企业35个，主要涉及石油化工、金属材料、纺织材料、新能源科技等领域。市场依托优越的地理环境和绝佳的码头优势，大力推进石油化工产品的交易，逐步形成“层次高、辐射远、规模化”的市场格局。市场制订严进宽出招商要求，加强服务理念，协助企业办理各项变更或换证手续，及时推送最新的税收、工商和危化品经营许可等相关政策和要求。是年，市场完成开票销售316.02亿元，上缴税金1.66亿元。

【江苏长阳金属材料市场有限公司】 该市场位于江阴—靖江工业园区沿江高等级公路21号，是一个融仓储、金属加工、物流配送、贸易经营于一体的综合性大型物流配送交易市场。市场总投资3亿元，占地面积25万平方米，拥有商务办公楼2万平方米、室内仓库5.3万平方米、室外仓库4.8万平方米，入驻经营商户200余户，年销售钢材达300万吨。2019年，市场调整战略决策，改善现有营销模式，利用电子商务开展产品销售与市场开拓，合理调配资源节能降耗。加大技术改造和招商力度，提供优质服务，吸引中小企业入驻。是年，市场完成开票销售224.38亿元，上缴税金1.58亿元。

【江阴景澄物流配送交易市场】 该市场位于澄江东路3号，总投资1.6亿元，占地面积13.4万平方米，是一个融仓储、金属加工、物流配送、贸易经营于一体的综合性大型商贸流通产业园，是华东地区具有一定规模的钢铁物流交易市场。市场拥有室内仓库5万余平方米，室外仓库1万余平方米，与江苏苏美达集团有限公司、中兵（上海）有限责任公司、厦门建发股份有限公司、浙江物产国际贸易有限公司等10余个国企签订仓储合作协议，服务江阴200余个金属材料流通型企业。市场拥有5米宽幅钢板预处理生产线一条，年生产能力80万平方米；仓库及码头配有5～50吨落地行车和轿式行车26台，年吞吐储存能力150万吨；拥有招商用房1.8万平方米。入驻金属材料、化工贸易、五金机电、物流运输、纺织等贸易流通类注册企业435个。2019年，市场完成开票销售102.93亿元，上缴税金3914万元，仓储出入库合计149万吨。

【红星美凯龙江阴商场】 该商场位于五星路539号，占地面积3.7万平方米，建筑面积10万平方米，是中国第一家居品牌红星美凯龙倾力打造的第七代家居商场。商场汇聚来自全球300余个一线家居品牌，是集家具、建材、家饰于一体的一站式家居购物广场，也是江阴地区档次较高、规模较大、品类齐全、配套设施齐备的首个超五星级家居商场。红星美凯龙—江阴澄东商场位于果园路28号，成立于2017年，占地面积3.3万平方米，建筑面积6.3万平方米，入驻商户156户，主要为市民打造集建材旗舰中心、精品家居、高雅家饰于一体的一站式家居购物广场。2019年，商场完成开票销售4.1亿元，其中澄东商场1.1亿元。

【江南农副产品批发市场】 该市场位于锡澄路88号，是一个集副食、粮油、蔬菜、水果、水产、冷冻制品等为一体的大型综合性农副产品批发市场。市场于2004年1月9日开业，注册资本8500万元，占地面积21.8公顷，建筑面积16万平方米，总投资3.6亿元，入驻各类经营户近1000户，主要分为副食区、水果区、蔬菜区、水产区、海鲜综合批发区、粮油区、家禽区、猪肉批发区、冷冻区、半成品区、自产自销区、零售区、干货区及商贸城等十四大区域。各种农副产品通过市场批发到江阴市城区及各个乡镇农贸市场和大型超市，包括政府部门、学校、酒店、部队等单位，农产品批发量占全市消费量的80%以上。在全国同行业和苏南地区享有很高知名度和优良口碑，曾获农业部“定点市场”“农业产业化省级重点龙头企业”“全国农产品综合市场——十大市场”“全国农产品综合批发——五十强市场”等荣誉称号，食品快速检测量均位居无锡前列，江阴首位。2019年，为配合全国文明城市复查，市场投入300余万元用于水发区、冷冻区、毛鸡区、水产特种三区改造，统一区域幕墙风格，将原先门店雨篷、货架全部拆除后重新装修，墙体全部粉刷，使整个区域面貌焕然一新；为解决市民停车难问题，对停车场进行改造，新建门禁系统。是年，市场完成交易额47亿元。（陆晓晓）

■类目编辑 徐文辉

综　述

【概况】 2019年，江阴市金融系统全力支持实体经济高质量发展，有序推进金融改革创新，深入开展金融领域风险攻坚行动，全面完成各项目标任务。至年末，全市银行业金融机构各项存款余额4179.70亿元，比2018年增加490.69亿元，增长13.3%；各项贷款余额3249.89亿元，比2018年增加202.11亿元，增长6.63%；表外融资余额2049.4亿元，比2018年增加24.92亿元，增长1.23%。全市银行业不良贷款余额39.11亿元，不良贷款率1.2%，比2018年上升0.29个百分点。年内，北京银行江阴支行开业，全市银行机构30个。全市保险业保费收入80.28亿元，比2018年增长4.08%；财、寿险赔付支出累计16.14亿元，比2018年增长3.86%。全市小贷公司贷款余额18.68亿元。全市典当公司贷款余额1.25亿元。全市担保机构担保余额25.27亿元，平均放大倍数3.61。期货年度交易额3360.24亿元。证券交易开户总数32.03万户，年度交易额7520.52亿元。

【金融改革】 2019年，江阴市在政银企合作模式方面进行积极探索和有益尝试，继全市金融（上市）工作会议后，先后组织全市银行行长走进临港经济开发区和江阴高新区，推动达成38项银企合作项目签约，意向授信金额198.78亿元。邀请无锡32个银行、保险机构主要负责人到江阴市参加普惠金融下基层暨江阴市“百行进万企”融资项目签约活动，向186个企业授信11.45亿元。同时，完善银行业服务实体经济发展考核实施方案。通过修改完善现有考核办法，客观反映各商业银行在服务实体经济、维护金融生态、配合风险处置等方面的贡献。年内，江苏银行江阴支行成立江阴市首个科技支行，积极推动科技金融，全力支持江阴地区科技型中小微企业发展。全年中小微企业信贷风险补偿资金池，合作银行扩容至9个，贷款余额19.3亿元，惠及500多个中小微企业。澄企联中小企业转贷基金，10个银行签约并开展业务合作，累计转贷50.02亿元，服务中小企业385个。　　（顾　青）

银　行

【概况】 2019年，江阴市银行业认真贯彻执行稳中求进的宏观经济政策，围绕江阴市高质量发展目标和产业发展战略，加强信贷政策与产业政策的协调配合，保持贷款持续平稳增长，为江阴经济社会高质量发展提供有效金融支撑。年末，全市各项存款余额为4179.70亿元，比2018年增长13.3%，其中，非金融企业存款余额1988.38亿元，比2018年增长250.76亿元。各项贷款余额3249.89亿元，比2018年增长6.63%，其中，非金融企业及机关团体贷款余额2744.22亿元，比2018年增加140.92亿元；住户贷款余额505.62亿元，比2018年增加61.74亿元，存贷款维持平稳增长态势。全市不良贷款余额39.11亿元，不良贷款率1.2%。

2019年江阴市银行机构存款情况一览表

表26

类别 单位	人民币存款		外币存款	
	年末余额（亿元）	比2018年增减（%）	年末余额（亿美元）	比2018年增减（%）
人民银行江阴市支行	—	—	—	—
农发银行江阴市支行	15.11	3.85	—	—
工商银行江阴支行	209.00	16.12	0.59	-2.03

续表 26

单位＼类别	人民币存款		外币存款	
	年末余额(亿元)	比 2018 年增减(%)	年末余额(亿美元)	比 2018 年增减(%)
农业银行江阴分行	533.40	4.76	2.35	10.71
中国银行江阴支行	241.65	1.82	4.50	31.85
建设银行江阴支行	284.72	13.18	0.42	-70.13
交通银行江阴分行	190.49	-10.88	0.88	-12.41
浦发银行江阴支行	378.75	23.20	0.87	-0.64
招商银行江阴支行	96.03	20.22	0.29	-40.93
中信银行江阴支行	109.43	63.47	0.20	-16.28
华夏银行江阴支行	74.54	14.84	0.22	17.98
兴业银行江阴支行	128.56	103.22	0.96	183.26
北京银行江阴支行	0.01	—	—	—
南京银行江阴支行	136.31	24.16	0.18	24.82
光大银行江阴支行	89.94	45.68	0.70	53.93
民生银行江阴支行	109.47	19.53	1.13	384.17
恒丰银行江阴支行	37.96	-2.16	0.03	35.07
浙商银行江阴支行	31.40	16.00	—	—
广发银行江阴支行	62.01	15.76	0.03	630.43
平安银行江阴支行	49.62	29.69	0.01	16.44
南洋银行江阴支行	10.88	4.21	0.10	-16.76
宁波银行江阴支行	69.61	8.94	0.99	71.32
江苏银行江阴支行	151.90	11.37	0.12	-52.03
苏州银行江阴支行	5.42	165.69	—	—
江阴农商银行	789.44	4.41	0.73	-39.72
常熟农商银行江阴支行	6.49	87.03	—	—
张家港农商银行江阴支行	10.87	1912.96	—	—
无锡农商银行江阴支行	49.70	3.22	—	—
江阴浦发村镇银行	12.91	-0.23	—	—
汇丰银行江阴市支行	4.32	-35.71	0.16	125.14
邮储银行江阴市支行	126.96	17.6	—	—

2019 年江阴市银行机构贷款情况一览表

表 27

单位＼类别	人民币贷款		外币贷款	
	年末余额(亿元)	比 2018 年增减(%)	年末余额(亿美元)	比 2018 年增减(%)
人民银行江阴市支行	—	—	—	—
农发银行江阴市支行	56.23	46.01	—	—

续表27

类别 单位	人民币贷款		外币贷款	
	年末余额(亿元)	比2018年增减(%)	年末余额(亿美元)	比2018年增减(%)
工商银行江阴支行	306.96	3.93	0.12	-44.43
农业银行江阴分行	359.33	6.63	0.51	-23.45
中国银行江阴支行	233.24	7.04	0.26	-9.18
建设银行江阴支行	316.20	2.18	0.18	-18.58
交通银行江阴分行	239.55	8.22	0.07	-76.05
浦发银行江阴支行	201.45	10.64	0.09	-76.17
招商银行江阴支行	55.07	-17.19	0.00	-100.00
中信银行江阴支行	81.42	0.21	0.00	-100.00
华夏银行江阴支行	61.45	-4.96	0.08	-10.37
兴业银行江阴支行	56.42	10.65	0.56	-6.85
北京银行江阴支行	—	—	—	—
南京银行江阴支行	91.63	44.32	0.00	-100.00
光大银行江阴支行	74.24	1.19	0.3	9.59
民生银行江阴支行	69.65	2.77	—	—
恒丰银行江阴支行	44.54	-1.68	0.12	262.95
浙商银行江阴支行	10.75	-30.96	—	—
广发银行江阴支行	29.97	12.67	0.09	51.2
平安银行江阴支行	37.16	20.73	—	—
南洋银行江阴支行	11.14	19.66	0.00	0.00
宁波银行江阴支行	55.05	24.27	0.10	-79.59
江苏银行江阴支行	119.18	11.59	0.23	-84.37
苏州银行江阴支行	15.70	—	—	—
江阴农商银行	511.00	4.95	0.41	43.83
常熟农商银行江阴支行	12.27	191.45	—	—
张家港农商银行江阴支行	4.81	—	—	—
无锡农商银行江阴支行	78.71	-8.13	—	—
江阴浦发村镇银行	15.99	-0.50	—	—
汇丰银行江阴市支行	0.42	-23.64	0.11	99.83
邮储银行江阴市支行	37.1	12.49	—	—

【中国人民银行江阴市支行】 2019年，支行有职工44人，内设办公室、纪检监察室、金融服务一部、金融服务二部、金融管理部、外汇管理部6个部室。全年贯彻执行稳健货币政策，结合江阴地方实际，持续加大金融支持力度，改善金融生态环境，增强金融服务质效，有效促进江阴经济金融良性互动、健康发展。

金融支持。通过组织召开全市银行行长工作会议、季度银行行长联席会、金融形势分析会等，引导商业银行调整优化信贷结构，促推人民银行货币信贷政策在江阴传导落地；组织开展“金融惠企大走访”及银政企对接活动，提高信贷投放积极性和精准性。充分运用央行政策工具和服务平台，加大对民营小微企业及“三农”*的信贷支持。至12月末，辖内两个法人机构在用再贷款规模16.2亿元，支农再贷款比2018年增加10.8亿元，并通过再贷款价格优势引导金融机构降低贷款利率。江阴辖内企业贷款加权平均利率5.1%，低于无锡及周边县市，有效降低企业融资成本。江阴市小微企业贷款余额961.47亿元，比2018年增加84.74亿元，增长9.69%，高于人民币贷款增幅2.38个百分点，小微企业贷款户数比2018年年初增加2000余户，金融惠企覆盖面进一步扩大。积极推动应收账款融资服务平台运用，通过网上登记的应收账款融资24.69亿元。

金融生态。紧紧围绕“不发生区域性、系统性风险”目标，加强对重点领域和企业的风险监测、预警及处置。开展信贷风险排查，梳理分析贷款企业贷款情况，掌握行业和区域金融风险特点。强化重大事项报告，全年辖内银行机构报送各类重大事项报告163项。联合有关部门开展全市银行系统扫黑除恶专项行动及互联网金融风险整治，配合政府妥善处置辖区内各类金融风险及“打非”工作，净化辖内金融生态环境。积极推进金融生态环境创建，针对近年江阴金融生态县在全省考核评估名次逐年回落的情况，深入分析原因，提出改进建议，联合市金融监管局召开全市金融生态环境建设推进会，压紧压实创建领导小组各成员单位责任，江阴市在全省县域金融生态环境综合评估排名由2017年度58位上升至31位，被评为2016—2018年度金融生态达标县。推进信用体系建设，与信用办共同建设“一网二库一平台”的信用体系框架。至12月末，个人征信查询量超8.6万人次，企业征信查询量超3000笔。开展对银行机构执行人民银行政策综合评价，结合辖区实际情况，调整年度基础性、风险性和导向性指标。通过分类通报，及时提示银行机构在日常经营中存在的问题及偏差，畅通政策传导执行机制。

2019年5月8日，江阴公交银联移动支付上线发布会举办

（人民银行江阴市支行提供）

金融服务。组织开展“3·15”金融消费权益保护日、“携手筑网·同防共治”防范非法集资宣传月、金融消费素养及普惠金融问卷调查、“空中热线”直播访谈等活动，有效增强社会公众金融消保和风险防范意识。畅通投诉接收处理渠道，通过“12345”民生热线*，牵头处理江阴金融系统内各类有效投诉及咨询事件500余件。根据国务院“放管服”要求及人民银行总行工作部署，顺利实施取消企业银行账户许可工作。推动全市移动支付便民示范工程建设，全市城市公交61条线路、600多辆公交车全部实现银联移动支付，开展为期4个月“1分钱乘车”优惠活动；会同省银联、江阴农商银行在华西金塔路建成江苏省第一个云闪付示范街。密切配合市财政、税务、人社等部门做好国地税合并、小微企业退税、社会保险费、非税收入征管职责划转等相关工作，上线无锡市财税信息共享平台，简化退税流程。至12月末，办理退税8.23万笔，比2018年增长311.5%。推进江阴徐霞客镇现金服务示范区创建，提升创建区现金服务水平，做好2019年新版人民币发行工作。

贸易投资。通过定期召开外汇形势分析和银企座谈、开展“外汇服务银企行”等活动，了解企业政策需求，现场解读外汇政策并提出建议。支持重点企业境外融资，至12月末为相关企业办理内保外贷10笔，计5.13亿美元；办理外债登记67笔，计4.15亿美元。支持江苏扬子江船业集团有限公司、双良集团有限公司、海澜集团有限公司等6个重点企业开展跨国公司外汇资金集中运营业务，提升企业外汇资金使用效率，降低企业融资成本，全市跨境资金集中运营企业数继续保持江苏省内县级（市）第1位。推进外汇业务网上办理，对进出口单位名录登记、银行即期结售汇业务市场准入等12大类外汇业务实行网上办理，节省涉汇主体的“脚底成本”。开展非现场检查分析线索核实检查，全年立案查处外汇违规案件2件，处行政罚款10万元。至12月末，对833个企业进行非现场监测，并向其

中58个企业发放现场核查通知书进行现场核查,对其中48个企业降为B类处理。 (李 站)

【中国银行保险监督管理委员会无锡监管分局江阴监管组】 2019年,中国银行保险监督管理委员会无锡监管分局江阴监管组(简称"无锡银保监分局江阴监管组")有员工3人。是年,无锡银保监分局江阴监管组全面贯彻落实党中央国务院、省银保监局和无锡银保监分局党委各项决策部署,以"强党建、控风险、勇创新、提质效"为工作主线,科学谋划以党建引领银行业和保险业高质量发展系列方案,"融·媒+"党建联盟、民营企业融资会诊帮扶机制、小微企业精准对接机制、物联网金融科技创新等"监管品牌"在江阴金融业和地方经济发展中取得积极影响和广泛好评。引进新的银行业金融机构,支持江阴地方经济和金融事业的发展。支持北京银行在江阴设立支行,引导银行金融机构合理调整营业网点布局,提高对江阴县域经济的金融支持力度。

首个科技金融专营机构成立。为进一步满足江阴地区科技型中小企业融资需求,经无锡银保监分局核准,江苏银行江阴人民路支行更名为江苏银行江阴科技支行,该支行为江阴市首个科技金融专营机构。江苏银行江阴科技支行的挂牌成立,为江阴地区打造一批"专精特新"的科技型中小企业打下坚实基础。

建立精准对接机制。会同市工信局、人民银行江阴市支行联合出台"中小微企业融资精准帮扶机制",打造"银企对接品牌"。联合江阴市委、市政府举办"普惠金融下基层"活动,31个银行保险机构与186个企业对接,授信金额11.45亿元,其中首贷企业64个,计1.28亿元。

建立会诊帮扶机制。江苏银保监局"民营企业融资会诊帮扶机制"出台后,江阴监管组迅速响应,制定出台细化落实方案,以市政府办名义进行转发。依托会诊帮扶机制,江苏三房巷集团有限公司信贷资产调整落地,帮扶民营企业走出困境,稳定金融环境。

支持乡村振兴试点示范工作。无锡银保监分局出台《无锡市银行业保险业支持乡村振兴试点示范工作实施方案》,选取璜土为试点乡镇,成立领导小组,组织赴试点乡镇专题调研,开展银企对接活动,成效初现。

严守底线防范风险。牵头负责辖内大额风险处置工作,严守不发生区域性金融风险底线。针对江苏三房巷集团有限公司等基本面较好的企业,协调推进"去杠杆"。针对受声誉风险影响的华西集团、法尔胜集团等企业,配合地方政府正面发声,消除银行顾虑。对于受担保链影响的"华贸系"企业,帮助稳定融资,隔离风险。针对资不抵债、失去救助条件的海达集团企业,推动依法处置。针对受突发事件影响的江苏倪家巷集团有限公司、江苏华宏实业集团有限公司,依托债委会机制,做好"稳生产、稳金融"工作。

整治银行业乱象。推动机构整治乱象自查,督促辖内银行保险机构对照银保监会下发的整治乱象工作要点,研究制定切实可行的整治乱象自查方案。强化方案审核力度,对部分不符合监管要求的机构自查方案予以退回,并责令补充完善;细化工作方案。结合江苏银保监局风险防控"大排查、大处置、大提升"、分局"强化年"系列活动要求,针对辖内银行保险机构日常监管过程中发现的各类问题,制定各条线整治乱象工作方案;开展系列专项活动。部署"合规文化建设强化年""信用风险管理强化年""法人治理强化年"活动,督促辖内银行保险机构促进合规建设,进一步提高信用风险管理水平。

金融稳定保障。2019年,响水"3·21"重特大事故发生后,面对可能导致江阴百亿元金融次生风险的影响,无锡银保监分局党委第一时间向省局党委和地方政府报告,倡导并积极采取"稳生产、稳金融"系列措施,得到市县两级政府采纳。组织召开天嘉宜化工母公司倪家巷集团及其互保企业华宏集团主要债权银行座谈会,推动成立债权人委员会,有效控制风险蔓延。

地方金融生态。配合江阴市政府做好互联网金融专项整治及打击非法集资的调查工作,派员参加政府多部门的"扫街扫楼"的联合检查活动。参加金融办投资理财类公司设立、变更会商讨论。做好来电来访投诉客户的接待工作,认真开展信访件的核查取证工作,及时回复投诉人。特别是对主动上门老年客户,做到热诚接待、耐心交流,对缠访的客户,江阴监管组站在客观的角度开展信访调查,做好客户与银行间的沟通,争取把事情处理在萌芽阶段。全年处理金融消费者投诉事件9件,切实保护金融消费者的合法权利。

银行业安全保卫。2019年年初,按照公安部与银保监会要求,会同江阴市公安局对辖内银行业金融机构进行安全大检查,对存在的问题督促其整改,确保银行运行安全无事故。下半年,根据公安部、银保监会印发的《银行业金融机构安全评估办法》相关要求,会同市公安局、人民银行江阴市支行等部门对全市30个银行业金融机构,52个营业网点,51个自助银行,进行第六次安全评估。从评估结果看,全市各金融单位均达优秀档次。此次评估活动发现安全隐患35处,落实整改措施32处。

防范电信网络诈骗。2019年年初,及时转发上级文件,主动督促,扎实开展银行业防范和打击电信网络诈骗活动,收到良好的成效。年内,联合江阴市公安局、市见义勇为基金会对全市30个银行业金融机构进行表彰活动,表彰见义勇为先进个人15人次,发放见义勇为奖金1.95万元。

2019年年末,全市银行业金融机构网点数289个,比2018年减少1个,从业人员5214人,比2018年增加55人,在编人员5042人,比2018年增加62人;存款总额4179.70亿元,比2018年增加490.69亿元,增长13.3%;贷款总额3249.89亿元,比2018年增加202.11亿元,增长6.63%;不良贷款余额39.11亿元,比2018年增加11.31亿元,不良贷款率1.2%,比2018年上升0.29个百分点;全年实现账面利润45.73亿元。(金仁明)

【中国农业发展银行江阴市支行】 2019年,支行有在编员工17人。内设办公室、信贷业务部、会计结算部3个部室。是年,支行坚持新发展理念,以党的建设为统领,稳中求进,以变应变,持续推进高水平履职服务和高质量领先发展。执行国家宏观调控政策,发挥粮食主导银行作用。至年末,支行发放县级储备粮贷款17250万元,累计收购小麦3600万公斤,稻谷3215万公斤。着力服务好优质龙头企业,全年新投放实体经济贷款总额10亿元,投放资金占年度总投放额的59%。成功营销城乡专项债资金存款2.94亿元,提升农发行全方位服务地方经济建设的良好形象。

支持长江大保护。2019年,围绕长江经济带"共抓大保护、不搞大开发"的战略部署和江阴市政府"三进三退"*的政策导向,聚焦绿色发展,全力支持长江大保护项目。全年审批贷款18亿元,投放14亿元,包括临港经济开发区产业园提升项目6亿元、长江村江边码头生态环境综合治理项目5亿元、江阴市窑港口长江水源地保护项目贷款3亿元。

开展小微企业扶贫。支行探索政策性金融扶贫与客户营销相融合,开展服务小微企业提升工程,实现精准扶贫。通过海澜之家供应链融资模式,发放扶贫贷款1000万元,带动3名固定建档立卡贫困人口增收脱贫。10月,新审批1个农业合作社客户,授信额度200万元,并向省委丰县帮扶队提供扶贫捐款10万元。

爱"侬"党建品牌。以"三聚三融"(聚焦业务发展,将党建核心与业务中心相融合;聚焦合规经营,将清廉文化与风险防控相融合;聚焦队伍建设,将红色先锋与企业文化相融合)党建工作法为主导,创特色亮点,强队伍建设,着力打造爱"侬"党建品牌。成立爱"侬"基金,2019年收到员工捐款资金12500元,对外捐助9200元。开展"欢乐庆六一、'爱侬'在行动",捐助慰问特殊儿童;开展"青山绿水、'爱侬'在行动",为传播践行绿色生态理念贡献力量;开办爱"侬"小课堂,为提高业务能力充电加油。把主题党日与女职工主题活动、青年活动结合起来,先后开展"学党史绣红旗""爱乡村、爱发行、爱追梦"乡村振兴调研行、"给青年员工的一封信"、唱红歌拍快闪等活动。

2019年年末,支行各项贷款余额56.23亿元,比2018年增加17.72亿元,增长46.03%。各项存款余额15.2亿元,比2018年增加4830万元,增长3.28%。日均存款16.42亿元,比2018年增加4.2亿元,增长34.42%。账面盈利6840万元,比2018年增加1994万元,增长41.15%。 (郁聪慧)

【中国工商银行股份有限公司江阴支行】 2019年,支行有在编人员367人。内设综合管理部、个人金融业务部、公司金融业务部、机构与结算业务部、信贷管理部5个部门。下辖1个营业部和22个二级支行、1个储蓄所。是年,支行紧扣总行、省行年度工作会议精神,坚持"以进促稳、以变求胜"的经营理念,以加快提升市场竞争力为目标,积极拓展市场,加快经营转型,大力支持地方经济建设,各项工作取得长足的进步。年内,支行获评省分行2019年度精品县(市)分支行、江阴市重点骨干企业、江阴市服务地方先进单位。

支持地方经济。支行认真贯彻落实市委、市政府"产业强市"战略,围绕重点领域、重点企业、重点项目展开信贷投放,参与多项全市重大项目建设,创新金融产品,大力支持企业转型发展,全年实现表内外融资余额332.8亿元,其中项目贷款较年初增加7.98亿元。探索小微企业金融服务模式,主动对接街道、镇级政府,与更多乡镇企业建立联系,进一步落实乡村振兴战略,挖掘培育高成长性小微企业。创新研发并推出"e抵快贷""税务贷"产品,优化贷款审批程序,提高授信额度,科学合理安排贷款期限,切实满足中小企业的资金需求。年末,支行小企业贷款余额16.29亿元,累计新拓展小企业户72户。

多措并举夯实服务。支行秉承"以客户为中心"服务宗旨,深入推进客户维护工作,改进服务措施,创新服务模式,完善服务细节,提升服务效率,优化客户体验。支行发挥网点阵地优势,通过厅堂微沙龙、职场营销等方式开展形式多样的普惠便民活动,为广大民众普及网络金融知识,助力广大群众提高金融防范意识,多渠道为客户提供安全高效、专业便捷的金融服务。创新推出手机银行ETC功能,为客户提供在线免费申请、邮寄、绑卡、激活、查询等全流程服务。全年ETC累计完成21093户,总量在无锡分行排名第一。

完善落实风险管控。支行根据总行、省行信贷与风险管理工作的全面部署,努力强化信贷基础管理,密切关注外部市场动态,加强风险分析研究,深化信贷建设,提升信贷管理水平,积极做好风险缓释、增信和转化工作,严控风险贷款劣变,降低信贷资金成本,坚守风险管控底线,全力防范金融风险。

2019年年末,支行本外币各项存款余额213.09亿元,比2018年增长15.75%;本外币各项贷款余额307.81亿元。 (潘 衡)

【中国农业银行股份有限公司江阴分行】 2019年,分行有在岗职工663人。内设9个部门,下辖营业部等38个营业网点,有自助银行18个,存取款一体机173台,智能超级柜台88台,全面提升服务质效。是年,分行全面贯彻落实省市分行工作会议精神,坚定不移推动经营转型向实处做、向深处走、向高处攀,立足"普惠金融"服务中小微企业,获评总行普惠金融业务先进集体。

支持企业发展。分行坚决贯彻全市经济发展思路,以"百行进万企"、与临港经济开发区签订百亿元战略合作协议等活动为契机,进一步融入并服务好江阴主流经济、主流产业和主流客户,参与地方重大项目开发,当年累计投放项目贷款10.73亿元,助力江阴经济转型升级。坚持把制造业作为贷款支持重点行业,以个性化产品、专业化服务深化与全市制造业领军企业的合作,切实满足企业经营发展融资需求。

推动普惠金融。为进一步提升小微企业的金融服务可获得性,全行坚持产品创新创优,全面推动业务发展进入新时期。运用"税e贷"

"智动贷""抵押e贷"等创新业务，满足小微企业线上化、自动化、智能化融资需求。抓好"一项目一方案一授权"政策"红利"，实现"产业集群"企业的批量化服务。当年实现普惠贷款增量9.89亿元，加大金融产品服务实体经济力度，强化县域金融服务能力。

科技引领业务发展。深刻领会"加快数字化转型、再造一个农业银行"战略思想，把各类产品与服务融入总行互联网平台场景中，依托"农银智融""农银智投""时时付"等手机银行新亮点，为客户提供在线办理、便捷高效的全新金融服务体验。年内提速构建一站式、场景化、全方位的"智慧生活"生态圈，共打造"智慧校园、智慧停车、智慧出行、智慧菜场、智慧社区"等"智慧场景"14个，把"金融+科技"深度嵌入客户生产生活场景。

践行社会责任。组织三月春风志愿行、"3·15"消费者权益日公益宣传、捐衣赠暖、爱心植树、无偿献血等多项公益活动，主动开展"健康长跑展风采、公益宣传有担当"徒步大会，参与"青春助力"西部助学活动，组织员工深入偏远地区开展支教，成立"江阴农行爱心奖学金"帮助学子完成学业梦想，积极履行社会责任。常态化组织网点深入当地社区、机关、学校等场所开展扫黑除恶、防范网络电信诈骗、防范非法集资、反假币宣传等形式多样的宣传教育活动，切实提升居民群众的金融知识与技能，竭力保护客户资金安全。

2019年年末，分行本外币各项存款余额550亿元，比2018年增加26亿元；本外币各项贷款余额363亿元，比2018年增加21亿元。

（夏桢阳）

【中国银行股份有限公司江阴支行】 2019年，支行有职工469人。内设综合管理部、风险管理部、公司金融部、个人数字金融部、监察部、营业部6个部门，下辖17个乡镇网点、6个城区网点。是年，支行根据总行"推动新时代全球一流银行建设向纵深发展"的战略目标，围绕省行"激发活力、敏捷反应、重点突破"年度定位，紧跟分行"奔第一去"的发展目标，坚持高质量发展，全行上下立足江阴当地区域经济环境、立足影响支行发展的根本性问题、立足内部机制与渠道建设优化，齐心协力、抢抓机遇、迎难而上，持续推进支行发展。支行致力于整合渠道资源、提升网点效能与市场竞争力，陆续完成南闸支行迁址装修，周庄东大街支行重新开业。同时完成朝阳路支行、城东支行的撤并。年初在周庄支行、周庄东大街支行探索实施片区化管理模式试点。紧抓党建共建契机，与市委宣传部联合组办"百姓名嘴"理论宣讲，与共建单位开展联学活动、共上党课，深化银政、银企联系。支行与5个单位签订廉洁共建协议，通过各自公开自律承诺，建立监督联动机制，共同推进党风廉政建设工作。壮大志愿者队伍，开展志愿者活动，为江阴第五届国际半程马拉松赛提供志愿服务。连续五年举办"暖冬圆梦"公益活动，资助金额20万余元。年末，支行获评2019年度江阴市重点骨干企业、百强明星企业。

创新金融服务。成功叙做分行辖内首笔"外汇掉期+单卖期权"组合产品，同时将单卖期权灵活与区间宝等业务相结合；成功叙做分行辖内首笔优利存业务，提升外汇买卖业务量吸引大量行外存款；成功营销开立全辖最大金额在线保函。

推动军民融合。通过对接江阴市发改委，了解江阴地区军民融合企业情况，江阴支行"江阴市军民融合贷"批量化项目于6月26日获批复，批复总量2亿元，为后续拓展军民融合企业授信提供良好的发展契机。

完善拓客体系。支行成功把代发薪业务嵌入现金管理平台"簿记账户"模式中，为江阴36项在建智慧工地项目进行工资代发；探索手机银行场景建设，首个线上支付场景"全澄通"APP充值优惠活动成功上线。

2019年年末，本外币存款余额296.06亿元，比2018年增加24.57亿元；本外币贷款余额235.07亿元，比2018年增加15.18亿元。实现营业收入7.93亿元，净利润3.37亿元，利税总额6035万元。（方　莺）

【中国建设银行股份有限公司江阴支行】 2019年，支行有职工385人。内设办公室、财务会计部、公司业务部、风险管理部、个人金融部、国际业务部5个部门，个人消费金融中心、公司客户经营中心2个业务经营中心，下辖28个二级支行。是年，支行根据上级行目标要求，加强党建引领发展，各项业务取得新成效，综合实力迈上新台阶。年内，获评江阴市重点骨干企业、百强明星企业。

服务地方经济。支行坚决贯彻全市经济发展思路，大力支持地方民营企业，重点服务优质制造业企业。至2019年年末，支行向大中型民营企业授信额度（含表内外及低风险额度）529.51亿元；制造业贷款余额130.64亿元，比2018年新增投放制造业贷款42.63亿元。支行服务地方基础设施建设，至2019年年末，固定资产贷款余额59.21亿元。支持的地方基础设施建设项目主要有牵头组建"1310工程"一期PPP项目银团并承贷额23.55亿元，牵头组建中建水务污水处理项目银团贷款并承贷额12亿元。

践行普惠金融战略。支行认真贯彻党中央、国务院决策部署，服务地区小微企业，通过金融科技手段开发大数据信贷产品，通过信用方式授信解决"融资难"问题，通过平价利率解决"融资贵"问题。响应无锡银保监局"百行进万企"活动，根据中国银保监会无锡监管分局的相关工作要求，与相关的2489个企业全部按要求进行对接。全年新增普惠金融贷款5.98亿元，新增客户811户。

金融科技赋能民生改善。支行持续推进县域金融场景建设，深入分析客户痛点，积极挖掘客户需求。先后投资开发江阴教育APP系统、住建二手房资金监管系统，实现资金的安全和便捷。于2019年末联合市公安局、住建局和不动产中心开发上线江阴市租赁公共服务平台。与天力燃气联手进行物联网表改造项目，实现居民天然气足不出户，全功能缴费。

维护金融生态环境。支行积极配合当地政府，秉承大行责任担当，在化解金融风险的第一线尽心尽职，妥善处理江苏倪家巷集团有限公司风险事项。作为倪家巷集团债委会的牵头行，支行积极履行牵头风险处置义务，落实政府要求，协调各方诉求，不良处理方面积极向上级行争取政策，尽最大努力降低地区不良率，在银行业间作出良好的示范，为江阴地区不良率控制、金融生态环境的稳定作出贡献。

2019 年年末，支行本外币各项存款余额 284.2 亿元，比 2018 年增加 24.69 亿元；本外币各项贷款时点余额 317.49 亿元，比 2018 年增加 6.49 亿元。（李怡慧）

【交通银行股份有限公司江阴分行】 2019 年，江阴分行有在编员工 201 人。内设公司（国际）业务部、风险管理部、个人金融部、营运管理部、综合管理部、内控合规部、普惠金融部等部门。下设 6 个二级支行、1 个营业部、2 个普惠型网点；另设有无锡分行直管的江阴板块大客户四部，下设 3 个分部。年内，江阴分行获评江阴市百强明星企业和江阴市银行外汇业务合规和审慎经营 A 类银行。

降低小微企业融资成本。2019 年以来，分行对于优质小微企业继续降低融资成本，以进一步减轻小微企业融资贵问题。严格执行“七不准”（不准以贷转存、不准存贷挂钩、不准以贷收费、不准浮利分费、不准借贷搭售、不准一浮到顶、不准转嫁成本）、“四公开”（收费项目公开、服务质价公开、优惠政策公开、效用功能公开）“两禁两限”（除银团贷款外，商业银行不得对小型微型企业贷款收取承诺费、资金管理费，严格限制对小型微型企业收取财务顾问费、咨询费等费用）等要求的基础上，进一步给予小微企业优惠定价，优化信贷流程，落实续贷政策，主动向小微企业让利。

创新普惠金融产品和服务。持续推进小微数据实验区、小微营销管理平台与小微名单制客户流程控制三大平台建设，加大对第三方数据平台的引入运用，为产品和金融服务创新提供有力支撑。采用“简单小额业务全线上办理，复杂业务线上线下联动作业”理念，打造适合小微客群特点的线上小微创新产品。

坚持客户选择标准。加大对各类小微企业的授信支持，特别是对科技型中小微企业、进出口中小微企业等的授信支持。在产品运用上继续加大推广分行优势产品“线上税融通、线上优贷通、线上抵押贷、小企业经营性物业抵押贷款、锡信贷业务、小微项目制”等信贷业务品种，向各类优质中小微企业提供快捷便利的资金支持。持续增加对优质小微企业的信贷投放。

2019 年年末，分行人民币存款余额 189.46 亿，其中对公存款余额 150.32 亿元、储蓄存款余额 39.14 亿元。外币存款 8739 万美元。贷款余额 239.55 亿，其中公司类贷款余额 206.99 亿元、小企业类贷款余额 21.03 亿元、个金资产业务余额 11.53 亿元。实现净收入 6.11 亿元。（薛德兴）

【上海浦东发展银行股份有限公司江阴支行】 2019 年，支行有职工 246 人。内设办公室（综合管理部）、公司业务部、交易银行部、零售业务部、风险管理部（法律合规部）、运营管理部 6 个管理部室，以及公司金融一部、公司金融二部、金融市场部、票据业务中心、零售市场部、私人银行中心、财富中心、信用卡部 8 个营销团队，下辖营业部、朝阳路支行、虹桥路支行、人民路支行、开发区支行、澄东支行、澄西支行、周庄小微支行、云亭小微支行 9 个营业网点。是年，支行科学制定并实施“抢抓资产投放、力拓客户规模、稳增营业收入、严守风险底线、深化党建引领”的发展战略，各项工作有序开展。推动澄江街道“党建联盟”活动，率先制订“政银企党建联盟策划书”，政银企党建工作水平共同提升，助推企业经营管理的良性运转。年内，支行党委被评为总行先进党组织，团委被评为上海市国资委系统青年突击队。

业务创新。率先开展小微企业信贷风险补偿资金池业务，为全年“两增”（单户授信总额 1000 万元及以下的小微企业贷款同比增速不低于各项贷款同比增速，贷款户数不低于上年同期水平）指标的顺利完成提供有效抓手；集团内联动成效显著，通过浦银租赁完成汉邦石化 3 亿元、华西股份 2.5 亿元融资租赁业务，为资产投放开辟新路；实现分支行多项“首单”：落地分行首单中信保项下买断型保理业务，完成首单营运期项目贷款银团，办理首笔股权对接配套认股权业务，完成首笔对公房抵快贷，首次实现通过“科技路演中心”获取客户。

服务质量提升。提升服务软实力，聘请专业机构，培训运营员工礼仪；开展“微笑服务标兵”评选活动，有效激发运营员工服务动能；开展技能竞赛，营造竞争氛围，为提升服务质量打下基础。强化网点硬质量，营业部与澄西支行升级改进网点设施，持续优化厅堂环境，为客户营造舒适的服务环境，获评银行业文明规范服务五星级网点和三星级网点。提升服务品牌，融合科技文化元素，完成二楼私人银行中心建设以及开发区支行迁址改造工程，进一步提升支行品牌形象。

企业文化。持续践行社会责任，在成功完成云亭街道佘城村帮扶任务后，开展对经济薄弱村长泾镇蒲市村的新一轮帮扶行动；通过“五靠浦”帮扶体系以及同当地企业的业务合作，助力该地区实体经济蓬勃发展。组织或参与多项体育活动，通过组织趣味运动会、参加江阴银行系统篮球赛、无锡银行业羽毛球赛、南京分行龙舟赛、总行运动会等项目，员工业余生活得到丰富，身体素质得到提高。组织开展庆祝中华人民共和国成立 70 周年系列活动，同共建单位拍摄《我和我的祖国》快闪，参演江阴市住建局和无锡银保监文艺演出，夺得南京分行“歌唱祖国”歌咏大赛桂冠。

2019 年年末，支行一般性存款余额 338 亿元，比 2018 年增加 48 亿元，稳居全市同业前三；各项贷款余额 202 亿元，比 2018 年增加 18 亿元；此外还有多项经营指标稳居南京分行之首。（谢思远）

【江苏银行股份有限公司江阴支行】 2019 年，支行有职工 104 人。内设营业部、公司业务部、零售业务部、小微业务部、综合管理部、安全保卫部 6 个科室，下设朝阳路、科技、周庄、临港 4 个经营性支行。是年，支行根据总、分行的目标要求，坚持稳中求进总基调,坚持以“两个高质量”发展为主线,扎实开展各项工作。强化党建引领作用,加强基层党建工作,各营业网点通过持续开展“党员进社区”活动,进行各类金融知识宣传活动300余次,有效提升公众金融知识水平和风险识别能力。年内,支行被评为江苏省文明单位、无锡市文明单位、无锡市“五四红旗”团支部、江阴市重点骨干企业、江阴市金融统计考核评比A类行、江阴市反假货币宣传先进单位,下辖网点朝阳路支行被评为江阴市巾帼文明岗。

支持实体经济发展。支行坚持加快经营转型,积极参与江阴市重大项目建设,不断加大对制造业实体企业的信贷支持力度,助力江阴经济转型升级。持续聚焦小微民营企业,通过个性化的产品创新、便捷的业务流程、专业的金融服务,切实满足各类企业经营发展融资需求。年内,支行发放各类贷款127亿元,办理银票贴现160亿元,促进江阴地方经济发展。

内控合规管理。支行坚持业务发展与内控管理并举的经营策略,强化内控案防与合规管理,开展员工行为排查和合规教育,提升员工合规意识。根据监管要求开展扫黑除恶专项整治,深入打击“套路贷”等违法行为,在平安金融创建活动中,构筑人防、物防、技防相结合的安防堡垒。全年未发生重点安全事故,资产质量保持较好水平,信贷资产不良率0.06%,比全市银行平均不良率低1.14个百分点。

成立科技金融特色网点。支行积极推动科技金融,全力支持江阴地区科技型中小微企业发展。经无锡银保监会审批同意,原江苏银行江阴人民路支行更名为江苏银行江阴科技支行,该网点为江阴市首个科技金融专营机构。积极发挥示范引领作用,争取上级行和主管部门支持,创新金融产品和政策服务,优化、简化贷款流程,为科技型中小企业提供更加专业、及时、便捷、高效和可靠的服务。

服务质量稳步提升。支行秉承“以客户为中心”的服务宗旨,创新服务手段,完善服务细节,积极推进网点转型与服务提升工程,网点环境、服务水平、客户满意度大幅度提升。年内,支行在无锡分行第十一届员工业务技能竞赛中获得团体第一名,在分行108个营业网点服务质量考评中,江阴辖内5个营业网点均名列前茅,江阴支行在17个管辖行考评中名列第一。

2019年年末,支行各项存款余额152.68亿元,比2018年增加14.55亿元,增长10.53%;各项贷款余额120.8亿元,比2018年增加3.77亿元,增长3.22%;全年完成国际结算业务量10.38亿美元,签发银票71.45亿元,办理银票贴现160.17亿元。（石　蕾）

【招商银行股份有限公司江阴支行】 2019年,支行有在册员工85人。内设综合管理部、公司业务八部、零售银行部、运营管理部。无锡分行派驻团队战略上市团队、授信执行江阴团队、交易银行江阴操作中心、普惠金融江阴团队、私人银行江阴分中心。江阴支行下辖江阴支行营业部、虹桥南路支行、周庄支行3个网点。是年,支行始终坚持“轻型银行”战略方向和“一体两翼”战略定位,稳健开展各项业务,实现“质量、效益、规模”动态均衡发展。配合政府支持当地企业发展。本着“讲大局、稳金融、控风险、保发展、维稳定、求共赢”的原则,协同地方政府做好企业的融资工作,保持良好的持续经营状况。多方位加快AUM资产和客群发展。产能飞跃“重过程”,客户服务“重体验”,从提升客户体验到提升价值创造。依托“金葵花客户服务升级”项目,积极创新,立足支行客户特色,创新服务举措。强化内控管理,结合“合规文化建设年”活动,组织开展“一把手讲合规课”活动、警示案例宣讲、扫黑除恶专项斗争、案件风险排查活动,在思想上筑牢防线,在行动上扎紧篱笆。年内,江阴支行被评为无锡分行优秀党支部、江阴市重点骨干企业。

2019年年末,支行全折自营存款余额98亿元,人民币自营贷款余额55亿元。（任　雁）

【江苏江阴农村商业银行股份有限公司】 2019年,江阴农商银行有在编员工1574人。内设办公室、公司金融部、零售金融部、普惠金融部、小微金融部、信贷管理部、计划财务部、稽核审计部等22个部室。江阴地区下辖1个营业部、26个支行、50个分理处;江阴辖外设立常州、无锡、苏州3个分行,盱眙等7个异地支行,以及海口、苏南等5个村镇银行。是年,该行围绕“补短板、调结构、强管理、降风险、促转型”经营主线,保持战略定力,坚持稳中求进,不断谋求经营转型,开拓业务领域,加强风险防控,保障主体业务稳健发展。年内,“全球银行1000强”“中国服务业企业500强”榜单排名实现再进位;获颁“年度中国地方金融十佳竞争力银行”“年度最佳小微金融服务农商银行”“年度企业社会责任奖”,以及江苏省、无锡市“银行业金融机构小微企业金融服务工作先进单位”等多项荣誉;该行营业部荣获“中国银行业年度最佳社会责任特殊贡献网点奖”称号。

服务实体经济。坚持服务实体经济不动摇,坚持高质量发展标准不降低,进一步扩大普惠金融覆盖面。与国家开发银行江苏省分行合作,发放江苏首批民营小微企业转贷款5亿元,精准投向138个民营小微企业;获江苏首笔“外贸企业”专项支农再贷款4.8亿元,惠及百余个涉农企业、外贸企业;有力推进“百行进万企”融资对接活动,加大力度支持制造业、民营、中小微企业;持续深化“阳光信贷”,至年末,全行农户建档8.6万户、建档面100%,企业建档4万户、比年初增加1.9万户,新增贷款1120户30.4亿元;全面服务乡村振兴战略,率先发放无锡市首笔“美丽乡村贷”,新增“省农担”客户83户、贷款1.12亿元,率先完成市政府签约任务。

经营发展动能。围绕零售转型方向,聚力产品创新与应用,不断集聚新的发展动能。积极拥抱科技金融,大力构建“金融+”场景模式,融合“线上+线下”渠道,从电子渠道端、财富管理端、融通资金端广泛服务全市百姓。推出“聚宝”类存款产品,结息方式、利率定价更灵活;积极创新线上融资业务,推出“江小鱼”线上贷款,实现自动审批,实时到账;开发对公网贷模式,安装“感

2019年9月,江阴农商银行冠名少儿方言趣味大赛。图为市南闸中心幼儿园专场比赛现场（江阴农商银行办公室提供）

知制能”产品,入户165户,累计发放“物联网动产贷”4.7亿元;加快网金业务布局,投产“工会权益服务项目”,签约42个品牌商户103个门店,参加单位数超500个;建成省内首个“乡村振兴移动便民支付”示范街区,荣获“中国银联2019年移动支付便民示范工程受理环境建设突出贡献奖”称号。

党建统领格局。贯彻落实新时代党的建设总要求,推动党建工作与业务工作,党建文化与企业文化深度融合,良性互动。围绕零售转型、外设机构、监督机制等课题开展调研,形成8个高质量调研报告,有针对性地推动全行补短板、强弱项,明方向、抓落实;开展党建联盟活动,积极推进“初心·反哺”上市公司党建联盟创优项目,和“普惠金融”“1+1+1”群众工作网络书记项目,把金融服务有效融入到服务乡村振兴战略全过程;开展“百名党员宣消保”知识竞赛等活动,营造“党建引领消保,党员争当先锋”的浓厚氛围。

2019年年末,该行资产总额1263.4亿元,比2018年增长10%。各项存款余额931.1亿元,比2018年增长9.9%;各项贷款余额702亿元,比2018年增长11.4%,江阴辖内存贷款市场份额继续保持领先。年度缴税总额2.74亿元,荣获“2019年度入库税金超壹亿元重点骨干企业奖”称号。（吴芝琼）

【中信银行股份有限公司江阴支行】 2019年,支行有员工42人。内设公司业务部、零售业务部、营业部3个部门。是年,支行根据总行、分行提出的“围绕业务抓党建、抓好党建促发展”的要求,与总行级战略客户成立基层党支部党建联盟组织,以党建促融合,以融合促发展。与分行人力资源部结成党建共建对子,签订共建协议,突出业务导向,营造良好氛围。年内,支行业绩取得长足进步,顺利完成中国银行业协会安保百佳先进集体评选验收工作;被人民银行江阴市支行监管评价为最高评级A类银行;被南京分行评为先进基层党组织。经营指标完成,机构业务循序渐进;依托协同优势,讲好中信故事,发挥协同效应;政府渠道建设全面铺开,营销信息获取能力增强;零售大单品实现规模增长,车贷经营成果可圈可点。针对江阴地区风险事件频发的一年,支行增强风险意识,早察觉,早行动,成功避开多起风险事件。

2019年年末,支行各项存款余额110.80亿元,比2018年增长61.63%,各项贷款余额81.42亿元,比2018年下降2.28%;实现中间业务收入3625.35万元;完成国际业务结算量4.97亿美元;实现经济利润9048万元。（黄蓓）

【中国邮政储蓄银行股份有限公司江阴市支行】 2019年,支行有员工120人。内设综合管理部、综合业务部、拓展一部、拓展二部4个部门,下辖7个二级支行、28个代理营业所。是年,支行获评2016—2018年度无锡市文明单位、2019年度江阴市重点骨干企业。

支持地方经济。响应“毫不动摇支持民营企业发展”号召,加大对地方实体经济尤其是制造业、民生行业的支持力度。年内,向全市重点大企业发放公司贷款10笔、金额9.5亿元。优先支持“两小”(小额贷款业务和小企业贷款业务)业务的发展,优先给予小微企业资源配备和政策倾斜。全年支行向中小微企业贷款结余11.35亿元,净增加2.94亿元。始终坚守大型零售商业银行的战略定位,坚持根植农村,服务“三农”*,年末涉农贷款余额1.2亿元。

风险内控管理。全年多次开展警示教育、制度教育、典型案例剖析教育等。深入开展安全保卫能力提升活动,全年全行平安运行,未发生重大风险隐患和重大资金案件。资产质量管控扎实有效,全年清降存量不良贷款近1000万元。

金融服务品质。在提高服务效能上下功夫。推进网点管理与服务方式转型,网点硬件环境有效改善,服务流程进一步规范,客户满意度大幅提升。支行不断延伸金融服务范围,深入社区、学校、企业,通过讲座、现场宣传等方式,向社会公众普及反假币、反洗钱等金融知识。

2019年年末,支行各项存款余额126.97亿元;表内外贷款余额90.36亿元,其中制造业占比29.3%;年度实现营业收入1.87亿元、净利润1.2亿元。（瞿佳红）

【华夏银行股份有限公司江阴支行】 2019年,支行有员工67人。内设营业部、公司客户部、个人客户部、小微企业客户部、国际业务部、风险管理部6个部室,下辖周庄、新桥、临港、人民路等5个支行。是年,支行围绕“夯实基础、提高水平、培育亮点、突破难点”的工作思路,努力夯实客户基础,调整业务结构,加大项目储备,加强人员管理。紧跟总行“贴着政府,贴近市场,融入主流,服务实体"的经营策略，除部分政府平台外，新增一批央企、上市公司、大型民企，在报和已批项目 7 亿元，助力地方经济建设。主动投资江阴临港公司债 2.5 亿元，江阴城投债权融资计划 5 亿元，发行江阴公有 4 亿元和江阴临港 5 亿元定向债务融资工具，合计 16.5 亿元。进一步巩固国际业务特色支行地位，在稳步发展进口开证，结售汇等传统老产品的同时，加大推广"国内证 + 福费廷"业务等新兴产品工作，贸易融资产品等业务运用，寻找新的利润增长点。举办银企交流暨外汇管理政策宣讲座谈会，与企业共商共赢。

打造"中小企业金融服务商"。投放小微企业贷款 31845 万元，比 2018 年年初增加 8841 万元，贷款客户 91 户，比 2018 年年初增加 26 户，缓解小微企业融资难的困境。举办"青年企业家协会银企座谈会"，振兴产业强市，助力实体经济。与市领导一起走访小微企业，量身定制金融产品，解决企业资金困难。参加由无锡银保监分局、江阴市政府联合举办的"百行进万企、普惠金融下基层暨江阴市小微企业融资项目签约会"，与企业现场签约。

个贷业务。年内，支行加大平台项目储备，强化专业性，积极开发一手按揭平台、二手房中介平台等，个贷业务规模快速增长，规模占比提升，开发按揭合作单位 8 个，全年投放 9091.1 万元，新增个贷客户 188 户。

常态化开展防范风险等宣传活动。开展电信网络诈骗、防范非法集资、反假币宣传、征信宣传等活动，帮扶璜土镇常泽桥村贫困户。倡导员工注册加入"中国社会扶贫网"，奉献爱心。动员无偿献血，积极履行社会责任。开展全年全员健步行活动，举办"江阴支行 10 周年暨公益徒步大会"，倡导绿色出行生活理念。参加江阴市退役军人事务局与银行系统拥军优抚合作协议签署仪式，推出拥军优抚专属卡，为军人军属提供优先优惠优质的银行服务。

2019 年年末，支行本外币各项存款余额 76.17 亿元，比 2018 年增长 9.98%；本外币贷款余额 62.01 亿元。实现利润 1.97 亿元。

（陈颐菁）

【南京银行股份有限公司江阴支行】 2019 年，支行有职工 57 人。内设办公室、公司金融一部、公司金融二部、公司金融三部、小企业业务部、零售部、业务管理部、营运部 8 个部门，下辖江阴城东支行 1 个二级支行。是年，支行坚持稳中求进工作总基调，全面加强党的领导和党的建设，保持战略定力，加快实体经济转型步伐，时刻保持责任金融意识。全年实现安全无事故。

向实体经济战略转型。支行为切实提升实体业务比重，支行开展与客户全面合作，全力推进小微业务发展，引导信贷资源向制造业尤其是小微企业倾斜，积极采取多种措施推动小微业务发展，重点支持小微企业科技贷、文化贷和鑫联税业务。年末，支行小微企业授信客户 149 户，小微企业贷款余额 15.46 亿元。

提高内控合规水平。支行围绕分行"零案件"发生、全年无重大安全事故的内控案防目标，与 9 个管理部门及经营单位签订案件防控目标责任书，与全行员工签订案件防控与廉洁从业承诺书。开展全行风险防控"大排查、大处置、大提升"行动，按照排查方案着力开展全面排查，彻底摸清风险底数、风险分布和风险变化趋势，有效化解处置各类资产和问题，采取多种手段监测和隔离、处置和化解各类风险。开展常规检查、专项排查及各项整治活动，全年检查计划完成率 100%；按季实施员工账户大额资金进出排查，通过大数据搜索，排查员工投资参股办企业、涉及诉讼等违规、异常行为，防范案件风险。

加大金融消费教育力度。支行向社会延伸金融消费教育阵地，改善服务环境，增加智能机器使用，在大厅内循环播放有关金融消费者权益保护的视频，大堂经理向客户发放金融消费者权益保护宣传单，大力宣传金融消费者权益保护相关知识。不断延伸金融服务范围，深入社区、学校、企业、汽车客运站等，向社会公众普及反假币、反洗钱、防电信诈骗、防非法集资等金融知识和维权手段，帮助金融消费者提升自我保护意识，打响"金梅花"在江阴市场上的知名度。

2019 年年末，支行一般性存款 137.04 亿元，比 2018 年增加 26.28 亿元；其中对公存款 119.34 亿元，比 2018 年增加 22.18 亿元；储蓄存款 17.7 亿元，比 2018 年增加 4.1 亿元。支行贷款余额 91.63 亿元，比 2018 年增加 27.93 亿元，净利润 8519 万元。

（毛可俞）

【江阴浦发村镇银行】 2019 年，该行有正式职员 43 人。内设综合管理部、资金财务部、运营管理部、风险管理部、授信审查部、业务管理部、微贷中心、负债小组、营业部 9 个部门。下辖周庄支行 1 个网点。是年，该行围绕"调结构、稳增长，严合规、提质量，优管理、强能力"的经营主线，以邀请专家、集体研讨、参观纪念馆、"学习强国"平台自学等多样化形式，持续开展主题教育活动，增强干部员工守法合规意识，强化责任担当；建设企业文化，提升队伍素质，全年组织各项业务培训和技能竞赛，营造学知识、精技能、增才干、比作为的学习氛围，获浦发村镇银行系统业务技能比赛团体第二名；配合股权集中托管机构完成股权确权事项，进一步规范股权管理，夯实公司治理基础；坚守支农支小市场定位，聚焦客户经营，强化风险管控，提高服务质量和服务水平，各项工作取得较好成效。是年，被评为全国百强村镇银行。

深化客户经营。该行进一步清晰细分客群，加速拓展农户、小微企业、个体工商户、社区居民等客户群体。成立负债业务小组，在前期"客户视图"工作的基础上深入挖掘收单商户资源，优化负债结构。坚持支农支小定位和"小额、分散、流动"投放原则，结合地方经济发展情况和金融需求，大力践行普惠金融，年末该行小微企业贷款余额 137531 万元，比 2018 年增加 2094 万元，小微企业贷款增速高于总体贷款增速，完成"两增两控" 指标，"两增"即单户授信总额 1000 万元以下（含）的小微企业贷款同比增速不低于各项贷款同比增速，贷款户数不低于上年同期水平。"两控"即合理控制小微企业贷款资产质量水平和贷款综合成本。提高普惠金融服务水平，致力打造"小而美"优质村镇银行。

夯实合规管理基础。该行紧密围绕“巩固治乱象成果,促进合规建设,维护市场秩序”工作要求,结合“法人治理强化年”“合规文化建设强化年”“信用风险管理强化年”活动,持续深入地对重点风险开展整改检查,严查政策执行,严查风险隐患,严查违法违规行为,筑牢风险底线,实现合规经营意识和经营发展质量的双提升。

2019 年年末,江阴浦发村镇银行各项存款余额 12.91 亿元;各项贷款余额 15.99 亿元;实现账面利润 4766.44 万元。 (周明霞)

保　险

【概况】 2019 年,江阴市保险行业贯彻落实国家、江苏省、无锡市各级政府及上级公司的决策部署,推动高质量发展,以“对标一流,看齐先进”为目标,主动融入服务实体经济、支持乡村振兴战略之中,立足本土、深耕细作、锐意创新,聚焦重点领域,把握政策机遇,应对市场挑战,以更完善的保障体系、更高效的服务方式和更灵活的应变能力,助力江阴经济社会发展。积极参与市卫健委医责险项目招标并获主承保地位;与市法院签署战略合作协议,成为法保合作的首批单位;协助市住建局探索符合江阴市实际的 IDI 保险制度,成功启动江阴首两单工程质量潜在缺陷保险试点项目,并陆续承保江阴多项地产项目,为江阴市民安居乐业、城市建设稳定发展提供坚实保障。年内,各保险公司高度重视农险业务的发展,把江阴市政策性农险招标项目作为攻坚开局的第一战,推进“美丽乡村”项目,主动对接各镇(街道)政府和村委,有针对性地提供适合江阴市村民保费低廉、保单通俗、保障适度的保险产品,以保险保障的方式助力提升村民的生活水平和幸福指数,得到各村委的肯定和认可。

2019 年年末,江阴市保险行业实现产险、寿险保费收入 80.28 亿元,比 2018 年增长 4.08%,赔付支出 16.14 亿元,比 2018 年增长 3.86%。其中产险保费收入 23.56 亿元,比 2018 年增长 6.02%,赔付支出 13.56 亿元,比 2018 年增长 2.39%;寿险保费收入 56.72 亿元,比 2018 年增长 3.57%,赔付支出 2.58 亿元,比 2018 年增长 12.37%。

2019 年驻江阴市各财产保险公司业务情况一览表

表 28

公司名称	保费收入(万元)	比 2018 年增减(%)	赔款(万元)	比 2018 年增减(%)	赔付率(%)
人保产险江阴支公司	80923.68	0.78	50785.29	12.69	62.76
太保产险江阴中心支公司	61616.11	5.81	35433.10	1.90	57.51
平安产险江阴中心支公司	56640.00	11.10	29615.00	-0.17	52.29
天安产险江阴支公司	1482.61	6.78	659.78	-13.53	44.50
中华联合财险江阴支公司	3183.77	61.20	1247.32	-32.87	39.18
大地产险江阴支公司	1257.36	-10.19	0.00	-100.00	0.00
华安产险江阴支公司	1409.98	4.86	971.05	-6.36	68.87
安邦产险江阴支公司	603.00	-15.19	310.00	-6.06	51.41
阳光产险江阴支公司	3165.94	-11.54	1545.37	-53.83	48.81
太平产险江阴支公司	5651.64	12.95	2769.92	5.00	49.01
国寿产险江阴市支公司	11733.45	2.46	7988.60	-1.01	68.08
国任产险江阴支公司	1415.72	25.83	506.53	-10.19	35.78
安诚产险江阴支公司	570.79	-11.78	0.00	-100.00	0.00
紫金产险江阴支公司	2212.41	-2.75	1872.90	-6.03	84.65
渤海产险江阴支公司	986.65	0.00	102.38	—	10.38
英大产险江阴支公司	834.29	530.70	476.40	—	57.10
安盛天平江阴支公司	1877.64	13.80	1306.26	6.46	69.57

2019年驻江阴市各寿险保险公司业务情况一览表

表29

公司名称	保费收入（万元）	比2018年增减(%)	赔(给)付			
			赔款（万元）	比2018年增减(%)	其他各类给付(万元)	比2018年增减(%)
中国人寿江阴支公司	199587.90	-7.03	11225.42	3.92	20593.27	-49.48
太保人寿江阴支公司	127056.10	6.15	7964.11	15.39	15687.06	18.11
平安人寿江阴支公司	89052.00	26.46	4277.00	21.96	4671.00	-20.41
泰康人寿江阴支公司	949.54	-7.63	157.79	192.20	0.00	—
同方全球人寿江阴支公司	4626.30	38.01	234.74	155.15	228.42	111.50
太平人寿江阴支公司	37092.48	-11.25	0.00	—	0.00	—
新华人寿江阴支公司	4027.19	-8.51	142.95	-18.78	2381.04	52.83
友邦人寿江阴支公司	15603.91	37.56	824.49	87.81	305.63	5.03
中意人寿江阴支公司	57241.02	13.97	167.95	56.96	3334.65	15.31
人民人寿江阴支公司	4824.75	-16.14	107.13	-73.93	1788.04	-79.43
国联人寿江阴支公司	27208.45	8.64	756.24	44.60	1669.94	5.56

（顾 青）

【中国人民财产保险股份有限公司江阴支公司】 2019年,江阴支公司以集团目标为指导,围绕市政府所思、市场所需和群众所盼,以使命牵引发展,以创新助推发展,以服务支撑发展,积极融入江阴经济社会发展大局,各项工作取得新的进展。年内,支公司连续第三次获评总公司标杆县区支公司、集团公司五一劳动奖、江苏省分公司优秀理赔团队、第四年获评江阴市重点骨干企业等多项荣誉。

开设保险新品种。支公司围绕助推经济社会发展,充分发挥保险服务和保障功能,加大产品创新,推动融合发展。年内,IDI建筑工程质量潜在缺陷保险在江阴落地,共签单6笔,首创建筑工程质量管控新模式,有效促进江阴地区建筑质量提升。新开烘干机保险,大大加强农机安全生产源头管理,进一步提高农户风险防范意识。首开小麦收割期间降雨指数保险,有效帮助江阴地区农户减少因降雨造成收割小麦损失。此外,深化警保联动,围绕“构建电动自行车双重安全保障机制”重点工作,在全市各交警中队电瓶车上牌点设立保险服务点,在江阴地区大力推动“非机动车第三者责任保险”,为非机动车驾驶人增添安全保障。

探索农险服务新模式。面对农险发展进入市场化经营新形势,支公司全力应对经营模式转变,确保改革平稳推进,以高度的政治责任感重视改革,以充分准备的态度参与改革,完成承接政府退出份额工作,展现公司多年深耕农村的良好形象,彰显国有骨干企业的使命担当。年内,支公司共承保政策性农业保险险种14个,参保农民5.9万人次,累计承担风险保障4.11亿元;全年处理案件646件,累计赔款金额774.57万元,赔款惠及农户1799户;其中2月暴雪赔付471.05万元,有效促进农业灾后恢复生产、保障社会稳定。

有序推进农网建设。支公司深入贯彻落实服务乡镇振兴战略的工作要求,围绕农险经营模式转变,持续开展农网乡镇机构建设,扎实推进“协保员之家”建设进程,在服务农业现代化、助推脱贫攻坚、支农融资等方面协同推进。年内,按照公司区域柜面一体化建设要求,完成对辖区内8个农网机构的改造工作,严格按照VI手册把门楣、背景墙、防撞条等相关品牌标识,统一改造成为“PICC中国人民保险”,有效统一和提升PICC人民保险网点形象,提高客户对营业网点的视觉及服务体验。

积极履行社会责任。持续深入开展与青阳镇悟空村结对帮扶工作,组织员工参加江阴市元旦公益徒步、“3·15”公益宣传咨询服务、防范非法集资暨金融领域扫黑除恶专项斗争集中宣传月、全国保险公众宣传日“7·8”扶贫健步走等活动,广泛开展保险进社区、进街道、进企业宣传活动,大大普及消费者的保险知识,有效提高公众的保险意识。

稳步提升服务质量。支公司通过深入复制推广“南京模式”,大力开展微信理赔、空中救援、电子投保单、“心服务站”等,有效深入推进卓越理赔服务工程,提升保险消费者体验,以优质服务和品牌影响力锁定保险消费者。此外,深化警保联动,先后成立周庄和新桥2个交通警保合作站点,探索形成警保联动安全管理的长效机制。支公司全年累计承担风险9433亿元,处理各类事故案件6.2万件,支付赔款5.1亿元;参与响水“3·21”重特大事故处理,共赔付财产险7305.9万元,预赔公众责任险1000万元,受到国务院“3·21”重特大事故善后工作组的充分肯定。

2019年年末,支公司完成保费收入80923.68万元,其中,车险保费收入61971.14万元、非车险保费收入17457.16万元、农险保费收入1495.38万元。市场份额保持第一,持续引领江阴财险市场。(卞　莉)

【中国人寿保险股份有限公司江阴支公司】 2019年,江阴支公司根据所面临的外部形势和内部诉求,提出“守初心、担使命、秉刚韧、促精进”新精神。是年,支公司以主管晋升激励方案为抓手,以江阴原有的将才营运作为载体,持续塑造晋升文化,引导有意愿发展的优秀新人通过一个季度的强化训练成长为主管。三季度新晋升主管83人,实现主管队伍的不断“换血”,保持整个队伍张力,彰显江阴主管队伍的活力。队伍建设凸显“主管为尊、晋升为荣”和精英队伍文化,彰显公司价值及文化导向,鼓舞一线员工的士气,激励一线员工追求荣誉不断晋升。年末,支公司获评江阴市重点骨干企业。

推进转型升级。支公司深刻认识到想求突破求发展,必须主动求变,主动谋划,加快转型。发展的方向是销售从平台、项目高占比转到自展销售为主;增员从项目运动式增员转到常态、增育留晋体系建设上来;日常管理从内勤包打“天下”转到外勤主导、星导辅导、内勤督导上来;从传统经营转向精准分类定向经营、专业化经营上来。2019年以“五才(雄才、聘才、帅才、将才、优才)驱动”为人力发展的原动力,优化帅才、将才、优才核心“三才”运作,赋予更多的内涵。

内部改革升级。为进一步激发公司发展活力,应对管理幅度较宽的情况,2019年公司大力推进改革创新。根据省公司鼎新工程“三定”改革方案,在管理架构上,关键人群行政化管理,内勤侧重市场化管理的经营导向,准确对“作战”单元进行定位,明确各自职责与所司目标,发挥上下联动整体合力推动作用。在用人机制和考核机制上,江阴公司坚持绩效导向,针对管理层和员工,建立与公司业绩息息相关的季度和年度的绩效考评机制和干部考评机制,能者上,庸者下,让能干事、干成事的人员赢得尊重,获得收入,让公司全体员工都以奋斗为荣。

2019年年末,支公司全年实现总保费收入19.96亿元,占江阴市场份额40%。江阴支公司个险渠道保费规模持续保持系统县支公司第一名,连续第17年蝉联第一。

(刘　燕)

证券·典当

【证券】 2019年,江阴市主要有华泰证券江阴分公司、国联证券江阴分公司、东北证券江阴营业部、南京证券江阴营业部、光大证券江阴营业部等25个证券公司,全年开户数32.03万户,托管市值881.07亿元,年度交易额7520.52亿元,营业收入19176.5万元,上缴税金401.8万元。

2019年驻江阴市主要证券营业部经营情况一览表

表30

单位 \ 指标	开户数(户)	托管市值(亿元)	交易额(亿元)	营业收入(万元)	上缴税金(万元)
华泰证券江阴分公司	131517	570.68	3792.23	9024.82	77.36
国联证券江阴分公司	32863	27.32	563.04	2092.07	10.30
东北证券江阴营业部	46951	54.28	980.07	2997.98	15.29
南京证券江阴营业部	22742	98.26	334.58	1356.74	222.83
光大证券江阴营业部	5091	20.37	112.33	391.74	1.47
东吴证券江阴营业部	2876	6.27	153.16	434.94	2.87
海通证券江阴营业部	16096	14.06	261.11	393.17	2.98
中信证券江阴营业部	5580	5.73	141.64	172.28	1.68
中泰证券江阴营业部	5407	7.51	86.21	277.09	9.93
银泰证券江阴营业部	564	0.51	27.10	80.02	2.35
西部证券江阴营业部	2547	12.83	142.93	327.16	1.16
东海证券江阴营业部	2023	2.23	49.85	83.20	0.42
银河证券江阴营业部	16497	23.96	159.60	525.30	16.20

续表30

单位＼指标	开户数(户)	托管市值(亿元)	交易额(亿元)	营业收入(万元)	上缴税金(万元)
国元证券江阴营业部	4485	12.07	17.17	32.43	0.20
国信证券江阴营业部	4982	0.91	14.15	44.96	3.01
长城证券江阴营业部	3106	4.21	258.71	140.47	9.06
招商证券江阴营业部	4718	11.32	94.74	127.94	0.81
长江证券江阴营业部	6149	1.53	68.72	99.48	10.68
中天证券江阴营业部	181	0.09	1.77	9.34	0.00
东方证券江阴营业部	1257	0.74	35.42	92.31	0.06
中信建设证券江阴营业部	1874	2.84	108.65	221.22	0.01
广州证券江阴营业部	243	0.17	2.01	12.14	0.06
东方财富证券江阴营业部	537	0.61	41.22	59.67	0.01
申万宏源证券江阴营业部	1150	2.30	65.48	139.97	12.77
天风证券江阴营业部	858	0.28	8.63	13.06	0.30

【典当】 2019年,根据上报的江阴大阳典当有限公司、江阴泰昌典当行、无锡银信典当有限公司、江阴市元通典当有限公司、无锡宝信典当有限公司(分公司)等8个典当公司的数据,至年末的经营情况为当户数1025户,典当余额12484万元,绝当贷款余额2042万元,上缴税金19.45万元。

2019年江阴市主要典当公司经营情况一览表

表31

公司名称	当户数(户)	典当余额(万元)	绝当贷款余额(万元)	上缴税金(万元)
江阴大阳典当有限公司	404	1108.79	447.00	2.93
江阴泰昌典当行	145	1911.40	1517.40	4.44
无锡银信典当有限公司	50	1990.80	77.06	0.00
江阴市元通典当有限公司	101	1987.00	0.00	0.66
无锡宝信典当有限公司(分公司)	8	2151.10	0.00	11.07
江苏天华典当有限公司(分公司)	264	302.04	0.00	0.35
江苏新亿典当有限公司江阴分公司	8	1140.00	0.00	0.00
江苏瑞祥典当有限公司	45	1892.30	0.00	0.00

(顾　青)

■类目编辑　纪晓华

口岸管理

【概况】 2019年，根据江阴市机构改革统一部署，市口岸办于2月底转隶至市商务局。江阴口岸认真贯彻落实国务院、省政府优化口岸营商环境促进跨境贸易便利化要求，加大力度，积极作为，口岸营商环境不断优化，进出口通关时间不断压缩，有力助推江阴开放型经济和服务业高质量发展。中信中煤(江阴)码头有限公司2个5万吨级码头通过省级开放验收。完善电子口岸建设，全面推广国际贸易"单一窗口"应用。开展多种形式的共建活动，口岸凝聚力得到提升。口岸全年完成货物吞吐量2.31亿吨，比2018年增长31.71%，外贸运量5250.14万吨，比2018年增长19.39%，集装箱吞吐量53.93万标箱(其中外贸4.17万标箱)。

【江阴口岸被评为江苏省运行管理先进口岸】 近年来，江阴口岸始终站在城市转型的前沿地带，为江阴外向型经济发展提供不竭动力。至2019年年底，江阴口岸拥有对外开放泊位40个，成为江阴外向型经济优化提升的有力支撑。江阴口岸被省商务厅评为省运行管理先进口岸，市商务局口岸办被评为运行管理先进口岸共建活动先进组织者。

【中信中煤(江阴)码头有限公司2个万吨级泊位对外开放】 2019年1月29日，中信中煤(江阴)码头2个5万吨级泊位通过江阴口岸对外开放预验收，经江阴市、无锡市同意于6月上报至省政府。11月29日，码头通过省级开放验收，至此，江阴口岸开放码头由38个提升至40个，为江阴外向型经济发展提供更加有力的平台支撑。由中国中信集团有限公司和中国中煤能源集团有限公司共同出资组建的码头，位于江阴芦埠港河与申港河之间，占地面积45.47公顷，总投资12.8亿元，配套建设5个条形煤场以及2个圆堆，分别具有64.2万吨和35万吨的堆存能力，并配备先进高效的装卸设备，年吞吐量可达2300万吨，将成为辐射南通、泰州、扬州的长江中下游重要物流集散中心。

【江阴跨境电商线上综合服务平台完成上线测试】 江阴跨境电商线上综合服务平台于2018年12月由原市口岸办向市政府申请建设费用，2019年1月市长批示同意，同年6月，通过市财政局、市大数据中心组织的专家评审，10月，由市商务局通过招标确定该项目建设单位为江阴电子口岸有限公司。至12月，该项目经完成配套服务器硬件的配置上线及网站的部署上线，配套所需的海关跨境电商数据通道通过海关总署审批。项目上线后，将建成面向江阴全市的跨境电商唯一门户，成为整个江阴跨境电商贸易的大数据中心，同时，平台也将为江阴政府对跨境业务量和发展动态进行全面掌握，为外贸决策提供针对性支撑。

【推进口岸降本减费】 2019年，根据交通部收费标准的变化，市口岸办完成口岸收费数据汇总和上报，各开放码头单位修改完善收费项目及收费标准后重新公示。按照交通部、商务部等11个部委要求，对口岸集装箱进出口作业时限进行规定及公示。推进查验无问题费用改革，降低企业通关成本，全年累计减免费用16.47万元，惠及企业71个次。(冯春雷)

【江阴港货物吞吐量突破2.3亿吨】 2019年，江阴港累计完成货物吞吐量突破2.3亿吨，比2018年增长31.71%。煤炭重新成为江阴港第一大货种。长江水上过驳煤炭取消后，江阴港煤炭吞吐量明显增加。煤炭及制品1—12月吞吐量9342.17万吨，比2018年增长47.19%，占全港吞吐量40.39%。得益于江阴港大宗散货海进江最优区位特点，随着码头日趋规模化、专业化，矿石进港成本优势凸显，金属矿石吞吐量增长。金属矿石1—12月吞吐量8695.15万吨，比2018年增长17.42%，占全港吞吐量37.59%。受中美贸易摩擦影响和环保连带关系，外贸公司减少对苏南国际集装箱码头的进出量，集装箱吞吐量下降。全年完成集装箱吞吐量53.93万标箱，外贸箱量41473标箱，分别比2018年下降6.02%和11.21%。外贸吞吐量5250.14万吨，比2018年增长19.39%，其中进港5011.68万吨，比2018年增长20.50%，出港238.46万吨，比2018年增长0.1%。

2019年江阴港分货类吞吐量一览表

表32　　单位:万吨

货物分类	吞吐量	进出港吞吐量		外贸内贸吞吐量		占全港(%)	比2018年增减(%)
		进港	出港	外贸	内贸		
煤炭及制品	9342.17	5482.68	3859.49	143.01	9199.17	40.39	47.20
石油、天然气及制品	767.99	527.56	240.43	217.71	550.28	3.32	2.69
金属矿石	8695.15	4893.96	3801.19	3755.16	4939.98	37.59	17.43
钢铁	1078.35	778.99	299.36	209.73	868.62	4.66	137.68
矿建材料	695.22	383.51	311.71	4.35	690.87	3.01	123.64
木材	3.01	1.41	1.60	0.42	2.59	0.01	-80.44
非金属矿石	5.93	5.93	0.00	0.00	5.93	0.03	-29.44
化肥及农药	56.22	33.08	23.14	0.17	56.05	0.24	102.17
粮食	198.52	166.88	31.64	46.89	151.63	0.86	-27.82
机械、设备、电器	66.32	9.49	56.83	24.24	42.08	0.29	20.45
化工原料及制品	1572.54	1266.78	305.76	825.07	747.47	6.80	3.70
有色金属	10.91	3.95	6.96	0.06	10.85	0.05	50.90
轻工、医药产品	79.65	61.28	18.37	1.70	77.95	0.34	-9.89
农、林、牧、渔业产品	46.32	8.69	37.63	0.87	45.45	0.20	28.95
其他	510.18	251.58	258.60	20.75	489.43	2.21	85.88
总计	23128.49	13875.77	9252.72	5250.14	17878.35	100.00	31.71

说明:吞吐量统计口径不包括靖江园区

(徐　梦)

海　事

【概况】 2019年,江阴海事局围绕水上安全监管中心工作,全面推进"六个示范引领"(党建工作示范引领、船舶污染防治示范引领、选船示范引领、本质安全示范引领、风险分级管控和隐患排查治理双重预防机制示范引领、人才战略示范引领),巩固"全国文明单位"和"安全畅通文明航区"创建成果,完成年初部署的各项工作目标任务。全年辖区进出港船舶34.2万艘次,船载货运量3.43亿吨,其中外贸货物运量5134.87万吨,分别比2018年增长28.26%、19.39%、21.33%,征收港口建设费3.09亿元,比2018年增长15.49%。全年安检船舶1077艘次、滞留船舶17艘次;船舶大气污染防治登轮检查2374艘次,燃油取样448艘次,增长192%;船舶交通管理中心(VTS中心)运行8760小时,提供信息服务97846次,交通组织5898次,避免险情132次;出动海巡艇巡航5000艘次,巡航里程151276.5海里,巡航时间12472.4小时,出动巡航执法人员13830人次,维护船舶295艘次,查处违章1483起;推动辖区渡船质量提升,督促11艘渡船完成生活污水储存柜改造,新投入32车位渡船4艘,淘汰老旧客渡船3艘,全年安全渡运人员196.3万人、车辆147.5万辆、货物2157万吨;组织水上搜救行动115次,救助遇险人员520人、遇险船舶151艘,人命救助成功率100%。是年,辖区未发生一般以上等级水上交通事故,未发生船舶污染事故,水上安全形势持续稳定。

【船舶安全管理】 2019年,江阴海事局加强客汽渡船舶、危险品船舶、易流态化固体散装货物运输船舶、砂石运输船舶"四类重点船舶"受限船监管,完成中华人民共和国成立70周年、第七届世界军人运动会、第二届中国国际进口博览会等重大活动、重点时段水上安保工作。组织开展"船舶进出港报告巩固提升年"专项活动、中小型船舶专项整治行动、进江海轮专项活动等"三大专项行动",深化内河船涉海运输海砂治理,打击水上突出违法行为,净化水上通航环境。开展过驳区"零超载"铁腕整治行动,通过强制卸载、信誉管理等手段解决过驳区小型船舶超载问题。加强重点横越风险管控,加大海轮靠离泊、横越行为重点监控,严查横越违法违规行为。抓好市水上专委会工作,充分发挥专委会职能,加强与市政府涉水部门协调、联系、沟通,与农业、水利、交通、公安、生态等部门联合开展电鱼船、"三无"(无船名船号、无船籍港和无船舶证书)船、非法采砂船等联合整治,共同打造安全畅通便捷的水上交通环境。构建新夏港河口联合监管机制,与市交通运输局、水利局等密切沟通,加强联动,齐抓共管,实施交管中心、无人机、CCTV(闭路电视监控系统)、海巡艇立体化监管,小型船舶进出新夏港河口通航秩序得到极大改善。

【船舶防污染管理】 2019年,江阴海事局强化危化品船舶管理,实施高质量选船机制，开展液货船选船检查315艘次，选船检查率100%，淘汰船舶28艘次。加大洗舱监管和未列明货物监管，查处危险货物谎报瞒报违法案件11件。加大船舶燃油质量抽检力度，开展船舶燃油取样652艘次，比2018年增长110%，到港船舶岸电使用2946艘次，比2018年增长39%，查处危防违法案件223件，比2018年增长1800%。编制危化品船舶应急防污资源分布图、船载危化品安全风险手册，推动石利港区水上洗舱站项目开工建设，推动辖区危化品作业品种减少24种。推动辖区16艘油趸船、11艘渡船完成生活污水改造，查处船舶未封舱事件81件，有力推进"江河碧空"蓝天保卫四号行动。

【服务地方经济发展】 2019年，江阴海事局主动对接"大船大港大物流"建设。完成7艘40万吨试航船、3艘万标箱试航船、330米"江山坞"移坞、常泰大桥6号墩沉井等进出港维护保障。充分发挥12.5米深水航道效应，保障受限船舶进出港2000余艘次(其中好望角型381艘次)，未发生一起水上交通事故，受限船装卸货物共计1.07亿吨，为码头企业创造经济效益约17亿元，为相关企业节约成本约32亿元，有力提升江阴港货物吞吐能力，提高港口竞争力和美誉度。开展"大干一百天，全力保工程"活动，投入执法人员5800余人次、船艇1800余艘次，历时112天，完成江阴第二过江通道勘探工程施工维护。全面落实江苏局优化营商环境35项举措，建立政务窗口并联办理、绿色通道、预约服务事项清单，开发锚泊申请、渡船报告、受限船舶报告电子化模块和水文气象微信APP(应用程序)，实现手机报告、实时查询，提升航运效率，为港航企业节约成本约3亿元。全年保障7艘40万吨试航船、3艘万标箱试航船等特种船舶安全过境。

【水上文明创建】 2019年，江阴海事局被评为江苏省文明单位，政务中心获评省级机关青年文明号，利港处、黄田港处分别创成直属海事系统"模范职工小家""先进职工小家"。牵头联合市交通运输局、水利局等沿江政企单位成立"清洁美丽长江党建联盟"，推进"江河海统筹一体化监管""一零两全四免费"(靠港和锚泊船舶污染物零排放、全接收，在航船舶污染物排放全达标，免费生活垃圾接收、免费生活污水接收、免费水上交通、免费锚泊)，构建水上安全治理"共同体"。参与"美丽长江水上行""生态示范沿江行"等活动，组织开展水上安全知识讲台等志愿服务，"水上安全知识进校园"项目被评为江苏省优秀青年志愿服务项目。着力打造"江阴市新时代文明实践点""清洁美丽长江志愿者联盟实践基地""新时代文明实践第一船"等文化阵地，通过水上文明引导职工队伍向上向善，提升干事创业热情。 (常　佳)

海　关

【概况】 2019年，江阴海关以习近平新时代中国特色社会主义思想为指导，深入贯彻中共十九大和十九届四中全会精神，积极履行海关职能，促进全市开放型经济健康发展。全年累计监管进出口货物3874.9万吨，货值132.2亿美元；验放报关单5.3万票，征税104.5亿元；立案侦办走私犯罪案件8件，案值4213万元，涉税2268万元，查证走私进口"洋垃圾"废PET(涤纶树脂)1700余吨；立案调查行政违法案件112件，案值1106万元，涉税238.8万元，罚没入库34.62万元，案件补税952.23万元。

【机构改革】 2019年1月，江阴海关按照党和国家机构改革部署要求，在将原出入境检验检疫管理职责和队伍划归海关，统一对外开展工作的基础上，完成机构改革职能配置、机构设置和领导职数规定工作，改革后江阴海关机构为正处级，功能类型偏口岸综合型，设17个科级机构，管辖江阴市的各项海关管理工作。

【缉私专项行动】 2019年，江阴海关全面贯彻习近平总书记等中央领导关于打击走私工作的重要指示批示精神，年内开展"国门利剑2019"专项行动，高压严打非设关地走私，4—8月，连续侦破5件在非设关地码头走私进口白糖案，查扣走私船舶4艘，扣押走私白糖2675吨，抓获走私犯罪嫌疑人56人，该系列案件被海关总署缉私局列为二级挂牌督办案件；开展"蓝天2019"专项行动，侦破走私"洋垃圾"案件2件，查证走私进口废PET1700余吨。

【截获有害生物】 2019年5月，江阴海关从进口大麦中截获多头软体动物，经江阴海关外来生物检疫实验室鉴定并送福州海关技术中心复核，认定为全国首次截获的一种危险性有害生物皱纹沙丘蜗牛(Candidula intersecta)，该有害生物是一种陆生蜗牛，属于湿螺科(Hygromiidae)，在中国尚无分布，此蜗牛原产于欧洲，已入侵至美国、澳大利亚和新西兰等地区，主要危害苹果、梨和桃树等果树，是重要的农业害虫。江阴海关依法对该批大麦进行检疫监管处理。7月，江阴海关在一艘来自中东地区的"GRACE C"号船舶所载货物板坯使用的垫木上发现数头活体天牛幼虫，经江阴海关外来生物实验室鉴定并送南京海关动植食中心植检实验室复核，认定该批活体天牛幼虫为糙角薄翅天牛(Megopis scabricornis)；7月4日，经中国检验检疫科学研究院确认为全国首次截获。该种天牛在中国尚无分布，且多钻蛀木材，危害林木。是年，该轮所有垫木在海关监管下实施检疫除害处理。

【进口货物"两步申报"改革】 2019年9月11日，江阴海关作为南京关区首个"两步申报"改革试点单位，江苏首票进口货物"两步申报"改革试点业务在江阴落地。该票业务由江苏利士德化工有限公司申报进口，货物为3000余吨乙烯，货值291万美元，涉及税款290万元。"两步申报"是海关一项重要通关改革措施。在这种新通关模式下，企业不需要一次性提交全部申报信息及单证，可以分成两步走。第一步为概要申报，企业最少只需要填制9项项目即可完成申报，实现提离；第二步为完整申报，自运输工具申报进境起14日内，企业补充提交满足税收征管、海关统计等所需要的相关信息和单证，按规定完成税款缴纳等流程。"两步申报"模式不仅让通关速度更快、物流成本更低，而且让企业有更充足的时间去获取货物信息，大大提升申报准确率。

【江阴综合保税区封关运营】 2019年3月28日,江阴综合保税区现场业务代码2397项下首批进口报关产生,标志着江阴综保区正式封关运行。江阴综保区成为关区内首个全面使用金关二期区域系统进行监管的特殊区域。年内,江阴海关积极推动国务院《关于促进综合保税区高水平开放高质量发展的若干意见》在辖区落地,结合实际重点发展服务船舶的物流分拨中心、服务跨境电商的销售服务中心和服务江阴产业转型升级的加工制造中心,办理"首次应用金二区域系统""首次开展保税展示业务""跨境电商商品首次在综试区城市综保区内流转""保税仓储货物与跨境电商商品账册互转"等多项关区首创业务,助推江阴综合保税区充分释放强大平台红利。 (李梦晓)

边防检查

【概况】 2019年1月1日,依据中共中央《国家移民管理体制和公安边防部队改革方案》和中央编办《关于明确国家移民管理局所属行政机构名称的函》等文件精神,江阴边防检查站正式转隶,并更名为中华人民共和国江阴出入境边防检查站(以下简称"江阴边检站"),隶属中华人民共和国江苏出入境边防检查总站,为正处级单位。是日,该站举行揭牌暨集体换装仪式。是年,江阴边检站按照全国公安工作、全国移民管理工作和总站工作会议部署要求,聚焦"强富美高"新江阴建设,充分发挥职能优势,推进边检治理体系和治理能力现代化,忠诚履行维护稳定和服务发展"两大职责使命",以实际行动推动江阴经济高质量发展。全年,动用警力10000余人次,检查出入境(港)中外籍船舶4666艘次、中外籍旅客员工92223人次,巡视检查各类靠泊船舶12000余艘次,办理各类边检许可证件32553份,核查船舶轨迹2851艘次,甄别各类报警和人员背景核查5000余人次;检查出入境人员行李物品150件,查处违法违规案件6件4人次,船舶2艘次,查获政治敏感类音视频2起5部。开通"边检绿色服务通道"54次,救助5名遇险船员,为船员家属会亲提供便利3次;联合相关单位开展水上反恐演练、口岸联合巡查、港区清查整治、打击非设关地走私、安全生产专项整治"雷霆行动"等专项活动6次,推进平安口岸"雪亮工程",收到锦旗6面,感谢信7封。组织警力到企业码头走访调研、提供法律法规咨询、现场办公6次,开展边检业务培训2场次。年内,江阴边检站与苏锡常片区各边检站签订推进边检工作高质量一体化发展实施意见,研究制定5项边检服务举措,与口岸企业单位签订合作备忘录、联动协议3份,与码头开放单位签订码头自管责任状20份,联合登临检查13次,组织开展实战演练4次,完成中华人民共和国成立70周年,全国全省"两会"、第二届"一带一路"国际合作高峰论坛、世界园艺博览会、亚洲文明对话大会、第七届世界军人运动会、第二届中国国际进口博览会、澳门回归祖国20周年庆典等重大边防安保任务;连续3年开展"深化边检服务、促进企业发展"大走访活动,走访企事业单位11个,外籍船舶531艘次,服务对象2163人次;先后开展"警营开放日"、法律法规宣传等活动6次,发放回收征求意见表600余份,解答各类咨询事宜58条,为企业、群众解决实际困难6件,为广西壮族自治区三江侗族自治县独峒镇玉马村篮球场、道路安装150盏太阳能路灯。组织民警到江阴市军事文化博物馆,开展"追忆烽火岁月 担当时代使命"主题宣誓活动,到73676部队开展参观交流活动,拓宽思路和眼界。是年,江阴边检站执勤二队被江苏出入境边防检查总站评为成绩突出集体,1名民警被江苏省出入境边防检查总站评为成绩突出个人,4名民警被江苏省出入境边防检查总站荣记个人三等功,1名民警被江苏省出入境边防检查总站嘉奖。

【中华人民共和国成立70周年边防安保工作】 2019年7月25日至10月3日,江阴边检站聚焦中华人民共和国70周年大庆安保这一主线,坚持细致精致极致的工作理念,全警动员、部门联动、警企结合,狠抓安保措施落实,为70周年大庆营造政治昌明、和谐有序、通关高效的口岸环境。自7月25日起,江阴边检站按照上级要求,成立70周年大庆边防安保指挥机构,通过召开党委会、专题办公会等形式传达学习上级安保有关政策规定和上级领导批示指示精神,制定站安保工作总体方案及配套工作预案,明确工作任务、目标、步骤、措施和要求,建立畅通、高效、统一的领导指挥机制,各级进行层层动员部署,统一思想,队伍进入安保状态,全面启动口岸风险评估预警机制,在安保临战阶段(8月初至9月19日),召开70周年大庆安保誓师大会,进一步鼓舞士气、激励斗志,层层抓好工作落实,部署开展百日安全竞赛等专项活动,全面加强口岸查控、内部安全管理,确保口岸、队伍"双稳定"。全面落实24小时值班值守制度,成立5人组应急小队,按照工作方案开展针对性训练、演练,完善并执行人员培训、汇报交流、风险评估、协作配合、区域联动、综合保障等安保工作机制,加大进出口岸船舶、人员排查力度,与兄弟单位建立信息共享机制,时刻掌握口岸动态。在安保实战阶段(9月20日至10月3日),启动实战阶段安保措施、安保等级勤务,领导小组下设机构相关人员进入24小时备勤状态,各工作组每天1人参与指挥中心值守,强化实体指挥,组建前进指挥所,深入重点单位靠前指挥、督导帮扶,落实战时管控,全面启动信息每日研判制度,动态评估风险隐患,制定工作对策,常态化开展督导检查,即查即改、随查随改,及时消除各类隐患,应急分队24小时进入实战状态,随时待命,营造平安、稳定的边防环境。整个安保期间,研究制定口岸管控13项举措、决战决胜9项措施、战时指挥6项机制等系列安保工作技战法,全站出动警力2000余人次,动用车辆200余台次,检查出入境船舶1100余艘次,入出境人员23331人次,检查重点国家船舶4艘次,重点国家人员29人次,办理各类边检许可证件10000余份,与口岸联检单位开展联合登临检查7次,检查搭靠船舶78艘次,船艇检查16艘次,查处违法违规案件3件1人次船舶2艘次,查获收缴政治敏感类音视频5部。

【开展水上反恐演练】 2019年10月16日,江阴边检站为有效打击恐怖暴力违法犯罪活动,维护口岸辖区及社会面管控的安全稳定,联合无锡武警支队开展水上反恐演练。演练共设水上武装巡逻、秘密潜入、无人机侦查、室内抓捕、解救人质5个科目。参训人员受领任务后,立即按科目设置启动预案,迅速集结人员、装备、物资,依照指挥、行动、通信、保障、医疗5个应急小组开展行动,参演双方动用枪械400余支、车辆船只16辆(艘)次、烟雾弱弹等弹药40余发。该次演练最大的特点是贴近实战,扁平化的指挥体系和小组化作战更符合现代化反恐作战的需要。演练中全体人员始终保持高度的警惕性,有效彰显联勤联动、维稳打赢的综合实力,也为移民管理队伍进一步捍卫政治安全、维护社会安定、锻造公安铁军队伍、履行新时代职责使命提供强有力的支撑。（刘海波）

长江引航

【概况】 2019年,长江引航中心围绕"平安、绿色、服务"原则,聚焦"安全强基固本、服务提质增效、队伍凝心聚力"三大任务,助推沿江区域经济社会高质量发展,各项工作成效明显。是年,长江引航中心引领中外籍船舶62205艘次(含移泊12409艘次)、里程804万千米、净吨6.32亿吨。其中引领国际航线船舶44564艘次(含移泊9828艘次),国内航线船舶17640艘次(含移泊2581艘次)。引领江阴港中外籍船舶6993艘次(含移泊744艘次)、里程95.9万千米、净吨8958万吨,比2018年分别增长2%、4%、17%。长江引航中心及所属江阴引航站、南通引航站获评江苏省文明单位,江阴引航站支部荣获江阴市"先进基层党组织""五星级堡垒党支部"称号,江阴引航精灵服务队获评2018年度江阴市"十佳志愿者项目"。姚泽炎荣获中华人民共和国成立70周年纪念章,王荣达获评全国交通运输系统先进工作者,5人获得"江苏省技术能手"称号。

【引航安全】 2019年,长江引航中心严格落实安全风险分级管控和隐患排查治理双重预防机制,深入开展"引航安全风险隐患排查整治深化年"活动,辨识各类安全风险隐患149项,前移关口防线,抓早抓小抓实,制定防范整改措施519条,印制《长江引航安全风险防控手册》。克服长江通航环境压力,安全引领危化品船舶26700艘次,占引航总量43%,有效应急处置船舶失控险情151次,成功处置"太阳轮"主机失控等重大险情,未发生群死群伤和水域污染等重大事故,为口岸经济高质量发展构筑安全绿色屏障。

【服务港口发展】 2019年,长江引航中心深入实施"阳光引航",践行引航服务承诺,制订长江引航服务标准,优化营商环境。全年引领夜航船舶32748艘次,占引航总量52.7%,引领受限船舶11056艘次,增长9%,其中吃水10.8米以上重载海轮增长29.4%,开普型船舶增长2.1%,充分释放长江黄金水道效能。有效应对寒潮大风、雾霾等恶劣天气影响115天,累计疏港船舶980艘次,实现引航申请受理率和按时开航率100%,保障船舶"快进快出"。成功引领水面以上高度达180米的特种船"振华15轮"、最大宽度137.4米的"巴芬轮"、4艘船长400米2万标箱集装箱船、2艘40万吨级系列散货船等。社会满意度97.84%。

【特殊船舶引领】 2019年,长江引航中心引领江阴港受限船舶1599艘次,比2018年增长35.4%;夜航船舶5427艘次。针对江阴地区重点企业、重点项目,靶向破题,定制方案,依托引航专业技术优势,全年为江阴港共引领10万吨级以上船舶470艘,节约物流成本约15亿元,攻坚克难实现吃水12米重载船舶进出江阴港常态化,让"12.5米深水航道"红利在江阴港进一步释放,切实提升江阴港口经济和实体企业发展空间和竞争力。贯彻落实江阴市关于生态环境保护要求,加强危化品船舶引航安全管理,全年保障4520艘次危化品船舶安全进出江阴港,在污染防治攻坚战中展现引航作为。开辟"绿色通道",服务国计民生保障,优先为进出江阴港332艘次集装箱船、359艘次电煤船、240艘次成品油船、46艘次粮食船等载运民生重点物资船舶提供引航服务。（黄　伟）

船舶检验

【概况】 2019年,中国船级社江阴办事处(以下简称"江阴办事处")贯彻落实中国船级社(以下简称"CCS")系统工作会、安全质量工作会各项要求,开展职业健康安全教育和安全生产月活动,提升服务质量水平,确保检验安全质量;为江阴港口的航运、船舶制造业服务,努力保护江阴港口水上的人命和财产安全,保护相关水域及环境,全年江阴办事处未发生人员安全事故和安全质量责任事故。年内,完成各类船舶检验789艘次,其中入级营运检验船舶256艘次,国内营运检验船舶403艘次,入级建造和国内建造船舶15艘,船舶审核115艘次,各类船用产品检验3637个工作控制号,各类检验总收入5100余万元。

【20.8万吨散货船"CLVOLGARIVER"轮交付】 2019年9月25日,由中国船级社(CCS)负责检验的首艘20.8万吨散货船在扬子江船业太仓基地顺利交付,为中华人民共和国成立70周年献礼。该轮由扬子鑫福造船有限公司为国银租赁建造,被命名为"CLVOLGARIVER"(国银 伏尔加河)轮。该轮于2018年9月11日开工,2019年3月进坞铺底,7月出坞,9月4日试航完成,并于9月25日命名交付,总长299.95米,型宽50米,型深24.9米,设计吃水16.1米,设计航速14.5节。该船从开工至交船共12个月零14天,再一次创造"扬子江速度"。（戴　怡）

■类目编辑　党　辉

城乡建设与管理

城市建设

【概况】 2019年，江阴市住房和城乡建设局聚焦现代化有特色美丽宜居城市目标，突出长江生态安全示范区、城市快速化交通体系、乡村振兴等建设重点，深化统筹协调，注重手续办理，加快拆迁清障，严格施工管理，扎实推进所有项目。临江路西延伸段（韭菜港路—文富路）、致富路雨污水管网工程、韭菜港公园、船厂公园和鲥鱼港公园修缮提升工程和敔山湾幼儿园、徐霞客法庭等10余项项目竣工。绿道大桥道全面建成投运，滨江道、运河道及绿道提升工程扎实推进。黄田港公园基本建成并已开放，锡澄运河公园样板段西岸加快推进。跨锡澄运河临江路桥、林荫大道桥、毗陵路桥和八字桥公园开工建设。“八公里沿江、十公里运河”城市生态“T”台初现雏形。

【毗陵西路道路及排水工程竣工】 毗陵西路工程（西外环路—新长江路）位于镇澄路以南、芙蓉大道以北、新长江路以东、西外环路以西，道路整体呈东西走向。该工程西起新长江路，东至西外环路，全长1929米，红线宽度40米，道路等级为城市主干路，四幅路形式，路宽40米=3米（中间分隔带）+11米（机动车道）×2+1.5米（侧分带）×2+3.5米（非机动车道）×2+2.5米（人行道）×2。采用沥青混凝土路面，水泥稳定碎石基层，人行道面层铺设透水砖。毗陵路西段路面雨水及道路两侧汇水范围内的雨水通过道路雨水管道排出，雨水口设置间距为30米，分别排入新长江路、拟建夏南路、蔡西河内。该工程污水管收集道路两侧的生活污水，其收集的污水分汇总后接入夏东路污水系统内。跨越蔡西河新建桥梁（后经地名办命名为银葫桥），桥梁全长25米，宽40米，跨径布置为20米单跨简支梁桥。该工程由江阴市城乡规划设计院设计，江苏腾飞工程项目管理有限公司监理，无锡市给排水工程有限责任公司、江阴市民用建筑安装工程有限公司、无锡市第二市政工程有限公司负责施工，于2016年3月开工，2019年7月竣工。

【致富路雨污水管网工程竣工】 致富路雨污水管网工程（通渡路—通江路）位于江阴城市西区，管网整体沿东西方向铺设，西起通渡路，东至通江路。雨水管管径800毫米，长度419米，污水管管径450毫米，长度398米。致富路雨水主要收集道路路面雨水以及道路两侧地块的雨水，积水面积2公顷，共一个排水系统，雨水近期与已建通渡路、已建浮桥街雨水系统沟通，远期接纳通渡路部分雨水，并向东排入锡澄运河内；致富路污水收集范围为道路两侧地块的生活污水，污水向东接入通江路已建污水系统，远期接纳通渡路部分污水。该工程由江阴市城乡规划设计院设计，江苏上耀项目管理有限公司监理，江苏恒达建设工程有限公司负责施工，于2019年3月开工，7月竣工。

【临江路西延段工程竣工】 临江路西延段（文富路—韭菜港路）位于江阴滨江地区，长江南岸，呈东西走向，西起文富路，东至韭菜港路，全长约1806米。道路红线宽度为30米，道路范围内北侧设置1.5米花坛，兼作防浪堤。沿线与多条规划道路相交，并跨越锡澄运河设置桥梁一座（主桥长约162.95米），桥梁部分未包含在本次设计及施工范围内。道路等级为城市次干路，路面采用沥青玛蹄脂碎石混合料。道路沿路南北两侧均设置雨水管道，主要收集道路路面及两侧地块的雨水，设置4道污水横穿管，主要接纳北侧公园的污水，以便下一步接入各个南北向道路污水系统。该工程分为两个标段，文富路至通江路段为一标段，由江阴市港城市政工程有限公司施工；通江路至韭菜港路段为二标段，由江阴阳阳建设工程有限公司施工。均由江阴市城乡规划设计院设计，江苏新东方工程管理咨询有限公司监理，于2017年12月开工，2019年7月竣工。

【应天河南侧规划道路竣工】 应天河南侧规划道路（澄南路—花山路）位于江阴市澄江街道应天河南侧，该段道路长度450米，道路红线宽度20米，有双幅路型式，即路宽20米=9米（机动车道）+2米（绿化带）+4米（非机动车道）+1米（人行道）+4米（绿化带），及单幅路型式，即路宽20米=8.5米（机动车道）+0.5米（机非分隔护栏）+4.0米（非机动车道）+1.0米（人行道）+6.0米（绿化带）应天河南侧规划道路雨水及道路南侧汇水范围内的雨水通过道路雨水管道排除，原则上在机动车道及非机动车道边缘均设置雨水口，雨水口设置间距为30米，雨水分别排入应天河和北潮河，道路雨水主管为管径600毫米和1000毫米。应天河南侧规划道路污水由东向西最终接入已建梅园路污水系统，道路污水管分别为管径560毫米、450毫米。该工程由江阴市城乡规划设计院设计，江阴市凯达市政建设工程有限公司施工，江苏中源工程管路股份有限公司监理，于2017年3月开工，2019年10月竣工。

【建新路工程竣工】 建新路（虹桥南路—花山路）工程位于江阴城南地区，道路整体呈东西走向，西起虹桥南路，东至花山路，道路全长约600米。道路横跨新工农河，设置桥梁1座（桥梁总宽28.5米，总长35.04米）。建新路为24米单幅路型式，路宽为24米=15米（机非混行车道）+2米（绿化带）×2+2.5米（人行道）×2。建新路路面雨水及道路两侧汇水范围内的雨水通过道路雨水管道排出，在机非混行车道边缘设置雨水口，雨水口设置间距为30米，经雨水管汇总后排入新工农河内；道路雨水主管分别为管径600毫米、800毫米、1000毫米、1200毫米。污水管收集建新路两侧的生活污水及工业污水，其收集的污水汇总后接入已建花山路污水系统内，污水管管径400毫米。该工程由江阴市城乡规划设计院设计，江阴市澄祥鑫建设有限公司施工，江苏大同建设项目管理有限公司监理，于2019年5月开工，2020年1月竣工。

【大卖场北侧安置房配套道路工程竣工】 大卖场北侧安置房配套道路位于江阴市澄江街道，包括A号路和B号路，其中：A号路道路整体呈南北走向，北起青山路，南至B号路，道路全长约246.75米；B号路道路整体呈东西走向，西起通渡路，东至A号路，道路全长约211.5米。大卖场北侧安置房配套道路为16米单幅路型式，即路宽16米=11米（机非混合车道）+2.5米（人行道）×2。该工程路面雨水及道路两侧汇水范围内的雨水通过道路雨水管道排出，原则上在机非混行车道边缘设置雨水口，雨水口设置间距为30米。A号路收集的雨水由北向南排入A号路南段拟建雨水系统，B号路收集的雨水由西向东排入A号路南段拟建雨水系统，向西与通渡路已建雨水系统沟通，管径分别为300毫米、600毫米、800毫米。道路污水管收集大卖场北侧安置房配套道路两侧的生活污水，A号路污水由南向北接入已建青山路污水系统，B号路污水由西向东接入B号路东段拟建污水系统。污水管为重力管，管径为400毫米。该工程由江阴市城乡规划设计院设计，江阴市市政建设工程有限公司施工，江苏飞扬建设咨询管理有限公司监理，于2019年3月开工，2020年1月竣工。

【春申幼儿园工程竣工】 春申幼儿园工程位于澄江街道林荫大道东、春晓路南侧，大桥小学南侧，总建筑面积3600平方米。占地0.55公顷，4轨12班，共1幢楼，总建筑面积3762平方米，其中地下消防水池196.16平方米，包括新建教学楼、校园信息化工程、室外运动场地、道路、景观绿化等。该工程由无锡市勘察设计研究院有限公司勘察，杭州国美建筑设计研究院有限公司设计，江阴市第八建筑安装工程有限公司施工，江苏外建工程管理有限公司监理，于2017年8月开工，2019年1月竣工。

【敔山湾幼儿园工程竣工】 敔山湾幼儿园项目位于江阴市海棠路南，银桂路东、金桂路西、规划路（敔山美嘉城北侧道路）北，学校规模为5轨15班，建筑面积为5031.9平方米（地下一层，地上框架三层），包括新建教学楼、办公楼、室外运动场地、信息智能工程、景观绿化等。建筑平面大致是3栋相对独立教学楼与办公楼由二层广阔连廊平台相连，整体建筑色调比较鲜艳活泼。教室内有多媒体互动设施、独立厕所淋浴区、幼儿午睡室、中央空调等。室外运动场地有沙坑、游戏设施区、环建筑塑胶跑道等组成。该工程由江苏中锐华东建筑设计研究院有限公司设计，江阴市华夏建筑工程有限公司施工，江阴市澄宁项目管理咨询有限公司监理，于2017年10月开工，2019年8月竣工。

【徐霞客法庭审判业务用房工程竣工】 江阴市法院徐霞客法庭审判业务用房工程位于徐霞客镇客运站南，外环东路西、环镇北路北侧，建筑面积为业务用房3136.7平方米，门卫82.63平方米，建筑层数地上三层，建筑高度12.2米。该工程由大连建筑设计发展中心设计研究院有限公司设计，江阴市华夏建筑工程有限公司负责土建施工，江阴市华澄建筑安装工程有限公司负责装饰施工，江苏中源工程管理有限公司监理，于2017年7月开工，2019年9月竣工。

【江苏（江阴）沿江危险化学品应急救援基地工程竣工】 江苏（江阴）沿江危险化学品应急救援基地是江苏省首个省级危险化学品应急救援基地，并列入省政府“263”*重点项目和省安全生产“十三五”规划，该项目位于临港经济开发区利港机械产业装备园，利港派出所西侧（原利港中学校区），占地约4.67公顷。其中应急指挥综合大楼建筑面积8300平方米，内设应急救援指挥中心、应急逃生训练室、电子化考场、专业技能实操考试室、多媒体教室等室内培训课室以及住宿、餐厅和办公室等；室外技能比武区面积约6000平方米，是集技能比武、技能训练、救援直升机停靠、公共活动为一体的区域，主要包括救援直升机、训练器材等。该工程由江苏中锐华东建筑设计研究院有限公司设计，江苏新东方工程管理咨询有限公司监理，江苏滨建集团有限公司负责土建施工，江阴市城市建设有限公司负责室外基础工程施工，于2017年9月开工，2019年9月完成应急指挥综合大楼、室外景观绿化、设备用房的竣工验收。 （邱　敏）

城市管理

【概况】 2019年，江阴市城市综合管理局坚持中共十九大精神和习近平新时代中国特色社会主义思想，深入贯彻市委十三届七次全会要求，巩固提升文明城市创建新成果和积极响应集成改革新要求,深化“四大品牌”(文明创建品牌、集成改革品牌、江阴标准品牌、队伍建设品牌),推进“1310 工程”“优美环境合格区建设”,夯实网格化管理基础,优化生活服务体系建设,突出“抓重点、补短板、强弱项”的基本方向,精准落实存量历史问题的化解性措施和缓解性方法,开启城市综合管理新征程。全年依法查处行政处罚案件 3419 件,查处违法建设 1174 起、7.8 万余平方米;特种垃圾许可业务进驻市行政服务中心,市民办理更加便捷高效,全年办理行政许可 897 件,办理特种垃圾准运证 24916 张。是年,获得江苏省“七五”普法中期先进集体、江苏省公共机构节能示范单位、无锡市“十三五”公共机构能源资源节约规划中期评估考核情况先进单位等荣誉,江阴市城区被评为无锡市城市精细化管理“优秀城区”,城市管理“非接触式”执法项目被评为 2019 年度法治江阴建设惠民实事工程,获评 2019 年度法治无锡建设惠民实事工程评审第四名。朱彬获评“无锡十佳最美城管人”,王纯洁获评首届江阴市“最美退役军人”。

【优化市容环境秩序】 2019 年,江阴市城市综合管理局坚持以整开路、全面整治、突出重点、长效巩固,进一步抓好市容管理标准的执行和落实,开展各类整治 340 次,清除“三乱”(乱张贴、乱涂写、乱牵挂)8100 余处,查处违停 2.5 万余起。开展江阴绿道不文明行为专项整治,开通“贴心犬管”APP(应用程序),教育劝离绿道遛犬、骑车、举办商业活动、吸烟等不文明行为 680 多起。推行违法建设城管、公安、村(社区)、物业“四位一体”管控模式,完善市、镇(街道)、村(社区)、物业多级管控体系,深化重大案件挂牌督办制度,与物业公司签订“市容和环境卫生责任书”,拆违章建筑 1174 起,7.8 万余平方米。组织开展户外广告专项整治,拆除违法违规户外广告和店招店牌设施 2.6 万平方米、灯杆旗 3000 个。突出部门联动、共治共享,联合公安、公用事业等部门开展全市主干道沿线暴露垃圾专项检查,整治查处涉及 9 个镇(街道)的暴露垃圾问题 38 处 5362 平方米。致力大气污染防治,不断强化建筑垃圾运输、建设工地、露天烧烤、餐饮油烟、垃圾焚烧、VOCs(挥发性有机物)专项整治等工作,查处环境保护管理方面案件 190 件;落实污染防治综合监管平台,日常检查线索上报 175 条,签收“12345”民生热线电话推送线索 191 条,办结率 95%。圆满完成文明城市创建复审、中考、高考等 30 余次重大市容保障任务。

【推进网格化城市管理平台】 2019 年,江阴市城市综合管理局围绕集成改革工作要求,稳步推进网格化管理平台,与市公安交警、消防条线对接沟通,17 个镇(街道)的 12 个交警中队、公安消防专员全部融入网格。全市有二级综合网格 269 个、三级综合网格 1363 个,另增设 118 个专属网格。全年平台上报事件累计 100 万余件,99.9% 在镇(街道)及村(社区)层面得以化解。“12345”民生热线电话全年受理群众有效诉求 21 万余件,比 2018 年增长 8.2%,办结率为 99.99%,群众满意率 97.2%。“最江阴”APP(应用程序)客户端,集合全市 63 个部门(单位)的 77 个功能模块,基本涵盖市民生活的方方面面。平台下载量达到 32 万余次,注册人数为 25 万余人。综合管理服务指挥中心全年完成 100 余批、1500 余人的参观接待工作。综合执法平台共受理各类事件 23.3 万余件,按期处置率 99.09%;受理各类案卷 9119 件,处罚金额 1408 万元。

【“12345”城市管理民生热线受理】 2019 年,“12345”民生热线电话受理群众有效诉求 21 万余件,比 2018 年上升 8.2%,群众满意率 97.2%,电话系统为市民服务 48.89 万余次。江阴市政务服务“一号答”系统实现与江苏省政务服务数据同步变更,为企业和群众提供 24 小时“不见面审批(服务)”政策咨询及接受对政务服务网的建言评价。全年“12345”民生热线电话接到企业、群众“一号答”相关诉求 846 件。对群众所反映的社情民意仔细研究、梳理、分析,报送 13 期“12345”民生热线通报和 7 期“12345”民生热线专报。联合市自然资源和规划局、邮政公司、妇联、农业农村局、税务局、生态环境局、商务局、人社局、科技局、司法局、医保局、市场监管局等 12 个职能部门举办 15 期“12345”民生热线网上直播活动。“空中热线”电台直播节目播出 48 期,接受群众电话约 300 个,办理各类诉求 208 件。“江阴帮·作风面对面”特别节目播出 25 期,对 101 个民生问题进行曝光、调查、跟踪报道,涉及办理部门(单位)28 个,解决民生问题 94 个,问题解决率 93.07%。(陆军浩)

人防工程

【概况】 2019 年,根据江阴市机构改革方案,江阴市住房和城乡建设局(市地震办公室)、江阴市民防局(市人民防空办公室)职责,以及市园林旅游局的园林绿化建设相关管理职责等进行整合,重新组建江阴市住房和城乡建设局,对外挂江阴市地震局、江阴市人民防空办公室牌子。是年,江阴市人民防空办公室坚持以中共十九大精神为指引,认真贯彻落实习近平总书记对人防系统腐败问题作出的重要批示精神,按照上级人防办统一部署,立足问题导向,全面开展人防系统腐败专项整治工作并取得良好成果;增强忧患意识,努力提升防空备战能力;坚持以人为本,努力提升社会应急防护能力;积极推进军民融合发展,努力打造信息安全平台;人防各项工作有序推进,运行状态良好,在省人防办组织的第七届“人防杯”业余无线电应急通信比赛暨第三届无人机操控比赛中获团体三等奖,全年目标任务圆满完成。

【人防工程建设】 2019 年,江阴市人民防空办公室累计完成人防工程建设项目行政指导 47 项,质量监督 44 项,竣工验收备案 26 项,新建民用建筑修建防空地下室行政许可 95 件,核发人防工程平时使用证项目 34 项。人防易地建设费应收尽收、足额征收,超额完成上级下达的目标任务。全面梳理排查 2013—2018 年期间分期建设未完成项目,实施定期监控回访,督促建设单位尽快尽早落实人防建设任务。突出重点，针对人防指挥所及办公场所、老旧人防工程、人员密集场所、人防专用设备安装现场等领域开展安全隐患大排查大整治。实地标注2013年前竣工的乡镇人防车位，方便广大群众识别和使用。深入摸排全市违规出售、租赁人防车位情况，坚决维护群众利益。抽检人防工程防护防化设备产品质量涉及13项人防工程、7个防护设备企业、1个防化设备企业，发现问题，坚持质量第一，坚决整改到位。

【防空备战】 2019年，江阴市人民防空办公室积极推进人防军事斗争各项准备，编制完成江阴市人民防空袭预案并上报全市人民防空重点镇清单，开发完成江阴人防防空作战辅助决策及训练推演系统；制定下发《2019年江阴市人民防空专业队整组和训练工作意见》，并按建制要求进行编组；按纲施训，参加无锡市组织的机动指挥通信系统实战化训练和苏、锡、常三地人防机动指挥所联合拉动训练，组织专业队营连骨干进行准军事化封闭式训练，组织人防通信保障专业分队、外协厂所、无线电协会参加短波通信、无线组网通信、人防野战指挥所开设和无人机训练等专项训练；指导江南水务公司进行原水污染启用备用水应急演练；参加省人防指挥部组织的“苏防—2019B”全省人民防空综合演习，圆满完成上级赋予的“数据信息防护、恢复及线路抢修”演练项目；加强人防指挥所日常监控维护和定期安全检查，处置5起突发故障；完成第二轮指挥所管理制度修订工作，完善指挥所突发事件应急响应处置预案和操作规范；组织指挥所防护设备专项整修、灾备机房冷风机控制系统升级改造、指挥所智能管理系统一期建设等专项升级改造工作，及时检修基层人防指挥所通信系统突发故障10余起，地下指挥所、基层指挥所、机动指挥所始终处于良好战备状态；建成防空警报机动控制中心，新增社区警报点，完成多个警报点位数字化改造；完成“9·18”全省防空警报试鸣工作，全市防空警报系统在规定时间按预定流程试鸣成功，鸣响率100%；加强人防疏散基地建设，全面恢复疏散基地基本功能；加强机关准军事化建设，改造体能训练室并更换增添体能训练设备，加强体能训练。

【社会应急防护】 2019年，江阴市人民防空办公室加大宣传力度，继续做好人防进社区、进学校、进企业工作。指导社区编制人民防空人员疏散掩蔽预案，组织协调和指导澄江街道贯庄社区结合“9·18”防空警报试鸣时机依据预案开展人员掩蔽演练，完善47个社区人防设施物资的配置，组织应急逃生救护演练11次；推进人防教育，发放中小学生人防知识读本9800余册，完成中小学生安全教育培训3次；社会单位安全基础知识培训7次，受益群众12000人次。

【信息安全平台】 2019年，江阴市灾备中心按照3级计算机系统安全等级保护标准组织开展整改，完成灾备系统52项管理制度修订，并委托具有等保测评资质的服务商进行制度审核评估；及时解决灾备中心系统故障问题14个，完成灾备UPS（不间断电源）主机保养、后备电池放电测试等专项维护；提高信息化建设重点单位数据灾备的意识和能力，联合灾备服务商组织以灾备数据恢复演练、数据有效性验证、现场培训为重点的专项服务活动；发挥良好的战备效益和社会效益，为人社系统管理数据、财务数据和统计系统内网网站数据提供应急数据恢复服务。

【人防系统腐败专项整治】 2019年，江阴市人民防空办公室根据国家、省、市部署，认真贯彻落实习近平总书记对人防系统腐败问题作出的重要批示精神，紧扣人防工程行政审批、行政执法等重点领域和关键环节，全面追缴2013—2018年间违规减免缓人防易地建设费项目58项，追缴率100%，在无锡地区率先完成追缴任务；核查2019年易地建设费减免缓项目及已领取规划许可证的建设项目，未发现有违规审批情况；废止规范性文件6个，出台《市政府关于江阴市人防易地建设费征收的实施意见》；规范行使权力，建立人防工程审批信息推送机制，按时按质向江苏省“阳光人防”平台系统推送即时审批数据，确保在线动态监管；聚焦人防领域侵害群众利益的突出问题，制定《关于开展“不忘初心、牢记使命”主题教育中人防系统腐败和作风问题专项整治工作的实施方案》，促进人防系统作风问题根本性改变。（邱　敏）

公用事业

【概况】 2019年，江阴市公用事业管理局坚持以习近平新时代中国特色社会主义思想为指导，围绕年度发展目标，深入开展“精细化管理年”活动，公用事业发展成果显著。一批重要公用基础设施建设成果显著，处理生活垃圾72万吨、建筑垃圾155万吨、有机垃圾4.7万吨，有机垃圾处理项目入选“一带一路”示范案例；开展“厕所革命”，完成城区10个公厕、镇区18个公厕、农村80个公厕新建和改造任务；开展生活垃圾分类“百日攻坚战”，新增城区生活垃圾分类市场化运行小区100个，全市生活垃圾分类小区累计315个，设置分类收亭（房）4122余个，智能收集设施272个，配备各类分类收运车358辆，垃圾分类设施覆盖率60%，垃圾分类集中处理率75%；完成620个以上村庄生活污水治理，建成排水达标区24个、复查排水达标区100个，新建集镇区污水主管网21千米；完成城区18条河道消除黑臭治理任务；开展城区“排水执法检查百日专项行动”，排查各类排水户2775户，查出问题排水户1498个；实施供水厂一体化、污水厂网整合，新建管径75毫米以上供水管道37千米，改适254米，完成肖山水厂60万吨、澄西水厂20万吨深度处理改造，全年优质供水2.6亿吨；开展燃气安全生产专项整治，对全市9691个餐饮场所进行隐患排查，发放安全告知书9000余份，签订供气协议和张贴燃气安全管理公示牌5756个，新建燃气管道182.7千米，新增天然气居民用户3万户，年供应天然气8.6亿立方米；完成1.2万个路灯节能改造，为老旧小区、背街小巷补装路灯，完成340省道、紫金路路灯建设，芙蓉大道等路灯拆除、迁移，主干道装灯率100%，亮灯率99%以上，设施完好率96%以上；完成850项行政许可及其他事项审批工作，被评为2019年“谁执法　谁普法”十佳优胜单位；办理人大建议和政协提案13件，满意率100%；把“学、研、查、改”贯穿“不忘初心　牢记使命”主题教育全过程，举办迎国庆文艺演出，举办征文比赛，拍摄微视频，开展重温入党誓词、重读入党志愿、参观烈士纪念馆等系列活动。开展志愿服务“三下乡”活动、垃圾分类“三进”（进社区、进单位、进学校）活动、燃气安检进社区活动和照明公益“学雷锋”等活动80余场，参加志愿服务1000余人次，志愿者服务队获评无锡市最佳志愿服务组织。

（周爱华）

【建筑垃圾管理】 2019年，江阴市公用事业管理局建筑垃圾管理水平持续提升，行政许可规范、高效，受理建筑垃圾行政许可982件，办理建筑垃圾准运证38936张，收取处置费329.8万元；建筑垃圾收运体系不断完善，引导新建小区设置规范的建筑垃圾临时堆放点，城区202辆建筑垃圾运输车辆全部升级为更环保、密闭效果更好、排放要求更高的软篷密闭装置车辆，密闭运输率100%；开展各类专项行动3次，清理暴露垃圾14处，计1200余吨。

（殷　澄）

【城镇生活污水处理】 2019年，全市新建污水主管网21千米，新建排水达标区24个，复查排水达标区100个。光大水务（江阴）有限公司全年处理污水7356.97万吨，日平均处理量20.16万吨，比2018年增加0.76万吨/日，增长3.9%。支付污水处理服务费11778万元，18个镇级污水处理厂全年处理污水7444.45万吨，日均处理量20.4万吨，比2018年增加0.8万吨/日，城镇污水集中处理率为95.5%，比2018年上升0.2个百分点。完成澄西污水处理厂三期（3万吨/日）扩建项目，启动滨江二厂（4万吨/日）新建项目。启动城镇污水厂新一轮提标改造工作，全市20个城镇污水厂5个完成提标改造，15个开工建设。按计划推进村庄生活污水治理工作，全年完成620个以上村庄生活污水治理任务，新建村庄污水管网654千米。（邱俊永　唐烨栋）

【城区污水管网设施管养】 2019年，城区污水管网设施管养主管网长度219.07千米，支管网长度280.5千米，污水泵站13个，管养单位为无锡市市政设施建设工程有限公司，年度支出管养经费357.55万元。全年累计养护市政公共污水管网及控源截污管道902.85千米，机械疏通率50%，清掏污水检查井15029个，应急疏通管道6175米，处置污泥2284立方米，更换井盖57个，修复井框25套，城区污水管网设施年运行率98%，平均完好率95%。全年累计受理“12345”民生热线、“110”“数字城管”等投诉件748件，按时办结率100%，群众满意率100%。完成立新路、安居巷、新华路等7个污水管网抢修工程（含北横河截流工程），支出抢修经费364万元。（叶　炜）

【供节水管理】 2019年，江阴市公用事业管理局有序推进城乡供水一体化建设，着力提升安全保供能力。全年新建管径75毫米以上供水管网37千米、改造25千米，总计供水26571.06万立方米，日均供水72.8万立方米。全力推进肖山水厂60万吨/日、澄西水厂20万吨/日深度处理改造工程建设，2019年年底肖山、澄西2个水厂深度处理“炭砂滤池”投入试运行，标志着全市3座水厂（共计110吨/日）出厂水水质均达到深度处理要求。做好节水日常工作，创建节水型载体，成功创建省级节水型小区2个。（崔红发）

【燃气管理】 2019年，江阴市管道燃气公司投资1.72亿元，新建天然气管道182.7千米；新增天然气居民用户3万户。累计天然气管道总长2780.7千米，其中高压管网277.5千米，中压管道1188.6千米，低压管道1314.6千米；天然气居民用户337876户，工业用户1043户，公共服务用户5484户。全年管道天然气销售量8.6亿立方米，其中居民用户销售量13934万立方米，工业用户销售量59197万立方米，公共服务用户销售量12772万立方米。建有液化石油气储配站11个，液化石油气供应站25个，全年销售液化石油气2.79万吨。建有天然气汽车加气站15个，全年销售液化天然气和压缩天然气1738万立方米。

（朱　伟）

【照明管理】 2019年，江阴市公用事业管理局照明管理处按照“规范、提升、服务、创新”的工作思路，稳步推进各项工作。完成1.2万个路灯的节能改造工作，确保主干道装灯率100%，亮灯率保持在99%以上，设施完好率保持在96%以上；做好长山大道、大桥南路快速化改造项目，新澄杨线建设项目的照明设计方案论证，完成花北路桥等27个道路、小区照明设计方案审查，27项照明项目单项验收，8条道路共474个路灯移交接管工作；实施老旧小区、背街小巷路灯补装民生工程，在城区18个小区补装62个路灯；有序推进新桥镇、云亭街道等镇（街道）照明节能化改造及智能化监管平台建设工作，组织全市范围内的照明管理部门技术专题培训，开展照明安全生产月活动，组织安全检查42余次，发现、整改各类安全问题109个，在无锡市组织的全市绿色照明评价检查中取得优异成绩。

（秦丽娟）

【监管中心平台】 2019年，江阴市公用事业管理局监管平台全年运行正常，按时生成各类日报、月报。在原有平台上增加176个视频监控点，包含有机垃圾就地式处理43个、农村分散式生活污水处理133个。办结“12345”民生热线电话2848件，接收无锡市污染防治综合监管平台线索件116件。监管平台对环卫、水务、燃气、照明等信息着力监督管理，实现信息技术与城市管理深度融合，提升城市运行综合管理能力。（杨雯姝）

市政管理

【概况】 2019年，江阴市市政管理部门履行职责，强化市政设施养护行业精细化管理，加快疏通城区道路微循环。实施完成疏港路改造工程、新华路西段改造工程，完成朝阳路、黄龙路交叉口等渠化改造工程。

城区全年沥青混凝土路面修补7944平方米、人行道板修复12429平方米,侧平石修复5453米、灌缝43762米。按照文明创建长效化管理工作要求,完成城区管养范围内市政道路缺失盲道、缘石坡及无障碍不规范且具备改造条件的点位的全面摸排;完成立新路、南街等路面沉降严重路段的专项整治计559平方米;江峰路、通渡路等路段人行道增补计700平方米;普惠路以西的青山路缺失人行道及盲道增补523平方米。牵头实施完成城区道路交叉口积涝点改造工程等6项城区防汛应急工程,开展汛前预防工作,加大雨水管网养护力度,清疏雨水主管541.27千米,支管75千米,检查井9293座,雨水篦21371个,累计巡查道路里程75600千米,更换雨水井盖55个,更换雨水篦318个,处理违章排水事件42件,全面提升城市的防汛抗涝能力。开展全市城市桥梁安全隐患排查整治专项行动,成立由分管局领导担任组长,相关职能科室为成员的城市桥梁安全专项小组,制定专项整治工作方案。完成常规定期检测工作的城市桥梁计245座,其中城区85座,各镇(街道)、园区160座。完成城区城市桥梁安全防护设施整改27座。对镇(街道)、园区城市桥梁的分片区督查,整改到位城市桥梁51座,整改中的城市桥梁19座,制订整改计划108座。

【市政路桥管养】 2019年,江阴市市政管理部门通过新一轮的养护作业招标,重新制定新的市政道路考核管理办法,完善考核评分细则,增加养护维修及时率的考核内容。同时,继续加强市政道路管养巡查考核,实行道路网格化、精细化管理,将每条市政道路分二级责任到人。同时,把投诉处理和创建中发现的问题等列入考核,并将考核得分与养护经费挂钩,提高市政道路养护管理水平。城区沥青混凝土路面修补7944平方米、人行道板修复12429平方米,侧平石修复5453米、灌缝43762米;办理开挖审批件86件,验收住宅小区市政工程26个,组织召开市政管线协调会30次;受理"12345"民生热线电话735件,满意率100%;完成2018年结构定期检测中需要优先维护的五座桥梁加固维修,按规范要求完成城区16座桥进行结构定期检测并根据检测结果对新皮弄桥等进行加固维修;组织对城区管养范围内85座桥梁进行拉网式摸排检查,对虹桥南路、塘前路节点工程独柱墩进行抗倾覆验算,全面彻底整治城市桥梁安全隐患,确保"零漏洞";完成彩云大桥加固维修工程的设计招标,限高架安装完成;完成杏春桥等17座桥梁油漆粉刷,完成桥梁公示牌更新和四座桥防落物网安装;完成澄江西路隧道养护工程的公开招标,开展每年一次的消防演练。至年末,城区所有市政道路、雨水设施、桥梁、隧道均运行良好。

【市政道路改造】 2019年,江阴市市政管理部门按照一手抓进度,一手抓管理的要求,科学制定改造施工方案。把提高工程质量、抓好安全文明施工放在首位,重点规范工程现场管理。在保证施工质量和安全的前提下,抢抓时间,倒排工期,加快推动重点项目建设,全年完成疏港路改造工程、新华路西段改造工程,完成朝阳路、黄龙路交叉口等渠化改造工程。

【城市防汛排涝应急管理】 2019年,江阴市市政管理部门在前两轮31项城区防汛应急工程的基础上,按照市委、市政府的要求,继续加强城区防汛排涝工程建设,牵头实施完成城区道路交叉口积涝点改造工程等6项城区防汛应急工程,各项工程在汛期均发挥应有的作用。坚持"1+2"(1个雨水管网单位,2个道路管养单位)防汛应急队伍体系,组织150人、8套移动泵、6台发电机、3台移动泵车、8辆应急车辆的城区防汛应急力量。在汛前对防汛应急物资进行检查,并组织应急队伍进行防汛抢险应急演练。同时,强化区域责任落实,实行无缝隙、网格化应急管理,把城区主次干道分区责任到防汛单位,防汛单位分配到人。年内,把城区其他12个市政企业作为预备防汛力量,随时候命。是年,城区共经历2次较大雨情(5月25日、8月10—11日),城区各主次干道基本无积水,车辆通行正常,各立交通行未受影响。

【城市桥梁安全隐患排查整治工作】 2019年10月,江阴市召开住建领域安全隐患排查整治专项行动会议,成立由住建局分管局领导担任组长,相关职能科室为成员的城市桥梁安全专项小组,制定专项整治工作方案,并由专项行动工作组组长张平副局长带队,于10月18日对城区部分桥梁进行摸排检查,经排查,全市共有城市桥梁265座,其中城区城市桥梁87座,由市住建局负责管理养护,178座由各镇(街道)、园区建管所负责管理养护。经过前期对镇(街道)、园区城市桥梁的分片区督查,市辖区内暂无"无主"城市桥梁。完成常规定期检测工作的城市桥梁245座,其中城区85座,各镇(街道)、园区160座。完成城区城市桥梁安全防护设施整改27座;全市城市桥梁中有1座独柱墩桥梁,已进行抗倾覆验算,验算结果满足现行标准;各镇(街道)、园区完成辖区内城市桥梁安全防护设施隐患排查,并开展对存在安全隐患的城市桥梁进行整改。至年末,整改到位的城市桥梁51座,在整改中的有19座,制订整改计划的有108座。

(邱 敏)

电力供应

【概况】 2019年,江阴市供电公司践行"严细实"工作作风,扎实推进上级战略落地,打造坚强智能电网,优化电力营商环境,构建能源服务新业态,各项工作取得新成绩。全市全社会用电量280.73亿千瓦时,比2018年增长1%;公司完成售电量247.83亿千瓦时,比2018年增长0.07%;调度最高负荷433.63万千瓦,比2018年增长1.67%,创历史新高。完成各类投资7.74亿元,新建改造10(20)千伏线路599.56千米、配变605台。安全生产保持平稳。组织安全隐患大排查大整治,消除各类隐患141处。联合政府举办"节能有我、绿色有爱——安全用电伴我行"校园主题宣传活动。开展配网精益化、差异化运维,配网故障比2018年下降18.89%,敔山湾地区配网实现"零跳闸"。配合政府举办江阴市大面积停电事件应急演练,高效应对超强台风“利奇马”等恶劣天气影响。扎实开展“防风险、保安全、迎大庆”专项行动,圆满完成中华人民共和国成立70周年、卫星发射测控等重大保电任务。电网建设有力推进。完成电力设施布局专项规划,滚动修编140个配网单元格。白鹤滩水电入苏工程江阴段、第二过江通道工程江阴段取得全部前期手续。国网首批全过程咨询试点项目220千伏绮北变投产,江阴燃机、华能燃机220千伏送出工程开工建设。投运阳光医疗项目、南理工江阴校区线路迁改等市重点项目。配电线路基本实现自动化全覆盖。打造标准化台区9个,改造低压绝缘线49.64千米,全市农网绝缘化率提升至92%。建成青禾农场绿色复合型微电网。初步实现航天测控保电设备远程监控。率先揭牌成立不停电作业中心,成为江苏省内首个可独立开展第三、第四类不停电作业的县级供电公司。研制应用预制式箱变基础,助力220千伏黄石变获得国网优质工程金奖。供电公司下属企业首获国网输变电工程设计竞赛二等奖。配合政府出台《江阴市持续优化电力接入营商环境行动方案》,落实报装接电“特快电力”服务要求,高、低压客户平均接电时长压降至37天和4天以内,接电成本减少1.17亿元。与长泾镇政府签订合作共建协议,首次发布服务地方发展白皮书。“95598”电话投诉数量下降51.6%。台区经理(一台配电变压器供电的区域经理)预约上门办理业务2901件。完成12个小区供电隐患整改。组织开展对群租房和小区电线私拉乱接隐患排查治理。上线发布全省首个县级能源互联网云平台,成立能源互联网产业联盟。实施电能替代项目225项,完成替代电量8.98亿千瓦时。实施乡村电气化,投运港口岸电系统60套,推广空气源热泵粮食电烘干设备10台。改革创新不断深化。落实“一般工商业电价再降10%”的要求,减少工商业用户用电成本2.08亿元。参与江阴高新区增量配电试点项目,配合江阴市政府成功申报第四批增量配电业务改革试点。扩大电力市场化交易规模,引导2782户用户参与市场化交易,减少用户电费支出4.66亿元。推进全面创新,获得各类专利9件、国网江苏省电力有限公司职工技术创新成果三等奖1项、无锡市QC(质量控制)成果特等奖1项、国网无锡供电公司青创赛银奖和铜奖各1项。党的建设切实加强。高质量开展“不忘初心、牢记使命”主题教育,坚持学做结合、查改贯通,开展现场走访座谈15次,梳理落实意见建议49条。落实“抓整改、除积弊、转作风、为人民”专项行动要求,大力整治漠视侵害群众利益问题。举办庆祝中华人民共和国成立70周年系列活动。是年,公司获评全国用户满意服务企业、江苏省文明单位。

【获评全国用户满意服务企业】 2019年,江阴市供电公司加快建设坚强智能电网,促进形成政府主导、公司推动、社会各界共同参与的能源服务新业态。同时,以客户为导向,创新管理模式,完善业务流程,积极主动优化电力营商环境,严密管控服务时限和质量,努力构建“服务精准、服务主动、服务快速”的现代服务体系,为江阴全市提供更贴心、更智慧、更绿色的高品质服务,打造群众满意、政府放心、客户称赞的服务品牌,努力实现服务质量和服务品牌双提升。11月,在中国质量协会、全国用户委员会组织的全国用户满意先进单位评选中,公司获全国用户满意服务企业(市场质量信用等级AA)称号。

【首获国网输变电工程设计竞赛二等奖】 2019年7月,国家电网公司组织开展输变电工程设计竞赛。江阴市供电公司认真组建竞赛团队,分配设计任务,分析评标方法;项目负责人往返北京、南京10余次,与各相关行业专家积极讨论,优化设计方案,力求攻克设计难点,提高创新水平。经过30天夜以继日的不懈努力,公司完成各项技术文件,提出包括“多站融合”“交直流微网系统”“一体化监控系统”“基于V2G(电动车对电网放电技术)技术的双向充电桩”等32项设计创新成果。9月11日,国家电网公司公布比赛结果,江阴市供电公司下属江阴市锡能实业有限公司设计分公司参赛作品“湖南株洲新庄(白关)220千伏智慧能源站工程”在全国70多个参赛设计院中脱颖而出,获二等奖,创造公司参与国网输变电工程设计竞赛的最佳成绩。

【电网负荷创历史新高】 2019年入夏后,全市气温持续走高。面对快速增长的负荷,江阴市供电公司积极采取各项措施有效应对。加大电网负荷预测、监控力度,在年初就通过大数据应用,全面梳理往年迎峰度夏期间易发生重载的设备、线路,筛选出低压配电网重点区域,结合日常高科技巡视手段,提前采取措施,防范过负荷等情况发生。上半年完成迎峰度夏配农网项目300多项,进一步提升电网的供电可靠率。合理安排电网调度运行方式,提前制定需求侧管控措施、应急预案,加强有序用电管理,保障电力供应。缩短巡视周期,充分利用红外测温、无人机巡视等手段,加大重点设备、设备重点部位的特巡特护力度,排查变电设施附近的树障、鸟害、线下违章作业等隐患,提高设备防雷及安全运行水平。加强应急抢修管理,充分发挥不停电作业优势,尽可能带电消除隐患,最大限度减少停电时间、缩减停电范围,确保人民群众生产生活用电无忧。在工业用电增长及空调等大功率电器使用频率增加的带动下,江阴地区用电负荷两创新高:7月23日21时7分,电网调度最高负荷428.18万千瓦;7月24日21时34分,调度最高负荷达到433.63万千瓦。

【省首个县级能源互联网云平台上线】 2019年4月,江阴市供电公司开发建设江阴市能源互联网云平台,该平台建设得到上级供电部门以及江阴市政府、发改委、工信局的支持与帮助,集合电网数据、政府数据、能源产业联盟数据、用户侧数据、采集终端数据、能源服务商数据,逐步搭建一个数据平台、形成一套评价体系、培育一个新兴业态、推动一个产业联盟、孵化一批技术成果、打造一批重点示范。9月6日,江阴市能源互联网云平台在2019年世界物联网博览会物联网与智慧能源高峰论坛上正式宣布上线，成为江苏省首个上线的县级能源互联网云平台，并作为江苏能源云网的地方子频道微应用。该平台通过数据集成及多维度综合能源数据分析模型，可提供数据存储、实时监控、数据分析、能效分析、清洁能源消纳等功能。该平台以服务政府决策、激活用能企业、活跃能源服务商为总体功能定位，采用微服务架构来满足各类数据加工处理和业务服务需求，以综合能源数据驱动，构筑"三方互动"的区县级能源互联网新业态。平台设有420个功能，分两期建设，上线的一期功能主要面向政府。

【江阴市能源互联网产业联盟成立】 2019年9月6日，江阴市能源互联网产业联盟在2019年世界物联网博览会物联网与智慧能源高峰论坛上揭牌成立，远景能源（江苏）有限公司、江苏江南水务股份有限公司、江苏天力燃气有限公司、江阴市供电公司、江阴苏龙热电有限公司、双良节能系统股份有限公司和中国电信股份有限公司江阴分公司7个公司，成为该联盟的首批成员单位。该联盟通过共同交流合作，加快数据、信息汇集融合，探索多元化增值服务，激活能源行业巨大的"数据蓝海"，推动各类能源协同发展，促进形成节能型生产方式和消费模式，构建能源互联网的客户导向文化，实现"满足需求"到"创造需求""引领需求"的转变，提高联盟创新带动力和产业影响力，助力江阴建设清洁低碳、安全高效的现代城市能源数字化服务体系。

【全省首个县级供电公司不停电作业中心揭牌】 近年来，江阴市供电公司秉承"不停电就是最好的服务"理念，以"缩短用户接电时间、提高客户满意率"为目标，深挖不停电作业潜力，持续优化电力营商环境。公司不停电作业次数从2016年的768次跃升至2019年的1400余次，一般不停电作业率在83%以上，业扩不停电作业率超过92%，减少客户停电时间超过17万小时。仅此一项举措，平均减少客户接电时长3～4个工作日。公司还利用自有的配网工厂化装配车间，自行研制、加工不停电作业绝缘工器具，以及更换跌落式熔断器绝缘挡板、不停电开耐张绝缘护罩、电压互感器隔离开关等，使其不停电作业不仅更符合标准化建设要求，而且具有较高的实用价值，并获得多项国家专利。2019年12月26日，江阴市供电公司不停电作业中心揭牌，成为国网江苏省电力有限公司首个同时可开展第三、四类复杂不停电作业的县级供电公司不停电作业中心。

【海上测控任务电力保障】 2019年，江阴市供电公司全员高度重视，将每一次卫星发射测控保电工作定为特级保电任务，按照海上测控安全供电工作要求，加强领导，精心组织，层层落实保电工作责任。提前制定保电方案，多次召开协调会，完善应急预案，与基地签订重大活动安全供用电责任书。对于与重要用电同线路和同母线的客户进行重要用电时段告知，要求他们在重要任务期间加强安全用电管理。用电检查人员对相关变电站及下级配电设施防渗漏、防雷电等进行重点检查，协助基地完成柴油发电机、UPS电源（不间断电源）投切试验。对相关线路和变电所进行巡视检查和消缺，合理调整停电计划，保证任务期间电网封网运行。保电期间，相关变电所由无人值班改为有人值班，用电检查人员到基地现场参与值守，公司领导带领相关部门负责人在公司值班室加强值班，按照"零差错、零闪动、零投诉"保电要求最大限度提高电力保障的可靠性。年内，江阴市供电公司圆满完成卫星发射测控保电任务25次。

（祝宇星）

村镇建设

【概况】 2019年，江阴市住房和城乡建设部门按照"产业兴旺、生态宜居、乡风文明、治理有效、生活富裕"的总体要求，以推进农村住房翻建试点建设和特色田园乡村试点建设为抓手，努力把江阴农村建设成安居乐业、"记得住乡愁"的美丽家园。首批5个无锡市特色田园乡村建设试点基本建成，建成45个无锡市美丽宜居乡村。完善全国农村人居环境信息系统，全市10个建制镇、6个街道办事处和1个经济开发区，下辖行政村222个，自然村2993个。10个镇镇区现状用地面积8928公顷，人口25.2万人；农村现状用地面积10306公顷，人口44.6万人。长江自来水覆盖率100%，日供水能力52.36万立方米，供水管道长1711千米，绿地面积2268公顷。

【农村住房建设管理】 2019年，江阴市住房和城乡建设部门以城乡发展一体化为目标，通过试点先行、典型引路、以点扩面，全市农房建设工作有序展开、成效初现。全市有14个镇（街道）19个行政村39个试点村开展试点工作，开工建设670户，其中在建411户，土建竣工175户，交付84户。3月，江阴市农村住房建设工作推进领导小组成立，出台《关于加快推进江阴市农村住房建设管理的实施办法（试行）》《江阴市新农村建设奖补专项资金实施细则》《江阴市村庄规划编制工作指导意见》等指导性文件，落实资金保障，加强与水务、燃气、供电、通信等部门协调，最大限度降低基础设施建设费用。

【特色田园乡村建设】 2019年，顾山镇红豆村红豆树坞入选江苏省特色田园乡村建设第三批试点，首批5个无锡市特色田园乡村建设试点（顾山镇红豆村红豆树坞、徐霞客镇阳庄村老旸岐、璜土镇璜土村马家头、云亭街道花山村姚家村、长泾镇蒲市村蒲墅里）基本建成，第二批5个无锡市试点（长泾镇习礼村小庄圩、河塘村徐家宕、楼下，华士镇陆桥村上头巷，新桥镇郁桥村庄桥）完成规划设计，进行基础设施建设。

（邱　敏）

■类目编辑　党　辉

生态环境

综 述

【概况】 2019年,江阴市以习近平生态文明思想为指导,紧扣污染防治攻坚战各项目标任务,重民生、强攻坚、抓服务、善执法、谋改革,努力推进突出环境问题整改,大力提升环境监督监管水平,全力推进长江生态安全示范区建设,为江阴持续高质量发展增添更多绿色动能。环保机构监测监察执法垂直管理制度改革顺利推进。4月3日,无锡市江阴生态环境局正式揭牌成立,年内完成新环保机构三定方案编制、批复,监管效能日益提升、工作机制更趋完善。中央、江苏省环保督察交办信访问题全面完成整改,中央环保督察"回头看"信访问题仅剩3件未完成;长江经济带相关问题完成销号;环境信访总数比2018年下降47.3%,其中省级以上下降54.7%,多年来首次实现大幅双降。年内,各项重要指标均达到有数据以来最优值,全市$PM_{2.5}$(细颗粒物)年均浓度42微克/立方米,降幅全省领先;空气质量优良天数比率72.9%,全年重污染天数首次"清零"。国省考断面优Ⅲ比例77.8%,比2018年提升11.1个百分点;列入国家考核的3条主要入江支流(锡澄运河、白屈港河、利港河)水质首次全部达Ⅲ类及以上标准。持续推进"三进三退"*长江大保护实践工程,20项重点示范工程全面推进,华能江阴燃机热电联产项目和江阴热电燃机项目加快建设;生活垃圾实现日产日清,村庄生活污水治理、危废处置、污泥处置能力加快提升;秦望山产业园被评为国家资源循环利用示范基地。实施沿江岸线整治、湿地保护、森林修复,黄田港、韭菜港两个渡口完成搬迁,主城区沿江生产码头加快退出,滨江公园基本建成,锡澄运河公园启动建设,窑港口长江湿地保护区全面出新。"河长制""断面长制""点位长制"实现市域全覆盖,水气一体"天网工程"(是指覆盖全市各镇、街道、园区的空气、水环境质量自动站)实现镇(街道)、园区监测点位全覆盖,生态补偿、企业环保信用评价等制度持续完善。江苏省长江流域环境资源第一法庭在江阴市法院正式运行。

【环保宣传】 2019年,江阴市开展环保宣传引导,积极推进公众有序参与,推动构建全民环保行动体系,为推进全市生态文明建设营造社会氛围和提供舆论支持。年内,开展"以案释法"主题宣传,定期曝光违法企业,解读环保法律法规;举行2019年"美丽江阴、我是行动者"环保嘉年华活动,开展摄影比赛。引导公众参与,组织媒体通气会,发布阶段性环保工作成果和动态。组织环保志愿者、普通市民、学生代表参观光大环保能源(江阴)有限公司垃圾焚烧发电厂、污水处理厂和环境监测站,了解环保专业知识,参与环保监督工作,激发公众环境责任意识。推动绿色创建,完成1所省级绿色学校创建活动。在城区主要干道、出入口设立宣传标语,探索在建筑工地加强环保宣传,每个镇(街道)建设生态一条街。是年,无锡市江阴生态环境局被评为2019年《中国环境报》新闻宣传先进集体。

【环保"放管服"】 2019年,江阴市全面推进生态环境领域"放管服"(简政放权、放管结合、优化服务)工作。优化审批环境和流程,实行一网通办及不见面审批,实现外网申报、内网办理、进度可视。完成高新区审批权下放改革试点工作,实现审批改革及简政放权。持续实行全市域"有条件审批",对于信访严重、区域环境考核不达标、环保工作落实不力等问题突出的区域实施建设项目暂缓审批,倒逼环境治理。开展容缺审批,对零土地、不增污技改项目实行备案管理制度。强化环保中介机构管理考核,制定并发布《中介机构自律公约》,督促环保中介市场规范化。推进实施《江阴生态环境局服务企业十条措施》,建立每月"企业环保接待日"、结对服务等措施,帮助企业解决实际问题,全年接待企业56个,解决实际问题63件。成立印染、电镀等9个重点行业产业绿色发展联盟,通过行业自治,进一步提升重点行业企业整体环保管理水平。开设绿芙蓉课堂7次,参加听课的各界人士达1000余人;持续将绿色发展制度、理念送入千企万户。对115个企业125件行政违法行为实行承诺整改免于处罚,对江阴兴澄特钢有限公司等2批共46个企业实施大气管控豁免。是年,审批建设项目各类环境影响评价811份,其中报告表776件、报告书

35件，限批镇（街道）、园区的项目16项。完成“三同时”（同时设计、同时施工、同时投产使用）验收516件，完成征地前期咨询23件，完成233项建设项目的审议工作。审批件比2018年增长14.8%，验收大幅增长、征地咨询稍有回落，项目审议比2018年下降26.5%。

长江生态安全示范区建设

【概况】 2019年，江阴市牢固树立绿色发展鲜明导向，坚持系统思维，铁腕治污、加快转型、优化生态，持续推进长江大保护江阴实践，全力打造长江生态安全示范区，以“三进三退”的生动实践，走在长江经济带高质量发展前列，贡献共抓长江大保护的“江阴力量”。建立高位协调机制，专题召开江阴市长江大保护工作会议，牢固树立长江生态安全示范区工作在全市高质量发展的核心地位。市人大常委会在全国长江流域县级市中率先作出《关于高质量建设长江生态安全示范区的决议》。推进实施《江阴市加强长江大保护三年行动计划（2018—2020）》，以江苏省高级人民法院在江阴设立长江流域环境资源第一法庭为契机，全面推行行政执法和司法联动、环保失信联合惩戒制度。围绕长江沿线1000米重点区域部署谋划，持续优化沿江生产、生活、生态空间。启动《无锡（江阴）港总体规划》修编，主动调整港口功能，将省政府批复的23.4千米港口岸线主动压缩至17.48千米，减少生产岸线，实现还岸于民。围绕水、路、港、岸、产、城、文等，全面规划，全域参与，制订出台《江阴市长江生态保护与绿色发展2019年度重点工作计划》，明确全年长江生态保护和绿色发展工作的110项主要任务、20项重点工程和90项监测指标，并细化分解任务，明确时序要求和责任分工。

【长江大保护“测管治”一体化平台】 2019年，江阴市全面打造长江大保护“测管治”一体化平台，推进实施“133工程”，包含1个智能信息中心、3大应用体系、3个数据平台建设，通过“测管治”一体化改革，打造全国环境智慧管理标杆，创新全天候监测、全手段治理、全过程管理、全市域覆盖、全数据考核的环保管理新模式，实现生态环境管理三大转变，即从人防到技防、从一般企业被动管理到企业自主管理、从事前监管到事中事后监管的转变。年内，该项目取得各级部门大力支持，被纳入省级信息化试点和江阴长江大保护重点项目。

【污染治理】 2019年，江阴市制定《江阴市加强长江大保护三年行动计划（2018—2020）》，推动建设长江生态安全示范区20项重点工程；出台《江阴市长江生态保护与绿色发展2019年度重点工作计划》，明确全年长江生态保护和绿色发展工作的110项主要任务、20项重点工程和90项监测指标。完成窑港口、肖山2个集中式饮用水水源地取水口迁建工程和利港电厂三期温排口迁建工程，优化调整水源地保护区范围，拆除、关闭或搬迁水源地一、二级保护区内与供水设施和保护水源无关的建设项目，长江西石桥、小湾、肖山水源地通过省级达标验收。建成投运绮山应急备用水源地，联合利港地下应急备用水源地，构建扎根长江、多源互补的饮用水水源地水质、水量调配体系。完成集中式饮用水水源地水质自动站、化工园区下游水站、化工园区大气环境监测监控系统建设。对重点行业、重点企业、重点信访企业废气设施安装用电工况设备，实现对企业生产设施和治污设施用电数据、运行工况24小时全时段监测。完成1032个企业工况技防建设。秦望山工业废弃物综合利用一期项目建成投运，月城镇飞灰填埋场三期建设工程进展顺利。秦望山产业园被评为国家资源循环利用示范基地。是年，江阴市生态环境质量总体改善，主要污染物排放总量大幅减少，环境风险得到有效管控，长江江阴段生态环境持续好转。

（姚京君）

污染防治攻坚战

【概况】 2019年，江阴市围绕推进生态环境高质量发展的总体目标，以突出环境问题为抓手，推进生态环境综合治理工作，环境质量改善成效显著。调整打好污染防治攻坚战指挥部领导小组。年内，制定印发《关于全面加强生态环境保护坚决打好污染防治攻坚战的实施意见》《关于加快推进化工企业环境安全隐患问题整改的通知》《江阴市2019年夏季VOCs强化管控方案》《秋冬季大气污染防治聚焦行动方案》等文件，推动黑臭河道、大气强制管控、燃煤锅炉淘汰、环境安全隐患整治等重大专项行动。年内，实现空气优良率、国省考水质断面持续提升，$PM_{2.5}$（细颗粒物）、环境信访问题件下降的“双升双降”。完成全市农用地土壤污染状况详查，完成加油站地下油罐防渗改造。实施生活垃圾分类试点，秦望山工业废弃物综合利用一期、飞灰填埋场三期完工，江苏利港电力有限公司20万吨、江阴苏龙热电有限公司5万吨污泥处置项目建成投运。推进临港开发区2个化工集中区合二为一，园区实施封闭化管理，推进应急救援基地、安环一体化监控平台等整合提升工作。完成列入无锡市2019年污染防治攻坚战重点工程项目946项，完成率100%。开展“江河碧空”蓝天保卫四号行动、问题督查、秋冬季大气管控企业落实管控措施等专项行动，推动突出环境问题整改销号。规范污染防治综合监管平台运行，实施问题线索全流程监管，督促履职尽责。全市空气环境质量持续改善，空气质量优良天数比率72.9%；$PM_{2.5}$平均浓度42微克/立方米，比2018年下降13.6%，改善幅度全省领先，是2013年有监测记录以来最低值。全市“水十条”中9个国省考核断面均达到省刚性考核水质目标，无劣Ⅴ类断面，优Ⅲ比例77.8%，比2018年提高11.1个百分点，创“水十条”实施后最好成绩。全市主要污染物减排化学需氧量、氨氮、总氮、总磷、二氧化硫、氮氧化物分别比2018年下降1.82%、2.21%、1.70%、1.98%、1.88%、6.89%。

【蓝天保卫战】 2019年，江阴市全力打好蓝天保卫战，深度治理工业大气污染，围绕燃煤烟气、有机废气、车船尾气、城市扬尘、油烟废气

"五气共治",强化夏季 VOCs(挥发性有机物)、秋冬季大气管控。年内,推进实施12大类652项重点工程,关停化工生产企业23个,关停整治"散乱污"企业901个,淘汰35蒸吨以下燃煤锅炉59台,改造工业窑炉40台;完成江阴华西钢铁有限公司等5个钢铁企业超低排放改造;204个企业完成 VOCs 治理;完成江阴苏龙热电有限公司、江苏利港电力有限公司等49个企业码头、堆场减少扬尘任务。落实大气"点位长制"管理,排定管控企业821个,督促各镇(街道)建立"大气污染地图",形成大气治理"一地一策",聚焦重点地区、重点行业和重点问题,加强实时监控、现场督察、领导包干,全面推进大气管控取得实效。完成建设固定式、移动式机动车尾气遥感监测系统各1套。打好柴油货车和船舶污染治理攻坚战,长宏国际码头建成2套港口岸电系统,开展船舶燃油质量抽检609艘次。

【碧水保卫战】 2019年,江阴市开展水规划、水生态、水资源、水景观、水安全、水文化"六水共建",统筹推进控源截污、清淤疏浚、调水引流、河岸整治等工作。优化《江阴市水环境质量考核办法》,实施全天候、全时段考核,将考核落实到自动站每天数据,进一步压实压紧治水责任。强化监测预警,实施国省考断面超标预警会商,重点开展长济桥、金潼桥、丁庄桥等重点断面综合整治。实施409项水重点工程和62项太湖治理工程。建成工业园区污水零直排区22个,完成六大重点行业及38个污水处理厂新一轮提标改造技术评估论证或方案设计。完成镇(街道)40条黑臭河道整治,城区14条黑臭河道消除黑臭。部署实施重点涉水企业明管化工程,实施入江入河排放口全面排查和规范整治工作,对入江入河排污口排查建档,推进入河排污口监测全覆盖工作。完成江苏省、无锡市级节水型社会载体创建14个,江阴市获评全国第二批节水型社会建设达标县(区)。锡澄运河整治定波水利枢纽开工建设,中小河流治理重点县综合整治四期工程有序推进。建成澄西污水处理厂三期扩建3万吨/日工程,完成肖山水厂60万吨、澄西水厂20万吨深度处理改造。实施600个农村生活污水治理工程,新建排水达标区块24个,复查100个。开展农村人居环境整治,完成2项畜禽养殖废弃物处理和资源化利用项目,完成青阳小黑家庭农场畜禽场污染治理工程。

【净土保卫战】 2019年,江阴市继续稳步推进重点行业企业用地土壤污染状况调查,对826个企业(地块)开展前期信息采集和风险筛查工作。实施建设用地准入管理和调查评估制度,启动全国污染地块信息系统,实现部门信息共享,建立辖区内41块疑似污染地块清单,对14块疑似污染地块实施跟踪调查,对用途变更为住宅、公共管理与公共服务用地的10块地块组织土壤污染状况调查。建立部门信息沟通机制,实行污染地块环境联动监管。

【固危废污染防治】 2019年,江阴市进一步强化对固危废企业日常监管,全面提升固危废管理能力和处理能力。推进实施固危废大排查大整治,高频次开展专项检查。组织开展"减库存、降风险""固体废物专项整治""固危废规范化管理""清废行动2019"等重点专项行动。完成生态环境部"清废行动"交办江阴市的62个问题点位核实、清理、整改和销号上报工作,完成全市工业固废堆存场所现状排查涉及的30项问题整改。组织开展"全市固废危废环境隐患排查整治专项行动",各镇(街道)、园区累计排查固危废隐患10个(含上级交办问题1个),每月跟踪调度,至年末全部完成整改。推进固体废物污染防治,提升危险废物焚烧、填埋和医疗废物蒸煮处置能力。是年,建成投运1万吨/年危险废物焚烧处置设施,推进实施2万吨/年危废焚烧常规线处置项目,完成30万吨污泥焚烧处置能力的建设,彻底解决全市污泥处置缺口问题。基本完成长山宕口钢渣等固废堆放问题的现场清运工作,餐厨废弃物集中处理 PPP* 项目完成入库。实施江阴新南洋纺织科技有限公司原厂址场地修复治理。将2734个危险废物产生企业纳入申报监管范畴,覆盖面比2018年扩大32%,危废申报监管指数(申报企业数/每亿元工业增加值)远超全省平均水平。 (姚京君)

【"江河碧空"蓝天保卫四号行动】 2019年,江阴市成立"江河碧空"蓝天保卫四号行动领导小组,印发《江阴市"江河碧空"蓝天保卫四号行动工作方案》,以江阴境内长江通航河道、内河航道入江口区域大气污染防治为主要目标,重点开展港口码头扬尘污染集中整治;打击销售、使用低劣船舶燃油违法行为;开展港口码头储罐 VOCs 污染集中整治。推进辖区实现"一零两全"(到港船舶污染物零排放全接收、航行船舶污染物排放全达标)目标。深入推进防治船舶水污染专项行动,开展水上防污染演习。年内,强化执法检查、监测力度、区域监测监控,检查船舶尾气排放15艘;检查内河船舶生活污水102艘次,督促船舶缴纳含油污水86艘共21.64立方米、垃圾5140艘共41.68立方米;船舶舱室封闭5725艘,抽检船用燃油含硫量20艘次;抽检船舶燃油406艘次,比2018年增长126%;检查到港船舶岸电使用1459艘次,比2018年增长95.3%。

【生态保护修复工程】 2019年,江阴市实施生态保护修复工程,全面启动建设锡东生态园建设,推进"一带"(沿江两岸生态景观防护林带)"三网"(道路林网、水系林网、农田林网)造林绿化行动,全年完成成片造林267.68公顷。加快长江沿岸造林绿化、滨江公园建设,建成开放应天河公园东段、韭菜港公园,黄田港公园基本形成,锡澄运河公园样板段有序推进。高质量建设美丽宜居乡村,累计建成240个美丽宜居村庄,达标率100%。

【突出环境问题整治】 2019年,江阴市坚持问题导向,强化督查督办,完成1项超标纳管印染企业项目、2项 VOCs 在线仪安装项目、2项非法码头整治项目等5项江苏省年度挂牌督办项目;解决倪家巷垃圾填埋、利港电力有限公司温排口迁建、利港电力污泥干化焚烧5万吨/年项目环保验收等17个突出环境问题;完成澄西污水处理厂三期扩建3万吨/日工程、月城镇飞灰填埋场三期建设工程、20万吨/年燃煤耦合污泥发电技改项目、大气VOCs自动监测建设4项环境基础设施建设项目；完成整改机动车远程在线监控网络、省级大气$PM_{2.5}$网格化监测系统、省级水质自动站网、省市级大气站网和污染源监控能力等5类生态环境监测监控建设项目。 （孙丽芬）

【环境安全隐患排查】 2019年，江阴市全面推进化工企业环境安全隐患、固废危废领域环境安全管理、辐射安全等环境安全隐患大排查大整治。组织召开“3·21”重大事故专题反思研讨会，开展《中华人民共和国安全生产法》等涉及安全生产管理法律法规专家培训。围绕环境安全领域全面出击，依法整治。高标准、严态度、实举措，推动化工企业大排查、“厂中厂”“雷霆行动”、危化品废弃物排查等环境安全领域专项行动。对342个化工企业精准对标全面核查，累计梳理排查问题1400余件，形成环境安全隐患“一企一策”处置意见。排查“厂中厂”出租企业917个，承租企业2795个。建立主要领导亲自抓、负总责，条线分管和部门负责抓，镇（街道）环保所具体抓，形成一级抓一级、层层抓落实的环境安全责任体系。建立联动合作、调度共商等机制，定期调度安全集中整治中发现的无环保手续、无危废仓库安全评价、未实施安全综合评价备案企业，特别是涉及危化、粉尘、污染防治设施等，实施跟踪执法管理。是年，对176个化工企业及87个较大以上环境风险企业废弃危化品及危废贮存安全规范进行系统排查。

【节能减排】 2019年，江阴市全面实施“与财政挂钩减排政策”，严格执行“与环境质量挂钩的总量平衡制度”，落实总量减排刚性任务，建立环境质量为核心的减排工作导向。对环境质量不达标板块，严格实施扣减，定期调度各镇（街道）、园区减排计划项目进展及环境质量情况，测算通报各镇（街道）、园区减排任务完成率及全年污染物统筹资金返还情况，预警扣款6474万元。制订《印染行业3年行动计划》，推进印染行业整合提升，减少低端企业数量，减少污染排放。完善排污证管理，完善排污许可证持有企业日报月报信息公开，推进企业落实自行监测、自我管理、自证守法。年内，累计发证企业1633个，占全省（26628个）6%、无锡市（3870个）42%。是年，超额完成年度总量减排任务，化学需氧量、氨氮、总氮、总磷、二氧化硫、氮氧化物比2018年分别下降1.82%、2.21%、1.70%、1.98%、1.88%、6.89%。 （姚京君）

【污染攻坚平台运行】 根据省、无锡市部署，按照“在线管理、实时分办、分类处置、动态监管”要求，2019年2月，江阴市污染防治综合监管平台上线运行，实现市级14个职能部门及各镇（街道）、园区18个板块污染防治问题线索综合处置，与“12345”民生热线、数字环保等平台自动对接。全年污染防治综合监管平台有效纳入污染防治问题线索8078件；办结7419件，办结率91.84%。

【污水零直排区】 2019年，江阴市推进工业集中区“污水零直排区”建设，明确“因地制宜、实事求是、优化考核、清单留档”工作原则，各镇（街道）、园区污水主管道实行招标规范建设，纳管企业建立“一企一方案”，规范考核验收办法。全年建成污水零直排区22个，建成污水主管道41.5千米，雨污分流改造67个，新接管企业375个，累计接管792个。

【污染防治媒体宣传】 2019年，江阴电视台“江阴新闻”栏目“污染防治在攻坚·263在行动”播放138期。市攻坚办编印工作动态20期，发布微信148期482篇，报送无锡信息92篇，录用43篇，报送攻坚典型人物故事17篇。市攻坚办获评无锡市攻坚办宣传工作先进集体；在全省和无锡市“讲好污染防治攻坚故事”活动中，利港街道《2019留住美丽的芦苇荡》、月城镇《环保人的一天》微电影获江苏省三等奖、无锡市二等奖，青阳镇《巾帼不染心、一腔环保情》微电影、祝塘镇《解民忧、保环境、为蓝天碧水而奋斗》文字故事获无锡市三等奖；月城镇潘纯颖被评为江苏省打好污染防治攻坚战宣传工作先进个人，宋立新、吴哲鹏等4人被评为无锡市打好污染防治攻坚战宣传工作先进个人。

（孙丽芬）

生态环境优化

【概况】 2019年，江阴市住房和城乡建设部门以加快实现“城乡建设、生态环境”高质量和打响“人文宜居”品牌为指引，强化园林绿化行业信用管理，开展绿化造林、工程建设、环境整治、绿化管护等各项工作。3月12日，在黄田港公园建设现场举办2019年现场义务植树活动，无锡、江阴两市四套班子及市级机关、驻江阴部队代表参加植树活动。年内，开展绿化宣传和送绿进社区、“一盆绿植开启春天”绿植领养等活动，发放花卉种子4100余包、小绿植3395盆。加快推进锡澄运河公园样板段建设；完成韭菜港公园、黄田港公园建设；创建青阳毓秀园、扬子华都、西苑一村、西苑二村、凤栖苑一期、江阴碧桂园等园林式居住区6个，江阴市惠尔信精密装备股份有限公司创建园林式单位。至年末，全市新增绿地110万平方米。建成区绿化覆盖率43.59%，绿地率40.16%，人均公园绿地面积15.42平方米。

【黄田港公园竣工】 黄田港公园是滨江公园的重要组成部分，位于原黄田港汽渡码头旧址，东接韭菜港公园，西临中船澄西船舶修造有限公司。总占地面积16.3万平方米，公园景观绿化面积8.6万平方米；配套用房面积9352.7平方米，为单层带地下停车场覆土式建筑，其中地下7729平方米，地上1623.7平方米，停车位235个。该工程于2018年11月开工，2019年12月基本建成开放。公园分中心广场和西侧休闲两个功能区。中心广场区保留原有渡口客运大楼，结合水纹铺地与船型绿地，长江与沿线城市地图铺装，体现长江水文化。西侧休闲区临近居住社区，引入多样性开放空间及室外活动场地，形成滨江运动带，景观设计减少放坡及台阶尺度，以最大化开放性活动空间面向市民。

【韭菜港公园竣工】 韭菜港公园是江阴市“1310工程”* 重点项目之一，滨江公园重要组成部分。公园位于已搬迁君山路老煤栈堆场和韭莱港汽渡码头旧址,总占地面积6.8公顷。该项目由江阴市城乡规划设计院设计,市住建局建设。项目总投资5500万元,2017年11月7日开工建设,2019年5月基本建成开放。公园分为景观绿化与配套建筑两部分,建筑面积4304.83平方米,景观铺装、园路、钢结构等面积22000平方米,绿化面积32500平方米。将原老煤栈堆场钢筋混凝土破除后重新回填种植土,栽植乔灌木及地被花卉、水生植物等,在长江岸线区域增设亲水广场、卵石江滩、防护栏杆、花坛、座椅、文化长廊、浮雕墙、配套用房、避雨亭、公共厕所等设施设备,健身游步道是江阴市环城绿道网重要组成部分。

【精细绿化管护】 2019年,江阴市住房和城乡建设局加强对全市3276.89万平方米绿化考核力度,保障绿地效果。年内,将《绿化信息》月报和"绿江阴""暨阳花语"微信公众号整合至"众智澄城"微信公众号统一发布,内容涵盖绿化工作动态、绿化养护重点技术工作、养护月历、新品种引进、新技术推广、造园新艺术推介、家庭园艺新品等。积极推进园林绿化信息化系统建设,与江苏省测绘工程院及江阴市城市规划信息咨询中心合作,继续开展信息化系统数据采集工作,完成对江阴市建成区122平方千米范围内行道树以及中山公园、朝阳公园、大桥公园绿地信息数据采集、录入,充实信息化系统基础数据。是年,市住建局完成绿化管理"110"联动处理69件,"12345"民生热线绿化管护咨询投诉1373件,绿化行政审批踏勘127次。

【绿化信用体系】 2019年,江阴市住房和城乡建设局立足行业特点,对照市委集成改革对绿化行政管理体制改革的部署要求,积极探索建立园林绿化施工养护企业信用管理体系,从行业导向、重点环节和诚信体系等三方面着手,改革创新举措,保障园林绿化工程景观质量。年内,制定实施《江阴市园林绿化优良工程评选办法》《江阴市园林绿化工程招投标管理办法》《江阴市绿化工程农民工工资保证金实施办法》,全面推广"三合一"(商务标、技术标、诚信分)评标法在工程招投标中的运用,明确江阴市外企业准入条件、信用管理等级评定办法。围绕绿化施工养护企业诚信和失信考评机制建设,出台《江阴市园林绿化施工养护企业信用管理办法》,建立多部门联合协调机制,建立黑名单制度,通过共享信息平台,在招投标管理、工程事中事后监管等方面实现信息共享。通过上述措施,建立完善全市绿化信用体系,强化园林绿化行业信用管理,推进全市园林绿化建设市场有序发展。

(邱　敏)

生态基础设施建设

【概况】 2019年,江阴市根据生态文明建设的理念和需求,继续开展生活垃圾分类减量工作,实施符合全市实际的分类收集、分类运输和分类处理技术路线,推进多部门协作的生活垃圾分类处置工作机制。年内,完成月城镇飞灰填埋场三期建设工程;开展垃圾分类"三进"(进社区、进单位、进学校)活动;处理生活垃圾72万吨、建筑垃圾155万吨、有机垃圾4.7万吨,有机垃圾处理项目入选"一带一路"* 绿色发展示范案例;开展生活垃圾分类"百日攻坚战",新增城区生活垃圾分类市场化运行小区100个,全市生活垃圾分类小区累计315个,设置分类收亭(房)4122个,智能收集设施272个,配备各类分类收运车358辆,垃圾分类设施覆盖率60%,垃圾分类集中处理率75%。 (周爱华)

【月城飞灰填埋场三期建设项目】 江阴市月城镇飞灰填埋场三期建设项目的库区设计总库容约24万立方米,设计使用年限7年。该项目重点为防渗工程,是在二期防渗基础上将防渗系统向边坡延伸,主要为边坡防渗,在库区东、西、北三个方向的边坡上施工作业。该工程于2019年4月开工,12月6日各参建单位对该项目进行验收,验收合格具备飞灰填埋条件,交付光大电厂使用。该工程的建成有效缓解光大电厂飞灰填埋的压力,为江阴远期生活垃圾处理提供保障。

(赵　恺)

【环境卫生管理】 2019年,江阴市环境卫生管理处力保全市生活垃圾收运系统高效规范运转,全市无害化处理生活垃圾72.48万吨,日均处理1986吨,总发电量3.35亿度,生活垃圾无害化处理率和全量焚烧率均为100%;继续督促全市各环卫所开展环境卫生专项整治行动,城乡环境面貌明显提升;完成"清废行动""长江大保护"等专项行动,并及时开展"回头看",确保无反复;持续抓好蓝天保卫战大气污染防治工作,根据大气污染防治、环境整治等相关文件要求,严格落实洒水抑尘、机械化清扫等工作;持续开展"厕所革命",市、镇、村三级合力推进,完成城区改造提升公厕10个,镇区新建、改造18个,农村新建、改建80个的目标;江阴市环卫运营管理中心项目各项前期工作加快推进,做好开工准备工作;餐厨废弃物集中处理PPP* 项目(一期)完成可研报告编制,并通过专家评审、环评招标等工作,紧抓选址意见书和可研批复、"两评一案"(物有所值评价、财政承受能力论证、初步实施方案),做好入库准备;新增15辆机械作业车辆,购置城市道路多功能抑尘车9辆,拥有环卫作业车435辆,城区机械化清扫率90%、密闭化收运率100%。

【垃圾分类工作】 2019年,江阴市域垃圾分类工作取得积极进展,全市生活垃圾分类小区累计315个。垃圾分类集中处理率在江苏省、无锡市组织的高质量发展考核中位居前列。推出具有江阴地方特色的"鲴鲴、豚豚、鲥鲥、叨叨"垃圾分类吉祥物,打造独具江阴特色的垃圾分类宣传阵地,组织宣讲活动200余场,相关微信推送文章分别被"今日头条""江阴发布""文明江阴"等微信公众号多次转发。全市果蔬、餐厨类有机项目32个站点,均配套建立收运体系,全年总处理量4.6万吨,日均处理量127吨,产出有机腐熟料2652吨、油脂387吨,基本形成餐厨废弃物处理闭环运行体系。 (宋明新)

生态环境执法

【概况】 2019年,江阴市持续推进执法大比武,强化日常执法、夜间巡查、司法联动,打造最严生态环境管控区,强化组织领导,完善责任体系,推动全员练兵,紧盯目标导向,全面完成量化任务,推进专项执法整治,锤炼执法队伍,推动全市域突出环境问题有效化解。全年立案处罚659件,罚款金额7015万元。其中信访立案率6%,重点信访立案率13%,随机抽查立案率9%。各类执法数据在无锡地区占比上升明显,在全省位居前列。是年,中央、省环保督察信访交办问题全面完成整改,"回头看"交办信访问题基本完成整改。全市信访压降成效明显,全年受理各类环境信访2488件,比2018年下降47.3%;其中省级以上180件,比2018年下降54.7%。

【强化环境整改力度】 2019年,江阴市围绕各级交办突出环境问题,建立重点问题每月督查督办、属地自曝自查、市镇两级领导包案等有效工作机制,中央、省环保督察信访交办问题全面完成整改,"回头看"交办信访问题基本完成整改。中央、省、"回头看"分别剩余14项、38项、14项需长期坚持推进。编制《江阴市2018—2020年突出环境问题清单》,共计问题32个,完成整改8个。打造污染防治综合监管平台,运用制度化、信息化、公开化方式方法精准监督污染防治问题线索处置环节,通过在线管理、实时分办、分类处置、动态监管,对污染防治问题线索全流程精准监督,督促党政领导履责、职能部门履职,有力推动污染防治责任层层传导到位。全年收办线索8078件,办结7419件。

【环境信访专项整治】 2019年,江阴市深化开展环境信访化解攻坚行动,落实重点信访企业约谈整改、信访人包案化解工作。全年约谈企业55个,投入整改资金约1.1亿元,重点企业信访压降超55%,对165个重点信访问题企业及236名重点信访投诉人开展"一企一策""一人一策"包案化解。信访人满意率84%,停诉率94%,企业息访率76%,一般企业信访压降超60%。

【环境执法监管】 2019年,江阴市持续开展执法大比武,积极提升执法效能,全面打造"最严生态管控区"。强化目标导向,积极贯彻"全年练兵、全员练兵、全过程练兵"总要求,组织执法立案"五比五看"(比学习、看能力,比工作、看贡献,比创新、看实绩,比文明、看素质,比团结、看和谐),启动夜间巡查,强化夜间执法巡查力量。强化基层执法队伍建设,将执法人员网格至各乡镇,将环保执法下沉至最基层,全市镇(街道)、园区网格巡查提供有效信息立案246件。推动落实专职巡查人员,配备专用巡查车辆,建立健全工作机制,全面启动网格巡查工作。制定网格工作考核实施细则,指导完成巡查人员工作证、巡查车辆标识、巡查工作台账、整改通知等材料制作,发布巡查重点、一般污染源名单,巡查工作手机APP(应用程序)开发运行。组织开展现场检查、执法专家课堂、网格员座谈会等,梳理难点、热点问题,完善网格化管理。强化技防监管,对重点监管企业安装视频设备711套,投入资金1466万元。完成全市25个餐饮企业油烟在线仪、42套重金属在线仪的安装、联网工作。推动重点企业IC卡(集成电路卡)安装全覆盖,年内新安装19件,全市累计安装437件。持续推动钢铁、水泥、化工、纺织印染、印刷、有色金属等重污染行业用电工况建设。全年在1009个企业安装10003个监测点位,大数据助力环境监管新格局初步形成。强化专项执法,推进"绿刃2019""江河碧空"等13项专项执法检查,发现存在各类环境问题企业573个,按照规范落实整改。是年,出动环境执法检查19772人次,检查企业7453个次,下达行政处罚决定书659份,罚款金额7015万元。落实新环保法立案处罚案例202件,实施查封扣押案178件、限产停产案8件、移送环境污染犯罪案12件、行政拘留案4件;落实新法情况比2018年增长10%。

【环境监测】 2019年,江阴市持续提升环境监测能力,扎实开展水、气、声、土壤等环境质量监测。完善水气一体"天网工程",在江苏省南菁高级中学建设环保科普志愿服务基地,完成VOCs大气自动超级站建设。建成机动车尾气固定式遥感监测点和移动式遥感监测点各1个。完成虹桥邮政等3个省控考核站点设备更新,完成黄田港桥、湖庄桥自动站建设。化工园区水气质量自动站建设持续推进中。完成江苏省环境监测科研基金项目课题《污染源中VOCs的监测方法探索及其在县级市典型化工园区的挥发性有机物污染情况调查中的应用》的验收工作。参与江苏省农田灌溉水、挥发酚的测定、流动注射法地方标准制定,完成方法验证中精密度和准确度验证工作。完成HJ 955—2018环境空气、氟化物的测定、滤膜采样、氟离子选择电极法等7个国标方法的验证工作。年内,获得手工监测数据92930余个、自动数据180万余个。完成106个水质断面、45个交通噪声监测点位、102个区域环境噪声监测点位和8个声功能区测点的噪声监测任务。完成801个污染源监测任务。

【环境应急管理】 2019年,江阴市坚持预防为主、预防与应急相结合,抓重点行业企业环境风险防控,有序开展应急管理工作。完善环境应急管理平台,实现预案备案"零见面",将环境安全达标建设"搬上网"管理,实现全流程网上操作和流转,做到全过程记录。制定下发《2019年度江阴市重点环境风险企业环境安全达标建设工作方案》,完成42个企业环境安全达标建设。年内,环境应急中心张文丽参加江苏省首届突发环境事件应急响应技能竞赛,获江苏省个人第二名。是年,妥善处理突发环境应急响应3件;完成333个企业突发环境事件应急预案备案;开展对全市化工企业环境安全隐患排查整治提升。

【企业环境行为信用评价】 2019年,江阴市全面实施环保信用评价新标准,沿用传统"绿、蓝、黄、红、黑"五色等级划分方式,在评价标准、计分方式、组织实施、结果发布等方面作出调整。初次纳入评价企业,初始环保信用分值设定为9分,实行实时动态评价方式,以行政处罚、行政命令等作为信用信息基础来源,以规范化政府文件作为补充,为评价标准更加客观公正,便于信息自动采集、评价。绿色等级企业(守信)环保信用分值11~12分;蓝色等级企业(一般守信)环保信用分值6~10分;黄色等级企业(一般失信)环保信用分值3~5分;红色等级企业(较重失信)环保信用分值1~2分;黑色等级企业(严重失信)环保信用分值小于或等于0分。新标准将原来40余条评价指标简化为18项扣分项和3项加分项,对每一项计分类别规定确认方式。环境行为信息计分设定有效期,分值在-1分至-3分的环境行为信息有效期为6个月,其他环保信用记录分值对应的环境行为信息有效期为1年。对环保信用等级为黑色的企业,其环境行为信息在记入企业环保信用记录的同时,记入其法定代表人、主要负责人个人信用记录。年内,对4248个企业进行环境信用评价,其中绿色企业47个、蓝色企业4167个、黄色企业32个、红色企业2个、黑色企业0个;参评企业数量比2018年增长37%。(姚京君)

水资源管理

【概况】 2019年,江阴市水资源管理工作以习近平新时代治水思想为指导,聚焦民生需要,坚持问题导向,落细落实最严格水资源管理制度,深入开展节水型社会建设、取水许可规范化管理等各项工作,按期完成取水工程(设施)核查登记、饮用水水源地整治工程。是年,全市用水总量13.66亿立方米,万元GDP(地区生产总值)水耗36.79立方米,农田灌溉水有效利用系数提升至0.6672,7个江苏省级重点水功能区(2个因施工未检测)水质达标率100%,征收水资源费6934.38万元。年内,江阴市被水利部评为第二批节水型社会建设达标县(区)。

【节水型社会建设】 2019年,江阴市通过政府主导、部门主管、企业配合、全民参与、舆论监督等方式,全面推进工业、农业、城镇节水,积极推进水效领跑者创建,完成涵盖省市级节水型企业、学校、小区等在内的节水型社会载体创建14个,宣传落实载体创建补贴及相关财税激励政策。严格计划用水管理,全市336户自备水取用水户计划率100%。推进"水到井封"工作,封填地下水井17眼,地下水取水总量较治理前(2015年)削减约70%,地下水位埋深最低点回升至36.32米,较2018年回升5.22米。11月,江阴市被水利部评为第二批节水型社会建设达标县(区)。

【取水工程(设施)核查登记】 2019年,根据水利部长江水利委员会、江苏省水利厅、无锡市水利局有关通知及要求,江阴市开展长江流域取水工程(设施)核查登记阶段工作。为确保核查登记工作有序推进,江阴市提前开展广泛宣传,印发《关于开展全市取水工程(设施)核查登记工作的通知》,组织召开全市技术培训会,结合取水许可双随机抽查,坚持边查边改,全市460项核查项目通过省水利厅复核,现场核查企业82个,按期完成登记入库、现场核查等阶段工作。该次核查登记工作全面摸清江阴市取水工程(设施)现状,反映水资源开发利用和管理方面存在的不足,为进一步提高江阴市水资源管理能力和水平、扎实推进生态文明建设提供基础支撑。

【饮用水水源地整治】 2019年,江阴市全面推进饮用水水源地整治收尾攻坚。年内,开展西石桥水源地保护区整治,协调迁建位于西石桥水源地二级保护区范围内的利港电厂三期温排水口,该工程由利港电厂负责实施,1月28日原温排口停排,3月6日新排口投入运行,4月29日迁建工程通过无锡市江阴生态环境局验收。加快推进肖山水源地取水口迁建工程收尾,在新管道通水运行基础上,完成原管道、横梁及管座拆除,沟槽恢复及扫测,敷设航标警示灯,设置一级保护区隔离栏等工作,10月31日肖山水源地取水口迁建工程通过竣工验收。至年末,全市完成长江集中式饮用水源地达标建设工程3个,饮用水安全保障能力全面升级。是年,长江西石桥、小湾、肖山3个集中式饮用水源地和利港地下水、绮山湖地表水2个应急备用水源地水质达标率100%。(叶 键 潘孝玥)

【水法宣传】 2019年,江阴市水利局依托第二十七届"世界水日"和第三十二届"中国水周",以"坚持节水优先、强化水资源管理"为主题,围绕国家节水行动、河湖长制、水资源保护、河湖生态修复等内容,加大水法宣传力度,倡导市民珍惜水资源、保护水环境,营造全社会珍惜水、节约水、保护水的氛围,切实推进依法治水。3月22日,在江阴学院场举办"世界水日"宣传活动暨"中国水周"启动仪式,现场集中展示水源地达标建设情况、取水许可证相关办理问答、江阴市地下水宣传、江阴市水资源消耗"双控"行动、节水小常识、河道长效管理等11块展板,向市民发放法律汇编、节水漫画、水政案例等资料3000余份,开展水法、河道管理条例等法律法规的普法宣传,并提供相关问题咨询服务。3月22—28日"中国水周"期间,依托各水利农机管理服务站,在全市各镇(街道)设点进行宣传,同时深入机关、学校、社区、企业等进行水法宣传,通过拉横幅、现场设宣传咨询点、利用公园大型电子屏幕播放节水公益广告片等形式,开展内容丰富的宣传活动。通过"江阴市水资源"和"水利江阴"两个微信公众号、江阴电台"空中热线"平台,宣传最严格水资源管理要求,倡导节水生活理念,市民通过微信公众号参与有奖知识问答活动,通过"空中热线"咨询与生活息息相关的热点问题,产生较好社会效应。

(李 春)

■类目编辑 徐文辉

信息化建设

综　述

【概况】 2019年,江阴市扎实推进"智慧江阴"建设,圆满完成各项信息化建设目标任务,信息化建设水平得到显著提升。年内,根据《无锡市推进新型"智慧城市"建设三年行动计划(2018—2020)》和《江阴市"十三五""智慧江阴"建设发展规划》的要求,围绕高质量发展要求,全市积极落实"智慧城市"发展规划,推进新型"智慧城市"即"智慧江阴"的"一网、一中心、五平台、N应用、五支撑"建设。即一个更高速、更智能的信息网络与基础设施,一个城市大数据中心,智慧城市综合管理、政务服务、经济运行、民生服务和安全防控5个智慧平台,N应用指智慧教育、医疗等一系列民生关键业务应用,五支撑指组织领导、体制机制、人才、资金、信息安全五大支撑体系。市大数据中心充分发挥资源优势,全市政务数据、智慧城市综合管理指挥中心等得到更好的整合,市电子政务平台建设得到提升,城市智慧式管理、精细化管理水平得到进一步提高。市大数据中心建设案例获"智慧江苏建设成果和优秀案例",有9项单项案例入选"无锡市新型智慧城市建设百优案例",大数据支撑法治应用建设入选"2019年度法治江阴建设惠民实事工程"等荣誉。

【智能化打造先进制造业第一县】 2019年年初,江阴市结合打造工业数字经济需要,市委、市政府出台《关于全力推动经济发展高质量打造现代产业发展新高地的政策意见》《关于加快发展工业数字经济的政策意见》等文件。3月27日,市委、市政府召开全市以智能化为引领打造先进制造业第一县暨人才强企大会。无锡市委常委、江阴市委书记陈金虎要求全市上下要继续推进产业强市、创新驱动战略推进人才强企,做强做大实体经济。7月,市人大常委会对全市企业的智能制造发展情况进行现场调研。组织企业参加世界物联网博览会、世界智能制造大会、雪浪大会等综合性、专业性展会和论坛,参观华为、比亚迪等智能制造先进企业,学习和了解新一代信息技术和智能制造前沿发展现状。华为公司与中船澄西职业技术学院、江阴职业技术学院签订合作协议,在智能制造人才培养和实习训练基地建设等方面开展合作,专门培育智能制造专业人才。市工信局与新桥镇、中国电信江阴分公司分别签订战略合作协议,推动智能制造示范镇和工业互联网平台建设。联合市信息化协会、市物联网协会举办相关论坛,组织各板块企业高管参会,交流学习智能制造相关内容,在江阴高新区、临港开发区等板块举行智能制造、企业"上云"现场推进会,进行政策宣讲。

【整合全市大数据支撑】 2019年,江阴市大数据中心坚持体系化思维,集团化作战,围绕数据整合、安全加固、应用深化三方面工作,不断提高大数据服务支撑能力。以无锡市大数据政务信息资源普查为契机,完成江阴市、镇、国企三级单位的资源目录普查工作,梳理数据资源共享优化"四份清单",高效推进数据整合,提高数据共享效率。同时,围绕三级等保测评结果,进行查漏补缺,累计完成高危整改879个、中危整改345个;购买数据脱敏、防泄漏、数据备份一体机、数据库审计4套设备,针对性加固大数据平台。至年底,新增4亿条数据接入,累计接入量超14亿条,累计交换量超37亿条,新增支撑近30个跨部门应用,累计支撑应用超50个,持续深入大数据支撑。共享应用范围首次延伸至镇(街道)一级,协助新桥镇三维网格精细化管理。全市大数据共享场景多元化,新增新生入学资格审核、就业困难对象精准认定等超30余个新领域数据的支撑需求,全市无条件共享比例由10%提升至60%。

【政务云实现精细化管理】 2019年,江阴市大数据中心(以下简称"中心")为充分保障政务云平台的资源有效利用和平台的安全可靠运行,着重加强政务云资源申请利用审核工作,针对部门提交的资源申请需求,在满足应用系统基本需求的前提下,对不合理的资源需求,予以沟通调整,尽可能避免过度分配所造成的政务云平台资源浪费情况发生。组织中心安全服务外包专家团队和政务云运行维护公司,加强对政务云平台病毒的共同防护工作,针对以勒索病毒为代表的恶意病毒,对政务云平台薄弱环节逐一排查,提前展开封堵重要端口、严控虚拟服务器外联策略及访问区域(IP或域名)、及时发布预警信息三个方面的安全防护工作,提前做好应对预案,年内在几次恶意病毒爆发期间,全市政务云平台及其所承载的各类应用系统均未受到重大影响。中心还组织技术顾问和政务云运行维护公司,专项调研上云部门,详细了解其业务系统运行情况,针对性地提出系统优化的建议,减少一些不必要和超出承载的政务云资源申请。有些上云单位应用,根据专家提出的优化方案,硬盘读写性能指标由优化前的平均每秒读写次数的总和3000IOPS(每秒读写次数)下降到平均30IOPS,性能指标得到百倍提升,避免盲目浪费政务云资源的情况。是年,中心作为全市统一的硬件基础平台,其政务云平台承载包括大数据、网格化和"最江阴"等重要信息系统在内40余个委、办、局的50余个应用系统,平台部署云主机数量660余台。

【提升电子政务保障能力】 2019年,江阴市大数据中心通过严控资金池、加强流程管理、提升信息安全核心技术、重视信息安全测评和管理等,不断提升保障全市电子政务能力。中心定时与各委、办、局的线路框架、数量进行确认核实,及时调整或剔除有变动的线路,严控线路数量;细化线路类型,统筹、按需设定高、中、低档线路的指导价,发现高于指导价的线路在合同到期后,即时进行调整。流程化管理PPP项目,中心组织专家详细论证变更方案的合理性,并请审计单位审计变更方案造价,规范项目管理及资金使用,实现信息化产品及技术方案更新换代的需求。中心根据ITSS(信息技术服务标准)和《服务外包考核管理暂行办法》,对外包单位进行月度考核,加强和规范外包单位的管理,提升服务能力,进一步保障运维质量;对政府机房和政务网络设备进行定时巡检,扎实做好系统维护工作,及时排除各类故障,确保网络和设备的正常运转;持续做好电子政务系统日常管理和维护工作,保障政务系统安全可靠运行。年内纳入统付线路计2092条,较2018年增加350条;年付费1216.9万元,与2018年持平,线路均价由2018年的573元/条降至484元/条。在会考及高考期间,组织无线电监测车辆4台,监测及保障人员40余人次,利用频率扫描仪、便携式监测和无线电测向设备,采用定点监测加巡回监测的方法,对考场周边进行严密的无线电监测,维护重要考试秩序。

(钱秋洪)

【"三资"监管信息中心建成】 2018年,江阴市根据无锡市纪委、无锡市农村农业局推进村务公开、财务公开的总体要求,江阴市纪委、市农村农业局与江苏有线江阴分公司、江苏江阴农商银行等单位紧密合作,推进江阴市农村"三资"*管理监管信息中心建设,该系统以"一网、一库、三平台"为架构,在政务网环境下运行,建立系统数据库,有效整合"三资"监管平台、"户户通"公开平台、集体产权交易平台,实现农村集体"三资"信息公开,数据共享、监测预警、实时监管。江阴农商银行与市纪委监委、市农业农村部等部门对接,构建"E银通"结算监管平台。该系统着眼于农村资金结算的规范化、资金管理的集约化和财务对账的自动化,有效解决村会计付款申请难、对账操作烦、财务凭证填制工作量大、市镇级领导监管难等问题。系统上线后,村级账户资金查询、转账、对账、审批全部实现线上化处理。4月,江阴农商银行为全市7个镇(街道)、102个行政村完成系统对接。9月,由江苏有线江阴分公司开发建设的"三资"监管平台、"户户通"公开平台在临港开发区辖区内49个行政村全面完成数据上传,正式开通上线,实现全区所有行政村"户户通"全覆盖。村民在家通过有线电视,能实时点击查看当月该村资金使用状况。2019年6月25日,建设完成江阴市级和17个镇(街道)的"三资"监管信息中心,全市252个行政村全部在江阴农商银行开户办理村务卡,其中有226个村激活使用,累计实现交易笔数超30万笔,累计交易金额19亿元。"三资"监管信息中心集成多样化的预警机制和阳光公开平台,有效促进农村微权力的规范运行。同时在招待费用超标、大额收支等情况出现时,按照预先设置进行精确预警提醒,确保"三资"监管安全、高效和透明运行。 (顾澄龙 方 霞)

信息化基础设施建设

【概况】 2019年,江阴市具备向居民提供1000兆带宽家庭网络和最高下载速率300兆宽带的4G+无线网络接入能力,NB-IOT(窄带物联网)网络覆盖江阴城区与部分镇(街道),开通免费公众热点8600余个,可同时为15万名市民提供免费公众热点接入的能力。全市各通信运营商共建共享第五代通信基础设施,推进网络基础设施建设,覆盖主城区的5G网络初步建成。同时强化创新应用场景研发,推动"智慧城市"平台升级,打造特色智慧乡镇;强化安全,建设智慧燃气安全监管云平台;创新驱动,促进工业互联网平台健康发展。光网城市建设再次提速,全面启用IPV6技术,全市电信用户宽带平均速率150M(兆),领跑全国同等城市。运用云计算、物联网和大数据技术,积极对接全市集成改革试点工作中的信息化建设需求,助力县级集成改革试点建设工作。建设全市智慧城市综合管理平台和综合行政执法系统,打造"智能、开放、连接、共享"的互联网+综合管理服务平台等。

(陆军浩)

【中国电信江阴分公司】 2019年,中国电信集团公司江阴分公司继续围绕"光网城市·智慧江阴"建设各项目标要求,加快推进设备改造,打造高质量光宽网络,着力提升网络安全,加强高速率业务保障能力。10GEPON(以太网无源光网络)扩容新增端口全面覆盖江阴所有区域。完成分组OTN(光传送网)及IPRAN(无线接入网IP化)建设,满足大带宽政企业务和高速云专线业务需求。完成老旧OLT(光线路终端)设备退网及OLT的上联10G改造工作,确保接入层全面支持千兆宽带支撑能力。加快推进无线网络建设,精心组织网络优化工作,无线网络质量不断提升。完成上百个网络问题居民区优化且达标,整体居民区覆盖优良率提升至县级同等城市前列。完成江阴区域L800和NB-IOT网络全覆盖,

2019年,由中国电信集团公司江阴分公司建设的5G+智慧港口应用初具成效。图为江阴港一角 (吕春峰 摄)

完成4G基站的集中改造,优化网络结构。全年开展三次大规模宽带提速活动,全市宽带平均速率超150兆。同时,以5G行业应用业务为引领,加快推进5G网络建设,形成核心区域连续覆盖能力,完成中心城区一期、二期、三期5G基站建设,为5G正式商用提供有力保障。开展江阴5G+智慧行业应用工作,助力江阴数字经济的发展。在双泾龙舟赛、世界物联网博览会物联网与智慧能源高峰论坛、“时裳新桥·江阴”第五届国际半程马拉松赛等多个活动现场开展5G直播试点工作,5G+智慧港口应用初具成效,初步形成江阴5G行业应用的新趋势。不断深化江阴市智慧城市综合管理平台,形成“网格+综合治理”等新模式,助力全市基层管理更加精细化,智能化。进一步树立“电信就是快”的宽带服务品牌,面向公众用户持续开展“当日装、当日修,赔付快”的服务承诺,确保各类用户的需求。持续关注骚扰电话、垃圾短信治理工作,规范门店服务,促进服务提速增效,创建群众满意示范点。 (张 明)

【中国移动江阴分公司】 2019年,中国移动通信集团江苏有限公司江阴分公司与时俱进,全面实施“5G+”计划,聚焦服务社会民生,积极开展5G城市、“智慧江阴”建设,不断改善服务质量、持续推进提速降费工作。公司坚持以人民为中心的发展理念,围绕“无线”和“有线”两张网络抓好网络质量、能力提升工作,满足客户需求,确保客户满意度和网络领先优势。年内,开展5G商用,完成5G基站200个;4G网络扩容FDD(频分双工模式)站点712个,扩容TDD(时分双工模式)站点50个,FDD1800连续覆盖站点129个;2G网改站点364个,完成室分建设项目135项,WLAN项目11项,4G新型室分项目19项,5G新型室分10项;完成新布放光缆842皮长千米,继续保持网络优势。手机上网流量增长迅速,手机上网用户DOU(抖音创作者提供的视频加热工具)达7.85G,手机上网流量比2018年增长67.02%。推进全光网城市建设,完善光纤宽带全覆盖,家庭宽带覆盖82.3万户,100%以上的小区具备100M(兆)接入能力,家庭宽带整体质量持续提升。重点保障市委、市政府“我和我的祖国”大型歌会、海澜中秋晚会、“时裳新桥·江阴”第五届国际半程马拉松赛等各类大型活动的通信工作。公司坚持开展满意100活动,强化内部管理,增强服务水平,制定一线投诉考核细则,有效控制投诉触发,强化闭环跟踪,完善“收集—分析—优化”闭环投诉溯源管理机制和全面的质量监控体系,形成“运营指标、投诉指标、客户感知指标”全面监控,实时监控服务情况与支撑效果,执行“首问负责制”,开展“领导接待日”活动,聘请社会行风监督员,常态化开展NPS服务测评,提升企业服务质量和水平。作为江阴地区主导综合信息服务提供商,当选为江阴市信息化协会理事长单位,与临港开发区管委会、江阴海事局、市邮政局和江苏海澜新能源有限公司等单位及企业签订5G战略合作协议,开展多个5G应用的探索合作。公司致力于推动工业化与信息化融合,借助5G、物联网等新技术应用,完成农业用水管理集中采控示范项目、江阴融媒体中心“中央厨房”项目等多项信息化项目。主动与政府对接,加强协调配合,提前完成全市治安监控项目1.4万个摄像点位建设;年内承建江阴市亿元级社会治安监控升级服务项目。与市公安局联手打造的社会化治安“大技防”工作位列全省前茅,促进江阴“雪亮工程”和“智慧城市”建设。 (陶国海)

【中国联通江阴分公司】 2019年,中国联合网络通信集团有限公司江阴分公司全面落实“提速降费”“互联网+”行动计划、“宽带中国”等国家战略决策部署,致力提供全方位、高品质的信息通信服务。年内,公司以切实满足用户高速数据体验,提高网络覆盖广度和深度为目标,全力保障重点布局精品网络建设。全年完成投资1200万元,用于无线网络全覆盖的建设与维护,组建全市高速4G无线网络全覆盖工程。全年新增基站41个、4G室分分布楼宇95栋、NB-IOT基站90个。至年底,江阴联通公司4G基站总规模1450个,4G室分总规模549栋,4G信号覆盖率99%,网络峰值速率150mbps(兆比特每秒),部分热点区域保持领先,实现全市无线网络深度覆盖。同时,公司投入200万元用于建设与维护光网改造项目。其中,投入100万元对各街道、主要镇区的新建小区实行光纤覆盖,新覆盖建设37个小区,新增光纤到楼入户5万户。江阴联通公司累计完成光纤覆盖建设423个小区、5000余幢楼宇,合计覆盖用户约23万户,覆盖后小区宽带速率100兆以上,保持网络高速、畅通运行,稳定且不掉线。公司参与市政府智慧城市项目建设,建设完成市公安局车辆行踪二期平台升级维护项目,为车辆布控、车辆及驾驶人关联排查等公安业务提供高质量数据源,增强公安管理部门对出入道口的机动车和驾驶人的查控力度,为打击各类违法犯罪行为和公安大数据研判提供科技手段。全年建成市教育局中考标准化考点项目,33个中考标准化考点及1个市级指挥中心实现数字化管理和监控。为江阴市网格化管理平台的功能板块赋能,承建周庄镇废气治理设施运行智慧管理平台,实现全镇167个重点环境污染监管企业的24小时实时监控,用物联网、大数据、智慧化云平台解决环保监管的痛点,提升民生服务满意度;为"智慧新桥"建设生态环保进行板块赋能,实现平台数据的开放对接。 (柯 鸣)

【江苏有线江阴分公司】 江苏有线集团有限公司江阴分公司是江苏有线旗下从事有线数字电视和网络数据宽带业务的经营实体,也是江阴唯一的数字电视和高清互动电视的内容播出和传输机构。致力于服务全市70万数字电视机顶盒和36万数字电视用户。2019年,建成覆盖全市的万兆城域网和MSTP(多业务传送平台)、MS-OTN(基于多业务光传送网)环网,主要服务于党政机关和各企事业单位点对点的高端专线数据业务、安防监控业务及视频会议等。公司通过采用业内主流的先进技术,进行广电视网(NGB)双向化改造建设,依托良好的网络基础和系统前端,为开展云媒体电视、3D立体电视、物联网应用等"三网融合"新兴增值业务打下良好网络基础。农村"三务公开"户户通"系统上线推广应用,社会反响强烈。年内,公司完成管道建设15千米,主干光缆60千米,新建小区双向网覆盖1.36万户,双向网优化覆盖3300户,FTTH(光纤到户)覆盖户数1.2万户。是年,公司拥有主干光缆900皮长千米,各类接入分机房300个;光节点13000余个,在线局端14000个,覆盖用户55.2万户。 (方 霞)

信息产业

【概况】 2019年,江阴市信息产业工作纳入无锡市考核新一代信息技术产业,分为物联网产业、集成电路产业、软件和信息技术服务业3个领域,全都超额完成考核目标。物联网产业全口径(含服务业营收、工业产值)实现438.62亿元,比2018年增长23.9%,其中智能传感器主营业务收入34.4亿元;集成电路产业完成产值212.34亿元,比2018年增长10.15%;软件和信息技术服务业企业申报销售146.29亿元,比2018年增长17.19%,其中高端软件企业申报销售21.17亿元,比2018年增长86%。有9个企业的11项项目获2018年度无锡市以物联网为龙头的新一代信息技术产业发展专项扶持资金708.7万元,9个企业的9项项目获2018年度江阴市信息技术产业发展专项扶持资金784.3万元。江苏长电科技股份有限公司入围全国电子信息百强,江苏鸿利智能科技有限公司、江苏远望神州软件有限公司2个企业通过ITSS(信息技术服务标准)运维成熟度三级资质认证,江苏斯菲尔电气股份有限公司被认定为江苏省软件企业技术中心,并获无锡市"飞凤奖"。

【世界物联网与智慧能源高峰论坛召开】 2019年9月6日,2019年世界物联网博览会物联网与智慧能源高峰论坛在江阴国际大酒店举行。该论坛由中国企业联合会、中国企业家协会与无锡市政府共同主办,江阴市政府承办,江阴市物联网协会、江阴市信息化协会协办。论坛以"能源物联,绿色发展"为主题,来自国内外物联网行业的学者、行业专家、企业代表等350人参加,大会邀请中科院院士3人,其他重要专家20余人。论坛上,院士周孝信、尹浩分别就"新一代电力系统与能源互联网""5G智慧能源应用愿景与挑战"等热点话题发表演讲,解读物联网与智慧能源行业的最新发展趋势和动向。国家电网有限公司互联网部副主任王磊、龙源电力集团股份有限公司副总经理张滨泉、将门投资管理顾问(北京)有限公司创始合伙人兼CTO沈强、双良集团有限公司董事长缪文彬等行业领军企业的代表也发表主题演讲,分享相关领域的实践经验和愿景展望。江阴市政府围绕物联网、智慧能源、智能制造等产业发展,与中国企业联合会共同签署智能制造示范镇建设、智慧能源管理、智慧民生应用等6个战略合作协议,签约海洋激光雷达风能测控系统、车用芯片及静电防护等7项合作项目,项目总投资5.6亿元;江阴市工业经济高质量发展综合服务平台正式发布,为江阴工业企业资源利用绩效评价提供平台支撑;成立江阴市能源互联网产业联盟协会以及江阴市能源互联网云平台,标志江阴市将进一步加强能源领域的宏观管理和科学决策,提升综合能源服务水平,开创智慧能源新局面。

【信息产业重点项目建设】 2019年,江阴市信息产业工作纳入无锡市新一代信息技术产业考核内容的4项重大产业项目均提前并超额完

2019年10月18日拍摄的神宇通信科技股份公司射频同轴电缆纺织车间一角 (张成奇 摄)

成年度目标任务:“长电科技通信用MCM先进封装技改扩能项目”年度投资超5000万元,完成全自动高精度装片机、全自动晶圆划片机、全自动集成电路测试系统等进口设备的引进调试工作,具备年产1.7亿颗通信用MCM先进封装产品的生产能力;“星科金朋电子技术、半导体、集成电路封装测试项目”完成全年投资计划,全面投产,年销售收入23亿元;“中芯国际长电科技合资公司12英寸3D芯片生产基地二期项目”完成全年投资计划,投资额8075万美元,完成二期项目无尘室的内部建设工作,销售收入7.6亿元;“神宇通信科技股份公司物联网智能终端用细微、极细射频同轴电缆扩能项目”年度投资超2000万元,完成编织机、缠绕机、挤塑机等设备购置,全面实现量产。 (张成奇)

信息化应用

【概况】 2019年,江阴市政府统筹部署信息化应用建设,各项工作扎实开展。启动江苏省网格化社会治理智能应用平台建设,市公安局全力推进视频监控提档升级,市排污许可证“一证式管理”系统项目通过验收。江阴市大数据中心采取强化源头管控、整合原有系统、调整在建应用三个措施,推动“大水利”“大综治”“大环保”“263”[*]散乱污治理、全市应急广播等业务应用纳入全市统一网络,提升智慧城市综合管理中心平台作用,促进城市大数据更融合、网格化管理更精细、综合性治理更多维,有效提升城市综合管理能力。

【智慧警务建设初具成效】 2019年,江阴市以“大数据应用智慧链”为核心的智慧警务建设初具成效。按照“一个池+一张图+两终端”的总体框架,通过搭建PGIS(警用地理信息系统)云图、时空大数据、专网PGIS地图、标准地址等服务,架构江阴公安空间数据库;完成与320车踪、350兆数字对讲机、4G执法仪等10余个公安实战应用系统、平台、装备的对接集成融合,实现警情上图、警情周边资源调阅,图上汇聚2.6万余路视频及12路AR鹰眼视频;完成“一标四实”标准数据对接,实现标准地址,实有人口、实有建筑、实有单位和实时数据上图,完成层户结构展示等应用;对旅馆、网吧、卡口等重点公共部位(场所)、治安卡点进行图上标注,结合移动视频等数据同步研发勤务报备系统、设备报备系统、警务物资资源库等应用,实现警情警力智能指挥调度;依托人口态势图、警情态势图,有效支撑“一人处警、团队支持”的精准高效指挥;将所有警务数据和社会数据进行深度融合关联,围绕背景信息、轨迹信息、行为预测等开展图上作战和多轨合一,提升扁平化指挥效能。 (邓宏卿)

【推进“智慧校园”建设】 2019年11月8日,江阴市政府下发《江阴市教育高质量发展三年行动计划(2020—2022年)》,明确把“智慧教育”创新发展项目作为3年行动计划中的一项重要项目,3年中将配套投入6000万元建设资金,持续推进智慧教育建设。为强化顶层设计,市教育局出台《江阴市智慧教育建设规划(2020—2022)》《江阴市教育信息化项目建设与管理办法》等文件,完善全市教育信息化的保障和支撑体系,积极推进江阴市“智慧校园”建设,引导各级各类学校申报无锡市“智慧校园”试点校及江苏省“智慧校园”示范校。年内,全市有1所江苏省“智慧校园”示范校,47所无锡市“智慧校园”试点校。通过“智慧校园”建设工作,市教育局积极培育“智慧校园”示范项目,大力建设江阴“智慧教育”云平台,促进信息技术与教育教学的全面深度融合。 (万增林)

【吊机作业视频监控回传应用项目】 2019年,江阴港港口集团为保证港口吊装设备工作过程全程可视化监控,创新应用5G、云计算等新兴技术,破解港口“龙门吊”监控“传输难、存储难”的问题,为港口作业提供全新的智慧化解决方案。该项目利用5G网络“高带宽、低时延、海量连接”的特性,和5G网络提供的可靠稳定且更低成本的视频传输方式,将5G与天翼云平台结合,将原保存在港口自有数据机房上的视频改为存放在“天翼云上”,港口和海关等相关管理人员可随时查看,有力助推江阴港智能化转型建设。 (刘 华)

【干线航道监控系统项目】 2019年,江阴市启动干线航道监控系统项目建设。该项目是全省航道养护专项工程无锡航道江阴辖区干线航道监控系统,采用购买服务方式,对江阴辖区内的两条干线航道(申张线江阴段29.3千米、锡十一圩线江阴段8.5千米)进行全线高清视频的覆盖。项目充分利用运营商铁塔资源,相比于传统信息化建设减少自建铁塔数量,降低建设成本以及实施难度;购买服务费用采取逐年支付方式,有效降低先期资金投入;项目建设完成后由专业团队进行运行维护。

2019年,江阴市公安局大数据指挥服务中心升级运行 (邓宏卿 摄)

2019年12月12日,江阴市干线航道监控系统项目接受专家组验收。图为市港航事业发展中心指挥室验收现场 (吕春峰 摄)

该项目航道沿线为周庄、华士等工业重镇,水运繁忙,船舶流量较大。设24个监控点,每个监控点设置2~3个摄像头,由高清网络智能球与枪形网络摄像机组成;视频汇集到江阴市港航事业发展中心指挥室。至此,江阴干线航道视频监控实现全覆盖,为实时掌握干线航道运行情况、及时发现航道违法行为和突发事件并做出快速反应提供条件。该系统还可以完成航道基础信息、运营动态信息的数据采集和分析;与无锡航道处、江阴交通综合执法大队互联互通,为航道管理提供信息化手段。12月12日,该项目通过无锡市专家组验收后投入使用。 (吕春峰 姚勇宇)

【污染治理设施用电工况监管系统】 2019年,江阴市针对治污设施不正常运行这一企业污染超标排放的"源头"问题,启用用电工况监控系统,将环境监管重点从企业末端排放前移至监控企业用电量,实行24小时监测企业产污、治污、排污全过程,并根据企业总用电量、生产设施用电量、环保治理设施用电量平衡原则实施环境监管,确保企业废气处理设施正常运行。年内,全市上线840个企业8840个监测点位,监管企业范围覆盖"中央和江苏省督察信访交办查实有问题的企业、重点重复信访企业、重点废气排放企业、重点行业"等,涵盖钢铁、水泥、化工、纺织印染、印刷、有色金属等重污染行业的企业,市大数据系统助力环境监管新格局安装初步形成。全年全市$PM_{2.5}$细颗粒物浓度为42.6微克每立方米,比2018年49.2微克每立方米下降13.4%,在全省54个县市区中排名第42位;优良天数比率为73.2%,比2018年下降3.5个百分点,比无锡市下达$PM_{2.5}$指标要求下降5.8%,实施优良比率上升1个百分点的约束性目标。 (王德文)

【电子社保卡应用上线】 2019年9月,江阴市人力资源社会保障局启动全市电子社保卡项目,利用微信、支付宝、江阴农商银行手机APP等3个签发平台,其中微信平台为主要签发渠道,实施"江阴人社"微信平台强制绑定的形式,引导参保人员进行申领。该卡是社保卡线上应用的有效电子凭证,与实体社保卡一一对应、唯一映射,由全国社保卡平台统一签发,人力资源社会保障部统一管理。与实体社保卡一样,电子社保卡全国统一、全国通用,具有身份凭证、信息记录、自助查询、医保结算、缴费及待遇领取、金融支付等功能。该电子卡用于网上服务平台登录时的凭证功能,参保人员在申领本人电子社保卡后,通过微信扫码功能或出示电子社保卡二维码,即能登录网上服务平台,可免除传统复杂烦琐的注册过程;用于参保人员在窗口办理业务时的身份凭证,具有身份证或实体社保卡相同的功能,用于线下及线上支付三大类应用功能。至年底,累计签发电子社保卡近11万张。

【新仲裁信息系统建成】 2019年,江阴市新仲裁信息系统建成投运。该系统实现从劳动人事争议案件接收、立案排庭、案前调解、群案处理、案件审理、各级审批、结案归档等过程全部网上流转,对案件处理全流程、全方位、精准化质效管理。该系统对案件的权限、案件的文档格式、数据的安全性和流程标准性能问题,进行统一的核定和归纳;明确工作人员的工作职责、案件的变更流程走向等操作细节,同时实现案件信息积累,通过各类数据统计,可直观查看工作开展的情况,为风险预警和大数据分析提供基础,不断提升劳动人事争议处理效能。

【居民医保信息整合】 2019年,江阴市医保局全力推进居民医保信息整合工作,依托"金保系统"组织开发居民医保实时结算系统。该项整合工作通过对医保专网实施双线路改造,强化网络安全管理,实现全市职工医保、居民医保信息在同一系统框架内运行,有效打破"信息孤岛",提升医保信息综合运用效率和管理水平,为医疗保障工作提供更加安全高效的信息支撑。市医保局推进"互联网+"医保服务,先后在江苏省政务服务网及政务服务APP、"澄事之窗"自助政务服务平台、"最江阴"APP、"江阴市民卡"微信公众号等多个渠道上线"我的医保"栏目,功能涵盖医保信息查询、异地就医备案、"无锡大市一卡通"办理等常用业务,为参保人提供24小时全天候不间断医保服务。同时,市医保局推进异地就医联网直接结算,实现职工医保、居民医保"无锡大市一卡通"功能全覆盖,与上海、浙江之间跨省异地就医门诊、住院费用"一单制"直接结算,江阴市异地就医定点医院联网覆盖率100%。全面规范异地就医经办管理，自5月1日起，不再设异地就医市外指定医院，同时统一市外转诊待遇政策，将市外转诊直接备案到就医省份或地市。"互联网+"医保服务于2020年1月1日上线。

（刘向宇）

【电视交警平台上线】 2019年，江苏有线江阴分公司在无锡电视交警平台的基础上，结合江阴市公安局交巡警大队的具体要求，开发建设江阴版本的电视交警平台。电视交警是无锡交警在全省首创云媒体频道形式，以交管服务功能较全面、信息发布较及时、辐射范围较广泛的交通类新媒体综合平台。江阴版平台完成二期功能的开发，实现学法免分、审验学习、违法查询、曝光台、交管信息、以案说法、有线车管所、交警风采、交警讲堂、实时路况、通行证办理等11个板块功能。至年底，平台绑定驾驶证8542份，免除交通违法扣分35613分，为广大驾驶员提供较大便利。

【网格化工作与数字城管】 2019年，江阴市城市综合管理局围绕集成改革目标要求，稳步推进网格化管理平台建设，不断深化运转高效的"一长五员"（即网格长、网格员、督察员、信息员、巡查员和联络员）全覆盖网格体系，受到江苏省内外高度关注。同时，推进网格工作人员的考核和培训，全年培训8场次，培训720余人。全年平台巡查上报事件99.3万件，结案归档98.5万件，99.9%上报事件均可在镇（街道）及村（社区）层面得到化解。在基层中队层面不断深化网格管理，配齐配强网格队员，基本实现"小事不出村、大事不出镇、矛盾化解在基层"。市数字城管"城市啄木鸟"交互系统年内受理投诉、举报案件6500余件，结案6300余件，结案率96.9%；编发《数字城管案件处置情况通报》12期。向市文明办上报《啄虫报告》25期，提供照片250余张，解决一大批城市管理类的群众诉求，文明城市创建成果得到维护。

（万年春）

信息化环境建设

【概况】 2019年，江阴市进一步推进信息化发展基础环境建设。市大数据中心开展数据治理专题试点，持续推进专项应用建设；市公安局推进大数据中心平台融合建设，平台应用模块逐步加强。举办全市工控企业信息安全培训，市融媒体中心的"中央厨房"式江阴融媒体生产平台建设项目和文体广电和旅游局的江阴市应急广播体系建设项目启动，进一步夯实全市信息化发展的基础。

【推动公安大数据融合】 2019年，江阴市公安局完成公安大数据中心平台建设，围绕"人案物事地、吃住行消乐"等要素，汇聚各类公安基础信息和社会信息。结构化数据方面，公安内部整合280余类38亿余条，社会数据汇聚90余类13亿余条，接入全国高校、全国企业等国家级接口8个。非结构化数据方面，汇聚视频卡口过车数据30余亿条、人像抓拍照片数据3500余万张。数据治理方面，坚持所有数据资源清洗上云的目标，逐表逐项对照部、省、无锡市数据标准进行清洗。至年底，数据中心平台完成380余类64亿条数据初步治理。同时依托全市大数据汇聚交换平台，实现公安机关与政府部门、企事业单位数据信息的安全稳定传输。

（邓宏卿）

【数据治理探索】 2019年，江阴大数据中心初步形成"数据聚起来、管起来、用起来、活起来"的良好局面。上半年完成数据汇聚后，中心在全市先行试点，开展"体检""瘦身"的数据治理工作。邀请第三方机构，依照国家标准，对全市632个数据集和1.2万个数据项、10.78亿条数据的完整性、规范性、时效性等进行实地调研和检测评估，并形成"全面数据质量测评等级评价表"，通过数据的标准化建设，为推动政务数据从数据向资产转换奠定基石。同时开展数据治理专题试点，选取具有行业代表性的教育局和市场监督管理局开展数据治理试点专题研究，对实体数据进行比对、清洗、转换后形成试点治理数据库。

（董菊香）

【"最江阴"生活体系持续推进】 2019年，江阴市大数据中心着力推动"最江阴"平台建设，重点打通非税收入线上征缴瓶颈，建立江苏省非税公共支付通道，为全市唯一的线上非税收征缴通道。同时不断丰富功能，推进生活服务平台功能模块集成的建设，在一期45个功能模块的基础上增加到79个功能模块，其中重点推进建设视频路况、少年宫线上报名缴费等功能。年内，该平台推出包括1841项行政服务、125项公共服务、102项便民服务、7项公益服务以及5项资讯服务，累计注册用户25.1万户，日访问量超381万次。（陶志宇）

【江阴融媒体生产平台建设】 2019年5月5日，江阴融媒体生产平台建设项目开始启动。该项目投入资金3000万元，按照县级融媒体中心建设，采用"技术平台化、业务产品化、服务生态化"思路，进一步整合江阴市融媒体中心的广播、电视、报刊、新媒体业务，提供"多来源内容汇聚、多媒体制作生产、多渠道产品发布"的全新生产指挥平台，实现"中央厨房"式生产流程再造，促进媒体业务从"相加"迈向"相融"。全面支持"一次采集，多种生成，全媒发布"的融合新闻生产模式。11月15日，全媒体指挥中心建设完成。12月18日，江阴融媒体生产平台建设项目建设完成，核心私有云采用先进的分布式架构，承载中心视频生产、融合生产、大数据指挥中心、智慧媒资、融合发布矩阵五大功能区。项目的建成对江阴融媒体中心的融合发展带来质的飞跃，新闻传播影响力得到进一步增强。（凌　云）

■类目编辑　赵修平

交通运输

综　述

【概况】 2019年,江阴市交通运输局把深入学习习近平新时代中国特色社会主义思想作为全系统党员干部的重要政治任务。开展"不忘初心、牢记使命"主题教育活动;每月开展局党委中心组和机关党支部学习,积极参加"江阴大学堂",主动运用"学习强国";年内,发展党员2人,转正4人。组织开展庆祝中华人民共和国成立70周年系列活动;组建江阴市交通运输行业党建联盟,举办"逐梦交通、先行有我"为你悦读先锋故事会。突出规划引领,完成《无锡(江阴)港总体规划(修编)》《江阴市内河港口总体规划(2017—2035)》编制并报批,完成《江阴市长江码头布局规划》《江阴港口国土空间规划控制》《江阴港口岸线整合利用五年规划》《江阴高铁站综合交通枢纽空间控制规划》《江阴市综合立体交通网规划(2021—2050)》编制,为江阴市建立现代化综合交通运输体系提供引领支撑。2月26日,由市台办组织,在江阴台商一行44人到市交通运输局,了解江阴交通运输工作,促进交流交融。4月18日,启动"逐梦交通,先行有我"岗位建功主题活动,进一步发挥党组织引领作用、党员干部示范带头作用,创造新业绩。4月24日,由江阴海事局党委、市交通运输局党委和市水利局党委联合组建的"江阴市清洁美丽长江党建联盟"正式成立,标志着长江江阴段沿江政企各单位在党建工作新格局方面迈出重要一步。至年末,江阴市交通系统完成投资28亿元,较好完成各项建设目标任务。江阴市境内公路总里程2434.52千米,其中,高速公路72.7千米,一级公路292.44千米,二级公路666.12千米,三级公路362.89千米,四级公路1040.37千米。长江汽渡2个。共有航道44条,航道总里程394.55千米,其中三级航道(锡澄运河)里程25.39千米;四级航道(锡十一圩线)里程8.33千米;五级航道里程42.61千米(申张线29.98千米、锡十一圩线1.37千米、老锡澄运河11.26千米);六级航道里程4.52千米(锡十一圩线2.17千米、澄虞线2.35千米);七级航道里程36.29千米;等外级航道里程277.41千米。铁路里程44.46千米。通航船闸1座。城市万人拥有公交车19.2标台,行政村公交覆盖率100%,自然村公交通达率93%。全年完成客运量383万人次,公路货运量4920万吨;铁路发送货物2.728万吨,货运周转量3546.4万吨公里。

【交通部门改革】 2019年,根据中央、省、无锡市改革部署,江阴市交通运输局确立"精简统一、注重效能;依法合规、明晰职权;整体推进、上下联动;统筹协调、积极稳妥"的改革基本原则,构建全新组织机构,妥善进行人员划转,顺利完成改革任务。2月22日,江阴市交通运输局召开转隶工作会议。根据省委、省政府批准同意的《江阴市机构改革方案》,将市口岸办公室(市港口管理局)承担的港口管理职责划入市交通运输局。市交通运输局进一步加强江阴市综合交通运输体系规划、建设、管理,充分发挥交通运输事业基础性、战略性、先导性、服务性作用,抢抓"长江三角区域一体化发展"和"扬子江城市群发展"的战略机遇期,继续强化大交通格局,打造水、陆、港、铁现代化综合交通运输体系,全力建设区域性交通枢纽城市,为江阴经济社会高质量发展当好先行军。4月10日,市交通运输局党委书记、局长缪慧应交通运输部管理干部学院邀请,为深化交通运输综合行政执法改革方案制定与实施专题研修班(第二期)的学员介绍江阴交通改革经验。

铁　路

【概况】 2019年,江阴市铁路建设取得突破性进展,南沿江城际铁路拆迁工作加快推进,完成桩基3200余根,承台348个,墩身240个,预制箱梁83榀;盐泰锡常宜铁路可研报告加快编制;江阴铁路综合客运枢纽站方案基本形成;无锡至江阴城际轨道交通工程正式开工,各项工作顺利推进。

【南沿江城际铁路】 2019年3月8日,江苏南沿江城际铁路江阴段征地拆迁动员会召开,下发《江苏南沿江城际铁路江阴段征地拆迁工作实施方案》。会后,江阴市轨道交通建设指挥部与高新区、沿线镇(街道)

签订《拆迁包干协议》。3月14日,江苏南沿江城际铁路江阴段征拆红线、环评线测量放样工作启动,澄江街道谢园村K162+440处第一个桩位确定。5月24日,江阴市轨道交通建设指挥部组织召开南沿江城际铁路江阴段房屋拆迁六方确认会,对澄江街道签约68户、南闸街道签约168户的民房进行六方确认。江苏南沿江城际铁路有限公司,南沿江城际铁路建设指挥部,各设计、施工、监理单位,无锡市交通运输局铁路处,江阴市财政局、住建局、交通运输局、审计局、澄江街道、南闸街道以及沿线村委相关负责人参加会议。会后,南沿江城际铁路江阴段房屋拆迁正式启动。6月25日,江阴市召开南沿江城际铁路江阴高新区段厂矿企业拆迁六方确认会,会后即对高新区江阴市巨松纺织有限公司实施搬迁,南沿江城际铁路企业搬迁工作进入实质性阶段。9月15日,南沿江城际铁路项目江阴东制梁场首榀40米预制箱梁浇筑完成。10月31日,中铁二十四局集团上海电务电化有限公司南沿江铁路迁改工程项目部承建的江阴段朝阳路寿山立交段(DK174+300、DK174+500)国防光缆割接工作完成。12月1日,化兴线迁改工程投运,为南沿江城际铁路江阴段的建设扫除障碍,打开施工作业通道。至12月底,南沿江城际铁路江阴段三电及管线综合迁改项目完成通信、电力、给排水、燃气管线等工程总量的70%。

【无锡至江阴城际轨道交通工程开工】 2019年10月17日,无锡至江阴城际轨道交通工程开工仪式在青阳镇举行,江苏省委常委、无锡市委书记李小敏宣布工程开工。无锡至江阴城际轨道交通工程北起江阴外滩,南至无锡地铁1号线堰桥站,全长30.4千米,共设9座车站,其中江阴外滩站、中山公园站、南门站、汽车客运站、江阴高铁站为地下站,南闸站、江阴南站、青阳站、徐霞客站为高架站。无锡至江阴城际轨道交通首先服务江阴市区与无锡主城区之间快速联系,其次服务江阴市区与沿线乡镇客流,同时满足无锡城区、江阴市区内部交通需求,具备城际交通和城市通勤双重功能。列车由江阴外滩站抵达堰桥站后,无须换乘,可直接驶入无锡地铁1号线,实现两地快速连通。工程预计2024年建成并投入运营。

【新长铁路轮渡停航】 新长铁路江阴轮渡拥有渡轮3艘,分别为“芜湖号”“北京号”“新长号”。轮渡始建于1998年,2003年上半年竣工,2004年10月20日,新长铁路全线通车,第一趟列车从江阴轮渡过江。2005年4月1日,新长铁路并入国家铁路路网,标志着华东铁路第三过江通道形成。2009年,江阴火车轮渡达到运输巅峰,平均每小时就有一班渡轮过江。2017年,“芜湖号”到达使用年限,退役;2019年4月,“北京号”退役。2019年12月30日,全国铁路调图后,新长线江阴—靖江火车轮渡正式停止业务,对相关设备、船舶、码头进行技术处理,对关键设备进行封存。“新长号”渡轮具有适航许可证,暂时封存,在需要时可立即投入使用。

公　路

【概况】 2019年,江阴市各项公路新建及改扩建工程持续推进。年内,第二过江通道前期手续基本完成,勘察工作全面展开;第三过江通道进行桥梁桥型方案、公路连接线方案比选工作;配合完成沿江高速拓宽改造工程可行性研究报告编制工作。芙蓉大道快速化改造工程虹桥隧道主体结构完工,主线结构贯通;长山大道快速化改造工程(东定路—半夜浜桥)完成招标工作,进行开工准备;紫金路一期改建完成,祝璜路改造工程建成通车。340省道江阴段建成通车,徐霞客大道快速化改造方案基本确定,暨南大道西延工程进行工可报告编制。加强公路养护,完成国省干线和农村公路桥梁定期检查,日均巡查公路里程超600千米,应急处置公路特情196件。江阴市被评为“四好(建好、管好、护好、运营好)农村路”省级示范县。

【江阴第二过江通道地质勘察】 江阴第二过江通道是国务院《长江经济带综合立体交通走廊规划(2014—2020)》中规划的过江通道之一,对江苏省呼应长江经济带建设国家战略,加快构建综合交通运输体系,服务扬子江城市群拥江融合发展具有重要意义。江阴第二过江通道位于江阴大桥和泰州大桥之间,距下游江阴大桥约5千米,距上游在建常泰过江通道约27千米,距泰州大桥约54千米,起点位于靖江城西大道与公新公路交叉处,终点位于江阴西外环路与芙蓉大道交叉处,穿越长江拟采用隧道方案,工程主线全长12404米,其中隧道段长6408米、桥梁段长4234米、路基段长1762米。2019年2月27日,江苏省交通运输厅相关负责人率设计单位设计人员,到江阴调研第二过江通道连接线事宜。9月6日,江阴市交通运输局召开江阴第二过江通道江阴段陆上地质勘察协调会议。参会单位就项目沿线勘察点位涉及的相关园林绿化、道路、管线等事项进行讨论,全力支持配合江阴第二过江通道项目地质勘察工作。

【紫金路改建工程完工】 紫金路改建工程项目位于江阴市南闸街道和申港街道,是该区域连接海港大道的一条主要干道。紫金路主线全长2.32千米,其中南闸段长度为1.9千米,申港段0.42千米,主线宽度28.5米~35.9米,和海港大道互通匝道6个,均在申港街道范围内。项目总投资8800万元,按照二级公路标准建设,设计速度60千米/时,全线采用沥青混凝土路面结构。该工程于2017年8月开工建设,2019年9月完工。紫金路改建对于乡镇经济发展、市民出行起着重要作用。

【滨江西路新锡澄运河大桥改建工程竣工】 新锡澄运河大桥工程呈东西走向,始于夏港河排涝沟东侧长江拆船厂处,向东沿滨江西路跨越新锡澄运河,与新长江路交叉,终点位于新长江路东侧,路线全长1.16千米,采用一级公路标准建设,主线设计行车速度80千米/时,项目总投资12600万元。该工程于2014年6月开工建设,2017年4月完工并通车试运行,2019年12月通过竣工验收。该工程的竣工有效缓解东西向交通日益增长带来的交通压力。

【锡澄线大修工程通过竣工验收】 锡澄线大修工程北起芙蓉大道,终点为暨南大道,沿线经过澄江、南闸、月城、青阳 4 个镇(街道),下穿沿江高速和新长铁路立交,全长 16.6 千米。采用二级公路标准建设,设计速度为主路 80 千米/时(镇区段 60 千米/时),全线新建桥梁 1 座,项目总投资 15401 万元。工程于 2015 年 12 月开工,2016 年 12 月完工并通车试运行,2019 年 12 月通过竣工验收。该工程的竣工有效保障群众出行安全。

【芙蓉大道快速化改造工程锡澄高速原跨线桥拆除】 芙蓉大道快速化改造工程是江阴市城乡建设"1310 工程"* 十大重点工程项目之一,起点海港大道,终点科技大道,全长 19.42 千米,总投资约 34.54 亿元,全线采用高架与跨线桥相结合的快速化改造模式。芙蓉大道锡澄(京沪)高速跨线桥全长 1085.8 米,桥宽 24.5 米,其中桥梁全长 306 米,引道长度 779.8 米,建于 1997 年。2019 年 5 月 25—26 日,对跨线桥实施拆除。老桥跨高速部分拆除,为芙蓉大道快速化改造跨京沪高速节点的推进打下基础。新桥为双向 8 车道快速路标准,通行能力大幅提升。

【农村公路品牌创建】 2019 年,江阴市农村公路结合江阴资源禀赋、生态优势、历史人文、风土人情等,根据地域经济发展和农村公路特色,研究确定品牌名称为"澄途似锦",品牌口号为"锦绣芙蓉 · 澄路通途"。品牌标志选取江阴市市花芙蓉花和长江作为背景映衬。着力打造路况良好、路域环境舒适、特色鲜明的品牌示范路,以示范路为样板,对全域农村公路进行优化。12 月,江阴市农村公路"一县一品牌、一区一特色"品牌创建通过省级评估。

公共交通

【概况】 2019 年,江阴市公共交通设施更加完善。年内,外滩公交首末站开通运营,城市公交实现手机移动支付,公交系统日均运送乘客超 20.5 万人次,乘车更加便捷。投入 9030 万元,采购 147 辆纯电动公交车并投入使用,其中城市公交 127 辆,城镇公交 20 辆。至年末,全市累计拥有公交车 1179 辆,其中新能源车 747 辆,占比 63.35%。完成公交电子站牌六期项目,投资 750 万元新建公交电子站牌 75 个,建成后全市公交电子站牌总数 456 个,主城区站覆盖率 85%。投资 250 万元新建公共自行车网点 15 个,安装锁止器 450 个,投放自行车 300 辆,建成后全市公共自行车系统规模有网点 386 个、锁止器 10150 个、自行车 7600 辆,主城区公共自行车服务半径缩小至 200 米 ~ 300 米。完成 209 辆出租车报废更新手续。批准注册网约车平台公司 6 个,办理"网络预约出租汽车运输证"213 辆,1414 人通过考试并领取"网约车驾驶员从业资格证"。

【公共交通启动银联移动支付】 2019 年 5 月 8 日,江阴市举办城市公共交通领域银联移动支付上线发布会。江阴市副市长赵强,市交通运输局,市交通产业发展有限公司及驻江阴相关银行负责人出席发布会。实现银联移动支付应用,是策应智慧交通建设、落实移动支付便民示范工程、方便市民出行的一项重要举措。银联移动支付应用在江阴城市公交全面上线,开启公共交通领域的新时代,市民在乘坐公交车时,不再需要准备零钱,只需拿出手机或各银行发行的带有"Quick Pass(快捷支付)"标识金融芯片卡,就能实现乘车付费,公交出行更加方便、快捷。

【春运保障】 2019 年春运自 1 月 21 日开始,至 3 月 1 日结束,为期 40 天,客流相对集中,总体客流量呈下降态势。春运期间天气状况恶劣,出现暴雪天气,影响旅客出行;安全态势良好,没有发生行车、工伤、火灾等安全事故。各客运企业对春节运输工作进行充分分析,合理安排运力加班,各项工作准备充分,应急预案到位,保障道路运输安全、畅通、平稳、有序。40 天内,江阴市完成道路运量 901.9 万人次,比 2018 年下降 8.75%,其中公路客运运送旅客 22.36 万人次,比 2018 年下降 11.73%。客流以返乡、访友、探亲、旅游为主,主要以安徽合肥、阜阳、芜湖地区,湖北武汉、宜昌地区,江西南昌地区,山东青岛、临沂地区,江苏省内徐州、淮安、宿迁、盐城、连云港地区为主。往上海南站班线客流量较大,主要为超长途返乡乘客在上海火车南站转乘动车高铁。城市公交运送旅客 734 万人次,比 2018 年下降 7.5%,城镇公交运送旅客 142.6 万人次,比 2018 年下降 8.9%。

【汽车客运站启用人脸识别进站服务】 2019 年 7 月 23 日,江阴汽车客运站在保留人工验票方式的同时,首次开启人脸识别进站服务。旅客只需提前准备好二代居民身份证,将其放在闸机扫描区域,人站在地面黄色站立区,人脸正对识别屏幕,3 ~ 5 秒,待系统识别成功提示后即可完成验票进站。"人脸识别"进站服务无须通过人工核对身份证与票务信息,提升旅客进站效率,保证身份比对准确性。

【联程运输专线开通】 2019 年 12 月 18 日,"江阴汽车站—南京客运南站—禄口机场"联程运输专线正式开通。该专线全程 200 余千米,旅客乘坐大巴从江阴汽车客运站途经沪宁高速至南京客运南站后,以"零换乘"方式乘坐南京客运南站至禄口机场的机场巴士,南京客运南站提供免费值机和行李托运服务,旅客可全程享受安全、便捷、舒心的优质客运服务。该条专线是江阴客运继开通上海浦东、常州奔牛、无锡硕放等 3 条机场专线后投入运营的第 4 条机场客运班线,为市民便捷出行提供有力保障。

【飞马水城—无锡汽车客运站直通专线开通】 2019 年 8 月 1 日,江阴海澜飞马水城—无锡汽车客运站旅游直通专线正式开通。该班线每天发班,途经高速一站直达,车程约 1 小时,每天往返 19 班次。该旅游直通专线的开通,是"运游结合"的成功尝试,通过打通全域旅游"最后一公里",提升游客旅游体验。至年末,累计运送旅客约 5000 人次。

水　运

【概况】 2019年,江阴市水路运输持续保持畅通高效,各项水上设施建设有序推进。江阴船闸实现新版水上ETC(不停船电子收费系统)全覆盖;锡澄运河水上服务区完成建设14千瓦单相交流岸电桩17座,可同时满足34条船舶的生活用电;江阴干线航道监控系统项目建成投用;无锡市首套智能船舶污染物接收装置在江阴船闸投入使用;江阴长江干线水上洗舱站项目建设启动,建成后计划年洗舱能力600艘次。5月15日,江苏省交通运输厅优先过闸座谈会在江阴船闸管理所举行,无锡、苏州、南通、淮安、扬州、镇江等市航道管理处,苏北航务管理处船闸运行调度部门领导及有关船闸负责人参加会议,集中讨论江苏省优先过闸相关政策。11月15日,交通运输部水运局副局长柳鹏一行到江阴市锡澄运河水上服务区和江阴港大澄分公司码头,对江阴市长江及内河船舶、港口污染防治工作进行现场调研。2019年,江阴船闸累计通过船舶219194艘,比2018年增长8.26%;船舶通过量8144万总吨,比2018年增长15.27%;全年征收过闸费7117.3万元,比2018年增长10.1%;按政策减免过闸费1779万元,三大主要船舶过闸指标创历史新高。全年零事故安全运行,为长三角区域建材、煤炭、粮食、外贸物资等大宗物资的快捷顺畅流通提供支撑保障。

【江阴船闸实现新版水上ETC全覆盖】 2019年,江阴船闸为12000艘通航船舶首装新版水上ETC,基本实现全覆盖。船员经身份核定后,只需在手机上下载新版APP(应用程序)软件,即可方便快速地进行过闸申报,并在APP中通过支付宝、银联等第三方支付平台完成过闸费支付,方便快捷的过闸体验获得船民一致好评。

【江阴干线航道监控系统项目建成投用】 2019年12月12日,江阴干线航道监控系统项目建成,通过专家组验收。该系统覆盖申张线(江阴—张家港)江阴段29.98千米、锡十一圩线江阴段10.87千米航道,可以完成航道基础信息、运营动态信息的数据采集和分析,与无锡航道处、江阴交通综合执法大队互联互通,进行信息资源共享,为航道管理提供信息化手段,为实时掌握干线航道运行情况,及时发现航道违法行为和突发事件并作出快速反应提供条件。

【首套智能船舶污染物接收装置投入使用】 2019年12月30日,无锡首套智能船舶污染物接收装置在江阴船闸投入使用。装置由智能油污水接收装置、分类垃圾回收装置及在线软件监测平台组成,船舶下载相应的APP管理软件,即可根据需要往接收装置投放污染物。交通综合执法部门可根据系统进行全过程闭环监测和环保大数据监控,查处船舶偷排漏排行为。智能接收装置方便过往船舶进行分类处理污染物,保障内河船舶在港期间的污染零排放、全接收。

【港口技术革新】 2019年,江阴港港口集团以建设绿色循环低碳港口为目标,实施风光互补供电系统的应用、光伏发电系统应用、分布式风力发电系统应用、堆场作业设备"油改气"技术应用、电动轮胎吊技术应用等重点支撑项目,多项项目在沿海及内河港口具有借鉴示范作用,节能减排效果显著,经济效益明显。其中风光互补供电系统技术应用和分布式风力发电系统技术应用入选交通运输部交通运输行业重点节能低碳技术推广目录(2019年度)。年内,江阴港港口集团实施装船机远程操控技术改造、港区护栏清洗的机械化改造、装船机司机室HMI(人机界面)的开发多项技术革新项目,智能过磅系统、5G传输技术运用等信息技术投入运行,互联网、大数据与现代物流业深度融合,为企业提高生产效率、降低生产成本发挥重要作用。

交通行政执法与监管

【概况】 2019年,江阴市科学谋划法治交通建设,完善事中事后监管制度,行政管理效能不断提升。在江苏省执法案卷评查中,江阴市交通运输局获全省交通运输行政强制案卷第一名。深入推进扫黑除恶专项斗争,聚焦交通运输重点领域排查治理,实现年度线索清零目标。开展交通运输行业安全集中整治,落实安全生产责任,督促企业落实主体责任,制定"平安交通"三年行动计划,提升安全生产管理水平。开展"两客一危一货"(公路客运车辆、旅游客运车辆、危化品运输车辆和普通货运车辆)专项整治、非法驾培经营整治;启动非法港口码头清理、渣土运输、"营转非"大客车专项整治,全年累计检查道路、水路运输企业381个,货车维修企业145个,摸排沿江、内河码头企业45个。开展超限超载治理"百日攻坚战",增设4个临时流动联合执法点,累计查获超限车辆587辆,卸驳载货物5458吨。加强源头治理,严格"一超四罚"(一旦查获超载超限车辆,货运车辆、车辆驾驶员、运输企业、货运场所经营者将分别受到处罚),责令17个运输企业停业整顿。严格执行领导带班和关键岗位24小时值班制度,完善各类应急预案,组织开展沿江港口企业应急器材比赛、港口设施保安演习暨突发火灾事故应急演练,有效提升突发事件应对能力和处置速度。不断加强生态环境治理力度,打好"蓝天保卫战",淘汰国三及以下营运类重型柴油货车500余辆。进行港口码头防尘抑尘网和煤场密闭建设,加大除尘、降尘设备投入力度,加快大型堆场粉尘在线监测系统建设,沿江港口码头粉尘在线监测覆盖率100%。推广港口码头岸电建设,沿江岸电设施总数达60余套,公务船舶全部使用岸电。实施港口绿化和港容港貌美化工程,沿江港口绿化率达可绿化面积的100%。严格港口船舶污染物接收转运和处置监管,有效防范船舶污染物"二次污染"。加强船舶生活垃圾、生活污水处理监管,全年累计接收船舶生活垃圾588余吨,接收处理生活污水超2163立方米,接收处置油污水1.3万余立方米。年内,开展全市交通干线沿线环境综合整治项目考核评审工作。7月

23 日至 8 月 1 日,江阴市交通干线沿线环境综合整治项目评审小组对全市 17 个镇(街道)、高新区开展评审,完成各项考核工作。12 月 5 日,市交通运输局参与承办的江阴市 2019 年度突发危险化学品事故应急救援演练在利港化工园区江苏丽天石化码头有限公司举行。江阴市副市长赵强、临港开发区党工委副书记尹志华,市级有关部门和单位负责人,全市危险化学品码头仓储企业及部分重点企业负责人近 300 人观摩演练。

【非法驾培经营专项整治】 为进一步加强事中事后监管,切实维护全市驾培市场经营秩序,保障机动车驾驶员培训机构和广大学员的合法权益,自 2019 年 3 月起,市交通运输综合执法大队在全市范围开展非法驾培经营专项整治行动,严厉打击非法驾培违法路训、桩训等行为。至年末,累计清理整顿非法机动车驾驶员培训报名点 96 处,有效维护驾培市场秩序。

【公路两侧广告设施专项整治】 为进一步提升全市省道和县道公路通行能力,切实改善公路两侧路域环境,保护路产路权,实现"畅、安、舒、美、优"目标,自 2019 年 4 月起,市交通运输综合执法大队开展普通国省道和县道沿线广告设施专项整治行动,对公路用地范围内违法设置的非公路标志、杂乱标牌及公路建筑控制区范围内违法设置的大型立柱广告牌等构造物进行清理整治。至年末,累计清除路边摊点 104 个,清理沿线非标、招牌广告 495 处,有效净化普通国省道和县道沿线交通环境。

【滨江公园违停船舶整治】 为坚持"共抓大保护、不搞大开发"的发展导向,确保滨江公园整体建设效果,切实加强对公园长江岸线的依法管理和有效保护,自 2019 年 4 月起,市交通运输局牵头海事、公安等部门,对滨江公园长江沿线违停船舶开展联合整治行动,全年累计出动执法艇 65 艘次,执法人员 189 人次,驱逐违停船只 81 艘,有效构建长江生态环境协同保护机制,维护舒适宜居的长江生态环境。

【货车超限超载治理"百日攻坚战"】 为吸取 G312 国道"10 · 10"桥面侧翻事故教训,打击"百吨王"严重违法超限超载运输及非法改装车辆等违法行为,自 2019 年 10 月 15 日起,市交通运输综合执法大队与市公安局交通警察大队联合开展江阴市治理货车超限超载"百日攻坚战"专项整治行动。在原有 S122 省道江阴超限检测站的基础上,在全市范围内增设长泾、华士、青阳、临港片区共 4 个临时流动联合执法点,加强夜间执法力度,全力压降江阴市超限超载率。至年底,累计查获超限车辆 651 辆,卸驳载货物 5989.19 吨,责令 17 个运输企业停业整顿,货运车辆违法超限超载运输行为得到有效遏制。

【优化交通综合执法运行模式】 为缓解执法业务量增长和执法力量相对不足的矛盾,自 2019 年 7 月起,市交通运输综合执法大队进一步优化力量配置,在前期组建澄要、华士、长泾、青阳、临港片区 5 个机动分队的基础上,推行片区内各中队每周轮值机制,各片区执法队伍由当周轮值中队全体人员和片区内其余中队各抽调两名执法人员组成,重点负责片区案件查处、路政巡查、110 转办案件等综合执法工作,实现人员、车辆等执法资源共用共享,提升执法精准性和快速性。为确保轮值中队与其余中队间的工作衔接和配合,江阴市交通运输综合执法大队建立分片包管责任制,大队长统筹推进执法总体工作,分管副大队长实行"3 + 2"工作制,3 天在大队部办公,2 天深入分管片区中队,帮助协调解决实际问题,交通运输综合执法效率大幅提升。年内,累计查处各类行政执法案件 3635 件。

【两个企业被列入全省道路货运无车承运人试点】 2019 年 3 月,为加快推进交通物流供给侧改革、提升江阴道路货物运输服务能力,江阴市交通运输局严格按照申报条件,组织开展无车承运人试点企业推荐工作。无车承运人是一种新型运输业态,通过互联网、物联网等技术搭建物流信息平台,集约整合物流资源,优化物流供应链,实现车货匹配和智能运输。4 月 24 日,根据江苏省交通运输厅发布的《江苏省第二批道路货运无车承运人试点企业名单的通知》,江苏华溢物流有限公司、指北针供应链管理有限公司 2 个企业通过审核,首次成为全省道路货运无车承运人试点企业,至年末,2 个企业分别完成运单 11408 单、共计 122.62 万吨和 12000 单、共计 61.5 万吨。

【沿江港口企业应急器材使用比赛】 2019 年 12 月 11 日,由江阴市交通运输局主办,长江航运公安局和利港消防队联合支持的 2019 年度沿江港口企业应急器材使用比赛,在江苏丽天石化码头有限公司举行。沿江港口危化品企业及散货码头企业 24 支代表队共 120 人参加比赛。比赛设置消防水带连接、防化服和空气呼吸器配合穿戴、救生圈定点抛掷和 8 千克干粉灭火器使用等 4 项比赛项目。通过比赛活动,有效提升沿江港口企业员工事故应急处置与自我防护能力,调动港口企业主动加强员工应急训练积极性,强化港口企业应急管理意识。

(徐　梦)

■类目编辑　徐文辉

经济事务管理

发展计划管理

【概况】 2019年，江阴市发改委以高质量发展为导向，自觉践行新发展理念，认真履行宏观经济部门职责，扎实推进经济社会发展、重大项目建设、供给侧结构性改革、能源结构调整等重点工作，确保全市经济和社会健康有序发展，实现全市"十三五"规划有序推进。集成改革持续推进，全力扶持特色小镇建设，完善政府和社会资本合作模式，推进澄东南燃气发电项目和江阴热电煤改气项目建设。重点重大项目不断加强，全力推进中特棒材深加工、长电3D芯片等重特大项目加快建设，联动天翼新能源产业基地一期、振江新能源二期等重点项目竣工投产等重大项目投运。改善工作作风，提升服务质量，科学排定2019年度为民办实事项目和富民目标任务，健全完善"阳光发改"平台，深入推进全省投资项目在线审批监管平台建设，督促各部门做好项目代码的应用工作。

【国民经济和社会发展目标管理】 2019年，江阴市发改委围绕高质量发展需求，努力完成突破，牵头制定国民经济和社会发展年度计划，细化目标任务分解，协调高质量考核推进。全市完成地区生产总值4001.12亿元、增长6.8%；完成一般公共预算收入256.58亿元、增长1%；全社会固定资产投资增长6%，其中工业投资增长5.5%、服务业投资增长5.4%；引进超亿美元、超10亿元项目14项，其中超50亿元项目2个；全市入围中国企业500强11个、中国民营企业500强13个、中国制造业企业500强19个、中国服务业企业500强8个，实现中国工业百强县(市)"三连冠"。加快构建以战略新兴产业为先导、先进制造业为主导、现代服务业为支撑、现代农业为基础的现代产业体系，扎实推进江阴市产业向高端化、智能化、服务化、绿色化方向发展。大力推进传统产业转型提升。推进纺织、冶金等传统产业向中高端迈进，促进信息技术与传统工业的融合，加快先进工艺、装备和技术对传统工业的改造提升，切实推进"江阴制造"向"江阴智造"转型提升。主动对接军民融合发展机遇，推进特钢冶炼、车船装备等重点领域的军地合作，支持企业参与国家战略性重大工程建设，打响军民融合产业的"江阴品牌"。大力推进战略新兴产业能级攀升。大力实施招链、强链、补链、延链，推动战略新兴产业规模化、集群化发展，不断培育壮大新材料、新一代信息技术、新能源、生物医药等战略新兴产业集群，战略性新兴产业产值占规模以上工业产值比重提高0.5个百分点。大力推进现代服务业品质提升。围绕"支撑江阴制造业高端攀升"和"满足群众高品质生活需求"目标，重点发展现代物流、研发设计、科技金融、电子商务等生产性服务业，培育壮大网络零售、健康养老等生活性服务业，规上服务业营业收入增长10%，社会消费品零售总额增长9%。大力推进现代化农业质量提升。深入实施乡村振兴战略，构建现代农业产业体系、生产体系、经营体系，推动农业高质量发展。新增高效设施农业200公顷，新建高标准农田800公顷，绿色优质农产品比重达50%。加快构建以市场为导向、企业为主体、政产学研深度融合为支撑的科技创新体系，全面提升科技自主创新能力和体制机制活力。强化企业自主创新。坚持以产业前瞻与关键共性技术研发专项、重大科技成果转化专项为重点，鼓励企业开展联合技术攻关促进产业链、创新链双向融合，年内全社会研发投入占地区生产总值的比重保持在3%以上，实施重点产学研合作项目70项。加快打造创新平台。扎实推进建设苏南国家自主创新示范区核心区建设，加快建立具有江阴特色的政产学研协同创新体系，新建产业技术创新联盟2个。推动规上高新技术企业专利、研发机构、产学研合作"三个全覆盖"，鼓励企业在外设立或并购研发机构，新增江苏省工程技术研究中心2个、省级以上企业技术中心3个。加强高端人才引育。大力实施"暨阳英才计划"升级版，依托中国国际人才市场江阴市场、麻省理工学院产业联盟等引智平台，引进诺贝尔奖得主、院士等国内外顶尖人才6名，力争全市人才总量达到37.5万人。推进科技人才平台建设，新增"外国专家(海外工程师)工作室"3个、江阴市院士工作站3个、博士后工作站3个。

【工作目标绩效考核】 2019年,江阴市发改委根据江苏省、无锡市高质量发展导向,发挥牵头协调作用,合理分解落实上级考核指标。定期召开协调推进会,加强高质量发展考核的监测评估。根据指标对口原则,督促各责任单位明确专人负责考核日常工作,做好各项指标季度和年度完成情况的推进、对接和对上争取工作,确保考核情况真实反映江阴市经济社会发展实绩。年底,接受无锡市考核委员会对江阴市高质量发展的全面考核,并承接江苏省对无锡市高质量发展考核的部分工作内容。同时,加强学习、深入调研,根据当前形势和主要任务,研究制定乡镇(街道)高质量发展考核方案,及时将江苏省和无锡市考核体系的绝大部分指标,分解落实到位。引导激励全市各个板块推进高质量发展的积极性、主动性。年底,完成对各个镇(街道)高质量发展考核工作,提供市委(市政府)评价使用。

【经济运行分析调研】 2019年,江阴市发改委根据全市经济出现的新情况、新问题,牵头相关经济财税部门,走访各镇(街道)板块,通过历史对比、趋势分析,不同的指标互相印证,系统化、立体化查找问题,分析经济运行中可能出现的动向。按照月跟踪、季预测等方式,对全市经济运行情况进行跟踪分析,每季度形成经济分析报告,提出稳定经济发展的对策建议。牵头召开两次全市经济运行分析联席会,编写5份经济运行监测报告,及时掌握经济发展动态、预警经济风险、预测运行态势,确保全市经济运行平稳,经济发展势头良好。

【固定资产投资管理】 2019年,江阴市发改委牵头制定《2019年度政府投资项目计划》《2019年度列入市人大资金监督的政府投资重点项目资金计划》《2019年度列入市人大资金监督的园区及街道政府投资重点项目资金计划》,安排2019年度全市政府投资项目120项,计划总投资185亿元,年内计划完成投资55.24亿元,其中列入市人大监管的重点项目9项,总投资37.98亿元,年内计划完成投资6.52亿元,实际完成投资5.24亿元,完成计划的80.29%。完善政府投资管理制度,加强投资管理,提高政府资金利用效能。根据政府投资条例,对政府投资项目计划编制与审批有关流程进行调整,确保年度政府投资项目计划的顺利编制,提高政府资金使用效益,保障江阴市经济和社会健康发展。及时调整项目,缓解资金压力。组织评审项目11项,审核政府投资项目84项,涉及金额96亿元,参加其他单位组织的政府项目协调会48次。在政府资金压力大、投资形势差、规模变化大的情况下,努力做好项目审核把关,组织人大项目督查2次、人大项目调研2次、项目梳理会8次,编写项目调研论证材料8份。

【重点重大项目管理】 2019年,江阴市发改委科学排定全市重点重大项目计划和市领导挂钩联系重大项目计划,进一步加强重大项目推进。安排省重大项目6项,总投资513亿元,完成投资82.4亿元,完成当年计划投资的155%;无锡重大项目15项,总投资928亿元,完成投资157.5亿元,完成当年计划投资的121%;江阴重点重大项目111项,总投资1082亿元,完成投资281亿元,完成当年计划投资的96.8%。年内,总投资220亿元的远景AESC智能电池、总投资32亿元的大昌行长三角物流基地等重特大项目启动建设;凯研金属、新梅御香山、惠友骨科医院等重点项目建成投运。加强对上争取,组织申报国家、省各类专项资金项目,全年拨付省级战略性新兴产业项目1项,补助资金1000万元;拨付无锡市龙头企业发展奖励5个,补助资金3000万元。协调提升,做好化工项目部门联审。科室按《江阴市化工项目备案暂行管理办法》要求,配合市化工园区整治,对信越(江苏)光棒有限公司、江阴瑞昊化工有限公司、江苏海伦石化有限公司等12个企业项目进行联合会审。

【能源管理】 2019年,江阴市发改委全力打赢精准治污攻坚战,全面提升环境质量,真正实现生态环境高质量。深入推进大气污染防治。大力淘汰落后产能,推进印染、化工等行业整治,年内关停“三高两低”* 企业23个。加快推进华能江阴燃机、江阴热电燃机专项建设,切实加强能源、工业等领域的颗粒物深度治理,持续开展化工、印刷包装等行业的挥发性有机物治理,完成35蒸吨以下燃煤锅炉淘汰,空气优良率完成上级下达目标任务。深入开展水环境综合整治。深化河长制管理,加快推进无锡下达的15条河道治理任务,完成城乡黑臭河道整治40条,切实保障国考、省考断面水质持续稳定达标。大力推动长江生态保护,基本完成长江岸线利用项目清理整治工作。深入推进生态环境治理。加快推进秦望山工业废弃物综合利用二期、污水处理厂污泥利用处置、光大电厂三期配套等重点工程建设,建成飞灰填埋场三期工程,完成620余个村庄生活污水治理。大力实施生活垃圾、固废、危废规范化处置,启动餐厨废弃物集中处理、建筑废弃物资源化无害化利用项目建设。着力提升全市城乡美化绿化水平,开展绿化“三化”(彩色化、珍贵化、效益化)示范县创建,新增绿化造林300公顷,确保林木覆盖率达24.54%以上,人均公园绿地面积达到15.98平方米。

【持续推进改革攻坚】 2019年,江阴市发改委全面推进集成改革工作。按照集成改革“7+2”方案*,38个分领域、153个方面、356个改革事项全面展开。深入推进供给侧结构性改革。刚性落实“去降补”重点任务,制定《江阴市2019年供给侧结构性改革指导意见》,进一步细化推动经济发展转型升级等5大类16项改革任务。严防“地条钢”死灰复燃,坚持法治化原则,加强跟踪督查。加大房地产调控力度。加强房地产市场管控,将商品房整体去化周期降至16个月,商品住宅去化周期降至9个月。确保金融稳健运行,深化发展多层次资本市场和创新型产业金融,主动防范金融风险,维护金融安全。降低实体经济运营成本。全面落实上级各项降本减负措施,创新实施自主性降本减负改革举措,全年为企业降低各类运营成本超65亿元。加大公共服务供给。新增社保参保3.71万人,组建六个“一体型”教育集团和两个“协作型”教育集团，轨道交通建设迅速推进，快速化交通体系持续完善。

（董　虎）

财　政

【概况】 2019年，全市各级财政部门以中共十九大精神和习近平新时代中国特色社会主义思想为指导，全面贯彻落实市委、市政府重大决策部署，积极应对困难挑战，坚持履职担当、开拓创新，财政事业取得新的发展，为全市经济社会发展大局提供坚强保障。全年一般公共预算收入完成256.58亿元，增长1%，一般公共预算税收收入完成218.09亿元，税收占比为85%。有力推动减税降费政策落地增效，把落实减税降费政策作为促进经济高质量发展的落脚点，着重构建落实全过程、服务全方位、宣传辅导全覆盖的工作机制，有效实现收入平稳增长。强化统筹保障重点支出，进一步深化供给侧结构性改革，优化政策引领，助推经济高质量发展。持续提升民生保障水平，坚持“让人民过好日子，让政府过紧日子”的工作导向，持续压降政府运行成本，提升民生保障水平，切实增进人民群众福祉。加强政府性债务管理，切实防范化解重大风险，坚决守住不发生系统性风险的底线。深入推进财政改革创新，按照建立现代财政制度的要求，不断提升财政管理能力和资金使用效益。加强国资国企改革，持续优化国有资本布局，不断提高国资管理水平。

【有效落实减税降费政策】 2019年，江阴市财政系统按照上级决策部署，把落实更大规模减税降费作为实施积极财政政策的头等大事抓实抓好。全年兑现政策性减税60亿元、降低企业收费和减轻社保负担4亿元，有力增强市场信心和活力。深化落实增值税改革措施。政策落实以来，全市增值税减税34.57亿元，占新增减税额的61.73%，有效降低企业成本，缓解企业流动性压力，激发市场主体活力和经济增长后劲。深化小微企业普惠性减税。全市小微企业普惠性政策新增减税5.38亿元，有效提增企业利润，改善企业盈利状况。推动落实个人所得税专项附加扣除政策。全市个人所得税改革新增减税10.71亿元，占新增减税额的19.13%，惠及94.27万人，人均可支配收入增加。鼓励科技创新企业所得税政策减税。提高研发费用加计扣除比例政策新增减税2.3亿元，有力促进企业加大研发投入，推动实施制造业加快转型升级和创新驱动发展战略。

【统筹保障重点支出】 2019年，为促进经济转型发展，江阴市财政对外积极争取，对内瞄准重点，确保市委、市政府确定的各项重点工作有序推进。全力支持产业强市战略。是年，全市扶持产业强市项目达485项，补助企业近500个，有力促进产业转型升级。重点兑现1亿元人才及创业投资引导资金，支持“暨阳英才”等人才培育项目；兑现2亿元科技创新专项资金，鼓励企业加大技术创新平台建设、科技成果转换等方面的投入；兑现3亿元工业和信息化专项，支持智能化和其他技术改造项目。持续推进公共领域事业发展。签署总投资37.2亿元的村庄生活污水治理和城区黑臭水体整治项目合同，深入推进江阴市高铁站综合交通枢纽PPP项目*，全力配合无锡市做好无锡至江阴城际轨道交通工程PPP项目，保障锡澄重大基础设施建设。市级在建PPP项目总投资规模达292亿元。着力改善人居环境，支持黄田港公园、锡澄运河公园样板段、八字桥公园及18项城乡防汛工程建设，完善便民服务设施，新增15个公共自行车网点和75套电子站牌。积极向上争取资金和债券。全年对上争取近10亿元专项资金，助推江阴市企业加快发展。新增省转贷债券23.2亿元，其中16亿元新增债券用于政府投资项目，7.2亿元再融资债券用于置换到期政府债券，有力支持城市基础设施建设。

【持续提升民生保障水平】 2019年，江阴市坚持“让人民过好日子，让政府过紧日子”的工作导向，持续压降政府运行成本，不断加大民生投入。全市聚焦普惠性、基础性、兜底性民生建设，安排民生类支出近180亿元，占一般公共预算支出的78%。突出稳岗就业。持续落实就业创业扶持政策，发放小额担保贷款5411万元，支持就业困难人员自谋职业、自主创业。扩大稳岗补贴补助范围，全市新增稳岗补贴支出4900万元，进一步保障广大企业职工权益。落实再就业优惠扶持政策，全年拨付约30万名再就业人员岗位补贴、保险补贴等支出6000万元。加大技能培训和创业扶持力度，安排1802万元用于高技能人才建设。加强社会保障。居民养老保险待遇、被征地农民养老补助金、居民最低生活保障标准分别提高到335元、880元、960元，居民医保人均筹资标准提高到1100元。完成10276名新增被征地农民征地补偿和城保“并轨”。实施长期护理保险制度，深化医保支付制度改革。全力推进“阳光扶贫”监管系统扩围升级，安排经济薄弱村扶持资金2000万元，下达薄弱村基本补贴、扶贫送温暖资金1688万元，设立精准深度救助专项1000万元，确保各类救助对象应助尽助。优先发展教育。全年教育投入达53亿元，安排近6亿元继续推进春申幼儿园、敔山湾幼儿园、立新中学等项目建设，加快推进南菁高中智慧校园、南京理工大学江阴校区、江南大学江阴校区（一期）、青阳中学宿舍楼（改造）、滨江幼儿园（新建）、人民东路小学（新建）等项目建设，不断提升教育事业发展水平。完善学校食堂经费保障机制，明确食堂后勤用工成本，提高教职工就餐补贴标准。支持平安建设，全年投入公共安全支出14.9亿元，其中专门用于扫黑除恶、“平安江阴”等专项工作经费5130万元，全力以赴支持构建良好的治安环境，为促进人民群众安居乐业、经济社会平稳健康发展提供强有力的保障。

【加强政府性债务管理】 2019年，江阴市强化大局意识，切实防范化解重大风险，坚决守住不发生系统性风险的底线。落实主体责任。各板块锁定债务底数，采取切实有效措施，严格执行化债计划，将化解资金纳入预算。全市提前完成年度化债任务,成功扭转政府性债务持续上升的势头。强化风险管控。充分运用信息化手段,建立政府性债务风险预警机制。在原有财政部监管系统的基础上,通过新上线的省债务监管系统,对融资平台的债务基础信息、数据动态变化、化债目标完成情况实施全过程、穿透式监管。组织实地督导,夯实政府性债务管理基础。抽调人员组成检查小组,深入镇(街道)、园区,了解各地贯彻落实政策、规范地方政府举债行为、化解地方政府债务风险等相关情况,督促规范整改。确保存量转通。设立互助偿债风险金,帮助镇(街道)解决到期贷款周转应急问题。是年,共使用互助偿债风险金42笔,累计周转偿债金额21.03亿元。江阴市政府债务信息纳入全市预决算公开系统。

【深入推进财政改革创新】 2019年,江阴市全面深化各项改革,提升财政综合治理能力,以应对财政收支平衡面临的严峻挑战。加强预算管理,从严从紧压缩行政开支,压减一般性支出和各种非刚性、不合理支出。是年,压减一般性支出比例达10%,节省出来的资金优先用于"保工资、保运转、保基本民生"等关键领域。突出预算执行的刚性约束,严格控制预算追加事项,执行中原则上不再出台增支政策。深化绩效管理,建立预算绩效管理系统,无缝接入江阴市财政一体化平台,实现预算和绩效管理全面融合。进一步拓展绩效评价方式,分别开展基金、政策、政府采购、部门整体、跟踪评价等不同类型评价,选取市交通运输局物业管理费试点开展预算绩效标准测算,不断完善绩效评价体系。加强财政监督,以行政事业单位内部监督为主线、民生专项资金检查为重点,推进无锡市涉农资金监管平台建设,进一步加强涉农扶贫领域监督工作。开展惠民惠农财政补贴资金"一卡通"、城乡居民大病救助专项资金等检查。提升服务效能,打造"互联网+非税缴款"便民新模式,通过支付宝、微信在线缴费8.8万笔,达4500余万元。抓紧对上对下衔接,为2020年全面停用非机打财政票据做好充分准备。深入贯彻"放管服"理念,提高公开招标数额标准以及集采品目采购限额,提高采购效率。优化政府采购营商环境,积极推进项目公告、采购文件、采购结果、采购合同等信息全流程公开,推进政府阳光采购。

【加强国资国企改革】 2019年,江阴市深入推进国资国企改革,切实优化国有资本监管和市场化运行体系,推动国有资本做强做优做大。持续优化国有资本布局,按照"业务相关、产业相近、优势互补"的原则,将原来由行政部门管理的电子口岸公司等7个企业分别整体划转至交通产业公司和公用事业产业公司。不断完善国有资产管理,会同市教育局、新国联公司完成12所市级直属学校经营性资产移交工作。开展市级行政事业单位资产清查,涉及国有资产252.87亿元,夯实行政事业单位资产管理基础。开展市属国有企业制度执行检查,启动国有企业房地产权证补办工作。规范国有资产交易,成立国有独资江阴市澄信拍卖有限公司,降低交易成本,提高交易效率。国有企业资产出租实行"不见面"交易,全年国有经营性房屋出租成功交易35批,成交标的242个,成交总金额5540.3万元。规范国有企业采购行为,30万元以上货物和服务采购,全部纳入公共资源交易中心进行集中采购。加强国企运行监管,出台《江阴市市属国有企业人力资源管理办法》,建立国有企业市场化选人用人机制。完善国资监管系统,及时掌握企业的财务动态情况及薪酬发放情况。新设安全生产监督管理科,全面部署"厂中厂"安全生产专项整治"雷霆行动",进一步落实国有企业生产经营单位安全生产主体责任。

(王羽婷)

2019年江阴市一般公共预算收入情况一览表

表33　　单位:万元

项目	财政收入						
	合计			税务		财政	
	完成实绩	比2018年增长(%)	2018年	完成实绩	比2018年增长(%)	完成实绩	比2018年增长(%)
市本级	396099	31.13	302064	122441	9.41	273658	43.91
高新区	419018	2.52	408727	399716	3.24	19302	-10.49
临港经济开发区	466546	-9.27	514187	441093	-9.17	25453	-10.95
靖江园区	89073	-6.10	94856	83311	-8.09	5762	36.86
镇(街道)合计	1195064	-2.09	1220543	1134377	-1.77	60687	-7.72
全市合计	2565800	1.00	2540377	2180938	-2.20	384862	24.04

2019年江阴市财政预算执行情况一览表

表34 单位:万元

项目	2019年度预算数(调整)	2019年度完成情况		上年完成	与2018年相比	
		完成数	完成调整预算(%)		增减额	增减(%)
一、一般公共预算支出合计	2311543	2310984	99.98	2304834	6150	0.27
(一)一般公共服务支出	206892	206885	100.00	180287	26598	14.75
(二)国防支出	2076	1860	89.60	2029	-169	-8.33
(三)公共安全支出	135973	135939	99.97	158011	-22072	-13.97
(四)教育支出	365281	365225	99.98	364741	484	0.13
(五)科学技术支出	99079	99061	99.98	97905	1156	1.18
(六)文化旅游体育与传媒支出	36851	36791	99.84	17254	19537	113.23
(七)社会保障和就业支出	289980	289899	99.97	287868	2,031	0.71
(八)卫生健康支出	121898	121849	99.96	126870	-5021	-3.96
(九)节能环保支出	96352	96290	99.94	95593	697	0.73
(十)城乡社区支出	445635	445596	99.99	474731	-29135	-6.14
(十一)农林水支出	84875	84790	99.90	78599	6191	7.88
(十二)交通运输支出	37668	37650	99.95	51136	-13486	-26.37
(十三)资源勘探信息等支出	141792	141781	99.99	132326	9455	7.15
(十四)商业服务业等支出	17079	17074	99.97	35819	-18745	-52.33
(十五)金融支出		393			393	
(十七)援助其他地区支出	20164	20164	100.00	16448	3716	22.59
(十八)自然资源海洋气象等支出	26655	26649	99.98	15820	10829	68.45
(十九)住房保障支出	139695	139695	100.00	142010	-2315	-1.63
(二十)粮油物资管理事务	2729	2724	99.82	2945	-221	-7.50
(二十一)灾害防治及应急管理支出	13500	13421	99.41		13421	
(二十二)其他支出	735	628	85.44	690	-62	-8.99
(二十三)债务付息支出	26534	26534	100.00	23653	2881	12.18
(二十四)债务发行费用支出	100	86	86.00	99	-13	-13.13
二、政府性基金预算支出	1615901	1528938	94.62	1204478	324460	26.94
三、国有资本经营预算支出	20900	20300	97.13	11399	8901	78.09
四、社会保险基金预算支出	1336118	1333157	99.78	1067536	265621	24.88

税　务

【**概况**】　2019年是国税地税征管体制改革后，江阴市税务部门完整运行的第一年。江阴市税务部门面对减税降费和组织收入并重、税制改革和征管改革并行、优化服务和规范执法并举的各项工作任务，高标准、严要求、高质量完成年度各项目标任务。扎实开展"不忘初心、牢记使命"主题教育，坚定政治立场，强化担当作为。聚焦主责主业，把减税降费作为一项重要政治任务，全年新增减税降费66.02亿元，其中税收减免超61亿元，涉及社保费降率减费近5亿元。在不折不扣落实减税降费的同时，坚持组织收入原则不动摇，严格依法依规征税收费，全年累计完成各项收入528.52亿元，其中：税收收入411.44亿元，非税收入13.27亿元，社保费103.81亿元；完成一般预算税收收入218.09亿元，税占比85%。持续深化国税地税征管体制改革成效，健全纳税服务"一体化"、税费管理

"协同化"、风险应对"专业化"等多位一体的税收征管体系,"金三"并库(将金税三期原国税系统和原地税系统两个数据库合并成一个数据库)、社保费信息系统、增值税电子发票公共服务平台等项目顺利上线。科学规范管理干部队伍,围绕"执法有据、管理有痕、决策有规、监督有力、考评有效"目标,梳理形成涵盖14个职能部门、3类分局的岗责体系,归纳形成16类工作指引,以明规、履职、决策、监督、评价为核心的管理模式作用不断凸显。是年,江阴市税务部门获"江苏省文明单位""江苏省按比例安排残疾人就业工作优秀单位"等称号。

【落实减税降费】 2019年,江阴市税务部门围绕中共中央、国务院作出的实施更大规模减税降费的重大决策部署,落地落实落细各项政策措施。打造"线上+线下"咨询辅导体系,合计完成政策宣传辅导7.6万户次,对951户累计增税企业进行一对一辅导,让市场主体"应享尽享"政策红利。积极落实退税政策,明确退税流程节点要求,加快退税进度,全年累计办理出口退(免)税111.73亿元,完成11390户小微企业普惠性政策多缴税款退税。深化增值税改革,降低增值税税率,提高小规模纳税人起征点,实施留抵退税等措施,合计减税37.58亿元,制造业成为最大收益群体;放宽小微企业认定标准后,全市有1.77万户小微企业享受到企业所得税低税率的优惠,减税金额5.81亿元;个人所得税改革让全市超94万人从中直接受益,有18.99万人享受到新增的专项附加扣除,减税金额13.37亿元;企业所得税研发费加计扣除扩围及固定资产加速折旧减税2.17亿元,房产税、城镇土地使用税困难性减免4373万元,减税降费效应在江阴市充分释放,有效发挥稳定市场预期、推动产业转型升级、助力民营经济发展、改善社会民生等综合效应。

【组织税费收入】 2019年,江阴市税务部门落实主动高效的组织收入措施,完善"上下联动、部门互动、重点带动、绩考促动"的收入分析预测机制,强化细化26项组织收入措施,形成多措并举的收入工作格局。构建风险管理运行新机制,全年累计完成风险应对3218户次,实现应对总成效12.97亿元,其中入库绩效10.21亿元,总成效和入库绩效总量位居无锡市各板块第一。对全市房地产项目建立全税种、全流程台账管理,试点废旧金属回收税收管理,入库税金约2亿元,小化纤行业年增值税平均负担率提升至2.39%,陆路运输行业通行费占比降至25%以下,1户无车承运代开发票纳入省局试点,实现零的突破。完成全市48881户纳税人的两个所得税(企业所得税、个人所得税)汇缴工作,汇缴面达100%,入库税收12.64亿元。在无锡大市内率先实现股权转让所得个人所得税前置管理,股权转让个税累计入库2.2亿元,比2018年增长12.6%。跨境税源管理基础不断夯实,非居民税收主动管理成效入库6504万元。紧盯发票源头堵塞漏洞,异常失控两票受票份数比2018年减少51%。制定有效的欠税管理措施,规范欠税管理流程,严控新欠、压缩陈欠,全年全市欠税总额比2018年下降5.88%,净压欠4481.87万元,实现欠税负增长。

【优化税收营商环境】 2019年,江阴市税务部门以创建税收营商环境最佳体验区为目标,深度融入江阴集成改革,建立健全"以主办税服务厅集约服务为主导,各分局办税服务延伸点服务为辅助,社会化服务网点协同服务为补充"的纳税服务运行机制。主办税厅和延伸点全部进驻市、镇两级政务服务中心,同时推进税邮、税银、社区、市场合作等服务网点建设,全力打造江阴全域"十五分钟办税圈"。打造"线上与线下、人工与智能"相结合的智慧服务模式,升级"综合套餐"服务,简化企业注销流程,对半数以上企业推行"即办""免办"和"承诺制"容缺办理服务。推进办税服务厅标准化管理,创新落实"最多跑一次"要求,110项业务实现"全程网上办",提供非接触服务超520万次,不接触领用发票比例98%,其中发票邮寄达到75%,"不见面"业务量提升至近95%。加强数据信息共享共促,推动不动产集成服务平台建设,不动产交易环节办理时长缩短67%,优化出口退税服务,一类和二类企业退税审批办结时限分别提速40%和44%。持续推行"税收营商专员""IPO税援团"等品牌服务举措,开展"一企一策"个性化服务,巩固深化"纳税人之家"建设,开展税企对话21场。融入社会诚信体系,强化涉税信用数据增值应用,通过"税银贷"助力1343个企业获得贷款额度15.92亿元。稳步推进灵活就业人员、城乡居民和机关事业单位社会保险费征管职责划转到位,实现人

2019年5月21日,国家税务总局江阴市税务局工作人员走进周庄实验小学,为学生上税法课　（江阴市税务局提供）

社、医保与税务部门三部门社保费征收系统的无缝对接。

【强化税收法治建设】 2019年,江阴市税务部门完善制度建设,有效落实税收监管举措,不断夯实法治基础。深入推进"三项制度"(行政执法公示制度、执法全过程记录制度、重大执法决定法制审核制度)试点,全面梳理、归集税收行政执法中与试点制度相关的工作内容和制度规范,完成法制审核案件12件,并有序开展行政执法公示及执法全过程记录制度。落实税收司法执行联动机制,与市法院明确在信息联络交换、司法拍卖涉税事项、社会保险费强制执行、破产企业涉税事项处理等方面加强联动,全年在债权申报、司法拍卖等司法协作过程中协调督促落实税款超1亿元,实现机构改革后首例强制执行入库税款933万元,并完成首次跨区域法院协助,单笔执行入库4540余万元。构建风险防控监管体系,梳理出内部税务部门端执法及行政管理风险、外部纳税人端遵从风险及防控措施188条,建立重大税收业务集体审议制度,从审议层级、审议标准、审议方式、审议记录等方面全面规范税收优惠、法制审核、资格认定、风险管理等17个类别的业务事项。以效能监察、执法督察、一案双查为抓手强化内部监督,并成立涵盖全局的97名特约监察员队伍自觉接受外部监督,实现内外部监督全覆盖。

【推进税收协同共治】 2019年,江阴市税务部门着力构建协同共治一张网,先后与16个镇(街道)、园区以及财政、工信、法院、邮政、发改委等9个部门签订税收协同共治合作备忘录,明确在涉税数据共享、经济税收分析预测、行业税收协同管理、社保费征退等方面深入合作,推进税收征管从"单打独斗"向全社会齐抓共管转变。依托地方综合治理网格化的强大优势,积极开展税收事中事后管理辅助事项纳入基层综合治理"网格"试点,探索将新办企业基本情况调查、个体工商户信息采集与定额要素调查、漏征漏管户调查、非正常户企业情况核实、协助通知清缴欠税、新增建筑工地调查、企业房屋土地情况情报采集、税收重大变化的资料发放宣传等8类辅助性管理事项列入网格化管理任务,通过网格员延伸税收管理触角,有效补充税收日常征管需要的巡查信息。优化调整镇街受托代征管理模式,在徐霞客镇、青阳镇、月城镇等地先行先试,将原来由代征工作站承担的涉税辅助调查事项改由镇综合执法局承担,代征站窗口业务进驻镇政务服务中心,初步实现税收服务与政务服务融合。是年,全市各镇(街道)网格员联合开展税源调查3400余户次,清理漏征漏管户及未及时办理税费登记户2000余户,督促清缴陈欠税费近500万元。

【第三方涉税数据利用】 2019年,江阴市税务部门强化第三方涉税数据利用提高征管质效。将政府税收征管保障平台和互联网数据采集软件的数据采集列入日常工作,并与政府部门、各镇(街道)、园区签署税收协同共治备忘录,共享涉税数据。全年完成13个政府部门21类涉税数据信息的采集整理与清洗分析,处理136515条数据;采集18个大类、69个小类,累计393265条互联网数据,为税收征管提供有力的数据支持。动态化跟踪税源风险信息,重点关注上市公司、新三板企业的股权转让、重大重组出售、产权交易等信息,做到及时介入、及时管理,确保税款按期足额征收入库。全年通过互联网涉税数据产生风险应对成效1.84亿元,实现对一次性、偶发性税源管理的快速反应。模型化应用行业情报数据,以税收政策为依据,以信息数据为支撑,构建行业管理风险指标与模型,开展针对性管理,对驾培、建筑施工等行业进行深度风险分析。全年实现涉税数据应用成效4.72亿元,第三方涉税数据应用对税收风险管理的驱动效应显著。 (王海怡 胡雨晨)

审 计

【概况】 2019年,江阴市审计局在市委、市政府和上级审计机关的坚强领导下,贯彻落实中共十九大精神和习近平新时代中国特色社会主义思想,坚持一手抓揭露重大违纪违法问题、一手抓揭示体制机制制性问题,在促进政令畅通、保障地方经济安全、维护群众利益和反腐败斗争等方面发挥重要作用。全年完成审计项目7类46项。其中上级审计机关统一组织实施审计项目4项,即清理拖欠民营企业中小企业账款专项审计调查、政府债务管理政策贯彻落实情况跟踪审计、江阴市2016—2018年江苏省重大项目推进情况跟踪审计、江阴市对口支援新疆霍城发展资金及项目跟踪审计;实施完成局计划内审计项目42项,即财政预算执行审计8项(含市本级及3个开放园区的财政预算执行审计,对18个部门及其下属25个二级预算单位2019年度部门预算执行情况审计,2016—2018年教育发展、促进就业、重大产业项目三项专项资金的审计调查),经济责任审计10项,自然资源资产审计1项,民生审计1项,企业审计4项,政府投资审计18项。审计查出违规资金11540万元,管理不规范资金27.87亿元,移送违法违纪案件线索1条。

【预算执行审计】 2019年,江阴市本级预算执行和其他财政收支情况审计(以下简称"同级审")涵盖市本级和江阴高新区、临港开发区、江阴—靖江工业园区3个开放园区,以及市委办、市人大办等18个部门及其下属25个二级预算单位的预算执行情况审计。"同级审"紧扣财税管理改革和预算执行全过程,坚持问题导向,重点审查预算收支执行情况,分析预算追加调整对预算执行的影响;关注存量资金,分析影响资金长期闲置的因素,盘活资金存量,提高资金使用效益;关注资金分配环节,重点揭示资金分配周期长、使用效率低下等问题。"同级审"报告反映7个方面90个问题,提出审计建议5条,获得市人大常委会充分肯定和高度评价。

【政策跟踪审计】 2019年,江阴市聚焦重大政策的贯彻落实,充分履行审计监督职责,助力打赢"三大攻坚战"(防范化解重大风险、精准脱贫、污染防治)。对贯彻落实优化营商环境、减税降费、"六稳"(稳就业、稳金融、稳外贸、稳外资、稳投资、稳预期)等相关政策措施落实情况开展全年跟踪审计,保障政令畅通;对清理拖欠民营企业中小企业账款情况开展审计调查,摸清底子,配合有关部门做好清欠工作,营造践诺守信的市场环境;对省重大项目推进情况进行跟踪审计,促进落实投资领域“放管服”政策执行;对政府隐性债务化解情况开展常态化跟踪审计,推动防范化解地方政府隐性债务风险工作;对中央财政转移支付资金拨付进度情况开展审计,促进理顺中央财政转移支付资金下达拨付环节,提高上级转移支付资金管理绩效。配合江阴市委巡查工作,在提供详实审计资料的同时,派员全程参与。完成房屋维修资金专项核查、广电集团和江阴日报社合并前的摸底审计、“两馆一墓”(花山殡仪馆、长泾殡仪馆、花山公墓)专项审计调查、“小金库”专项治理、江苏省审计厅下达的审计整改“回头看”专项行动等临时性审计工作。

【民生资金审计】 2019年,江阴市积极组织审计力量完成锡山区乡村振兴相关政策调查,突出“精准、安全、绩效”;对94个村(社区)的“三资”管理情况开展审计调查,维护涉农资金安全绩效,促进精准扶贫、精准脱贫政策措施落地生根,充分发挥了审计在乡村振兴战略实施中促进经济高质量发展、促进全面深化改革、促进权力规范运行、促进反腐倡廉的积极作用。持续开展对口援疆资金项目跟踪审计,保障援疆资金和项目落地生效;对促进就业专项资金、教育发展专项资金、医疗保险基金、乡村振兴战略、保障性安居工程等民生项目开展审计,促进增强人民群众的幸福感、获得感。

【经济责任审计和自然资源资产审计】 2019年,江阴市为加强对领导干部权力的监督制约,把权力关进制度的笼子,市审计局不断深化经济责任审计和自然资源资产审计。全年完成对市工商联、招商局、发改委、徐霞客镇等10个单位党政主职领导经济责任审计,其中任中审计4个,完成徐霞客镇党委书记任期自然资源资产审计。重点关注领导干部贯彻落实党的方针政策情况;对公共资金、国有资产、国有资源的使用情况;改善民生、生态文明建设和自身廉洁情况,促进领导干部依法履职、廉洁从政。

【政府投资审计】 2019年,江阴市审计局认真落实上级审计机关对投资审计工作的新要求,严格把好人员配置关、质量控制关、成果利用关,对澄南村拆迁安置房工程、海港大道绿化工程、特警基地和警务技能训练基地装饰改造工程、锡澄线大修工程等项目开展跟踪审计,重点关注招投标、物资采购、投资控制、土地征用、环境保护、工程质量等方面存在的突出问题,全年完成政府投资额审计27.57亿元,核减工程造价40196.37万元;完成拆迁资金审核30.49亿元,核减19889.54万元,为提高投资效益和科学管理投资项目发挥审计监督作用。

2019年8月,江阴市审计局工作人员在新疆维吾尔自治区霍城县江阴小学项目审计中现场核实工程量（市审计局提供）

【审计整改】 2019年,江阴市审计局进一步加强审计整改工作,打通审计监督“最后一公里”。10月25日,江阴市十七届人大常委会第二十二次会议听取和审议2018年度“同级审”整改工作报告。委员们对审计整改工作报告给予充分肯定,认为审计整改工作部署及时、举措有力、责任明确、成效明显。截至2019年末,“同级审”反映的90个问题中,整改到位81个,整改销号率90%。通过整改,制定完善各类制度13项,规范管理事项37件,上缴国库11327.49万元,促进资金拨付5473.87万元,收回欠缴款项275.03万元,规范账务处理56541.57万元,审计整改取得阶段性成果。

【审计队伍建设】 2019年,江阴市审计局围绕江苏省审计厅“五个强审”(党建强审、改革强审、质量强审、科技强审、人才强审)行动计划和年度实施方案,结合实际进行分解细化,认真组织实施,推动审计高质量发展。结合审计实践需要,通过“请进来、送出去、走上台”等多种形式,对审计干部进行系统的业务培训。组织人员参加审计署、江苏省审计厅、无锡市审计局组织的各类培训,把审计署开设的“审计大讲堂”作为审计干部再教育的重要平台。组织人员参加上级审计机关组织实施的“以审代培”审计项目,在实战中提升审计干部业务能力。选派3名审计干部分别参加墩苗挂职、短期援助霍城县审计局,拓宽审计干部视野。配合巡视巡察工作,选派1名审计干部参与江苏省委巡视工作,得到江苏省委巡视办充分肯定;选派2名审计干部参与无锡市委巡察中小学食堂工作,选派6名审计干部参与江阴市委巡察工作。（陈敏敏）

统计管理

【概况】 2019年，江阴市统计局扎实推进各项统计业务，以高质量统计工作服务江阴市高质量发展。圆满完成江阴市第四次全国经济普查（以下简称“四经普”），重点开展江苏省高质量发展监测并探索建立社会主义现代化江阴试点监测体系，及时做好联网直报单位年定报统计工作以及各个专项调查，根据经济社会发展要求持续优化完善统计产品，统计数据基本达成年初确定的目标。

【第四次全国经济普查】 2019年，江阴市统计局组织全市2000多名普查员进行逐门逐户的实地核查，历时一年多清查登记56601个法人单位、79319个个体户，新增“四上”企业（规模以上工业企业、资质等级建筑业企业、限额以上批零住餐企业、国家重点服务业企业）937个，坚持做到“普查登记不结束，查遗补漏不停止”，基本达成“单位查全、总量查准、结构查清”，普查成果成绩突出。高质量完成“四经普”数据采集、上报、审核、查询、汇总工作，尤其是严格抓好数据审核纠错，加强一套表企业普查数据关键指标的比对核实，防范和减少数据差错，提高普查数据质量，“四经普”数据质量全面领先周边地区。撰写“四经普”分析10篇、课题3篇、技术分析2篇。在经济普查过程中，市经普办建立日数据汇编和周通报、值班、工作例会、信息交流、普查宣传等各项制度，先后召开20余期“两员”（指导员与普查员）培训班，编印《经济普查简报》近40期，做好各项保障工作确保江阴市第四次全国经济普查工作顺利完成。

【高质量发展监测】 2019年，江阴市统计局重点开展江苏省高质量发展监测评价考核，对照高质量发展监测评价指标体系，主动与江苏省统计局沟通交流，摸清监测评价推进情况，对监测指标开展收集摸底，形成专题材料向市主要领导汇报。优化部门、镇（街道）、园区协同推动的立体化监测方法，印发《2019年省高质量发展争先进位考核日常监测办法》，强化高质量发展常态化监测工作，每月跟踪省高质量发展考核指标的月度进展情况，及时对比，确保江阴市高质量发展考核全省领先。是年，江阴市被江苏省委、省政府确定为开展社会主义现代化建设试点地区，围绕试点工作要求，市统计局立足江阴基础条件和特色优势，与相关部门沟通衔接，把现代化建设内涵和发展目标具体化、指标化，探索建立现代化江阴试点监测体系，形成经济发展、民主法治、文化发展、社会发展、生态文明、人民生活6个现代化22项45个指标组成的指标体系。充分发挥统计服务经济社会发展的综合性基础性职能优势，完成江阴市县域领跑指标监测及资料报送，助力江阴市获全国县域经济和综合发展“十七连冠”、中国全面小康十大示范县市“十二连冠”等荣誉。按照全省统一部署，开展“省级特色小镇”监测工作，做好系统内部上下对接，并与相关部门互通信息，合理推进特色小镇统计监测。

【统计产品】 2019年，江阴市统计局加强经济运行分析，提供详实数据解读。立足地区生产总值核算改革，加强基础指标分析测算。组织编印《江阴统计》12期，完成统计分析53篇、经济信息24篇，并整理收录多篇由各镇（街道）、园区提供的专题分析。完成研究课题5篇，《高质量发展监测评价的思考》《江阴资本市场不平衡不充分发展问题研究》获省级统计奖项。及时编印统计产品，不断优化统计服务。围绕高质量发展目标和全市重点工作任务，优化编印《江阴统计数据》《信息速递》《指标汇编》《经济排行榜》《工业统计快讯》等一系列统计产品，首次编印《建设领域统计快讯》。组织制作江阴国民经济发展概述展板，由主要负责人向市领导和各镇（街道）、园区、相关部门负责人进行解读。通报各镇（街道）、园区经济核心竞争力情况，为市委、市政府和各部门、镇（街道）、园区领导提供精准统计服务。编印发布《2018年江阴市国民经济和社会发展统计公报》《江阴统计年鉴2019》。“江阴统计”微信公众号推出80余篇带有一定宣传性质的数据解读文章，图文并茂展示江阴市经济数据。通过江阴市政府网统计信息栏、市统计局官方网站，推送国民经济运行情况解读，及时发布数据。多篇统计文章、短讯为《江阴日报》《江苏统计》等媒体所刊载。

【年定报工作】 2019年，江阴市统计局按时完成报表任务，确保统计数据质量。及时做好2984个联网直报单位年定报统计工作，全面开展人口变动情况调查、“四下”企业（与“四上”企业相对）抽样调查、富民监测等专项调查，在规定时间内确保企业上报所有数据且上报率达100%，即报即审。关注重点指标波动变化，完善数据质量检测方法，建立乡镇投资增速评估体系，结合“四经普”数据修正地区生产总值总量与结构，确保统计数据符合实际。新增调查加紧落实，单位入库严格审批。全年完成9次月度单位新增、2次年度“一套表”单位增减变动审核确认工作，全年新增纳入“一套表”调查单位443个。按照上级统计部门的要求增加部分事业单位调查工作，同市教育局、卫健委和民政局沟通确定调查名录，新认定133个事业单位作为联网直报调查对象。全年拆分集团口径上报企业6个，进一步完善江阴市统计体系。调研开展出口企业、化工企业状况调查，创新开展蔬果大户监测工作和特种家禽、经济林果摸底调查。高效做好业务指导，加强部门联动联系。广泛组织开展统计业务培训，加强日常统计业务指导，专业科室人员为基层人员讲解统计工作要领、处理工作难题。结合各种调研安排和数据核查任务，全年组织对10余个企业进行调研，着重了解企业的生产工艺和生产状况，倾听企业在发展过程中遇到的实际困难。完成对22个重点企业的统计行政指导以及重点项目现场核查。深化部门统计制度，定期联合部门召开各类会议，对重大投资项目深挖细查，延展平台数据功能。

【统计法治】 2019年，江阴市统计局党组书记在市委常委会、市政府常务会议上领学《关于深化统计管理体制改革提高统计数据真实性的意见》《统计违纪违法责任人处分处理建议办法》《防范和惩治统计造假、弄虚作假督查工作规定》等统计法治文件。推动江阴市出台《关于深化统计管理体制改革提高统计数据真实性的实施方案》,确保形成不敢、不能、不想统计造假的高压态势,努力维持不敢、不能、不想弄虚作假的工作氛围。举办"中国统计开放日"活动,在展示统计改革和现代化建设新风貌、弘扬统计文化的同时加强普法宣传,向群众分发统计普法宣传册等资料。将统计法治内容加载至江阴市公务员学法考法平台,加强全市公务人员对统计法律法规的认识。在年定报培训、四经普"两员"培训会议等现场组织开展"半小时学法活动",播放统计法宣传片、依法统计依法治统宣传片,发放《中华人民共和国统计法》《中华人民共和国统计法实施条例》单行本,使统计法治宣传教育与统计业务工作紧密结合,参与学法共计5000人次。组织全市统计法治培训班,各镇(街道)、园区统计工作分管领导及统计科全体人员、市统计局全体人员共150余人参训,举行"守信承诺"宣誓仪式,与参训人员签订统计守信承诺书。主要负责人、分管领导及专业人员签订防范和惩治统计造假、弄虚作假责任书。是年组织对5个镇的125个企业开展统计执法检查,执法检查企业数比2018年增长25%,重点检查企业是否按照统计制度填报报表,营业收入等数据是否与企业财务报表一致。

【基础建设】 2019年,江阴市统计局"宏观经济库"升级改造二期项目结合江阴市大数据中心的建设需求,实现应用系统与宏观经济运行中心平台的集成,为构建规范统一高效的政务信息交换体系奠定基础。在宏观经济库基础上推出"数字江阴"APP(应用程序),江阴统计数据入驻移动端,为专业领域和广大群众提供及时便捷的查询。"数字江阴"APP权威发布各类统计数据,发布内容包括地区生产总值、人口、财政、投资、工业等板块,以表格、图片为主要发布形式,直观呈现江阴市宏观经济汇总数据和部分可公开的明细数据信息,为各级领导了解信息、进行决策提供参考。完成江阴统计学会换届工作,做好会员重新登记和新会员的发展,学会有单位会员和个人会员200余名。江阴统计学会定期为企业单位会员发放《江阴统计年鉴》《国民经济主要指标汇编》《江阴统计》《江阴统计数据》《信息速递》5类统计产品。依托江阴统计学会平台,组织企业、基层统计人员赴武汉大学进行短期学习。

【中华人民共和国成立70周年江阴资料汇编】 2019年,江阴市统计局为庆祝中华人民共和国成立70周年,翻阅大量历史资料,组织人员撰写江阴市70年来社会经济发展系列分析,从综合、工业、服务业、农业、投资、贸易、房地产、居民收入、能源、富民监测10个领域,全方面、多角度回顾江阴70年来的经济社会发展状况,汇编《辉煌巨变70年》,数说时代,数话江阴,致敬70年发展,为研究江阴经济发展规律和谋划江阴更好更快发展提供资料。历时一年多编撰出版江阴首部统计志《江阴统计志(1949—2019)》,该志结合中华人民共和国成立70周年关键时间节点,从地区生产总值、人口、工业总产值等统计领域图解70年以来江阴经济社会发展情况,详细叙述各大统计专业、统计调查、统计产品和服务、统计基础建设、统计人风采,全景呈现江阴统计事业发展历程,展示江阴市统计工作累累硕果,彰显统计数据见证时代发展的关键作用。(丁 莹)

自然资源规划管理

【概况】 2019年,是自然资源规划部门开局之年,也是自然资源规划事业打基础、定框架、建机制之年。江阴市自然资源规划部门紧扣"两统一"核心职责(统一行使全民所有自然资源资产所有者职责,统一行使所有国土空间管制和生态保护修复职责),以担当讲政治,以履职守初心,以改革谋发展,实现自然资源规划事业良好开局。完成国土空间规划前期工作。完成江阴市环城森林公园花山景区规划设计,完成高铁枢纽地区、绮山水源地周边地区和锡澄城际轨道交通工程沿线及站点周边区域城市设计,不断提升城市品质。完成第二批农房试点村村庄规划(涉及15个行政村,29个自然村),为美丽乡村建设提供规划支撑。做好苏南沿江铁路、盐泰锡常宜铁路、锡澄城际轨道交通、江阴第二过江通道等工程建设的规划服务工作。全年报省审批建设用地216.83公顷,重点项目实现应保尽保。供应土地625.33公顷,保障重大项目开工建设。出让经营性土地242.87公顷、171.4367亿元,面积、金额比2018年分别增长29%、36%;出让工业用地221.73公顷、成交金额11.2992亿元,比2018年分别增长87.5%、74.58%。盘活存量土地523.87公顷,处置供而未用土地19.33公顷,完成低效用地再开发152公顷,促进资源高效利用。建立城镇公共服务用地和交通运输用地基准地价体系,促推民办教育、养老产业发展。资源保护持续加大。部署启动永久基本农田核实整改和储备区建设,完成增减挂钩项目入库46.35公顷。完成成片造林267.46公顷,完成森林抚育面积733.33公顷,林木覆盖率稳定在24.45%。建成省级绿美村庄示范村8个,"三化"(彩色化、珍贵化、效益化)示范片1个,"三化"示范单位40个。创建长江窑港口湿地保护小区,增加自然湿地保护面积555.78公顷,自然湿地保护率提高到22.6%。完成韭菜港公园、黄田港公园、锡澄运河五星桥样板段等公园绿地建设面积35.1公顷。加大绿色矿山建设,完成华士镇砂山南坡地质环境治理项目、徐霞客镇花山南坡顶部崩塌地质灾害应急消险工程、徐霞客镇花山关闭矿山地质环境治理项目、长山国防工程拆除和地质环境治理项目4项项目修复工作,沿江10千米废弃矿山治理工程争取省级专项补助资金1.63亿元。组建江阴市自然资源和规划局,增挂江阴市林业局的牌子,设立14个行政科室,初步构建系统完备、科学规范、运行高效、符合江阴实际的自然资源规划管理职能体系。抓好"三个平台"建设,金融机构业务互联互通平台上线运行,江阴市不动产统一登记平台、"互联网+不动产登记"集成服务平台启动开发。持续优化窗口设置和审批流程,取消新建房屋首次登记中的白蚁防治证明和维修基金缴纳证明,取消司法拍卖转移登记中的拍卖成交确认书,进一步提升服务效率。全年办理不动产登记证书4.32万本,不动产登记证明6.51万份。规范做好"即征即保",安置人员6251人。规范办理47个村组撤组手续,保障人数7715人。市长办公会审议通过《江阴市农村宅基地审批管理细则》。积极落实企业降本减负政策,11项工业项目83.33公顷土地落实优惠政策,为企业降低成本2.26亿元。建立城镇公共服务用地和交通运输用地基准地价体系,促推民办教育、养老产业健康发展。第三次国土调查初步完成,19.91万个图斑的调查成果通过省检,随后国家反馈的1.29万宗图斑通过省检并提交国家三调办。完成澄江、顾山、夏港等6个镇(街道)4.57万宗农村不动产的调查建库工作并提交省厅。江阴市自然资源和规划局被江苏省精神文明建设指导委员会评为2016—2018年度江苏省文明单位。

【江阴市自然资源和规划局组建】 2019年3月31日,经江阴市委机构编制委员会办公室审核,得到市委、市政府批准,根据《江阴市自然资源和规划局职能配置、内设机构和人员编制规定》文件要求,江阴市自然资源和规划局批准成立。该局为市政府工作部门,正科级,挂市林业局牌子。负责贯彻落实中央关于自然资源工作的方针政策和省市委决策部署,在履行职责过程中坚持和加强党对自然资源和规划工作的集中统一领导。主要职责是"统一行使全民所有自然资源资产所有者职责,统一行使所有国土空间用途管制和生态保护修复职责"。市自然资源和规划局下设办公室、政策法规科、自然资源调查和确权登记科、自然资源开发利用科(自然资源所有者权益科)、国土空间规划科、建设项目规划管理科、市政交通规划管理科、国土空间用途管制科、耕地保护监督科(国土空间生态修复科)、林业湿地管理科(市绿化委员会办公室)、测绘和信息管理科、财务科、组织人事科等机构。12月6日,根据江阴市委机构编制委员会《关于进一步落实安全生产职责加强机构编制保障的通知》精神,该局增设安全生产监督管理科。

【江阴市镇村布局规划】 2019年4月,为推进江阴市城乡空间优化和土地综合整治,促进乡村集约建设,支持农民群众改善住房条件,市自然资源规划局启动《江阴市镇村布局规划》修编。规划范围为江阴市域7个街道、10个镇,规划总面积987平方千米(含长江水域面积56.71平方千米)。规划对象是江阴市域246个行政村(涉农社区)的2428个自然村,外加2个新建的村民集中居住点,共计2430个。规划任务是,在现状分析与上轮规划实施评估的基础上,按照"多规合一"的要求和因地制宜、实事求是的原则,将城镇现状建成区以外的所有自然村与意向选址新建的农村住房建设试点村庄划分为"集聚提升类村庄""特色保护类村庄""城郊融合类村庄""搬迁撤并类村庄"和"其他一般村庄",明确各类村庄布局,统筹各类基础设施和公共服务设施配置,保护永久基本农田和生态保护红线,促进土地节约集约利用。10月,该规划通过专家评审组论证,11月形成最终成果。

【绮山水源地周边地区城市设计研究】 2019年6月,根据江阴市政府关于科学合理地保护和开发绮山水源地及周边地区的工作部署,市自然资源和规划局委托江苏省城市规划设计研究院开展绮山水源地周边地区城市设计研究。其研究范围东至白屈港,南至云南路,西至京沪高速公路,北至新长铁路、澄杨路,总面积约10.68平方千米。规划提出"一核、两带、七组团"的总体结构,一核即绮山生态绿核,两带即特色文旅展示带和滨江宜居示范带,七组团即文化商贸、乐享生活(3个)、都市康养、田园悠养、乡居怡养等7个功能组团。规划提出三大发展远景:聚焦生态特色,主导发展健康养生功能,迎接高铁时代,参与区域市场竞争,打造沿江带上最便捷的生态颐养地;实施乡村振兴,合规合法盘活农村存量资源,应对市场需求,突破城乡养老矛盾和困境,打造苏南地区最舒心的乡居示范区;发挥区位优势,提升山水城市形象,深挖人文素材,彰显历史文化名城特色,打造江阴城最绮丽的山水人文苑。12月,完成该规划编制。

【江阴市环城森林公园花山景区规划设计】 2019年9月,为打造江阴生态门户形象,构建具有地域特色的标志性风景区,市自然资源和规划局委托江苏省城镇与乡村规划设计院编制江阴市环城森林公园花山景区规划设计。花山景区位于江阴中部生态走廊的几何中心,东西两侧分别为京沪高速公路和城市快速路徐霞客大道,南侧紧邻江阴大道,对外交通十分便捷,景区北侧毗邻江阴城区澄江街道,并与江阴高铁枢纽站无缝对接。花山景区规划研究范围:东至锡澄高速,南至江阴大道,西至徐霞客大道,北至大桥南路—皮弄路,总面积约1330公顷。核心范围为:东至锡澄高速,南至云南路,西至虹桥路,北至规划环山路,总面积约535公顷。花山景区规划打造以时尚运动为主题,集禅意体验、文化创意、休闲游憩等多种功能于一体的近郊型郊野公园。花山景区总体结构是"一环四廊多区",其中,一环:花山景区核心范围外围的环山路展示环。四廊:花山—高铁站视廊、花山—九莲禅寺视廊、花山—绮山视廊、花山—城区视廊。多区:核心范围包括休闲度假区、生态保育区、生态休闲区、禅意文化区、运动拓展区、生态公墓区等6个区;研究范围包括高铁枢纽综合服务区、旅游集散服务区、生态宜居区、乡村旅游区等4个区。12月,完成该规划编制。

【江阴市矿山地质环境恢复和综合治理规划】 2018年5月,为最大限度地减少或避免在建矿山、生产矿山和关闭矿山因矿产开采形成的地质灾害、环境污染和生态破坏,统筹部署治理"新老"矿山地质环境问题,保护和改善矿山地质环境,促进社会经济绿色发展,原江阴市国土资源局启动《江阴市矿山地质环境恢复和综合治理规划(2017—2025年)》编制。规划提出江阴市矿山地质环境恢复和综合治理规划目标和治理分区,明确科学可行的矿山地质环境保护措施和治理模式,落实规划实施的保障措施。要求规划期内完成64个矿山地质环境治理工程,治理投影面积284.85公顷,其中6个重点治理工程规划为近期治理(2017—2020年),治理投影面积111.72公顷;剩余58个矿山规划为远期治理(2021—2025年),治理投影面积173.12公顷。2019年2月,市自然资源和规划局发布该规划。随着规划的实施,进一步提升江阴市矿山地质环境恢复和综合治理水平。

【城镇公共服务用地和交通运输用地基准地价项目】 2018年7月,为贯彻落实江阴市政府《关于鼓励社会力量兴办教育促进民办教育健康发展的实施意见》精神,原江阴市国土资源局联合江苏金宁达房地产评估规划测绘咨询有限公司启动江阴市城镇公共服务用地和交通运输用地基准地价项目。该项目是在城镇土地利用现状调查、城镇土地总体规划的基础上,结合江阴社会、经济条件以及城镇地价变化情况,对城镇土地定级、估价和宗地地价修正体系进行编制,其评价范围与现行的商住工的基准地价成果覆盖范围一致,包括城区及镇(街道)两部分。评估对象分为4大类10个小类:机关团体用地、新闻出版用地和科研用地类;教育、文化设施、体育用地类;医疗卫生和社会福利用地类;公用设施用地、公园与绿地类。2019年2月25日,该项目通过无锡市自然资源和规划局验收。江阴市通过建立该体系,拓展了基准地价内涵,新增了公共服务设施与交通场站用地地价体系,为推动民办教育、养老产业健康发展、保障土地供应等提供了决策依据。

【长江(江阴段)沿岸造林绿化建设】 2019年3月,为加快推进江阴长江沿岸造林绿化工作,加快构筑沿江森林生态廊道,按照《江阴市加强长江大保护三年行动计划(2018—2020年)暨2018年度重点工作和项目安排》要求,市自然资源和规划局开展《长江(江阴段)沿岸造林绿化工作方案》编制。其实施范围:全市沿江6个镇(街道)园区。各镇(街道)、高新区辖区内长江干流沿岸,主要是江堤干堤和临水侧至江水滩面、干堤背水侧堤脚外100米范围内造林绿化,干堤背水侧堤脚外500米范围内村庄绿化美化、交通道路绿化。对长江沿岸背水侧护堤堤脚外1千米范围内稳定性失调、林木生长发育迟滞、系统功能退化或丧失、景观破坏严重的防护林,实施修复、提升,改善林相和林分结构,恢复和提升生态防护功能。建设期限:至2020年,完成沿江造林绿化,包括村庄绿化和交通道路、水系、农田林网绿化;至2025年,长江(江阴段)沿岸绿化全面完成,实现应绿尽绿,森林质量明显提升。6月,完成该工作方案编制。 (卫志友)

市场监督管理

【概况】 2019年1月,江阴市市场监督管理局承接市科学技术局(知识产权局)、物价局、商务局相关职责,结合集成改革,抓好职能调整,基本完成机构改革任务,共设18个职能科室、1个执法大队、1个食品安全监测中心和17个基层分局,另受江苏省市场监管局委托管理江苏江阴—靖江工业园区分局。全局在市委、市政府的正确领导和上级局的指导支持下,强监管、保安全、促发展、塑形象,实现监管更实、执法更强、服务更优,各项工作稳步推进。集成改革取得重大突破,市场监管综合执法工作稳步推进。高位推进质量市、标准化和知识产权三大战略,发挥动产抵押登记资金杠杆作用,为企业拓宽融资渠道。食品安全工作体系进一步完善,全力守护食品安全。食品、药品和特种设备安全监管力度持续加大,安全环境逐步改善。综合执法力度持续增强,公平公正的市场经济秩序得到维护,市场监管执法权威进一步增强。创新消费维权方法,维权机制更趋完善。

【产业强市工作】 2019年,江阴市市场监督管理局不断夯实质量发展根基,优服务、保民生,当好高质量发展的推动者,助力江阴产业提质增效、转型升级。制定出台《2019年江阴市质量提升行动工作实施方案》,从产品质量、工程质量、服务质量、质量基础等4个方面提出具体目标。江阴天江药业有限公司获2018年江苏省质量奖。江阴市质量工作获省政府办公厅发文通报,作为落实有关重大政策措施真抓实干成效明显地方被予以激励。指导企业做好网上自我声明公开,新增1155个企业2953项标准的自我声明公开。多渠道宣传计量政策,推荐企业自愿开展AAA测量管理体系认证,2个企业获得"江苏省优秀测量管理体系认证AAA企业"称号,3个企业获得"江苏省级诚信计量示范单位"称号。新增驰名商标1件,全市驰名商标总量达56件,新增注册商标5512件。新增专利申请7725件,其中发明专利申请1908件,新增专利授权4099件,其中发明专利398件,全市万人有效发明专利拥有量达22.6件。新增知识产权管理贯标备案企业7个。2个企业获第十一届无锡市专利金奖。该局获评2018年度江苏省知识产权宣传培训工作成绩突出单位。江阴市华士实验中学获评省内唯一首批全国中小学知识产权教育示范学校。

【标准引领发展】 2019年,江阴市市场监督管理局牵头实施全省首个"社会治理综合标准化试点项目"重大任务,出台《江阴市社会治理综合标准化试点实施方案》,形成"标准化工作规范、政务服务、生活服务、基层治理、社会救助"5个子体系标准880余项。该项目于12月27日以96分的高分通过验收。积极推动企业标准上升为国家标准、行业标准,主导参与完成27项国家、行业标准,5项团体标准的制修订。完成国际标准2项,另有2项国际标准获得立项,在省县级市中名列前茅。开展企业执行标准有效性确认技术服务工作,全年完成青阳、霞客、华士、长泾、祝塘、云亭、顾山、周庄、澄江等9个镇(街道)和高新区共计2623个企业7803项产品执行标准有效性确认工作,并采集企业执行标准有效性信息录入江阴市企业产品标准信息公共业务平台，确保数据的全面、有效。

【助推企业发展】 2019年，江阴市市场监督管理局积极构建"亲""清"新型政商关系，充分利用"互联网+政务服务"信息化手段，全面落实外商投资企业设立及内转外"一口办理"制度和外商投资企业"简易注销"工作，营商环境得到优化，自"一口办理"实施以来，外资企业网上开办率达100%。全年外商投资总额270亿美元，注册资本156亿美元，其中外方认缴额108美元。办理动产抵押登记364件，担保主债权141.08亿元。2019年，为外商投资企业7.7亿元股权办理出质登记，共计融资金额66.54亿元。

【信用监管工作】 2019年，江阴市市场监督管理局牵头落实"证照分离"改革实施，健全信用监管机制，组织开展12项"双随机、一公开"抽查，检查各类主体5620户，抽查比例达9.5%。牵头实施跨部门"双随机、一公开"检查，联合人社局开展"江阴市清理整顿人力资源市场秩序专项执法行动"。通过强有力宣传、全方位辅导、高频次提示，宣贯企业加强信用意识，2018年度应年报主体58853户，通过年报53908户，年报率91.6%，在无锡各区县局中排名第一。强化失信治理，列入经营异常名录7225户，移出经营异常名录1178户。对食品相关产品、危险化学品、危险化学品包装物及容器等重点产品，实施全覆盖监督检查。开展安全帽产品获证企业、儿童和学生用品、重点工业产品、机动车生产企业等专项监督检查。加强对不合格企业的后处理，督促企业落实质量安全主体责任，促进企业不断改进和提高管理水平。

【综合执法工作】 2019年，江阴市市场监督管理局以集成改革大市场监管执法改革为契机，承接市科学技术局（知识产权局）、物价局、商务局相关职责，进一步整合执法资源，努力打造公平有序的市场环境。深入开展扫黑除恶专项斗争，针对商品交易市场各类违法行为进行跟踪摸排，与大型市场、商贸集市签订责任状249份，走访经营户8525个，检查涉投融资企业2330个，配合公安部门将3名涉黑涉恶团伙法定代表人列入"黑名单"，入经营异常企业544个，移送"套路贷"案件线索4条，查处违法广告1个。向江阴市扫黑办移送涉黑涉恶线索29件，线索上报数在除政法机关以外的其他成员单位中排名第一，被江阴市扫黑除恶专项斗争领导小组评为全市扫黑除恶专项斗争先进集体。加大价格监管执法力度，持续推进医疗服务和教育收费、药品价格、商品房销售价格、电信资费、停车收费等领域价格重点整治，严厉打击价格欺诈、哄抬价格、不执行明码标价等违法行为。开展食品药品安全大排查大检查大督查专项整治、整治保健市场乱象百日行动、打击互联网制假售假行为、中药材和中药饮片专项整治、化妆品经营企业专项检查和医疗机构专项检查等多个专项执法检查。深入开展"百日执法"专项行动，先后对"粮油、食盐、非法印刷、娱乐演出、不合理低价游、成品油市场、单用途预付卡、商业特许经营"等方面展开专项执法，执法大队文旅中队查办的江苏无锡"紫薯影院"微信公众号侵犯著作权案，被国家版权局评为2018年度全国打击侵权盗版十大案件。全年立案处罚违法案件1234件，罚没款3632万元，移送市公安局57件。

【消费维权】 2019年，江阴市市场监督管理局大力开展消费维权工作，积极倾听基层群众呼声，强力推进放心消费创建，全市有6个单位获评江苏省放心消费创建示范先进单位。成立装饰装修行业教育基地，开展家装知识教育公益讲座。针对电影院不提供免费3D眼镜、主要景区景点对儿童不免收门票、健身机构利用格式条款侵权等问题进行集中约谈，通过公开批评、建议行政处罚等方式，约束经营者规范经营行为，维护消费者合法权益。是年，投诉举报中心受理办结举报投诉11312件，消保委接待来访和咨询22641人次，受理消费投诉2587件，结案率98%，为消费者挽回经济损失319万元。（耿柯锣）

国有资产经营管理

【江阴市新国联投资发展有限公司】 2019年，公司坚持以习近平新时代中国特色社会主义思想为指导，认真贯彻落实中央、省市委决策部署，围绕公司发展思路，迎难而上、奋发作为，进一步巩固了稳中有进、稳中向好的发展态势。进平化管理和实际经营管理需要，调整优化部门和子公司的内设机构和人员配备，有效加强干部队伍建设。认真贯彻绿色发展理念，积极推动清洁能源项目，华能江阴燃机项目加快建设，厂外热网工程顺利开工；江阴热电首台9F燃机项目被批准列入国家示范项目，同步开展第二台9F燃机前期手续；澄东南热网项目年底建成投运，为整合澄东南3个小热电企业奠定了基础；高压天然气管道项目一期工程12.5千米已经完工。公司增资入股上市后备企业，股权投资业务取得实质性进展。担保公司坚持服务实体经济，积极履行社会责任，至年末累计在保业务692笔，在保余额21.9亿元。严格履行国有房屋拍卖制度，规范拍卖、评估行为。开展"厂中厂"专项整治"雷霆行动"、燃气安全检查等各类安全专项活动，及时消除安全隐患。大力推进扫黑除恶专项斗争工作，积极参与文明城市创建复查工作，年内顺利通过省文明办两次文明城市暗访检查。全年实现营业收入67.29亿元，利润总额9.88亿元，入库税金4.28亿元。至2019年年底，公司总资产213.02亿元，净资产106.89亿元。（陈　炜）

【江苏江南水务股份有限公司】 2019年，公司围绕年度各项目标任务，凝聚共识，振奋精神，主动创新作为，全力以赴推进各项工作，完成供水量2.66亿立方米，售水量2.31亿立方米，水质综合合格率为100%。高标准新建改建青阳光明路DN800（直径800毫米，下同）和DN600、滨江西路新沟河桥DN800、芙蓉大道DN1400等给水管道工程，敷设DN100以上管道66.64千米。新增远传水表小区14个，新增远传水表10415只,全方位把控全市381个小区共238191只远传水表。全年完成25个小区63套二供设备的安装调试、20个新建小区53套二供设施的综合验收,共有346个小区662套设备纳入统一运行维管范围。利港、绮山应急水源地运行稳定。完成水中苯系物、苯胺、水中总大肠菌群、大肠埃希氏菌、粪大肠菌群的能力验证,建立"两虫"(隐孢子虫和蓝氏贾第鞭毛虫)实验室,开展实验室内部盲样考核,结果均为满意。水厂所有重点部位加装高清监控设备15套、独立门禁系统14套,安装入侵报警器15套;水厂门卫加装红外线对射报警系统4套,对151处重点设施玻璃窗、22处玻璃门加装防护网。进一步强化安全管理网络,安全生产责任逐级落实,全年共开展安全检查活动19次(组织安全员培训18人、电工培训30人、危化类培训4人、行车作业10人)。组织开展原水污染活性炭投加、有限空间作业、大口径供水管道爆管、消防等应急演练。协调推进青阳镇14个自然村的农网改造工程,完成最新批次农网改造计划的筹备工作。截至年底,完成全市12个镇(街道)308个自然村24516户农网改造。完成小湾、肖山、澄西水厂次氯酸钠改造工程。肖山、澄西水厂深度处理工程炭砂滤池改造投入试运行。成立江南水务智慧研究院,和水资源与水环境国家重点实验室签订合作协议,举办智慧水务技术研讨会。以92的高分通过供水服务标准国家级终期验收。开通建设银行水费柜面扫码支付业务,拓宽现代化缴费渠道。推出"掌上营业厅"服务菜单,升级部分微信功能,新增"用户栏""发布栏",打造扁平化、个性化、便捷化的综合服务平台。进一步深化分级服务,开通大用户微信绑定人员身份完善功能,为大用户点对点推送用水友情提醒及技术指导。

(胡　菁)

【江阴公用事业产业发展有限公司】2019年,公司圆满完成全年各项目标任务,实现创收1.29亿元,比2018年增长103%,实现利润总额1056万元,比2018年增长104%。推进实施照明设施节能改造一期工程,完成1.2万个光源的节能改造。稳步推进"智慧停车"项目一期建设,完成设施设备的安装,实现车位在线查询、停车费在线支付等便民服务功能。13个计量标准通过市级考核,9项校准项目、23个产品、170项参数完成新增扩项。制定实施《质量管理体系建设方案》,通过明确岗责、加强考核、优化流程、整合功能,检测服务效率大幅提升,计量检定周期从15个工作日压缩至5个工作日,纺织产品检测周期从10个工作日压缩至4个工作日。推进薪酬体系改革,实施月绩效、年绩效考核管理,工作效能实现新提升。加强现代企业制度建设研究,制定完善"经营业绩考核暂行规定""绩效管理制度"等18项管理制度,内控体系建设进一步完善。优化采购流程,建立供应商库,推行采购项目制管理,采购质量和效率明显提升。运用信息化手段,加强固定资产管理,实现对公司固定资产使用、出租和处置的全流程管控。获评江苏省中小企业公共服务二星级平台,是2019年度江阴市唯一一个获此殊荣的企业。参与中国自主研发的11000米载人潜水器钛合金球壳残余应力测试工作。完成省级以上科技项目两项、市级科技项目两项,新申报一项省级科技项目;一项发明专利获授权,新申请一项发明专利、两项实用新型专利;主持制定2项国家标准,一项通过审定,一项完成立项答辩。发挥检验检测技术服务平台的支撑作用,全年为社会各界提供检验检测服务4万批次、检定校准计量器具24万台件,完成2623个企业的7803份标准的有效性确认。扎实做好照明设施维护管理工作,路灯亮灯率达到99.53%,设施完好率达到99.68%,均高于江苏省行业标准。推进停车资源共享,以市委党校为试点,推行错时共享停车,开放共享泊位78个,有效解决停车难题。

(王　敏)

【江阴城建产业发展有限公司】2019年是城建产业公司"建设、运营、管理"三大发展战略实质性启动的一年,也是区域管理、工程建设扎实推进初见形象的一年。在市委、市政府的正确领导下,根据"1310工程"*安排部署以及主管部门关于国有企业管理发展的具体要求,公司围绕年度目标任务,以党建为引领,以项目为导向,内强外拓,不断实践、深入探索新时代下城建类国企的发展道路。为保证完成全年目标任务,公司构建以项目为核心的目标管理体系,创新项目制管理新模式,有序推进公司三大重点项目。忠义街区项目分为忠义街、河东街两个标段推进实施,忠义街标段于9月3日开工建设,同时通过项目文化挖掘与深入市场调研,将项目的品牌形象外推,加深市民对街区的良好印象。敔山湾以民生需求为导向,设立便民服务区,改造运动中心,扩充释放停车空间。以持续提升敔山湾区域管服水平为目标,积极探索施工管理与区域管理新体系,实现敔山湾区域内绿化养护品质显著提升,做成江阴市典型案例。国乐岛项目完成项目建筑方案设计、交通研究、用地规划调整公示等设计与前期工作。同时,通过组织国乐相关活动以及组织人员赴上海市、福建省厦门市、浙江省义乌市等地学习交流,不断为项目运营积累经验、储备资源。

(杜　量)

【江阴交通产业集团有限公司】2019年,公司上下攻坚克难、奋发有为,保持高质量发展的良好态势。完成S340省道(江阴段)改扩建、紫金路、危桥改造等工程21项。市公共交通有限公司加快基础设施建设,全年新建公共自行车网点15个,投放公共自行车300辆;新增公交电子站牌75个,总数达456个,主城区公交电子站牌覆盖率达85%;更新新能源公交车127辆,营运车辆总数达634辆;开通营运公交线路61条,日发班次2935个,日行驶里程7.6万千米,年客流量5593万人次。全年涌现各类好人好事521件,拾金不昧总计约124万余元,奖励356件,通报表扬165件,收到各类锦旗25面。市暨阳道路养护工程有限公司稳步提升养护质量,国、省、市道养护总里程达1100多千米,年度综合考评排名位列无锡前三。应急保障及时有效,积极应对年初暴雪低温冰冻、八月"利奇马"台风等一系列灾害天气,全年出动各类抢修机械256台次，抢险人员1009人次，切实保障江阴市群众日常出行安全畅通。市电子口岸公司政务服务平台运行平稳，年内新增注册企业19个，累计达157个，累计为企业节约各类费用近500万元。市交通驾培有限公司全年新招学员超2500人，科目二、科目三通过率分别比2018年增长7.06%和13.04%，综合培训质量稳居无锡市各驾校前三。是年，公司获"2019年度江阴市安全生产先进单位"称号。公司党委"芙蓉花开、党建领航"书记项目获评市国企唯一一项2019年十佳基层党建书记项目。成立江阴交通产业集团新时代文明实践基地，设立凡星剧团、江阴交通产业论坛和红色物业等项目。（姚勇宇）

【江阴市秦望山产业园投资发展有限公司】 2019年，江阴市秦望山产业园公司践行"绿水青山就是金山银山"的理念，以"推动形成绿色发展方式和生活方式，绘就天蓝地绿水清美丽江阴新画卷"为愿景，围绕"创建全国一流的现代化资源循环利用示范基地"的目标，统筹规划产业发展，奋力攻坚重点项目，园区建设取得初步成果，为江阴市搬掉垃圾、危废、污泥"三座大山"打下坚实基础。在编制完成园区控制性详细规划、产业发展规划的基础上，全面完成区域环境影响评价。累计完成919户近30万平方米的房屋拆迁，同步实施园区内管线迁移、石宕治理，完善"两横两纵"道路交通网络。园区生活垃圾焚烧发电项目年处理垃圾总量61.63万吨，发电总量33509.59万千瓦时。工业废弃物综合利用一期（应急线）项目年初取得江苏省生态环境厅颁发的危险废物经营许可证，年处理危险废物超过4000吨；二期（常规线）项目于9月开工建设，包含危险废物焚烧2万吨/年、医疗废弃物高温消毒处理1000吨/年以及总库容120万立方米的危险废物安全填埋场。餐厨废弃物集中处置、建筑装修废弃物处置利用等省、市重点项目加快推进步伐。园区中水回用厂、工业废液（蚀刻液）资源化利用、废矿物油再生利用项目前期工作有序推进。建立一般工业固体废物转运焚烧体系并开展项目试点。进行钢渣资源化利用及酸洗污泥制炼钢冷却料、含铜污泥、活性炭等项目储备。深刻汲取江苏响水"3·21"特别重大爆炸事故教训，抓实抓好安全制度体系完善、安全责任落实、隐患排查整治、员工安全培训等具体工作，着力提高企业整体本质安全水平。深化集成改革创新，率先在下属企业开展市场化选聘高级经营管理人才试点，通过契约化管理、专业化履职组建经营班子，开辟了国资企业人才选用工作新途径。（陈　瑜）

【江阴市旅游文化产业发展有限公司】 2019年2月，公司配合政府部门机构改革进行调整优化，将涉及旅游管理的职能部门人员划归市文体广电和旅游局管理，其他则转隶至市住房和城乡建设局。公司坚决贯彻"创新求变谋发展、优质高效创效益"的工作思路，齐头并进，狠抓落实，各项工作稳步推进。根据市委第二巡察组对涉及旅文公司的巡察反馈意见，在市住建局党委的领导下，按照党要管党、从严治党的要求，坚持问题导向，将任务分解细化，明确时间节点、责任部门、责任人，认真落实整改措施，不折不扣地将巡察发现的意见和问题整改落实到位。不断提升绿化管理水平，加强公园景区管理，发挥绿化养护管理突击队优势，主动作为争创社会经济效益。管理维护3300万平方米绿地，日常管养全市8.6万棵行道树。致力建设好苗圃与废弃物处理站，全年处理粉碎物累计超4500立方米。配合全国文明城市创建重点工作，处理完成"110"突击任务、"12345"民生服务热线、城管投诉、市民求助等上千起任务，扎实抓好管辖范围内绿化环境、园容园貌、环境布置等各项工作，不断优化设施，完善功能，美化环境，烘托氛围。加强国有资产经营管理，做好经营网点租赁与管理工作，渐进式地解决租赁中存在的突出问题。根据市委办"安全隐患大排查大整治"及市委、市政府关于"厂中厂"安全生产专项整治"雷霆行动"的实施方案精神，强化安全基础，抽查普查两手抓，严查严管除隐患，切实做好公司安全生产工作。是年公司实现创收19415万元，实现利润总额1338万元，全面完成市国资办下达的年度经济目标任务，并获"江阴市2019年度重点骨干企业"称号。（冯　奕）

【江阴暨阳体育产业发展有限公司】 2019年，公司在市委、市政府的关怀下，在市文体广电和旅游局、市财政局的领导下，在全体员工的共同努力下，坚持公益性方向不动摇，紧抓开放管理不放松，按照年初确立的各项任务指标有序推进，开源节流，勇于创新，取得较好的成绩。先后成功承办全国游泳俱乐部锦标赛、江苏省青少年游泳大奖赛、国际标准舞全国城市公开赛、国际男篮亚特拉斯系列赛（江阴赛区）、全国青少年足球邀请赛等省级及以上大型赛事5项17场次；组织举办或协办元旦公益徒步大会、"7·16"全民游泳健身主题系列活动、"8·8"全民健身日以及乒乓球赛、羽毛球赛、篮球赛、足球赛、中小学生田径赛、跆拳道比赛等全市性群众体育赛事15项140余场次；组织举办或协办江阴市游泳救生员及教练员国家职业资格培训、青年志愿者游泳救生技能公益培训、江阴市中老年人柔力球培训、江阴市健身操舞协会培训、江阴市柔力球协会技术培训等全市性体育培训8项30余场次。是年，完成营业收入3746余万元，实现利润总额1081余万元；累计培训各类体育学员4200余人次；累计接待观众及各类健身休闲市民超过120万人次。（朱博文）

■类目编辑　朱锡章

科学技术

综　述

【概况】 2019年,江阴市科技系统以高标准建设全国首批创新型县(市)为抓手,稳步推进科技创新工作。年内,举办江阴市第二十九届科技节,帮助企业承担实施无锡市级以上各类科技计划项目157项,其中省级项目15项,获批省级以上各类科技创新载体11个,获批无锡市级以上各类研发机构56个、人才项目28项、各类科技型企业770个、各类荣誉及奖项47项。全市企业获国家科学技术奖1项、江苏省科学技术奖6项。是年,市科技局被无锡市科技局评为“科技管理工作先进集体”,被无锡市委、市政府评为“服务科技创新先进集体”。

【第二十九届科技节】 2019年10月23日至11月8日,江阴市第二十九届科技节举行,主要包括科技创新大会、各类人才交流会、科技成果推介会、金属新材料产业创新论坛等活动。11月1日,市委、市政府在市机关综合楼举行全市科技创新大会。全体市委常委,市人大、政协主要领导,市政府全体领导,市有关部门、镇(街道)、园区负责人以及全市高新技术企业、民营科技企业、创新创业领军人才代表等600余人参加。其间,向曹春晓、白勇、亚历山大·维利奇克等8位院士颁发“江阴市科学顾问”聘书,表彰国家、省科学奖励获得者,表彰无锡市“准独角兽企业”*“瞪羚企业”*“雏鹰企业”*,表彰江阴市创新发展先进典型、创新型企业培育工作先进集体、技术转移工作先进集体、十佳研发投入示范企业、最佳“企业首席技术官”、十佳职工科技创新标兵等。举行科技型中小企业科技贷款授信现场会。为江阴市新兴产业创业领军人才代表颁奖。优彩环保资源科技股份有限公司、江苏双良锅炉有限公司、江阴兴澄特种钢铁有限公司等企业代表发言。无锡市委常委、江阴市委书记陈金虎出席大会并讲话。举办“智汇江阴”海外精英创新创业对接洽谈会、江阴市长三角科技人才资源(上海)对接交流会、江阴市生命健康产业技术创新战略联盟揭牌仪式、欧美精英创业家协会高层次人才江苏行(江阴)洽谈会、全省科技保险创新论坛、中科院新材料科技成果(江阴)推介会、2019中国(江阴)金属新材料产业创新论坛、2019“江阴市产学研双百行动计划”*中科院(北京)推介会、“壮丽七十年、奋斗在江阴”——江阴市科技人才风采展等活动。

科技管理和服务

【概况】 2019年,江阴市科技局贯彻落实国家、省市各项科技创新政策措施,抓好科技创新政策的落实。进一步规范科技中介服务机构管理,健全科技服务平台备案管理数据库,完善黑名单制度,促进科技服务业健康发展。深化科技金融融合创新,丰富科技金融产品,出台《江阴市科技保险费补贴项目管理办法(试行)》,探索服务模式。全年全市获批实施无锡市级以上科技、人才计划项目157项,争取科技扶持资金9811.5万元。　(李志坚)

【承担科技计划项目157项】 2019年,江阴市科技局认真做好各类科技计划项目的组织、协调和争取工作,全市获批实施国家、省、无锡市级科技、人才计划项目157项,获科技资金9811.5万元:其中获省重大科技成果转化项目5项,省重点研发计划(产业前瞻与关键核心技术)项目4项,省重点研发计划(社会发展)项目1项,苏南国家自主创新示范区建设1项,省产学研合作项目4项,苏南特钢新材料科技成果产业化基地1个,省众创社区备案试点1个,省级众创空间2个、星创天地2个,省农村科技服务超市便利店5个,省企业重点实验室1个,省研究生工作站8个,省工程技术研究中心14个,省院士工作站3个,无锡市工程技术研究中心27个,无锡市院士工作站3个,获国家科学技术进步奖1项,省科学技术奖6项,无锡市科技创新贡献奖21项,获评国家火炬统计工作先进单位1项,省工程技术研究中心绩效评优项目12项,省科技企业孵化器绩效评价(优良)单位4个,江苏省新型研发机构奖补1项,无锡市科技企业孵化器和众创空间绩效评优1项,省“双创博士”*(企业创新类)3项,省“双创计划”*科技副总8名,无锡市“太湖人才计划”创新人才6名,创业人才10名,创新团队1个。

2019 年江阴市国家级科技计划项目一览表

表 35

类　别	项　目　名　称	参　与　单　位
国家科学技术进步奖一等奖	高品质特殊钢绿色高效电渣重熔关键技术的开发和应用	江阴兴澄特种钢铁有限公司

2019 年江阴市江苏省级科技计划项目一览表

表 36

类　别	项　目　名　称	参　与　单　位
江苏省科技成果转化专项资金项目	面向先进大容量 DRAM 的 12 英寸晶圆凸块工艺研发及产业化	中芯长电半导体(江阴)有限公司
	全激光显示用集束能量光纤组件的研发及产业化	江苏法尔胜光电科技有限公司
	2000MPa 级高强韧性桥梁缆索钢丝用热轧盘条的研发及产业化	江阴兴澄合金材料有限公司
	高性能低间隙镍钛合金及其植入器件研发及产业化	江阴法尔胜佩尔新材料科技有限公司
	2. X MV 平台陆上低风速风电机组研发及产业化	远景能源(江苏)有限公司
江苏省重点研发专项资金	大型运输机物资智能化装卸平台研发	江苏海鹏特种车辆有限公司
	低钴抗裂型高温合金增压涡轮短流程制备关键技术研发	江阴鑫宝利金属制品有限公司
	船用绿色智能高位蜘蛛曲臂喷涂机器人关键技术研发	中船澄西船舶修造有限公司
	核反应堆辐照后 C－14 源材料的分离与提纯关键技术研发	无锡贝塔医药科技有限公司
	废旧动力锂离子电池资源化回收与利用关键技术应用研究	江苏华宏科技股份有限公司
苏南国家自主创新示范区建设专项资金	苏南国家自主创新示范区建设专项资金	高新区
苏南特钢新材料科技成果产业化基地	苏南特钢新材料科技成果产业化基地	高新区
江苏省科学技术进步奖二等奖	海上风电设计优化与运行控制关键技术研究及工程应用	远景能源(江苏)有限公司
	环氧衍生精细化学品关键技术及产业化开发	江苏怡达化学股份有限公司
江苏省科学技术进步奖三等奖	用于新能源汇集与输送的多电压直流电网关键技术	江苏方程电力科技有限公司
	超千米高速铁路斜拉桥斜拉索关键技术与应用	江苏法尔胜缆索有限公司、江阴兴澄特种钢铁有限公司、江苏东纲金属制品有限公司
	高品质抗湿硫化氢腐蚀管线钢厚板关键技术创新与产业化	江阴兴澄特种钢铁有限公司
	废旧汽车高效资源化拆解回收关键技术及自动化成套装备	江苏华宏科技股份有限公司
江苏省产学研合作项目	JWS 系列超高频 GIS 局放在线监测系统研发	江苏利得智能监测科技有限公司
	多功能舷梯侧开口屏蔽门及蒸汽收集处理装置仿真分析	江阴市滨江舰船设备有限公司
	工业废盐电化学处理技术研究	江苏安凯特科技股份有限公司
	海洋船舶压载水模块化电源 系统的研究与开发	江阴市天马电源制造有限公司
江苏省众创社区备案试点	江阴智慧物流众创社区	江阴长江港口综合物流园区管理委员会
江苏省双创博士(企业创新类)	双创博士(企业创新类)	法尔胜泓昇集团有限公司
	双创博士(企业创新类)	无锡佰翱得生物科学有限公司
	双创博士(企业创新类)	江阴苏达汇诚复合材料有限公司

续表36

类　别	项　目　名　称	参　与　单　位
江苏省“双创计划”科技副总	“双创计划”科技副总	江苏利得智能监测科技有限公司
	“双创计划”科技副总	江阴市滨江舰船设备有限公司
	“双创计划”科技副总	江苏朗润环保科技有限公司
	“双创计划”科技副总	江苏宝利国际投资股份有限公司
	“双创计划”科技副总	江苏安凯特科技股份有限公司
	“双创计划”科技副总	江阴市天马电源制造有限公司
	“双创计划”科技副总	江苏向阳科技有限公司
	“双创计划”科技副总	江阴瑰宝科技有限公司
省政策引导类计划	引进外国专家人才专项	无锡佰翱得生物科学有限公司
	引进外国专家人才专项	江苏中济万泰生物医药有限公司
江苏省企业院士工作站	江苏省企业院士工作站	中信泰富特钢有限公司
	江苏省企业院士工作站	无锡贝塔医药科技有限公司
	江苏省企业院士工作站	江苏春申堂药业有限公司
江苏省科技企业孵化器绩效评价	江苏省科技企业孵化器绩效评价(A)	江阴百桥国际生物科技孵化园有限公司
	江苏省科技企业孵化器绩效评价(B)	江阴高新技术创业园管理委员会
	江苏省科技企业孵化器绩效评价(B)	江阴天安数码城置业有限公司
	江苏省科技企业孵化器绩效评价(B)	江苏江阴软件和文化创意产业发展有限公司
江苏省工程技术研究中心绩效考评优秀项目	江苏省中药配方颗粒工程技术研究中心	江阴天江药业有限公司
	江苏省大型风电金属部件工程技术研究中心	江苏吉鑫风能科技股份有限公司
	江苏省电力电子及输配电工程技术研究中心	江苏方程电力科技有限公司
	江苏省蓄热式燃烧热能利用工程技术研究中心	江苏焱鑫科技股份有限公司
	江苏省电力电子高端器件用封装件工程技术研究中心	江阴市赛英电子股份有限公司
	江苏省布袋脉冲式工业用除尘器工程技术研究中心	江苏亿金环保科技有限公司
	江苏省过程神经元网络产业化应用工程技术研究中心	江苏远望神州软件有限公司
	江苏省新型集成电路封装测试(长电)工程技术研究中心	江苏长电科技股份有限公司
	江苏省(斯菲尔)电力智能测控装置工程技术研究中心	江苏斯菲尔电气股份有限公司
	江苏省(浚鑫)太阳能光伏发电工程技术研究中心	中建材浚鑫科技有限公司
	江苏省水煤浆制浆装备工程技术研究中心	江苏秋林特能装备股份有限公司
	江苏省新型节能离子膜电解槽工程技术研究中心	江阴市宏泽氯碱设备制造有限公司
江苏省工程技术研究中心	江苏省工业高盐废水清洁化处理装备工程技术研究中心	江苏安凯特科技股份有限公司
	江苏省新型铝材制造及深加工工程技术研究中心	江阴东华铝材科技有限公司
	江苏省工程机械装备动力系统关键零部件工程技术研究中心	江阴市液压油管有限公司
	江苏省汽车关键零部件工程技术研究中心	江阴名鸿车顶系统有限公司
	江苏省精密冷温复合锻造成型工程技术研究中心	江阴全华丰精锻有限公司
	江苏省水中运动与康复工程技术研究中心	江阴四方游泳康复产业股份有限公司

续表 36

类别	项目名称	参与单位
江苏省工程技术研究中心	江苏省 NiTi 生物医学材料与器件工程技术研究中心	江阴法尔胜佩尔新材料科技有限公司
	江苏省中重型卡车驾驶室悬置系统工程技术研究中心	江阴圣世杰机械制造有限公司
	江苏省血型诊断工程技术研究中心	江苏力博医药生物技术股份有限公司
	江苏省智能化再生资源处理装备工程技术研究中心	江苏大隆凯科技有限公司
	江苏省先进封装工程技术研究中心	江阴长电先进封装有限公司
	江苏省电子通信工程技术研究中心	江苏紫米电子技术有限公司
	江苏省微创腔镜高值耗材工程技术研究中心	江苏风和医疗器材股份有限公司
	江苏省工业废气综合治理工程技术研究中心	江苏垦乐节能环保科技有限公司
江苏省企业重点实验室	江苏省中药配方颗粒制备与质量控制关键技术重点实验室	江阴天江药业有限公司
江苏省新型研发机构奖补	江阴市本特塞缪森生命科学研究院新型研发机构奖补	江阴市本特塞缪森生命科学研究院有限公司
江苏省研究生工作站	江苏省研究生工作站	江苏佰澳达生物科技有限公司
	江苏省研究生工作站	江苏宝得换热设备股份有限公司
	江苏省研究生工作站	江苏标榜装饰新材料股份有限公司
	江苏省研究生工作站	江苏博大数控成套设备有限公司
	江苏省研究生工作站	江苏南农高科技股份有限公司
	江苏省研究生工作站	江阴升辉包装材料有限公司
	江苏省研究生工作站	江阴市海江高分子材料有限公司
	江苏省研究生工作站	江阴天江药业有限公司
江苏省级众创空间	无锡互联创客空间	无锡互联物流科技有限公司
	三六九汇客	江阴市三六九汇客孵化科技有限公司
江苏省级星创天地	江阴神宇星创天地	江阴神宇果品专业合作社
	江阴市满庭芳星创天地	江阴市满庭芳花卉专业合作社
江苏农村科技服务超市分店(便利店)	江阴主要农作物产业分店	江苏华西都市农业科技发展有限公司
	顾山主要农作物产业便利店	江苏华西米业有限公司
	周庄主要农作物产业便利店	江阴市雪峰农业专业合作社
	顾山苗木花卉产业便利店	江阴市满庭芳花卉专业合作社
	徐霞客特种水产产业便利店	江阴市徐霞客水产研究所有限公司

（夏建军）

产学研合作

【概况】 2019 年,江阴市科技局推进江阴特色政产学研协同创新体系建设,围绕市主导产业,鼓励企业与国内外高校院所开展技术合作。是年,全市实施重点产学研合作项目 70 项,获批省级企业院士工作站 3 个、无锡市级企业院士工作站 3 个,新建江阴市级企业院士工作站 3 个,新增江苏省级企业重点实验室 1 个、省级工程技术研究中心 14 个、省级研究生工作站 8 个、无锡市级工程技术研究中心 27 个、江阴市级工程技术研究中心 154 个。

【产学研项目交流合作】 2019 年,江阴市认真执行“江阴市产学研双百行动计划”*,组织法尔胜泓昇集团有限公司等多个企业赴兰州理工大学、西安工业大学、西安理工大学、中科院理化研究所、国家纳米中心等地开展产学研对接;组织江苏华宏科技股份有限公司、江苏双良锅炉有限公司、江苏华兰药用新材料股份有限公司、江阴市海江高分子材料有限公司等 13 个细分行业领域龙头企业赴江苏省产业技术研究院就承接创新成果转移转化、共建企业联合创新中心等方面开展对接交流;邀请清华大学、浙江大学、上海交通大学、华中科技大学、东南大学等20余所国内知名高校院所到江阴市对接交流,其中,清华大学与江阴市惠尔信精密装备股份有限公司、合肥工业大学与无锡联信离合器有限公司等8项产学研项目现场签约;召开2019中科院新材料科技成果(江阴)推介会,来自中科院北京国家技术转移分中心、中科院北京化学所、中科院宁波材料所、中科院苏州纳米所的专家学者与江阴市新材料企业100余名代表开展技术成果推介与技术需求对接洽谈。组织举办"江阴市产学研双百行动计划"中科院北京推介会,江阴市12个企业赴中科院理化技术研究所、国家纳米中心、北京中科钛领科技有限公司考察交流。

【企业院士工作站建设】 2019年,江阴市推进"院士集聚计划",以企业创新需求为导向、企业研发机构为依托、产学研合作项目为纽带,引导省内外院士及其创新团队向企业集聚,为企业服务,攻克产业核心关键技术,促进科技成果产业化,培养企业创新人才队伍,为增强企业自主创新能力和市场竞争力提供支撑。是年,获批省级企业院士工作站3个,分别为:中信泰富钢铁贸易有限公司(中国工程院院士刘玠)、无锡贝塔医药科技有限公司(中国工程院院士周永茂)、江苏春申堂药业有限公司(中国工程院院士洪涛);获批无锡市级企业院士工作站3个,分别为:中船澄西船舶修造有限公司(中国工程院院士吴有生)、法尔胜泓昇集团有限公司(中国工程院院士毛新平)、江苏华西都市农业科技发展有限公司(中国工程院院士张洪程);新建江阴市级企业院士工作站3个,分别为:江阴精成数控有限公司(中国科学院院士曹春晓)、圣华盾防护科技股份有限公司(中国工程院院士范维澄)、江苏法尔胜新型管业有限公司(挪威技术与科学院院士白勇)。至此,全市有各级企业院士工作站69个,其中省级院士工作站13个,无锡市级院士工作站20个,江阴市级院士工作站36个;累计引进"两院院士"(中国科学院院士和中国工程院院士)及外籍院士54人。

【规模以上工业企业研发机构建设】 2019年,江阴市聚焦培育企业创新能力,把企业研发机构建设作为抓手。是年,新增江苏省级企业重点实验室1个,省级工程技术研究中心14个,省级研究生工作站8个;无锡市级工程技术研究中心27个;江阴市级工程技术研究中心154个。至年末,全市拥有国家级工程技术研究中心2个;江苏省级工程技术研究中心162个;无锡市级工程技术研究中心307个;江阴市级厂办研究所及工程技术研究中心1113个。全市大中型工业企业研发机构覆盖率96%以上。 (王黎君)

知识产权保护

【概况】 2019年,知识产权工作由科技部门调整至市场监管部门,江阴市市场监督管理局加挂江阴市知识产权局牌子,负责统筹协调全市知识产权工作。市市场监督管理局统一管理商标、专利、地理标志等知识产权管理工作,行政效率提升,知识产权管理和保护的能力不断增强。是年,全市新增专利授权5876件、注册商标7210件、中国驰名商标1件,6项专利获无锡市以上奖项,5个企业获省级以上知识产权类奖项,25个企业通过知识产权管理体系认证,华士实验中学被确定为首批全国中小学知识产权教育示范学校,江苏省南菁高级中学被确定为江苏省中小学知识产权教育试点学校。

【知识产权创造质量导向】 2019年,江阴市专利申请总量10573件,其中发明专利申请2521件;新增专利授权5876件,其中发明专利授权513件;万人有效发明专利拥有量达22.82件。年内新增注册商标7210件,商标注册总量41912件。新增中国驰名商标1件,驰名商标总量56件。企业发明专利质量不断提升,江苏法尔胜缆索有限公司的"一种热挤聚乙烯锌铝合金镀层钢丝拉索的制作方法"专利获第二十一届中国专利奖优秀奖,江阴苏利化学股份有限公司的"一种制备六氯苯含量低于10ppm的百菌清的方法"、江阴市恒润重工股份有限公司的"一种用于海上风电设备的材料及工件的制造工艺"2项专利获无锡市专利金奖,优彩环保资源科技股份有限公司的"一种再生聚酯短纤维的制备方法"、江阴市创新气门嘴有限公司的"汽车轮胎监测系统及其低功耗报警方法"、江苏和时利新材料股份有限公司的"采用TiO_2/SiO_2复合纳米催化剂制备高品质PBT的方法"3项专利获无锡市专利优秀奖。

【知识产权综合能力建设】 2019年,江阴市市场监督管理局推进企事业单位知识产权试点示范工作,培育具有示范引领作用的知识产权骨干企业和学校。江阴升辉包装材料有限公司、江阴恒兴涂料有限公司、江阴市凯业纺织机械制造有限公司、江阴南工锻造有限公司4个企业获评国家知识产权优势企业,中信泰富特钢集团兴澄特钢获批江苏省企业知识产权战略推进计划项目,江阴市华士实验中学被确定为首批全国中小学知识产权教育示范学校,江苏省南菁高级中学获评江苏省中小学知识产权教育试点学校。推动企业开展知识产权管理规范化建设,以《企业知识产权管理规范》贯标工作为基础,加强服务引导,推动企业将知识产权战略与经营发展战略相结合,提升核心竞争力,全年有25个企业通过知识产权管理体系认证。鼓励知识产权金融运用,提升知识产权的综合效益,全年有13个企业投保专利保险,保险限额逾100万元;14个企业开展专利权质押贷款,专利权担保金额逾1.2亿元。 (徐竹君)

科技创新载体

【概况】 2019年,江阴市获批省级各类科技创新载体11个,分别为:苏南国家科技成果转移转化示范区创新方法推广应用示范基地1个,省众创社区备案试点1个,省级众创空间2个、星创天地2个,省农村科技服务超市便利店5个。

(李志坚)

【新成立产业技术创新战略联盟1个】 2019年，江阴市科技局组织认定江阴市生命健康产业技术创新战略联盟。该联盟由江阴天江药业有限公司牵头组建，成员包括全市20个医药领域的企业和单位，建立公共技术平台，整合联盟成员研发技术平台、检验检测平台、培训基地、创新能力建设平台等资源。该联盟以项目为依托，集技术服务、产品加工与开发、临床药理研究、产品安全评价、品牌建设为一体，布局生物医药产业链。 （王黎君）

【众创空间建设】 2019年，江阴市科技局按照江阴市《关于支持众创空间发展促进大众创新创业的实施意见》和《江阴市众创空间认定管理办法（试行）》，认定校品荟众创空间、无锡互联创客空间、鲸现空间、极客众创空间、金信众创空间、江苏云蝠跨境众创空间、伟邦众创空间等7个众创空间为江阴市级众创空间。无锡互联创客空间、三六九众创空间获批江苏省级众创空间。全市众创空间累计30个，其中国家级2个、省级11个。 （李海春）

【农业科技创新平台建设】 2019年，江阴市新增省级“星创天地”2个，省级农村科技服务超市经济林果分店1个、便利店4个。是年，江阴神宇果品专业合作社创建的“江阴神宇星创天地”、江阴市满庭芳花卉专业合作社创建的“江阴满庭芳星创天地”被省科技厅认定为省第三批“星创天地”。江苏华西都市农业科技发展有限公司创建的“江阴主要农作物产业分店”、江苏华西米业有限公司创建的“顾山主要农作物产业便利店”、江阴市雪峰农业专业合作社创建的“周庄主要农作物产业便利店”、江阴市满庭芳花卉专业合作社创建的“顾山苗木花卉产业便利店”、江阴市徐霞客水产研究所有限公司创建的“徐霞客特种水产产业便利店”被省科技厅认定为省第十批“农村科技服务超市分店、便利店”。至年末，江阴市有2个国家级、6个省级农业领域科技创新创业平台、19个省级农村科技服务超市分店和便利店。江阴市现代农业创新载体平台数量在全省同类城市中名列前茅。 （毛燕军）

科技创新型企业

【概况】 2019年，江阴市科技局着力培育以创新型领军企业为引领，以高新技术企业为重点，以科技型中小企业为主体的“雁阵型”企业集群。全年获批无锡市级以上各类科技型企业770个。其中，苏南国家科技成果转移转化示范区产业化基地成果转化示范企业1个，省研发型企业1个，省科技企业上市培育计划3个，省“企业研发机构高质量提升计划”培育库企业6个，省农业科技型企业1个，国家高新技术企业236个，省高新技术企业培育库入库企业190个，省民营科技企业130个，无锡市“准独角兽企业”*1个、“瞪羚企业”*6个、“雏鹰企业”*3个。至年末，全市累计有无锡市“准独角兽企业”“瞪羚企业”“雏鹰企业”分别为7个、96个、132个。 （李志坚）

【全市高新技术企业达500个】 2019年，江阴市开展高新技术企业培育库入库申报工作，江阴市艾迪电器科技有限公司、江阴市富仁电气有限公司等190个企业成功申报培育库入库高新技术企业。江阴亨德拉科技有限公司、江阴塞特精密工具有限公司等236个企业被认定为高新技术企业，通过率84.6%，在全省名列前茅。全市累计有高新技术企业500个。江苏长电科技股份有限公司、中信泰富特钢集团兴澄特钢等7个企业入选江苏省百强创新型企业。

2019年江阴市新增高新技术企业一览表

表37

序号	企业名称	所在园区、街道、镇
1	江阴亨德拉科技有限公司	澄江街道
2	江阴塞特精密工具有限公司	澄江街道
3	江阴市凯业纺织机械制造有限公司	澄江街道
4	江苏领悟信息技术有限公司	澄江街道
5	江苏新道格自控科技有限公司	澄江街道
6	江苏源远检测科技有限公司	澄江街道
7	江阴长仪集团有限公司	澄江街道
8	江阴力源电子有限公司	澄江街道
9	江阴市星火电子科技有限公司	澄江街道
10	江苏博阳智慧电气股份有限公司	澄江街道
11	江苏常隆客车有限公司	澄江街道
12	江苏易峰小鱼儿网络科技发展有限公司	澄江街道

续表 37

序号	企业名称	所在园区、街道、镇
13	江苏中印印务集团有限公司	澄江街道
14	江阴市福达船舶配件制造有限公司	澄江街道
15	江阴市富仁电气有限公司	澄江街道
16	江阴市华夏包装机械有限公司	澄江街道
17	江阴市全盛冶化机械制造有限公司	澄江街道
18	江阴香江光电仪器有限公司	澄江街道
19	必维申优质量技术服务江苏有限公司	高新区
20	江苏德和生物科技有限公司	高新区
21	江苏斯坦德利医疗科技有限公司	高新区
22	江苏网新博创科技有限公司	高新区
23	江苏睿鸿网络技术有限公司	高新区
24	江阴长江电器有限公司	高新区
25	江阴市博汇机械成套设备有限公司	高新区
26	江阴新杰科技有限公司	高新区
27	江苏风雷文化传媒有限公司	高新区
28	江苏高德液压机械有限公司	高新区
29	江苏工邦振控科技有限公司	高新区
30	江苏国电格朗电气科技有限公司	高新区
31	江苏汉德天坤科技发展有限公司	高新区
32	江苏晶瑞特环保新材料有限公司	高新区
33	江苏利得智能监测科技有限公司	高新区
34	江苏力博医药生物技术股份有限公司	高新区
35	江苏联固电气有限公司	高新区
36	江苏深绿新能源科技有限公司	高新区
37	江苏同创节能科技有限公司	高新区
38	江苏晔辰环保科技有限公司	高新区
39	江阴安博生物医药有限公司	高新区
40	江阴长盛汽车空调离合器有限公司	高新区
41	江阴鼎力高科起重机械有限公司	高新区
42	江阴法尔胜佩尔新材料科技有限公司	高新区
43	江阴名鸿车顶系统有限公司	高新区
44	江阴秋毫检测有限公司	高新区
45	江阴全华丰精锻有限公司	高新区
46	江阴市创裕机械有限公司	高新区
47	江阴市江中设备制造有限公司	高新区
48	江阴市龙腾管件有限公司	高新区

续表 37

序号	企业名称	所在园区、街道、镇
49	江阴市麦格节能建材有限公司	高新区
50	江阴市天柠管道有限公司	高新区
51	江阴市新万沅机件有限公司	高新区
52	江阴信邦电子有限公司	高新区
53	无锡爱森思电气科技有限公司	高新区
54	无锡海潮新能源科技有限公司	高新区
55	星科金朋半导体(江阴)有限公司	高新区
56	中芯长电半导体(江阴)有限公司	高新区
57	江苏高雷德电力科技有限公司	高新区
58	江苏格澜得智能电气有限公司	高新区
59	江苏江阴华明电气设备有限公司	高新区
60	江阴大地装备股份有限公司	高新区
61	江阴福斯曼精密机械有限公司	高新区
62	江阴市第三铸造机械有限公司	高新区
63	江阴市凯力起重电机有限公司	高新区
64	江阴市中迪空冷设备有限公司	高新区
65	江阴天润信息技术有限公司	高新区
66	江阴祥盛纺印机械制造有限公司	高新区
67	江阴驿威软件科技有限公司	高新区
68	江苏东尚住宅工业有限公司	顾山镇
69	江苏人和环保设备有限公司	顾山镇
70	江阴芗菲服饰有限公司	顾山镇
71	无锡瑞昌精密铸造有限公司	顾山镇
72	江苏东顺新能源科技有限公司	顾山镇
73	江苏新汇力金属制品有限公司	顾山镇
74	江阴市大阪涂料有限公司	顾山镇
75	江阴市汇通印刷包装机械有限公司	顾山镇
76	江阴市云晟带箔有限公司	顾山镇
77	无锡利邦厨具有限公司	顾山镇
78	采纳科技股份有限公司	华士镇
79	江苏百通塑业发展有限公司	华士镇
80	江阴华美光电科技有限公司	华士镇
81	江阴华瑞电工科技股份有限公司	华士镇
82	江阴科玛金属制品有限公司	华士镇
83	江阴市化学试剂厂有限公司	华士镇
84	江阴市康乐塑胶有限公司	华士镇

续表 37

序号	企业名称	所在园区、街道、镇
85	江阴市中财模塑有限公司	华士镇
86	江苏宝鹏科技管业有限公司	华士镇
87	江阴特美金属制品有限公司	华士镇
88	江苏华塑新型建材有限公司	华士镇
89	江苏新扬子造船有限公司	靖江园区
90	江苏嘉臣环境科技有限公司	临港经济开发区
91	江苏江涛环境工程有限公司	临港经济开发区
92	江苏丽天石化码头有限公司	临港经济开发区
93	江苏塞恩斯金属新材料科技有限公司	临港经济开发区
94	江苏双良新能源装备有限公司	临港经济开发区
95	江苏星科精密模具有限公司	临港经济开发区
96	江阴安诺电极有限公司	临港经济开发区
97	江阴硅普搪瓷股份有限公司	临港经济开发区
98	江阴恒兴涂料有限公司	临港经济开发区
99	江阴奇南机械有限公司	临港经济开发区
100	江阴神辉电工材料有限公司	临港经济开发区
101	江阴市东杰纺机专件有限公司	临港经济开发区
102	江阴市海达电机冲片有限公司	临港经济开发区
103	江阴市美托金属制品有限公司	临港经济开发区
104	江阴市翔诺电子科技有限公司	临港经济开发区
105	江阴市宇飞新型容器有限公司	临港经济开发区
106	江阴苏利化学股份有限公司	临港经济开发区
107	江阴铜电尔电化设备有限公司	临港经济开发区
108	远景能源(江苏)有限公司	临港经济开发区
109	江阴方艾机器人有限公司	临港经济开发区
110	江苏博大数控成套设备有限公司	临港经济开发区
111	江苏巨光光电科技有限公司	临港经济开发区
112	江苏梦洁尔环保科技有限公司	临港经济开发区
113	江苏舒登机械装备有限公司	临港经济开发区
114	江苏中基复合材料有限公司	临港经济开发区
115	江阴爱尔姆真空设备有限公司	临港经济开发区
116	江阴佳泰电子科技有限公司	临港经济开发区
117	江阴骏友电子股份有限公司	临港经济开发区
118	江阴市博生新材料科技有限公司	临港经济开发区
119	江阴市晨盛汽车附件有限公司	临港经济开发区
120	江阴市大洋固废处置利用有限公司	临港经济开发区

续表 37

序号	企业名称	所在园区、街道、镇
121	江阴市海华橡塑有限公司	临港经济开发区
122	江阴市鸿萌橡塑制品有限公司	临港经济开发区
123	江阴市宏泽氯碱设备制造有限公司	临港经济开发区
124	江阴市劲速精密机械有限公司	临港经济开发区
125	江阴新长机械配件有限公司	临港经济开发区
126	江阴远望离合器有限公司	临港经济开发区
127	无锡联信离合器有限公司	临港经济开发区
128	无锡市同腾复合材料有限公司	临港经济开发区
129	阿鲁邦德新材料科技有限公司	临港经济开发区
130	富华中元江苏重机科技有限公司	临港经济开发区
131	江苏坤奕环境工程有限公司	临港经济开发区
132	江苏同悦气体系统有限公司	临港经济开发区
133	江苏叶茂厨卫科技有限公司	临港经济开发区
134	江苏意玛筑路机械科技有限公司	临港经济开发区
135	江阴龙凯机械有限公司	临港经济开发区
136	江阴市好运来石油机械有限公司	临港经济开发区
137	江阴市黄丹净化设备有限公司	临港经济开发区
138	江阴市欧姆机械设备有限公司	临港经济开发区
139	江阴市三联机械制造有限公司	临港经济开发区
140	江阴市万盈电力科技有限公司	临港经济开发区
141	江阴市中兴光电实业有限公司	临港经济开发区
142	无锡博康医疗器械有限公司	临港经济开发区
143	江苏日新印染机械有限公司	南闸街道
144	江阴天翔电器有限公司	南闸街道
145	江阴东瑞电气有限公司	南闸街道
146	江阴市得宝新材料科技有限公司	南闸街道
147	江阴市联达印染机械有限公司	南闸街道
148	江阴市南闸中天电器有限公司	南闸街道
149	江苏南农高科技股份有限公司	南闸街道
150	江阴南工锻造有限公司	南闸街道
151	江阴市森博特种换热设备有限公司	南闸街道
152	江阴市雅峰印染机械有限公司	南闸街道
153	江特科技股份有限公司	青阳镇
154	江阴市格瑞包装材料有限公司	青阳镇
155	江阴市洪腾机械有限公司	青阳镇
156	无锡沃尔德轴承有限公司	青阳镇

续表37

序号	企业名称	所在园区、街道、镇
157	江苏海协机械科技有限公司	青阳镇
158	江苏全风环保科技有限公司	青阳镇
159	江阴福达染整联合机械有限公司	青阳镇
160	江阴宏创动能科技有限公司	青阳镇
161	江阴市东昊不锈钢管有限公司	青阳镇
162	江阴东升新能源股份有限公司	新桥镇
163	江阴市精亚风机有限公司	新桥镇
164	江阴鑫宝利金属制品有限公司	新桥镇
165	江阴鑫联金属制品有限公司	新桥镇
166	江苏新达科技有限公司	徐霞客镇
167	江苏昊晟塑业科技有限公司	徐霞客镇
168	江阴久盛科技有限公司	徐霞客镇
169	江阴市洸洋塑业有限公司	徐霞客镇
170	江阴市哈格诺换热设备有限公司	徐霞客镇
171	江阴市尚时环境工程有限公司	徐霞客镇
172	江阴市天马电源制造有限公司	徐霞客镇
173	江阴瑞兴科技有限公司	徐霞客镇
174	江阴双马重工装备有限公司	徐霞客镇
175	江阴鑫润能源科技有限公司	徐霞客镇
176	江阴高峰医疗科技有限公司	徐霞客镇
177	江阴市澳星电气有限公司	徐霞客镇
178	江阴市博豪电热电器制造有限公司	徐霞客镇
179	江阴市通隆纺织机械有限公司	徐霞客镇
180	江阴市曾氏动力机械科技有限公司	徐霞客镇
181	江苏佼燕船舶设备有限公司	月城镇
182	江阴乐帕克智能机械有限公司	月城镇
183	江阴市北海救生设备有限公司	月城镇
184	江阴市虎踞冶金设备有限公司	月城镇
185	江阴市斯强传动科技有限公司	月城镇
186	无锡海菲焊接设备有限公司	月城镇
187	江阴市恒鼎特钢制品有限公司	月城镇
188	江阴市永乐印务有限公司	月城镇
189	江苏科强新材料股份有限公司	云亭街道
190	江阴市全佳数码科技有限公司	云亭街道
191	江阴天田真空设备制造有限公司	云亭街道
192	江苏大圣博环保科技股份有限公司	云亭街道

续表 37

序号	企业名称	所在园区、街道、镇
193	江苏和时利新材料股份有限公司	云亭街道
194	江阴南方新能源科技有限公司	云亭街道
195	江阴市晟云电子新材料有限公司	云亭街道
196	江苏海基新能源股份有限公司	云亭街道
197	江阴市高达输送机械科技有限公司	云亭街道
198	江阴市新昶虹电力科技股份有限公司	云亭街道
199	江阴市炜煜日谊机械有限公司	云亭街道
200	江阴升辉包装材料有限公司	长泾镇
201	江苏特贝尔精密机械科技有限公司	长泾镇
202	江阴市文明体育塑胶有限公司	长泾镇
203	江阴兴吴呢绒科技有限公司	长泾镇
204	无锡舜阳新能源科技股份有限公司	长泾镇
205	江苏纽克莱涂料有限公司	长泾镇
206	江苏苏青水处理工程集团有限公司	长泾镇
207	江阴市华能电热器材有限公司	长泾镇
208	江阴新泓泰复合材料有限公司	长泾镇
209	江阴滨江医疗设备有限公司	周庄镇
210	江阴道达汽车饰件有限公司	周庄镇
211	江阴电工合金股份有限公司	周庄镇
212	江阴市恒业锻造有限公司	周庄镇
213	江苏金荣森制冷科技有限公司	周庄镇
214	江阴铂田机械制造有限公司	周庄镇
215	江阴市建鑫金属有限公司	周庄镇
216	江阴市江泰高分子新材料有限公司	周庄镇
217	江阴市润冶重工机械有限公司	周庄镇
218	江阴万事兴医疗器械股份有限公司	周庄镇
219	高安工业(江阴)有限公司	周庄镇
220	江苏澄龙铝业有限公司	周庄镇
221	江苏瑞德新能源科技有限公司	周庄镇
222	江阴嘉德机械有限公司	周庄镇
223	江阴六环合金线有限公司	周庄镇
224	江阴市澄东锻造有限公司	周庄镇
225	江阴市宏丰塑业有限公司	周庄镇
226	江阴市华思诚无纺布有限公司	周庄镇
227	江阴市周北污水处理有限公司	周庄镇
228	江阴伊克赛特汽车饰件有限公司	周庄镇

续表37

序号	企业名称	所在园区、街道、镇
229	江阴市龙昌机械制造有限公司	祝塘镇
230	江苏采纳医疗科技有限公司	祝塘镇
231	江阴海瑞德机电科技有限公司	祝塘镇
232	无锡市奥斯韦特科技有限公司	祝塘镇
233	江阴瑰宝科技有限公司	祝塘镇
234	江阴市恒润环锻有限公司	祝塘镇
235	江阴市友佳珠光云母有限公司	祝塘镇
236	无锡卡瑞森机械科技有限公司	祝塘镇

(李海春)

【新增省级农业科技型企业1个】 2019年,江阴市加快构建以企业为主体的现代农业产业技术体系,推进农业科技创新,增强农业企业科技创新能力,以科技创新驱动乡村振兴发展。是年,江苏美天奶业有限公司被省科技厅认定为第九批省级农业科技型企业。该企业引进现代科技养殖装备,依托企业技术研究中心,开展创新,加大研发投入,企业自主创新能力和核心竞争力不断提升。至年末,全市累计拥有省级农业科技型企业14个。

【科技信贷突破25亿元】 2019年,江苏省科技企业融资路演服务中心江阴分中心全省排名保持第一。是年,江阴市确定中国农业银行江阴市分行、江苏银行江阴支行、江苏江阴农村商业银行、中国银行江阴支行、南京银行江阴支行、建设银行江阴支行、宁波银行江阴支行、交通银行江阴支行、浦发银行江阴支行、兴业银行江阴支行等10个银行为科技信贷合作银行。全年推荐14批115个科技型中小微企业申报澄科贷、7批76个科技型中小微企业申报锡科贷。组织203个企业参加路演27次,涵盖工业企业融资、农业企业融资、股权融资、最具成长性高科技企业评选等类别,累计发放科技贷款逾5亿元,向科技企业发放各类优惠贷款逾20亿元,受益企业超160个。江苏坤奕环境工程有限公司、江阴弘远新能源科技有限公司、江阴市高拓精密模具有限公司、江阴复睿金属科技有限公司、江阴塞特精密工具有限公司、江阴泽成生物技术有限公司入选2019年度江苏省"最具成长性高科技企业"百强。 (毛燕军)

科技人才工作

【概况】 2019年,江阴市科技局积极推进"暨阳英才计划",努力集聚海内外高层次人才项目到江阴,做好科技人才及外国专家管理服务工作。是年,引进科技人才项目18项,与2位"两院院士"(中国科学院院士和中国工程院院士)建立合作关系,引进外国高端人才47名,外国专业人才200名;入选省"科技副总"*8人,入选省"双创博士"*(创新类)3人。

【征集海外高层次人才项目125项】 2019年,江阴市科技局组织参加在大连市举办的中国海外学子创业周、在广州市举办的中国海外人才交流大会、在南京市举办的外籍人才招聘会等国际人才交流活动。在中国国际人才市场江阴市场举办"智汇江阴"海外高层次人才项目路演7场,举办"智汇江阴2019"海外精英创新创业对接洽谈会和欧美创业家协会高层次人才江苏行(江阴)洽谈会,征集海外高层次人才项目125项,32项项目受邀与江阴市园区、企业现场对接洽谈,8项项目签订意向性协议。

【申报国家、省、无锡市科技人才项目72项】 2019年,江阴市科技局组织申报国家"万人计划"创业类人才项目1项、创业载体类项目1项;组织申报省科技副总20人,获评8人;申报省双创(创新类)博士7人,获评3人;申报省双创团队1个;申报省级引智项目4项,获批2项;组织申报无锡市"太湖人才计划"人才团队项目32项,获评"太湖人才"创业类人才6名、创新类人才10名,"太湖人才"创新团队1个;组织评审2019年度江阴市"暨阳英才计划"新兴产业创业人才2批,第一批9名,第二批10名。

【优化科技人才服务】 2019年,江阴市科技局修改完善"暨阳英才计划"科技人才相关新兴产业领军人才、海外引智、引才引项机构、外国专家工作室配套政策及"暨阳英才计划"专项资金管理办法相关部分。新办外国人来华工作许可证80张,办理外国人来华工作许可证延期183件;新申报江阴市外国专家工作室3个,申报江苏省外国专家工作室2个。 (陶郁科)

科技成果

【概况】 2019年,江阴市企业获国家科学技术进步奖一等奖1项;获江苏省科学技术进步奖6项,其中二等奖2项,三等奖4项。

【1项项目获国家科学技术进步奖一等奖】 2019年,江阴兴澄特种钢铁有限公司参与完成的"高品质特殊钢绿色高效电渣重熔关键技术的开发和应用"项目获得国家科技进

步奖一等奖。该项目系统研究电渣工艺理论,创新开发绿色高效的电渣重熔成套装备和工艺及系列高端产品,节能减排和提效降本效果显著,产品质量全面提升,形成2项国际标准,实现中国电渣技术"从跟跑、并跑到领跑"的历史性跨越。项目成果满足中国大飞机工程、先进能源、石化和军工国防等领域对高端材料的急需。主要技术经济指标国际领先,获发明专利31项,发表论文202篇(SCI/EI收录66篇次),形成专著1部,制定国际标准2项、国家标准3项。2017—2019年,该项目新增产值92.27亿元、利润13.98亿元。项目应用后累计节电25.65亿千瓦时,折合减少二氧化碳排放25.58亿千克。

【2项项目获江苏省科学技术进步奖二等奖】 2019年,远景能源(江苏)有限公司参与完成的"海上风电设计优化与运行控制关键技术研究及工程应用"获江苏省科学技术进步奖二等奖。该项目针对海上风电开发中"整机协同优化难""场站设计监控难""并网运行控制难""功率预测预警难"四大瓶颈问题,历时10年协同攻关,取得首创大容量海上风电机组载荷控制与电网频率支撑优化技术、首次研制海上风电场模块式升压平台及全景一体化监控系统、率先提出海上风电无功电压精准控制与机—场—网协同安全防御技术、首次研发集成台风预警功能的海上风电功率预测系统4项成果。项目成果应用于中国首批海上风电场,2018—2019年累计经济效益约65亿元,推动海上风电及相关制造业的发展,为全省构建清洁低碳、绿色高效的能源供应格局提供有力支撑。江苏怡达化学股份有限公司参与完成的"环氧衍生精细化学品关键技术及产业化开发"获江苏省科学技术进步奖二等奖。该项目属于化学工程精细化学品领域,主要以环氧乙烷、环氧丙烷或环氧氯丙烷,进行开环加成、直接酯化或闭环反应制得一系列环氧精细衍生化学品。项目组通过20余年的关键技术协同创新,研究取得多项自主创新成果。该项目获国家发明专利12项,牵头制定行业标准7项,10种产品通过省级科技成果鉴定,19种产品获省级以上高新产品技术认定,生产工艺技术国内领先,产品性能达到国际先进水平,多种产品填补国内空白。2018—2019年实现销售收入34.91亿元,新增税收4.04亿元。

【4项项目获江苏省科学技术进步奖三等奖】 2019年,由江苏法尔胜缆索有限公司牵头,江阴兴澄特种钢铁有限公司参与的"超千米高速铁路斜拉桥斜拉索关键技术及应用"项目获江苏省科技进步奖三等奖。该项目解决超千米高速铁路斜拉桥的关键受力构件—斜拉索的材料问题,以国家重点工程——沪通大桥为依托,针对高强度缆索面临的共性问题,集中力量攻克2000兆帕斜拉索关键技术,从制作高强度斜拉索的源头技术——炼钢开始,通过对大直径高强度盘条、高强度高韧性钢丝和高强度抗疲劳斜拉索配套装配和工艺的研究,开发出相应的新产品新技术,并实现盘条、钢丝和斜拉索的产业化。该项目获发明专利7项,实用新型专利3项,发表论文2篇,制定国际标准1项、国家标准1项。至年末实现销售收入约1.67亿元,新增利润约1400万元。该项目实现从桥梁设计院到缆索制造企业再到盘条制造企业的全产业链整合,建立以应用为驱动,从基础研究到产品研发以及产业化应用的全流程系统,为中国高速铁路斜拉桥建设技术奠定材料基础。江苏华宏科技股份有限公司牵头完成的"废旧汽车高效资源化拆解回收关键技术及自动化成套装备"项目获江苏省科技进步奖三等奖。该项目针对中国废旧汽车拆解回收价值低、能耗大、资源利用率低、自动化成套装备缺乏等问题,从废旧汽车拆解、破碎、分选3个环节入手,取得废旧汽车高效资源化拆解回收成套装备关键技术的重大突破,促进中国废旧汽车资源化利用的高效率、高值化、高利用率、低能耗。该项目获发明专利22项、实用新型专利17项,软件著作权4项,制定国家标准1项,出版专著1部,发表论文30篇,总体技术达到国际先进水平。2018—2019年新增销售7.2亿元,实现利润1.2亿元,处理废旧汽车、废钢1100万吨以上,节约原矿石1760万吨,减少二氧化碳924万吨,二氧化硫21万吨。中信泰富特钢集团兴澄特钢牵头完成的"高品质抗湿硫化氢腐蚀管线钢厚板关键技术创新与产业化"项目获江苏省科学技术进步奖三等奖。该项目针对油气田深海化、原油劣质化和安全环保要求日趋严格等问题,开展高品质抗湿硫化氢管线钢厚板的技术攻关,开发"BOF+RH+LF+RH"高纯净管线钢冶炼技术、适用于高品质管线钢的450毫米厚度高均质连铸坯制造技术和超大厚度连铸坯的专有轧制控制技术。项目获发明专利15项,发表论文21篇。产品冶金质量达到国际先进水平,打破国外钢厂对于33毫米以上特厚高品质管线钢的垄断。2017—2019年累计生产9.82万吨,产值5.75亿元,创汇3.88亿元。江苏方程电力科技有限公司参与完成的"用于新能源汇集与输送的多电压直流电网关键技术"项目获江苏省科学技术进步奖三等奖。该项目围绕大规模新能源的远距离、大容量输送以及广域互济消纳问题,立足基础理论创新和应用技术研发,在大规模新能源汇集及送出网络拓扑、直流电网的电压/功率调控、多电压等级直流电网的互联和功率互通、直流电网故障电流的抑制及保护等方面取得重大基础理论突破及实践验证。项目成果为直流装备制造、直流输配电系统运行以及大规模新能源直流并网方案提供理论基础。项目获发明专利5项,发表论文2篇,总体技术达到国际先进水平。2017—2019年实现销售1.145亿元,利润1310万元,上缴税收394万元。 (王黎君 周京利)

■类目编辑 朱其涛

教　育

综　述

【概况】 2019年，江阴市教育部门全面实施《江阴市域教育设施布局规划(2013—2030)》，不断推进城乡整体联动，持续扩充优质教育资源，全面改善学校办学条件，培育学生核心素养，提升素质教育水平。推进义务教育均衡发展，做好招生工作和新市民子女入学工作，实施义务教育质量评估工作，加强教学质量建设与提升。进一步推进省首批教育现代化示范区建设，实施《关于统筹推进城乡义务教育一体化促进优质均衡发展的实施意见》，促进义务教育优质均衡发展迈向更高水平。提升学生体育艺术和科技教育水平。4月，在全国第六届中小学生艺术展演中，江阴市获得全国金奖、全国银奖和全国一等奖各1项。在2019年“省长杯”校园足球联赛中，江阴市第二中学获初中女子组冠军。5月9日，全国政协副主席卢展工专程到江阴高级中学，实地调研学校体育和校园足球工作。江阴市中小学有省市体育传统项目学校36所，全国青少年校园足球特色学校61所。5月22日，江阴市校园“小锡班”亮相北京梅兰芳大剧院，《人民日报》《新华日报》和“学习强国”等国家级媒体专题报道。10月，在无锡市第39届中小学“百灵鸟”艺术展演中，江阴市荣获11个金奖、18个银奖。11月，在无锡市“新市民才艺大赛”中长寿中心小学、长山中心小学2所小学荣获金奖。在无锡市小学生现场绘画比赛中，江阴市14名学生获一等奖，3所学校获一等奖。在无锡市第六届中小学生现场书法比赛中，获15个一等奖。积极推进教育管理体制改革。出台《关于推进义务教育学校教师“县管校聘”管理体制改革的实施意见(试行)》等5个配套文件，制定三年实施方案，在7所直属初中进行试点。在无锡市率先出台《江阴市教育系统校长专业发展等级评聘改革实施意见(试行)》，完善校长选拔任用和管理监督机制。实施《2019年江阴市基础教育集团化办学实施方案》，在初中、小学、幼儿园3个学段新组建8个“一体型”“协作型”教育集团。促进教育高质量发展。出台《关于调整江阴市城区幼儿园和义务教育学校新生入学政策的意见》，系统化推出“363学位制”(凭施教区内房产就读城区幼儿园和义务教育学校，新生入学所用房产，在学生就读期间，不再提供新的幼儿园和义务教育学校的学位，同一家庭除外)、部分施教区调整、入学政策调整、网上入学登记平台启用等教育政策改革。召开全市教育大会，出台《江阴市教育高质量发展三年行动计划(2020—2022)》。积极参与教科研工作。区域推进课程游戏化建设和区域性特殊教育资源建设两大项目省级立项，参与教育部教育发展研究中心“绿色可持续发展教育研究与实验”项目研究。发挥新时代文明实践教师志愿服务支队作用。在2019年无锡市班主任基本功大赛中，青阳实验小学陈芷竹、立新中心小学杨莉、长泾实验小学陆骏、敔山湾实验学校张晶晶、江苏省南菁高级中学顾梅燕、江苏省江阴长泾中学于兵6位老师获特等奖，陈芷竹、张晶晶、顾梅燕通过选拔代表无锡市参加省班主任基本功大赛均获一等奖。年内，江苏省语言文字工作委员会普通话基本普及县域验收督导组对江阴市普通话普及情况进行验收，普通话普及情况达到江苏省普通话基本普及县域验收工作规范要求，县域普通话基本普及。江苏省教育厅、财政厅对于江阴市学生资助绩效给予优秀等级。教育现代化监测综合指标总得分90.05分；关键指标具体为教育普及度100%、公平度89.15%、质量度96.58%、开放度100%、保障度74.65%、统筹度82.74%、贡献度98.14%、满意度100%。至年末，全市有高等学校1所；普通高中12所；初中38所，包括8所九年一贯制学校(含天华艺校、科创实验)、体育中学；中等职业学校4所，小学42所(含江阴外国语)；幼儿园(办班点)129所(个)，其中民办幼儿园47所；特殊教育学校1所。各类学校在校学生223243人，教职员工23283人，其中专任教师数15101人。是年，江阴中专校成为全省第三批32所“江苏省现代化示范性职业学校”之一。全市完成乡村教师定向培养计划50名，其中小学文科30名、小学理科20名。 (陆余平)

【教育经费投入】 2019年，江阴市教育经费总支出50.22亿元，其中一般公共教育经费33.36亿元，占一般公共预算支出的14.44%。全市义务教育阶段公用经费拨款总额14029.08万元，新市民学生经费由财政保障。继续实行家庭经济困难学生减免和补助政策，对义务教育阶段按小学特别困难每生每学期750元、比较困难每生每学期600元、一般困难每生每学期500元，初中特别困难每生每学期1000元、比较困难每生每学期750元、一般困难每生每学期625元标准发放生活补助，合计发放260.09万元，受助学生3476人次。对义务教育阶段家庭经济特别困难学生按每生每天8元标准减免在校午餐费，共计141.68万元，受助学生1771人次。对家庭经济困难的高中阶段学生按特别困难每生每学期1250元、比较困难每生每学期1100元、一般困难每生每学期1000元标准发放教育费用补助，合计发放75.99万元，受助学生652人次。根据《江苏省关于扩大中等职业教育免学费政策范围进一步完善国家助学金制度的实施办法（试行）》等文件精神，免除中等职业学校学生学费2158.64万元，涉及学生19624人次；发放中等职业学校学生国家助学金175.4万元，涉及学生1754人次。根据江苏省财政厅、教育厅《关于做好免除普通高中建档立卡等家庭经济困难学生学杂费有关工作的通知》文件精神，免除普通高中家庭经济困难学生学杂费24.91万元，涉及学生293人次。（谭　华）

【学校基本建设】 2019年，江阴市内学校基本建设被列入市政府投资计划项目达17项，其中续建项目9项，新开项目8项，全年完成投资2.76亿元。年内，先后完成春申幼儿园、敔山湾幼儿园、江苏省南菁高级中学教师宿舍楼、江阴职业技术学院危旧除险加固、实验中学操场面层5项建设项目；按计划推进8项建设项目，其中，辅延幼儿园新建项目和立新初级中学新建项目基本完工，江苏省南菁高级中学实验学校改扩建项目和敔山湾实验学校教学楼新建项目完成监理和施工招标，人民东路小学新建项目选址及设计方案招标文件编制，江苏省南菁高级中学智慧校园项目公开采购，滨江幼儿园新建项目进入办理土地手续阶段，江阴市青阳中学宿舍楼改造进入办理规划许可证阶段。江南大学江阴校区项目完成扩初设计招标工作，进入项目扩初设计和EPC（按照合同约定对工程建设项目的设计、采购、施工等实行全过程或若干阶段的承包）招标准备阶段。（吴利岩）

【学生德育工作】 2019年，全市各校立足学段、学校、学生实际，以中华人民共和国成立70周年主题教育为抓手，深入开展"在国旗下成长""传承爱国精神，争做三有新人""我和国旗同框""红色故事我来讲"系列主题教育实践活动，通过深化"微发现"寻访、"微表达"宣讲、"微努力"实践、"微感触"分享、"微收获"展评等微行动，让学生受到爱国主义教育。在全国"你是我的英雄"网上讲故事征集活动中，江阴市学生讲述的英雄故事《渡江第一船》《抗日英雄朱松寿》《特殊的关押犯》《地窖三英雄》4件作品获评全国优秀视频奖。"在国旗下成长"全省青少年征文大赛中，江阴市获一等奖1个、优秀奖5个、网络人气奖1个、优秀指导老师奖1个、优秀组织奖2个。42个单位参加无锡市"我和我的祖国"快闪视频展播，市实验小学获特等奖，市第一初级中学获一等奖。河塘中心小学制作的微视频《义勇军进行曲》获无锡市爱国歌曲传唱特等奖。澄江中心小学"壮丽七十年，追梦新时代，庆祝中华人民共和国成立70周年少先队建队70周年主题活动"向来自全国各地的少先队辅导员老师进行汇报展示。以培育和践行社会主义核心价值观为主线，以"扣好人生第一粒扣子"为主题，深入开展"新时代好少年"评选、"童声里的中国"少儿歌谣创作比赛、"童真里的色彩"儿童画创作比赛、学雷锋志愿服务等实践活动。市第一初级中学郭禹彤获评省新时代江苏好少年。利港实验小学徐白好获评无锡市十佳小公民。江苏省南菁高级中学、江苏省江阴高级中学、江苏省南菁高级中学实验学校、江阴市实验小学获评2016—2018年度江苏省文明校园。是年，成立德育名师工作室8个，7人获评无锡市德育工作带头人，12人获评江阴市德育工作带头人；45人获评无锡市德育工作新秀，151人获评江阴市德育工作新秀。立新中心小学举办"凝心聚力，立德树人"江阴市新时代班集体建设推进会。是年，实验小学"'臻美'旅行：儿童敦品砺行的美育实践"获评第三批江苏省级中小学生品格提升工程项目，市城西中心小学"仁心雅达：'大成少年'的童行博悟行动"、澄江中心小学"勤朴少年：行悟乡贤品格的具身行动"、璜土中学"田园大学堂：砥砺璞玉少年的新劳动教育实践"、实验中学"阳光少年成长营——'朴毅'品格涵育行动"、江苏省江阴长泾中学"在表达：新时代高中生诚朴自信品格提升行动"获评无锡市第三批品格提升工程项目。城中实验小学"小学'爱心联盟'行动计划"获评江苏省首批中小学生品格提升工程精品项目，江苏省江阴高级中学"'领跑者'青年发展联盟"、南闸实验学校"九年一贯制层进式舒展社团体系构建"项目获评省首批中小学生品格提升工程优秀项目。贯彻落实《江苏省家庭教育促进条例》，全市各校100%建立家长学校，家长学校开课率100%。在周庄实验小学举行江阴市"家校共育，让孩子健康成长"家庭教育现场推进会。是年，全市评选优秀家长学校25所，优秀家庭教育指导师142人，优秀家长717人，征集优秀家庭教育案例1153篇，微课视频137个。（汤永锋）

【校园安全】 2019年4月，江阴市学校、幼儿园整体加入中国教育学会国家安全教育实验区平台。9月，全市171所公办中小学、幼儿园的食堂原材料由无锡市苏南集团公司集中采供统一配送。4—9月，江阴市启动校园安全大排查大整治行动，投入经费527.9万元，整改193个校园安全隐患。10月启动第二次大排查大整治。11月18日至12月30日，对全市学校幼儿园进行校园安全年度考评和校园安全集中整治普查，中小学幼儿园一键式紧急报警、视频监控系统与公安机关联网率达到100%，中小学和公办幼儿园专职保安配备率达到100%，防冲撞设施配置全部到位。全年发出传染病停课通知 241 份,未发生公共卫生事件,校车安全无事故。校园安全专委会实质化运行,分管副市长 3 次召集专委会成员单位会议、2 次组织专题调研,成员单位合力抓校园安全成效初显。12 月,市教育局安全监督管理科更名为“安全生产监督管理科”。是年,市教育局被评为江阴市安全生产先进单位,祝塘中心小学、临港实验幼儿园被评为江阴市安全生产先进集体,30 所学校、幼儿园被评为无锡市平安校园。

(陈宝俊)

【教育国际交流与合作】 2019 年,江阴市贯彻国家和江苏省有关部门要求,加强中小学生境外修学旅行活动管理,强化活动主题,加强资质审核,推动全市中小学生境外修学旅行活动规范有序、健康安全开展。全市 18 所学校组织 620 名学生赴美国、德国、英国、日本等国家开展修学旅行活动。组织 70 名骨干教师、校长赴海外研修培训。江苏省南菁高级中学、江阴市华姿中等专业学校、江阴市成化高级中学分别与法国、新加坡、韩国的有关学校建立友好学校。全市有 22 所学校与国外 39 所学校建立友好学校关系,定期开展师生互派、互访活动和教育文化交流活动。江苏省南菁高级中学实验学校教育集团通过国际理解教育特色项目申报,澄西中学、城中实验小学、天华艺术学校 3 所学校通过第四批国际理解教育审批。江苏省南菁高级中学、江阴市第一中学国际班把提高质量作为办班核心,出国留学生创历史新高。收到澳大利亚等国大学录取通知书 200 余份。是年,合计获得奖学金超过 400 万元。江阴市第一中学国际基础课程(IFY)国际双证班有 27 名学生考取美国、英国一流大学。江阴中等专业学校布局职业教育走出去战略,联合新加坡 PSB 学院开设中新“3+3+1”本硕连读国际班,办学成果显著。

(成　娟)

【“智慧校园”建设】 2019 年,江阴市教育局出台《江阴市智慧教育建设规划(2020—2022)》《江阴市教育信息化项目建设与管理办法》等文件,强化顶层设计,完善全市教育信息化的保障和支撑体系,推进江阴市“智慧校园”建设,引导各级各类学校申报创建无锡市“智慧校园”试点校及江苏省“智慧校园”示范校。至年末,江阴市有 1 所江苏省“智慧校园”示范校,47 所无锡市“智慧校园”试点校。

(万增林)

【教育科研成果】 2019 年,江阴市围绕“两区”(省精品课题实验区、省教科研文化创新区)建设继续提升区域教科研品质。7 月,江阴中等专业学校、市实验小学的研究项目被江苏省教育科学研究院评为省第五批精品课题培育对象。11 月,在江苏省中小学教学研究第十一期课题评奖中,江阴市教育局、江苏省南菁高级中学获特等奖,江阴市青阳中学获一等奖,澄江路幼儿园获二等奖。12 月,江阴市承担的省教育厅“基于质量监测的教学管理变革的县域研究”研究成果暨省教科研文化创新区建设成果《走向美学:一种区域教科研的文化表达》由江苏人民出版社出版。年内,在各级各类论文大赛中,毛新薇等 20 位老师分别获得省“师陶杯”论文特等奖、一等奖、二等奖;陶蓉等 10 位老师分别获“黄浦杯”长三角城市群教育征文评比二等奖、三等奖、优秀奖;高艺华等 203 位老师分别获无锡市级奖项。

(许建国)

【教育工会建设】 2019 年,江阴市教育局被推荐为“2018—2020 年度省厂务公开民主管理先进单位”,江阴市教育工会被推荐为“江苏省模范职工之家”。陈晓萍劳模工作室获评江苏省劳模创新工作室,江苏省江阴高级中学郁洪千获无锡市五一劳动奖章。全市民办学校建会工作经验在省教科工会、无锡市工会工作会议上进行交流,交流情况在《江苏教工》2019 年第 3 期上发表。市教育局机关党员干部首次组队参与江阴市“不忘初心　立德树人”庆祝中华人民共和国成立 70 周年教育系统合唱比赛,获江阴市最佳组织奖。市教育局组队参与无锡市教育局教育工会快闪作品比赛,《我和我的祖国》获无锡市特等奖。组织江阴市第 18 届教师技能大赛,江苏省南菁高级中学张琳、江苏省江阴高级中学李春来、江阴市第一初级中学马虹霞和夏港实验小学蔡海峰获特等奖,并与无锡市教师组队参加首届江苏省中小学青年教师教学决赛获二等奖。是年,“时间银行”注册教师志愿者人数达 12251 人,“彩虹课堂”站点达 82 个,优秀彩虹课堂 11 个;有 32 个站点或课堂服务于企业;年度评选优秀教师义工 189 名。

(陈国胜)

基础教育

【概况】 2019 年,江阴市教育局制定《2019 年江阴市基础教育集团化办学实施方案》,组建江苏省南菁高级中学实验学校教育集团、江阴初级中学教育集团、江阴市城中实验小学教育集团、辅延中心小学教育集团、江阴市实验幼儿园教育集团、春申中心幼儿园教育集团 6 个“一体化”教育集团;组建江阴市第一初级中学教育集团、城中中心幼儿园教育集团 2 个“协作型”教育集团。积极创建义务教育优质均衡发展县(市、区)。年内,在义务教育优质均衡发展县(市、区)年度监测中,江阴市达标指标数为 26 个(自评),达标率为 81.25%。是年,省义务教育标准化建设监测无锡市审核中,达标率为 100%,提前一年达到建设目标。组织全市学校申报江苏省、无锡市内涵建设项目,长寿实验小学“米娃农学院行动计划”和北大街小学“‘国医启蒙’特色文化课程建设”成功申报无锡市小学特色文化建设项目,江阴初级中学“具有课程特色的初中物理学科发展示范基地建设”申报无锡市初中学科示范中心项目,峭岐中学“互动式自主学习平台的建设”申报无锡市初中质量提升项目,辅延中心小学“小学新结构性学校的实践研究”申报无锡市前瞻性教学改革项目。“区域推进特殊教育融合发展”申报江苏省首批区域推进特殊教育建设项目。江苏省南菁高级中学省级课程基地“微科技课程基地”在中期评估中获“优秀等级”,江苏省江阴市第一中学“‘励实学堂’高中语文阅读课程基地”申报 2019 年江苏省课程基地建设项目,江苏省江阴高级中学“高中班级学科协同教学共同体建设”申报 2019 年江苏省基础教育前瞻性教学改革项目。全面推进高品质示范学校和优质特色学校建设。江苏省南菁高级中学被确定为江苏省高品质示范高中项目建设学校,江苏省江阴高级中学被确定为无锡市高品质示范高中项目建设学校。开展江阴市义务教育学校违规办学专项整治工作,进一步聚焦义务教育学校违规考试排名、超标超前教学、巩固校外培训机构整治成果、规范中小学校食堂管理、提升名师空中课堂质效,扎实有效推进以集中整治义务教育学校违规办学行为为重点的教育领域人民群众反映强烈突出问题专项治理活动,规范办学取得良好成效。

学前教育　2019 年末,全市有幼儿园(办班点)129 所(个),3 ~ 6 岁在园幼儿 44286 人,其中新市民子女 10050 人,江阴市户籍适龄幼儿入园率达 100%。完成 14 所省优质幼儿园复审工作,周庄实验幼儿园陶城分园、云亭中心幼儿园新伍分园等 2 所幼儿园创建为江苏省优质幼儿园。是年,全市有江苏省优质幼儿园 64 所,无锡市优质幼儿园 15 所,在省市优质园就读幼儿占比达 82.29%。新建启用江阴市敔山湾实验幼儿园、春申中心幼儿园两所公办幼儿园,未来大脑幼儿园、信德幼儿园等 9 所民办幼儿园,合计新增学位 2582 个。年内,持续深化课程改革,提升幼儿园保教质量,申报江苏省首批区域推进课程游戏化建设项目,区域推进幼儿园课程改革实现新突破。

小学教育　2019 年末,全市有小学 42 所,在校学生 100592 人,其中新市民学生 43712 人,小学入学率、巩固率、毕业率均保持 100%,有 35 所省义务教育现代化学校。至秋季开学,小学《语文》和小学《道德与法治》两门学科全部使用国家统编教材,江阴市分学科、分层次、多样态组织全体任课教师开展新教材培训、研讨活动,其中语文学科开展 7 次,参与人数 1800 余人次;道德与法治学科开展 2 次,参与人数 200 余人次。

(苏岱昌　江红梅)

中学教育　2019 年末,全市有普通中学 51 所,其中公办普通高中 12 所(8 所四星级高中,4 所三星级高中),初中 38 所(含 8 所九年一贯制学校、体育中学),特殊教育中心校 1 所;在校初中生 41465 人(含新市民学生 15476 人),高中生 19930 人(含新市民学生 4946 人)。初中生入学率、巩固率、毕业率分别为 100%、98.7%、99.5%。是年,有 6185 人参加江苏省学业水平测试考试,有 5076 人参加高考,录取 4929 人,录取率 97.1%,其中本科录取率 89.87%,普通高中文理科类本一进线 2188 人,进线率 48.61%,本二进线 4259 人,进线率 94.62%。6 月,组织实施普通高中自主招生工作和特长生自主招生工作,江苏省南菁高级中学和江苏省江阴高级中学分别自主招生 90 人和 45 人。

(史建青　华　猛)

特殊教育　2019 年末,全市各类学校(幼儿园)在校就读残障儿童少年 431 人,其中特殊教育学校 183 人,随班就读学生 136 人,送教上门 112 人,江阴市户籍适龄残疾儿童少年义务教育入学率达到 100%。全年新建无锡市合格融合教育资源中心学校 26 所,无锡市融合教育示范校 2 所。江阴市特殊教育中心校开展的"普特联手"爱心联盟送教上门活动取得良好的社会影响,并被江苏省教育厅网站报道。

(冯竹君　居张洪)

【体艺科技教育成果】　2019 年,江阴市中小学校通过实施江阴市中小学体育工作综合评比、中小学生体质健康监测,举办以校园足球联赛为龙头的体育竞赛、三力课堂大比武活动以及积极组队参加江阴市级以上的各项体育比赛活动,江阴市中小学生的体质水平有所上升。小学生、初中生、高中生体质健康合格率分别达 99.88%、99.47% 和 99.68%。在 2019 中国无锡青少年啦啦操精英赛中,江苏省南菁高级中学获高中组一等奖、江阴市暨阳中学、江苏省南菁高级中学实验学校分获初中组一等奖,夏港实验小学、文林中心小学获儿童组集体花球自选动作和街舞啦啦操第一名。江阴初级中学、城西中心小学获全国中小学国际跳棋团体第二名。新桥中心小学获得江苏省小太阳杯儿童棋类比赛 A 组团体第二名、B 组团体第三名。花园实验小学的校园情景剧《爱的不等式》与江阴市第一中学的《那年橘子开》分别荣获全国第六届中小学生艺术展演金奖与银奖,江阴成为全国唯一连续 5 届获金奖的县级市。江阴市实验小学的"二泉映月忆悠悠,童传锡剧记乡愁"非物质文化遗产案例荣获全国中小学美育改革"创新优秀案例"一等奖,新桥中学的"'纸乐'衍纸艺术工作坊"获江苏省第六届中小学生艺术展演活动艺术实践工作坊评比一等奖。

(孔喜林　陈　薇)

【传统文化进校园】　2019 年,江阴市大力推进传统文化进校园活动。5 月 22 日,114 名江阴市校园"小锡班"学生进北京梅兰芳大剧院演出,为祖国七十华诞献礼。11 月,澄江中心小学举办江苏省小学武术教学研讨展示活动,全省 13 个地级市 600 多名老师参加活动。12 月,江苏省第十二届中学生暨第四届小学生武术锦标赛在徐州市沛县举行,参赛的江苏省南菁高级中学、江苏省江阴高级中学获高中组一等奖,江阴实验中学、周庄中学获初中组一等奖,要塞实验小学、立新中心小学获小学组一等奖。江阴市"锡剧、二胡进校园"成果显著,影响力大,培养近万名锡剧苗子与二胡苗子。

(史建青　孔喜林)

【全国青少年校园足球试点工作】　2019 年,全市有 61 所中小学获评全国青少年校园足球特色学校,8 所幼儿园获评江苏省足球特色幼儿园。5 月,利港中学、利港实验小学承办 2019"省长杯"卡尔美江苏省青少年校园足球联赛小学男子甲组预赛;7 月,江阴市第二中学、市第一初级中学承办初中男女组总决赛。在该足球联赛总决赛中,市第二中学获初中女子组第一名、江阴市第一中学获高中男子第二名、市第一初级中学获初中男子组第三名。是年,江阴市举办第六届中小学生校园足球联赛;承办江苏省青少年校园足球教练员、等级裁判员专项培训班;市二中女足运动员在江苏省青少年足球精英联赛中获女子 U13、U14 组第一名。

(孔喜林　陈　薇)

职业教育

【概况】 2019年,江阴市职业教育推进中等职业教育布局调整,持续深化内涵发展战略,着力加强学校基本建设和师资队伍培养,继续开展现代学徒制试点工作,现代职教体系日趋健全。全市职业学校招生3559人,外地高职和部省属中专招生1072人;对外培训3.9万人次。毕业学生3271人,98%拥有学历毕业证书和中级技能等级证书,一次性就业率达99%,专业对口就业率达85%。有446人参加江苏省普通高校对口单独招生考试,录取率100%,其中本科进线274人,进线率61.4%。江阴中专校、华姿中专校、南华中专校继续与江阴职业技术学院、南京信息职业技术学院、无锡科技职业学院、苏州农业职业技术学院等高职院校开展分段培养试点,分段培养专业达16个,招生人数550人。江阴中等专业学校"机电一体化技术专业群"、江阴华姿中等专业学校"电子技术应用专业群"被评为江苏省职业学校现代化专业群。江阴中等专业学校"数控技术专业""电子商务专业",江阴华姿中等专业学校"电子技术应用专业"被评为无锡市现代化品牌专业。江阴中等专业学校"机械制图及CAD技术基础"、江阴华姿中等专业学校"汽车电气设备构造与维修"等7门课程获评无锡市职业教育精品课程。江阴华姿中等专业学校因拥有"电子技术应用"获评省现代化实训基地。江阴市在2019年江苏省职业学校技能大赛中,获一等奖6个,二等奖8个,三等奖21个。在全国职业院校技能大赛中,江阴华姿中等专业学校学生薛培文,在电子电路装调与应用项目的比赛中获金牌。在江苏省教学大赛中,江阴市获2个一等奖、1个二等奖和3个三等奖;在国家级"创新杯"教师信息化教学设计与说课大赛中,江阴市有3位教师获一等奖。至年末,全市中等职业教育有省职业学校现代化专业群2个,无锡市现代化品牌专业4个,无锡市职业教育精品课程7个,有计算机应用与软件技术、数控技术2个国家级紧缺型人才培训基地,有省现代化实训基地1个、无锡市校企合作示范组合12个、无锡市现代学徒制示范项目3项,校外实训基地242个。全市有中等职业学校3所,专任教师1017人,其中高级及以上职业资格证书教师375人,"双师型"(拥有教师职称和中级以上技术职称)教师428人,在校学生12779人。 (张建宏)

【完成中等职业教育布局调整】 2019年10月,为进一步深化江阴市职业教育体制机制改革,深入推进中等职业学校布局调整与资源整合,根据江阴市政府《关于撤销江阴市南华中等专业学校和江阴市商业中等专业学校建制的批复》,江阴市南华中等专业学校和江阴市商业中等专业学校整体并入江苏省江阴中等专业学校,成为江阴中专校临港校区、江阴中专校高新区校区。资源整合和布局调整工作的顺利实施,进一步改善薄弱学校办学能力,极大地提升优质职业教育资源辐射能力,为江阴市职业教育服务能力提升奠定坚实基础。

【现代职教体系建设】 2019年,江阴市深化现代职教体系,共设立"3+3"分段培养专业16个,招生计划550人。加强现代学徒制人才培养,各中职学校与江阴职业技术学院开展合作,在暑期招生中新开设现代学徒制试点班30个,招生计划1520人。

社会教育

【概况】 2019年,江阴市社会教育继续完善社区教育三级网络,开展多层次、多形式培训活动。年内,完成江阴终身学习网与"江苏学习在线"的对接,依托"江苏学习在线",由江苏开放大学及第三方技术公司提供技术支持,建成江阴终身学习网新平台并进行全市培训。周庄社区教育中心的雪峰农业产学研基地顺利通过江苏省教育服务"三农"高水平示范基地的省级复查。长泾社区教育中心的南国花木专业合作社基地通过江苏省教育服务"三农"高水平示范基地的省级验收。江阴市周庄社区教育中心通过江苏开放大学首批"学习苑"评估验收。

【课程建设成果丰硕】 2019年,江阴市周庄成人教育中心校"青少年'三位一体'校外辅导"获评省级社会教育品牌项目案例,月城成人教育中心"职工职业技能'加油站'"、云亭街道社区教育中心校"城镇化进程中的新市民培训"获评无锡市"终身学习品牌项目"。江阴市组织开展社区教育微课程评选活动,收到参评微课26件,评出一等奖2名、二等奖4名、三等奖8名、优秀奖8名。开展社区教育品牌特色项目征集评选活动,收到社区教育特色品牌项目13项,有5项获评江阴市特色品牌项目。 (沈菊萍)

【民办教育】 2019年,江阴市教育局开展民办教育和社会培训机构年检工作,年检结果在全市范围内通报。是年,新设立1所民办中小学、9所民办幼儿园、64所民办教育非学历机构。江阴市千禧幼托园、阳光国际亲子园、晓艺托儿所3个幼托机构划转江阴市卫生健康委员会监管。注销江阴市成功业余教育中心、光启教育培训中心、利玛窦教育培训中心3个教育机构。至年末,全市有民办学校和社会培训机构179所,其中民办中小学3所,民办幼儿园42所,民办非学历教育培训机构134所。 (顾金锋)

高等教育

【概况】 江阴市有地方高校1所,即江阴职业技术学院。2019年,江阴职业技术学院面向江苏、浙江、安徽等18个省、自治区、直辖市招收全日制高职新生2228人。其中,面向中职招收1017人,省内招生1875人、省外招生353人。响应教育部"百万扩招"政策,面向社会人员开展全日制学历教育,录取33人。年末,应届毕业生就业率96.62%,其中近80%的毕业生就业于苏锡常地区,基本实现毕业生充分就业和服务于区域经济建设的就业目标。成人高等学历教育完成成人高考、开放教育、网络教育、联办本科、自学考试等项目招生合计2183人,毕业1536人;非学历教育培训共计8307

人次、达 5.28 万人学时，组织各类社会化考试 1.7 万人次。学院在省教育厅第八轮学生资助管理绩效考核中获评“优秀”等级，连续第五年获评江阴市“无偿献血特殊贡献单位”，获 18 项无锡市级以上创新创业活动奖项。计算机系党支部获评“暨阳红色先锋”五星级堡垒党支部；院团委被评为江阴市五四红旗团委；院工会获评江阴市先进工会。学院牵头成立徐霞客文化进高校联盟。学生视频作品获江阴市优秀法治微视频奖；学院“我和我的祖国”快闪视频、艺术系教师《浅说细书》论文和原厂影像工作室作品“江阴好味道”登上“学习强国”平台。

【教学改革】 2019 年，江阴高职教育以特色成效为追求，巩固教育教学质量，推进自我诊断与改进。围绕地方特色和支柱产业，开展品牌专业建设。学院服装设计与工艺首批入选教育部《高等职业教育创新发展行动计划(2015—2018)》骨干专业。电子信息工程技术、电子商务、机电一体化技术、环境工程技术、视觉传播设计与制作、动漫制作技术、国际贸易实务 7 个专业立项为院级特色专业。5 门课程获评无锡市职业教育精品课程。“面料设计与项目实践”课程入围江苏省高校在线开放课程立项建设名单。“职业发展与创新创业”课程立项为省重点教材。3 项教改课题被立项为省高等教育教改研究课题。学院教师在全省高等学校微课教学比赛中，获高职组一等奖 2 项、二等奖 3 项、三等奖 2 项，获继续教育组三等奖 2 项。2 名教师获省高校体育教师教学技能竞赛三等奖。举办“超星杯”教学能力大赛，推动学院“金课”建设以及校内 SPOC 课程(Small Private Online Course“小规模限制性在线课程”)的建设与运用。学院结合地方产业结构和专业布局，探索政校企共建产教深度融合实训基地机制，提升实验实训装备水平，满足高素质技术技能型人才培养的需要。“工业互联与先进智造实训平台”被认定为教育部《高等职业教育创新发展行动计划(2015—2018)》生产性实训基地。“Web 前端技术”“云计算平台运维与开发”职业技能认证项目先后成为 2019 年全国首批和第二批“1 + X”证书(学历证书 + 若干职业技能等级证书)制度试点项目。与华为技术股份有限公司签约“江阴市智能制造人才培养基地”。环境专业教学团队获评“全国石油和化工教育优秀教学团队”，沈澄英获评“全国石油和化工教育教学名师”。吴震大师工作室被评为江阴市职工创新工作室。学院高分子专业与双良集团有限公司开展“订单式”培养，机电类专业与江苏中基校企合作第二期“冠名班”开班；必维申优质量技术服务江苏有限公司、江阴秋毫检测有限公司等企业在学院设立企业奖学金。在江苏省高职院校职业技能大赛上，学院服装设计与工艺、电子商务技能 2 项项目获二等奖，另有 3 项项目获三等奖。服装设计与工艺项目在全国职业院校技能大赛获三等奖。在第五届全国高分子材料专业技能竞赛中，学院获特等奖 3 项、一等奖 1 项；在全国大学生电子设计竞赛上，获江苏赛区二等奖 3 项；在江苏省第九届 SMT(Surface Mounted Technology“表面组装技术”)电子技能竞赛上，获院校组一等奖 1 项、二等奖 1 项；在 2019 年国际水中机器人大赛中，获二等奖 1 项。1 件学生数字媒体作品获江苏省大学生计算机设计大赛二等奖。在无锡市首届青少年无人机大赛中，学院获一等奖 3 项、二等奖 4 项、三等奖 3 项，并获高校组团体一等奖和优秀组织奖；在第四届无锡技能精英大赛上，获二等奖 1 项、优秀奖 6 项，并获“高技能人才培养贡献奖”。在省英语写作与英语演讲比赛中，获特等奖 1 项、二等奖 3 项、三等奖 2 项，并在第十届“外研社杯”全国高等职业院校英语写作大赛中获三等奖 1 项；在全国跨境电商大赛中，获团体二等奖 1 项、三等奖 1 项。此外，学院加大传统特色体育运动项目的建设，形成学院的体育文化品牌。学院龙狮队在全国舞龙舞狮锦标赛中获一金三银，在江苏省大学生龙狮精英赛中获一金一银。

【师资队伍建设】 2019 年，江阴职业技术学院有教职工 502 人，其中专任教师 341 人，博士 7 人，“双师”素质教师占比 74.8%，副高以上职称教师占比 49%，正高职称教师 18 名。全年选派教师参加各级各类培训 480 多人次，1 名教师获批参加江苏省境外研修。2 名教师入选为省“青蓝工程”优秀青年骨干教师培养对象。7 名教师入选江阴市“名特优”教师。

【科研创新与服务】 2019 年，江阴职业技术学院与企业联合开展技术难题攻关，大力提升学院科技服务社会能力。年内，开展与江苏海基新能源的 NCM 正极材料研发项目、与江阴长源机械的工业窑炉生产装备智能化项目、与江阴汉德天坤的软件研发项目等产学研合作项目。全年，横向课题签约 27 项、结项 27 项，到账资金 50.3 万元；签订产学研协议 9 项。计算机系“人工智能和数据挖掘科技创新团队”获评江阴市十佳科技创新团队，1 人获评江阴市科协“三创”人才。立项省教育科学“十三五”规划重点课题 3 项，立项省职教教改课题 2 项、省高校招就中心课题 1 项、省社科应用研究精品工程 1 项、省教育系统党建课题 1 项、省高校哲社课题 17 项、无锡市软课题 7 项；立项院级课题 17 项。另有 16 项纵向科研项目获学院配套经费资助，共计 24.4 万元。结项省高校哲社项目 22 项，无锡市职教创新发展专项课题 1 项，江阴科技创新项目 1 项，江阴市科协软课题 4 项、企会协作项目 4 项、学术交流 1 项；结项院级课题 15 项。学院教师发表论文 421 篇，其中核心期刊 30 篇、三大检索论文 21 篇；出版专著 2 本。论文获无锡市教育学会奖 22 篇，其中一等奖 6 篇、二等奖 6 篇；课题获无锡市科协优秀软课题 1 项。学院申报专利 56 项，其中发明专利 19 项、实用新型专利 37 项，申报软件著作权 8 项；授权专利 24 项，其中授权发明专利 2 项、实用新型专利 22 项，授权软件著作权 8 项。院科协获评无锡市科协系统先进集体、无锡市五星级高校科协、江阴市五星级学会。

(陈　斌)

江阴教师队伍

【概况】 2019 年，江阴市教育系统公办学校在职员工 23283 人，其中公办教职工 13462 人，在岗合同民办 193 人，市统招幼教编外用工 1078 人，临时代课 1799 人。公办学校在编专任教师 12466 人，其中幼教 762 人、小学 4264 人、初中 2981 人、九年一贯制 818 人，普通高中 2045 人、职业高中 922 人、成教 115 人、大学 477 人、特殊教育 58 人，体校 24 人。全市幼教、小学专任教师本科率分别为 93.83% 和 87.95%，初中、高中、中等职业学校专任教师研究生以上学历的分别占 5.4%、21.66%、13.12%。全年招录公办教师 424 人、幼儿园编外用工人员 113 名。新增正高级教师 6 人。落实“暨阳英才计划”引进 C 类人才 1 人、D 类人才 2 人、柔性人才 11 人。年末，江阴市教育系统有江苏省人民教育家培养工程培养对象 1 人、江苏省特级教师 24 人、无锡市中小学教育名家培养工程培养对象 5 人、无锡市名教师 6 人、无锡市名校长 2 人、省“333”工程*培养对象和博士 7 人、无锡市学科带头人 233 人、江阴市名教师 34 人、江阴市名校长 3 人，教授级高级教师 19 人。全市拥有江苏省名师工作室 2 个、无锡市名师工作室 16 个、江阴市名师工作室 58 个。

【深化教育集成改革】 2019 年，江阴市教育局继续深入推进集成改革工作。推进教师“县管校聘”改革。制定出台《关于推进义务教育学校教师“县管校聘”管理体制改革的实施意见（试行）》等 5 个文件，并制定《关于推进义务教育学校教师“县管校聘”管理体制改革三年实施方案（试行）》，在 7 所市直属初中进行“县管校聘”管理体制改革试点。推进校长专业发展等级评聘改革工作。市教育局与市财政局、市人社局联合出台《江阴市教育系统校长专业发展等级评聘改革实施意见（试行）》文件，为深化江阴市校长队伍管理机制改革奠定基础。出台《江阴市中小学教师学科教学基本课时量标准》。进一步深化教师人事制度改革，推进义务教育学校教师“县管校聘”，进一步规范管理教师教学工作。

【规范教师招聘】 2019 年，为进一步优化教师队伍结构，促进教育事业可持续发展，根据《江阴市事业单位公开招聘人员实施办法》文件精神，市教育局下属事业单位计划面向社会公开招聘事业编制教师 434 人。其中 A 类岗位（普通中小学教师）375 人、B 类岗位（职业类学校教师）9 人、C 类岗位（初中、小学、幼儿园教师）50 人。实际录用 424 人。同时年内招录幼教编外用工 113 人。

【改革职称评审】 2019 年，江阴市作为中小学教师职称评审制度改革试点县，严格按照省职称文件精神，结合全市实际进一步完善《江阴市中小学高级教师专业技术资格评审办法》，严控通过比例。全市申报中小学一级 301 人，参加评审 288 人（中学 97 人、小学 191 人），实际通过 219 人（中学 69 人、小学 150 人）。其中，中小学非乡村教师通过率 69.81%，中小学乡村教师通过率 79.67%。中小学乡村教师连续任教 30 年，直接认定一级教师 13 人。申报晋升幼儿园一级教师 171 人，参加评审 166 人，实际通过 129 人，其中幼儿园非乡村教师通过率 69.23%，幼儿园乡村教师通过率 80.31%，乡村教师连续任教 30 年，直接认定一级教师 5 人。全市申报晋升中小学高级 456 人，申报晋升幼儿园高级 41 人。中小学高级通过 219 人，幼儿园高级通过 12 人，中小学、幼儿园高级通过率 46.47%。

【深化教师交流】 2019 年，江阴市教育局出台《关于进一步做好义务教育学校教师交流工作的实施意见（试行）》，进一步规范和提升教师交流工作力度。是年，江阴市义务教育学校交流校级领导 24 人。交流教师 572 人，占全市符合交流条件教师总数的 18.04%。交流教师中名优骨干教师 187 人，占全市交流教师总数的 32.69%。

【推进援疆支教】 2019 年，江阴市教育局继续推进援疆援陕支教工作。有 14 名教师在新疆霍城县江苏中学支教，有 7 名教师在延安市、延川县支教，有 7 名教师在山西省支教，江阴市教育局安排 20 名山西省离石县的教师和 6 名延川县教师到江阴进行顶岗交流。年末，根据中组部、教育部文件要求，江阴市教育局第一时间落实好新一轮援疆支教任务 23 名（其中万人援疆计划 18 名、中组部援疆支教 5 名）。

【加强名师培养】 2019 年，江苏省江阴高级中学教师沈明强获“全国优秀教师”称号。江苏省南菁高级中学戴加成、马维林、周伟，江阴市澄江中心小学时敏，江阴市教师发展中心费洁，江阴中等专业学校彭加山等 6 人获评正高级教师。江苏省南菁高级中学薛海燕等 58 名名特优老师获评江阴市第二批中小学名师工作室导师。江苏省南菁高级中学王梅兰等 152 名老师获评第八批无锡市中小学教学新秀。江阴市城中实验小学周怡等 151 名老师获评第五批江阴市中小学德育新秀。江苏省江阴高级中学王文玉等 371 名老师获评第十批江阴市中小学教学能手。

【规范干部建设】 2019 年，江阴市教育局党委调整干部 270 人。其中，学校校级领导调整 124 人（提拔 79 人，交流 20 人，退岗 23 人，免职 2 人）；局机关及直属事业单位调整 40 人（提拔 5 人，交流 10 人，退岗 6 人，挂职 19 人）；直属学校调整 106 人（提拔 72 人，交流 12 人，退岗 15 人，不再兼职 7 人）。在民主推荐的基础上，更新完善校级领导后备人才库、40 周岁以下的中层正职后备人才库和 35 周岁以下的青年后备人才库。举办第一届江阴市教育局公务员教育教学素养提升培训班，通过理论拓展、反思提升、实践体验等模块，促进机关工作人员专业成长和综合素质。

【落实“暨阳英才计划”】 2019 年，市教育局根据江阴市委《印发〈关于聚力创新实施“暨阳英才计划”的意见〉的通知》文件精神，持续做好教育高层次人才的引进。全年引进高端人才 3 名（江阴职业技术学院引进 C 类人才 1 名，江苏省南菁高级中学和江阴市第二中学分别引进 D 类人才 1 名）。年内，江苏省南菁高级中学等 3 所学校引进 11 名高端柔性人才。市教育局和市人才办联合下发《关于开展 2019 年江阴市“暨阳英才”子女入学申请工作的通知》文件，进一步规范人才子女的入学政策，解决落实人才子女的入学问题。

（刘国平）

■类目编辑　张　星

综 述

【概况】 2019年,江阴市文化部门以中共十九大精神为指导,进一步深入学习和贯彻落实习近平总书记关于文化建设的重要论述和重要指示精神,坚定文化自信,以"文化名市"建设为总抓手,加强政策引导,创新工作思路,深化文艺体制改革,大力实施地域文化振兴工程,全力推进文化建设高质量发展,取得一系列新成果。完成全市107个村(社区)综合性文化服务中心省级创建任务,送文化演出下乡3000余场。年内获江苏省文华奖优秀节目奖、"孙犁散文奖"双年奖等多个文化大奖。江阴蚕种场入选国家重点文保单位,高城墩遗址、紫金桥入选省级文保单位。举办评弹团建团60周年名家书会,开展"非遗"进校园活动60余场。"校园小锡班"、原创锡剧《徐霞客》赴京演出。19部"非遗"视频作品上线"学习强国"。产业发展稳步向前,制订出台《江阴市文化产业高质量发展三年行动计划(2019—2021)》和《关于推动江阴市文化产业高质量发展的若干政策》。建立融媒体中心,实现全媒体融合,文艺宣传等各项事业跨上新台阶。传统文化与现代文明融合发展,有力推动江阴文化软实力与经济硬实力同步提升。

【组建市文体广电和旅游局】 2019年1月28日,江阴市根据无锡市委办公室、市政府办公室《关于印发〈江阴市机构改革〉的通知》,组建市文体广电和旅游局。将市文化广电新闻出版局(市文化遗产局)、市体育局的职责,以及市园林旅游管理局的旅游管理职责等整合,组建市文体广电和旅游局,作为市政府的工作部门。2月21日,江阴市召开文体广电和旅游局转隶组建会议,正式组建江阴市文体广电和旅游局。江阴市委常委、宣传部部长程政,副市长张韶峰出席会议,并为市文体广电和旅游局揭牌。

文化设施

【概况】 2019年,江阴市文化工作注重设施提升、阵地拓展,健全公共文化网络,更好地服务基层。年内,改造提升南闸街道和青阳镇的图书馆分馆;完成璜土镇和青阳镇文化服务中心的空间改建工程;启动新桥镇文化中心建设。村(社区)综合性文化服务中心建成率100%。完成全市107个村(社区)综合性文化服务中心省级创建任务和104个全民阅读公益服务点检查奖补工作。完成全市235个农家书屋的提升工程,纳入市公共图书馆服务体系,实现供需有效对接,有力推动全民阅读。打造"江阴公共文化云"平台,集全市公共文化服务于一体,通过线上线下互动,打通各条渠道,为市民提供个性化文化定制服务。

【全民阅读公益服务点建设】 2019年,江阴市努力打造全民阅读"江阴模式",通过政府主导、社会力量共同参与,建成104个全民阅读公益服务点,并形成24小时自动图书馆、书香公园、书香小区、书香驿站、书香军营5个服务种类。文化管理部门对阅读点的运转服务情况进行跟踪指导督察。每个阅读点配有志愿者进行日常管理,确保阅读点正常开放。

【农家书屋提升工程】 2019年,江阴市大力实施农家书屋服务效能提升工程,通过优化资源配置、开展阅读活动、推进图书通借通还等举措,使农家书屋更加亲民便民,服务水平进一步提高。至年底,全市235个农家书屋中,建成三星级农家书屋8个、四星级农家书屋7个、五星级农家书屋7个。此外,经江苏省新闻出版局组织评审,澄江街道革新社区书屋、天鹤社区书屋,新桥镇新桥社区书屋3个书屋获评江苏省五星级示范农家书屋;新桥镇康定社区书屋管理员郁颖洁、澄江街道天鹤社区书屋管理员张蓉获评江苏省优秀农家书屋管理员。(陆 澄)

【民间传统文化工艺美术馆落成】 2019年,位于新桥镇神龙庄园的民间传统文化工艺美术馆落成。该馆经过2年时间筹建,累计投入资金1亿元。展馆及馆外植物园占地8公顷,展馆建筑面积6000余平方米。馆内陈列中华民族风情的绘画、木雕等工艺美术展品1000余件,设有古色古香的品茗茶座;馆外种植近百种名贵珍稀花木。年内免费接待参观者8万余人次,其中有来自德国、日本和东南亚诸国以及中国台、港、澳地区的艺术爱好者3000余人次。

(赵占英)

公共文化

【概况】 2019年,江阴市全面启动“文化走基层 服务进万家”文化惠民活动,组织做好“五送”下乡工作。年内送歌舞剧演出下乡85场,送评弹下乡255场,送书下乡2.35万册,送电影下乡2952场,专门为农民工送电影50场。全面推进“书香江阴”建设,举办江阴市第二十三届“书香江阴”读书节和市民文化节系列活动。举办“我和我的祖国——江阴市庆祝中华人民共和国成立70周年”大型歌会和“家在长江边”文艺演出。组织第二届中国农民丰收节“高举旗帜庆丰收”华西村专场。进行全市优秀群众文艺团队评比。承办在夏港街道长江村举行的江苏艺术工作者“深入生活、扎根人民”采风活动启动仪式。配合江苏省文化和旅游厅,承办第四届江苏省文华奖曲艺专场比赛,江阴市文体广电和旅游局获优秀组织奖。

【“书香江阴”读书节】 2019年4月22日,第二十三届“书香江阴”读书节在天华文化中心艺术剧场开幕。该届读书节以“辉煌70年、追梦新时代”为主题,用倡导读书的形式,向中华人民共和国成立70周年献礼。开幕式上,表彰十佳“书香家庭”、十佳“书香校园”、十佳“书香机关”、十佳“书香企业”和“最美阅读驿站”。读书节历时3个月,其间举行“启动推广”“名家讲座”“系列比赛”“展览展示”“网络互动”等七大板块的活动。市级主题活动有63项,各镇(街道)的活动有112项。其间,市图书馆还向全市发起以“深阅读”为目的的首届“阅读马拉松”大赛,倡导和鼓励市民阅读好书,促进全民阅读成为江阴人的生活常态。

【江阴市民文化节】 2019年10—11月,市委宣传部、市文体广电和旅游局联合主办江阴市民文化节,组织一系列群众喜闻乐见的文化活动惠及千家万户。市级活动有117项,镇(街道)活动有120项;活动展示江阴群众文艺的丰硕成果。系列活动主要有“暨阳大讲坛”公益课堂讲座,第六届江阴市“芙蓉花奖”会演、评奖,全市优秀群众文艺巡演,庆祝中华人民共和国成立70周年系列展览,锡剧惠民演出,锡剧票友大赛等。

【江苏省文化惠民江阴分会场演出活动】 2019年8月20日,由江苏省文化和旅游厅主办的第四届江苏省文华奖评选暨文化惠民演出江阴分会场活动,在江阴市文化馆艺术剧场启幕。参加江苏省文华奖评选的优秀艺术家们,在此演出徐州琴书、扬州评话、苏州评话、快板书、弹词等10个节目,让江阴市民共享全省艺术创作的丰硕成果。江苏省文华奖是政府批准设立的文化艺术政府奖,每两年评选一次。这次在江阴演出的节目题材丰富,风格多样,具有较高的艺术水准,集中展现近两年来江苏艺术创作的新成果。

【庆祝中华人民共和国和人民政协成立70周年书画摄影展】 2019年9月9日,市政协庆祝中华人民共和国和人民政协成立70周年书画摄影展在市展览馆开幕。该书画摄影展由市政协主办,市委宣传部、市文体广电和旅游局、市政协教文卫体委员会、市文联共同承办。展览征集到书法、美术、摄影作品近300件,经专家评审,挑选120余件作品入展。展出的作品弘扬主旋律、体现真善美、传递正能量,从不同角度讴歌中华人民共和国成立70周年来江阴在伟大变革中的生动实践,展现政协委员和社会各界人士投身发展、履职尽责、昂扬向上的精神风貌。

【大型舞台跨界剧《远望海天》在江阴上演】 2019年11月26日,大型舞台跨界剧《远望海天》在江阴市天华文化中心大剧院开演,1000余名观众观看演出。《远望海天》以中国卫星海上测控部所属远望号船出海为故事蓝本,演绎两代“远望人”为中国航天科技事业和“科技兴国”理想无畏奋斗和无私奉献的故事,展现中国新时代航天科技人的伟大梦想,深情讴歌远望儿女的初心与人格魅力。作为一种现代化大型舞台跨界剧,《远望海天》在艺术与技术上进行创新和融合,把音乐、舞蹈、二胡、锡剧、舞美、灯光以及新媒体融为一体;绚丽多姿的舞台上光影变幻,充分展现远望精神的魅力和科技强国的力量。

【锡剧《董存瑞》在江阴上演】 2019年10月27日,江苏省演艺集团锡剧团应邀到江阴,在市体育馆献演新创剧目《董存瑞》。这场大型红色题材锡剧由省演艺集团党委副书记、省锡剧团团长周东亮领衔主演。作品截取董存瑞参军、获得毛泽东勋章、挺身炸碉堡等重点事件,展示这位英雄人物在战火洗礼中的成长历程,再现了董存瑞的光辉事迹和爱国主义情怀。

【缪荃孙铜像揭幕仪式暨纪念研讨会】 2019年是江阴籍文化界名人、京师图书馆创办人缪荃孙逝世100周年。是年12月22日,缪荃孙铜像揭幕仪式暨纪念研讨会在北京市国家图书馆举行。国家图书馆馆长饶权,江阴市委常委、临港开发区管委会主任计军,江阴市委常委、市委宣传部部长程政,江阴市副市长张韶峰共同为缪荃孙铜像揭幕。缪荃孙铜像将长期安放在国家图书馆,供国家图书馆员工和广大读者一起瞻仰缅怀。在当日召开的学术研讨会上,文博界、文献学界的专家学者畅所欲言,从各自角度表达对缪荃孙一生学高德范的仰慕与追思。

【刘育熙小提琴独奏音乐会】 刘育熙出身“刘氏三杰”文艺之家,是刘氏三兄弟中刘北茂的儿子,中央音乐学院教授,也是中华人民共和国培养的第一代小提琴家之一。30余年来,他在10余个国家举行独奏会百余场。2019年12月24日,为庆祝中华人民共和国成立70周年,致敬“刘氏三杰”,迎接新年,由市委宣传部、市文体广电和旅游局主办,市南社文化研究会承办的“致敬‘刘氏三杰’——刘育熙小提琴独奏音乐会”在江阴大剧院上演。81岁高龄的刘育熙演出的2小时小提琴独奏,为家乡观众献上了一场音乐盛典。

【中国二胡名家名作音乐会在江阴上演】 2019年8月18日,中国二胡名家名作音乐会在江阴大剧院上演。宋飞、刘长福、邓建栋、朱昌耀等二胡名家,用精彩的演奏给江阴观众带来一场民乐视听盛典。这场演出拉开第四届“敦煌杯”中国二胡演奏比赛暨“敦煌国乐·江阴”中国二胡峰会的帷幕。中国二胡演奏比赛自2010年首次举办以来，每三年举办一届。在江阴举办的这届比赛，吸引来自全国各地近2000名二胡选手参加。

【江阴优秀美术作品展】 2019年7月29日，“江山览胜·献礼祖国”江阴优秀美术作品展在市展览馆开幕。展览由市委宣传部、市文体广电和旅游局、市文联共同主办，市书画院、市美术家协会承办。展出的76件作品，是从江阴近年来参加江苏省级及以上展览的优秀作品中遴选出来的精品，其中包含国画、油画、版画、水彩（粉）画等类型，反映江阴美术的创作实力和水平。

【江阴艺术家新疆采风美术作品展】 2019年11月11日，“共画祖国好、奋进新时代——江阴艺术家新疆采风美术作品展”在市展览馆开幕。市领导程政、张韶峰参加开幕式并为作品展揭幕。市文联组织的江阴艺术家写生采风活动从新疆霍城开始，先后经过昭苏、特克斯、巩留、新源、巴音布鲁克、吐鲁番等地，历时15天。该展集中展出江阴市18位画家创作的80件作品，让观众领略了江阴艺术家的风采，了解了新疆的风情。

【延安精神主题文艺惠民演出】 2019年11月13日，延安精神主题文艺惠民演出在江阴大剧院举行。负责这次演出的延安演艺集团，向江阴市民献演多个经典保留节目和体现延安人民“不忘初心、牢记使命”革命豪情的新节目；有歌、舞、剧，还有地方器乐表演等。　　（陆　澄）

文学艺术

【概况】 2019年，江阴市进一步加强党对文艺工作的领导，紧紧围绕市委、市政府的中心工作，坚持以人民为中心的工作导向，引导广大文艺工作者深入生活、扎根人民，自觉承担起举旗帜、聚民心、育新人、兴文化、展形象的新时代光荣使命，增强文艺工作者的脚力、眼力、脑力、笔力，组织创作一批优秀文艺作品。市作家协会会员先后出版《流风》《在光中看见了光》《听党话跟党走》《万物在场》等文学著作。发表的散文《庆历四年秋》《冬至》获第二届孙犁散文奖双年奖（2017—2018），占该奖项获奖总数的20%。《梧塍记》等获太湖文学奖。全年编发《雪浪湖》期刊4期，刊登原创文学作品100余篇。是年，该刊进入“江苏省文学内刊20强”行列。市民间文艺家协会创作的故事，在国家级、省级刊物发表16篇，在省级以上比赛中获11个奖项，其中故事《金牌陪护》获江苏省第五届民间文艺奖优秀民间文学作品奖；4件作品入展第五届东方工艺美术之都博览会。戏剧曲艺家协会积极参与大型原创锡剧《徐霞客》全国巡演28场，评弹《漂亮MM找上门》、小锡剧《一碗馄饨》获第四届江苏省文华奖舞台类小型节目优秀节目奖，锡剧《断桥》获江苏省第九届戏剧奖铜奖。音乐舞蹈家协会在中国音乐“小金钟奖”琵琶比赛中，获新星奖金奖和新秀奖银奖各1个；在江苏音乐“小茉莉花奖”琵琶比赛中，获金奖3个、银奖4个、铜奖2个。美术家协会年内举办写生、讲座、展览活动21次，有36件作品入选省级以上展览，作品《浮图》入选第十三届全国美术作品展。书法家协会有20件作品入选省级以上展览，2件作品入选第十二届全国书法篆刻展览，1件作品获首届“卫夫人奖”全国书法篆刻作品展优秀奖。市摄影家协会有29幅作品入选国家级展览，75幅作品入选省级展览并获优秀奖。市电影电视艺术家协会组织推选32件作品参加省级评选，获省特别奖作品1件，三等奖作品7件；快闪《奉献》《我和我的祖国》等多部视频作品登陆“学习强国”平台。

【《流风》创作研讨会】 2019年12月1日，由中国青年出版总社主办的“文脉永流传——《流风》创作研讨会在江阴举行。中国作家协会名誉副主席、原副主席张炯，中国文联原副主席李准，全国政协委员、韬奋基金会理事长聂震宁，中国青年出版总社副社长王瑞等文化学者、文学评论家，江阴市领导程政、张韶峰参加研讨会。《流风》是江阴女作家胡美凤创作的传记文学。她以江阴的“刘氏三兄弟”为中心，写出中国一代进步知识分子的精神历程。与会专家认为，在五四运动100周年之际，出版歌颂中国新文化运动先驱刘半农等文化名人力作的意义深远。研讨会后，《人民日报》《中国青年报》《北京日报》和上海人民广播电台、中国作家网、“学习强国”平台等37个媒体发表专家们对《流风》的评论。

【两部散文获“孙犁散文奖”双年奖】 2019年2月20日，第二届“孙犁散文奖”双年奖（2017—2018）评奖启动，评选范围是2017年1月至

2019年11月13日，参加延安精神主题文艺演出的延安演艺集团演员，在江阴大剧院献演后集体亮相　　（市文体广电和旅游局提供）

2018年12月在国内外华文报刊公开发表的散文作品。评选过程中，首先由来自全国各地23位评论家、作家、大学教师、编辑等组成评委会，每人推荐10篇作品，再由评委经过讨论和投票，遴选出20篇作品进入终评，最终通过实名投票的方式，评选出10篇获奖作品。4月13日，第二届“孙犁散文奖”双年奖(2017—2018)颁奖典礼在河北省安平县举行，该活动由散文选刊杂志社、河北省衡水市委宣传部等单位共同主办。颁奖典礼上揭晓江阴作家夏坚勇的散文《庆历四年秋》、庞培的散文《冬至》等10篇作品获奖。

【《庆历四年秋》获首届东吴文学奖】 2019年12月22日，首届“东吴文学奖”颁奖典礼暨长三角文学发展研讨会在苏州市举行。江阴作家夏坚勇创作的长篇散文《庆历四年秋》获首届“东吴文学奖·散文奖”。“东吴文学奖”是由中国作家协会中华文学基金会和中共苏州市吴中区委宣传部联合举办的文学奖项。该奖项每三年评选奖励一批书写江南地域特色、吴地文化的作家和文学作品，也是长三角区域一体化发展上升为国家战略之后，第一个面向长三角地区的文学奖项。

2019年江阴市文学创作主要成果一览表

表38

类别	著作(作品)名称	作者	出版社或发表刊物	体裁	篇幅(万字)	发表时间或期刊号
文学著作	《在光中看见了光》	庞　培	开明出版社	散文	25	5月
	《听党话跟党走》	王荣方	文汇出版社	传记文学	28	4月
	《流风》	胡美凤	中国青年出版社	传记文学	25	7月
	《万物在场》	陈云昭	江苏凤凰文艺出版社	诗集	2	5月
	《笔耕路上》(第二部)	谈荣春	中国文联出版社	散文集	56.2	8月
	《细雨打湿的梦想》	周国强	团结出版社	散文集	15	1月
文学作品	《江阴强盗》	陶　青	《莽原》	散文	0.4	1月
	《故乡的芹菜》	陶　青	《莽原》	散文	1	1月
	《哦，怒江》	陶　青	《青岛文学》	散文	1	7月
	《追求本真的一次文学书写》	方雪梅	《江苏作家》	文学评论	0.22	第四期
	《请帮小熊看好蜂蜜》	吴正毅	《幼儿园》	童话	0.1	2月
	《爱是不变的牵挂》	吴正毅	《文艺报》	文学评论	0.2	3月
	《抱一抱含羞草》	吴正毅	《幼儿园》	童话	0.1	4月
	《等待一朵花开》	吴正毅	《少年文艺》	童话	0.6	11月
	《平凡生活中藏着幸福的模样》	吴正毅	《中国出版传媒商报》	文学评论	0.2	9月
	《刘姥姥的胜利》	刘艳萍	《新华日报》	散文	0.15	1月10日
	《走出雨巷》	刘艳萍	《新华日报》	散文	0.18	10月17日
	《当兵琐记》	李建华	《太湖》	散文	1.5	第三期
	《土气班级育芳华》	吴长海	《中国德育》	散文	0.5	3月
	《乡土文化的育人效应》	吴长海	《中国教师报》	散文	0.2	4月10日
	《新力奶奶》	吴长海	《建昌文艺》	散文	0.3	1月
	《借书》	胡美凤	《人民铁道报》	散文	0.15	5月16日
	《田二哥》	陆　信	《南花园》	散文	0.18	第二期
	《大年三十》外一首	金　彪	《辽河》	诗歌	0.04	第三期
	《在海南，向一朵庞大的蓝下跪》	金　彪	《东坡文艺》	诗歌	0.12	6月
	《世界上的悲伤那么多》(组诗)	金　彪	《几江》	诗歌	0.11	第三期

续表38

类别	著作(作品)名称	作者	出版社或发表刊物	体裁	篇幅(万字)	发表时间或期刊号
文学作品	《在兰州中山桥,看所有的奔腾波光粼粼》	金　彪	《金城》	诗歌	0.06	第五期
	《雨花台烈士陵园》	金　彪	《南京日报》	诗歌	0.018	10月15日
	《雨花台诗篇》(组诗)	金　彪	《雨花文艺》	诗歌	0.1	11月16日
	《有些日子》	金　彪	《西安晚报》	诗歌	0.02	11月30日
	《是闾山不是庐山》	里　拉	《诗潮》	诗歌	14行	2月
	《秋日词(外一首)》	里　拉	《厦门文学》	诗歌	24行	3月
	《梵高的星空》(外一首)	里　拉	《青春》	诗歌	40行	11月
	《酿酒师》组诗四首	里　拉	《朔方》	诗歌	70行	12月
	《纪念日》组诗5首	里　拉	《连云港文学》	诗歌	77行	12月
	遗址的复活(外一章)	张　翔	《散文诗世界》	散文诗	800	1月
	《三月,江南》《雾霾》	周国平	《中国小诗十年百人诗歌精选》	诗歌	20行	8月

2019年江阴市民间文艺作品参赛(参演)情况一览表

表39

作品名称	获奖者	门类	参赛(参演)名称	时间	获奖情况
《金牌陪护》	徐凤清	故事创作	第十六届中国人口文化奖	5月	三等奖
《金牌陪护》	徐凤清	故事创作	第五届江苏民间文艺奖	12月	优秀民间文学作品奖
《一把草》	徐凤清	故事创作	四川金堂故事会(全国征文)	3月	优秀奖
《开除贫困户》	徐凤清	故事创作	昆山长三角故事会	8月	优秀奖
《刘阿鼠救场娄阿鼠》	徐凤清	故事创作	中国故事节·巴城昆曲故事会	8月	三等奖
《渡江第一船》	黄启元	故事创作	"你是我的英雄"网上讲故事征集展示活动	9月	全国优秀视频奖
《抗日英雄朱松寿》	黄启元	故事创作	"你是我的英雄"网上讲故事征集展示活动	9月	全国优秀视频奖
《特殊的关押犯》	黄启元	故事创作	"你是我的英雄"网上讲故事征集展示活动	9月	全国优秀视频奖
《地窖三英雄》	黄启元	故事创作	"你是我的英雄"网上讲故事征集展示活动	9月	全国优秀视频奖
《三颗红五星》	黄启元	故事创作	2019年"潇洒桐庐"全国少儿故事会征文比赛	10月	第三批好故事奖
《立大功的海螺》	邵振良	故事创作	2019年"潇洒桐庐"全国少儿故事会征文比赛	10月	第三批好故事奖
《吉祥如意》	陈　丽	通草堆画	中国"苏艺杯"国际工艺美术精品博览会	4月	铜奖
《岁月静好》	陈　丽	通草堆画	江苏省第十届"艺博杯"工艺美术精品大奖赛	8月	铜奖
《龙腾盛世》	陈　丽	通草堆画	第八届中国民间艺人节暨第十四届中国民间文艺"山花奖"优秀民间工艺美术作品初评展览	10月	入展
《一场特别的演出》	肖卫琴	故事创作	中国故事节·干窑故事会	11月	第四批中国好故事奖
《仕女四条屏》	陈惠平	麦秆画	2019年匠心江南——第三届上海民间艺术成果暨长三角民间艺术大师作品邀请展	8月	入展
《兰亭序》	陈惠平	麦秆书法	第五届东方工艺美术之都博览会	10月	入展
《四神熏香炉》	顾振信	铜工艺品	第五届东方工艺美术之都博览会	10月	入展

续表 39

作品名称	获奖者	门类	参赛(参演)名称	时间	获奖情况
《乐园》	顾晓萍	衍纸画	第五届东方工艺美术之都博览会	10 月	入展
《蝶恋花》	黄方照	填色剪纸	第五届东方工艺美术之都博览会	10 月	入展
《那天晚上我到底说了啥》	蔡红霞	故事讲演	首届江浙沪乡音故事展演	12 月	最佳幽默奖
《抓髻娃娃》	王玉山	剪纸	“善行天下　击鼓传花”全国剪纸人才培养宿迁站结业作品展	7 月	三等奖

2019 年江阴市戏剧曲艺作品参赛(参演)情况一览表

表 40

作品名称	获奖者	门类	参赛(参演)名称	时间	获奖情况
《爱的不等式》	蔡晓英	戏剧	第六届中小学生艺术展演	4 月	节目一等奖、优秀编剧奖、优秀辅导奖
《一碗馄饨》	蔡晓英　计丽静	戏剧	第四届江苏省文华奖	8 月	优秀作品奖
《漂亮 MM 找上门》	蔡晓英　姜少伯　陈　忱 仲宇蕾　余　苳　高　娜	曲艺	第四届江苏省文华奖	8 月	优秀作品奖
《渡江第一船》	包婷婷	曲艺	江苏省军区红色故事宣讲比赛	9 月	一等奖

2019 年江阴市音乐舞蹈作品参赛(参演)情况一览表

表 41

作品名称	获奖者	门类	参赛(参演)名称	时间	获奖情况
琵琶独奏	张翊尧 王悦人	音乐表演	江苏省青少年音乐小茉莉花奖	7 月	少年 B 组金奖 少年 A 组金奖
琵琶独奏	张翊尧	音乐表演	中国音协小金钟奖	8 月	新星奖
琵琶独奏	王悦人	音乐表演	中国音协小金钟奖	8 月	新秀奖
独唱	黄　菊	音乐表演	首届泛太湖青年歌手大赛	9 月	银奖
独唱	李　响	音乐表演	首届泛太湖青年歌手大赛	9 月	银奖
《爱的不等式》	花园实验小学	校园情景剧	全国第六届中小学生艺术展演	7 月	金奖
二胡独奏	梁　晨	音乐表演	第四届“敦煌杯”中国二胡演奏比赛	8 月	非职业少年 B 组金奖
二胡独奏	王钰晗	音乐表演	第四届“敦煌杯”中国二胡演奏比赛	8 月	非职业儿童 B 组金奖
二胡独奏	周否烨	音乐表演	第四届“敦煌杯”中国二胡演奏比赛	8 月	非职业少年 B 组银奖
二胡独奏	陈　晓	音乐表演	第四届“敦煌杯”中国二胡演奏比赛	8 月	非职业儿童 A2 组银奖
二胡独奏	叶丰图	音乐表演	第四届“敦煌杯”中国二胡演奏比赛	8 月	非职业儿童 A2 组银奖
二胡独奏	徐贡泽	音乐表演	第四届“敦煌杯”中国二胡演奏比赛	8 月	非职业儿童 B 组银奖
二胡独奏	季米嘉	音乐表演	第四届“敦煌杯”中国二胡演奏比赛	8 月	非职业少年 B 组银奖
二胡独奏	郭泽轩	音乐表演	第四届“敦煌杯”中国二胡演奏比赛	8 月	非职业儿童 A1 组银奖

2019 年江阴市美术作品参赛(参展)情况一览表

表 42

作品名称	作者	门类	参赛(展)名称	时间	主办单位	获奖情况
《浮屠》	曹亚明	综合材料	第十三届全国美展综合材料展区	8 月	中国美术家协会	入选
《故城》	曹亚明	油画	逐梦威海 2019 全国风景、静物油画作品展	8 月	中国美术家协会	入选

续表42

作品名称	作者	门类	参赛(展)名称	时间	主办单位	获奖情况
《新境》	吴网兴	中国画	美丽黄河口·全国中国画油画作品展	3月	中国美术家协会	入会资格
《适之园》	陈　亮	中国画	悲鸿精神·第三届全国中国画作品展	3月	中国美术家协会	入选
《晓风轻岚》	陈　亮	中国画	新时代·新意象——2019年首届全国山水画双年展	5月	中国美术家协会	入选
《家山一夜雨》	陈　亮	中国画	“2019·大美观音山”首届全国中国画山水作品展	9月	中国美术家协会	入选
《静之园》	陈　亮	中国画	第三届青年艺术周暨“青春时光”江苏省青年艺术家作品展	5月	江苏省文联	入选
《大风歌》	陈　亮	中国画	第四届江苏省文华奖	7月	江苏省文化和旅游厅	入选
《家山入梦》	陈　亮	中国画	共和国礼赞——江苏省庆祝中华人民共和国成立70周年主题美术作品展	9月	江苏省委宣传部、省文化和旅游厅、省文联	入选
《南街故事》	陈　亮	中国画	祖国礼赞——庆祝中华人民共和国成立70周年江苏美术作品展	10月	江苏省文联	入展
《时光》	陈　亮	中国画	家国情怀——庆祝中华人民共和国成立70周年全省美术书法优秀作品展	9月	江苏省文化和旅游厅	入选
《岁月》	陈　亮	中国画	向共和国致敬——开国领袖将帅肖像印暨书画名家作品展	8月	江苏省文联	入选
《海之梦》	夏　静	油画	第四届江苏省文华奖	7月	江苏省文化和旅游厅	入选
《一江春水》	夏　静	油画	祖国礼赞——庆祝中华人民共和国成立70周年江苏省美术作品展	10月	江苏省文联	入展
《退思园》《春分·玉兰》	夏　静	油画	2019《春写姑苏》油画写生作品展	5月	江苏省油画学会	入展
《泊》系列、《春分》系列、《江上》系列	夏　静	油画	“遇见”女性艺术家八人展	8月	江苏省油画学会	入展
《草木的光辉》《飒秋》	夏　静	油画	江苏省油画学会赴延安写生全省巡展	3月	江苏省文联	入展
《一江春水》	夏　静	油画	祖国礼赞——庆祝中华人民共和国成立70周年江苏美术作品展	10月	江苏省美术家协会	入展
《江上行》	夏　静	油画	与共和国同步——江苏油画70年巡礼	10月	江苏省文化和旅游厅	入展
《毕业季》	王　俭	水粉画	第二届全国水粉画大展	12月	中国美术家协会	入选
《辅导我家》	王　俭	油画	祖国礼赞——庆祝中华人民共和国成立70周年江苏美术作品展	10月	江苏省文联	入选
《江湖海》	夏晓云	水彩画	第二届全国水粉画大展	12月	中国美术家协会	入选
《早点》	夏晓云	水彩画	第八届江苏水彩(粉)画作品展	6月	江苏省美术家协会	入选
《逐梦——蛟龙·远望》	夏晓云	水彩画	共和国礼赞——江苏省庆祝中华人民共和国成立70周年主题美术作品展	9月	江苏省委宣传部、省文化和旅游厅、省文联	入选
《安得广厦千万间》	陶建荣	中国画	祖国礼赞——庆祝中华人民共和国成立70周年江苏美术作品展	10月	江苏省文联	入选
《红色使者在行动》	王晓露	中国画	祖国礼赞——庆祝中华人民共和国成立70周年江苏美术作品展	10月	江苏省文联	入选
《动车来了》	嵇雯翊	中国画	祖国礼赞——庆祝中华人民共和国成立70周年江苏美术作品展	10月	江苏省文联	入展

续表42

作品名称	作者	门类	参赛(展)名称	时间	主办单位	获奖情况
《江阴海战·平海舰》	庄海波	油画	纪念五四运动100周年暨“五彩缤纷”中青年书画作品展	5月	江苏省青年艺术家协会	入选
《冬日南方》	庄海波	油画	江苏省第七届新人美术作品展	12月	江苏省美术家协会	入选
《LQ》	仰　超	油画	第四届江苏省文华奖	7月	江苏省文化和旅游厅	入选
《叨叨与我》	仰　超	油画	家国情怀——庆祝中华人民共和国成立70周年全省美术书法优秀作品展	9月	江苏省文化和旅游厅	入选
《寻》	潘　晶	水彩画	第八届江苏水彩(粉)画作品展	6月	江苏省美术家协会	入选
《动静有常》	唐智栋	中国画	2019年江苏省优秀花鸟画展	6月	江苏省美术家协会	入选
《不宽秋意已悄悄》	刘红苗	中国画	2019年江苏省优秀花鸟画展	6月	江苏省美术家协会	入选
《春江水暖鸭先知》	于思旦	中国画	2019年江苏省优秀花鸟画展	6月	江苏省美术家协会	入选
《傲骨峥嵘图》	钱晓伟	中国画	2019年江苏省优秀花鸟画展	6月	江苏省美术家协会	入选
《咏竹感怀》	吴　清	中国画	2019年江苏省优秀花鸟画展	6月	江苏省美术家协会	入选
《秋实》	周文忠	中国画	2019年江苏省优秀花鸟画展	6月	江苏省美术家协会	入选
《细水流年》	吴　怡	油画	江苏省第七届新人美术作品展	12月	江苏省美术家协会	入选
《风清》	蔡剑涯	中国画	江苏省第七届新人美术作品展	12月	江苏省美术家协会	入选
《在希望的田野上》	赵利东	中国画	江苏省第七届新人美术作品展	12月	江苏省美术家协会	入选

2019年江阴市书法作品参展情况一览表

表43

作品类型	作者	展览名称	时间	主办单位	获奖情况
楷书	蒋君慧	第十二届全国书法篆刻展	8月	中国书法家协会	入展
草书	蒋君慧	家国情怀——庆祝中华人民共和国成立70周年全省群众美术书法优秀作品展	9月	江苏省文化和旅游厅	入展
草书	蒋君慧	共和国礼赞——江苏省庆祝中华人民共和国成立70周年主题美术作品展	9月	江苏省委宣传部、江苏省文化和旅游厅、江苏省文学艺术界联合会	入展
草书	蒋君慧	新歌墨韵颂中华——庆祝中华人民共和国成立70周年江苏省当代名家邀请展	10月	江苏省委宣传部、省文化和旅游厅、省文联	入展
行书	赵　坚	第十二届全国书法篆刻展	8月	中国书法家协会	入展
行书	赵　坚	第四届江苏省文华奖	7月	江苏省文化和旅游厅	入展
行草	许　达	源流·时代——以王羲之为中心的当前书法创作展	5月	中国书法家协会	入展
行草	许　达	盛世中国——庆祝中华人民共和国成立70周年书法大展	9月	中国书法家协会	入展
篆书	武宝民	家国情怀——庆祝中华人民共和国成立70周年全省群众美术书法优秀作品展	9月	江苏省文化和旅游厅	入展
行草	严春亚	第四届江苏省文华奖	7月	江苏省文化和旅游厅	入展
篆刻	郑建宏	全国第八届篆刻艺术展	4月	中国书法家协会	入展
隶书	杨　猛	共和国礼赞——江苏省庆祝中华人民共和国成立70周年主题美术作品展	9月	江苏省委宣传部、省文化和旅游厅、省文联	入展
小楷	陈　秀	第三届青年艺术团暨“青春时光”江苏省青年艺术家作品展	5月	江苏省文联	入展
行草	肖　勇	第四届江苏省文华奖	7月	江苏省文化和旅游厅	入展
行书	周利宗	江苏省第九届青年书法展	12月	江苏省青年书法家协会	入展

2019年江阴市摄影作品参赛(参展)情况一览表

表44

作品名称	作者	主办单位	参赛(参展)名称	时间	获奖情况
《牧归》	庄东威	大众摄影杂志社	首届中国浙东唐诗之路天姥山摄影展	4月	入展
《世界小姐在荡口》	庄东威	大众摄影杂志社	"老荡口·新生活"全国摄影大展	12月	入展
《头等大事》	庄东威	人民摄影报社	人民摄影官网封面大图	4月	入选
《欢乐一刻》	庄东威	中国摄影报社	荷兰花海中国大丰全国摄影大展	3月	入展
《东壁辉煌》	郭　松	大众摄影杂志社	"闽东之光"第十一届宁德好风光全国摄影大展	11月	入展
《光影》	秦　华	大众摄影杂志社	"我遇见最美的光"——第四届全国医务人员摄影大展	11月	入展
《雪洒老街》	黄亮安	大众摄影杂志社	"老荡口·新生活"全国摄影大展	12月	入展
《湖畔的锡东科技展览馆》	黄亮安	中国摄影报社	"新经济·新中心"无锡锡东新城建设十周年全国摄影大展	11月	入展
《新城高铁》	黄亮安	中国摄影报社	"新经济·新中心"无锡锡东新城建设十周年全国摄影大展	11月	入展
《鸟瞰黄埭新镇》	黄亮安	中国摄影报社	"古韵黄埭·活力新城"黄埭高新区全国摄影展	11月	入展
《石林》	黄亮安	中国摄影报社	黟县的朋友圈摄影大展	9月	入展
《水天一色》	黄亮安	中国摄影报社	黟县的朋友圈摄影大展	9月	入展
《长城秋色》	黄亮安	中国摄影报社	"飞瞰长城·怀柔起航"全国无人机摄影大展	12月	入展
《春到义庄》	张　胜	大众摄影杂志社	"摄影小镇鹅湖"全国摄影大展	2月	入展
《码头》	张　胜	中国摄影报社	"醉美西海岸"全国摄影大展	7月	入展
《古城沧桑》	张　胜	中国摄影报社	"千年古城更忆临海"全国摄影大展	2月	入展
《原味葡萄汁》	张　胜	江苏省摄影家协会	第二十三届江苏省摄影艺术展览	10月	入展
《飞石锁》	张　胜	江苏省文联、江苏省摄影家协会	"壮丽七十年·光影新江苏"全省摄影艺术展	11月	入展
《火线救援》	张　胜	江苏省摄影家协会	庆祝中华人民共和国成立70周年"我心中的人防"主题摄影展	9月	二等奖
《东江翠岭出平湖》	许清泉	江苏省摄影家协会等	第三届"影像中国梦·摄影中国行"全国摄影大赛	4月	三等奖
《生火》	周蓉霞	人民摄影报社等	第三届"影像中国梦·摄影中国行"全国摄影大赛	4月	优秀奖
《山清水秀忆乡愁》	朱　敏	人民摄影报社等	第三届"影像中国梦·摄影中国行"全国摄影大赛	4月	优秀奖
《风景这边独好》	陆　波	中国摄影报社	荷兰花海中国大丰全国摄影大展	3月	入展
《冲上云霄》	陆　波	中国摄影报社	荷兰花海中国大丰全国摄影大展	3月	入展
《高铁新城》	陆　波	中国摄影报社	"新经济·新中心"无锡锡东新城建设十周年全国摄影大展	11月	入展
《回忆童年》	庞澄勋	中国摄影报社	荷兰花海中国大丰全国摄影大展	3月	入展
《转角遇到爱》	庞澄勋	中国摄影报社	荷兰花海中国大丰全国摄影大展	3月	入展
《生态电站村》	石汪毅	中国摄影报社	2019首届"双拥杯"美在电站村全国摄影展	9月	入展

续表 44

作品名称	作者	主办单位	参赛(参展)名称	时间	获奖情况
《喜获丰收》	张晓钟	中国摄影报社	2019 首届“双拥杯”美在电站村全国摄影展	9 月	入展
《田园风光》	张晓钟	江苏省摄影家协会	庆祝中华人民共和国成立 70 周年“长江苏韵”摄影作品展	9 月	入展
《构成》	张晓钟	江苏省摄影家协会	苏州图书馆“阅读 · 人文 · 空间”摄影展	12 月	入展
《魅力新城》	张晓钟	江苏省摄影家协会	苏州图书馆“阅读 · 人文 · 空间”摄影展	12 月	入展
《苏州第二图书馆夜色》	张晓钟	江苏省摄影家协会	苏州图书馆“阅读 · 人文 · 空间”摄影展	12 月	入展
《春到黟县》	顾　强	中国摄影报社	黟县的朋友圈摄影大展	9 月	入展
《风雪暮归》	顾　强	江苏省摄影家协会	第二十三届江苏省摄影艺术展览	10 月	入展
《精心检测》	缪　培	中国文联摄影艺术中心	“绿色白马 · 智慧园区”全国摄影大展	9 月	入展
《播撒希望》	缪　培	中国摄影报社	“2019 乡村振兴 · 魅力睢宁”全国摄影大展	10 月	入展
《晒秋》	缪　培	江苏省摄影家协会	第二十三届江苏省摄影艺术展览	10 月	入展
《空中舞蹈》	缪　培	江苏省摄影家协会	百名摄影师聚焦江苏	4 月	入选
《小区夜锻炼》	卢小海	江苏省摄影家协会	第二十三届江苏省摄影艺术展览	10 月	入展
《社会主义新农村——华西村》	卢小海	江苏省文联、江苏省摄影家协会	“壮丽七十年 · 光影新江苏”全省摄影艺术展	11 月	入展
《穿越千年》	卢小海	江苏省摄影家协会	第二届江苏凤凰“中新莺山桃花源”摄影大赛	9 月	入展
《水上森林》	卢小海	江苏省摄影家协会	庆祝中华人民共和国成立 70 周年“长江苏韵”摄影作品展	9 月	入展
《港口之夜》	卢小海	江苏省摄影家协会	庆祝中华人民共和国成立 70 周年“长江苏韵”摄影作品展	9 月	入展
《奔腾》	夏忠兴	江苏省摄影家协会	第二十三届江苏省摄影艺术展览	10 月	入展
《大船从这里崛起》	汤春鸣	江苏省摄影家协会	第二十三届江苏省摄影艺术展览	10 月	入展
《双向选择》	柳　玉	江苏省摄影家协会	第二十三届江苏省摄影艺术展览	10 月	入展
《中国的南海》	沈锦山	江苏省摄影家协会	第二十三届江苏省摄影艺术展览	10 月	入展
《春之恋》	张德海	江苏省摄影家协会	第二十三届江苏省摄影艺术展览	10 月	入展
《徽居》	周铁华	江苏省摄影家协会	第二十三届江苏省摄影艺术展览	10 月	入展
《春耕》	於光愉	江苏省摄影家协会	第二十三届江苏省摄影艺术展览	10 月	入展
《红旗下的华西村》	范建华	江苏省文联、江苏省摄影家协会	“壮丽七十年 · 光影新江苏”全省摄影艺术展	11 月	入展
《香山梅岭美如画》	杨　莉	江苏省摄影家协会	庆祝中华人民共和国成立 70 周年“长江苏韵”摄影作品展	9 月	入展
《水上明珠》	汪永周	江苏省摄影家协会	“生态湿地游 · 最美九龙口”庆祝中华人民共和国成立 70 周年摄影大赛	11 月	三等奖
《水上明珠》	汪永周	江苏省摄影家协会	“生态湿地游 · 最美九龙口”庆祝中华人民共和国成立 70 周年摄影大赛	11 月	入展

（陈　佳）

文化产业

【概况】 2019年，江阴市实施产业强市主导战略，文化事业与文化产业双轮驱动，对文化产业培优育强、补短提升。市文体广电和旅游局在进行机构改革时，设立产业发展科，具体负责文化产业工作。市委书记陈金虎带领市委一班人深入现场调查研究，了解文化产业项目建设情况。市人大常委会、市政府、市政协领导相继深入基层调研，形成"大调研"格局。在此基础上，制订出台《江阴市文化产业高质量发展三年行动计划(2019—2021)》和《关于推动江阴市文化产业高质量发展的若干政策》，促使文化产业焕发活力。年内新增500万元以上文化产业项目16项，规模以上的文化企业增加18个。市文体广电和旅游局与市财政局联合下发《江阴市文化产业发展扶持专项资金管理实施细则》，同时开展资金评审工作，对域内2个文化企业的4项项目进行江阴市级文化产业专项资金奖励。组织企业参加江苏省"双创计划"项目建设，鼓励文创优秀人才参加无锡市第七届唐鹤千文创奖评选工作，江阴有3项项目入选该文创奖。张亮获无锡市第七届唐鹤千文创奖。

【《江阴市文化产业高质量发展三年行动计划》出台】 2019年12月，江阴市为推动文化产业高质量发展，出台《江阴市文化产业高质量发展三年行动计划(2019—2021)》。该计划旨在健全现代文化产业市场体系，健全引导新型文化业态健康发展机制，满足人民群众日益增长的美好生活需要，为加快建设"强富美高"新江阴、继续当好新时代高质量发展领跑者做出应有贡献。计划提出的主要目标是：围绕建设"强富美高"新江阴奋斗目标，依托产业优势和文化资源、民间资本优势，引导培育一批主业突出、具有核心竞争力的骨干文化企业，推进建设一批创新示范、辐射带动力强的重大文化产业项目，推动产业规模、层次和质量不断迈上新台阶，把江阴的文化产业培育成为国民经济战略性新兴产业，争取位列江苏省县域第一方阵。

【金意文化创意有限公司成立20周年】 2019年，是江阴金意文化创意有限公司创办20周年。该公司领导和员工经过20年努力，把企业打造成为集优品、珠宝、艺品收藏于一体的专业创意服务公司，拥有"澄韵雅集"文化产品、"玉蝶兰"丝绸、"华钰轩"珠宝等自主品牌。该公司秉承"诚信为金、传情达意"的经营理念，发展为一个引领生活艺术的文化企业。12月5—9日，该公司将特色产品选送到在无锡举行的第九届中国无锡国际文化艺术产业博览交易会展销，"顾山红豆""江阴大桥"等江阴元素特色纪念品受到与会者好评。

【金杯安琪乐器公司手风琴年产超5万台】 2019年，江阴金杯安琪乐器有限公司生产的手风琴，占据国内市场的50%。该公司拥有13项实用技术专利、1项发明专利，是年又研发2种新产品投入市场，生产的各类中、高档手风琴超过5万台，其质量能与国际知名品牌比肩，产品远销美国、俄罗斯、意大利等30多个国家和地区。

【老字号文化产业团队周年庆活动】 2019年是江阴新华书店建店70周年、江阴评弹团建团60周年。7月5日，江阴新华书店在市新时代文明实践中心举行纪念建店70周年系列活动开场仪式。书店员工朗诵了原创作的《70年，我们的路》《江阴是一部书》《走在春风里》等诗歌。市委书记陈金虎，市委宣传部部长程政等领导和数百名市民到现场聆听观看，并参观江阴新华书店员工布置的"书店70年历程"图片展、"奋斗70年"主题书展。是日，江阴新华书店向江阴市新时代文明实践中心和实践所捐赠价值11.5万元的图书。同日，新华书店"新时代文明实践点"揭牌投运，并对书店组织的江阴市第九届"望江杯"双语读写大赛的优胜者颁奖。是年，江阴评弹团举行纪念建团60周年名家书会，以评弹形式讴歌江阴老字号文化产业团队在物质文明和精神文明诸方面取得的丰硕成果；该团演员还以"送艺下乡"的实际行动纪念江阴评弹团成立60周年，全年下乡演出255场。

【市锡剧团开拓演出市场】 2019年，市锡剧团除搞好常规演出外，超常规开拓演出市场，积极配合市委、市政府中心工作和各部门工作需求开展宣传演出活动。年内完成江阴发展大会暨2019年经贸洽谈会的文艺演出、江阴市庆祝中华人民共和国成立70周年大型歌会和中国农民丰收节江苏主会场演出、江阴市名嘴理论宣讲演出等任务。配合市委宣传部完成文化"三下乡"的演出任务，配合体育部门做好公益徒步大会启动式上的演出，为市表彰大会、高新区表彰大会提供礼仪服务，为市供电局、公安局、老干部局和澄江街道、月城镇、长泾镇、周庄宗言村、利港陈墅村以及江苏长电科技股份有限公司、江阴新华书店等政府部门和企事业单位策划、排演高质量的主题演出活动，获得经济效益和社会效益双丰收。

(陆　澄)

【传媒文化产业创新发展】 2019年，江阴传媒集团科学谋划产业布局，拓展文化市场，促使传媒文化产业创新发展。7月，全国滑翔伞定点联赛(江苏江阴站)开幕，该集团签下百万元大单，首次进行空中直播。这是全案营销和整合营销首次试水，加速确定"行业细分、垂直到底"的经营思路。依托市委、市政府赋予的整合全市政务资源、为民服务资源、公有传播资源的优势，该集团积极寻找专业性和垄断性方向，在大数据运用、影视制作、演艺活动、文创会展、教育培训等方面科学布局、多点开花，在全市同领域中做到最大最强，形成媒体产业链。年内江阴首届诗词大会、"童言里的乡情"少儿方言趣味大赛、吃香喝辣"江南吃客广府游""为你悦读·凡星之声"等诸多活动层出不穷，项目串珠成链，以专业性体现市场的竞争优势。是年，该集团文化经营收入完成1亿元。(沈铭玉)

群众文化

【概况】 2019年，江阴市为满足广大群众日益增长的文化、精神需求，提升市民的整体文化素养,立足城乡基层,实施文艺惠民,组织市民文化节,开展各类演出、比赛、展览、培训、讲座等文化活动3800余场,发动全民参与,坚持四季不断。年内组织开展全民诗歌朗诵大赛、阅读知识现场大赛、锡剧票友大奖赛、“芙蓉花奖”群众文艺会演、青少年书法优秀作品展等。农村文艺活动空前活跃,月城镇继续获评全国小戏之乡。群众文艺社团经过整顿、改选推陈出新,发展到30余个。全国首个在县级市成立的南社文化研究会于年内挂牌。

【江阴全民诗歌朗诵大赛】 2019年4—6月,由市读书活动指导委员会主办,市图书馆承办主题为“春天与经典诗文的相遇”的江阴市第八届全民诗歌朗诵大赛举办。比赛分成人组和青少年组,参赛作品、参与人数、覆盖率以及参赛作品质量均创历届之最。6月10日,从初赛、复赛中脱颖而出的来自各镇(街道)、机关、学校和企事业单位的40组选手,在天华文化中心艺术剧场进行总决赛。经评审,王旭、葛馨妍朗诵的《丰碑》、杨清语朗诵的《金色的鱼钩》、苏婧然朗诵的《老人与海》和夏萍朗诵的《铁骨军魂》、朱建凤朗诵的《液体之火》、王晓磊、谈燕朗诵的《我的墓碑》,分别获得成人组和青少年组的一等奖。

【“芙蓉花奖”群文会演及评选】 2019年10月,由市文体广电和旅游局主办的第六届江阴市“芙蓉花奖”群众文艺会演,在新时代文明实践中心艺术剧场举行。江阴市“芙蓉花奖”是市委、市政府为繁荣群众文艺创作,促进社会文化事业繁荣与发展而设立的政府奖,是检阅江阴群众文艺年度创作成果的重要窗口。这次会演正值庆祝中华人民共和国成立70周年,特意安排戏剧曲艺、音乐和舞蹈3台专场轮番上演,丰富了市民的精神文化生活。“芙蓉花奖”除了评选出以上3台会演作品外,还征集到500余件群众创作的美术、书法、摄影作品,从中评选出一等奖9个、二等奖19个、三等奖34个。

【江阴市青少年书法优秀作品展】 2019年9月16日,“礼赞中华人民共和国、墨香伴成长”——首届“介居杯”江阴市青少年书法优秀作品展在市展览馆开幕。展前向全市青少年征集到书法作品240件,经专家评审,选出65件优秀作品参展。这些作品的内容以歌颂祖国、赞美家乡为主,表达了新时代青少年热爱祖国、热爱家乡、憧憬未来,追求美好生活的情怀。

【阅读知识现场大赛】 阅读知识现场大赛从2014年开始举办,已连续比赛6年。市图书馆与江阴市教师发展中心在多个领域开展合作,通过阅读知识比赛的方式,倡导和促进全民阅读,特别是引导中、小学生阅读经典名著。2019年,江阴市举行群众性的“书香飘扬 · 全澄接力”第六届阅读知识现场大赛。大赛自9月启动,广大读者积极参与,在校青年学生热情更高。全市有12所学校组织了初赛,并推选出了72名选手参加10月28日在市图书馆举办的个人决赛(笔试)。11月22日在市图书馆举行总决赛。经过激烈角逐,最终江苏省南菁高级中学获一等奖,华士高级中学和青阳中学获二等奖,江苏省江阴高级中学、市第一中学、山观高级中学获三等奖。

【锡剧票友大奖赛】 自2013年以来,“澄星杯”锡剧票友大奖赛已连续举办7年,为江阴广大锡剧爱好者提供了交流学习、切磋技艺、传承地方文化的舞台,参赛选手逐年增多,遍及江阴城乡各地。2019年6—10月,江阴市第七届“澄星杯”锡剧票友大奖赛进行了4个月的角逐。经过初赛、复赛,来自全市各镇(街道)的30名选手脱颖而出,进入决赛。10月26日,决赛在市文化馆艺术剧场举行。市委宣传部部长程政观看比赛并为获奖选手颁奖。这项大赛由市委宣传部、市文体广电和旅游局、市教育局、市文学艺术界联合会、市融媒体中心、江阴澄星实业集团有限公司联合主办。

【江阴市南社文化研究会成立】 1909年成立的南社,是近代中国著名的文学社团和文化组织,在中国革命和革命的文化事业中发挥过重要作用。南社创始人陈去病、柳亚子,南社社友刘半农,南社成员周水平、张夷等,或是江阴人,或与江阴有着极深的渊源。2019年11月17日,江阴市南社文化研究会成立大会在市融媒体中心举行,这是全国首个在县级市成立的南社文化研究会。市领导徐冬青、程政等到会给予关心和支持。江阴南社文化研究会的宗旨,是从地方文化研究的微观角度,更完整地探讨这段与江阴的历史渊源;构筑“文人雅集”式的公共空间,提供形式丰富的公益文化服务,传承南社精神,为江阴打造一张文化高质量发展的新名片。

(陆　澄)

企业文化

【概况】 2019年,江阴城乡的很多企业把文化建设当作政治文明的“导航灯”、干群和谐的“黏合剂”、经济发展的“助推器”,在传承传统文化的同时,进一步拓展、丰富企业文化内涵,礼仪文化、健康文化等新内容不断推出。许多企业抓住中华人民共和国成立70周年的契机,开展一系列庆祝、纪念活动,弘扬爱国主义精神,增强企业的向心力和凝聚力。市总工会引导企业在文化建设中,激励广大职工为当好新时代县域高质量发展排头兵做贡献,创新工作方法,组织大中型企业开展“礼赞劳动美 · 逐梦再出发”等深受职工欢迎的文化活动。

【企业精神短视频大赛】 2019年上半年,市总工会和江阴市融媒体中心共同举办“奔跑追梦 · 勇立潮头”——江阴市企业精神短视频大赛。通过广泛发动,大赛组委会收到80个企业精心制作的短视频,每一部短视频都展现了健康向上的职工文化和各具特色的企业精神,多角度地展示了改革开放40年来江阴企业的新发展、江阴职工的新风貌。经过网络投票和专家评审,最终江苏华西集团有限公司、海澜集团有限公司、江阴兴澄特种钢铁有限公司等28个单位制作的短视频被评为优秀作品。从5月27日起,这些优秀作品在江阴电视台新闻频道展播,同时在“江阴职工之家”“听见江阴”微信公众号和江阴人民广播电台陆续跟进推出。

【“绿色发展、节能先行”征文竞赛】 2019年上半年，市总工会发动全市职工开展以“绿色发展、节能先行”为主题的征文竞赛。广大职工积极参与、踊跃投稿。有80余个企业职工撰写的100余篇作品参评。经专家评审，朱望撰写的《“有辱斯文”的老教授》等2篇作品获一等奖，杨逸男撰写的《做好节约浪潮里的一朵浪花》等5篇作品获二等奖，金丽芳撰写的《一念执着，匠心筑梦》等10篇作品获三等奖，芮一统撰写的《让“节约”与时俱进》等12篇作品获优秀奖。通过这次征文竞赛，增强职工们的环保节能意识，营造了企业行走绿色发展之路的文化氛围。

【周末课堂女职工专题培训】 2019年3月2日，市总工会主办的周末课堂女职工专题培训开学。来自全市各行各业的80名女职工齐集一堂，以互动的方式，跟随国际注册高级礼仪培训师陈丽虹的指引，一起认识礼仪、练习礼仪。为丰富女职工的文化生活，为女职工提供学习和交流的平台，市总工会举办了“爱尚半边天——职工周末课堂”女职工专题系列培训，利用3个月时间，通过职工周末课堂这个公益化平台，为全市女职工分期开设实用性课程。除礼仪培训以外，又陆续推出女性职业妆容、衣橱管理、母婴护理、插花艺术和家庭烘焙等系列课程。至5月底，有近1000名女职工分批参加培训。

【职工心理健康知识讲座】 2019年7月25日，市总工会举办以《阳光心态的力量——情绪管理与压力释放》为主题的心理健康知识讲座，邀请无锡市合德心理服务中心的讲师王恩虎，为来自江阴各镇（街道）和工业园区企业的110余名职工以及“江阴职工之家”微信公众号实名会员职工讲课。王恩虎从当前职工中普遍存在的心理问题入手，紧密联系实际，将心理学、管理学及体验类互动巧妙融合，让到场职工在体验互动中学会如何接纳情绪、调整思想、放松身心，从而在工作、生活中能够自如释放压力，拥有阳光心态。

【全市职工掼蛋比赛】 2019年10月19日，江阴市职工掼蛋比赛在江阴体育中心举行。这次比赛由市总工会主办，市工人文化宫、市掼蛋协会承办，有55个企业推荐的326名选手参赛。选手们经过5轮积分赛，最终决出冠、亚、季军。冠军由利港街道的企业职工组合夺得，亚军由港口集团公司的职工组合夺得，季军由祝塘镇的企业职工组合夺得。（聂小琴）

【《兴澄工匠》编撰完成】 2019年9月起，江阴兴澄特种钢铁有限公司组织采编力量，编撰首部反映兴澄工匠精神的著作《兴澄工匠》，年底全书完成定稿。书中撰写兴澄特钢首届两批20名工匠的典型事迹。这些能工巧匠涵盖兴澄特钢行业的各重要工种，其中有的工匠还是国家级技能大师。该书以文字为主，配有工作照片，记录工匠们靠传承和钻研、专注与坚守，成为生产、技术、设备等岗位上的专家、能手的事迹，体现“专注专业、精益求精、勇于争先、尽善尽美、追求极致”的兴澄工匠精神。兴澄特钢公司将此书作为培训教育青年职工的重要教材，打造能够“应对重大挑战、抵御重大风险、克服重大阻力、解决重大问题”的高素质职工队伍。（何冬梅）

【澄星集团举办青工故事会】 2019年初，江阴澄星实业集团有限公司发出通知，号召全体青年职工结合自身的工作实际，围绕“新时代、新思想、新作为”主题，撰写自己的成长故事。3月底，收到各部门、车间青工撰写的“青述故事”100余篇。公司组织人员从中挑选出5篇有代表性的优秀作品。5月4日，澄星集团结合纪念五四运动100周年，在澄星大厦报告厅隆重举行青工故事会。澄星集团的200余名青年职工聆听5篇优秀作品的作者亲自讲述自己的奋斗故事。10月，澄星集团组织的这一企业文化活动，获江苏省总工会授予的全省百家职工思想政治工作二等奖。（李建华）

【海澜美术馆举行3项全国大展】 2019年10月24日，由中国美术家协会主办的庆祝中华人民共和国成立70周年中国美术作品展在新桥镇海澜集团有限公司的海澜美术馆开幕。展出作品有中国著名艺术家创作的国画、雕塑和漆画等。是年，海澜美术馆与中国美术家协会紧密合作，还举办庆祝中华人民共和国成立70周年——中国美术名家佳品邀请展、时代经典——2019年中国雕塑学术邀请展暨首届全国漆画屏风作品展。3项全国优秀美术作品大展，展现中华人民共和国70年波澜壮阔的历史变革，表达了蓬勃向上的精神力量。3项全国大展活跃了海澜集团的企业文化，充实了企业的文化阵地，还吸引省内外众多参观者观赏。（陆　澄）

【长电科技企业文化建设】 2019年，江苏长电科技股份有限公司进一步把“长电工匠精神”植入企业文化。年初，启动第二届“长电工匠”评选活动。经初审、公众投票、专家评审后，依据评选得票数多少和专家评审意见，最终于五一国际劳动节前，确定9名第二届“长电工匠”。公司将他们的先进事迹汇编成《长电工匠群英谱（第二部）》分发给员工们学习。是年7—10月，该公司举办第三届长电文化艺术节。年内还举行了第四季“长电好声音”初赛、复赛和总决赛。（陆静艳）

【法尔胜企业文化活动】 2019年1月1日上午，法尔胜泓昇集团有限公司组织纪念中华人民共和国成立70周年暨法尔胜建厂55周年徒步行活动。沿敔山湖一周行进5.5千米，寓意法尔胜职工走过的55年光辉历程。随后在光影之林广场举行纪念大会。7月31日至8月12日，该公司在江阴市第一中学的支持下，利用学校放暑假的时间，组织32名职工子女，举行“彩虹课堂”夏令营活动。公司的27名志愿者和市一中的26名志愿者给法尔胜企业职工子女进行了生动的演讲和才艺演示。为消除事故隐患、促进安全生产，该公司发动职工积极投入市总工会发起的“安全隐患随手拍”摄影竞赛，拍摄到“设备外壳接地保护失效”等20余幅揭露事故隐患的照片。上报市总工会评审后，其中有1幅照片获一等奖、1幅获二等奖、2幅获三等奖。

【“浦发杯”职工羽毛球赛】 2019年9月19—21日，由市总工会和浦发银行江阴市支行联合主办的“浦发杯”职工羽毛球比赛在市体育中

2019 年 9 月 22 日,农业银行江阴分行举行庆祝中华人民共和国成立 70 周年诗歌朗诵比赛　　（肖秋云 摄）

心羽毛球馆举行。来自城乡各企事业单位的 46 支代表队的 371 名职工参赛。这是历年来参赛企业和人数最多的羽毛球比赛。比赛设男女团体、男女双打、男女单打 6 项项目。法尔胜泓昇集团代表队获 4 块金牌和 1 块铜牌。　　（周建忠）

【江阴农行企业文化活动】 2019 年,农业银行江阴分行围绕纪念中华人民共和国成立 70 周年和迎接江阴农行复建 40 周年,开展一系列文化活动。每季度在江阴农行总部和下属 40 余个支行及主要营业网点分别布置一面文化墙,每季度出版一期内刊《江阴农行》。3 月,组织 30 余名青年职工拍成合唱《我和我的祖国》宣传片;7 月,组织党员职工到江阴市军事博物馆拍摄重温入党宣誓宣传片。组织全行员工开展"纪念江阴解放 70 周年""我和祖国共成长""我与农行的故事"等征文及征集照片活动,1 篇征文被中国农业银行总部评为优秀作品。9 月,组织开展以"喜迎盛世颂中华,砥砺奋进新时代——庆祝中华人民共和国成立 70 周年"诗歌朗诵比赛。分行下属各支行按地段分片组成 18 支代表队,发动 200 余名职工参赛。朗诵的诗歌都由职工们自己创作,决赛时有 300 余名职工观看。　　（肖秋云）

文化交流

【概况】 2019 年,江阴市认真贯彻习近平总书记关于文化交流互鉴的重要论述,采取"走出去、请进来"的方式,与省内外、海内外的朋友开展文化交流,涉及面广,活动频繁。召开"中国·江阴徐霞客国际学术研讨会",市锡剧团创排的大型锡剧《徐霞客》进京演出;先后到苏州市、北京市举办"大江弦歌"书法作品巡展;引进陕西省和南京市著名画家的优秀作品,李玮、李渊的陶艺作品到江阴展出;还为韩国来访的艺术爱好者举办民乐讲座,深入开展艺术交流。

【中国·江阴徐霞客国际学术研讨会】 2019 年 5 月 18 日,第十三届中国·江阴徐霞客国际学术研讨会在江阴市召开。中国徐霞客研究会会长王宝才、副会长兼秘书长顾晓华出席开幕式,中国徐霞客研究会副会长、江阴市政协主席徐冬青致辞。研讨会上,来自海内外的 100 余名徐学专家和嘉宾,围绕"徐霞客之路"上的文化融合传播主题,进行研讨和学术交流。各位专家学者畅谈徐霞客躬身开辟前所未有的山川科考之路,赞扬徐霞客走出了一条以"求真务实、开拓创新、开放和谐"为主要文化内涵,具有跨越时空、超越国度、富有永恒魅力的道路。大家交流近年来在徐学研究方面取得的新成果,特别是对《徐霞客游记》的文学价值和艺术思想进行深入的探讨。

【大型原创锡剧《徐霞客》进京演出】 2019 年 5 月 20 日晚,由江阴市锡剧团创排、入选国家艺术基金资助项目的大型原创锡剧《徐霞客》,走进北京梅兰芳大剧院,用吴韵唱腔向北京市民展示"千古奇人"徐霞客的传奇人生。中国戏剧家协会秘书长、戏剧评论家崔伟,江阴市委常委、宣传部部长程政与国家艺术基金管理中心、中国戏剧家协会、中央民族乐团、中国戏曲学院的专家们一起观看演出并出席专家研讨会。

【江阴"校园小锡班"进京演出】 2019 年 5 月 22 日,江阴"校园小锡班"到北京梅兰芳大剧院进行汇报演出。从江阴 20 所学校挑选出来的 114 名小演员出演。这场演出由 8 个板块、17 个节目组成,演唱《珍珠塔》《玲珑女》《江姐》等名段、红色经典曲目,还有锡剧表演唱《看风采》《永远热爱共产党》《抓住今日勤学习》等自编的新唱段,展示了新时代的新风采。

2019 年 5 月 20 日晚,江阴市锡剧团在北京梅兰芳大剧院演出大型原创锡剧《徐霞客》　　（市文体广电和旅游局提供）

【“大江弦歌”书法作品巡展】 2019年4月8日，由江阴市委宣传部、苏州市相城区委宣传部主办，江阴介居书院、苏州市御窑金砖博物馆承办，北京介居书院美术馆支持的“大江弦歌”名家书写沈鹏吟江阴故里诗词书法作品巡展，在苏州市御窑金砖博物馆开幕。江阴市委常委、宣传部部长程政到现场宣布展览开幕。中国书法家协会理事、江苏省书协副主席、苏州市书协主席王伟林致辞。江阴市向御窑金砖博物馆赠送“大江弦歌”作品集。该展览展出沈鹏吟咏故乡江阴的诗词书法作品80件，由江阴介居书院邀请沈鹏和国内40余名书法家分别书写。随后，又将这些作品送到北京展览。7月18日，该展览会在北京市李可染画院举行开幕式。江阴市市长蔡叶明，江阴市委常委、宣传部部长程政等领导参加。沈鹏的夫人殷秀珍，李可染画院院长李庚，中国教育学会会长顾明远，高级经济师、中国光大集团总公司原董事长、党委书记唐双宁，人民画报社社长于涛，中国书法家协会顾问胡抗美，书法家朱培尔、白景峰、萧丽、吕书庆、张智重、崔世广、周明华等嘉宾出席。

【外省市名家画作在江阴展览】 2019年4月9—20日，市委宣传部、市文体广电和旅游局、市文联共同主办的“南水北山——赵振川国画作品展”在市展览馆第一、第二展厅展出。赵振川是国家一级美术师、陕西省美术家协会名誉主席、中国美术家协会理事。他的作品首次应邀到江阴展览，也是首次在江南举行个人展览。这次展览展出赵振川创作的70余幅山水画。7月8日，“千古江山·丹青流韵——金陵名家青绿山水邀请展”在市融媒体中心江阴广电美术馆开展。有方骏、朱道平、常进、徐建明、薛亮、聂危谷、杨耀宁7名江苏艺术家创作的47幅优秀作品展出。　　（陆　澄）

【韩国师生赴江阴学习中国民乐】 2019年5月13日，韩国金星女子中学、韩国高敞中学两所名校的师生到江阴市天华艺术学校进行文化交流。韩国师生听取民乐讲座，并与天华艺校的师生结对，认真学习葫芦丝、二胡等中国民乐。是日，韩国的这两所学校与江阴天华艺校举行结为友好学校的签约仪式。　　（史晓晔）

2019年5月13日，韩国学生在江阴市天华艺术学校向天华学子学习二胡演奏方法　　（市天华艺术学校提供）

文化遗产保护

【概况】 2019年，江阴市文化遗产保护工作人员开展文物系统安全隐患大排查、大整治专项行动和“防风险、保平安、迎国庆”消防安全检查专项行动，与26个文物古建筑单位签订消防安全自查承诺书。是年，江阴蚕种场被申报入选第八批国家重点文保单位，高城墩遗址、紫金桥被申报入选第八批省级文保单位。兴国塔、尚仁初级商科职业学校旧址2处文保单位精细测绘项目通过验收。年内，向江苏省文物局申报的“国民党江阴要塞司令部旧址维护及陈列改造工程”获批准立项。启动黄山炮台旧址修缮工程、博物馆可移动文物数字化保护利用工程，加快推进刘氏兄弟纪念馆、忠义文化展示馆的建设进度。实施地域文化振兴工程，开展7项历史文化名镇、名村建设专项行动。组织大型锡剧《徐霞客》和江阴“校园小锡班”进京演出。开展“非遗”进校园等活动60余场，举办“文化和自然遗产日”宣传展示宣传活动60余项。《江阴好味道》等19部视频作品上线“学习强国”平台；江阴保护良好的重要文化遗产被摄入《中国影像志·江阴篇》，并在央视十套播出。

【江阴蚕种场入选第八批全国重点文物保护单位】 江阴蚕种场又称长泾大福蚕种场，位于长泾镇泾水北街东端。1928年，由长泾民族资本家宋楚英、宋楚材两兄弟创办。1956年公私合营后改为国营江阴蚕种场。它是国内保存最好、技术最先进的老蚕种场，代表着中国的蚕桑文化，具有独特的历史价值、社会文化价值和建筑科技价值。2002年10月被列为江苏省文物保护单位，得到较好保护。2019年10月16日，国务院核定公布文化和旅游部、国家文物局确定的第八批全国重点文物保护单位，江阴蚕种场名列其中。

【“刘氏三杰”精品文物特展】 2019年5月5日，由市委宣传部、市文体广电和旅游局、市文联共同主办，市博物馆承办的“刘氏三杰”精品文物特展在市博物馆开展。同日举行《文开新域　流芳中华》文物集萃首发式。这次展览展出刘半农、刘天华、刘北茂三兄弟的精品文物近70件，内容反映刘氏兄弟在各自学术领域取得的业绩和人生历程。展品主要源于刘氏后裔的无偿捐赠，有乐器、书籍、相册、印章、信札等。其中张大千、齐白石等名家赠予刘氏兄弟的画作、折扇等珍品，是首次公开展出。

【江阴博物馆赴包头市办特展】 2019年8月15日,奢华的艺术——江阴市博物馆藏宋元明金银器特展在内蒙古包头博物馆开展。包头市委宣传部副部长、市文化旅游广电局党组书记王松涛,包头市文化旅游广电局局长傅民,包头市文化旅游广电局党组成员、副调研员刘志刚,包头博物馆馆长张海斌和江阴市文体广电和旅游局的工作人员出席特展开幕式。该展览展出江阴市博物馆珍藏的82件金银器。这批精品文物具有浓郁的地方特色,代表着宋、元、明代江南地区金银器制作的较高水准,再现了古代先民的生活情趣。

【匠心筑梦——"燕京八绝"非物质文化遗产展】 2019年9月30日,"匠心筑梦——'燕京八绝'非物质文化遗产展"在江阴市博物馆陶白书画馆、陶瓷馆开展。展品均为国家级非物质文化遗产传承大师制作的精品,包括景泰蓝、玉雕、牙雕、雕漆、金漆镶嵌、花丝镶嵌、宫毯、京绣八大工艺门类近200件。这些展品汲取各地民间工艺的精华,形成了"京作"特色的宫廷艺术,具有重要的历史价值、艺术价值和学术价值。展出期间,参观者众多。"燕京八绝"让江阴市民进一步了解到中华民族文化遗产的博大精深,增强了大家对文化遗产的保护意识。

【校园"非遗"运动会】 作为江阴"非遗"传承示范点,江阴市虹桥小学从2016年开始举行"非遗"进校园活动。2019年11月8日,市虹桥小学举办第二届非物质文化遗产运动会。该校围绕"非遗美食""非遗手艺""非遗舞蹈"专题,采用"日常渗透""学科整合""实践体验""文化浸润"等方式开展一系列活动。在这次"非遗"运动会上,每一位学生都学习了2~3项江阴"非遗"项目,在学习、了解江阴传统文化的同时,获得独特的情感体验。

【"小锡班"高质量教学现场推进会】 在江阴城镇的小学里开办"小锡班",是为传承江阴非物质文化遗产,至2019年有20所学校的1000余名小学生加入了课余学习锡剧演唱的队伍。5月22日,从中挑选的100余名小演员进京进行锡剧艺术汇报表演。11月27日,江阴市学校"小锡班"(小学生课余锡剧培训班)高质量教学现场推进会在华西村的华西文体中心举行。推进会上,华士实验小学曙光校区和陆桥实验小学的"小锡班"学员进行汇报演出,展示"锡剧进校园"活动取得的成果。市委宣传部部长程政到现场观看汇报演出。演出结束后,与会人员围绕优化教学方法、激发学习兴趣、提升教学效果展示开展研讨。 (陆 澄)

融媒体

【概况】 2019年,江阴市认真贯彻落实习近平总书记关于"要扎实抓好县级融媒体中心建设,更好引导群众、服务群众"的重要指示和全国、全省宣传思想工作会议精神,根据中央全面深化改革委员会审议通过的《关于加强县级融媒体中心建设的意见》及江苏省、无锡市相关文件精神,于4月15日成立江阴市融媒体中心,又称传媒集团(以下简称"中心")。中心成立后,奋力攻坚克难,积极探索实践,高起点融合组建、高平台深化改革、高质量生产内容、高水平产业经营,媒体融合发展取得新成果。大型融媒体新闻报道有声有色,各类主题报道、专版推陈出新。电视、广播节目高位稳定,7个"10万+"微信矩阵集聚发力。直播、短视频、抖音、海报等融媒体产品成熟多元。"最江阴"APP用户数超30万户。"中央厨房"式生产平台建设投运,集聚裂变发展硬核支撑。融媒体中心建设成果获江苏省县级广电媒体融合创新案例"综合示范案例奖"。"打造'最江阴'城市综合服务平台"被选入2019年度国家广播电视和网络视听产业发展项目库。

【融媒体中心建设】 2019年,江阴市作为全省首批县级融媒体中心建设试点城市,整合江阴日报社和江阴广播电视集团及其下属事业单位,组建江阴市融媒体中心,为市委直属事业单位,相当于正科级建制,归口市委宣传部领导。同年组建江阴传媒集团,与市融媒体中心实行"两块牌子、一套班子"管理。撤销江阴广播电视集团、江阴日报社单位建制,相关职能、人员、资产等全部划入中心。江阴日报社、江阴人民广播电台、江阴电视台、江阴大剧院等事业单位暂保留名称及事业单位法人登记。保留《江阴日报》、江阴人民广播电台、江阴电视台等平台呼号。中心作为党在基层的主流舆论阵地,负责全市媒体融合发展主平台建设,统筹运用全媒体传播手段,发布权威资讯,引导社会舆论;负责搭建社会服务公共平台,参与智慧城市建设;负责搭建线上线下结合的互动交流平台,为市委、市政府了解社情民意提供窗口。中心设立党委会、董事会,为最高决策机构,研究决定重大事项决策、重要干部任免、重要项目安排、大额资金使用等。下设编辑委员会、经营委员会、运营管理委员会、技术委员会,均相当于副科级建制;委员会主任由领导班子成员兼任。按照全面加强党的领导要求和精简高效原则,中心党委书记、主任、董事长实行一肩挑,其他领导职数实行交叉兼任。6月9日,原江阴日报社主体部分搬迁至中心。10月15日,中心部门架构和职能设置全面完成。10月31日,中层干部选拔任职到位。12月,全体员工"双向选择"定岗定位结束。年内,中心成立13个基层党支部,工会、团委、妇联等群众团体均组建完成。

【主流舆论宣传】 2019年,中心做强主业,牢牢守住意识形态主阵地。相继启动大型融媒体新闻宣传活动"大江潮起竞风流""领跑者——高质量发展在江阴",立体式展现江阴发展成果。推出"决胜高水平全面建成小康社会 扎实开展现代化建设试点工作""我和我的祖国"等20多个专栏的专题报道。"江阴发布"微信号粉丝数超16万人次,在无锡政务类榜单上稳居区市板块第一。"最江阴"微信号有15篇文章阅读量超10万人次,其中9月21日江阴发展大会当天推文阅读量超70万人次,转发破万;视频《大江之音》播放量超25万次,双双创下"最江阴"创号以来的最高纪录。"最江阴"微信号粉丝达56.7万人次,日均阅读量达8万次,列全国县级广电微信排名第一位置。"最江阴"APP重大新闻事件常态化快速反应，成为重大新闻事件报道江阴移动端最先“发声”平台之一。对外宣传持续加强，中心发布的原创内容登上“学习强国”平台60余篇。全年广播向中央台发稿被采用20条，其中在主要栏目4条；向江苏省台发稿被采用168条。电视向中央台发稿被采用35条，其中在主要栏目9条；向江苏省台发稿被采用247条，其中在主要栏目47条。

【新闻移动优先战略实施】 2019年，中心实施新闻移动优先战略，不断打造高质量、正能量的融媒体产品。按照“打通、融合、精简、收益”原则，全面推进广播、电视与新媒体的融合，打造“看得见的广播”和“能交流的电视”。原助民服务类电视节目《帮女郎》和电台节目《阿强有话说》全新整合，打造上午广播直播中接听线索——“最江阴”视频实时跟踪报道——晚上电视和新媒体平台同时播出结果的《江阴帮》节目新模式，将听众从广播引流到电视和新媒体平台，实现广播、电视、新媒体的有效融合。大型系列电视纪录片《江阴骄子》、电视真人秀节目《玩嗨》等在节目拍摄、宣传、播出等过程中，均采用短视频、抖音、H5、微信、微博等方式扩展传播渠道。“最江阴”微信号不断拓宽品牌在移动端的影响力，为主流媒体占领新阵地、抢夺网络话语权打牢基础。2月1日起，最江阴抖音号正式运营，重点在正能量短视频上寻求突破，年内生产相关短视频316条，累计播放量达11.7亿，累计点赞数突破8300万，粉丝数165万。6月，最江阴头条号开始运营，与抖音号“两翼齐飞”，至年底发稿8400余篇，累计阅读量2000余万。同时在企鹅号、大鱼号、百家号等平台开通账号，为未来发展做战略储备。“最江阴”APP资讯页面进行全面改版，通过图片式快讯、二维码链接的方式，使之成为融媒体中心不同内容产品输出的一个中转枢纽，为新闻传播开创崭新局面。

【“最江阴”APP建设】 2019年，“最江阴”APP依托江阴作为“集成

2019年，江阴市融媒体中心开展“中央厨房”式生产平台建设

（市融媒体中心提供）

改革第一县”的优势，以打造“服务市民的金字招牌、城市生活的智慧样本、集成改革的闪亮窗口”为目标，积极整合大数据资源，把便民、惠民、利民举措延伸至手机移动端，平台下载量32.8万个，注册用户数超25万户，成为无锡市新型智慧城市百优案例之一。是年，“最江阴”APP对接全市63个市政部门单位（含镇、街道、园区），接入或新建开发79个功能模块，涵盖1841项行政服务、125项公共服务、102项便民服务、7项公益服务、5项资讯专栏，同时吸引8个公益组织、133个便民服务商入驻，全力实现“一体化、一端口、一站式、全天候”的智慧生活服务，功能模块访问总量近1000万次。通过不断加大宣传推广力度，组织开展公益活动，吸引了江阴及周边知名企业的强势关注，多个企业和商家主动上门洽谈并开启合作模式，“秒杀”“限时促销”等多种惠民形式在平台相继呈现，为市民的衣食住行游购娱等提供更多的选择和实惠。

【技术平台建设】 2019年9月，中心投入近3000万元，启动“中央厨房”式江阴融媒体生产平台建设。该平台按照县级融媒体中心建设的规范要求，围绕内容、技术、平台、经营、管理“五个融合”，将大数据、云计算、人工智能融入策划、采访、编辑、发布全流程，打破传统媒体的“板块分割”运作模式，新、老媒体共同策划，各类记者统筹调配，内容产品多种生产，发布渠道多元传播，工作节奏全天滚动，影响范围全媒覆盖，使中心各类优质资源集聚。该平台还与“荔枝云”紧密合作，打造“一朵云，五个功能区”，采用先进的分布式架构，承载视频生产、融合生产、大数据指挥中心、智慧媒资、融合发布矩阵五大功能区。以“技术平台化、业务产品化、服务生态化”为建设路线，真正实现了“一个平台、一次采集、多种生成、多元发布”的融合生产模式。平台还拥有超高清编辑转码、短视频编辑分发、AI智能等多个业内领先的新产品、新技术，为未来发展提供稳定、高效、先进的技术支撑。

【新闻宣传成果】 2019年，江阴市的报纸、广播、电视坚持正确的舆论导向，取得丰硕的宣传成果，在各级评比中，所获奖项在同级媒体中名列前茅。报纸作品获江苏省好新闻一等奖1件、二等奖2件、三等奖3件；获无锡市一等奖3件、二等奖6件、三等奖3件；获中国县市报一等奖5件、二等奖4件、三等奖7件；获江苏省县市报一等奖1件、二等奖2件、三等奖8件。广播电视作品获江苏省特别奖1件、三等奖7件，无锡市一等奖11件、二等奖16件、三等奖5件。 （沈铭玉）

■类目编辑　李缉宁

综　述

【概况】 2019 年，江阴市卫生健康委员会（以下简称市卫生健康委）以党建为引领，扎实开展“不忘初心、牢记使命”主题教育活动，提升扫黑除恶质效，认真接受省委、市委巡察。整合职业健康监管、老龄工作等职能职责，以推进“健康江阴”建设为主线，围绕提升健康水平、集成改革、基层基础、医疗质量、中医服务、公共卫生、综合监管、卫生创新等 8 个方面的重点任务，真抓实干、追赶超越，顺利完成“质量提升年”的各项任务。全市有医疗卫生机构 626 个，其中医院、卫生院 50 个，社区卫生服务中心 11 个；编制床位 7280 张，实际开放床位 9591 张；卫生技术人员 14055 人。全市卫生健康支出 121849 万元，占全市财政支出的 5.27%。全市医疗服务总诊疗 1145.8 万人次，比 2018 年增长 3.2%；收治住院 30.6 万人次，与 2018 年趋于平稳。是年，江阴市成功举办第四轮“中美健康二轨对话”，第四届“健康中国、健康县域”论坛华东峰会，荣获国家卫生城市（区）、健康城市建设示范市、国家级健康促进县（区）称号，被健康江苏建设领导小组办公室评为健康江苏建设示范点；市卫生健康委荣获全省卫生健康系统先进集体称号；市人民医院荣获省卫生健康行业先进基层党组织、平安示范医院、江苏省健康促进医院荣誉称号；市中医院获省公共机构节能示范单位、省健康促进医院称号；市红十字血站街头采血组荣获省表现突出采血班组称号；江阴临港医院“MMC1 + X”慢性病管理新模式获“国家标准化代谢性疾病管理中心（MMC）”。

【中国居民慢阻肺监测工作先进集体】 2012 年在中国疾病预防控制中心的指导下，江阴市疾病预防控制中心组织“慢性阻塞性肺病（简称‘慢阻肺’）监测方法研究试点调查项目”培训工作。2015 年，第一个国家级慢阻肺监测项目中国居民慢性阻塞性肺疾病监测项目启动，江阴市成为该项目的首批 125 个监测点之一。根据监测要求，江阴市制定并下发慢阻肺监测实施方案，成立市慢阻肺监测领导小组和技术指导组，并指定辖区各医疗机构为技术支持单位，呼吸系统疾病临床医生和肺功能检查技师全程参与慢阻肺监测调查工作。在调查过程中，各有关单位、调查点工作人员协同合作，合理分工，及时分析和解决监测中的各种问题。现场调查分为，第一阶段入户调查，由各调查点参加省级培训的村医负责该村入户调查工作，同时均安排村干部作辅助，辖区社区卫生服务中心质控员作现场质量控制，市疾控中心质控员作二次质量控制和数据采集工作；第二阶段集中身体测量及肺功能检测，成立市调查工作队，由慢阻肺监测各个环节所需要的 15 名工作人员组成。至 2016 年，江阴市高质量完成该项目的监测工作任务，收集 600 例个人问卷、身体测量、肺功能检查，肺功能异常者均完成胸片检查和生活质量评估测试评分（CAT）表，监测数据初步反映全市慢阻肺的患病情况，为江阴市乃至省和国家慢阻肺防治的资源配置和干预重点提供基础数据，具有非常重要的社会、经济意义。2019 年，江阴市疾病预防控制中心被中国疾病预防控制中心评为“2014—2015 年中国居民慢阻肺监测工作先进集体”。

【国家中医药管理局调研江阴中医药工作】 2019 年 7 月 10 日，国家中医药管理局调研组一行调研江阴基层中医药工作。调研组实地察看市中医院门诊大楼、集萃堂、名医堂、多功能厅和党员活动室，详细了解医院建设、医联体工作、银医通使用、中医防病和治病内容及党建情况。江阴建设以市中医院和中医类医院为主体、综合医院等其他类别医疗机构中医药科室为骨干、基层医疗卫生机构为基础、中医门诊部和诊所为补充、覆盖城乡的中医医疗服务网络，建设完善中医药服务体系，实施中医“名院名科名医名方名药”战略，打造江阴中医文化名片，加快振兴发展中医药事业。调研组一行对江阴完善的中医服务体系、中医师承教育制度、开展中医治未病工作、建设紧密型医联体、推广分级诊疗制度等做法给予充分肯定。

【组建江阴市卫生健康委员会】 2019 年 2 月 20 日，江阴市委、市政府召开市卫生健康委员会转隶组建大会，会议宣布市委关于市卫生健康委干部调整的决定，传达机构职

2019年2月20日，江阴市委、市政府组织召开市卫生健康委员会转隶组建大会 （黄梦达 摄）

责调整方案，市卫生健康委正式组建成立。根据《江阴市机构改革方案》，将市卫生和计划生育委员会职责，以及市民政局承担的市老龄工作委员会办公室职责，市安全生产监督管理局职业安全健康监督管理职责等整合，组建市卫生健康委，为市政府工作部门。保留市老龄工作委员会，日常工作由市卫生健康委员会承担。新成立的市卫生健康委为正科级建制，设办公室、医政科、中医科（保健科）、综合监督科（政策法规科、职业健康科）、疾病预防控制科（卫生应急办公室）、妇幼健康科、人口监测与家庭发展科、健康促进科（市爱国卫生运动委员会办公室）、老龄健康科（市老龄工作委员会办公室）、规划信息科、财务审计科、组织人事科等12个内设机构。

【省卫生健康委调研江阴医联体建设】 2019年6月18日，江苏省卫生健康委员会调研组一行实地调研江阴市紧密型医联体建设和卫生综合监督情况，先后实地调研市人民医院医疗集团华士分院、影像诊断中心、检验检测中心。在随后的座谈会上，市卫生健康委主任严军明和副主任顾敏华向调研组人员汇报江阴全面开展紧密型医联体建设，在省内率先建立事业法人性质医疗集团、开通医保在线支付模式，将“碎片化”医改转向“集成化”医改的情况。年内，全市加快推进医药卫生体制集成改革项目，加快推进两大医疗集团建设，着力打造服务协同、责任统一、利益共享、管理合一的紧密型医联体。调研组一行充分肯定江阴在紧密型医联体建设上取得的成就，认为江阴从实际出发，推进分级诊疗制度落地落实，打破医改“瓶颈”，探索一条紧密型医联体发展之路。江阴医改思路清晰、成效明显，破解基层医疗单位人才不足的难题，江阴在紧密型医联体建设中取得的经验和做法值得省内其他地方学习和借鉴。

【推进医疗卫生行业安全生产】 2019年，江阴市卫生健康委以国家卫生健康委印发的《医疗和疾控机构消防安全生产工作管理指南》《医疗和疾控机构后勤安全生产工作管理指南》为工作纲领，对标找差、对标整改、对标提高，推进卫生行业安全生产标准化建设，全面强化全系统体制机制建设，推动培训教育常态化、制度化，牢固树立安全发展理念，真正让“安全第一”入脑、入心、入行动，推进医疗卫生领域安全生产工作持续走向纵深。严格落实党政主要负责人为医疗卫生单位安全生产第一责任人，扎实推进各医疗卫生单位安全生产工作，通过增加机关中层干部和培养安全管理专业技术人员，进一步加强行业监督职责。深入查找隐患原因，加强分析研判，实行隐患治理报告、登记、整改、销号制度，确保责任、措施、资金、时限和预案“五落实”，做到排查见底、整治彻底、责任负责到底。9月，市卫生健康委员会安全消防技能培训基地在市人民医院敔山湾院区启用，为江苏省卫生健康委系统首个消防安全技能培训基地。12月，根据市编办《关于进一步落实安全生产职责加强机构编制保障的通知》精神，市卫生健康委增设安全生产监督管理科，增核科长统筹协调部门、行业安全生产监管职责。

【“救在身边”职工志愿服务队技能培训】 2019年5月14日，江阴市卫生健康委和市总工会联合举行“救在身边”职工志愿者服务队授旗仪式暨急救技能培训，深入推进新时代文明实践活动，拓展全市职工志愿服务内容，丰富职工群众急救知识，增强守护生命的应急能力。市健康促进中心和急救中心专业人员组成的志愿者服务团队，对200名来自市级机关和“救在身边”职工志愿者服务队代表进行急救技能培训，针对如何正确拨打“120”、气管异物——海姆立克急救法、止血包扎术和心肺复苏术等进行培训讲解，现场还对心肺复苏术进行演示和志愿者培训。

【在省内率先启动公共卫生驻点服务】 2019年7月26日，江阴市公共卫生驻点项目正式启动。由市卫生健康委选派74名公共卫生专业技术人员组成10支小分队，驻点全市基层医疗卫生机构，打通公共卫生服务便民惠民的“最后一公里”，副市长许晨宣布项目启动并为驻点团队授旗。市卫生健康委全面整合公共卫生优质资源，以医疗集团为平台，把医疗服务和疾病预防控制有机结合起来，在全省率先创新实施公共卫生驻点制度。江阴市公共卫生驻点模式是以市人民医院、市中医院两大医疗集团所辖基层医疗机构为主线，由各公共卫生机构专业人员组建驻点工作小组，按照“片区责任管理”原则，以1～2个镇（街道）为片区安排工作小组驻点，小组各成员按照职责分工负责管辖范围内的公共卫生体系建设、疾病防控和公共卫生等服务。驻点人员重点开展健康需求调查，协助建立科学、

2019年7月26日,江阴市卫生健康委员会举行公共卫生驻点项目启动仪式 （黄梦达 摄）

高效、规范的医疗服务和公共卫生融合管理制度;按人群分类实施精准健康管理,现场指导或组织培训,提升基层服务能力;深入社区、学校、企业开展外联活动,协助构建疾病防控和公共卫生服务新体系,定期开展业务指导和评估工作,进一步推进健康江阴建设。

【完成第五届半程马拉松赛医疗保障任务】 2019年10月20日,"时裳新桥·江阴市第五届半程马拉松赛"在新桥举行。江阴市急救中心按照统一部署,派出急救指挥车1辆,监护型救护车10辆,抽调全市三级以上综合医疗机构急诊科、心血管科、骨科等多个专科骨干人员50余人。依据马拉松赛道路线和赛事特性、参赛人数等情况,市急救中心医疗保障组沿途设置医疗点10个、救护点12个。比赛过程中,医务保障人员成功处置各类伤者80余人,为赛事顺利进行提供有力的医疗保障。 （潘 燕）

爱国卫生

【概况】 2019年,江阴市爱国卫生重点围绕"健康江阴"建设、创卫成果巩固、农村"厕所革命"、病媒生物防制、健康教育和促进等内容开展。健康城市建设稳步推进,健康治理水平不断提升。是年,江阴市被全国爱卫会重新确认为国家卫生城市,被国家卫生健康委确定为2018年度全国健康城市示范市,被江苏省卫生健康委确定为2019年健康江苏建设示范点。全市有3个镇(街道)通过国家(江苏省)卫生镇复审,16个村通过省卫生村复审。"健康江阴"建设框架和体系基本形成,各项政策制度逐步推进,有79个健康村(社区)、12个健康单位建设通过江阴市级命名;1个健康镇、8个健康村(社区)、9个健康单位建设通过省级评估。全市新建(提升)健康步道33条,新建(提升)健康主题公园7个;完成"大三格"化粪池全面取缔并建立动态清零机制;启动各镇(街道)病媒生物防制监测工作,规范设置病媒生物防制设施,打造现代化病媒生物防制示范化小区4个;居民健康素养水平23.66%,成人吸烟率21.94%。全市环境卫生得到较大改善,广大群众的健康水平得到稳步提高。

【巩固卫生创建成果】 2019年,江阴市爱卫会结合全市农村人居环境整治行动、"一推三治五化"专项行动等工作,持续深入开展环境卫生整洁行动,全市城乡环境卫生面貌得到较大提升。市爱卫办坚持培训指导与明察暗访相结合,注重问题跟踪问效,持续推进巩固卫生城镇创建成果行动。各复审卫生镇(街道)根据市爱卫办年初制定的《江阴市爱国卫生工作意见》,明确任务,明确时间节点,成立迎检领导小组,制定迎检工作方案,建立"区域网格制、工作督查制、问题通报制、联合执法制、志愿活动制"等工作机制,做到定员、定岗、定时、定点、定责,开展清理垃圾、清除卫生死角、治理河道、规范农贸市场等专项环境卫生整治行动,实现城乡环境更加整洁有序、健康宜居。年内,青阳镇、云亭街道通过国家卫生镇复审;月城镇通过江苏省卫生镇复审;华士镇龙砂村等16个江苏省卫生村通过复审。

【农村"厕所革命"】 2019年,江阴市爱卫会围绕爱国卫生月"共推'厕所革命'共促卫生健康"的主题,开展丰富多样的爱国卫生现场宣传活动百余场,通过《江阴日报》、"健康江阴"微信公众号等平台进行宣传报道,引导广大群众养成文明卫生健康的良好习惯。同时,市爱卫办组织全面摸清农村"大三格"化粪池底数,制定取缔计划,定期跟踪、推进取缔进度。至10月底,全市建立完成"大三格"化粪池全面取缔的动态清零机制,全年累计取缔"大三格"化粪池546个,清理露天粪坑36个。全市继续结合"一推三治五化"专项行动、农村生活污水治理等工作,推进生态户厕改造,促进农村家庭卫生户厕品质提升。

【病媒生物防制】 2019年,江阴市爱卫会为有效防控登革热、疟疾等传染病,切实保障群众的身体健康和生命安全,结合季节爱国卫生工作,组织开展"春季灭鼠行动""夏、秋季灭蚊行动"。各镇(街道)、各部门认真组织、广泛发动,以清除"四害"(鼠、蟑螂、蚊、蝇)栖息繁殖场所进行环境综合整治;对食品餐饮行业、农贸市场、建筑工地、居民小区等重点场所进行病媒生物防制规范化设置,统一集中投药,有效降低和控制"四害"密度。市爱卫办组织开展病媒生物防制效果监测培训,启动各镇(街道)病媒生物监测工作,掌握全市病媒生物动态变化、密度等情况。全市通过病媒生物防制宣传栏、微信、讲座等方式有效加强病媒生物防制工作宣传。年内,全市继续推进行政村和小区病媒生物防制设施规范化设置，重点打造申港街道朱家湾社区等高水平病媒生物防制示范化小区(社区)4个。

【烟草烟雾控制】 2019年，江阴市爱卫会继续加强全市无烟医疗卫生机构建设，对无烟医疗卫生机构开展控烟督查与指导，对控烟情况定期通报，推进落实整改。围绕5月31日“世界无烟日”主题，全市各镇、街道因地制宜，结合实际，广泛、深入地开展控烟宣传活动20余场，发放控烟宣传资料上万余份。通过“健康江阴”微信公众号开展“拒绝烟草危害，促进肺部健康”健康知识竞赛活动，全民广泛发动共同参与普及禁控烟知识，参与人数10万余人次。 （黄凯烨）

健康促进

【概况】 2019年，江阴市卫生健康委坚持以建设“健康江阴”为总目标，坚持以人民健康为中心，把关注民生、强化服务、群众满意作为党建工作的出发点和落脚点，不断探索健康传播新路径。开展“江阴健康”系列品牌服务，以品牌服务助力健康城市建设。巩固全国健康促进示范市建设成果，提升居民健康素养水平。发挥桥梁纽带作用，打造学术交流平台，举办学术交流活动，做好承接政府职能转移工作。是年，市卫生健康委与多部门合作，以卫生日宣传为主线，联合开展形式多样、内容丰富的健康教育与健康促进活动。举办“心光同行　粉红家园”乳腺癌科普巡讲大型义诊活动、“学雷锋，健康知识进社区”义诊咨询活动、“学雷锋、学炎黄、见行动”科普志愿者服务月活动、“展巾帼风采·与健康同行”主题活动等20场健康教育与健康促进活动。市健康促进中心与急救中心联合承办“救在身边”——职工志愿服务队授旗仪式暨急救技能培训活动，50余个市级机关单位近200名代表参加培训。市健康促进中心与市人民医院、中医院联合承办以“共同呵护好孩子的眼健康，让他们拥有一个光明的未来”为主题的“全国爱眼日”大型专题活动。市健康促进中心与中医院医疗集团联合在市学院场举办“健康江阴·你我同行”——迎接中华人民共和国成立70周年“追梦新时代·传承中医药”大型宣传服务活动。年内，全市老龄健康工作紧紧围绕“医养结合”养老模式、“安康关爱行动”、老年人权益保障、“老年节”敬老系列活动、老年文体特色团队活动等内容开展。江阴55岁以上人口34.82万人，参保2019年中国人寿江阴支公司老年人意外伤害保险人口13.1万人，参保比例37.6%，总保费655万元，总赔款448.7万元，赔付率68.5%；根据《关于设立老年人心理调适和涉老矛盾调解工作站的通知》有关建设要求和《验收评分表》标准，建成4个“双调工作站”；组织申报无锡市老年文体特色团队，江市阳光女子乐坊等8个老年文体特色团队特色鲜明，获无锡市老龄委表彰。市老年大学表演的歌伴舞《太湖美》和曲艺节目延陵鼓书《炎黄精神代代传》入选“无锡2020春晚”。

2019年9月29日，江阴市健康促进中心和市中医院医疗集团联合在市学院场，开展“健康江阴·你我同行”——迎接中华人民共和国成立70周年“追梦新时代·传承中医药”大型宣传服务活动 （吴国英 摄）

【“江阴健康”品牌建设】 2019年，江阴市卫生健康委持续优化“江阴健康”系列品牌建设，以“品牌”提“品质”。全年编辑发行《江阴健康》2期，免费赠阅12000份，普及健康知识与技能；开展“健康五进(进农村、进社区、进学校、进企业、进机关)——百名医师健康巡讲”63场，受益群众8000余人次；10月起在《江阴日报》“早安江阴”栏目新增健康知识传播内容，每周二在江阴电台FM90.7MHz首播，周四重播，共播出12期。年内，在《江阴日报》《健康你我她》栏目刊登科普文章24篇，制作主题专版2期，累计刊发宣传教育内容30篇；举办第34期“健康江阴·走进中医·治未病”端午时节话养阳和第35期“健康江阴，冬季养生，关爱血管，养心护胃”为主题的健康直通车活动。在“健康江阴”微信推送各类信息48期250条，6次进入全市政务新媒体排行榜前三名，1次位列榜首，关注人数达17万余人次；利用“健康江阴”微信平台开展“拒绝烟草危害　促进肺部健康”知识竞赛和“健康江阴·你我同行——携手防慢病，聚力惠民生”健康知识竞赛等活动；发送移动健康短信24条24万人次。在兴澄银座户外电子屏健康栏目，每日20秒健康公益广告循环播放，单日不低于120次；制作更换朝阳公园宣传展板48块。全年发放资料26种，计22.63万份。

【健康教育宣传】 2019年，江阴市爱卫会注重加强市民健康教育和健康教育品牌建设促进工作，优化“江阴健康”系列品牌建设，融合创新的健康教育活动，使居民健康素养水平得到持续提升。年内，市爱卫会结合“爱国卫生月”“世界无烟日”等活动，开展市级各类健康促进活动20次；举办全市青年健康教育讲师团授课大赛；组织特聘讲师和青年讲师,组成全市“百名医师健康教育讲师团”,开展“健康五进”巡回讲座63场,受益群众8000余人次。“健康五进——百名医师健康巡讲”项目被市科协评为2019年江阴市特色科普项目。市级印发健康教育宣传资料26种,22.6万余份;发放健康支持性工具1013套;全市100余个医疗机构启动健康联播平台建设。

【“健康江阴”视频联播平台试点建设】 2019年,江阴市卫生健康委以优质资源共享为目标,在全市各公立医院、卫生院、社区卫生服务中心推行“健康江阴”视频联播平台试点建设,实现播放健康教育视频内容的规范化、标准化、制度化、同质化。全市卫生院、社区卫生服务中心、社区卫生服务站计134个单位的联播平台开展运行,年内播放健康教育音像资料25种7万余次,时长44.88万小时。

【全国“爱眼日”主题活动】 2019年6月6日,江阴市教育局、卫生健康委、融媒体中心响应习近平总书记关于“全社会都要行动起来,共同呵护好孩子的眼睛,让他们拥有一个光明的未来”重要指示,联合在市融媒体演播中心举办第24个全国“爱眼日”眼健康主题活动,通过主题演讲、圆桌讨论等形式,向全市学生普及和推广近视防控的相关知识和理念,强化大众对用眼健康的关注,全面推进学生近视防控健康促进工作,营造全社会共同参与防治眼病的良好氛围。副市长许晨出席活动。

【医师医学学术交流项目推广】 2019年,江阴市卫生健康委注重医师医学学术交流和项目推广,全年举办学术交流活动120次,参会人员达1.5万人次,学术交流和项目推广工作均按计划有序展开,其中省级继续教育项目10项、无锡市继续教育项目18项。并先后与中华中医药学会、江苏省医学会、江苏省医师协会、江苏省抗癌协会、江苏区域乳腺癌学术联盟等上级学(协)会联合举办送教下基层项目7项。关爱女性幸福——盆底康复治疗、探讨全媒体时代下医联体“健康传播”的技能与应用项目,和基于互联网移动端和PC端协同的医学教育软件在医学考试与评估中的应用项目,分别申报2019年江阴市科协科技创新服务活动项目并通过审核。市医学会消化学组组长刘鹏飞带领的“人民医院消化内科团队”获评市科协系统首届优秀科技创新团队。

【“国际乳腺癌宣传月”义诊活动】 2019年10月19日,江阴市妇联、科协、健康促进中心、癌症康复协会、人民医院、香山书屋等多个单位联合在香山书屋君子书吧举办“国际乳腺癌宣传月”大型义诊活动暨第八届“心光同行　粉红家园”肿瘤科普巡讲活动。市人民医院、市心理健康协会的专家,分别从肿瘤的预防、爱自己从现在开始、口腔溃疡与肿瘤、珍爱乳房美丽人生等多个主题作为切入点,进行知识普及和宣讲,呼吁大家珍爱生命,远离癌症,养成健康的生活方式。

2019年6月6日,江阴市教育局、卫生健康委员会、融媒体中心在市融媒体演播中心联合举办第24个全国“爱眼日”眼健康主题活动　　(王　琦　摄)

【城乡居民健康素养调查】 2019年9月,江阴市卫生健康委在全市继续开展居民健康素养项目全监测工作,以全面了解全市城乡居民健康素养水平现状和趋势,有针对性地开展健康干预工作,提高全市居民健康素养水平。为确保监测工作顺利开展,先后指派各监测点调查员分别参加省级健康素养监测调查培训和无锡市级健康素养监测调查培训会议。组织召开全市健康素养监测现场入户调查培训会议,就入户调查方法和技巧、入户调查注意事项等内容进行详细解读。监测工作全程采用平板电脑进行入户调查,调查问卷实时上传并全程录音,提高问卷的真实性。是年,圆满完成6个省级监测点和10个江阴区级点的入户调查工作。累计调查完成素养问卷960份,形成年度居民健康素养与烟草流行监测调查分析报告;全市居民健康素养水平为23.66%,吸烟率下降至21.94%。

【预防出生缺陷日宣传活动】 为贯彻落实《健康中国行动(2019—2030)》,加强出生缺陷防治宣传教育,2019年9月12日,江阴市卫生健康委、妇幼保健院和市健康促进中心工作人员走上街头,在学院场开展以“出生缺陷早预防,健康中国我行动”为主题的宣传活动,广泛宣传江阴市出生缺陷防治系列惠民政策,指导孕期保健工作,并结合大卫生、大健康理念和预防为主的方针,倡导全民健康生活方式。同时,市妇幼保健院联合市残联、妇联等部门,以“9·12中国预防出生缺陷日”为契机,在云亭街道绿城东苑、申港街道江南社区、利港街道港郦花苑南区分别开展一系列宣传活动。活动采取知识讲座、健康义诊、

2019年9月12日，江阴市卫生健康委、市妇幼保健院和市健康促进中心在学院场开展以"出生缺陷早预防，健康中国我行动"为主题的宣传活动

（鞠晓青 摄）

健康咨询、发放宣传资料、设置宣传展板等方式展开，向各社区群众普及出生缺陷防治常识，倡导优生优育和科学备孕。活动当日分别举办专项健康讲座4场次，发放宣传资料近300份。（李燕芳）

【推进"医养结合"养老模式】 2019年10月29—30日，江阴市卫生健康委分别召集市人民医院医疗集团、中医院医疗集团及其成员单位主要领导，召开医养融合养老护理型床位建设推进会；根据国家医养融合政策，布置全市养老护理型床位建设任务。年内全市计划设置养老护理型床位6494张，建成床位3692张；养老护理型床位50张及以上的单位，设立养老护理区并备案；50张以下的单位设养老护理点，由所属医疗集团统一进行备案；民营及改制医疗机构内设养老护理机构按《关于江阴市推进养老护理型床位建设的实施意见》执行，享受护理床位建设补贴；实施老年人长期照顾护理保险，鼓励医养结合型机构快速发展，构建养老、医护、康复、安宁疗护服务相互衔接的一体化养老服务模式，切实提升全市医养融合水平，形成以满足老年人多层次养老需求的"医养结合"养老模式。

【"老年节"敬老系列活动】 2019年重阳节，江阴市迎接全国第七个"老年节"，举行敬老系列活动暨敬老先进表彰颁奖大会和老年文艺会演。市四套班子领导对高龄老人、夕阳红等4个养老机构、英智江澄江康复医院、申港街道申西村居家养老服务中心（站）进行走访慰问活动，对每个单位安排慰问金3万元，共计18万元；提升全市养老护理从业人员的职业技能水平，表彰全市"尊老爱老敬老最美护理员"林丽等10人，以激励广大养老护理员立足岗位、勇当敬老爱老助老标兵，吸引和扩大社会养老护理参与率和影响力；开展文教体娱活动和新《老年法》宣传教育主题活动，举办"我与我的祖国 · 共和国同龄人的故事"征集宣传活动，宣扬老年人无私奉献事迹，胡士勇等6人入选无锡市具有典型性的共和国同龄人。

（程绮艳）

生育管理

【概况】 2019年，江阴市户籍人口出生9094人，人口出生率7.2‰，出生政策符合率99.83%。出生人口性别比103。是年，围绕创建"十三五"江苏省人口协调发展先进县（市、区）抓工作落实，进一步优化计生服务，生育服务登记（含流动人口）下放至村（社区）便民窗口办理，全年办理生育服务登记10360条，其中一孩5307人、二孩5053人。再生育审批权限下放至各镇（街道），发放"批准再生育一个孩子生育证"307份；严格执行计划生育"一票否决"，审核31个批次439个单位（个人）人口和计划生育信息。

【计生奖励扶助】 2019年，江阴市落实计划生育各项奖励扶助政策，切实保障计划生育家庭合法权益。审核农村计划生育家庭奖励对象27899人，发放农扶金2629.3万元；审核计划生育家庭特别扶助对象2434人（其中伤残1028人、死亡1406人），发放特别扶助金1940.84万元；为全市2126名计划生育特扶对象办理2019年度住院护工服务保险，合计33.51万元，并核实因人户分离等原因遗漏的扶助对象并补发特扶金；发放计划生育公益金591户168.9万元。向347人发放计生并发症扶助金计82.02万元。审核企业持独生子女父母光荣证退休人员一次性奖励对象11365人，发放奖励金4088.52万元。其中，对外地户籍在江阴企业持证退休的44人进行登记和资格审录工作。

【流动人口服务管理与人口动态监测】 2019年，江阴市跨省流入人口在江阴出生的子女数为4096人，省内流入人口子女出生数1256人。全年流入人口一孩、二孩生育服务登记数为1621人。全年全市接收省内（外）流动人口婚育协查信息4521条，发送省内（外）流动人口婚育协查信息8135条，全年审核出具流动人口子女入学计生证明10863份。江阴市作为无锡地区唯一的全国人口与家庭动态监测的样本县（市），高质量完成国家的抽样调查，澄江、南闸等5个镇（街道）涉及5个村（社区）共200户参加抽样调查。（曹明珠）

卫生人才队伍

【概况】 2019年，江阴市卫生健康委按照市委、市政府坚持"人才强市战略"的要求，充分发挥党管人才职能作用，全面落实"暨阳英才计划"，大力实施卫生健康人才聚智工程，从引、育、用、留各环节完善人才政策支撑。注重与医学院校联系，抓

住优质生源,跟进洽谈,做好入职入编工作,集聚一批优秀卫生人才到江阴立业。注重年轻队伍素质提升和强基工作,举办"青春心向党 建功新时代"全市卫生健康系统"十佳青年"颁奖典礼暨五四运动100周年纪念演出,提振全系统积极向上的主旋律;举办全市卫生应急管理队伍培训演练。年末,全系统有工作人员8811人,其中卫生专业技术人员7758人,占总人数的88.04%,其中具有卫生类高级专业技术职称1420人,中级专业技术职称3548人,占卫生专业技术人员的56.38%;具有博士研究生学历的工作人员29人,硕士研究生学历的工作人员617人,大学本科学历工作人员3515人,占卫生专业技术人员的53.6%。

【卫生人才招录】 2019年,江阴市卫生健康委本着"提高层次、优化结构、完善梯队、宁缺毋滥"的原则,根据全市基层卫生医疗单位岗位情况,结合工作需要,科学合理地制定人员补充计划,建立完善符合实际需求的人员补充机制,特别注重引进高层次专业技术人员不断充实卫生系统人才力量,提高医疗卫生机构的服务能力。创新人才招聘机制和招录方式方法,采取主动出击的方式,到南京人才交流中心和东北部分高等院校推广宣传,在江阴举行招聘面试,吸引优秀人才。针对部分特别紧缺的专业,采取挂网长期招聘。全年招聘事业编制工作人员166人,其中博士研究生2人,硕士研究生60人,本科104人。落实基层卫生人才"县管乡用"政策,27人纳入专项计划管理,合同制工作人员招聘权限下放医疗集团,突出用人单位自主权,全年录用150人。

【卫生人才引进培养】 2019年,江阴市卫生健康委全面落实住院医师规范化培训,全市各级各类医疗机构新增规培人员107人,其中全科专业21人。组织选派15名基层医务人员参加省乡镇卫生院"务实进修"项目,27名基层骨干人员参加市卫生人才能力提升培训项目。同时,支持医务人员参加各种在职培训学习、外出进修活动,全市有126人次外出进修学习。通过系列培训,以点带面,全面提升区域基层卫生服务水平。"暨阳英才计划"的实施,确立全市卫生人才优先发展的战略,全市有省医学重点人才(共建)1人,省"333工程"* 人才4人,省"六大高峰"人才1人,省"双创"(创新、创业)博士5人,获评无锡市社会事业领军人才3人,无锡市有"突出贡献中青年专家"1人,省青年医学人才9人。年内,科技创新能力持续提升,获省卫生健康委科研项目2项、省中医药管理局科研项目1项、无锡市卫生健康委卫生科技项目13项、无锡市基层适宜卫生技术推广项目5项;获省卫生健康委医学新技术引进评估二等奖3项。全市发表论文SCI 45篇,中华级杂志10篇,北图期刊16篇,统计源期刊60篇,其他杂志500余篇;出版专著6部,获批实用新型专利33件。申办省、市级以上继续医学教育项目,其中国家级继续教育项目2项、省级继续教育项目10项、无锡市级继续教育项目18项;全年举办学习班、培训班等学术活动120期(次),参加医务人员15000多人次;全市医学继续教育覆盖率100%,继续医学教育学分达标率97.64%。

(沈宇芳)

【卫生应急队伍培训演练】 2019年10月31日至11月1日,江阴市卫生健康委组织开展"凝心聚力、携手共健"全市卫生应急管理队伍培训演练,以贯彻落实市委、市政府决策部署,推进全市卫生领域公共安全体系建设,提升全市卫生应急管理队伍凝聚力和战斗力。该活动采取半军事化管理模式,活动内容包括登革热疫情处置培训演练、野外救护、体能训练和管理团队建设等多项项目,强化公共安全意识,提高应急处置能力,锤炼团队合作精神。演练活动中,全体队员讲纪律、听指挥,团结一致、坚持不懈,充分展现全市卫生应急管理队伍敢担当、善创新、能吃苦的优良作风。

(潘 燕)

卫生监督

【概况】 2019年,江阴市依法把好卫生许可关,审核发放、注册、变更各类许可证、资格证4142件。围绕各级各类目标任务,全面部署各条线专项检查38次,抽检各类样品802份,立案查处违法案件112件,罚没款86.64万元。监督检查集中式供水单位3个,二次供水单位39个,现场快速检测出厂水、饮用水样共39份,合格率100%。检查饮用水输配水管材管件企业62个,检查涉水产品生产企业65个,抽检涉水产品样品17件,合格率100%。开展春秋两季学校卫生和传染病防控专项督查,检查各级各类学校和托

2019年10月31日,江阴市卫生健康委组织开展"凝心聚力、携手共健"全市卫生应急管理队伍培训演练。图为应急管理培训演练现场 (鞠晓青 摄)

幼机构114所。抽检23所学校饮用水,3所学校检测不合格,合格率86.97%。完成113所学校的卫生监督综合评价工作,评出A级39所,B级74所。检查抗(抑)菌制剂生产企业5个,其中3个正常生产,分类监督信用评价为A。检查94个医疗卫生机构的消毒产品,均无违规购进使用消毒产品。餐(饮)具集中消毒单位全年抽检4批次计120件样品,合格率为98.33%。开展爱国卫生监督,检查120个医疗机构控烟情况,达标率97%。检查各类有证医疗机构606个,抽检29个公立医疗机构消毒质量监测总合格率96.37%。检查42个预防接种医疗机构,无违法违规行为。检查163个个体诊所、32个开展母婴保健服务的医疗机构,未发现"两非"(即非法鉴定胎儿性别、非法选择性别终止妊娠)违法违规行为。开展医疗机构违法违规行为排查整治、医疗服务质量和医疗乱象专项整治行动,立案查处25件。整治中医养生保健服务乱象,立案查处10件。检查57个口腔诊疗机构,抽检112件消毒灭菌器械,合格110件,合格率98.21%。医疗卫生机构传染病防治分类监督综合评价44个,评价结果优秀单位17个、合格单位27个。检查放射诊疗机构单位97个、放射卫生技术服务机构1个。新建"江阴卫监"微信公众号,发布信息、科普知识123条;利用媒体、网络对外宣传123篇次。开展卫生法律法规培训10次,"七五"普法宣传活动12次,悬挂宣传标语28幅次,接受现场咨询1000余人次,印发宣传资料5000余份。受理各种投诉举报147件,回复、处理结报率100%。

【打击非法行医行为】 2019年,江阴市卫生监督部门继续通过监测哨点、联合整治、复查反馈等形式打击非法行医,先后出动卫生监督员1039人次,监督车辆382车次,组织宣传卫生法律法规11次。针对《2005—2018年无证行医行政处罚名单》,复查回访338人;实施行政处罚62起,罚没款69.39万元,没收非法药品和器械157箱(袋),牙床16台。年内开展非法行医联合整治行动22次,向公安移送涉嫌犯罪案件6件。

【推行行政执法"三项制度"】 2019年,江阴市卫生监督部门全面深化综合行政执法"三项制度"(行政执法公示制度,行政执法全过程记录制度,重大行政执法决定法制审核制度)工作中的卫生行政"执法全过程记录制度"的推行和实施,完善执法全过程记录相关制度18项,更新执法记录仪10台,完善音视频采集工作站和执法综合信息管理存储平台,使音视频系统和卫生监督管理系统无缝对接。依托江苏省卫生监督信息管理平台,实现执法环节全过程可追溯。年内,市卫生监督部门被列为市深化综合行政执法改革现场观摩单位。全年行政检查数1459条,采集音视频资料1873条,行政处罚案件112件。

【中医养生保健服务整治】 2019年2—6月,江阴市卫生监督部门组织开展中医养生保健服务乱象专项整治行动。整治打着"中医养生保健"旗号非法进行中医诊疗活动、以中医药"预防""保健""养生""治未病"等为名或假借中医理论和术语欺骗、诱使、强迫消费者接受诊疗、消费、牟取不正当利益的违法行为。先后出动卫生监督员103人次,检查中医养生保健服务机构45个,10个单位受到处罚,罚没款项41.95万元,其中1件案件处罚的罚没款达38.52万元,为历年来卫生行政处罚数额最大的一件。 (徐 洁)

【推进职业健康监管】 2019年,江阴市卫生健康委根据《中华人民共和国职业病防治法》和全市机构改革要求,对江阴市镇、街道相对集中行政处罚权事项清单中涉及职业健康事项作相应调整,明确各镇、街道执法处罚和卫生健康委协调指导的职责,建立各镇、街道职业健康监管网络。通过举办全市职业健康监管工作实务培训班,对各镇(街道)职业健康监管相关工作人员进行职业健康方面的实务培训,着力提升基层职业健康监管人员的能力和水平。年内,根据江苏省、无锡市统一部署,在全市开展冶金、化工行业领域尘毒危害专项治理工作,围绕尘毒重点环节、重点岗位,优先从工程防护上控制尘毒危害,落实工程防护措施为核心,同时加强职业健康管理,有效控制尘毒危害。

(吕英姿)

【职业病诊断及调查】 2019年,江阴市开展职业病诊断工作,全年诊断职业病48人,尘肺病例病人占比为76.79%。开展放射卫生工作,对3个医院机构进行CT机房和普通X射线机房检测,对2个卫生机构进行设备性能检测,合格率均为100%。规范开展个人剂量监测,完成个人剂量监测911人次。全市完成1056个企业的重点职业病资料收集工作,涉及接触17种重点职业病危害因素39708人。开展江阴市尘肺病随访与回顾性调查工作,调查时间跨度为1975年到2018年,总计调查职业病人2104人。分行业和规模抽取30个企业工作场所进行职业病危害因素监测。

【援助青海开展职业病防治】 2019年8月18日,按照国家卫生健康委扶贫工作要求,江阴市疾控中心作为江苏省卫生健康委的选派单位,派出2名职业卫生专业人员与浙江、山东、广东等地的工作组一起,赶赴青海省开展职业健康技术帮扶工作,协助江苏省疾控中心对青海省海西州德令哈市和大柴旦镇等偏远地区50余个工矿企业进行职业病危害因素监测和职业卫生调查。为当地送去工业企业工作场所职业病危害因素监测、重点行业职业病危害现状调查等技术指导和援助。

(缪 英)

疾病预防控制

【概况】 2019年,江阴市累计报告乙类传染病12种1445例,累计报告发病率为87.57/10万,比2018年下降1.77%,总体呈平稳态势。传染病网络报告率、及时率和完整率均为100%。累计报告死亡病例7例。全市发生2件突发公共卫生事件,均得到规范有效的处置。继续加大艾滋病的检测筛查力度,全年检测各类人群225239例,总人群检测率为13.7%;VCT(艾滋病自愿咨询检测)门诊免费咨询检测1501人次。

全市布设 9 台 HIV(获得性免疫缺陷综合征)自我快速检测自助服务机,24 小时向需要的人群成本价提供艾滋病快检试剂。开展螺情监测工作,防外输入、防内残存钉螺复现。完成调查面积达 121.85 万平方米,任务完成率 120.8%,未发现活钉螺;完成血吸虫病查病 3089 人,任务完成率 111.97%,未发现阳性患者。加大对归国人员等重点人群疟疾防控工作,发现 1 例输入性病例,及时落实规范治疗措施。全年高血压、糖尿病患者健康管理完成率分别为 112.4% 和 112.5%,规范管理率分别为 79.29% 和 77.78%,血压控制率为 65.10%,血糖控制率为 59.67%,以上指标均达到国家基本公共卫生服务规范要求。开展社区高血压家庭远程血压监测管理、全市居民健康期望寿命调查、慢性阻塞性肺部疾病监测、全市慢性病防控社会因素调查等工作,推进全民健康生活方式行动,加快慢性病综合示范区建设迎检。“三减三健”(减盐、减油、减糖,健康口腔、健康体重、健康骨骼)骨质疏松重点人群骨骼干预项目通过省级专家组的中期评估。探索慢病社区—志愿者—患者一体化管理工作的新模式;组织志愿者深入社区,结对帮助慢病患者。开展食品安全风险监测,任务完成率 100%。全年监测食源性疾病病例 1943 例,任务完成率 100%。开展生活饮用水监测,监测覆盖率 100%,任务完成率 100%。完成江苏省农村环境卫生监测工作。对全市的中小学校开展学生伤害监测工作,监测工作覆盖率达 100%,日报告率为 96.52%,伤害发生率为 4.11%。依托疾病监测网络覆盖内的医疗卫生机构,开展省级以上各类监测项目 17 项,其中承担 12 项国家级监测点项目、5 项省级监测点项目。在研 7 项课题,组织申报江阴市卫生健康委课题 2 个,正式发表论文 36 篇,其中中文核心 10 篇、统计源期刊 12 篇。是年,市疾控中心在无锡市条线考核排名中处领跑地位,先后被评为 2014—2015 年度中国慢阻肺监测工作先进集体、江苏省重点职业病监测与职业健康风险评估先进单位;荣获无锡市预防接种技能竞赛团体一等奖、无锡市第二届青年学生艾滋病防治同伴教育主持人技能大赛一等奖的殊荣;通过“国家实验室认可复评审”。

【居民健康期望寿命调查】 2018 年 11 月,江阴市疾控中心贯彻落实《“健康无锡 2030”规划纲要》,根据《无锡市 2018 年疾病预防控制工作要点》,积极探索建立江阴市居民自评健康状况评价体系,科学计算健康期望寿命,启动居民健康期望寿命调查工作。调查历时 4 个月,分为现场调查、质控及统计分析等三个阶段,覆盖夏港街道、月城镇、青阳镇、华士镇、祝塘镇、顾山镇等 12 个村(社区),调查对象合计 2203 名成人居民,通过对调查对象进行认知、情绪、灵活性等 8 个领域的健康状况自评以及 4 种健康情景描述来综合评价自身健康状况,并利用 WHS 量表法进行数据分析。经测算,江阴市居民健康期望寿命高于全国平均水平,但仍应继续加强以慢性病为重点的重大疾病的综合防控和重点人群的健康保护,降低慢性病过早死亡率,着力提升居民生活质量,从而不断提高居民健康期望寿命水平。

【顺利通过国家实验室认可复评审】 2019 年 12 月 22 日,江阴市疾控中心接受中国合格评定国家认可委员会一行 5 人的现场复评审,中心实验室管理水平和检测能力接受全面检验。评审专家组根据国家实验室认可准则(CNAS - CL01)以及在微生物、化学检测领域应用说明等评审准则要求,通过听取汇报、查阅资料、核查仪器设备配置、现场提问、现场演示、盲样考核等检查方式,对市疾控中心实验室质量管理体系文件是否满足准则及管理体系运行要求、运行的符合性、实验室管理及检测能力等方面进行全面考核。专家组一致认为市疾控中心实验室质量管理体系运行、维护和改进工作正常,满足认可准则及其应用说明要求,市疾控中心顺利通过国家实验室认可复评审核。

【法定传染病报告质量省级督查复核】 2019 年 12 月 10—12 日,江苏省级督查组一行 7 人,根据《关于开展 2019 年法定传染病报告质量和管理现状调查现场复核的通知》要求,分别对市卫生健康委、市疾病预防控制中心、第三人民医院、城中社区卫生服务中心、徐霞客医院、利港医院、河塘医院、第五人民医院、北涸医院就法定传染病诊断与报告的管理质量和现状,特别是法定传染病的报告率、及时率、准确率、一致率等指标进行督查,以进一步强化全市对传染病疫情报告工作的规范化、科学化管理。督查组经过全面考核、评估后,对江阴市法定传染病报告质量给予充分的肯定。

【两种疫苗接种列入为民办实事项目】 2018 年,无锡市卫计委和财政局联合发文,规定从 2018 年 12 月 1 日起,无锡市实施适龄儿童水痘疫苗和 65 岁以上户籍老年人肺炎球菌疫苗免费接种。2019 年,江阴市将适龄儿童免费水痘疫苗接种和 65 岁以上户籍老年人免费肺炎球菌疫苗接种列入市委、市政府 2019 年为民办实事项目。4 月,全市各医疗接种单位启用江苏省疫苗管理信息新系统和接种确认系统。11 月初预防接种综合服务管理系统升级改造全部完成,加强疫苗的溯源管理和接种受益群体管理。所有软硬件运行基本平稳,预防接种的规范性和安全性得到有效提升。至年底,全市 28 个接种实施单位为适龄儿童免费接种水痘 7.9 万剂次,为 65 岁以上户籍老年人免费接种肺炎疫苗 4.5 万剂次。

【学生常见病和健康影响因素监测】 2019 年,江阴市疾控中心为认真贯彻落实习近平总书记关于儿童青少年近视防控等工作的重要指示精神,根据《2019 年江苏省学生常见病和健康影响因素监测与干预工作方案》的要求,市疾病预防控制中心组织市人民医院眼科、口腔科、内科、体检科、骨科等相关科室的骨干力量,于 9 月 30 日—10 月 12 日,在全市各类学校中按照整群随机抽样的原则,共抽取 2 所小学、2 所初中、1 所高中、7 所幼儿园,计 2314 名学生,开展常见病和健康影响因素监测。

【首个接种智慧化门诊运行】 2019 年,江阴市疾控中心围绕高质量发展指标要求,选择位于虹桥北路 118

号房屋，一次性投入400余万元进行内部装修和设备采购，建成全市第一个儿童预防接种智慧化门诊。该门诊结构合理、地段适宜，建筑面积500平方米；设置2个询问诊台、5个登记台、1个收费台、9个接种台，半日接种量最高可达360人次。12月16日，该门诊建成运行。该门诊除标准化门诊必需的信息化硬件设备外，还增添门诊智能疫苗分发系统、接种台智能分类存储冰箱、门诊指标大数据分析系统等软硬件设备，预防接种各环节做到规范化、透明化、人性化，营造出安全、规范的接种氛围，受到群众的欢迎和称赞，接种服务体验感和安全感得到较大提升。

【“世界防治结核病日”宣传讲座】 2019年3月24日，江阴市健康促进中心、疾病预防控制中心、中医院共同行动，组织医护人员走进江阴职业技术学院，同职大的师生一起，以“开展终结结核病行动，共建共享健康中国”为主题，举办第24个“世界防治结核病日”宣传活动和讲座。活动设置展板4块，分发宣传资料2000余份，现场参与人数500余人次，旨在推进结核病防治知识的进一步传播。

【结核病防治工作管理】 2019年，江阴市疾控中心加强以结核病防治工作的管理，全市肺结核发病人数和发病率稳步下降。12月26日，市疾控中心举行全市“结核病信息化系统”启动培训会。各医疗卫生单位结核病防治专干、定点医院结核病门诊医生和信息员等40余人参加启动培训。该系统内容涵盖卫生服务站可疑症状者推介筛查、基层医疗机构报告转诊、结核病定点医疗机构临床诊治、基层医疗机构患者督导服药与随访管理、疾控机构追踪与全流程管理。通过信息化系统，实现疾控中心、定诊医院、基层卫生机构间的“三位一体”信息互联互通，实现“医防融合”的有机整合和一体化管理。全年登记肺结核患者515例，比2018年下降3%，病原学阳性率57%，结核病防治工作处于无锡市领先水平。推进耐药防治工作，全年完成新患者耐药筛查233例，新患者耐药筛查率97.49%；完成耐药高危人群筛查34例，高危人群耐药筛查率100%；确诊耐多药患者4例，纳入治疗3例，纳入治疗率75%。开展患者追踪与规范化管理，追踪及转诊到位率99.62%，患者成功治疗率95.95%。落实重点人群结核病主动发现，开展65岁以上老年人及糖尿病人结核病筛查，胸片检查126583人，发现肺结核患者53人。 （缪 英）

2019年3月24日，第24个“世界防治结核病日”宣传讲座活动在江阴职业技术学院举行 （王 琦 摄）

妇幼保健

【概况】 2019年，江阴市妇幼健康服务工作围绕全市卫生健康工作和江苏省、无锡市妇幼健康工作会议部署要求，以落实妇幼民生实事、保障母婴安全、提高出生人口素质为重点，贯彻“大妇幼、大保健、群体全生命周期健康管理”发展理念，加快完善妇幼健康服务体系，全面提升服务质量和能力，着力加强服务监管，促进全市妇女儿童健康水平稳步提升。全市分娩总人数14420人，活产数14374例，发生孕产妇死亡（均为不可避免）3例，婴儿死亡率2.12‰，5岁以下儿童死亡率3.74‰，出生缺陷发生率7‰，孕产妇死亡率21.19/10万人，孕产妇健康管理率97.84%，儿童健康管理率100%。为1.76万人免费提供婚孕前健康检查，免费婚检率79.4%，为55例医学需要人工终止妊娠的孕妇出具医学诊断意见书。年内整合划转公共卫生项目内容，将两癌检查、基本避孕服务、增补叶酸预防神经管缺陷、孕前优生健康检查4个项目，新划入基本公共卫生服务项目，儿童免费视力筛查作为儿童保健项目之一新纳入基本公共卫生。全年妇幼公共卫生服务项目经费1890万元，全额拨付各项目单位确保基本及重大妇幼公共卫生服务项目的实施。是年完成乳腺检查34722人，宫颈检查33849人，累计发现乳腺癌18例、宫颈癌9例、宫颈癌前病变81例，避孕药具不良反应监测1018例，叶酸服用累计8400人，孕前优生4032对。全市妇幼卫生信息系统不断完善，实现与省平台妇幼信息数据对接融合。组织全市母婴保健专项技术实践技能考试，全市有助产技术合格人员473人，计划生育技术合格人员309人发放有备注盖章的合格证。

【出生缺陷综合防治】 2019年，江阴市成立出生缺陷综合防治民生实事项目工作领导小组，负责项目实施；各级医疗机构实行项目工作分管院长负责制，抓好任务落实；项目技术小组强化督导考核，负责业务

2019 年 5 月 30 日，江阴市疾控中心妇委会在市天鹤幼儿园举办关爱儿童健康行动　　（谢晓华 摄）

指导和质量管理。全市加强医防结合的专业人才队伍建设，选送产前筛查定点机构的专业技术人员分批到无锡妇幼保健院、南京鼓楼医院进行系统化、规范化培训，提高出生缺陷各环节的服务能力和技术水平。新增产前筛查、胎儿结构超声检查、高危孕产妇产前诊断、新生儿先天性心脏病筛查等三级预防免费项目。同时在传统新生儿疾病筛查基础上，新增先天性肾上腺皮质增生症免费项目，知情选择 25 种遗传代谢病病种（串联质谱技术）、新生儿耳聋基因检测自费项目，严格落实民生实事。全年完成新生儿疾病筛查 14228 例，新生儿疾病筛查率 98.98%，阳性确诊 22 例，发放补助金额 56965.66 元。全市儿童先天性心脏病筛查人数 14200，筛查率 98.79%；听力筛查人数 14165 人，筛查率 98.55%，确诊 11 例；新生儿遗传性耳聋基因检测筛查人数 2256 人，筛查率 15.7%。

【市妇幼健康宣讲团开展公益宣讲】 2019 年，江阴市妇幼保健院成立“健康宣讲团”，组织开展系列主题宣讲活动，通过公益巡讲的方式，走进社区（村）、学校、企业，向全民传播妇幼健康知识，在预防、治疗、保健、康复等方面为服务对象提供科学、规范的“菜单式”免费专题讲座。其中“男生女生小课堂”分队走进花园、顾山幼儿园和夏港中心、南闸中心、要塞实验小学等 13 所学校及 8 个社区，举办 25 场公益讲座，受惠群众 3500 余人。暑假期间由市卫生健康委牵头，联合共青团江阴市委开展“益 + 青”（公益 + 青年）青少年自护自理夏令营课程，深入社区举办以“我来保护我自己”为主题的专题健康宣讲 4 场次。健康宣讲团成员田甜在孕妇学校和出生缺陷防治技能竞赛中分别荣获全国一等奖、江苏三等奖和无锡市第一名。

（苏秋霜）

【开展全市儿童免费视力筛查】 2019 年，江阴市妇幼健康服务工作将免费视力筛查工作纳入基本公共卫生项目，由市妇幼保健院、人民医院、中医院作为定点筛查单位，深入全市幼儿园开展眼保健和视力筛查工作。11 月，筛查医疗单位和幼儿园共同负责将检查相关数据及时录入信息系统，建立和完善视力电子档案。各定点医疗单位对检查的视力情况进行统计分析，对视力异常儿童提供个性化、针对性强的防控方案，并协同幼儿园做好追踪随访录机工作，各社区卫生服务中心及时将信息系统中视力异常的儿童纳入辖区体弱儿进行规范管理。年内完成视力筛查并建档 18472 人，远视视力不良 1750 人，不良率 9.8%，近视 196 人，近视率 1.06%。

【倡导母乳喂养宣传活动】 2019 年 8 月 1—7 日，江阴市卫生健康委开展第 28 个世界母乳喂养周活动。根据《关于开展世界母乳喂养周系列宣传活动的通知》，以“助力父母，成功母乳喂养”为主题，倡导母乳喂养活动。全市通过对各医疗机构开展强化人员培训、举办专题讲座、发放宣传资料、电视报纸宣传、播放音像资料及电子屏幕滚动等方式，营造母乳喂养良好的宣传气氛。其间，全市各医疗单位参加宣传活动的医务人员达 350 人次，对妇产科及新上岗的医务人员进行相关培训 23 次，培训人次 1593 人；举办健康讲座 31 场，941 人参加，宣传资料发放 3722 份；参与健康教育评价人数 1788 人。9 月，市卫生健康委组织对全市爱婴医院进行复核督导工作，加强爱婴医院的日常监管，将提高母乳喂养率，作为爱婴医院的质量管理的重要内容之一，切实落实促进母乳喂养的各项措施。

（唐妍彦）

医政管理

【概况】 2019 年，江阴市卫生健康委开展紧密型医联体试点建设，发挥龙头医院专科辐射引领能力；推进基层卫生服务模式向健康管理转型，全市家庭医生签约服务团队增至 338 个，累计签约近 17 万人。按照“十三五”规划，重点加强澄东、澄西、澄南、澄东南 4 个片区医疗中心（二级综合医院）建设，提高基层卫生服务能力，市第三院、四院、五院、青阳等 4 个医院被江苏省卫生健康委确定为农村区域性医疗卫生中心（二级综合医院）建设单位，其中市第三院、五院为二级甲等综合医院。年内，有 2 个卫生院通过省示范卫生院验收，5 个村卫生室通过省示范村卫生室验收；2 个卫生院在“优质服务基层行”活动通过基本标准验收。落实医疗机构法定代表人约谈等管理制度，不断提高医疗机构依法执业、诚信经营意识。开展全市医疗服务质量和医疗乱象专项整治行动，打击违法执业、发布虚假广告、术中加价、欺诈骗取医保基金等行为，立案查处33件，吊销诊疗科目1个，罚款52.93万元。组织全市56个医疗机构21个专业共789名医务人员参加“三基”(基本理论、技能、操作)理论知识考试。组织开展全市乡村医生执业再注册工作，完成218名乡村医生执业再注册工作。宣传并贯彻落实《医疗技术临床应用管理办法》，对已备案限制临床应用的医疗技术进行梳理，全市有12个医疗机构23项限制临床应用医疗技术通过备案公示。贯彻落实预防与控制医院感染行动计划，对全市590个医疗机构进行拉网式自查和抽查，整改86个，行政约谈13个，强化重点部门和医疗废物的管理。组织开展“平安医院”创建考评活动，实现“平安医院”覆盖率80%以上，市人民医院获“江苏省平安示范医院”称号。协助举办第四届“健康中国 健康县域”系列论坛之华东峰会，组队参加华东地区吞咽障碍康复病例大赛获团队优秀奖。推进医疗责任保险，加强医疗纠纷预防与处置能力，全年接待群众387批次，1632人次，接待登记投诉(纠纷)案件185件，调解成功并签订书面协议150件，涉及金额700万余元。开展全市医疗机构行风重点领域督查工作，推动全市医疗卫生行业作风得到根本好转，拒收、退回、上缴红包291人次，合计51.3万元。省级媒体正面报道6次，市级媒体正面报道8次。

【医联体试点建设】 2019年，江阴市卫生健康委贯彻落实市政府《关于开展紧密型医联体试点建设的实施意见》，把两个医疗集团(人民医院医疗集团、中医院医疗集团)作为紧密型医联体的实现形式，全力推动集团化运作，打造医联体试点建设责、权、利统一的医疗集团(即由医疗集团实行人、财、物统一管理，落实财务预算、薪酬分配、干部任免、重大事项决策、重大项目实施、大额资金使用集体讨论等制度，规范治理结构和运行规则)。充分发挥龙头医院专科辐射引领能力，大力推进专科联盟和名医工作室建设。年内，两个医疗集团领建专科16个，挂牌名医工作室7个；下派医疗专家176人次，开展胃肠镜检查447人次；开展业务培训67场次，培训人员4055人次。 (李高辉)

【市人民医院列全国县级医院百强第3名】 2019年3月29—31日，由香港艾力彼医院管理研究中心主办的2019年中国医院竞争力大会在广东省广州市召开，江阴市人民医院凭借较强的综合实力，在全国6000余个县级综合医院中，位列全国百强榜第3名，为江苏省县级医院最高排名。在全国智慧医院HIC信息榜单中位列第60名，列全省第4位。同时，在14个县级医院临床专科全国30强排行榜上，市人民医院各相关专科全部入榜并名列前茅。其中，心血管内科、消化内科、肿瘤内科、神经外科均位列第1名，骨科、内分泌科位列第2名，普通外科位列第3名，呼吸内科、重症医学科、妇产科位列第4名，神经内科，儿内科位列第5名，肾脏内科位列第6名，泌尿外科位列第7名。

(张 祥)

【出席第14届国际手外科学会联合会大会】 2019年6月17—21日，第14届国际手外科学会联合会(IFSHT)大会暨第11届国际手部治疗学会联盟(IFSHT)大会在德国柏林举办，来自世界各地的3600余名手外科医生参会，其中中国代表团80余人。江阴市人民医院手外科医生贾学峰、周翔受邀出席，并在大会现场就A4滑车完全切开与A2滑车部分切开修复2区屈肌腱27例的临床效果作发言。国际手外科学会联合会大会每3年举办一次，市人民医院手外科时隔3年再次登上国际手外科学会联合会大会讲台，向世界展示中国手外科的技术水平及科研成果。 (贾雪峰)

【市人民医院胸痛中心获国家级认证】 2017年，江阴市人民医院胸痛中心获国家级认证，2018年着手创建心衰中心，设立心衰门诊和心衰病房，组成由心血管内科、胸心外科、护理部、药学部、康复医学科、营养科、全科医学科、心理科等多学科协作的心衰中心团队，深入开展心衰中心建设培训及演练，与二级医院、社区卫生服务中心完善分级诊疗及双向转诊方案，并在全市范围举办心衰诊治最新进展学习班，举办一系列的心衰患者健康教育活动，取得良好的效果。2019年7月26日，由中华医学会心血管病学分会、中国心血管健康联盟主办的“2019年第三批通过中国心衰中心认证单位授牌仪式”在苏州市举行。市人民医院成为全省首个拥有国家级胸痛中心、国家级心衰中心的县级医疗机构，标志该院心血管疾病诊治水平进入“双中心”时代。

(张 祥 李 健)

【获国家高级卒中中心授牌】 江阴市人民医院高级卒中中心本着打造卒中救治体系，贯通生命绿色通道理念，组建由神经内科、神经外科、急诊、介入科、麻醉科、放射科、超声科、康复医学科、心理门诊、护理、卒中健康管理等多学科团队组成的卒中中心。开辟脑卒中急诊绿色通道，24小时进行各种脑血管疾病的救治和急诊手术，从而缩短救治时间，有效降低卒中患者的死亡率和致残率。常规开展脑梗塞的静脉溶栓、动脉溶栓、介入取栓，颅内及颈部血管狭窄的支架成形术，颅内动脉瘤的介入栓塞和显微外科夹闭术，脑血管畸形切除术、颈动脉斑块的内膜剥脱术，脑出血的微创手术等。2019年5月18日，由国家卫生健康委脑卒中防治工程委员会、中华预防医学会等联合主办的2019年中国脑卒中大会在北京国家会议中心召开。会上，江阴市人民医院被国家卫生健康委脑卒中防治工程委员会授予“高级卒中中心单位”，成为无锡地区首个获国家“高级卒中中心”的地方医院，彰显市人民医院脑卒中防治水平在业界的影响力不断攀升。 (潘 燕)

【江苏体外生命支持中心江阴分中心成立】 2019年2月23日，江苏省人民医院体外生命支持中心分中心签约授牌仪式在南京市举行，江阴市人民医院被授牌成为体外生命支持江阴分中心。中心成立后，省人民医院从技术支持、人才培养等方面进一步推动ECMO(体外膜肺氧合)等急救技术在江阴的开展，打造江阴急救医学体系，建立一张更加有力、更加有效的生命救治网，实现“危重病就近救治”，造福江阴百姓。ECMO 是一种体外循环技术，用一种特殊的装置暂时替代人的心脏和肺脏工作，进行血液循环和气体交换的技术。体外膜肺氧合技术广泛用于心源性猝死、心源性休克、重症心肌炎、急性呼吸窘迫综合征（ARDS）、急性肺栓塞、急性中毒等所致心肺功能衰竭的患者救治，为危重病人的进一步救治，保驾护航赢得时间，成为急危重症患者救治的一线支持措施，此项技术的开展代表着一个医院甚至一个地区在该领域的救治水平和能力。（张雪峰）

【江苏胰腺联盟分中心挂牌】 2019 年 8 月 15 日，江苏胰腺联盟江阴市人民医院分中心暨南京医科大学第一附属医院苗毅教授工作站在市人民医院挂牌成立。市卫生健康委副主任顾李忠，南京医科大学第一附属医院胰腺中心主任苗毅教授及其团队骨干，市人民医院院长高恒，副院长李斌，医务科、科教科、肝胆胰外科负责人，相关科室医务人员 90 余人参加活动。江苏省人民医院大外科主任、普外科主任，教授、主任医师、博士生导师苗毅与该院肝胆胰外科主任刘双海签订江苏胰腺联盟江阴市人民医院分中心协议。市人民医院肝胆胰外科发展迅速，在肝脏肿瘤切除（包括半肝切除、肝中叶切除、肝门胆管癌及胆囊癌根治）、胰腺肿瘤切除（包括胰十二指肠根治性切除、胰腺中段切除、胰腺体尾部切除）等重大开放和腔镜手术领域获得长足发展，吸引全市及周边地区患者就诊，具有一定的影响力。中心揭牌和苗毅教授工作站的挂牌，为江阴人民及周边地区的患者带来福音。

（赵振国）

【8 个医疗联盟成立】 2019 年 4 月 24 日，江阴市内分泌医疗联盟启动会暨糖尿病高级研修班第一批学员结业典礼在市人民医院敔山湾院区举行。该联盟是由市人民医院医疗集团牵头，联合市中医院，市第三、四、五人民医院，石庄、陆桥、文林卫生院，市城东社区卫生服务中心等 31 个医疗机构组成。5 月 25 日，市肿瘤医疗联盟在市人民医院揭牌成立。该联盟是由市人民医院牵头，联合市中医院，第三、四、五人民医院，新桥卫生院、南闸医院、中医肝胆医院、临港医院、开泰医院、百意中医院等 12 个医疗机构组成。6 月 23 日，市呼吸与危重症医疗联盟在市人民医院揭牌成立。该联盟是由市人民医院牵头，联合市中医院，临港医院，市第三、四、五人民医院，青阳、长泾、南闸、徐霞客医院和新桥卫生院等 15 个医疗机构组成。6 月 28 日，市卒中救治中心联盟启动会暨专科骨干培训会在市人民医院举行。该联盟是由市人民医院牵头，联合市第四、五人民医院，徐霞客、长泾、南闸医院等医疗机构组成。6 月 30 日，市乳腺甲状腺肿瘤诊疗联盟（市乳腺癌筛查培训基地）在市人民医院挂牌成立。7 月 7 日，市眼科联盟揭牌仪式在市眼科年会暨第二届暨阳眼科论坛上举行。市人民医院，中医院，市妇幼保健院，市第三、四、五人民医院，徐霞客、临港、长泾、峭岐、青阳、璜土、北涸医院，市中医骨伤医院，新桥卫生院、利港社区卫生服务中心等 16 个医疗机构成为该联盟首批成员。8 月 10 日，市心血管内科联盟成立，首批成员单位包括市人民医院，市中医院，市第三、四、五人民医院，利港、长泾、青阳、临港、徐霞客、周庄、长寿、璜土、南闸、峭岐、中医肝胆、开泰医院，市口腔病防治所，石庄、新桥、陆桥、文林、河塘卫生院，申港、利港、城西、城南、南闸、长泾社区卫生服务中心 29 个医疗机构。8 月 24 日，市急危重症联盟揭牌仪式暨 2019 年市急诊年会急腹症诊治进展学习班在市人民医院敔山湾院区举行。该联盟成员单位有市人民医院、市中医肝胆医院、市中医外科医院、利港医院、周庄医院 5 个医疗机构。（黄文龙　邹　铃　徐学东　张　祥　郑若龙）

【市人民医院医疗集团科学技术协会成立】 2019 年 4 月 28 日，江阴市人民医院医疗集团科学技术协会（以下简称“医疗集团科协”）成立大会在城中院区召开，市科学技术协会、市卫生健康委等主要负责人、市人民医院领导、医疗集团各成员单位负责人和科技工作者 60 余人参加会议。大会讨论通过医疗集团科协章程、选举办法。张华当选为医疗集团科协主席，高恒当选为常务副主席，符耀清、李斌、郁卫刚、张富刚、刘鹏飞、张云庆当选为科协副主席，龚海当选为秘书长。协会下设 9 个专业委员会。

（柴斌英　张　祥）

【市人民医院医疗集团新桥分院揭牌】 2019 年 6 月 14 日，江阴市人民医院医疗集团与新桥镇政府签署“院府合作”建设紧密型医联体协议，市人民医院医疗集团新桥分院正式揭牌。这是继祝塘、华士之后，该医疗集团与镇政府签署的第 3 个

2019 年 8 月 15 日，江苏胰腺联盟江阴市人民医院分中心暨南京医科大学第一附属医院苗毅教授工作站在江阴市人民医院揭牌成立　（张　祥 摄）

“院府合作”协议。江苏省基层卫生人员江阴实训基地、江阴市新桥镇红十字服务中心同期揭牌。加入该医疗集团后，新桥分院在保持新桥镇政府办医主体不变、财政投入渠道不变、依法执业主体职责不变的前提下，由市人民医院医疗集团根据集团建设规范和相关要求，实行人、财、物的统一管理，以五大资源共享中心建设为抓手，加大对各成员单位的管理和技术帮扶力度。

（张　祥）

【首次开展4项技术】 2019年1月3日，江阴市人民医院敔山湾院区神经外科联合放射科、康复医学科，为患者关某进行吞咽造影检查（VFSS），该检查在市人民医院首次开展。4月25日，市人民医院敔山湾院区胸心外科，成功完成首例CT引导下经皮穿刺肺肿瘤微波消融术。8月11日，江阴市人民医院肛肠外科和肝胆胰外科联合完成江阴首例3D腹腔镜下多脏器联合切除术。8月15日，市人民医院完成首例对儿茶酚胺心肌病患者实施的体外膜肺氧合治疗。（王春燕　陆中军　李晓成　孙　琦　张书流）

【列县级医院综合服务能力推荐名单】 2014年，为提升县级医院综合服务能力，助力构建分级诊疗制度，原国家卫计委和国家中医药局于2014年联合印发《全面提升县级医院综合能力工作方案》，在全国范围内启动第一阶段全面提升县级医院综合能力工作。经过3年的能力建设，全国有300个县级医院基本达到县级医院综合服务能力推荐标准要求。2019年8月19日，国家卫生健康委员会办公厅发布《关于印发达到县级医院综合服务能力推荐标准县医院名单的通知》，公布全国达到县级医院综合服务能力推荐标准县医院名单，江阴市人民医院名列其中。（张　祥）

【推进卫生健康系统扫黑除恶专项斗争】 2019年，江阴市卫生健康委认真贯彻落实江苏省、无锡市扫黑除恶专项斗争工作部署，不断推进卫生健康系统综合治理工作。成立市卫生健康委扫黑除恶专项斗争领导小组，制定下发《江阴市卫生健康系统扫黑除恶专项斗争工作实施方案》，明确涉黑涉恶有关问题线索摸排上报和责任分工。各医疗卫生单位利用宣传册、电子显示屏、横幅、网站、微信等开展多种形式的扫黑除恶宣传活动，公开信访举报联系方式，切实提高扫黑除恶专项斗争的知晓率，调动全系统参与扫黑除恶的积极性，形成系统上下同黑恶势力斗争的良好氛围。从重点人员、重点领域、信访投诉等方面全面排查，把医托、医闹、非法行医、黑救护车等作为排查重点，全面排查涉黑涉恶可能线索。排查各医疗纠纷事件132件、医托5人次、非法行医案件6件、非法医疗转运案件9件，移交非法行医线索案件4件。通过与平安医院创建有机结合，坚持重点突破、打防结合、健全机制，有效铲除黑恶势力滋生土壤，不断提升人民群众就医安全感、医护人员行医安全感。（李高辉）

中医药工作

【概况】 2019年，江阴市卫生健康委中医药工作继续贯彻“十三五”中医药事业规划的要求，全面推进江阴中医药事业的振兴发展。打造中医药工作亮点，成立综合医院中医经典病区，打造综合医院中医工作“新阵地”；完成城南、夏港社区卫生服务中心省级中医馆建设项目；推进中医师承教育，15个名中医工作室，招收116名学员跟师学习，加快中医骨干人才培养；开展中医“治未病”，推进全市中医药健康管理，提升中医药服务能力；继续向基层推广中医药适宜技术，全年共举办中医适宜技术培训班3次；开展中医药文化科普巡讲，弘扬江阴中医药文化；加强中医药学术传承工作，与中国中医药管理局流派龙砂医学流派的合作，承办“第八届龙砂医学（国际）论坛”暨国家级继续教育培训班“龙砂特色诊疗技艺培训班”，参会人数逾600人，为江阴中医人搭建学习交流平台；传承国家级非物质文化遗产，古法制作“龙砂奉生膏方”，打造江阴膏方品牌。开展“健康江阴·你我同行”——迎接中华人民共和国成立70周年“追梦新时代·传承中医药”大型宣传服务活动。

【国际中医药文献研究与流派传承学术大会】 2019年10月19日，国际中医药文献研究与流派传承学术大会暨江苏省中医药学会基础理论与文献研究专业学术年会在江阴召开。该会议由世界中医药学会联合会、江苏省中医药学会和江阴市中医药学会合办，南京中医药大学中医药文献研究所、江苏省中医药研究院、江阴市中医院承办。出席大会的领导有世界中医药学会联合会学术部副主任焦云洞，江苏省中医药发展研究中心副主任、省中医药学会副秘书长费忠东，南京中医药大学副校长孙志广教授，江阴市副市长许晨，无锡市中医药管理局副局长徐雯，江阴市卫生健康委党委委员、市中医院党委书记严海东等。开幕式由市中医药学会副会长兼秘书长花海兵主持，开幕式上还举行赠书仪式。朱建华代表国医大师朱良春向江阴市卫生健康委、市中医药学会、市中医院赠送《朱良春全集》。市中医院党委书记严海东向世界中医药学会联合会中医药文献与流派研究专业委员会会长教授陈仁寿和江苏省中医药学会基础理论与文献研究专业委员会主任委员教授朱方石颁发特别贡献奖。在为期3天的活动中，中医学者们开展28场讲座，共同探讨研究中医药文献研究与流派传承发展创新。会议还邀请美国明尼苏达州益寿堂中医研究所博士路玉滨、美国博士布莱恩·格罗萨姆、韩国又石大学教授殷皙玟、马来西亚丽康中医医院主任黄彩霞等海外的专家参会并开展演讲。

【第八届龙砂医学（国际）论坛】 2019年10月21日，由江阴市卫生健康委、国家中医药管理局龙砂医学流派传承工作室主办的第八届龙砂医学（国际）论坛，在江阴长晟温德姆至尊豪庭大酒店开幕，600余名中外中医学者参加。论坛期间，与会专家分别分享了“五运六气”（金、木、水、火、土五行的运行和阴、阳、风、雨、晦、明六气的流转）、龙砂膏方、龙砂开阖六气针法等龙砂特色技艺在临床实践中的应用方法并进行现场示教、观摩活动。同时举行龙砂医学流派传承工作室二轮建设首批后备传承人拜师仪式，众多拜师弟子中包括全国中医特色技术传承骨干人才、江苏省中医“优才”(第四批全国中医临床优秀人才研修项目培养对象，简称“优才”。通过市、省、国三级统考者应对相应“优才”)等中医优秀人才259人。 (缪海蓉)

【市中医院与东大附属中大医院签约合作】 2019年7月5日，江阴市中医院与东南大学附属中大医院签订战略合作协议。江阴市政府副市长许晨、中大医院党委书记郭小明为“东南大学附属中大医院合作医院”揭牌。市卫生健康委员会主任严军明、中大医院院长特别助理徐冰为“东南大学附属中大医院医学影像中心江阴分中心”揭牌。中大医院和市中医院签署合作医院协议和医学影像分中心协议。

【与上海名家合作共建联合门诊】 2019年12月20日，江阴市中医院为推进全市卫生健康事业高质量发展，实施“新三名”(名医、名科、名院)战略，建设高质量、有特色的优势专科，分别与上海交通大学分级诊疗与健康研究所、上海市胸科医院胸外科罗清泉专家团队和上海长征医院骨科倪斌专家团队就合作共建项目进行签约。上海市胸科医院 江阴市中医院胸外科联合病房/联合门诊(肺小结节/肺癌)、上海长征医院 江阴市中医院脊柱外科联合病房/联合门诊揭牌。市中医院胸外科、骨伤科两个专科与上海两个医院的全国知名专家团队缔结共建联盟，通过上海和江阴之间高端专家的柔性流动，借力引智，推动专学科建设，在临床诊疗技能、疑难急危重症诊治水平、科研项目开展、临床新技术新项目等方面积极探索，搭建医疗、科研、教学、培训、医学实践的平台，有效提升重点专学科的服务能力，加快打造江阴市中医院特色专科和优势品牌，更好地为群众提供优质、精准、高效、便捷的医疗健康服务。签约仪式后，上海长征医院骨科教授倪斌、上海市胸科医院胸外科教授陈天翔还开展两场学术讲座。当日，还举行专家义诊，患有肺小结节、颈椎病、椎间盘突出等疾病的近100名患者获益。

2019年12月20日，江阴市中医院与上海市胸科医院胸外科罗清泉专家团队和上海长征医院骨科倪斌专家团队就合作共建项目进行签约。图为签约仪式现场 (吴国英 摄)

【石筱山伤科学术研究中心江阴研究室成立】 石筱山是国内著名的中医伤科大师，是石氏伤科的第三代传人和主要奠基人。石氏伤科在2008年被列入“国家非物质文化遗产”名录。石氏伤科的特色是整治骨折筋伤以及脊柱关节退变性疾病，在颈肩腰腿痛疾病、骨折、脱位整复、术后康复治疗等各方面均具有中医特色。2019年3月16日，江阴市中医院举行石筱山伤科学术研究中心江阴研究室揭牌仪式。该研究室为该学术研究中心首次在县级医院设立的研究室，依托名老中医上海中医药大学教授施杞带队的石氏伤科传人专家团队来江阴开展医教研一体化发展，为广大患者提供更为优质的医疗服务，培养更多的江阴骨科中医人才。揭牌仪式上，市中医院骨伤科胡飞、朱志峰、陈姚飞向施杞拜师。

【举行对口帮扶签约仪式】 2018年，江阴市中医院开始承担与陕西省延川县中医医院的对口帮扶工作。2019年8月20日，市中医院和延川县中医医院对口帮扶签约仪式在市中医院举行。延川县委常委、县政府副县长吴慧婷，副县长王海超，延川县卫生健康局和中医院相关领导等一行10人与江阴市副市长许晨、市卫生健康委主任和中医院相关领导等出席签约仪式。签约仪式由市卫生健康委员会副主任蒋玉军主持。延川县委常委、县政府副县长吴慧婷，延川县中医医院院长邓晓勇，江阴市中医院副院长计忠宁共同签署对口帮扶合作协议。签约后，市中医院继续在医疗管理、人才培养、新技术开展等方面对延川县中医医院开展指导、帮扶、协作。 (吴国英 周凤云)

【龙砂医学流派五运六气传承推广培训班】 2019年4月22日，由江阴市卫生健康委员会和华士镇政府共同主办的江阴市龙砂医学流派五运六气传承推广培训班在华士镇开班。市内各医疗卫生单位主要负责人、中医临床骨干以及来自其他省市的中医爱好者参加。该培训班秉承龙砂医学流派重视传承的特色，国家中医药管理局龙砂医学流派代表性传承人、安徽中医药大学教授顾植山，以“龙砂医学”与“五运六气”为主题作演讲；国家中医药管理局龙砂医学流派主要传承人翁超明、国家中医药管理局龙砂医学学术流派后备传承人郑文龙等龙砂医学专家也进行了授课；部分基层中医工作者，也向与会学员交流各自在学习“五运六气”的心得体会。

图为《医心医意——杏林素问》封面　　（市卫生健康委办公室提供）

【袁士良 AI 工作室正式启用】 2016 年 12 月，全国基层和江苏省名中医袁士良名老中医工作室廉江工作站在广东省廉江市人民医院设立，“传帮带”培养王华等骨干医师。此后，江阴市中医院的袁士良工作室主要成员还不定期参加廉江中医馆诊疗业务，培养廉江市基层名中医，协助建设廉江中医馆，在病房开展中医药治疗等，深受到当地群众欢迎。2019 年，市中医院注重利用“互联网 + 中医”的手段，建设袁士良远程 AI 工作室项目。5 月，该工作室开展的科研项目《通过人工智能构建区域化智慧中医医联体的研究与应用》中“袁士良名中医优势病种诊疗体系”应用于廉江市人民医院，廉江的中医药工作人员可以通过线上开方系统，采用袁士良学术思想和临床经验，选用经验方，更好的助力廉江中医药工作。7 月 22 日，“江阴市中医院—廉江市人民医院袁士良 AI 工作室”在市中医院名医堂正式启用。启动仪式后，袁士良在其廉江传承弟子王华的配合下进行远程会诊，开出第一张远程 AI 处方。袁士良 AI 工作室的启动，让名中医网络传承、远程会诊指导有机结合，使两个医院在中医药合作、专家合作、师承带教、疑难病诊疗方面变得更密切。

【《医心医意——杏林素问》出版】 江阴市一贯注重中医推广，市中医院 2014 年开设“杏林素问”微信公众号，发布中医科普，传播健康理念。公众号文章内容丰富，大多结合临床中病患者的实际健康需求，诸如身心并重、季节养生、中药应用等等，用浅显的语言表述中医养生和健康的理念，且形式活泼，图文并茂。公众号发布以来，深受读者的喜爱，转发面广。“杏林素问”公众号也申请到江苏省中医药科技项目的立项。2019 年 6 月，市中医药学会秘书长，《江阴中医》责任编辑，副主任中医师，兼职副教授花海兵主持，将历年“杏林素问”公众号发布的优秀文章，汇编成《医心医意——杏林素问》一书，作为中医科普书籍由东南大学出版社出版。为推广中医知识，制作“杏林素问全知道”视频，获得江苏省第五届科普公益作品大赛优秀组织奖。7 月，该书科普宣讲团受邀入围参加江苏省第四届志交会并进行现场展示与互动。9 月，参加江阴市科协组织的“科协工程师学会代表大会”活动，同时举行该书作为中医科普书籍赠书仪式。　　（缪海蓉）

江阴市中医院—廉江人民医院袁士良 AI 工作室启动仪式　　（吴国英 摄）

■类目编辑　赵修平

体 育

综 述

【概况】 2019 年，江阴市体育工作始终坚持“体育服务民生”理念，以创新求突破，群众体育出“效”、竞技体育出“名”、体育产业出“彩”，全力汇聚江阴体育新高地，各项工作整体推进、均衡发展，取得明显成效。成功承办2019 年国际男篮亚特拉斯系列赛、“四方杯”全国游泳俱乐部锦标赛等省级以上体育竞赛 13 项次。全年组织各级各类群体赛事 550 余项次，直接参与活动者达 50 万余人次，经常参加体育锻炼人数比例达 52. 1%。开展江阴市青少年阳光体育联赛系列赛事 16 项次，参赛运动员近 6000 人次。“五方联办”的江苏省象棋队员徐超代表中国队出战第十六届世界象棋锦标赛获个人和团体双料冠军，成为中国象棋史上第 9 位世界冠军。江阴职业中专学生吴魏获第二届世界青少年象棋锦标赛男子 16 岁组冠军。江阴市运动员在第二届全国青年运动会中，获男、女足球项目 3 枚金牌。江阴海澜马术俱乐部骑手孙华东、包英凤获东京奥运会三项赛团体资格。是年，江阴四方游泳康复产业股份有限公司（以下简称江阴四方）被授予中国“国家体育产业示范单位”称号，江阴海澜马文化主题旅游景区荣获“全国体育旅游十佳精品景区”称号。

【江阴四方获评国家体育产业示范单位】 江阴四方游泳康复产业股份有限公司是集产品研发、生产销售、售后服务、产业投资、运营管理于一体的实体企业，率先在国内推出装配式游泳池，并制定相关国家标准，通过构建高水平的现代化游泳运动管理服务平台，引进规模化、标准化的拼装游泳池连锁品牌管理模式和运营合作模式，完成由制造业向服务业的转型升级，引领中国游泳装备产业的高质量发展，实现从装配式泳池到装配式游泳馆的腾飞。该公司的系列产品不断更新，自第一代拼装池问世，到工程范例遍布全国各地，品牌优势凸显，先后拥有 45 项国家专利，其中 5 项为发明专利，成为行业的标杆，企业也由产品供应商成长为提供集成化解决方案的服务商。2018 年被复评为江苏省高新技术企业，入选江阴市“专精特新”科技“小巨人”企业名单。2019 年 6 月 24 日，在南京市溧水区举行的江苏省国家体育产业基地授牌仪式上，“江阴四方”被授予“国家体育产业示范单位”称号。

【海澜景区获评中国体育旅游十佳精品景区】 江苏江阴海澜马文化主题旅游景区（飞马水城）是集马术训练、表演、比赛以及休闲、度假为一体的国际化、综合性马术基地，其中包含马术表演馆、马文化博物馆、海澜美术馆、马儿岛酒店、桃园山庄大酒店、飞马水城酒店等，是一个大型的马文化综合旅游项目。每逢节假日，全国各地的游客慕名而来，也是苏南地区周边游的好去处，成为

2019 年 9 月 21 日，江苏省青少年足球精英联赛男子 0 – 14（江阴赛区）在江阴体育中心举办。图为比赛现场（市档案史志馆提供）

江阴一张旅游名片。2019 年 11 月 28 日,在广州召开的 2019 年中国体育文化博览会、中国体育旅游博览会上,江阴海澜马文化主题旅游景区获评中国体育旅游十佳精品景区。

【徐超获第十六届象棋世锦赛双料冠军】 2019 年 10 月 11 日,第十六届世界象棋锦标赛和第二届青少年世界象棋锦标赛在加拿大温哥华落下帷幕。在世界象棋锦标赛男子个人决赛中,中国队徐超夺得个人冠军。徐超成为继吕钦、赵国荣、徐天红、许银川、赵鑫鑫、蒋川、王天一、郑惟桐之后,中国第九位象棋世界冠军。同时徐超还联手汪洋为中国队夺得男子团体冠军。徐超为江苏省棋牌运动管理中心、江阴市文体广电和旅游局、江阴市云亭街道办事处、江阴初级中学、江苏海特服饰股份有限公司"五方联办"的江苏省象棋队一队队员,长期在江阴训练和生活。

【吴魏获第二届青少年世界象棋锦标赛冠军】 2019 年 10 月 12 日,第十六届世界象棋锦标赛和第二届青少年世界象棋锦标赛在加拿大温哥华落下帷幕。中国队选手吴魏参加男子 U16(16 岁年龄组)比赛,10 位世界顶尖少年棋手进行单循环制比赛。吴魏在比赛中击败上海队友华辰昊后,拿到开局的四连胜,随后虽然输给另一名中国棋手刘通,并与越南的潘阮公明弈和,最后吴魏以 7 胜 1 和 1 负的战绩,获男子 16 岁年龄组冠军。吴魏系江苏省象棋二队队员,"五方联办"的省象棋队落户江阴后,吴魏就读于江阴职业中专计算机班,平时在江阴市全民健身馆参与训练。

群众体育

【概况】 2019 年,江阴市文体广电和旅游局坚持普惠共享,推动群众体育更快发展。提档升级"10 分钟体育健身圈",对全市健身点进行规范整治,新建健身步道 25 千米,体育公园 6 个。城乡建设"1310 工程"*江阴绿道大桥道和江阴全民健身馆投入使用。全市 90 所中小学校体育设施向社会开放,占比达 97.8%。组织开展元旦公益徒步、全民健身日活动等 25 项千人以上规模品牌活动。高质量提升全民健身服务水平,全市单项体育协会 58 个,市级体育俱乐部 68 个,社会体育指导员 5715 人,实现每万人拥有社会体育指导员 35 名;国民体质测试实现全覆盖,达标率 95.6%。全年组织各级各类群体赛事 550 余项次,直接参与活动者 50 万余人次;经常参加体育锻炼人数比例 52.1%。

2019 年 8 月 8 日,江阴市举行全民健身日荧光夜跑活动　　(陆　澄 摄)

【迎新年全民健身系列活动】 2019 年 1 月 1 日,2019 年江阴市全民健身活动启动仪式暨"江阴银行杯"第五届元旦公益徒步大会在江阴体育中心举行。无锡市委常委、江阴市委书记陈金虎宣布江阴绿道大桥段启用、徒步活动开始,市长蔡叶明讲话,市人大常委会主任孙小虎,市政协主席徐冬青等市领导出席并参加徒步活动。来自全市各行各业 6000 余名市民,参加全长 6 千米的健步行。活动路线从江阴体育中心主会场上绿道向南至延陵路口,再从延陵路口下至大桥路回至江阴体育中心主会场,活动不计时不排名,以休闲体验为主。活动秉持"祝福江阴,为爱行走"的初心,所有的活动报名费全部资助于江阴白血病患儿和困难家庭。活动现场还设置捐衣、捐书点,捐赠物品均送往江阴贫困家庭和西部贫困山区。元旦是日,除公益徒步大会外,还举行健身展示和棋类、拔河比赛等多种活动,各镇(街道)也同时组织开展形式多样、丰富多彩的体育活动或体育表演等。

【全民健身日暨创建健身模范市启动仪式】 2019 年 8 月 8 日,江阴市全民健身日暨创建全国全民运动健身模范市启动仪式在江阴体育中心举行。江阴市委常委、组织部部长邵文松和宣传部部长程政,副市长张韶峰出席启动仪式。启动仪式后,2000 余名市民在江阴绿道参加荧光夜跑活动。该活动旨在引导和鼓励全市广大市民群众,积极参与体育锻炼,掀起全民健身热潮,不断提高全民体质,更好地服务于新时代江阴高质量发展大局。

【第五届精英人才暨慈善公益徒步活动】 2019 年 11 月 17 日,江阴市第五届精英人才暨 2019 慈善公益徒步活动,在江阴芙蓉湖公园樱花广场拉开帷幕,活动以"爱国、奋斗、奉献"为主题,旨在鼓励江阴各行各界精英人才在事业打拼之余加强身体锻炼,更好地为创新创业提供有力保障。该活动由江阴市委组织部、市文体广电和旅游局、市慈善总会共同主办。郑海霞、唐九红、柴云龙、王丽萍、杨凌、叶乔波、张宁 7 名奥运冠军、世界冠军代表,率领全市 800 名各行各业精英,用徒步的方式诠释公益与体育文化的深度融合,把美好向上的正能量在江阴这座城市传递。市委常委、组织部部长邵文松，副市长虞卫才、张韶峰出席活动。

竞技体育

【概况】 2019年，江阴市文体广电和旅游局坚持普及提升，参赛成绩实现新突破，竞技体育的水平获得更高提升。江阴市运动员参加第二届全国青年运动会获男、女足球项目3枚金牌。江阴海澜马术俱乐部骑手孙华东、包英凤获东京奥运会三项赛团体资格。“五方联办”的江苏省象棋队员徐超代表中国队出战第十六届世界象棋锦标赛获个人和团体双料冠军，成为中国象棋史上第9位世界冠军。江阴职业中专学生吴魏获第二届世界青少年象棋锦标赛男子16岁组冠军。江阴国际跳棋队在省智力运动会上获金牌9枚、银牌3枚。在省县组田径赛中，江阴田径队以总分248分，金牌7枚获团体总分第三名。全市开展田径、足球等8个业余训练项目，业余训练队伍竞技水平得到提升，在第二十届省运会周期，完成向无锡市队输送并注册入队学员300人。年内组织承办2019年国际男篮亚特拉斯系列赛、“四方杯”全国游泳俱乐部锦标赛等省级以上体育竞赛13项次。组织开展江阴市第五届国际半程马拉松赛，参赛选手超8000人。组织开展全市青少年阳光体育系列赛事16项次，参赛运动员近6000人次。

【青少年阳光体育开展】 2019年，江阴市文体广电和旅游局根据无锡市小学生体育竞赛要求，制定下发《2019年江阴市青少年体育竞赛计划》，落实参赛队伍，做到目标任务早落实，科学谋划江阴市级青少年体育联赛，规范办赛要求，传递“健康、运动、阳光、未来”理念。年内，先后举办小学生羽毛球、中小学乒乓球、校园足球、小学生篮球等16项次的比赛，参赛运动员近6000人次。同时派队参加无锡市组织的小学生乒乓球、足球、羽毛球、跆拳道、轮滑、网球等23项次中的21项次的比赛，均获优异成绩。

【全国滑翔伞定点联赛(江阴站)】 2019年7—10月，全国滑翔伞定点联赛分4站在全国各地举办，为国内最高级别的滑翔伞比赛。首站比赛于7月24—26日在江阴市花山滑翔伞基地举办。江阴站比赛由国家体育总局航管中心主办，江阴市政府承办，江苏省航空运动协会、江阴市南闸街道办事处、江阴市文体广电和旅游局、江阴市融媒体中心(传媒集团)、江阴澄飞体育旅游有限公司共同协办。来自全国的59名滑翔伞运动员参加男子组、女子组、个人定点降落和团体定点降落比赛。中国滑翔伞国家队选手吴勇获男子组冠军，中国地质大学学生朱续芬获女子组冠军，劲浪体育队获团体冠军。同时同地还举办省滑翔伞定点联赛。

【国际男篮亚特拉斯系列赛(江阴站)】 2019年6月22—24日，“185联盟”杯国际男篮亚特拉斯系列赛(江阴站)在江阴体育馆举办，中国、美国、波兰、立陶宛4支男篮队参赛。22日开幕式上，江阴市副市长张韶峰致欢迎词并宣布比赛开幕，国家体育总局竞技体育司球类项目处处长常耀分别为该次赛事冠名单位江阴市壹捌伍篮球俱乐部总裁林磊渊和市文体广电和旅游局局长周晓虹颁发“特别贡献奖”及“赛事优秀运营奖”。3天比赛中，中国国奥男篮队分别与立陶宛、波兰、美国3支球队展开3场比赛。23日，中国国奥男篮和美国男篮走进江阴澄江中心小学，开展篮球进校园活动，助推江阴青少年篮球运动的开展。

2019年10月20日，“时裳新桥·江阴”第五届国际半程马拉松赛在江阴新桥镇开赛 (黄谷盈 摄)

【“时裳新桥·江阴”第五届国际半程马拉松赛】 2019年10月20日，“时裳新桥·江阴”第五届国际半程马拉松赛在江阴新桥镇举行，无锡市委常委、江阴市委书记陈金虎为承办单位新桥镇颁奖并宣布比赛开始，市长蔡叶明致辞，市领导孙小虎、徐冬青、程政、张韶峰、王庆春出席开幕式。该届在江阴举办的半程马拉松赛事，成功申报为中国田径协会马拉松B类赛事，赛事级别、赛事规模和赛事服务均全新升级，各项赛事筹备工作都按照较高的规格执行。8000余名海内外专业运动员和马拉松爱好者分别参加21千米半程马拉松、10千米竞速跑或6千米健身跑。

【中国象棋协会城市团体赛】 2019年11月3—5日，中国象棋协会城市团体赛在江阴新爵国际酒店举行。该赛事由中国象棋协会主办，江苏省棋类运动协会、江阴市文体广电和旅游局承办。此次比赛是全国首次举办的象棋城市团体赛，为全国广大象棋爱好者提供一个切磋交流的平台，同时进一步提升象棋活动的社会影响力和江阴城市形象。3日，江阴市副市长张韶峰出席开幕仪式并宣布比赛开幕，国家体育总局棋牌运动管理中心象棋部副主任李泽超、江苏省棋牌运动管理中心主任杨伊明分别致辞。该比赛由国内26个单位、200名运动员参赛，奖励团体前16名，发放奖杯和团体奖金，成都象棋队获冠军。

【江阴市运动员获全国青年运动会3金】 2019年，江阴市运动健儿发扬敢于拼搏的精神，在第二届全国青年运动会广西梧州赛场U14男子足球项目决赛阶段，分获U14男子足球与田径项目金牌和足球项目第六名。在山西太原赛场U18女子足球项目决赛中，分获U18女子足球与田径项目和足球项目两块金牌，圆满完成省局和无锡市下达的指标任务。

2019年江阴市承办省级及以上比赛一览表

表45

<table>
<tr><th>项目</th><th>时间</th><th>参赛队</th><th>人数</th><th>地点</th></tr>
<tr><td>江苏省“小太阳杯”棋类比赛</td><td>1月1日</td><td>全省各市</td><td>1000</td><td>市新爵大酒店</td></tr>
<tr><td>全国游泳俱乐部锦标赛</td><td>4月20—21日</td><td>38</td><td>1022</td><td>市民水上活动中心</td></tr>
<tr><td>江苏省第十六届国际跳棋特色学校比赛</td><td>5月11日</td><td>10</td><td>215</td><td>华士实验小学</td></tr>
<tr><td>江苏友好城市足球邀请赛(江阴站)</td><td>6月14—17日</td><td>17</td><td>300</td><td>江阴体育中心</td></tr>
<tr><td>国际男篮亚特拉斯系列赛(江阴站)</td><td>6月22—24日</td><td>4</td><td>103</td><td>江阴体育馆</td></tr>
<tr><td>“省长杯”江苏省青少年校园足球联赛总决赛初中组</td><td>7月8日</td><td>80</td><td>1584</td><td>市第二中学
市第一初中</td></tr>
<tr><td>全国滑翔伞定点联赛(江阴站)</td><td rowspan="2">7月24—26日</td><td rowspan="2"></td><td>65</td><td rowspan="2">花山滑翔伞基地</td></tr>
<tr><td>江苏省滑翔伞定点联赛</td><td>40</td></tr>
<tr><td>第三届“芙蓉杯”全国青少年足球邀请赛</td><td>10月2—5日</td><td>51</td><td>584</td><td>江阴体育中心</td></tr>
<tr><td>“江阴四方杯”江苏省青少年游泳系列大奖赛</td><td>10月26—27日</td><td>34</td><td>653</td><td>市民水上活动中心</td></tr>
<tr><td>中国象棋协会城市团体赛</td><td>11月2—5日</td><td>26</td><td>200</td><td>新爵国际酒店</td></tr>
<tr><td>“省长杯”江苏省大学生男子足球联赛</td><td>11月14—19日</td><td>8</td><td>200</td><td>江阴职业技术学院</td></tr>
<tr><td>江苏省第十七届国际跳棋特色学校比赛</td><td>12月14日</td><td>12</td><td>255</td><td>花园小学</td></tr>
</table>

2019年江阴市参加国家级及以上比赛成绩一览表

表46

<table>
<tr><th>运动员</th><th>赛事名称</th><th>时间</th><th>地点</th><th>项目组别</th><th>名次</th></tr>
<tr><td>周佳琪</td><td rowspan="9">全国中小学生国际跳棋锦标赛</td><td rowspan="9">4月5—7日</td><td rowspan="9">山东胶州</td><td rowspan="9">团体</td><td rowspan="4">一</td></tr>
<tr><td>沈　行</td></tr>
<tr><td>曾子辰</td></tr>
<tr><td>刘朱娟</td></tr>
<tr><td>王子琦</td><td rowspan="5">二</td></tr>
<tr><td>陈　飞</td></tr>
<tr><td>王清圆</td></tr>
<tr><td>夏志成</td></tr>
<tr><td>黄一恒</td></tr>
<tr><td rowspan="2">U14男子足球队</td><td rowspan="2">第二届全国青年运动会</td><td rowspan="2">5月21日</td><td rowspan="2">广西梧州</td><td>足球与田径项目</td><td>一</td></tr>
<tr><td>足球项目</td><td>六</td></tr>
</table>

续表 46

运动员	赛事名称	时间	地点	项目组别	名次
高睿启	全国 U 系列游泳比赛	6 月 28—30 日	浙江海宁	4×100 米混合泳接力	一
				4×100 米自由泳接力	三
				400 米自由泳	四
				200 米自由泳	五
				1500 米自由泳	八
亓　雪	威凯杯全国象棋等级赛	7 月 14—19 日	北京	个人	三
尤云飞	全国棋协大师赛	7 月 19 日	陕西西安	地方棋协大师组	一
王子琦	2019 年全国青少年国际跳棋锦标赛	7 月 19—23 日	广东中山	64 格 U14 男子组	三
周艳兵	全国田径锦标赛	7 月 8—9 日	辽宁沈阳	4×200 米接力	一
				4×100 米接力	一
	全国田径大奖赛总决赛	8 月 25 日	黑龙江大庆	4×200 米接力	一
				4×100 米接力	一
钱文泽	第二届全国青年运动会	8 月 16 日	山西太原	七项全能	一
史云恒		8 月 16 日	山西太原	异程接力	一
				400 米	二
				4×400 米接力	二
殷建冬		8 月 16 日	山西太原	女子 10 千米个人计时赛	三
				场地女子 2 千米个人追逐赛	六
				场地女子乙组团体追逐赛	三
				女子 52 千米个人赛	三
	全国公路自行车锦标赛	8 月 23—28 日	内蒙古乌海	个人计时赛	一
曹淑静	第二届全国青年运动会	8 月 16 日	山西太原	女子垒球	一
蒋罗艺					
U18 女子足球队				女子足球与田径项目	一
				女子足球项目	一
唐成杰				摔跤男子 65 公斤	三
戴林妍				柔道混合团体赛	一
				女子柔道 78 公斤	三
景叶涵	全国大学生柔道锦标赛	10 月 15—16 日	辽宁兴城	女子柔道 63 公斤	三
					二
徐　超	第十六届世界象棋锦标赛	10 月 11 日	加拿大温哥华	男子象棋个人	一
				男子象棋团体	一
吴　魏	第二届青少年世界象棋锦标赛	10 月 12 日		男子个人	一
许紫春	2019 年世界军人运动会	10 月 18—27 日	湖北武汉	拳击项目女子 57～60 公斤级	一

续表 46

运动员	赛事名称	时间	地点	项目组别	名次
沈　行	第四届全国智力运动会国际跳棋比赛	11 月 8—18 日	浙江衢州	100 格少年男子组	四
曾子辰				100 格少年男子组	四
周佳琪				100 格少年女子组	四
刘朱娟				64 格女子组	五
陈　佳	全国女子垒球锦标赛	11 月 19 日	四川攀枝花	女子垒球	一

体育产业

【概况】 2019 年，江阴市文体广电和旅游局坚持项目引领，培育体育产业更强实力。引导培育江阴四方游泳自主创新，装配式游泳馆成为行业领先标杆，被授予国家体育产业示范单位称号。做好省、市共建体育健康特色小镇和省体育服务综合体创建工作，引导江苏江阴海澜马文化主题旅游景区（飞马水城）升级转型，被授予中国体育旅游十佳精品景区。积极培育连锁经营、网络销售等新兴商业形态，相继推出体育场馆实时状态监测系统、体育场馆在线订场系统，游泳卡自动售卖机。是年，全市体彩销售总量超 10 亿元，超额完成年度目标；暨阳体育产业发展有限公司完成营业收入超 3800 万元，接待观众及市民健身超过 120 万人次。

【组织上级产业资金申报】 2019 年，江阴市文体广电和旅游局组织全市企业参加省“双创计划”申报评选工作，先后对 6 个企业的项目进行业务辅导，参与省级体育产业发展专项资金申报落实；完成 2011—2015 年度省级体育产业发展引导资金项目检查结果及处理意见上报工作；完成 2016—2017 年度省级体育产业发展引导资金项目绩效考评，并委托第三方进行有关项目的审计工作；组织开展完成 2019 年省级体育产业发展专项资金申报。

【体育产业单位服务保障】 2019 年 5 月 23—26 日，2019 中国国际体育用品博览会在国家会展中心（上海）举行，江阴市文体广电和旅游局组织江阴四方游泳康复产业股份有限公司、江阴市文明体育塑胶有限公司、无锡棱光智慧物联技术有限公司、无锡绿舒坦人造草坪有限公司参展。江阴四方游泳公司在展会上推出最新的装配式游泳馆，国家体育总局副局长李颖川一行到展位参观指导。江苏省体育局领导与奥运冠军焦刘洋在展会期间共同为江阴四方游泳公司“国家体育产业示范单位”揭牌。11 月 28—30 日，组织中国体育旅游精品项目的推荐申报工作，组织全市体育产业联合会会员单位人员学习观摩中国体育旅游博览会，江阴海澜马文化主题旅游景区在该博览会上获评中国体育旅游十佳精品景区。

【江阴体育中心运营稳步提升】 2019 年，江阴体育中心坚持公益性方向不动摇，紧抓开放管理不放松，开源节流，创新创优。年内先后成功承办全国游泳俱乐部锦标赛、江苏省青少年游泳大奖赛、国际标准舞全国城市公开赛、国际男篮亚特拉斯系列赛（江阴站）、全国青少年足球邀请赛等省级以上大型赛事 5 项 17 场次；举办或协办元旦公益徒步大会、“7·16”全民游泳健身主题系列活动、“8·8”全民健身日以及乒乓球赛、羽毛球赛、篮球赛、足球赛、中小学生田径赛、跆拳道比赛等全市性群众体育赛事 15 项 140 余场次；举办或协办全市游泳救生员及教练员国家职业资格培训、青年志愿者游泳救生技能公益培训、中老年人柔力球培训、健身操舞协会培训、柔力球协会技术培训等全市性体育培训 8 项 30 余场次。全年完成营业收入 3800 余万元，实现利润总额 1000 余万元；培训各类体育学员 4200 余人次；接待观众及各类健身休闲市民超 120 万人次。（陆　澄）

2019 年 4 月 21—24 日，全国游泳俱乐部锦标赛在江阴市民水上活动中心举行（陆　澄摄）

■类目编辑　赵修平

社会事务

人口管理

【概况】 2019年，江阴市公安局坚持民意引领、创新驱动、科技支撑，持续深入推进公安“放管服”*改革，形成“机关基层联动、线上线下同步、城市乡镇一体、群众企业并重”的工作格局，着力提升群众的获得感和满意度。年内，市公安局开设“24小时自助服务超市”，方便群众办理户籍、车驾管、出入境业务；完善全市人口数据库；抓好群租房安全管理；出入境管理部门受理审核公民因私出国、出境124207人次，其中，因私出国60809人次，赴中国香港、澳门56343人次，赴中国台湾7055人次；受理审核境外人员申办各类签证、证件1784份（含停留证件862份），签证延期及换发180份，居留许可704份，补换发台胞证38份。至年末，全市户籍人口1264120人，总户数387234户，其中男性625062人，女性639058人；外来暂住人口957248人，其中务工727997人，务农17362人，投资经商21042人，其他人员190847人。

【全市人口数据采集维护】 2019年，江阴市公安局推进基础信息采集攻坚，通过全面走访、基础调查和信息采集等方式，全年采集录入地址信息40.7万条，占无锡市公安局总数的29.58%，采集实有人口194万人，占无锡市公安局总数25.45%，采集实有单位7.7万个，占无锡市公安局总数38.08%，全局人口访查率99.09%。以出租房屋隐患排查整治为抓手，持续滚动排摸出租房屋基本情况，开展分层次管理、隐患排查整治、依法打击等工作，减少出租房屋安全隐患，阻断安全事故发生。是年，全市新登记流动人口51.76万余人、注销54.65万余人，制作发放居住证3.43万余张；有流动人口95.21万余人，出租房屋12.6万套。

【创建“24小时自助服务超市”】 2019年，江阴市公安局进一步深化“放管服”*改革、推进“互联网+公安政务服务”，建成“24小时自助服务超市”，市民办理户籍、车驾管、出入境业务更加便捷。“24小时自助服务超市”项目被纳入市委、市政府为民办实事内容，成立“一把手”总负责、分管局领导具体抓的工作班子，人口、交警、出入境等相关职能部门齐抓共管项目建设和推进落实，有效解决基层派出所窗口休息期间群众无法办理相关业务、工作日办理业务排队等候时间久等难题。11月底，完成自助服务区装潢和网络、监控安装，完成居民身份证照自助办理机、无违法犯罪记录证明出具机、居住证自助签注机、出入境证照受理、车辆违章查询和罚款缴纳等自助设备的招标采购和安装调试，自助服务区进驻各类设备10台。各业务部门在完善自身业务流

2019年12月18日，建在高巷路100号的江阴市“24小时自助服务超市”启用。图为出入境自助服务区（市公安局提供）

程和规范的前提下，及时与提供自助服务终端的企业研究制定涉及身份证、居住证、港澳通行证、驾照等证件办理签注和无违法犯罪证明出具等自助业务工作流程和工作规范，使整个业务操作流程规范化、标准化、公开化，做到“让数据多跑腿、让群众少跑路”。自12月18日启用至年末，提供出入境证照办理、居住证查询签注等各类服务200余次。

【群租房安全管理工作】 2019年，江阴市公安局结合江阴安全稳定形势和经济发展需求，将全市所有出租房屋纳入专项整治范围。12月9日，召开江阴市加强群租房屋安全管理工作会议并下发整治方案；12月27日，召开全市群租房安全管理工作推进会；12月底，市、镇（街道）两级专班均搭建完毕。上线出租房屋租赁备案系统，汇编制作整治操作手册统一整治标准和流程，在每个村、社区建设整治“样板间”，确定挂牌重点地区、挂牌出租户，通过实施信用惩戒等措施强化管理。市纪委、监委牵头成立专门督查考核小组，将出租房屋安全管理工作纳入各镇、街道、园区和各部门年度综合考核。至年末，全市排摸出租房屋143893套，其中住户为3户或者5人以上的有51131套，隐患153366处，确定22个村（社区）为出租房屋安全隐患整治重点地区。自12月9日至年末，落实整改隐患2510处，办理不按规定登记承租人案件93件，安装集中充电设施143套，新建电动车集中停放点263个。

【出入境服务管理】 2019年3月，在上级公安机关的大力支持下，江阴市获得中国公民所有出入境证件的审批权限和赴港澳定居受理权限，出入境领域行政审批改革取得突破性进展，基本实现“市县同权”，出入境证件办理流程进一步简化，办结时限进一步缩减。在全省首创县级公安出入境“前置受理”（指无锡市委托江阴市受理）外籍人才“绿卡”（指中华人民共和国外国人永久居留身份证）申请，推出人才“绿色通道”，努力打造优质便利的外籍人才出入境环境，全年为各类外籍人才及其家属办理长期类居留许可76份，受理外国人永久居留申请12人次。（朱斌　胡娟）

居民收入与消费

【概况】 2019年，国家统计局江阴调查队城乡一体化住户抽样调查资料显示，全市人民收入持续增长，生活水平继续提升。全体居民人均可支配收入59036元，比2018年增长8.8%。其中城镇居民人均年可支配收入69342元，增长8.4%；农民人均年可支配收入36095元，增长8.9%。城乡居民消费水平继续提高，消费结构日趋优化，消费领域不断延伸。城镇居民人均年生活消费支出34641元，农民人均年生活消费支出23423元，分别比2018年增长7.6%和8.3%。

【食品消费】 2019年，江阴市城镇居民人均年食品消费支出9461元，农民人均年食品消费支出6615元，分别比2018年增长7%和6.9%。居民家庭食品消费支出占家庭生活消费支出的比重（即“恩格尔系数”），城镇与农村分别为27.3%和28.2%，城镇恩格尔系数比2018年下降0.2个百分点，农村恩格尔系数比2018年下降0.4个百分点。

【衣着消费】 2019年，江阴市城镇居民人均年衣着消费支出2969元，农民人均年衣着消费支出1717元，分别比2018年增长2.5%和5.8%。城乡居民衣着消费以购买为主，服饰购置向品牌化、当季化和高端化发展。

【生活用品及服务消费】 2019年，江阴市城镇居民人均年生活用品和服务消费支出1739元，农民人均年生活用品和服务消费支出1433元，分别比2018年增长8.1%和12.3%。家庭设备档次提升，日趋现代化。每百户城镇居民家庭主要耐用物品年末拥有量：电冰箱114台、洗衣机119台、彩色电视机228台、空调机285台；每百户农村居民家庭主要耐用物品年末拥有量：电冰箱108台、洗衣机118台、彩色电视机218台、空调机257台。

【居住消费】 2019年，江阴市城镇居民人均年居住消费支出4933元，农民人均年居住消费支出3455元，分别比2018年增长5.0%和8.7%。城镇居民人均住房面积为67平方米，农民人均住房面积为62平方米。

【交通和通信消费】 2019年，江阴市城镇居民人均年交通和通信消费支出6094元，农民人均年交通和通信消费支出3772元，分别比2018年增长12.7%和10.4%。调查资料显示，至年末，每百户城镇居民家庭拥有私家车88辆、移动电话286部、计算机81台，每百户农民家庭拥有私家车72辆、移动电话290部、计算机78台。

【医疗保健消费】 2019年，江阴市城镇居民人均年医疗保健消费支出1427元，农民人均年医疗保健消费支出1066元，分别比2018年增长5.6%和9.5%。社会医疗保障体系不断完善，居民保健意识加强。

【文教娱乐消费】 2019年，江阴市城镇居民人均年文教娱乐消费支出6316元，农民人均年文教娱乐消费支出4227元，分别比2018年增长4.9%和6.8%，占全年生活消费支出比重分别为18.2%和18%。城乡居民生活消费由物质消费为主向精神领域消费为主转变，教育消费是文教娱乐消费重点，旅游消费、假日休闲消费在家庭也比较普遍，持续成为促进文教娱乐消费的新热点。

（夏　蒙）

社会保障

【概况】 2019年，江阴市持续推进城乡一体的社会保障体系建设，各类保障待遇持续提升。居民养老保险基础养老金、被征地农民养老年龄段人员养老补助金标准分别调高至每人每月335元、880元。连续第15次调整提高企业退休人员养老金，人均月养老金达2150元。不断健全预防、补偿、康复“三位一体”工伤保险体系，推动交通、水利行业建筑项目149项新开工项目全部参保。年内，完成城镇企业职工基本养老保险新增参保6.4万人，净增3.29万人，江阴户籍断保接续2.9万人；基本养老、工伤、失业保险参保人数分别达 61.75 万人、53.06 万人、52.38 万人。

【社会保险费率调低】 2019 年,江阴市人社局落实为企减负,助力优化营商环境,阶段性降低企业职工基本养老保险单位缴费比例,从 19% 下调至 16%。继续降低工伤保险、失业保险费率,惠及 2.45 万个参保企业,全年累计减征社会保险费 10.2 亿元。

【机关事业单位养老保险改革】 2019 年,江阴市人社局深化机关事业单位养老保险制度改革,完成上解归集职业年金;完成 2014—2018 年各职务职级的视同缴费指数修正;对完成核定的"中人"(指 2014 年 10 月 1 日前参加工作,2014 年 10 月 1 日后退休的机关事业单位养老保险参保人员)新待遇进行重算并补发,补发退休待遇 3000 余万元。

【社保公共服务升级】 2019 年,江阴市人社局深入推进社保公共服务升级,"江阴人社"微平台于 3 月底上线运行,开设 7 大类 28 个功能菜单,涵盖人社业务信息查询及部分业务网上办理,集成"12333"自动回复机器人功能。至年末,平台发布办事指南 156 条,累计关注人数 11.5 万人。9 月起,江阴市发行电子社保卡,涵盖线上身份认证、个人信息查询、业务申办、移动支付等功能,至年末签发电子社保卡近 11 万张。 (张沛茜)

民政事务

【概况】 2019 年,江阴市围绕加快实现"六个高质量"*、全面打响"五大品牌"*的既定目标,完成民生保障、养老服务、基层社会治理、专项事务等各项工作。是年,规范运行各类救助政策,精准帮扶各类困难特定群体;强化社会救助中心"一站式"平台运行;推进养老机构公建民营、医养融合,加强养老服务标准化建设,落实老年人福利保障和养老援助服务;推动实现党领导下的政府治理和社会调节、居民自治良性互动,打造共建共治共享的社会治理格局,社区治理更加多元,服务成效更加明显;区划地名开展有序;殡葬改革持续深化;专项事务服务水平整体提升。年内,"澄救你我,一点而救"智慧救助模式获评民政部"社会救助领域十佳创新实践案例";江阴市通过江苏省居家和社区养老服务改革试点中期评估;全市养老服务体系绩效考核名列全省第一。

【社会救助体系】 2019 年,江阴市民政局不断完善社会救助制度体系,精准做好兜底保障,开展多种形式联动的救助工作。完善"救助全参与、内容全覆盖、信息全共享"的市、镇(街道)、村(社区)三级社会救助网络和镇级社会救助联动机制建设;出台《江阴市住房保障城市低收入及中等偏下收入家庭认定办法》;按照标准化建设要求,开展城乡低保和临时救助等服务规范的起草及修改;加大申请救助家庭经济状况比对平台建设和社会救助平台开发力度,强化市社会救助中心"一站式"平台运行,"澄救你我,一点而救"智慧救助模式获评民政部社会救助领域十佳创新实践案例。精准帮扶各类困难特定群体,上调低保标准至每人每月 960 元;全年发放最低生活保障金 3400 万元、特困家庭救助金 277 户 211 万元、困难群众临时生活救助金 386 户次 45.04 万元、残疾人两项补贴约 24 万人次 9599 万元;保障困境儿童 542 人 328 万元;全年募集慈善资金 5516.61 万元,救助困难对象 19984 人次,支出救助资金 4489.33 万元。福彩全年销售 4.51 亿元,下拨部分公益金用于老年人、残障人士和儿童福利项目。深入推广"村级医疗互助"机制,覆盖全市 210 个村 97.7 万人,资金规模达 1.6 亿元。

【养老服务】 2019 年,江阴市民政局增大养老服务政策供给,推进实施养老机构公建民营,大力促进医养融合,推动养老服务提质增效。制定出台《江阴市实施居家养老援助服务办法》《江阴市推进养老护理型床位建设的实施意见》《江阴市推进居家和社区养老服务改革试点实施方案》《江阴市困难老年人家庭适老化改造实施办法》《江阴市养老服务事业专项资金管理办法》等政策性文件。至年末,社会力量举办或运营的养老机构达 20 个,全市有养老床位 13505 张,其中社会养老床位 8206 张,占养老床位总数的 60.76%。采取多种形式引入优质医疗资源,至年末,全市 20 个医养融合机构护理型床位达 4893 张,占养老机构床位总数的 58.8%。全年新增标准化养老服务站 10 个、日间照料中心 6 个、老年人助餐点 8 个、助餐中心 3 个;全年发放养老服务、

2019 年 7 月,市民政局、捐赠救助中心参加"福村宝"项目推广会,推进村级医疗互助工作 (市民政局提供)

护理补贴 1809 万元，尊老金 916.94 万元、特困老人补助 1592.49 万元。投入资金 2400 万元为困难老年家庭提供助餐、助洁、助浴和精神关爱等服务，约 4.5 万老人受益。江阴市通过江苏省居家和社区养老服务改革试点中期评估。全市养老服务体系绩效考核名列全省第一。市民政局推进智慧养老建设，实现全市各老年人基础信息与大数据平台的对接，及援助服务系统与援助服务商系统的实时对接。

【困境儿童关爱保护】 2019 年，江阴市民政局调整落实孤儿福利供养标准，自 7 月 1 日起，机构、散居孤儿标准分别调整为 2600 元/人/月和 2210 元/人/月。全年发放困境儿童基本生活费 328.35 万元。打造"两个关爱之家"（指农村留守儿童、困境儿童关爱之家），检查督导华士镇儿童关爱之家和周庄益家人的建设和运营，争取上级资金 15 万元用以农村留守儿童的关爱保护。按照"孤儿医疗康复明天计划"要求组织散居孤儿参加体检，让符合条件的重病儿童填写"孤儿医疗康复明天计划"资助申请审核表。健全完善基层儿童工作队伍，委任全市镇（街道）儿童督导员 18 人，村（居）儿童主任 270 人。落实家庭收养评估工作，保障收养儿童权益，全年办理儿童收养登记 31 件。

【区划地名及界线管理】 2019 年，江阴市认真贯彻落实《江苏省地名管理条例》和《无锡市地名管理条例》，做好地名的日常管理和审批工作，命名地名 122 个。组织实施第二次地名普查（2015—2018 年）地名补查更新工作，采集地名信息 168 条，填写地名登记表 168 张，地名标志登记表 105 张，拍摄地名照片或采集多媒体信息 336 张（条）。开展不规范地名清理整治工作，标准化处理地名 72 个。加强地名普查成果转化应用，依托第二次全国地名普查成果数据，开发并建成全市区划地名数据库。响应民政部与央视联办的《中国地名大会》节目题库编制工作，选送江阴地名文化知识题目 11 个。加强平安边界创建和界线界桩管护工作，完成锡苏线第四轮界线联检。

【社区治理】 2019 年，江阴市民政局以扫黑除恶专项斗争为抓手，摸排村（居）"两委"* 涉黑涉恶线索，清理不符合选用规定"两委"成员 17 名，有效净化基层治理环境；制定《关于开展撤村建居的指导意见》，明确撤村的程序、条件及范围，进一步理顺基层治理体制，提升社区治理效能；推进"村务公开"分类更加细化、事项更加合理，"三务"公开* "户户通"实现农村社区全覆盖；探索"协商民主"运行机制，发挥村规民约、居民公约在培育文明乡风、提升文明素质等方面的独特作用，坚持村（社区）议事会、民主监事会等自治模式，广泛开展街道、居民小组、楼院门栋、业主等参与的协商机制，提升居民自治能力。年内，启用江阴市社会组织发展中心，开展社区治理创新和社区公益项目创投 33 项，惠及老年人、残障人士、青少年、困难群众和流动人口；壮大社工队伍。至年末，全市有持证社工 1284 名，每万人 10.2 名。

【婚姻登记】 2019 年，江阴市民政局规范有序做好婚姻登记工作，办理结婚登记 7157 对，离婚登记 3226 对，补领婚姻登记 1879 件，登记率和登记合格率均为 100%。做好婚姻登记处网站的维护和更新，答复婚姻登记网上咨询 91 件，答复"12345"民生热线* 咨询 55 件。积极做好离婚调解工作，接待离婚当事人 1809 对，劝返 516 对，劝和率 28.5%。

【流浪乞讨人员救助管理】 2019 年，江阴市民政局开展"寒冬送温暖"专项行动，加大街面主动巡查力度，做到"发现一例、救助一例"。全年实施救助 197 人，其中未成年人 12 人，护送返乡 46 人、接领回原籍安置 10 人、安排在江阴市第三人民医院救治 23 人、在璜土镇安置 17 人。积极开展"在站寻家、让爱回家"寻亲服务，建立流浪乞讨人员身份快速查询、DNA（脱氧核糖核酸）信息比对绿色通道，在全国救助寻亲网、江苏救助平台等网站上及时发寻亲布公告，全年提供家庭走失人员寻亲服务 33 人次，10 名走失人员回归家庭。拓展"方言识别""百度地图""DNA 验证"等渠道，对在求助站长期滞留的受助人员采用"人脸识别"技术，确认 8 名滞站人员身份信息，并帮助其与家人团聚。

【殡葬服务】 2019 年，江阴市民政局以狠抓殡葬业问题整治、提升殡葬管理效能、规范祭扫服务为重点，推动殡葬服务提质增效。推进"住宅式"墓地和 7 类墓地违规行为重点整治，实现全市"住宅式"墓地零报告，登仙公墓 1012 个超标墓穴完成整改，督导徐霞客镇将原外包墓区收回政府管理，对全市村集体违

2019 年 9 月 2 日，江阴市民政局举办江阴市村务监督委员会主任培训班

（市民政局提供）

规经营墓区下发整改通知单限期整改。推动殡葬机构"管办分离"(指管理监督和具体业务分开)和"收支两条线"管理(指收入和支出分开管理),机构效能明显提升。印发《江阴市殡葬设施布局规划(2019—2030)》,推进绿色惠民殡葬,落实生态安葬,按计划完成节地生态葬式——壁葬的建造。是年,免除基本丧葬费673.32万元,惠及7444户家庭;实施骨灰撒海18例。清明祭扫平稳有序,《江阴民政,让文明祭祀和生态殡葬成为自觉行动》文章在《现代快报》上专版刊登。

【残障人士补贴发放】 2019年,江阴市民政局严格执行困难残障人士生活补贴和重度残疾人护理补贴相关政策,全年生活补贴8134.8万元10148人;重度残疾人护理补贴1464.4万元10337人;组织专项资金清理工作,核准51人,收缴超发资金11.1万余元。(王　超)

退休职工管理

【概况】 2019年,江阴市围绕"六个老有"(老有所养、老有所医、老有所为、老有所学、老有所教、老有所乐)工作目标,主动创新作为,开展企业退休人员社会化管理工作。年内,举办退休人员乒乓球比赛、象棋围棋比赛、广场舞大赛、钓鱼比赛、送戏惠民越剧演出专场、赴溧水参观见学、健康讲座和庆祝中华人民共和国成立70周年征文活动,多篇征文获省、市奖项,获江苏广场舞大赛无锡赛区银奖1项。是年,全市14645人退休,接收14633份退休人员档案,为退休人员提供工龄复审、独生子女补贴、入伍退伍资料、房产过户、户口迁移等查借阅档案1455份,复印档案资料3452份;进行养老金资格异地认证、网上认证1797人次。

【文体活动】 2019年,江阴市创退管工作特色品牌,开展丰富多彩的文体活动。3月21—22日,在江阴市全民健身馆举办江阴市第九届退休人员"人社杯"乒乓球比赛,全市21支代表队160余名退休人员参加。5月22—23日,在江阴市老干部局活动中心举办第九届退休人员"人社杯"象棋、围棋比赛,全市21个单位100余位老年选手参加角逐。6月,开展"壮丽70年,共筑中国梦——江阴市企业退休人员庆祝中华人民共和国成立70周年"征文活动,全市40位文学爱好者投稿70余篇,选送参加上级活动,1篇获"壮丽70年,共筑中国梦—江苏省企业退休人员庆祝中华人民共和国成立70周年"征文活动三等奖,3篇获无锡市退休人员征文比赛优秀奖。8月20日,参加"迎国庆　社保情"江苏广场舞大赛无锡赛区决赛,选送的越剧《手心手背都是肉》获大赛银奖。9月25日,在徐霞客镇举办2019年江阴市退休人员"人社杯"钓鱼比赛,100余名退休人员参加。10月28日至11月1日,开展"看江阴、看周边城市发展景象"溧水一日游活动,全市近1800名退休人员参加。12月11日,在江阴文化馆小剧场举办"芬芳越韵系初心、文化惠民暖人心"2019送戏惠民越剧演出专场,400余名退休人员观看演出。全年组织17个镇(街道)开展春、秋两季健康讲座30场,为全市退休人员送上科学、健康的保健知识。

(刘利芬)

文明创建

【概况】 2019年,江阴市文明创建工作以习近平新时代中国特色社会主义思想为指导,深入贯彻全国、省、无锡市三级宣传思想工作会议及文明办主任会议精神,全面落实中共江阴市委十三届七次全会部署要求,树牢"四个意识"*,坚定"四个自信"*,坚决做到"两个维护"*,以学习宣传贯彻习近平新时代中国特色社会主义思想为首要任务,以庆祝新中国成立70周年为主线,以举旗帜、聚民心、育新人、兴文化、展形象为使命担当,坚持以人民为中心不动摇,牢记使命、守正创新,聚焦培养时代新人、弘扬时代新风,突出抓好新时代文明实践中心建设,巩固深化文明城市创建成果,着力培育和践行社会主义核心价值观,推进未成年人思想道德建设,提高群众性精神文明创建水平,开展第六届"德耀江阴·十佳江阴好人"评选。是年,江阴市被确定为建设新时代文明实践中心全国试点市,在省级文明城市测评、社会文明程度测评指数实绩和排名实现"双提升",新增中国好人3人,江苏好人6人,无锡好人9人、无锡最美人物8人。

【新时代文明实践中心建设】 2019年,江阴市以建设新时代文明实践中心试点为牵引,健全组织领导体系,加大人员编制、工作经费等的投入;融合党建、法律、文化、卫生、科技和体育6条战线,统筹使用融媒体中心、大数据中心、行政审批中心、党群服务中心、党员电教中心、文化服务中心和法律援助中心,实现新时代文明实践载体整合资源效能最大化、实践活动多元化;联合江苏有线江阴分公司打造全新的文明实践信息交互展示平台——"一云四屏"(新时代文明实践云,有线电视屏、电脑屏、手机屏、展示屏)智慧平台,以"群众点单、中心派单、志愿者接单、受众评单"为工作流程,与各部门精准对接,把文明实践活动做到群众身边;新时代文明实践志愿服务总队在全市开展"'澄'就微心愿"活动,探索贴近群众需求的更优举措,在全市设置心愿邮筒征集"我能提供""我有需求"两类心愿,并进行"需""求"对接。是年,迎接无锡市对江阴市新时代文明实践中心建设试点工作评估。江阴市被确定为建设新时代文明实践中心全国试点市。

【文明城市创建巩固深化】 2019年,江阴市文明办协调相关责任单位,结合交通文明专项整治行动、扫黑除恶、垃圾分类、厕所革命、优美环境合格区建设和城市精细化管理等工作,按照系统化筹划、项目化推进、指标化落实的思路,纵深推进"十大专项提升行动"*,推行"八不"行为规范(指出行不违规、车辆不乱停、垃圾不乱扔、守序不插队、节俭不浪费、养宠不扰民、友爱不冷漠、言语不喧哗);常态化落实周暗访督查、季度测评排名、媒体曝光等制度;召开全市深化全国文明城市建设工作推进会和文明创建业务工作培训会;协调市领导深入挂钩责任网格实地督查，组织常态化暗访督查25次、季度城市文明程度指数测评3次、媒体曝光9次，通报整改问题13000余个，倒逼创建责任单位抓好问题整改，城乡面貌持续改善，文明素养持续提升。是年，迎接2次省级社会文明程度指数测评，省级文明城市测评、社会文明程度测评指数实绩和排名"双提升"。

【核心价值观建设】 2019年，江阴市文明办持续推动核心价值观建设"五融六进"（融入社会生活、常态教育、文化活动、媒体网络、法治建设，进机关、进学校、进企业、进社区、进乡村、进家庭）。按照"统筹规划、合理布局、提升品位、美化环境"要求，布设35处核心价值观景观小品，推动核心价值观日常化、具体化、形象化、生活化。倡导党员干部和公众人物带头遵守规范守则，争当时代楷模、最美人物。组织道德模范和身边好人"周庄·山泉"现场交流活动。是年，吴仁宝被评为全国"最美奋斗者"；周庄镇山泉村党委书记李全兴获评江苏省道德模范；华西村党委书记吴协恩受邀参加中宣部举办的"核心价值观百场讲坛"；江苏阳光集团有限公司于燕获评江苏省"十佳文明职工"。新增中国好人3人，江苏好人6人，无锡好人9人、无锡最美人物8人。

【第六届"德耀江阴·十佳江阴好人"评选】 2019年，江阴市开展"全澄行动　寻找好人"线索征集活动，经过资格审查、群众评议、评委会评审等环节，评选出"十佳江阴好人"和"十佳江阴好人提名奖"获得者，其中，"十佳江阴好人"是逆风飞扬的断臂热心青年——刘文清、跨越千里的骨髓捐献者——蒋林锋、见义勇为的女英雄——陈传香、勇者无畏的英雄园丁——徐龙虎、拾金不昧的无声榜样——束建元、温暖人心的诚信司机——顾金元、退役不褪色的军人——窦正满、默默坚守的供水卫士——贾凤郁、肩扛重担的好媳妇——张巧梅和相濡以沫的知心爱人——施洪兴。江阴市体育志愿者协会、澄江街道芙蓉花艺术团获"江阴好人"团队奖。12月25日，举行"爱国敬业诚信友善"——第六届"德耀江阴·十佳江阴好人"颁奖典礼，全国道德模范提名奖、中国好人、江苏省道德模范等荣誉获得者为该届"十佳江阴好人"和"十佳江阴好人提名奖"获得者颁奖。活动现场通过事迹短片、人物访谈、文艺表演等形式，展示"十佳江阴好人"的风采。华西村、江苏红柳床单集团公司、新华书店等8个爱心单位为"江阴好人"送上"福袋"。市领导陈金虎、蔡叶明、孙小虎、徐冬青、程政参加颁奖典礼。

【群众性精神文明创建】 2019年，江阴市文明办开展文明村镇、文明单位、文明社区、文明家庭评选；深化"我们的节日"主题活动，在月城镇举办"逐梦扬帆·龙腾全澄""我们的节日·端午"系列活动，在长泾镇举办第四届文化旅游推广暨中秋月饼节系列活动，并在央视综合频道和中文国际频道《欢乐中国结》栏目播出。是年，江阴市9个镇获评江苏省文明镇，25个村获评江苏省文明村，5个社区获评江苏省文明社区，39个单位获评江苏省文明单位，4所学校获评江苏省文明校园。江阴市委宣传部获江苏省、无锡市广场舞大赛优秀基层组织奖；两支舞蹈队参加无锡市广场舞大赛分获一等奖、二等奖。

【未成年人思想道德建设】 2019年，江阴市文明办围绕立德树人根本任务，持续深化"扣好人生第一粒扣子"主题教育。评选表彰江阴市首届"新时代好少年"并举办现场发布活动；结合庆祝中华人民共和国成立70周年主线，开展"我为祖国送祝福　我和国旗合个影"活动，举行"奋斗的江阴，我爱您——红领巾寻访"主题汇报演出，开展"你是我的英雄"网上讲故事比赛并举办现场分享会，江阴市4件视频作品入选"全国70件优秀作品集"。不断创新"八礼四仪"* 教育形式，举办"童心筑梦新时代　我与祖国共成长——江阴市未成年人十岁成长仪式示范观摩"活动，1200余名家长和师生代表参加，在线观看超5万人次。巩固提升乡村学校少年宫建设，承办无锡市乡村学校少年宫优秀作品展示活动暨工作推进会。举办第六届未成年人心理健康服务月，开展"芙蓉花开"心理健康讲堂、团体辅导、家长沙龙、公益咨询等活动，助力未成年人健康成长。是年，江阴市实验小学、江苏省江阴高级中学、江苏省南菁高级中学实验学校和江苏省南菁高级中学4所学校获评江苏省文明校园。

诚信建设

【概况】 2019年，江阴诚信建设工作紧扣"深化推进年"主题和文明城市创建相关工作要求，推进县域城市政务、商务、社会、司法四大诚信

2019年12月25日，江阴市举行"爱国敬业诚信友善——第六届'德耀江阴·十佳江阴好人'"颁奖典礼　（市文明办提供）

体系建设,强化顶层设计、细化推进机制,全力谋求信用建设在广覆盖、深应用、准切入上创新突破,推动省级信用县(市)试点创建和国家信用城市测评排名新提升,持续打造诚信江阴高质量发展的新名片新品牌。是年,江阴综合信用指数达87.11,在全国县级城市中排名第二、全省第一。

【完善社会信用体系建设】 2019年,江阴市按照《社会信用体系建设规划纲要(2014—2020)》要求,持续优化政务诚信建设,联合运行奖惩系统、政务信用数据库系统,先行嵌入公安、司法、税务、审批、银行及镇(街道)等11个部门30余个业务领域的诚信体系;推动高新区政务诚信示范园区创建;推动依法行政、阳光行政、守信践诺体系设计在镇(街道)的探索实践;持续完善商务信用机制,健全"放管服"落地常态化机制,在行政审批、投资建设、行业准入等管理事项中推行信用承诺、公示制度,对商务领域重点环节失信行为实行分级分类管理,健全"红黄黑名单"推送提示公示制;开展失信联合整治,为联动监管创造良好条件;持续推动社会信用应用,启动群团组织、公益类国资公司、行业协会参与社会信用信息的归集公示,增设"澄事之窗"信用查询窗口,拓展个人信用积分查询应用渠道;推动司法公信建设,加快公共安全信息、法院案件执行信息、检察院公诉信息等数据归集共享,助推全市各类信用主体的信用评价和信用监管。

【广泛开展各类诚信示范创建活动】 2019年,江阴市文明办持续推动诚信建设制度化,会同市市场监管局、商务局等部门,深入开展"诚信之星"、诚信示范街区推选活动,推出一批诚信人物、诚信企业、诚信市场、诚信网店、诚信单位、诚信行业。进一步完善重点领域失信治理、联动监管常态化、长效化机制建设,在"诚信江阴"网站公示行业信用风险提示信息269条、失信"黑名单"企业94个,在学院广场曝光并滚动播放失信被执行人"老赖"近800人次,强化失信惩戒的威慑力。江阴市在2019年度省市、县(市、区)的政务诚信建设综合评价评定获评第一等次。

社会志愿服务

【概况】 2019年,江阴市以市新时代文明实践中心被列为全国试点为契机,深化推进新时代文明实践中心(所、站、点)建设和新时代文明实践志愿工作,完善工作机制、优化志愿服务管理体系,突出品牌建设,创新志愿服务活动形式,持续推动全市志愿服务制度化、规范化、常态化;加强礼遇与激励,着力营造志愿服务氛围,促进志愿服务工作薪火相传,成为全社会的价值追求和自觉行动。年内,获评江苏省志愿服务展示交流会银奖项目1项、2019年度无锡市学雷锋志愿服务先进典型7个、无锡市规范化志愿服务站点2个。

【志愿服务制度化建设】 2019年,江阴市深化拓宽志愿江苏·江阴平台的使用范围,组织平台使用培训20次,平台注册志愿者36万余名、志愿服务组织1200余个,新增活动22064个,新增服务时长199.87万小时,年内更名志愿服务站(岗)22个,重新进行区划调整站(岗)52个,撤销站(岗)6个,签约认领站(岗)2个;组织志愿服务座谈交流会6次、评审会1次、培训10余次;开展志愿服务站(岗)提升工程,组织志愿服务站(岗)运行情况大调研,市民巡访团对全市志愿服务站(岗)进行专题巡访2次。

【深化志愿服务品牌建设】 2019年,江阴市以"学雷锋、学炎黄、见行动"为主题,坚持"一月一重点",先后开展传统文化、迎新送暖、学习雷锋、卫生健康、舞动青春等12大项重点志愿活动,在全社会形成学习先进、争做志愿者的良好文明之风。组织开展"邻里守望、情暖万家"志愿服务社区行4站,受益群众近3000人;开展"新春暖心"故事征集活动;组织"迎新送暖"志愿活动,走访慰问困难群众300余户;开展"文明春运行、温暖回家路""向祖国献礼——志愿者在行动",受众近1万人;组织"美丽长江我先行"活动,以志愿服务参与长江大保护实践;组织志愿服务典型"面对面"互动访谈5期;组织志愿组织参加江苏省第四届志愿服务展示交流会,现场首次设立独立的"江阴馆"展区,9项项目参展;探索推进实施全市新时代文明实践志愿服务保障计划,定制新时代文明实践志愿活动意外保险,覆盖全市所有新时代文明实践志愿活动,保障额度达210亿元,2批15个"'益'路有你礼遇志愿典型爱心联盟"成员单位为志愿服务典型提供"衣食住行乐"等方面20项优先、优惠、优待礼遇。　(林豆豆)

■类目编辑　朱其涛

公共安全

自然灾害防治

·气象预报预警·

【概况】 2019年，江阴市气象局不断提升工作效能，全面开展依法行政工作，积极开展气象志愿服务，推进服务高质量发展。全年24小时晴雨预报准确率86.9%，比省定指标高11.9%；最高气温预报准确率87.1%，比省定指标高12.1%；最低气温预报准确率92.6%，比省定指标高17.6%；灾害性天气预报准确率也高于省定指标。2月，江阴市气象局被评为2018年度服务地方先进集体。3月，江阴市气象志愿者团队被评为2018年度江阴市最佳志愿服务组织；"气象科普宣传与防灾减灾"项目被评为2018年度江阴市最佳志愿服务项目；江阴市气象局政务微博获评2018年度无锡十大政务微博。11月，江阴市气象局被评为2019年度江苏省气象局重大气象服务先进集体。

【气象服务】 2019年，江阴市气象局在汛期、农业生产（春耕春播、夏收夏种和秋收秋种）、节假日，以及在"两会"、春运、高考、中考、江阴半程马拉松赛、帐篷音乐节、市民文化周、露天广场文体活动、水上搜救等重大活动时，发布各类专题天气服务材料。主动联合地方部门，及时更新接收气象灾害预警信息名库。全年江阴市气象局制作发布重要天气公报35期，天气旬报36期，春运专题气象服务材料40期，农业专题气象服务材料39期，护林防火专题气象服务材料8期，市人大、政协"两会"专题气象服务材料5期。发送灾害性天气预警信号56次，气象应急短信152条约83.6万人次，开具气象资料证明52份。全年通过电台、电视台、报纸、"96121"声讯电话、"江阴气象"网站、"江阴气象"微博、"江阴气象"微信，"直通式为农气象服务"QQ群、气象信息员钉钉群等多种手段向社会公众及时发布最新的预报、预警、天气实况以及空气污染气象条件预报等级等，为市民的生产生活以及出行活动提供重要参考。

【重大气象灾害应急响应】 2019年，江阴市气象局继续与江阴市农业农村局、水利局、生态环境局、自然资源规划局等保持紧密联系，发布重污染预警7次，地质灾害气象风险预警1次；并与海事局建立信息共享、联合会商机制。在防抗台风"利奇马"期间，市气象局于8月9日9时及时启动重大气象灾害（台风）Ⅲ级应急响应命令，并于9日18时30分提升重大气象灾害（台风）Ⅲ级为Ⅱ级应急响应命令。加强预测预报，及时发布台风警报和预警信息，为长江江阴段辖区安全提供有力支持。

【防雷减灾】 2019年，江阴市防雷检测管理中心与市安委会积极沟通，主动落实行业监管职责，推动地方政府把防雷安全工作纳入安全生产责任制和地方政府考核评价指标体系。4月，接受江苏省气象局防雷安全监管督察组指导督查，完善防雷行政检查文书档案。5月，与市交通运输局联合发布《关于印发江阴市港口企业防雷安全专项整治方案的通知》，并组成防雷安全专项整治组。全年气象行政审批窗口办理防雷装置设计审核4件，防雷装置设计审核24件，升放无人驾驶自由气球或系留气球活动许可36件。全年江阴市防雷检测管理中心执法检查组对290个防雷安全重点单位开展防雷安全监管检查，出具整改意见书8份，并实施闭环管理，督促指导隐患整改，整改率100%。

【气象科普】 2019年，江阴市气象台接受新闻媒体采访30次，接待科普参观6次约350人，完成学校、广场和社区气象防灾减灾与科普宣传现场活动4次。利用世界气象日、科普宣传周、防灾减灾日、安全生产宣传月等开展气象科普宣传。通过气象科普宣传进社区、进校园，开展气象科普讲座、展板摆放、发放气象科普书籍和邀请气象专家现场解答等活动，提升基层及公众防灾意识和能力。3月22日，市气象局气象科普宣传五人小组走进澄江街道革新社区，开展气象科普宣传活动。6月17日，为培养青少年对气象的兴趣，丰富青少年的气象知识，江阴市气象局和苏州外国语学校江阴校区合作，开展气象科普及防灾减灾系列活动。（顾春霞　马恒俊）

·防汛防旱·

【概况】 2019年，江阴市汛期为5月1日至9月30日，汛期总降雨量

686.2毫米，较常年同期少3.2%，属于正常。其中，5月和8月雨量正常，6月雨量明显偏少，7月和9月雨量偏多。梅雨期为6月18日至7月21日，共33天，入梅正常，出梅明显偏晚，梅雨期偏长，梅雨量232.3毫米，比常年梅雨量少6.6%。汛期内河水位(青阳)出现6天超警戒水位，最高内河水位4.52米(8月11日)，超警戒水位0.52米。长江潮位正常，最高潮位5.9米(8月4日)。针对汛情，市防汛防旱指挥部科学应对、积极部署，发挥水利工程效益，汛期沿江各闸站充分利用潮位差及动力排水59133.33万立方米，引水76026.96万立方米，有效应对局部洪涝，没有造成明显的经济损失，确保人民群众生命财产安全。

【抵御短时间强降雨】 2019年汛期，江阴市降雨呈现时空分布不均的特点。出现暴雨3天，分别为5月26日、8月10日和9月2日，日雨量分别为53毫米、90毫米和52.4毫米。另外，局部地区受强对流天气影响较为严重，7月17日傍晚至18日上半夜，中西部地区出现了短时强降水，其中璜土和申港雨量超过100毫米，利港、夏港、南闸、澄江和月城雨量超过50毫米；9月5日下午，东南部分地区出现短时强降水，其中文林雨量超过100毫米，祝塘和陆桥雨量超过50毫米，由于降雨范围集中，雨势普遍较强，致使局部道路、小区出现短时积水。针对汛情，市防汛防旱指挥部积极应对，科学指挥，统一调度，最大限度降低灾害影响。

【防御台风】 2019年汛期，对江阴市有影响的台风有3个，分别为1909号台风“利奇马”、1913号台风“玲玲”和1917号台风“塔巴”，其中台风“利奇马”穿境而过，影响较为严重。受台风“利奇马”影响，8月9日夜里到10日，江阴市普降暴雨到大暴雨，并出现7～8级大风，9日20时至11日8时，全市23个站点中，有20个站过程雨量超过100毫米，3个站过程雨量在50～100毫米之间；5个站出现8级大风，16个站出现7级大风。面对“利奇马”的正面袭击，市防汛防旱指挥部及早部署、科学应对，及时启动防汛防台应急响应3次，全市上下协同作战，全力抵御台风暴雨的袭击，未造成人员伤亡或重大财产损失，社会生产生活秩序稳定。受台风“玲玲”外围影响，9月6日，江阴市普遍出现5～6级偏北风。9月21—22日，受台风“塔巴”外围影响，江阴市普遍出现6～7级偏北大风。

2019年江阴市汛期降雨量统计一览表

表47

站名	汛期总雨量(毫米)	雨日(天)	汛期最大日雨量(毫米)
肖山	722.8	45	107.0(8月10日)
青阳	615.2	42	93.0(8月10日)
定波	697.2	44	88.8(8月10日)
气象台	686.2	44	90.0(8月10日)

2019年江阴市汛期水位特征值统计一览表

表48

江河名	站名	最高水位(米)	日期	最低水位(米)	日期
长江(江阴段)	肖山	5.90	8月4日	1.92米	9月29日
锡澄运河	青阳	4.52	8月11日	3.45米	5月1日

(李德胜)

·防震减灾·

【概况】 2019年，江阴市防震减灾工作紧紧围绕江阴社会经济发展目标，贯彻经济建设与减灾一起抓的工作理念，加强地震灾害防御，加强建设工程抗震设防管理；广泛开展防震减灾科普宣传，努力提高抗御地震灾害的综合能力；全面有效地保护地震观测环境和监测设施；完善地震应急体系建设，江阴市的防震减灾事业取得全面发展。

【地震灾害防御】 2019年“5·12”防灾减灾日，江阴市地震局在学院场开展防震减灾知识现场咨询活动；在机关部门开展防震减灾知识讲座。“5·20”科普宣传周期间，组织人员参加周庄防震减灾科普宣传和咨询活动。指导中小学、幼儿园开展地震应急演练，提高学生地震应急能力。通过开展防震减灾科普宣传活动，提高全体市民地震应急能力，加强防震减灾意识。

【地震监测】 2019年，江阴市地震局加强地震监测台站建设和维护，精心维护白石山、周庄卧龙湖地震台和君山强震台，保障正常运行；江阴市地震应急数据处理中心运行正常；MDCB电磁波地震前兆监测台运行良好，数据交换及时准确。完成国家地震烈度速报与预警工程江阴基准站基建工程。

【完善地震应急体系】 2019年10月16日，无锡市住建局组织有关专家对江阴市望江公园中心应急避难场所项目进行验收。验收组对望江公园中心应急避难场所建设项目的现场进行查勘，听取参建各方的介绍，并审阅相关验收资料，同意通过验收。验收组建议望江公园中心应急避难场所进一步完善应急供电、应急物资储备等相关设施，并加强后续长效管理。（邱 敏）

·地质灾害防治·

【概况】 2019 年，江阴市应急管理局会同市自然资源规划局对全市地质灾害易发区域进行全面排查，确定地质灾害隐患点 38 个，对所有的隐患点编制单点应急预案，分发明白卡与避险卡告知隐患点附近相关人员、企业及村、镇，并在危险区域设置警示标志牌。汛期加强值班、巡查，值班人员严格按制度要求，保持电话 24 小时通讯畅通，实行每日零报告制度，第一时间与隐患点相关村、社区联系，落实全市 38 个地质灾害隐患点预防措施。安全生产月期间，发放宣传材料，为群众普及相关知识。9 月，省地质灾害应急技术指导专家对江阴市地质灾害隐患点群测群防员进行地质灾害防治业务专题培训，进一步提升基层一线工作人员和群测群防员的业务能力，夯实全市地质灾害防治的工作基础。

【推进矿山地质环境（灾害）治理项目】 2019 年，华士镇砂山南坡地质环境治理项目完工、徐霞客镇花山南坡顶部崩塌地质灾害应急消险工程完成验收，徐霞客镇花山关闭矿山地质环境治理项目竣工并完成初步验收，长山国防工程拆除和地质环境治理项目完工 70%。

（唐小雯）

农产品质量安全

【概况】 2019 年，江阴市建立健全农产品质量全程可追溯机制，努力实现“从田头到餐桌”全程可追溯，确保“舌尖上的安全”。17 个新型农业经营主体通过绿色产品认证，获绿色证书 27 份，面积 8592.53 公顷；2 个新型农业经营主体通过有机认证，获有机证书 3 份，面积 33.93 公顷；绿色优质农产品比重达 74%，

2019 年 4 月，江阴振江生物科技有限公司工作人员对铁皮石斛进行实验

（市农业农村局提供）

全市 63 个规模养殖场中完成整治 60 个，治理率 95.24%。推广应用稻麦专用配方肥、有机无机肥、商品有机肥 1.3 万吨，减少化肥用量约 1600 吨，减少农药用量约 44.8 吨。年内，全市产地检疫生猪 1.6 万头、牛 1180 头、犬 16 只、马 140 匹，产地检疫禽 85 万羽、禽产品 1500 万公斤；出具动物 A 证 90 张，动物 B 证 2430 张，产品 A 证 8500 张，产品 B 证 20.79 万张；新审批动物诊疗许可证 15 个，注册执业兽医师 91 名。养殖环节无害化处理死猪 1734 头；完成生猪定点屠宰 54 万头，检出并无害化处理病害猪及其产品折合 1800 头，“瘦肉精”检测总数为 34356 份，其中养殖环节检测 1188 份，屠宰环节检测 33168 份，结果均为阴性；监督抽检各类畜产品：猪肝样品 23 份、猪肉 13 份、牛肉 11 份、禽肉 31 份、禽蛋 37 份、牛奶 49 份，结果均为阴性。批签发抽样 35 次 164 批，对 20 种产品 229 批过期失效的批签发留样按规定进行销毁处理。

【开展放心农资下乡进村活动】 2019 年，江阴市农业农村局开展放心农资下乡活动，发放农业法律法规、农资真假识别技巧、农机安全生产及政策、农业生产科普知识、购买放心农资提醒卡等宣传资料 1300 份，接待咨询群众 150 余人；种植（养殖）户代表下乡宣传 15 人，牵头带动农业安全生产；结合禁种铲毒专项行动，营造打假护农保春耕的良好社会氛围，进一步促进农业生产迈上新台阶。（丁建英）

【农药减量目标任务圆满完成】 2019 年，根据“两减六治三提升”*专项行动要求和目标，江阴市积极采取强化监测预警、坚持科学防控、推进专业化统防统治与绿色防控、合理休耕和结构调整、推进农药零差价配送等各项措施，确保有效控制重大病虫危害，确保重要农产品有效供给，实现农药减量使用目标。全年农药使用量为 785.2 吨，比 2015 年的 830 吨下降 44.8 吨，完成无锡市下达比 2015 年下降 4% 以上的目标任务。（冯耀栋）

【重大动物疫病防控】 2019 年，江阴市重大动物疫病防控工作以防控高致病性禽流感、口蹄疫、猪瘟、非洲猪瘟、高致病性猪蓝耳病和小反刍兽疫为重点，突出抓好强制免疫、疫情监测和人畜共患病防治工作，先后组织开展春季动物防疫、夏季高温消毒灭源、秋冬季动物防疫三大动物防疫集中行动。全市使用猪瘟疫苗 5.97 万头份，防疫猪 3.11 万头次；使用猪口蹄疫疫苗 5.39 万毫升，防疫猪 3.2 万头次；使用牛羊三

价口蹄疫苗 1.52 万毫升,防疫牛 0.78 万头次;使用高致病性猪蓝耳病弱毒苗 3.28 万头份,防疫猪 1.77 万头次;使用禽流感二价联苗(H5 + H7)疫苗 94.65 万毫升,防疫鸡 64.21 万羽、鸭 19.26 万羽、鹅 2.59 万羽、鹌鹑 80 万羽、鸽子 37 万羽;使用新城疫苗 95.38 万羽份,防疫鸡 61.65 万羽;其他疫苗的使用也得到积极推广;防疫密度、消毒密度均为 100%。全市全年未发生重大动物疫病疫情。是年,监测各类动物疫病血清学样品 1623 份,其中禽血清 380 份,猪血清 320 份,奶牛血清 923 份,各项检测抗体合格率均达到国家及江苏省要求的抗体水平。

(陆春兵)

食品药品安全

【概况】 2019 年,江阴市市场监督管理局紧紧围绕食品安全监管"四个最严"(最严谨的标准、最严格的监管、最严厉的处罚、最严肃的问责)总要求,创新监管方式,加强执法力度,食品药品安全治理能力持续提升。着力保障民生安全,建成"明厨亮灶"餐饮单位 5240 个,其中互联网 + 视频监控式"阳光餐饮"单位 2688 个。完成各类食品抽检 9580 批次,食品抽检率达 5.8 批次/千人,抽检合格率 98.8%。开展校园及周边食品安全风险隐患排查,检查学校食堂 294 个。检查药品经营企业 828 个次,检查医疗器械经营企业 421 个次,查处存在违法违规行为的企业 51 个。

【健全食品安全组织架构】 2019 年,江阴市严格落实食品安全"党政同责、属地管理"责任,根据机构改革、职能调整要求,印发《江阴市食品安全委员会成员单位工作职责》,明晰食品安全委员会成员单位监管职责。各镇(街道)、园区均成立食品安全委员会及其办公室,各行政村(社区)设立食品安全工作站,配备食品安全协管员 271 人、信息员 1536 人,打通食品安全监管"最后一公里"。制定印发《2019 年江阴市镇(街道)食品安全工作考评细则》,健全完善食品安全工作考核体系,强化各镇(街道)、园区食品监管工作责任落实。

【食药民生实事工程】 2019 年,江阴市市场监督管理局积极推进食品小作坊集中加工区建设,出台《江阴市食品小作坊集中加工区建设三年行动计划(2019—2021)》《江阴市食品小作坊集中加工区建设补贴专项资金管理实施细则》等一系列政策。年内,江阴市财政下拨的集中加工区建设专项补贴资金 824 万元全部到位。至年末,全市建成青阳镇、顾山镇、长泾镇、云亭街道 4 个食品小作坊集中加工区(街区),有 41 户食品小作坊进驻。与江南大学食品学院签订战略合作伙伴协议,挂牌成立本科生、研究生实习基地,合作开展食品安全科研项目。针对百姓夜间购药难问题,全力推进"24 小时无人自动售药机"便民举措,在澄江街道、高新区、云亭街道、周庄镇设置自动售药机 9 台,为市民 24 小时购药提供便利。

【餐饮食品安全监管】 2019 年,江阴市全覆盖检查重点食品生产单位 165 个,集体用餐配送单位 9 个,学校食堂 294 个,养老机构 25 个,中央厨房 7 个,总计 500 个。"双随机"(随机抽取检查对象,随机选派执法检查人员)抽查一般餐饮单位 632 个,重点餐饮单位 147 个,一般食品经营单位 443 个,重点食品经营单位 678 个,总计 1900 个。突出学校全流程监管工作,对纳入统一采购的 170 所公办幼儿园和义务教育学校的食材采购环节、安全监管环节、学校监管环节三个重点环节加强全流程监管,电子化记录相关数据,落实各方责任。建成"明厨亮灶"总数 5240 个,其中互联网 + 视频监控式 2688 个。建成 2018 年度江苏省餐饮安全示范街(区)2 个、示范店(食堂)42 个,有力带动全市餐饮行业整体水平的提升。严格执行重大活动餐饮服务食品安全监督管理规范,餐饮食品安全保障工作实行"五定原则"(定人、定岗、定职、定位、定时间),做到事前检查、事中监督、事后总结,强化保障期间的巡查。完成 22 次重大活动保障任务,有效保障 5 万余人次餐饮食品安全。

【食品安全检测】 2019 年,江阴市市场监督管理局食品安全检测中心持续加强能力建设,检测水平再上台阶。年内通过微生物、分子生物、药物残留、重金属、食品添加剂、非法添加物等八大类 58 个参数的评审,其中,猪、牛、马、羊、猫、狗、狐狸等肉类 DNA 鉴别的检测能力填补无锡空白。在同级食品检验检测机构中首个具备火锅食品中罂粟碱、吗啡、可待因、那可丁、蒂巴因等非法添加物检测,蔬菜水果中草甘膦检测,豆芽菜中 6 - 苄基腺嘌呤、4 - 氯苯氧乙酸钠等植物生长调节剂检测能力。完成检验检测标准变更 54 项,勘误标准 15 个,替代标准 11 份,发放有效标准 34 份。全年食品抽检率为 5.8 批次/千人,抽检合格率为 98.8%。

【食品安全宣传】 2019 年,江阴市市场监督管理局创新食品安全宣传模式,拍摄《最美食安卫士》短视频,被"学习强国"平台录用。相关重点工作在《中国食品安全报》《食品安全导刊》等新闻媒体上刊登。各镇(街道)打造食品安全"一镇一品"工作,江阴电视台进行跟踪专题报道。开展食品安全知识进农村、进社区、进企业、进校园、进机关"五进"专题活动,应用各类宣传载体,加大食品安全宣传力度。推广农村集体聚餐管理系统 APP(应用程序),督促各镇(街道)及时做好家庭聚餐、农村聚餐活动备案登记工作,组织民间厨师、酒店厨师参加食品安全知识培训,提高从业者的食品安全意识、法律意识和责任意识。围绕食品安全宣传周活动主题,在全市各学校广泛开展食品安全科普知识宣传活动,营造人人参与、社会共治的良好氛围。

【药械监管工作】 2019 年,江阴市市场监督管理局围绕药械监管工作要点,全年检查药品经营企业 828 个次,检查医疗器械经营企业 421 个次,查处存在违法违规行为的企业 51 个(含当场处罚 39 个);以疫苗、医疗器械使用等专项检查为重点,按照一级以上医疗机构全覆盖,一级以下医疗机构 30% 监管比例的要求,开展医疗机构监管工作。完成 53 个一级以上医疗机构,215 个诊所、门诊及中小学校、幼儿园医务室的日常监管，进一步提升各医疗机构规范管理的水平；做好对ADR（药品不良反应）、MDR（医疗器械不良事件）、药物滥用监测的管理。做好新修订的《药品不良反应报告和监测管理办法》的宣传贯彻实施工作，上报ADR报告1166例，医疗器械不良事件645例，药物滥用监测85例；开展化妆品“线上净网线下清源”风险排查，抽查41个批次化妆品专项抽样检测。实现对辖区内互联网药品信息和交易服务网站网上巡查100%，现场检查100%；推进“智慧监管”，定期发布远程监管数据，上传不正常企业名单，督促企业做好数据上传工作，同时对数据异常企业进行现场核查。

【食药执法工作】 2019年，江阴市市场监管执法大队先后开展食品药品安全大排查大检查大督查专项整治、整治保健市场乱象百日行动、打击互联网制假售假行为、中药材和中药饮片专项整治、化妆品经营企业专项检查和医疗机构专项检查等多个专项执法检查，均取得良好成效。药品中队发挥“四方（公安局、法院、检察院、市场监管局）联席会议”协调制度优势，与江阴市公安局治安大队食药环中队和各派出所沟通协作，全力突破涉药大案要案。全年出具假药鉴定报告30份，涉及70余种产品。食品中队开展食品生产、零售、餐饮、粮油、盐务等领域专项整治行动，与江阴市公安局、江阴海关等部门加强工作联动，建立联合办案机制，做到食品、餐饮违法线索共同梳理、相互通报。全年食品中队移交公安食品案件及违法线索13件，严厉打击食品与餐饮违法犯罪行为。 （耿柯锣）

公共卫生安全

【概况】 2019年，江阴市加强传染病预警监测和风险评估，及时发现和快速有效处置各类传染病疫情，全市报告乙类传染病病例12种1281例，报告丙类传染病病例6种5034例。规范预防接种管理，全市28个儿童预防接种门诊全部如期完成建设任务，标准化儿童预防接种门诊建成率100%。全年报告并规范处置学校散发疫情10例，比2018年下降50%，突发公共卫生事件处置率100%。完成江苏省、无锡市下达的食品污染物监测工作，监测235件样品，任务完成率100%。全市生活饮用水监测覆盖率100%，任务完成率100%。全市中小学校因病缺课监测工作覆盖率100%，学生伤害监测工作覆盖率100%。

【传染病防控】 2019年，江阴市强化传染病预警监测和风险评估，及时发现聚集性传染病疫情苗头倾向，及时发现和快速有效处置各类传染病疫情。全市报告乙类传染病病例12种1281例，发病率77.55/10万，比2018年发病率提高0.85%；报告丙类传染病病例6种5034例，发病率304.76/10万，比2018年发病率下降26.7%。前5顺位乙类肺结核（496例）、梅毒（351例）、肝炎（290例）、淋病（59例）、艾滋病（36例），占乙类总数的96.17%；前3顺位丙类手足口病（3321例）、流行性感冒（808例）、其他感染性腹泻病（739例），占丙类总数的96.7%。完成国家伤寒+副伤寒、手足口病监测点任务，完成猪流感监测、腹泻病监测任务和无锡市霍乱、流感监测任务。规范开展疫情报告管理工作，未发生法定传染病漏报现象，网络直报率100%，及时率100%，卡片完整率100%，信息准确率98.59%，传报卡及网络直报信息一致率99.1%，疫点措施落实率100%。和教育部门信息互通，共享师生身份信息大数据，强化学校传染病发病信息比对，及时发现和处置学校传染病疫情。为最大限度发现HIV（艾滋病病毒）感染者，降低晚发现率，针对高危人群隐蔽、敏感的特点，在全市布设9台自助服务机，24小时向需要的人群成本价提供艾滋病快检试剂，创新开展无心理门槛网络版VCT（艾滋病自愿咨询检测）咨询模式。积极推进结核病信息化建设，实现结核病的全业务流程信息化管理。构建并试运行结核病信息管理系统，与居民健康档案和电子病历信息对接。

【规范预防接种管理】 2019年，江阴市卫生健康委围绕省高质量考核指标，依据省卫生健康委《关于进一步加强儿童预防接种门诊标准化建设的意见》要求，全面推进接种门诊标准化建设，进一步提升服务能力，改善服务环境，提高群众服务体验和获得感。年内全市28个儿童预防接种门诊全部如期完成建设任务，标准化儿童预防接种门诊建成率100%。同时全市第一个儿童预防接种智慧化门诊建成投入使用。积极推进2019年市政府为民办实事项目：适龄儿童免费水痘疫苗接种和65岁以上户籍老年人免费肺炎球菌疫苗接种。至12月底，全市28个接种实施单位为适龄儿童免费接种水痘7.9万剂次，为户籍老年人免费接种肺炎疫苗4.5万剂次。水痘疫苗免费接种初显成效，接种儿童报告病例数较2018年（7例）同期下降13%，年内未发生水痘突发公共卫生事件。

【突发公共卫生处置】 2019年，江阴市突发公共卫生事件处置率100%。做好卫生应急处置工作，完善传染病疫情市、镇两级分级处置机制，及时规范处置学校疫情38次。通过落实一系列相关预防控制措施，疫情均得到有效控制，所有病例均康复，未发生疫情的大规模传播，达到不发生重症死亡、不发生大范围蔓延的工作目标。流行病学关口前移。在疾病流行前开展全市托幼机构、小学拉网式预防性指导2次计400余所，尽可能降低暴发流行的风险。全年发生2件突发公共卫生事件，其中手足口病1件、输入性登革热病例1件。接报后均第一时间展开调查核实，在处置过程中做到反应迅速、措施科学、处置有力，迅速扑灭疫情，得到上级肯定。全市报告并规范处置学校散发疫情10例，比2018年下降50%。疫情均进行规范化处置，确保疫情不扩散不蔓延。累计开展首次筛查611例，发现单纯性PPD（纯化蛋白质衍生的结核菌素）强阳性29例，进行预防性服药12例；开展二次筛查120例，PPD阳转7人，均预防性服药。连续五年选派青年职工18名参与省市流行病学培训班学习。市疾控中心通过中国合格评定国家认可委员会国家实验室认可复评审，并以优异成绩通过美国ERA组织的水中六价铬能力验证，生活饮用水检测能力得到认可。为进一步贯彻落实新时期卫生健康工作方针,夯实公共卫生服务网底,构建综合防控体系,提高基层医疗机构疾病防控和服务能力,全面提升群众健康水平,根据市卫生健康委公共卫生医师下基层驻点工作方案,依托两大医联体进一步推动公共卫生资源下沉、服务下沉的"强基层"工作举措。市疾控中心选派业务骨干深入35个基层医疗机构开展业务指导320余次。

【公共卫生监测】 2019年,江阴市完成省、无锡市下达的食品污染物监测工作,监测235件样品,任务完成率100%,结果均及时上报国家食品安全风险监测数据库。主动监测完成食源性疾病病例1943例,任务完成率100%。接到疑似食源性疾病暴发事件6件,经现场流行病学调查、实验室检验、结合病例临床症状确诊1件副溶血性弧菌食物中毒。全面开展各类环境卫生监测,开展农村居民室内健康危害因素监测,完成11户农户室内环境监测。开展大气污染与人群急性健康危害因素监测。开展不吸烟女性肺癌危害因素监测,完成病例与对照168例。完成农村环境卫生状况调查,总计调查5个镇20个村100户。全面完成并及时上报省农村生活饮用水枯水期卫生监测数据。开展生活饮用水监测,全市生活饮用水共监测水样234件,监测项次6692项,监测覆盖率100%,按照省、市生活饮用水监测方案,实现生活饮用水监测任务完成率100%。做好学校卫生工作,全市中小学校因病缺课监测工作覆盖率为100%,日报告率99.63%。对全市的中小学校开展学生伤害监测工作,监测工作覆盖率100%,日报告率96.52%,伤害发生率4.11%。完成省级学生常见病监测12所学校(高中1所、初中2所、小学2所、幼儿园7所)2318人。

(缪 英)

应急管理

【概况】 2019年,江阴市应急管理局深入学习贯彻习近平新时代中国特色社会主义思想关于安全生产、应急救援、防灾减灾等方面的重要论述,按照国家、江苏省、无锡市以及江阴市具体工作部署,紧紧围绕"构建全域覆盖的公共安全体系"总体目标,以"防风险、除隐患"为工作主线,进一步健全完善责任体系建设,力抓源头管控、依法治理、基础保障、机制创新等工作,为江阴市继续当好新时代高质量发展领跑者,提供有力安全保障。常态化分析研判和预警通报安全形势,扎实开展危化、冶金等行业大排查大整治专项行动;创新推广"行政+技术",深度开展高危企业、小微企业第三方诊断指导服务。坚持"执法必严、违法必究",对安全隐患和违法违规行为铁拳出击、铁腕执法,层层压紧压实企业主体责任。构建"三位一体"("三位"即总体安全、系统安全、长效安全,"一体"即全域全民、防救集成)公共安全体系,逐步提升全民防灾避险意识和自救互救能力。"三类"(企业主要负责人、企业项目负责人、安全生产管理人员)、行车作业等人员安全培训全年突破3万人次。高标准推进沿江危化品应急救援基地建设;严格执行24小时值班和领导在岗带班制度,第一时间处置突发情况。是年,市应急管理局被评为全国应急管理新闻舆论阵地建设暨"学报用报"先进单位、江苏省危险化学品安全生产先进集体;市安全生产监察大队被评为江苏省安全生产执法工作先进集体。

【市应急管理局组建成立】 2019年2月20日,江阴市召开市应急管理局转隶组建会议,宣布江阴市委关于市应急管理局领导班子任职的决定,部署转隶组建工作。副市长赵强出席会议并讲话,江阴市委组织部常务副部长谢映军宣布市委任免决定,市委编办副主任张华传达机构职责调整方案。年内,江阴市委、市政府高度重视健全应急组织架构,先后发文对应急管理局的职能配置、内设机构和人员编制进行明确。新增应急指挥中心正科级全额拨款事业机构。

【健全安全责任体系】 2019年,市委常委会、市政府常务会议分别4次专题听取安全生产工作汇报,市委常委会7次、市政府常务会议4次专题研究安全工作。开展市领导包片督查督办工作,市委、市政府主要领导分别带队督查10余次。推动机构、机制创新突破,在负有安全生产监管或管理职责的20个重点部门增设"安全生产监督管理科",其他市级机关部门及直属事业单位在相关科室增挂"安全管理科"牌子;镇(街道)综合执法局单设"安全生产监督管理科"。12月9日,市安委办以及71个内设机构挂牌成立,全市安全生产监管专职力量超过400人,在全省县(市)率先实现安全生

2019年,江阴市开展"安全生产隐患大排查大整治专项行动"

(市应急管理局提供)

产内设机构全覆盖。深入调研基层安全生产“网格化”,研究制定《关于进一步明确行政村(社区)安全生产监督管理职责的规定》,制定出台《进一步推进和落实企业主体责任指导意见》。强化考核约束,坚持过程、结果考核相结合,季度重点考评与全年综合考核评分科学配比;优化调整江阴市安全生产责任书,量化重点工作指标和创建任务。实行全市安全生产形势“一月一通报”,针对有代表性事故和各类险情及时发布预警信息。年内,申请市法院强制执行案件4件,8个企业被列入社会法人严重失信黑名单。

2019年6月5日,西郊中心幼儿园开展公共安全进校园“安全相伴共成长”汇报演出。图为演出现场 (市应急管理局提供)

【创新安全监管举措】 2019年,江阴市制定出台深井铸造工艺12条标准,填补行业相关标准空白,产业链本质安全水平进一步提高;制定出台防高处坠落事故标准措施,遏制同类事故发生。全年触电、起重伤害、高处坠落事故比2018年分别下降75%、42.8%、27.2%。持续深化“行政+技术”模式,聘请中海油第三方专业技术安全服务机构检查危化品重点企业108个,责令停产9个,排查各类隐患4891项(其中重大隐患315项)。同时,在冶金等工贸行业领域拓面提质,聘请上海普兰认证咨询有限公司对48个重点工贸企业开展安全诊断服务,排查各类隐患928项(其中重大隐患18项)。提升科技助安水平。市应急管理局成立信息化工作领导小组,积极探索“互联网+监管”模式,切实提升执法工作效能;建立健全危化品安全风险分布“一张图一张表”,持续深化危化品安全综合治理。提升企业及职工安全能力,开展行车地操作业“大排查、大培训、大整治”安全专项治理,累计培训6203人;贯彻落实《生产安全事故应急管理条例》,组织13个危化企业48人赴天津中海油培训基地培训,加强企业危化品泄漏抢险救援能力;培训危险化学品企业主要负责人和安全总监268人,提高危化企业安全管理能力。规范中介机构管理,组织各镇(街道)综合执法局分管副局长、在江阴开展小微企业托管业务或安全生产第三方服务的20余个中介机构主要负责人学习《安全评价检测检验机构管理办法》。研究制定《江阴市安全生产社会化中介服务工作基本要求(试行)》。深化“双控”机制(安全生产风险分级管控和隐患排查治理双重预防机制)建设。是年,上线双重预防机制企业新增359个。全市11307个企业通过江阴市安全生产智能一体化平台自查自报隐患19856项,整改隐患19595项,整改率98.59%。

【防范化解风险】 2019年,市应急管理局守牢安全生产基本盘、基本面,在护林防火等形势严峻情况下,积极应对重点难点任务,及时协调处置突发事件;推进环保、安全协同治理,对全市21个危险废物经营企业开展隐患排查摸底,排查各类隐患问题216项。在危化品领域,完成6个危化品生产企业安全生产许可证和2个企业危化品安全使用许可证申报注销;积极推进化工产业安全环保整治提升,完成对185个化工企业安全整治提升“一企一策”制定;组织对55个处于城镇人口密集区危险化学品生产企业安全防护距离复核;稳步推进本质安全专项行动,完成年度排查诊断目标任务。在庆祝中华人民共和国成立70周年期间,明确全市250余个重点企业落实“三个不得”(不得实施开停车作业;不得进行停产集中检维修作业,停止动火作业;已经停产的不得组织复产)要求。在工贸行业领域,开展涉爆粉尘企业专项治理,17个企业完成整改验收;开展冶金煤气专项检查,3个钢铁企业通过省应急管理厅煤气专项验收。11月22日,召开全市“厂中厂”安全生产专项整治“雷霆行动”动员部署会,无锡市委常委、江阴市委书记陈金虎对专项整治进行全面部署。整治期间,责令限期整改1290个,责令停产停业212个,搬迁206个。加快建立完善森林防火工作组织体系、责任体系、考核体系,加强森林防火队伍建设和管理,在全市范围内开展森林火灾隐患集中整治活动。江苏响水天嘉宜公司事故发生后,立即对全市2个硝化工艺企业进行突击检查;江苏凯隆铝业有限公司发生爆炸后,对全市27个深井铸造企业进行专项突击检查,处罚1个,取缔1个。年内,市应急管理系统检查企业3938个次,事前立案数、5万元以上大案数、案均值等比2018年大幅度提升。对10名事故责任人追究刑事责任;督促各地落实事故研判制度、事故现场会制度;在江阴电视台“法治全澄”栏目播放“事故企业现身说法”安全警示教育片7部,规范事故警示教育常态化机制。

【构建公共安全体系】 2019年,市应急管理局贯彻落实4月11日、4月28日市委常委会和6月6日全市公共安全体系建设工作推进会精神,作为牵头部门,主动对标国内外安全示范城市先进经验,站在县域治理的高度,先行先试,率先提出构建“三位一体”的公共安全体系,基本搭建“四梁+八柱+地基”的“江阴模式”。8月23日,市委、市政府召开全市公共安全体系建设动员大会,为体系建设指明方向、提出具体要求,并成立由市委、市政府主要领导担任双组长的高规格公共安全体系建设领导小组。11 月 2 日,正式印发《江阴市公共安全体系总体规划纲要(2019—2025 年)》《江阴市公共安全体系建设实施方案》。年内,以全市安全专项整治为契机,进一步摸清安全风险底数,研究编制全市公共安全总体规划和 26 个专项规划。坚持以规划为统领,按照“先急后缓、先易后难”的原则,以项目化、工程化的理念分步推进实施,使规划落地见效,实现全域公共安全“无高危漏洞、无致命死角”。

【应急宣教】 2019 年,江阴市扩展应急安全宣传阵地,营造浓厚的安全氛围。结合江阴市公共安全体系建设,在全市范围内大幅度拓展安全宣教阵地。在全市交通主干道或人员集中区域设置高炮、大型固定式广告牌、电子大屏幕、沿街商业门店电子移动字幕牌、居民小区电梯及公告栏、中小学校安全教育板报等刊登公益广告,市融媒体中心播发应急管理及安全生产类新闻报道 101 篇。6 月 5 日,副市长赵强启动 2019 年“安全生产月”活动暨“公共安全进校园”主题活动,深化“公共安全从娃娃抓起”理念;6 月 16 日,组织“安全生产月”宣传咨询暨全民自救互救体验活动,举办“全澄欢乐跑、安全伴我行”“安全生产公众开放日”“安全进校园——安行 A 计划”和“防风险、除隐患、遏事故”主题安全知识竞赛、安全生产宣传教育“七进”(进企业、进学校、进机关、进社区、进农村、进家庭、进公共场所)等一系列活动,覆盖人群 80 万人。

【自救互救项目】 2019 年,江阴市继续深入推进全民应急救援(自救互救)项目建设,全年建成南菁高级中学实验学校、江阴市第一初级中学、江阴市第二中学、市委党校、江阴市人民警察培训学校、江阴图书馆、顾山中学、华士镇华士社区项目点 8 个,并组织对项目点人员 21 批 660 余人开展业务培训,其中 83 人通过国家应急救援员四级考试,85 人考取红十字会现场初级救护员

2019 年 6 月 16 日,江阴市政府安全生产委员会主办安全生产月咨询活动暨全民自救互救体验活动。图为活动现场 (市应急管理局提供)

证,进一步提升公益自救互救的能力服务水平,增强人民群众对应急救援的认知感。12 月 17 日,江阴市举行全民自救互救培训进机关启动仪式,无锡市委常委、江阴市委书记陈金虎等市领导与参会人员一起参加心肺复苏实操培训。

【应急演练】 2019 年 8 月 9 日,江阴市在市政府决策中心举行大面积停电事件应急演练,模拟遇到夏季用电高峰期和台风等灾害性天气,突发大面积停电事故时如何应对。通过演练,为健全有效的电力安全应急机制提供保障。12 月 5 日,市安委会和临港开发区管委会联合在丽天化工码头举行突发危险化学品安全事故应急救援演练,通过演练,增强全市应对危险化学品安全突发事件的责任意识和救援水平。

【应急预警及保障】 2019 年,市应急管理局联合教育、水利、农业农村、气象、海事等部门,通过“江阴市预警发布中心”短信平台及时将自然灾害预警信息发送到市政府、镇(街道)、学校和有关部门的责任人手中。及时组织相关自然灾害的预防和施救,全年未发生一般级别以上的突发自然灾害及其产生的次生灾害。新成立市应急指挥中心(江阴市沿江危险化学品应急救援中心),新购置的荷兰大功率远程供水系统、50 米六节臂高喷车、卢森堡亚多剂联用举高喷车、灭火机器人、一拖四模块车主车和泡沫供液组等装备投入训练,极大提升全市应对各种突发意外情况的综合应急救援能力。

【应急处置】 2019 年,市应急管理局严格落实领导带班和 24 小时应急值班制度,做到早发现、早报告、快应对,保证突发事件快速高效科学的应对;与相关部门加强联动,派人第一时间赶赴现场,确保突发事件得到有效处置。全年处置 10 月 1 日华西公园玻璃滑道事故、10 月 9 日长江村拆船厂码头货船翻沉事故等突发事件 30 余件,由于应急响应及时、处置得当,相关事故未造成环境污染及不良社会影响。

【防灾减灾管理】 2019 年,市应急管理局进一步完善报灾系统,及时调整报灾系统各镇(街道)灾害信息员名单,并组织各镇(街道)灾害信息员参加无锡报灾系统操作、北斗手持终端设备及手机报灾 APP 使用、灾情统计报送重难点解析等培训。继续组织创建减灾社区。利港街道兴港社区不断提高社区自我管理、自我服务、自我教育、自我监督能力,于 12 月通过国家级“综合减灾示范社区”验收。

(唐小雯)

特种物品与设备安全

【危化品安全管理】 2019年，江阴市公安局以“除隐患、防事故、保安全”为目标，抓好危险物品管控，筑牢各类危险物品安全监管阵地。市公安局制定《2019年治安安全隐患排查整治行动方案》，明确落实危化品安全监管、缉枪治爆专项整治、寄递渠道安全监管等重点工作。把危险物品安全隐患大排查大整治集中攻坚行动纳入全局年度绩效考核，要求各派出所与责任单位签订安全管理责任书，层层抓好责任绑定和责任分解，每半月进行情况通报。治安部门和督察部门组成联合督导小组，每周开展督导抽查。组织全市派出所对辖区危险物品单位进行摸排，督促从业单位落实各项管理措施。根据新出台的《2017版易制爆危险化学品名录》，对变更后扩大的品种、标准、内容，加大排查力度。全面比对应急管理部门提供的危险化学品生产经营、使用单位名单，梳理出未列入但有经营资质的易制爆危险化学品经营单位286个次，并组织属地派出所逐一进行核查，确认有无实际经营行为。加大对出租房屋、集贸市场、废旧厂房等涉爆重点部位的排查，及时发现非法制贩、私存爆炸物品等行为。收缴管制刀具19把，气枪14支，非法烟花爆竹14000余箱、烟火药191.8克。严格落实危险物品单位每周自查，派出所每月普查，治安大队每季检查的三级检查制度。加强对从业单位的危险物品销售、购买、运输、使用等环节流向登记信息的核查。年内全市有列管涉危单位673个，检查单位1100余个次，发现并督促整改治安隐患90余个（处）。封存治安防范不达标的危险物品仓库11个次。组织警力对全市化工建材交易市场、小商品市场、集贸市场、旅游风景区商店进行清查，严防私存私藏危爆物品；全方位监管民用爆竹物品运输、存储、使用等重点环节，严防重大案件发生；督促指导车站、码头等单位严格落实场站安全管理措施，防止不法分子携带枪爆危险物品进站、上车；组织对寄递企业、网点开展明察暗访，发现通过寄递、物流渠道贩运爆炸物品的案件线索，一律严查来源、去向。综合运用巡逻排查、信息调研等措施，严打各类涉爆案件。对破获的涉枪涉爆案件，查清涉案枪支弹药、爆炸物品的来源、渠道和流向，予以追缴。收缴管制刀具43把，枪支41支，子弹3248发，易制爆危险化学品2.84公斤，销毁雷管2180发、导爆管5500米。组织对全市公安机关41个配枪部门，以及武装押运、营业性射击场等配枪单位企业开展枪弹管理使用检查督导。办理涉爆涉危刑事案件6件，其中非法经营烟花爆竹案件、非法经营易制爆化学品案件各3件，采取刑事强制措施6人。查处涉危行政案件185件，行政处罚易制爆危险化学品从业单位12个，处罚人员173人。辖区各所派人至涉危从业单位进行上门法制宣教，签订互联网危险物品信息发布安全责任书、易制爆危险化学品治安管理工作告知书、易制爆危险化学品规范经营承诺书等。对安全管理不落实、安全隐患突出拒不整改的危险物品单位，统一罗列名单，通过新媒体集中公布。公开举报电话，引导广大群众举报涉及危化品的各类案件线索。 （胡 娟）

【核与辐射安全管理】 2019年，江阴市深入排查废旧放射源，加强核技术利用单位辐射安全管理。开展全市核与辐射安全风险隐患排查整治工作，全面梳理全市使用放射源化工企业和其他使用易燃易爆化学品的涉源单位，建立清单目录。对8个涉源单位进行隐患排查，督促2个废旧放射源闲置单位及时开展废源收贮，对1个伴生放射性矿利用单位进行深度排查。是年，全市市管涉源单位检查率100%，射线装置检查率大于20%，金属熔炼企业和伴生放射性矿开发利用单位检查率100%；废旧放射源回收率100%，持证许可率100%，安全使用率100%。 （姚京君）

【白蚁防灭治】 2019年，江阴市新增对农村集体建设项目的白蚁预防工作，年内完成全市112个新建房屋白蚁预防项目处理。注重白蚁预防工程回访复查，回访1499个新建房屋白蚁预防工程，对其中存在白蚁危害现象的工程及时进行治理，有效保障房屋的使用安全。对黄山湖公园开展林地白蚁综合治理，控制白蚁对园林的危害。做好市内1000多个蚁情监测站点的维护和观察工作，及时通过媒体发布白蚁分飞高峰期预警。开展土白蚁研究探索，不断提升白蚁防治工作的科技含量。 （邱 敏）

【特种设备安全】 2019年，江阴市市场监督管理局根据市委、市政府要求，专门成立安全生产监督管理科。加强特种设备相关设备设施安全监管工作，推动安全生产隐患全面压降、安全生产形势根本好转。以“厂中厂”安全专项整治“雷霆行动”为契机，全体出动、全员下沉。召开全局大会，对涉及职能范围内的特种设备等安全专项整治工作进行再部署、再推进、再落实。累计检查特种设备使用单位2552个，出动人员5104人次，发现一般隐患380条，严重隐患359条，查封设备592台，立案24件，所有隐患严格按照对账销号的工作方式，逐条整改，直至闭环。 （耿柯镠）

火灾事故与防范

【概况】 2019年，全市发生火灾320次，亡2人，伤7人，直接财产损失889.28万元，与2018年相比，火灾次数和直接财产损失数分别下降3.03%、48.54%，死亡人数净增1人，受伤人数持平。继2001年以来连续19年未发生有较大人员伤亡的火灾事故。

【灾情分析】 2019年，江阴市发生的火灾事故从火灾发生区域看，澄江街道39次，占总数的12.19%；周庄镇38次，占总数的11.88%；徐霞客镇24次，占总数的7.5%。

从起火场所看，住宅宿舍火灾102次，直接财产损失190.36万元，伤5人，亡1人，火灾次数居所有场所之最；交通工具火灾76次，直接财产损失317.32万元，损失数居所有场所之最；厂房火灾70次，直接财产损失250.8万元，伤1人，亡1

人;物资仓储场所火灾 18 次,直接财产损失 57.87 万元;餐饮场所火灾 14 次,直接财产损失 8.12 万元;农副业场所火灾 11 次,直接财产损失 10.21 万元;商业场所火灾 5 次,直接财产损失 2.5 万元;办公场所火灾 3 次,直接财产损失 15.73 万元,伤 1 人;汽车库火灾 1 次,直接财产损失 10 万元;公共娱乐场所火灾 1 次,直接财产损失 1 万元;垃圾及废弃物火灾 1 次,直接财产损失 0.1 万元;其他火灾 18 次,直接财产损失 27.46 万元。

从火灾原因看,电气火灾 79 次,直接财产损失 253.33 万元,伤 1 人,亡 1 人,起数和直接财产损失数均居各类火灾之首;遗留火种火灾 48 次,直接财产损失 68.41 万元,伤 1 人;生产作业类引起火灾 36 次,直接财产损失 99.81 万元,伤 1 人;生活用火不慎火灾 30 次,直接财产损失 16.45 万元,伤 2 人;自燃火灾 8 次,直接财产损失 10.04 元;放火 4 次,伤 2 人,直接财产损失 58.88 万元;不明原因火灾 57 次,直接财产损失 92.67 万元;其他火灾 58 次,亡 1 人,直接财产损失 289.68 万元。

从火灾 24 小时分布情况看,10 时至 12 时火灾最易发生,火灾损失最重。全年 10 时至 12 时发生火灾 39 次,直接财产损失 151.71 万元,火灾次数居全天候之首。20 时至 22 时,发生火灾 36 次,直接财产损失 160.26 万元,损失数居全天候之首。0 时至 2 时,发生火灾 16 次,直接财产损失 83.14 万元;2 时至 4 时,发生火灾 13 次,直接财产损失 33.16 万元;4 时至 6 时,发生火灾 16 次,直接财产损失 17.95 万元;6 时至 8 时,发生火灾 17 次,直接财产损失 28.82 万元;8 时至 10 时,发生火灾 25 次,直接财产损失 94.43 万元;12 时至 14 时,发生火灾 30 次,直接财产损失 145.01 万元;14 时至 16 时,发生火灾 34 次,直接财产损失 48.65 万元;16 时至 18 时,发生火灾 39 次,直接财产损失 52.77 万元;18 时至 20 时,发生火灾 34 次,直接财产损失 53.57 万元;22 时至 24 时,发生火灾 21 次,直接财产损失 19.79 万元。

【火灾防范】 2019 年,江阴市定期组织开展全市消防安全形势综合评估,在全市部署开展冬春火灾防控、“防风险保平安迎大庆”等消防安全专项行动,并对人员密集场所、高层建筑、电动车开展消防安全专项整治,每季度开展消防工作检查考核。市消安委办发布火灾预警等文件 19 份,部署加强重点行业领域和季节性火灾防控工作;调整确定消防安全重点单位 771 个(其中:二级重点单位 278 个、三级重点单位 493 个),年内检查单位 2612 个次,督改隐患 1916 处,执法处罚 210 次,责令“三停”(停止施工、停止使用或者停产停业)34 个。开展部门联合检查 50 余次,检查单位 400 余个次,整改消防隐患 100 余处,提出消防安全整改意见 59 条。10 月起,全面推行“双随机、一公开”消防监管*工作,随机抽查单位 60 个,下发整改通知书 23 份;开展群租房、“厂中厂”和小微企业消防隐患排查整治,累计排查高层建筑 2018 幢,督改隐患 1195 处,开展入户宣传 22.77 万次、楼道“三清”(清理居民楼院疏散楼梯、走廊等公共区域堆放的可燃杂物;清理居民楼院电动自行车等交通工具违规存放、充电问题;清理电缆井、管道井等堆放的可燃物)1.35 万余次;组织检查“三合一”场所(住宿与生产、仓储、经营一种或一种以上使用功能违章混合设置在同一空间内的建筑)1183 个,“九小场所”(小学校或幼儿园、小医院、小商店、小餐饮场所、小旅馆、小歌舞娱乐场所、小网吧、小美容洗浴场所、小生产加工企业的总称)1242 个,群租房 321 处,“厂中厂”156 个,督促整改火灾隐患 1749 处;推广安装简易报警 2559 只、简易喷淋设施 181 套、电气火灾监控系统 180 套,建设有智能充电装置的电动车集中停放点 182 个,接入消防设施联网监测系统单位 341 个,累计建设微型消防站 922 个;开展“863”(消防水源、单位重点部位、安全出口、疏散楼梯、防火分隔设施、消防控制室、消防车通道、消防水泵房必看;火灾自动报警系统、固定灭火系统、防排烟系统、消防电梯、水泵接合器、消防通信必测;进攻路线、开辟救生通道、车辆停靠必练)熟悉演练 97 次,单位“六熟悉”(熟悉辖区交通道路、消防水源情况;熟悉消防安全重点单位数量、分类和分布情况;熟悉消防安全重点单位建筑物结构和使用情况;熟悉消防安全重点单位重点部位情况;熟悉消防安全重点单位内部消防设施和消防组织情况;熟悉辖区主要灾害事故类型和处置对策、基本程序)演练 837 次,紧急拉动 29 次,实战演练 103 次;编发 5 大类消防安全宣传手册 30 万份,组织宣传活动 56 次,利用消防宣传车巡回宣传 126 次,进行夜间错时宣传 8 次,走进社会单位开展消防安全知识培训 196 次,指导各地灭火逃生疏散演练活动 50 余场次,户外视频和电子显示屏等载体滚动播放消防宣传标语和公益广告 8921 次,培训各类消防“明白人”4000 余人次。

(郁璐娴)

【森林防灭火】 2019 年,江阴市加快建立完善森林防火工作组织体系、责任体系、考核体系,确保各项工作有力有序推进。10 月,召开全市森林防灭火工作会议,成立森林防灭火指挥部,完成调整指挥部成员单位,下发森林防灭火指挥部工作规则,明确各成员单位的责任和分工。10 月 28 日至 12 月 31 日,在全市范围内开展森林火灾隐患集中整治活动。全市出动检查人员 918 人次,检查单位、场所、护林员等 812 个(人),按照一山一清单和整改方案、措施、时间、责任人、资金五落实的要求,加强隐患的闭环管理,排查出的隐患全部整改到位。加强森林防火队伍建设和管理,全市各重点山区所涉镇(街道)均建立起一支半专业森林消防扑救队伍,各镇(街道)、各山区村均组建应急分队,森林防火队伍预防和扑救的能力明显提升。江阴市森林消防专业队在江苏省第九届森林消防技能竞赛中荣获优胜奖。 (唐小雯)

域内安全技防

【概况】 2019 年,江阴市公安局以健全完善立体化、信息化社会治安智慧防控体系为引领,高标准打造“升级版”共享型技防城。在成功通过全省首批“升级版”技防城验收后,不断深化机制体制建设,筑牢技防城市的铜墙铁壁。统筹配置多方资源,市、镇、企全社会投入。信息数据全网共享,点、线、面全域化覆盖。警格网格联合融动,打、防、控全方位提升。完成全市479个已建小区出入口1200余套人员车辆抓拍建设,与外市县141个主要交界路口全部安装监控、网围、微卡等设备。24个派出所综合指挥室全部实现数据、情报、指挥、行动、管理、服务"六位一体"。

【智慧防控"微单元"建设】 2019年,江阴市公安局在建成全省首批升级版技防城的基础上,以"雪亮工程"为牵引,进一步提升治安防控体系的智慧元素,全力推进智慧小区、智慧小镇、智慧校园、智慧场所、智慧卡口等智慧"微单元"建设。完成全市479个已建小区出入口1200余套人员车辆抓拍建设,对进入小区的人员车辆进行全面管控。高标准推进新建小区视频监控高清化、智能化、联网化建设,在小区出入口布建全景抓拍、车辆识别抓拍等设施。新桥镇和滨江三村北区、馨芸雅居小区试点建设工作稳步推进。全市565个旅馆安装应用"人证核查"设备、WiFi无线上网审计设备,30个试点旅馆推广应用"人脸识别"智慧管控模式,95个网吧全面推行"人脸、证件、短信"三重认证。卡口盘查APP上线运行,与外市县141个主要交界路口全部安装监控、网围、微卡等设备。

【新建小区安防系统】 2019年,江阴市公安局大力推进新建居民小区安全防范设施规范化建设,注重高清化、智能化、联网化等新技术要求,严格周界报警、视频监控、出入口控制、楼宇对讲等安全技术防范设施建设,将视频监控建向主要通道、活动场所、单元门、电梯、顶层通道、地下车库等重点部位,在小区出入口安装人员和车辆抓拍比对,将监控信息整合接入公共视频汇聚平台等,基本实现视频监控全覆盖,小区治安秩序和群众安全感、满意度显著提升。对35个新建商品房小区进行安全技术防范设施竣工验收,新增视频监控8000余台,35项项目全部实现联网,36项拟建的新小区项目视频监控建设方案全部落实数字化高清、联网化共享、智能化抓拍要求。

【一体化指挥体系】 2019年,江阴市公安局持续推进派出所综合指挥室智能化实战化规范化建设,安装350兆数字集群电台、"处警通"APP、4G执法记录仪、无人机等一批信息化设备。24个派出所综合指挥室全部实现数据、情报、指挥、行动、管理、服务"六位一体"。积极推行警情分级处置、团队处警、随长作战等工作机制,不断提升重大警情现场处置效能。"110"分流减负实现历史性突破,在前两年接警量同比分别下降28%和25.1%的基础上,是年同比再降2.44%。 (胡 娟)

场所安保

【概况】 2019年,江阴市公安局治安大队作为保安监管部门,主动担当、积极作为,不断优化监督管理与服务,全面提升行业管理质量效能。有效提高各保安服务公司严格依法依规经营的责任感和自律性,规范竞争行为,营造公平、公正的竞争环境,推动保安企业和保安队伍的规范化、职业化、标准化建设,提升保安队伍维护社会稳定、服务人民群众的能力和水平,不断推进江阴市保安服务业的健康、持续、稳步发展。

【江阴市保安服务有限公司】 2019年,江阴市保安服务有限公司(以下简称公司)围绕上级公安要求部署,认真贯彻落实"讲政治、保稳定、求发展、抓效益、优队伍、调结构、促自查、重整顿、吸教训"九项工作要求,确立"以市场为导向,以效益为目标,以实绩论英雄,以绩效谈分配"的发展理念,做大做强主业,做精做细副业,全年保安服务取得较好的经济效益和社会效益。公司通过ISO 9001:2015国际质量管理体系权威认证、保安服务企业信用等级AAA证书认证和江苏省二级保安公司等级评审。公司按照现代企业组织模式,实行所有权、经营权、监督权分立的原则,认真按照ISO 9001:2015国际质量管理体系标准进行规范管理。坚持开展岗位大练兵,提升队伍综合技能水平。年内,公司贯彻落实江苏省公安厅治安管理局及省保安协会《全省保安行业规范治理服务70周年国庆安保工作实施方案》等文件精神,开展以"践行新使命,忠诚保大庆"为主题的岗位大练兵活动,参训人员3000余人次。利用保安员资格考试,开展对新入职队员的教育培训;利用中、高级保安员资格考试,开展对在岗队员的教育和各类技能培训;鼓励员工在职参加学历教育和各类技能培训,进一步提高队伍的文化水平和专业技能。年内公司各部门有7人考取高级保安员证书,390人考取保安员资格证书,11人考取五级消防员证书,选拔4名保安员参加无锡市保安员职业技能竞赛,获人力防范专业组第四名和综合成绩无锡市前三名。公司在保安员技能培训中注重创新突破,打造个性化特色培训模式。根据不同的企业实际情况,通过送教学计划上门、送培训教官上门等方式,制定个性化培训方案和培训内容。全年对全市174个营业网点的251名银行保安员进行规范管理和培训。针对电信诈骗对象中老年客户比例高、女性客户比例高的新特点,公司自编教材培训银行保安员。年内有吴燕洁、邓国庆、袁晓华、朱军华、沈益军5名保安员堵截5次电信诈骗,挽回客户经济损失48.25万元,被江阴市见义勇为基金会表彰奖励。公司坚持"一防、二保、三必须"(做好防火防盗;保客户单位安全,保队员自身安全;必须认真交接班,必须清场,必须加大外围巡查力度)的工作制度,健全三级督查机制。注重提升队伍执勤形象,规范文明用语、仪容仪表、文明礼仪的检查力度。公司通过强有力的管理,队伍素质不断提高,涌现一大批见义勇为、拾金不昧、乐于助人的优秀典型。全年为客户单位办实事2000余件。保安队伍在执勤、巡逻中协助处置各类突发事件和纠纷480件;发现并排除各类安全隐患600余次,扑灭初起火灾8次,勇救落水者1人,做好人好事1000余次,收到锦旗8面,感谢信100余封;提出整改建议500余条,避免各类重大安全事故20余起,为客户单位挽回经济损失近1000万元;先后向困难职工和失学儿童捐赠钱物3万余元。是年,公司连续第六年获"无锡市优秀保安公司"称号;有5人被评为无锡市优秀保安员。

2019年江阴市(场所)保安服务有限公司一览表

表49

公司名称	成立时间	公司地址	从业人数	服务单位
江阴市保安服务有限公司	1992年7月	江阴市梅园大街397号	1986人	565个
江阴市飞鹰保安服务有限公司	2005年3月29日	江阴市大桥路96－100号	400余人	80余个
江阴市金鹏保安服务有限公司	2010年6月28日	江阴市新园路6号澄商汇A幢8楼	450余人	65个
江阴市雄鹰保安服务有限公司	2010年8月13日	江阴市杨岸路101号	400余人	30余个
江阴市春风保安服务有限公司	2012年3月28日	江阴市周庄镇宏苑路7号	300余人	58个
江阴市飞龙保安服务有限公司	2012年10月28日	江阴市澄杨路11号	800余人	100余个
江阴市特种押运保安服务有限公司	2009年12月6日	江阴市梅园大街395号	289人	35个

(李小良)

信息安全

【概况】 2019年,江阴市坚持依法管网治网,宣传贯彻《中华人民共和国网络安全法》,建立网络安全通报机制,全面提升网络安全防护能力,强化重点区域安全控制,强化重要信息系统监管。是年,办理行政案件202件,行政拘留24人,罚款8万元;"净网2019"专项行动获无锡市第一名。

【重点区域安全控制】 2019年,江阴市加强经营性上网场所的管理,采取有效措施做好网吧禁烟、实名制上网等工作,确保网吧实名登记率、视频监控在线率、控制台抓拍在线率、一网管检查完成率均为98%以上,确保全市网吧在上级公安机关检查和全国文明城市创建复查中不失分。坚持公开管理与秘密检查相结合、定期巡查与专项检查相结合等办法,依托网吧"人脸识别"认证系统,实现网吧系统人、证、像三者合一,实现安全认证与网吧实名制系统数据接轨。是年,检查网吧123个次,处罚网吧15个次,责令停业整改7个、警告处罚13个,出具行政警示书16份。会同市文化部门进行查处和取缔"黑网吧"5个。在此基础上,继续抓好宾馆酒店非经场所安全审计系统查漏补缺和管理维护,真正实现宾馆上网人员统一审计,虚实身份和行为日志全量采集,真正把数据资源变成服务实战的需求。

【重要信息系统监管】 2019年,江阴市依据《中华人民共和国网络安全法》和《公安机关互联网安全监督检查规定》,结合中华人民共和国成立70周年大庆安保和"净网2019"专项行动,开展全市网络安全执法检查,加大对重点企业、重点网站、重要信息系统网络安全检查执法力度,全力保障网上政治安全、公共安全、网络设施安全和数据安全,全面提升依法管网水平;组织开展网络安全技术检测,通过搭建江阴市公安局互联网安全预警模块主动预警,先后对全市150个单位互联网网站进行动态监测工作;主动通报3个重点单位互联网门户网站被入侵、网站页面被篡改;42个单位门户网站存在SQL(结构化查询语言)注入等重大网络安全漏洞,出具检测报告13份,下发信息系统安全等级保护限期整改通知书42份,约谈相关单位法人23人次。办理行政案件202件,行政拘留24人,罚款8万元,"净网2019"专项行动获无锡市第一名。同时,大力开展网安数据资源聚合攻坚,加强对基础运营商、接入服务单位、数据中心、IDC(互联网数据中心)机房等安全监管;完善重点网络阵地管控机制,进一步深化重点网站网安警务室建设,开展网络日志安全专项整治,督促指导网站、自媒体严格落实信息安全管理主体责任,严格落实实名制上网、信息审核等制度。全年审核备案网站111个。

【强化等级保护制度】 2019年,江阴市加强《中华人民共和国网络安全法》宣传贯彻力度,积极开展网络安全宣讲进单位活动,全年开展入企事业单位、部队安全宣讲11次,700余人接受网络安全教育,取得较好的社会反响。进一步完善等级保护工作机制,督促党政机关、重点行业、重要网络落实网络安全等级保护制度,组织市医保局、财政局等7个重点政府部门以及21个重点企业的网络安全管理员,参加公安部信息安全等级保护评估中心举办的网络安全等级保护培训班,参加学员全部通过考核,均获得由公安部信息安全等级保护评估中心颁发的国家重要信息系统保护人员证书。截至10月底,全市46个单位98个系统落实网络安全等级保护,其中三级等保系统26个、二级等保系统72个。与此同时,建立网络安全通报机制,全面提升网络安全防护能力,对网络安全技术防护措施落实不到位,存在漏洞隐患、风险和突出问题单位进行依法处理,确保全市网络社会平稳可控。 (肖宏伟)

■类目编辑 邢 盈

澄江街道

【概况】 澄江街道地处江阴市中心城区，是江阴市委、市政府所在地及全市政治、经济、文化中心，孕育“刘氏三杰”（刘半农、刘天华、刘北茂）、教育家吴研因、爱国高僧巨赞、中国中药化学研究先驱赵承嘏、“中国机器人之父”蒋新松等一批人。区域面积65平方千米，下辖26个社区居委会、10个行政村。2019年年末，有户籍人口271461人，其中男性132484人、女性138977人；有少数民族26个852人，其中蒙古族68人、苗族88人、回族162人、土家族107人、满族179人、朝鲜族38人、壮族76人、维吾尔族1人、侗族25人、彝族10人、畲族7人、黎族11人、布依族10人、藏族7人、白族6人、水族2人、羌族7人、瑶族23人、土族4人、仫佬族4人、哈尼族1人、达斡尔族2人、俄罗斯族6人、锡伯族2人、佤族4人、鄂温克族2人。有外来暂住人口103737人，其中男性56938人、女性46799人。

政治建设 全年“不忘初心、牢记使命”主题教育取得实效，151个直属党组织开展集中学习3.5万人次、检视整改问题1647个、办好事5358件。严格落实意识形态工作责任制，街道获评全省基层党员冬训工作示范街道。村（社区）书记主任“一肩挑”比例达45%，选任4名村（社区）书记到事业单位领导岗位。培育“五强”（政治素质强、担当作为强、发展本领强、治理能力强、作风纪律强）型村（社区）书记12人，3名书记入选省村书记“百千万”工程（江苏村书记“百名示范、千名领先、万名骨干”工程）。完成370个基层党组织换届选举工作，5个社区升格为二级党委，新增基层党组织8个。坚持全街道“一盘棋”推进新时代文明实践所（站、点）建设，构建“146”工作体系，即“1”是指一大建设体系；“4”是指“个十百千”四大阵地集群（“个”是指打造1个新时代文明实践集群中心；“十”是指打造党群服务中心、新时代文明实践展示中心、政务服务中心、志愿服务中心、理论讲习中心、澄商荟、立澄馆、文体站、“职工之家”、道德讲堂等10个新时代文明实践核心基地；“百”是指打造100个基层新时代文明实践阵地；“千”是指评选1000个新时代文明实践示范家庭）；“6”是指打造理论宣讲、教育服务、文化服务、科技服务、健康体育服务、法律服务六大实践平台，形成“1+35+N”三级文明实践网络，即纵向上建设1个街道实践所、35个村（社区）实践站、N个实践点以及相应的志愿服务队伍，开展文明实践活动500余场。高标准通过省级文明城市复检，钱佐获评“江苏好人”、徐哲红获评“无锡好人”、李岐霞获评“无锡最美人物”。全年党纪立案49件，党纪处分49人。支持人大工委、政协工委工作，召开澄江街道第一届选民代表会议第一次会议，统战、人武、群团、老干部等工作取得新进步。

经济建设 完成地区生产总值599.9亿元，比2018年增长6.76%；公共财政预算收入33.82亿元，比2018年增长1.02%；规模以上工业产值410亿元，比2018年增长7.3%；限额以上社会消费品零售总额123.3亿元，比2018年增长8.6%；全社会固定资产投资95.4亿元，比2018年增长3%；外贸进出口总额9.98亿美元，比2018年增长9.6%，经济总量和运行质量保持全市镇（街道）前列。完成第四次全国经济普查工作，修定并出台《关于全力推动经济高质量发展的实施意见》，规模以上企业研发机构覆盖率100%，研发投入占地区生产总值的3%，全年完成高新技术产值41.61亿元；江苏红柳床单有限公司入选国家级绿色工厂名单，江阴众和电力仪表有限公司、江阴镍网厂有限公司制定行业标准2项；江阴澄星实业集团有限公司、江苏富仁集团有限公司获评江阴市“市长质量奖”。街道获评市创新发展先进典型、创新型企业培育工作先进集体。澄江跨境电商产业园一期、博馨养老公寓、江阴惠友骨科医院建成投运，其中电商产业园入驻企业90个，出口规模近1亿美元；南门商业街区、江阴万怡酒店、塔南村菜场综合楼落地开工；南门印象商业中心、恒大中央广场加快推进；经洽会期间新签约天然气企业直供、江阴八佰伴中心、船舶废气脱硫装置、江苏安科瑞电器制造有限公司新建厂房、阀门定位器等意向项目6项，总投资15亿元，形成储备一批、建设一批、竣工一批的项目推进良好格局。

社会建设　新增(入库)省高新技术企业10个、科技型中小企业23个、民营科技企业6个、无锡市"雏鹰企业"1个、江阴市企业研发机构7个、产学研合作项目1项;入选省科技企业家2人、无锡"太湖人才计划"创新人才2人、乡土人才大师工作室1个。贯群南侧地块挂牌出让,戴家村地块全面清障。完成12个老小区改造、3个城区应急防汛工程、20个区块背街小巷改造工程。关停小化工、"三高两低"企业*、"散乱污"企业37个,完成立新中心河清淤工程,消除团结河黑臭水体情况,办结环境信访528件,比2018年下降16%。新增绿化面积26.67公顷。219个基础网格上报办结事件21.7万件,办理"12345"民生热线*诉求10111件、满意率99.99%。推进城市治安防控体系建设,落实街道公共法律服务中心贯标建设,全年调解纠纷3000余件,化解信访积案6件、自排件21件。完成3000余个老旧楼道永久性照明改造工程,北大街、先锋、皮弄等3个村(社区)获评省文明村(社区)。全年投入社区经费5200万元,建立社区平安志愿者小区安全巡查机制,新增垃圾分类小区120个,兴澄锦苑申报省级宜居示范居住区,江锋社区申报省级宜居示范街区。全年民生投入8.8亿元。居民人均可支配收入62468元,比2018年增长9.6%。解决本地劳动力就业10317人,城保扩面13067人。阳光扶贫困难家庭420户,新建立新社区"残疾人之家"。新建花园、新华等2个社区标准型居家养老服务站。街道、村(社区)两级退役军人服务站挂牌运行。加快推进虹桥路预防接种点建设,完成城中社区卫生服务中心输液大厅重建。政务服务中心办理事项3.7万项。澄南、浮桥、梅园、黄山、世新、环城东路、西大街、澄康路、澄江路、花北等17个村(社区)综合性文化服务中心建成开放,完成32个农家书屋提升工程。

2019年澄江街道主要经济社会指标一览表

表50

指　　标	单　位	数　量	比2018年增减(%)	指　　标	单　位	数　量	比2018年增减(%)
地区生产总值	亿元	599.90	6.76	限额以上单位零售额	亿元	123.30	8.60
其中:第一产业	亿元	0.57	0.70	固定资产投资总额	亿元	95.40	3
第二产业	亿元	229.94	7.39	其中:工业投资	亿元	0.56	—
第三产业	亿元	369.39	6.37	进出口总额	亿美元	9.97	9.78
一般公共预算收入	亿元	33.82	1.02	其中:出口额	亿美元	7.63	5.84
农业总产值	亿元	1.40	1.45	到位注册外资	万美元	2500	—
粮食总产量	万公斤	78.60	-64.96	居民人均可支配收入	元	62468	9.60
工商业开票销售总收入	亿元	2027.91	28.90	中小学校在校学生数	人	25512	2.52
其中:工业开票销售收入	亿元	—	—	社保参保率	%	93	0(百分点)
服务业开票销售收入	亿元	—	—	劳动合同签订率	%	99.90	0(百分点)
规模以上工业利润	亿元	27	1.50	新型农村合作医疗参保率	%	100	0(百分点)

说明:澄江街道辖区内中学均为市属学校,故只统计小学在校学生数

2019年澄江街道开票销售收入前10名企业一览表

表51

名次	企　业　名　称	销售收入(亿元)	法人代表	名次	企　业　名　称	销售收入(亿元)	法人代表
1	江阴澄星实业集团有限公司	551.21	李　兴	6	江苏大众医药集团	15.05	陈靖丰
2	江阴市贯庄金属材料市场有限公司	267.60	王国安	7	江阴八佰伴商贸中心有限公司	15.01	方　芳
3	江苏红柳床单有限公司	35.94	黄建均	8	江苏海鹏投资集团有限公司	13.47	胡鹏飞
4	江苏富仁集团有限公司	31.66	王　娟	9	江阴宝柏包装有限公司	10.68	朱伟光
5	江阴市安基橡胶工业有限公司	15.52	刘燕明	10	江阴宝诚汽车销售服务有限公司	8.86	陈　涛

2019年澄江街道各村(社区)基本情况一览表

表52

村(社区)名称	户数(户)	人口(人)	村(社区)党支部(党总支、党委)书记	村(社区)主任	村(社区)开票销售收入(亿元)
绮山村	541	1453	陆 斌	黄全洪	4.02
花北村	474	1176	张士强	徐国强	3.11
皮弄村	1102	3440	—	钱海祥	9.19
谢园村	381	1102	张 敏	张 敏	4.42
斜泾村	237	562	夏惠文	夏惠文	11.08
工农村	570	1660	王丹锋	邢 伟	0.07
红光村	850	3286	沈建明	刘建刚	1.25
通运村	600	2128	林 毅	黄华良	4.18
璜塘上村	693	2418	杜玉娟	沈 洪	7.69
黄田港村	—	—	金满兴	—	—
蒲桥社区(含蒲桥村)	3423	9216	陆惠明	陆惠明	4.56
立新社区(含立新村)	4594	12921	沈 刚	沈 刚	0.74
大桥社区(含要塞村)	2976	8469	丁士福	丁士福	5.81
澄南社区(含澄南村)	3015	8018	徐中兴	徐中兴	4.70
先锋社区(含先锋村)	3009	8040	顾建刚	顾建刚	5.69
革新社区(含革新村)	2362	6739	冯洪清	冯洪清	2.65
贯庄社区(含贯庄村)	4419	12710	徐建卫	徐建卫	6.92
文富社区(含文富村)	4680	13039	黄和洪	徐国平	23.64
新华社区(含新华村)	4327	12232	巫 敏	徐国耀	4.96
浮桥社区(含浮桥村)	4514	12737	蒋星卫	夏建忠	4.08
梅园社区(含梅园村)	1314	3571	彭正平	彭正平	—
黄山社区(含黄山村)	5517	15434	宋建丰	冯玉林	17.03
江锋社区(含江锋村)	2644	6709	许 钢	许 钢	—
世新社区(含谢北村)	509	1396	顾庆丰	陆惠军	2.43
城中社区	4890	14372	范春燕	黄晓峰	—
环城东路社区	2932	8409	吕桂芬	眭菊萍	—
文定社区	3983	10859	张 静	承 育	—
芙蓉社区	2777	7217	施菊英	杜海华	—
塔南社区	3062	7835	夏 菁	卞荷娟	—
西大街社区	1728	4425	李联峰	杜慧菁	—
君山社区	3162	9018	王利民	陈玉琴	—
北大街社区	2629	6378	吴 敏	季波娜	—
澄康路社区	5453	16544	周怡科	浦 嵘	—
澄江路社区	5271	15745	吴 海	徐丽君	—
花园社区	4941	13984	蒋建娣	吴胜男	—
天鹤社区	3006	8096	赵丽君	吴 钢	—

说明:黄田港村及各社区无开票收入,故无数据,村居合一社区仅有村经济数据

【澄江街道征收拆迁】 2019年,澄江街道征收拆迁有力有序推进,调机制优队伍、定程序讲规范、转思想惠民生、联部门聚合力、保重点显实效,按照"路路通、块块清"的总体要求,突出"一江一河"、路桥水利、出让地块、民生保障等重点项目,全年完成拆迁面积57.04万平方米,其中民房1129户,非住宅及企业搬迁24个。南沿江城际铁路、大桥南路改扩建、新澄杨路、花北路等14项项目全面清障,长江饭店、尚海荟小区北侧等7个地块挂牌出让。完成安置分房和结算1081户2021套22.68万平方米,涉及沿江区域、"三路"(南沿江城际铁路、大桥南路、新澄杨路)建设、黄家场五里亭、云龙地块等53项项目,西大街花园、富达花园、美丽华都等26个安置小区。

【澄江街道公共安全】 2019年,澄江街道着力保障民安,公共安全扎实巩固。深入推进扫黑除恶专项斗争,坚决落实中央、江苏省、无锡市、江阴市委部署要求,街道4个属地派出所铲除涉黑组织2个、涉恶团伙5个、立案122件,排查上报有效线索15条,核查处置移送转送线索14条,通过中央督导组的检查。全面开展"雷霆行动",落实安全生产"党政同责、一岗双责、齐抓共管、失职追责"要求,压实各级安全责任,增设街道安全生产监督管理科,全年累计排查检查企业892个、燃气用户2116户、群租房屋2325户,消除各类隐患2876处、开具执法文书578份、立案查办98件。

【澄江街道教育发展】 2019年,澄江街道继续加快集团化办学进程,成立实验幼儿园、春申中心幼儿园、城中中心幼儿园、城中实验小学、辅延中心小学等5个教育集团,不断放大优质教育资源的引领辐射作用,推动校区间教育资源整合共享、均衡流动,切实提升城区小学、幼儿园的整体办学水平。春申中心幼儿园投入运行,实验幼儿园虹桥小班部改造完成并正常招生,有效缓解教育资源供需紧张矛盾。加大义务教育投入保障,完成立新中心小学、城中实验小学、虹桥小学、辅延中心小学、城西中心小学等5所学校的教学仪器设备、网络多媒体教室设施配置。规范食堂管理,食材集中配送平稳运转。大力开展安全隐患整治,推进城南幼儿园、北大街幼儿园、城南中心小学、大桥中心小学、虹桥小学、中山小学、北大街小学、英桥国际学校等8所学校的食堂管道燃气改造。年内,街道获江阴市教育发展突出贡献奖。

【澄江街道社区治理】 2019年,澄江街道以社区建设为抓手,改革创新为动力,社区共建共治共享为目标,强化党建引领,发展社会组织,完善社区治理体系,提高社区治理能力。全年街道组织开展两期66名基层村(社区)中青年干部培训班和基层党支部书记主题教育轮训班,发掘一批素质觉悟高、工作能力水平好的基层年轻干部。招录6名村(社区)工作者,及时补充年轻力量。以澄江公益坊为平台,充分发挥"公益先锋党建联盟"作用,建立社会组织参与社区自治,联动服务机制。全年新增注册或备案社会组织25个,新增社会组织社区服务基地3个。首届党建公益项目大赛结项,开展项目服务500余次,服务人数累计17000余人次。实现以社区为平台、社区居委会带动居民参与社区治理、社会组织为居民提供服务的"三社"融合发展。年内,天鹤社区获评江阴市"十佳"和谐文明社区。澄江公益坊获评市"十佳"社会组织,社会组织党建联盟获评市"十佳"基层党建创新项目。(许　莉)

南闸街道

【概况】 南闸,因闸得名。宋代天禧年间建黄田闸和蔡泾闸,黄田闸位于江阴以北,又称北闸,蔡泾闸位于黄田闸之南,明代万历年间,改称南闸。该街道地处江阴市南郊,东接云亭街道,东南与徐霞客镇相连,南与月城镇隔河相望,西邻常州市郑陆镇,西北与夏港街道接壤,东北紧挨中心城区澄江街道。辖区面积45平方千米,耕地面积1747公顷,集镇建成区面积4.5平方千米,下辖11个村(含2个社区居委会)。2019年年末,街道有户籍人口48323人,其中男性24445人、女性23878人;有少数民族17个215人,其中蒙古族10人、苗族35人、回族17人、土家族65人、满族7人、朝鲜族5人、壮族30人、维吾尔族2人、侗族13人、彝族7人、布依族8人、藏族2人、白族3人、羌族6人、瑶族1人、哈尼族3人、景颇族1人。外来暂住人口30200人,其中男性17948人、女性12252人。

政治建设　开展理论学习,全年组织党工委中心组理论学习20次,获评全省基层党员冬训工作示范乡(镇、街道)。"学习强国"学员数占党员总数比超100%,参与度近80%。落实意识形态工作"22212"制度*。实施重大文化活动、讲坛论坛备案制,开展扫黄打非专项检查,建立舆情收集和监测管理体系,筑牢网络意识形态安全防线。深化"565"文明实践模式,即培育"五朵新花",打造"六大平台",实施"五彩工程",成立南花园爱心志愿联盟,推进新时代文明实践所(站、点)建设,组织"华彩70年奋进新时代"庆祝中华人民共和国成立70周年系列活动。扎实开展"不忘初心、牢记使命"主题教育,街道118个基层党组织,2200余名党员参加主题教育实现全覆盖。不断优化组织设置,完成薄弱后进村、软弱涣散党组织整顿提升,4个村实行村书记、主任"一肩挑"。拓宽选人用人渠道,4名机关聘用人员分别到街道国资公司、村(社区)任职。深化党员联户"1+10+N"制度*,全年新设党员中心户34户。扎实推进基层党建"四项工程"*,实施"暨阳红色先锋"党支部标准化规范化星级化创建工程,有效发挥街道基层党建指导站作用,5个党支部获评五星级堡垒党支部。开展"两新"组织*党组织覆盖和党建工作覆盖"两个覆盖"百日行动,实体化运作金三角市场党建联盟,全年开展各项活动25次,打造"红色车间"5个、"红色活动室"5个。严格落实党风廉政建设"两个责任"*,深化党风廉政建设责任清单和党员领导干部"一岗双责"*全程纪实。坚持正风肃纪,落实中央"八项规定"*及其实施细则精神,推动党风政风不断转变。坚决反对形式主义、官僚主义，落实基层减负各项工作，街道发文和会议召开数量比2018年下降50%，村(社区)“牌子乱象”集中整治全面完成。建成反腐倡廉警示教育馆，实施常态廉洁教育、阵地思想教育和反面警示教育，筑牢拒腐防变思想防线，1300余人次党员接受廉洁教育。强化政治担当，落实巡察整改，接受无锡市委提级巡察专项督查，巡察反馈问题整改措施完成率97.22%；江阴市委巡察反馈整改全面完成。不断强化纪律监督，对扫黑除恶专项斗争、农村“三资”*管理等开展专项督查和清理整改，实现“三务”公开“户户通”*全覆盖。全年办理党员干部违纪案件17件，党内警告6人，党内严重警告1人，留党察看1人，开除党籍1人，诫勉谈话9人，谈话提醒5人，党内问责2次。街道被列为全市首批试点街道选民代表会议制度单位之一；召开街道第一届选民代表大会第一次会议，收集办理选民代表意见27条。建立“有事好商量”协商议事机制，建成“委员之家”和1个“有事好商量”工作室。成立街道新社会阶层人士联谊会，打造南闸特色的新阶层实践联盟“城南新士”。高质量推进党建带群建，举办纪念五四运动100周年系列活动，开展街道首届青年辩论赛。大力弘扬劳模精神，培育新时代工匠，锤炼高素质劳动者队伍。成立金三角“雅韵”、“爱尚紫金”妇女微家及巾帼党性教育基地，组织形式多样妇联主题活动。加强对一线科技工作者的联系服务，新建“狮山湖科技工作者之家”。

经济建设　主要经济指标完成良好，全年实现地区生产总值71.89亿元，比2018年增长4.28%。实现工商业开票销售360.91亿元。完成公共财政预算收入4.57亿元，比2018年增长11.34%。完成规模以上工业产值97.63亿元，比2018年增长3.1%。完成固定资产投资8.25亿元，比2018年增长18%。辖区高新技术企业26个，密度0.74个/每平方千米；高新技术企业完成产值40.77亿元，高新技术产业产值占规模以上工业产值的41.76%。都市农业以333.33公顷设施农业区为龙头，启动“百企建百园”健康家园项目建设，完成83.33公顷高标准农田建设任务，农业标准化、品牌化、集约化程度逐步提高。城市工业聚焦“专精特新”，机械装备、精密制造、生物医药等成为街道工业主导产业，全年完成产值60.39亿元，占街道工业总产值的62%。华瑞德玻璃、澄茂机械、华信药化设备等产业项目顺利推进。现代服务业瞄准高铁、高校，以高标准服务、高品质配套、高品位住宅为重点，东舜华府、御鑫苑、中梁地产项目加快推进，枫雅国际幼儿园项目建设各项前期工作基本完成。以狮山湖生态园、花山滑翔伞基地等为代表的生态旅游发展逐渐成形，区域旅游影响力得到提升。

社会建设　科技创新成为经济转型升级原动力，街道全年申报国家知识产权优势企业1个、“瞪羚企业”*1个、“雏鹰企业”*1个、新增高新技术企业6个、省民营科技企业6个。各项社会事业协调发展，各类社会保障不断完善。全年提供就业岗位1364个，解决本地劳动力就业3013人，扶持自主创业125人，完成城镇企业社会保险扩面1242人。累计发放低保金、救助补助金及优抚金939万元，募集善款150余万元，救助贫困家庭1000余户。公共服务水平不断提高，5个村通过市级健康村验收，街道卫生服务中心建成省级健康单位。雅芬教育基金正式运行，年内颁发奖金24.75万元用于表彰优秀学生、教师、教师团队。丰富群众文化生活，组织读书节系列活动，开展各类文化活动300余场。南闸图书馆新馆开馆，农家书屋提升工程全面完成。南闸首个乒乓球活动中心建成投用，新增群众健身路径4处。成功举办“圣境山杯”全国滑翔伞定点联赛(江苏江阴站)。深化法治南闸建设，做好人民调解，全年接待来访136批次，调处成功率、办诉率100%。纵深推进扫黑除恶专项斗争，共抓捕涉黑恶人员56人，自排线索破获涉恶势力团伙1个，抓获嫌疑人8人，公众安全感和法治建设满意度扎实提升。集成改革成效凸显，社会治理体系日益完善，街道网格员开展巡查12108人次，上报巡查事件26128件，政务服务中心全年办件29037件。综合执法效能全面提升，全年查纠、处理违法事件1100余件，办理案件973件，处罚金额210.24万元。设置街道综合执法局安全生产监督管理科，开展危险化学品、交通运输、城镇燃气、群租房等重点领域安全生产专项整治，开展“厂中厂”安全生产专项整治“雷霆行动”，全年整治提升企业82个，责令停产整改企业25个，发出整改指令书135份，关停取缔企业23个，行政处罚企业42个。城乡建设协调有序发展，实施开运路改建、白玉路盲道改造，完成幼儿园运动场、成教中心报告厅、派出所执法场所智能化系统等系列改造工程。“一推三治五化”*农村人居环境整治工程有序推进，观山村农村住房翻建完成规划编制及控规调整，36个自然村生活污水接管工程全面开工，取缔化粪池28个，新建改建水冲式公厕20座，生活垃圾无害化处理率100%。南沿江城际铁路南闸段征收拆迁加快推进，177户涉拆民房完成签约175户；白玉二村安置房项目开工建设，征收拆迁和安置工作进展平稳。完成黄昌河整治工程、泾西排涝站建设、跃进河南岸堤防加高加固工程，新建沟渠5.5千米，翻建泵站10座，喷滴管面积40公顷。城市精细化管理水平扎实提升，全年立案查处违法建设案件29件，开展店外占道经营、建筑工地等专项整治100余次，文明城市创建成果进一步巩固。扎实开展生态环境专项整治，健全完善长效机制，放大生态优势加快绿色发展。“散乱污”企业(作坊)专项整治强势推进，全年排查“散乱污”企业(作坊)132个，督促43个企业完成整改，关停28个。直面省市环保重点督查中发现的问题，采取灵活措施，“一企一策”完成问题整改任务。常态落实“河长制”巡查，推动河道乱占、乱排、乱建“三乱”，河湖违法圈圩、违法建设“二违”专项整治，4条黑臭河道综合治理成效明显。始终保持秸秆禁烧及护林防火高压态势，实现秸秆焚烧零火点、护林防火零火情。推动国土绿化“三化”*建设,完成成片造林面积10公顷,更新造林面积6.67公顷;泗河村焦山自然村创建成省级绿美村庄,江阴市惠尔信精密装备股份有限公司、南闸中心幼儿园创建成省级国土绿化“三化”*示范单位;观西村入选无锡市美丽乡村示范村;街道获评江苏省生态文明示范乡镇(街道)。

2019年南闸街道主要经济社会指标一览表

表53

指　　标	单　位	数　量	比2018年增减(%)	指　　标	单　位	数　量	比2018年增减(%)
地区生产总值	亿元	71.89	4.28	限额以上单位零售额	亿元	2.83	9
其中:第一产业	亿元	1.90	-2.10	固定资产投资总额	亿元	8.25	18
第二产业	亿元	33.88	5	其中:工业投资	亿元	3.59	4.40
第三产业	亿元	36.11	4.10	进出口总额	亿美元	1.52	96.50
一般公共预算收入	亿元	4.57	11.34	其中:出口额	亿美元	1.30	81.80
农业总产值	亿元	3.52	-1.40	到位注册外资	万美元	165	1550
粮食总产量	万公斤	317.84	8.65	居民人均可支配收入	元	50800	9
工商业开票销售总收入	亿元	360.91	9	中小学校在校学生数	人	4705	0.45
其中:工业开票销售收入	亿元	125.06	0.20	社保参保率	%	95.50	0.53(百分点)
服务业开票销售收入	亿元	230.81	14	劳动合同签订率	%	98.50	0.51(百分点)
规模以上工业利润	亿元	3.21	-5.50	新型农村合作医疗参保率	%	99.60	0.10(百分点)

2019年南闸街道开票销售收入前10名企业一览表

表54

名次	企　业　名　称	销售收入(亿元)	法人代表	名次	企　业　名　称	销售收入(亿元)	法人代表
1	江阴市双宇线缆有限公司	11.85	符明君	6	江阴市圣曼不锈钢线棒品有限公司	3.06	施爱英
2	江苏双宇电工材料有限公司	9.91	符明君	7	江苏日新印染机械有限公司	2.98	姜东日
3	江阴南工锻造有限公司	5.82	高　欣	8	江阴市东泽铝业科技有限公司	2.70	孙宇东
4	江苏安科瑞电器制造有限公司	4	周　中	9	江阴市恒通电器有限公司	2.62	吴　祎
5	江阴宏晟机械热处理有限公司	3.26	偶洪元	10	江阴市惠尔信精密装备股份有限公司	2.48	徐惠民

2019年南闸街道各村(社区)基本情况一览表

表55

村(社区)名称	户数(户)	人口(人)	村(社区)党支部(党总支、党委)书记	村(社区)主任	村(社区)开票销售收入(亿元)
花果村	947	4057	邓耀官	顾志刚	0.21
谢南村	906	3906	谢兴福	谢兴福	7.49
紫金社区	707	3648	张　微	张　微	—
曙光村	1086	4599	金顺才	徐国刚	2.33
涂镇村	876	5539	谢金华	袁达成	7.40
南新村(南闸社区)	1447	6957	何　刚	何　刚	0.70
龙运村	1735	6926	蒋中平	吴建刚	3.57

续表55

村(社区)名称	户数(户)	人口(人)	村(社区)党支部(党总支、党委)书记	村(社区)主任	村(社区)开票销售收入(亿元)
南闸村	1074	3869	王　梁	陆惠忠	1.40
蔡泾村	1835	7599	薛建忠	冯学森	5.24
观山村	896	3889	吴克平	吴克平	44.60
泗河村	1230	4428	曹国洪	曹国洪	0.61
观西村	1513	4923	徐　锋	张君伟	2.84

【曙光村入围第二批国家森林乡村】 南闸街道曙光村位于南闸街道东南部，东邻花果村，南邻徐霞客镇，西邻工业园区，北靠花山河，徐霞客大道、江阴大道、云南路、新长铁路穿村而过，交通便捷，地理优势明显，区位优势突出。该村区域面积2.96平方千米，1052户4031人，有14个自然村，32个村民小组。自2017年以来，曙光村加大资金投入打造绿化通道，做好村主干道两侧的绿化建设，鼓励村民在房屋前后植树栽花美化庭院，建设乡村绿化生态屏障。在村主干道、村民集中居住区种植花卉苗木，绿化面积增加至3.33万平方米，村内主要道路、支路绿化率100%，真正做到见缝插绿和精准建绿，让村民“出门见绿”。2019年年末，曙光村入围第二批国家森林乡村。

【“圣境山杯”全国滑翔伞定点联赛举办】 2019年7月24—26日，2019年“圣境山杯”全国滑翔伞定点联赛(江苏江阴站)在南闸街道花山澄飞航空营地举行。该比赛由国家体育总局航管中心和中国航空运动协会主办，江阴市政府承办，江苏省航空运动协会、南闸街道办事处等单位协办。国家体育总局航管中心，江苏省体育局，江阴市委、市政府，南闸街道党工委、办事处相关领导出席开幕式并观看滑翔伞表演。江阴市市长蔡叶明在开幕式上致辞。这是江阴首次承办国家级滑翔伞专业比赛，来自全国各地的50余名顶尖滑翔伞运动员参加比赛。27—29日，在花山澄飞航空营地还举行“南闸杯”2019年江苏省滑翔伞俱乐部联赛。(参见《体育》类目《竞技体育》分目中相关条目)

【观西村获评无锡市美丽乡村示范村】 南闸街道观西村地处南闸街道西首，秦望山北麓，位于南闸街道、月城镇、常州市天宁区的古镇焦溪三地交界。黄昌河、南焦路、海港大道穿村而过，村内有山有水，风景秀丽，交通发达，地理位置十分优越。该村区域面积4平方千米，有1513户4923人，辖10个自然村，42个村民小组。2019年，观西村落实街道西区规划，通过狮子山生态园、凤凰谷的卓远农庄、千亩玫瑰园、江阴体育运动拓展基地等重点项目的打造，初步形成“布局合理、道路通畅、设施配套、环境宜居、特色鲜明”的村庄新格局。年末，观西村获评无锡市美丽乡村示范村。

【南闸街道第一届选民代表大会第一次会议召开】 2019年，南闸街道在全市首批试点街道选民代表会议制度。3月23日召开街道第一届选民代表大会第一次会议，参加会议的有正式代表60人，列席代表65人。市人大常委会副主任朱敏出席会议。袁飞代表街道办事处向大会作《街道办事处工作报告》，大会讨论通过《南闸街道选民代表大会暂行办法》《南闸街道选民代表意见建议办理办法》《南闸街道民生实事项目选民代表大会会商票选办法》《南闸街道财政预算监督暂行办法》，讨论通过南闸街道第一届选民代表大会议事委员会主任、副主任、委员名单。

【拆迁安置】 2019年，街道加快推进南沿江城际铁路南闸段征收拆迁项目，成立相应的拆迁工作领导小组，下设后勤保障组和工作指导组，推行相应的拆迁模式，确保拆迁工作的“公正、公平、公开”，严格统一执行征收拆迁政策和补偿标准，把群众关心、关注的环节公开公示，接受监督，确保公平公正。年内，全街道涉拆民房177户，总建筑面积约4.2万平方米，签约175户，拆除174户；涉拆企业8个，签约5个，拆除3个；涉拆“两特”(特种种植、特种养殖)6户，签约6户，拆除6户；继续平稳推进居民一村民生拆迁项目，完成7户拆迁民房签约工作。

【南闸街道雅芬教育基金会成立】 2019年9月9日，南闸街道举行庆祝第35个教师节暨雅芬教育基金会成立大会。市教育局党委书记、局长徐前锋，街道党工委书记李志浩共同为雅芬教育基金会揭牌，并为获雅芬教育基金优秀学生奖、优秀教师奖的学生和教师颁奖。该基金会由周成、徐雅芬夫妇捐赠500万元成立。基金主要用于资助家庭经济困难学生、奖励优秀师生等教育公益事业。至年末，颁发奖金24.75万元，主要用于表彰优秀学生、教师、教师团队。雅芬教育基金会的成立，进一步完善街道教育奖励帮扶体系，对关爱师生、奖优扶困，持续提升街道学校办学水平有着重要的意义。

【南闸图书馆新馆开馆】 南闸图书馆新馆是2018年街道10件为民实事工程之一，是南闸新时代文明实践的重要平台。新馆总面积近1000平方米，是全市镇(街道)分馆中面积最大、智能化程度最高的人工和自助服务相结合的图书馆。2019年4月22日，南闸图书馆新馆正式开馆，江阴市政协副主席陈兴初，市委宣传部副部长、市文明办主任薛建国，市文体广电和旅游局局长周晓虹，南闸街道党工委书记李志浩，南闸街道办事处主任袁飞等领导出席揭牌仪式,并为江阴市图书馆南闸分馆揭牌。至年末,馆内有藏书20000册,可与市图书馆和各镇(街道)图书分馆实现通借通还。

(李星星)

云亭街道

【概况】 云亭街道位于江阴城区东南部,距城区中心6千米,是国家重点文物保护单位——佘城遗址所在地,敔山湾新城在其境内。东邻周庄镇,南临徐霞客镇,西与澄江街道、南闸街道接壤,北与城东街道毗连。长山大道、云顾公路贯穿南北,澄杨公路、江阴大道横亘东西。区域面积40.17平方千米,耕地面积1107公顷,下辖6个行政村(其中1个村居合一)和4个社区居委会。2019年年末,有户籍人口52619人,其中男性25716人、女性26903人;有少数民族15个250人,其中布依族11人、朝鲜族7人、侗族33人、回族23人、景颇族1人、满族17人、仫佬族1人、蒙古族22人、苗族54人、畲族6人、土家族45人、土族1人、瑶族1人、彝族15人、水族13人。有外来暂住人口44703人,其中男性26624人、女性18079人。

政治建设 深入贯彻习近平总书记关于加强党的政治建设重要指示精神,开展"不忘初心、牢记使命"主题教育活动。坚持党要管党、全面从严治党。制订下发年度党工委中心组专题学习计划,规范化开展理论中心组学习。开展现场学习教育活动,组织三套班子成员、市管退二线干部、挂职副书记、村(社区)党组织负责人赴华西社会主义富华西展览馆和中共江阴县第一次代表大会会址参观学习,并举行重温入党宣誓,开展"永葆初心担使命,解放思想再出发"活动。组织机关党员干部和村(社区)书记、主任及各条线负责人赴江阴革命烈士纪念馆和渡江战役纪念馆开展"永葆初心本色、强化使命担当"现场学习教育活动。全年组织理论学习19次。班子成员对照党章、准则、条例等内容,检视问题157条,制定整改措施223条;召开专题民主生活会,互提批评意见184条。深入基层讲党课35课时,分条线分块组织专题讨论16次。深入开展"两走进、两促进"(走进基层、走进企业,促进项目建设、促进企业发展)"三解决三提升"*专题走访调研,聚焦民生热点难点,撰写专题调研报告15篇,组织开展"党的知识"微信平台理论知识竞赛,获江阴市"学习强国"知识竞赛团体第二名。严格落实意识形态工作责任制,做到"五个纳入"(纳入各级各部门党建工作责任制,纳入领导班子、领导干部目标管理,纳入党的纪律监督检查范围,纳入领导干部民主生活会和述职述廉报告)、"四个一同"(一同部署、一同落实、一同检查、一同考核)。开展新媒体自查自纠和清理,关停微博账号、微信公众号3个。建好扫黄打非工作站,强化出版物、新媒体传播监管。发挥云亭电视台、《云亭报》、"活力云亭"微信平台的理论宣传作用,年内录播《云亭新闻》48期、出版《云亭报》12期、推送微信稿1310篇。组建各类志愿服务队伍31个,全年开展新时代文明实践活动500余场次,参与志愿者累计4300余人,服务群众46000余人次。出台《云亭街道党课"十百千"工程实施意见》,推进街道上市公司党建联盟组织生活"支部轮值"制度。深化街道党员联户"1+10+N"*制度,命名街道第二批党员中心户50个。加强园区非公党建,集中成立非公党支部6个,新建非公团建指导站和"红色展厅"("红色车间")6个。按照好干部标准,全年提拔两级干部11人,其中机关中层8人、村(社区)书记3人,选任1名村书记为街道下属事业单位副职领导。注重干部梯队建设,深入推进街道年轻干部"耕云工程",开展"聚集高质量、云亭新力量"大讨论,制定出台《云亭街道"三项机制"实施办法(试行)》。严格落实一岗双责*、党政同责制度。制定下发2019年度纪检监察工作意见、云亭街道2019年党风廉政建设责任分解表,与各基层党组织签订党风廉政建设责任书22份。积极开展"警示教育"活动,组织党员干部认真学习贯彻落实党内法规,组织观看《律之不存·何事不生——2018年江阴反腐警示录》《背离的初心》警示教育片,结合"5·10"思廉月等活动,组织开展"五个一"活动(一次党课,一次廉政谈话,一次廉政宣誓,一次廉政书画展,一次云青说廉活动)。严格监督执纪,以零容忍态度惩治腐败。全年立案查办违纪案件17件,其中市纪委交办8件、自办案件9件;办结14件。给予4名党员开除党籍、1名党员受党内严重警告、3名党员受党内警告;给予6名党员干部谈话提醒、5名党员干部诫勉谈话。重要节点开展常态化监督。力戒形式主义、官僚主义,全面落实基层减负工作,全年街道层面会议召开比2018年下降53%,发文比2018年下降62%。成立街道新社会阶层人士联谊会,搭建新社会阶层人士的活动平台。全年征求社情民意3条,组织统战人士开展民主监督2次,撰写调研报告1篇,递交意见建议3件。加强安全监管,与7个宗教场所签订安全责任状。每月定期走访慰问少数民族人士1次,全年通过多种形式组织民族团结促进会云亭分会活动7次,走访慰问少数民族困难家庭5个,帮扶资金0.5万元。人大工作全面推开,组织代表列席党工委中心组扩大学习会4次。抓住"代表之家""代表建议督办月""代表活动周""代表接待联系日""会前视察"等重要节点,全年组织代表走访企业、单位和选民165个(户),联系选民群众745人次,收集整理意见建议45件,按时办结45件,办结率100%。健全政情、社情、民情"三情"联络员制度,组织老干部、老党员、老代表联络员队伍60人,召开政情通报会2次,按季度组织召开工作例会4次,对重大重点政府投资项目征求意见7次,收集整理联络员反映涉及街道生态文明、基础设施、违章搭建、安全隐患、征地拆迁、矛盾纠纷、困难帮扶、干部作风、民风民俗、"三务"公开*等意见建议23件,全部交办落实。政协工作积极参政议政,围绕党工委中心工作,针对中小企业融资难生态环境整治、食品药品安全监管等问题,广泛开展专题协商、对口协

商、界别协商、提案办理协商，有力推进党工委、办事处决策的落实。全年交办提案4件，办理满意率100%。组织政协委员列席政情交流会7次，撰写提交调研报告1篇、建议案件2件。街道妇联成立“欢乐馨苑”“童之乐亲子微家”“曹大姐工作室”，江苏海特服饰股份有限公司员工的“针心针意，为爱编织”项目获市妇女儿童家庭公益项目一等奖；“向阳花织女”扶贫日记获江苏女性融媒体创意大赛风云人物奖；“为爱编织，让妈妈回家”公益项目获省妇联东部大赛公益组第一名、中国妇女手工创业创新大赛优胜奖。共青团新建非公企业团支部20个，打造团建阵地2处，组织各类活动12次，青年志愿者服务8次，开设夏令营自护自理课程10课时。是年，街道团委获无锡市“五四”红旗团委等称号。

经济建设 实施产业强镇战略，经济运行稳中有进，主要指标完成良好。全年实现地区生产总值149.69亿元，比2018年增长8.03%；完成工商业开票销售收入365.72亿元，比2018年增长3.06%；一般公共预算收入7.41亿元，比2018年增长22%。到位注册外资195万美元，完成进出口总额4.05亿美元。工业经济优化升级。实现工业总产值287.9亿元，比2018年增长12%，其中规模以上工业产值168亿元，比2018年增长10%。全年有规模以上企业231个，开票超亿元企业57个，20个企业入库税金超千万元，40个企业入库税金超500万元。新增“新三板”*挂牌企业1个，累计挂牌企业12个。全年完成固定资产投资36.9亿元，比2018年增长12.1%，其中工业投入比2018年增长20.5%，服务业比2018年增长6%；竣工项目5项，在建项目18项，项目总投资81.53亿元。重点打造江阴润源高端新型装备机械有限公司、江苏海特服饰有限公司、江苏科强新材料有限公司和江阴远闻纺织有限公司建设项目。全年研发投入占地区生产总值的4.9%，企业研发经费投入占主营业务收入比重3.5%。完成高新技术产业产值61.25亿元，占规模以上企业产值比重36.5%。新增工业技改项目29项，总投资8.72亿元。街道经贸合作洽谈会新签产业项目和“三产”服务业项目8项，总投资41亿元。关停“三高两低”企业*2个，升级改造化工企业2个，地区生产总值能耗下降3.9%。园区建设日臻完善，新铺设污水管网3.7千米，路面翻建1160米，新建道路480米，新出让工业用地21.6公顷，新建成竣工厂房及附属建筑17.89万平方米，新注册企业251个。农业产业稳定运作。是年建立农产品生产保护区。种植水稻面积228.16公顷，占可耕地面积76%，单产612.16公斤；三麦种植面积198.13公顷，占可耕地面积的66%，单产316.52公斤；待耕面积30.02公顷，机耕面积百分之百。完善农业机械补贴机制。是年新增轮式拖拉机2台，旋耕机5台，开沟机1台，秸秆粉碎机1台。全年出栏生猪6500头，年末存栏3800头；家禽上市2万羽。鱼塘养殖面积66.73公顷，产鱼600吨。各类果树面积38.3公顷，蔬菜71.73公顷，其中大棚面积56.67公顷，花卉苗木275.47公顷。排查空壳农业合作社，正常年检11个。

社会建设 新认定国家高新技术企业、省民营科技企业11个。认定无锡市、江阴市研发机构10个，全年新增各类专利420件，发放招才引智，科技创新等奖励基金915万元。利用园区人才中心、商会、青商会、暨阳商务中心四大平台，“内培”与外引相结合培养经营管理人才，全年新增各类人才366人，其中高层次人才15人，海外留学人才6人，1人获“暨阳英才”特色乡土人才提名奖，1人入选无锡“太湖人才计划”，1人成功申报为2019年省“双创计划”*科技副总。大力推进教育优质均衡发展，全年教育投入1.35亿元。云亭中学中考再创佳绩，正式被南菁高中、江阴高中录取41人，50.5%的考生总分达星级普通高中录取分数线。云亭中学被评为无锡市毒品预防教育示范学校，云亭实验小学被评为江苏省课程基地建设项目学校、云亭中心幼儿园新伍分园通过省优质幼儿园评估，街道获江阴市教育发展突出贡献奖。文化中心打造“名人工作室”5个，全年送戏下乡67场，送影下乡104场，百姓书场演出75场，举办各类展览8次，开展各类讲座和培训23场次。加强卫生计生管理，创建健康村（社区）4个，普查育龄妇女2933人次，办理生育服务登记证451张。新增计划生育一次性奖励497人，发放资金178万元。云亭社区卫生服务中心优质高效运行，全年开展体检、接种、监测等各类公共服务38131人次。开展各类专业讲座、培训131场次。举办2019年“全澄欢乐跑”（云亭站）安全健康行活动。加强民生实事建设。建成省三星级康居示范村2个，完成张家村、小谭家村、姚家村省级特色田园乡村建设，实施三河口、松桥、周家湾等32个自然村的2400余户生活污水改造工程。优化3条公交线路，完成10个公共自行车网点建设，投放公共自行车500辆。实施黄思巷路、季庄路、小吴巷路、时山路、松文头路污水网管工程。建成松文头路和那巷路泄洪通道，完成沈家浜、云南河防洪排涝系统提升工程。完成云南河2850米清淤整治工程，总清淤量47482立方米。提供企业本地用工岗位2200个，实现本地劳动力就业1281人，完成再就业推荐55人，扶持自主创业150人。安装云新二村、绿城馨苑、绿城东苑、藏品裕院三期及中小学校等14个小区单位生活垃圾智能化设施；完成居家养老中心启动选址论证。重点推进云新村沈家湾、闻家桥、陶家巷区域拆迁，全年签约137户，完成征收拆迁量3.09万平方米，安置在外过渡户300户计380套。完成敔山湾3户和工业园区2户历史遗留户的拆迁攻坚工作。绿城东苑三期8.3万平方米安置房全面竣工交付使用。完善路网建设，长润路、小吴巷路东延工程顺利完成，时山路东延、环镇南路改造、水源地周边道路等工程有序推进。深化城市精细化管理和优美环境合格区建设，开展沿街店铺、户外广告、建筑施工等专项治理。全年清理乱张贴、乱写画、乱悬挂“三乱”9100处，拆除违法广告700平方米、“高炮”4座，查扣“小飞龙"120 辆,拆除各类违法建筑设施30个,计6491平方米。深入推进农村人居环境建设,开展农村人居环境整治提升"百日行动",对32个自然村进行生活污水改造,完成家河整治33条。改(新)建星级公厕8座。新增生活垃圾分类小区25个。启动朱家宕农村住房建设工作,完成姚家村省级"田园乡村"建设。佘城村获评2019年无锡市美丽乡村示范村,花山村获评江苏省农村人居环境整治综合示范村。街道办事处、百川高新材料股份有限公司获评江苏省文明单位。大气污染防治工程有力推进,33个涉气企业列入重污染天气应急减排措施范围。31条村级以上河道全部实行"河长制"管理,园区污水管网改造和村庄生活污水治理有序实施,基本完成工业集中区C区"零直排区"建设。全面实施河湖"两违"*专项整治,排查乱占、乱排、乱建"三乱"问题12个,整改完成12个,整改率100%。加强农业面源污染治理,关停各类小散畜禽养殖户6户。持续完善环保网格监管体系建设,全年削减化学需氧量46.92吨,氨氮4.49吨,总磷0.86吨,总氮7.10吨,二氧化硫3.15吨,氮氧化物1.28吨。扎实推进环境建设项目管理,严格落实同时设计、同时施工、同时投用"三同时"建设和废气、废水、固体废弃物"三废"治理制度。加强护林防火和秸秆禁烧工作,全年零火情。新增造林面积1.47公顷,更新林区2公顷,林木覆盖率30.1%,列全市前茅。全年居民人均可支配收入57922元,比2018年增长8.9%。新增城保扩面1742人,社保净增2021人,发放原社办企业员工各类待遇补贴846.34万元,为3618名历次被征地农民发放保障款2891.96万元,完成556名村民的征地保障手续。全年完成低保户核查、复查2次,清退不符合标准37户73人。深化村级互助医疗、阳光扶贫、红十字救助、临时救济等善举,发放各类补助帮扶金556.9万元,救助困难群众1726人次。超额完成征兵任务,落实优抚对象,现役军人优待金完成100%发放,各类保障综合覆盖率100%。加快政务服务平台标准化建设,全年各窗口受理各类事项56419余件,按时办结率100%。持续提升"2440"审批服务*成效,政务中心承办行政审批、公共服务事项63项。农村产权制度改革继续深化,村级产权交易100%纳入交易中心平台管理,"三务"公开"户户通"实现全覆盖。深化社会治理网格化管理,完善纵向到底、横向到边的巡防网格一体化格局,全年受理各类事项27810件,办结率99.5%。提高技防建设水平,新建高清监控3只、技防监控90只,违法犯罪警情下降2.1%。破获涉黑涉恶案件36件,抓获涉黑涉恶嫌疑人104人,摧毁黑恶势力团伙20个,扣押房产5套,市值306万元;冻结资金9.4万元。依法处理涉法涉诉信访案件,组织矛盾隐患排查24次,接待来访咨询、调解人员265批580余人次,受理矛盾纠纷400件,调解成功382件,提供法律服务668件,化解信访积案3件,处理劳资纠纷354件,10人以上纠纷9件,涉及人员603人,金额613.98万元。

2019年云亭街道主要经济社会指标一览表

表56

指标	单位	数量	比2018年增减(%)	指标	单位	数量	比2018年增减(%)
地区生产总值	亿元	149.69	8.03	限额以上单位零售额	亿元	11.29	13.26
其中:第一产业	亿元	1	12.36	固定资产投资总额	亿元	36.90	12.10
第二产业	亿元	77.09	7.53	其中:工业投资	亿元	12.42	20.50
第三产业	亿元	71.60	8.58	进出口总额	亿美元	4.10	-10.7
一般公共预算收入	亿元	7.41	20.98	其中:出口额	亿美元	3.50	-6.8
农业总产值	亿元	1.05	19.09	到位注册外资	万美元	195	30
粮食总产量	万公斤	350.64	9.49	居民人均可支配收入	元	57922	8.90
工商业开票销售总收入	亿元	365.72	3.06	中小学校在校学生数	人	4830	13.30
其中:工业开票销售收入	亿元	212.26	4.85	社保参保率	%	100	0(百分点)
服务业开票销售收入	亿元	152.52	0.27	劳动合同签订率	%	100	0(百分点)
规模以上工业利润	亿元	8.94	16.40	新型农村合作医疗参保率	%	100	0(百分点)

2019年云亭街道开票销售收入前10名工业企业一览表

表57

名次	企业名称	销售收入(亿元)	法人代表	名次	企业名称	销售收入(亿元)	法人代表
1	江苏宝利国际投资股份有限公司	23.38	周德洪	6	江苏和时利新材料股份有限公司	8.88	瞿建华
2	江苏吉鑫风能科技股份有限公司	15.52	包士金	7	江阴康瑞成型技术科技有限公司	8.19	朱　卫
3	无锡百川化工股份有限公司	13.28	郑铁江	8	江苏长龄液压股份有限公司	6.63	夏继发
4	江阴绮星水泥有限公司	9.37	刘德旗	9	江阴市万祥铝业有限公司	4.53	高张度
5	江苏科茂新材料科技有限公司	9.33	陈　东	10	江阴宇瑞新颖炉料有限公司	4.29	朱宇洪

2019年云亭街道各村(社区)基本情况一览表

表58

村(社区)名称	户数(户)	人口(人)	村(社区)党支部(党总支、党委)书记	村(社区)主任	村(社区)开票销售收入(亿元)
定山村	2053	7387	朱华忠	朱华忠	16.32
云新村(云东社区)	1387	7895	曹经纬	陈　强	9.33
毗山村	2783	9870	沈建钧	沈建钧	21.37
云亭村	1536	5321	李金虎	江和平	24.11
佘城村	1427	7227	谭金中	谭金中	8.48
花山村	1430	5130	朱雪春	吴建锋	11.67
新敔山社区	1400	4900	钱锡江	—	—
云亭社区	3215	8776	刘敏虎	—	—
金云社区	2505	6765	卜晓东	—	—
迎瑞社区	523	1050	李　芬	—	—

【花山村入选国家森林乡村】 云亭街道花山村位于绮山森林公园内,区域面积6.4平方千米,下辖17个自然村,41个村民小组,在册户口1430户,常住人口5130人。2002年,花山行政村成立以来,一直凭借得天独厚的生态优势,秉持“绿水青山就是金山银山”的发展理念,稳步推进农村人居环境整治,至2019年累计投入5000余万元,亮化村庄立面14万余平方米,家河清淤面积2公顷,打造村民休闲娱乐场所20余个,建设公厕12座,村庄道路全部硬化,安装主干道路灯280余盏,完成6个自然村生活污水接管工程,建立由17人组成的村庄保洁队伍,保障农村生活环境优化美好。曾获评江苏省卫生村、健康村、三星级康居示范村、水美乡村,无锡市美丽乡村示范村等多项荣誉,是江阴市新农村建设的典范。年末,花山村入选第二批国家森林乡村。

【花山村获评省级文明村】 花山村人文底蕴深厚,以书画特色之村而著称,先后于2007年、2009年在南京、江阴成功举办画展,开创农民书画作品进县城、上省城展览的先河,走出以徐惠君、陶鎏霞等为代表的一大批农民书画家。花山村坚持把培育有文化、讲文明的新型农民作为美丽乡村建设的关键,每月都会在村内举办以新时代文明实践、省文明村创建为主题的活动,先后涌现“绿色庭院”“星级文明户”“书香庭院”等,成为花山村人居环境整治的亮点,文明道德的风尚越来越浓。2019年年末,花山村获评2016—2018年度江苏省文明村。

【云亭街道第一届选民代表会议召开】 2019年12月21日,云亭街道召开第一届选民代表会议第一次会议。会议应出席选民代表60人,列席代表46人,选出主席团成员17人。街道办事处主任邬闽澄作《2019年办事处工作报告》。会议通过《云亭街道选民代表意见建议办理办法》《云亭街道民生实事项目选民代表会议会商票选办法》《云亭街道财政预算监督暂行办法》和街道办事处工作报告的决议,通报一届一次会议选民代表建议意见提交情况,并票选确定2020年度云亭街道民生实事项目。会议由街道人大工委主任张建明主持,街道党工委书记张晓新讲话。

【沈家浜北闸站竣工投运】 2019年5月30日,沈家浜北闸站竣工。该闸位于应天河与沈家浜交汇处,为沈家湾防洪系统的一个重要组成部分,以沈家湾为中心与沈家湾南闸站渠道相连接,组成一套完整的泄洪通道。整个工程投资2267万元,建有4米节制闸2座和7.5米/秒流量排涝泵站2座,以缓解应天河以南、毗山以北、云顾路东片区的洪涝灾害压力,投运后实现整个片区水系循环的沟通,改善当地的水环境,确保浜系畅通,为云亭东区防汛工作打下扎实基础。

【开展司法日主题活动】 2019年4月8日,云亭街道在江苏省第五届"4·8"司法主题活动日组织街道司法所、法律事务所等8个职能部门志愿者服务队,在绿城广场摆摊设点开展"4·8"司法日法润暨阳2019年春风行活动,为市民进行"面对面"法润千家万户法律互动服务。广场内悬挂法制图文、竖立法制标牌,法制工作人员热情为群众发放各类法制法规书籍上千套,并对群众进行法制宣传日问卷调查,以多种形式进行普法宣传活动,收到很好的普法效果。

【敔山湾发现唐代纪年墓】 2019年12月,无锡市文化遗产保护和考古研究所在云亭街道敔山湾墓群发现一座唐代纪年墓。发掘出土的墓志是无锡地区迄今最早的唐代砖质墓志。无锡地区唐代遗存整体偏少,该墓的发现以及随葬物的发掘,为断代提供标准器。据介绍,这座墓葬为船型砖室墓,出土墓志表明,该墓墓主死于唐文宗大和七年(833),早于之前江阴和无锡等地出土的唐代纪年墓。此外,墓志上明确记录当地在唐代的准确行政隶属,其中还写有"江淮版荡"等语,是唐代中后期江淮间各节度使军阀混战的真实记录,表明该地在唐代属于暨阳郡望狩乡,为地方志的研究提供翔实的地理信息。此次还发掘出土11件灰陶俑,其中9件为生肖俑、2件为人俑。生肖俑是古人用来"压胜""辟邪"的镇墓明器,在唐宋墓葬中多有随葬。这些生肖俑为立姿,造型简单却生动别致,考古价值极为珍贵。

【"山色花影"作品展举办】 2019年9月1日,花山村籍中国美院花鸟系硕士研究生陶鎏霞与其丈夫中国山水专业研究生、上海大学美术学院博士研究生高树标"山色花影"作品展在江阴天华文化中心展览馆开幕,迎接中华人民共和国成立70周年。该展览由江阴市委宣传部、市文学艺术家联合会、云亭街道党工委联合举办,花山村村委承办。江阴市委宣传部部长程政宣布开幕,街道党工委书记张晓新、苏州市国画院副院长孙宽、苏州工艺美院美术学院常务副院长谢士强出席开幕式并讲话,街道办事处主任邬闽澄主持开幕式。展览展出两人作品80余幅。 (邬士金)

夏港街道

【概况】 夏港街道位于江阴市城区西郊,东邻主城区,南邻南闸街道,西至申港街道,北枕长江。区域总面积34.76平方千米,其中长江水域面积5.73平方千米,下辖11个行政村(社区)和2个城市社区。2019年年末,辖区有户籍人口39424人,其中男性19420人、女性20004人;有少数民族15个118人,其中布依族4人、朝鲜族6人、侗族7人、回族10人、黎族1人、满族31人、蒙古族7人、苗族8人、羌族2人、水族1人、土家族11人、锡伯族1人、彝族3人、仡佬族3人、壮族23人。有外来暂住人口49386人,其中男性30071人、女性19315人。

政治建设　深入学习贯彻中共十九大和十九届二中、三中、四中全会精神,以习近平新时代中国特色社会主义思想为指导,开展"不忘初心、牢记使命"主题教育和"学习长江勇追梦,二次创业再争先"主题活动,深入开展调查研究和检视问题,形成"三解决三提升"* 问题清单24条,解决民生堵点难点问题200余个。培育江阴市长达钢铁有限公司、东国制钢(中国)有限公司、江阴市环宇驾培有限公司等6个企业"红色车间",4个党支部创成五星级党支部。班子带头强化理论武装,严格落实"22212"制度* 和党工委书记为"第一责任人"、其他班子成员"一岗双责"* 的意识形态责任制,开展中心组学习14次,"学习强国"参与度保持在70%以上。成立"万安·颂"理论宣讲团和"小红砖"宣讲队,开展活动420余次,服务干群30000余人次。举办党务干部培训班6期、村(社区)干部培训班9期,全年新提拔任用中层干部11人。强化党风廉政建设主体责任,严格落实监督执纪"四种形态"*,全年受理办结信访12件,立案查处党员违纪案件20件,对15名党员给予党纪处分,对17名党员干部实施诫勉谈话。

经济建设　全年完成一般公共财政预算收入9.39亿元;实现规模以上工业产值241.74亿元,比2018年增长20.08%;完成固定资产投资47.8亿元,其中工业投入31.54亿元,服务业投入16.26亿元;限额以上批零业销售额210.2亿元,比2018年增长35.8%;限额以上批零住宿餐饮业零售额25.25亿元,比2018年增长10.1%;完成进出口总额11.17亿美元,比2018年增长19.64%,主要指标平稳健康。全年推进项目28项,其中工业项目19项、服务业项目9项,总投资157.9亿元。江苏新长江集团有限公司、江苏西城三联控股集团入围中国民营企业500强、中国制造业企业500强,新长江集团入围中国企业500强。

社会建设　全年新增高新技术企业、民营科技企业15个,成立院士工作站、外国专家工作室3个,签约产学研合作项目3项,新增研发机构7个,载体能级加快提升。培育"雏鹰企业"*"瞪羚企业"* 入库13个。"公建民营"办学形式的临港科创学校投入使用,夏港实验幼儿园门卫、夏港实验小学食堂升级改造全面完成,学校伙食集中配送工作有序推进。夏港教育基金初步建成,为夏港教育事业的发展注入不竭动力。全年开展安全专题知识培训5次,1200余人次受教。开展安全知识竞赛、技能比武大赛、人员疏散演练等活动30余场,2600余人次参与。颐养中心率先完成"公建民营"改革,临港大病医疗基金参保率100%。家庭医生签约服务工作全面启动,完成签约7343人,有效构建基层首诊和分级诊疗新秩序。全年关停"散乱污"企业44个,完成19项"武澄沙"大气污染防治攻坚整改任务。狠抓农村人居环境整治,完成"一推三治五化"* 专项行动项目26项。完成畜禽养殖污染、街后河等5条劣Ⅴ类河道整治工作,生态环境质量持续改善。源头管控防治结合。地毯式开展排水执法检查,39个工业商贸企业完成污水规范化接管工作,10个自然村完成农村生活污水接管改造工程。夏东社区垃圾分类试点投入运营,光大水务三期日处理3万吨污水扩建项目建成投运,全年新增造林绿化面积15.63公顷,生态治理能力显著提升。建排涝站2座,完成四季河等3座桥梁维修,实施毗陵路路灯亮化工程,修补道路3500平方米。对金江小区、夏东苑小区、普惠苑小区的停车位、房屋和自来水管道分别进行改造和维修。全力推进涉及江阴过江第二通道拆迁工作,完成30户拆迁任务;持续推进江南大学江阴校区等项目拆迁清障,全年完成12户;推进已停工3年的夏东路复工建设。全年拆除各类广告12000余平方米,拆除违建7000余平方米,脏乱差现象得到有效治理。文明创建深入开展。以"十大专项行动"* 为抓手,全力推进环境综合整治,排查各类问题700余个,综合整改率90%以上。志愿江苏平台注册人数8481人,全年常态化开展各类志愿服务活动450余场。贯彻落实"1+5"县域治理* 新架构,全年审批和服务事项43972件,比2018年增长105%。推行"证照分离"改革,个体工商户营业执照1个工作日内办结,相关行政许可证均在法定服务期限的一半时间内办结。农村产权改革稳步推进。村级财务100%进入"E银通"资金监管系统,"三务"公开"户户通"* 全部实现。全面完成村级集体经济股份制改革,农村产权交易实体化运作,完成交易58件,交易金额3849万元,交易方式和流程更加规范化、标准化。坚持抓早抓小、常抓常管,做到守土有责、守土尽责。从严开展隐患排查,10个专委会就13项城市安全集中整治行动中排查隐患3372处,完成整改3215处。在"厂中厂"专项整治"雷霆行动"中,关停65个,清场27个,立案查处16个,罚款51万元。收缴烟花爆竹30余箱,实施行政拘留1人。扎实开展巡查监管。每季度外聘专家开展安全生产拉网式排查,针对46个重点危化、冶金等企业,推进长效管理,完善信息库、建立风险清单、明确防控措施。292个存在较多隐患的小微企业实现100%安全托管。江阴市西城钢铁有限公司、江阴苏龙热电有限公司、中船澄西船舶修造有限公司设置专属网格,安排专职人员担任网格员,有效提升网格巡查发现问题隐患、跟踪整改的能力。全年实现本地劳动力就业1330人,扶持自主创业272人,"城保扩面"净增1474人,实名援助就业困难人员150人。组建退役军人服务站,建立退役军人及优抚对象关爱联系制度。着力维护社会稳定。推进扫黑除恶专项斗争,严厉打击"套路贷"、网络诈骗等违法乱纪行为。打造"司小强"法制品牌,提升居民法治获得感。完善矛盾纠纷多元化解机制,信访积案数量稳步减少,有效维护辖区群众合法权益。

2019年夏港街道主要经济社会指标一览表

表59

指标	单位	数量	比2018年增减(%)	指标	单位	数量	比2018年增减(%)
地区生产总值	亿元	274	—	限额以上单位零售额	亿元	24.44	10.88
其中:第一产业	亿元	0.81	—	固定资产投资总额	亿元	47.80	—
第二产业	亿元	142	—	其中:工业投资	亿元	31.54	—
第三产业	亿元	131	—	进出口总额	亿美元	11.17	19.64
一般公共预算收入	亿元	9.39	-19.1	其中:出口额	亿美元	9.92	22.64
农业总产值	亿元	0.81	—	到位注册外资	万美元	2665	—
粮食总产量	万公斤	25.40	—	居民人均可支配收入	元	—	—
工商业开票销售总收入	亿元	764.81	—	中小学校在校学生数	人	3652	—
其中:工业开票销售收入	亿元	—	—	社保参保率	%	100	0(百分点)
服务业开票销售收入	亿元	—	—	劳动合同签订率	%	100	0(百分点)
规模以上工业利润	亿元	21.09	20.96	新型农村合作医疗参保率	%	100	0(百分点)

2019 年夏港街道开票销售收入前 10 名企业一览表

表 60

名次	企业名称	销售收入(亿元)	法人代表	名次	企业名称	销售收入(亿元)	法人代表
1	江阴市长达钢铁有限公司	84.73	李洪耀	6	江阴市西城钢铁有限公司	17.25	陶建刚
2	无锡西城特种船用板有限公司	66.64	潘世群	7	江阴市无缝钢管总厂	13.61	黄长俊
3	江阴市夏港长江拆船厂	55.47	李洪卫	8	东国制钢(中国)有限公司	8.86	郑洙焕
4	江阴苏龙热电有限公司	27.50	严倪芳	9	江阴市金属制管有限公司	7.81	黄长城
5	江阴宗承钢铁有限公司	18.38	余宗勋	10	江阴市华澄实业有限公司	5.63	范选国

2019 年夏港街道各村(社区)基本情况一览表

表 61

村(社区)名称	户数(户)	人口(人)	村(社区)党支部(党总支、党委)书记	村(社区)主任	村(社区)开票销售收入(亿元)
长江村	818	3150	李洪耀	范兴龙	437.57
普惠社区	4067	10354	王俊华	王俊华	0.09
夏东社区	1450	4364	夏建峰	夏建峰	0.80
夏港社区	1355	3628	夏宏武	夏宏武	7.20
普惠苑社区	1635	5718	蔡国明	徐晓芸	—
苏港路社区	3358	9467	吴海芳	—	—
三元村	359	2386	—	袁耿骅	8.50
李沟头村	181	666	张　平	石建林	7.31
新沟村	323	432	蔡国明	曹洪良	1.70
三联村	1210	4780	恽裕兴	赵晓波	380
景贤村	576	2176	蒋惠军	柳泽华	9.59
夏南村	1198	4586	黄惠忠	黄惠忠	1.60
葫桥村	823	3380	李君成	蒋建秋	1

【长江村获评江苏省文明村(社区)】 夏港街道长江村辖区面积6.5平方千米,下辖19个村民小组,818户3150人。2003年村庄环境整治后,该村水、电、路设施全面贯通,6000米主干道、12000多米区间通道路面实施硬化、亮化、绿化、美化,家前屋后全面绿化,全村绿化覆盖率为40%以上。2018年后,该村扎实开展群众性精神文明创建活动,全村形成敬业奉献的道德风尚、文明和谐的家庭新风、积极向上的文化氛围。2019年12月,长江村获评江苏省文明村(社区)。

【普惠社区获评江苏省文明村(社区)】 普惠社区(村)地处夏港街道最东端,2014年12月村居合一。社区区域东至普惠北路,南至人民西路、镇澄路,西至西环外路、夏东路,北至滨江西路、五星路,区域面积约2.4平方千米。该社区在创建文明村(社区)过程中,通过一系列文明创建长效管理措施,形成"人人参与文明,人人共享文明"的良好氛围。村委按照"网格化"管理和"条块结合"的原则,坚持督查和考评相结合,以督促进。对辖区61个楼道分批次进行亮化美化布置。对辖区空巢独居老人、残障人士、困难家庭、新市民等弱势群体开展"邻里守望,相扶相助""爱我家园环境整治"等志愿服务活动。针对老百姓普遍关注的热点、难点问题,开展环境卫生整治,成效明显。2019年12月,普惠社区获评江苏省文明村(社区)。

【威茨曼公司组装班组获评省"工人先锋号"】 威茨曼金属制品(江阴)有限公司公司生产的产品,最后一道环节是组装。该公司组装班组成员始终把质量意识贯穿到整个生产环节,把安全生产作为全体工作的核心。2018年,客户对于成品零投诉,未发生工伤事件。在公司举行的质量月知识竞赛、"安康杯"竞赛和多项岗位练兵及技能大赛中,组装班组涌现出多名岗位技术能手。这些员工结合实际情况,提出多项合理化建议,为公司的发展做出积极贡献。2019年,该组装班组获评江苏省"工人先锋号"称号。

【繁星志愿者队妇联获评省"四新"妇联组织示范点】 夏港街道繁星志愿者队妇联成立于2018年,有成员76人,平均年龄33岁。团队主要成员由夏港实验幼儿园教师、各级妇联执委、热心妇女群众等巾帼志愿者组成。繁星志愿者队妇联立足服务辖区困境儿童、单亲家庭学生、在校后进生等,充分发挥妇联组织在家庭教育、亲子沟通的独特作用,为他们打造心灵家园。成立后累计参与组织志愿服务50余场,服务累计时长1800小时,服务儿童1100余人次。2019年,获评江苏省"四新"(新领域、新业态、新阶层、新群体)妇联组织示范点。 (夏亚蓉)

申港街道

【概况】 申港街道位于江阴市城区西部,东与夏港街道紧邻,西与利港街道相连,南与南闸街道和常州市相邻,北枕长江5.5千米岸线。区域总面积38.8平方千米,下辖10个行政村(社区)(其中3个村居合一)。2019年年末,辖区有户籍总人口47344人,其中男性23753人、女性23591人;有少数民族20个256人,其中壮族156人、布依族6人、朝鲜族5人、傣族2人、侗族2人、哈尼族4人、回族13人、黎族3人、满族9人、蒙古族2人、苗族7人、纳西族2人、羌族5人、畲族2人、水族3人、土家族16人、维吾尔族1人、乌孜别克族1人、瑶族7人、彝族10人。有外来暂住人口27493人,其中男性17887人、女性9606人。

政治建设 全面贯彻新时代党的建设总要求,以深入学习贯彻习近平新时代中国特色社会主义思想和中共十九届四中全会精神为主线,通过中心组学习、党员冬训、专题学习等多种形式和周末讲堂、道德讲堂、"学习强国"等各类阵地,组织开展中心组理论学习13次,理论宣讲进农村、进社区、进学校、进企业62场次,累计培训党员6000余人次。扎实开展"不忘初心、牢记使命"主题教育,制定8项专项整治方案,明确整改措施,压实主体责任,建立"问题、措施和责任"3个清单,发出征求意见函116份,直接听取意见387人,收集意见建议890条。包村领导定村干部联系企业203个,帮助企业解决实际问题85件;党员干部走访入户,走访联系挂钩家庭173户,帮助解决实际困难102件。强化网络舆论管理,严格落实"22212"制度*工作责任制。推进文明创建工作,构建"申"字形新时代文明实践活力体系,开展"扫黄打非"专项行动。加强和创新宗教活动场所管理,维护街道安定团结政治局面。建强培优基层组织,10个村(社区)书记分批次参加无锡市村(社区)党组织书记"乡村振兴大学堂"培训。村书记、主任"一肩挑"比例为40%,超额完成任务。深化党员联户"1+10+N"制度*,3个支部获评江阴市五星级党支部,率先在全市推行选民代表议事制试点。全面从严管党治党,制定基层党组织党风廉政建设责任书和责任清单,对9名被提拔的机关及村"两委"干部作出廉政意见并组织廉政测试和集体谈话,对下属党组织履行责任书情况开展检查。对排查出4个方面10类形式主义、官僚主义的突出问题开展专项整治,对排查出公车使用不规范问题实施党内问责。全年党政纪立案21件,结案9件,送审8件,受理信访件11件;运用第一种形态开展诫勉谈话10人,党内问责9人次,发出纪检监察提醒单5份,纪检监察意见书4份。推出"四季清风"系列廉政主题宣传活动,完成党性体检中心建设,有序推进缪燧纪念馆改建工作。

经济建设 全年完成工业投入40.1亿元,服务业投入14亿元;规模以上工业产值332亿元,限额以上批零业销售额185亿元,限额以上零售额5400万元;一般公共预算收入10.98亿元;进出口总额6.76亿美元,其中出口6.33亿美元,到位注册外资6146万美元。规模工业产值、高新技术产业产值、限额以上单位零售额、自营出口等主要指标实现两位数增长。以远景能源为龙头的智慧能源千亿元产业集群,以双良光催化、天邦量子涂层为代表的光催化产业和以中达软塑、安姆科为代表的包装产业2个百亿元产业集群初显雏形。远景能源(江苏)有限公司实现产值100.04亿元,比2018年增长21.75%,完成工业利润9.84亿元,比2018年增长107.7%,入围中国企业500强和中国制造业500强。全年完成新能源规模工业产值235亿元、高新技术产业产值265亿元,占规模以上工业产值比重分别为71%、80%。紧紧围绕重点产业项目强化服务保障,扎实开展征地拆迁、环境整治等工作,完成85户农户、1个企业的自愿拆迁安置签约。远景AESC智能电池、大昌行长三角食品加工物流园、南京理工大学江阴校区、申桦高端汽车零部件等10项省、无锡市重点项目快速推进,普洛斯二期、中国好车等4项在批项目稳步推进。

社会建设 新增高新技术企业15个、科技型中小企业34个,申报无锡市级研发机构2个、江阴市级3个,培育"瞪羚企业"*6个、"雏鹰企业"*9个,达成江苏界达和冶金研究院、利创石墨烯和复旦大学、南京大学的产学研合作3项,成功申报省"双创人才"*2人、"双创博士"1人。围绕中华人民共和国成立70周年、季子文化节、缪荃孙逝世100周年等节点,开展首届诚信好人评选、读书节、"村歌嘹亮家乡美"等文化活动,拍摄发布《我和我的祖国》快闪、《申港味道》等。深化"教育小镇"品牌建设,做好季子教育基金"两奖一助"工作,发放奖励金120万元。完成4个村场地改造和健身器材配备,开展"全澄欢乐跑"和健身气功培训等多项体育活动,获市"国庆杯"篮球比赛冠军。聚焦城乡环境,实施季子祠出新和周边绿地景观改造,新增公园景观面积1.4公顷,完成申港绿道和申港河护坡挡墙、两岸景观灯带建设,修缮加固西新河南部东侧堤防,东刘村水淹桥竣工交付,创新河实现南北联通,辖区水系进一步贯通。开展"一推三治五化"*专项行动,实施南理工江阴校区和于门桥周边环境整治,开展滨江路等交通干线五项行动专项整治,实施12个自然村生活污水治理,完成3条河道清淤整治、10个行政村"一河一路一网格"环境整治提升。申南村被命名为无锡市美丽乡村示范村、省级国土绿化"三化"*示范村;横塘村村庄发展规划通过专家论证报市审批。实施街道拆迁安置小区消防维修,完成锦湖苑二村、三村停车场改造和管道燃气设施建设、江南花园充电桩及雨棚工程。完成临港实验幼儿园北园和实验学校的消防泵房、管网及消防喷淋系统修缮。申兴村、创新村群众活动中心装修启用。服务保障芙蓉大道快速化改造、于门桥改造等7项省市工程实施,于门桥改造、紫金路建设工程竣工通车,新沟河拓浚工程完成辖区最后一段堤防建设,芙蓉大道快速化改造施工进展顺利,申港河、西横河综合整治和川气东输工程按序推进。坚守生态红线,完成申澄起重等5个企业燃煤工业炉窑淘汰或清洁能源改造和联华铸造、茂昌铸造等重点行业深度治理,完成港口集团、长达物流防尘网建设和降尘监测装置安装,对重点餐饮企业实施油烟治理及在线监测,"武澄沙"大气专项检查9个问题完成整改。推进污水"零直排区"建设,实施钱新北路等7个工业集中区雨污分流及接管工作,新增雨污分流企业超80个。持续深化"散乱污"企业专项整治,关停取缔企业(作坊)近40个。完成中央环保督察"回头看"整改销号,3条劣V类河道专项整治通过环保验收。开展生态环境部2019年打击固体废物环境违法行为专项行动,查处2件非法处置或转运危废案件以及10余件非法倾倒固废事件,处置张家港宇新羊毛厂倾倒污泥事件、海渡路西侧非法加工危废案件等,完成生态环境部航拍的9个点位固废清理。开展8项专项整治,完成7宗"大棚房"、14宗违法用地、5宗河湖"两违"、10宗林斑整治,拆除违建46处33000平方米,立案查处违法用地4宗。全面加强土地、河道、林业、水土管理政策的宣传和执行,完成申兴村高标准农田建设33.33公顷,新增绿化造林23.33公顷。全面落实安全生产"党政同责、一岗双责"责任,开展城市安全等13项专项整治,"厂中厂"安全生产专项整治"雷霆行动"排查出租企业182个,承租企业402个,开展执法检查119个,关停18个,行政处罚25个。压实企业主体责任和员工岗位责任,开展各类安全培训10余场次,1504人次参训。企业安全托管80%以上。开展"两强一阻"、群租房等五项专项治理,收回被强占土地6.67公顷、房屋5处约28000平方米;围绕非法集资、"套路贷",排摸公司200余个并上报相关部门监控关注,抓获30人的涉贷案团伙;整改群租房694户,安装监控探头900余只,整改各类隐患3000余处;多部门集中行动12次,专项整治83个棋牌室。全年受理群众信访75批281余人次,开展重点矛盾纠纷排查20余次,累计调处矛盾纠纷496件,办理法律援助案件30件,追讨农民工工资110余万元,为公民、法人挽回经济损失500余万元。受理各类劳动争议纠纷事件299件,调解成功287件,调解总金额149余万元。调解工伤案件28件,调解率100%。街道劳动人事争议调解中心被评为江苏省劳动人事争议优秀基层调解组织。打造"创在申港"创就业互动平台,举办春季招聘会、"百千万服务"送岗进社区活动和4期创业课堂,海之语创客空间获评2019年度江苏省创业孵化示范基地。全年完成城保扩面1768人,社保净增1091人,进入即征即保5个组130人,在办即征即保7个村组。实现本地劳动力就业1434人,新增城镇就业人数2653人,扶持自主创业224人。人力资源和社会保障科被评为无锡市退管先进集体。完成春申颐养中心公建民营,推动中信泰富医院扩建。累计发放困难群众慰问金、尊老金、补助金、优抚补助款1500万元。7个村实施"福村宝"计划,农村大病医疗互助实现全覆盖,完成家庭医生签约8700余人。分配安置房130套,完成锦湖苑二村房产证初始登记。完成省级一事一议项目3项,争取上级补助资金126万元。申浦村实现脱贫,申兴村便民服务中心顺利通过省级政务服务标准化试点验收。

2019年申港街道主要经济社会指标一览表

表62

指　　标	单　位	数　量	比2018年增减(%)	指　　标	单　位	数　量	比2018年增减(%)
地区生产总值	亿元	—	—	限额以上单位零售额	亿元	0.90	10.90
其中:第一产业	亿元	—	—	固定资产投资总额	亿元	54.20	-6.25
第二产业	亿元	—	—	其中:工业投资	亿元	40.10	-1.55
第三产业	亿元	—	—	进出口总额	亿美元	6.76	-37.57
一般公共预算收入	亿元	10.98	-5.30	其中:出口额	亿美元	6.33	33.26
农业总产值	亿元	1.67	—	到位注册外资	万美元	6146	79.34
粮食总产量	万公斤	236.50	-26	居民人均可支配收入	元	40679	58.42
工商业开票销售总收入	亿元	734.78	5.95	中小学校在校学生数	人	3885	-15.32
其中:工业开票销售收入	亿元	435.69	13.83	社保参保率	%	98	0(百分点)
服务业开票销售收入	亿元	299.09	-3.74	劳动合同签订率	%	98	0(百分点)
规模以上工业利润	亿元	22.25	23.18	新型农村合作医疗参保率	%	100	0(百分点)

2019 年申港街道开票销售收入前 10 名企业一览表

表 63

名次	企业名称	销售收入（亿元）	法人代表	名次	企业名称	销售收入（亿元）	法人代表
1	远景能源有限公司	304.38	张　雷	6	江阴长江投资集团有限公司	12.74	任锦华
2	新华发集团有限公司	111.85	孙志华	7	江阴华新钢缆有限公司	10.36	廖志诚
3	江苏中基复合材料有限公司	17.38	杜继兴	8	江苏界达特异新材料股份有限公司	7.55	薛建良
4	中建材浚鑫科技有限公司	16.14	孙建安	9	江阴德玛斯特钻具有限公司	7.23	郑卫良
5	江苏江阴港港口集团股份有限公司	14.55	华　江	10	江阴市博鸿钢管有限公司	5.13	杨顺成

2019 年申港街道各村（社区）基本情况一览表

表 64

村（社区）名称	户数（户）	人口（人）	村（社区）党支部（党支部、党委）书记	村（社区）主任	村（社区）开票销售收入（亿元）
创新村	1157	4550	郑华叶	—	334.49
于门村	2575	7237	李秋珍	—	125.74
滨江村（江南社区）	2326	7567	宋桃英	宋桃英	91.54
东刘村	1805	5978	虞国裕	沈东华	53.59
申西村	1445	4598	毛剑峰	符林章	23.93
申兴村	2150	7410	薛栋亭	薛栋亭	20.49
申浦村	827	3031	盛　开	—	12.55
申南村	1862	7269	何惠忠	余　军	12.49
申港村（申港社区）	969	3434	殷振迅	殷振迅	10.59
横塘村（锦湖苑社区）	1204	4495	黄明华	殷　梁	4.98

【缪荃孙铜像揭幕】 缪荃孙，1844 年出生于申港镇缪家村一个历代重文化的仕官之家，字炎之，又字筱珊，晚号艺风，世称艺风先生。曾任南菁书院院长，近代著名史学家、校勘学家、藏书家、方志学家、教育家、金石家、目录学家、中国近代图书馆事业的开拓者。辛亥革命后任清史馆总纂，江阴县续志总纂，主编《顺天府志》《江阴县续志》等，其中《江阴县续志》被推为续修志书中的名篇佳作。清末民初，与王壬秋、张謇、赵尔巽并称“四大才子”。2019 年 12 月 22 日，缪荃孙铜像揭幕式暨纪念研讨会在国家图书馆举行。市领导计军、程政、张韶峰，街道领导叶海舟及缪荃孙后代代表莅临现场。（参见《文化》类目中相关条目）

【国家标准化代谢性疾病管理中心落户申港】 2019 年 6 月 20 日，江阴临港医院国家标准化代谢性疾病管理中心举行揭牌仪式。该中心由中信泰富有限公司与上海瑞金医院宁光院士团队合作打造，是全国县级市第一项 MMC 项目。MMC 践行“一个中心、一站式服务、一个标准”原则，对代谢性疾病患者实行全人、全过程的标准化管理，目标是降低代谢性疾病及并发症的发生率，提高人们的生活质量、健康水平。作为无锡首个外商投资医院，江阴临港医院由中信泰富投资建设，整合优化原有医疗资源，以“小综合、大专科”为方向，重点引进海内外知名医疗专家和医疗团队，计划逐步打造成为与国际接轨、特色明显的三级综合医院，更好地满足辖区群众日益增长的优质医疗需求。慢性病患者能在江阴临港医院享受上海瑞金医院同等条件的医疗服务，而且患者只需挂一次号就能进行全面检测、数据分析、疾病诊疗等全方位诊疗。

【申兴村便民服务中心通过省级试点验收】 2019 年 12 月 27 日，经江苏省标委会专家组严格考评，申兴村便民服务中心作为江阴市政务服务标准化体系试点，通过省级政务服务标准化试点验收。该服务中心按照江阴市社会治理综合标准化试点要求，立足实际、统筹规划、逐步推进，致力于提高政务服务标准化、规范化水平，并且不断推进各行政村逐步完成政务服务标准化建设，以“标准化＋赋权事项”实现政务服务“三级六同”，使市、镇（街道）、村（社区）三级实现“同一事项、同一标准、同一材料、同一流程、同一时限、同一结果”，做到同一事项在哪办都一样、谁来办都一样，让群众在家门口就能办理。

【海之语创客空间获评省创业孵化示范基地】 申港街道海之语创客空间成立于 2014 年，建有创业咨询服务中心、项目展示体验区、创客文化主题咖吧、多媒体培训中心、创客大厅、独立办公区等功能区域,为入驻企业提供工商注册、孵化培育、创业辅导、财税缴纳、法务咨询、知识产权、网销货源等全方位、"一站式"创业服务。成立后,先后获"江苏省农村青年电商创业培育示范基地""江苏省众创空间""江苏省巾帼电商服务示范基地""无锡市众创空间""无锡市青创空间""无锡市创业孵化基地""江阴市创业孵化基地""江阴市众创空间""临港创业就业服务中心"等称号。2019年,在第一届"创响无锡"全民创业大赛颁奖典礼上,海之语创客空间作为江阴市唯一一个单位获"2019年度江苏省创业孵化示范基地"称号。

【申港街道政协"委员活动之家"揭牌】 2019年8月30日,申港街道政协"委员活动之家"揭牌仪式暨2019年度申港街道政协工委"金秋助学"活动举行。江阴市政协党组成员符跃进、经济科技和农业农村委主任薛德网、街道党工委副书记严建军和街道政协委员及受助学生共30余人参加活动。该"委员活动之家"是深入贯彻习近平总书记关于加强和改进人民政协工作的重要思想,充分发挥政协团结统战功能,切实把加强思想政治引领、广泛凝聚共识贯穿政治协商、民主监督、参政议政全过程、各方面,推动政协工作提质增效、创新发展的重要举措,旨在把"委员活动之家"建成"学习之家""履职之家""团结之家""民主之家""服务之家",促进委员更好地履职尽责、发挥作用,为街道政协委员更好地履职提供平台载体。

【远景AESC智能电池项目开工】 2019年2月19日,无锡市首批重大项目集中开工暨远景AESC智能电池项目开工仪式在申港街道举行。江阴远景动力高储能高安全软包装智能电池(AESC智能电池)项目是临港开发区新能源产业园规划的重大建设项目,是申港历史上投资规模最大、技术含量最高的工业项目。该项目把大数据、云服务、智能传感等技术应用到动力电池上,打造最安全、最聪明的动力电池。建设年产20吉瓦时电池和电极材料生产园区,项目用地总规模133.33公顷,总投资220亿元,计划分三期建设,全部达产每年可满足约40万辆新能源汽车使用需求,可实现年销售收入190亿元,税收约20亿元。

【申港街道成立"平安法治联盟"】 2019年12月2日,申港街道推进平安法治建设,深化"七五"普法工作,传承发展新时代"枫桥经验"创新社会治理模式,成立"平安法治联盟"。该联盟由法治讲师团、"知心大姐"巾帼维权队、"季子号"法治艺术团、法治骑行志愿雏鹰平安志愿队、"平安之盾"志愿队、"阳光电力"志愿队、"绿飘带"理财志愿队等10个平安法治志愿者团队组成,主要开展"宪法进乡村、法治惠'三农'"活动。该"平安法治联盟"的成立,全面探索一条依靠多元社会组织处理社会矛盾、维护社会稳定,让群众共建共享平安申港的社会治理新路子。推进普法工作由灌输式向互动式、条文式向案例式、说教式向服务式、撒网式向精准化、传统式向智能化、突击式向常态化转变,全力将"平安法治联盟"打造成掌握社情民意、加强治安防范、发现风险隐患的"千里眼"和"顺风耳"。

【申港街道民促会成立】 2019年12月11日,江阴市民族团结促进会申港分会(简称申港街道民促会)成立大会在江南社区召开,江阴市民促会会长罗锡娅、街道党工委副书记严建军为申港街道民促会揭牌。大会选举产生第一届申港街道民促会理事及领导班子,刘育军当选会长。

【申港街道新的社会阶层人士联谊会成立】 2019年12月,街道召开新的社会阶层人士联谊会成立大会,江阴市委统战部副部长汤建影、部委委员汪小琳,申港街道党工委书记叶海舟、副书记严建军、组织统战委员黄英出席会议。成立大会前,召开一届一次会员大会和一届一次理事会议,审议通过《申港街道新的社会阶层联谊会章程(草案)》,选举产生联谊会第一届理事会理事和领导机构。郑金良当选为会长,王荣方、华一敏、华杰、余忠平、张呈祥当选为副会长,郑冰清当选为秘书长。

(吴海侠)

利港街道

【概况】 利港街道位于江阴市西部,东与申港街道、西与璜土镇相接,南邻常州市,北靠长江,区域面积59.42平方千米,下辖兴利、西安、兴港、龙港、仁和、后梅、东支、西石桥8个社区居委会,苍山、巨轮、黄丹、西奚墅、维常、北郭庄6个村委会,陈墅、利港、江市3个村(居)委会合一。2019年年末,辖区总人口79425人,有户籍人口58284人,其中男性29078人、女性29206人;有少数民族21个236人,其中蒙古族4人、壮族131人、布依族1人、朝鲜族3人、水族1人、侗族7人、哈尼族6人、白族2人、回族6人、满族15人、苗族17人、畲族1人、土家族15人、瑶族2人、傈僳族2人、彝族14人、维吾尔族2人、仡佬族1人、布朗族1人、锡伯族2人、佤族3人。有外来暂住人口21141人,其中男性13010人、女性8131人。

政治建设　深入学习习近平新时代中国特色社会主义思想,贯彻落实中共十九大和十九届二中、三中、四中全会精神,自觉增强"四个意识"*、坚定"四个自信"*、做到"两个维护"*,在思想上政治上行动上始终同以习近平总书记为核心的党中央保持高度一致。对习近平总书记重要指示批示精神和中央、省、无锡市委决策部署做到第一时间传达学习、贯彻落实,确保长江大保护、扫黑除恶专项斗争、国务院安全生产督导等重大任务在利港落地生根。持续加强理论武装,开展街道党工委中心组理论学习12次,利港大讲坛学习4次,党工委领导班子成员带头开展各类宣讲32次。"学习强国"平台党员注册率100%。开展"不忘初心、牢记使命"主题教育,街道和园区各级党组织开展集中学习205次,交流研讨68场,征求意见202条,查找整改问题513个。实施"利港先锋"基层党建提升三年行动计划"1+5"工程,即推进党支部标准化规范化星级化创建工程(党建强基工程),村(社区)党组织书记乡村振兴领头雁358工程(领头雁工程),优秀年轻干部培育"青蓝"工程,党建品牌333培育工程(红色品牌工程),党员干部先锋榜样星级评定工程(先锋榜样工程)这五项工程。基层党支部标准化规范化建设百分百达标,"暨阳红"党建先锋阵地实现村(社区)全覆盖;双良集团党群服务中心、双良党校、双良大学入选全市十大红色展厅。打造"利港先锋"党建品牌26个。党员联户"1+10+N"制度*覆盖率70%。坚持"以发展论英雄、凭实绩用干部"的导向,提拔机关中层干部8人、学校中层干部2人,公开招考村(社区)工作人员7人。实施青年干部培育"青蓝"工程,组织街道、村两级13名青年干部双向"墩苗"挂职锻炼。建成利港街道新时代文明实践所和37个新时代文明实践站(点),全年开展各类新时代文明实践活动500多场次,参与服务志愿者5000多人次,受益群众5万多人次。刘文清获评利港首个"中国好人",杨菊娟获"十佳江阴好人"提名奖。"学习强国"平台、《无锡日报》等媒体录用利港新闻稿160多篇,"利港发布"微信公众号推送新闻稿1180篇。开展扫黑除恶专项斗争,查处恶势力犯罪团伙1个,整治治安乱点问题22个,整顿软弱涣散基层党组织2个。开展执纪问责,全年查办各类案件37件,立案22件,给予党纪处分18人。成立利港街道选民代表会议和"有事好商量"民主协商议事室。全年接收派送"12345"民生热线信息2267条,及时签收率100%,及时反馈率100%。

经济建设　全年完成一般公共预算收入11.06亿元、规模以上工业产值303亿元;工业投入35.56亿元;完成进出口总额14.08亿美元、到位注册外资2843万美元。重点骨干企业势头良好,双良集团有限公司、江苏利电能源集团、江苏苏利精细化工股份有限公司、江苏海伦石化有限公司4个企业税收超亿元,税收超亿元企业数比利港街道成立时翻一番。双良集团上榜中国企业500强,振江新能源建成国内首座1200吨自航自升式风电安装平台,中向旭曜项目获国家科技进步二等奖。重大产业项目顺利推进,中向旭曜、日本信越光棒二期、振江新能源二期、凯研智能制造等一批无锡市和江阴市重大产业项目全面开工建设;总投资50亿元的中新智能制造产业园项目、总投资2亿美元的深国际项目等一批重大项目落地。

社会建设　科技创新能力持续增强,新增高新技术企业7个(累计32个),新增"雏鹰企业"*5个、"瞪羚企业"*4个。新增省"双创团队"*1个、省"双创博士"1人,无锡"太湖人才计划"创新领军人才团队1个,博士后工作站1个;新增各类专业技术人才250人,人才引育数量和质量都创历年之最。完成亲水湖绿道建设、利港文化服务中心改造提升、通江路大修等一批重点工程。启动建设利中路、奚墅路、福星路西延段。完成贵宾大道、港城大道等主干道城镇出入口提升改造工程。新建改建停车场8个,新增机动车停车位218个,在集镇区路段划定停车位392个,基本解决集镇区停车难的问题。加强城镇精细化管理,兴港路成功申报无锡市交通严管路段,集镇区补绿增绿37处、修复破损路面道板109处,处罚占道经营186起,拆除违章建筑2.1万平方米,集镇区净化、美化、亮化水平明显提升。网格化管理进一步加强,全年处理入格事项2.2万件,群众满意度98.5%。东支社区被评为国家森林乡村,苍山闸板村成功创建省级绿美乡村示范村,后梅寺背后村被评为无锡市美丽乡村示范村,陈墅社区花家桥农房异地新建试点有序推进,"大棚房"整治、河湖"两违"*治理基本完成,维常村被评为全国"一村一品"示范村,"东支大米"获"江阴好大米"金奖,正汉花木市场、天正水产养殖基地入围无锡市"百企建百园"工程。完成工业企业雨污分流100个,实施80个农村自然村生活污水治理工程,铺设污水管网20千米。利港污水日处理量从街道成立时的5000吨增加到1万吨。利港河卫东桥省考断面稳定在Ⅲ类水质,芦埠港桥等3个市考断面水质全面达标。加强大气管控,完成23个企业有机化合物(VOCs)综合治理,利港电厂建成全封闭防尘气膜5万平方米,$PM_{2.5}$年平均浓度41.2微克、空气质量优良天数比率74.1%,创2013年有监测记录以来最好水平。关停"散乱污"企业38个,关停"三高两低"企业*4个,全面完成市政府下达的减煤减化、节能减排任务。群众环境信访投诉量比2018年下降71.4%。启动建设窑港口长江生态湿地保护区,重现"千亩芦荡、一江碧水"的自然景观。民生事业扎实推进。新增就业岗位2230个,实现本地劳动力就业1819人,利港籍大学生就业率97.3%。全年新增社保扩面1550人,被征地农民纳入保障736人,"福村宝"参保率72%,临港开发区农村大病医疗互助基金覆盖面91.8%,社会保障进一步完善。港郦三期、西石桥轻机厂地块安置房主体结构封顶。引进社会资本投入1.5亿元,建成有230张床位的二级甲等医院江阴澄西医院。建成利港街道社会事业服务中心、残疾人之家和老年人日间照料中心。引进香港光大集团养老品牌"金夕延年",实施利港敬老院公建民营。苏州外国语学校国际双语幼儿园落户利港。推进健康利港建设,创建2个省级、7个市级健康村(社区),建成8个健康步道、2个健康主题公园。启动"厕所革命",建成27座农村水冲式公厕,整改农村户厕28户。文化创作硕果累累,小品《学前第一课》、油画《五四先贤》等一批文艺精品荣获江阴市第六届"芙蓉花奖"一等奖。利港"职工之家"被评为无锡市十大魅力职工服务中心。全力推进化工园区专项整治,园区封闭管理、安全环保一体化监管平台、化工企业"一企一管"等重点工程进展顺利。全面开展安全隐患大排查大整治专项行动,排查单位871个,排查整治一般安全隐患2651个处,排查整治重大安全隐患56个处,企业本质安全水平得到提升。强力推进"厂中厂"安全生产专项整治"雷霆行动",关停违法违规企业143个。抓好城镇燃气安全整治,检查餐饮门店、企业食堂460多个,安装自闭阀、泄漏报警仪300

多套。深入推进交通安全整治，依法查处超载、渣土车、酒驾等违法行为，查扣“小飞龙”36辆，交通事故起数和死亡人数比2018年下降60%以上，安全生产形势总体平稳可控。

2019年利港街道主要经济社会指标一览表

表65

指　标	单　位	数　量	比2018年增减(%)	指　标	单　位	数　量	比2018年增减(%)
地区生产总值	亿元	—	—	限额以上单位零售额	亿元	2.37	10.50
其中:第一产业	亿元	—	—	固定资产投资总额	亿元	40.66	—
第二产业	亿元	—	—	其中:工业投资	亿元	35.56	—
第三产业	亿元	—	—	进出口总额	亿美元	14.08	-30
一般公共预算收入	亿元	11.06	-15.50	其中:出口额	亿美元	4.50	8
农业总产值	亿元	6.59	-7.05	到位注册外资	万美元	2843	—
粮食总产量	万公斤	1200.50	17.87	居民人均可支配收入	元	36212	7.90
工商业开票销售总收入	亿元	658.39	-12.20	中小学校在校学生数	人	4380	—
其中:工业开票销售收入	亿元	510.88	-8.09	社保参保率	%	88.20	0.5(百分点)
服务业开票销售收入	亿元	146.66	-24	劳动合同签订率	%	99.80	0(百分点)
规模以上工业利润	亿元	24.80	-13.80	新型农村合作医疗参保率	%	100	0(百分点)

2019年利港街道开票销售收入前10名企业一览表

表66

名次	企　业　名　称	销售收入(亿元)	法人代表	名次	企　业　名　称	销售收入(亿元)	法人代表
1	双良集团有限公司	213.11	缪双大	6	江阴市华骏机械有限公司	6.02	高建华
2	江苏海伦石化有限公司	156.01	卞贤峰	7	江苏怡达化学股份有限公司	5.79	刘　准
3	江苏利电能源集团	110.87	孙　峰	8	江阴市液压油管有限公司	5.00	谢文庆
4	江苏振江新能源装备股份有限公司	22.60	胡　震	9	江阴加华新材料资源有限公司	2.98	Jeffrey Robert Hogan
5	江阴苏利化学股份有限公司	9.90	缪金凤	10	江阴中绿化纤工艺技术有限公司	2.96	顾晋南

2019年利港街道各村(社区)基本情况一览表

表67

村(社区)名称	户数(户)	人口(人)	村(社区)党支部(党总支、党委)书记	村(社区)主任	村(社区)开票销售收入(亿元)
黄丹村	1191	4727	朱建良	—	—
西安社区	623	2300	魏国瑜	施正海	2.29
兴利社区	410	2742	赵勇洪	董德章	3.60
龙港社区	614	2080	蒋国伟	王添金	0.23
仁和社区	746	2880	蒋国伟	—	0.50
陈墅村(社区)	906	3458	江建洪	张　波	120.82
利港村(社区)	1750	5927	姚建军	姚建军	12.50
兴港社区	915	2750	奚华良	周玉虎	1.42

续表 67

村(社区)名称	户数(户)	人口(人)	村(社区)党支部(党总支、党委)书记	村(社区)主任	村(社区)开票销售收入(亿元)
巨轮村	1110	4168	曹建锋	曹建锋	5.50
西奚墅村	810	3050	陈华中	缪仲昌	6.00
北郭庄村	1482	4992	孙佩俊	孙佩俊	2.54
江市村(社区)	1199	4258	汤春明	汤春明	30.00
苍山村	1072	3553	戚国兴	康晓春	4.43
西石桥社区	1503	4780	牟学军	牟学军	3.90
后梅社区	809	2598	盛南华	唐建华	3.50
维常村	821	3021	钟　渊	徐立军	1.18
东支社区	710	2394	常国和	薛　强	8.448

【利港街道召开第一届选民代表会议第一次会议】 2019年4月3日，街道召开第一届选民代表会议第一次会议，街道各条战线的选民代表、列席代表共80余人参加会议。市人大常委会副主任朱敏到会指导并讲话。会议听取和审议利港街道办事处工作报告，审议通过《利港街道选民代表会议暂行办法》《利港街道民生实事项目合议办法》《选民代表意见建议办理办法》，通过利港街道第一届选民代表会议议事委员会主任、副主任、委员名单。

【利港街道新时代文明实践所揭牌】 2019年1月4日，利港街道召开新时代文明实践所揭牌仪式暨新时代文明实践站(点)建设工作部署会。街道领导江城、陈奕、俞晖、许经纬、奚涛、丁小红、刘志龙等出席会议，村(社区)副书记和精神文明建设负责人，机关相关部门负责人、相关单位负责人和社会热心志愿者代表参加会议。街道党工委书记江城、主任陈奕为利港街道新时代文明实践所揭牌，标志着利港街道新时代文明实践活动的正式启动。

【7项项目签约落户机械装备产业园】 2019年9月21日，临港开发区举行产业发展大会。在临港开发区重大项目集中签约仪式上，3项项目落户临港经济开发区机械装备产业园，分别是总投资42.95亿元的三房巷PTA技改扩能项目、总投资3000万元的苏州外国语学校国际双语幼儿园项目、总投资3.5亿元的鹿达包装新材料项目。同日，在第二届江阴发展大会暨2019经贸洽谈会上，总投资50亿元的中新智能制造产业园项目、总投资2亿美元的深国际高端制造业供应链产业园项目、总投资10亿元的液压油管智能制造项目3项项目签约落户临港经济开发区机械装备产业园。7月9日，泓潮科技石英制品项目签约仪式在临港开发区举行，总投资5亿元的泓潮科技项目签约落户临港经济开发区机械装备产业园。

【江阴凯研智能金属制造项目投产】 江阴凯研金属制造有限公司成立于2018年10月，占地25000平方米，位于贵宾路88号。2019年9月28日，江阴凯研智能金属制造项目在利港街道正式开业投产。该项目是江阴市重点重大项目之一，利港街道党工委书记江城、机械装备产业园管委会副主任徐坚雯等出席项目开工仪式。项目总投资5亿元，主要生产智能沙发直线驱动器，定位成为生产功能沙发铁架、头枕腰托、床架等专业领域的龙头制造企业和专业厂家。公司拥有分条机、大型冲压设备、铆接机、焊接机器人、水性漆浸漆线、喷塑线等专业生产设备。达产后形成年产720万套智能沙发直线驱动器的生产能力，计划年产值7亿元、年利税1亿元。

【双良展示馆开馆】 2019年7月21日，双良集团有限公司举行双良展示馆开馆、双良党校及双良大学成立揭牌仪式。江阴市委副书记袁秋中，市委常委、临港开发区管委会主任计军，市委常委、组织部部长邵文松，临港开发区领导方枫云、卢澄晓，党政办徐剑锋，利港街园领导江城、陈奕、曹鸣等，双良集团董事局、董事会领导参加活动。双良展示馆集智能化、高端化、信息化为一体。其中一楼建有智慧管控中心和双良影院，集中展示清洁能源集中供热、光催化水环境治理、碳基生物有机肥、化工新材料等；二楼集中展示产业版图、发展史及企业文化、创新实力等；三楼为党建、群团建设展示，双良党校、双良大学学习教室。双良集团全力打造双良党校“红色领航五心融合”效能党建品牌。围绕党建助发展，实现经济效益最大化、政治效益最大化、文化效益最大化、社会效益最大化、生态效益最大化，致力于把双良党校建设成为红色教育基地、示范基地。双良集团联合华夏基石共同筹办企业大学，围绕“创新管理思想”“促动战略变革”“接受文化洗礼”“培养关键人才”“积淀组织智慧”五大核心理念，致力于把双良大学建设成为广大职工高度认可的学习乐园、精神家园。

【利港街道“职工之家”获无锡市荣誉】 利港街道“职工之家”坐落于利港公园内(利港街道利南街179号)，建成于2018年10月，总面积13000平方米，建筑面积2000平方米,室外建有一块标准化篮球场。建成后,每天接待量在350人至400人。2019年11月5日,无锡市总工会召开2019年度无锡市十大魅力职工服务中心展评会。会上,利港街道“职工之家”被评为2019年度无锡市十大魅力职工服务中心。

【建设窑港口长江湿地保护区】 建设窑港口长江湿地保护区是江阴市贯彻习近平总书记“长江大保护”思想的重要举措,被列入《江阴市加强长江大保护三年行动计划(2018—2020)》。该保护区位于江阴临港经济开发区利港街道,是长江江阴段难得的天然滩涂,分布着93.33公顷天然芦荡和湿地灌丛,生活着白鹭、鸬鹚、野鸭、黄鼬、草兔等多种野生动物,形成独特的长江湿地景观。窑港口长江湿地保护区的规划总面积555.78公顷,其中以长江水面为主的永久性河流湿地497.27公顷,通过湿地保护区建设有力保障长江水源地水质和饮用水安全,并发挥生态保护、美化环境、科学研究、科普教育等综合功能。2018年12月,南京大学生态研究院制订《江苏江阴窑港口长江湿地保护区建设方案》。

【江阴澄西医院正式建成投运】 江阴澄西医院是由陕西康强医疗投资管理有限公司投资1.5亿元建设的一所二级甲等民营公益性医院,占地总面积16802平方米、建筑总面积11589平方米,设百级手术室1间、万级手术室2间、产科分娩手术室4间,各种临床、医技、管理科室40多个,住院病床230张。2019年10月正式投入运行。 (崔　健)

璜土镇

【概况】 璜土镇位于江阴市西部、东与利港街道接壤,南、西部与常州市的天宁、新北两区相毗邻,北枕长江。璜土历史悠久,是5000多年前良渚文化发祥地之一。璜土镇先后获评国家卫生镇、全国环境优美镇,全国亿万农民健身活动先进乡镇,江苏省文明镇、健康镇,镇辖璜土村获评全国文明村等。璜土镇生态环境优美,是中国优质葡萄生产基地,享有“江苏葡萄第一镇”美誉。区域面积64.49平方千米,耕地面积2800公顷。下辖12个行政村(其中璜土村、石庄村2村为村居合一)和华湖社区。2019年年末,全镇有户籍人口56562人,其中男性28249人、女性28313人;有少数民族18个203人,其中布依族3人、藏族1人、朝鲜族5人、侗族16人、哈尼族1人、回族8人、满族11人、毛南族1人、蒙古族10人、苗族18人、水族1人、土族1人、土家族38人、维吾尔族3人、瑶族1人、彝族3人、仡佬族2人、壮族80人。有外来暂住人口55550人,其中男性32068人、女性23482人。

政治建设　璜土镇党委中心学习组全年集中学习13次,学习习近平总书记系列讲话、中共十九届四中全会精神和中央、省、市有关文件精神等内容。邀请专家作专题讲座6次,受教育1500余人,完成各类调研报告18篇,集中廉政教育2次。坚持镇村两级每月一次党员学习,基层党组织书记上党课120多次,受教育党员4500多人。年度发展新党员35人,其中76.5%的新党员来自于生产、工作一线的青年人。进一步完善镇村两级道德讲堂25所,道德宣讲52次,受教育6000余人(次)。召开党风廉政建设专题会议,签订25份廉政责任书,落实党风廉政主体责任、领导责任、监督责任、群众路线责任和存在问题整改责任。开展“5·10”思廉日主题活动。在重大活动、重大节日向有关人员发送廉政提示信息1500余条。严格执行党政领导带班接待人民群众来访制度,排查分析、化解矛盾纠纷,受理信访1856人(次),结办率93.2%,结办上级转办人民来信108件。强化社会治安防控体系建设,全镇技防监控布点新增48处。深入开展扫黑除恶专项斗争,严厉打击涉黑涉恶、非法集资、网络诈骗等违法犯罪活动。加大安全生产监管力度,做到零容忍、全覆盖、严执法、重实效,建设平安璜土。农村“三务”公开“户户通”*平台全面开通,方便村民查询,让广大村民享有知情权、参与权与监督权。全镇在建设经济强镇、集成改革、城乡发展、生态建设、人民生活改善、镇村管理、服务工作等方面完成年初预定目标,推广临港大病医疗互助基金模式。全镇经济社会实现平稳健康发展,社会大局保持和谐稳定。

经济建设　全年完成规模以上工业产值290.5亿元,比2018年增长13.05%;完成一般公共财政预算收入9.03亿元,比2018年增长10%;完成固定资产投入41.98亿元,其中工业投入37.26亿元、服务业投入4.72亿元;完成总额进出口18.77亿美元,其中出口5.21亿美元;工商开票销售收入1139.55亿元;限额以上单位零售额4.5亿元,比2018年增长42.5%。在批拟建项目16项,累计总投资120亿元;开工在建项目5项,总投资35亿元。完成江阴博大数控成套设备有限公司、江阴骏友电子股份有限公司等高新科技企业申报17个,江阴法尔胜精密机械有限公司、江阴华昌食品添加剂有限公司等入库高企12个,“两化融合”*管理体系贯标试点企业申报2个,认证企业1个,阿尔法(江阴)沥青有限公司入围中国制造业企业500强,江阴市川江化工有限公司入围中国服务业企业500强。深化产业融合,乡村振兴再谱新篇。大力实施乡村振兴战略,全力打造“葡萄风情小镇”。建立“互联网+农业”新模式,完善葡萄电商村建设,推动葡萄产品线上销售,全年接受网络订单9.5万件。举办第十二届葡萄文化节系列活动,持续扩大“璜土葡萄”品牌魅力。农业生态旅游蓬勃发展,璜土村完成创建无锡市特色田园乡村建设,胡子小镇民宿项目有序推进。全国各地到璜土参观考察500余批次,30000多人次。现代农业提质增效,获评中央农业强镇示范建设单位。推进万亩省级绿色优质水稻基地和400公顷省级绿色优质葡萄基地建设。故乡情果业合作社完成百亩哈密瓜绿色食品认证。璜土村获评无锡市十佳美丽乡村,利城村获评无锡市美丽乡村示范村。

社会建设　拥有无锡市以上各类研发机构4个。“雏鹰企业”*完成入库1个,“瞪羚企业”*完成2个。完成产学研项目签约3项,上市后备企业新增入库5个，累计入库总数12个。提升实施学校教技设施，规范教育培训办学，镇获“江阴市教育发展突出贡献奖”。开展红十字会救护培训5场次，培训429人，完成献血425人次。积极开展文体活动，文艺演出送下乡6场次，电影送下乡156场次，服务总人数8万余人，开展各类体育活动24场次，新增体育健身活动场地2000余平方米。江阴南泰家纺有限公司“彩虹课堂”获评全国工会爱心托管班。完成桃花港清淤、日新路路灯安装、石庄河清污和过河污水管、璜土河生态治理等15项工程。建成石庄中学风雨操场。完成新世纪花园和启港苑2个安置小区停车位改造及房屋维修、茶梅泵站和璜土生态园服务用房屋面维修等零星基础设施改造等工程30项。“十大民生实事”基本落实到位。全面推进镇村暴露垃圾清理、镇村环境卫生长效管理，清运各类垃圾2000余吨，清理“三乱”(乱张贴、乱涂写、乱堆放)500余处，清除卫生死角4800余平方米。深化生活垃圾收运处置，启动璜土村东贯庄自然村生活垃圾分类试点工作。深化河长制管理，强化水污染防治，细化完善全镇59条河道因地制宜“一河一策”方案。完成璜土、小湖2个村的农贸市场周边控源截污工程、66个自然村生活污水改造和大浜口河、篁村浜、跃进河黑臭河道治理。实行村(社区)“散乱污”整治进度周报月评制度。完成3个印染企业污水输送“一企一管”在线监控。5个中石化加油站地下油罐防渗改造、9个制药公司LDAR泄漏检测与修复、8个化工企业的有机化合物(VOCs)治理、25个重点废气产生企业的省级专家检查整改、餐饮业安装油烟净化设施和配备在线监控等，全面推进化工园区优化提升。提升稳步就业，3月举办“春风行动”春季大型专场招聘会，提供就业岗位4127个，采集用工单位信息619条，实现本地劳动力1554人就业，实名援助就业困难(残疾)人员175人就业，社会保障拓展覆盖，新增城保扩面3098人。全镇发放最低生活保障金230余万元，特困供养金119万元，尊老金269.7万元，残疾人补贴638.2万元，计划生育奖励扶助金273万元。募集慈善资金233.4万元，发放慈善救助金111.1万元。社会服务持续完善，年内建成镇居家养老服务中心、华湖社区居家养老服务站及镇公益服务中心。围绕“健康璜土”建设，举办6场(次)健康知识讲座，创建江阴市健康村9个。扫黑除恶专项斗争纵深推进，开展各种形式进行广泛宣传。全镇悬挂横幅标语1600余条，制作海报专版3000余幅，开辟专题宣传栏856块，发放宣传资料5万余册，群发短信20余万条。多渠道排摸涉黑涉恶问题线索，累计排摸线索108条。整治重点治安乱点地区和重点行业领域，开展歇业、整顿，建立整治机制并定期开展“回头看”。依法查处取缔无证无照小旅馆、小浴室、棋牌室、足浴室、美容美发厅、歌厅舞场等场所，定期开展“保健”市场整顿，进行联合执法9次，清理关闭7个无资质活动场所，依法注销营业执照和许可证经营单位4个，立案查处案件1件。筑牢安全防线，企事业单位内设安全生产统筹协调科，严格落实“镇安委会领导下的安全专委会负责制”，坚持事前预防和源头治理。开展安全隐患大排查、大整治和“厂中厂”安全生产专项整治“雷霆行动”。有效化解各类信访积案，五洲国际、龙城福第、米兰阳光房地产领域矛盾逐步化解。镇成立劳动人事争议调解中心，全年受理劳动争议纠纷案件283件，其中工资纠纷263件，追讨工资432.53万元；调处工伤事件15件，工伤赔偿57.6万元。依法行政效能不断提高，办理各类(项)行政许可204件，查处各类行政处罚案件700余件，处罚金226.5万元。推进政务服务中心标准化建设，受理结办2.52万件，按时结办率100%。

2019年璜土镇主要经济社会指标一览表

表68

指　标	单位	数量	比2018年增减(%)	指　标	单位	数量	比2018年增减(%)
地区生产总值	亿元	160.55	34.90	限额以上单位零售额	亿元	4.50	42.50
其中:第一产业	亿元	1.20	10.70	固定资产投资总额	亿元	41.98	20.70
第二产业	亿元	73.22	6.70	其中:工业投资	亿元	37.26	23.99
第三产业	亿元	86.13	74.60	进出口总额	亿美元	18.77	-7.24
一般公共预算收入	亿元	9.03	10.00	其中:出口额	亿美元	5.21	-7.49
农业总产值	亿元	3.94	2.90	到位注册外资	万美元	2536.50	-18.47
粮食总产量	万公斤	1082.70	0.35	居民人均可支配收入	元	—	—
工商业开票销售总收入	亿元	1139.55	-0.88	中小学校在校学生数	人	6529	-0.08
其中:工业开票销售收入	亿元	796.67	13.37	社保参保率	%	100	0(百分点)
服务业开票销售收入	亿元	342.88	-23.29	劳动合同签订率	%	100	0(百分点)
规模以上工业利润	亿元	8.78	6.56	新型农村合作医疗参保率	%	100	0(百分点)

2019年璜土镇开票销售收入前10名企业一览表

表69

名次	企 业 名 称	销售收入(亿元)	法人代表	名次	企 业 名 称	销售收入(亿元)	法人代表
1	汉邦(江阴)石化有限公司	264.93	吴 亮	6	斗山液压机械(江阴)有限公司	16.12	崔东辉
2	江阴澄高包装材料有限公司	179.90	吴 亮	7	建滔电子材料(江阴)有限公司	13.55	李俊杰
3	阿尔法(江阴)沥青有限公司	41.82	周剑峰	8	江阴南泰家纺用品有限公司	9.95	陈利民
4	江苏嘉盛新材料有限公司	27.47	孙 彪	9	建滔(江阴)复合材料有限公司	9.41	李俊杰
5	江苏大江金属材料有限公司	18.47	赵金才	10	江阴法尔胜钢铁制品有限公司	8.57	董 东

2019年璜土镇各村(社区)基本情况一览表

表70

村(社区)名称	户数(户)	人口(人)	村(社区)党支部(党总支、党委)书记	村(社区)主任	村(社区)开票销售收入(亿元)
利城村	1128	3732	周肖军	周肖军	1.01
北湖西村	867	2889	刘建维	刘建维	0.71
高果村	1528	5152	许建明	金建东	2.48
璜土村(社区)	1561	4862	钱俊贤	钱俊贤	0.85
小湖村	2273	7071	周国伟	周国伟	2.23
篁村村	1904	6116	高旭伟	许俊华	0.40
常泽桥村	1116	3605	张建清	仇震亚	0.49
汇南村	1016	3260	丁 成	丁 成	0.50
芦墩村	1000	3468	蔡志国	周 雷	2.17
石庄村(社区)	1106	3470	彭 辉	朱立军	0.43
花港苑	2830	9843	彭文锋	彭文锋	0.74
启港苑村	870	2877	刘小东	金岳彪	0.16
华湖社区	95	232	曹 洁	曹 洁	—

【镇获批中央农业强镇示范建设单位】 2019年,璜土镇政府为进一步提升江苏名牌“璜土葡萄”农产品目标,投资4000余万元,围绕葡萄农产品为主题,建设“两园一中心和一所技术学校”,即以物联网控制技术及自动化生产体系的智慧葡萄园,以提升葡萄文化及地方人文的葡萄博览园,以农产品向商品转型的农产品电商服务中心,以培育葡萄农业专门人才的璜土葡萄职业技术学校。年末,镇获批中央农业强镇示范建设单位,进一步促进璜土葡萄产业持续、稳步、健康发展。

【“彩虹课堂”获评全国工会爱心托管班】 江阴南泰家纺用品有限公司(简称“南泰家纺”)位于璜土镇西澄常工业集中区(小湖)镇澄路3886号。公司创建于2005年1月,属中外合资企业,员工4000余人,主要生产家纺用品。2011年5月公司成立“南泰家纺”工会后,公司工会、妇联常为公司职工家庭解决子女托管问题。2018年2月,公司创办“彩虹课堂”。该“彩虹课堂”设有高年级、低年级班,专门聘请巾帼志愿者老师每周一至周五看管孩子日常作业,进行阅读分享,周六、周日开展各类主题实践活动。至2019年年初,有高年级班学生36人、低年级班学生10人。是年2月,“彩虹课堂”被中华总工会评为全国工会爱心托管班。

【故乡情果业3产品获中国绿色食品认证】 江阴故乡情果业合作社位于芙蓉大道璜土段南侧汇南村境内。该社于2016年种植栽培的百亩葡萄、油桃、哈密瓜,于2019年夏秋,喜获丰收。12月,经中国绿色食品发展中心对土壤、水质、气候、肥源、产品等数次检测,均已达标,并颁发中国绿色食品认证证书。获此认证后，该合作社进一步加强对农产品品质和安全质量的建设。

【璜土村获评无锡市首批农村人居环境整治典型范例】 2019年，璜土村坚持把家园当公园建设的理念，推行村民共建共享的模式，积极发动村民参与家河整治、道路保洁、增补绿化、设施维修等新农村建设。全面高标准完成村庄整治，建设60万平方米水泥道路，美化村民住宅墙体50余万平方米，绿化面积35万平方米，安装路灯400盏，村民居住环境明显改善。村“两委”专设环境卫生长效管理办公室，配备3名兼职人员，制订长效管理工作职责和奖励制度，使人居环境整治与乡村产业发展相得益彰，与基本公共服务相辅相成，与乡村治理体系和治理能力现代化相互促进，不断增加农村生态环境新优势，体现乡村振兴新活力，努力打造特色鲜明、亮点纷呈的田园小镇新农家。年末，璜土村获评无锡市首批农村人居环境整治典型范例。

【利城村创建无锡市美丽乡村示范村】 利城村位于璜土镇东，村域面积4平方千米，有利城、高家头、后坝里、贯巷等16个自然村(35个村民小组)。镇澄公路东西横穿村境，璜郑路、璜后路南北纵越，交通便捷，有着天然的区位优势。2018年起，利城村先后投入600余万元，对村境村庄进行全面绿化、环境整治、河道清淤、道路(硬化、亮化)建设。至2019年，完成打造党建、乡愁、清廉3个文化阵地和新时代文明实践站点工作。环境整治过程中，把百余亩猪舍、垃圾堆埋地，通过招商引资的科学合理规划，建成集生态农业、养殖体验、露营野餐、自由采摘为一体的华德福自然教育园。后坝里自然村围绕“不忘初心、牢记使命”主题教育，把家风家训、历史文化、乡土人情、农耕风俗等与新时代文明实践学习点的农家书屋、妇儿之家、道德讲堂、志愿者服务中心相融合。各自然村均设有文体广场、文明宣传橱窗等设施，极大地丰富村民文化生活和健身活动。年内，利城村获评无锡市美丽乡村示范村。

【马家头自然村获评无锡市特色田园乡村】 2018年以来，特色田园乡村建设是江苏省委、省政府乡村振兴建设做出的一项战略性决策，推进“两聚一高”(聚力创新、聚焦富民，高水平全面建成小康社会)的创新举措。该项目建设启动后，江阴市迅速发动，由市住建局牵头，召开特色田园乡村动员会、特色田园乡村建设试点规划设计部署会和规划交流会。建立特色田园乡村建设工作联席会议制度，制定《江阴市特色田园乡村建设试点工作方案》，结合各村特点组织编制规划设计方案和具体工作方案。是年5月，无锡市确定18个特色田园乡村首批试点村庄，江阴市璜土镇璜土村马家头村等5个村入选。马家头村地处葡萄种植村璜土村，璜土葡萄是华东农产品市场上最受消费者欢迎的果品之一。经过建设规划，马家头村打造成具有典型的江南鱼米之乡的聚落生态格局，农田环抱中水网如织，构成田、园、水、村的优美景象，成为华东地区以葡萄产业和创业农业为主导的葡萄之乡，以果园景观、现代高效农业和休闲农业为特色的现代田园乡村，以村民高度自治为代表、乡风文化为亮点的乡风建设示范村。年末，获评无锡市特色田园乡村。

【石庄中学风雨操场主体工程竣工】 石庄中学风雨操场建设项目，是璜土镇第十九届人民代表大会第五次会议决议的璜土镇十大民生实事之一。该工程立项之后，投资200余万元，主体工程于2019年9月动工建设，年底完成。该风雨操场建筑面积1490平方米，建高11米，最大跨径30米；外墙主要用斯派尔金属面装饰板结构。该风雨操场建成后，彻底解决石庄中学雨天无法正常开展体育教学和文体活动的难题。同时，为学校开展各项大型活动提供场所。 (孟 晴 曹 云)

月城镇

【概况】 月城镇是中国民间文化艺术之乡，位于江阴市西南，东与徐霞客镇毗邻，南连青阳镇，西接常州市武进区，北以秦望山为界与南闸街道接壤；紧靠沪宁、沿江高速公路，锡澄公路、锡澄运河、海港大道和江阴大道纵贯全镇。区域总面积38平方千米，耕地面积1740公顷，下辖9个行政村和2个社区居委会。2019年年末，有户籍人口43283人，其中男性21434人、女性21849人；有少数民族16个243人。其中白族4人、傣族1人、侗族16人、彝族1人、布依族8人、土族1人、满族6人、回族10人、黎族3人、蒙古族4人、苗族82人、羌族1人、土家族88人、锡伯族3人、瑶族5人、壮族10人。有外来暂住人口12074人，其中男性7274人、女性4800人。

政治建设 坚持党建引领，全面落实新时代党的建设总要求，宣传思想文化、意识形态工作持续加强。基层党建“四项工程”* 全面实施，深化“支部进网、党员联户”，创新实施“党建五化”工程，持续抓好党员联户“1+10+N”制度*，党建主题园建成开园。“两个责任”* 全面压实，积极做好巡察问题“回头看”工作。严肃查处和整治群众身边腐败和作风问题，“三务”公开“户户通”*、资金监管“E银通”实现全覆盖。开展“不忘初心、牢记使命”主题教育。牢牢把握“守初心、担使命，找差距、抓落实”总要求，广泛开展“三听三问三征求”*，组织党员集中学习研讨，开展走访调研，检视整改问题4700多个，参与党员群众2万余人。全面建设法治政府，依法深化政府信息和政务公开，办理行政复议和诉讼案件12件。落实“七五”普法规划，建成法治主题园，开展各类普法活动51场次。全面落实从严治党，抓好村、社区、单位巡察问题整改，严格规范农村“三资”* 管理，全力解决企业征地(租地)历史遗留问题，查处违反中央“八项规定”* 2起。全面加强财政管控，持续压降“三公”经费*，有效化解政府债务，全面加强审计监督，制定出台《月城镇政府性投资项目立项与建设管理办法》，规范公共资源交易行为。全面解决民生诉求，“三大平台”* 全年处理各类事件5.2万余件，参与《空中热线》直播节目，答复解决各类民生诉求12件。

经济建设 坚持产业转型升级，加强要素保障，加大激励力度，经济运行稳中有进。主要指标稳步增长。完成地区生产总值66.93亿元,比2018年增长3.4%。完成一般公共预算收入4.03亿元,比2018年增长5.5%。实现工商业开票销售收入246.13亿元。完成固定资产投资9.16亿元,其中工业投入5.82亿元,比2018年增长11.8%。完成进出口总额2.07亿美元,其中出口1.53亿美元,比2018年下降0.9%。实际到位注册外资200万美元。产业发展持续优化。实现规模以上工业总产值95亿元,新增规模以上工业企业5个。52个企业开票销售收入超亿元,15个企业入库税金超千万元。实现农业总产值5.66亿元,完成全口径农业投入9550万元,新增高标准农田73.33公顷、高效设施农业15.33公顷,333.33公顷绿色优质农产品基地通过省级验收,53.33公顷通过绿色食品认证。卧龙村创成省级"一村一品一店"示范村。全镇三次产业结构进一步调优为4.5:49.2:46.3。重点项目有序推进。全镇在建工业项目24项,总投资13.15亿元。鑫城集团"智慧工厂"项目进度过半,江阴机械技改扩能,秦望山产业园工业废弃物综合利用二期工程(常规线)启动建设,飞灰填埋场三期全面完成。江苏必得科技股份有限公司、江苏安凯特科技股份有限公司、江苏秋林特能装备股份有限公司上市募投项目推进顺利。创新转型成效明显。全镇完成研发投入2.1亿元,占地区生产总值比重为3.4%,高新产值占规模以上工业产值比重为29.9%,企业研发经费投入占主营业务收入比重2.34%,比2018年上升0.94个百分点,实现技术合同交易额7100万元。月城镇被评为江阴市创新型企业培育先进集体。必得科技上市获证监会受理。

社会建设　获批国家科技型中小企业16个、省高新技术企业8个、省民营科技企业3个。获批省工程技术中心1个。江苏必得科技股份有限公司获评省"专精特新""小巨人"企业,江苏秋林特能装备股份有限公司被评为无锡市"瞪羚企业"*。投入600余万元改造提升学校教学设施,中小学、幼儿园食堂完成食材集中配送,扎实做好新市民子女入学工作。文明实践内涵丰富。高标建成新时代文明实践阵地,1所11站30个新时代文明实践点全部投运,33支新时代文明实践志愿服务队累计开展志愿服务活动650余次。建成月城科教馆。围绕中华人民共和国成立70周年主线,开展"劳动最美丽、奋斗最幸福""习语金句、翰墨飘香""逐梦扬帆、龙腾全澄""三下乡"等大型主题活动,全年送戏320场次,送书籍5000余册。深化"书香月城"建设,促进优秀传统文化传承,大力推进戏剧进校园,重点扶持文体特色团队8个,53件作品获评市级以上奖项。通过省文明乡镇复评,第四次蝉联"中国民间文化艺术之乡"称号。推进全民健身运动,开展长跑、象棋、篮球等体育赛事活动。紧扣"1+5"县域集成改革*目标要求,以集成改革汇聚发展动能,镇行政管理体制改革通过省级评估验收。"一窗通办"政务服务更便捷。全面承接市级下放的63项行政审批和公共服务事项。强化"互联网+政务服务"理念,紧扣"网上办""延伸办"两大功能,构建延伸进村政务服务平台,为企业和群众提供更贴心、更精准的政务服务。建立完善政府投资项目和工程建设领域公示制度,镇村投资项目招投标全过程公开。全年受理各类业务28895件,满意率100%。"一支队伍"综合执法更高效。以"双网双融、双创双优"党建品牌为引领,强化职责融合,注重部门联动,理顺执法流程,明确任务清单,实现问题处理全闭环。倡导寓管理于服务理念,引进第三方社会化服务,开发"环安税信"APP,强化源头管控,摸清底数基数,变末端执法为源头治理,全力服务高质量发展。全年办理行政处罚案件397件,执法金额60万元。"多网融合"镇村治理更有效。突出党建网格、执法网格、巡查网格等多网格互融互通,强化学习培训、日常巡查、事件上报、绩效考核。全年处理各类网格事件12461件,"12345"民生热线受理有效事件1058件,及时反馈率和满意率均为100%。坚定产城融合发展路径,调整控制性详细规划,编制村庄规划,进一步优化"一城两翼三区联动"的发展格局。水芝苑二期、水芙苑一期1636套22.4万平方米安置房竣工交房。文化中路、畅园路、冯泾路、月山路、红旗路口等主干道路完成改造。文汇路、北环路完成绿化提升。双泾新农村建设2幢公寓楼基本完成主体建设。基础配套加快完善。消防站改造工程完成主体建设。实施漕港河路、冯泾路、健康路等道路亮化工程,安装节能路灯185盏。镇区主干道路新增防撞护栏,完善标志标线,全面提升道路安全等级。新建8座农村公厕,改造2座集镇公厕,水韵社区垃圾分类设施完成提标改造。对标城镇精细化管理要求,开展镇容管理、户外广告、停车秩序等专项整治。大力推进农村人居环境整治"一推三治五化"*专项行动,重拳整治农村环境卫生"脏乱差"现象,清理各类垃圾1.05万吨,拆除各类违章搭建2800平方米,整治违法用地10宗0.99公顷。新增造林绿化面积10公顷。双泾村获评省农村人居环境整治综合示范村,戴庄村赵家村通过省级绿美村庄评审。镇高标准通过省卫生镇复评。重点推进南沿江城际铁路(月城段)沿线7.2千米拆迁,加快秦望山产业园、高新区青阳园区及安置小区腾地拆迁,全年签约拆除民房453户11.3万平方米、企业9个,完成特种种植、特种养殖"两特"清障41户22.42公顷。完成"武澄沙"地区大气污染防治百日攻坚交办问题12个,落实省生态环境厅专项督办自查问题5个。开展"散乱污"企业"回头看",关停整治新增"散乱污"企业7个。江阴华润制钢有限公司、江阴泰富沥青有限公司完成低氮排放改造。12个重点企业完成有机废气(VOCs)治理,5个单位完成堆场扬尘治理,12个规模餐饮单位完成油烟废气治理。年度$PM_{2.5}$指标完成市下达约束目标。提升水质环境,盆塘圩工业集中区建成"零直排区",红旗渠完成黑臭水体治理,赵家场等33个自然村实施村庄生活污水集中治理工程,江阴红嘉印染有限公司、月城镇污水处理厂完成提标改造,5个加油站完成地下油罐防渗改造。地下水质保持省控断面标准。加强巡查监管。建立全覆盖环保监管网格,严格落实环保20条工作制度,完善生态文明建设考核体系。70个企业签约"环保管家"服务,122个企业安装用电工况监控。全年开展各类环保巡查检查1200个次,立案处罚4件,处理环境信访220余件,信访总数压降56.8%,其中省部级信访压降31.3%。开展生态环境大排查大整治工作,"一企一策"完成6个核辐射企业、13个化工企业、105个产生处置危废企业的环境安全隐患排查整治。社会事业协调发展,民生保障更加有力。实现本地劳动力就业1795人,援助就业困难人员132人,完成职业技能培训226人,成功创建省级创业型村3个。城保、住房公积金分别新增1318人、1030人,39个村民小组1070人办理被征地农民保障。完善救助保障体系和村级医疗互助长效机制,开展"阳光扶贫"结队帮扶,发放各类补助资金2100余万元。镇敬老院完成公建民营医养融合改造。退役军人服务站挂牌成立,1300余户优抚对象完成建档。社会治理成效明显。深化扫黑除恶专项斗争,进村入户宣传1.7万户次,整顿棋牌室90个,排查投资金融公司32个,整改出租房200余户,辖区赌博警情下降75%,摧毁涉恶团伙4个,破获九类案件12件。夯实社会治理基础,持续完善矛盾分析研判机制,建立健全有机衔接、协调联动、高效便捷的多元化调解机制,受理调处各类纠纷事件940余件,深入开展信访积案化解,全年化解7件积案,其中市级以上交办3件。新增视频监控82只,注册平安志愿者2300人。全力推进公共安全体系建设。成立安全生产监督管理科,全面保障编制人员。推进安全隐患大排查大整治专项行动,开展全镇13项重点领域安全集中整治,推进"厂中厂"安全生产专项整治"雷霆行动",131个企业实现"安全托管"。全年开展各类安全生产执法检查1445个次,开具现场检查记录1333份,责令整改通知书1286份,发现问题隐患3992处,完成整改2237处,对17个企业行政处罚45.8万元,关停化工企业2个,取缔"厂中厂"企业45个。

2019年月城镇主要经济社会指标一览表

表71

指　标	单位	数量	比2018年增减(%)	指　标	单位	数量	比2018年增减(%)
地区生产总值	亿元	66.93	3.40	限额以上单位零售额	亿元	1.96	-0.40
其中:第一产业	亿元	2.37	3.90	固定资产投资总额	亿元	9.16	-5.00
第二产业	亿元	33.30	4.17	其中:工业投资	亿元	5.82	11.80
第三产业	亿元	31.26	2.60	进出口总额	亿美元	2.07	-3.80
一般公共预算收入	亿元	4.03	5.50	其中:出口额	亿美元	1.53	-0.90
农业总产值	亿元	4.51	11.20	到位注册外资	万美元	200	37.00
粮食总产量	万公斤	4292.92	4.10	居民人均可支配收入	元	51562	8.80
工商业开票销售总收入	亿元	246.13	-5.30	中小学校在校学生数	人	2727	-1.00
其中:工业开票销售收入	亿元	131.13	-1.60	社保参保率	%	100	0(百分点)
服务业开票销售收入	亿元	115.00	-9.30	劳动合同签订率	%	100	0(百分点)
规模以上工业利润	亿元	6.78	-13.00	新型农村合作医疗参保率	%	100	0(百分点)

2019年月城镇开票销售收入前10名企业一览表

表72

名次	企业名称	销售收入(亿元)	法人代表	名次	企业名称	销售收入(亿元)	法人代表
1	江阴华润制钢有限公司(含仕明)	49.39	张亚彬	6	江苏省宏晟重工集团有限公司	5.65	偶洪元
2	江苏秋林特能装备股份有限公司	9.68	钱秋林	7	无锡市旭朝钢材贸易有限公司	4.47	林旭朝
3	江阴泰富沥青有限公司(含耀大)	6.92	丁爱民	8	世泰仕塑料有限公司	4.34	Andreas Gerhard Becker
4	江阴市华盛印刷有限公司	6.46	严树珊	9	江苏华权有色炉料有限公司	4.27	包玉明
5	江阴协统汽车附件有限公司	5.80	钱德洪	10	江阴机械制造有限公司	3.79	陈　龙

2019年月城镇各村(社区)基本情况一览表

表73

村(社区)名称	户数(户)	人口(人)	村(社区)党支部(党总支、党委)书记	村(社区)主任	村(社区)开票销售收入(亿元)
戴庄村	1171	4201	钱秋林	吴伯骏	12.47
月城村	1472	5022	殷建伟	殷建伟	7.73
下塘村	835	2867	薛金方	沈　键	3.79
秦皇村	1158	4149	葛建清	葛建清	1.48
沿山村	1064	3731	梁林宝	顾栋华	62.76
卧龙村	700	2394	吴国华	黄志刚	2.35
黄桥村	2732	9210	翟　民	翟　民	1.47
蔡庄村	1171	4308	严伟明	沈建新	3.54
双泾村	823	3200	钱德洪	沈生林	22.73
月城社区	750	2130	司建荣	司建荣	—
水韵社区	484	1998	刘登峰	刘登峰	—

【4村新农村建设规划通过省专家组论证】 2019年12月19日,月城镇召开新农村建设规划专家论证会。评审采取方案审阅、听取汇报和论证研讨方式进行。会上,浙江大学城乡规划设计研究院相关负责人对双泾村、沿山村、月城村、下塘村4村规划方案进行汇报和说明。专家组成员与市镇村相关负责人开展充分细致的分析和讨论,认为该规划基础资料翔实,现状分析深入,编制内容符合村庄建设编制要求,能够有效指导新农村建设和管理,一致通过4村规划方案。同时,专家组就进一步完善规划成果提出指导意见:居家养老设施再细化,考虑居民老龄化加剧;环境规划再明确,不能触碰生态红线;镇村规划衔接再紧密,农业、产业、旅游业融合发展;政策出台再精准,聚焦乡村振兴,兼顾百姓需求。论证会后,月城镇加快推进规划完善和报批。江阴市自然资源和规划局、住房和城乡建设局、农业农村局和月城镇村相关负责人参加论证会。

【月城镇第十九届人民代表大会第六次会议】 2019年6月22日,月城镇第十九届人民代表大会第六次会议完成各项议程闭幕。该次大会有来自全镇各条战线的63名镇人大代表参加。大会审议和通过代表建议意见审查情况报告和财政预决算审查报告,通过《政府工作报告》《关于2018年环境状况和环境保护工作情况的报告》和《财政预决算报告的决议(草案)》,选举顾春宇为镇长、周韧逸为副镇长,并组织宪法宣誓。市人大、市委组织部相关成员,部分市人大代表、政协委员,非代表镇党政班子成员,村(社区)书记,部分机关部门负责人、退休老干部、事业单位负责人等列席会议。

【月城镇经贸合作洽谈会举行】 2019年9月20日,月城镇经贸合作洽谈会暨重点项目签约仪式在双泾生态园水上会议厅举行。镇党委、政府班子全体领导、签约客商代表、秦望山产业园及镇骨干企业代表参加。该次经洽会有5项项目落户月城,其中总投资17亿元、占地13.33公顷的江阴华润制钢高端油井管特殊钢深加工项目在江阴市发展大会暨经贸洽谈会上签约。另有总投资5.4亿元、占地8.67公顷的江阴必得科技轨道交通车辆地板项目,总投资3亿元、占地4公顷的江阴北海救生高性能特种船艇项目,总投资1.5亿元、占地2.33公顷的秦望山产业园江阴市锐盛环保科技危废资源化利用及无害化处置项目以及总投资1000万欧元的耐波特—帕尔菲格海工合作生产救生设备项目共4项项目进行现场签约。洽谈会上,江阴秦望山产业园、江苏安凯特科技股份有限公司、江阴北海救生设备有限公司、帕尔菲格企业负责人进行交流发言。

【月城镇职工技能大赛举行】 2019年6月1日,月城镇“聚力创新创业 弘扬工匠精神”第三届职工技能大赛举行,来自全镇企事业单位的近100名工匠参加叉车竞技、中式厨艺、维修电工、焊工等项目比赛。来自镇机关、村(社区)、企业的代表、工会负责人和志愿者等300余人到场观摩。来自江阴机械有限公司、江苏秋林特能装备股份有限公司、江阴安凯特电化学设备有限公司、江苏必得科技股份有限公司4个企业的五对师徒进行“青蓝”结对签约。此次比赛分3个赛场同时进行,镇明园广场为叉车技能赛场,双泾生态园云外水庄会客厅为中式厨艺比赛赛场,中船澄西船厂技术学校为维修电工、焊工赛场。唐锐(鑫城科技)、陆华清(黄桥村)、黄光华(挪赛夫)获叉车比赛前三名,马永刚（双泾村）、刘永龙（卧龙村）、沈刚（戴庄村）获中式厨艺前三名，袁乐乐（华润制钢）、徐业青（华润制钢）、孟少诚（北海救生）获维修电工前三名，孙卫杰（戴庄村）、葛家超（沿山村）、陈兵（必得科技）获电焊技能前三名。

【科技创新与乡村振兴劳动者联盟启动】 2019年4月25日，月城镇迎“五一”表彰活动暨科技创新与乡村振兴劳动者联盟启动仪式在江阴市融媒体中心演播大厅举行，表彰全镇各行各业涌现出来的文明职工、行业标兵和最美劳动者。月城社会各界的干部群众，各级劳模、企业家、人大代表、政协委员、好人代表，受到表彰的先进劳动典型近600人参加活动。活动现场，市委统战部、宣传部、组织部，市科技局、总工会有关领导，月城镇领导班子，江苏省劳模、江阴协统汽车附件有限公司董事长钱德洪共同启动“月城镇科技创新与乡村振兴劳动者联盟”。启动仪式上，分别对10名“最美劳动者”、20名“行业标兵”和30名“文明职工”进行表彰。

【“秦望雅集”书法作品开展】 2019年6月5日至22日，由月城镇党委、政府主办，镇新时代文明实践所、镇文学艺术界联合会、月城书画协会承办的“习语金句、翰墨飘香、‘尽精微、致广大’”——第十回“秦望雅集”书法作品展在江阴市展览馆展出。此次“秦望雅集”书法作品展，展出作品计100件，参展作者35人，其中有镇18位书法家、书法爱好者，还有应约或受邀参与的非该镇书法家、市书协领导等17人，是历次“秦望雅集”展览（活动）中作品、人数最多的一次。展出作品中既有斗方团扇，又有宽幅巨制。

【月城镇“水韵尚法”主题园开园】 2019年12月6日，月城镇“水韵尚法”主题园正式建成开园。市司法局局长万小溪、镇党委书记顾志强等领导出席开园仪式并共同为主题园揭牌。各村（社区）书记、普法志愿者、平安志愿者及重点企业工会主席约100人参加。是年，月城镇以大运河文化保护传承利用为引领，立足群众法治需求，科学谋划主题园建设项目，该项目获评2019年度法治江阴建设惠民实事工程。“水韵尚法”主题园由“法治德修”一期工程和“法惠职工”二期工程构成，紧扣“上善若水、厚德尚法”主题，是一座以法治文化为主，糅合工会元素的主题公园。有石刻石碑、字谜石群、法治长廊，通过互动之窗、七彩卷轴、劳动法律法规集萃等景观。开园仪式上，在场的全体国家工作人员进行宪法宣誓仪式。开园仪式后，市司法局、市总工会等领导参观主题园。此外，参加活动的普法志愿者和平安志愿者以“徒步普法”的形式开展宪法宣传，沿途发放公园宣传册和宪法宣传单，进村入户走访孤寡老人和弱势群体，并为居民提供免费的法律咨询。

【月城镇龙舟赛等系列活动举行】 2019年6月7日，2019年江阴市“逐梦扬帆、龙腾全澄”龙舟大赛在月城镇双泾生态园中国龙舟休闲体育基地开赛。该次大赛由江阴市委宣传部、市文明办主办，月城镇党委、政府，市融媒体中心、市文体广电和旅游局承办。该次大赛还邀请市城市综合管理局等市相关部门、和各镇（街道、园区）及中国电信江阴分公司、上海浦发银行江阴支行的领导，月城镇三套班子领导和各村（社区）、部分骨干企业负责人参加。来自全市16支龙舟参赛队的300多名运动员参赛。16支参赛队除月城镇机关和9个村2个社区的12支代表队外，还有中国电信江阴分公司队、浦发银行江阴支行队、南闸街道泗河龙舟队和徐霞客镇雪豹日化队4支客场参赛队。该次龙舟赛采用标准龙舟500米直道竞速，分预赛、半决赛、名次赛和决赛。经过近两个半小时的激烈角逐，最终双泾村代表队夺得冠军，秦皇村代表队、沿山村代表队、黄桥村代表队、南闸街道泗河龙舟代表队、月城社区代表队分获第二至第六名，4支客场参赛队获体育道德风尚奖。 （周立君）

青阳镇

【概况】 青阳镇位于江阴市南端，东与徐霞客镇接壤，南与无锡市惠山区堰桥街道、前洲街道相邻，西与常州武进区横山桥镇隔河相望，北与月城镇毗邻。中心镇区距江阴市城区18千米，区域面积67.56平方千米，下辖15个行政村和4个社区居委会。2019年年末，有户籍人口69852人，其中男性34696人、女性35156人；有少数民族13个589人，其中土家族240人、苗族227人、侗族54人、回族19人、满族14人、壮族10人、彝族9人、布依族5人、瑶族4人、黎族4人、仡佬族1人、藏族1人、维吾尔族1人。少数民族人口中男性63人、女性526人。有外来暂住人口34557人，其中男性19594人、女性14963人。

政治建设 扎实开展“不忘初心、牢记使命”主题教育活动。把学习中共十九大精神作为重大政治任务抓实抓好。持续加强宣传思想文化工作。扎实开展新时代文明实践活动，推动新时代文明实践，分类推进志愿服务标准化站点建设，持续壮大志愿者队伍41支。发挥公共服务阵地及党员中心户作用，开展各类群众文艺巡演会演150场次。开展“非遗记忆工程”，2名人才入选江阴市乡土人才。推进锡剧、民乐、书法进校园、进基层。牢牢掌握意识形态工作领导权，把学习宣传贯彻习近平新时代中国特色社会主义思想作为重中之重，落实意识形态工作责任制，营造清朗网络空间。坚持导向为魂、移动为先、内容为王、创新为要，依法依规办好“今日青阳”新闻栏目52期，推送“大美青阳”微信公众号微信1000条。弘扬社会主义核心价值观，全镇道德讲堂、青阳大讲堂讲师团、红色理论讲师团、凝秀湖艺术宣讲团宣讲100场次。大力推进基层党组织标准化规范化建设。注重发现使用年轻干部，实施“双向挂职”、定向培养。严格落实基层党组织党建工作主体责任，贯彻“一切工作到支部”的理念，以“一个支部一座堡垒，一名党员一面旗帜”为标准，强化政治属性，提升服务功能，落实基本保障，全面提升组织力，高标准落实基层党组织“星级堡垒”工程，以党建引领乡村振兴。整治软弱涣散基层党组织，完成6个村书记、主任“一肩挑”工作。持续深入纠正“四风”*，抓好市

委巡察反馈意见的整改落实。不断夯实"两个责任"*,始终保持反腐高压态势,查处违纪案件34件。集成改革改出新成效,政务服务更加便捷。全面承接69项市赋权事项,增设长期护理险专窗、"绿色窗口",完善618项政务标准化项目建设。累计办理公共服务事项5.5万余件,服务4.6万人次,业务量居全市镇(街道)第3位。

经济建设　全镇经济运行保持健康有序、稳中有进的发展态势。主要指标平稳增长,全年实现地区生产总值81.09亿元,比2018年增长5.04%;完成一般公共预算收入4.59亿元,增长5.52%;实现工业总产值164亿元,比2018年增长3.1%;实现工商业开票销售收入270.23亿元,比2018年增长12.89%,其中服务业开票销售收入113.32亿元,比2018年增长29.27%;实现限额以上单位零售额2.59亿元,比2018年增长9.5%;实现进出口总额2.47亿美元,其中自营出口为2.15亿美元;完成固定资产投资17.83亿元,比2018年增长12.1%,其中工业投资11.82亿元。项目推进持续发力,新增入库项目40项,其中工业项目23项,服务业项目7项。农业不断向集约化、品牌化发展,林度农机服务专业合作社成功创建国家绿色稻谷品牌,建义村创成江苏省"一村一品一店"示范村。开展"散乱污"企业深度治理行动,完成对任家村等多个"散乱污"集中点和兴澄机电等"厂中厂"的集中整治,关停取缔61个、整治提升183个。完成上级下达的化工企业关停和减煤任务,关停化工企业3个,完成自愿性清洁生产审核1个、工业窑炉清洁能源改造2个、燃气锅炉低氮排放改造4个。综合治理扎实推进,完成18个中央环保信访交办件整改销号工作。处理环境信访事件98件,比2018年下降74.9%;办结越级信访事件9件,比2018年下降51.7%。梳理制定青阳镇突出环境问题清单,整治工作全程接受镇人大监督。实施有机废气(VOCs)综合治理6个,3个重点排放有机废气(VOCs)监管企业完成"一企一策"绩效评估编制,对8个通航码头和建筑工地扬尘防治措施开展日常巡查。新增污水接管企业15个。推进农村河道疏浚和水系沟通,完成革新河等6条劣V类水质河道生态治理,对杨庄浜、张塘浜等11条河道进行综合治理。推进凯江农化地块风险管控项目销号后续监测工作,联合南京环科所建立污染物场地风险管控与修复野外研究(江阴)基地,对4个关闭、搬迁的化工、农药等重点行业企业遗留场地开展土壤环境调查与风险评估。开展化工企业环境安全隐患排查和危废固废贮存处置情况检查,监督11个在产化工企业制定关停或整治提升方案。新增造林5.25公顷、更新造林26.03公顷,生态防御能力得到加强。

社会建设　科技创新投入持续加大,社会研发投入占地区生产总值比重2.9%,企业研发经费投入占主营业务收入比重1.92%。人才引育成效明显,新增各类人才450人。组织人力资源经理沙龙和科技人才培训,1人入选省"双创计划"*创新人才,2人入选无锡市"太湖人才计划"。创新主体蓬勃涌现,被认定为江阴市"专精特新"科技"小巨人"企业6个、无锡市"两化融合"示范企业*和企业技术中心各1个;获批省高新技术企业9个、高企入库5个、省科技型中小企业28个、省民营科技企业3个;新增市级研发机构5个、产学研项目3项。教育水平稳步提升,青阳初中6人提前竞争被南菁高中录取,高分进入南菁、江阴高中分配指标41人,520多名学生在江阴市级以上各类比赛中获得荣誉。完成尚仁分校食堂改建工程、体仁小学校园改造工程,改造提升30个学生候车点。实施校外教育培训机构专项治理,取缔关停无证校外办学点21个。高标准建成文化体验空间、图书馆、红色经典书房等文化阵地,常态化开展形式多样的文化活动。名师工作室被列为第三批江阴市非物质文化遗产传承示范点。举办象棋、羽毛球等各类群众文体活动500多场次。成功创建10个市级健康村(社区),其中创建省级健康村的3个单位通过无锡市级验收。办结行政处罚案件519件,开展综合执法检查80余次。创新组建综合治理和执法力量下沉村(社区)巡查队,通过巡查妥善处理近20类问题6252处隐患。网格管理更加高效。进一步优化网格划分、精细岗位职责、精准考核办法,智慧城市平台收到上报事件39628件,结案率和满意率均为100%。"12345"民生热线*平台受理百姓投诉2146件,及时签收率、及时反馈率和满意率均为99.9%。启动全镇域乡村振兴规划,塘头桥村、邓阳村、建义村等3个行政村的乡村振兴规划初步形成,其中塘头桥村村庄规划进入报批阶段。配合做好轨道交通S1线、新S229线延伸段、白鹤滩80万千伏特高压项目等上级重点工程的对接保障工作。"五项整治"行动(普通国省道、高速公路、航道、港口码头、铁路周边洁化绿化美化)通过省、市两级考核。新秀园一期安置房实施桩基工程,新秀园二期进入土地招拍挂阶段。北环路正在进行沥青摊铺。完成55个自然村生活污水治理工程。铺设洪腾路南侧排水明渠和小桥村吴家湾区域排水渠。新建及改造北环路、旌阳路等区域污水管道4.2千米,疏通雨水管道10.5千米,完成对府前路及迎秀路等近13千米路段雨污水管道的视频检测和修缮。着力解决全镇域无证设摊、门店秩序、暴露垃圾、违建等热点难点问题,组织开展镇容类专项整治35次,查纠各类镇容乱象问题1200余件,推进府前路标准化示范路建设,以及府前路、迎秀路户外广告和店招标牌设施设置示范街创建工作。推进农村人居环境"一推三治五化"*专项行动,建义村成功创建江苏省人居环境整治综合示范村,马家村自然村获评无锡市美丽乡村示范村。深化"厕所革命",推进垃圾分类试点运行,有效提升人居环境,通过国家卫生镇复审。持续扩大就业创业,实现本地劳动力就业2750人,扶持自主创业140人。完成城保扩面1637人、"即征即保"1568人、公积金扩面1367人,发放被征地农民待遇2170万元、居保待遇1933万元、镇办企业退休职工生活补贴982万元。发放最低生活保障金、残疾人两项补贴、尊老金等各类政策性资金1526.3万元。发放各类优抚对象生活补贴、慰问金等664.3万元。开展“七五”普法宣传,推进矛盾纠纷大排查大化解专项行动,组织大排查72次,调解矛盾纠纷事件1238件。新建镇村两级退役军人服务站,保障涉军群体权益。深化平安青阳建设,开展扫黑除恶专项斗争以及治安管控专项行动。严格贯彻《公共安全体系总体规划纲要》,组建7个专委会对危险化学品、交通、城镇燃气、建筑施工等11个领域开展安全隐患大排查、大整治专项行动和安全生产集中整治行动,整改隐患1454处。稳步推进“厂中厂”安全生产专项整治“雷霆行动”。

2019年青阳镇主要经济社会指标一览表

表74

指　　标	单　位	数　量	比2018年增减(%)	指　　标	单　位	数　量	比2018年增减(%)
地区生产总值	亿元	81.09	5.04	限额以上单位零售额	亿元	2.59	9.50
其中:第一产业	亿元	2.31	-9.90	固定资产投资总额	亿元	17.83	12.10
第二产业	亿元	52.30	6.04	其中:工业投资	亿元	11.82	4.50
第三产业	亿元	26.47	5.16	进出口总额	亿美元	2.47	-3.89
一般公共预算收入	亿元	4.59	5.52	其中:出口额	亿美元	2.15	-3.59
农业总产值	亿元	5.31	-25.94	到位注册外资	万美元	1005	925.51
粮食总产量	万公斤	1227.53	-7.77	居民人均可支配收入	元	48022	8.40
工商业开票销售总收入	亿元	270.23	12.89	中小学校在校学生数	人	11828	-0.19
其中:工业开票销售收入	亿元	156.92	3.43	社保参保率	%	73.50	0.50(百分点)
服务业开票销售收入	亿元	113.32	29.27	劳动合同签订率	%	98.70	0.10(百分点)
规模以上工业利润	亿元	3.83	-58.90	城乡居民基本医疗保险	%	100	0(百分点)

2019年青阳镇开票销售收入前10名企业一览表

表75

名次	企　业　名　称	销售收入(亿元)	法人代表	名次	企　业　名　称	销售收入(亿元)	法人代表
1	江阴市澄润石油化工有限公司	26.83	赵亚军	6	江阴鑫顺泰钢铁供应链有限公司	6.58	臧二伟
2	无锡市金涛铜业有限公司	16.46	金　唐	7	江苏巴赛尔聚烯烃新材料有限公司	3.63	谭冬春
3	江阴市方强铜业有限公司	10.43	王美林	8	江阴多复包装材料有限公司	3.50	马勇军
4	江阴市五进商贸有限公司	10.19	黄景森	9	江特科技股份有限公司	3.12	谭岳兴
5	江阴市精诚房地产开发有限公司	6.78	李　兴	10	无锡早川电子有限公司	2.98	早川雅弘

2019年青阳镇各村(社区)基本情况一览表

表76

村(社区)名称	户数(户)	人口(人)	村(社区)党支部(党总支、党委)书记	村(社区)主任	村(社区)开票销售收入(亿元)
建义村	953	3367	张国清	张国清	40.70
青联村	910	2942	沈国清	沈国清	30.36
悟空村	1498	5437	黄永庆	吴上飞	25.51
里旺里村	1451	5217	朱伟清	朱伟清	18.17
小桥村	1322	4841	闵海华	闵海华	16.75
芦塘村	1407	5070	薛　俊	李伟良	9.22

续表76

村(社区)名称	户数(户)	人口(人)	村(社区)党支部(党总支、党委)书记	村(社区)主任	村(社区)开票销售收入(亿元)
赵宕村	1122	4117	李立新	吴伟江	8.35
泗河口村	1169	4448	曹文江	冯海光	6.62
塘头桥村	1151	3914	陈林芳	薛思新	6.57
邓阳村	732	2745	王建峰	薛荣伟	5.70
桐岐村	1083	3757	马兴洪	马兴洪	5.06
树家村	1499	5630	江　海	王建峰	4.71
普照村	1387	5069	张陆军	张陆军	3.97
街西村	581	1796	郑　云	胡志龙	3.94
新安村	996	3532	吴伟祥	奚甫清	3.23
旌阳社区	1163	2957	沈海峰	沈海峰	—
迎秀社区	1688	4077	何　萍	何　萍	—
旌秀社区	353	926	姜　桦	姜　桦	—
毓秀社区	3	10	王　勇	王　勇	—

【青阳镇获评江苏省文明镇】 2016年起,青阳镇对照《江苏省文明乡镇测评体系》标准,围绕创建目标,坚持问题导向,积极实施"软硬件"改造,全面提升城市文明形象和精神文明建设水平。深入实施乡村振兴战略,开展公共设施完善、城乡环境整治、蓝天保卫战等专项提升行动,实施环境卫生长效管理,不断提升城市管理水平,改善人居环境;全面推行"文化惠民"工程,建成文化体验空间、图书馆等新阵地,围绕春节、元宵节、清明节、端午节等传统节日重点广泛开展"我们的节日"主题活动,每年开展经典诵读、节日民俗和文化娱乐等形式多样的活动;通过百姓名嘴理论巡讲、道德讲堂等活动广泛开展社会主义核心价值观宣传教育,开展道德模范、身边好人、好儿女、好婆媳、好夫妻、好邻居、好少年等评选表彰,开展优秀村规民约评比、家风家训征集等各类活动,不断提升市民文明素质,大力培育文明乡风、良好家风、淳朴民风。2019年12月7日,青阳镇被江苏省精神文明建设指导委员会评为2016—2018年度江苏省文明镇;新安村、悟空村被复评为2016—2018年度江苏省文明村。

【青阳镇"红色讲师团"成立】 2019年,青阳镇坚持以习近平新时代中国特色社会主义思想为指导,紧扣"不忘初心、牢记使命"主题教育,进一步优化整合党员教育培训资源,提高基层党员教育管理水平。4月25日,由青阳镇组织科、宣传科、青阳党校联合组建的"红色讲师团"正式成立。"红色讲师团"成员由党政领导、党校老师、学校教师、退休干部、村(社区)党组织书记、党务干部和社会志愿者等40多人组成,涵盖不同行业、不同层面的骨干,为党员群众提供党史知识、文化建设、社区治理、时事政策等方面内容的讲课,丰富党员学习教育方式,提升党员教育整体水平的创新和探索。至年末,该讲师团宣讲10余次。

【青阳镇新的社会阶层人士联谊会成立】 2019年12月20日,青阳镇新的社会阶层人士联谊会正式成立,标志着全镇新的社会阶层人士统战工作迈上新台阶。新的社会阶层人士联谊会(简称"新联会"),是以私营企业和外资企业的管理人员和技术人员、社会组织从业人员、自由职业人员、新媒体从业人员等为主组成的具有统战性、联谊性的非营利性社会组织。青阳镇新联会旨在全面贯彻落实中央关于加强新的社会阶层人士统战工作的部署和要求,牢牢把握"充分尊重、广泛联系、加强团结、热情帮助、积极引导"的工作方针,依托"青凝盟"实践创新基地平台,发挥桥梁和纽带作用,开展多形式"凝共识、聚人心、增合力"的特色活动,广泛团结新的社会阶层人士。打响"新联心"公益品牌,为服务社会、帮困扶贫、爱心公益汇聚新能量。

【新时代文明实践所建设】 2019年,青阳镇成立建设新时代文明实践所(站)工作领导小组,把建设工作纳入基层绩效考核,纳入群众性精神文明创建标准,列入年度预算。把占地24万平方米的凝秀湖公园打造成为青阳镇新时代文明实践所的核心区域,深入推进党员干部、乡土人才、返乡大学生等参与志愿服务,坚持以人民为中心的发展思想,找准实践重点。至12月底,全镇建成1个新时代文明实践所、19个新时代文明实践站、30个新时代文明实践示范点、41支新时代文明实践志愿服务队。

【凤凰红色经典书房与廉政书屋启用】 2019年12月10日,青阳镇凤凰红色经典书房、凤凰廉政书屋建成启用仪式在新时代文明实践所举行。江苏凤凰出版传媒集团纪委书记章朝阳、副总经理兼江苏凤凰新华书店集团有限公司董事长金国华,江阴市委常委、宣传部部长程政,市委常委、纪委书记、市监委主任靳佳高,市纪委副书记、市监委副主任朱佳虎，市委宣传部常务副部长、市文明办主任薛建国，青阳镇党委书记何忆芳共同为其揭牌。凤凰红色经典书房、凤凰廉政书屋是由青阳镇党委、政府与江苏凤凰出版传媒集团联合打造的一个公益文化空间，为镇学习宣传贯彻习近平新时代中国特色社会主义思想，深化新时代文明实践，推进党风廉政建设提供新的红色文化传播阵地；为镇广大党员干部群众阅读各类红色书籍、接受红色教育、开展新时代文明实践活动提供优质阅读空间和文化体验；为镇打造"产城人"深度融合的"田园小城市"提供坚强思想保证和强大精神动力。

【青阳实小人工智能屡获国赛佳绩】 2017年，青阳实验小学的大拇指创客空间正式成立，本着"兴趣、合作、创新"的宗旨，培育一批人工小创客队伍。大拇指创客空间还成功申报成为江苏省首批STEM实验学校。2019年10月18日，青阳实验小学刘昱玮和高墨涵2位学生参加第五届全国青少年创意编程和智能设计大赛全国总决赛，他们设计的作品《锡剧大舞台》获Arduino智能设计赛项的二等奖，同时获阿尔法营编程与数学专项奖。11月17日，第七届全国青少年电子信息智能创新大赛全国总决赛在浙江省宁波市举行，青阳实验小学的大拇指创客空间队的5位学生代表江苏省参加该次比赛；胡宇阳、黄洺洋和周铄创作的智能垃圾分类小助手获人工智能创作赛二等奖，朱宇轩和陈梓睿创作的无人小车获无人小车对抗赛二等奖。

【麦秆画作品入展首届全球苏商大会】 2019年5月20日，青阳镇民间艺术家、无锡市非遗代表性传承人陈惠萍的麦秆画作品入展在南京召开的第二届江苏发展大会暨首届全球苏商大会。陈惠萍麦秆画融合国画、书法、篆刻、版画、剪纸、烙画、刻纸等诸多艺术元素，巧妙突出麦秆画线条挺秀、光泽自然、精致典雅、立体感强的特点，使传统麦秆画的表现形式更加丰富，更具鉴赏价值和艺术价值。作品曾获江苏省首届农民艺术节综艺展优秀作品奖，参加华东地区工艺美术博览会作品展，被上海"世博会中国馆"、加拿大蒙特利尔市政府、江苏省档案馆、无锡民俗博物馆等单位及个人收藏。

（刘明钧 朱李静）

徐霞客镇

【概况】 徐霞客镇是明代杰出地理学家、旅行家、探险家徐霞客的故乡，是国家卫生镇、全国环境优美乡镇、全国特色景观旅游名镇、江苏省省级休闲旅游度假区和全国经济发达镇行政管理体制改革试点镇。该镇位于江阴市南部，东与祝塘镇、周庄镇接壤，南和无锡市惠山区堰桥隔界河相望，西同青阳镇、月城镇毗邻，北连南闸街道、云亭街道。区域面积110.17平方千米，下辖21个行政村（其中7个村居合一）。2019年年末，有户籍32295户107892人，其中男性53725人、女性54167人；户籍人口中有少数民族23个1020人，其中侗族167人、苗族335人、土家族334人、壮族80人、仡佬族8人、白族4人、满族9人、蒙古族3人、羌族8人、回族23人、黎族6人、畲族3人、土族1人、锡伯族2人、瑶族3人、彝族8人、布依族13人、藏族5人、朝鲜族3人、傣族2人、高山族1人、仫佬族1人、达斡尔族1人。有外来暂住人口47998人，其中男性27564人、女性20434人。

政治建设 坚持以习近平新时代中国特色社会主义思想为指导，树牢"四个意识"*、坚定"四个自信"*、坚决做到"两个维护"*，全年开展党委中心组学习18次，邀请市委常委旁听党委中心组学习1次，每次不少于3名中心组成员发言。创新冬训形式，开展"10个1"（举行1次"书记讲党课"活动、安排1次宣讲活动、进行1次"青年党员讲党课"活动、撰写1份心得体会、开展1次"智慧党建助我行"征文比赛、开展1次"晒出我的党性座右铭"主题教育活动、举行1次"乡村振兴之我见"征集活动、参与1次党群志愿服务活动、开展1次"访贫问苦"活动、开展1次党内评比和先进表彰大会）活动，组织各类学习164场次，党员受训率98%以上。召开意识形态领域情况分析研判会议2次，把预警、报告和处置制度纳入网格化管理。7个党支部被评定为江阴市五星级堡垒党支部。新成立单建非公党支部2个、联建非公党支部2个、社会组织党支部1个。全年下基层党组织指导537次，向镇党委专题汇报5次，对5名党组织负责人进行党建约谈，发现存在问题2556条，落实整改2441条，整改率95.5%。打造1个党建展厅和5个红色车间。全年在各大媒体上发稿200余篇，举办道德讲堂活动86期，推荐"江阴好人"12人，1人入选2019年第一季度"无锡好人"。建成新时代文明实践站21个、新时代文明实践点18个，打造新时代文明实践站建设示范点4个。组建"霞光十色"文明实践志愿服务队，开展志愿服务活动800余场次，服务群众5万余人次。"1+4"基层治理模式*入选中组部编写的《贯彻落实习近平新时代中国特色社会主义思想在改革发展稳定中攻坚克难案例》丛书。注册使用"学习强国"学习平台人数占党员总数比为103.64%，参与度70%以上，1篇稿件入选"学习强国"平台。完善民族宗教工作三级网络两级责任制，建立徐霞客镇新的社会阶层人士"1+3"（镇级联谊会+霞英汇智汇之家、志愿之家、霞农E家）实践创新基地模式。创建"杜永卫职工创新工作室"；构建"网格化+掌上妇联"维权工作新格局，启动"舒馨"婚姻引导·妇女维权创新；引进4个审计事务所参与建设项目审计工作，全年审计镇级工程核减602万余元。在"不忘初心、牢记使命"主题教育期间，领导班子召开专题民主生活会2次，整改问题206个，解决民生实事问题40个，作品《"1+4"破解基层治理难题》获江阴市"初心使命"全媒体作品大赛三等奖。打造"实体化运行党员联户制度，探索'党建+三治融合'"书记项目，健全由党员引领、乡贤带头、群众参与的"三治"体系并在全镇35个自然村推广。在全镇各行政村设置党员中心户201户，联系党员覆盖比例超过农村党员的50%。完成村书记、主任"一肩挑"18人，比例85.7%。全年提拔机关中层干部9人、学校中层干部8

人、村书记2人,1名村书记选任镇属事业单位副职领导。出台徐霞客镇综合改革激励性考核意见,推荐4名改革前台优秀工作人员到村任职;完成全镇59名公务员职务职级套改工作。严格控制发文与会议数量。全年党纪立案57件,办结51件;给予党纪处分51人次。组织开展专项督查4次,约谈提醒3人次,在全镇书面通报4次。处置问题线索67件,处理29人次,开展尊老金发放等排查整治工作,挽回经济损失66万余元。建成江阴市廉政文化示范教育基地1处。全镇职代会建制总数105个,百人以上企(事)业单位职代会建制率100%。

经济建设　全年完成地区生产总值145.24亿元,比2018年增长7.2%;完成一般公共预算收入7.74亿元,比2018年增长1.6%;全社会固定资产投资27.55亿元,比2018年增长3.8%;完成进出口总额5.13亿美元;到位注册外资1800万美元。全年完成服务业增加值51.66亿元,比2018年增长6.5%;三产投资10.08亿元;完成限额以上单位零售额4.26亿元,比2018年增长6.1%;全年完成农业总产值9.13亿元,农业投资5900万元,新建133.4公顷连片高标准农田;推广稻田综合种养6.67公顷;出台《关于激励现代农业高质量发展的政策意见》;"微电网+物联网"、名特水产育种与养殖温室大棚建设农业项目投入使用,30项土地占补平衡复垦项目通过验收;1293.9公顷省级绿色优质农产品水稻基地验收通过;153.41公顷水稻申报国家级绿色农产品,阳庄村获评2019年度江苏省"一村一品一店"示范村,1个企业通过2019年度江苏省农业信息化示范基地(农业电子商务示范单位)评审,1个果品专业合作社创建省级园艺标准园。发放《徐霞客农技》19期;全年各类作物投保2491.6公顷,政策性农业保险保费118.55万元,各类农业受灾面积134.77公顷,总赔付金额163.7万元。农业支持性保护补贴1251.93公顷225.23万元,惠及农户6542户,生态补偿面积6125.56公顷,稻谷补贴122.1万元,惠及农户5530户。对874户农户实行网格化农产品质量安全监管,全年签订各类责任状承诺书1987份;农药残留超标立案处罚3户。签订禁种铲毒责任书、承诺书539份,全年未发生重大动物疫病、动物产品及农产品质量安全事故。全年水利投入2044.2万元,整治家河124条,清淤面积23.48公顷;白屈港沿线修建防洪堤防0.2千米,落实白屈港综合整治应急清淤淤泥堆放区22.54公顷。移建新丰排涝站。完成成片造林21.61公顷,创建省级绿化示范村1个、"三化"(彩色化、珍贵化、效益化)示范单位3个;秸秆回收试点面积400.2公顷,秸秆还田、综合利用率97%。全年完成工业投资16.88亿元。工业用电13.5亿千瓦时,比2018年增长2.2%。全年完成工业开票销售收入281.08亿元。全面完成全国第四次经济普查,全镇法人单位3510个,个体户5914个。加强全镇204个"四上"企业(规模以上工业企业、服务业企业、批发零售企业、建筑房地产企业)双基(基层、基础)建设。完善统计工作网格化,成立徐霞客镇农村集体"三资"*监管办公室,实现21个村"三务"公开"户户通"*公开以及"E银通"网上审核。10月始,21个村(社区)采取第三方会计事务所代理记账模式,进一步规范村级收入支出手续。配合审核企业参加境外展会补助50项,支持企业申请中小微企业贷款9项;1个企业入选中国服务业发展企业500强。

社会建设　全年全社会研发投入3.7亿元,引进和培育高层次人才27人、专业技术人才295人、留学归国人才7人、柔性专家4人。全年实现高新技术产业产值58亿元,申报高新技术企业18个,高新技术企业培育入库9个;申报省民营科技企业8个,科技型中小企业备案58个;申报培育入库"雏鹰企业"*6个,"瞪羚企业"*4个。全年申报江苏省研究生工作站2个,认定无锡市工程技术研究中心4个、江阴市工程技术研究中心8个。签订产学研重点合作项目15项,申报江苏省科技副总1人。申报江苏省"两化融合"*管理体系贯标试点企业1个;申报江阴市"专精特新"科技"小巨人"7个、军民融合企业2个。申报现代农业和社会发展类项目5项,帮助8个科技企业申请农业科技贷款3800万元。组织20个企业开展2019年智能制造评价工作。申报江苏省信用管理贯标企业5个,江苏省企业信用管理市级示范企业4个。全年组织开展各类培训学习40期,培训各级各类人员4285人次;完善江阴终身教育学习网——徐霞客镇社区教育中心分平台网站建设,学习登录人数2.45万人,发表社区新闻稿件111篇。3月举办徐霞客镇第六届"廉政书画大赛",出版发行《胜水桥诗钞》第五辑;成立江阴市太极拳协会徐霞客镇分会,建成1个镇级健身气功站点服务中心,新建村级健身场地7个。全年进村送戏113场次,村村文化体育指导员配备率100%,21个行政村农家书屋100%完成提档升级。完成2个开放式群众文化体育公园的建设,完成峭岐中学健身场改造,完成璜塘小学笼式足球场、老干部活动中心门球场建设。举办徐霞客镇"户户忆红心,家家爱唱红歌"比赛,参与人员300多人。招录公办教师20人,教师交流24人,发放校车运营补贴247万元;关停无证幼儿园1个;1个幼儿园获评江苏省优质园。完成凤翔路延伸段、霞新路道路工程建设,集镇建成区道路交通安全设施工程;配合做好锡澄轨道交通S1线工程建设,项目拆迁签约31户;完成梦东方二批次地块的城市设计;开展全国第三次土地调查,开展花山森林公园专项规划基础调研。启动新农村建设项目2项,启动冯溪花园五期、霞栖苑六期1272套安置房建设。年内完成霞栖苑、霞客苑、方园一村、朝阳二村、冯溪花园安置房配套服务设施完善工程,马镇外环北路红星工业园区雨水改造工程,22个村庄污水治理工程,外环北路环境整治工程,峭岐工业园区霞盛路绿化补植工程,政务服务中心提升改造及徐霞客镇公共交易中心改造工程,徐霞客派出所提升改造工程和集镇区10座公厕改造提升工程等一批社会民生工程。完成全镇生态文明规划和阳庄村生态文明规划报告。全年完成减煤量1800吨，减少化学需氧量361吨、氨氮40吨、总氮74吨、总磷11吨、二氧化硫31吨、氮氧化物15吨排放量。加强大气在线监控，完成餐饮企业油烟在线监测6个，重点企业废气在线监测105个；建设污水管网0.3千米，改造污水管网10.8千米，完成4个排水达标区复查。璜塘工业园区污水零直排区调查完成；企业燃煤锅炉整治5个，工业窑炉煤改气替换17台，锅炉综合整治1台。实施76个高污染企业停限产，完成15个重点企业挥发性有机化合物整治，取缔42个“散乱污”企业。对19个化工企业开展环境安全隐患排查整治专项行动，做好土壤污染状况详查。关停“三高两低”*企业5个，全年审批项目120项，拒批项目8项，落实企业节能改造项目4项、资源综合利用项目1项、自愿性清洁生产项目2项。受理环境信访177条，办结164条；完成中央环保督查、省环保督查、中央环保督查“回头看”督办问题整改工作和销号任务。新增就业人数4050人，新增城保扩面2432人，新增居民养老保险235人，续保4706人，续保率100%；住房公积金扩面737人；居民养老保险基础养老金、被征地农民养老补助金调整为335元/月、880元/月，居民医保筹资标准提高至人均1100元；全镇范围内开展低保提标调整工作（标准为960元/人/月），全年发放各类保障资金1.18亿元，发放低保金226万元，发放困境儿童补助、残疾人两项补贴、尊老金等2075万元，追缴尊老金超发款31万元。发放创业补贴31.2万元，免息创业担保贷款398万元。全年收到各项慈善款243.1万元，援助就业困难人员129人，扶持自主创业人员237人，帮助困难学生295人次，落实政府公益岗位3个，推荐退役军人岗位13人，新增创业担保贷款20批次。完成劳动用工网上审查1154个，完成省级企业薪酬调查5个。劳动监察立案5件，调处各类劳资、工伤等纠纷事件461件，涉及人员839人，为职工讨回工资款及经济补偿金计1875万元，争议调解成功率90%以上。完成峭岐敬老院公建民营改革试点工作，提升璜塘敬老院医养一体化水平。进行《72墩24城》等地名的完善工作。完成4000余名居家养老援助对象系统录入。全年组织献血683人次，捐献造血干细胞16人次，新建峭岐村红十字“博爱家园”；购置垃圾运输车1辆、垃圾收集车1辆，实施垃圾分类试点。取缔大“三格式”（是由三个相互连通的密封粪池组成，粪便由进粪管进入第一池依次流到第三池）化粪池263个，新建农村公厕18个，10个镇区公厕提档升级，整改环境卫生问题479处；办理一孩生育服务登记证301张，二孩生育服务登记证229张，再生育一孩证25张，独生子女父母光荣证29对。259人办理农村奖扶，966人办理一次性奖励，接收流动人口省内省外协查信息72条，发送271条，确认流出在外的户籍人口信息1524条。全年审批土地复垦8件。开展各类集中清理整治行动148次，清理取缔各类流动商贩552人次。拆除违章搭建143处，面积1.15万平方米。处罚违法生产经营案件46件，排查安全生产隐患800处，督促整改760处，整改率95%。开展“厂中厂”专项整治“雷霆行动”，检查承租企业793个，关停25个。全年各部门接收群众上访、投诉2180人次，化解信访积案10件，受理人民来信及上级交办件76件。“12345”民生热线办理3605件、回复3592件。政务服务中心新增税务纳服区和24小时自助服务区，全天候提供14项业务办理，全年办理业务218078件，办结率100%。完成镇村招标工程项目155个5846.65万元，节省1096.01万元，资金节约率15.8%。率先开展限额标准以下建设工程项目电子化招投标工作，建立健全电子化交易系统、研究制定电子化招投标程序；成功对接江阴市诚信信息数据库及评标专家库，形成全程电子化、文件标准化、信用信息化、监管网络化的开评标体系。全年政务服务中心、综合执法局接待各级学习考察及参观团队242批，3071人。全年办理法律援助案件92件，提供法律咨询800余人次；打造鑫城湖法治文化公园二期。解除社区矫正62人，对社区服刑人员集中教育1226人次，组织社区服刑人员参加公益劳动1124人次。组建退役军人服务站，全面建立退役军人信息台账，完成退役军人及其他优抚对象4067人的信息采集和录入工作，发放新式光荣牌1500块，为1178人发放各类优抚优待金1091.21万元。镇扫黑除恶联合督导组开展检查指导5轮，登记线索92条，上报江阴市扫黑办16条，矛盾纠纷数据库录入1078件，排查稳控重点矛盾事件51件；铲除毒品原植物2563株；全年破获刑事案件202件，破获治安案件973件，抓获违法犯罪人员903人。

2019年2月25日，峭岐派出所民警向群众宣传扫黑除恶教育内容

（徐霞客镇宣传科提供）

2019 年徐霞客镇主要经济社会指标一览表

表 77

指　　标	单　位	数　量	比 2018 年增减（%）	指　　标	单　位	数　量	比 2018 年增减（%）
地区生产总值	亿元	145.24	7.20	限额以上单位零售额	亿元	4.26	6.10
其中：第一产业	亿元	4.56	-0.40	固定资产投资总额	亿元	27.55	3.80
第二产业	亿元	89.02	8.20	其中：工业投资	亿元	16.88	-3.30
第三产业	亿元	51.66	6.50	进出口总额	亿美元	5.13	5.40
一般公共预算收入	亿元	7.74	1.60	其中：出口额	亿美元	3.69	4.50
农业总产值	亿元	9.13	0.50	到位注册外资	万美元	1800	1000
粮食总产量	万公斤	1752	3.90	居民人均可支配收入	元	51764	8.70
工商业开票销售总收入	亿元	513.90	12.60	中小学校在校学生数	人	8877	-0.40
其中：工业开票销售收入	亿元	281.08	1.40	社保参保率	%	98	0（百分点）
服务业开票销售收入	亿元	232.82	30.10	劳动合同签订率	%	92	0（百分点）
规模以上工业利润	亿元	8.12	-0.30	新型农村合作医疗参保率	%	100	0（百分点）

2019 年徐霞客镇开票销售收入前 10 名企业一览表

表 78

名次	企　业　名　称	销售收入（亿元）	法人代表	名次	企　业　名　称	销售收入（亿元）	法人代表
1	江阴新仁铝业科技有限公司	28.55	曾超林	6	江阴增利纺织有限公司	5.28	谢培金
2	阿法拉伐（江阴）设备制造有限公司	14.26	MASSIMO BALESTRINI	7	无锡圣马科技有限公司	4.95	孙晓宇
3	江阴市霞客彩纤有限公司	12.66	冯淑君	8	江阴金球铜业有限公司	4.95	朱　翼
4	江阴市通达特种管制造有限公司	6.10	计跃金	9	江阴市南阳彩色纤维母粒有限公司	4.93	朱涵晓
5	江阴市海江高分子材料有限公司	5.30	张国清	10	江阴市向阳特种化纤有限公司	4.81	李国良

2019 年徐霞客镇各村（社区）基本情况一览表

表 79

村（社区）名称	户数（户）	人口（人）	村（社区）党支部（党总支、党委）书记	村（社区）主任	村（社区）开票销售收入（亿元）
金凤村	1562	5320	张国兴	张国兴	15.07
任九房村（社区）	1468	4287	任巍峰	任巍峰	133.61
方园村（社区）	2100	7175	潘岳明	施文革	42.58
新须毛村	955	3509	张亚良	张亚良	19.98
璜东村	1024	3823	严　刚	严　刚	62.95
上东村	1712	6086	张同昌	王　凯	4.57
璜塘村（社区）	1302	3875	张银初	张银初	35.86
北渚村（社区）	1999	6425	徐　虎	曾雷军	22.30

续表79

村(社区)名称	户数(户)	人口(人)	村(社区)党支部(党总支、党委)书记	村(社区)主任	村(社区)开票销售收入(亿元)
徐霞客村(社区)	1259	4096	沈玉娟	沈贤斌	21.61
马镇村	1102	3800	俞立夏	俞立夏	11.81
湖塘村	1034	3406	张　坚	张　坚	3.14
红星村	1391	4820	顾建彬	顾建彬	13.64
阳庄村	1261	4347	金　平	金　平	4.21
皋岸村	1789	6082	孔维章	孔维章	13.73
东宏村	1766	6117	蒋洪青	蒋洪青	20.36
黎明村(社区)	1265	4365	封晓忠	封晓忠	32.40
峭岐村(社区)	2303	6201	陈加平	陈加平	29.21
钓岐村	1552	5178	吴雪英	林文兴	14.63
宏岐村	1734	6079	吴余清	吴余清	2.60
新街村	968	3471	胡建国	胡建国	2.94
南苑村	2754	9529	丁国虎	丁国虎	6.48

【"1+4"治理模式获全国最佳案例奖】 徐霞客镇自2012年10月行政管理体制改革试点工作正式启动以来,根据中央、省、无锡市各级的要求,按照"集中高效审批、强化监管服务、综合行政执法"的要求,组建"两办六局一中心",通过持续几年的努力探索,形成"1+4"基层治理新模式,构建"简约便民、阳光高效"的经济发达镇管理体制。"1"即党的建设总引领,"4"即镇村治理"一张网"、政务服务"一窗口"、综合执法"一队伍"、指挥调度"一中心"。按照省、市委集成改革工作部署,2017年9月,江阴市在全市镇(街道)全面复制推广徐霞客镇改革样本。2018年8月,全国创新社会治理典型案例评选活动在北京启动,通过网上投票、专家综合考评,徐霞客镇"1+4"小城市治理模式创新荣获最佳案例奖。2019年1月11日,由人民网、中共中央党校(国家行政学院)主办的"2018年全国创新社会治理典型案例颁奖典礼暨经验交流活动"在重庆市永川区举行。

【金凤村入选第二批国家森林乡村】 徐霞客镇金凤村辖区面积6.61平方千米,有26个自然村,户籍人口5315人。在创建国家森林乡村中,该村秉持"绿水青山就是金山银山"的理念,投入资金,在全村范围内摊铺道路,清理家河,立面出新,治污治乱,完善绿化,修复露天泥地、废弃河塘,增加绿地层次性,形成四季有绿,季相分明、乡土自然的绿化景观,绿化覆盖率50%以上。先后荣获江苏省卫生村、无锡市绿色家园示范村、无锡市社会主义现代化新农村建设示范村等荣誉称号。至2019年,有江苏阳光澄丰生态林苗木基地、合作社等200.1公顷;有博园、鹿园、金桃山庄、渊铭苑等生态农庄,种植葡萄、杨梅、桃、梨面积66.7公顷;粮食作物面积40.02公顷,鱼塘水面面积6.67公顷。12月31日,国家林业和草原局发布《关于公布第二批国家森林乡村名单的通知》,认定并公布第二批3639个国家森林乡村,徐霞客镇金凤村名列其中。

【中国日用杂品工业协会喷雾泵分会成立】 2017年6月,无锡圣马科技有限公司向中国日用杂品工业协会提出成立喷雾泵全国行业组织的建议。7月,中国日用杂品协会批准无锡圣马科技有限公司组建喷雾泵分会。2019年1月22日,中国日用杂品工业协会喷雾泵分会在徐霞客镇成立,来自全国喷雾泵行业的37个企业代表参加大会。中国日用杂品工业协会副理事长肖卓玲、江阴市副市长赵强分别致辞。大会通过投票选举的方式产生中国日杂工业协会喷雾泵分会第一届会长、副会长、理事会常务理事、理事。

【首张个体户"全程电子化营业执照"发出】 2019年8月14日,在徐霞客镇政务服务中心市场准入登记服务窗口江阴市首张个体户"全程电子化营业执照"发出。全程电子化即办事人员通过业务办理网站完成个体工商户的全流程办理,正常情况下2~3个小时便可完成。至年末,徐霞客个体户申请开业登记有3种模式:申请人直接到中心窗口进行传统纸质申请;申请人在政务服务中心24小时服务区内,通过人脸识别自助打照一体机自助操作;申请人通过手机下载“江苏市场监管”APP直接操作申请,或者直接登录无锡市场监督管理局官网申请办理。全程电子化具备办照足不出户、智能生成文书、24小时申请、离线电子签名等优势。

【“红歌大家唱”歌唱比赛】 2019年7月11日,徐霞客镇“红歌大家唱”歌唱比赛成人组第一场比赛拉开帷幕。此次活动是徐霞客镇庆祝中华人民共和国成立70周年系列活动之一,分成人组、少儿组、家庭组不同组别,在7月至9月间举办5场比赛,10月举办总决赛1场。此次比赛有184名选手参加,参演曲目近200首,评出各组别一、二、三等奖25项。

【第三个“残疾人之家”运行】 2019年11月8日,北渚村“残疾人之家”运行,接收来自北渚村及北渚村周边的残疾人实现日间照料与辅助性就业。北渚村“残疾人之家”是徐霞客镇建设的第三个“残疾人之家”,建设初期得到江阴市残联,徐霞客镇党委、政府和属地村委的大力支持与配合。北渚村“残疾人之家”的建成,填补徐霞客镇南部无残疾人服务机构的空白。同时,全镇3个“残疾人之家”的建成,完成对徐霞客镇残疾人群体的基本覆盖。

【“奇异莓”种植成功】 2018年以来,徐霞客镇坚持质量兴农、绿色兴农、品牌强农、效益优先,紧抓省定涉农高质量指标推进工作,提升一二三产融合发展水平,加快提高绿色优质农产品比重,加快农业科技成果转化,以提质增效为重点,推进农业高质量发展。该镇的马鑫园艺公司是江苏省内首个规模化种植“奇异莓”的农业企业。该果只有拇指大小,与猕猴桃是一类,但此果果皮光滑、外表没有绒毛,称为“软枣猕猴桃”,优点是口感好,没有核,吃时也不需要剥皮。所产此果原产地在中国东北地区,而马鑫园艺种植的是从新西兰优选出的品种,口感、维C含量等都得到优化提升。全国种植面积不到266.67公顷,在江苏仅试种6.67公顷。2019年8月初,马鑫园艺的“奇异莓”登陆国内数个大型商场超市平台。 (卢淑琴)

华士镇

【概况】 华士,原名华墅、华市,又称龙砂,素为江南名镇,有5000年的考证史,3200年的记载史。宋元时,华士地区已成为江南棉花交易集散中心,有“日出万匹,衣披天下”之美誉。华士钟灵毓秀,曾有“小小华士赛苏州”之誉。华士人文荟萃,南宋至清末,出进士50人,举人62人。华士名医辈出,有“大江南北延医者,都于华墅”之说。华士镇位于江阴市东部,东与张家港接壤,沿江高速公路、340省道横贯该镇,地理位置优越,水陆交通便捷,是“天下第一村”华西新市村的所在镇。区域总面积74.58平方千米,耕地面积1910公顷,下辖27个行政村和2个社区居委会。2019年年末,有常住人口92550人,其中男性45951人、女性46599人;有少数民族21个283人,其中土家族52人、苗族50人、布依族45人、侗族31人、回族26人、壮族12人、满族16人、彝族12人、蒙古族6人、白族7人、仫佬族1人、仡佬族5人、朝鲜族4人、羌族5人、瑶族4人、水族1人、黎族2人、达斡尔族1人、德昂族1人、拉祜族1人、畲族1人。少数民族中有男性52人、女性236人。有外来暂住人口95889人,其中男性53781人、女性42108人。

政治建设 全面落实中央和江苏省委、无锡市委关于解决形式主义突出问题为基层减负的决策部署,重点推动面向基层创建示范活动及行政村(社区)“牌子乱象”清理规范工作,切实转变文风会风,集中整治形式主义、官僚主义。加大“三公”经费*监管,防止“四风”*问题反弹。压实党风廉政建设责任,配合市委巡察组对村(社区)开展巡察,强化学校食堂巡察、尊老金发放、农村“三资”*清理等工作督导。推进行政管理体制改革,政务服务中心有序承接市赋权事项64项,开设11个窗口承接社保、商事登记、食品卫生经营许可等事项,全年办理各项业务105540件,提前办结率94.82%,承诺期内办结率100%。管理服务指挥中心创新构建融合指挥中枢,与“12345”民生热线、“城市啄木鸟”、综合行政执法系统、公安巡防系统科学融合。综合执法局全面承接上级集成改革下放的14个领域766项执法权,查纠及配合处置各类违法事件3000余件次,处罚各类违法事件300余件次,按网格纵深推进综合行政执法,提高全方位的社会管理能力。自觉接受人大工作监督和政协民主监督,办理答复人大代表建议17件。华士镇关工委组织的活动“寻访革命老前辈、争当时代好少年”、“重温入队宣誓、传承爱国精神”和“传承红色基因、相约彩虹课堂”分别获市关工委暑期优秀活动评比一、二、三等奖;华士镇未成年人成长指导项目入围由市委宣传部、文明办组织评比的江阴市十佳志愿者项目;总站电子阅览室被评为无锡市示范电子阅览室;“传承红色基因、弘扬华西精神”活动视频获省关工委辅导站特色品牌推广项目评比特等奖;总站儿童关爱之家通过江苏省关爱之家建设达标验收,获省民政厅项目奖;华士校外教育中心站被省关工委推荐参评全国优秀儿童之家。

经济建设 坚持实施产业强镇战略,转型升级扎实有效。全年实现地区生产总值266.37亿元,比2018年增长3.8%。一般公共预算收入9.75亿元。限额以上单位零售额7.12亿元,比2018年增长12.2%。规模以上工业产值553亿元,比2018年增长1%。固定资产投资43.49亿元,比2018年增长4.9%,其中工业投入22.06亿元,比2018年增长5.5%。完成进出口总额10.94亿美元,工商开票销售收入1136.12亿元。积极引导企业加快结构调整和技术装备升级,广业纺织技改、金凤无纺布医卫材料、美纶纱业技改一期、康雅纱业技改、力丰装饰扩能等项目先后竣工投产,采纳科技安全注射器、华西钢铁余热发电项目启动建设,全年工业项目竣工或在建项目37项,总投资规模59.37亿元,其中高技术制造业投资占比9.1%。江苏标榜装饰新

材料股份有限公司、江苏东鋆光伏科技有限公司通过国家级“两化融合”*管理体系认定。江阴华美光电科技有限公司等8个企业在江苏股权交易中心(四板)挂牌。华西都市农业科技发展有限公司建成无锡市级院士工作站;向阳科技有限公司获教育部科技进步二等奖。落实乡村振兴战略,稳步推进省级江阴华西现代农业产业示范园和省绿色优质农产品(水稻)基地建设,承办“中国农民丰收节”江苏省主场活动。

社会建设 新入库江阴市“百佳”企业2个,申报高企15个、省高企培育入库企业12个。全年新入选省“双创人才”*1人、省“科技副总”1人、省留学回国创新创业人才1人、无锡“太湖人才计划”2人、江阴“暨阳英才计划”人才1人。深化“名师培育”行动,教育质量不断提升。天华军体博物馆落成并创成省级国防教育基地。持续实施文化惠民“百千万工程”,全年举办各类文化活动1191场次,其中千人以上文化活动12场次,送电影下乡312场。文艺创作获国家级奖项2项、省级奖项8项、市级奖项4项、县市级奖项28项。涉及硬笔书法、故事、小戏、摄影等,其中赵利东作品入展全国第四届硬笔书法家书法作品国展;徐凤清小说《金牌陪护》获第十六届中国人口文化奖民间艺术品类三等奖、第五届江苏民间文艺奖优秀民间文学作品奖;华西艺术团主演的小锡剧《一碗馄饨》获第四届江苏省文华奖。积极推进“院府合作”紧密型医联体建设,江阴市人民医院医疗集团华士分院、陆桥分院揭牌运行。“村级医疗互助”制度持续完善,补助人数4152人次,补助金额268万元。组织各类群众性体育活动30多次,顺利举行江阴第三届“全澄欢乐跑”走进华士镇活动,圆满举办华士镇第一届职工运动会。完成《华士河西段水环境治理规划设计》调研并形成论证方案,启动华西四村、勤丰村、龙河村农房翻建试点。全力推进安置房项目建设,华益安置房项目基本完工,环南路三期安置房进入规划许可证办理及施工图审查阶段。完成市民广场改造、东华路和环西路南段摊铺、政务服务中心二期建设工程,实施华士中心幼儿园和平分园食堂及门卫改造,砂山南坡地质灾害治理项目顺利通过市级竣工验收。全力推进村庄生活污水治理工程,进场施工46个,主支管网基本完成30个、在建16个。全力推进华泓建材“退二进三”(缩小第二产业发展第三产业)和华益、龙河等村部分地块搬迁工作,大力开展“大棚房”问题专项整治,整改问题项目5项、涉及耕地面积2.33公顷。推进农村人居环境整治提升暨“一推三治五化”*专项行动,梳理农村住房等53项实施项目、总投资近2亿元。开展交通干线沿线环境综合整治,清理省道公路用地非标47个,优化调整镇村公交线路8条,增设公交站亭(牌)21处、护栏1900米、标识标线10000余平方米、标识标牌300余套。倡导实施生活垃圾分类,在7个企事业单位开展试运行,镇区主要街道新增垃圾棚10座,更新垃圾桶1500只。持续开展环保突出问题综合整治,中央环保督察“回头看”过程中交办13项问题全部完成整改并销号。深化工业企业大气污染治理工作,加快推进废气治理重点项目建设。江阴华西特种化纤有限公司、江阴力丰装饰有限公司等17个企业完成有机废气治理整治,江阴市振宏印染有限公司、江阴市华东塑胶制品有限公司等9个企业实施燃煤锅炉清洁能源替代改造。持续抓好工业污染源治理、餐饮业油烟整治、扬尘污染防治工作,新建红苗工业集中区污水主管网2.5千米。全年关停化工等“三高两低”*企业8个,累计取缔“散乱污”企业29个,行政处罚案件96件,处罚金额437.3万元,查封企业20个,移送司法机关处理案件1件。扎实打好大气污染综合治理攻坚战,全年空气质量优良天数261天,优良率71.5%,其中主要污染物$PM_{2.5}$均值比2018年下降24.14%,全面完成市下达任务。深入推进河长制工作,进一步完善河长制组织体系,同步更新河长制公示牌46块,持续保持50条市镇村河道、1037条家河实现河长制管理全覆盖,完成家河清淤整治66.67公顷,向阳浜护岸修复工程、额塘浜整治工程竣工。开展河湖违法围圩、违法建设“两违”及乱占、乱排、乱建“三乱”专项整治,强化日常巡查和保洁,全年清理水生植物、垃圾2000余吨,累计完成调水换水1000万立方米,有效改善镇区河道水质。扎实推进秸秆禁烧工作,全面加强森林防火,新增造林绿化面积4.67公顷。坚持将群众满意作为检验工作根本标准,主动解难题、积极惠民生。居民人均可支配收入58895元、比2018年增长8.5%。实现城保扩面新增3807人,净增2218人,分别完成任务数119%、221.8%;实现本地劳动力就业3246人,完成任务数的151%;实名制援助就业困难人员122人,完成任务数的111%;困难大学生就业率100%;扶持自主创业任务186人,完成任务数的100.5%;创建省级创业型镇、村(社区)7个。深入推进“阳光扶贫”,强化兜底保障功能,慰问困难家庭1569户、发放慰问金161万元,发放尊老金3463人次231万元,发放残疾人生活补贴622人次495万元。镇村两级30个退役军人服务站全面挂牌运行,扎实做好全镇3066名优抚对象一人一册建档,完成部分退役士兵社保接续登记485人,组织技能培训69人,获评江阴市首届最美退役军人2人。深入开展扫黑除恶专项斗争,清理整顿棋牌室236个、足浴店51个,处罚各类行业场所32个,打掉涉恶团伙2个,立9类案件37件,破获34件,抓获犯罪嫌疑人62人,追款300余万元。加快基层公共安全体系建设,组织安全隐患大排查大整治专项行动,332个企业实施第三方技术托管。开展城市安全集中整治,对全镇20个行业领域进行集中整治,排查各类企业(场所)1300余个、发现并整改隐患2700余处。强势推进“厂中厂”安全生产专项整治“雷霆行动”,排查出租企业或个人475个、承租企业1173个,实施停产企业140个、清场企业70个、整改达标企业250个,全镇社会环境持续保持和谐稳定。

2019年华士镇主要经济社会指标一览表

表80

指标	单位	数量	比2018年增减(%)	指标	单位	数量	比2018年增减(%)
地区生产总值	亿元	266.37	3.80	限额以上单位零售额	亿元	7.12	12.20
其中:第一产业	亿元	1.61	-11.20	固定资产投资总额	亿元	43.49	4.90
第二产业	亿元	182.06	4.83	其中:工业投资	亿元	22.06	5.50
第三产业	亿元	82.69	1.86	进出口总额	亿美元	10.94	-4.50
一般公共预算收入	亿元	9.75	-35.10	其中:出口额	亿美元	9.57	-5.20
农业总产值	亿元	2.83	-6.17	到位注册外资	万美元	200	-71.40
粮食总产量	万公斤	660.25	-5.14	居民人均可支配收入	元	58895	8.50
工商业开票销售总收入	亿元	1136.12	-6.03	中小学校在校学生数	人	13282	10.29
其中:工业开票销售收入	亿元	829.29	-8.57	社保参保率	%	95.50	0.5(百分点)
服务业开票销售收入	亿元	306.83	1.60	劳动合同签订率	%	98.50	0.5(百分点)
规模以上工业利润	亿元	18.45	-43.80	新型农村合作医疗参保率	%	100	0(百分点)

2019年华士镇开票销售收入前10名企业一览表

表81

名次	企业名称	销售收入(亿元)	法人代表	名次	企业名称	销售收入(亿元)	法人代表
1	江阴华西钢铁有限公司	38.88	杨永昌	6	江阴华西制铁有限公司	29.32	杨永昌
2	江阴海康毛纺有限公司	33.99	陶明锋	7	江阴永利新型包装材料有限公司	29.20	赵红艳
3	江苏华西村股份有限公司	33.18	汤维清	8	江阴东华铝材科技有限公司	25.38	胡秀珍
4	江苏华西集团有限公司	32.95	吴协恩	9	江苏华西村股份有限公司特种化纤厂	25.12	李满良
5	江阴科玛金属制品有限公司	32.01	王　珏	10	江阴市天阳金属制品有限公司	24.78	李梦婷

2019年华士镇各村(社区)基本情况一览表

表82

村(社区)名称	户数(户)	人口(人)	村(社区)党支部(党总支、党委)书记	村(社区)主任	村(社区)开票销售收入(亿元)
华西新市村	482	1695	吴协恩	吴协恩	353.83
华西一村	1216	4382	曹江涛	曹江涛	7.52
华西二村	1051	3620	朱文明	朱文明	3.41
华西三村	836	3111	刘进杰	刘进杰	6.00
华西四村	516	1828	谢士兴	谢士兴	0.24
华西五村	718	2681	朱惠洪	朱惠洪	11.18
华西六村	654	2350	周建国	周建国	1.53
华西七村	627	2313	吴　挺	吴　挺	1.15
华西八村	818	2952	季惠忠	季惠忠	0.95
华西九村	515	1868	吴金福	吴金福	11.86
华西十村	698	2595	唐玉兴	唐玉兴	2.62

续表 82

村(社区)名称	户数(户)	人口(人)	村(社区)党支部(党总支、党委)书记	村(社区)主任	村(社区)开票销售收入(亿元)
华西十一村	872	3158	唐龙彪	唐龙彪	3.67
华西十二村	568	2089	王　超	王　超	10.46
华西十三村	957	3384	费仁德	费仁德	6.51
向阳村	695	2812	李国良	李江勇	37.36
华士村	1146	3711	徐长江	徐华江	14.84
华中村	1346	4799	徐泽峰	赵正华	20.37
勤丰村	990	3831	赵卫东	蔡瑞兴	23.62
龙河村	1356	5017	赵建洪	陶玉良	19.03
华益村	1140	4362	华建国	吴元章	3.99
曙新村	991	3568	赵正洪	徐惠高	65.47
龙砂村	827	3090	汪少清	赵澄华	30.98
红苗村	709	2467	顾建军	王　勤	16.62
陆南村	740	2620	费　澄	费文洪	6.08
陆桥村	882	3085	张忠敏	张忠敏	3.63
陆丰村	1055	3757	周爱明	沈菊良	86.05
陆新村	919	3142	孙政刚	夏　斌	6.08
华士社区	2784	6889	殷浩全	李　哲	—
陆桥社区	530	1421	陈东升	徐勤弟	—

【第二届中国农民丰收节举办】 2019年9月23日是第二届中国农民丰收节，华西新市村作为江苏省省级主场，此次主题是“高举旗帜庆丰收”，议程有文艺演出、农事非物质文化遗产文化展示、丰收集市展、米食长桌展示品尝、趣味运动会等一系列子活动。开幕式前，江苏省委、无锡市委、江阴市委领导到华西现代农业产业园电商研发中心、兰花文创园、优质稻米基地、现代农业产业渔业中心、丰收集市等处参观考察。开幕式上，来自中国各地著名乡村的村书记代表，以乡村振兴带头人的身份共同发出“不忘初心、牢记使命，高举旗帜、振兴乡村”的倡议。活动现场，糖画、剪纸艺术、麦秆画、面塑、芦花靴、纸马、盘纸艺术等农事非物质文化遗产文化项目展现出传统农耕文化的悠久历史，各地的企业带来各类优质农产品，向广大市民展示丰收的成果。

【《中国共产党农村工作条例》座谈会举办】 2019年9月22日，“东西南北带头人、丰收季节话振兴”——共话落实《中国共产党农村工作条例》座谈会在华西新市村举行。省、无锡市、江阴市有关部门领导，华士镇全体党政领导，来自部分省(市)、自治区的10多位名村书记，中央、省市媒体记者等参加活动，江阴市委常委、政法委书记吴芳，副市长郁秋皓出席座谈会。来自全国各地的百余名村干部参加该次座谈会。华西新市村党委书记吴协恩和来自部分省份的10多位村书记一起围绕条例，进行深入的交流探讨。座谈会上，华西新市村党委书记吴协恩向全国农村基层党组织书记发出倡议，号召大家携起手来，积极投身实践，为实现农业更强、农村更美、农民更富的乡村全面振兴贡献智慧和力量。

【向阳村创成省级生态文明村】 向阳村以生态环境建设为生存立足之本，贯彻落实习近平新时代中国特色社会主义，始终突出“经济发展、农民增收”这一核心，成立创建省生态文明建设示范村领导小组，制定了创建工作计划并认真组织实施，宣传发动，开展村庄环境综合整治，绿化美化环境，在创建生态村过程中，围绕率先全面建成小康社会、率先基本实现现代化“两个率先”的发展目标科学规划、合理布局，不断巩固生态文明建设成果，建成经济发展更具活力、文化特色更加鲜明、人居环境更为优美、社会更加和谐安定的宜居乡村。在优化升级中促进经济持续领先、落实环保优先，在环境治理中促进生态环境持续优化，把向阳村建设成为生态经济发达、生态环境优良、自然景观与人文景观和谐优美、生态文化繁荣、人民生活舒适富裕的生态村。2018年8月15日，通过申报推荐，组织专家评审《向阳村生态文明建设三年规划

(2018—2020)》,最终向阳村被评为江苏省生态文明建设示范村。

【无锡地区首项“善解童贞”项目落户】 2019年3月19日,作为目前国内最早拥有原创型儿童性健康教育知识产权的自主品牌,“善解童贞”儿童保护公益项目启动仪式在华西会议中心举行,标志着无锡地区首项“善解童贞”项目正式落地华士镇。江阴市妇联副主席王馥,华士镇党委副书记程云,华士镇关工委主任龚英,江苏省妇联执委、江阴市妇联兼职副主席、华西新市村党委副书记缪华,“善解童贞”创始人、教育专家胡萍以及全市各镇(街道)、开发区、市直机关党委(组)妇联主席等参加活动。该项目得到华士镇女企业家王胜新的关心和支持,由江阴爱心树家庭成长中心和华士中心幼儿园联合承办。江阴爱心树家庭成长中心秘书长金日兰和王胜新在活动现场正式签约。

【曙新村获评无锡市文明村】 2018年以来,曙新村坚持物质文明和精神文明两手抓,坚持经济发展和富民惠民同推进,走出一条文明乡村高质量发展的新路,先后获得江苏省康居示范村、江苏省社会主义新农村建设先进村、江苏省生态村、江苏省民主法治示范村、江苏省健康村等称号。曙新村积极推进新时代文明实践站、点建设,先后建成1个新时代文明实践站和12个新时代文明实践点,形成以理论宣讲、教育服务、文化服务、健身体育服务、外来务工人员服务的新格局,村内先后涌现出1名“中国好人”、2名“无锡好人”、1名江阴市最美志愿者,曙新村志愿服务队被评为江阴市最佳志愿服务组织。同时,曙新村充分发挥村民主体作用和首创精神,通过村里搭“舞台”,村民唱“主角”的方式最大限度地宣传群众、教育群众、引导群众、服务群众。全村建成5支志愿者服务队,注册1000余名志愿者,志愿服务辐射该村及新市民家庭3000余户。2019年年底,通过申报推荐,经专家评审,曙新村被评为无锡市文明村。

【华士镇与文安驿镇青年联学共建】 江阴市华士镇、陕西省延川县文安驿镇同为全国文明镇,华士镇华西村是全国社会主义新农村建设的旗帜,文安驿镇梁家河村是被习近平总书记称作有“大学问”的地方,两地历史文化深厚,结对发展的互补性强、合作空间大。2019年以来,为积极推进新时代基层共青团建设,华士镇、文安驿镇团委创新开展联学共建主题实践活动。五四青年节前夕,两地以网络视频形式,举行以“追寻初心路、建功新时代”为主题的纪念五四运动100周年暨两地联学共建主题活动,联合印发《关于在两地团员青年中开展联学共建主题实践活动的通知》,下发活动清单,开启两地青年联学共建崭新篇章。年内,华士镇“龙砂青年研习社”获评无锡市示范型青年学习社。

【砂山南坡地质灾害治理工程竣工】 华士镇政府根据江阴市政府统一部署,于2018年3月3日开始治理工程,进一步推进矿地融合,有效利用矿区占用的土地资源,提高区域环境质量及实现地方经济可持续发展。砂山南坡治理坚持技术可行、经济合理的原则,合理确定整治技术方法,充分利用被破坏和占用的土地资源,消除了地质灾害隐患,彻底改善治理区的生态环境,促进矿区及周边地区的工业经济发展,保护人民生命财产安全,为中国特色社会主义事业“五位一体”[*]总布局、推进生态文明建设做出了贡献。2019年11月19日,华士镇完成砂山南坡地质灾害治理工程。

【市人民医院华士分院与陆桥分院揭牌】 2019年1月15日,江阴市人民医院医疗集团与华士镇政府建设紧密型医联体启动仪式在华士镇举行。市卫计委、华士镇、江阴市人民医院等单位有关领导出席活动,华士镇各村(社区)书记、主任,江阴市第四人民医院、陆桥卫生院领导和干部职工代表参加活动。江阴市卫计委党委书记、主任严军明和华士镇党委书记翟菁分别为江阴市人民医院医疗集团华士分院和江阴市人民医院医疗集团陆桥分院揭牌。揭牌仪式后,举行院府合作建设紧密型医联体启动仪式。江阴市人民医院医疗集团、华士镇政府作为合作双方,江阴市公立医院管理委员会办公室作为监督方共同签署“开展院府合作建设紧密型医联体”协议。

【砂山石室土墩墓考古发掘】 经国家、省文物局批准,无锡市文化遗产保护和考古研究所承担考古任务。考古从2018年11月启动,到2019年6月基本结束,历时150多天。此次考古发掘土墩墓6座,发掘面积800多平方米,单个发掘最大面积205平方米。考古发现,土墩墓营建方式基本相同,在结构安排上略有不同,未发现明显内分层现象。墓址基本在山脊线位置,坐东朝西,据说这与先人崇拜太阳有关(与太阳越近的人越受到尊敬)。此次考古未发现墓主人身份信息,但一般认为非贵族莫属。考古发现的随葬器物主要为原始青瓷器、印纹硬陶器、陶器等文物。此次考古对研究江南石室土墩营建方式,特别对研究华士古镇历史具有重要意义。考古累计出土原始青瓷器、印纹硬陶器等随葬器物45件,经初步分析,具有东周时期吴越地区殡葬习俗的显著特征,这为华士至少在2500年前就有先人活动提供有力的实物依据。这次考古是配合当地政府治理砂山山体滑坡地质灾害需要而实施。

【华士镇第一届职工运动会举办】 2019年11月10日,以“拥抱新时代、奋斗新华士”为主题的第一届职工运动会在华士高级中学体育场举办。江阴市总工会领导和华士镇全体党政领导班子出席开幕式。该届职工运动会由华士镇总工会、镇体育运动指导委员会主办,各村(社区)联合工会、镇直属企业工会组成职工运动员代表队参加开幕式和各项比赛。该届职工运动会设4项团体项目,11项个人项目,有40支参赛队,近1300人参加比赛,持续一个半月。　(赵洪高)

周庄镇

【概况】 周庄镇是具有6000多年历史的文明古镇,地理位置优越,经济发达,人口众多。该镇西距江阴市城区17千米,沿江高速公路、云顾公路穿镇而过,省道澄鹿公路、芙蓉大道东西横亘,世纪大道及国家3

级航道张家港河纵贯南北;东与华士镇毗连,南与祝塘镇、徐霞客镇为邻,西与云亭街道、城东街道接壤,北以东横河为界与张家港市相望。区域面积75.96平方千米,耕地面积2358公顷,下辖15个行政村和1个社区居民委员会。该镇宋、元时期就有“江南布码头”盛誉,至2019年年末,该镇有工业企业2000余个,拥有三房巷集团有限公司、江苏华宏实业集团有限公司、江阴江东集团公司、江阴模塑集团有限公司等一批龙头骨干企业,涤纶化纤、纺织、装饰型材、汽车零部件、橡塑制品、轨道交通、新能源太阳能配件等为优势产业。至年末,该镇有户籍人口105560人,其中男性52848人、女性52712人;有少数民族20个445人,其中蒙古族7人、苗族87人、回族28人、土家族130人、满族19人、朝鲜族5人、壮族20人、侗族49人、彝族15人、畲族3人、黎族1人、布依族55人、傣族4人、白族6人、羌族1人、瑶族3人、土族3人、仡佬族7人、达斡尔族1人、佤族1人。有外来暂住人口103407人,其中男性59611人、女性43796人。

政治建设　深入开展“不忘初心、牢记使命”主题教育活动,镇党委中心组开展专题理论学习15次。举行“同唱祖国好、奋斗新时代”歌会,庆祝中华人民共和国成立70周年。建成镇新时代文明实践所、村(社区)新时代文明实践站、新时代文明实践基地和新时代文明实践点,全年活动超300场次。“志愿江苏”平台注册志愿者超37000人。周庄镇获评2016—2018年度江苏省文明乡镇,4个村获评2016—2018年度江苏省文明村。李全兴获评江苏省敬业奉献道德模范,胡士勇家庭获评全国最美家庭和第二届江苏省文明家庭,张巧银获评“无锡好人”。“周庄妈妈·爱在路上”获评江阴市“十佳志愿服务项目”。完成139个基层党组织换届选举。建立村(社区)“两委”*联审机制。党建指导站服务指导基层党支部396次、考核基层党支部384次,创成五星级党支部9个,创建“红色车间”11个。李全兴获评江苏省优秀党务工作者和全省首批“百名示范”村书记。胡士勇获评江苏省“千名领先”村书记。制定出台《周庄镇问责规定(试行)》,对24名党员干部进行提醒或诫勉谈话,立案查处案件35件,梳理市委巡察反馈问题,个性化制定基层党组织责任清单。

经济建设　全年实现地区生产总值348.33亿元,比2018年增长6.2%。完成工商业开票销售收入1553.74亿元,比2018年增长4.68%。规模以上企业产值874.5亿元,比2018年增长7.1%。一般公共财政预算收入14.38亿元,比2018年增长6.4%。全社会固定资产投资51.28亿元,比2018年增长8.4%,其中工业投资19.62亿元,技改投入额占比为68.5%。三房巷集团有限公司和江苏华宏实业集团有限公司入围中国企业500强,三房巷集团有限公司、江苏华宏实业集团有限公司、江苏倪家巷集团有限公司、江阴模塑集团有限公司和江阴江东集团公司入围中国制造业500强。三房巷集团有限公司和江阴模塑集团有限公司获评无锡市产业强市优秀企业。曹克波获评第七届江苏省优秀企业家。实现限额以上社会消费品零售总额17.43亿元,比2018年增长9.6%;完成进出口总额31.06亿美元,其中自营出口21.26亿美元,比2018年增长1.3%。完成农业总产值3.18亿元。全镇成立46个农民专业合作社和11个家庭农场。农业适度规模经营化率在90%以上。雪峰农业专业合作社和泰禾生态农业发展有限公司生产的大米获第三届“无锡好米”金奖;常根家庭农场生产的湖景蜜露获“江苏优质桃果”银奖。完成第四次经济普查工作,普查登记单位4300个、个体经营户7244个。培育11个上市后备企业、2个科创板后备企业和7个“新三板”*后备企业。获评国家“两化融合”*贯标企业1个、省工业互联网发展示范企业2个、省企业技术中心3个。无锡市“雏鹰企业”“瞪羚企业”等“三类”企业培育入库8个。获省研发项目(社发类)1项、省科学技术奖1项。组织开展高校进企业专场产学研活动3次,实施金桥工程2项、江阴市兴农富民工程项目1项。15个村全面启用村务卡非现金结算,村“户户通”公开平台、“E银通”网上支付平台全面上线。年末,周庄镇通过全国纺织产业集群试点复查,再次蝉联“中国化纤名镇”“中国棉纺织名镇”等称号。

社会建设　新认定省高新技术企业11个、省民营科技企业8个、省高企培育入库企业15个、省科技型中小企业入库59个。获评无锡科普教育基地1个,金湾村建成全市最大的村级科普馆。申报省“双创”博士1个、无锡市“太湖人才计划”乡土人才大师工作室1个;获评无锡高级经营管理人才1人,电工合金博士后工作站进站博士1个。推进名校、名校长、名教师“三名工程”,新增市级以上教育教学骨干34人、名师工作室1个;中考、高考成绩创历史新高。周庄实验幼儿园陶城分园创成省优质幼儿园。周庄中学、周庄实验小学创成江苏省健康促进金牌学校。长寿实验小学获评江阴市“十佳书香校园”。镇荣获江阴市教育发展突出贡献奖。镇乐群艺术团惠民巡演18场,成功举办“江阴周庄”2019年苏浙皖沪三省一市业余象棋公开赛,多项文艺作品在江阴市第六届“芙蓉花奖”获奖。14259名职工加入职工医疗互助。重点人群的家庭医生签约18283人。全年网格员巡查26333人次,巡查有效里程94518千米。综合执法平台处置执法类事件15493件,上报巡查事件18736件。管理服务指挥中心接收数据66891条,向驻周庄镇单位和执法局等职能部门流转指派处置事件41305条,办理各类“12345”民生热线*咨询诉求4145件。强化综合执法效能,立案查处各类违法案件577件,处罚金额345.35万元。劳动人事争议仲裁院周庄分庭开庭50次,被评为省2018年劳动人事争议优秀基层调解组织。政务服务中心受理各类审批、服务、咨询事项12万余件,按时办结率和群众满意率均为优秀。完成固定资产投资项目备案135个、农村产权交易登记项目570项、招投标项目55项。新注册企业710余个、个体工商户1800余个。

完成《江阴市周庄镇总体规划(2017—2030)》修编和专家论证。完成华宏幼儿园扩建、茂墅桥翻建和望龙桥、张家桥、兴隆桥等危桥加固工程。商业综合体长和新天地广场主体完工,柳宝诒故居修缮工程完成90%。精心维护市政设施,实施路灯智能节能改造。建成污水管道6.7千米。完成6个自然村农村生活污水治理工程。有42个自然村的农村生活污水治理PPP项目*进场施工,完成25个村庄的主支管网建设。完成拆迁面积9.2万平方米,其中南沿江城际高铁拆迁签约率接近100%。推进"一推三治五化"*各项工作,有序推进周庄村支巷村农房翻建试点。改建新建农村公厕8座,垃圾分类设施覆盖率提高至69.67%。新建5条健康步道、1个健康主题公园、1个健康小屋。周庄村创建成为省级健康村。宗言村成功创建无锡市美丽乡村示范村。全面提升城市精细化管理水平,围绕停车秩序、违法建设、农贸市场周边秩序开展专项整治320余次。整治落后产能,关停"三高两低"企业*3个。按序推进辖区内42台35蒸吨以下燃煤锅炉的清洁能源替代,完成6台省控重点企业天然气锅炉低氮燃烧改造,削减煤炭消费总量5.4万吨。完成4个重点监管的企业有机废气"一企一策"方案的编制。完成169个工况在线监控的安装。做好重污染天气应急响应工作,完善107个管控企业的应急措施。完成3个重点餐饮企业废气治理设施在线监控。完成白蛇港水环境整治、芦墩浜全线及双泾河清淤、亚同污水厂一级A提标改造和100个企业生活污水接管。完成1个控源截污排水达标区创建。累计取缔"散乱污"企业293个,治理改造407个。完成2018年中央环保督察"回头看"交办的19项环保问题的整改提升工作。完成整改省环保厅交办的"武澄沙"百日行动50项环境问题。完成整治江阴市政府下达的6个突出环境问题。完成802个企业的污染源普查。环境信访总数下降56.8%,其中省级信访总数下降47.5%。移送公安刑事案件3件、公安行政拘留案件3件,按日连续计罚案件1件。开展安全执法检查(复查)企业1034个次,发现整改隐患2346处;立案处罚企业87个,处罚金额228万元;对26个存在重大安全隐患的企业现场处置暂停作业。各专委会组织开展安全隐患大排查大整治专项行动和城市安全集中治理行动,镇、村、企三级共检查、自查16093个次,发现隐患18562处。开展安全托管企业716个,解决小微企业安全监管基础薄弱问题。结合双控预防机制和安全标准化建设,创建100个安全文化示范企业,建成安全文化主题广场。开展"厂中厂"安全生产专项整治"雷霆行动",全镇共排摸"厂中厂"出租单位445个,承租单位1009个,规范提升单位710个,停产整改单位158个,关停单位150个。居民人均可支配收入63488元。提供各类就业岗位4000个,实现本地劳动力就业3107人;新增城保5502人,居民养老参保率95%以上,居民医保参保率100%。镇、村(社区)成立退役军人服务站。发放各类慰问、救助等资金2000余万元。开展民政各类资金违规发放整改清退工作。系列平安建设覆盖率100%,达标率100%,平安村创建覆盖率100%。开展司法所、法律服务所、律师事务所"三所"共建,创建1个个人品牌调解工作室。深化扫黑除恶专项斗争,收集各类涉黑涉恶线索46条,镇村两级排摸15条,抓获涉恶团伙27个,打击犯罪集团2个。深化"黄赌毒"、非法集资和"套路贷"等专项治理行动及治安乱点整治。推进出租房安全隐患集中专项整治,排查出租房屋12692户、集中住宿点748处。全镇各类刑事案件比2018年下降15.64%。

2019年周庄镇主要经济社会指标一览表

表83

指标	单位	数量	比2018年增减(%)	指标	单位	数量	比2018年增减(%)
地区生产总值	亿元	348.33	6.20	限额以上单位零售额	亿元	17.43	9.60
其中:第一产业	亿元	1.61	-1.80	固定资产投资总额	亿元	51.28	8.40
第二产业	亿元	238.75	8.40	其中:工业投资	亿元	19.62	7.21
第三产业	亿元	107.97	1.50	进出口总额	亿美元	31.06	-2.32
一般公共预算收入	亿元	14.38	6.40	其中:出口额	亿美元	21.26	1.30
农业总产值	亿元	3.18	-0.79	到位注册外资	万美元	1113	-46.80
粮食总产量	万公斤	939	-0.25	居民人均可支配收入	元	63488	9.80
工商业开票销售总收入	亿元	1553.74	4.68	中小学校在校学生数	人	15160	0.76
其中:工业开票销售收入	亿元	1273.29	2.68	社保参保率	%	95	0(百分点)
服务业开票销售收入	亿元	280.45	14.78	劳动合同签订率	%	99	1(百分点)
规模以上工业利润	亿元	42.02	-14.15	新型农村合作医疗参保率	%	100	0(百分点)

2019年周庄镇开票销售收入前10名企业一览表

表84

名次	企业名称	销售收入（亿元）	法人代表	名次	企业名称	销售收入（亿元）	法人代表
1	三房巷集团有限公司	711.71	卞平刚	6	江阴市长乐新科技电源有限公司	50.85	黄冬升
2	江苏华宏实业集团有限公司	249.29	胡士勇	7	江阴电工合金股份有限公司	25.77	陈力皎
3	江苏倪家巷集团有限公司	119.53	倪成良	8	江阴鑫裕装潢材料有限公司	18.94	陈继忠
4	江阴江东集团公司	107.25	赵　峰	9	江阴海达橡塑股份有限公司	18.34	钱振宇
5	江阴模塑集团有限公司	54.34	曹克波	10	江阴市恒润重工股份有限公司	15.53	承立新

2019年周庄镇各村(社区)基本情况一览表

表85

村(社区)名称	户数(户)	人口(人)	村(社区)党支部(党总支、党委)书记	村(社区)主任	村(社区)开票销售收入(亿元)
周庄村	3782	13464	赵　峰	徐惠庆	111.81
金湾村	1335	5307	周国民	周　峰	26.78
三房巷村	2845	10471	成洪才	成洪才	564.42
鸡龙山村	734	2823	余文兴	余文兴	30.89
山泉村	810	3240	李全兴	曹献忠	28.42
华宏村	2205	8611	胡士勇	陈决平	246.31
陶城村	1963	7174	袁晓华	袁晓华	23.37
东林村	1170	4187	刘金龙	刘金龙	18.72
稷山村	826	3070	蒋中华	蒋中华	2.82
宗言村	2150	8268	殷良忠	陈艰朴	62.24
倪家巷村	1428	5896	杨忠庆	杨忠庆	119.47
周西村	975	3804	葛珠良	郇国龙	66.27
长乐村	1145	4136	李浩庆	蒋建龙	60.13
长寿村	2928	10363	蔡永兴	袁士财	43.10
长南村	2443	8617	孙长福	孙长福	20.83
街办	2721	6141	倪凤华	倪凤华	

【南沿江铁路周庄段征地拆迁】 南沿江城际铁路途经周庄镇稷山村、东林村2个行政村的6个自然村，全长约2.3千米，根据线型范围涉及196户民房，3个企业，1个加油站。2019年3月21日，周庄镇召开南沿江城际铁路拆迁动员大会，镇江苏南沿江铁路拆迁领导小组全体人员、涉及拆迁工作所在区域的村两委班子人员及参与拆迁工作的所有拆迁小组人员等参加会议。会上，涉及征地拆迁工作的东林村、稷山村作表态发言；还对相关政策业务进行专题培训。之后，该镇积极稳妥推进南沿江城际铁路拆迁，使拆

迁工作保持难中求进、稳中求进的良好态势,较好地完成铁路拆迁任务,为南沿江城际铁路如期开工建设提供坚实保障。至7月底,签约民房187户,签约率96%,拆除民房160户,3个企业全部评估结束。8月9日,提前安置江东花苑小区18户。是月14日,南沿江城际铁路(江阴段)征地拆迁工作现场推进会在周庄镇召开。市委常委、常务副市长费平,市各相关部门、江阴高新区、沿线各镇(街道)及施工单位负责人参加会议。

【周庄镇打造“红色车间”】 2019年6月14日,周庄镇为增强非公企业党组织活力,充分发挥党建引领发展的作用,推动非公企业党建与生产经营“双轮驱动”,助力非公企业转型升级,开展非公企业“红色车间”创建观摩会暨“红色引航、聚力发展”党课进车间活动。会上对推进“红色车间”创建进行详细部署,要求按照“统筹谋划、分类实施,有效覆盖、发挥作用”的总体思路,高标准完成“红色车间”创建的目标任务。“红色车间”是非公企业党组织为企业一线党员(职工)实施“红色教育”,开展“红色比拼”,树立“红色形象”,营造“红色氛围”,加强“红色管理”的综合平台,是凝聚和发挥企业党员先锋模范作用,调动企业职工比学赶超积极性,推动企业高质量健康发展的“红色阵地”。其主要职能包括开设车间微型党课,常态化实施“红色教育”,强化思想引领力;开展班组业绩竞赛,组团式推动“红色比拼”,激发发展原动力;组织党员挂牌亮绩,全方位树立“红色形象”,增强政治领导力;建设迷你加油阵地,个性化设置“红色氧吧”,焕发组织生命力;推进党员联企联职,网格化增强“红色管理”,增强党群凝聚力。至年末,全镇创建“红色车间”11个。

【中青年干部公共安全体系专题培训】 2019年4月3—4日,周庄镇党委、政府为提高镇中青年干部的综合素质和能力,拓展干部参与公共安全治理的有效途径,弘扬生命至上、安全第一的思想,健全公共安全体系,结合干部教育培训“5535”脱颖工程和“6789”强基工程,开设“2019年周庄镇中青年干部公共安全体系建设专题培训班”,组织45周岁以下中青年干部参加急救基础培训,组织35周岁以下年轻干部参加急救技能强化培训并参加江阴市红十字会“救护员”考核。此次培训将理论与实操相结合,学员们学习个人安全防护、止血包扎、检伤分类、心肺复苏术和伤患转运等课程,并进行实操模拟和训练。经过一天半的学习和训练,35周岁以下的年轻干部参加江阴市红十字会“救护员”的理论和实操考核,并全部通过考核获得证书。

【高校专家进企业周庄专场举行】 2019年5月7日,2019年江阴市“百千万”引才专项行动高校专家进企业周庄专场举行,来自清华大学、中国科学技术大学、上海复旦大学、西安交通大学、华中科技大学无锡研究院、北京航空航天大学、江苏科技大学等7所知名高校和科研院所的负责人及镇15个企业代表参加活动。会场上,各大高校和科研院所专家认真听取该镇产业发展及创新创业环境的相关情况,并介绍相关专业情况及合作意向,参会企业也结合发展需要,介绍企业紧缺人才和技术需求情况。在随后开展的互动交流中,双方针对具体问题进行讨论,并表示将博采众长、深化合作,共同探索应用智能制造领先技术,将产学研合作推向深入。

【镇首张个体户“全程电子化营业执照”颁发】 2019年8月15日,周庄镇政务服务中心市场监管登记服务窗口,发出首张个体户“全程电子化营业执照”,这标志着个体户申请者足不出户办理营业执照成为现实。镇工商登记自此全面走进“互联网+”新时代。该网上登记系统此前只对企业开放全程电子化,自系统升级后,职能部门取消预审环节,个体户也可通过该系统完成全程电子化登记。申请人提交信息后系统就自动生成电子文本,由申请人选择签名方式,申请人选择电子签名后,签名任务便会推送至“江苏市场监管”手机APP,签名完成后,该申请信息便会进入相关部门业务审批系统。这种审批方式有效突破时间和空间的限制,使得商事登记服务从“面对面”向“键对键”转变,提高登记效率、降低办事成本。工商登记全程电子化大幅度提高办照效率,让群众足不出户就可以办理营业执照,办照时间从过去的3天至5天缩短为半天,同时电子营业执照携带更加方便。

【市首个劳动人事争议仲裁分庭开庭】 自2018年12月11日江阴市在周庄镇建立首个劳动人事争议仲裁分庭后,该镇积极探索、大胆实践,建立集咨询、投诉、调解中心、劳动监察、劳动仲裁“五位一体”的农民工维权服务平台,全面打造“简约、便民、阳光、高效”维权的基层社会治理体系,全面策应“镇村治理一张网、政务服务一窗口、综合执法一队伍、日常管理一中心”的现代基层社会治理模式。2019年5月7日,江阴市劳动人事争议仲裁院周庄分庭首次开庭审案。当日,审理劳动人事争议案件2件。庭审过程中,仲裁员根据案件事实依据和双方当事人意愿,当庭进行询问,依法进行调解和审理,并分别予以庭内调解及当庭审结。庭审结束后,仲裁员还针对案件焦点问题进行分析点评,使当事人对相关法律有了更深刻的理解。

【市首个乡镇职工法律援助站成立】 2019年6月5日,周庄镇举行镇总工会驻劳动人事争议仲裁院周庄分庭职工法律援助站成立暨揭牌仪式,全国总工会法工部副部长黄龙、无锡市总工会调研员张世胜为援助站揭牌。镇总工会驻劳动人事争议仲裁院周庄分庭职工法律援助站面向全镇职工,主要给职工及基层工会提供劳动法律咨询、释疑,劳动争议调解,向特定职工对象提供劳动争议案件法律援助等服务。至年末,该援助站有5名兼职调解员,并专门聘请3名专职律师。镇总工会以法律援助站成立为契机,进一步做好全镇职工法律援助工作,更好地维护广大职工的合法权益,着力打造口碑好、威望高、专业性强的职工法律援助站,不断提高预防和化解矛盾纠纷的能力,切实保障职工合法权益,将矛盾纠纷化解在基层,努力为辖区安全稳定、经济持续健康发展做出积极贡献。

【金湾村科普馆开馆】 2019年5月20日，江阴市第31届科普宣传周开幕式暨周庄镇金湾村科普馆开馆仪式在周庄镇行政事业中心广场拉开帷幕。该次科普宣传周以弘扬科学精神，引领创新发展为主题。开幕式上，镇金湾村科普馆揭牌开馆。该科普馆面积333平方米，设有“前沿科技、科学探索、安全生活、挑战自我”四大主题33套展品，涵盖力学、光学、电磁学、益智、健康教育等各类科普常识，是一个集知识性、科学性、趣味性、互动性于一体的综合性科普体验馆，同时成为周庄镇新时代文明实践基地之一。该科普馆的建成开放，对弘扬科学精神、普及科学知识，提升公众科学素质，具有十分重要的意义。

【山泉村卫生室移地新建运行】 2019年10月21日，移地新建、使用面积584平方米的山泉村卫生室挂牌运行。该卫生室运行后，进一步促进优质医疗资源下沉，有效解决山泉村以及周边村民看病难的问题，使周边百姓在家门口就可以享受到“大医院”的优质医疗服务。山泉村卫生室提供基本医疗服务和基本公共卫生服务，实施基本药物制度，开展中医适宜技术服务，并开展预约上门和出诊服务，能够为辖区居民提供基本医疗、预防、保健、康复、健康教育、计划生育技术服务等“六位一体”的健康管理服务，是医保定点单位。该卫生室以健康管理服务团队为载体，开展家庭医生签约服务，推进分级诊疗制度；以常见病、慢性病为突破口，制定双向转诊方案；重点签约高血压、糖尿病、老年人等特殊家庭，逐步形成“小病在基层，大病到医院，康复回基层”的就医新格局。

（梁立岗 钱宁君）

新桥镇

【概况】 新桥镇明代属江阴县白鹿乡，清代属马嘶镇，民国时属马嘶乡。中华人民共和国成立后隶属多变，1961年形成现有区域。该镇位于江阴东大门，东北与张家港市毗邻，东南与顾山镇连接，西与华士镇接壤，西南与长泾镇隔泰清河相望。西距江阴市政府驻地25千米，镇政府驻新郁中路128号。镇域面积19.6平方千米，下辖10个行政村和4个社区居委会。2019年年末，有户籍人口7417户25907人，其中男性12656人、女性13251人；有少数民族14个78人，其中蒙古族2人、苗族13人、回族12人、土家族4人、满族5人、朝鲜族2人、壮族6人、侗族13人、彝族4人、布依族8人、羌族2人、仡佬族5人、俄罗斯族1人、仫佬族1人。有外来暂住人口42286人，其中男性24341人、女性17945人。

政治建设 坚持以习近平新时代中国特色社会主义思想为指导，以坚强有力的保障、创新有为的举措、严肃认真的作风，推进党的建设伟大工程。开展“不忘初心、牢记使命”主题教育。突出思想建党，理论强党，牢固树立以人民为中心的发展理念，深入基层纳民意，聚焦问题抓整改、促提升，以实实在在的举措取信于民、造福于民。全面加强基层组织建设。完成25个党组织换届，完成村书记、主任“一肩挑”工作，培育市级五星级示范党支部5个、“暨阳红色先锋阵地”5个、“红色车间”6个，构建融党建服务、新时代文明实践、政务服务、网格管理、居民议事“五位一体”的党建服务新体系。健全鼓励激励、容错纠错、能上能下的“三项机制”，激励干部担当作为。持之以恒加强作风建设。严格落实中央“八项规定”* 和实施细则精神，严格执行市委巡察组整改意见。加大执纪审查力度，加强农村资金、资产、资源“三资”监管和财务审计，维护好群众根本利益，不断巩固风清气正的政治生态。新时代文明实践活动全面推进，不断提升市民文明素养和社会文明程度。开发志愿服务管理平台，构建线上线下激励机制，广泛开展便民利民惠民志愿服务。注册志愿服务团队18个，新招募志愿者400余人，开展各类志愿主题活动300余次，进一步浓厚“有爱长新”的新时代文明实践新风。坚持党的集中统一领导。加强政府自身建设，深入开展大走访活动，自觉接受人大及社会监督，办复人大代表建议意见26件。严格落实全面从严治党，认真抓好村（社区）巡察问题整改，持续压降“三公”经费* 支出，严格规范农村“三资”*。加强财政预算管理，规范公共资源交易平台运行，严格落实审计工作。全面深化改革，加快政府职能转变。新推出20项政务服务代办事项，77项审批流程公开公示。实行证照联发，办结时限由20个工作日压缩到5个工作日，业务量比2018年增长30%。发挥转贷平台作用，扶助中小企业成功转贷资金超3亿元，营商环境进一步优化。深入开展扫黑除恶专项斗争，深挖涉黑、涉恶线索29条，开展群租房、套路贷等专项整治5次。

经济建设 全年实现地区生产总值211.54亿元，比2018年增长6.21%；实现一般公共财政预算收入16.23亿元、规模以上工业产值730亿元，分别比2018年增长3.44%和10%。工商业开票销售收入1488.37亿元，比2018年增长1.4%；限额以上单位零售额6.52亿元，比2018年增长14.44%；到位注册外资2700万美元。完成全年固定资产投入49.4亿元，比2018年增长12.1%，其中工业投资12.17亿元，比2018年增长25.36%。转型发展持续深入。海澜集团有限公司持续推进“一体两翼”发展战略，旗下品牌门店国内超7000个，海外门店销售额突破1亿元，加快实现由传统制造向品牌管理输出的新提升。海澜集团有限公司和江苏海澜新能源有限公司入选江苏省五星级“上云”企业*。“阳光出品”亮相中华人民共和国成立70周年庆典，二期技改项目持续推进，埃塞项目进展顺利。江苏阳光集团有限公司获评国家级绿色工厂，纯毛机织物产品获评国家制造业单项冠军，自主研发的4种新品面料通过省级新产品鉴定。江苏焱鑫科技集团有限公司进军核民用工业领域，江苏精亚集团有限公司联手华为打造风机智慧管控平台，鑫联精密合金件等亿元级技改工业项目即将投产。全镇累计在建项目44项。招商引资新签约项目7项，总投资20亿元。创新能力持续提升。全镇企业研发投入占地区生产总值比重4.5%。新签订产学研项目3项,企业申报省重点研发计划项目1个项“金桥工程”立项项目2项。马文化主题旅游景区获评2019年中国体育旅游十佳精品景区。全镇经济保持稳中有进、进中提质的良好态势。新桥镇获评省创业型乡镇,位列全国百强乡镇第47名。

社会建设 全年全镇组织申报省高新技术企业5个、无锡市工程技术中心1个;申报“雏鹰企业”*入库5个、“瞪羚企业”*入库2个;认定江苏省民营科技企业4个;新增高层次人才22人。中小学课改持续推进,新一轮综合督导通过。推进智慧课堂建设,提升改造多媒体、安全监控网络,完成小学操场、幼儿园食堂、体育中心看台改造,教学环境和教育质量有效提升。持续开展文化送基层活动,全年文化惠民演出140场次。舞蹈《又见希望的田野》荣获第六届江阴市“芙蓉花奖”表演、创作两个一等奖。提升改造社区农家书屋,新桥社区获评江苏省五星级示范农家书屋。深化推进“院府合作”项目。市级医院专家团队到新桥坐诊213人次,门诊接诊2万多人次。新桥卫生院获评国家级“基层医疗机构呼吸疾病规范化防诊治体系与能力建设项目”优秀单位。完成免费体检5437人,家庭医生签约3004人,建立“互联网+慢性病”管理卡7498张,“银医通”在线签约1644人。建成江苏省基层卫生人员江阴实训基地,开展救护培训657人次,培训初级救护员37人。筑牢食品安全防护线,有效保障全镇人民舌尖上的安全。社区居家养老服务扩面近400人,全年为老人送餐2.6万人次。举办第三届全民运动会和时裳新桥·江阴市第五届国际半程马拉松赛。完成《新桥镇全域旅游发展规划》《控制性详细规划》的修编与调整。完成编制《郁桥村村庄建设规划》及《庄桥特色田园乡村规划》。小区建设加快完善。竣工交付新都苑二村五期、黄河一村五期等8幢270套,计4.1万平方米安置房。开工建设水景花苑二期7.6万平方米安置房。新增及改造雷下一村、新都苑二村、黄河一村停车位632个。建成投用黄河一村五期、新桥花园西区新能源汽车公共充电桩4个。完成府前锦苑小区道路改造1.2万平方米。孝仪服务中心主体建设基本完成,文化服务中心、小镇客厅项目顺利推进。完成敬老院消防设施、农贸市场提升改造工程。建成飞马水城医疗服务点等公共便民设施。建成沿江高速北复线(东环路东段),完成花园路、新郁路等路面整修。完成兴园路、陶新中路等路灯智能化改造。建成投用临时停车场8万平方米。美丽乡村建设顺利推进,启动庄桥农房翻建一期项目,郁桥老街等配套设施基本建成。郁桥村获评无锡市美丽乡村示范村。工业固废“专车专账专户”处置,建筑装潢垃圾集中堆放,定期清运。严格落实“河长制”,清淤家河24条。深化“散乱污”企业治理,关停取缔小作坊企业7个,整改环保隐患98处。完成全镇所有燃煤锅炉超低排放及天然气锅炉低氮燃烧改造,节能减排效果明显。18个规模以上企业废气设施用电工况监控、11个企业挥发性有机物综合治理、3个油烟在线监测接入镇指挥平台,实现动态监控。完成西环路二期、新民路污水管网,新建庄桥、马嘶等污水管网近3千米。大力开展“一推三治五化”*专项行动和农村人居环境整治提升“百日行动”,提标改造公厕4座,报批省级旅游厕所示范点2个。交通干线环境整治五项行动、农村公路管理养护,考评成绩均获全市第一。完成泰清河圩岸加固、郁桥圩河道整治、柴门浜水系沟通工程,有序推进华塘河、雷下浜、叫化浜水环境整治。率先推进垃圾分类全域化,强化承担门前包卫生、包绿化、包市政公用设施、包建筑物容貌、包秩序的“门前五包”,清理户外广告,取缔无证摊贩,严查偷倒垃圾,拆除各类违法建设面积3345平方米,清理城市乱涂写、乱张贴、乱刻画“三乱”4300余处。突出特色节点景观营造,新增绿化面积7.33公顷。苏墅村获评江苏省农村人居环境整治综合示范村。新桥镇被评为江苏省垃圾分类省级试点镇和“中国美丽乡镇”。新桥“时裳小镇”顺利通过省级年度考核验收。全领域开展安全生产大排查大整治,制定出台《新桥镇城市安全集中整治工作方案》,全面落实危化品、燃气、交通运输等行业的专项整治,累计排查隐患1393处,整改隐患1320处,完成率94.7%。重拳出击“厂中厂”安全生产专项整治“雷霆行动”,排查企业171个,关停企业50个,限时整改企业80个。开展出租房屋安全隐患集中整治行动,排查出租房屋3500余户,发现隐患2000余处,整治工作有序开展。扩容“云上新桥·智慧小镇”管理平台。加大与警务网格互动,建立网格事项融合机制,整合资源,双向推送,快速处置。全年平台互推事件近2万余件,办结率99.3%,群众满意度95%以上,新桥镇获评无锡市网格化社会治理优秀镇。智能监管发挥作用,全面完成8大智慧管理专题和30余个智慧管理模块,185个企业安全生产四色风险图、784个治安监控接入管理后台。$PM_{2.5}$、重大危险源、污水流量、用电工况等监测模块植入运用,有效提高日常监管能力。综合治理形成合力。积极推进“七五”普法,健全法律顾问机制,首创“12348”司法行政触摸屏进车站,打造青少年模拟法庭等普法阵地。挂牌运行江阴市劳动人事争议仲裁院新桥分庭,探索群众调解新模式。成立居民议事会、个人调解工作室,完善“法润民生”微信群管理机制,群防群治不断强化,矛盾纠纷解决率100%。全年居民人均可支配收入65026元。新增就业岗位2101个,充分就业率稳定在97%以上。新增社保参保2778人,办理被征地农民保障478人,“福村宝”参保率85%,为全镇居民购买小额意外保险。调增养老金1410人,发放各类保障金4106万元。开展阳光扶贫、慈善助学、红十字会“新春博爱送温暖”等帮扶活动,发放各类帮扶金525万元。做好拥军优抚工作,建立“1+4”退役军人服务管理体系。加大残疾人关爱保障,发放各类残疾人补贴146万元。

2019年新桥镇主要经济社会指标一览表

表86

指　　标	单　位	数　量	比2018年增减(%)	指　　标	单　位	数　量	比2018年增减(%)
地区生产总值	亿元	211.54	6.21	限额以上单位零售额	亿元	6.52	14.44
其中:第一产业	亿元	0.78	-24.40	固定资产投资总额	亿元	49.40	12.10
第二产业	亿元	145.95	7.54	其中:工业投资	亿元	12.17	25.36
第三产业	亿元	64.81	3.92	进出口总额	亿美元	4.97	-24.71
一般公共预算收入	亿元	16.23	3.44	其中:出口额	亿美元	2.93	-17.35
农业总产值	亿元	1.47	-21.00	到位注册外资	万美元	2700	8.00
粮食总产量	万公斤	72.00	-1.10	居民人均可支配收入	元	65026	9.40
工商业开票销售总收入	亿元	1488.37	1.40	中小学校在校学生数	人	4588	5.40
其中:工业开票销售收入	亿元	616.94	-2.67	社保参保率	%	100	0(百分点)
服务业开票销售收入	亿元	871.43	4.50	劳动合同签订率	%	99	0(百分点)
规模以上工业利润	亿元	55.35	-11.82	新型农村合作医疗参保率	%	100	0(百分点)

2019年新桥镇开票销售收入前10名企业一览表

表87

名次	企业名称	销售收入(亿元)	法人代表	名次	企业名称	销售收入(亿元)	法人代表
1	江阴海澜之家新桥销售有限公司	134.66	许庆华	6	海澜集团有限公司	53.58	周建平
2	江阴海澜之家供应链管理有限公司	130.81	许庆华	7	江阴恒臣实业有限公司	51.87	陈　英
3	江阴三毛销售有限公司	70.57	薛　宽	8	江阴立臣实业有限公司	43.85	曹显宏
4	江阴第三精毛纺有限公司	58.12	张建良	9	江阴市锦泰纺织厂	42.63	王祥芬
5	江苏阳光集团有限公司	55.70	陆克平	10	江阴汇金服装有限公司	42.55	曹显宏

2019年新桥镇各村(社区)基本情况一览表

表88

村(社区)名称	户数(户)	人口(人)	村(社区)党支部(党总支部、党委)书记	村(社区)主任	村(社区)开票销售收入(亿元)
郁桥村	774	2675	钱　刚	姚利丰	5.60
黄河村	783	2731	郁叙法	谢福祥	10.80
圩里村	898	3239	尤惠清	徐川宝	1.10
新桥村	1338	4539	张建锋	张海明	14.50
雷下村	536	1895	许柏新	张国龙	1.70
六保村	351	1239	叶永毅	薛丽娜	20.70
马嘶村	879	3183	陶永明	周建斌	16.10
何巷村	610	2041	陈建国	陶正阳	7.70

续表88

村(社区)名称	户数(户)	人口(人)	村(社区)党支部(党总支部、党委)书记	村(社区)主任	村(社区)开票销售收入(亿元)
苏市村	656	2366	陶雪丰	陶雪丰	13.0
苏圩村	446	1604	陶妙锋	徐宏伟	0.90
绿园社区	49	127	叶永毅	王永忠	—
黄河社区	9	20	郁建明	郁建明	—
康定社区	88	248	许柏新	陶东岐	—
新桥社区	—	—	张海明	周爱国	—

【海澜集团获全国五一劳动奖状】 海澜集团成立于1988年,总部位于新桥镇,是国内服装行业龙头企业、全国文明单位。集团走过从粗纺起家,精纺发家,服装当家,再到品牌连锁经营的历程。2002年创立的"海澜之家"品牌,实现中国服装业内营业收入、利润总额、增长幅度、市值、上缴税收、品牌价值等"六个第一"。集马术训练表演比赛展示为一体的"飞马水城"旅游度假景区开放,成为公司又一张名片。公司实施高校优秀毕业生引进计划,加强人才战略储备。坚持文化育人留人,依托集团澜韵社联、职工文化娱乐中心、图书馆等阵地,开展系列活动,营造温馨和谐快乐的工作环境和生活氛围,吸引人才扎根海澜。"海澜之家"连续五年携手暖流计划、网易平台、凤凰网等发起"多一克温暖"公益行动,为贫困山区师生捐赠冬衣。海澜卫士志愿服务队有专职人员30人,兼职人员近300人,累计义务献血20万毫升,参与灭火救援等志愿事项265余件。2018年,集团完成营业总收入1200亿元、利税85亿元,在中国企业500强中列第150位。2019年4月23日,全国庆祝五一国际劳动节暨全国五一劳动奖和全国工人先锋号表彰大会在北京人民大会堂举行,海澜集团有限公司获授全国五一劳动奖状。

【阳光集团获评国家级"绿色工厂"】 "绿色工厂"是国家针对符合"绿色发展"倡导的企业给出的认定,需要符合一系列严密的评选标准。江苏阳光集团有限公司始终倡导"绿色发展"理念,提出"绿色产业链"战略,在生产的各个环节中,都始终秉承"绿色设计、绿色采购、绿色生产、绿色服务"的理念。2017年起,该公司积极响应国家关于加快推进生态文明建设的号召,构建完善的绿色制造体系。公司总部及各个分厂都采用高效、节能的先进技术工艺和设备,对部分不符合"绿色工厂"理念的高能耗和存在环保隐患的设备进行升级与替换,建立并运行废水废气检测控制系统、固体废弃物的收集贮存处置系统、危险化学品安全管理制度、原材料消耗和水消耗管理体系,污染物排放优于国家和地方最严格的排放标准。2019年9月12日,工业和信息化部印发《关于公布第四批绿色制造名单的通知》,江苏阳光集团有限公司入选国家级"绿色工厂"。此次推荐评审由工信部组织开展,经申报单位自评价、第三方评价机构现场评价、省级工业和信息化主管部门评估确认以及专家论证、公示等环节确定。

【"阳光出品"首次亮相国庆阅兵】 2019年10月1日,在首都北京天安门广场举行的盛大国庆阅兵式中,解放军三军仪仗队所着礼宾服,由江苏阳光集团有限公司出品。同时,此次阅兵中,军乐团、升旗队、礼炮队、标兵礼宾服都是由阳光集团出品。这是继俄罗斯莫斯科红场阅兵、中国抗日战争暨世界反法西斯战争胜利70周年阅兵后,阳光集团第三次为三军仪仗队制作军服。这也是"阳光出品"第一次登上国庆阅兵的舞台。

【海澜集团获评省优秀"退役军人之家"】 2017年以来,海澜集团有限公司积极安排退役军人,制定一系列确保退役军人充分享受优先待遇的实习、培训和工资待遇等的制度,打造集党建引领、活动培训、军旅特色、志愿服务等为一体的"退役军人之家",为退役军人奋发作为、健康发展提供优质平台。2019年12月16日,江苏省首批优秀"退役军人之家"正式命名授牌,海澜集团获此殊荣。

【新桥镇获评无锡市网格化社会治理优秀镇】 2018年3月,新桥镇启动建设"云上新桥、智慧小镇"平台后,该平台充分融合物联网的技术发展成果,被列为无锡市公安警务力量融入网格化治理体系的试点镇之一。通过物联网技术的深度应用,提高对全镇基础设施、公共安全、生态监控、产业经济等领域的感知能力。同时,深化行政网格与警务网格融合,建立快速处置的联动机制,有效提升全镇域的综合管理服务能力。2019年,新桥镇推送网格事件2万余件,办结率99.3%,网格治理的格局成熟定型、成效明显。年末,该镇获评无锡市网格化社会治理优秀镇。

【"院府合作"项目签约】 2019年6月14日,新桥镇政府与市人民医院医疗集团签约"院府合作"项目,市人民医院医疗集团新桥分院揭牌成立。新桥卫生院加入医疗集团成为分院后,市人民医院发挥龙头作用,加大对医院管理和技术帮扶力度,进一步提升新桥分院运行质量和效率,促进医疗质量对标集团龙头医院的同质化水平不断提升,综合医疗服务能力稳步提高。市人民医院医疗集团计划在新桥卫生院新设呼吸疾病特色专科、肿瘤治疗后康复服务等健康服务项目,并逐步建立市人民医院与新桥卫生院双向转诊绿色通道,为百姓提供市人民医院门诊、住院预约服务,减少群众就医手续,通过差异化发展、同质化服务,让人民群众享受到医改红利。是日,江阴市首个江苏省基层卫生人员实训基地在新桥镇卫生院挂牌,新桥镇红十字服务中心同时启动,开展红十字会应急救护实事工程初级救护培训,这也是江阴首个乡镇红十字服务中心。

【承办“时裳新桥·江阴”半程马拉松赛】 2019年10月20日,由江阴市政府主办,市文体广电和旅游局、新桥镇政府承办的“时裳新桥·江阴”第五届国际半程马拉松赛在新桥镇飞马水城鸣枪开赛。该次赛事申报为中国田径协会马拉松B类赛事,标志着“澄马”赛事级别、赛事规模和赛事服务的全新升级。赛事长跑路线途经飞马水城、生态绿道、民乐广场、神华寺等生态景观、旅游亮点,全面凸显“时尚服饰之都、艺术文化新城、花园城市典范”的小镇风采。赛事分21千米半马、10千米竞速跑和6千米健身跑3项项目,8000多名来自世界各地的专业运动员和马拉松爱好者参加比赛。新桥镇通过承办此项赛事,进一步展示形象、扩大开放、促进交流的“金色名片”。(参见《体育》类目中相关条目)

【新桥镇第三届全民运动会举行】 2019年9月24日,新桥镇“奋进新时代、新桥更美好”第三届全民运动会正式开幕。该届运动会设成人组29项比赛项目,其中团体9项、个人20项,有30个单位的1000余名运动员参赛。开幕式上,来自全镇各村(社区)和企事业单位的27个参赛方队和7个文体表演团队以及2000余名运动员和演职人员参加入场式和大型文体表演,有2000余名观众观看运动会开幕式。运动会历时3个月,12月25日举行闭幕式。

(曹丽华)

长泾镇

【概况】 长泾镇北依长江,南临太湖,古名“东舜城”,是吴文化的发祥地之一,也是中国著名电影表演艺术家上官云珠和著名化学家、催化学科奠基人之一张大煜的故乡;地处江阴市东南,界于沪宁高速公路与沿江高速公路之间,东与顾山镇毗邻,南与无锡市锡山区接壤,西与祝塘镇交界,北连华士、新桥两镇。全镇总面积54平方千米,耕地面积2298公顷,下辖12个行政村。2019年年末,该镇有户籍人口56447人,其中男性27559人、女性28888人;有少数民族16个146人,其中回族8人、苗族27人、布依族35人、壮族19人、侗族10人、朝鲜族1人、土家族26人、彝族3人、羌族1人、仡佬族3人、蒙古族2人、毛南族1人、藏族2人、满族5人、哈尼族1人、畲族2人。有外来暂住人口37446人,其中男性20641人、女性16805人。

政治建设 加强党支部标准化规范化星级化建设,5个支部被评为市五星级党支部、97个支部达到三星级以上水平,1个薄弱后进村党组织销号,“两新”* 支部标准化规范化建设达标率100%,完成基层党组织换届选举。加强阵地建设,打造“暨阳红”先锋阵地示范工程2个、“两新”党组织红色阵地7个。加强品牌建设,培育党建品牌7项。抓好“领头雁”队伍建设,培育“五强”(政治素质强、担当作为强、发展本领强、治理能力强、作风纪律强)型优秀村书记8人,5个村实现村书记、主任“一肩挑”。抓好党员队伍建设,新建党员中心45个,覆盖率58.5%。开展“不忘初心、牢记使命”主题教育。制定实施方案,推行“421”量化评价工程,成立主题教育领导小组和党委班子成员联系基层指导组,设立主题教育领导小组办公室。围绕“学习《习近平新时代中国特色社会主义思想学习纲要》”等8个专题,其中党委班子集中安排一周时间,进行集中研讨交流。结合“东舜大学堂”“道德讲堂”,加强革命传统、形势政策、先进典型和警示教育,举办基层党组织书记主题教育培训班。全体党政领导从农村人居环境、企业转型升级、基层党建和教育事业等15个方面,精心制定调研课题,形成调研报告15篇。镇党委书记江国虔围绕“强化综合执法、细化网络治理,推动长泾人居环境再上新台阶”主题,为全体党员干部讲党课。开展“三听三问三征求”* 活动,征求到意见建议68条。开展“三解决三提升”* 和“支部结对、党群结亲”活动,广泛听取意见建议,收集梳理认领问题30余个,承接上级交办问题1个,逐一制订整改措施,进行销号管理。开展党课提升工程,举办东舜大讲堂4场,主要党政领导下基层讲党课15场,邀请市委党校讲师团到基层巡讲15场,“支部书记讲党课”百千万工程成效明显。建好用好1个新时代文明实践所、12个实践站、30个实践点等意识形态主阵地,举办“共话祖国好、奋进新时代”百姓名嘴理论宣讲68场,打通理论宣讲“最后一公里”。开展“不忘初心强意识、学习强国提水平”知识竞赛,学习平台覆盖率95.2%。认真落实中央“八项规定”* 和实施细则精神,围绕市委第二巡察组对8个村(社区)巡察反馈问题,制定有效整改方案,监督落实整改措施。聚焦学校伙食费使用、尊老金发放、征地拆迁、新农村建设等群众关切的重点领域,从严执纪问责,切实维护好群众的切身利益。政务服务村级延伸实现全覆盖,政务服务中心窗口和村便民大厅全年受理办件17986件。准入项目实现代办全程化,全年代办新批改扩建项目126项。综合执法局承接上级行政处罚权限,全年开展综合执法715次,查处各类行政处罚案件269件。修订《长泾镇智慧城市运行效能考核细则》,推动公安警务力量融入网格治理,整合“城市啄木鸟”等网络平台,构建立体化社会治安防控体系,全镇网格员全年有效巡查里程约42000千米,上报各类事件14309件,办结率100%。镇人大依法履职职能、人大监督的实效性不断增强,全年办结人大代表意见、建议24条,对政府实事工程、2019年经济社会发展主要目标任务

进行定期视察与监督。政协长泾镇工作委员会围绕涉及民生的热点、难点、重点问题开展主题调研和视察,人民政协政治协商、民主监督和参政议政的重要作用不断强化。坚持依法行政,建设阳光政府、服务政府、廉洁政府,树立人民政府的良好形象。全年政府按规定网上公开文件33件,发布微信动态信息1231条,受理办结信访件41件、“12345”民生热线咨询诉求1680件。镇团委组织举办长泾镇纪念五四运动100周年大型歌会,机关单位青年干部、各行政村有关人员及学校师生参加。

经济建设　长泾镇着力稳增长、调结构,大力推进重点项目建设,强化科技创新,加快“走出去”步伐,切实提升发展的动力和活力,经济发展质效持续提高。2019年完成地区生产总值73.16亿元,比2018年增长4.35%,完成一般公共预算收入3.9亿元,税收占比达94.1%。工业经济稳健运行。完成工业总产值166亿元,比2018年增长2.5%,其中规模以上工业产值109亿元,比2018年增长2.12%。完成工业开票销售152.57亿元,比2018年增长2.23%。工业用电7.5亿千瓦时,比2018年增长5.5%。年内落实下发2018年产业强市奖励资金1241.32万元。组建服装协会,筹建新材料行业协会,通过全国纺织产业集群复评,蝉联“中国粗纺呢绒名镇”称号,长泾镇粗纺呢绒行业协会获评中纺联“纺织产业集群地区优秀协(商)会”。服务业稳中有进。完成商业开票销售收入43.42亿元,比2018年增长17.95%。完成限额以上批零企业销售额17亿元,限额以上社会消费品零售额4.05亿元。实施长泾老街月饼小作坊街区品质提升工程,获评两个“无锡老字号”。现代农业稳步发展。全镇水稻种植面积1100公顷,农业适度规模经营比例86%,农业机械化作业率90%,小麦、水稻单产分别为330公斤和630公斤,粮食生产再获丰收。“喜草牌”灵芝袍子粉获“第十三届中国有机产品金奖”,田晟灵芝专业合作社被纳入江苏省品牌目录合作社,佰芝林农业合作社获评江苏省民营科技企业。全年完成固定资产投资17.16亿元,比2018年增长1.2%,其中工业投资9.01亿元,比2018年增长11.1%,服务业投资8亿元,比2018年增长0.1%。全镇有25项重点项目,开工建设22项,完成投资14.32亿元。骏驰复合材料柔性线路板覆铜板项目、花园铝塑乳品包装封口膜和空投包装袋项目、升辉包装高档多层共挤流延膜扩能项目即将投产,天宗新能源锂电池新建项目、邦辉建材新型防水建筑材料项目有序推进。落实稳外贸政策措施,完成进出口总额3.04亿美元,比2018年增长8.1%,其中出口2.56亿美元,比2018年增长10.6%。组织企业参加第二届上海进口博览会,着力推动外资外贸优进优出,实现对外直接投资额50万美元,完成到位注册外资1700万美元。

社会建设　完成全社会研发投入2.52亿元,占地区生产总值的比重为3.9%。实施产学研项目3项,完成技术合同交易1.03亿元。全年获批省级科技“小巨人”企业1个、省高新技术企业9个、科技型中小企业21个、民营科技企业6个,高新技术产业产值32.67亿元,占规模以上工业产值33.5%。新增省“双创”*博士1人、“暨阳英才计划”*特色乡土人才1人。加大教育投入,完善各中小学、幼儿园设施环境,改善办学条件,完成河塘中心小学校舍改扩建一期工程,完成聚谊家园民办幼儿园主体工程。加强教师队伍建设,规范学校管理,抓好教育质量,中高考、小学教育和学前教育取得优良成绩,镇成教中心获评江苏省教育服务“三农”*高水平示范基地。倡导尊师重教,成立东舜教育发展基金会,开展助教助学活动。开展庆祝中华人民共和国成立70周年十项系列活动,中秋活动在中央电视台《传奇中国节》栏目播出。组织开展各类新时代文明实践活动485场次、“文化惠民月”演出100多场,完成镇文化艺术联合会换届工作,长泾蚕种场入选第八批国家重点文物保护单位。发展医疗卫生事业,做好“黄帝内针”等公共卫生服务。推进家庭医生签约服务,年内签约7758人。组建13个医疗服务团队,为老年人、慢性病患者等提供医疗卫生保健上门服务,促进健康长泾建设。广泛开展群众体育活动,成立江阴市长跑协会长泾分会,举办“全澄欢乐跑”长泾站长跑活动。拓展镇村体育阵地,成立健身气功服务中心,组织各类群众体育比赛,促进群众身心健康。河塘村、蒲市村、习礼村新农村农房建设有序推进,启动建设农房290户,其中78户完成交房、180户竣工、32户在建。蒲市村、习礼村道路摊铺、管线施工等工作有序推进,河塘村基础设施建设启动。着力办好群众最关心最期盼最需要的实事,群众生活质量稳步提升。居民人均可支配收入比2018年增长8.3%。全年提供就业岗位2500个,新增本地劳动力就业1500人,职业技能培训230人,扶持自主创业114人,应届大学毕业生返江阴就业率98%。全民参保登记2478人,新增城保扩面2375人、公积金扩面1106人,居民医保参保率100%,各项社保主要指标超额完成市下达任务。推进企业职工工资月薪制,全年调解各类劳资矛盾纠纷348件,涉及工资总额790万元,有效保障劳资关系和谐稳定。深入开展“阳光扶贫”等帮困救助活动,保障困难人员基本生活。创建花园村、习礼村居家养老服务站点,对1600多名老年人进行养老援助服务。创建完善镇村两级“残疾人之家”。成立镇村两级退役军人服务站,登记采集退役军人信息2249人,做好双拥优抚工作。深入开展扫黑除恶专项斗争,开展棋牌室清理和旅馆治安检查,破获涉黑恶案件74件。全年开展矛盾纠纷排查255次,化解各类矛盾纠纷790件,办结法律援助案件44件。完成锡东电厂二期“提标扩容”稳评工作,有效化解恒生府邸涉稳问题。深化小微企业安全托管,开展城镇燃气、交通运输等17个重点领域的城镇安全集中专项整治,深入开展“厂中厂”专项整治“雷霆行动”,“群租房”专项整治。

2019年长泾镇主要经济社会指标一览表

表89

指　　标	单　位	数　量	比2018年增减(%)	指　　标	单　位	数　量	比2018年增减(%)
地区生产总值	亿元	73.16	4.35	限额以上单位零售额	亿元	4.05	1.70
其中:第一产业	亿元	1.69	-9.30	固定资产投资总额	亿元	17.16	1.20
第二产业	亿元	45.98	5.31	其中:工业投资	亿元	9.01	11.10
第三产业	亿元	25.49	4.04	进出口总额	亿美元	3.04	8.10
一般公共预算收入	亿元	3.90	-2.21	其中:出口额	亿美元	2.56	10.60
农业总产值	亿元	1.69	-9.30	到位注册外资	万美元	1700	-32.40
粮食总产量	万公斤	1661.30	1.40	居民人均可支配收入	元	51724	8.30
工商业开票销售总收入	亿元	196.37	5.35	中小学校在校学生数	人	6858	1.30
其中:工业开票销售收入	亿元	152.57	2.23	社保参保率	%	99	0(百分点)
服务业开票销售收入	亿元	43.42	17.95	劳动合同签订率	%	98	0(百分点)
规模以上工业利润	亿元	6.80	31.10	新型农村合作医疗参保率	%	100	0(百分点)

2019年长泾镇开票销售收入前10名企业一览表

表90

名次	企　业　名　称	销售收入(亿元)	法人代表	名次	企　业　名　称	销售收入(亿元)	法人代表
1	江阴通利光电科技有限公司	24.10	周永南	6	江阴和创服饰有限公司	5.00	赵志刚
2	江阴升辉包装材料有限公司	8.50	宋建新	7	无锡邦舵服饰有限公司	4.00	吴琴贤
3	江苏苏青水处理工程集团有限公司	8.10	蒋惠平	8	江阴兴吴呢绒科技有限公司	3.80	吴栋标
4	江阴市明康电子科技有限公司	6.10	颜明康	9	江阴市文明体育塑胶有限公司	2.80	宋文明
5	江阴市康源印染有限公司	5.70	夏国庆	10	无锡共成交通器材有限公司	2.40	李文义

2019年长泾镇各村(社区)基本情况一览表

表91

村(社区)名称	户数(户)	人口(人)	村(社区)党支部(党总支、党委)书记	村(社区)主任	村(社区)开票销售收入(亿元)
花园村	1413	4750	宋建新	蔡建东	60.40
河塘村(社区)	1610	5685	王永芳	周新峰	18.90
长东村	1075	3993	吴栋标	吴建刚	18.70
南泗村	1927	6607	李明法	李明法	12.40
泾南村(社区)	1885	5901	吴宪宏	吴　刚	8.00
和平村	890	3274	吴文勇	程永建	7.00
泾东村(社区)	1399	4253	张　明	张　明	6.80
刘桥村	1438	5005	刘　达	刘　达	6.00
王家村	1303	4788	顾明香	顾明香	4.70
蒲市村	1522	5776	浦益锋	周学明	4.50

续表 91

村(社区)名称	户数(户)	人口(人)	村(社区)党支部(党总支、党委)书记	村(社区)主任	村(社区)开票销售收入(亿元)
蔡桥村	630	2393	蒋海滨	蒋海滨	3.40
习礼村	1113	4052	陈伟南	陈伟南	2.60

【长泾镇获中国最美村镇生态宜居成就奖】 中国最美村镇评选活动起源于2013年,是由第一财经发起并联合全国80多个媒体,由住房和城乡建设部、文化和旅游部、中国社科院、中国国际经济交流中心、中广联合会经济广播工作委员会等部门创办。2019年4月中国最美村镇评选活动启动,全国有800多个村镇参与。经过自主报名、专家巡查、网民投票、媒体评选,长泾镇最终脱颖而出。12月7日,2019年乡村振兴产业发展论坛暨中国最美村镇评选颁奖典礼在安徽省蚌埠市举行,长泾镇获2019年中国最美村镇生态宜居成就奖,成为江阴市首个获此荣誉的乡镇。

【蒲市村入选国家森林乡村】 2018年以来,蒲市村大力实施农村人居环境建设,乡村生态环境、绿化管护水平有了显著提升。全村总面积650.67公顷,种林地面积141.33公顷,其中生态林66.67公顷、经济林57.33公顷、防洪林9.4公顷、道路绿化14.87公顷。全村村庄面积70.29公顷,其中绿化面积15.23公顷,绿化率21.67%。全村道路总长度16010米,绿化15390米,绿化率96.1%。村内建有500平方米以上休闲绿地5处。2019年12月31日,国家林业和草原局发布《关于公布第二批国家森林乡村名单的通知》,认定并公布第二批国家森林乡村,其中长泾镇蒲市村入围。

【长泾蚕种场晋升全国重点文物保护单位】 长泾蚕种场是国内保存最好、技术最先进的蚕种场,代表着中国的蚕桑文化,有着一定的历史价值、社会文化价值和建筑科技价值。2019年10月16日,国务院核定文化和旅游部、国家文物局确定并公布第八批全国重点文物保护单位,762处第八批全国重点文物保护单位以及50处与现有全国重点文物保护单位合并的项目予以公布,长泾蚕种场名列其中。

【长泾镇镇村建设】 2019年,长泾镇完成全镇村庄规划修编,推进主干道出入口、区域节点景观设计规划。完成东礼路、花园路、云都路、习礼桥、富园路桥等道路桥梁改造,完成礼新路、学前街、云都路弱电入地工程。完成泾东花苑安置房建设、西柏树下防汛应急工程和东南部水环境二、三期工程。镇垃圾中转站建成投用。美丽乡村建设按照三星级康居乡村标准,实施18个自然村村庄整治,其中10个自然村完工。蒲墅里自然村创成特色田园乡村,徐家宕、楼下自然村完成首轮基础设施提升改造。城镇管理有效提升。深化城市精细化管理,开展交通干线沿线环境综合整治五项行动,开展门店秩序、户外广告、暴露垃圾、露天烧烤专项整治,16个镇区洗车场完成店外占道洗车专项整改。启动原铸钢厂地块综合整治。全面实施农贸市场周边环境整治,严抓建筑工地文明施工,联合开展犬类整治。拆除各类违建30处8000余平方米。

【环境突出问题整改】 2019年,长泾镇强化环境突出问题整改,全年环境信访总数比2018年下降69.3%。深化实施"散乱污"企业专项整治,关停取缔"散乱污"企业131个,关停化工生产企业3个。推进实施热电企业关停整合,全面淘汰35蒸吨以下燃煤锅炉,完成减煤任务4.02万吨。7个企业引进能源管理体系,4个企业落实清洁生产。推广商品有机肥、专用配方肥料的替代使用,化肥使用量减少584吨,测土配方施肥技术覆盖率95%以上。全面推进实施生活污水集中收集处理,在4条断面监测考核河道1千米范围内企业开工建设330个点位,完成307个点位,55个自然村完成污水集中处理改造;完成新泾河等黑臭河道治理和91条引排水河道及家河清淤,4条断面考核河道水质均达到省考核目标,东青河、张家港河水质达到优Ⅲ类。3个企业完成油烟净化设施安装,53个重点废气排放企业完成用电工况设施安装,实现24小时在线监控,全年空气优良率72.5%。推进绿化美化工程,锡东生态园全面建成,完成成片植树造林33.33公顷,章家宕自然村获评省绿美村庄示范村。倡导实施生活垃圾分类,新增垃圾分类设施46座。深化"厕所革命",新建卫生公厕6座,取缔大"三格式"化粪池49个。

【第四届文化旅游推广暨中秋月饼节举办】 2019年9月10日,"花好月圆、情满东舜"长泾镇第四届文化旅游推广暨中秋月饼节系列活动启动仪式在长泾老街举行。市委宣传部、市文明办相关领导,市文体广电和旅游局、市文联相关领导,镇党委相关领导参加启动仪式。启动仪式上,镇党委副书记孙仲英致欢迎词并介绍"长泾老街文化旅游推广暨中秋月饼节"活动基本情况,为"中国好人"沈福才,"无锡好人"顾铁钢、张文英、夏正兴、章荷芬、陈小度、陈中明、张巧梅,"十佳江阴好人"提名奖获得者韦然、宋正庆送上祝福。启动仪式后,进行长泾传统拜月仪式拍摄。该节目于是月13日在中央电视台《传奇中国节》栏目播出。

【长泾镇文学艺术界联合会第六次代表大会召开】 2019年11月29日,长泾镇文学艺术界联合会召开第六次代表大会,江阴市文联书记吴海英,镇党委副书记孙仲英,宣传委员孙丽丽出席会议。孙仲英代表镇文联第五届理事会作工作报告,并明确以后五年镇文联的努力方向,即在文联自身建设上、在特色品牌上、文艺创作上、文化惠民上、文化传承上下功夫。孙丽丽主持大会,并宣读长泾镇文联第六次代表大会关于《文联工作报告》的决议。

镇团委书记毛凯致贺词。镇教育文体科科长王丽君作长泾镇文联第六次代表大会的筹备工作情况报告。大会通过主席团名单、修改长泾镇文联章程报告,审议并通过文联第六届委员会成员名单。

【长泾镇服装行业协会成立】 2019年7月5日,长泾镇召开长泾镇服装行业协会成立大会暨第一次会员大会。市委副书记、统战部部长袁秋中,市工商联党组书记陈雪源,镇党委书记江国虔、镇长陶郁峻、人大主席季峰、党委副书记孙仲英、副镇长钱浩、党委委员张明等出席大会。会上,袁秋中代表市委、市政府对服装行业协会的成立和新当选的第一届理事会成员表示祝贺。会议审议并通过协会章程,通过选举产生长泾镇服装行业协会第一届理事会理事,吴琴贤当选为该行业协会会长,郭梁东当选为常务副会长,赵志刚、周铁军、浦建伟当选为副会长,周敏洁当选为监事长。 (费 倩)

顾山镇

【概况】 顾山,新石器时期末就有先民聚居,禹治震泽称龟山,春秋时期是吴楚通衢,南梁时定名顾山,宋元时成集设镇至今。该镇位于江阴市东南边缘,距江阴市城区41千米,东南以顾山山为界,和常熟市尚湖镇、无锡市锡山区东港镇相接;西紧连长泾镇;北隔新沙河,与张家港市杨舍镇毗邻。省道云顾公路、暨南大道横越东西,通锡高速、锡张公路纵贯南北,并直达沪宁高速公路、常合(沿江)高速公路两道口。申张航道、十一圩航道在境域内相交畅流。境内有千年红豆树、古犀带桥、香山寺等名胜古迹,素有"金顾山"之美称。区域东西长12.6千米,南北宽10.4千米,总面积49.51平方千米,耕地面积1863公顷,下辖12个行政村、3个社区居委会。2019年年末,有户籍人口55634人,其中男性27067人、女性28567人;有少数民族16个192人,其中蒙古族1人、回族8人、藏族1人、苗族33人、彝族11人、壮族24人、布依族58人,朝鲜族3人,满族6人、侗族1人、瑶族2人、白族2人、土家族37人、水族2人、羌族1人、仡佬族2人。有外来暂住人口47273人,其中男性26074人、女性21199人。

政治建设 全年组织召开党建专题研究会议6次、党委中心组学习13次。强化压力传导、责任落实,年初与各基层党组织签订2019年度党建工作责任书47份,加强对党建工作责任落实情况的指导、监督和考核,从严从实抓好抓牢党建工作。依托党委中心组、党员活动日等载体,领导班子成员通过集中学习研讨、专题党课、主题宣讲等方式,带领党员干部深入学习习近平新时代中国特色社会主义思想、中共十九届四中全会精神等重要内容,组织党员集中学习4000人次,发放学习资料8000册,实现党员学习全覆盖,全面筑牢思想政治根基。明确不同调研课题,深入村企、群众进行调研,全面梳理思考,形成调研报告汇编。组织开展民主生活会、组织生活会,带领党员干部认真检视自身问题,深刻剖析问题根源,及时落实整改,促进思想进步、能力提升。深化基层党建"四项工程"*,提升党建工作质量。扎实开展"领头雁"工程*,对14个村(社区)书记进行考察座谈,重新梳理形成书记对标整改"四张名单"。开展党支部星级评定,红豆树坞党支部等5个支部被评定为五星级支部。推进"暨阳红先锋阵地"建设,树立"红豆情·先锋行""初心号党建动车"等8个党建工作典型,改造提质红豆村、顾山卫生院等一批党建阵地,形成特色党建示范带。推进非公企业阵地"十百千"工程,推行"红色车间"党建阵地建设,建成"红色车间"12个、"红色展厅"3个。深化党员联户"1+10+N"制度*,新建党员中心户87个,联系群众2100多户,基本实现农村党员全覆盖。严格规范选举程序和步骤,完成157个党支部、5个党总支部换届选举工作。转化党建成果,全力服务民生和发展。启动"碧水先锋行、助力河长治"党员志愿服务项目,推进"红色先锋宣讲团""红豆益站",老干部、老战士、老专家、老教师、老模范"五老"志愿活动等特色党员志愿服务,开展支部结对、党群结亲活动,推动道路桥梁维修、小区车位改造等一批实事项目完成。配合做好扫黑除恶专项斗争,对14个村(社区)101名"两委"*干部进行多轮联审排查,选优配齐村"两委"班子成员3人。完成各村(社区)"牌子乱象"整顿,以及软弱涣散党组织顾北村、薄弱后进村李家桥村整改工作。强化干部队伍建设,按要求完成村(社区)党组织书记、委员会主任"一肩挑"9个,超额完成上级下达任务。加强干部教育培训,依托"金顾山"大讲坛、专题讲座等载体,积极开展各类培训活动。全年基层党支部书记轮训1次、党务工作培训4次、党员中心户培训2次。科学制定党员发展计划,完善党员发展制度,全年培养入党积极分子53人,新发展党员38人(其中定向发展3人),按期转正35人。办理人大代表建议和意见14件,新建7个人大代表工作室。离退休老干部发挥余热,新成立无锡市厚德自动化仪表有限公司、江阴百合佳服装有限公司、江阴市羽项电子有限公司等24个民营企业关工委组织,组织老干部开展"五老"志愿活动。

经济建设 顾山镇深入推进产业强镇战略,主动适应经济发展新形势,扎实做好稳增长、促转型、调结构等工作,经济发展质效不断提升。全年完成地区生产总值96.73亿元,比2018年增长5.4%。完成工商业开票销售总收入299.21亿元,比2018年增长2.1%。完成一般公共预算收入5.78亿元。完成规模以上工业产值144.2亿元,比2018年增长6.3%。实现进出口总额4.06亿美元。完成限额以上单位零售额2.45亿元,比2018年增长14.7%。坚持项目拉动、创新驱动,发展动力和活力持续增强。有效投入不断扩大,完成全社会固定资产投资26.31亿元,比2018年增长15.2%。总投资10亿元的云蝠跨境电商产业园、总投资9亿元的海晨智慧服饰一期等12项项目竣工投产,东尚住宅工业、云蝠人才公寓、格美毛纺等一批超亿元项目加快推进。完成农业投资4000万元,新增农业经营主体7个。神宇农庄的葡

萄获国家级银奖、省级金奖,“金顾山”水蜜桃获省级金奖,江阴市紫荆农业合作社的梨、火龙果等获评江苏省名优特农产品。

社会建设　完成全社会研发投入2.55亿元,实施重点产学研项目5项,获批高新技术企业10个、省民营科技企业5个。重视教育事业发展,加大教育投入,顾山实验小学新校区开工建设,校安工程扎实推进,召开顾山镇教育发展大会,成立“金顾山”教育基金。统筹推进镇村建设,实施顾西桥改造工程,完成解放工业园区道路基础工程。完成新龚村界泾桥、万兴村夏圩、李家桥村芦荡圩区应急防汛工程。完成百花园景观、北涸胥湖公园护栏改造提升。推进农村人居环境暨“一推三治五化”*专项行动,新建、改造水冲式公厕6座;强化镇村结合部、主次干道、背街小巷等重点区域清理整治,镇村人居环境改善提升。开展“大棚房”问题专项整治,杜绝违法违规占用农用地,整改面积0.56公顷。美丽乡村建设扎实推进,红豆树坞入选第三批省级特色田园乡村建设试点,东岐村入选2019年度无锡市美丽乡村示范村。加快红豆村农村住房建设试点工作,启动一期建设工程。加大污染防治攻坚力度,深入推进“263”专项行动*,持续做好中央环保督察“回头看”交办问题整改,关停“三高两低”企业*3个,新增关停整治“散乱污”企业61个。推进工业大气污染防治重点工程32个,新增18个企业治污设施用电工况实时监测。强化水环境综合治理,2个省考断面水质达标,均为Ⅲ类水质。完成村庄控源截污工程6个,剩余71个加快推进。完成东清河支浜清淤工程,清淤10.8万立方米。完成人民西路、香山西路、新沈路交叉口雨水管网改造,新增污水管网600米。完成丁字河、陆家桥浜、老桥浜黑臭河道治理和北涸集镇区域水系沟通。启动实施顾山镇村级河道(塘)三年行动计划,清洁家河435条。开展河湖“两违”*专项整治,拆除沿东清河、张家港河违建2处。新增造林绿化面积0.56公顷。红豆村南庄创建成省级绿美乡村。全年新增城保扩面2036人,实现本地劳动力就业1500人,扶持自主创业157人。居民人均可支配收入53629元,比2018年增长9.3%。定期开展“阳光扶贫”工程,弱势群体得到精准帮扶,全年发放各类帮扶救助资金875万元。退役军人服务站成立运行,拥军优属得到更好保障。全面完成家庭医生签约服务指标任务,签约9327份,常见病慢性病筛查、疫苗接种、重度精神疾病患者关怀等健康服务到位。创新养老模式,顾山护养院顺利投运,完成顾山、北涸敬老院整体搬迁。新增社会化居家养老机构4个,提档升级居家养老服务中心4个。完成全镇村级农家书屋提升工程,成功举办“民乐润我心——少梅故里丝竹情”民乐专场。完成老东清河区域健身场地改造工程,举办第三届红豆文化旅游节、第二届全民运动会等文体活动。深化“平安顾山”“法治顾山”建设,开展安全隐患大排查大整治、城镇安全集中整治和重点领域专项整治,累计执法检查476个次,排查整改各类安全隐患3947处,责令停业整顿企业26个次,依法查处安全生产案件56件,处罚金额165万元。扎实开展“厂中厂”安全生产专项整治“雷霆行动”,关闭取缔企业142个、停产整改企业178个、标准化提升企业686个。深入推进扫黑除恶专项斗争,清理整顿各类行业场所58个,处理赌博案件5件、处罚66人次,依法打击各类违法犯罪。推进“七五”普法,深化“法律顾问进校园”,建成省级民主法治示范村(社区)7个。

2019年顾山镇主要经济社会指标一览表

表92

指　　标	单　位	数　量	比2018年增减(%)	指　　标	单　位	数　量	比2018年增减(%)
地区生产总值	亿元	96.73	5.40	限额以上单位零售额	亿元	2.45	14.70
其中:第一产业	亿元	2.17	-1.80	固定资产投资总额	亿元	26.31	15.20
第二产业	亿元	57.77	6.60	其中:工业投资	亿元	14.99	24.40
第三产业	亿元	36.79	4.20	进出口总额	亿美元	4.06	-3.20
一般公共预算收入	亿元	5.78	-10	其中:出口额	亿美元	3.59	-1.50
农业总产值	亿元	3.89	0	到位注册外资	万美元	50	-90
粮食总产量	万公斤	703	-2.76	居民人均可支配收入	元	53629	9.30
工商业开票销售总收入	亿元	299.21	2.10	中小学校在校学生数	人	5951	1.50
其中:工业开票销售收入	亿元	188.45	8.70	社保参保率	%	93	0(百分点)
服务业开票销售收入	亿元	106.80	-8.90	劳动合同签订率	%	98	0(百分点)
规模以上工业利润	亿元	5.47	18.50	新型农村合作医疗参保率	%	100	0(百分点)

2019年顾山镇开票销售收入前10名企业一览表

表93

名次	企业名称	销售收入(亿元)	法人代表	名次	企业名称	销售收入(亿元)	法人代表
1	江苏云蝠服饰股份有限公司	27.16	郭　健	6	江阴裕华铝业有限公司	6.88	徐　丹
2	江苏众网互联网有限公司	19.63	吴锦明	7	江苏澄阳投资集团有限公司	5.34	杨　亮
3	江阴爱居免服装有限公司	11.34	赵方伟	8	江苏通达家居用品有限公司	4.43	陈泱光
4	江阴市江洲铜业有限公司	10.13	尤方云	9	江阴市民达投资有限公司	4.40	郭新民
5	沐祥集团有限公司	8.60	郭亚霓	10	江阴市源盛铝业有限公司	4.18	王爱东

2019年顾山镇各村(社区)基本情况一览表

表94

村(社区)名称	户数(户)	人口(人)	村(社区)党支部(党总支、党委)书记	村(社区)主任	村(社区)开票销售收入(亿元)
新龚村	1941	7171	郭正平	郭正平	28.42
顾北村	730	2585	赵玉龙	周旦平	30.58
洄东村	891	3097	杨　亮	杨　亮	21.83
南曹庄村	1130	4284	毛二度	毛二度	25.10
红豆村	1745	6234	吴敏东	吴敏东	16.25
顾山社区	1986	5724	孙祖涛	孙祖涛	18.62
解放村	831	2780	潘立新	许敏达	10.99
东岐村	1112	3887	吴红一	吴红一	10.23
鉴青村	655	2120	陈金星	陈　新	5.78
万兴村	962	3094	王洪兴	王洪兴	4.98
赤岸村	1275	4397	沈耀丰	沈耀丰	6.68
李家桥村	776	2908	刘利荣	徐　敏	5.16
北洄社区	1424	4256	徐　斌	徐　波	4.83
洄南村	921	3172	徐健荣	徐健荣	4.73
金桃社区	24	55	朱敏华	朱敏华	—

【2019年全国蒸菜烹饪技能创新大赛举办】 自2011年顾山镇荣获评"中华餐饮名镇"后，全镇餐饮业规模逐渐扩大，档次不断提高，涌现新东方、北洄之春、金顾山、云蝠烧鹅仔、华清苑等一批颇具特色的酒店。全镇建成"中华餐饮名店"2个、"江苏省餐饮名店"5个。2019年10月22—23日，由江苏省烹饪协会、江阴市顾山镇政府、江阴市烹饪协会主办，江阴新东方酒店承办的2019年全国蒸菜烹饪技能创新大赛在新东方大酒店举行。来自全国5个省份的63名厨师参赛。作为全国性的交流活动，该次烹饪技能创新大赛在创新组织形式以及菜品品质控制上都越发成熟和完善，成为烹饪技艺集中展示、交流和学习的大会，挖掘出更多优秀的菜肴品种。

【周少梅国乐社赴上海展演】 2017年以来，顾山镇以创建"丝竹之乡"为抓手，有计划、有步骤地组织队伍、开展活动、创作曲目、出版书籍、成立纪念馆、对外宣传，以走出去、请进来等方式，整体推进江南丝竹音乐的保护、继承、发展工作，取得明显成效，成为顾山镇的一张文化名片。2019年10月25日，"秋水长天韵雅集"苏浙沪江南丝竹展演在上海梅陇文化馆举行，顾山镇周少梅国乐社受上海市徐汇区文化和旅游局特邀参加展演。该次展演为上海品牌文化活动——"国乐雅韵"的第54期，也是2019年上海市民文化节的一个子活动，有江浙沪三地共5支民乐团队受邀参加展演。周少梅国乐社演奏《周少梅书房里的琴声》和《顾山春》两首曲目。

【华新电器一车间获评无锡市智能车间】 2019年，江阴华新电器科技股份有限公司申报的"高端电机定转子铁芯智能生产车间"智能车间项目，通过专家审核及现场考察，被评为无锡市智能车间。该公司产品为精密硅钢冲压铁芯，行业地位国内领先，主要合作伙伴有宝钢、首钢、沙钢等大型钢厂。公司广泛推进自动化、信息化和智能化管理，加速生产装备的升级改造。企业智能装备数量占98%以上，主要采用"进料检验→开料分条→冲压→卷绕→

自动焊接→整形”的工艺流程对生产设备以及厂房布局进行智能化改造与建设。该车间可实现高端电机定转子铁芯的自动化生产，节约材料，结构合理，能耗小，噪声低，可有效地提高电机的能量转换效率，推动高端电机定转子铁芯在航模、医疗、机械、家电、新能源汽车、机器人等行业向低成本、轻量化、小型化、高效率、集成化的方向发展。

【东岐村入选无锡市美丽乡村示范村】 东岐村位于顾山镇的西北角。全村总面积约3.01平方千米，由17个自然村、31个村民小组组成。2017年起，东岐村扩大农业生产服务，逐渐形成一个农业特色村，以“三星级康居乡村”白荡桥为中心，深入推进村庄环境整治，开展美化亮化工程、公共设施配套设施工程，全部实现道路硬化，主河道两侧完成驳岸，村庄绿化率45%以上。同时，村庄有效执行村庄环境整治长效管理方案和村规民约，环境综合整治成效显著提升。2019年，根据无锡市委、市政府《关于深入推进美丽乡村建设的实施意见》精神，按照《无锡市美丽乡村示范村建设考核评价办法》，经东岐村申报，市(县)区初评，无锡市级审核评价，入选2019年度无锡市美丽乡村示范村。

【江苏云蝠跨境电子商务产业园开园】 江苏云蝠跨境电子商务产业园(一期)项目坐落于顾山镇顾北工业园，占地面积6.76公顷，建筑面积99353平方米，项目总投资10亿元。2019年，云蝠控股的国家级众创空间投入运行。并引进入驻斯拓纺织科技、丽鼎高端面料、普光医疗器械3项生产型项目；签约三仁进出口、堉涵电子商务、珈和进出口、星宇纺织等4项跨境电商项目；公司自投的智能工厂、棉针织厂、梭织厂投产。产业园计划充分发挥云蝠控股洛杉矶公共海外仓优势，主营纺织服装产业跨境电子商务，重点打造跨境电子商务产业园、跨境电商众创空间、云蝠服饰智能制造中心。通过引进一批优秀电子商务综合服务平台和企业、引育一批优秀电子商务人才，致力打造省级跨境电商试验园，构建苏南地区跨境电商人才高地、创新创业实践基地。

【东方造物馆开馆】 2019年10月12日，由江阴市委宣传部、江阴市文体广电和旅游局、江阴市文学艺术界联合会、顾山镇政府主办，江阴市丰硕文化产业有限公司承办的东方造物馆开馆仪式在顾山镇举行。东方造物馆是由江阴市丰硕文化产业有限公司依托原有的紫檀博物馆基础而建，建筑面积13000平方米，分为丰硕成家馆、雍也馆、FAS馆、意大利馆和体验馆5幢现代建筑与若兰斋、紫光轩、成居厅、硕丰堂、紫檀馆、造物馆6幢古建筑，形成不同风格的室内家具空间。两宋官窑遗珍展也在东方造物馆中限时展出，展品由著名唐宋古陶瓷研究学者张学提供。东方造物馆旨在把传统非遗文化应用到制造业中来，让艺术生活化、情景化。

【顾山护养院投用】 江阴市顾山护养院院址位于顾山镇新沈路98号，总投资1.8亿元，占地面积2.08公顷，建筑面积4万多平方米，设有床位700多张，其中护理、养老600多张(护理型床位大于等于68%)，康复医疗床位101张。护养院按照现代化星级养老标准建设，能够满足顾山镇辖区内老人们不同层次的需求，是一个集医疗、养老、康复、护理、居住、休闲、娱乐、教育为一体的多功能养老基地。该护养院为失能人群、半失能人群、高龄需求人群、失智老人(老年痴呆人群)、其他特殊需求人群等5种人群提供医疗护理、生活照料、康复保健、心理疏导及治疗等服务。护养院配备医师、护师、照护师、康复治疗师、心理医师、营养师、社会工作师、志愿者等团队，为入住者提供多元化优质的护养服务。除必要的生活照料和医疗服务外，该护养院注重老年人的精神文化生活，有棋牌室、影音室、舞蹈房等文体活动设施和场地，有效满足老年人的精神文化需求。

【顾山镇第二届全民运动会举办】 2019年5月30日，顾山镇第二届全民运动会开幕式在顾山中学操场举行。此次运动会设置田径、球类、棋类、拔河、游泳、趣味运动等12项比赛项目；有近4000人参加比赛，涉及机关、村委、社区、企事业单位，实现镇所有单位的全覆盖。开幕式上进行文体表演，表演分为“龙腾狮舞歌盛世”“文明之花遍地开”“少梅故里丝竹扬”“七彩阳光正青春”“顾山红豆情意浓”5个篇章。江阴市政府、市总工会、市妇联、团市委、市文体广电和旅游局、市民政局等领导和镇三套班子成员出席开幕式，江阴市副市长张韶峰宣布开幕，顾山镇党委副书记、镇长何志强致开幕词，副镇长吴洁主持开幕式。整个运动会历时5个月，至10月26日结束。 (陈金良)

祝塘镇

【概况】 祝塘镇是徐霞客的祖居地，为江阴“四大古镇”之一。位于江阴市东南，南北分别与无锡市区、江阴市区相距20千米，云顾、祝陆、祝璜、祝文公路在镇区交汇，暨南大道和长山大道分别在镇域内过境4.9千米和3.3千米，锡华大河贯穿全境，是澄东南地区重要的交通枢纽。拥有“江南名镇”“江南外贸第一镇”“中国针织服装名镇”“国家卫生镇”“全国环境优美镇”“全国中小城市生态实验区”“江苏省综合实力百强镇”等荣誉称号，是江苏省重点中心镇。区域面积59.59平方千米，耕地面积2628公顷，下辖12个行政村(其中2个村居合一)。2019年年末，有户籍人口60174人，其中男性29758人、女性30416人；有少数民族18个461人，其中白族2人、布依族49人、藏族1人、朝鲜族4人、侗族39人、回族10人、黎族2人、傈僳族2人、满族6人、蒙古族5人、苗族124人、羌族2人、土家族164人、土族2人、瑶族2人、彝族6人、仡佬族4人、壮族37人。有外来人口88451人，其中男性46151人、女性42300人。

政治建设　坚持以习近平新时代中国特色社会主义思想为指导，扎实践行新时代党的组织路线，深入开展“五聚力五提升”*暨基层党建“四项工程”*，夯实基层基础，矢志创新突破，以高质量党建引领带动全镇经济社会发展高质量。始终坚持旗帜鲜明讲政治，自觉坚定“四个自信”*，增强“四个意识”*，坚决做到“两个维护”*。深入推进全面从严治党，高标准严要求开展“不忘初心、牢记使命”主题教育，把《习近平新时代中国特色社会主义学习纲要》《习近平关于“不忘初心、牢记使命”论述摘编》等书籍发放到全镇党员手中，推动广大党员干部读原著、学原文、悟原理，依托主题党日、党员中心户活动等载体，着力抓好“四重四亮”活动，引领领导干部学周恩来、基层干部学赵亚夫、广大党员学王继才等的“三学”风尚，开展“初心是什么、使命干什么、奋斗比什么”大讨论，推动广大党员干部深入理解和把握习近平新时代中国特色社会主义思想的科学体系、精神实质、实践要求。以为民服务解难题为目标，积极推进防汛设施、村内道路、环卫设施等公共事业发展。按照“三解决三提升”*行动的目标任务，镇主要领导、村（社区）“两委”*负责人领办重点难点问题22个。落实全面从严治党主体责任，构建大督查工作机制，一着不让、一项不漏狠抓市委巡察村（社区）反馈意见的整改落实。严格执行党内政治生活若干准则等党内法规，贯彻民主集中制，着力清除官僚主义、形式主义。按照市委要求，年度会议、文件比2018年下降50%。参与走进《作风面对面》《空中热线》直播节目，认真办理人大代表意见建议17件、政协提案7件。贯彻落实中央“八项规定”*和省委“十项规定”*，严格执行办公用房、公务接待、出差审批等一系列规章制度。完善政府投资零星工程定点选取承包商的考核制度，提高招投标工作的公平性。

经济建设 经济运行稳中前行。全年实现地区生产总值105.58亿元，比2018年增长5.4%；完成一般公共预算收入7.23亿元；完成规模以上工业增加值39.21亿元，比2018年增长6.3%；完成固定资产投资29.02亿元，比2018年增长16.04%，其中完成工业投资20.13亿元，比2018年增长24.72%；完成限额以上单位消费品零售额4.24亿元，比2018年增长14.7%；完成进出口总额6.21亿美元，比2018年增长6.9%；城乡居民人均可支配收入比2018年增长9.1%。华能热电、优彩环保、东舜学府等重大项目开工建设。镇经济发展恳谈会集中签约11项项目，现场签约投资超24亿元，其中圣澜服饰“同桌的你”校服智能化工厂项目、新镇区商业综合体项目、杭州北控商住房项目进入建设手续办理阶段。用活用足各级政府高质量发展政策、工业和信息化专项资金、出口信保等优惠政策措施，为企业争取申请、完成兑付资金532.45万元。利用银企对接平台，帮助30多个企业贷款7890余万元。全年高新技术产值占规模以上工业企业总产值比重为30.13%，完成研发投入占地区生产总值比重3.2%。新认定入库无锡市“准独角兽”企业*1个、“瞪羚企业”*2个、“雏鹰企业”*5个。

社会建设 新认定高新技术企业8个，新培育入库单位8个，新认定民营科技企业5个，新建研发机构企业9个。优彩环保项目荣获国家科学技术二等奖、入围无锡市百强民营企业，江苏恒泽获江苏省科学技术奖，友佳珠光云母获中国非金属矿科学技术奖科技进步类一等奖，创成无锡市级企业技术中心、江阴市“十佳”研发投入示范企业各1个。“智汇祝塘”人才沙龙活动持续推进，成员单位扩展至26个。组织申报各类科技人才4人，成功入选省“双创计划”*科技副总1人。新增高层次人才12人、专业技术人才141人、留学回国人才5人。围绕深化教育综合改革，抓好校园特色文化培育，中考、高考捷报频传。全面落实市级食堂食材统一配送工作，启动文林中心小学教学楼扩建工程。成立200万元“贝德教育基金”，并举行第一期奖励金发放仪式。开展名师创建工程，发放教师节奖励金11.2万元。市五院深化紧密型医联体建设，创建为二级甲等医院，急救中心大楼主体工程完工，家庭医生服务签约12100余人。各村全面建成省级村（社区）综合性文化服务中心，着力巩固拓展特色场馆宣教阵地，“江抗”祝塘纪念馆升级为无锡市党史教育基地，完成祝塘籍人士著作陈列室、阎公祠建设布展。李中林《梧塍记》获2017—2018年度无锡市太湖文学奖。李中林散文集《瓦瓮里的菜园》出版。深化“放管服”改革，不断巩固和发展集成改革成果，坚决落实简政放权，行政审批63项、综合执法766项上级赋权全部落实到位。镇政务服务中心试点公共资源交易改革暨限额标准以下建设工程全程电子化，建成24小时自助服务区，窗口办结118项49815件业务。全程电子化办理个体工商户243个，完成12个村（社区）农村产权交易项目160项，总成交1476.08万元。进入镇公共资源交易中心招标项目66项，总金额3226.52万元。重新排摸划分全镇综合网格，梳理出7大类38项巡查重点清单。发现并处理各类事件14872件，完善事件流转处置机制，流转事件9443件。综合执法局组织执法人员业务培训3批次，持证上岗率100%，审核立案查处各类违法案件459件，全年无一例行政处罚对象申请行政复议和行政诉讼案，“指挥在中心、管理在网格、执法在中队”的运行体系更加顺畅。初步完成镇村布局规划修编，茂龙村黄家基、五福村荡南农房翻建试点工作完成方案设计及规划论证。完成祝璜路、环西路一期、文南路、景阳路、西街延伸段等改造工程。完成祝璜路绿化、园区主干道周边绿化、各小区绿化等6.5万平方米，新增停车位700余个。推进金昌路自来水供水复线施工。富贝河沿线、白荡沿线防汛应急工程如期投用。完成永昌工业园区生活污水泵站及环西路等道路周边企业生活污水接管，启动35个村庄生活污水治理工程。建成建南苑二期165套安置房，完成一批安置小区停车位、绿化和天然气改造工程。秉承“绿水青山就是金山银山”的发展理念，加大“散乱污”企业（作坊）整治、燃煤锅炉清理整顿、农村环境整治、畜禽养殖污染防治、黑臭水体治理等重点领域整治工作，全年取缔“散乱污”企业92个、铸件企业4个，完成7台窑炉“煤改气”工作、18个企业有机废气治理、5台天然气锅炉低氮燃烧改造，整改完成“武澄沙”大气防治专项检查中的17个问题。开展“一推三治五化”*农村人居环境综合整治，推进46项项目建设。开展祝塘镇人居环境综合整治提升行动，新建7座高标准厕所、102个垃圾分类收集亭，完成185个自然村、655个企事业单位的环境整治，清理整治“大棚房”3500平方米。全面深化

“河长制”管理,完成集镇区相关河浜清淤整治工作。完成光明奶牛场搬离清产,巩固畜禽养殖污染整治成果。实现本地劳动力就业2337人,新增创业贷款14批次。新增城保扩面2221人、公积金扩面1790人,扶持自主创业152人。完成225人职业技能初中级培训鉴定及153名被征地农民的即征即保工作。全镇21301名灵活就业人员社保缴费职能顺利调整。成立镇村退役军人服务站,走访慰问退役军人218人。开展“阳光扶贫”工作,发放各类帮扶资金1517万元。建成镇日间照料中心,提升养老中心服务质量。与415个工业企业房屋出租户房东签订工资支付担保书,有效落实担保制度。全年调处各类劳动争议事件358件,涉及总额697.2万元,调处成功率95%。新建综治中心,进一步畅通群众反映诉求渠道,提高解决问题效率,全年调处各类矛盾纠纷事件841件,受理“12345”民生热线1899件,反馈满意率100%。深入开展扫黑除恶专项斗争,取得阶段性成效。紧抓安全生产工作不放松,坚持按照“党政同责”“一岗双责”*和落实企业安全生产主体责任的要求,不断深化完善中小微企业安全生产托管机制,深入开展“厂中厂”安全生产专项整治“雷霆行动”,着重对交通运输、燃气安全、公共场所、群租房、食品安全、校园安全等重点领域开展安全隐患大排查大整治。始终坚持“严查严管严办”,全年处罚企业62个,处罚金额167.9万元。

2019年祝塘镇主要经济社会指标一览表

表95

指　　标	单　位	数　量	比2018年增减(%)	指　　标	单　位	数　量	比2018年增减(%)
地区生产总值	亿元	105.58	5.40	限额以上单位零售额	亿元	4.24	14.70
其中:第一产业	亿元	3.09	1.60	固定资产投资总额	亿元	29.02	16.04
第二产业	亿元	77.61	5.90	其中:工业投资	亿元	20.13	24.72
第三产业	亿元	24.88	4.60	进出口总额	亿美元	6.21	6.90
一般公共预算收入	亿元	7.23	-8.90	其中:出口额	亿美元	6.06	6.92
农业总产值	亿元	5.54	2.92	到位注册外资	万美元	1800	—
粮食总产量	万公斤	1641	1.90	居民人均可支配收入	元	52126	9.10
工商业开票销售总收入	亿元	284.22	2.57	中小学校在校学生数	人	8333	5.69
其中:工业开票销售收入	亿元	238.24	1.99	社保参保率	%	100	0(百分点)
服务业开票销售收入	亿元	45.98	5.65	劳动合同签订率	%	98	0(百分点)
规模以上工业利润	亿元	7.47	4.60	新型农村合作医疗参保率	%	100	0(百分点)

2019年祝塘镇开票销售收入前10名企业一览表

表96

名次	企　业　名　称	销售收入(亿元)	法人代表	名次	企　业　名　称	销售收入(亿元)	法人代表
1	江阴市百舸有色金属材料有限公司	23.30	徐宇清	6	江阴双马服饰有限公司	3.63	唐良君
2	优彩环保资源科技股份有限公司	18.08	戴泽新	7	无锡鹰贝精密轴承有限公司	3.62	王　东
3	江阴市恒润环锻有限公司	10.79	承立新	8	江阴市友佳珠光云母有限公司	2.89	戴中秋
4	江苏贝德服装集团有限公司	8.13	蒋忠伟	9	江阴市飞燕实业有限公司	2.87	蒋云南
5	江阴嘉澜服饰有限公司	4.31	朱　斌	10	江阴双恒电子商贸有限公司	2.78	龙永明

2019年祝塘镇各村(社区)基本情况一览表

表97

村(社区)名称	户数(户)	人口(人)	村(社区)党支部(党总支、党委)书记	村(社区)主任	村(社区)开票销售收入(亿元)
建南村	1594	6079	王　良	颜荣良	57.39
文林村(社区)	2045	6931	张荣庆	龚东良	41.20

续表97

村(社区)名称	户数(户)	人口(人)	村(社区)党支部(党总支、党委)书记	村(社区)主任	村(社区)开票销售收入(亿元)
金庄村	1927	7267	孔瑞用	孔瑞用	37.03
永昌村	1230	4971	王　华	王　华	36.96
景阳村(社区)	1554	4941	陆金伟	沈岳虎	30.32
河湘村	1257	4494	龚　军	龚　军	19.18
永平村	1308	5023	华　兴	华　兴	18.57
北湾村	917	3163	王军伟	潘学红	17.64
富顺村	1572	5441	潘浩德	潘浩德	7.73
五福村	1417	4751	张星伟	季　刚	6.91
茂龙村	924	3540	王冰钰	华国洪	6.88
石堰村	1027	3573	黄岳兵	徐立新	3.67

【“高品质人工合成云母晶体材料”项目通过验收】 江阴市友佳珠光云母有限公司成立于2003年7月，经过16年的努力，公司拥有合成云母领域53件专利技术，产品销售占据全球合成云母市场80%以上的份额，是世界最大合成云母生产基地。公司于2016年1月28日在韩国成功上市。2019年5月26日，中国非金属矿工业协会在祝塘镇组织召开由江阴市友佳珠光云母有限公司完成的工业转型升级强基工程——“高品质人工合成云母晶体材料实施方案”项目成果鉴定会，7名与会专家一致同意通过鉴定，项目成果达到国内领先水平。该项目解决国内人工合成云母和云母带规模化生产瓶颈问题，解决产品质量不稳定、高能耗、环境污染、生产成本高等难题，满足国民经济建设和国防建设多领域的市场需求和国家战略需求。

【镇第十八届人代会第六次会议召开】 2019年7月29—30日，祝塘镇第十八届人民代表大会第六次会议召开，来自全镇各行各业、各条战线的80余名代表参加会议。镇长夏建辉作2019年度上半年经济社会发展情况报告，镇财政和资产管理局副局长陆岳明作2018年度本级财政决算及2019年度上半年财政预算执行情况报告。镇党委书记陈剑雄讲话中希望镇人大和全体代表，要深入学习贯彻习近平新时代中国特色社会主义思想，争当新时代的追梦人、奋斗者，勇做美好生活的创造者、守护者，为加快建设“强富美高”新祝塘拼搏奋斗，以优异成绩庆祝中华人民共和国成立70周年。章瑞江、陈文奇、常惠琴当选为祝塘镇政府副镇长，并进行宪法宣誓。

【江苏贝德党建馆揭牌】 2019年3月17日，江苏贝德服装集团有限公司党建馆举行揭牌仪式。镇党委书记陈剑雄和江苏贝德服装集团党支部书记蒋云南共同为江苏贝德党建馆揭牌。该党建馆分为企业馆与党建文化展厅，占地面积300平方米。企业馆分别介绍该企业发展历程、集团介绍、企业文化；党建文化展厅介绍党支部的组织概况以及涵盖党建、群团、企业“家”文化等多方面内容，注重凸显红色引领、党建宣传、党员教育三大功能。该党支部不断深化“一面旗帜、双驱轮动、三个基本”的“123”贝德党建工作法，将党建软实力转化为企业发展硬实力。至年末，该馆接待党员干部群众1500余人次。

【“‘炎黄’陈列馆”新馆揭牌】 2017年7月，祝塘镇党委、政府启动“‘炎黄’陈列馆”改建扩容工程，总投资300余万元，新馆占地面积0.06公顷，于2018年8月建成。2019年3月4日，祝塘镇举行2019年“学雷锋、学‘炎黄’、见行动”祝塘镇新时代文明实践志愿服务活动启动暨“‘炎黄’陈列馆”新馆揭牌仪式。江阴市委常委、宣传部部长程政，市委宣传部常务副部长、市文明办主任薛建国，市总工会、团市委领导及相关部门领导，镇新时代文明实践志愿服务24个支队全体人员参加活动。此次新时代文明实践志愿服务活动启动仪式是对“炎黄”精神的延续，进一步弘扬雷锋精神，倡导“炎黄”风尚，动员组织全镇广大群众、志愿者、志愿服务积极投身到新时代文明实践中。启动仪式后，程政一行参观祝塘“‘炎黄’陈列馆”，各志愿服务队还开展了形式多样的志愿服务活动。

【首项100万元以上建设项目开标】 祝塘镇是江阴市工程建设项目电子化招投标改革试点单位之一。2019年4月2日，江阴市限额以下建设工程电子化交易平台首项项目“河湘村湘南路改造工程”，在祝塘镇公共资源交易中心开标，正式拉开全市限额以下建设工程全面电子化交易。11月12日，该中心首项100万元以上招投标项目“祝塘镇人民北路改造工程”开标。该中心经过近一年的努力，完成年初江阴市审批局赋予的试点任务，完全具备承接合同估算价在400万元以下的建设工程项目招投标、200万元以下的重要设备、材料等货物采购及100万元以下的勘察、设计等服务采购的能力，为下阶段更好地在全市各镇(街道)率先实施全流程电子化招投标，实现由传统纸质招投标向全流程电子化招投标的转变奠定坚实基础。

【“贝德教育基金”揭牌】 2019年3月23日,江苏贝德服装集团有限公司与祝塘中学、祝塘中心小学、祝塘实验幼儿园共建签约暨“贝德教育基金”揭牌仪式在贝德管理学院会议室举行。活动中,贝德公司与祝塘中学、祝塘小学、祝塘幼儿园集中签订“校企共建”合作协议,镇党委书记陈剑雄与贝德集团党支部书记蒋云南共同为江苏贝德服装集团有限公司“贝德教育基金”揭牌。贝德集团董事长蒋忠伟向“贝德教育基金”捐赠200万元。此次校企共建签约和“贝德教育基金”的成立是贝德集团弘扬“炎黄”风尚、倾力奉献社会的又一重大爱心举措,也是镇教育事业和校企共建取得的丰硕成果。

【“东方文韵”口琴音乐节举办】 2019年5月31日,文林中学成功举办第二届“东方文韵”口琴音乐节。祝塘镇党委副书记、镇长夏建辉,江阴市教育局副局长邹凤翔,中国大众音乐协会口琴专委会会长白燕生,《江苏教育》报刊总社主编王小兵及市教育局、镇、村(社区)、文林中学及兄弟学校的相关领导和企业家与家长、学生代表参加活动。音乐节期间,文林中学与江苏省东方乐器有限公司进行合作签约仪式。江苏省东方乐器有限公司被授予“口琴教学示范基地”称号。活动过程中,专家组和学生组为在场听众吹奏口琴名曲。

【祝塘籍人士著作展厅建成】 为彰前贤励后学,促进文化交流与文学繁荣,祝塘镇于2019年5月新建祝塘籍人士著作展厅,该展厅位于世纪公园内文昌阁二楼,通过个人捐赠方式,收藏李中林、周森树、徐泉法、杨国民、包文灿等10余位祝塘籍人士多年以来出版的个人专著、参与编写的著作、画册、期刊等200余册,内容涉及文学、党史研究、摄影、养生等。祝塘籍人士著作展厅是该镇文化建设的一个特色亮点工程,既较为妥善地保存祝塘籍人士的优秀著作,也成为了解和传播祝塘地域文化的一个窗口,积极响应了新时代文明实践的新要求。祝塘籍人士著作展厅建成后,向广大群众免费开放参观学习。至年末,累计接待600余位参观者。

【祝塘镇企业家代表赴宁夏海原献爱心】 2019年“六一”儿童节前夕,祝塘镇企业家代表赴宁夏海原县献爱心,向海原县第一小学、第一幼儿园、特殊教育学校、九彩乡九彩村贫困学生捐款15万元、1000套服装及一批乐器、儿童玩具等物资。海原县关工委向江苏贝德集团党支部书记蒋云南回赠“江苏好人、义薄云天”牌匾,向江苏超宇针织公司董事长王卫平回赠“回馈社会、播撒关爱”牌匾,海原县第一小学向祝塘镇中心小学校长高东霞回赠“互联互鉴、互促互进”牌匾、海原县第一幼儿园向祝塘镇中心幼儿园园长胡宇芳回赠“牵手筑梦、共建佳园”牌匾。“江苏好人”、祝塘中心小学退休教师丁道昌连续8年累计15次赴宁夏支教或帮扶贫困学生,在他的影响下,祝塘企业家江苏贝德集团党支部书记蒋云南连续3年到海原县捐款捐物、江苏超宇针织公司董事长王卫平也两赴海原开展捐赠活动。

【李中林《梧塍记》获太湖文学奖】 李中林,笔名李散,系江苏省作家协会会员。出版有散文集《祝塘九百岁》《荚园读抄》《祝塘九百岁新编》《瓦瓮里的菜园》,小说集《明朝的水缸》,主编《祝塘镇志》《筑塘》等。著作《梧塍记》出版于2018年7月,其中有近百篇短文,是一本随笔式的人物笔记,写了近百名小人物。这些小人物都生活在小镇中,或务农,或经商,或教书,或当干部,或干杂活。作者不仅表达他的观感,也尽可能显示小人物日常及精神生活的方方面面。2019年8月,2017—2018年度太湖文学奖揭晓,李中林的著作《梧塍记》从58件参评作品中脱颖而出,摘得无锡市文学最高奖。

【《文林村(社区)志》发放】 2019年3月12日,祝塘镇文林村(社区)首部村级志书——《文林村(社区)志》发放仪式在村委会议室举行。村(社区)两委成员,老干部、老党员、企业家及村民代表近150人参加发放仪式。村(社区)相关负责人介绍《文林村(社区)志》的编纂过程。该志编撰过程历时2年,翔实记录文林历史文化、风俗人情、物产资源等方面的情况,正文设17章,加上大事记、补记等内容,计24万字。

【市五院“刘鹏飞名医工作室”揭牌】 2018年以来,江阴市第五人民医院创建二级甲等医院,建设紧密型医疗集团,汲取市人民医院先进的技术、管理经验,主动完成各科与市人民医院的对接工作,3月选派10名职能科室优秀人才赴市人民医院学习,为引进DRGS作积极准备。2019年3月28日,江阴市人民医院医疗集团“刘鹏飞名医工作室”揭牌仪式在市五院举行。刘鹏飞,主任医师,研究生学历,医学博士,博士生导师,任江阴市人民医院党委委员、大内科主任、消化内科主任兼敔山湾院区消化内科一科主任。擅长胃肠、肝胆胰、食管等消化系统疾病的诊治,熟练掌握胃镜、肠镜、内镜逆行胰胆管造影(ERCP)等内镜下诊疗操作。荣获江苏省333高层次人才、江苏卫生拔尖人才、无锡市名医、无锡市有突出贡献的中青年专家等荣誉。

【周咏清铜像揭幕暨文林中学校史馆落成】 周咏清,生于1924年,文林村(社区)北街费家住基人。1949年10月,周咏清放弃在上海大学继续深造的机会,白手起家创办文林初中补习班。1955年,文林初中补习班由江阴县文教局立案改名为私立江阴县文林初级中学。1957年,文林初级中学收归公办,称江阴县文林初级中学。1987年江阴撤县建市后,更名为江阴市文林中学。作为文林中学的创始人,周咏清在担任校长期间,把全部的精力、学识和才华都无私奉献给地方教育事业,奉献给文林这方乡土。2019年10月9日,祝塘镇举行周咏清先生铜像揭幕暨文林中学校史馆落成仪式。副镇长常惠琴、周咏清家属代表、文林中学校长刘勇共同为周咏清铜像揭幕。 (沈伟星)

■类目编辑 纪晓华

组织机构和领导人员名录

市级机构

中共江阴市委

书　　记　陈金虎
　　　　　王进健(12 月任)
副 书 记　蔡叶明
　　　　　袁秋中
常　　委　计　军
　　　　　吴　芳(女)
　　　　　陈兴华
　　　　　费　平
　　　　　邵文松
　　　　　程　政
　　　　　尹　平
　　　　　靳佳高
　　　　　仲　剑(至 11 月,挂职)

江阴市人大常委会(党组)

主　　任　孙小虎
副 主 任　唐仲贤
　　　　　龚振东
　　　　　朱　敏
　　　　　黄耀清
党组书记　孙小虎
副 书 记　唐仲贤

江阴市人民政府(党组)

市　　长　蔡叶明
副 市 长　费　平
　　　　　仲　剑(至 11 月,挂职)
　　　　　虞卫才
　　　　　赵　强
　　　　　郁秋皓
　　　　　张国兴(赴陕西延川挂职)
　　　　　张韶峰
　　　　　许　晨(女)
　　　　　陈文斌(赴新疆工作,至 2 月)
　　　　　王庆春
　　　　　顾文浩(12 月任,赴新疆工作)
　　　　　邢益新(2 月任,挂职)
　　　　　赵亮亮(至 6 月,挂职)
　　　　　杨　云(至 8 月,挂职)
　　　　　于　政(挂职)
　　　　　许迎春(7 月任,挂职)
党组书记　蔡叶明
副 书 记　费　平

政协江阴市委员会(党组)

主　　席　徐冬青
副 主 席　韩　民
　　　　　张英毅
　　　　　喻伟力
　　　　　陈兴初
　　　　　张晓东
党组书记　徐冬青
副 书 记　韩　民

中共江阴市纪律检查委员会

书　　记　靳佳高
副 书 记　郁李达(至 3 月)
　　　　　朱佳虎(3 月任)
　　　　　陆　欣
常　　委　冯　涛(9 月赴睢宁工作)
　　　　　高振华
　　　　　刘　敏(女)
　　　　　丁宏斌(5 月任)

市监察委员会

主　　任　余银龙(至 1 月)
　　　　　靳佳高(1 月任)
副 主 任　郁李达(至 4 月)
　　　　　朱佳虎(4 月任)
　　　　　陆　欣
委　　员　高振华
　　　　　丁宏斌
　　　　　周　巍
　　　　　殷天锡(6 月任)

市委巡察工作办公室、市委巡查组

市委巡察工作办公室

主　　任　冯　涛(9 月赴睢宁工作)
副 主 任　董克伟
　　　　　钱东昕(11 月任)

市委第一巡察组

组　　长　袁金英(女)
副 组 长　沙雪蓉(女)
　　　　　刘丽渊(女)

市委第二巡察组

组　　长　王　青
副 组 长　沈国庆

王霁霞(女)
石京东

市委第三巡察组

组　　长　夏宏伟
副 组 长　陆　慧(至4月)
　　　　　李　亚(女)
　　　　　吴智勇(11月任)

市委第四巡察组

组　　长　钱丽英(女)
副 组 长　黄永平
　　　　　李　伟

市纪委派驻纪检监察组

派驻第一纪检监察组

组　　长　倪涛峰

派驻第二纪检监察组

组　　长　吴燕萍(女)

派驻第三纪检监察组

组　　长　吴　灏(女)

派驻第四纪检监察组

组　　长　秦　伟(至11月)
　　　　　张新东(11月任)

派驻第五纪检监察组

组　　长　张　磊

派驻第六纪检监察组

组　　长　陈建国

派驻第七纪检监察组

组　　长　陈　熙(至4月)
　　　　　陆　慧(4月任)

派驻第八纪检监察组

组　　长　卫建仁(至7月)
　　　　　李国忠(7月任)

派驻第九纪检监察组

组　　长　李国忠(至7月)
　　　　　韩映红(女,7月任)

派驻第十纪检监察组(＊)

组　　长　韩映红(女,至7月)

市接待办公室(＊)

主　　任　宦雪忠(至2月)
副 主 任　朱学民(女,至2月)
　　　　　林贤青(女,至2月)

市委办公室

主　　任　郭　诚
副 主 任　张　伟(2月任)
　　　　　唐晓峰(2月任)
　　　　　石效民(2月任)
　　　　　曹雪刚(至2月)
　　　　　季　勇(至11月)
　　　　　邓国平(兼)
　　　　　朱学民(女,2月任)
　　　　　林贤青(女,2月任)
　　　　　王　熹
　　　　　徐喜洪
　　　　　刁　衍(2月任)
市委全面深化改革委员会办公室(★)
副 主 任　刁　衍(兼,2月任)
　　　　　徐　卓(4月任,挂职)
市委政策研究室(＊)
主　　任　石效民(至2月)
副 主 任　刁　衍(至2月)
市委研究室(★)
主　　任　石效民(兼,2月任)
市委机要保密局(＊)
局　　长　唐晓峰(至2月)
副 局 长　俞　良(至2月)
市委机要局(★)
局　　长　唐晓峰(兼,2月任)
副 局 长　俞　良(2月任,至11月)

市委组织部

部　　长　邵文松
常务副部长　谢映军(2月任)
副 部 长　王建新(兼)
　　　　　马忠洪
　　　　　冯明刚
部务委员　周　麒
　　　　　任　洁(女)
　　　　　盛　达(4月任)
市委组织员办公室(＊)
主　　任　谢映军(至2月)
市考核工作委员会办公室(★)
副 主 任　宗　泽(11月任)
市委非公有制企业和社会组织工作委员会
书　　记　马忠洪(12月起赴新疆工作)
副 书 记　范　荣(赴新疆工作)
　　　　　蔡晓华
市委市级机关工作委员会
书　　记　朱佳虎(至3月)
副 书 记　王旭东(至2月)
　　　　　许海英(女,至2月)
　　　　　沈晓锋(7月任)
市公务员局(★)
局　　长　冯明刚(4月任)
副 局 长　冯祥松(2月任)

市委宣传部

部　　长　程　政
常务副部长　薛建国(2月任)
副 部 长　吴　燕(女)
　　　　　姜　浩
部务委员　曹　琰(女)
文明办主任　薛建国
副 主 任　佘益平
市委网络安全和信息化委员会办公室(★)
主　　任　吴　燕(女,8月任)

市委统战部

部　　长　袁秋中
常务副部长　汤建影(2月任)
副 部 长　陈雪源(兼,2月任)
　　　　　蔡　欣
　　　　　陶建国(兼,至2月)
　　　　　吴家湘(2月任)
　　　　　潘少峰
部务委员　汪小琳(女)
　　　　　程　晔
市委台湾工作办公室
主　　任　吴家湘(兼)
副 主 任　周　东
　　　　　陈剑雄
市民族宗教事务局
局　　长　陈雪源(至2月)
　　　　　潘少峰(7月任)

副 局 长　李　放
市人民政府侨务办公室
主　　任　蔡　欣

市社会治安综合治理委员会办公室(＊)

主　　任　顾培植(至2月)
副 主 任　潘　麒(至2月)
　　　　　刘永刚(至2月)

市委政法委员会

书　　记　吴　芳(女)
常务副书记　顾培植(2月任)
副 书 记　王庆春(兼)
　　　　　张德根(兼,至8月)
　　　　　沈　军(兼,8月任)
　　　　　梅　强(无锡派挂)
　　　　　袁春霞(女)

市机构编制委员会办公室(＊)

主　　任　张志浩(至2月)
副 主 任　张　华(至2月)
　　　　　邓秀琴(女,至2月)
　　　　　张　勇(至2月)

市委机构编制委员会办公室(★)

主　　任　张志浩(2月任)
副 主 任　张　华(2月任)
　　　　　邓秀琴(女,2月任)
　　　　　张　勇(2月任)
市事业单位登记管理局
副 局 长　赵蓓蓓(女,7月任)

市委农村工作办公室(＊)

主　　任　许忠新(至2月)
副 主 任　胡振芳(至2月)
　　　　　张雪峰(至2月)

市委老干部局(市委离退休干部工委)

局　　长　王建新
副 局 长　薛　卫
　　　　　孙　渊
市委离退休干部工委
书　　记　王建新
副 书 记　卞国忠

市信访局(＊)

局　　长　邓国平(至2月)
副 局 长　蔡忠逸(至2月)
　　　　　胡　丹(女,至2月)

市史志办公室(＊)

主　　任　吴海英(女,至2月)
副 主 任　邢　盈(女,至2月)
　　　　　陈宏兵(至2月)

市档案局、档案馆(＊)

局长、馆长　张　伟(至2月)
副局长、副馆长　郭　盛(至2月)
　　　　　李孜渊(至2月)
　　　　　徐　辉(女,至2月)

市人大常委会办公室

主　　任　梅海荣
副 主 任　唐　微(女)
　　　　　李华兴
　　　　　陆云峰(12月任)

市人大常委会各工作委员会

内务司法工委
主　　任　徐　斌
副 主 任　李　兵
财政经济工委
主　　任　黄立新(女)
副 主 任　陈晓平
环境资源城乡建设工委
主　　任　徐志伟
副 主 任　缪宇强
教科文卫工委
主　　任　高小乒(女)
副 主 任　赵　东
人事代表联络工委
主　　任　徐　强(女)
副 主 任　熊　黠(女)
农业农村工委
主　　任　陈　骏
副 主 任　唐　微(女)

市机关事务管理局(党组)(＊)

局　　长　陈建龙(至2月)
副 局 长　刘晓军(至2月)
　　　　　徐慧南(至2月)
党组书记　陈建龙(至2月)

市人民政府办公室(党组)

主　　任　张　忠
　　　　　魏　锋(12月任)
副 主 任　刘晓军(2月任)
　　　　　林　琪(至8月)
　　　　　徐韶润
　　　　　顾行行
　　　　　池　永
　　　　　刘益锋
　　　　　吴芸芸(女,2月任)
　　　　　徐慧南(2月任)
党组书记　张　忠(至11月)
　　　　　魏　锋(11月任)
副 书 记　顾　平(至2月)
市金融工作办公室(＊)
主　　任　顾　平(至2月)
副 主 任　陈　飞(至2月)
　　　　　谈海燕(女,至2月,挂职)
市人民政府外事办公室
副 主 任　吴芸芸(女,兼,2月任)

市粮食局(党委)(＊)

局　　长　陈　峰(至2月)
副 局 长　薛华君(至2月)
　　　　　徐文山(至2月)
党委书记　陈　峰(至2月)
副 书 记　张　虎(至2月)

市物价局(党组)(＊)

局　　长　张建明(至2月)
副 局 长　陈　华(至2月)
　　　　　施丽娟(女,至2月)
党组书记　张建明(至2月)

市发展和改革委员会(党组)

主　　任　包锡龙(至2月)
　　　　　陈卫东(2月任)
副 主 任　郝国光
　　　　　陈　华(2月任)
　　　　　张　虎(2月任)
　　　　　门开阳
　　　　　徐科新(至9月)
　　　　　徐文山(2月任)
党组书记　包锡龙(至2月)

陈卫东(2月任)

市教育局(党委)

局　　长　徐前锋
副 局 长　陈　华(至2月)
　　　　　周雯虹(女,2月任)
　　　　　王　健(2月任)
　　　　　邹凤翔(女)
　　　　　姚　斌
党委书记　徐前锋
副 书 记　周雯虹(女)
市委教育工作委员会
书　　记　徐前锋
副 书 记　周雯虹(女)
　　　　　王　健
市人民政府教育督导室
主　　任　王　健
副 主 任　刘　开

市科学技术局(党组)

局　　长　周　琛
副 局 长　浦　强
　　　　　吴自强(至2月)
　　　　　陈光亚(女,至2月)
　　　　　汪运志(2月任)
　　　　　刘小微(2月任)
党组书记　周　琛
副 书 记　浦　强

市经济和信息化委员会(党委)(*)

主　　任　王利峰(至2月)
副 主 任　余　江(至2月)
　　　　　陆正宇(至2月)
　　　　　刘建军(至2月)
　　　　　俞卫东(至2月)
　　　　　胡光远(至2月)
党委书记　王利峰(至2月)
副 书 记　肖朱东(至2月)
　　　　　余　江(至2月)

市工业和信息化局(党委)(★)

主　　任　王利峰(2月任)
副 主 任　肖朱东(2月任)
　　　　　余　江(2月任)
　　　　　陆正宇(2月任)
　　　　　刘建军(2月任)
　　　　　俞卫东(2月任)
　　　　　胡光远(2月任)
　　　　　谈海燕(女,2月任)
党委书记　王利峰(2月任)
副 书 记　肖朱东(2月任)
　　　　　余　江(2月任,至11月)

市地方金融监督管理局(★)

局　　长　胡光远(兼,2月任)
副 局 长　谈海燕(女,兼,2月任)
市大数据中心
主　　任　刘建军
副 主 任　秦光华
　　　　　金海峰
　　　　　龚学东(兼)

市公安局(党委)

局　　长　王庆春
副 局 长　张德根
　　　　　赵　敏
　　　　　卢　刚
　　　　　杨　勇
　　　　　陆林东
党委书记　王庆春
政　　委　严会东
副 书 记　严会东
　　　　　卢　刚(11月任)
政治处主任　朱福顺
市维护稳定工作领导小组办公室(*)
主　　任　赵　敏(至2月)
副 主 任　陆林东(至2月)

市民政局(党委)

局　　长　钱华光(至2月)
　　　　　顾洪伟(2月任)
副 局 长　赵国平(至2月)
　　　　　蒋玉军(至2月)
　　　　　陈晓东(2月任)
　　　　　许海英(女,2月任)
　　　　　吴春华(女)
　　　　　马　凯(至2月)
党委书记　钱华光(至2月)
　　　　　顾洪伟(2月任)
副 书 记　陈晓东

市人民政府法制办公室(党组)(*)

主　　任　万小溪(至2月)
副 主 任　彭松波(至2月)
　　　　　唐卫娟(女,至2月)
党组书记　万小溪(至2月)

市司法局(党组)

局　　长　章见良(至2月)
　　　　　万小溪(2月任)
副 局 长　陈卫宏
　　　　　洪向宇(女,至2月)
　　　　　彭松波(2月任)
　　　　　唐卫娟(女,2月任)
　　　　　梅士强(2月任)
党组书记　章见良(至2月)
　　　　　万小溪(2月任)
市委全面依法治市委员会办公室(★)
副 主 任　陈卫宏(兼,2月任)

市财政局(党组)

局　　长　陈　泓(女,至2月)
　　　　　张少波(2月任)
副 局 长　张海红
　　　　　陈正华
　　　　　王　辉(2月任)
　　　　　张海霞(女)
　　　　　赵晓平
　　　　　潘银龙(至2月)
党组书记　陈　泓(女,至2月)
　　　　　张少波(2月任)
党组副书记　陈明波
市人民政府国有资产监督管理办公室(党委、纪委)(*)
主　　任　陈明波(至2月)
副 主 任　葛伟栋(至2月)
　　　　　王　辉(至2月)
党委书记　陈明波(至2月)
纪委书记　杨　坚(至2月)

市人力资源和社会保障局(党委)

局　　长　王光华
副 局 长　施晔新(女)
　　　　　刘小微(至2月)

赵勇兵
夏　晓(至2月)
王力伟
党委书记　王光华
副书记　范晓君(至2月)

市国土资源局(党委)(*)

局　长　蒋和兴(至2月)
副局长　赵晓敏(女,至2月)
胡伟峰(至2月)
吴　勇(至2月)
唐文忆(至2月)
朱惠龙(至2月)
党委书记　蒋和兴(至2月)
副书记　赵晓敏(女,至2月)

市规划局(党组)(*)

局　长　仇　丰(至2月)
副局长　陈　江(女,至2月)
张　旻(至2月)
钟　卿(至2月)
汪运志(至2月,赴新疆工作)
总工程师　朱　炜(至2月)
党组书记　仇　丰(至2月)

市自然资源和规划局(党委)(★)

局　长　翟　菁(2月任)
副局长　张　斐(2月任)
赵晓敏(女,2月任)
吴　勇(2月任)
唐文忆(2月任)
陈　江(女,2月任)
那中兴(2月任)
张　旻(2月任)
朱　炜(2月任)
朱惠龙(2月任)
陆　勇(2月任)
党委书记　翟　菁(2月任)
副书记　张　斐(2月任)
赵晓敏(女,2月任)
市林业局(★)
局　长　翟　菁(兼,2月任)

市民防局(*)

局　长　曹乐平(至2月)
副局长　计慧红(女,至2月)
陶卫凯(至2月)

市住房和城乡建设局(党委)

局　长　童金良(至2月)
魏　锋(2月任)
严军明(12月任)
副局长　陈　斌(2月任)
洪朝晖
计慧红(女,2月任)
陈　林
朱念东
陈君平
邵　骥
张　悦(女)
张　平(2月任)
陶卫凯(2月任)
党委书记　童金良(至2月)
魏　锋(2月任,至11月)
严军明(11月任)
副书记　陈　斌
市人民防空办公室(★)
副主任　计慧红(女,兼,2月任)

市公用事业管理局(党委)

局　长　陈国君
副局长　吴群力(2月任)
黄勇锋
沈天星
潘　江
党委书记　陈国君
副书记　吴群力

市城市综合管理局(党委)

局　长　张德根(至8月)
沈　军(8月任)
副局长　姚剑刚(2月任)
吴子东
吴　新
陈　开
党委书记　张德根(至8月)
沈　军(8月任)
副书记　姚剑刚

市交通运输局(党委)

局　长　缪　慧
副局长　毛　亚(女,2月任)
沈　平(2月任)
傅士才
邱明玉
华　明(2月任)
钟　卿(2月任)
党委书记　缪　慧
副书记　毛　亚(女)

市水利农机局(党委)(*)

局　长　谢洪兴(至2月)
副局长　徐志华(至2月)
陈转兰(女,至2月)
孙明丰(至2月)
党委书记　谢洪兴(至2月)
副书记　席卫平(至2月)

市水利局(党委)(★)

局　长　傅建荣(2月任)
副局长　席卫平(2月任)
陈转兰(女,2月任)
孙明丰(2月任)
总工程师　范　斌(8月任)
党委书记　傅建荣(2月任)
副书记　席卫平(2月任)

市农林局(党委)(*)

局　长　胡品洪(至2月)
副局长　臧存龙(至2月)
张金龙(至2月)
舒建华(至2月)
陆　勇(至2月)
党委书记　胡品洪(至2月)
副书记　龚定娟(女,至2月)

市农业农村局(党委)(★)

局　长　胡品洪(2月任)
副局长　龚定娟(女,2月任)
张金龙(2月任)
舒建华(2月任)
胡振芳(2月任)
张雪峰(2月任)
党委书记　胡品洪(2月任)
副书记　龚定娟(女,2月任)

市商务局(党委)

局　长　查建标
副局长　钱　彪(2月任)
陈　华(女,至4月)
王　吉
时　平
党委书记　查建标
副书记　钱　彪
市口岸办公室(★)
副主任　谭荣伟(8月任)

市文化广电新闻出版局(党委)(*)

局　　长　蒋　青(女,至2月)
副 局 长　钱　晴(女,至2月)
　　　　　严文华(至2月)
　　　　　吴有为(至2月)
党委书记　蒋　青(女,至2月)

市体育局(党组)(*)

局　　长　顾洪伟(至2月)
副 局 长　张　健(至2月)
　　　　　李克雨(女,至2月)
党组书记　顾洪伟(至2月)

市园林旅游管理局(党组)(*)

局　　长　周晓虹(女,至2月)
副 局 长　楚海芹(女,至2月)
　　　　　吴　敏(女,至2月)
　　　　　张　平(至2月)
党组书记　周晓虹(女,至2月)

市文体广电和旅游局(党委)(★)

局　　长　周晓虹(女,2月任)
副 局 长　严文华(2月任)
　　　　　楚海芹(女,2月任)
　　　　　张　健(2月任)
　　　　　吴有为(2月任)
　　　　　李克雨(女,2月任)
党委书记　周晓虹(女,2月任)

市卫生和计划生育委员会(党委)(*)

主　　任　严军明(至2月)
副 主 任　俞勤龙(至2月)
　　　　　严海东(至2月)
　　　　　顾李忠(至2月)
　　　　　高　恒(至2月)
党委书记　严军明(至2月)
副 书 记　时军文(至2月)

市卫生健康委员会(党委)(★)

主　　任　严军明(2月任)
　　　　　谈海平(12月任)
副 主 任　顾敏华(女,2月任)
　　　　　蒋玉军(2月任)
　　　　　严海东(至2月)
　　　　　顾李忠(2月任)
　　　　　高　恒(2月任)
党委书记　严军明(2月任,至11月)
　　　　　谈海平(11月任)
副 书 记　时军文(2月任,至7月)

市退役军人事务局(党组)(★)

局　　长　宦雪忠(2月任)
副 局 长　洪向宇(女,2月任)
　　　　　刘仁富(8月任)

市安全生产监督管理局(党组)(*)

局　　长　朱孝兵(至2月)
副 局 长　邬海江(至2月,赴新疆工作)
　　　　　顾敏华(女,至2月)
　　　　　朱　伟(至2月)
　　　　　刘东来(至2月)
党组书记　朱孝兵(至2月)

市应急管理局(党组)(★)

局　　长　朱孝兵(2月任)
副 局 长　邬海江(2月任,赴新疆工作)
　　　　　朱　伟(2月任)
　　　　　马　凯(2月任)
　　　　　孙　博(2月任)
　　　　　刘东来(2月任)

市审计局(党组)

局　　长　汤龙生(至2月)
　　　　　许忠新(2月任)
副 局 长　顾国平
　　　　　李　焱(女)
　　　　　潘银龙(2月任)
　　　　　顾　敏(女)
党组书记　汤龙生(至2月)
　　　　　许忠新(2月任)

市行政审批局(党委)

局　　长　魏　锋(至2月)
　　　　　仇　丰(2月任)
副 局 长　荣英姿(女,2月任)
　　　　　周正洪
　　　　　刘忠明
　　　　　蒋宇正
　　　　　王旭东(2月任)
党委书记　魏　锋(至2月)
　　　　　仇　丰(2月任)
副 书 记　荣英姿(女,至11月)

市市场监督管理局(党委)

局　　长　陈俊虎
副 局 长　易海红(女)
　　　　　陈国强
　　　　　杨益生
　　　　　潘文伟
　　　　　黄新栋
　　　　　施丽娟(女,2月任)
　　　　　缪志东
　　　　　陈光亚(女,2月任)
党委书记　薛　炯(至2月)
　　　　　陈俊虎(2月任)
副 书 记　陈俊虎(至2月)
市知识产权局(★)
副 局 长　陈光亚(女,兼,2月任)

市统计局(党组)

局　　长　王文平
　　　　　夏建辉(12月任)
副 局 长　季克军
　　　　　倪秋萍(女)
总统计师　谢红伟(8月任)
党组书记　王文平(至11月)
　　　　　夏建辉(11月任)
国家统计局江阴调查队
队　　长　江兆成

市医疗保障局(党组)(★)

局　　长　胡莹洁(女,2月任)
副 局 长　吴　敏(女,2月任)
　　　　　夏　晓(2月任)

市信访局(★)

局　　长　邓国平(2月任)
副 局 长　蔡忠逸(2月任)
　　　　　胡　丹(女,2月任)

市环境保护局(党委)(*)

局　　长　陈福良(至2月)
副 局 长　金丹菁(女,至2月)
　　　　　李　煜(女,至2月)
　　　　　徐　伟(至2月)
党委书记　陈福良(至2月)

副书记　张　荣(至2月)

江阴高新技术产业开发区（党工委、纪工委）

党工委书记　陈金虎
王进健(12月任)
副书记　蔡叶明
陈兴华(主持日常工作)
主　任　蔡叶明
副主任　陈兴华
陶正贤
赵志军
顾文浩(至3月)
赵　炯
杭　成(4月任,赴陕西挂职)
纪工委书记　郁李达(3月任)
人大常委会高新区工作委员会
主　任　庞忠德(至2月)
曹乐平(2月任)
党政办公室
主　任　夏天华(至7月)
徐岳明(7月任)
副主任　陈海叶(女)
周　翀
党群工作部
部　长　徐岳明(至7月)
柳　蔚(女,7月任)
副部长　俞晓峰
张　燕(女)
缪海龙
招商局
局　长　陈勇奇
副局长　钱建清(至8月)
缪恒彬(5月任)
经济发展局
局　长　黄　健(至2月)
曹雪刚(2月任)
副局长　张晓华
承晓华(5月任)
许　磊(女)
科学技术局
局　长　徐　飞
副局长　张云霞(女)
梅士强(至2月)
秦　伟(12月任)
李　强(8月任)
财政局
局　长　周　铁
副局长　黄志峰
李　强(至8月)
陈　笑(女,8月任)
袁洪杰
规划建设局
局　长　陈　炜(至8月)
林　琪(8月任)
副局长　吕道锋
刘明波
黄环宇
薛　莲(女,12月任)
社会事业局
局　长　严伟荣
副局长　周　锋
许　玲(女)
李　强(12月任)
行政审批局
局　长　孙企华
副局长　周建峰
陈栋辉
董录科
综合执法局
局　长　沈　斌
副局长　夏源秋(至2月)
单晓宁(兼,5月任)
王　峰
葛玉中
纪工委
副书记　吴艳阳(女)
监察局
局　长　吴艳阳(女,兼)
副局长　徐琴芳(女,至2月)
陆　枫
财政国库集中收付中心
主　任　顾　霞(女,12月任)

城东街道党工委

党工委书记　李满刚
副书记　严伟荣(至4月)
单晓宁(4月任)
周建峰
人大工委
主　任　刘平华
办事处
主　任　严伟荣(至5月)
单晓宁(5月任)
副主任　陈　笑(女,至8月)
邱振叶(女)
许　玲(女)
葛玉中(至5月)

江阴高新技术创业园管委会

主　任　柳　蔚(女,至8月)
夏天华(8月任)
副主任　顾　芳(女)
夏新颜(女)
薛红燕(女)
阮　波
严　芳(女,12月任)

江阴高新区青阳工业园区

党委书记　杭　成(至7月)
陈　炜(7月任)
副书记　邱振海(兼,至7月)
钱建清(7月任)
主　任　葛燕峰
副主任　张剑峰(至5月)
陈　斌
谈海燕(女,至2月)
陶　琦
王　锋(5月任)
纪委书记　金童童(女)
财政和资产管理局
局　长　何　欣(女,5月任)
经济发展局
局　长　李国建
规划建设局
局　长　丁正方
招商局
局　长　王　翔

江阴临港经济开发区（党工委、纪工委）

主　任　计　军
党工委
副书记　计　军
尹志华
方枫云
副主任　尹志华
张少波(至3月)
严建定
纪工委
书　记　卢澄晓(女)
副书记　戴士良
主任助理　孙展峰(至2月)
人大常委会临港经济开发区工作委员会
主　任　朱节文

党政办公室
主　　任　徐剑锋
副 主 任　周　宏(至7月)
　　　　　奚　涛(7月任)
　　　　　龚　翼(11月任)
党群工作部
部　　长　庞祥芬(女,至7月)
　　　　　时军文(7月任)
副 部 长　李啸天
　　　　　许天翼(至7月)
　　　　　范春燕(女,7月任)
监察局
局　　长　戴士良
副 局 长　顾正飞(至7月)
财政局
局　　长　吕中立
副 局 长　侯骥菁
　　　　　华　炯(女)
经济发展局
局　　长　许　伟
副 局 长　韩　俊(赴新疆工作)
　　　　　王生虎
　　　　　王　剑
招商局
局　　长　邵红良
副 局 长　王　嵘
规划建设局
局　　长　缪建伟
副 局 长　黄　海
　　　　　徐志军
　　　　　陈　云(12月任)
　　　　　殷届荣
港口发展局
局　　长　陈海峰(4月任)
副 局 长　仰炯豪
　　　　　高　升(至4月)
　　　　　顾文俊
社会事业局
局　　长　周　青
副 局 长　刘光旭
行政审批局
局　　长　陈海峰(至4月)
　　　　　汤振伟(4月任)
副 局 长　沈　平
综合执法局
局　　长　朱小卫
　　　　　吴　钢(12月任)
副 局 长　张新凯
　　　　　俞　晖(12月任)

江阴综合保税区管理局
局　　长　徐建锋(至4月)
副 局 长　徐建锋(4月任,主持工作)
　　　　　陈　华(女,4月任)
　　　　　何洪滨(4月任)
　　　　　朱华英(女,至4月)
　　　　　袁建明(至4月)
　　　　　曾昭平(至4月,市总工会挂职)

江阴临港经济开发区下属事业单位

金属新材料产业园管委会
党委书记　季　震
副 书 记　周　英(女)
主　　任　周　英(女)
副 主 任　吴华峰
　　　　　钱海英(女)
　　　　　张春梅(女,7月任)
新能源产业园管委会
党委书记　邱晓东(兼,至11月)
　　　　　叶海舟(兼,11月任)
副 书 记　李罗娜(女)
主　　任　李罗娜(女)
副 主 任　孙惠峰(赴新疆工作)
　　　　　范建华
　　　　　俞冠军
　　　　　李　倩(女,7月任)
　　　　　陈　华(女,12月任)
机械装备产业园管委会
党委书记　江　城(兼)
副 书 记　曹　鸣
主　　任　曹　鸣
副 主 任　朱昊辉
　　　　　徐坚雯(女)
　　　　　华科锋(7月任)
石化新材料产业园管委会
党委书记　谈海平(兼,至11月)
　　　　　谢　挺(11月任)
副 书 记　李　昀
主　　任　李　昀
副 主 任　吕伟江(至4月)
　　　　　赵雄伟
　　　　　曹　波(4月任)
　　　　　沈　雷(12月任)
长江港口综合物流园区管委会
主　　任　徐建栋
副 主 任　韩林华
　　　　　张剑江
　　　　　周　燕(女,7月任)
财政国库集中收付中心
主　　任　徐　雁(女)

靖江园区(党委)

书　　记　赵巧新
主　　任　梁英航
副 书 记　梁英航
　　　　　孙明江
纪委书记　孙明江
副 主 任　章　军
　　　　　徐宇锋
　　　　　张文向
　　　　　于景峰
办公室主任　马建民
招商局
局　　长　张文俊(8月任)
经济发展局
局　　长　刘　铭
财政局
局　　长　钱昇贤(至8月)
　　　　　刘海良(8月任)
规划建设局
局　　长　沈　强
港口事务局
局　　长　金柏伟

市口岸办公室(党组)(*)

主　　任　傅建荣(至2月)
副 主 任　沈　平(至2月)
　　　　　华　明(至2月)
　　　　　孙　博(至2月)
党组书记　傅建荣(至2月)

市政协办公室

主　　任　黄林法
副 主 任　陆　雁(女)
　　　　　陈　健
政协研究室
主　　任　瞿江烨(女)

市政协专门委员会

学习文史委员会
主　　任　邹鹏辉
提案委员会
主　　任　郁志刚
经济科技委员会
主　　任　薛德网

社会法制与海外联络委员会
主　　任　吕　涛
教文卫体委员会
主　　任　张建平(至3月)
　　　　　缪剑波(3月任)
城镇建设与环境保护委员会
主　　任　朱　健

市法院(党组)

院　　长　王立新(至4月)
代理院长　徐振华(4月任)
副 院 长　夏明丰
　　　　　王新达
　　　　　陈忠宇
　　　　　朱行军
党组书记　王立新(至4月)
　　　　　徐振华(4月任)
党组副书记　夏明丰
政治处主任　陶晓东

市检察院(党组)

检 察 长　胡洪平
副检察长　赵建新
　　　　　朱彩娟(女)
　　　　　诸梦莺(女)
党组书记　胡洪平
党组副书记　赵建新
政治处主任　缪红雄

市工商联(党组)

主　　席　周　江(兼)
副 主 席　陶建国(至3月)
　　　　　陈雪源(3月任)
　　　　　金锡妹(女)
　　　　　赵雁军
党组书记　陶建国(至2月)
　　　　　陈雪源(2月任)

市总工会(党组)

主　　席　刘文红(女)
　　　　　张　忠(12月任)
副 主 席　胡荣华
　　　　　张红霞(女)
　　　　　张　艳(女,12月任)
　　　　　赵云飞
　　　　　曾昭平(挂职)
党组书记　刘文红(女,至11月)
　　　　　张　忠(11月任)

团市委(党组)

书　　记　居　琳(女,7月赴无锡挂职)
副 书 记　吴泽昱(女)
　　　　　石子朝
党组书记　居　琳(女,7月赴无锡挂职)

市妇女联合会(党组)

主　　席　胡莹洁(女,至4月)
　　　　　王　馥(女,4月任)
副 主 席　王　馥(女,至4月)
　　　　　佘晓萍(女)
　　　　　曹玲洁(女,4月任)
党组书记　胡莹洁(女,至4月)
　　　　　王　馥(女,4月任)
副 书 记　王　馥(女,至4月)

市科学技术协会(党组)

主　　席　孔晓燕(女)
副 主 席　吴　彪(至11月)
　　　　　杨红波(女)
　　　　　沈小狮(11月任)
党组书记　孔晓燕(女)

市归侨侨眷联合会(党组)

主　　席　曹建峰
副 主 席　苏曦泓
党组书记　曹建峰

市文学艺术界联合会(党组)

党组书记　王　敏(女,至2月)
　　　　　吴海英(女,2月任)
主　　席　王　敏(女,至2月)
　　　　　钱　晴(女,2月任)
副 主 席　周林海

市残疾人联合会(党组)

主　　席　虞卫才(兼)
副 主 席　蒋万春
　　　　　徐韶润(兼)
理 事 长　蒋万春
副理事长　江　良(至9月)
　　　　　沈小狮
　　　　　朱新开(9月任)
党组书记　蒋万春

市红十字会

会　　长　许　晨(女)
副 会 长　严军明(兼)
　　　　　张少波(兼,5月任)
　　　　　顾洪伟(兼,5月任)
　　　　　薛建国(兼)
　　　　　刘益锋(兼)
　　　　　陈　泓(兼,女,至5月)
　　　　　钱华光(兼,至5月)
　　　　　徐前锋(兼)
　　　　　檀春节

市档案史志馆(★)

馆　　长　张　伟(2月任)
副 馆 长　郭　盛(2月任)
　　　　　李孜渊(2月任)
　　　　　陈宏兵(2月任)
　　　　　邢　盈(女,2月任)
　　　　　徐　辉(女,2月任)

市招商局

局　　长　徐立刚
副 局 长　吴芸芸(女,至2月)
　　　　　杨军颜
　　　　　刘　礼(女,8月任)

市委党校

校　　长　陈金虎
副 校 长　刘　锋(主持日常工作)
　　　　　杨　赟(女)
　　　　　陈建华
　　　　　吴　瑞(女,7月任)

江阴日报社(*)

社　　长　张再兴(至4月)
总 编 辑　李　春(女,至4月)
副总编辑　单　旭(至4月)
　　　　　陈　忠(至4月)
　　　　　夏新炯(至4月)

江阴广播电视集团(党委、纪委)(*)

董 事 长　缪剑波(至2月)
总 经 理　缪剑波(至2月)
副总经理　刘志刚(至2月)
　　　　　许　坚(至2月)
　　　　　徐富康(至2月)
党委书记　缪剑波(至2月)

总 编 辑　刘志刚(至 2 月)
副 书 记　朱琳琳(女,至 2 月)
纪委书记　朱琳琳(女,至 2 月)

市融媒体中心(★)

主　　任　王　敏(女,2 月任)
总 编 辑　刘志刚(4 月任)
副 主 任　朱琳琳(女,4 月任)
　　　　　陈　忠(4 月任)
　　　　　许　坚(4 月任)
　　　　　夏新炯(4 月任)
　　　　　徐富康(4 月任)

市供销合作总社(党委、纪委)

主　　任　朱富强
副 主 任　包云丹
　　　　　黄伟庆
党委书记　朱富强
副 书 记　包云丹
纪委书记　冯　亮

市土地储备中心(党组、纪检组)

主　　任　薛洪多(至 2 月)
　　　　　陈明波(2 月任)
副 主 任　黄建华(至 7 月)
　　　　　季德鸿
党组书记　薛洪多(至 2 月)
　　　　　陈明波(2 月任)
纪检组长　邱雅军(女)

职业技术学院(党委、纪委)

院　　长　钱　红
副 院 长　张庆堂
　　　　　刘文君
　　　　　杭　强
　　　　　吴懋刚
　　　　　单　旭(5 月任)
党委书记　钱　红
副 书 记　沈春英(女)
纪委书记　张新华

南菁高级中学(党委)

校　　长　杨培明
副 校 长　戴加成
　　　　　马维林
　　　　　张敏军
　　　　　冯德强
党委书记　杨培明
副 书 记　刘正旭

江阴高级中学(党委)

校　　长　郁洪千
副 校 长　张国英(女)
　　　　　吕有为
　　　　　陈培东
　　　　　杨凤楼
党委书记　郁洪千
副 书 记　陈　康(至 11 月)

江阴市教师发展中心(党委)

主　　任　蒋志远
副 主 任　王华平
　　　　　顾晓峰(女)
　　　　　赵长缨
　　　　　金中南
党委书记　蒋志远

江阴中等专业学校(党委)

校　　长　潘永惠
副 校 长　浦建平
　　　　　常　征
　　　　　朱永林
　　　　　张　寅
党委书记　潘永惠
副 书 记　邵鹏飞

街道、镇级机构

澄江街道党工委、纪工委

党工委书记　张光伟(至 11 月)
　　　　　　叶韩清(11 月任)
副 书 记　刘建国
　　　　　毛　勇(至 4 月)
　　　　　唐雪江
　　　　　许曹军(4 月任)
纪工委书记　金晨海
人大工委主任　王华明(至 6 月)
　　　　　　毛　勇(6 月任)
办事处主任　刘建国
副 主 任　卢　芳(女)
　　　　　周海兵(5 月任)
　　　　　俞　健
　　　　　许曹军(至 5 月)
　　　　　朱建江
　　　　　周秋龙
　　　　　李　奕

南闸街道党工委、纪工委

党工委书记　李志浩
副 书 记　袁　飞
　　　　　顾丰良(至 11 月)
纪工委书记　张　琼(女)
人大工委主任　曹其龙
办事处主任　袁　飞
副 主 任　许铁军(至 1 月)
　　　　　张　纲
　　　　　严　枫(女)
　　　　　杨迎彬
　　　　　金　莉(女,8 月任)
　　　　　倪树峰(12 月任)

云亭街道党工委、纪工委

党工委书记　陈卫东(至 2 月)
　　　　　　张晓新(2 月任)
副 书 记　邬闽澄
　　　　　包　煜
纪工委书记　顾建萍(女)
人大工委主任　缪明球(至 2 月)
　　　　　　张建明(2 月任)
办事处主任　邬闽澄
副 主 任　沈利兴
　　　　　贲天雄
　　　　　陈　芳(女)
　　　　　李富国

夏港街道党工委、纪工委

党工委书记　季　震
副 书 记　沈彦锋
　　　　　周　英(女,兼)
　　　　　钱　锋
纪工委书记　王　洁(女)
人大工委主任　杨种峰(8 月任)
副 主 任　吴国平
办事处主任　沈彦锋
副 主 任　缪敏华
　　　　　刘江军

申港街道党工委、纪工委

党工委书记　邱晓东(至 11 月)
　　　　　　叶海舟(11 月任)
副 书 记　叶海舟(至 11 月)

陶郁峻(11月任)
杨种峰(至7月)
李罗娜(女,兼)
严建军(7月任)
纪工委书记 黄 辉(至11月)
范建华(11月任)
人大工委主任 吴建兵
办事处主任 叶海舟
陶郁峻(12月任)
副 主 任 范春燕(女,至8月)
严建军(至8月)
许天翼(8月任)
钱恒剑(8月任)

利港街道党工委、纪工委

党工委书记 江 城
副 书 记 陈 奕(女)
曹 鸣(兼)
俞 晖(至11月)
吴玉兰(女,11月任)
纪工委书记 许经纬
人大工委主任 王顺元
办事处主任 陈 奕(女)
副 主 任 吴玉兰(女)
凌建华
沙晓军
贡 庆(12月任)

璜土镇

党委书记 谈海平(至11月)
谢 挺(11月任)
副 书 记 谢 挺(至11月)
朱小卫(11月任)
李 昀(兼)
李 宁
臧 新(赴新疆工作)
纪委书记 许晓刚
人大主席 占纪平
镇 长 谢 挺
副 镇 长 冉隆峰(至7月)
徐霞红(女)
胡建军(7月任)
陈 云

月城镇

党委书记 顾志强
副 书 记 徐洪伟(至2月)
顾春宇(2月任)
赵 华
纪委书记 吴剑毅
人大主席 杨 峰
镇 长 徐洪伟(至6月)
顾春宇(6月任)
副 镇 长 周海兵(至6月)
孙 健
徐小虎
朱晓君
周韧逸(6月任)

青阳镇

党委书记 何忆芳(女)
副 书 记 邱振海
冯 健
纪委书记 叶志伟(至7月)
李昱峰(7月任)
人大主席 袁忠良
副 主 席 李玉虎(至8月)
镇 长 邱振海
副 镇 长 华林其
张振军
赵 玺
葛 艳(女)
朱新开(至8月)
叶志伟(8月任)

徐霞客镇

党委书记 叶韩清(至11月)
陈剑雄(11月任)
副 书 记 吴 钢(至2月)
徐洪伟(2月任)
张浩伟
许铁军
纪委书记 鲍文君
人大主席 陆峥嵘
镇 长 吴 钢(至6月)
徐洪伟(6月任)
副 镇 长 包凯凯
程 云(至6月)
李 强
陈中华
王 寅
朱 勇
葛伟栋(6月任)

华士镇

党委书记 翟 菁(至2月)
陈 峰(2月任)
副 书 记 邹宇伟
杨伟兵
龚 英(女,至2月)
程 云(2月任)
纪委书记 王 灿
人大主席 张光明
镇 长 邹宇伟
副 镇 长 王士龙
曹海凌
费学兵
周 鑫
徐 平

周庄镇

党委书记 吴国忠(至11月)
吴 广(11月任)
副 书 记 王 凯(至11月)
张学春
沈宏伟
纪委书记 李 刚
人大主席 何玉林
镇 长 王 凯
副 镇 长 王春平
张建国
朱军安
赵振宇
许剑锋

新桥镇

党委书记 顾文瑜
副 书 记 张晓新(至2月)
吴 钢(2月任,至11月)
季 勇(11月任)
顾春宇(至2月)
高 升(4月任)
纪委书记 潘 丹
人大主席 张国江
镇 长 张晓新(至6月)
吴 钢(6月任)
季 勇(12月任)
副 镇 长 陶培鸿
汤振伟(至6月)
张 萍
冉隆峰(6月任)
赵叶勤(女)

长泾镇

党委书记 江国虔
副 书 记 陶郁峻(至11月)
余 江(11月任)
孙仲英
纪委书记 龚正巍(至7月)
李刘洪(7月任)
人大主席 季 峰
镇 长 陶郁峻
副 镇 长 刘国兴

钱　浩
陶理江
章瑞江(至8月)
刘迅风
蔡　云(8月任)

顾山镇

党委书记　吴　广(至11月)
王文平(11月任)
副书记　何志强
吴晓东
纪委书记　丁　琥
人大主席　俞新钢
镇　长　季　震(至1月)
何志强
副镇长　王新龙
徐　斌
瞿国丰
陈文奇(至7月)
刘志伟(赴新疆工作)
吴　洁(女)
颜　虎(12月任)

祝塘镇

党委书记　陈剑雄(至11月)
副书记　王　凯(11月任,主持全面工作)
夏建辉(至11月)
徐志军(11月任)
马　军(至11月)
严　枫(女,11月任)
纪委书记　吕季军
人大主席　汪汉明
镇　长　夏建辉
副镇长　徐　铭(至7月)
谭荣伟(至7月)
徐向东
章瑞江(7月任)
陈文奇(7月任)
承晓华(至7月)
王锡明
常惠琴(女,7月任)

(市委组织部)

驻江阴机构

江阴市人民武装部

部　长　高勇军
政　委　尹　平

国家税务总局江阴市税务局

局　长　万庆涛
副局长　张农高
顾敏明
陈增伟
闵三红
陆晓东
杨潮阳
顾　恩
徐　益
朱　斌
党委书记　万庆涛
副书记　张农高
纪检组组长　陈洪庆
党委委员　倪　江

江阴市气象局

局　长　黄　葵
副局长　李玉照

中国邮政集团有限公司江苏省江阴市分公司(党委、纪委)

总经理　袁雪梅(女)
副总经理　黄晔炯
徐　颖
王文红(女)
党委书记　袁雪梅(女)
纪委书记　黄晔炯

无锡市江阴生态环境局(党组)(★)

局　长　陈福良(4月任)
副局长　金丹菁(女,4月任)
李　煜(女,4月任)
徐　伟(4月任)
党组书记　陈福良(4月任)
副书记　张　荣(4月任)

江阴市电信局(党委、纪委)

局　长　洪　伟
副局长　徐宏良
陈建东
陈燕武
党委书记　洪　伟
纪委书记　徐宏良

江阴市供电公司(党委、纪委)

总经理(兼党委副书记)　张　峰
副总经理　沈才元
吴卫东
谢斌鑫
党委书记　陈　喜
纪委书记　俞　伟

江阴市盐业有限公司

经　理　王雨鸥
经理助理　孙　敏

江阴市烟草专卖局(无锡市烟草公司江阴分公司)

局长(经理)　韩剑操
副经理　沈　浩
副局长　李守峰(至11月,挂职)
陈　刚(11月任,挂职)
党组书记　韩剑操

中国人民银行江阴市支行

行　长　刘文敏
副行长　陈爱仙(女)

中国银行保险监督管理委员会无锡监管分局江阴监管组

主　任　朱立新

中国工商银行股份有限公司江阴支行

行　长　朱皆康
纪委书记　桂卫萍(女)
副行长　徐　鸣
马晓东
陈晓锋
董　琦(至3月)

中国农业银行股份有限公司江阴分行

行　长　盛　霞
纪委书记　钱孝忠
副行长　郝晓炜(9月任)
宋　健
胡兴洪
严益群
方　伟(1月任)
古乐军(12月任)

中国农业发展银行江阴市支行

行　长　陶　翔
副行长　朱晓华

中国建设银行股份有限公司江阴支行

行　长　夏思奇

纪委书记　徐　锋
副 行 长　王永清
　　　　　车　琳(女)
　　　　　黄　明

中国银行股份有限公司江阴支行

行　　长　陈　涛(女,至11月)
　　　　　邹晓星(11月任)
纪委书记　李　兵(6月任)
副 行 长　潘　亮(至4月)
　　　　　张玉洪
　　　　　逄大海
　　　　　宋　燕(女)
　　　　　邱冬艳(女)

交通银行股份有限公司江阴分行

行　　长　姜澄华
副 行 长　顾宇晖
　　　　　耿东霞(女)
　　　　　庞文洁(女)

江苏江阴农村商业银行股份有限公司

董 事 长　孙　伟
行　　长　任素惠(女,至4月)
　　　　　宋　萍(女,4月任)
监 事 长　高进生
副 行 长　仲国良(9月任)
　　　　　卜新锋
　　　　　金　武
　　　　　王　峰
　　　　　杨树桐(至7月)
　　　　　过晟宇
　　　　　陈跃中(至7月)

上海浦东发展银行股份有限公司江阴支行

行　　长　陈　晨(至11月)
　　　　　李　明(12月任)
党委委员　徐红英(女,11月任)
副 行 长　夏晓刚
　　　　　吴燕群(女)
　　　　　杨　旸(女,至11月)

江苏银行股份有限公司江阴支行

党支部书记　陈　虹(女)
行　　长　季海洪
副 行 长　张慧芸(女)

中国邮政储蓄银行股份有限公司江苏省无锡市江阴市支行

行　　长　顾　薇(女)
副 行 长　林　莉(女)
　　　　　李佳敏

中国人民财产保险股份有限公司江阴支公司

总 经 理　何尧军
副总经理　顾　军
　　　　　顾志锋
　　　　　王　盛

中国人寿保险股份有限公司江阴支公司

总 经 理　黄奕辉(至7月)
　　　　　张　芳(女,7月任)
副总经理　陈苗华
　　　　　吴　楠(7月任)
　　　　　景小进

江阴海事局(党委)

局　　长　李宏兵
党委书记　李宏兵
政　　委　黄　鹂
党委副书记　黄　鹂
副 局 长　沈锁荣
　　　　　祝忠武
　　　　　王长宁
纪委书记　黄　鹂

江阴海关(党委)

关　　长　陈解平
党委书记　陈解平
副 关 长　陶　宏
　　　　　姚　武
　　　　　封君兴
　　　　　徐　迅
南京海关第七派驻纪检组
组　　长　肖国平

江阴海关缉私分局

局　　长　陶　宏
政　　委　陈　明

江阴出入境边防检查站(党委)

站　　长　张　莉(女,至9月)
　　　　　陈正雷(9月任)
政　　委　陈正雷(至9月)
副 站 长　朱宇翔
　　　　　程景涛
　　　　　冯士伟
边防检查处长　徐智文
政治处主任　李雨成
后勤保障处处长　周王龙
党委书记　陈正雷
副 书 记　张　莉(女,至9月)

中国船级社江阴办事处

主　　任　蔡　高
副 主 任　王宏斌
　　　　　衡　霖

长江引航中心(党委)

主　　任　程学仨
党委书记　张铜宁
副 主 任　孙琪琳
　　　　　许崇标(至5月)
　　　　　吴福康(5月任)
党委副书记　宋　维
纪委书记　宋　维

(＊为机构撤销或更名,★为新成立机构或机构整合)

■类目编辑　徐文辉

新任江阴市委书记简历

王进健

1973年9月生，江苏常州人，中共党员，经济学学士学位，省委党校研究生学历。1992年9月至1996年8月，在苏州大学财经学院财政学专业学习（其间，1996年1月入党）。1996年8月至1997年5月，任无锡市财政局财监处办事员。1997年5月至2000年2月，任无锡市国有资产管理局综合处科员。2000年2月至2001年3月，任无锡市国有资产管理局综合处副主任科员。2001年3月至2002年1月，任无锡市财政局办公室副主任科员。2002年1月至2003年4月，任无锡市财政局办公室副主任。2003年4—11月，任无锡市财政局办公室主任。2003年11月至2006年1月，任无锡市财政局副局长、党组成员。2006年1—2月，任无锡市北塘区委副书记、代区长。2006年2月至2010年9月，任无锡市北塘区委副书记、区长（其间，2004年9月至2006年7月在江苏省委党校行政管理专业在职研究生学习）。2010年9月至2013年12月，任江阴市委副书记（副市级，援疆任无锡市对口支援新疆伊犁州霍城县前方工作组组长、伊犁州委常委、霍城县委书记）。2013年12月至2014年1月，任无锡市政府副市长、江阴市委副书记。2014年1月至2018年1月，任无锡市政府副市长、党组成员。2018年1月至2019年12月，任无锡市政府副市长、党组成员，无锡高新技术产业开发区党工委书记、新吴区委书记。2019年12月起，任无锡市政府副市长、党组成员，江阴市委书记、江阴高新技术产业开发区党工委书记。

（郭　诚）

江苏省级以上先进个人

吴协恩

1964年4月生，华士镇人，中共党员，高中学历，江阴市华西村党委书记、村委会主任、华西集团有限公司董事长，中共十八大、十九大代表。1982年11月入伍。1986年3月退伍。回到华西村后，他始终以军人标准严格要求自己。他当过驾驶员，也做过供销员。1995年，远赴黑龙江省建成新"华西村"，并无偿移交给地方政府。2001年6月起，帮带江阴华西村周边20个村3.5万名村民共同致富。2006年起，以"智力扶贫"方式为全国20多个省市区培训基层干部近50万人次。他对接"精准扶贫"，以"产业扶贫"推进山东省、陕西省、宁夏回族自治区等地新能源项目。他坚持"拥军优属、拥政爱民"传统，2014年12月，在全国建成首个村级"双拥"工作示范基地。2015年9月3日，吴协恩赴北京出席纪念中国人民抗日战争暨世界反法西斯战争胜利70周年大会。2018年，华西集团交税近15亿元，被列为无锡市纳税总量贡献十强企业。2019年7月，吴协恩被中央退役军人事务工作领导小组办公室、中共中央组织部、人力资源和社会保障部、退役军人事务部、中央军委政治工作部评为全国模范退役军人。（丁　劼）

周建平

1960年5月生，新桥镇人，中共党员，大专学历，海澜集团有限公司党委书记、董事长，第十届全国人大代表，第十一届、第十二届、第十三届全国政协委员。1988年12月1日，他自筹资金30万元，带领18名工人，创办江阴市第三毛纺厂。1994年，成立江苏三毛集团，2000年在上交所成功上市。2001年12月，三毛集团正式更名为海澜集团。2002年9月，他创立的首个"海澜之家"服装连锁店在南京中山北路正式开业。2014年4月11日，"海澜之家"成功重组上市，成为中国服装业的龙头股。2017年起，开启海澜品牌国际化新征程，相继在马来西亚、新加坡、泰国、越南、日本等国家和地区开设"海澜之家"门店62个。2017年，海澜集团成为无锡市首个营业收入千亿元企业。至2019年，"海澜之家"门店数量达5000余个，遍布全国31个省（自治区、直辖市），覆盖80%以上的县、市。每年实现30%以上的营业收入增长，带动全国30多万人的就业。他先后荣获中国青年五四奖章、中国服装行业功勋奖章，获全国优秀青年企业家、全国优秀厂长经理、中国乡镇企业十大新闻人物、江苏省劳动模范、第六届江苏省非公有制经济人士优秀中国特色社会主义事业建设者等荣誉称号。2019年8月，他被中共中央统战部、工业和信息化部、人力资源和社会保障部、国家市场监管总局、全国工商联评为全国非公有制经济人士优秀中国特色社会主义事业建设者。

（曹丽华）

张农高

1965年6月生，澄江街道人，中共党员，大学文化，国家税务总局江阴市税务局党委副书记、副局长。1982年参加税务工作，历任无锡市惠山地方税务局党组书记、局长，无锡市江阴地方税务局党组书记、局长。先后被评为江苏省劳动模范、无锡市优秀共产党员，并带领队伍获得“江苏省先进基层党组织”“全国三八红旗集体”“全国五四红旗团总支”等荣誉。在2018年国税地税征管体制改革中，他面对改革的“进退留转”，面对“正转副”的职位调整，不计个人得失、严守纪律决定，无条件服从改革、服从大局，在组织新机构顺利挂牌、依规落实“三定”（定职能、定机构、定编制）方案、推动社保费和非税收入征管职责划转、全力推进“两税”融合等方面作出积极贡献。他抓住江阴集成改革试点的契机，大力推动税收营商环境建设，在全省税务系统首创方便征纳互动的江阴税务政务服务网，并在全国税务系统首创税收营商环境评价指标平台，助力江阴营商环境建设。2019年7月，被中央文明办、国家税务总局联合授予“中国好税官”称号。（胡雨晨）

季克军

1974年4月生，江苏盐城人，中共党员，大学学历。2008年1月转业至江阴市统计局，2013年5月任副局长。2018年，国务院开展第四次全国经济普查，作为江阴市经普办专职副主任，组织全力做好前期筹备准备工作，率领业务人员反复比对、排重、剔除，形成全市清查底册单位数近12万个，个体户数近8万户。先后组织召开20余期培训班，培训近4000人次。组织业务骨干，下沉到普查一线进行现场指导，帮助解决实际问题，有效提升数据质量。实时监督质量，严查审核纠错。重点对营业收入、资产总计等指标进行审核，做到数出有据，合乎逻辑。全市完成上报3216个“一套表”企业、56559个“非一套表”单位，其中，法人单位52572个，产业活动单位3987个，个体经营户5703户，高质量完成第四次全国经济普查相关工作。2019年12月，季克军被国务院第四次全国经济普查领导小组评为第四次全国经济普查先进个人。（刘　潇）

沈明强

1979年4月生，申港街道人，中共党员，本科学历，江苏省江阴高级中学数学教师，江苏省教育学会数学专业委员会会员。2001年毕业于南京师范大学数学教育专业。常年在高三担任毕业班教学，所带班级高考成绩在平行班中均名列前茅。在学校历次的班主任满意度测评中，满意率均为100%。担任两届高三数学备课组长，高三数学高考成绩进步明显。2005年4月，获江阴市第五届青年教师教学大比武一等奖；12月，获无锡市高中数学青年教师优秀课评比一等奖。2006年以后，一直担任实验班教学。2007年7月，成为江苏省数学奥林匹克一级教练员。2008年4月，被评为无锡市第四批教学新秀。2010年，被评为江苏省高中数学课程改革实验先进个人。2012年4月，被评为无锡市第六批教学能手。2016年起，担任学校教务处主任。多次承担市级以上公开课任务，在江苏省教科院组织的基地学校研讨会上开观摩课《参数方程的应用》。多次为江阴市高三统考命题，并多次参与学校、江阴地区及周边地区的招师面试工作。多篇论文获省级以上奖项或发表。参与江苏省“十二五”规划课题“基于幸福教育实践的教师发展实施方案”，无锡市“十二五”规划课题“整合理念下研究性校本课程构建策略研究”等。先后被评为无锡市优秀教育工作者、江苏省先进教育工作者。2019年1月，被评为无锡市学科带头人。9月，被教育部评为全国优秀教师。（陆余平）

朱富春

1968年2月生，周庄镇人，中共党员，大学文化。2012年8月担任周庄司法所所长。他在全市率先建成规范化司法所，率先建成镇级公共法律服务中心，先后推出“法治漫画”普法品牌，建立“庭所联动”“四所联动”“镇村联动”公共法律服务品牌，在全市司法行政工作中发挥引领作用。2016年，周庄司法所被无锡市委、市政府表彰为2016年度法治无锡建设工作示范单位，被江苏省司法厅表彰为江苏省优秀司法所，周庄镇被评为全省“六五”普法先进集体。他带领全所人员在人民调解中有力贯彻“枫桥经验”，2016年后周庄司法所调处纠纷1609件，他个人调解重大纠纷237件，成功率100%，涉及金额4929万元；该所受理办结援助案件623件，直接援助703人。2019年1月，朱富春被司法部评为全国模范司法所长。

（陈冠瑜）

曹纯芳

女，1977年2月生，澄江街道人，本科学历。2004年6月，调入江阴市公安局禁毒大队。参加禁毒工作后，主要负责文字材料、信息报送、系统管理、尿样检测、数据统计、后勤保障等工作。她担任全国禁毒信息管理系统专职管理员后，制定禁毒管理系统输机规范，适时督导基层派出所管理、整改，全市禁毒信息系统管理水平得到很大提升。累计把关审核禁毒信息系统涉毒信息

10000余条，信息审核合格率稳居无锡第一。全国禁毒信息管理系统通讯话单、通讯录模块的自创录入方法被上级业务部门广泛推荐运用。她还负责大队吸毒检测、成瘾认定等执法工作。2018年，经她之手未发生一例吸毒人员申请行政复议的情况，合格率100%。在"禁毒2018两打两控"专项行动中，她每周开展一次阶段性涉毒打处数据的梳理汇总，整合比对涉毒打处数据130余次。她立个人三等功1次，受嘉奖6次。2019年1月，被国家禁毒委员会办公室评为全国禁毒部门办公室系统先进个人。（胡　娟）

陈富满

1966年8月生，澄江街道人，民进会员，本科学历，法学学士，中学高级教师，政协江阴市第十三届、第十四届委员。2006年底当选为民进江阴市委第二届市委委员兼市委办公室副主任、民进暨阳中学支部主任。他带领暨阳中学支部全体会员牢固树立"以党为师、立会为公、参政为民、双岗建功"宗旨，努力做好"四种人"（做个明白人、规矩人、热心人、内行人）。暨阳中学支部有6人在民进江阴市委虚拟机关任职，占支部在职会员的75%。支部一贯重视基层组织建设工作，率先在江阴市建立"民进支部活动室"（会员之家），制定《支部组织生活制度》《支部主委职责》《支部委员职责》《会员考核细则》《活动室管理办法》等管理制度。积极开展参政议政活动，认真完成"四个一"（支部一个调研报告、会员一个模拟提案、一个社情民意、一个信息上报）工作。2018年，支部获民进江苏省委"坚持和发展中国特色社会主义学习实践活动"先进集体。2019年，支部被中共江阴市委统战部评为"五星级支部"，成为民进江阴市委支部工作对外展示窗口。2019年10月，在民进中央召开的全国组织建设工作会议上，陈富满被民进中央评为民进全国组织建设先进个人。（何　炬）

徐伟芳

1939年11月生，祝塘镇石堰村村民。2018年8月3日上午，一位老人带着8岁的小男孩在河边采菱角时，男孩不慎失足掉入河中。家住附近的八旬老人徐伟芳听到呼救声后，当即和妻子从家中跑出来，看到男孩在河中挣扎，他没顾及年迈及骨折刚好没多久，毅然下水救起8岁的小男孩。更难能可贵的是，30年前，此次被救男童的父亲，小时候也不慎跌落河中，救起他的也正是徐伟芳。徐伟芳累计救过3名溺水者，他的妻子也曾救过1名。这对热心夫妇的义举，感动了许多人。2018年10月，"无锡好人"第三季度评选活动揭晓，徐伟芳荣登榜单；12月，"江苏好人"榜发布，徐伟芳荣登榜单，他还获评第五届"十佳江阴好人"。2019年2月，徐伟芳荣登由中央文明办主办的中国文明网"中国好人榜"，获评见义勇为"中国好人"。

金　彦

1970年10月生，璜土镇启港苑村村民，法尔胜新型管业有限公司职工。2003年，金彦妻子被查出患有脑瘤，他卖掉江阴市区的房子，带妻子到上海做手术。术后妻子双目失明，半身瘫痪，他关闭位于市区的服装店回到璜土镇，就近找了份工作，并从门外汉变成高级工。他照顾妻子无微不至，亲力亲为。他向单位提出，多安排夜班，以便白天照顾妻子和孩子。他还特意学习按摩，帮助妻子活动筋骨。在他的照料下，长期卧床的妻子，身上一个褥疮都没有。2016年，他为圆妻子的婚纱梦，还参与策划举办"为爱圆梦"百人婚纱秀大型公益活动。2017年4月，他获评首届"璜土十佳好人"；6月，获评第四届"十佳江阴好人"；7月，获评"无锡好人"；12月，获评"江苏好人"。是年，以他为原型拍摄的微电影《爸爸的夏天》，获中宣部宣教局等单位联合主办的"社会主义核心价值观主题微电影征集展示活动"全国二等奖。2019年6月，金彦荣登由中央文明办主办的中国文明网"中国好人榜"，获评孝老爱亲"中国好人"。（澄　鉴）

刘文清

1980年12月生，利港街道前横村村民，江阴市勤文科技有限公司总经理。2002年，刘文清刚从北京中央工艺美术学院摄影系毕业，不幸患上恶性肿瘤骨肉瘤，左臂截肢，被迫放弃摄影梦想。但他没有放弃生活，开始自主创业，从卖糖葫芦开始，到开音像店、修理电脑，再到开办电脑公司、电器公司、手工烘焙店、生物科技公司。在创业成功后，他积极投身公益事业，带领身边的志愿者为困难人群捐款捐物。2013年，刘文清加入江阴市青年创业者联合会，成为理事。2016年5月，刘文清被评为第七届江阴市十大杰出青年之一，并当选为江阴市政协委员。2016年，刘文清当选为市残联肢体残疾人协会副主席。在江阴市文明办、市教育局、市残联的支持下，刘文清作为发起人和项目负责人，组织12名身残志坚的残疾人代表，成立"生命的力量"宣讲团，在中小学校开展"生命的力量"宣讲志愿服务。2017年6月，获评无锡市"我身边的创业榜样"。2018年4月，获评无锡市"残疾人自强模范"。是年末，由刘文清牵头申请的江阴市助残志愿者协会成立，他担任会长。2019年5月，"生命的力量"宣讲志愿服务被市残联推荐，参加第四届江苏志愿服务展示交流会。8月，刘文清荣登由中央文明办主办的中国文明网"中国好人榜"，获评助人为乐"中国好人"。（谈蕴芬）

李全兴

1965年11月生，周庄镇人，中共党员，本科学历，中共周庄镇山泉村委员会书记、江苏万事兴集团董事长，江苏省第十三届人民代表大会代表。他担任周庄镇山泉村党委书记后，提出“民主促民生，幸福山泉人”的治村理念，创建公开、公平、公正“三公”环境，开创“共建共享”新局面，带领村“两委”班子，把山泉村建成生活安康、社会安宁、村民安心的新农村示范村。山泉村先后获全国民主法治示范村、全国首批农村幸福社区建设示范单位、全国敬老文明号、江苏省文明村标兵、江苏省社会主义新农村建设先进村等称号。2013 年，李全兴获评全国十大最美村官。2016 年 4 月，李全兴被省委、省政府授予“江苏省劳动模范”称号。2017 年，获江苏省农村基层党建工作突出贡献奖励。2019 年 7 月，被江苏省委评为江苏省优秀党务工作者。 （潘晓明）

李　强

1977 年 1 月生，云亭街道人，中共党员，本科学历，云亭街道武装部副部长兼党群科科长、教育文体科科长。1994 年参军入伍到武警浙江总队温州支队。在服役期间荣获三等功两次、优秀士兵三次、嘉奖三次，被浙江总队评为优秀班长、优秀基层带兵干部等。2010 年转业到江阴市云亭街道办事处工作。他在武装工作中，配合好街道人武部部长，深入村、社区，普及国防知识，推广国防教育，提高工作质量。在民兵训练中，能和普通民兵同训练同比赛，身先士卒，冲在前头。多年来，所负责的武装工作在每年的全市人武工作检查评比中都位于前列。云亭街道连续 3 年被市人武部表彰为征兵工作先进单位。所兼的教育工作 2018—2019 年连续 2 年取得全市第一的好成绩。2019 年，他被街道管委会评为优秀公务员。同年 12 月，被江苏省军区表彰为基层先进专武干部。

陆志渊

1991 年 12 月生，徐霞客镇人，中共党员，大专文化，徐霞客镇皋岸村团书记兼民兵营营长。2009 年 12 月入伍。2012 年退伍后在徐霞客镇皋岸村工作。在所负责的村民兵工作中，陆志渊始终以饱满的工作热情，牢记肩负使命，认真履行自己的职责，在平凡的岗位上默默无私奉献。任职 7 年中，他所在村的民兵工作年年上新台阶，皋岸村先后多次被徐霞客镇人武部评为民兵预备役先进单位。在征兵工作中他敢于迎难而上，在每年的冬季征兵中想方设法，多次动员，每年的征兵工作都圆满完成任务。先后多次组织民兵参加市、镇级民兵训练、民兵点验等。他还定期对民兵进行培训，每年组织培训 10 多次，观看远程教育 50 多次。2019 年 4 月，组织民兵参加江苏省军事大比武。12 月，被江苏省军区评为军事训练先进个人。

杨东东

1980 年 9 月生，山东泰安人，中共党员，大专学历。1998 年 12 月入伍。两次被评为优秀士兵，多次被评为单位红旗车驾驶员。2008 年，转业至江阴市人武部工作。参加工作后，他始终坚定理想信念，恪守职业道德，强化党性锻炼，保障业务技能熟练，能够独当一面。2018 年，其所在的保障科科长转业，科室仅剩其一人，他挑起重担，认真学习业务知识，自觉提升保障业务能力，高标准、高质量完成组织交给的各项工作任务。在江苏省军区比武竞赛、征兵工作、民兵训练等各项活动任务中，保障及时到位，作用发挥明显。2017 年，被无锡军分区评为优秀职工。2019 年 12 月，被江苏省军区评为优秀职工。 （刘长娟）

江苏省条线系统、无锡市、江阴市先进个人

【江苏省条线系统先进个人】

姓　名	工　作　单　位	荣　誉　称　号	授　予　单　位
2018 年度：			
江　良	市残疾人联合会	按比例安排残疾人就业工作优秀个人	江苏省政府残疾人工作委员会
鄂　勇	市公安局办公室	全省公安调研工作优秀个人	江苏省公安厅
冯佳佳	临港开发区党政办公室	全省开发区信息工作先进个人	江苏省开发区协会
高国琪	云亭实验小学	最佳教练员	江苏省体育局、省教育厅
丁元圆	云亭实验小学	最佳教练员	江苏省体育局、省教育厅
何　晶	江阴中等专业学校周庄校区	江苏省中职学校共青团工作先进个人	共青团江苏省委、省教育厅
严志敏	月城镇成人教育中心校	江苏省成人教育突出贡献奖	江苏省成人教育协会
吴　婷	市司法局	后续照管先进个人	江苏省戒毒管理局
施建春	市司法局	后续照管优秀社工	江苏省戒毒管理局

孙卫杰	市富仁高科股份有限公司	江苏省优秀共青团员	共青团江苏省委
薛腾龙	申港街道于门村团委	江苏省优秀团支部书记	共青团江苏省委
陈教智	市法院	江苏最美法官	江苏省高级人民法院、省宣传部、省总工会、共青团江苏省委、省妇女联合会、新华报业传媒集团、省广播电视总台
徐海滨	市应急管理局	全省安全生产执法工作先进个人	江苏省应急管理厅、江苏煤矿安监局
贡　庆	市应急管理局	全省冶金等工贸行业安全生产工作先进个人	江苏省应急厅
王海滨	市农林水利执法大队	全省农机安全监理宣传信息工作先进个人	江苏省农业机械安全监理所
包　芳	市商务局	江苏省口岸运行管理先进个人	江苏省商务厅
黄青蓝	市商务局	江苏省口岸运行管理先进个人	江苏省商务厅
夏　蒙	国家统计局江阴调查队	优秀公务员	国家统计局江苏调查总队
彭　翔	国家统计局江阴调查队	优秀公务员	国家统计局江苏调查总队
沈志平	国网江阴市供电公司	新闻宣传工作劳动竞赛优秀新闻工作者	国网江苏省电力有限公司、国网江苏省电力有限公司工会
王立彬	国家税务总局江阴市税务局	全国税务系统“新机构、新职责、新业务、新作为”知识网络竞赛优秀奖	国家税务总局江苏省税务局
承　革	国家税务总局江阴市税务局	按比例安排残疾人就业工作优秀个人	江苏省政府残疾人工作委员会

2016—2018 年度：

宫昌俊	市图书馆	《江苏省社会科学普及促进条例》实施工作成绩显著个人	江苏省社会科学普及工作联席会议

2017—2018 年度：

高　玮	国网江阴市供电公司	纪检监察工作先进个人	国网江苏省电力有限公司
盛佳丽	国网江阴市供电公司	巾帼建功标兵	国网江苏省电力有限公司

2019 年度：

李春华	国家税务总局江阴市税务局	全省税务系统国税地税征管体制改革三等功	国家税务总局江苏省税务局
耿建华	市公安局要塞派出所	全省 110 接处警工作先进个人	江苏省公安厅
姚拥平	市公安局看守所	全省公安监管系统排头兵	江苏省公安厅
夏　艺	市公安局网络安全保卫大队	“净网 2018”专项行动成绩优秀个人	江苏省公安厅
段　强	市公安局巡特警大队	全省公安巡特警工作先进个人	江苏省公安厅
朱敏华	市公安局刑事警察大队	第七届“江苏最美警察”提名奖	江苏省公安厅
魏雷云	市公安局巡特警大队	新中国成立 70 周年大庆全省安保维稳工作先进个人	江苏省委政法委员会、省人力资源和社会保障厅
何晓东	市公安局技防办	个人二等功	江苏省公安厅
潘伟伟	江阴出入境边防检查站	个人三等功	江苏出入境边防检查总站
王晨宇	江阴出入境边防检查站	个人三等功	江苏出入境边防检查总站

韦子韬	江阴出入境边防检查站	个人三等功	江苏出入境边防检查总站
陈　璐	江阴出入境边防检查站	个人三等功	江苏出入境边防检查总站
周　健	江阴出入境边防检查站	嘉奖	江苏出入境边防检查总站
陆　游	江阴出入境边防检查站	成绩突出个人	江苏出入境边防检查总站
杨　帆	江阴海事局	优秀纪检监察干部	江苏海事局
邹文捷	江阴海事局	长航系统文明行业先进工作者	江苏海事局
沈　浩	市气象局	第七届全省天气预报职业技能竞赛“强对流天气临近预报单项”第二名	江苏省气象局
缪　慧	市交通运输局	优秀共产党员	江苏省交通运输厅
金叶锋	市法院	个人三等功	江苏省高级人民法院
闵永刚	市法院	全省法院执行工作先进个人	江苏省高级人民法院
韩鹏彦	市法院	全省法院执行工作先进个人	江苏省高级人民法院
孙汉才	月城镇司法所	全省人民满意的公务员	江苏省委、省政府
潘纯颖	月城镇综合执法局	打好污染防治攻坚战宣传工作先进个人	江苏省打好污染防治攻坚战指挥部办公室
高翊淳	江阴初级中学	江苏省十佳少先队员	共青团江苏省委、江苏省教育厅、省少工委
黄子乐	利港实验小学	江苏省优秀少先队员	共青团江苏省委、江苏省教育厅、省少工委
刘英杰	市实验小学教育集团	江苏省优秀少先队辅导员	共青团江苏省委、江苏省教育厅、省少工委
计鹏聪	月城镇成人教育中心校	社区教育先进工作者	江苏省成人教育协会
郑湘妮	华士实验中学	江苏省青少年科技创新培源奖	江苏省科技协会
陆丽芳	青阳初级中学	江苏省社会教育先进个人(优秀志愿者)	江苏省社会教育服务中心
承　晖	江阴农商行	省属企业优秀党务工作者	江苏省国资委党委
许洪良	江阴农商行	江苏金融五一劳动奖章	中国金融工会江苏工作委员会
窦正满	市澄港拖轮船务有限公司	江苏省“最美退役军人”提名	江苏省委退役军人事务工作领导小组
朱锡军	市消防救援大队	全省消防救援队伍优秀党务工作者	江苏省消防救援总队
熊年俊	市司法局	全省“七五”普法中期先进个人	江苏省委宣传部、省法治宣传教育工作领导小组办公室、省司法厅
顾建平	市司法局	全省“七五”普法中期先进个人	江苏省委宣传部、省法治宣传教育工作领导小组办公室、省司法厅
田　杰	市司法局	全系统政务信息工作先进个人	江苏省司法厅
居永久	市司法局	全系统新闻宣传工作先进个人	江苏省司法厅
陆雪清	市司法局	全省司法行政系统行政审批工作先进个人	江苏省司法厅
缪国平	市司法局	从事公证工作三十年表彰奖励	江苏省公证协会
张　采	市司法局	从事公证工作三十年表彰奖励	江苏省公证协会
宋可喜	市司法局	新中国成立70周年大庆全省安保维稳工作先进个人	江苏省委政法委员会、省人力资源和社会保障厅
高　斌	市司法局	全省司法行政系统先进工作者	江苏省人力资源和社会保障厅、省司法厅
李　骏	市疾病预防控制中心	江苏省现场流行病学培训优秀学员	江苏省疾病预防控制中心

花晓艳	市劳动人事争议仲裁院	江苏省仲裁员业务标兵	江苏省人力资源和社会保障厅、省总工会、省劳动人事争议仲裁委员会
张进华	市民政局	全省民政系统先进工作者	江苏省人力资源和社会保障厅、省民政厅
王丽莉	市社会保险基金管理中心	江苏省技术能手	江苏省人力资源和社会保障厅
蔡月姬	市商务局	首届中国国际进口博览会江苏交易团组织工作先进个人	江苏省人力资源和社会保障厅、省商务厅
张文丽	市生态环境局	江苏省技术能手	江苏省人力资源和社会保障厅
张文丽	市生态环境局	江苏省五一创新能手	江苏省总工会
张国忠	江阴兴澄特种钢铁有限公司	江苏省五一劳动奖章	江苏省总工会
任伟平	法尔胜泓昇集团有限公司	江苏省五一劳动奖章	江苏省总工会
于　燕	江苏阳光集团有限公司	江苏省五一劳动奖章	江苏省总工会
刘清泉	中建钢构江苏有限公司	江苏省五一劳动奖章	江苏省总工会
盐本弘一(日本)	信越(江苏)光棒有限公司	江苏省五一劳动奖章	江苏省总工会
于　燕	阳光集团有限公司	江苏省五一劳动奖章	江苏省总工会
		江苏省十佳文明职工	江苏省总工会
郁颖洁	新桥镇康定社区	江苏省优秀农家书屋管理员	江苏省新闻出版局
殷　莉	市水产指导站	江苏省渔业技术推广系统先进个人	江苏省渔业技术推广中心
胡品贤	江苏华宏实业集团有限公司	江苏省巾帼建功标兵	江苏省城镇妇女“巾帼建功”活动领导小组、省妇女“双学双比”竞赛活动领导小组
汪静莉	江苏苏利精细化工股份有限公司	江苏省巾帼建功标兵	江苏省城镇妇女“巾帼建功”活动领导小组办公室、省妇女“双学双比”竞赛活动领导小组办公室
徐前锋	市教育局	江苏省妇女儿童工作先进个人	江苏省政府妇女儿童工作委员会
侯海雄	国网江阴市供电公司	第二届“苏电工匠”提名奖	国网江苏省电力有限公司、国网江苏省电力有限公司工会
居海波	国网江阴市供电公司	电费回收先进个人	国网江苏省电力有限公司、国网江苏省电力有限公司工会
马洪忠	国网江阴市供电公司	农村供电所电费回收先进个人	国网江苏省电力有限公司、国网江苏省电力有限公司工会
司震宇	国网江阴市供电公司	优秀共青团员	共青团国网江苏省电力有限公司委员会
何益丰	国网江阴市供电公司	江苏省电力行业统计工作先进个人	江苏省电力行业协会
张永峰	国网江阴市供电公司	优秀建造师	江苏省建筑行业协会
华　忠	市自然资源和规划局	全省自然资源和规划系统优秀共产党员	江苏省自然资源厅
江兆成	国家统计局江阴调查队	个人三等功	国家统计局江苏调查总队
吴　琦	澄江街道统计站	基层统计岗位标兵	江苏省统计局
薛宇峰	市统计局	基层统计岗位标兵	江苏省统计局
王文平	市统计局	江苏省第四次全国经济普查优秀工作者	江苏省第四次全国经济普查领导小组
谢红伟	市统计局	江苏省第四次全国经济普查优秀工作者	江苏省第四次全国经济普查领导小组
罗意秋	市统计局	江苏省第四次全国经济普查优秀工作者	江苏省第四次全国经济普查领导小组

张　帆	市统计局	江苏省第四次全国经济普查优秀工作者	江苏省第四次全国经济普查领导小组
顾晶晶	市统计局	江苏省第四次全国经济普查优秀工作者	江苏省第四次全国经济普查领导小组
尤志静	市统计局	江苏省第四次全国经济普查优秀工作者	江苏省第四次全国经济普查领导小组
谭鹏成	江苏省统计局江阴调查局	江苏省第四次全国经济普查优秀工作者	江苏省第四次全国经济普查领导小组
徐利国	顾山镇经发局	江苏省第四次全国经济普查优秀工作者	江苏省第四次全国经济普查领导小组
严丽雯	顾山镇经发局	江苏省第四次全国经济普查优秀工作者	江苏省第四次全国经济普查领导小组
朱建江	澄江街道办事处	江苏省第四次全国经济普查优秀工作者	江苏省第四次全国经济普查领导小组
张　琳	澄江街道办事处	江苏省第四次全国经济普查优秀工作者	江苏省第四次全国经济普查领导小组
吴　琦	澄江街道办事处	江苏省第四次全国经济普查优秀工作者	江苏省第四次全国经济普查领导小组
段国梁	澄江街道办事处	江苏省第四次全国经济普查优秀工作者	江苏省第四次全国经济普查领导小组
程　涛	澄江街道办事处	江苏省第四次全国经济普查优秀工作者	江苏省第四次全国经济普查领导小组
吴娴芸	澄江街道办事处	江苏省第四次全国经济普查优秀工作者	江苏省第四次全国经济普查领导小组
陈传香	高速公路新桥服务区	江苏好人	江苏省文明办
刘文清	市勤文科技有限公司	江苏好人	江苏省文明办
蒋士凡	云亭街道	江苏好人	江苏省文明办
钱　佐	澄江街道	江苏好人	江苏省文明办
朱敏华	市公安局	江苏好人	江苏省文明办
柏军政	江苏新扬子造船有限公司	江苏好人	江苏省文明办
胡士勇	周庄镇华宏村党委	江苏省文明家庭	江苏省文明办
李全兴	周庄镇山泉村党委	江苏省敬业奉献道德模范	江苏省文明办
李全兴	周庄镇山泉村党委	江苏省百名示范村书记	江苏省委组织部
钱俊贤	璜土镇璜土村党委	江苏省百名示范村书记	江苏省委组织部
张　露	市融媒体中心	江苏省新闻出版优青	江苏省委宣传部
许金辉	江阴海关	全省“七五”普法中期先进个人	江苏省委宣传部、省法治宣传教育工作领导小组办公室、省司法厅
金日兰	市爱心树家庭成长中心	江苏省学雷锋志愿服务优秀志愿者	江苏省委宣传部等14个部门
耿柯鏐	市场监管局高新分局	九三学社江苏省委宣传工作先进个人	九三学社江苏省委
杜　凯	市农业农村局	九三学社江苏省委组织建设工作先进个人	九三学社江苏省委

附：其他条线系统先进个人

姓　名	工　作　单　位	荣　誉　称　号	授　予　单　位
邹志锋	江阴海关	2016—2017年度全国无偿献血奉献奖铜奖	国家卫健委、中国红十字总会、中央军委后勤保障部卫生局
刘晓澄	市法院	2016—2017年度全面无偿献血奉献奖铜奖	国家卫健委、中国红十字总会、中央军委后勤保障部卫生局

曹　健	市市场监督管理局	2018年度查处重大侵权盗版案件有功个人二等奖	国家版权局
毛伊卉	市市场监督管理局	2018年度查处重大侵权盗版案件有功个人二等奖	国家版权局
王敏洁	市疾病预防控制中心	中国居民慢阻肺监测工作先进个人	中国疾病预防控制中心慢性非传染性疾病预防控制中心
李　莹	市疾病预防控制中心	中国居民慢阻肺监测工作先进个人	中国疾病预防控制中心慢性非传染性疾病预防控制中心
洪　淇	市疾病预防控制中心	中国居民慢阻肺监测工作先进个人	中国疾病预防控制中心慢性非传染性疾病预防控制中心
赵荣兴	市疾病预防控制中心	中国居民慢阻肺监测工作先进个人	中国疾病预防控制中心慢性非传染性疾病预防控制中心
阮咪娜	中国工商银行江阴支行	工银成就个人奖(网点运营服务)	中国工商银行
杨　雷	江阴农商银行	九三学社组织工作先进个人	九三学社中央委员会组织部
罗勇彪	市科学技术协会	全国科技工作者状况调查站点优秀调查员	中国科协调研宣传部
计鹏聪	月城镇成人教育中心校	第二届“中青年社区教育教学新秀”	中国成人教育协会
钱　宇	国网江阴市供电公司	优秀共产党员	中共国家电网有限公司党组
吴建英	周庄镇稷山村委	计划生育家庭发展追踪调查工作先进个人	国家卫健委办公厅
蔡征吟	周庄镇经发局	从事统计工作三十年颁证纪念	国家统计局

【无锡市先进个人】

一、新中国成立70周年大庆全市安保维稳工作先进个人(无锡市委、市政府表彰)

周晓东(高新区社会事业局)

二、无锡市服务产业强市先进个人(无锡市委、市政府表彰)

王利峰(市工业和信息化局)

三、无锡产业强市贡献奖(无锡市委、市政府表彰)

胡　震(江苏振江新能源装备股份有限公司)

四、无锡产业强市优秀企业家(无锡市委、市政府表彰)

孙　伟(江阴农商银行)

五、无锡市优秀科研人才(无锡市委、市政府表彰)

闫智海(江苏秋林特能装备股份有限公司)

六、无锡市优秀共产党员(无锡市委表彰)

芮沈贤(市公共交通有限公司)

七、无锡市2018年度全市政务服务突出贡献个人(无锡市政府表彰)

胡惠芳(市审批服务中心)　沈纯雅(市行政审批局)

徐亚萍(市公共资源交易中心)　王　珏(徐霞客镇政务服务中心)

八、无锡市技能状元(无锡市政府表彰)

侯海雄(国网江阴市供电公司)

九、无锡市第二届青少年科技创新市长奖(无锡市政府表彰)

常建强(华士实验中学)　赵小扬(华士实验中学)

【江阴市先进个人】(江阴市委、市政府表彰)

一、2019年度优秀企业家

(一)工业、建筑业

吴协恩　周建平　俞亚鹏　钱　刚　李洪耀　张　雷　任乐天　孙　峰　周　江

卞永刚　俞　敏　缪文彬　陈丽芬　王新潮　姜振文　严倪芳　赵　峰　李　兴

胡士勇　黄丽泰　曹克波　拉尔斯·法布里修斯　张　峰　刘　叶　袁仁伟　钱振宇

缪金凤　张亚彬　华　锋　袁永凯

(二)服务业

周立宸　张　峰　梁　鑫　郭　靖　孙　伟　廖振铎　朱永方　吴锦明　王凤友
张伟志　张林洲　李国忠　韩剑操　范建刚　华　江　朱皆康　成基明　盛　霞
夏思奇　叶　茸　郭大宇　周　杰　李　明　季松辉　姜澄华　方　芳　张玉洪
明　科　时　茨　顾国华　刘　丰　陈　磊　赵建国　郭顺华　沈　军　吴建宏
薛　健　杨　毅　谢金雄　吉宏飞　陈　虹　刘柏生　陶雪华　徐　峰　丁仲麒
吴　军　胡鹏飞　王国安

二、2019 年度优秀总经理

(一)市属

工业、建筑业:六　扬

服务业:王新颜　何尧军　顾敏军　陈文蓉　顾　军　韩　英　王海峰　张　芳　王　萍
陆海燕　徐　巍　王国东　顾　新　顾　薇　承秀芳

(二)高新区

工业、建筑业:戚继尧　李天伟　袁　勇　马建忠　茅继忠　黄珑琳　姚明文　徐　菁　张文玉
崔光洵　孙　华　薛秋香　刘剑君　唐瑞刚　冯东明　沈　斌　刘成龙　张凤雏
姜仁才　梅国海　汤晓楠　凌　兵　张士泉　孙宝峰　松本功一　蔺裕平　孙　武

服务业:蒋立丰　陈玉平　卞春芳　吴建青　马友良　刘秀坤　殷连臣　费　智　周文杰
周建胜　徐永正　张建清

(三)临港开发区

工业、建筑业:曹光植　杜继兴　孙　彪　陆子友　高建华　唐少芳　赵范济　谢文庆　周培峰
华国平　胡　震　吴　钊　陈利民　周剑峰　张华兴　张乾峰　奚英军　徐耀琪
任锦华　刘跃生　余宗勋　时雪惠　郑卫良　刘品华　刘　平　郑洙焕　林东瑞
吴　陈　孙俊翼　吴　斌　黄仁展　朱金兴　顾红娟　龙　玲　顾晋南　贾兰娣
刘理淳　刘　准　吴红清　吴银芝　盐本弘一　展　平　薛建良

服务业:刘　炜　赵少丰　钟　葱　袁　峰　韩　杰　陈　科　吴小明　张　波　陈　岩
徐新峰　孙　燕　宫　正　霍钧平　殷振迅　周晓军　刘　伟　汤燕雯　黄履滨
章　炜　董　锋　袁君伟　王　冬　蔡　月　夏卫兵　孙　芳　夏炜立

(四)靖江园区

工业、建筑业:方春生　赵德胜　郁　征　王　健　孙乙钦

服务业:李　静　宁　军　刘　锋

(五)澄江街道

工业、建筑业:黄　磊　蔡晓洪　王　清　徐士官　陈建章　张　衡　张惠国　史方度

服务业:解红光　叶寿泉　胡建新　陈　涛　谢　红　郑宝吉　黄建伟

(六)南闸街道

工业、建筑业:六颖康　王晓龙　缪建新　沈云彪　高　欣　符明君　周　中　徐惠民　陈国贤
戴洪汝

服务业:李正兴　蒋晓峰　徐雅芬

(七)云亭街道

工业、建筑业:夏泽民　包振华　朱　卫　周德洪　瞿一锋　周　明　朱明敏　吴建春

服务业:王　栋　黄奇评　庄大勇

(八)月城镇

工业、建筑业:王坚群　陈　龙　严树珊　徐文新　钱秋林　梁良浩　华世正　丁爱民　房廷海
严伟明　程里伏

(九)青阳镇

工业、建筑业:吴　庆　山内铁也　薛洪权　谭冬华　李有明　赵玲娣　谢　龙　闵海华　华　刚
陆继生

服务业:梁刘杰　吴　强

(十)徐霞客镇

工业、建筑业:孙秉忠　金永洙　张国清　冯淑君　李秋雁　夏婉珍　李宇伟　曾　荣　任晓明
孔祥明　朱涵晓　沈　隽　杨大军　杜　鸣

(十一)华士镇

工业、建筑业:赵建明　李国良　邹承慧　查彩明　喻　晓　徐建雄　陆　军　杨　洁　姜元元

徐华江　孟永华　胡银福　张　正　徐明虎　李　旦

服务业:王　勇　沈雪峰　孙晓勇　庄　伟　瞿建军　夏　宇　杨红玉　朱　澄

(十二)周庄镇

工业、建筑业:马　坚　吴奕宏　承立新　陈力皎　张理罡　李生虎　承良元　徐　泓　卞良法　陈良东　殷福华　赵平宝　袁益凯　李全兴　赵浩良　赵三宝　黄雪昌

服务业:黄克亮　缪明宏　承汝峰

(十三)新桥镇

工业、建筑业:周国华　陶永生　张建锋　陈建国　于万旭　倪利锋　汪　东　徐东英

服务业:陶　园

(十四)长泾镇

工业、建筑业:蒋惠平　宋建新　周永南　夏国庆　李文义　仰午正　吴琴贤　吴栋标　颜　强

服务业:朱　斌

(十五)顾山镇

工业、建筑业:郭　健　杨　亮　徐　丹　宋正兴　李一新　王万里　郭亚霓　王静芬　荆朝晖　徐多宝　郭正平　欧阳明辉　吴卫江　毛二度　郭新民

(十六)祝塘镇

工业、建筑业:戴泽新　王　东　王　佳　蒋忠伟　周和兴　唐良君　赵　舵　朱　斌　刘建波　刘国荣　包敢锋　包建新　徐宇清

服务业:陆梓方

三、2019 年度先进工作者

(一)高新区

徐栋良　朱进兴　顾秋豪　赵　军　薛文虎　孔庆亮　金永新　王元清　金　君
万海东　陆正洪　冯广英　卫　凯　徐爱军　朱忠岳　卢全元　母志峰　张阳洋
杨　乾　陈玉平　陈育新　刘奇云　刘卫江　周云华　钱春华　陆建华　蒋　鸿
胡国才　黄永文　顾兴章　余　军　夏　凯　徐　赟

(二)临港开发区

陈红玉　徐　雁　钱丽霞　杨　琳　黄　海　陆黎明　季　烽　徐　祺　王　婷
周军棋　陈　卓　计福才　朱　伟　李　昀　韩永良　何俊青　钱俊贤　高旭伟
彭文锋　曹　洁　吴建峰　高正国　杨文革　朱东俭　谢军英　吴　年　项　薇
顾江涛　刘春雷　范兴龙　缪君明　徐一超　张　薇　周建元　王俊华　夏宏武
赵晓波　蒋惠军　陆志澄　赵丽华　邱金兴　宋桃英　黄明华　郑华叶　虞国裕
张建忠　许烨纶　黄汉财　余献忠　杨吉明　徐　斌　於燕华　焦国伟　江建洪
施正海　孙佩俊　薛　强　赵维科　张　菁　陆国库
何世辉　陈　南　张兴喜

(三)靖江园区

黄　刚　修晓华　周军红　王士斌　陈红波　钱　春　赵卫兴　陆玉中　缪华强
赵　刚　刘金其　季佰军

(四)澄江街道

杨王斐　王　芸　谢　园　刘承龙　李洪兴　翟利岳　朱　康　许　钢　沈　刚
夏　菁　张　静　林　毅　张士强　赵丽君　吕桂芬　徐登福　陈敏进　王国平
徐青峰　张之豪　张胜富　陈茂亮　赵峻峰　张益平

(五)南闸街道

高政委　孙宇东　周　成　缪　鹏　刘广锐　奚　龙　吴满元　刘伯林　张晓钟
文　碧　吴　祎　薛　兵

(六)云亭街道

郑铁江　孙亚平　朱海荣　邬钦君　蒋敏娟　沈建钧　陈　强　张　宁　沈利球
俞银海　顾文雅　缪文兴

(七)月城镇

陈　铭　钦建华　王雪炎　邹建军　倪仁福　顾中达　偶洪元　翟　民　薛金方
是赛亚　陆梦舒　杨彧鸣

(八)青阳镇

张国清　江　海　王建峰　沈国清　姜　桦　季　青　秦安君　钱国良　缪　贞

罗　贤　蒋全对　赵云达　张耀东　马勇军　马仕兴

（九）徐霞客镇

沈玉娟　潘岳明　孔维章　吴余清　李　亮　王　懿　陆宪惠　周莉娟　沈伟东
丁毛南　计耀金　施建清　申国兴　张亚伟　汤红心　庞澄龙　曹雨炫　马申芳

（十）华士镇

何建南　杨永昌　孙云南　汪方能　孙凡钧　陈　华　周　笑　赵　鸣　费　强
周伟明　周建国　唐玉兴　费　澄　张忠敏　殷浩全　徐　平　徐　强　谢贺君

（十一）周庄镇

李浩庆　袁晓华　赵建峰　胡品贤　顾士清　李成龙　赵　静　戈士勇　余林法
黄伟忠　伍春银　洪　亮　赵颖益　施惠忠　葛征坪　黄冬升　沈建洪　程雪峰

（十二）新桥镇

张晓帆　陆春立　郁正达　孙　波　郁　丽　王　凯　周燕玲　冯　军　陈春华
陶永明　陶雪丰　张海明

（十三）长泾镇

吴宪宏　李明法　吴文勇　周学明　许晓冬　朱德伟　夏涵冬　吴晓清　钱　平
郭　红　丁建涛　包年冬　周克非　浦宇斌　钱　葑

（十四）顾山镇

赵方伟　苏国荣　沈梓宵　刘洪兴　王飞鸿　周　檬　章坤良　云　鹏　王　蕾
孙祖涛　潘立新　时海峰　刘晨杰　相艳萍　周　叶

（十五）祝塘镇

顾　军　周云龙　包洪炳　金利君　徐建平　蒋云南　陆金伟　张星伟　朱建飞
颜荣良　姚正兴　朱浩清　吕　超　王仕新　龚　新

（十六）工业直属企业

孔煜锋　马健峰

（十七）服务业直属企业

洪　伟　张海忠　俞　强　张小英

逝世人物

姚　澄

女，1926年11月生，城东街道人，中共党员。著名锡剧表演艺术家，姚派创始人。儿时家境贫寒，12岁学戏。1949年参加苏南文协文工团，1952年加入中国共产党。中华人民共和国成立后为江苏省锡剧团主要演员，主攻青衣，兼演花旦，反串小生。曾任全国文联委员，中国戏剧家协会理事，江苏省人大代表、省政协常委、省戏剧家协会副主席、省锡剧研究会副会长，省锡剧团副团长等职。其代表性剧目主要有《罗汉钱》《庵堂认母》《拔兰花》《红色的种子》等。1954年，在《走上新路》中饰李瑞珍一角，获华东区戏曲会演演员一等奖。1957年，在《红楼梦》中饰贾宝玉一角，获江苏省首届戏曲会演演员一等奖。其主演的《庵堂认母》《双珠凤》先后由上海电影制片厂搬上银幕。2019年12月14日，姚澄在江苏南京逝世，享年93岁。

徐中玉

1915年2月生，华士镇人，中共党员，民盟盟员。著名文艺理论家，作家，语文教育家，华东师范大学中文系终身教授、名誉主任。1939年毕业于中央大学中文系。1941年毕业于中山大学研究院中国文学部。历任中山、山东、同济、复旦、沪江诸大学中文系讲师、副教授、教授。1934年开始发表作品。抗战时期出版编著五种，后著有《鲁迅遗产探索》《古代文艺创作论》《激流中的探索》《徐中玉自选集》《美国印象》等，主编文学研究丛书七套、大学教材《大学语文》五种及《大学写作》《古代文学作品选》等。1952年起任华东师范大学中文系教授，历任系主任、名誉主任、文学研究所所长，兼任全国高等教育自学考试指导委员会中文专业委员会主任、中国文艺理论学会会长，古代文学理论学会会长、中国作家协会上海分会主席和《文艺理论研究》《古代文艺理论研究》主编等。作品多次获全国奖。2014年12月获第六届上海文学艺术奖“终身成就奖”。2019年6月25日，徐中玉在上海逝世，享年104岁。

（澄　鉴）

■类目编辑　邢　盈

附　录

重要文件目录

2019 年中共江阴市委重要文件目录

一、1 月 2 日，江阴市委办公室、市政府办公室联合发《关于印发〈江阴市柔性引进文化人才办法〉的通知》（澄委办〔2019〕1 号）。

二、1 月 3 日，江阴市委、市政府联合发《关于进一步降低企业负担促进实体经济高质量发展的若干意见》（澄委发〔2019〕1 号）。

三、1 月 16 日，江阴市委办公室发《关于印发〈关于开展“党建引领党群一体”工程的实施方案〉的通知》（澄委办〔2019〕3 号）。

四、1 月 18 日，江阴市委、市政府联合发《关于印发〈“健康江阴 2030”规划纲要〉的通知》（澄委发〔2019〕5 号）。

五、1 月 21 日，江阴市委办公室、市政府办公室联合发《关于印发〈关于集中整治形式主义、官僚主义的工作方案〉的通知》（澄委办〔2019〕5 号）。

六、1 月 24 日，江阴市委办公室、市政府办公室联合发《关于印发〈关于进一步加强我市东西部扶贫协作工作的意见〉的通知》（澄委办〔2019〕6 号）。

七、2 月 26 日，江阴市委、市政府联合发《关于印发〈江阴市打赢蓝天保卫战三年行动计划实施方案〉的通知》（澄委发〔2019〕12 号）。

八、3 月 5 日，江阴市委、市政府联合发《关于印发〈江阴市委市政府 2019 年重点工作〉的通知》（澄委发〔2019〕14 号）。

九、3 月 13 日，江阴市委、市政府联合发《关于全面加强生态环境保护坚决打好污染防治攻坚战的实施意见》（澄委发〔2019〕15 号）。

十、3 月 18 日，江阴市委、市政府联合发《关于印发〈2019 年全市农业农村工作要点〉的通知》（澄委发〔2019〕17 号）。

十一、3 月 18 日，江阴市委、市政府联合发《关于调整完善生态补偿政策的意见》（澄委发〔2019〕18 号）。

十二、3 月 18 日，江阴市委、市政府联合发《关于进一步优化经济薄弱村扶持政策的意见》（澄委发〔2019〕19 号）。

十三、3 月 18 日，江阴市委办公室、市政府办公室联合发《关于印发〈江阴市农村土地经营权抵押贷款实施方案（试行）〉的通知》（澄委办〔2019〕13 号）。

十四、3 月 26 日，江阴市委、市政府联合发《关于全力推动经济发展高质量打造现代产业发展新高地的政策意见》（澄委发〔2019〕22 号）。

十五、3 月 27 日，江阴市委办公室、市政府办公室联合发《关于印发〈江阴市军民融合发展规划（2018—2022年）〉的通知》（澄委办〔2019〕20 号）。

十六、3 月 28 日，江阴市委、市政府联合发《关于进一步加强招商引资工作的实施意见》（澄委发〔2019〕24 号）。

十七、4 月 2 日，江阴市委、市政府联合发《关于印发〈江阴市 2019 年国民经济和社会发展重点工作目标责任分解〉的通知》（澄委发〔2019〕26 号）。

十八、4 月 16 日，江阴市委办公室、市政府办公室联合发《关于印发〈江阴市委市政府 2019 年重点工作目标任务细化实施方案〉的通知》（澄委办〔2019〕62 号）。

十九、5 月 7 日，江阴市委、市政府联合发《关于印发〈长江生态保护与绿色发展 2019 年度重点工作计划〉的通知》（澄委发〔2019〕30 号）。

二十、5 月 10 日，江阴市委发《中共江阴市委关于落实全面从严治党党委主体责任、纪委监督责任的意见》（澄委发〔2019〕31 号）。

二十一、5 月 14 日，江阴市委办公室、市政府办公室联合发《关于印发〈江阴市 2019 年供给侧结构性改革指导意见〉的通知》（澄委办〔2019〕68 号）。

二十二、5 月 16 日，江阴市委办公室、市政府办公室联合发《关于解决形式主义突出问题落实“基层减负年”工作措施的通知》（澄委办〔2019〕69 号）。

二十三、6 月 13 日，江阴市委办公室发《关于印发

2019年中共江阴市委全面从严治党责任清单的通知》（澄委办〔2019〕73号）。

二十四、6月21日，江阴市委办公室、市政府办公室联合发《关于印发〈江阴市化工产业安全环保整治提升实施方案〉的通知》（澄委办〔2019〕77号）。

二十五、6月21日，江阴市委办公室、市政府办公室联合发《关于印发〈关于开展"一推三治五化"专项行动大力推进农村人居环境整治提升的实施方案〉的通知》（澄委办〔2019〕78号）。

二十六、7月22日，江阴市委办公室发《关于认真学习贯彻中国共产党重大事项请示报告条例的通知》（澄委办〔2019〕81号）。

二十七、7月24日，江阴市委办公室、市政府办公室联合发《关于印发〈江阴市贯彻落实中央环境保护督察"回头看"及大气污染问题专项督察反馈意见整改方案〉的通知》（澄委办〔2019〕82号）。

二十八、8月6日，江阴市委办公室、市政府办公室联合发《关于印发〈江阴市从事生产经营活动事业单位改革工作方案〉的通知》（澄委办〔2019〕83号）。

二十九、9月6日，江阴市委办公室、市政府办公室联合发《关于印发〈江阴市年度综合考核工作规定（试行）〉的通知》（澄委办〔2019〕85号）。

三十、9月17日，江阴市委、市政府联合发《关于印发〈新时代江阴产业工人队伍建设改革实施方案〉的通知》（澄委发〔2019〕46号）。

三十一、11月2日，江阴市委、市政府联合发《关于印发〈江阴市公共安全体系总体规划纲要（2019—2025年）〉的通知》（澄委发〔2019〕52号）。

三十二、11月2日，江阴市委、市政府联合发《关于印发〈江阴市公共安全体系建设实施方案〉的通知》（澄委发〔2019〕53号）。

三十三、11月8日，江阴市委、市政府联合发《关于印发〈江阴市教育高质量发展三年行动计划（2020—2022年）〉的通知》（澄委发〔2019〕55号）。

三十四、11月21日，江阴市委、市政府联合发《关于印发〈关于"厂中厂"安全生产专项整治"雷霆行动"的实施方案〉的通知》（澄委发〔2019〕57号）。

三十五、11月21日，江阴市委办公室、市政府办公室联合发《关于印发〈关于部门联动依法监管强力推进"厂中厂"专项整治"雷霆行动"的意见〉的通知》（澄委办〔2019〕98号）。

三十六、11月27日，江阴市委发《中共江阴市委关于深入学习宣传党的十九届四中全会精神的通知》（澄委发〔2019〕58号）。

三十七、12月17日，江阴市委、市政府联合发《关于印发〈江阴市文化产业高质量发展三年行动计划（2019—2021年）〉〈关于推动江阴市文化产业高质量发展的若干政策〉的通知》（澄委发〔2019〕61号）。

三十八、12月25日，江阴市委办公室发《关于印发〈关于深化江阴市纪委监委派驻机构改革的实施意见〉的通知》（澄委办〔2019〕102号）。

三十九、12月25日，江阴市委办公室发《关于印发〈关于市属国有企业纪检监察机构设置有关事项的意见〉的通知》（澄委办〔2019〕103号）。

四十、12月25日，江阴市委办公室、市政府办公室联合发《关于印发〈江阴市安全生产巡查工作实施方案〉的通知》（澄委办〔2019〕104号）。

四十一、12月26日，江阴市委办公室、市政府办公室联合发《关于印发〈江阴市有关部门和单位安全生产工作职责规定〉的通知》（澄委办〔2019〕105号）。

四十二、12月26日，江阴市委办公室、市政府办公室联合发《关于印发〈江阴市全面深入开展安全生产专项整治行动工作方案〉的通知》（澄委办〔2019〕106号）。

（市委办）

2019年江阴市人大常委会重要文件目录

一、3月7日，江阴市人大常委会发《关于2019年基层人大工作的指导意见》（澄人发〔2019〕6号）。

二、3月7日，江阴市人大常委会发《关于2019年市人大代表小组活动的意见》（澄人发〔2019〕7号）。

三、3月7日，江阴市人大常委会发《关于表彰2018年度市人大先进代表小组、代表活动积极分子和优秀联络员的决定》（澄人发〔2019〕9号）。

四、3月7日，江阴市人大常委会发《关于表彰2018年度江阴市基层人大工作先进单位的决定》（澄人发〔2019〕10号）。

五、3月12日，江阴市人大常委会办公室发《关于表彰2018年度人大信息宣传工作先进的通知》（澄人办发〔2019〕1号）。

六、3月15日，江阴市人大常委会发《2019年江阴市人大常委会工作要点》（澄人发〔2019〕11号）。

七、4月2日，江阴市人大常委会办公室发《关于公布〈2018年度江阴市人大代表优秀建议目录〉的通知》（澄人办发〔2019〕3号）。

八、4月29日，江阴市人大常委会发《关于高质量建设长江生态安全示范区的决议》（澄人发〔2019〕21号）。

九、5月20日，江阴市人大常委会办公室发《关于开展〈中华人民共和国水污染防治法〉执法检查的通知》（澄人办发〔2019〕6号）。

十、5月30日，江阴市人大常委会发《关于印发〈江阴市人大常委会建设工程质量管理条例执法检查方案〉的通知》（澄人发〔2019〕22号）。

十一、5月31日，江阴市人大常委会办公室发《关于印发〈江阴市人大常委会2019年度"代表建议督办月"活动方案〉的通知》（澄人办发〔2019〕7号）。

十二、6月28日，江阴市人大常委会发《关于批准江阴市2018年度市级财政决算的决议》（澄人发〔2019〕23号）。

十三、6月28日,江阴市人大常委会发《关于批准2019年市级预算调整方案的决议》(澄人发〔2019〕24号)。

十四、8月2日,江阴市人大常委会办公室发《关于印发〈中共江阴市人大常委会党组关于试行建立街道选民代表会议制度有关问题的说明〉的通知》(澄人办发〔2019〕9号)。

十五、8月5日,江阴市人大常委会办公室发《关于印发〈关于开展市人大常委会审议意见落实情况满意度测评工作的实施办法(试行)〉的通知》(澄人办发〔2019〕11号)。

十六、8月23日,江阴市人大常委会办公室发《关于印发〈江阴市人大常委会关于评议社会救助体系建设情况的实施方案〉的通知》(澄人办发〔2019〕12号)。

十七、8月23日,江阴市人大常委会办公室发《关于印发〈江阴市人大常委会2019年度市人大代表"履职活动周"活动方案〉的通知》(澄人办发〔2019〕13号)。

十八、10月25日,江阴市人大常委会发《关于批准2019年列入人大资金监督的政府投资项目计划调整方案的决议》(澄人发〔2018〕38号)。

十九、11月19日,江阴市人大常委会办公室发《关于印发〈江阴市人大常委会2019年"人大代表接待联系日"暨会前视察活动方案〉的通知》(澄人办发〔2019〕21号)。

二十、12月31日,江阴市人大常委会发《关于批准2019年财政收支预算调整方案的决议》(澄人发〔2019〕42号)。

(市人大办)

2019年江阴市政府重要文件目录

一、1月2日,江阴市政府发《关于深入开展淘汰低端落后产能、关停整治"三高两低"企业的实施意见》(澄政发〔2019〕2号)。

二、1月2日,江阴市政府办公室发《关于修订印发〈江阴市"十三五"医疗机构设置规划(2016—2020)〉的通知》(澄政办发〔2019〕2号)。

三、1月9日,江阴市政府办公室发《关于申报2019年度江阴市政府重大行政决策事项的通知》(澄政办发〔2019〕3号)。

四、1月11日,江阴市政府办公室发《关于调整江阴市政府采购公开招标数额标准的通知》(澄政办发〔2019〕6号)。

五、1月18日,江阴市政府办公室发《关于做好2019年春运工作的通知》(澄政办发〔2019〕1号)。

六、1月18日,江阴市政府办公室发《关于江阴市生活垃圾分类处置工作的实施意见》(澄政办发〔2019〕11号)。

七、1月21日,江阴市政府办公室发《关于调整市殡葬改革工作领导小组成员名单的通知》(澄政办发〔2019〕10号)。

八、1月22日,江阴市政府发《关于印发〈江阴市2018—2019年秋冬季大气污染综合治理攻坚行动实施方案〉的通知》(澄政发〔2019〕1号)。

九、1月23日,江阴市政府办公室发《关于印发"健康江阴2030"三年行动计划(2018—2020)的通知》(澄政办发〔2019〕7号)。

十、1月23日,江阴市政府办公室发《关于成立江阴市"健康江阴"建设领导小组的通知》(澄政办发〔2019〕8号)。

十一、1月29日,江阴市政府办公室发《关于调整江阴市安全生产重点监管单位名单的通知》(澄政办发〔2019〕12号)。

十二、2月2日,江阴市政府发《关于公布江阴市第一批历史建筑名录的通知》(澄政发〔2019〕10号)。

十三、2月2日,江阴市政府办公室发《关于加强港口码头扬尘污染防治工作的实施意见》(澄政办发〔2019〕13号)。

十四、2月2日,江阴市政府办公室发《关于印发〈江阴市市属国有企业人力资源管理办法〉的通知》(澄政办发〔2019〕14号)。

十五、2月12日,江阴市政府办公室发《关于印发江阴市突发地质灾害应急预案的通知》(澄政办发〔2019〕17号)。

十六、2月14日,江阴市政府办公室发《关于印发江阴市"十三五"规划纲要中期评估报告的通知》(澄政办发〔2019〕15号)。

十七、2月14日,江阴市政府办公室发《关于加强全市房屋建筑拆除工程管理的意见》(澄政办发〔2019〕18号)。

十八、2月19日,江阴市政府发《关于调整市政府领导分工的通知》(澄政发〔2019〕12号)。

十九、2月22日,江阴市政府办公室发《关于下达2019年住房公积金扩面任务的通知》(澄政办发〔2019〕19号)。

二十、3月6日,江阴市政府办公室发《关于印发〈2019年江阴市政府规范性文件立项计划〉的通知》(澄政办发〔2019〕20号)。

二十一、3月7日,江阴市政府发《关于印发〈江阴市国家创新型县(市)建设方案〉的通知》(澄政发〔2019〕15号)。

二十二、3月13日,江阴市政府办公室发《关于印发江阴市居家养老援助服务实施办法的通知》(澄政办发〔2019〕21号)。

二十三、3月13日,江阴市政府办公室发《关于江阴市推进养老护理型床位建设的实施意见》(澄政办发〔2019〕22号)。

二十四、3月14日,江阴市政府发《关于做好当前和今后一段时期就业创业工作的实施意见》(澄政发〔2019〕18号)。

二十五、3月15日,江阴市政府发《关于印发〈江阴市2019年财税重点工作目标考核管理办法〉通知》(澄政发〔2019〕16号)。

二十六、3月15日,江阴市政府发《关于表彰2018

年度江阴市财税重点工作先进单位、征收先进部门和非税收入征收先进部门的决定》（澄政发〔2019〕17 号）。

二十七、3 月 18 日，江阴市政府办公室发《关于开展市政府重大行政决策和规范性文件后评估工作的通知》（澄政办发〔2019〕23 号）。

二十八、3 月 20 日，江阴市政府办公室发《关于印发〈江阴市 2019 年工业经济发展目标分解表〉的通知》（澄政办发〔2019〕24 号）。

二十九、3 月 26 日，江阴市政府发《关于金融支持实体经济高质量发展的若干意见》（澄政发〔2019〕20 号）。

三十、3 月 26 日，江阴市政府发《关于调整全市"工业百强企业"和"创新型百佳中小企业"名单的通知》（澄政发〔2019〕21 号）。

三十一、3 月 26 日，江阴市政府发《关于加快生产性服务业提质增效的若干政策意见》（澄政发〔2019〕22 号）。

三十二、3 月 26 日，江阴市政府办公室发《关于江阴市 2019 年节能工作的实施意见》（澄政办发〔2019〕25 号）。

三十三、3 月 26 日，江阴市政府办公室发《关于开展全市政策性粮食库存数量和质量大清查的通知》（澄政办发〔2019〕26 号）。

三十四、3 月 28 日，江阴市政府办公室发《关于规范政府信息依申请公开办理程序的意见》（澄政办发〔2019〕27 号）。

三十五、3 月 30 日，江阴市政府发《关于江阴市 2019 年度重点重大项目安排的通知》（澄政发〔2019〕29 号）。

三十六、4 月 1 日，江阴市政府办公室发《关于开展安全隐患大排查大整治专项行动的通知》（澄政办发〔2019〕30 号）。

三十七、4 月 1 日，江阴市政府办公室发《关于印发〈2019 年度江阴市政府重大行政决策事项目录〉的通知》（澄政办发〔2019〕32 号）。

三十八、4 月 4 日，江阴市政府发《关于印发〈向市人大常委会报告国有资产管理情况实施方案〉的通知》（澄政发〔2019〕30 号）。

三十九、4 月 9 日，江阴市政府办公室发《关于印发江阴市重大产业项目审批"绿色通道"操作办法的通知》（澄政办发〔2019〕36 号）。

四十、4 月 22 日，江阴市政府办公室发《关于印发〈江阴市社会信用体系建设工作联席会议制度〉的通知》（澄政办发〔2019〕35 号）。

四十一、5 月 8 日，江阴市政府办公室发《关于印发〈江阴市长期护理保险制度实施方案（试行）〉的通知》（澄政办发〔2019〕41 号）。

四十二、5 月 10 日，江阴市政府办公室发《关于江阴市推进海绵城市建设的实施意见》（澄政办发〔2019〕44 号）。

四十三、5 月 13 日，江阴市政府办公室发《关于调整市政府办公室领导分工的通知》（澄政办发〔2019〕45 号）。

四十四、5 月 14 日，江阴市政府办公室发《关于印发江阴市殡葬设施布局规划（2019—2030 年）的通知》（澄政办发〔2019〕43 号）。

四十五、5 月 14 日，江阴市政府办公室发《关于印发〈"健康江阴 2030"规划纲要重点任务分工方案〉的通知》（澄政办发〔2019〕46 号）。

四十六、5 月 18 日，江阴市政府办公室发《关于规范政府信息依申请公开办理程序意见的通知》（澄政办发〔2019〕47 号）。

四十七、5 月 30 日，江阴市政府办公室发《关于印发〈江阴市食品小作坊集中加工区建设三年行动计划（2019—2021）〉的通知》（澄政办发〔2019〕48 号）。

四十八、5 月 31 日，江阴市政府发《关于授予江特科技股份有限公司、江阴市富仁高科股份有限公司、江苏澄星磷化工股份有限公司第十一届江阴市市长质量奖的决定》（澄政发〔2019〕41 号）。

四十九、6 月 10 日，江阴市政府发《关于印发〈江阴市镇、街道相对集中行政处罚权事项调整清单〉的通知》（澄政发〔2019〕42 号）。

五十、7 月 12 日，江阴市政府办公室发《关于印发〈江阴市长江入河排污口排查整治专项行动实施方案〉的通知》（澄政办发〔2019〕55 号）。

五十一、7 月 31 日，江阴市政府办公室发《关于印发〈江阴市能源互联网云平台建设实施方案〉的通知》（澄政办发〔2019〕54 号）。

五十二、8 月 5 日，江阴市政府办公室发《2019 年江阴市质量提升行动工作实施方案》（澄政办发〔2019〕53 号）。

五十三、8 月 12 日，江阴市政府发《关于〈新增相对集中行政许可权事项清单〉的通知》（澄政发〔2019〕57 号）。

五十四、8 月 19 日，江阴市政府办公室发《关于明确落实消防改革过渡期间基层消防安全工作责任的通知》（澄政办发〔2019〕56 号）。

五十五、8 月 22 日，江阴市政府办公室发《关于印发〈江阴市工业企业资源利用绩效评价办法（修订）〉的通知》（澄政办发〔2019〕57 号）。

五十六、9 月 11 日，江阴市政府发《关于对国有土地上房屋实施征收的决定》（澄政发〔2019〕64 号）。

五十七、9 月 28 日，江阴市政府发《关于取消证明事项的决定》（澄政发〔2019〕66 号）。

五十八、10 月 8 日，江阴市政府办公室发《关于印发〈江阴市重污染天气应急预案〉的通知》（澄政办发〔2019〕59 号）。

五十九、10 月 10 日，江阴市政府发《关于收回国有土地使用权的决定》（澄政发〔2019〕68 号）。

六十、10 月 16 日，江阴市政府发《关于调整我市城镇居民最低生活保障、特困人员供养和孤儿养育标准的通知》（澄政发〔2019〕74 号）。

六十一、10 月 22 日，江阴市政府发《关于部分副市长分工调整的通知》（澄政发〔2019〕73 号）。

六十二、11 月 1 日，江阴市政府发《关于印发〈江阴市全面推开"证照分离"改革实施方案〉的通知》（澄政发〔2019〕75 号）。

六十三、12 月 12 日，江阴市政府发《关于印发〈2020 年城乡居民基本医疗保险制度实施意见〉的通知》（澄政发〔2019〕90 号）。

六十四、12 月 12 日，江阴市政府办公室发《关于进一步严格土地执法监管的通知》（澄政办发〔2019〕65

号)。

六十五、12月17日,江阴市政府发《关于印发〈关于确定江阴市禁止燃放烟花爆竹区域的公告〉的通知》(澄政发〔2019〕95号)。

六十六、12月18日,江阴市政府办公室发《关于印发〈江阴市禁止燃放烟花爆竹工作实施方案〉的通知》(澄政办发〔2019〕62号)。

六十七、12月18日,江阴市政府办公室发《关于印发〈江阴市港口码头清理整治工作实施方案〉的通知》(澄政办发〔2019〕63号)。

六十八、12月18日,江阴市政府办公室发《关于印发〈江阴市镇、街道耕地保护责任目标考核办法〉的通知》(澄政办发〔2019〕64号)。

六十九、12月19日,江阴市政府办公室发《关于编纂2020版〈江阴年鉴〉的意见》(澄政办发〔2019〕68号)。

七十、12月20日,江阴市政府发《关于对国有土地上房屋实施征收的决定》(澄政发〔2019〕96号)。

七十一、12月20日,江阴市政府发《关于对国有土地上房屋实施征收的决定》(澄政发〔2019〕97号)。

七十二、12月20日,江阴市政府办公室发《关于印发〈江阴市政府集中采购目录、政府采购限额标准和公开招标数额标准〉的通知》(澄政办发〔2019〕66号)。

七十三、12月23日,江阴市政府办公室发《关于印发〈江阴市城市公交企业成本规制财政补贴办法〉的通知》(澄政办发〔2019〕67号)。

七十四、12月25日,江阴市政府办公室发《关于印发〈江阴市城市公交企业运营服务考核办法〉的通知》(澄政办发〔2019〕69号)。

七十五、12月26日,江阴市政府办公室发《关于印发〈江阴市土地储备委员会及其办公室议事规则〉的通知》(澄政办发〔2019〕70号)。

七十六、12月27日,江阴市政府发《关于建立江阴市保护发展森林资源目标责任制工作的通知》(澄政发〔2019〕98号)。

七十七、12月30日,江阴市政府发《关于授予陈传香同志"见义勇为先进个人"荣誉称号的决定》(澄政发〔2019〕99号)。

七十八、12月31日,江阴市政府发《关于进一步规范政府投资审计工作的意见》(澄政发〔2019〕102号)。

七十九、12月31日,江阴市政府办公室发《关于促进江阴市乡村民宿业规范发展的指导意见》(澄政办发〔2019〕71号)。

(市政府办)

先进集体

(以时间为序)

全国条线表彰的先进集体一览表

表98

时　间	单　位	荣　誉　称　号	授予机关(部门)
2019.1.10	江阴市人民调解委员会	坚持发展"枫桥经验"实现矛盾不上交试点工作表现突出集体	司法部
2019.1.31	夏港街道普惠苑社区、城东街道金童社区	2018年度全国综合减灾示范社区	国家减灾委员会、应急管理部、中国气象局、中国地震局
2019.2.2	江阴海关	2017—2018年节约型公共机构示范单位	国家机关事务管理局、国家发改委、财政部
2019.2.28	江阴市	2018年国家卫生城市(区)	全国爱国卫生运动委员会
	璜土镇、华士镇、新桥镇、长泾镇、周庄镇、顾山镇、新桥镇	2018年国家卫生县城(乡镇)	
2019.2	月城镇	2018—2020年度中国民间文化艺术之乡	文化和旅游部
	江阴市公安局禁毒大队	全国"禁毒2018两打两控"专项行动成绩突出集体	国家禁毒委员会
	江阴市华士实验中学	全国中小学知识产权教育示范学校	国家知识产权局办公室、教育部办公厅
2019.3.1	江阴市政务服务管理办公室	全国巾帼文明岗	全国妇联
2019.4.2	江阴市疾病预防控制中心	中国居民慢阻肺监测工作先进集体	中国疾病预防控制中心慢性非传染性疾病预防控制中心

续表98

时　间	单　位	荣　誉　称　号	授予机关(部门)
2019.4	江阴市场建设有限公司	2018年度全国商品交易市场系统先进单位	中国市场学会批发市场发展委员会
2019.4	海澜集团有限公司	全国五一劳动奖状	中华全国总工会
2019.5	江阴高新技术创业园	创新中国·2018年度"创新服务平台"奖	科技日报社
2019.6.27	江阴市供销合作总社	2018年度《中华合作时报》优秀农情观察点	中华合作时报社
2019.6	江阴市要塞中心幼儿园	全国"当代杯"幼儿教师职业技能大赛先进单位	幼儿教育导读杂志社、当代学前教育研究会、当代学前教育网、全国幼儿教师职业技能大赛组委会
2019.7.3	江阴农村商业银行营业部	最佳社会责任特殊贡献网点奖	中国银行业协会
2019.7	璜土镇	中央农业产业强镇建设示范镇	农业农村部
2019.7	江阴市侨联	第二十届世界华人学生作文大赛优秀组织单位	世界华人学生作文大赛组委会
2019.7	祝塘镇	优秀服装供应链产业基地	中国物流与采购联合会服装物流分会
2019.7	江阴临港经济开发区	2019"中国国际化营商环境建设十佳产业园区"奖	环球时报社、中国民营经济国际合作商会
2019.8.19	海澜集团有限公司、江阴澄星实业集团有限公司、三房巷集团有限公司、江苏华西集团有限公司、江苏新长江实业集团有限公司、江苏扬子江船业集团、江苏华宏实业集团有限公司、双良集团有限公司、江苏阳光集团有限公司、法尔胜泓昇集团有限公司、远景能源(江苏)有限公司	2019中国企业500强	中国企业联合会、中国企业家协会
2019.8.19	海澜集团有限公司、江阴澄星实业集团有限公司、三房巷集团有限公司、江苏华西集团有限公司、江苏新长江实业集团有限公司、江苏扬子江船业集团、江苏华宏实业集团有限公司、双良集团有限公司、江苏阳光集团有限公司、法尔胜泓昇集团有限公司、远景能源(江苏)有限公司、蓝思科技股份有限公司、江苏新潮科技集团有限公司、江苏西城三联控股集团有限公司、江苏倪家巷集团有限公司、江阴江东集团公司、江苏海达科技集团有限公司、阿尔法(江阴)沥青有限公司、江阴模塑集团有限公司	2019中国制造业企业500强	
2019.8.19	江阴市人民医院	达到县级医院综合服务能力推荐标准县医院	国家卫生健康委员会办公厅
2019.8.23	江阴市	2019年电子商务进农村综合示范县	商务部、财政部
2019.8	三房巷集团有限公司、江苏华宏实业集团有限公司	2019中国民营企业500强	中华全国工商业联合会
2019.8	江阴市	2019"书香城市"风采展示奖	中国图书馆学会组委会

续表98

时　间	单　位	荣　誉　称　号	授予机关(部门)
2019.8	新桥镇	中国美丽乡镇	中国环境报社
	祝塘镇	2019年度中国“淘宝镇”	阿里研究院
2019.9.17	江苏阳光集团有限公司	全国质量标杆企业	中国质量协会
2019.9.19	江阴市供销合作总社	2018年度全国供销合作社系统百强县级社	中华全国供销合作总社
2019.9	江阴市应急管理局	应急管理新闻舆论阵地建设暨“学报用报”先进单位	中国应急管理报社
	江阴市法院	优秀直播法院	中国法院网
	江阴市红十字会	2019年度中国红十字会总会报刊宣传先进集体一等奖	中国红十字会总会办公室
	江阴市学校红十字工作委员会	2019年度中国红十字会总会报刊宣传先进集体三等奖	
	江苏阳光集团有限公司	国家级绿色工厂	工业和信息化部
	利港街道维常村	全国“一村一品”示范村镇	农业农村部
2019.10.23	江阴市	建设新时代文明实践中心全国试点市	中央文明委
2019.10	江阴市人民武装部机关党支部	先进基层党组织	中央军委国防动员部委员会
	民进江阴市委	民进全国组织建设先进地方组织	民进中央
	江阴民进临港支部	民进全国先进基层组织	
2019.11.6	江阴市	“七五”普法中期先进县(市、区)	全国普法办公室
2019.11.12	江阴市	第二批节水型社会建设达标县(区)	水利部
2019.11.15	江阴市	中国纺织产业基地市	中国纺织工业联合会
	祝塘镇、顾山镇	中国针织服装名镇	
	周庄镇	中国化纤名镇、中国棉纺织名镇	
	长泾镇	中国粗纺呢绒名镇	
	新桥镇	中国纺织服装名镇	
2019.11.25	江阴高新技术产业开发区	2018年度火炬统计工作先进单位	科技部“火炬中心”
2019.11.27	江阴市司法局	第三届“我与宪法”微视频征集活动三等奖	全国普及法律常识办公室
2019.11.28	江阴市市场监督管理局执法大队文旅中队、江阴市公安局网络安全保卫大队	2018年度查处重大侵权盗版案件有功单位一等奖	国家版权局
2019.11	国网江阴市供电公司	2019年全国市场质量信用A等用户满意服务企业	中国质量协会、全国用户委员会
	江苏阳光集团有限公司	制造业单项冠军	工业和信息化部
	海澜马文化主题旅游景区(飞马水城)	2019年中国体育旅游十佳精品景区	国家体育总局体育文化发展中心
2019.12.18	江阴市工商业联合会	2018—2019年度全国“五好”县级工商联	中华全国工商业联合会
2019.12.24	江阴市	2018年度健康城市建设示范市	全国爱国卫生运动委员会办公室
2019.12.27	江阴市科学技术协会	全国“十佳深化改革县级科协”	中国科协改革工作办公室

续表 98

时　间	单　位	荣　誉　称　号	授予机关(部门)
2019.12.31	江阴临港经济开发区管理委员会	中国风能人·行业建设贡献奖	中国风能贡献奖评审委员会
2019.12	江阴市供销合作总社	金扁担改革贡献奖	中华合作时报社、中华全国供销合作总社信息中心、声像中心
	江阴市妇联	2019 年度全国妇女宣传舆论阵地建设突出贡献奖	中国妇女报社
	江阴市夏港实验小学	2019 年中国(无锡)青少年啦啦操精英赛——公开儿童甲组集体花球自选动作第一名	全国啦啦操比赛组织委员会、国家体育总局体操运动管理中心
	利港街道东支社区	国家森林乡村	国家林业和草原局
	利港街道兴港社区	2019 年度全国减灾示范社区	应急管理部
	江阴市司法局	2019 加强和创新社会治理优秀单位	法制日报社

江苏省条线表彰的先进集体一览表

表 99

时　间	单　位	荣　誉　称　号	授予机关(部门)
2019.1.7	祝塘镇、青阳镇、顾山镇	2018 年江苏省健康镇	江苏省爱国卫生运动委员会
	申港街道申西村、南闸街道观山村、璜土镇花港苑村、青阳镇普照村、徐霞客镇方园村、华士镇曙新村、周庄镇倪家巷村、长泾镇蔡桥村、顾山镇赤岸村、祝塘镇五福村	2018 年江苏省健康村	
	澄江街道塔南社区,夏港街道夏东社区,利港街道龙港社区,云亭街道新敔山社区,高新区杨市社区、蟠龙社区,月城镇水韵社区,新桥镇黄河社区	2018 年江苏省健康社区	
2019.1.9	江阴市红十字血站街头采血组	江苏省表现突出采血班组	江苏省卫生健康委员会
2019.1.10	周庄镇劳动人事争议调解中心	江苏省 2018 年劳动人事争议优秀基层调解组织	江苏省人力资源和社会保障厅
2019.1.14	江阴市科学技术协会	2018 年江苏省公民科学素质大赛优秀组织单位	江苏省科学技术协会
	江阴市安全生产监督管理局	2018 年全省安全生产执法工作先进县(市、区)局	江苏省应急管理厅、江苏煤矿安监局
2019.1.17	江阴市应急管理局	2018 年度全省危险化学品安全生产先进集体	江苏省应急管理厅
2019.1.21	江阴高新区统计科、周庄镇统计站	2018 年乡镇(街道、园区)统计规范化建设百佳单位	江苏省统计局
	江阴市人民医院、江阴市中医院	江苏省健康促进医院	江苏省卫生健康委员会、省爱国卫生运动委员会办公室
2019.1.25	江阴市司法局	2018 年度全省司法行政系统绩效评价优秀单位	江苏省司法厅

续表99

时　间	单　位	荣　誉　称　号	授予机关(部门)
2019.1.28	江阴市残疾人联合会	江苏省AAA级数字档案室评估单位	江苏省委办公厅
	江阴市人民医院、江阴市中医院、江阴市第三人民医院、江阴市第四人民医院、江阴市第五人民医院、江阴市青阳医院、江阴市南闸医院、江阴市长泾医院、江阴市中医外科医院、江阴市周庄医院、江阴市北涸医院	江苏省爱婴医院	江苏省卫生健康委员会办公室
	江阴市城东社区卫生服务中心	江苏省爱婴社区卫生服务中心	
2019.1	江阴市水产指导站	江苏省渔业技术推广系统先进集体	江苏省渔业技术推广中心
	江阴市总工会	全省工会法律监督工作示范单位	江苏省总工会
	江阴市公安局西郊派出所	全省基层警营文化示范点	江苏省公安厅
	江苏省江阴中等专业学校周庄校区	2018年度江苏省中职学校优秀共青团组织	共青团江苏省委、省教育厅
2019.2.12	江阴市司法局	全省司法行政系统人才建设先进单位	江苏省司法厅
2019.2.28	华士镇华西特色艺术团	江苏省巾帼文明岗	江苏省城镇妇女"巾帼建功"活动领导小组、省妇女"双学双比"竞赛活动领导小组
2019.2	江阴市人武部	军事训练先进单位	江苏省军区
	江阴市供销合作总社	2018年度完成省重点工作任务先进单位	江苏省供销合作总社
	璜土镇启港苑	江苏省档案工作二星级	江苏省档案局
	江阴市公安局110报警服务台	全省先进110报警服务台、集体三等功	江苏省公安厅
	江阴市公安局监所管理大队	集体二等功	
	江阴市市场监督管理局	2018年度江苏省知识产权宣传培训工作成绩突出单位	江苏省知识产权局
	江阴临港经济开发区	省级示范物流园区	江苏省发展和改革委员会
2019.3.20	江苏江阴农村商业银行	2018年度江苏省银行业金融机构小微企业金融服务工作先进单位	中国银保监会江苏监管局
2019.3	国网江阴市供电公司	电费回收先进单位	国网江苏省电力有限公司、国网江苏省电力有限公司工会
	国网江阴市供电公司祝塘供电所	电费回收先进农村供电所	
	国网江阴市供电公司无锡三新供电服务有限公司江阴分公司分工会	模范职工小家	国网江苏省电力有限公司工会
	江阴市锡能实业有限公司	2018年度安装百强企业	江苏省安装行业协会
	江阴市夏港中学、江阴市云亭实验小学	江苏省餐饮质量安全示范店(食堂)	江苏省市场监督管理局
	江阴市图书馆	2016—2018年度《江苏省社会科学普及促进条例》实施工作成绩显著单位	江苏省社会科学普及工作联席会议
	江苏海澜新能源有限公司	江苏省工业互联网发展示范企业(平台类)	江苏省工业和信息化厅
2019.4.1	江阴市残疾人联合会	2018年度按比例安排残疾人就业工作优秀单位	江苏省政府残疾人工作委员会
2019.4.22	江阴市交通运输综合执法大队	2019年江苏最美春运交通人先进集体	江苏省交通运输厅

续表99

时　间	单　位	荣　誉　称　号	授予机关(部门)
2019.4.30	江阴热电有限公司	2018年度江苏省五四红旗团委	共青团江苏省委
	江苏江阴农村商业银行华士支行团支部	2018年度江苏省五四红旗团支部	
2019.4	江阴市公共交通有限公司公交88路车组、威茨曼金属制品(江阴)有限公司、江苏华西都市农业科技发展有限公司"臻米"种植技术组、江阴澄星实业集团有限公司磷酸车间生产乙班、江苏雪豹日化有限公司洗涤配料组、中建钢构江苏有限公司二车间焊接班	江苏省工人先锋号	江苏省总工会
	江苏华宏实业集团有限公司、中国移动通信集团江苏有限公司江阴分公司	江苏省五一劳动奖状	
2019.5.8	江阴市卫生健康委员会	全省卫生健康系统先进集体	江苏省人力资源和社会保障厅、省卫生健康委员会、省中医药管理局
2019.5	国网江阴市供电公司无锡三新供电服务有限公司江阴分公司团支部	五四红旗团支部	共青团国网江苏省电力有限公司委员会
	江阴市	"四好农村路"省级示范县	江苏省政府
	江阴市中医院	江苏省公共机构节能示范单位	江苏省机关事务管理局
	江阴市公安局刑事警察大队	2018年度全省公安机关扫黑除恶专项斗争成绩突出集体、集体三等功	江苏省公安厅
	江阴市公安局信通大队	集体二等功	
2019.6.6	江阴百桥国际生物科技孵化园有限公司	2018年度江苏省科技企业孵化器A类	江苏省科学技术厅
	江苏江阴软件和文化创意产业发展有限公司、江阴高新技术创业园管理委员会、江阴天安数码城置业有限公司	2018年度江苏省科技企业孵化器B类	
2019.6.12	江阴市唯才人力资源开发有限公司	2019年度江苏省人力资源服务骨干企业	江苏省人力资源和社会保障厅
2019.6.17	江阴市疾病预防控制中心	江苏省重点职业病监测与职业健康风险评估先进单位	江苏省疾病预防控制中心
2019.6.24	江阴水运口岸	2018年度江苏省运行管理先进口岸	江苏省商务厅
	江阴海关	2018年度江苏省口岸运行管理先进单位	
	江阴市口岸办公室	2018年度江苏省运行管理先进口岸共建活动先进组织者	
2019.6.27	江阴市市场监督管理局	2018年落实有关重大政策措施真抓实干成效明显地方	江苏省政府办公厅
2019.6.28	中国邮政集团公司江苏省江阴市分公司集邮与文化传媒党支部	2019年全省邮政"达标争先·礼献七一"先进党组织	中国邮政江苏省分公司党组
	江阴市科学技术协会	2019年全国科技活动周暨江苏省第31届科普宣传周优秀组织单位	江苏省科学技术协会
2019.6	国网江阴市供电公司运维站党支部	"建凝聚人心好支部、做遵章守约好党员"活动示范党支部	国网江苏省电力有限公司委员会
2019.7.2	江阴临港经济开发区	江苏省军民融合产业示范基地	江苏省工业和信息化厅、省国防科工办

续表 99

时　间	单　位	荣　誉　称　号	授予机关(部门)
2019.7.8	江阴市第二中学	2019“省长杯”卡尔美江苏省青少年校园足球联赛总决赛(初中女子组)冠军	江苏省教育厅、省体育局
	南闸街道办事处	2018 年度全省基层党员冬训工作示范乡(镇、街道)	江苏省委组织部、省委宣传部
2019.7.9	江阴市电子商务创业孵化基地、江阴天安电商产业园	江苏省 2019—2020 年度电子商务示范基地	江苏省商务厅
2019.7.22	江苏省江阴留学人员创业园	2019 年江苏省留学回国人员创新创业示范基地	江苏省人力资源和社会保障厅
	江阴市中医院	“十三五”江苏省中医药重点学科建设单位	江苏省中医药管理局
2019.7.25	江阴市新桥卫生院	江苏省社区医院建设试点单位	江苏省卫生健康委员会办公室
2019.7	江阴市人武部机关党支部	先进基层党组织	江苏省军区党委
2019.8.21	江苏阳光生态园科技有限公司	省级巾帼现代农业科技示范基地	江苏省妇女“双学双比”竞赛活动领导小组
	江阴市阿洪果品专业合作社	省级巾帼示范专业合作组织	
2019.8.23	江阴市青少年国防教育基地	江苏省国防教育基地	江苏省全民国防教育委员会
2019.9.4	海澜集团有限公司、江苏海澜新能源有限公司	江苏省五星级上云企业	江苏省工业和信息化厅
2019.9.11	江阴临港经济开发区	江苏省智慧园区	江苏省商务厅
2019.9.16	江阴市行政审批局	全省“人民满意的公务员集体”	江苏省委、省政府
2019.9.23	江阴市农业农村局	2018 年度江苏省农村产权交易工作成效显著单位	江苏省农业农村厅、省财政厅
2019.9.30	江阴市文明办	“同唱祖国好　幸福舞起来——2019 年‘舞动江苏’广场舞大赛”优秀组织奖	江苏省委宣传部、省文明办、省文化和旅游厅、省体育局、省文联
	青阳卫生院、周庄卫生院	江苏省示范乡镇卫生院	江苏省卫生健康委员会办公室
	利港街道北郭庄村卫生室、长泾镇和平村卫生室、华士镇华士村卫生室、夏港街道金江村卫生室、南闸街道花果村卫生室	江苏省示范村卫生室	
	江阴海事局政务中心	2017—2018 年省级机关青年文明号	共青团江苏省省级机关工作委员会
2019.9	江阴市中医院	第五届江苏省科普公益作品大赛优秀组织奖	江苏省科学技术协会、省委宣传部、省教育厅、省文化和旅游厅、省广播电视局、共青团江苏省委
2019.10.11	月城镇人民调解委员会月城娘舅调解工作室	江苏省金牌个人调解工作室	江苏省司法厅
2019.10.15	江阴市军队离休退休干部服务管理中心	全省军休工作先进单位	江苏省退役军人事务厅、省军区政治工作部
2019.10.18	江阴市华士实验中学少先队大队、江阴市北涸中心小学六(7)点点中队、江阴市城西中心小学六(1)太阳鸟中队	2019 年江苏省优秀少先队集体	共青团江苏省委、省教育厅、省少工委
2019.10.21	江阴智慧物流众创社区	第三批江苏省众创社区备案示范点	江苏省科学技术厅
2019.10.31	江阴高新技术产业开发区	苏南国家科技成果转移转化示范区创新方法推广应用示范基地	江苏省苏南国家自主创新示范区建设工作领导小组办公室

续表 99

时　间	单　位	荣　誉　称　号	授予机关(部门)
2019.10	夏港街道妇女联合会	首批云上妇联示范点	江苏省妇女联合会
	江阴市融媒体中心	2019 年度江苏报业小记者活动二等奖	江苏省报业协会
	江阴百桥国际生物科技孵化园有限公司	江苏省专业孵化器十强	江苏省科技企业孵化器协会
	江阴职业技术学院	2018 年度全省学生资助工作绩效评价优秀	江苏省教育厅、省财政厅
	江阴临港经济开发区	江苏省生产性服务业集聚区	江苏省发展和改革委员会
	江阴协统汽车附件有限公司	省级企业技术中心	江苏省工业和信息化厅
2019.11.1	江阴市委党校	江苏省党校系统第九届优秀科研成果三等奖	江苏省委党校
2019.11.11	江阴市消防救援大队	全省消防监督管理工作先进单位	江苏省消防救援总队
2019.11.14	江阴出入境边防检查站执勤二队	成绩突出集体	江苏出入境边防检查总站
2019.11.19	江阴市退役军人事务局	全省信息采集先进单位	江苏省退役军人事务厅
2019.11.21	江阴市实验幼儿园	第二批江苏省教科系统示范性劳模和工匠人才创新工作室	江苏省教育科技工会
2019.11.22	江阴市供销合作总社	2019 年度信息报送工作先进集体	江苏省供销合作总社
2019.11	江阴市人民医院	平安示范医院	江苏省平安医院创建活动协调小组办公室
	新桥镇红十字会	2014—2018 年度全省红十字会优秀基层组织	江苏省红十字会
2019.12.1	江阴市峭岐中学	教科研先进学校	江苏省教育学会初中教育专业委员会
2019.12.6	江阴市劳动人事争议仲裁院	江苏省巾帼文明岗	江苏省城镇妇女“巾帼建功”活动领导小组办公室、省妇女“双学双化”竞赛活动领导小组办公室
2019.12.10	江阴海事局	长江海事系统 2019 年度文明单位	江苏省海事局
	江阴长山海事处	长江海事系统 2019 年度文明集体	
2019.12.11	江阴市气象局	2019 年度江苏省气象局重大气象服务先进集体	江苏省气象局
	江阴市司法局社区矫正管理科(社区矫正管理大队)	全省社区矫正和安置帮教工作先进集体	江苏省司法厅
2019.12.13	江阴市司法局行政复议和应诉科	行政应诉工作先进集体	江苏省司法厅
2019.12.16	江阴市华士镇华西新市村	2019 年江苏省休闲农业精品村	江苏省农业农村厅
	江阴市满庭芳郊野花园、无锡市霞客镇春风农家水果采摘园	2019 年江苏省主题创意农园	
2019.12.23	江阴市融媒体中心工会	2019 年度江苏省基层工会服务职工优质项目一等奖	江苏省总工会
2019.12.25	“繁星”志愿者队妇联	首批江苏省“四新”妇联组织示范点	江苏省妇女联合会
	益家人“巾帼学堂”妇女微家	首批江苏省妇女微家示范点	
2019.12.26	江阴市中医院急诊科服务窗口	江苏省卫生健康行业“党员示范岗”	江苏省卫生健康行业委员会办公室

续表99

时　间	单　位	荣　誉　称　号	授予机关(部门)
2019.12.27	高新区蟠龙华都小区	2018年度省级宜居示范居住区	江苏省住房和城乡建设厅
	江阴市科学技术协会	2019年实施“县级科协创新发展能力提升计划”优秀单位	江苏省科学技术协会
		2019年江苏省“全国科普日”优秀组织单位	
2019.12.30	江阴市人力资源和社会保障局	全省人力资源社会保障系统先进集体	江苏省人力资源和社会保障厅
2019.12	夏港街道夏东社区	江苏省科普示范社区	江苏省科学技术协会
	夏港街道妇女联合会	首批江苏省“四新”妇联组织示范点	江苏省妇女联合会
	武警无锡支队执勤一大队江阴中队	2019年度基层建设先进中队	武警江苏省总队
		2019年度正规化执勤优秀单位	
	九三学社江阴市委、九三学社江阴市委经贸支社	2019年度九三学社江苏省委组织建设工作先进集体	九三学社江苏省委
	民进江阴市委	2019年度民进全省特别贡献奖、县级市(区)委组一等奖	民进江苏省委
	江阴市人民医院党委	江苏省卫生健康行业先进基层党组织	江苏省卫生健康行业委员会
	江阴市华士实验中学	江苏初中课堂教学改革优秀成果	江苏省教育学会初中教育专业委员会、江苏教育报刊总社
	江阴职业技术学院	江苏省“七五”普法中期先进集体	江苏省委宣传部、省法治宣传教育工作领导小组办公室、省司法厅
	江阴市新桥卫生院	首批江苏省示范基层卫生人员实训基地	江苏省卫生健康委员会
	江阴临港经济开发区	江苏省创业示范基地创业孵化基地	江苏省人力资源和社会保障厅
	江苏必得科技股份有限公司	省级小巨人企业	江苏省工业和信息化厅
	海澜集团有限公司	江苏省优秀“退役军人之家”	江苏省退役军人事务厅、省总工会

附:

一、江苏省文化和旅游厅表彰的2018年度全省行政村(社区)综合性文化服务中心(2019年3月18日)

澄江街道:花北村　皮弄村　谢园村　斜泾村　工农村　红光村　通运村　璜塘上村　澄南社区　浮桥社区　梅园社区　黄山社区　世新社区　环城东路社区　西大街社区　澄康路社区　澄江路社区

南闸街道:南闸村　蔡泾村

云亭街道:云亭村　新敔山社区

高新区:山观社区　长山社区　锦隆社区　双牌社区　金童社区　蟠龙社区　山源社区　寿山社区

夏港街道:三联村　景贤村　三元村　夏东社区

申港街道:申南村　东刘村　创新村　申浦村　申兴村

利港街道:黄丹村　巨轮村　西奚墅村　北郭庄村　苍山村　维常村　兴港社区　西安社区　后梅社区　江市社区

璜土镇:利城村　芦墩村　汇南村　常泽桥村　华湖社区

月城镇:蔡庄村

青阳镇:塘头桥村　邓阳村　悟空村　青联村　街西村　树家村　泗河口村　桐岐村　迎秀社区　旌阳社区

徐霞客镇:徐霞客村　湖塘村　红星村　璜塘村　金凤村　任九房村　东宏村　黎明村　南苑村　宏岐村　钓岐村

华士镇:曙新村　陆桥村　勤丰村　陆南村　华益村

周庄镇:东林村　稷山村　长南村　鸡龙山村　长乐村　北新社区　南新社区　长寿社区

长泾镇:和平村　王家村　泾东社区

顾山镇:顾北村　南曹庄村　解放村　涧东村　万兴村　鉴青村　东岐村　李家桥村

祝塘镇:富顺村　河湘村　金庄村　茂龙村　石堰村　永昌村　永平村　五福村

二、江苏省农村人居环境整治联席会议办公室表彰为江苏省农村人居环境整治综合示范村(2019 年 10 月)

南闸街道泗河村　云亭街道花山村　夏港街道长江村　申港街道申兴村　璜土镇璜土村　月城镇双泾村　青阳镇建义村　徐霞客镇阳庄村　华士镇华西新市村　周庄镇山泉村　新桥镇苏市村　长泾镇习礼村　顾山镇红豆村　祝塘镇五福村

三、江苏省精神文明建设指导委员会表彰的 2016—2018 年度江苏省文明乡镇(2019 年 12 月 7 日)

华士镇　新桥镇　璜土镇　月城镇　周庄镇　长泾镇　顾山镇　祝塘镇　青阳镇

四、江苏省精神文明建设指导委员会表彰的 2016—2018 年度江苏省文明村(社区)(2019 年 12 月 7 日)

澄江街道:皮弄村　先锋社区　北大街社区
夏港街道:长江村　普惠村　普惠苑社区
利港街道:西奚墅村
南闸街道:观山村
云亭街道:佘城村　花山村
璜土镇:璜土村　小湖村
青阳镇:悟空村　新安村
华士镇:华西新市村　陆桥村　向阳村　华士社区
周庄镇:金湾村　山泉村　华宏村　宗言村
长泾镇:泾南村　蒲市村
顾山镇:红豆村　赤岸村 涸东村
祝塘镇:五福村
徐霞客镇:阳庄村
新桥镇:康定社区

五、江苏省精神文明建设指导委员会表彰的 2016—2018 年度江苏省文明单位(2019 年 12 月 7 日)

江阴滨江要塞旅游区
江阴市民政局
江阴海事局
江阴海关
长江引航中心
国家税务总局江阴市税务局
国家税务总局江阴市税务局青阳税务分局
江阴市市场监督管理局周庄分局
江阴市行政审批局
江阴市水利局
江阴市公安局
江阴市人民医院
江阴市检察院
江阴市自然资源和规划局
长江引航中心江阴引航站
江阴市人力资源管理服务中心
江阴市中医院
江苏省江阴市烟草专卖局(无锡市烟草公司江阴分公司)
国家税务总局江阴市税务局第一税务分局
江阴市发展和改革委员会
江阴市图书馆
江阴市云亭街道办事处
国家税务总局江阴市税务局华士税务分局
中国共产党江阴市委员会党校
江苏凤凰新华书店集团有限公司江阴分公司
国网江苏省电力有限公司江阴市供电分公司
中国电信股份有限公司江阴分公司
中国邮政集团公司江苏省江阴市分公司
中国移动通信集团江苏有限公司江阴分公司
江苏怡达化学股份有限公司
海澜集团有限公司(本部)
江苏阳光集团有限公司(本部)
江苏银行股份有限公司江阴支行
江苏江阴农村商业银行股份有限公司
中国农业银行股份有限公司江阴分行
江苏长博集团有限公司(本部)
江苏江南水务股份有限公司
中国银行股份有限公司江阴支行
中船澄西船舶修造有限公司
江苏百川高科新材料股份有限公司

六、江苏省精神文明建设指导委员会表彰的 2016—2018 年度江苏省文明校园(2019 年 12 月 7 日)

江阴市实验小学
江苏省江阴高级中学
江苏省南菁高级中学实验学校
江苏省南菁高级中学

七、江苏省第四次全国经济普查领导小组表彰的江苏省第四次全国经济普查优秀集体(2019 年 12 月 31 日)

江阴市第四次全国经济普查领导小组办公室
高新区第四次全国经济普查领导小组办公室
临港经济开发区经济发展局
澄江街道第四次全国经济普查领导小组办公室
云亭街道第四次全国经济普查领导小组办公室
顾山镇第四次全国经济普查领导小组办公室
祝塘镇第四次全国经济普查领导小组办公室

无锡市级先进集体

一、无锡市政府表彰的2018年度全市政务服务突出贡献单位(2019年1月28日)

江阴市政府热线受理中心　徐霞客镇政务服务中心　祝塘镇政务服务中心
周庄镇政务服务中心　新桥镇政务服务中心

二、无锡市委、市政府表彰的2018年度推进高质量发展先进镇(街道)(2019年4月)

江阴市澄江街道办事处

三、无锡市委表彰的先进基层党组织(2019年6月)

徐霞客镇人民政府

四、无锡市委、市政府表彰的服务科技创新先进集体(2019年12月)

江阴市科学技术局　江阴高新技术创业

江阴市2019年度先进集体

一、镇街园区综合考核

(一)综合奖项

1. 2019年度综合考核优胜单位(5个)

高新区　新桥镇　澄江街道　云亭街道
周庄镇

(二)专项奖项

2. 2019年度高质量发展考核优胜单位(5个)

一等奖:新桥镇
二等奖:澄江街道　云亭街道
三等奖:周庄镇
园区奖:高新区

3. 2019年度高质量发展考核经济核心竞争力优胜单位(7个)

一等奖:澄江街道
二等奖:新桥镇　周庄镇
三等奖:云亭街道　祝塘镇　徐霞客镇
园区奖:高新区

4. 2019年度高质量发展考核财政收入优胜单位(6个)

一等奖:高新区
二等奖:新桥镇　澄江街道
三等奖:云亭街道　周庄镇　南闸街道

5. 2019年度高质量发展考核产业投入优胜单位(7个)

一等奖:临港开发区　新桥镇
二等奖:高新区　华士镇　祝塘镇
三等奖:云亭街道　顾山镇

6. 2019年度高质量发展考核招商引资优胜单位(7个)

一等奖:新桥镇
二等奖:长泾镇　祝塘镇
三等奖:澄江街道　周庄镇
园区奖:高新区　临港开发区

7. 2019年度高质量发展考核科技与人才工作优胜单位(6个)

一等奖:高新区
二等奖:临港开发区　华士镇
三等奖:长泾镇　青阳镇　云亭街道

8. 2019年度高质量发展考核企业上市(挂牌)工作优胜单位(5个)

高新区　临港开发区　云亭街道
月城镇　祝塘镇

9. 2019年度高质量发展考核争先进位优胜单位(7个)

一等奖:临港开发区　云亭街道
二等奖:靖江园区　长泾镇　新桥镇
三等奖:徐霞客镇　顾山镇

10. 2019年度高质量发展考核文明城市管理优胜单位(6个)

一等奖:澄江街道
二等奖:新桥镇　周庄镇
三等奖:南闸街道　月城镇　璜土镇

11. 2019年度高质量发展考核生态文明优胜单位(6个)

一等奖:新桥镇
二等奖:顾山镇　澄江街道
三等奖:高新区　云亭街道　祝塘镇

12. 2019年度高质量发展考核拆迁安置优胜单位(6个)

一等奖:澄江街道
二等奖:高新区　月城镇
三等奖:周庄镇　南闸街道　云亭街道

二、先进集体

(一)市级机关、垂直部门和金融机构

1. 2019年度人民满意机关(27个)

市委办　政府办　人大办　政协办
纪委监委机关(巡察办)　组织部
宣传部　政法委　统战部　编办

检察院　老干部局　工商联
总工会　科协　公安局
农业农村局　财政局　发改委
人社局　住建局　工信局　应急局
卫生健康委　行政审批局　民政局
市场监管局
2. 2019 年度服务地方先进单位(16 个)
生态环境局　税务局　供电公司
人民银行　海关　国调队
江阴农商行　工商银行　农业银行
浦发银行　江苏银行　中信银行
光大银行　宁波银行　人保财险
太平洋寿险
(二)企业和社会组织
3. 2019 年度百强明星企业(100 个)
(1)工业、建筑业(70 个)
江苏华西集团有限公司(华士镇)
海澜集团有限公司(新桥镇)
中信泰富特钢集团股份有限公司(高新区)
江苏新长江实业集团有限公司(临港开发区、靖江园区)
远景科技集团(临港开发区)
江苏扬子江船业集团公司(靖江园区、澄江街道)
江苏利电能源集团(临港开发区)
法尔胜泓昇集团有限公司(高新区、临港开发区)
三房巷集团有限公司(周庄镇、临港开发区)
江阴天江药业有限公司(高新区)
双良集团有限公司(临港开发区)
江苏阳光集团有限公司(新桥镇)
江苏新潮科技集团有限公司(高新区)
瀚宇博德科技(江阴)有限公司(高新区)
江阴苏龙热电有限公司(临港开发区)
江阴江东集团公司(周庄镇)
江阴澄星实业集团有限公司(澄江街道)
江苏华宏实业集团有限公司(周庄镇)
江苏利安达集团有限公司(高新区)
江阴模塑集团有限公司(周庄镇)
阿法拉伐(江阴)设备制造有限公司(徐霞客镇)
江苏紫米电子技术有限公司(高新区)
江阴信邦电子有限公司(高新区)
江苏富仁集团有限公司(澄江街道)
江阴海达橡塑股份有限公司(周庄镇)
江苏苏利精细化工股份有限公司(临港开发区)
江苏江南水务股份有限公司(市属)
江阴福汇纺织有限公司(高新区)
江苏红柳床单有限公司(澄江街道)
江阴热电有限公司(周庄镇)
江阴市华方新技术科研有限公司(周庄镇)
东洋机电(江阴)有限公司(临港开发区)
江苏云蝠服饰股份有限公司(顾山镇)
江苏中印印务集团有限公司(澄江街道)
江阴市恒润重工股份有限公司(周庄镇、祝塘镇)
中建钢构江苏有限公司(靖江园区)
江苏中基复合材料有限公司(临港开发区)
中石油江苏燃料沥青有限责任公司(高新区)
江阴宝柏包装有限公司(澄江街道)
帝斯曼工程塑料(江苏)有限公司(高新区)
江苏焱鑫科技集团有限公司(新桥镇)
江苏必得科技股份有限公司(月城镇)
江苏申利实业股份有限公司(高新区)
江苏长龄液压股份有限公司(云亭街道)
江苏嘉盛新材料有限公司(临港开发区)
江阴电工合金股份有限公司(周庄镇)
优彩环保资源科技股份有限公司(祝塘镇)
江阴市华骏机械有限公司(临港开发区)
江苏苏青水处理工程集团有限公司(长泾镇)
中联重科股份有限公司江阴分公司(临港开发区)
江苏四环生物制药有限公司(高新区)
江阴南方建设集团有限公司(澄江街道)
斗山液压机械(江阴)有限公司(临港开发区)
江阴市液压油管有限公司(临港开发区)
建滔电子材料(江阴)有限公司(临港开发区)
江苏标榜装饰新材料股份有限公司(华士镇)
江苏华兰药用新材料股份有限公司(临港开发区)
江苏振江新能源装备股份有限公司(临港开发区)
艾尔姆风能叶片制品(江苏)有限公司(临港开发区)
江苏吉鑫风能科技股份有限公司(云亭街道)
江阴南泰家纺用品有限公司(临港开发区)
江苏升辉投资集团有限公司(长泾镇)
阿尔法(江阴)沥青有限公司(临港开发区)
迪瑞克斯座椅(江阴)有限公司(青阳镇)
江苏向阳集团有限公司(华士镇)
无锡鹰贝精密轴承有限公司(祝塘镇)
江阴机械制造有限公司(月城镇)
江阴新树工程塑料有限公司(高新区)
凯澄起重机械有限公司(高新区)
江阴华昌食品添加剂有限公司(临港开发区)
(2)服务业企业(30 个)
江阴海澜之家供应链管理有限公司(新桥镇)
国网江苏省电力有限公司江阴市供电分公司(市属)
植誉投资管理有限公司(高新区)
江阴景裕房地产开发有限公司(澄江街道)
江苏江阴农村商业银行股份有限公司(市属)
见龙投资有限公司(高新区)
江阴市长江房地产开发有限公司(澄江街道)
江苏众网互联网有限公司(顾山镇)
江阴昌锋置业有限公司(澄江街道)
江阴天力燃气有限公司(临港开发区)

江阴星河博裕房地产开发有限公司(高新区)
江阴澄东炉料有限公司(高新区)
无锡市烟草公司江阴分公司(市属)
江阴市长江钢管有限公司(临港开发区)
江苏江阴港港口集团股份有限公司(临港开发区)
中国工商银行股份有限公司江阴支行(市属)
江阴苏泰房地产有限公司(云亭街道)
中国农业银行股份有限公司江阴分行(市属)
中国建设银行股份有限公司江阴支行(市属)
江阴市合诚房地产开发有限公司(新桥镇)
江阴泓腾置业有限公司(高新区)
江阴利昌房地产开发有限公司(高新区)
上海浦东发展银行股份有限公司江阴支行(市属)
江阴嘉鸿房地产开发有限公司(云亭街道)
交通银行股份有限公司江阴分行(市属)
江阴市仕明钢管有限公司(月城镇)
江阴八佰伴商贸中心有限公司(澄江街道)
中国银行股份有限公司江阴支行(市属)
江阴市金三角置业有限公司(南闸街道)
江阴敔悦置业有限公司(云亭街道)

4. 2019 年度开票销售收入首次超千亿企业(1 个)

江阴澄星实业集团有限公司(澄江街道)

5. 2019 年度上缴税金净增超亿元企业(6 个)

中信泰富特钢集团股份有限公司(高新区)
三房巷集团有限公司(周庄镇、临港开发区)
江阴星河博裕房地产开发有限公司(高新区)
江苏新潮科技集团有限公司(高新区)
江阴昌锋置业有限公司(澄江街道)
江阴景裕房地产开发有限公司(澄江街道)

6. 2019 年度上缴税金超亿元企业(42 个)

(1)工业、建筑业企业(29 个)

江苏华西集团有限公司(华士镇)
海澜集团有限公司(新桥镇)
中信泰富特钢集团股份有限公司(高新区)
江苏新长江实业集团有限公司(临港开发区、靖江园区)
远景科技集团(临港开发区)
江苏扬子江船业集团公司(靖江园区、澄江街道)
江苏利电能源集团(临港开发区)
法尔胜泓昇集团有限公司(高新区、临港开发区)
三房巷集团有限公司(周庄镇、临港开发区)
江阴天江药业有限公司(高新区)
双良集团有限公司(临港开发区)
江苏阳光集团有限公司(新桥镇)
江苏新潮科技集团有限公司(高新区)
瀚宇博德科技(江阴)有限公司(高新区)
江阴苏龙热电有限公司(临港开发区)
江阴江东集团公司(周庄镇)
江阴澄星实业集团有限公司(澄江街道)
江苏华宏实业集团有限公司(周庄镇)
江苏利安达集团有限公司(高新区)
江阴模塑集团有限公司(周庄镇)
阿法拉伐(江阴)设备制造有限公司(徐霞客镇)
江苏紫米电子技术有限公司(高新区)
江阴信邦电子有限公司(高新区)
江苏富仁集团有限公司(澄江街道)
江阴海达橡塑股份有限公司(周庄镇)
江苏苏利精细化工股份有限公司(临港开发区)
江阴华润制钢有限公司(月城镇)
江苏江南水务股份有限公司(市属)
江苏西城三联控股集团有限公司(临港开发区)

(2)服务业企业(13 个)

江阴海澜之家供应链管理有限公司(新桥镇)
国网江苏省电力有限公司江阴市供电分公司(市属)
植誉投资管理有限公司(高新区)
江阴景裕房地产开发有限公司(澄江街道)
江苏江阴农村商业银行股份有限公司(市属)
见龙投资有限公司(高新区)
江阴市长江房地产开发有限公司(澄江街道)
江苏众网互联网有限公司(顾山镇)
江阴昌锋置业有限公司(澄江街道)
江阴天力燃气有限公司(临港开发区)
江阴星河博裕房地产开发有限公司(高新区)
江阴澄东炉料有限公司(高新区)
无锡市烟草公司江阴分公司(市属)

7. 2019 年度先进市场(6 个)

江阴长江港口物流园区交易中心(临港开发区)
江苏华东石化物资交易市场(临港开发区)
江阴市贯庄金属材料市场(澄江街道)
江阴综合保税区交易中心(临港开发区)
江阴沿江石化市场(临港开发区)
江苏长阳金属材料市场(靖江园区)

8. 2019 年度十佳科技创新型企业(10 个)

中芯长电半导体(江阴)有限公司(高新区)
江阴兴澄特种钢铁有限公司(高新区)
远景科技集团(临港开发区)
双良节能系统股份有限公司(临港开发区)
江苏新扬子造船有限公司(靖江园区)
江苏宝得换热设备股份有限公司(南闸街道)
江苏秋林特能装备股份有限公司(月城镇)
江阴市天马电源制造有限公司(徐霞客镇)
江苏华宏科技股份有限公司(周庄镇)
江阴鑫宝利金属制品有限公司(新桥镇)

9. 2019 年度十佳节能减排先进企业(10 个)

江阴兴澄特种钢铁有限公司(高新区)
江苏利电能源集团(临港开发区)
江阴华西钢铁有限公司(华士镇)
江阴热电有限公司(周庄镇)

光大环保能源(江阴)有限公司(月城镇)
法尔胜泓昇集团有限公司(高新区)
双良集团有限公司(临港开发区)
江苏阳光集团有限公司(新桥镇)
三房巷集团有限公司(周庄镇、临港开发区)
海澜智云科技有限公司(新桥镇)
10.2019 年度十佳诚信企业(10 个)
江苏华西集团有限公司(华士镇)
海澜集团有限公司(新桥镇)
中信泰富特钢集团股份有限公司(高新区)
法尔胜泓昇集团有限公司(高新区、临港开发区)
江苏阳光集团有限公司(新桥镇)
江苏新长江实业集团有限公司(临港开发区、靖江园区)
江苏双良集团有限公司(临港开发区)
江苏大经供应链股份有限公司(云亭街道)
江阴市飞达出租汽车有限公司(澄江街道)
国网江苏省电力公司江阴市供电公司(市属)
11.2019 年度十佳热心慈善企业(10 个)
江苏华西集团有限公司(华士镇)
江阴澄星实业集团有限公司(澄江街道)
法尔胜泓昇集团有限公司(高新区)
江苏新长江实业集团有限公司(临港开发区、靖江园区)
江苏三房巷集团有限公司(周庄镇、临港开发区)
江苏兴澄特种钢铁有限公司(高新区)
江苏阳光集团有限公司(新桥镇)
江阴新国联投资发展有限公司(市属)
海澜集团有限公司(新桥镇)
江苏向阳集团有限公司(华士镇)
12.2019 年度十佳外贸企业(10 个)
中船澄西船舶修造有限公司(临港开发区)
江苏新潮科技集团有限公司(高新区)
江阴澄星实业集团有限公司(澄江街道)
江苏云蝠服饰股份有限公司(顾山镇)
三房巷集团有限公司(周庄镇、临港开发区)
江苏爱康科技股份有限公司(华士镇)
江苏红柳床单有限公司(澄江街道)
江阴兴澄特种钢铁有限公司(高新区)
江苏扬子江船业集团公司(靖江园区、澄江街道)
江苏振江新能源装备股份有限公司(临港开发区)
13.2019 年度十佳外商投资企业(10 个)
江阴兴澄特种钢铁有限公司(高新区)
远景科技集团(临港开发区)
贝卡尔特有限公司(高新区)
江苏新扬子造船有限公司(靖江园区)
见龙投资有限公司(高新区)
江阴利港发电股份有限公司(临港开发区)
江阴天江药业有限公司(高新区)
江苏长强钢铁有限公司(靖江园区)
阿法拉伐(江阴)设备制造有限公司(徐霞客镇)
江苏利士德化工有限公司(临港开发区)
14.2019 年度十佳社会组织(10 个)
江阴市老年人体育协会
江阴市装饰装修行业协会
江阴市青年点点爱心港
江阴寻亲志愿者协会
江苏新潮仁爱基金会
江阴市医学会
江阴市青少年权益保护协会
江阴市青年企业家协会
江阴市徐霞客研究会
江阴市体育志愿者协会
(三)社区
15.2019 年度十佳和谐文明社区(10 个)
长山社区(高新区)
塔南社区(澄江街道)
北大街社区(澄江街道)
大桥社区(澄江街道)
云亭社区(云亭街道)
夏港社区(夏港街道)
华湖社区(璜土镇)
旌秀社区(青阳镇)
黄河社区(新桥镇)
顾山社区(顾山镇)

■类目编辑　惠　晨

经济社会发展统计资料

一、综合

2019年江阴市社会经济主要指标一览表

表100

指标	单位	2019年	比2018年增减(%)	指标	单位	2019年	比2018年增减(%)
户籍人口	万人	126.41	0.4	金融业年末存款余额	亿元	4179.7	13.3
全社会从业人数	万人	99.02	-0.3	其中:住户存款	亿元	1396	10.6
地区生产总值	亿元	4001.12	6.8	金融业年末贷款余额	亿元	3249.89	6.6
全社会粮食总产量	吨	129775	-0.6	保费收入	亿元	80.28	4.1
油料作物总产量	吨	1902	52.3	证券机构交易金额	亿元	7520.52	45.9
水产品总产量	吨	25130	-2.8	各类学校在校学生数	人	179225	3.4
生猪全年出栏数	万头	2.24	-42.6	各类学校专任教师数	人	15101	4.7
货物运输量	万吨	4923	8.8	各类卫生机构医疗床位数	张	9591	7.1
旅客发送量	万人	8016	-5.0	卫生技术人员人数	人	11463	5.6
邮电业务总量	亿元	1294302	74.1	其中:执业(助理)医师数	人	4886	11.0
全社会用电量	万千瓦时	280.73	1.0	公共图书藏书量	万册	287.9	3.0
江南水务股份有限公司供水量	万立方米	26571	-3.5	城镇非私营单位从业人员平均工资	元	101180	5.0
固定资产投资额	亿元	802.89	6.0	城镇私营单位从业人员平均工资(无锡全市)	元	61429	8.9
其中:第二产业投资	亿元	376.74	5.5	城镇居民人均可支配收入	元	69342	8.4
社会消费品零售总额	亿元	695.95	9.2	农村居民人均可支配收入	元	36095	8.9
进出口总额	亿美元	235.01	-3.5	城乡居民人均储蓄存款余额	元	84473	10.5
其中:出口额	亿美元	147.14	2.8	人均地区生产总值(按常住平均人口)	元	242111	6.7
一般公共预算收入	亿元	256.58	1.0	人均一般公共预算收入(按常住平均人口)	元	15526	0.9
一般公共预算支出	亿元	231.1	0.3	人均社会消费品零售额(按常住平均人口)	元	42112	9.0

2019年江阴市地区生产总值及构成一览表

表101　　单位:亿元

指标	2019年	比2018年增减(%)(不变价)	指标	2019年	比2018年增减(%)(不变价)
地区生产总值	4001.12	6.8	批发和零售业	816.09	2.2
第一产业	36.08	-1.4	住宿和餐饮业	53.42	4.1
第二产业	2042.02	8.9	金融业	254.83	9.6
工业	1851.50	8.9	房地产业	152.93	0.1
建筑业	190.74	5.7	农林牧渔服务业	6.07	-7.4
第三产业	1923.02	4.7	金属制品、机械和设备修理业	0.22	-95.9
交通运输、仓储和邮政业	95.78	4.2	其他服务业	543.68	8.9

2019 年与 2018 年江阴市总户数和总人口数比较一览表

表 102　　　　单位:万人

年份	户籍总户数(万户)	户籍总人口	按性别分		按农业、非农业分		人口密度(人/平方千米)
			男	女	农业人口	非农业人口	
2019	38.72	126.41	62.51	63.90	58.62	67.79	1281
2018	38.19	125.95	62.35	63.60	60.64	65.31	1276

2019 年与 2018 年江阴市人口变动情况比较一览表

表 103　　　　单位:人

年份	年户籍平均人口(万人)	自然变动						机械变动	
		出生人数	出生率(‰)	死亡人数	死亡率(‰)	自然增长人数	自然增长率(‰)	迁入人数	迁出人数
2019	126.18	8733	6.92	8340	6.62	393	0.30	8378	4117
2018	125.72	9990	7.95	9227	7.34	763	0.61	8407	4550

2019 年与 2018 年江阴市计划生育情况比较一览表

表 104

年份	生育率(%)	一孩率(%)	二孩率(%)	晚婚率(%)	平均期望寿命(岁)
2019	30.88	53.74	44.77	86.13	82.32
2018	30.16	52.55	46.18	81.87	81.98

二、农村和农业

2019 年江阴市农村基本情况一览表

表 105

指标	单位	年末实有数	指标	单位	年末实有数
(一)农村组织情况			稻谷	千公顷	9.13
镇	个	10	豆类	千公顷	0.78
街道办事处	个	7	油料	千公顷	0.81
村民委员会	个	197	其他农作物	千公顷	13.67
居民委员会	个	55	其中:蔬菜	千公顷	11.95
村居合一	个	46	(三)农业机械总动力	千瓦	269995
(二)农作物总播种面积	千公顷	33.46	1. 柴油机	千瓦	112546
粮食作物	千公顷	18.98	2. 汽油机	千瓦	19307
其中:小麦	千公顷	8.16	3. 电动机	千瓦	138142

2019 年江阴市主要农副业产品产量一览表

表 106

产品名称	单位	产量	产品名称	单位	产量
粮食总产量	吨	129775	羊全年出栏	万头	0.27
其中:稻谷	吨	85498	家禽全年出栏	万羽	45.58
小麦	吨	37614	牛年末头数	万头	0.09

续表 106

产品名称	单位	产量	产品名称	单位	产量
豆类	吨	2547	猪肉	吨	1680
油料	吨	1902	羊肉	吨	41
茶叶	吨	1.2	牛奶	吨	9353
水果	吨	87398	禽蛋	吨	3756
奶牛	万头	0.09	淡水产品产量	吨	25130
生猪全年出栏	万头	2.24	其中:养殖产量	吨	25130

2019 年江阴市农村集体经济收益分配一览表

表 107　　单位:万元

指标	2019 年	2018 年	比 2018 年增减(%)	指标	2019 年	2018 年	比 2018 年增减(%)
一、总收入	351425	348415	0.9	3. 其他支出	59471	71471	-16.8
1. 经营收入	184155	112771	63.3	三、全年收益	213786	158712	34.7
2. 发包及上交收入	106649	152408	-30.0	四、年初未分配收益	340863	77921	337.5
3. 投资收益	2907	3666	-20.7	五、其他转入	6502	241665	-97.3
4. 补助收入	29968	35441	-15.4	六、可分配收益	561151	478298	17.3
5. 其他收入	27747	44129	-37.1	1. 提取公积金、公益金	469706	64526	627.9
二、总支出	137640	189703	-27.4	2. 提取应付福利费	40347	4406	815.7
1. 经营支出	19310	41985	-54.0	3. 外来投资分利	0	11500	-100.0
2. 管理费用	58859	76247	-22.8	4. 农户分配	21620	39746	-45.6
其中:干部报酬	22752	23831	-4.5	5. 其他分配	1582	17257	-90.8
报刊费	959	909	5.5	七、年末未分配收益	27896	340863	-91.8

三、工业和固定资产投资

2019 年江阴市规模以上工业企业单位数及从业人员平均人数一览表

表 108

指标	工业企业单位数(个)		2019 年从事工业生产活动平均人数(万人)
	2019 年	比 2018 年增减(%)	
合计	1729	17.7	37.34
按轻重工业分			
其中:轻工业	757	16.1	17.79
重工业	972	19.0	19.55
按规模类型分			
其中:大型企业	36	-18.2	11.25
中型企业	221	15.1	10.00
小微企业	1472	19.4	16.08
按经济类型分			

续表 108

指标	工业企业单位数(个)		2019 年从事工业生产活动平均人数(万人)
	2019 年	比 2018 年增减(%)	
1. 国有企业	0		
2. 集体企业	13	18.2	0.18
3. 股份合作企业	1	持平	0.01
4. 股份有限公司	1464	22.6	28.11
5. 外商和港澳台商投资企业	238	-5.6	8.87
6. 私营企业	1302	20.1	21.63

2019 年江阴市规模以上工业生产主要产品产量一览表

表 109

产品名称	单位	产量	产品名称	单位	产量
发电量	万千瓦时	2926732	合成纤维	吨	2364838
粗钢	吨	10384156	印染布	万米	137603
成品钢材	吨	13438175	化学纤维	吨	3606669
生铁	吨	8140623	机制纸及纸板	吨	108920
化学农药	吨	11316	塑料制品	吨	1048338
集成电路	万块	1122953	服装	万件	50364
半导体分立器材	万只	7004413	呢绒	吨	10749
水泥	吨	3520953	工业锅炉	蒸吨	1311
纱	吨	438265	铜材	吨	132902
布	万米	59985	石油沥青	吨	1015999

2019 年江阴市固定资产投资完成情况一览表

表 110　　单位:万元

指标	金额	指标	金额
全社会固定资产投资总额	8028913	其中:工业	3767425
其中:民间投资	6341783	3. 第三产业	4165432
(一)按产业分		(二)按报表种类分	
1. 第一产业	96056	1. 项目投资	5313573
2. 第二产业	3767425	2. 房地产开发投资	2715340

四、商贸、外经

2019 年与 2018 年江阴市社会消费品零售总额比较一览表

表 111　　单位:万元

指标	2019 年	比 2018 年增减(%)	指标	2019 年	比 2018 年增减(%)
社会消费品零售总额	6959484	9.2	(二)按行业分		
(一)按销售地区分			1.批发和零售业	6555834	9.2
1.城镇	6096882	9.3	2.住宿和餐饮业	403650	8.3
2.农村	862602	8.9			

说明:相关数据来源于第四次全国经济普查修订数

2019 年与 2018 年江阴市外向型经济综合指标比较一览表

表 112

指标	单位	2019 年	2018 年	比 2018 年增减(%)
(一)进出口总额	万美元	2350085	2435889	-3.5
(二)出口总额	万美元	1471445	1431797	2.8
1.外贸公司	万美元	298218	274737	8.6
2.生产企业	万美元	547377	499792	9.5
3.外商企业	万美元	619949	651867	-4.9
(三)进口总额	万美元	878641	1004092	-12.5
(四)新批外资项目	项	36	53	-32.1
其中:超千万美元项目	项	20	27	-25.9
(五)到位注册外资	万美元	93092	95087	-2.1
(六)服务外包业务合同总额	万美元	88969	91073	-2.3
(七)服务外包业务执行总额	万美元	65739	78672	-16.4
(八)服务外包离岸业务合同金额	万美元	80606	63611	26.7
(九)服务外包离岸业务执行金额	万美元	58631	59134	-0.9
(十)新批境外投资项目	项	33	29	13.8

五、财政、金融

2019 年江阴市财政、金融一览表

表 113　　单位:万元

指标	金额	指标	金额
(一)财政(预算内)		援助其他地区支出	20164
1.一般公共预算收入合计	2565800	自然资源海洋气象等支出	26649
其中:税收收入	2180938	住房保障支出	139695
2.一般公共预算支出合计	2310984	粮油物资储备支出	2724
其中:一般公共服务支出	206885	灾害防治及应急管理支出	13421
国防支出	1860	其他支出	628
公共安全支出	135939	债务付息支出	26534

续表 113

指标	金额	指标	金额
教育支出	365225	债务发行费用支出	86
科学技术支出	99061	（二）银行	
文化旅游体育与传媒支出	36791	1. 银行机构人民币存款余额	40720133
社会保障和就业支出	289899	其中：住户存款	13842739
卫生健康支出	121849	非金融企业存款	18943242
节能环保支出	96290	2. 银行机构人民币贷款余额	32272654
城乡社区支出	445596	其中：短期贷款	15761775
农林水支出	84790	中长期贷款	14026293
交通运输支出	37650	3. 银行机构外币存款余额（万美元）	154357
资源勘探信息等支出	141781	其中：城乡居民储蓄存款余额（万美元）	16808
商业、服务业等支出	17074	4. 银行机构外币贷款余额（万美元）	32438
金融支出	393		

说明：2019 年美元汇率 1:6.9762

六、交通、邮电、电力、城建

2019 年与 2018 年江阴市交通、邮电情况比较一览表

表 114

指标	单位	2019 年	2018 年	指标	单位	2019 年	2018 年
（一）交通				（二）邮电			
公路通车里程	千米	2361.76	2361.82	邮政局、所合计	个	32	32
公路桥梁	座	938	929	邮政业务总量	万元	76885	47663
内河航道通航里程	千米	394.55	394.55	特快专递	万件	1505	1349
旅客发送量	万人	8016	8436	集邮业务	万枚	228	263
旅客周转量	万人千米	130658	137533	邮政储蓄年平均余额	万元	909017	796362
公路货运量	万吨	3705	3228	邮政储蓄点	个	28	27
公路货运周转量	万吨千米	441993	385012	全市固定电话用户合计	万户	22.00	29.36
水路货运量	万吨	1218	1296	其中：住宅电话	万户	10.43	15.87
水路货运周转量	万吨千米	1603263	1757964	互联网用户	万户	72.1	69.67
港口货物吞吐量	万吨	23128	17560	移动电话用户	万户	237.10	216.29
港口集装箱运量	标箱	539339	573887	其中：4G 电话用户	万户	199.47	173.39

2019 年江阴市供电用电情况一览表

表 115　　　　单位：万千瓦时

指标	2019 年	比 2018 年增减（%）	指标	2019 年	比 2018 年增减（%）
全社会用电量	2807274	1.0	金属制品业	333686	-5.8
1. 农林牧渔业	6456	-0.3	通用及专用设备制造业	145409	8.0
其中：排灌	1097	-14.5	3. 建筑业	8678	12.6

续表 115

指标	2019 年	比 2018 年增减(%)	指标	2019 年	比 2018 年增减(%)
2. 工业	2429495	0.9	4. 交通运输、仓储和邮政业	21666	-0.7
其中:纺织业	437462	-4.3	5. 住宿和餐饮业	15395	-0.6
化学原料及化学制品制造业	96799	-0.7	6. 其他行业	149063	4.8
黑色金属冶炼及压延加工业	521329	7.6	7. 城乡居民生活用电	176521	-0.5
非金属矿物制品业	41118	0.3	其中:农村	133771	-0.4

2019 年江阴市城市建设情况一览表

表 116

指标	单位	数量	指标	单位	数量
城市面积	平方千米	198	天然气供气总量	万立方米	85903
城市建成区面积	平方千米	125	其中:家庭用	万立方米	2875
城市人口密度	人/平方千米	1949	家庭用气户数	户	114305
城市建成区绿地率	%	40.17	燃气普及率	%	100
城市建成区绿化覆盖率	%	43.6	污水处理率	%	98.37
城市自来水年供水总量	万立方米	6665.93	市政道路长度	千米	454.32
城市自来水年售水总量	万立方米	6172.32	市政道路面积	万平方米	1026
用水户数	户	150866	人均市政道路面积	平方米	26.05
人均日生活用水量	升	178.31	市政桥梁	座	96
用水普及率	%	100	防洪堤长度	千米	4
城市液化气供气总量	万吨	0.37	绿化覆盖面积(城区)	公顷	5449
其中:家庭用	万吨	0.11	绿地面积(城区)	公顷	5021
用气户数	户	17807	公园绿地面积	公顷	575

七、科、教、文、卫

2019 年江阴市各类科技机构、科技人员、科技项目情况一览表

表 117

指标	单位	数量	指标	单位	数量
(一)科技团体、机构			3. 研究生工作站	个	81
1. 市级学会、协会	个	35	(三)科技型企业		
2. 科技服务中心	个	10	1. 高新技术企业	个	500
3. 企业科协	个	155	2. 高新技术企业培育库企业	个	118
4. 镇(街道)、园区科协	个	18	3. 科技型中小企业	个	748
(二)科技研发机构			(四)科技人员合计	人	174769
1. 工程技术研究中心	个	1625	1. 国家科技人员(在职)	人	155944
其中:国家级	个	2	2. 乡镇科技人员	人	18825
江苏省级	个	162	(五)政工专业职称人员合计	人	2792
无锡市级	个	307	(六)技术工人	人	435575
江阴市级	个	1154	(七)科技进步奖励总计	项	7
2. 院士工作站	个	54			

2018—2019 学年江阴市各级各类学校基本情况一览表

表 118

指标	学校数（所）	在校学生数（人）	专任教师（人）	指标	学校数（所）	在校学生数（人）	专任教师（人）
（一）幼儿园	86	44286	2907	初中	38	41465	3760
（二）小学	42	100592	4992	（五）中等专业学校	4	7404	940
（三）特殊教育	1	294	63	（六）普通高校	1	4165	341
（四）普通中学	50	61395	5738	（七）技工学校	2	5375	120
其中：高中	12	19930	1978	（八）成人教育	91	182190	817

2019 年江阴市文化、广播、电视基本情况一览表

表 119

指标	单位	数量	指标	单位	数量
（一）影剧管理机构	个	1	（七）工人文化宫、少年宫	个	1
（二）电影放映单位	个	30	（八）市博物馆	个	1
票房收入	亿元	1.26	（九）公共图书馆图书总藏量	万册	287.9
（三）市锡剧团演出	场	155	（十）纪念馆	个	14
观众人数	万人	23.3	（十一）文物保护单位	个	97
演出收入	万元	250.0	国家级	个	8
（四）市评弹团演出	场	1800	省级	个	8
观众人数	万人	28.8	市级	个	81
演出收入	万元	47	（十二）江阴报社	个	1
（五）营业性舞厅、歌厅	个	127	（十三）市电视台	个	1
（六）市图书馆、文化馆	个	2	（十四）市广播电台	个	1

2019 年江阴市卫生事业基本情况一览表

表 120

指　标	机构数（个）	床位数（张）	年末人员数（人）	卫生技术人员	执业（助理）医师	注册护士	管理人员
全市总计	626	9591	14055	11463	4886	4612	522
（一）医院	35	7721	8052	6773	2536	3146	307
1. 综合医院	18	5060	5555	4842	1844	2291	167
2. 中医医院	2	748	1237	1087	455	462	71
3. 专科医院	9	871	924	677	199	293	53
口腔医院	1	15	25	18	8	10	1
眼科医院	1	65	151	76	32	40	8
耳鼻喉科医院	1	50	31	27	8	18	4
妇产（科）医院	2	125	255	185	61	107	14

续表 120

指　标	机构数(个)	床位数(张)	年末人员数(人)	卫生技术人员	执业(助理)医师	注册护士	管理人员
骨科医院	1	105	58	24	3	16	13
康复医院	3	511	404	347	87	102	13
4. 护理院	6	1042	336	167	38	100	16
(二)基层医疗卫生机构	583	1850	5463	4297	2180	1372	199
1. 社区卫生服务中心(站)	86	553	1145	978	415	271	29
社区卫生服务中心	11	553	858	720	332	245	29
社区卫生服务站	75		287	258	83	26	
2. 卫生院	15	1297	1903	1604	676	603	60
3. 村卫生室	123		428	149	136	13	
4. 门诊部	59		980	674	342	252	84
5. 诊所、卫生所、医务室	300		1007	892	611	233	26
(三)专业公共卫生机构	7	20	531	389	169	91	13
1. 疾病预防控制中心	1		121	112	75	14	
2. 专科疾病防治院(所、站)	1		35	32	21	9	
3. 健康教育所(站、中心)	1		38	8	1	1	5
4. 妇幼保健院(所、站)	1	20	137	104	57	29	1
5. 急救中心(站)	1		82	30	11	15	4
6. 采供血机构	1		61	46	4	23	3
7. 卫生监督所(中心)	1		57	57			
(四)其他卫生机构	1		9	4	1	3	3
社管中心	1		9	4	1	3	3

2019 年江阴市体育事业情况一览表

表 121

指标	单位	数量	指标	单位	数量
(一)体育场	个	33	(五)健身路径	套	1842
其中:31888 座体育场	个/平方米	1/41200	(六)篮球场	片	1298
(二)田径场	个	80	其中:灯光篮球场	片	855
(三)体育馆	个	20	(七)门球场	片	39
其中:3338 座体育馆	个/平方米	1/10944	(八)网球场	片	61
(四)跳水游泳馆(3014 座)	个/平方米	1/31893	(九)2000 平方米以上全民健身中心	个	21
游泳池馆	个	40			

八、人民生活

2019 年江阴市人民生活一览表

表 122

指标	单位	数量	指标	单位	数量
(一)农村住户家庭基本情况			(二)城镇居民家庭基本情况		
1. 调查户数	户	60	1. 调查户数	户	140
2. 家庭常住人口	人	206	2. 家庭常住人口	人	464
3. 家庭就业人口	人	167	3. 家庭就业人口	人	361
4. 农村居民人均可支配收入	元	36095	4. 人均年可支配收入	元	69342
5. 农村居民人均生活消费支出	元	23423	5. 人均年生活消费支出	元	34641
6. 每百户耐用消费品拥有量			6. 每百户耐用消费品拥有量		
电冰箱	台	108	电冰箱	台	114
彩色电视机	台	218	彩色电视机	台	228
洗衣机	台	118	洗衣机	台	119
微波炉	台	92	微波炉	台	99
照相机/摄像机	台	13	照相机/摄像机	台	25
淋浴热水器	台	113	淋浴热水器	台	116
电话机	架	33	电话机	架	33
移动电话	辆	290	移动电话	辆	286
空调器	台	257	空调器	台	285
家用计算机	部	78	家用计算机	部	81
助力车	部	165	助力车	部	136
摩托车	台	12	摩托车	台	13
家用汽车	辆	72	家用汽车	辆	88

九、经济发展排行榜

2019 年江阴市开票销售收入前 30 名村(社区)一览表

表 123　　　　单位:万元

名次	单位名称	实绩	名次	单位名称	实绩
1	周庄镇三房巷村	5644240	16	华士镇龙河村	729161
2	璜土镇花港苑村	5361556	17	周庄镇周西村	662682
3	华士镇华西新市村	4493118	18	华士镇曙新村	654683
4	夏港街道长江村	4230527	19	高新区东新村	640642
5	申港街道创新村	3344854	20	徐霞客镇璜东村	629471
6	周庄镇华宏村	2463086	21	月城镇沿山村	627584
7	夏港街道三联村	2427948	22	周庄镇宗言村	622423
8	利港街道陈墅社区	1415317	23	南闸街道观山村	611089
9	璜土镇小湖村	1410282	24	长泾镇花园村	604231
10	徐霞客镇任九房村	1336075	25	周庄镇长乐村	601295

续表 123

名次	单位名称	实绩	名次	单位名称	实绩
11	申港街道于门村	1257408	26	祝塘镇建南村	573918
12	周庄镇倪家巷村	1194736	27	申港街道东刘村	535936
13	周庄镇周庄村	1118121	28	华士镇红苗村	490843
14	申港街道滨江村	915416	29	周庄镇长寿村	431026
15	华士镇陆丰村	860452	30	徐霞客镇方园村	425791

2019 年江阴市开票销售收入前 50 名工业企业一览表

表 124

名次	单位名称	名次	单位名称
1	海澜集团有限公司	26	江苏嘉盛新材料有限公司
2	中信泰富特钢集团股份有限公司	27	江苏蝙蝠塑料集团有限公司
3	江阴澄星实业集团有限公司	28	江苏向阳集团有限公司
4	三房巷集团有限公司	29	江阴天江药业有限公司
5	江苏新长江实业集团有限公司	30	江苏利安达集团有限公司
6	江苏华西集团有限公司	31	江苏红柳床单有限公司
7	江苏阳光集团有限公司	32	江苏爱康科技股份有限公司
8	远景科技集团	33	江苏富仁集团有限公司
9	江苏扬子江船业集团公司	34	建滔电子材料(江阴)有限公司
10	江苏华宏实业集团有限公司	35	帝斯曼工程塑料(江苏)有限公司
11	江苏西城三联控股集团有限公司	36	中石油江苏燃料沥青有限责任公司
12	法尔胜泓昇集团有限公司	37	江苏双宇电工材料有限公司
13	双良集团有限公司	38	江阴新仁铝业科技有限公司
14	江苏新潮科技集团有限公司	39	江阴市澄润石油化工有限公司
15	江苏利电能源集团	40	江阴市天达针纺织有限公司
16	江阴江东集团公司	41	江苏云蝠服饰股份有限公司
17	江阴苏龙热电有限公司	42	江阴电工合金股份有限公司
18	大明重工有限公司	43	江阴市通利光电科技有限公司
19	阿尔法(江阴)沥青有限公司	44	江苏宝利国际投资股份有限公司
20	江苏福尔泰铜铝集团	45	江阴市百舸有色金属材料有限公司
21	江阴模塑集团有限公司	46	江苏振江新能源装备股份有限公司
22	江阴市长乐新科技电源有限公司	47	江阴福汇纺织有限公司
23	江阴华润制钢有限公司	48	江苏申利实业股份有限公司
24	中船澄西船舶修造有限公司	49	江苏焱鑫科技集团有限公司
25	瀚宇博德科技(江阴)有限公司	50	江苏紫米电子技术有限公司

2019年江阴市入库税金前30名服务业企业一览表

表125

名次	单位名称	名次	单位名称
1	江阴海澜之家供应链管理有限公司	16	中国工商银行股份有限公司江阴支行
2	国网江苏省电力有限公司江阴市供电分公司	17	江阴苏泰房地产有限公司
3	植誉投资管理有限公司	18	中国农业银行股份有限公司江阴分行
4	江阴景裕房地产开发有限公司	19	中国建设银行股份有限公司江阴支行
5	江苏江阴农村商业银行股份有限公司	20	江阴市合诚房地产开发有限公司
6	见龙投资有限公司	21	江阴泓腾置业有限公司
7	江阴市长江房地产开发有限公司	22	江阴利昌房地产开发有限公司
8	江苏众网互联网有限公司	23	上海浦东发展银行股份有限公司江阴支行
9	江阴昌锋置业有限公司	24	江阴嘉鸿房地产开发有限公司
10	江阴天力燃气有限公司	25	交通银行股份有限公司江阴分行
11	江阴星河博裕房地产开发有限公司	26	江阴市仕明钢管有限公司
12	江阴澄东炉料有限公司	27	江阴八佰伴商贸中心有限公司
13	无锡市烟草公司江阴分公司	28	中国银行股份有限公司江阴支行
14	江阴市长江钢管有限公司	29	江阴市金三角置业有限公司
15	江苏江阴港港口集团股份有限公司	30	江阴敔悦置业有限公司

2019年江阴市自营出口前30名企业一览表

表126

名次	单位名称	名次	单位名称
1	江苏新潮科技集团有限公司	16	江苏振江新能源装备股份有限公司
2	三房巷集团有限公司	17	阿法拉伐(江阴)设备制造有限公司
3	江苏扬子江船业集团有限公司	18	江阴信邦电子有限公司
4	江阴澄星实业集团有限公司	19	江苏中基复合材料有限公司
5	江阴兴澄特种钢铁有限公司	20	远景科技集团
6	中船澄西船舶修造有限公司	21	江苏华宏实业集团有限公司
7	江苏华西集团公司	22	江苏海达科技集团有限公司
8	法尔胜泓昇集团有限公司	23	瀚宇博德科技(江阴)有限公司
9	双良集团有限公司	24	江阴南泰家纺用品有限公司
10	江阴福汇纺织有限公司	25	江苏利安达集团有限公司
11	江苏红柳床单有限公司	26	中建材浚鑫科技有限公司
12	帝斯曼工程塑料(江苏)有限公司	27	江阴宗承钢铁有限公司
13	江苏阳光集团有限公司	28	江苏吉鑫风能科技股份有限公司
14	江苏爱康科技股份有限公司	29	江阴江东集团公司
15	江苏云蝠服饰股份有限公司	30	江阴市申澄集团有限公司

（市统计局）

■类目编辑　朱其涛

索　引

该索引是以正文部分(不包括彩色插页)为主要内容的综合性主题索引。标目一般采用主题词、中心词,并按汉语拼音字母顺序排列。其右侧数字表示页码,字母 a 为左栏,b 为中栏,c 为右栏。

D

H

J

K

T

W

Z

■类目编辑　惠　晨

【图说 1949—2019】

沧桑巨变看江阴

编者按：2019年是中华人民共和国成立70周年，也是江阴全境解放70周年。70年来，作为全国县域发展的领跑者，江阴与共和国风雨同行，共同成长，书写了一路辉煌。4月，江阴市委宣传部、市档案史志馆、江阴日报社联合开展“70年70图”主题宣传活动，全方位记录展示中华人民共和国成立70年来江阴的发展历程和奋进足迹。2020版《江阴年鉴》开设专栏，把最初刊登在“秀江阴”微信公众号上的“70年70图”内容，以书载形式保存下来，既飨读者，又作为重要历史资料保存。

1 1949 年，江阴各界群众庆祝解放

2 1950 年，江阴三官乡农民迎接土改

3 1951 年，素有“桥上桥、庙上庙”之称的江阴定波闸

4 1952 年，江阴县识字运动委员会成立，在干部和部分职工、农民中推广“祁建华速成识字法”。图为县委举办识字培训班开展扫盲工作场景

5 1953 年，公私合营后的江阴机床厂门前

6 1954 年，江阴“李家班”足球队参赛队员合影

1 1955 年，江港堤大修
2 1956 年，江阴有线广播站建成并试播
3 1957 年，江阴澄西“茶花担”节目进京演出的主创人员合影
4 1958 年，江阴县举行民兵军事表演大会
5 1959 年，江阴群众送肥下乡
6 1960 年，江阴月城公社春茧大丰收

1 1961年，江阴县城百货商店一角
2 1962年，江阴县人民医院门诊、病房综合楼
3 1963年，江阴县举办阶级教育展览会
4 1964年，江阴澄江制绳合作社手摇麻绳的场景
5 1965年，江阴县召开四级干部大会
6 1966年，江阴自来水厂第一期工程竣工

1 1967年，江阴西门汽车站建成
2 1968年，江阴县举办革命委员会成立和庆祝大会
3 1969年，江阴华西村创办小五金厂
4 1970年，江阴要塞农具厂炼出第一炉钢
5 1971年，江阴渔民捕捞鲥鱼场景
6 1972年，江阴开挖华士穿山河场景

1 1973 年，江阴小红花宣传队的小演员们
2 1974 年，江阴“赤脚医生”服务乡亲
3 1975 年，江阴县委召开农业学大寨誓师大会
4 1976 年，江阴人民庆祝粉碎“江青反革命集团”
5 1977 年，江阴群众喜送公粮
6 1978 年，江阴北门运河举办的跳水比赛

1 1979 年，江阴人民路铺成柏油马路

2 1980 年，江阴农贸集市

3 1981 年，江阴申港公社率先创办全国首个乡成人教育中心校

4 1982 年，江阴第一个安装电话的个体户

5 1983 年，江阴西门桥

6 1984 年，江阴三房巷村家家户户拥有彩色电视机，成为全省第一个“彩电村”

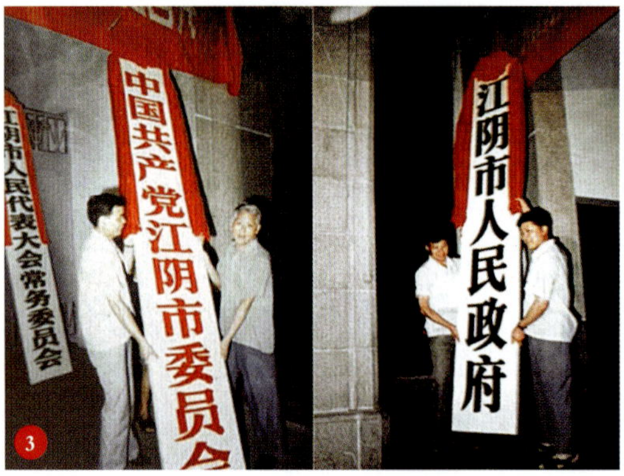

1 1985 年，江阴人民路上的小人书摊
2 1986 年，徐霞客塑像在江阴西门落成揭幕
3 1987 年，江阴撤县建市
4 1988 年，江阴新闸露天粮库
5 1989 年，江阴“三月廿七”传统庙会
6 1990 年，江阴粮食收割场景

1 1991 年，江阴遭到百年未遇的特大洪涝灾害，全市人民积极投入到抗洪救灾工作中

2 1992 年，江阴首台自动柜员机投用

3 1993 年，江苏阳光集团有限公司成立

4 1994 年，江阴创成江苏省第一个“国家卫生城市”

5 1995 年，江阴启动“一二三”家庭读书工程。图为藏书人家

6 1996 年，江阴城市夜景

1. 1997 年，江阴要塞森林公园
2. 1998 年，文明广场建成向市民开放
3. 1999 年，江阴长江公路大桥建成通车
4. 2000 年，江阴军民迎接新世纪踊跃义务献血
5. 2001 年，江阴大桥公园景观区一角
6. 2002 年，江阴城建史上“第一爆”——原市政府办公楼和第一副食商店被爆破拆除

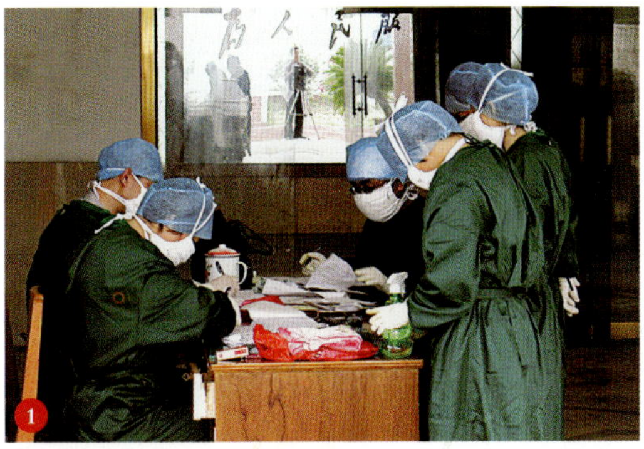

1 2003年，江阴抗击“非典”期间的白衣天使
2 2004年，江阴黄山湖公园建成开放
3 2005年，江阴天华文化中心落成
4 2006年，江阴港3号码头离港第一柜
5 2007年，江阴二中女足勇夺世界中学生足球锦标赛冠军
6 2008年，江阴救灾物资准备向四川地震灾区出发

1 2009 年，南菁高中新校区落成投用
2 2010 年，第 19 届金鸡百花电影节在江阴开幕
3 2011 年，空中俯瞰江阴华西村
4 2012 年，江阴长江村给村民发放黄金
5 2013 年，江阴滨江公园一期工程——船厂公园建成开放
6 2014 年，“蛟龙”号载人深潜器从江阴苏南国际码头出发执行海试任务

1 2015 年，海澜集团有限公司员工在飞马水城广场跳集体舞

2 2016 年，首个以“江阴”命名的 A 股股票“江阴银行”上市

3 2017 年，江阴获“全国文明城市”奖牌

4 2018 年，“1310 工程”加快推进，江阴绿道启动建设

5 2019 年，江阴举行升国旗仪式，庆祝渡江战役胜利暨江阴解放 70 周年